国家出版基金项目
NATIONAL PUBLICATION FOUNDATION

“十四五”时期国家重点出版物出版专项规划项目

中国黄河文化大典

古近代部分

黄河治理（古代部分）一

《中国黄河文化大典》编委会 编

中国水利水电出版社
www.waterpub.com.cn
·北京·

图书在版编目（CIP）数据

中国黄河文化大典. 古近代部分. 黄河治理. 古代部分. 一 / 《中国黄河文化大典》编委会编. -- 北京 : 中国水利水电出版社, 2022.12
ISBN 978-7-5226-1194-5

Ⅰ. ①中… Ⅱ. ①中… Ⅲ. ①黄河流域－文化史②黄河－河道整治－史料－古代 Ⅳ. ①K29②TV882.1

中国版本图书馆CIP数据核字(2022)第257645号

项目负责人：营幼峰　王厚军　陈玉秋
选 题 策 划：马爱梅　宋建娜　戴甫青

审图号：GS（2022）5470 号

书　名	**中国黄河文化大典（古近代部分）** ZHONGGUO HUANG HE WENHUA DADIAN（GU－JINDAI BUFEN）
卷　名	**黄河治理（古代部分）一** HUANG HE ZHILI（GUDAI BUFEN）YI
作　者	《中国黄河文化大典》编委会　编
出版发行	中国水利水电出版社 （北京市海淀区玉渊潭南路 1 号 D 座　100038） 网址：www.waterpub.com.cn E-mail：sales@mwr.gov.cn 电话：(010) 68545888（营销中心）
经　售	北京科水图书销售有限公司 电话：(010) 68545874、63202643 全国各地新华书店和相关出版物销售网点
排　版	中国水利水电出版社微机排版中心
印　刷	涿州市星河印刷有限公司
规　格	184mm×260mm　16 开本　64 印张　750 千字　6 插页
版　次	2022 年 12 月第 1 版　2022 年 12 月第 1 次印刷
印　数	001—800 册
定　价	**588.00** 元

《中国黄河文化大典》
编　委　会

《中国黄河文化大典》编委会办公室

《中国黄河文化大典》学术顾问及专家委员会

序　一

5000多年前，中华大地形成了裴李岗文化、仰韶文化、良渚文化、红山文化、马家窑文化、大汶口文化、龙山文化等众多的文明雏形，考古学家形象地比喻为满天星斗。但最终能延续并发展成为中华文明主体的都集中在黄河中下游地区，绝不是偶然的。

黄河中下游绝大部分属于黄土高原和黄土冲积平原，地形平坦，土壤疏松，大多为稀树草原地貌，是对早期农业开发极其有利的条件。在尚未拥有金属农具的条件下，先民用简单的石器、木器就能完成开垦荒地、平整土地、松土、播种、覆土、除草、排水、收获。

黄土高原和黄土冲积的平原地处北温带，总体上适合人类的生活、生产和生存。5000年前，这一带的气候正经历一个温暖期，3000年前后有过一个短暂的寒冷期，然后又重新进入温暖期，直到公元前1世纪才转入持续的寒冷。因此在5000多年前，这一带气候温暖，降水充沛，农作物能获得更多热量和水分，物种丰富，成为当时东亚大陆最适宜的成片农业区。

这片土地是当时北半球面积最大的宜农土地，足以满足不断扩大的农业生产和持续增长的人口的需要。在这片土地中间，没有太大的地理障碍，函谷关、太行山以东更是连成一片的大平原。黄河及其支流、独立入海的河流、与河流相通的湖泊，形成天然的水上交通网。交通便利，人流、物流和行政管理的成本较低。这样的地理环境，使一些杰出人物萌发统一的理念，逐步形成大一统观念，由政治家付诸实行。这一片土地成为大一统观念的实践和基础，“中国”的概念由此产生，并逐步扩大到整个中国。

中华文明的起源和早期发展阶段，呈现出多元格局，并在长期交流互动中相互促进、取长补短、兼收并蓄，最终融汇凝聚出以二里头文化为代表的文明核心，开启了夏商周三代文明。黄河文明是早期中华文明的核心和基础，黄河中下游地区是中华文明的摇篮，黄河是中华民族的母亲河。

中国历史上的统一时期，政治中心都在黄河流域（包括历史时期黄河改道形成的流域）。宋代以前，全国的经济中心和大多数区域经济中心都处于黄河流域。春秋战国时的黄河流域是文化最发达的地区。儒家学说的创始人孔子是鲁国陬邑（今山东曲阜）人。他曾周游列国，晚年回到家乡，致力于儒家典籍的整理和教学；他的众多学生主要来自鲁、卫、齐、宋等国；他的主要传承人孟子、曾子等也都在这一带。齐鲁地区是儒家文化的中心。春秋战国时百家争鸣，几种主要学派的创始人和主要传播地区也集中在黄河流域。墨子（墨翟），道家学派的创始人老子，道家学派代表人物杨朱、宋钘、尹文、田骈、庄子，从道家分化出来的法家慎到，战国中期产生的黄老学派，法家商鞅，荀子（荀况），法家韩非等，以及其他各家的代表人物，都不出黄河流域的范围。

秦汉时代，黄河中游已是名副其实的全国性政治中心，其影响还远及亚洲腹地。黄河下游是全国的经济中心，是最主要的农业区、手工业区和商业区。黄河流域的优势地位由于政治中心的存在而更加强。两汉时期见于记载的各类知识分子、各种书籍、各个学派、私家教授、官方选拔的博士和孝廉等的分布，绝大多数跨黄河流域。“关东出相，关西出将”的说法反映了当时人才分布高度集中的实际状况。

从公元589年隋朝统一至755年安史之乱爆发，黄河流域又经历一个繁荣时期。隋唐先后在长安和洛阳建都，关中平原和伊洛平原再次成为全国的政治中心。唐朝的开疆拓土和富裕强盛还使长安的影响远及西亚、朝鲜、日本，成为当时世界上最大最繁荣的城市。尽管长江流域和其他地区已有了很大的发展，但黄河流域在农业、手工业、商业以及国家财政收入中还占着更多的份额。唐朝这一阶段的诗人和进士主要分布在黄河流域，显示出文化重心所在。

从河源到出海口，亿万中华各族人民在黄河流域生活，生产，生存。他们或农，或牧，或工，或商，或狩，或采；或住通都大邑，或居茅屋土房，或凿窑洞，或栖帐篷，或依山傍水，或逐水草而居。他们的方言、饮食、服饰、民居、婚丧节庆、崇拜信仰，形成丰富多彩的地域文化。

总之，中华文明的源头就是黄河文明，就是中华民族的先人在黄河流域创造的；中华民族最早的生活方式、生产方式、行为规范、审美情趣、礼乐仪式、伦理道德、价值观念、意识形态、思想流派、文学艺术、崇拜信仰，都是在黄河流域形成的，或者是以黄河流域所形成的为主体，为规范，然后才传播到其他地区。

黄河，不愧为中华民族的魂。

大量历史事实足以证明，黄河曾经哺育了华夏民族的主体，曾经哺育了中华民族的大部分先民。她的儿女子孙遍布于中华大地，并已走向世界各地。

夏朝的建立和长期存在形成了由各个部族融合成的夏人，又称诸夏。在商、周时代，人口的主体是夏、诸夏，他们被美誉为华夏（华的本义是花，象征美丽、高尚、伟大），以后常被简称为夏或华。华夏聚居于黄河流域，通过周朝的分封和迁移，扩散到更大的地域范围，并不断融合残留的戎、狄、蛮、夷人口。到秦始皇统一六国时，长城之内的黄河流域，非华夏族都已被融合在华夏之中。

秦汉期间，华夏人口从中原迁入河套地区、阴山南麓、河西走廊、长江两岸、巴蜀岭南、辽东朝鲜。在两汉之际、东汉末年至三国期间、西晋永嘉之乱后至南北朝后期、安史之乱至唐朝末年、靖康之乱至宋元之际，一次次大规模的人口南迁使华夏人口遍布于南方各地。一部分人口主动或被动迁入匈奴、乌桓、鲜卑、高句丽、突厥、吐蕃、南诏、回鹘、契丹、渤海、党项、女真、蒙古、满族的聚居区，在与这些民族融合的同时，传播了华夏的制度、礼仪、文化、技艺、习俗、器物，扩大了中华文明的影响范围，促进了中华民族大家庭的逐渐形成。到了近代，成百万上千万的内地移民闯关东，走西口，渡台湾，迁新疆，开发和巩固了祖国的边疆。至20世纪初，从黄河流域迁出的人口与他们的后裔，已经遍布中国大地。

在向各地输出移民的同时，黄河流域也在大量吸收其他地区的移民，特别是来自周边地区的非华夏移民。匈奴、东瓯、闽越、乌桓、鲜卑、西域诸族、昭武九姓、突厥、粟特、吐谷浑、吐蕃、党项、高句丽、百济、契丹、奚、女真、蒙古等先后迁入黄河流域，这些民族的整体或大部分人口在这里融合于中华民族的主体之中。

尽管今天全国各地的汉族人口并非都来自黄河流域，在南方一些地区和边疆地区其实是世代土生土长的人口占了多数，但绝大多数汉族家族，甚至一些少数民族家族都将中原视为祖先的根基所在。显然他们所认同的不仅是血统之根，更是文化之根，而这个根就在黄河之滨、黄河流域。

黄河，不愧为中华民族的根。

黄河流域有世界上黄土覆盖面积最大、覆盖最厚的黄土高原，本身植被稀少，经农业开发和人为破坏，加剧了水土流失。黄河中游降水往往集中在夏秋之际，在局部时间和地点会将大量泥沙冲入黄河，使河水含沙量达到世界之最。泥沙淤积在下游河床，形成高于两岸地表的“悬河”，一遇洪水就泛滥成灾，决溢改道。黄河成为世界大河中改道最频繁、波及范围最大的河流。

这条哺育了中华民族的母亲河，也曾经使她的儿女子孙历经磨难，黄河的安危历来是国运民瘼所系。“海晏河清”“黄河清，圣人出”，是从帝王到庶民的千古期盼；但面对现实，多少人不得不发出“俟河之清，人寿几何”的浩叹。大禹治水的成果奠定了华夏立国的根基，历代治黄的成功保障了中华民族的繁衍。从《尚书·禹贡》到历代《河渠志》、各地的水利志，从《水经注》到《水道提纲》，从贾让的“治河三策”到潘季驯的“束水攻沙”，从“导河积石”到《河源纪略》，从金匮石室的秘籍档案到野老村夫的私人记录，历代治黄留下皇皇经典和浩如烟海的史料。

黄河作为一条饱经忧患的河，凝聚了中华民族的苦难和与苦难的奋争。“黄河宁，天下平。”历朝历代都将治理黄河作为兴邦安民的大事。特别是1946年以来，中国共产党领导人民开展了波澜壮阔的治黄实践，取得了举世瞩目的伟大成就。黄河文化经久不息、历久弥新，是中华文明的重要组成部分，是中华民族的根和魂。习近平总书记强调，要深入挖掘黄河文化蕴涵的时代价值，讲好“黄河故事”，延续历史文脉，坚定文化自信，为实现中华民族伟大复兴的中国梦凝聚精神力量。

水利部领导有鉴于此，成立以党组书记、部长李国英为主任的编纂委员会，组织专家学者、水利部门领导和专业人士编纂《中国黄河文化大典》，举凡河流与人类文明之关系，黄河文明与其他河流文明之异同，黄河及其流域之自然地理和人文地理，黄河何以为中华民族之魂与根，黄河文化之内涵、外延、特色和变迁，历代治黄之实录、经验和教训，新中国治黄之巨大成就与未来展望，黄河流域生态保护和高质量发展的理念与实践，黄河文化之传播与弘扬，史籍文献、档案资料、旧典新篇、巨著零札，无不广搜博引，严选精编。

盛世修典，功在千秋。我忝为编纂委员会学术顾问，得参与其事，躬逢其盛，曷其幸哉！是为序。

葛剑雄

2021年10月

序　二

黄河流域文明源远流长，首先表达为中国新石器时代的仰韶文化（公元前5000年—前3000年）、大汶口文化（公元前4300年—前2400年）、龙山文化（公元前2400年—前1900年）。至于中国水利文明的开始，则是妇孺皆知的距今4000年前的大禹治水的传说。有人说当时的大暴雨是全球性的，因为一些民族的神话传说都流露出一些痕迹。大禹治水主要发生于黄河流域，在中华民族形成过程中是有着强大凝聚力的伟大事件。黄河流域也在此后几千年间成为中华民族政治、经济、文化的重心地带。

文化是民族的血脉，是人民的精神家园。在我国5000年文明发展历程中，各族人民共同创造出源远流长、博大精深的中华文化。它凝聚着中华民族自强不息的精神追求，为中华民族的发展提供了强大的精神支撑。回顾历史为的是着眼于未来。人类文明发展史证明，先进的文化筑就国家强盛之基。从文艺复兴的历史来看，它曾开创人文主义的思想解放运动。当年一些思想家挣脱欧洲中世纪宗教神权的精神枷锁和封建君主专制，在古希腊和古罗马的优秀思想中寻求智慧，从而开创了欧洲社会发展的新纪元，促成了18世纪末由英国开始又很快传播到欧洲的第一次工业革命，成为人类思想史辉煌的一页。然而以优胜劣汰为指针的西方文化，在以“大同世界”“天下为公”为目标的中华传统文化面前，却难掩其不足。当年辜鸿铭就曾当面责备翻译《天演论》的严复说，“自严复译出《天演论》，国人只知物竞天择，而不知有公理，于是兵连祸结”，直指只讲自由竞争的西方价值观的缺憾。真正的大国强国，不仅取决于它的经济和军事实力，也取决于它的精神文化的感召力。历史经验提示，文化是社会政治、经济、技术发展的原动力。在前人的基础上，我们应该探寻优秀传统文化的时代内涵和新的发展理念，走出一条新的道路。如今编纂的《中国黄河文化大典》系统总结黄河流域的文化演进，是水利部党组落实习近平总书记关于黄河流域生态保护和高质量发展讲话精神的重要部署，是保护、传承、弘扬黄河文化的重大出版工程，是服务于当代水利实践的重要文化建设。

如何理解前人沉淀在众多文化典籍中的古老智慧，青蒿素的发现就是有说服力的例证。从20世纪60年代开始，由屠呦呦领衔的研究者从众多古代医药书中筛选出有研究前景的几种治疗疟疾的中药。从大约1900年前晋代葛洪著《肘后备急方》记载的“绞汁”获得灵感，发现青蒿素，获得诺贝尔奖。后来又从其他典籍和民间验方中发现黄花蒿等几种高效抗疟药物，进一步打开传统医学研究服务当代的成功之路。

在前沿科学创新中也不乏传统文化的身影。2001年数学家吴文俊指出，他发现并因此获得国家最高科学技术奖的“几何定理证明的机械化问题，从思维到方法，至少在宋元时代就有蛛丝马迹可寻”。他在《东方数学的使命》中再次强调，现代计算机数学和我国古代数学算法的思维方式相一致，“从这个意义上讲，我们最古老的数学，也是计算机时代最适合、最现代化的数学”。既然现代基础科学尚可以从传统文化的继承中推陈出新，在经验性很强的以大自然为背景的科学领域，尤其要进行综合研究。

科学发展史说明，在古代文明中，科学是一个统一的体系。直至15世纪下半叶，在文艺复兴运动推动下，科学才逐渐分化为自然科学与人文科学两大部类，而每一部类又逐渐分化为各门学科。正是由于学科的分解才有力地促进了科学的深入发展，生产力大为提高。在科学不断分化的同时，近百年来科学的融合也在悄然兴起。自然科学内部的有关学科之间加强了交叉联系，进而自然科学也开始注重与历史、管理等社会科学的相互渗透。尤其是像水科学这样以大自然为背景的科学领域，边界条件十分复杂，还不可能分析一切自然界的影响因素，何况其间还加入了人类大规模改造自然所产生的对水环境的影响。而水科学与历史的交叉研究恰恰在构建一个包括人类活动在内的自然界的统一景象，并由此在增进对自然的理解方面显现出自己的优势。

例如，以往的防洪方针主要是控制自然态洪水。水利规划就是根据算水账来进行工程布置，认为控制了洪水也就控制了灾害。但多年来的实践却未能尽如人意，灾害损失大幅度提高，主要江河都发生了不利于防洪的变化。但这些防洪形势的不利变化并非由于水利工程不足，也不是自然洪水显著变异所致，而主要是社会无序发展所产生的负面效果。然而直到20世纪末，世界各国都仍将水灾只称作自然灾害，其实2000年前汉代贾让“治水上策”早就强调：水灾与过度的社会开发有关。自此之后，在2000年的治河史上，当出现单纯运用工程防洪走投无路时，几乎无例外地提出了人类发展要主动适应洪水客观规律的类似见解。世界各主要国家在20世纪中叶以来所普遍推行的工程与非工程相结合的防洪措施的精神实质也相类似。由此我们在自然科学和社会科学交叉研究的基础上，通过历史模型方法提出：“灾害具有自然属性和社会属性，双重属性全面概括了灾害的本质属性，缺一不成其为灾害。”灾害双重属性不是防灾减灾政策制定的依据，也不是工程与非工程减灾措施的另一种表达方式，而是对灾害本质属性的哲学概括。在双重属性当中，二者缺一就不能构成灾害。没有人类活动，就算天崩地裂也无所谓灾害。水利部原部长汪恕诚在2003年发表署名文章，认为“灾害双重属性进一步阐明了灾害的本质属性，这是一种哲学思维方面的进步，也是中国政府在1998年长江发生大洪水后对洪水问题进行深刻思考得出的结论”。他还进一步指出：这些基础理论成果在2002年新修订的《中华人民共和国水法》中得到了体现。古代治水思想研究为当代防洪减灾方针提供了有益借鉴。

在高科技时代，为什么还能够从传统哲学中寻求借鉴？古代生产力低下，自然力对人类社会处于支配地位，人们不得不怀着敬畏的心情，更多地关心和记录自然变异对人类社会的影响，注重天文、地理与人事之间的综合思考。虽然前人对自然规律的认识不及今人深刻，但这种综合思考的原始自然观和世界观，反映的却是和现代相似的客观事实。可见，科学与人文的分割，曾经妨碍了我们的视野。“灾害双重属性”的提出是在许多水利及相关历史典籍的整理中，在1991年淮河、长江和太湖大水灾的实地调查中得到的启示，继而将视野扩展至世界防洪减灾现实，终于有所感悟。

近年来，基于传统水利典籍的搜集整理，在水科学和水文化上做出重要贡献的还有许多。例如中国大运河申请世界文化遗产的基础论证；世界灌溉工程遗产的研究与申报；水利风景区规划；古代水利典籍汇编；以及向社会推介12位历史治水名人，无不借重于传统水利及文化典籍的学习和研究。从事这些工作的心得，是期待更广泛、更系统地搜罗宏富的系统文献。如今《中国黄河文化大典》率先启动，邀约部内精英和社会贤达共襄盛举，汇编流域内水科学水文化典籍，规模巨大，蔚为大观。此外还安排有和黄河治水文化有关的专题研究。在流域范围里产出如此大体量系统的文献整理和研究成果，彰显出组织者促进水科学与水文化融合的深邃思考。

被喻为“中华民族的摇篮”的黄河，既造就了广大的华北平原，提供了民族生存和发展的基础环境，又是一条“善淤、善决、善徙”的多灾多难的河流。2000多年来，它曾北夺海河，自天津入渤海；又南夺淮河，从云梯关入黄海。它在华北平原上往复摆动，频繁决溢，对面积达25万平方千米的国家腹心经济区构成重大的威胁。黄河之所以如此不安定，主要是由于河水挟带的大量泥沙淤积在下游，将河床年复一年抬升的缘故。以往黄河每年从中游带下约16亿吨泥沙，除12亿吨可以直接输送入海外，其余4亿吨堆积在下游河床里。下游河床越淤越高，形成高于两岸地平面的“悬河”。黄河也因此成为“中国之忧患”。黄河下游地区历来是国家的重要经济区，因而历代王朝都把治理黄河，减轻黄河洪水灾害，作为国家的大政方针。

黄河的根本出路何在，是古往今来人们关注的重大宏观研究课题。今天的宏观研究应不同于古代。为了科学地制定黄河防洪战略，对于它的高含沙量以及由此带来的种种后果和问题，都应有准确科学的答案。也就是说，宏观研究必须以一系列的微观研究做基础。因此，为了把黄河治理纳入科学的轨道，为防止和减轻黄河水灾，基础科研亟待加强。近百年来曾经用过模型方法，试图求得解决之道。在模型运用上首先是物理模型和数学模型，这是运用最多的两种方法。加上上面提到的历史模型，三种模型都有着共同的特点，即无论哪种模型，都是中介物。模型方法都是通过对中介物的研究来认识原型。区别则在于它们模拟原型的方法和形态各有不同。近百年间通过对黄河下游的水沙调节，谋求防洪安澜的努力，就曾结合我国古代治河经验，开展了以上三种模型方法的试验。

黄河上第一次物理模型试验，是在20世纪30年代进行的，那是由李仪祉先生推动，委托德国水工模型实验创始人恩格斯教授主持，在瓦痕湖试验场开展，共进行了两次。第二次试验采用平面比尺1∶165，垂直向比尺1∶110的变态模型，河床质采用从国内带去的黄土。验证试验肯定了明代治河专家潘季驯“束水攻沙”理论和他所设计的系统堤防。然而限于当时的条件，模型比尺小，悬移质模拟困难，因而只得出了定性结论，没有取得定量成果。

在20世纪60年代，也曾直接依据历史文献说明黄河下游河床演变规律，首见于钱宁和周文浩所著《黄河下游河床演变》。这是国内研究黄河泥沙和河床演变的力作。在该书绪论中，作者就详细说明：“研究河床演变不可能离开河道的历史背景……这些丰富的历史遗产使我们有条件重温河道的历史演变过程”，历史治水文献“是造床科学中一份最宝贵的历史遗产”。他们还在该书的许多章节中大段引用历代先贤治理河道状况和水力输沙的创造性见解，如欧阳修、苏辙、万恭、潘季驯、陈潢等一众先贤的认识。而在写到黄河游荡性河段特性时，还记录了沿河群众“一弯变，弯弯变”和“一枝动，百枝摇”的民谚，生动地说明了由于险工挑溜角度的改变，或滩岸河势变化，河床左右摆动会向下游传播的游荡性河道特征。可见，汇编整理治黄历史典籍和民间谚语等智慧，对于了解和研究黄河科技和文化，对于社会可持续发展有重要的意义。

当然，历史研究能再现实在的历史过程，但历史与现实只具有一定程度的相似性。历史研究不可能穷尽对研究对象的所有认识，并且主要在宏观问题上具有显著的优势。黄河含沙量居于世界诸大河之冠，带来了黄河治理的复杂性。1949 年后，我们曾对黄河下游防洪做了许多工作，主要依靠堤防和险工，取得 50 年无决口的历史纪录；也曾在中游河道建设系列水库滞蓄洪水和泥沙，并提出黄河水沙同是宝贵资源的新理念。但黄河安定的最终出路何在，仍是国家关注的重大课题。直到 21 世纪初，开始了旷古未有且极具魄力的黄河下游河道治理的全新探索，相较于模型研究，它是在 1∶1 的黄河下游原型上的“模型”实验。于是，调水调沙应运而生。其主要目标是，在黄河下游河道堤防现状下，运用现代化高新技术以及万家寨、三门峡、小浪底等水库对水沙的调配，使黄河进入健康发展阶段。

调水调沙试验在 2002 年开展，通过水库调蓄泄放，形成人造洪峰，加大了对下游河床的冲刷。20 年来黄河调水调沙取得的成果是：黄河主槽不断萎缩的状况得到初步遏制；下游河道主槽平均降低2.6米，主河槽过流能力（水不上滩流量）由2002年汛前的1800立方米每秒，提升到2021年汛前的5000立方米每秒左右。调水调沙以来，黄河累计入海总沙量达28.8亿吨，防洪减淤效果明显。得益于调水调沙，黄河下游河道沿线以及河口三角洲生态状况好转，取得了显著的社会效益，在适应自然规律的基础上，助推了黄河的健康发展。调水调沙实践将成为科学技术史上的重要篇章。

如今，社会以前所未有的速度在前进，物质层面的新技术新产品令人炫目且极具诱惑，科学技术也因此走上圣殿，被公认为社会发展的动力。而孕育科学发展原动力的文化，却一度被冷落。然而看似柔软的文化，却是人类社会持续发展的内在动力，对传统文化的重新整理研究，也应成为科学创新的源泉之一，为科学带来灵感和想象力。可见，科学的发展非但不应该排斥文化，相反，提炼文化中的历史经验和信息，并与之相融合，正是科学所要完成的重要课题。为了大力加强黄河水文化建设，为水利科学发展提供精神营养，我们期待着《中国黄河文化大典》的早日问世。

周魁一

2021年11月

编 纂 说 明

《中国黄河文化大典》全面记录了我国历代黄河治理的辉煌成就，系统展现了历代黄河治理的理论与实践，传承了经典典籍中蕴含的思想观念、人文精神和道德规范。《中国黄河文化大典》是胸怀国之大者、保护传承弘扬黄河文化的具体体现，是坚定文化自信、延续历史文脉的重大出版工程，对中华优秀传统文化创造性转化、创新性发展意义重大。

《中国黄河文化大典》编纂出版原则是：句读合理，标点正确，校雠细致，校勘有据。

一、为方便阅读，将底本的繁体竖排改为简体横排，原文中表示前后关系的"如左""如右"等予以保留，实际表达的含义为"如下""如上"，只在每个编纂单元首次出现时统一注释说明。

二、底本中的异体字、俗字等原则上改为简体字，不出校。"粘""爬"等用字因字词的义项发生变化，虽然已经不适用于现在的字词义项，但仍保持原貌不予修改，只在每个编纂单元首次出现时统一注释说明。

三、原文中的数字用法仍依底本不改；人名、地名易生歧义者，不予简化；底本中的双行小字注释改为单行小字注释。

四、对原文献分段，逐句加标点，标点遵循 GB/T

15834—2011《标点符号用法》。

五、文献正文以及文中引文部分，除校改明显错误外，一般不作不同版本的校注。对原文献进行校勘，凡有可能影响理解的文字差异和讹误（脱、衍、倒、误）都标出并改正。如有必要再以校勘记进行说明，校勘记置于页下，文中校码紧附于原文附近。正文改字在正文中标注增删符号，拟删文字用圆括号标记，正确文字用六角括号标记，如把拟删的“下”改成“卜”，格式为“（下）〔卜〕”。

六、对于史实记载过于简略，明显谬误之处，以及古代水利技术专有术语、专业管理机构、工程专有名称及名词等，进行必要的简单注释。

七、每个编纂单元前，有文献整理人撰写的“整理说明”，其主要内容包括文献的时代背景，作者简介及其主要学术成就，文献的基本内容、特点和价值，文献的创作、成书情况和社会影响，整理所依据的版本及其他需要说明的问题。

八、每分册前设有“前言”，其主要内容包括本分册涵盖的典籍内容、文献价值、出版意义和版本特色，本分册典籍入选原则以及与编纂有关的需要特别说明的情况等。

九、为保持文献历史原貌，本次整理不对插图进行技术处理。

《中国黄河文化大典》的编纂出版得到了水利行业及社会各界的广泛关注和大力支持，中共中央宣传部、中央政策研究室、文化和旅游部、中国科学院、中国社会科学院、中国工程院、清华大学、北京大学、复旦大学等部门及单位给予了大力支持，不少院士、专家、学者担任编委会及专家委员会委员，指导编纂工作。本书的点校专家、审稿专家、编纂工作组织者亦付出了巨大努力，在此诚表谢意。

由于工程浩大、编校繁难，编纂过程中难免存在疏漏，欢迎广大读者、专家批评指正。

《中国黄河文化大典》编委会办公室

《中国黄河文化大典》

黄河治理（古代部分）

主　　编　李新贵

副 主 编　马爱梅　郑小惠

参编人员　吴小华　童庆钧　李新贵　吴朋飞
　　　　　闵祥鹏　肖启荣　武　强　郑小惠
　　　　　牛志奇

审稿专家　翟家瑞　蒋　超

前　言

黄河是中华民族的母亲河，也是一条多灾多难的河流。据粗略统计，在中华人民共和国成立之前的三四千年内，黄河下游的决口泛滥高达1500多次，波及范围北至天津，南到苏皖。

在北宋末年以前，黄河下游河道绝大部分时间都是流经今河北平原入海。南宋建炎二年（1128年），黄河夺淮入海，从此不再进入河北平原。入元后，黄河下游河道多股分流在黄淮平原，泛滥、决口、改道频仍。明以后决溢改道更加频繁。

元、明、清，在治河时尽可能地使黄河干流保持在开封、徐州一线，以便徐州、淮阴间的运河有足够水源通漕，防止黄河北决成为了治河方略。而南岸分流的结果，造成了徐州以下黄河干道上的水源缺乏，也影响漕运。先后堵塞南岸的后果，使单股汇淮入海的黄河河床迅速淤高，河患因此严重，同样影响漕运。

这种连续性治黄保运的战略一直持续到咸丰五年（1855年）黄河在铜瓦厢决口，黄河下游重新回到渤海湾，结束由淮入海的局面止。在这700多年间，围绕着治黄保运的历史主旋律产生了一批治河专书。《中国黄河文化大典》“黄河治理（古代部分）卷一”基于这样的考量，整理收录了元、明、清三代六部治河专著。

元至治元年（1321年），色目人赡思结合北宋沈立《河防通议》及金代都水监《河防通议》编订《重订河防通议》。这部著作分河议、制度、料例、功程、输运、算法六门，记叙河道形势，探索治河之法，系统治水工程，足以补列代史志之阙。

至正十一年（1351年），贾鲁任工部尚书兼总治河防使，堵塞白茅等处决口，黄河主流复行故道。事后翰林学士欧阳玄访求贾鲁治河方略，查阅工程档案，编撰《至正河防记》。详述筑埽、修堤、开渠等措施，总结出疏、浚、塞三种施工方法，是至正年间河防工程全面的技术总结。

明嘉靖十三年（1534年），刘天和奉命任河道总督治理黄河。随后，提出了影响深远的“植柳六法”（卧柳、低柳、编柳、深柳、漫柳、高柳）等堤防管理方法，以及“堤防疏浚之制”等治河理论。这保存在明代治河重要著作、刘天和所撰《问水集》中。

万历十九年（1591年）刊刻的《河防一览》，包含敕谕、图说、河议辨惑、河防险要、修守事宜、河源河决考、古今稽证、奏疏等内容。潘季驯于此创造性提出“筑堤束水”“束水攻沙”“蓄清刷黄”“淤滩固堤”的治河理论，代表了16世纪中国水利技术的最高水平。

清康熙十六年（1677年）任命靳辅为河道总督。二十三年（1684年），靳辅奉旨编纂《治河奏绩书》，经人改编为《治河方略》。讨论了黄河、运河、淮河治理的关键问题，继承了潘季驯等人“束水攻沙”治河理论。这是继潘季驯《河防一览》后最重要的河工著作之一。

嘉庆时，河道总督徐端编纂《安澜纪要》和《回澜纪要》两部著作。前者记述了如何迅速处置、应对黄河河道出现漫口、决堤的情况。后者记述了清代河工技术和管理经验，保存了大量治河的珍贵资料，对研究古代水利工程技术具有重要的价值。

这六部著作多是当时治河经验的总结，代表了治河的水平，在治河思想上具有一定的继承性和延续性，从而构成了一幅幅连续的治河画面。这些治河经验、治河思想对于今天黄河流域生态保护与高质量发展具有十分重要的参考价值。

2022 年 11 月

目　录

河防通议

〔元〕沙克什 撰

吴小华 整理

整理说明

《河防通议》，元代色目人沙克什（原本作赡思，清改为此名）撰。宋金时期已有文献记载，黄河河患频繁，灾害严重。到元代时，河患更为加重，沙克什为探索治理黄河之法，严防河患，于至治元年（1321年）以北宋沈立原著《河防通议》（宋庆历八年本，俗称“汴本”），以及金代都水监所编另一《河防通议》（即所谓“监本”）合二为一，加以整理改编而成，称为《重订河防通议》。

《河防通议》分为上、下二卷，包括河议、制度、料例、功程、输运、算法六门，分别记述了河道形势、河防水汛、泥沙土脉、河工结构、材料和计算方法以及施工、管理等方面的规章制度，前后有序跋。其“门各有目，条列品式，粲然咸备，足补列代史志之阙”，对于元代水利治理及水利科学发展都具有非常重要的参考价值。

此次整理，主要以文渊阁《四库全书》本《河防通议》（以下简称“文渊阁本”）为参照，并参考守山阁《丛书集成》本《河防通议》（1936年商务印书馆出版，以下简称“守山阁本”）、文海出版社《中国水利要籍丛编》本《河防通议》卷十二至卷十四（以下简称“中国水利本”）、《宋史·河渠一》（卷九十一）等文献，对文稿内容进行梳理、校对，订正修改了其中疏误之处，以便让广大读者对此书有一个更为直观的了解。

本书由吴小华整理，或有未尽之处，限于整理者水平与经验，敬请批评指正。

整理者

目　录

钦定《四库全书》提要

《河防通议》二卷，元沙克什撰。按：沙克什，原（大）❶〔本〕作赡思。

沙克什，色目人，官至秘书少监，事迹具《元史》本传。是书具论治河之法，以宋沈立“汴本”及金“都水监本”汇合成编。本传所称《重订河防通议》是也。沙克什系出西域，邃于经学，天文、地理、钟律、算数无不通晓。至元中，尝召议河事，盖于水利亦素所究心，故其为是书。分门者六，门各有目，凡物料、功程、丁夫、输运以及安桩、下络、叠埽、修堤之法，条列品式，粲然咸备，足补列代史志之阙。昔欧阳（元）〔玄〕尝谓司马迁、班固记河渠、沟洫，仅载治水之道，不言其方，使后世任斯事者无所考。是编所载，虽皆前代令格，其间地形改易，人事迁移，未必一一可行于后世。而准今酌古，矩矱终存，固亦讲河务者所宜参考而变通矣。

❶ 大　当作“本”，据文渊阁本改。

原序

水功有书，尚矣。《禹贡》垂统于上，而《河渠书》《沟洫志》缵绪于下，后世间亦有述。逮宋、金而河徙加数，为害尤剧，故设备益盛，而立法愈密。其疏导则践禹迹而未臻，其壅塞则拟宣房而过之矣。金时，都水监有书详载其事，目曰《河防通议》，凡十五门，其体制类今簿领之书，不著作者名氏，殆胥史❶之纪录也。今都水监亦存而用之。愚少尝学算数于真定壕寨官❷张祥瑞之授以是书，且曰："此'监本'也，得之于太史若思。"后十五年，复得"汴本"，其中全列宋丞司点检周俊《河事集》，视"监本"为小异，虽无门类，而援引经史，措辞稍文，论事略备，其条目纤悉则弗若之矣。署云"朝奉郎、尚书屯田员外郎、骑都尉沈立撰"。愚患二本之得失互见，其丛杂纷纠，难于讨寻。因暇日擿而合之为一，削去冗长，考订舛讹，省其门，析其类，使粗有条贯，以便观览，而资实用云。至治初元，岁在辛酉，四月吉日，真定沙克什序。

---

❶ 胥史　同"胥吏"。《新唐书》卷四十五《选举志》载："诸台、省、寺、监、军、卫、坊、府之胥史六千余人。"《新唐书》卷九十八《吏传》载："绍京本胥史，无素才。"

❷ 壕寨官为宋、金、元时期水利等工程之从事者。《勉斋集》卷二十八《公札》载："又尝令壕寨官计其丈尺工料，则为城不过六七里，为费亦数十万缗。"《金史》卷五十七《百官三》载："壕寨官一员，掌监督修造。"

《河防通议》卷上

《四库全书》原本《守山阁丛书》史部元沙克什撰，金山钱熙祚锡之校。

河议第一

古今河患

汉谷永以为："河，中国之经渎也。圣王兴则出图书，王道废则竭绝。今溃溢横流，漂没陵阜，异之大者也。修政以应之，灾变自除。"是时李寻、解光亦言："阴气顺按：《前汉书》原文作"阴气盛"，顺字疑误。则为水之长，江河满溢。所谓水不润下，明天道有故❶而作也。"

又，田鼢曰："江河之决皆天事，未易以人力强塞，未必应天。按：《前汉书》原文作未易以人力强塞，强塞之未必应天。此处盖有脱文。而望气用数者亦以为然。愚稽考前书，三五之世，非无失德之君，而河不为患者，岂禹迹之存欤？"沈立"汴本"。

---

❶ 故　也作"因"，据《汉书》卷二十九《沟洫志》："阴气盛则水为之长，故一日之间，昼减夜增，江河满溢。所谓水不润下，虽常于卑下之地，犹明变见于朔望，明天道有因而作也。"

堤埽利病

《易》曰:“水流湿，火就燥。”《洪范》曰:“水润下，火炎上。”此圣人言水火之本性也。昔大禹治水，导河自积石至于大陆，播为九河，而归于海，盖顺物性而治之也。由是功施三代，民无昏垫之忧。及乎战国，各利其地，不能复禹故迹，而务兴堤防。至于汉世，决溢之患作矣。当是之时，议复禹迹者，言甚恳至，而卒不能用。乃以竹楗、石菑善塞为利。殊不知逆性而为利，则贾让所谓“犹止儿啼而塞其口，岂不遽止，然其死可立而待也。”乌可为邪?晋魏而下，逮乎隋唐，用事者往往极言水利，至于河事，则亦无著闻于时者。我国家奄有天下，自龙门至于渤海，为埽岸以拒水者，凡且百数。而薪刍之费，岁不下数百万缗。兵夫之役，岁不下千万功。备御河患，不为不至矣。而自开宝之后，溃溢愈甚。议者谓必决之势有二，而完固之弊有三。不敢支蔓其说，粗别白而言之。

夫战国之时，作堤去河犹二十五里，虽屡移徙，而不为患，及乎汉世尚然。近者百步，远者数里。以今验之，则郡邑、民房皆在旧日古堤之间耳，又安得不为患也。然观河水向着之处，紧刷堤脚，吞伏势紧，渲入埽下。盖由河堤太狭，一川不能兼受数河之任，虽增高堤防，劳费百倍，而亦不能救溃决之患耳。此必决之势一也。

又，河水一石，而其泥六斗，既而河道久不移徙，其易为淤淀也可知矣。今堤外民田，在河水之下几〔已〕数尺，故塞而复决。此必决之势二也。

又，监埽使臣与都水修护官，及本州知、通[1]同兼管辖，凡

[1] 知、通　知州、通判的合称。

有缮治，必候协谋。方听令（千）[1]〔于〕省，转取朝旨而后行。其有可行之事，为一人所沮，则遂为之罢。有不可兴之功，为一人所主，则或为之行。上下相制，因循败事，此完固之弊一也。

又，逐埽所积薪刍之备，其退无涯，不可按验。谓卷埽所用之物无磨勘也。由是缘而侵盗，鲜能禁止。退背之地，任其朽败。至于向着之处，居常阙乏，危急之际，无所救护，坐待溃决，此完固之弊二也。

又，每埽所屯河清军，多是差拨上纲及诸处占役，有河上功料，却自京东西、淮南发卒为之，各离本管，贫弊困苦，逃死大半，两失制置，河清谙熟河役，却令上网杂役，客军去营三二千里，逃死者十四五，故谓两失制置。此完固之弊三也。

今以必决之势，不完三弊，而欲殄河患，虽使神禹复生，恐未能也。救弊之急，莫若先择使领之兵，不令他役，然后商胡北决水，复金堤故道，则劳费自减其半矣，堤防可责完固矣。若然，则河患几乎息欤！汴本。

《河事集》序

河为中国患远矣，故国朝嘉〔祐〕中，内置都水监以总之。元丰中，外复分南北丞以行之。其如分职置吏，辟举〔徭〕役、官兵，谨堤防、植材木、颁廪赐，以至赏罚推劾之（数）[2]〔类〕，有司号令之文，皆有成书，阅而可考。至若河之源流，古今决塞，与夫治水之成败，建官之因革，区区案局，或未遍知。俊窃役水司，行将二纪矣。耳目见闻，盖亦多矣。今不揆孱愚，辄用采集，庶我水局同于吏道者，或赐观览焉。虽无取

---

[1] 千　当作“于”，据文渊阁本改。

[2] 数　当作“类”，据文渊阁本改。

于毫分，恐有补于万一。时建炎二年秋望日，铜台本司进义副尉、北丞司点检文字周俊集。汴本。

治水

尧之时，洪水滔天，浩浩怀山襄陵，下民昏垫，二十年间。四岳举鲧治水，九年而水害不息，功用不成，治水无状，乃殛鲧于羽山而死。舜举禹，使续鲧之业。尧崩，舜命禹为司空，平水土。禹伤其父之功不成而受诛，乃劳力焦思，居外十三年，过门不入。陆行车载，水行舟载，泥行乘橇，按：《尚书》蔡沈《集传》❶作“泥乘楯”。《史记》作（橇）〔毳〕，《前汉书》作“毳”。注：孟康曰：“毳行如箕，擿行泥上。”师古曰：“毳读如本字。”山行则梮，按：《尚书》蔡沈集传作“山乘樏”，《史记》作檋❷，《前汉书》作“梮”。注：居足反❸以别九州。随山浚川，任土作贡。导河自积石，至于龙门，南至于华阴，东过洛汭，至于大伾。于是，禹以为河所从来者高，其水湍悍，难以成功于平地，遂疏九渠，以引其河，同为逆河，入于渤海。三代千余年享其利。逮春秋二百四十年，不书河患，以禹所为之功未易泛溢也。

自周定王五年，河始小徙，而秦复决以灌魏，陵夷至于战国，其法坏而堤防作矣。战国之地，惟齐与赵、魏以河为境界。齐居河之东，而赵、魏居河之西。赵、魏依山而高，齐居平地而卑。于是，齐始去河二十五里为堤焉。自是，河流东抵而不得纵横，遂〔泛〕❹溢于西。而赵、魏亦二十五里为之堤以防

❶ 《集传》　即《书集传》或《书经集传》。此书为南宋学者蔡沈采择众说、融会贯通后对《尚书》所作之注本。

❷ 檋　当作“桥”。据《史记》卷二十九《河渠书》改。

❸ 居足反　即“梮音”。据《汉书》卷二十九《沟洫志》载：“梮音居足反。”

❹ 泛　脱字。据文渊阁本补。

之。河势自此蹙然，未至于甚者。中间犹得二十五里之阔，而河之流尚得优游，而不至于迫也。其后边河之民，因水之去，则耕牧其中焉❶，又为室庐聚落以居焉。及水之来也，捐庐室聚落，实有所迫之也。古之善治河者，常空数百里之地以待之，岂以咫尺之地为吝，而卒使民受其害也？《河事集》。

辨信、涨二水

信水者，上源自西域❷远国来。三月间凌消，其水浑冷，当河有黑花浪沫，乃信水也。又谓之上源信水，亦名黑凌。

涨水者，系六月临秋生发，过常无定，上有浮柴困鱼，其水腥浑，验是矾山远水也。又水兼深浓。或曰"红浓"。"监本"。

十二月水名

正月解凌、二月信水、三月桃花、四月麦黄、五月瓜蔓、六月矾山、七月荻苗、八月豆花、九月霜降、十月复漕、十一月噎凌、十二月蹙凌。"监本"。

河水平安月分

正月、二月、三月、十月、十一月、十二月。

释十二月水名

黄河自仲春迄秋，季有涨溢。春以桃花为候，盖冰泮水积，案：《宋史·河渠志》作"冰泮雨积"。川流猥集，波澜盛长。二月、三月

❶ 焉　文渊阁本作"也"。

❷ 域　文渊阁本作"夷"。

谓之“桃花（月）[1]〔水〕。按：《宋史·河渠志》，信水、桃花水下载：春末芜菁开花。谓之菜花水。此处疑有脱文。四月（陇）[2]〔垄〕麦结秀，为之变色，故谓之“麦黄水”。五月瓜实延蔓，故谓之“瓜蔓水”。朔方之地，深山穷谷，固阴沍寒，冰坚晚泮，逮于盛夏，消释方尽，而沃荡山石，水带矾腥，按：原本作“浩荡山石，山带矾腥”，疑有误。今从《宋史·河渠志》所引文改正。并流入河，六月谓之“矾山水”。今土人常候夏秋之交，有浮柴死鱼者，谓之“矾山水”，非也。七月、八月菼薍花出，谓之“荻苗水”。按：《宋史·河渠志》作“七月，菽豆方秀，谓之‘豆华水’”。九月以重阳纪候，谓之“登高水”。十月水落安流，复故漕道，谓之“复漕水”。十一月、十二月断凌杂流，乘寒复结，谓之“蹙凌水”。立春之后，春风解冻，故正月谓之“解凌水”。水信有常，率以为准。“汴本”与“监本”少异，故两存之。

浪名以辨河事“监本”

马稳波、深。破头浪、深。鹘鹚浪、斜敛浪、深。截河浪、纳漕浪、系角土有阿[3]，岸下两流相系，故谓“纳漕浪”，深旋。汗心浪、浅。秋河窟臀、若上口有阿，不愁下口。夏河口、若下口有阿，上口亦有阿。南风滩头浪、浅。北风浪里河、东风看赤、是河。西风看白、是河，亦名逆流浪。远观花浪、深。近作脚、深。滩头敛、高。河北敛、深。西流。缘大河正流或左右一处岸子陡高，擗水向下，与其余生河水相聚，作西流。又有瀼底西流，系岸下水深，或正西流左右岸陡高，二水相击，作拔底西流。

---

[1] 月　当作“水”。据文渊阁本及本句之案中“信水、桃花水”改。另：“花”，《宋史》卷九十一《河渠一》作“华”。

[2] 陇　当作“垄”。据《宋史》卷九十一《河渠一》改。另：据《宋史》卷九十一《河渠一》“四月”下有“末”。

[3] 阿　“弯曲”之意。《六臣注文选》卷一“珊瑚碧树，周阿而生”之刘良注云：“阿，曲也，言生于庭曲”。

辨土脉

夫治水者，必知地理形势之便，川源通塞之由，功徒多少之限，土壤疏厚之性，然后可以言水事矣。且水害中国者，惟河为甚。禹迹既亡，自汉而下垂千余年，言水事者不可胜记，而未闻有成功者，不其难乎？今列土性与色于后。

胶土：花淤、牛头、沫淤、柴土、捏塑胶。若先见杂草荣茂，多生芦葵，其下必有胶土。

减土：带沙青、带沙紫、带沙黄、带沙白、带沙黑。此系旧河底死土，或多年〔诸〕杂❶粪土，经一纪以上变成者。

沙土：活沙、流沙、走沙、此三等活动走流，难以成功。黄沙、死沙、细沙。一云腻沙。

河防令

一、每岁选旧部官一员，诣河上下，兼行户、工部事，督令分治都水监及京府州县守涨部夫官，从实规措，修固堤岸。如所行事务有可久为例者，即关移本部，仍候安流，就便检覆。次年春，工物料讫，即行〔还〕❷职。

一、分治都水监道勾当河防事务，并驰驿。

一、州县提举管勾河防官，每六月一日至八月终，各轮一员守涨，九月一日还职。

一、沿河兼带河防知县官，虽非涨月，亦相轮上提控。

一、应沿河州县官，若规措有方，能御大患，及守护不谨，以致堤岸疏虞者，具以奏闻。

---

❶ 杂　当作“诸杂”。据文渊阁本补。

❷ 还　脱字，据文渊阁本补。以下“还”同此。

一、河桥埽兵遇天寿圣节及元日、清明、冬至、立春，各给假一日。祖父母、父母吉凶二事，并自身婚娶，各给假三日。妻子吉凶二事者，止给假二日。其河水平安月分，每月朔各给假一日。若河势危急，不用此令。

一、沿河州府遇〔河〕❶ 防危急之际，若兵力不足，劝率于拟水手人户，协济救护。至有干济，或难迭办，须合时暂差夫役者，州府提控官与都水监及巡河官同为计度，移下司县，以近远量数差遣。

一、河防军夫疾疫须当医治者，都水监移文近京州县，约量差取，所须用药物，并从官给。

一、河埽堤岸遇霖雨涨水作发暴变时，分都水（司）❷〔监〕与都巡河官往来提控官兵，多方用心固护，无致为害。仍每月具河埽平安，申覆尚书工部呈省。

一、除滹沱、漳、沁等河，以其各有埽兵守护。其余为害诸河，如有卧着冲刷危急等事，并仰所管官司约量差夫，作急救护。其芦沟河行流去处，每遇泛涨，当该县官与崇福埽官司一同叶济固护，差官一员，系监勾之职，或提控巡检，每岁守涨。此令系金时所著。并见“监本”。

制度第二

开河

自古但遇开河，宜〔先〕❸ 于上流相视地形，审度水性，测

---

❶ 河　脱字。据《新元史》卷五十二《河渠一》补。

❷ 司　当作“监”。据文渊阁本与该“河防令”其他条文改。

❸ 先　脱字。据文渊阁本补。

望斜高，于冬月记料，至次年春兴役开挑，仍于上口存留隔堰，必须涨月以前终毕。待涨水洪发，随势去隔堰，水入新河，乘势顺下，可以成功。开河之法，非止一端，又须审势疏导。假若河势丁字，正撞堤岸，剪滩截嘴，撩浅开挑，费功不便，但可解目前之急，亦有久而成河者。如相地形，取直开挑，先须钤口下❶，谓上下平岸口也。望分水势，以解堤岸之危。若全要夺大势，更于对岸抛下树石修刺，刺音七。于刺影水势，渐以树石钤固。河口因复填实，损而复修，遂至坚固不摧塌，则新河迤逦行流，旧河自然淤塞矣。“汴本”。

闭河

先行检视旧河岸口，两岸植立表杆，次系影水浮桥，使役夫得于两岸通过，兼蔽影河流紧势。于上口难❷前处，下撒星桩，抛下树石，镇压狂澜。然后两岸各进草纴三道，土纴两道，又于中心抛下席袋、土包子。若两岸进纴，至近合龙门时，得用手持土袋、土包，多广抛下，鸣锣鼓以战河势。此亦吴人以万弩射潮之意。既闭后，于纴前卷拦头压埽，〔于〕❸ 纴上修压口堤。若纴眼水出，再以胶土填塞牢固，仍设边检，以防渗漏。“汴本”。

定平

定平之制，既正四方，据其位置，于四角各立一表，当心安置水平，其制长二尺四寸，广二寸五分，高二寸。先施立桩在下，高四尺，安纂在内。桩上横坐水平，两头各开小池，方

❶ 口下　互乙。

❷ 难　疑为“滩”。

❸ 据文渊阁本，此处应为“又于”。

一寸七分，深一寸三分，注水于中，以取平。或中心又开池者，方深同，身内开槽子，广深各五分，令水通过。于两头池子内各用水浮子一枚，用三池者水浮亦用三枚。水浮子方一寸五分，高一寸二分，刻上头令侧薄，其厚一分，浮于池内。望两头水浮之首，参直遥对立表处，于表身画记，即知地形高下。二本同。

修砌石岸

凡修砌石岸，先开掘槛子嵌坑。若用阔二尺，深二丈，开与地平。顺河先铺线道板一片，次立签桩八条，各长二丈，内打钉五尺入地。外有一丈五尺，于签桩上安跨塌木板六片，每留三片，每片凿孔两个，中间撒子木六条。于撒子木上用秆草一束匀铺。先用整石修砌，修及一丈后，用荒石再砌一丈，一例高五尺。第二层除就旧签桩外，依前铺塌木板、撒子木、秆草，再用石段修砌，高五尺。第三层亦就旧分例，于上修砌高一丈，功就。三层通高二丈。二本皆同。

卷埽

埽之制非古也，盖近世人创之耳。观其制作，亦椎轮于竹楗、石菑也。今则布薪刍而卷之，环竹絚以固之，绊木以系之，挂石以坠之。

举其一工以称之，则曰〔奞〕[1]。按：音“混”，字书“大束”也。奞既下，又以薪刍填之，谓之“盘簟”。两奞之交，或不相接，则

---

[1] 奞　脱字，据守山阁本补，以下“奞”字同此。徐中舒主编《汉语大字典》引《篇海类编·通用类·大部》，音“滚”，“混”亦有“滚”之意，故此处之“混”应音“滚”。

以纲子索包之，实以梢草塞之，谓之“孔塞”。“盘簟”“孔塞”之费，有过于埽龛者，盖随水去者大半故也。其龛最下者，谓之“扑崖埽”，又谓之“入水埽”。龛之最居上者，谓之“争高埽”。河势向着，恐难固护，先于堤下掘坑，卷埽以备之，谓之“陷埽。”（曡）❶〔叠〕二、三、四、五而卷者，盖河堧皆沙壤疏恶，近水即溃，必借埽力以捍之也。下埽龛既朽，则水刷而去，上龛压下，谓之“实垫”。于上又卷新埽以压之，俟定而后止。凡埽去水近者，谓之“向着”；去水远者，谓之“退背”；水入埽下者，谓之“紧刷”。向着之（刷）❷〔埽〕，积龛有长三二百步，或至千步者。埽龛之高，自十尺有至四十尺者。其龛之长，不过二十步，故一埽稍垫，动为二三❸十，计其薪刍竹石兵士之费，已二三❹万缗。官得其人，则可省三之一；官不得其人，则费加倍。若暴水泛溢，走流埽，龛下埽既去，上埽摇动，谓之“埽喘”，大危矣。“汴本”。

筑城此非河事，但以近河城郭间若水圮，亦或用之。**物料附**

凡城高四十尺，则厚加高二十尺。其上斜收，减高之半。若高增一尺，则其下厚亦加一尺，上收亦减其半。若高减，则亦减之。开地深五尺，其广随城之厚。每身一十五步，栽永定柱一条。长视城高，径一尺至一尺二寸。夜义❺各二条，每筑高五尺，横用纴木一根。瓮城至马面之类准此。每榑椽三尺，用

---

❶ 曡　文渊阁本作“叠”。《说文》言：曡，扬雄说以为，古理官决狱，三日得其宜，乃行之。从晶，从宜。亡新以为，曡从三日太盛，改从三田。

❷ 刷　当作“埽”。据文渊阁本改。

❸❹　文渊阁本“三二”互乙。

❺ 夜义　即“夜义木”。据宋人李诫撰《营造法式》卷三《壕寨制度·成》载：“夜义木各二条，每筑高五尺，横用纴木一条。”

草蒌一条，木橛一个。“监本”。

〔料例第三〕[1]

修砌石岸每步两缝合用物料二本同

签桩八条，各长二丈，径二寸八分。撒子木一十八条，各长二丈，径六寸。扎缝草三束，各一十五斤。线道板一片，长五寸，阔一尺，厚三寸。石段一千三百三十三块三分，各长一尺五寸，厚阔各一尺，荒整各半。塌木板一十八片，各长一丈三尺，阔九寸，厚三寸。打攀桩一条，橛三条，竹索二条。

安置坝闸一座物料“汴本”

厢板八十片，搿土板八十片，底板四十片，四摆手板六十片，以上计二百六十片，各长一丈五尺，阔一尺，厚二寸。截河板六十片，长六尺，阔一尺，厚二寸。刺水板二十片，各长七尺，阔一尺，厚二寸。吐水板二十四片，各长一丈六尺，阔一尺，厚二寸。板橛四十八个，各长六尺，方三寸。立贴木一十二条，各长一丈五尺，阔六寸，厚四寸。卧贴木三十条，各长六尺，阔六寸，厚四寸。金口立贴木四条，各长一丈五尺，阔七寸，厚五寸。压板地栿九条，各长二丈四尺，阔五寸，厚二寸。辘颊木八条，各长一丈，阔一尺，厚五寸。顺水地栿二条，各长三丈二尺，阔一尺，厚七寸。过水地栿二条，各长三丈，阔一尺，厚七寸。排槎木柱二十条，各长二丈一尺，阔一尺二寸，厚六寸。角柱四条，各长二丈一尺五寸，阔一尺五寸，厚二寸。[2] 金口柱二条，各长二丈一尺五寸，阔一尺五寸，厚一

---

[1] 标题“料例第三”脱。据文渊阁本补。

[2] 二寸　文渊阁本作“一寸”。

尺。衬板地栿一十二条，各长二丈四尺，阔一尺，厚八寸。吐水地栿五条，各长三丈，阔一尺，厚六寸。刺水地栿二条，各长二丈五尺，阔一尺，厚六寸。涎衣梁四条，各长一丈六尺，阔一尺二寸，厚七寸。门渠栿一条，长二丈四尺，阔一尺，厚六寸。攀面拽后橛八条，长一丈七尺，径九寸。脚板二片，长一丈五尺，阔一尺四寸，厚六寸。闸板八片，长二丈三尺，阔一尺四寸，厚六寸。地丁五十八条，各长六尺，（□）〔径〕六寸。[1] 吐水桩三十条。各长七尺，径七寸。凤翅桩二十条。各长二丈，径七寸[2]。〔唫〕[3] 口木四条，各长二丈五尺，径九寸。永定柱五十二条，各长二丈，径七寸。拽后木五十二条，各长一丈七尺，径四寸。转轴四条，各长七尺，径八寸。上下水拦口桩一百六十条，各长七尺，径七寸。丁铁梁头计三千八百七十八个，平盖五寸丁三千一百一十二个，候头一尺丁三百四个，梁头〔锔〕[4] 五十二道，长一尺五寸，阔一寸，厚三分。钉梁头三寸丁三百一十二个，每首六个。板钗股三十二个，长二尺，径四分。起板钩索三十二条，各长四尺，每股径六分。打板索上钩环二副，钩长五寸，环径四寸。挂板钩搭三十二个。钩长八寸，脚四寸。杂用物料，好麻索四条，二条长三十尺，径三寸。二条长二丈五尺，径二寸半。油八十斤，石灰二百四十斤。三斤和油，一斤为剂，固缝使用。

四摆手合修盘木岸各八步合用物料例每三尺六寸，使梢草一束，签桩一条，梢草中停，填埽坑同。

梢六百九十束，草六百九十束，签桩三十条，什物席一十片，榜栳二十个，檐索二十条。各长二丈。

---

[1] 当作"径六寸"。据文渊阁本补。

[2] 七寸　文渊阁本作"八寸"。

[3][4] "唫""锔"　脱字，据中国水利本补。

卷埽物色有梢草，有竹索，有桩，有橛。

山梢、出河阴诸山，埽军采斫，舟运而下，分置诸埽场，以其坚直可久，故用之。杂梢、即沿河采斫榆柳杂梢，或诱民输纳者。心索、大小皆百尺，此索在埽心，横卷两系之。底楼索、在上曰搭楼索。束腰索、单使令多。箍头索、两端用之，箍音“孤”。芟索、卷埽密排用之，亦名绰蔓。斯绹索、长二十尺❶，小竹索也，以吊坠石。网子索、以竹索交结如网，置两埽之交，以实盘簟。签桩、长一丈八尺，埽上以云梯簦下之，以贯下埽。枵橛、长二尺，首端安横牙，故云枵橛。擗橛、长五尺，即榼橛，盘簟即用之。小橛、长一尺五寸，以接索头。坠石。大小规模类碓觜，以斯绹索贯其窍。

卷埽器具

制脚木、用大木枋先置埽台上，以衬铺埽，使其势不滞也。制木、以枋为之，先置埽下，以制绵蔓。三脚拒马、亦用拒埽，使不退有进，木❷往往不用。进木、以圆木作转轴，按类而推之，每卷埽，即用五七枚于龛下，使埽不退。长木簦、以圆木为之，四出枢廓，方木为之，如簦之状，恃以下桩。短木簦、大(小)❸〔石〕簦、小石簦、皆同上。卓钩、以铁为钩，贯木柄，用铺埽，匀梢草。推梯、以大木径尺许者为之，每二尺凿一窍，以横木贯之，卷埽用。数百人拱其横木，推埽龛。又有(火)❹〔大〕横梯、蜈蚣梯，其制一也，但大小不同。云梯、以木为之，如梯横跨桩首，人立以(待)❺〔持〕簦打桩。卓斧、拍把、栎木杪棒、三棱木、草牛、土牛、土捧头❻、绵索、通河索。皆

---

❶ 二十尺　文渊阁本作“三十尺”。
❷ 木　脱字。据文渊阁本补。
❸ 小　当作“石”。据文渊阁本及下文“小石簦”改。
❹ 火　当作“大”。据文渊阁本改。
❺ 待　当作“持”。据文渊阁本改。
❻ 土捧头　文渊阁本作“捧头”。

杂用。以上并“汴本”。

卷埽棄高一丈长二十步合用物料

计用三千八百五十条，束梢一千一百束，六百八十七束半铺埽，四百一十二束半盘簟。草二千六百二十五束，若卷牛子梢，倍草数。二千一百七十束埽，一千三百五十六束二分半铺埽，八百一十三束七分半盘簟。四百五十五束打绵葽，有芟尽用。签桩九条，簟埽用二丈，压埽用一丈或三丈。掰橛七条，亦名榼橛，用簟埽。拽后橛六十条，竹索四十九条，绵葽三百五十条，小橛料索计数，此其大略也。但取见用以为准，临时损益，则在其人。“监本”。

造船物料监本

船每一百料，长四十尺，面阔一丈二尺，底阔八尺五寸，斜深三尺。计用板木二百二十三条[1]片，底板二十四片，长一丈，阔一尺四寸，厚一寸半。远板四片，长一丈四尺，阔一尺一寸，厚二寸半。帮板二十二片，长一丈三尺，阔一尺一寸，厚一寸半。艨板八片，长一丈二尺，阔一尺，厚一寸半。巾头板二片，长七尺七寸，阔一尺，厚二寸。平漫板一片，长七尺，阔一尺，厚一寸半。侧岩板一片，长七尺，阔一尺一寸，厚二寸。压查板一片，长七尺，阔一尺一寸，厚二寸。照水板二片，长八尺，阔一尺，厚一寸半。上下连溏板二片，长八尺，阔一尺二寸，厚二寸。前〔艥〕[2]二条，长一丈，阔八寸，厚四寸。后艥二条，长九尺五寸，阔八寸，厚四寸。堵板一十二片，并阔一尺，厚一寸半，四片长一丈一尺，八（寸）〔片〕一丈二尺。腰梁一十二条，长一丈二尺，阔四寸，厚三寸。地极木二十条，长九尺，阔四寸，厚三寸。壁柱二十四条，长三尺，阔四寸，厚三寸。熟柱二十

---

[1] 二百二十三条　文渊阁本作“二百四十二条”。

[2] 艥　脱字。据文渊阁本补，后同。

六条，长三尺，方三寸。攀面梁二条，长一丈四尺，阔五寸，厚四寸。金口木一条，长四尺，阔一尺，厚八寸。顺身梁二条，长一丈四尺，阔五寸，厚四寸。铺衬板三十六片，杆一条，长一尺或尺二寸，径四寸。〔舥〕[1]轴四条，长一丈二尺，阔四寸，厚三寸。船板一十片，长三尺五寸，阔一尺，厚一寸。舥牙一条，长七尺五寸，阔四寸，厚三寸。转轴一条，长七尺，中径四寸。丁〔锔〕[2]三千六百八十五个，丁三千六百十一个，环锔七十四个。拐丁二千四百九十七个，匙头丁二十个，长二寸。六寸平盖丁二百二十一个，四寸六百四十三个，十二个重一斤。三寸一百八十四个，梁头丁四十六个，汗环一十四副，各重四两。马锔六十个，杂用油五十三斤一十五两，石灰一百六十一斤一十三两，例三斤灰用一斤油和。麻捣八斤，揽索一条，竹白一秤，竹梢半秤，秆草半秆起凑，洼子柴四十秤，什物棒六条，各长二丈五尺，径二寸。棹二张，棹头板。舥管一，长二丈二尺，径五寸。橛一条，系缆用，长一丈，径三寸半。鞴一扇，头板长一丈，阔四寸半，厚二寸。鞴蹉长九尺五，径四寸半。竹檀一合，长三百五十尺，用八破竹五竿，缚缠麻一斤半。大小麻索九条，计重三十斤，苘索一条，麻索八条。苘缆索一条，八檀麻索一条，长三丈五尺，径七分，重。案：重字下原本脱去斤数。风纤索一条，汗索六条，长六十尺，径三分，重五斤。帆幔一合，缝幔线好麻一十四两，棒篡六个，各重一斤半。钉篡丁六个，各寸半。平盖丁一十八个，橛篡一个，重斤半。钉篡丁八个。

竹苇诸索

卷埽竹索、长一百尺，用八破竹、陕西竹二十五竿，怀州竹三十一竿。小较索、长四十尺，围一寸半，用竹四竿。围二寸半，用竹六竿。手索、长七十五尺，用竹二十竿。定石索、长二百尺，用竹二十五竿。绽索、长七十五尺，围四寸，用八破竹

---

[1][2] 舥、锔　脱字，据中国水利本补，后同。

二十五竿。通河索、长二百五十尺，围一尺二寸，用八破竹四百五十竿。栏杆索、长二百五十尺，围二寸，用八破竹二十三竿。苇索每条长一百尺，合用苇数不等。围一尺二寸，用一十二束。每束重十五斤。围一尺，用八束三分三厘。围九寸，用六束七分五厘。围七寸，用四束八分。

绵荆葽

绵葽、长七十五尺，径三寸，使草一束三分。长四十八尺，使草八分三厘。荆葽。长七十五尺，围三寸，使湿荆十二斤，每束重三十斤，打葽二条平。又按修木岸常例，荆二十五斤，打葽三条。

明昌七年定到打造卷埽竹索法

嵩州元纳到八破竹，自后监造竹索官办验得竹细小，各有长一二分，准充七破竹，每条用二十四竿。怀州竹破不等。十破竹用一十六竿，九破竹用一十八竿，八破竹用二十竿，七破竹用二十八竿，梢尺短少。卫州竹数不等。二寸竹四十二竿，三寸半竹二十八竿，四寸竹二十一竿，元二十四竿梢尺短少。随埽使用竹索，制不用白。小较索，每条用八破竹二竿，不用白，止用青篾子两股合成，长二丈，围二寸半。秤制，得剩下白重二斤四两，梢根重六两。手索，每条用八破竹二十一竿，用篾子三股合成，长七十五尺，围四寸，得竹白二十二斤。卷埽大索，每条用八破竹二十一竿，用竹篾缠裹竹白三股合成，长一百尺，围六寸。所剩竹根二十一个，重六十三两。

河桥司使用竹索

抛定索，每条用八破竹八十竿，不用白，止用青篾子三股合成，长二百尺，围五寸。剥下竹白五十七斤一十二两二分，竹根八十个，重一十五斤三两二分。绽索，用八破竹二十五竿，用青篾子三股合成，长七十五尺，围四寸。剥下竹白一十八斤五两，竹根二十五个，重四斤一十二两。

《河防通议》卷上终

《河防通议》卷下

功程第四

功程

按《唐六典》，凡役有轻重，功有短长，法以四、五、六、七月为长功，二、三、八、九月为中功，十、十一、十二、正月为短功。看详得夏至日长，有至六十刻者。冬至日短，有至四十刻者。若一等定功，则枉弃日刻甚多。《唐六典》称，〔中〕功以十分为率，长功加一分，短功减二分。凡役夫，每日收五时辰功，每时收二分。如遇风雨寒暑，所避时除破。役夫每日辨明入役，酉时放罢。河防紧急，不拘此例。夏至后至立秋，自巳正至未正两时，放役夫憩息。

埽兵假日

天寿节、元日、清明、冬至。并给假一日。祖父母、父母吉凶事，并（已）❶〔己〕身嫁娶。并给假三日。妻子吉凶事。给假二日。

---

❶ 已 当作“己”，据中国水利本改。

修筑开掘等功

凡运土，修填积水，并量水浅深尺寸为法，增减土尺，若有合用梢草者，下桩、打索、攀系、打边、柜水、设禁、纤栏之类，皆折功。水深一尺，收土九分；水深二尺，收土八分；水深三尺，收土七分；水深四尺，收土六分；水深五尺，收土五分；水深六尺，收土四分；水深七尺，收土三分；水深八尺，收土二分。

开掘修砌石岸

若旋开掘修砌，每以二十尺为功。专以修砌，五十尺为功。打桩下板。开掘槛子嵌坑，以五十尺为功。若遇泥水，以三十尺为功。折补修砌岩空，以三十尺为功。开掘装担子，开掘装担出土，以三百[1]尺为功。装担出土，以二百五十尺为功。担出土，以三百尺为功。添用碎砖瓦三分打筑，以五十尺为功。

打筑台身

开掘装土，以二百尺为功。担运远近，计地里临时增减。打筑，以四十尺为功。

开掘柱窝

开掘出土，以一百尺为功。打筑，以三十尺为功。覆入壤土，折五十尺为功。敲破砖瓦，筛沙，添用碎砖瓦，抄三分在内。

[1] 三百　文渊阁本作“二百”。

行墙槛子

开掘、出土、入土，以一百二十尺为功。添用砖瓦三分。打筑，以五十尺为功。

开挑塞河

开挑装（檐）[1]〔担〕，有泥泞，以一百五十尺为功；无泥泞，以三百尺为功。搬担。有泥泞，以七十五尺为功；无泥泞，以一百尺为功。

打筑堤道

开掘装担，以二百尺为功。地里远近，别计折除。打筑，以八十尺为功。

筑墙

例于墙下留捍水台，五尺外取土，每功土尺，开列于后。

高七尺取土五十尺，高八尺取土四十七尺，高九尺取土四十四尺，高一丈取土四十一尺。墙下无土，二十步外取土，作贴堤法。细计之，高五尺取土四分三厘，以前土尺为十分，此只取四分三厘也。高六尺取四分一厘五毫，高七尺取四分，高八尺取三分八厘五毫，高九尺取三分七厘，高一丈取三分五厘五毫，高一丈一尺取三分四厘，高一丈二尺取三分三厘五毫。

筑墙每步功程

高七尺每步三功，高八尺每步四功，高九尺每步五功，高

[1] 檐 当作“担”。据文渊阁本及前后文改。

一丈每步六功，高丈一每步七功，高丈二每步八功。

杂作功例

造船一百料合用功役：船匠一百六功，锯匠一百六功，锛匠一百六功，计三百一十八功。杂役夫在外。

打桩日下取功：每二十人为朋，二丈至一丈八尺，每朋二十条。一丈六尺至一丈四尺，每朋二十五条。榍橛、拽后橛，每朋六十条。笼打高锤桩头水手，每十三人为朋，打八条为功。每条该一功六分二厘半。

打索萋接索功程

卷埽竹索，以一条为功。长径见料例。小较索，以七条为功，围二寸半者四条为功。手索，以一条为功。定石索，每条四功。(综)[1]〔绽〕索，每条一功半。通河索，每条三十四功。栏杆索，以一条为功。绵萋，以十二条为功。长四十八尺，以十条为功。荆萋，以十二条为功。接心索，攒七三断，接担五捆为十功。接娄索，两断折，接三十捆为十功。

采打石段

每一十块为功，各长一尺五寸，阔厚各一尺，重一百二十斤。荒整各半。用石匠一工，体夫一工，系每功采斫五段，二人共得十块。若依常例，每夫一名，前去舜神山采般石段，一去三十里，往回六十里。每块长一尺五寸，阔厚各一尺，重一百二十斤，每六十斤为功。计二日纳前项石一块，荒整各半。铁

[1] 综　当作“绽”。据前文“竹苇诸索”之“绽索”及文渊阁本改。

匠小炉填锤撚凿，大炉打铁桁在外。斫桩大小，皆以三十条为功。

斫橛材

长一尺，五百根为功。长三尺，一百根为功。

削橛子

长，二百个为功。短，四百个为功。

剸剧榆柳

榆以八束为功，柳以十二束为功。上树斫柳枝，以一百根为功。长六七尺截在内。栽柳枝用引橛，以二百根为功。斫尖在内。栽柳橸子，以二百个为功。计合栽月分，十二月至正月终。杂栽榆柳，三百根为功。掘坑、斫橛子、下栽、打筑、担水在内。

浇灌榆柳担水依担土例

锄划榆柳，每五亩为一功。若难锄者，临时增减。挑堑遮榆柳，以一百二十尺为功。只是摆土岸上，兼于堑外绕遭拍土成岸垠，其堑自方一丈五尺，深三尺。河势紧急，望青采斫榆柳，自管束缚，青松以二十束为功，芟草以二十五束为功，元十五束疑为二十五束，湿重三十斤。榆柳柽以二十五束为功。青杂梢自管斫束，以二十束为功。带湿重三十斤。束乱梢草，自管打葽，以一百束为功。河场收芟草、杂青紫，八月秋成下手，每功三十束，九月减五束，十月、十一月又减五束。河势危急，转回牵拽浮桥脚船，摆布系泊，遮影水势，每船一只折五百功。打净铁以四斤为功，功钱五百四十文。泥补墙壁，以二百尺为功。仰泥以一百尺为功。

输运第五

定功脚例

旧定新里堠❶比旧里堠一百里计一百一十里。明昌二年二月二十五日准牒，奉户部看定到旧里堠细算得比新里堠一百里计一百〔一〕❷十四里。

百里百斤脚价

平（州）❸〔川〕、春冬季一百三十五文，夏秋季一百五十七八文。山险。春冬季一百单九文，夏秋季二百文。

水脚

定到桩橛下水行百里，每重一石，脚钱四十文三分六丝。每石定一百一十五斤，每一百斤，该脚钱三十五文四厘五毫❹。梢草每束一十五斤，每斤脚钱三分五厘四丝四忽，计该脚钱五文二分五厘六毫六丝。

清河上水每百里脚价

明昌六年七月十五日，户部委差官断定，清州每斤脚钱三贯九百四十文，沧州脚钱每斤三分九厘四毫。

---

❶ 堠　记里程的土堆。《五百家注昌黎文集》卷六《路旁堠》云："堆堆路旁堠，一双复一只。迎我出秦关，送我入楚泽。"

❷ 一　脱字。据文渊阁本及前后文补。

❸ 州　当作"川"。据下文"山险"及文渊阁本改。

❹ 五毫　文渊阁本作"四毫"。

陆运

凡搬担诸物，每担重六十斤，往六十里为一功。

抬（拼）❶〔舁〕桩橛明昌七年，本监申刑部准拟定例。

桩长三丈，六人一条。二丈五尺，五人一条。二丈，四人一条。拽后橛七尺五寸，一人一条。擗橛二丈五尺，二人一条。签橛一丈二尺或一丈，一人一条。出漉竹筏解圻上岸，竹每人一百竿。不论大小。木一丈二尺至一丈四尺，每人四十条。一丈八尺至二丈，径六寸。每人二十五条。二丈二尺至二丈五尺，每人一十五条。积垛梢草，就近搬使，以二百尺为功。积垛、结山、苫盖、搬运用积尺见后。搬至（朵）❷〔垛〕下，每功三百束。场外搬至场里，每功二百束。结山、苫盖，每功一百束。

水运

轻重船上下水日行里路：上水、重船日行三十五里，轻船日行五十里。下水。重船日行一百里，轻船日行二百里。

装船斤重

河桥司渡船，每只各长七十尺，口阔一丈八尺，系八百料。今比附定到三百料至八百料船，合装搬运物数，合用棹梢埽兵如后。

三百料一十五人，下水装一万六千二百五十斤，上水装六千斤。四百料一十八人，下水装二万一千六百五十斤，上水装

❶ 拼　当作“舁”。据文渊阁本改。

❷ 朵　当作“垛”。据文渊阁本及上下文改。

八十斤。五百料二十一人，下水装二万七千五百斤，上水装一万斤。六百料二十四人，下水装三万二千四百五十斤，上水装一万二千斤。七百料二十七人，下水装三万七千四百五十斤，上水装一万四千斤。八百料三十人，下水装四万三千二百五十斤，上水装一万六千斤。

二百料小船合装物料：梢装六百束，草装七百束，竹索二百一十条，桩，三丈二十条，二丈五三十五条，二丈七十条，一丈六尺八十条。拽后橛三百条，七尺五寸。签橛，一丈百六十条。擗橛一百条。一丈五尺。

搬运石段

若用三百料船，可载一百五十块椽梢，水手一十八人，船四十五尺，阔一丈。除前后水仓占讫一丈五尺外，有三丈，每尺为一十料，每一料容重六十斤。沿山河放船行，若呼“小尾”，是船头直上行；呼“抬尾”，是船头直下行。

历步减土法锹杵功例附

凡一步内取土，以一百尺为功。每展一步，则减土积一尺。谓两步取土，则以九十九尺为功。展至五十步，以五十尺为功。每十人破锹杵二功。五十一步至一百步取土，每展五步减土一尺，展至一百步，以四十尺为功。每十五人破锹杵二功。一百一步至二百步取土，每展十步，减土一尺五寸，展至二百步，以二十五尺为功。每二十人破锹杵二功。二百一步至三百步取土，每展一十步，减土六寸，展至三百步，以一十九尺为功。每二十五人破锹杵二功。三百一步至四百步取土，每展一十步，减土五寸，展至四百步，以一十四尺为功。每三十人破锹杵二功。

四百一步至五百步取土，每展十步，减土三寸，展至五百步，以一十一尺为功。每三十五人破锹杵二功。五百一步以上，计担子往（来）[1]〔回〕六十里，每石重六十斤为功。若展步，则皆以里法三百六十步约为里数，计担子遭数，折土尺为功。谓如五百四十步为一里半，二十遭为六十里，折一十尺为功。展至三千六百步，以一尺五寸为功。每四十人破锹杵二功。此亦以行六十里、担六十斤为率。每一石土，得实积五百寸。盖土自方一寸重二两，五百寸则一千两，总为六十斤单四两，以此为率，折为土功。若遇泥泞泉石之类，并冬月地冻、日短、雨雪，官司临时相度增减。

本监定例[2]诸物尺寸斤重：桩每一尺重八斤，三丈重二百四十斤，二丈五尺重二百斤，二丈重一百六十斤，一丈二尺重五十四斤，一丈四十五斤。拽后橛每尺五斤，七尺五寸三十七斤半。元定三十八斤。擗橛每尺七斤四分，一丈五尺一百一十一斤。竹索每尺一斤半，长一百尺一百五十斤。梢每束一十五斤，苇每束一十五斤，草每束一十三斤，荆每束三十斤。

诸石斤重

前定石每块长三尺，阔二尺，厚一尺，重七百二十斤。后定石每块长一尺，阔一尺，厚一尺，重一百二十斤。元定一百三十斤。经角山正石，自方一尺，重一百三十斤。艾叶青石，自方一尺，重一百二十七斤。白石并沙石，自方一尺，重一百二十斤。舜神山石，长一尺五寸，阔厚各一尺，重一百二十斤。

---

[1] 来　当作“回”。据原文“采打石段”条之“采搬石段，一去三十里，往回六十里”及文渊阁本改。

[2] 例　文渊阁本作“到”。

荒净铁斤重

荒铁一秤，收净铁七斤四两五钱。用炭二秤。

枋木积寸

黄青松签赤栝，自方一尺，重二十五斤。方寸重四钱。白栝自方一尺，重二十斤。方寸重三钱二分。常例枋长一丈六尺，阔一尺二寸，厚六寸得积一万一千五百二十寸每尺积七百二十寸自方一尺，积一千寸。每寸重四钱，每四十寸重一斤，自方一尺，重二十五斤。系四百两。前积计二百八十八斤。

山杂木枣、栎、榆、槐之类

自方一尺，重三十斤。方寸重四钱八分。

茭草青杂柴

湿重三十斤半，干重二十三斤。至入场时，重一十五斤，全干。

杂运诸物斤重

土自方一寸，重二两。泥重三两。砖自方一尺，重八十七斤半。方寸重一两四钱。瓦自方一尺，重九十斤一十两。方寸重一两四钱半。黄金方寸重一斤，玉方寸重一十二两，钱一贯重五斤。系八十陌。米每石重一百六斤一十二两。定一百斤。粳米一斗，重一十七斤。糯米一斗，重一十八斤一十五两。盐一斗，重一十斤。湿盐一斗，重一十二斤。蜜一斗，重一十二斤半。漆一斗，重一十斤。油一斗，重九斤。

桩梢径寸

桩长二丈至三丈，中径六寸，大径八寸，小径四寸。搠橛长一丈五尺，中径五寸，大径七寸，小径三寸。拽后橛长七尺五寸，中径三寸，大径四寸半，小径一寸半。

榆柳梢束径寸

上等径一尺五寸，中等径一尺至一尺四，下等径五寸至九寸。

算法第六

杂法

假令有草一万三千五百束，各重一十三斤，欲折一十五斤草，问折多少？答曰："一万一千七百束"。法曰："置草一万三千五百束，在地以十三斤乘之，得积一十七万五千五百斤，以所折草重一十五斤约之，合问。"

假令使绵蒌三百五十条，每条用草一束三分，问计用草多少？答曰："四百五十五束"。法曰："置绵蒌数三百五十，在地以一束三分乘之，合问。"

假令竹二十八竿，打索一条。今有竹一千五百六十八竿，问打多少？答曰："五十六条"。法曰："列竹一千五百六十八竿，以二十八竿约之，合问。"

假令有工三百三十三人，每三人打索二条，问打多少？答曰："二百二十二条"。法曰："置人数在地，按异乘同除法，二因三除，得数合问。"

假令有梢草一万五千三百五十束，过脚赴场送纳，议定百里百斤脚钱二百四十四文，每束一十五斤，到场九十里，问总该脚钱多少？答曰："五百五贯六百二十九文。"法曰："列百里脚钱二百四十四文，以乘九千里，得二十一贯九百六十文。以百里约之，得九十里脚钱二百一十九文六分，即百斤脚钱也。以百斤约之，得二文一分九厘六毫为一斤脚钱，以每束十五斤通之，得三十二文九分四厘为一束脚钱，又以总梢草数乘之，得数合问。"

积垛

假令有梢草一垛，长八十步，阔四十步，山高九尺，砧高八尺，问为梢多少？答曰："五千束。"法曰："长阔各以步法五尺通之，复相乘得八百尺，寄左。又折半山高加入砧高，得一十二尺半，为停高，以乘前数，得万尺，为总梢积，以每束积二尺约之，合问。"

假令有茭草一垛，长四步，阔二步半，砧高五尺，山高六尺，问积多少？答曰："一千束。"法曰："置阔二步半归尺，得一丈二尺五寸，长四步归尺，得二丈，相乘得积二百五十尺，寄左。置山高折半加入砧高，得八尺，以乘寄左，得二千尺，以二尺约之，合问。"

假令有枋一条，长三丈五尺，阔一尺五寸，厚一尺二寸，问积多少？答曰："六万三千寸。"法曰："长阔相乘，得五千二百五十寸，以厚一尺二寸乘之，合问。"

假令桅一条，长三丈三尺，大头径一尺二寸，小头径九寸，问积多少？答曰："二万七千四百七十二寸半。"法曰："置大小径各三，因之为周，大周得三尺六寸，小周得二尺七寸。按积寸法，大周自乘，小周自乘，大小周相乘，三位并之，得二千九百九十七寸，以三十六约之，得一尺积八十三寸二分半，以长三丈三尺通之，得数合问。”

竹索积寸

围三寸，每尺积一十五尺。围四寸，每尺积二十六尺六寸六分。围五寸，四十一尺六寸六分。围六寸，六十尺。围七寸，八十一尺六寸六分。围八寸，一百六尺六寸六分。围九寸，一百三十五尺。围一尺，一百六十六尺六寸六分。围一尺一寸，二百一尺六寸六分。围一尺二寸，二百四十尺。围一尺三寸，二百八十一尺六寸六分。围一尺四寸，三百二十六尺六寸六分。围一尺五寸，三百七十五尺。法曰：“置围三寸，自乘得九寸，去二得七分半，四因折半，得一丈五尺，为每尺积寸。”其余以类推之，各见每尺积寸。此法未详，姑存其旧。

假令截修堤长三十四步，中阔三十五尺，高七尺三十步取土，问积多少？都功几何？答曰：“积四万一千六百五十尺，五百九十五功。”法曰：“高阔相乘，得二百四十五尺，以步法五尺通之，得一千二百二十五尺，为每步积。以长三十四步乘之，得四万一千六百五十尺，为都积。三十步取土，例以七十尺为功。以七十尺除都积，得都功合问。”

假令补修一百步旧堤，高一丈五尺，阔三尺五寸，用夫二百人，五日功毕，问远近取土，以几何为功？答曰：“一百四十步取土，三十四尺为功。”法曰：“高阔相乘，以步法五尺通之，得一步积。又以长一百步通之，得二万六千二百五十尺，为总积，寄左。置二百人，以五日通之，为一千功，以除总积，得二十六尺二寸半为一功积，即筑坚积也。折开地三十四尺，以历步减土法考之，乃一百四十步取土也，合问。”

假令修堤一料，长一千步，高一丈，用三千人，以五十尺为功，三日毕，问阔多少？答曰：“阔九尺。”法曰：“置每功五十尺，以三千人通之，得一十五万尺为一日功积。又以三日乘之，得四十五万尺为都功积。以长一千步乘之，得四百五十尺为一步积。以步法五尺约之，合问。”

假令堤长九百步，高一丈，今欲帮阔一十步，用二千人，以五十尺为功，三日毕，问高多少？答曰：“一尺三寸三分二厘。”法曰：“置每功五十尺，以二千人乘之，得一十万尺为一日功。以三日乘之，得三十万尺，为都积。以长九百步除之，得三百三十三尺，为每步积。不尽打零。以高一丈约之，得数。以阔一十步折五十尺半之，为停阔，以除之。”盖斜帮成勾股，故用停阔。

假令修堤长三百七十五步，直高八尺，外贴东头阔一丈五尺，西头阔二丈七尺，欲从东修接长一百二十二步，问住处阔几尺？答曰：“阔一丈九尺二寸二分四厘。”法曰：“置西头阔二丈七尺，除却东头阔一丈五尺外，有一丈二尺，以长三百七十五步除之，得三分二厘，为每步差。以接长一百三十二步乘之，得四尺二寸二分四厘，为接住处差。复加入东头阔一丈五尺，共为接住处，合问。”

假令筑堤长四十步，南头高六尺，下阔三丈四尺，北头高四尺，下阔二丈六尺，一例面阔一丈，问积多少？答曰：“二万一百三十三尺三分尺之一。”法曰：“倍南高加北高，得一丈六尺。又并南头上下广折半，得二十二尺，为停阔，以乘之，得三百五十二尺，寄左。倍北高加南高，得一丈四尺，又并北头上下广折半，得一丈八尺，为停阔，以乘之，得二百五十二尺，与寄左相并，得六百单四尺，置长四十步归尺，得二百尺，以乘之，得一十二万八百尺，为六段积，以六除之，不尽者作余分，合问。”

井橛法：自乘井橛堤面，堤面自方一尺，两次入土打筑，一百二十件。谓如高半寸，以每步积土寸半乘之，便是每步高之积土也。如要见每步亏功，以每亏半寸乘每步功数便是也。

假令筑圆台一座，上周三丈，下周六十（丈）❶〔尺〕，高一丈五尺，问积多少？按：此下脱〔去〕❷答曰“一条”。法曰：“上周自乘，得九百尺，下周自乘，得三千六百尺，上下周相乘，得一千八百尺。三位相并，共得六千三百尺。以高乘之，得九万四千五百尺。以三十六除之，合问。”

假令筑方台一座，上方三丈二尺，下方五丈六尺，高四十八尺，问积多少？答曰：“七千九百三十六尺。”法曰：“上方自乘，得一千单二十四尺，下方自乘，得三千一百三十六尺，上下方相乘，得一千七百九十二尺。三位相并，得五千九百五十二尺。以高尺乘之，得二十八万五千六百九十六尺。以三十六除之，合问。”

假令筑土牛一座，上长二丈五尺，下长三丈五尺，上阔一丈，下阔二丈，高一丈八尺，问积多少？答曰：“八千一百尺。”法曰：“上下长相并折半，得三丈，为停长。又上下阔相并折半，一丈五尺，为停阔，相乘得四百五十尺。以高尺乘之，得数合问。”

卷埽

除心索例，常例卷埽梢三草七，心索积于梢积内除之。诸埽高阔不等，例长二十步，定高阔各一尺，合除心索五尺，今

---

❶ 丈　当作“尺”。据下文“下周自乘，得三千六百尺”及文渊阁本改。

❷ 去　脱字。据文渊阁本改。

列合除心索积于后。高阔各五尺，除一十二尺五寸，六尺除一十八尺，七尺除二十四尺五寸，八尺除三十二尺，九尺除四十尺五寸，一丈除五十尺，一丈一尺除六十尺五寸，一丈二尺除七十二尺，一丈三尺除八十四尺五寸，一丈四尺除九十八尺，一丈五尺除一百〔一〕❶十二尺五寸，一丈六尺除一百二十八尺，一丈七尺除一百四十四尺五寸，一丈八尺除一百六十二尺，一丈九尺除一百八十尺五寸，二丈除二百尺。法曰："置高阔一尺，依圆法自乘，三因四除，得积七寸半。又置高阔五尺自乘，三因四除，得积一十八尺七寸半。按异乘同除法，以例除心索积五尺乘之，以一尺积七寸半除之，得一十二尺五寸，合问。"余类推之。又法曰："置各高阔自乘，以五尺通之，合问。"此法甚要。

假令卷埽一束，长二十步，高阔各一丈，问积多少？合用梢草几何？答曰："梢一千一百束，草二千六百二十五束。"法曰："高阔自乘，三因四除，得七十五尺。又以长一百尺乘之，得七千五百尺，为都积。以梢草积二尺除之，得三千七百五十束，乃梢草共数也。按梢三草七，三因（十）❷〔四〕除，得一千一百二十五束，外余一千一百束。又置梢草共数，七因十除，得二千六百二十五为草数，合问。"

假令有埽垫坑一百八十步，阔二十步，深一丈五尺，每三尺六寸用梢草一束，中半用之，问各多少？答曰："一千八百七十五束。"法曰："长阔步归尺相乘，得九千尺，以深一丈五尺乘之，得一万三千五百尺，为积。以三尺六寸除之，得三千七

❶ 一 脱字，据前文"杂用油五十三今一十五两，石灰一百六十一斤一十三两"及"平盖丁一十八个"补。

❷ 十 当作"四"。据前后文、《数学九章》卷九上及《元史》之"三因四除"改。

百五十束，半之合问。”

假令埽垫外展离堤，欲上卷重埽固护，长二十步，阔一丈五尺，深七尺至一丈，问使梢草几何？答曰：“梢草共六百三十七束半。”法曰：“二深相并半之，得八尺五寸，以元阔乘之，得积一百二十七尺半，为一尺积。以步法五尺通之，得六百三十七尺五寸，为每步积。以长二十步乘之，得一千二百七十五尺，为都积。以每束积二尺约之，合问。”

假令创填水渲一处，长七步，广六步，深一丈，于三十步取土修填，问积多少？几功可毕？答曰：“积一万五百尺，总一百五十功。”法曰：“置广归尺，以深乘之，得三百尺，以长步归尺乘之，得一万单五百尺，为都积。三十步取土，以七十尺为功，七十约之，合问。”

假令卷牛子，高阔各一尺，例梢倍草数，问使梢草各多少？答曰：“梢一束二分半，草六分二厘半。”法曰：“置高阔一尺为圆径，自乘得一百寸，三因四除，得七十五寸，为每尺积。以步法五尺通之，为每步积三百七十五寸。以每束积二尺约之，得梢草共数，三除为草数，倍之为梢数，合问。”

假令修木岸一料，长一千三百五十步，高阔各八尺，例每三尺六寸，使梢草一束，签桩一条，梢草各用中半，问使桩梢多少？答曰：“桩一十二万条，梢草一十二万束。”各该六万束。法曰：“高阔相乘，得六十四尺，以步法五尺通之，得三百二十尺，为每步积。以长一千三百五十步乘之，得四十三万二千尺，为都积。以三尺六寸约之，合问。”

开河

假令开渠河一道，正长五百步，东头上阔一千单四十尺，下阔一千尺，西头上阔八百九十尺，下阔八百五十尺，同深一丈，总积二千三百六十二万五千尺。一百步取土，以四十尺为功，计五十九万单六百二十五功。今欲分一十四万四千四百五十功，问截长阔多少？答曰："截长一百二十步，截阔九百单六尺。"截上阔九百二十六尺，截下阔八百八十六尺。法曰："置东头上下阔相并折半，得一千单二十尺，为停大阔。又置西头上下阔相并折半，为八百七十尺，为停小阔。以减停大阔，余一百五十尺，为阔差。以正长五百步除之，得三寸，为每步差。立天元❶为截长，⊥以乘每步差，为截住处阔差。三加停小阔，共为截处〔停〕❷阔。三〇七八加停大阔，为二段停截阔。三〇九八⊥以深一丈乘之，为二段每尺积。五因，为二段每步积。五一〇五四九以元一截长乘之，为二段截积，五一〇五四九寄左，元截功归积，二之，得一千一百五十五万六千尺，与寄左相消，得❸一千一百五十五万六千尺，为实。九万四千五百尺，从❹一十五，从隅。平方开之，得一百二十步，为截长，置截功，归积，得五百七十七万八千尺。以截长归尺，除之，得九千六百三十尺。以深一丈除之，得九百六十三尺。倍之，内减停大阔一千单二十尺，余九百单六尺，为停截阔。倍之，得一千八百一十二尺，为上下截阔并。内减上下阔差四十尺，余半之，得八百八十六尺，为截下阔。复加四十尺，得九百二十六尺，为截上阔，合问。"

《河防通议》卷下终

❶ 天元　我国古代数学家发明之"天元术"，在宋、金、元时期已经相当成熟。元人李冶之《测圆海镜》《益古演段》存载。

❷ 停　脱字。据上下文及文渊阁本补。

❸ 文渊阁本"得"下无"一千"两字。

❹ 文渊阁本"从"下有"万"字。

《河防通议》后序

六府三事允治，禹功莫大焉。犹幸其书之存而可考也。佥宪赡公得之，讲求修齐治平之暇，取金、宋《河防通议》一书，合而订正之，可谓有用之实学。仆贰郡真定，尝得而推行之。兹来嘉禾，〔锓〕[1] 梓于学，以广其传。三吴水利，能取则焉，则是编又岂止于防河而已哉！

至元四年戊寅八月望日，亚中大夫嘉兴路总管兼管内劝农事和元升跋。

---

❶ 锓 脱字，据文渊阁本补。另，守山阁本与中国水利本作“镌”。

至正河防记

〔元〕欧阳玄 撰

童庆钧 整理

整理说明

元至正四年（1344 年），黄河在白茅（今山东曹县境内）及金堤决口北流，河水泛滥，淹没济宁、安山等地，冲击运河，威胁漕运。当时，贾鲁先是以都水使者视察黄河，拟定治河策略。十一年（1351 年），贾鲁任工部尚书兼总治河防使，主持堵口，发动军民共十七万人供役。四月开工，十一月堵口完成，黄河主流复行故道，汇淮入海。朝廷特命翰林学士欧阳玄撰制河平碑文，以表扬其功绩。欧阳玄向贾鲁访求堵口方略，并咨询相关人员，查阅工程档案，撰写了《至正河防记》，详细记载了贾鲁治河的事迹。

欧阳玄（1283—1357 年），元代文学家，字原功，号圭斋，著有《圭斋文集》。《圭斋文集》即收录了《至正河防记》。书中总结三种施工方法：疏（分流疏导）、浚（去淤浚深）、塞（拦截决口）。此外，它详细叙述了筑埽、修堤、开渠等方法，还记录了桩木、竹竿、绳索等物料使用的数量，以及官吏俸禄、军民工钱等，是元代至正年间黄河河防工程的技术总结。

贾鲁治河，共疏浚故道二百八十余里，筑埽、修堤皆有成数，还创造了用装石沉船筑成石船大堤的施工方法。贾鲁还把木龙用于治河（木龙在清代乾隆年间的治河实践中应用广泛）。贾鲁的治河实践代表了 14 世纪中国的治河成就和水平，在中国河工史上具有重要地位。

《至正河防记》一文，除见于欧阳玄《圭斋文集》外，还被采入《元史·河渠志》《全元文》《元史纪事本末》、潘季驯《河防一览》、靳辅《治河方略》等，并作为单行本收入《学海类编》。单行本较为通行的有1936年中国水利工程学会《中国水利珍本丛书》本（据《治河方略》及武英殿本《元史》校印）和同年商务印书馆《丛书集成》本（据《学海类编》本排印）。

本次整理以1936年中国水利工程学会《中国水利珍本丛书》本为底本，参校《元史·河渠志》《河防一览》，同时参考了《中国水利史典》的点校成果。

本书由童庆钧整理，或有不当之处，敬请批评指正。

整理者

至正河防记

元至正九年冬，脱脱既复为丞相，慨然有志于事功。论及河决，即言于帝，请躬任其事。帝嘉纳之，乃命集群臣议廷中，而言人人殊，唯都漕运使贾鲁昌言必当治。先是，鲁尝为山东道奉使宣抚首领官，循行被水郡邑，具得修捍[1]成策。后又为都水使者，奉旨诣河上相视，验状为图，以二策进献。一议修筑北堤，以制横溃，其用功省；一议疏塞并举，挽河使东行，以复故道，其功费甚大。及是，复以一[2]策对，脱脱韪其发[3]策。于是遣工部尚书成遵与大司农秃鲁约[4]视河，议其疏塞之方以闻。遵等自济、濮、汴梁、大名行数千里，掘井以量地之高下，测岸以究水之浅深，博采舆论，以谓河之故道断不可复，且曰："山东连歉，民不聊生。若聚二十万众于此地，恐他日之忧又有重于河患者"。时脱脱先入鲁言，及闻遵等议，怒曰："汝谓民将反邪?"自辰至酉论辩，终莫能入。明日，执政谓遵曰："修河之役，丞相意已定，且有人任其责，公勿多言，幸为两可之

[1] 捍 《元史》《治河方略》作"择"。

[2] 一 《元史》作"二"。

[3] 发 《元史》作"后"。

[4] 约 《河防一览》作"行"。

议”。遵曰：“腕可断，议不可易。”遂出遵河间盐运使。议定，乃荐鲁于帝，大称旨。

十一年四月初四日，下诏中外，命鲁以工部尚书为总治河防使，进秩二品，授以银印。发汴梁、大名十有三路民十有万人，庐州等戍十有八翼军二万人供役。一切从事大小军民，咸禀节度，便益兴缮。是月廿二日鸠工，七月疏凿成，八月决水故河，九月舟楫通行，十一月水土工毕，诸埽诸堤成，河乃复故道，南汇于淮，又东入于海。帝遣贵臣报祭河伯，召鲁还京师，论功超拜荣禄大夫、集贤大学士。其宣力诸臣迁赏有差。赐丞相脱脱世袭答剌[1]罕之号。特命翰林学士承旨欧阳玄制河平碑文，以旌劳绩。

玄既为河平之碑，又自以为司马迁、班固记河渠、沟洫，仅载治水之道，不言其方，使后世任斯事者无所考则，乃从鲁访问方略，及询过客，质吏牍，作《至正河防记》，欲使来世罹河患者按而求之。其言曰：

治河一也，有疏，有浚，有塞，三者异焉。酾河之流，因而导之，谓之疏；去河之淤，因而深之，谓之浚；抑河之暴，因而扼之，谓之塞。

疏浚之别有四：曰生地，曰故道，曰河身，曰减水河。生地有直有纡，因直而凿之，可就故道。故道有高有卑，高者平之以趋卑，高卑相就，则高不壅，卑不潴，虑夫壅生溃，潴生湮也。河身者，水虽通行，身有广狭，狭难受水，水益悍，故狭者以计辟之；广难为岸，岸善崩，故广者以计御之。减水河者，水放旷则以制其狂，水隳突则以杀其怒。

---

[1] 剌 《元史》《治河方略》作“刺”。

治堤一也，有刱筑、修筑[1]之名，有刺水堤，有截河堤，有护岸堤，有缕水堤，有石舡堤。

治埽一也，有岸埽、水埽，有龙尾、拦头、马头等埽。其为埽台及推卷、牵制、薤挂之法，有用土、用石、用铁、用草、用木、用杙、用絙之方。

塞河一也，有缺口，有豁口，有龙口。缺口者，已成川；豁口者，旧常为水所豁，水退则口下于堤，水涨则溢出于口；龙口者，水之所会，自新河入故道之潨也。

此外不能悉书，因其用功之次第，而就述于其下焉。

其浚故道，深广不等，通长二百八十里百五十四步而强。功始自白茅，长百八十二里[2]，继自黄陵冈至南白茅，辟生地十里。口初受，广百八十步，深二丈有二尺，以下停广百步，高下不等，相折深二丈及泉。曰停、曰折者，用古算法。因此推彼，知其势之低昂，相准折而取匀停也。南白茅至刘庄村，接入故道十里，通折垦广八十步，深九尺；刘庄至专固，百有二里二百八十步，通折停广六十步，深五尺；专固至黄固，垦生地八里，面广百步，底广九十步，高下相折，深丈有五尺；黄堌至哈只口，长五十一里八十步，相折停广垦十步[3]，深五尺。乃浚凹里减水河，通长九十八里百五十四步。凹里村缺河口生地，长三里四十步，面广六十步，底广四十步，深一丈四尺。自凹里生地以下旧河身至张赞店，长八十二里五十四步。上三十六里，垦广二十步，深五尺；中三十五里，垦广二十八步，深五尺；下十里二百四十步，垦广二十六步，深五尺。张赞店

---

❶ 修筑 《圭斋文集》作“修筑、补筑”。

❷ 《河防一览》作“长百八十里”。

❸ 十步 《元史》作“六十步”。

至杨青村，接入故道，垦生地十有三里六十步，面广六十步，底广四十步，深一丈四尺。

其塞专固缺口，修堤三重，并补筑凹里减水河南岸豁口，通长二十里三百十有七步。其刱筑河口前第一重西堤，南北长三百三十步，面广二十五步，底广三十三步，树置桩橛，实以土牛、草苇、杂稍相兼，高丈有三尺，堤前置龙尾大埽。言龙尾者，伐大树连稍系之堤旁，随水上下，以破啮岸浪者也。筑第二重正堤，并补两端旧堤，通长十有一里三百步。缺口正堤长四里。二堤相接旧堤，置桩，堵闭河身，长百四十五步，用土牛、苇草、稍土相兼修筑，底广三十步，修高二丈。其岸上土工修筑者，长三里二百十有五步有奇❶，广不等，通高一丈五尺。补筑旧堤者，长七里三百步，表里倍薄七步，增卑六尺，计高一丈。筑第三重东后堤，并接修旧堤，高广不等，通长八里。补筑凹里减水河南岸豁口四处，置桩木，草土相兼，长四十七步。

于是堤❷塞黄陵全河，水中及岸上修堤，长三十六里百三十八步❸。其修大堤刺水者二，长十有四里七十步；其西复作大堤刺水者一，长十有二里百三十步。内刱筑岸上土堤，西北起李八宅西堤，东南至旧河岸，长十里百五十步，颠广四步，趾广三之，高丈有五尺。仍筑旧河岸至入水堤，长四百三十步，趾广三十步，颠杀其六之一，接修入水。

两岸埽堤并行。作西埽者，夏人水工，征自灵武；作东埽者，汉人水工，征自近畿。其法以竹络实以小石，每埽不等，以蒲苇绵腰索径寸许者从铺，广可一二十步，长可二三十步。

❶ 奇 《圭斋文集》作“奇高”。

❷ 堤 《元史》无。

❸ 百三十八步 《元史》作“百三十六步”。

又以拽埽索绹径三寸或四寸、长二百余尺者衡铺之。相间复以竹苇麻苘，大繂，长三百尺者为管心索，就系绵腰索之端于其上，以草数千束，多至万余，匀布厚铺于绵腰索之上，橐[1]而纳之。丁夫数千，以足踏实，推转稍高，即以水工二人立其上，而号于众，众声力举，用小大推梯，推卷成埽，高下长短不等，大者高二丈，小者不下丈余。又用大索或互[2]为腰索，转致河滨，选健丁操管心索[3]，顺埽台立踏，或挂之台中铁猫大橛之上，以渐缒之下水。埽后掘地为渠，陷管心索渠中，以散草厚覆，筑之以土，其上覆以土牛、杂草、小埽稍土，多寡厚薄先后随宜。修叠为埽台，务使牵制上下，缜密坚壮，互为犄角，埽不动摇。日力不足，夜以继之。积累既毕，复施前法。卷埽以压先下之埽，量水浅深，制埽厚薄，叠之多至四埽而止。两埽之间置竹络，高二丈或三丈，围四丈五尺，实以小石、土牛。既满，系之[4]竹缆。其两旁并埽，密下大桩，就以竹络上大竹腰索系于桩上。东西两埽及其中竹络之上，以草土等物筑为埽台，约长五十步或百步，再下埽，即以竹索或麻索长八百尺或五百尺者一二，杂厕其余管心索之间，候埽入水之后，其余管心索如前薶挂，随以管心长索远置五七十步之外，或铁猫，或大桩，曳而系之。通管束累日所下之埽，再以草土等物通修成堤。又以龙尾大埽密挂于护堤大桩，分折[5]水势。其堤长二百七十步，北广四十二步，中广五十五步，南广四十二步。自颠至趾，通高三丈八尺。

---

[1] 橐 《治河方略》作“櫜”，疑误。

[2] 互 《治河方略》作“五”，今依《元史》校正。

[3] 《治河方略》作“转致操管心索”，今依《元史》校正。

[4] 之 《元史》作“以”。

[5] 折 《行水金鉴》卷十七作“析”。

其截河大堤，高广不等，长十有九里百七十七步。其在黄陵北岸者，长十里四十一步。筑岸上土堤，西北起东西故堤，东南至河口，长七里九十七步，颠广六步，趾倍之而强二步，高丈有五尺，接修入水。施土牛、小埽稍杂草土，多寡厚薄，随宜修叠。及下竹络、安大桩、系龙尾埽，如前两堤法。唯修叠埽台，增用白阑小石，并埽上及前洊修埽堤一，长百余步，直抵龙口。稍北拦头三埽并行❶，埽大堤广，与刺水二堤不同。通前列四埽，间以竹络，成一大堤，长二百八十步，北广百一十步。其颠至水面高丈有五尺，水面至泽腹高二丈五尺，通高三丈五尺；中流广八十步，其颠至水面高丈有五尺，水面至泽腹高五丈五尺，通高七丈。

挪筑缕水横堤一，东起北截河大堤，西抵西刺水大堤。又一堤，东起中刺水大堤，西抵西刺水大堤，通长二里四十二步，亦颠广四步，趾三之，高丈有二尺。修黄陵南岸，长九里百六十步，内挪岸土堤❷，东北起新补白茅故堤，西南至旧河口，高广不等，长八里二百五十步。

乃入水作石舡大堤。盖由是秋八月二十九日乙巳道故河流，先所修北岸西中刺水及截河三堤犹短，约水尚少，力未足恃。决河势大，南北广四百余步，中流深三丈余，益以秋涨，水多故河十之八。两河争流，近故河口，水刷岸北行，洄漩湍激，难以下埽。且埽行或迟，恐水尽涌入决河，因淤故河，前功遂堕❸。鲁乃精思障水入故河之方，以九月七日癸丑，逆流排大舡二十七艘，前后连以大桅或长桩，用大麻索、竹絙绞缚，缀为方

---

❶ 行 《治河方略》作“竹”，今依《元史》校正。

❷ 岸土堤 《圭斋文集》作“岸上堤”。

❸ 堕 《元史》作“隳”。

舟；又用大麻索、竹絙用舡身缴绕上下，令牢不可破。乃以铁猫于上流硾之水中，又以竹絙绝长七八百尺者，系两岸大橛上。每絙或硾二舟或三舟，使不得下。舡腹略铺散草，满贮小石，以合子板钉合之；复以埽密布合子板上，或二重，或三重，以大麻索缚之急；复缚横木三道于头桅，皆以索维之，用竹编笆，夹以草石，立之桅前，约长丈余，名曰水帘桅；复以木楮柱，使帘不偃仆。然后选水工便捷者，每舡各二人，执斧凿，立船首尾，岸上捶鼓为号。鼓鸣，一时齐凿。须臾舟穴，水入，舟沉，遏决河。水怒溢，故河水暴增，即重树水帘，令后复布小埽、土牛、白阑、长稍，杂以草土等物，随宜填垛以继之。石舡下诣实地，出水基趾渐高，复卷大埽以压之。前船势略定，寻用前法沉余船，以竟后功。昏晓百刻，役夫分番甚劳，无少间断。船堤之后，草堤❶三道并举，中置竹络盛石，并埽置桩，系缆四埽及络，一如修北截水堤之法。第以中流水深数丈，用物之多，施功之大，数倍他堤。船堤距北岸才四五十步，势迫东河，流峻若自天降，深浅叵测。于是先卷下大埽约高二丈者，或四或五，始出水面。修至河口一二十步，用工尤艰。薄笼口❷，喧豗猛疾，势撼埽基，陷裂欹倾，俄远故所，观者股栗❸，众议腾沸，以为难合，然势不容已。鲁神色不动，机解捷出，进官吏工徒十余万人，日加奖谕，辞旨恳至，众皆感激赴工。十一月十一日丁巳，龙口遂合，决河绝流，故道复通。又于堤前通卷拦头埽各一道，多者或三或四，前埽出水，管心大索系前埽，

❶ 堤 《元史》作“埽”。

❷ 笼口 《圭斋文集》作“龙口”。

❸ 栗 《元史》作“弁”。

硾后拦头埽之后，后埽管心大索亦系小埽，硾前拦头[1]之前，后先羁縻，以固其势。又于所交索上及两埽之间，压以小石、白阑、土牛、草土相半，厚薄多寡，相势措置。

埽堤之后，自南岸复修一堤，抵已闭之龙口，长二百七十步，船堤四道成堤，用农家场圃之具曰辘轴者，穴石立木如比栉，薶前埽之旁。每步置一辘轴，以横木贯其后。又穴石，以径二寸余麻索贯之，系横木上，密挂龙尾大埽，使夏秋水潦[2]、冬春凌簰，不得肆力于岸。此堤接北岸截河大堤，长二百七十步，南广百二十步，颠至水面高丈有七尺，水面至泽腹高四丈二尺。中流广八十步，颠至水面高丈有五尺，水面至泽腹高五丈五尺；通高七丈。仍治南岸护堤埽一道，通长百三十步；南岸护岸马头埽三道，通长九十五步。修筑北岸堤防，高广不等，通长二百五十四里七十一步。白茅河口至板城，补筑旧堤，长二十五里二百八十五步。曹州板城至英贤村等处，高广不等，长一百三十三里二百步。稍冈至砀山县，增倍[3]旧堤，长八十五里二十步。归德府哈只口至徐州路三百余里，修完缺口一百七处，高广不等，积修计三里二百五十六步。亦思剌店缕水月堤，高广不等，长六里三十步。

其用物之数[4]，凡桩木大者二万七千，榆柳杂稍六十六万六千，带稍连根株者三千六百，藁秸蒲苇杂草以束计者七百三十三万五千有奇，竹竿六十二万五千，苇席十有七万二千，小石二千艘，绳索大小不等五万七千，所沉大船百有二十，铁缆

❶ 拦头　《元史》作“拦头埽”。

❷ 《元史》“水潦”互乙。

❸ 倍　《元史》作“培”。

❹ 数　《元史》无。

三十有二，铁猫三百三十有四，竹篾以斤计者十有五万，硾石三千块，铁钻万四千二百有奇，大钉三万三千二百三十有二。其余若木龙、蚕椽木、麦秸、扶桩、铁叉、铁吊、枝麻、搭火钩、汲水、贮水等具，皆有成数。官吏俸给、军民衣粮工钱、医药、祭祀、赈恤、驿置马乘及运竹木、沉船、渡船、下桩等工，铁石、竹木、绳索等匠佣赀，兼以和买民地为河，并应用杂物等价，通计中统钞百八十四万五千六百三十六锭有奇。

鲁尝有言："水工之功，视土工之功为难；中流之功，视河滨之功为难；决河口，视中流又难；北岸之功，视南岸为难。用物之效，草虽至柔，柔能狎水；水积[1]之生泥，泥与草并，力重如碇。然维持夹辅，缆索之功实多。"盖由鲁习知河事，故其功之所就如此。

玄之言曰：是役也，亦惟是赖[2]朝廷不惜重费，不吝高爵，为民辟害。脱脱能体上意，不惮焦劳，不惜[3]浮议，为国拯民。鲁能竭其心思智计之巧，乘其精神胆气之壮，不惜劬瘁，不畏讥评，以报君相知人之明。宜悉书之，使职史氏者有所考证也。

先是，岁庚寅，河南北童谣云："石人一只眼，挑动黄河天下反。"及鲁治河，果于黄陵冈得石人一眼，而汝、颍之妖寇乘时而起。议者往往以谓天下之乱，皆由贾鲁治河之役劳民动众之所致。殊不知元之所以亡者，实基于上下因循，狃于宴安之习，纪纲废弛，风俗偷薄，其致乱之阶，非一朝一夕之故，所

---

[1] 积 《元史》作"渍"。
[2] 亦惟是赖 《元史》无。
[3] 惜 《元史》作"恤"。

由来久矣。不此之察，乃独归咎于是役，是徒以成败论事，非通论也。设使贾鲁不兴是役，天下之乱，讵无从而起乎？故今具录玄所记，庶来者得以详焉。

问水集

〔明〕刘天和 辑

李新贵 田清 整理

整理说明

《问水集》是明嘉靖时期河道总督刘天和在其治河实践基础上编撰而成的一部治河著作。

刘天和（1479—1545年），字养和，号松石，湖广麻城（今湖北麻城）人。正德三年（1508年）进士，任南京礼部主事，为官廉能多惠政。嘉靖初年累任山西提学副使、南京太常少卿、右佥都御史、陕西巡抚等。嘉靖十三年（1534年）冬，黄河河道南徙，致使山东济宁鲁桥镇至江苏徐州段河道淤积，刘天和奉命任河道总督治理黄河。从嘉靖十四年（1535年）一月起，刘天和役夫二万，历时三月讫工，因治河有功被升为工部右侍郎。翌年改兵部左侍郎，总制三边军务，在任期间修边御敌，又升太子太保，迁南京户部尚书，召为兵部尚书督团营。嘉靖二十一年（1542年）致仕，二十四年（1545年）卒，赠少保，谥庄襄。

任河道总督的两年间，刘天和将古今治河之法与自身治河实践相结合，总结出“堤防疏浚之制，九河之迹，七十二泉之派，闸坝湖陂之数，经费漕挽之宜，禁戒谕建之例”等治河经验及理论，于嘉靖十五年（1536年）裒辑成集，共三卷，名曰《问水集》。西蜀陈讲在序言中揭示了“问水”二字由来，即“《问水集》者，集松石公之问水也”，并记述了刘天和在治水过程中“西问于梁焉，河若何奠也，决若何堤也，淤若何疏也；东问于鲁焉，汶若何导也，泉若何引也；南问于徐焉，淮若何汇也，湖若何潴也；北问于齐焉，白若何浚也，卫若何泄也。而又问诸缙绅焉，于诸劳心，罔不勤勤焉；而又问诸闾阎焉，于诸劳力，罔不恳恳焉”。

《问水集》初为三卷，今仅传后人所析六卷本。卷一通论黄河、运河河道形势及河道治理之制，包括统论黄河迁徙不常之由、古今治河异同、治河之要、堤防之制、疏浚之制、工役之制、植柳六法、统论建置规制、白河、卫河、汶河、闸河十二篇。卷二详载徐、吕二洪、诸湖、诸泉及黄河、运河积贮情况，并收录杨旦、邵元吉撰《治河始末》，张治撰《修复汶漕记》和童承叙撰《重建卫河减水四闸碑记》治河文献三篇，后附告河文诸篇。后四卷辑录刘天和治理黄河期间所呈奏疏十余篇。

《问水集》流传至今共有四种版本。其一为明嘉靖年间袁褧辑刻丛书《金声玉振集》中收录的《问水集》（简称“金本”），该版本共一卷，前有胡缵宗撰《〈问水集〉序》，无目录，内容叙论黄运两河的治理方法，有关黄河的治理方法包括统论黄河迁徙不常之由、古今治河同异、治河之要、堤防之制、疏浚之治、工役之制、植柳六法七篇；运河治理方法包括统论建置规制、白河、卫河、汶河、闸河、徐、吕二洪、淮海、淮扬诸湖、闸河诸湖、诸泉、黄河运河积贮、治河始末、修复汶漕记、重建卫河减水四闸碑记十四篇，共二十一篇。

其二为明嘉靖十五年杨旦、邵元吉辑六卷本（简称“明刻六卷本”）。张璧在《刻问水集序》中言即“乃工部郎中杨君旦、主事邵君元吉谓是役宜有述，爰辑公治河颠末为六卷，题曰‘问水集’”。明刻六卷本前有张璧、廖道、胡缵宗和陈讲撰四篇序言。正文前两卷内容同金本，卷二后又增附告河文八篇，后四卷为刘天和在治理河道过程中上呈奏疏，共十四篇。

其三为汪胡桢句读，徐砚农、吴慰祖点校本，收录在1936年《中国水利珍本丛书》（简称“水本”）第一辑第三种中，该整理本据清代法式善存素堂抄本和明刻本校印，在一定程度上补充了《问水集》的内容，如后附《明刻本两序残字》和《黄河图说》之碑文。

其四为今人卢勇整理的《〈问水集〉校注》（南京大学出版社，2016年），该整理本以《中国水利珍本丛书》整理本为底本，参校李约瑟研究所藏金本和国图藏明刻本。

本次整理以《四库全书存目丛书》中收录的明刻六卷本为底本，以金本和水本为参校本。为便于读者充分了解刘天和的治河思想，文末增补嘉靖十五年（1536年）刻石的《黄河图说》碑文。部分成果参考嘉靖二十四年（1545年）世恩堂刻本《阳峰家藏集》。原文中漫漶不清或文字残缺处，以“□”代表一个字，以“……”代表字数不详者。

本书由李新贵、田清整理，限于整理者的学识与能力，未尽之处敬请读者批评指正。

整理者

目　录

刻《问水集》序[1]

右副都御史松石刘公素负俊望，明天子起公于家，命视事山东，握宪纲而司水土。乃嘉靖甲午[2]冬十月，会赵皮寨河迁改分流，自济宁南距徐、沛绵亘数百里，流沙漕沱，运河阻碍，诸司岌岌，靡所适从。公奋若曰："是诚在我。"乃迩远达观，周爰咨采，惟浚淤、修闸是图。亟以闻于上，上韪其议，公倡乃属庐于河，戒于众，又授界分程，乃从事。始乙未[3]正月，迄工于夏四月。自是漕河之上，舳舻相衔，往来利涉，群情和洽，欢颂载途，报功于朝。帝用嘉悦，进公工部右侍郎仍兼都御史，诸以下爵赏有差。乃工部郎中杨君旦、主事邵君元吉谓是役宜有述，爰辑公治河颠末为六卷，题曰《问水集》。而杨君遗予书使弁以言，予因叹曰："大哉乎？问也，今天下孰非所当问者，而重而要宁有过于漕之河水哉？夫水之性，利与害并行；水之道，亦惟因厉害而顺逆之。斯善行水矣，然水有疏、有浚、有蓄泄。是故河浅涩而利导之，之谓疏；水涸且淤而测而量而深之，之谓浚；或堤或坝以遏其冲杀其势，之谓蓄谓泄。三者虽

[1] 明刻六卷本前有残序两篇。该序文据张璧编撰《阳峰家藏集》卷二五补。

[2] 嘉靖甲午　为嘉靖十三年（1534 年）。

[3] 乙未　为嘉靖十四年（1535 年）。

作用不同，同于去水之害以成其利也。”

公实兼而举之，而倏告成于天子。是何成功之易乎？抑予闻公问水时，或谓急宜引河则水易通，或谓宜复前人海运，向非公识缓急、权轻重、节劳费而群属者又瘁厥劳力焉，则亦安能图可大之规、销方来之患以底成功若是哉？故曰：“大哉，问也。”今观是集，其事赅，其才敏，其志确，其词朴以华，其善叙事者已。是故叙河海，则见其经略之知焉；叙工役，则见其谋断之勇焉；叙论列，则见其举劾之公焉；叙修建，则见其备预之远焉；叙蠲豁，则见其周恤之仁焉。盖心存乎立功而事专于报国，奋发刻厉期于必成有如此者。君子曰：“泽周天下，厥功其罕俦尔乎？是可以传矣。”

……十五年秋七月……赐□□出身嘉议大夫太常寺卿兼翰林院侍读□□学士掌院事……经筵日讲官同修……国史奉……敕管校重书……累朝训录前春坊……太子左谕德南郡张璧[1]撰。

---

❶ 璧　水本作“壁”。《阳峰家藏集》作“璧”。

《问水集》序[1]

司马刘松石公治河之绩也……之水部杨启东甫集之也，集之也何好问……曷为裕焉乎？岁甲午，河徙于南鱼……潴为钜浸，值……早魃□□诸泉告竭，龙……陆□人号□，漕渠阻艰，岌岌乎尔。爰元元惧军国广需，弗给且匮也，乃……僚佥谟，既谐乃□起公于宅忧……就道始也，西循于沛□睢于亳宋，视……浩浩乎尔……弗躬也，既曹于濮，于洸，……流智智乎尔……也，罔弗躬也。又其既也，邅迴趦趄于汶……于泗，上乃讯诸父老，诹诸多士……皇皇乎尔，胡可理也，罔弗躬也已。乃谋……有获焉，乃驰疏以闻……命公综辖诸省，发卒□数万人以往。公……允茇诸河浒，操畚挶，悬圭臬，豫经制，运矩创……器用，董章程，均输役，恤劳瘁，黜庸惰……乐残创。淤则疏也，淹则导也，溃则隄也，溢则泄也，□则凿也，□□则□也，坏也，埽累则坚也，金……则紧也，□何诸泉觱沸以播于湖，□□□□以达于□，诸渠湫渎以汇于河，……利……用底绩……。天子闻而嘉之。乃晋公为……孔……乃庸增厥秩为左司马统制三土悲歌，我公西归，曷维其已，爰怀好音□□道南□□于乎河之为患，振古于兹，禹……道□□性焉……五

[1] 该序文内容据水本补，水本无题名，题名据文意拟定。

迁避……未有若祈免……资厥利……也，乃若汉筑宜房，只沉璧马，宋作斗门……馈饷，元创会通，尚需海运，利一害百，……尔惟……明受天纯佑，河祇□图，惟……文皇鼎迁朔易，转漕于南，乃命□司空礼肇厥河□□防，嗣□□沙湾……景□□□武功有贞缵厥□□□，嗣是决安□□□□命刘忠宣大夏……迄今百六十□□□□公□承……民害行其所无事已尔。兹集也，于礼神诸章□□见格幽之诚焉，于经国诸疏见事……上之忠焉，于均役诸法见泽下之仁焉，于谕吏诸约见齐众之礼焉，于治水诸式见拯溺之智焉，于谕事诸条见投艰之才焉。是故诚基忠也，忠孚仁也，仁叙礼也，礼达智也，智运才也。有兹大者，为政于天下无难矣，岂惟水哉？曰好问，则裕公之谓也。

赐进士翰林院侍讲学士奉直大夫……经筵日讲国史日录兼管……历朝宝训实录同修三典□蒲〔圻〕廖道〔南〕[1]。

---

[1] 圻、南　据《四库全书总目》卷五三补。

《问水集》序

松石刘公函一帙以示缵宗曰：“子知夫水乎？子知夫治水乎？其要盖在是矣。”缵宗登拜焉，见其粲然而理也，错然而有章也，请益焉。曰：“莫难于水之治也，自禹以至于今矣。”予问之至再至三，而后知水也，而后知治水也。故予治水大都取诸人尔，知我者子也。子盖识之简端。缵宗辞不可，为之叙。曰：“夫圣莫如舜，智莫如舜，犹好问焉。神莫如禹，智莫如禹，犹行所无事焉。顾今事事者，不曰我能是也，则曰我既已知之矣，是之谓自用。自用则小，是之谓自画，自画则止。”

嘉靖十有三年，漕河壅，天子起公于家，任[1]公御史中丞，敕总水。若曰：“地平天成，惟都御史某其乃绩。”四月，公至济，竞竞焉，惟不胜天子之简命是惧。既而有见，则翻然曰：“每事问吾得之孔子，不耻下问吾得之孔文子。”于是西问于梁焉，河若何奠也，决若何堤也，淤若何疏也；东问于鲁焉，汶若何导也，泉若何引也；南问于徐焉，淮若何汇也，湖若何潴也；北问于齐焉，白若何浚也，卫若何泄也。而又问诸缙绅焉，于诸劳心，罔不勤勤焉；而又问诸闾阎焉，于诸劳力，罔不恳恳焉。既而有得，则喟然曰：舜之所以为圣，禹之所以为神者，

---

[1] 任　原文作“仍”，据水本改。

此也。”不本诸此，凿矣。吾闻之先正云：“莫与水争，旨哉言也。故闸可复也，是可为也，吾为之；河不可引也，是不可为也，吾弗为之矣。”不逾年而告底绩，天子嘉其成，陟公司空。若曰：“是水也，是都御史某所克襄也。”而公之贤，简在帝心矣。公暇，及为是集。集凡三卷，其论莫不切于水详于治焉。是故于河原其湍焉，于淮达其委焉，于治河察其趋焉，于防河审其向焉，于诸泉辑其出焉，于诸河理其入焉，于诸湖权其滀焉，于诸闸酌其积焉，于诸洪详其避焉。其诸告文，其以至诚敬于其神焉。其诸奏议，其以至智忠于其事焉。于乎休哉。

公，楚人也，盖尝俯视洞庭矣，灏灏渊泓，受有定区也，知湖斯知河矣。盖尝旁观扬子矣，洊洊奔腾，行有定壑也，知江斯知河矣。是故引大河辟之雨，骤雨田被其沃者十四，禾被其冲者十六；积小河辟之雨，细雨沃及田者十八，沃不及田者十二，知此则知公矣。公学为舜禹，而取诸人成诸己以报诸天子者，此也，此不可及矣。天子晋公司马，敉总戍[1]务三边，有以哉。敢以是复于公。

嘉靖十有五年春三月望日，天水胡缵宗世甫序。

[1] 戍　原文作“戎”，据水本改。

《问水集》序

《问水集》者，集松石公之问水也。公起柱史，以亮节著先朝，受知今上，召拜中丞大夫，简命治河。适黄河南徙，水去积淤，漕渠淹灭，济宁、徐、沛之间馈运弗通，国计乏绝。公两被玺书，深惟托命之重，语人曰："稽于有众，禹所以底绩。于治水也，吾不如禹，吾可以自用乎?"乃历汴及淮，浮汶达济，周回数千里，所至虽断港、故洲，渔夫、农叟亦罔弗咨，咨罔弗悉，始悟中州地平土疏，河易流徙。

时议力主导河，以雪漕渠，公曰："今之河惟恐其不南也，既南而顾欲其东，岂达利害之机哉?"由是疏请决策浚渠，忘己尽人，殚智毕力，弥三月而即功。百泉会流，千舰飞挽，岁漕四百万石如期至京，中外神之。公曰："此予问诸水滨，谋在野，功在百执事，于予一人何有?"列状以闻，晋公司空，贰诸臣咸得受赏增级，人于是又服公之度也。

既竣事，凡黄河之迁变，古今治河之同异，堤防疏浚之制，九河之迹，七十二泉之派，闸坝湖陂之数，经费漕挽之宜，禁戒谕建之例，裒记为集。冬官郎庐山邵子刻以诏后，致公书，属予为序。予观国家定鼎燕冀，食于东南，既罢海运，转漕内河，一时为国宣勤。如开渠制闸，则宋司空、陈平江之迹可考也；河决植防，则徐武功、白康敏、刘忠宣之劳足称也。以公例之，岂不先后为烈哉！噫！读《禹贡》者思禹绩，后之览兹集者，虽谓功不在禹下，可也？或曰："漕政者，国之所以寄命也。今黄河之徙弗常，安平之罅可虑，河运可常恃乎？"予曰："然。天下事守经常者必思变，忧末流者必曲防。元人都燕八十年，河海兼运，又通胶莱新河，计亦悉矣。孰谓盛世抚运万年，经国者可无长虑乎？"然公遂开府三边，不暇计矣，敢僭附其概，惟后之好问者图利焉。

嘉靖丙申[1]夏，赐进士第嘉议大夫山东按察司按察使前翰林院庶吉士西蜀陈讲书。

[1] 嘉靖丙申　为嘉靖十五年（1536年）。

卷一

黄河 总理河道都察院右副都御史臣刘天和著

统论黄河迁徙不常之由

天下之水，凡禹所治率有定趋，惟河独否。盖尝周询广视，历考前闻而始得之。其原有六焉：河水至浊，下流束隘停阻则淤，中道水散流缓则淤，河流委曲则淤，伏秋暴涨骤退则淤，一也；从西北极高之地，建瓴而下，流极湍悍，堤防不能御，二也；易淤故河底常高，今于开封境测其中流，冬春深仅丈余，夏秋亦不过二丈余，水行地上，无长江之渊深，三也；滨河郡邑护城堤外之地渐淤高平，自堤下视城中如井然。傍无湖陂之停潴，四也；孟津而下，地极平衍，无群山之束隘，五也；中州南北，悉河故道，土杂泥沙，善崩易决，六也。是以西北每有异常之水，河必骤盈，盈则决，每决必弥漫横流。久之，深者成渠以渐成河，浅者淤淀以渐成岸。即幸河道通直，下流无阻，延数十年。否则数年之后，河底两岸悉以渐而高。或遇骤涨，虽河亦自不容于不徙矣。此则黄河善决、迁徙不常之情状也，故神禹不能虑其后。自汉而下，毕智殚力以从事，卒莫有效者，势不能也。

古今治河同异凡五条

史称周定王时河始南徙，窃意禹之治河，自大伾今浚县境。而下，播为九河，是弃数百里地今沧、瀛、景、德之间。为受水之区，初无堤防以约束之，其间冲决迁改，虽禹之世，要自不常，惟使北向归诸海而已。故三代之史略而不书，非若今之民滨水而居，室庐耕稼其上，一有湛溺即称大害。治水者亦惟随河曲折，筑堤卷埽以障之。一值冲决，亿万财力，付之乌有，古今相去不亦大相远邪？甚者宋元之间，喜功生事，妄兴大役。其北也，强排之而南；其南也，强排之而北。曾不旋踵而或淤或决，民劳财费，国随以衰，可畏也已。惟我圣朝，建都上游，运道所系至重，河每北徙则不容于不塞矣。时异势殊，要之各有攸当尔。

古今论治河者多仿禹九河之法，谓下流必疏支河，如之而后[1]水患可息。尝循故道，历今河流，疑有未尽然者。盖禹引河经大伾两山之间极高之地而下，乃疏为九河，水流极其湍迅，而后可久无患。今河经中州平陆，夏秋洪流，诚可分为八九。若冬春之间，或值久旱，即为安流，深不盈丈，广仅一射许。如分为九，不即淤邪？况南经凤、泗园陵，北妨兖、冀运道，河之所泄，惟徐、邳之间尔。复多阻山，治之倍难，与古大异。然则下流分为三四支河亦足矣，不必泥古法也。

汉贾让治河三策，古今称之。其上策，放河使北入海，是即禹之故智也。今妨运道，已不可行。其中策，谓据坚地作石堤、开水门，旱则开东方下门溉冀州，水则开西方高门分河流。然自汉至今千数百年，尽中州、大名之境，率为河所淤。

---

[1] 后　原文作“复”，据水本改。

泥沙填委，无复坚地。而河流不常，与水门每不相值，或并水门而冲决淤漫之，浚治无已。所溉之地，一再岁而高矣，西方地高，水安可往？使让复作，或亦不可行矣。丘文庄谓："古今无出此策。"盖身未经历，非定论也。惟宋任伯雨曰："河流混浊，淤沙相半，流行既久，迤逦淤淀，久而必决者，势也。或北而东，或东而北，安可以人力制哉？"为今之策，正宜因其所向，宽立堤防，约拦水势，使不至大段漫流尔。此则治水者所当审也。

古者河北流，伊、洛、汴、汜不入河，虽沁、卫、淇、漳之水，过大伾而北始入焉，故河之势犹减。今则伊、洛、沁、汴、汜诸水举入之矣，中州安得无河患邪？将导沁入卫欤，卫辉宗藩已因水患奏塞上流矣。且临清下至天津，河道甚狭，频年已苦冲决，不可复益以水。惟汶泉之水，遇旱则微，汇水诸湖，以淤而狭，安山、南旺、蒲湾泊、昭阳诸湖大半淤填平满，积水甚少。运舟恒苦浅涩。若于武陟境内沁河横建滚水石坝，于东岸开三斗门，引沁自原武、阳武北界大堤之外，勿俾与黄河相近，以大堤及诸堤为限隔。经延津县南循大堤而东至长垣界，入黄河旧冲张秋故道，自武陟至此三百余里，须创开皆大堤之北。又东至曹州境旧分水处，黄河旧于此分流，一大支径冲张秋，一小支下济宁永通闸月河。北向张秋之道，则设一闸，张秋以下水涸方开。南向济宁之道，则大加疏浚，俾出永通闸入运河。自长垣境故道至此，亦三百余里。旱则沁水尽东，全济运河；涝则半由滚水坝，仍归黄河。是运河复增一汶，为永远无穷之利，黄河亦可少杀矣。而况沁则易于节制，不亦大愈于引黄河邪？但大劳未艾，民力方屈，运道方幸通，曷敢以轻议也？

国朝治河司运，惟宋司空礼、陈平江瑄经理之功为大，然惟导汶浚淤、建闸通运，不复引河。虽景泰、弘治间，黄河自至，徐武功有贞、白康敏昂、刘忠宣大夏亦皆强排力塞之而后已，不复资以济运。盖其至则冲决，去则淤填，修治之工，无时可已，而运舟运卒之冲溺为害尤大，且迁徙不常，害多利少，群公诚有见于此矣。嘉靖甲午冬十月，黄河从赵皮寨南徙，运道淤阻。时议者有引黄河、谓黄河水盛舟行闸面之利。浚闸河二说，莫能决。余甚忧之，乃相度二河道里远近，工役巨细，权利害轻重而折衷之。引黄河浚淤几四百里，既深且广，其远其费，倍于浚闸河，计非数月可完，误营运诸料物，误粮运京师，公私仰给乏绝。兼之故道难复，纵复将即淤，浚河、修闸之费卒不可免，是以其劳贻后人也。况所济鲁桥下至黄家闸百七十里尔，自鲁桥北至临清五百里间，则犹资汶水诸泉，初无预于黄河也，乃始决策浚河、修闸，惟将来天旱泉微，余甲午夏承乏治水，鲁桥以下，黄河盛流闸面行舟。济宁一带，几至绝流。随祷于南旺诸祠及泰山，幸应祷而大雨，河始通。运舟不免浅搁。欧阳修有言："智者之于事有所不能必，则较其利害之轻重，择其害少而利多者为之，犹愈于害多而利少。"余取法焉，然则欲为国家运道建万世之利，惟引沁为愈尔。详见前。

治河之要凡七条

余问水始自中州，乃分遣属吏循河各支沿流而下，直抵出运河之口，逐段测其深浅、广狭、纡直所向，而后得其要。盖孟津而下，夏秋水涨，河流甚广，荥泽漫溢至二三十里，封丘、祥符亦几十里许。而下流甚隘，一支出涡河口，广八十余丈；一支出宿迁小河口，广二十余丈；一支出徐州小浮桥口，亦广二十余丈。三支不满一里。中州之多水患，不在兹欤？宜预为储蓄，候岁丰人和，大加疏导可也。中州之民，垫溺之患，治河之劳与费，极矣，是诚不容于已也。

治河决，必先疏支河以分水势，必塞始决之口而下流自止。刘忠宣弘治之役，始惟治张秋，久而弗绩，乃开上流孙家渡，及导河下由梁靖口出徐州，方继治黄陵岗决口，而张秋之口自塞，可以为法矣。若运河水势不盛，直塞之而已。

蔡石岗云："黄河南徙，国家之福，运道之利也。"当冲郡邑，作堤障之，不坏城郭已矣；被灾军民，免其租役，不至流徙已矣。石岗，睢人也，睢河患为甚，而其言若此，公天下为心矣。噫！石岗已矣，谨三复斯言云。

宋欧阳修有言："河流已弃之故道，自古难复。"余未之深悟，及观于孙家渡，父老云："弘治讫今凡十五浚矣，每浚费数万缗，卒不能复。"盖正统戊辰，全河从此南徙，至弘治己酉，凡四十余年而始淤，诚已弃之故道也。河身两岸数十百里间，悉皆填淤高仰。水性润下，夫安得而通邪？再观金龙口、黄陵岗下冲张秋之故道，深广如旧，益知人力排塞之故道，虽再决、累决而尤当慎防。司水者当审鉴于斯二者，无妄引以虚费，无怠防以速患也。河性湍悍，如欲杀北岸水势，则疏南岸上流支河，上策也。然支河或不顺，水势则虽开而复淤。旧有马头埽之制，盖卷埽出河丈余，稍顺水势，连出数埽。虽终不能御，然水性极悍，一有所触，即折而他注。连触数埽，有坏即补，多因之以全岸者，亦不可废也。

徐、吕二洪非闸河比，必资黄河之水而后深广利济。今测赵皮寨东流从梁靖口下出徐州小浮桥之旧河，其河底视赵皮寨南流河底高丈有五尺。春间南流深丈六七尺，东流深一二尺。夏秋南流深二丈二三尺，东流深六七尺。甲午、乙未之冬皆尝断流，急宜大浚，所幸赵皮寨南向宿迁之流甚盛。甲午秋冬，忽自河南夏邑境冲决数口，转向东北，经山西坡湖，从萧县城南合梁靖之流，出小浮桥，下济二洪，殆由天相、川灵效顺，不假人力，幸莫大焉，惟当谨测量、时疏浚之而已。然通塞不常，当于南岸永城境上下百余里间，遍栽漫柳，俾之淤积，或为缕水小堤以逼水北向，关系极重，殊不可忽也。

黄河旧出谷亭口入运，鲁桥下至徐、沛，闸座尽废。嘉靖甲午秋，忽一夕迁改，然幸分为二支：一北出鱼台塌场口，犹赖以济运；如即南徙，则运河淤满，闸座未复，粮运立阻矣。一从上源曹县榆林集南向徐州，免北冲济宁之患。如全出塌场口则逼近济宁，鲁桥以上闸座尽坏矣。至十月，运舟南还，全河方始南徙，二支断流，若稍迟至春南徙，则疏浚无及，乙未之粮运亦阻矣。国计所系，神实相焉。

堤防之制凡四条

贾让云："堤防之制起自战国，然势不能废。"盖虽不能御异常之水，河底甚高，水易涨溢，且自三门下视中州如井然，故虽高厚之堤不能御。而寻丈之水，非此即泛滥矣。城郭市镇民居多滨河故也。但不宜近河而宜远尔。历观宋元迄今，堤防形址断续，横斜曲直，殊可骇笑。盖皆临河为堤，河既改而堤即坏尔。已择属吏之良者，上自河南之原武，下迄曹、单、沛上，于河北岸七八百里间，择诸堤去河最远且大者，去河四五十里及二三十里者。及去河稍远者一二十里及数里者。各一道。内缺者补完，薄者帮厚，低者增高，断绝者连接创筑，务俾七八百里间，均有坚厚大堤二重。已经接合创筑蔡家口上下及曹、单八里湾，侯家林百余里，余当极力完成，虽费不恤。自兹苟非异常之水，北岸固可保无虞矣。

凡创筑堤必择坚实好土，毋用浮杂沙泥，必干湿得宜，燥则每层须用水洒润。必于数十步外平取尺许，毋深取成坑，致妨耕种，毋仍近堤成沟，致水浸没。必用新制石夯，每土一层，用夯密筑一遍，次石杵，次铁尖杵，各筑一遍，复用夯筑平。堤根宜阔，堤顶宜狭，俾马可上下，谓之走马堤。毋太峻，水易冲啮。凡帮堤，必止帮堤外一面，毋帮堤内，恐新土水涨易坏。运河通用。

中州河北岸堤防重复至四五道者，而往往冲决。盖修筑不坚，一也。工成报完已矣，管河监司、府贰不复省验，二也。甲午春所筑堤，余巡行亲验之，盘石口堤已即冲洗无复形迹。原武者面及两傍各止筑尺许，中实以虚浮白沙，余率类此尔。旧堤日就坍损，车马行人，践踏成路，不复巡视完补禁治，三也。千里之堤坏于蚁穴，夫安得而不决哉？自今创筑者，必用新发尺式，度长短不一，即生弊矣。必编号，必分定州县工程丈尺及官夫名数，必置籍备纪府贰，必身亲督理指授。筑法、器具详见前。工成，监司必亲阅实旧堤，必委属时一巡视，完补车马行人路口之堤，必两箱各筑阔厚斧刃衬堤，俾车可上下；堤面边箱路口，各限以横埋丈余圆木，上覆以土。守堤者每遇践踏木露，即仍以土覆之；堤内外柳株稀少者，补植之。审如是，夫安得而复决哉？是存乎其人尔。运河通用。

历年筑堤率以高一丈或一丈二尺为准，但地势不一，如地势原下，堤即卑矣。地势顿下，犹可见。以渐而下者，堤益卑而不觉矣。凡筑堤以高阜或平地高若干为准。然用逐段用平准法打量，余新制水平稳而不摇，颇准。因地势高下而低昂之，俾堤面远近高下一律，甲午筑南旺湖堤，率高一丈，报完矣。余验而疑之，乃施平准法。其间有地下八尺者，然则堤仅高二尺尔。黄河之堤若是，不亦大可畏邪？否则贻患非小也。但平准极难，须水面浮板，并于上两端小横木并前木表。横板之厚薄、长短、广狭，皆极其均停端正。而打量之人目力详审，且再三试，果无差忒，而后可凭也。乙未春，浚河修闸之役，余甚苦于此，必再三躬为之而始效，运河通用。

疏浚之制凡五条

疏、浚、塞三法，欧阳玄之说备矣。疏支河以分水势，治河要法。顾水有向背、地有高下，治水者因其势而利导之，斯善矣。然河之所向不可限量，赵皮寨口之开，冀少杀东流尔。不数年而全河从此南徙，苟非运道事重，是移曹、单、鱼台之患于睢、归矣，不可不审也。

开河面宜广，俾伏秋水涨有所容；底宜深而狭，视面仅可四之一，形如锅底。俾冬春水落流迅，可免淤塞。近年率为平底而浅，两失之矣。

浚河宋人铁龙爪、近时滚江龙之法，皆不可用。惟先计浚广若干丈，插标水中，次计所浚若干远，及夫役之数而约计，然后用新制平底方舟，横排河中为一层，船四维各施桩橛，插系水中。用新制长柄铁爬立船中齐浚之，每浚深数尺，即移船少退，以次再浚之。后数丈复为一层，如前法。则虽水中与陆地施工略同，若止以船只往来河中，所浚十不及一矣。运河同。

方舟之制，非特便于浚河，且免役夫入水，恤爱之意寓焉。运河同。

疏浚河泥必远置河岸四十步外，平铺地上，免妨耕种。用堤者，即以之成堤，毋仍临河，免致雨水冲洗，仍归河内。运河同。

工役之制凡五条

河道工役，频年繁兴，为费甚巨。在中州者，堡夫卒岁用工外，河夫岁用工三月，月给银一两，皆贮于官而计日给之。

故工役率妄冒多估，止计所筑、所开、所浚丈尺及约用夫若干名，用工若干月日而已。往岁开夏邑挑河，初估役夫三万，用工三个月。知府顾铎亲往督夫，先挑一尺为准，即省十之七八，可验矣。今定与算工之法，皆委属督夫累试，及取土秤斤重、度远近而酌为中制也。凡堤岸创筑者，每方广一丈，每夫每日就近取土者高六寸，取土稍远者高五寸，最远者高四寸，为一工。比原行少省，以节夫力。凡帮堤，则先计旧堤高厚若干，今帮厚若干，增高若干，亦以前法折算计工。河道创开者，每方广一丈，每夫每日开深一尺为一工。浚河泥水相半者减十之五，全系水中捞取者减十之七八，取土登岸就筑堤者亦折半算工。比原行亦少省。然后通计工数，以定夫数，即所费大省而尤便于稽考，弊亦大省而岁有余。积每二三岁即可减免夫银一岁，以少苏中州之民困矣。十五年已议减免。

每役必画地分工，必各州县内仍分各乡、各里，俾同聚处。逃者，即本乡、本里众为代役而倍责偿其值。运河同。

每役五日即与休息一日，如遇风雨，即准休息，毋妨用工。运河同。

凡验筑堤之工，必逐段横掘至底而后见，旧以锥刺无益也。运河同。

堤铺夫守堤防河，所系甚重。所历询之，多远地之民赴役，有数十百里外者，有别州县编役者，且岁一更易。以故堤多坍损，柳多砍伐，甚至河水已至，或被盗决而官犹未知，坐失防御，为害匪轻。已经行令将近铺居民编当，如徭役已定，则将别差更换，别州县者亦将别差兑编。以后编役更不必改易，仍将本铺所管堤岸，每夫画地分管，专令修堤植柳，时阅而劝惩之，均为徭役。初无损于公家，而铺夫便于守视，堤自固矣。运河同。沧、德一带尤为切要。

植柳六法

余行中州，历观堤岸，绝无极坚者，且附堤少盘结繁密之草，与南方大异。为之忧虞，乃审思备询，而施植柳六法。

一曰卧柳。

凡春初筑堤，每用土一层，即于堤内外边箱各横铺如钱、如指柳枝一层。每一小尺许一枝，毋太稀疏。土内横铺二小尺余，土面止留二小寸，毋过长。自堤根直栽至顶，不许间少。

二曰低柳。

凡旧堤及新堤，不系栽柳时月修筑者，俱候春初用小引橛，于堤内外，自根至顶俱栽柳如钱、如指大者，纵横各一小尺许，即栽一株，亦入土二小尺许，土面亦止留二小寸。

三曰编柳。

凡近河数里紧要去处，不分新旧堤岸，俱用柳桩，如鸡子大，四小尺长者。用引橛先从堤根密栽一层，六七寸一株，入土三小尺，土面留一尺许，却将小柳卧栽一层，亦内留二尺，外留二三寸。却用柳条将柳桩编高五寸，如编篱法，内用土筑实平满，又卧栽小柳一层，又用柳条编高五寸，于内用土筑实平满。如此二次，即与先栽一尺柳桩平矣，却于上退四五寸，仍用引橛密栽柳桩一层，亦栽卧柳编柳各二次，亦用土筑实平满。如堤高一丈，则依此栽十层即平矣。

以上三法，皆专为固护堤岸。盖将来内则根株固结，外则枝叶绸缪，名为活龙尾埽。虽风浪冲激，可保无虞，而枝梢之利，亦不可胜用矣。北方雨少草稀，历阅旧堤，有筑已数年而草犹未茂者，切不可轻忽。运河、黄河通用。

四曰深柳。

前三法止可护堤以防涨溢之水，如倒岸冲堤之水亦难矣。凡近河及河势将冲之处，堤岸虽远，俱直急栽深柳。将所造长四尺、长八尺、长一丈二尺数等铁里引橛，自短而长，以次钉穴俾深，然后将劲直带梢柳枝，如根梢俱大者为上，否则不拘大小，惟取长直，但下如鸡子，上尽枝梢长如式者，皆可用。连皮栽入，即用稀泥灌满穴道，毋令动摇，上尽枝梢，或数枝全留，切不可单少。其出土长短不拘，然亦须二三尺以上，每纵横五尺，即栽一株，仍视河势缓急，多栽则十余层，少则四五层。数年之后，下则根株固结，入土愈深，上则枝梢长茂，将来河水冲啮，亦可障御。或因之外编巨柳长桩，内实稍草埽土，不犹愈于临水下埽，以绳系岸，以桩钉土，随下随冲，劳费无极者乎？尝于睢州见有临河四方上岸水不能冲者，询之父老，举云："农家旧圃，四围柳株伐去，而根犹存。彼不过浅栽一层，况深栽数十层乎？"及观洪波急流中，周遭已成深渊，而柳树植立，略不为动，益信前法可行。郡邑治水之官，能视如家事，图为子孙不拔之计，即可望成效，将来卷埽之费可全省矣。但临河积年，射利之徒殊不便此，治水者止知其为父老土著之民，惟言是听，而不知机缄之有为也。卷埽斧刃堤后远近适中之处，尤宜急栽、多栽数层。此法黄河用之，运河频年冲决，深要去处亦可用。

五曰漫柳。

凡坡水漫流之处，难以筑堤，惟沿河两岸密栽低小桎柳数十层，俗名"随河柳"，不畏渰没。每遇水涨既退，则泥沙委积，即可高尺余，或数寸许。随淤随长，每年数次，数年之后，不假人力，自成巨堤矣。如沿河居民，各分地界，筑一二尺余缕水小堤，上栽桎柳，尤易淤积成高，一二年间堤内即可种麦，用工甚省，而为效甚大，黄河用之。

六曰高柳。

照常于堤内外用高大柳桩，成行栽植，不可稀少。黄河用之，运河则于堤面栽植，以便牵挽。

运河

统论建置规制

漕运建置，诸河源委，郡邑堤岸之分界，支流、巨洪、闸坝、湖陂之名实，官胥、夫役、建设之本末，与夫修治难易之迹，经费、漕挽之数，禁戒、论建之条例，沿革、修创之纪载，举莫备于三原王公恕《漕河通志》一书。而晋溪王公琼则因是书而附益之，更名《漕河图志》，治水有足稽矣。顾时异势殊，法弛政弊，因革损益，修举之不容已者，不可不讲也，乃因循行臆见，备列于左。

白河凡三条

通州上达都城，近已修闸，转般漕运，脚费大省。盖元郭守敬虽尝行之，卒于中止。惟我圣明，决策修复，为万世利，无容议矣。若白河经密云诸山，且全受浑、榆诸河之水，夏秋暴涨，堤防不能御。源远流迅，水势漫散，河皆溜沙，深浅通塞不常，运行甚艰。殊无策以治之，惟用兜杓数千具，治河官夫遇浅即浚。此外运舟各携四五具，二三百舟即可得千余具，合力以浚，顷刻而通，盘剥大省矣。惟运卒利于盘剥，方可开支脚价，少资用焉。而终岁劳苦，固可悯也。如即以盘剥之费，偿运卒浚浅之劳，则运卒受实惠，不愈利归剥船邪？兼官置剥船千艘，粮运不滞矣。

近有议于白河建闸者，河广水盛，涨必他决，底皆淤沙，闸必易损。且河徙无定，乙未王家渡河一岁徙十五里。闸难改移，盖未达水土之宜也。

运河数千里，惟白河堤防大坏。历观河底两岸，率皆淤沙，以故易于冲决迁改，与中州黄河略同。治堤宜远、宜坚、宜植六柳，诸法亦略同。更有异焉，每见村庄周遭积沙成巨堤，上复多柳，云以御水，询之乃先于平地植低柳成行，以俟风沙搏聚，旋自成堤，柳愈繁则沙愈聚，根株盘结，水至无害也。治河者如之，不亦大省民力邪？然惟弥望平沙，无可取土者，方用此法。若坚实河岸，仍须土堤低下，冲决之口，仍须坚土倍筑高厚，更植深柳为完美尔。

卫河凡三条

卫合淇、漳诸水，故其流盛。临清而下，去海犹远而岸亦高，冲决犹少。德州而下，河身既狭，去海渐近，两岸复卑。沧州以下尤卑，易盈易决矣。近恩县、东光、沧州、兴济连建四闸，诚足以泄涨溢之水，但入海之道须修浚深广，无隳成功也。

沧、德、天津之间，河决无岁无之，亦有水不甚盛、河不甚盈而决者，非尽由堤岸卑薄也。一则盐徒盗决，以图行舟私贩；一则碱薄地土盗决，以图淤肥；一则对河军民盗决，以免冲决彼岸。斯二者，汶河同之。巡守当严，而防察当预也。

临清板闸，运河入卫处也，卫河水涨即壅入闸，或漫闸面以入。故闸上下常淤，运舟每为停阻，宜增培闸面，旱涝举须下板启闭。旧以卫河水盛，多不用板。盖启则闸下之淤每日冲洗可尽，闭则卫水不入，闸河之水积盈，及启则二河水势相当，淤亦不入矣。司闸者所宜审也。

汶河凡四条

元人遏汶分流，北出阳谷以通卫，南出济宁以通泗，名“会通河”。然分水之处，地势犹高，仅胜小舟。永乐九年，宋司空礼筑戴村坝以遏汶，导之西南流四十里，出鹅河口南旺湖中，地势下矣。然后分流南北方可胜巨载，漕运永利焉。夫人知宋导汶浚河之功而不考其故，为著于此。

汶水出泰、莱诸山，伏秋流亦混浊，率皆虚浮淤沙。故老相传，成化间戴村坝以下河道犹未淤满，意者开导未久尔。近则沙淤直至南旺，河皆平满矣，故水易涨溢。即北下东平故道盐河入海，运河不得其用矣。频年挑浚，沙积两岸，或平铺地上，风起飞扬，仍归河内。运河命脉，全赖兹流，虽勺水当惜。众议两岸筑堤以约拦之，犹虑水涨堤坏，乃议开减水闸、滚水坝各四，东西两岸各二。以泄暴水。嘉靖十三年秋，筑东堤，主事段承恩所筑。尚须培补高厚。十四年秋，筑西堤，主事顾翀所筑。去河远远则足以容水。而高厚，闸坝亦计料修建。嗣而治之，运道其永赖矣。

汶水自泰、莱至南旺几三百里，远近咸谓汶泉水微而不考其故。盖盈河淤沙深广，春夏久旱亢旸，沙极干燥，汶泉经之，多渗入河底，所经既远，安得不微邪？尝测其上源、下流各深广尺寸，盖所耗十之三四。然数百里之淤沙不可尽浚，且将复淤、所浚两岸之沙终归河内，劳费无已而卒莫能效，真无以为处。有献议者云：“汶水自春城口以下，河流迂远，宜于春城口置石坝一道，中为数碴洞，创开小河八里余，取径入鲁姑、龙斗二泉，渠量加浚广凡六十三里余，而至黑马沟。伏秋水盛流浊，则闭硿洞，俾由故道；春夏之间及天旱，水微流清，则遏水由硿洞下出黑马沟口，即可避汶河百数十里之沙滲。”余大奇之，随因中道有五泉隔绝不能入，遂止。如将五泉者横汶开沟以入焉，亦无不可，治水者尚其审诸。

汶河淤田盗决、对岸盗决之弊，与卫河同。

闸河凡四条

自徐州北至临清七百里间，为闸四十有三，自元建者二十余，圣朝永乐至今先后增建者二十有余，减水、月河、通湖诸闸不预焉。故闸面、闸底高下不一。如下闸过低，积水盈板，即须启，则上闸之水必迅急而舟难入，必易涸而舟难行矣。余问水历观而窃疑于是，然未敢以为必然也。至冬黄河南徙，诸闸有仅露闸面者，有没入泥底者，而闸口之泥深浅不一，乃一以闸面平石至泥水平面测之，时惟枣林闸露闸面三尺，余各有差。师家庄、鲁桥二闸面各露一尺五寸，谷亭、胡陵城二闸面各露一尺，孟阳泊闸面露一尺八寸余，至底悉泥，淤深至一丈八九尺者。惟枣林闸下之南阳闸已没入泥底，闸面泥淤仍四尺六寸，八里湾闸面泥淤仍五尺，始知旧传枣林闸之过高，而不知其下南阳闸之过低也。乃一以枣林闸为准，余悉培而平之。由是启闭，水不复泄，仍各测其深浅。其闸底过深者则量留底板，均止以十二板启闭，师家庄闸深一丈三尺二寸，留底板二。鲁桥闸深一丈六尺五寸，留底板六。枣林闸深一丈六尺二寸，留底板三。南阳闸深一丈八尺三寸，留底板四。谷亭闸深一丈五尺七寸，留底板二。八里湾闸深一丈六尺三寸，留底板三。孟阳泊闸深一丈五尺一寸，留底板一。胡陵城闸深一丈七尺四寸，留底板二。沽头以下六闸则闸浅，惟上沽头闸留板一，余无留。则闸上之水益深。苟非久旱水微，固可直达上闸，旧运舟过闸即浅阁，直待积水盈板方抵上闸。舟行其永利矣。南旺迤北诸闸亦可行之，而大劳甫息，未遑也。

闸河自鲁桥以下为黄河冲洗，以渐而广。乙未，浚河，止以底广五丈为准。盖南旺上源也，分水处河底仅四丈，下流愈广则愈浅矣。闸河仅取通舟，非务为观美，元人有因水散，至以板为岸，逼水行舟可验矣。治水者慎无病其狭而图为广大也，惟河广淤深，间复下堕河底不及五丈者，方以时浚之而已。

余浚河至三柳树湾乃八里湾、孟阳泊二闸之间，役夫云："下皆生土，河底旧止此矣。"余犹病其浅，一老叟进云："闻之先辈，两闸之间须留稍浅一处。"余恍然而悟。盖中道皆深，下闸一开，上闸之水尽泄，闸近者积水犹易盈，闸远者倍费时日矣，故中道留浅。亦不过十余丈或数丈。船行至此，虽少待，然积水不必盈闸，即可越之而直达上闸，舟行顾速矣。益知前人用心之勤、为虑之远若此，为之叹慕，自愧不能已，后之人慎毋忽也。

凡闸雁翅石及砌岸用石者，须内外两面各用完整石块砌高，而中填以碎石、灌以泥灰，即永远无坍损矣。

卷二

运河总理河道都察院右副都御史臣刘天和著

徐、吕二洪凡二条

二洪，古称悬水三十仞，流沫四十里，旧各有闸，徐州洪一，吕梁洪二，近方革其一。而莫知建置之由。《志》称正统间参将汤节因洪水浅急，数坏舟，建议于洪上流筑堰逼水，尽归月河，徐州洪则于南口，吕梁洪则于上下二口，各建闸积水以行舟。盖正统戊辰，黄河从河南荥泽孙家渡南徙，二洪仅受闸河之水，乃从河南怀庆之武陟导沁水下入梁靖口，出徐州小浮桥，以济二洪，水犹浅涩，故节议建闸尔。《志》不悉言其故。迄今天旱水涩，即筑拦河坝，逼水入内洪，犹建闸遗法也。今梁靖之流已甚微，冬则断流，春夏虽仍通流，然深不过数尺，河底高于南河丈有五尺。夏口近冲之流水势甚盛，而萧县城南之口亦阻山甚狭，通塞靡常。甲午春，二洪几不通舟。然则建闸之法不可不预讲也，如月河各以石砌坚而修闸以俟，冬春水涩即筑坝从闸，永久之利也。但二洪役夫，借险以为利，非果断以必行之，不可得也。

有云："二洪之后皆可开月河以建闸者，盖上下口及中连建三四闸，节水启闭，水盛则由洪，水涩则由闸。二洪之险失矣，但山脉皆坚石，所费良不赀尔。”然二洪之役夫岁余二万缗，如出数岁之费以凿之，万世之利也。

淮海

淮自荆山而下，即受黄河从涡河一支之水，至清河则全受河水矣。议者云：“黄河泛滥中土，盖海口近年涨沙，下壅上溢致然。”已议浚海口矣，初亦甚奇之，及观于淮海而始知其妄。盖淮阴之地甚卑，而徐、吕之洪甚高，信然则淮阴当陆沉，而徐、吕为安流矣。审察之，乃河淮入海之处，北口实有涨沙，而南口更冲广尔。

淮扬诸湖凡三条

淮清江浦频年外河黄水漫入辄淤，浚治无已，运舟每为阻滞。询之父老，有云：“自板闸而下相度地形，中道别开一支河，河口亦建闸，各高其堤防，淤则浚其一，而开其一以行舟，可免停泊矣。”

淮扬诸湖每遇暴涨，风浪触堤则堤坏，舟行遇之则损溺。近范光湖议于堤外开支河行舟以避前患，用心仁矣。议者谓：“不独范光，凡诸湖之广而水势盛者皆可为支河。”盖堤外之地本下，取土为堤不数尺即可通舟，费亦无多。治水者岁岁图之，久则效矣，余深有望焉。但支河至湖塘岸须多留隙地，密栽深柳，每浚河淤泥，即以培之，塘岸永固矣。诸湖更多开滚水石坝，坝底平铺巨石，而酌其浅深，俾湖水浅不致阻，涨不致冲岸。坝下则开深渠以通濒海鱼盐之利，民田亦免漫没之害矣。

仪真河口旧无闸，近方建闸，谓俟潮入则闭闸以积水，俾舟可达坝下，似矣。然五坝之舟，举由一闸以入，已多挤塞。

每江上风起，运舟一时不能猝入闸内，冲撞飘损，其害甚大。权其轻重，闸固可废也。

闸河诸湖凡六条

《南旺湖志》称，萦回百五十里，漕渠贯其中，则东西两岸之湖皆为南旺甚明。盖宋司空导汶水自东北流至湖中，而后分流南北，则湖析而为三矣。近年惟以西岸为南旺湖，而东岸界分之二湖，悉泯其名迹。居民指其北为马踏坡湖，南为蜀山坡湖，率皆侵占耕稼其上。余疑而历询之，久乃得弘治中韩通政鼎所镌《南旺图说》碑，在今安平镇显惠庙中。明甚。盖西岸为南旺西湖，东岸二湖为南旺东湖，二湖之下方为马踏、蜀山坡湖，而马踏之下为伍庄坡湖，蜀山之下为马场坡湖也。但诸湖通连，中无限隔尔。审其形势，凡与西湖尽处相对者，即为东湖，其下方为别湖也。韩碑宜移置南旺分司，以免残毁。

南旺西湖减水闸十有八，旧称汶水。伏秋盛涨，则开闸引水以入湖，冬春则闭闸蓄水以防旱，谓之水柜。余甲午夏承乏治水时，久旱，河皆浅涸，及询南旺，则西岸环湖三面之堤尽圮矣，水不能潴。乃委属役夫修治之，周凡五十一里余，复诸减水闸之淤废者，及秋虽旱，水亦颇积。但湖中地形洼下，止可从旧忙生闸下出广运闸口济鱼台以下运河尔，无仍济南旺运河之理。盖水既从此以入湖，又安能从此以出邪？议者不察，谓运河淤高故湖水不能出，殆未审地形高下之宜也。今南旺二闸如故，浚河与闸底平止矣，安有淤高邪？惟南旺分水河口地势犹高，如仍仿宋司空引河就下之遗意，导汶直至今南旺西湖中之最洼下处，南则从忙生闸旧河出广运闸口或出永通闸口，北则从旧河直出安山闸口，以避此南旺二百余里之浅涩，固运道无疆之利也。且皆旧河，先年凡水涨即从此行舟，故道近虽淤废，不过修治及移南旺数闸而已。如以改创为难，姑修复以为南旺一月河未为不可也。西湖堤修复外仍有见存堤一十余里，临河堤六十里，四面共百二十余里，若连二东湖则百五十里矣。

汶水大发，闸河不能容，北则注于南旺东湖及马踏坡、伍庄坡三湖，南亦注于南旺东湖及蜀山坡、马场坡三湖，而伍庄坡、马场坡二湖为尤深广，水势就下故尔。今若于南旺东湖、蜀山坡之下各地形稍高、水势稍浅之处，横筑高厚土堤，中留滚水石坝，俾各蓄水，各开减水小闸以通运河，旱则出之以济，力省而利大矣。盖东岸诸湖地形本高，水可以出，非若南旺西湖也。若马踏坡上下水势通连，未可概议耳。

《安山湖志》称："萦回百余里而不详其界。"至弘治十三年，韩通政鼎始踏四界，东至马家湖，西至旧东河，南至安山，北至运河，其十里铺在湖中界。自铺至安山湖广十五里，四围东自马家口，西至戴家庙，长二十二里六分，自戴家庙北至寿张集长二十四里三分，自寿张集东至赵家庄长二十四里七分，自赵家庄南至马家口长八里八分，周围共八十里四分。置立界牌，栽植柳株，用心勤矣。但积水、通湖二闸底高，河水非甚涨不能入，四围多侵占，而湖之下口无闸，水不能出。嘉靖六年间，治水者不考其故，止于湖中心筑堤，周回仅十余里，号为"水柜"。湖之广益狭矣，以渐复之可也。

马场坡湖与运河相通，旧有堤，湖水风浪冲坏。运河水稍盈即泄入湖，而湖广几二十里，运河安得免浅涸邪？十四年冬，委属役夫为筑堤六十里，内外各植柳以护之。湖甚广，风浪甚巨。近堤则多植蒲苇，堤根、堤顶内外各遍植柳可也。杨水部旦、邵水部元吉协力成之。更置减水五闸，运河之水易盈，湖之水蓄泄有备矣。

昭阳湖旧甚广，南口建二闸启闭，出金沟口以济沽头诸闸。嘉靖七年，黄河冲决东堤入昭阳湖，淤漫渐高，二闸已没入泥底，不复见。湖亦狭，而金沟口之流亦微，浚湖则淤深费广。惟湖上流北口通鸡鸣台小河，如下口因黄河已淤高仰之地更筑横堤以益之，遏湖水由鸡鸣台入运，则自此以至沽头七十里皆可济矣，盖因其势而利导之尔。十四年夏秋，已浚鸡鸣台口出水入运，但下口堤犹未修筑高厚，当培益之，更将湖东新河隔绝之泉横河筑坝，悉引以入湖，则水积而利益大矣。

诸泉凡四条

运道以徐、兖闸河为喉襟，闸河以诸泉为本源，泉源修废，运道之通塞系焉，可不重邪？《泉志》记载详矣，惜未能纪泉所出及测其穴数、大小、形状，以故官夫疏浚率多虚文，未可考已，至有堙没，莫知所在者。且泉源四时微盛各殊，大率冬春微，夏秋盛，旱微，涝盛。渠流深广亦不一，必四时遍测而后可验。乃各纪其方向、在州县东南西北或四隅。远近、去州县治若干里。保社、某里分。村庄、某村庄东西南北若干步。所出、或山谷、或平地、或津泉。穴数、若干穴眼。大小、形状，如盘、如盏、如酒钟、如鸡子、如枣栗、如钱之类。备测泉口成渠之深广尺寸、自泉流若干步，成渠深若干，广若干。入运之里至远近、流几里合某泉，或入汶，或入运。沿途之渠道堤防，罔不详备。有无冲决、坍塌、淤塞、盗引。司泉者得有所稽，有未尽复者嗣而求之，备载于志，可免堙没矣。

近传黄河入运，山东诸泉悉皆堙废，盖远地未始经历之讹传也。闸河自徐达卫七百里，黄河正德己巳方决沛县飞云桥，所济自沛至徐百余里尔。嘉靖九年、十年间，渐北出孟阳泊泥河口，出谷亭口，所济自鱼台至徐二百余里尔，余犹全资汶泉也。如尽淹，漕运不遂废邪？泥于近小而忘其远且大者可乎？惟鱼台、滕县而下泉源、渠道为黄水淤漫，近虽疏治而或犹未尽其利尔，嗣而浚之，复其旧矣。

齐鲁之地多泉，近于东平州询访，即得新泉五，第民间病于开渠占地之劳费，匿不肯言尔。凡久旱地润之处，其下必泉。司泉者能悬以厚赏而遍求之，虽尺寸之水有益运道矣。

汉李寻、解光言："阴气盛则水为之长，故[1]一日之间昼减夜增。"历试之信然。

黄河、运河积贮

河道经费旧散贮于临河州县，云以便支放。河南者或径发工所以便分给，在南北运河则管河郎中掌之，在河南则管河道副使掌之，盖总理都御史添设不常故也。近杨郎中旦、涂郎中楗、胡副使宗明建议北直隶、山东则总贮于东、兖、沧、德四府州，南直隶则总贮于淮、扬、徐三府州，河南则总贮于开封一府，余所属州县不得有分毫积。且置循环簿各二，一赴都御史，一赴郎中副使，各按季倒换稽查，永绝弊源矣。

治河始末

我皇明建都上游，挽漕东南，以给京师。举由江淮经徐、兖，导汶建闸浮卫以达，谓之运河。所虑为运河之害者，则惟黄河而已。乃于开封下及曹、单八百里间，循河北岸，筑堤卷埽以御之。是以永乐间元会通河之淤，景泰、弘治间张秋之累决，先后命文武大臣于淤则浚之，决则塞之而已，不复引河，且用财累亿计而不敢以为费，役夫至累岁而不敢以为劳也。洪武

[1] 故　原文作"其"，据水本改。

二十四年，河南徙决阳武东南，由陈、颍入淮，而会通河淤。永乐九年，宋尚书礼役夫一十六万五千浚之，凡九月而成。正统十三年，河决荥阳，冲张秋，石尚书璞、王侍郎永和、王都御史文相继塞，弗绩。景泰四年，都御史徐武功有贞役夫五万八千塞之，凡十有八月而成。弘治二年，河决金龙口，冲张秋，侍郎白康敏昂役夫二十五万塞之。弘治五年，复决，陈侍郎政塞，弗绩。六年，都御史刘忠宣大夏役夫十二万有奇塞之，凡二年而成。

正德己巳❶，河东决沛县飞云桥入运。嘉靖戊子❷，治水者乃疏开封赵皮寨口，导河南由亳、泗、归、宿分流入淮，以杀东流水势。己丑❸、庚寅❹间，飞云桥之流北徙鱼台之谷亭，势将及济宁矣，舟行闸面，一时顺利，而溃决堤岸，冲广河身，废坏闸座，阻隔泉源，识者忧之。乃嘉靖甲午冬十月，赵皮寨河南向亳、泗、归、宿之流骤盛，东向梁靖之流渐微，梁靖岔河口东出谷亭之流遂绝。自济宁南至徐、沛数百里间运河悉淤，闸面有没入泥底者，运道阻绝，朝野忧虞。于时有引黄河、浚漕河二议，莫能决。

总理河道右副都御史刘公天和曰："吾谁适从哉？吾惟审地形、相水土之宜，计工役，权利害轻重，任劳省费，以求无负于国，无病于民尔，吾何容心哉？"乃博采群议，躬行相度。自赵皮寨东流故道凡百二十余里而至梁靖河，底视南流高丈有五尺；自梁靖岔河口东流故道凡二百七十余里而始至谷亭，已悉为平陆。曰："道远费广，河不可复导矣。"引黄河几四百里，浚丈有伍尺者百二十里，余浚二丈以上者二百七十里，余功倍费矣。浚闸河兼浚南旺、筑曹单长堤，几三百里，通融约计浚深丈许，功倍省矣。兼虑如欧阳修所谓故道虽复，旋复淤塞，修之言曰："黄河已弃之故道自古难复。盖河流既久底岸皆高，

---

❶ 正德己巳　为正德四年（1509 年）。
❷ 嘉靖戊子　为嘉靖七年（1528 年）。
❸ 己丑　为嘉靖八年（1529 年）。
❹ 庚寅　为嘉靖九年（1530 年）。

水行渐壅，自不能行，乃弃而他徙。非若人力堵塞之，河渠道犹存也。”是捐费财力而且以其劳贻后人也。公之言曰：“引河劳费倍于浚淤，一也。且非数月可毕，上误国储营建之需，二也。京师百万军民仰给，公私匮绝，三也。纵力引而至，旋必复淤，目前亿万之费徒捐而浚淤，修闸之劳与费卒不可免，非忠于谋国，吾何忍邪？”况引之不至，至将即淤，吾何敢邪？况孙渡新河之覆辙，当鉴邪。孙渡在今荥泽。正统间全河从此南徙，弘治二年淤。弘治六年至今，凡十余浚矣，费几百万缗，卒莫能通。嘉靖癸巳秋，浚百五十里。甲午夏，水大涨，一淤而平，此已弃故道难复之明验也。嘉靖戊子，沛县庙道口淤三十里，舍漕河而开新河，费二十余万缗，卒于中止。仍浚漕河以通舟，此漕河不可轻变之明验也。乃议惟浚淤修闸，以复先朝成宪为便。而时已寒冻，入春运舟且至，期限逼甚。是时非惟运期逼近，营建木漆之类且至矣。非若永乐、正统、景泰、弘治间之役，可以远期一二年，近至八九月也。乃测淤浅深，度河广狭，淤以尺计，工以日计。役巨期迫，公乃先测诸闸，自水面至淤，自淤至闸，底之浅深，而后逐里逐段，止测水之浅深，即知淤之浅深矣。淤之浅深自数尺以至丈有九尺，通融计算各淤深一丈二尺九寸，议止浚一丈为准。复度河中心至岸广狭，自三十余步至四十五步，一以四十五步为准。复置方斗深广各一尺，取泥实之，秤重一百四十斤，每一筐以泥百斤为准。浚河则以面广十丈，底广五丈，通融折算七丈五尺为准。浚河工每长一尺，广七丈五尺，即得泥一千五十筐为准。复计春月每日可行百里许，抬泥止以往回五十里为准，余为休息。以每里三百六十步计之，二人每日可抬泥二百筐，然四人抬泥即一人取泥，五人总计各得泥八十筐，仍减十筐，止计七十筐。一人用工两月内，以一月为阴雨及泥水妨工，止计实工一月，是一人可抬泥二千一百筐，即该分工二尺。先是群议以前此会通张秋，近年新河之役计之，非役夫数十万不可，盖彼皆用工久而兹役止两月故也。公曰：“审如是，民不堪命矣。”乃竭心思，规画既定，而夫役、劳费大省。定番休以节夫劳，兼顾役以省民力。复议浚南旺淤浅，以免盘剥。南旺每二年一大浚，役万六千人，群议姑置，公曰：“运道不可寻丈浅阻。”乃用前计工法，曰：“六千人足矣。”委邵君元吉督之，浚倍深倍远。且完修河堤，自南旺至长沟六十里植柳，自长沟至济宁亦六十里，盖群策毕效云。筑曹、单长堤以防冲决，复沽头管闸部属及诸闸官胥役夫。公手自筹算，甫旬日而议定谋协，纤悉详备，区画程度先后条列以闻。上深用嘉纳，赐敕有竭诚体国之褒，南北畿辅、山东、河南文武监司而下悉听节制，许一切便宜从事。

乃申令戒期，分工画地，初令下郡县编夫，公曰："守令应朝无在者，兴工期逼甚，即郡县怠事后期奈何?"乃令编夫一以均徭银数为准，即优免无预矣。且逐里顺编满五十人即为一队，至即分工十丈。故始编可省吏奸而至工绝，管工者放免之弊。植庐舍以便居处，给医药以疗疾病，用是大小臣工，罔敢弗协。淤深泥陷不能着足之工，则杂施土草、截河筑坝、纵横填路，下施新制兜杓、方杓、杏叶杓、鱼贯以浚之。泥最稀、陷最深者，则用木筲、柳斗下取，猿臂传递登岸。瓦砾之工则用锹镬，溜沙之工则用兜杓，沙姜石之工则制锯齿、铁叉尺寸凿之，泥陷者施槅子法，每州县各截河为数横坝，坝之内则纵横填路如井字然。兜杓者以铁为方口，系布为兜，以取泥几至斗许，泥稀及溜沙用之。方杓者以铁为平底而周遭各高寸许，泥稍坚者用之。二杓俱前，如锯齿及铁叉皆创制也。杏叶杓者旧有之而加广厚。泥最陷者用斗子法，涂泥为坎，自下倒戽于上出水堤外。浚深泉涌之工，则先择泉稍浅者分番役夫车戽，并力急浚，而后将泉深者倒水施工。浚淤甫数尺，泉即涌出，尽日车戽，一夕复满，莫能措手。乃并力番休，先将下坝彻夜取水，历数坎而始达堤外，水尽即急浚之，淤尽河成，方将上坝倒水，急浚如前法，浚河之工莫难于此。浚已既深，工已垂就，而河广淤深所在，随浚随堕者，则倍给夫值，增顾夫役以重浚之。河广淤深及黄河旧口所冲之处，上为风日所暴，仅可胜足。尺寸之下悉为极稀油泥，随浚随堕，无复止极，浚河之难，尤莫甚于此，夫役最[1]苦。公乃躬行抚谕曰："吾增尔少值，且令尔乡、尔族助尔少费。尔不堪劳，即以之顾役以毕此工，毋重困尔也。"于是众皆感悦，至有泣者，相率竭力底绩云。

凡闸座之颓废者，悉增葺而修复之。盖合木土金石之工而为工甚巨，为力甚难。若河之广狭，视上流之南旺，虑过广则水易散也。鲁桥以下运河、黄水冲洗大广，浚河底广五丈。或病其狭者，公曰：

---

[1] 最　原文作"愁"，据金本改。

“南旺水源也，河底仅四丈许，下流愈广则愈浅矣，如久旱泉微，何吾不敢图为观美也。”是岁，自夏秋不雨几四月而舟行无阻。培闸而之低者，以齐高下，俾水不易泄也。运河诸闸悉前元及我朝永乐至弘治间先后所建，以故高低不一，如下闸过低则上闸易涸。公乃逐闸测其闸面至水面之高下，一以枣林闸为准，低者培而平之。自闸板水面至闸石面各以三尺为准，其下闸底过低者则量留底板。自是诸闸一律，水不骤泄，而下留底板则闸上之水益深，运舟可直达上闸，免中途浅阁，真利及久远云。用平准以测浚之浅深，俾舟行无滞也。水平法用锡匣贮水，浮木其上，而两端各安小横板，置于数尺方棹之上。前竖木表长竿悬红色横板而低昂之，必与匣上横板平准以测高下。凡上下闸底高低及所浚河底浅深，悉借此以度之。公躬亲测量，暴露风日，行泥淖中，遍历诸闸，人不堪其劳，公弗恤也。

复施植柳六法以护堤岸，曰卧柳、低柳、编柳、深柳、漫柳、高柳。浚月河以备霖潦，建减水闸以司蓄泄，湖陂之利堙废，至是双龙、砚瓦、鸡鸣台、金沟口、留城、马场、南旺诸减水闸座皆议复，备蓄泄也。筑缕水堤以防冲决，置顺水坝以束漫流。河直则水溃，故堤以缕之；河广则水散，故堤以束之。且禁鞭挞，问病苦，躬抚慰，劳饮食。役初兴，公即禁各属不得辄施鞭朴，违者即偿其责，人心大悦，竖旗升降以时其饮食，节劳佚。时薪米腾贵，有以为言者，公弗应且榜谕，一依时值不少减抑。于是商贩辐辏，终役无匮乏而价大省。每州县即医一人，随夫调治。公犹虑其未精，乃斋沐焚香，躬制锭药数万。每郡复选医之明者四人，官之勤者二人，分携药饵逐营遍问，病即疗之，日一往回。神人胥相，罔弗效者，且常值之外，时荣以饮食焉。

宣谕上德，晓以国计至重，役民为不得已之故。于是众心和悦，群力毕效，彻水者夜以继日，重浚者至再至三，咸忘其劳。百工告成，运道复通，万艘毕达。绩闻，天子嘉悦，晋公工部右侍郎兼左佥都御史，仍理河道。部属方面而下，劳最者迁官晋秩，赏赉有差。方役之初兴也，内外远近咸以为难就，京师百货腾贵，馈饷不至，至有议复海运者。惟仰赖我天子明圣，专任责成，以故公等咸感激思奋，摅忠报国，身亲督理，野处河滨，随事经画，博采群策，竭其心思智力，以期于必成。公处谷亭镇废庵中隘室，每集众计事，和颜温语，俾各尽言，片善即纳，且扬于人。人日巡考工，随见指授。郎署、监司而下悉庐于村舍水滨，朝夕督视，虽颜面黧变，形体瘠损，弗恤也。

盖维计工以定役，故为力甚简；视徭役之成数以调役，吏胥无所容其奸，故民不扰；顾值惟计工不计日，故为费甚省；画地分工，完即散遣，故人自为力；庐舍、饮食、器具、医药，劳勉周至，故民不知劳。尤仰赖我天子神圣，川灵效顺，雨旸时若，疾疫不作，民命获全，咸前所未有也。是役也，凡浚河三万四千七百九十丈，筑长堤、缕水堤一万二千四百丈，修闸座一十有五、顺水坝八，植柳二百八十余万株，役夫一十四万有奇，白金七万八千余缗，木以根计一万七千四百余，稍草以束计一十九万五千余，铁以斤计六万五千九百余，麻灰、砖石之类称。是役始于乙未春正月中旬，迄于夏四月初旬，财力不多费而功倍于昔人；时日不久旷而效收于三月，亦前所未有也。直隶、山东、河南若漕运都御史马公卿，巡抚都御史唐公胄、管公楫、简公霄，若巡按监察御史郭君圻、陈君表、蔡君叆、曾君翀、徐君九皋，咸协心共济。马公且躬诣相度，期于有成。分董其役者，为工部郎中郭敦、郑钢、李仁、涂楗，主事张镗、邵元吉，山东布政司左参议王旸，按察司副使吕陶、查应兆，佥事谢兰，河南按察司副使胡宗明，咸躬亲督理，协心极力，必期底绩。若郡县卫所庶官同知孙廷相而下，凡六百二十员云。旦至而功甫成，获闻公经略之详，元吉则分任其事，亲承指授者乃相与诠次，备释于左，以求诸立言君子，以诏来者，垂休美于无穷云。

嘉靖十有四年秋八月既望，钦差管河工部都水郎中鄢城杨旦、管闸工部都水主事余姚邵元吉志。

修复汶漕记

嘉靖甲午，大中丞麻城刘公奉简命督河事，宫采氏茶陵张治浮大江而北，逾淮、泗，道济、汶之上，漕而汶水焉。公曰："古之治河也，或以国，或以渠。今之治河也，以漕焉耳。然借河以济漕，犹以狼兵止寇也，利害均矣。鱼、沛而下，河之入漕者，近且绝舟，弗得其利而害独存焉，漕所倚以济者，其惟汶乎？"《书》曰："浮于汶，达于济，则汶入于济也。"济既伏流，则汶其自达于海欤！宋人于堽城作斗门，割汶流益泗漕，以饷宿、蕲之众。元漕江淮之粟，以至于燕也，乃遏全汶合泗水而南，后复分导之北达于卫，而漕始通，其宋之遗知乎？国朝宋司空礼因其旧而导之，下至南旺分流焉，遂成通川矣。又为之置闸焉以节宣之，筑湖焉以潴汇之，国饷自是有永赖也。比岁汶秽弗治，浮沙荡砾，回湍激射，与淫则流漫，旱则易涸。河流所经，鲁桥而下，闸废没无完址。南旺西湖环三面之堤，复倾圮，民且盗而田之，马场堤啮于水者殆绝，蓄泄弗备，自沛至济有浅涩之患焉。予惟疏厥淤塞，修举厥废，以复其旧焉尔矣。治曰："河保其不终为漕之害乎？"公曰："昔人有言'河流已弃之故道，自古难复'。言其淤塞既阜，水惟避而就下也。"由今观之，河不北流而南徙，亦其验欤！漕渠之外，百里为陆，工力可施焉？岂人所能哉？鬼神实相之矣。河纵而复决也，亦惟顺导之使不为漕害耳，敢利之耶？苟利之而且虞其害焉，虽神禹弗之能善矣。治曰："漕，譬则人之咽也，国之命脉系焉。寻丈之汶，弹丸可塞也，君子将无意外之虞耶？徐、吕之洪，悬水千仞，梁靖之下，符离之上，使复若鱼、沛焉，则汶其可倚哉？"公曰："此忧世者所以有复海运之议也，然而未可易言耳。"予尝沿淮及河历沁、卫以还，有遗思焉。夫沁水入河则益其暴，导之东下数百里以入于漕，如昔人之导汶而南者，不犹愈于引河乎？河势且杀矣。或者谓溯淮而河以及于沁，沁去卫仅百里，可陆而至也，其濡而衣袽之戒者欤！若夫销患未形，以昌利万世，则又有出于治汶之外者，非予所谋也。

既而公条治漕之宜，疏以闻。帝曰："俞，钦念哉，汝克绩，予其汝嘉。"公乃扬明命，戒群吏，饬工徒，敷财用，具畚锸，略远迩，揣厚薄，陈蔀处，以卒庶役。庶役罔弗受命，鲁桥之南至于徐、沛，百废咸作焉。乃谓主事段子承恩曰："汝筑汶之东堤。"承恩受命而筑焉。乃谓主事顾子翀曰："汝其筑汶之西堤。"翀受命而筑焉。堤各为减水闸、滚水坝者凡二，视水盈绌而蓄泄焉。乃谓主事邵子元吉曰："汝其筑南旺、马场二湖之堤。"元吉受命而筑焉。会水部杨子旦至，公复以命之，旦复受命而协筑焉。堤各为减水闸，南旺者凡十有八，马场者凡五，视水盈缩而蓄泄焉。既成，千里之内，隆岸平流，饷艘时继，挽卒愉愉，若缆而嬉也。乃报命于朝，帝曰："都绩成维汝之劳，予维汝嘉。"晋公为工部侍郎，未几改兵部侍郎，总制西北边事。

杨子旦走，人至子治，丐记焉。治曰："赋之大事，惟祀与戎。河之于漕，犹虏之于边也。"故治河者弗与争利也，顺之而已矣；治虏者不争其利也，备之而已矣。是故谨堤防，时疏浚，广泉源，则治漕之善也；足储食，诘戎兵，明赏罚，则治边之善也。冒无穷之害而徼夫难得之利，弊所恃之险而贪其不贞之功，国是以无宁民矣。然惟忠者能任之，知者能谋之；惟君相之明者，能知而用也。否则厚身国者薄公计，暗大机者喜新功，惑浮议者乱成谋，几何而能有济耶？予方嘉刘公之既忠者知，而乐吾君相之能知而用也，故并论之。俾观者知赋之大事，惟祀与戎，而君子经世之志有余忧也。越若治漕之费几何？工几何？役几何？则存乎有司之借也，弗详也。"

赐进士出身奉训大夫右春坊右谕德经筵讲官兼修国史长沙

张治撰。

重建卫河减水四闸碑记

漕渠自临清而下，卫水会漳、淇、洹、滏诸水从西来注之，流七百里径青县，而[1]滹沱水会滱、滱、高、易诸水从西来注之，合流三百里，径天津入于海。伏秋雨暴，川谷沸涌，水辄溢决。然临清迤北，岸高海且远，水犹停束，过德、沧，渐与海近，河狭地卑，易漫羡矣。故伤运道，损漕艘，荡析田庐，所以为国家患甚大，不啻河也。先是有减水闸四：其一距德州南四十里，其一距沧州南十里，其一距兴济县北二里入海，德则四百里而遥，沧、兴济则不及其半，创废开塞，莫考其时，而故迹颇存。又其一相传在泊头镇南，而堙没不可识矣。

嘉靖乙未春，右副都御史刘公天和奉简命来总河事，会河徙于徐，济宁迤南，道淤[2]漕梗。公方兴人徒疏浚之，往来鱼、沛间，而北河规画谓宜修复四闸为亟。乃与侍御曾君谋协，檄同知河间府事杨君旦督其事。于是先事于沧，绪既就，杨君适迁水部郎中，奉玺书视北河，任益隆，事益专。秋八月，刘公至自济宁周历其地，指授方略。复檄通判黄锜、董德、顾仙董兴济。而泊头之址既失，乃择东光县很十一浅，檄交河知县朱凤仪董之。未几，刘公加兵部左侍郎，总制西北边镇以去。右副都御史李公如圭继至，申严兹役。人吏用命，木石鸠集，凡七十日而落之，废者举，堙者浚，塞者疏，溢者平，决者固矣。是役也，惟东光创为之，其三闸率撤旧为新，财力取办于河，凡役夫闸六千人，金则德、东光七百两有奇，沧、兴济则十之

[1] 而　原文作“又”，据水本改。
[2] 淤　原文作“于”，据水本改。

二云。水部君既述其事，遣吏问记于宫采氏，将勒之石，示不朽焉。宫采氏曰："在昔禹平水土，酾二渠，播九河，主于顺水之性。"故民至于今出流垫，诸夏乂安。而堤防壅[1]塞，文不经见。贾让以为大川无防，善为川者决之使道。盖水盈则溢，溢则决，杀则平，平则顺，其性然也。卫汇众流，势常湍悍，而陂障崩啮，比岁益甚。议欲培高岸、筑月堤，此让所谓止儿啼而塞其口也。今复故闸张水门，而限之以板，使水溢则有所宣泄，消则有所潴蓄。非禹疏九川、陂九泽之意乎？水部君曰："卫河广十有八丈。"今闸门各丈有六尺，积四门可视河三之一，而闸下至地七尺奇，上至岸八尺奇，水溢寸则泄尺而势常平。故潦可无决，旱可无涸，国家运道，不永赖耶！且穿渠入海，所谓不与水争咫尺地，而濒海县民又得引渠溉田，不独便漕也。昔郑当时凿渠引渭，起长安至河二百余里，漕以便利，然发卒数万人，穿二岁而通。今以二万余人役七十日，费不及千而所漕百倍于汉，视当时何如也？非圣天子嘉纳之功，两中丞经济之略，水部君分理之劳，则漕渠南北之役，安能告成，一时称伟烈耶？海若川祇效灵委顺，国家昌隆之运，端在是矣。余不佞谨撰次其事，诏诸方来，俾世世启闭之勿坏。

嘉靖十有五年丙申秋八月庚寅，赐进士出身右春坊太子中允管国子监司业事经筵讲官、前翰林国史编修兼校累朝训录汉汭童承叙谨记。

---

[1] 壅　原文作"雍"，据水本改。

卷二附

告文

溯长河而徂征，睹洪流之浩渺。莽川原其陆沉，曰新涨之横淼。翳发源于星海，遂九折而东之。下昆仑之峻极，绝万里以奔驰。乃迤逦乎秦晋，阻群山之束隘。出砥柱之险巇，遂奔腾而澎湃。慨中州之为域，地平衍而土疏。恣湍流之冲荡，弥千里其沮洳。皇建都于上游，挽江海以供亿。溯徐、吕之巨洪，借兹水以利济。何迩流之弗循，倏南北而频移。民居为之昏垫，运道为之填淤。嗟防御之孔艰，殚财力以从役。奈溃决之横加，毕智力其何益。皇命予以将事，乃爰咨而广询。咸咨嗟而颦蹙，曰匪人力之所能。蹇予生之寡昧，其何借以底绩。庸斋心而禜祈，觊乎佑之昭锡。谅神心其鉴止，俨龙旗之恍临。羌民生之足悯，矧国计之匪轻。期分派以顺注，举安流而循轨。肆海口其宏深，吞长淮而共委。全至仁于润泽，归盛美于神功。慰群情之仰赖，亦何有于眇躬。

右铜瓦厢告河文

惟兹大明，厥壤衍平。地重畿辅，卫我神京。郡之南鄙，濒于河滨。巨埽连比，长堤互萦。众材毕举，百役胥营。全我民命，匪与河争。夫河[1]洪流激射，骇浪崩轰。横波直指，巨障随倾。力排捍御，万口争喤。卒岁劳止，不遑底宁。天和等实司治水，心切忧怦。式陈牲醴，载洁粢盛。于焉徼福，觊河神明。安流循轨，下注沧瀛。地灵效顺，天吾不鸣。役夫息肩，堤柳自荣。漕渠利济，广土毕耕。上裨国计，下遂民生。神功润泽，于焉允成。合词以奠，鉴此群情。

右杜胜集告河文

于惟大河，发源西极，万里奔腾，举天下之水莫加焉。润泽中土，兼济漕河，举凡水之利用莫加焉。今天子仁圣，秩祀明禋，只维敬慎，何迩年河流犹未循轨？往者既决岔口，丰沛之水北徙鱼台矣。兹者鱼台之口渐塞，梁靖之流复微，下壅上盈，神机罔测，岂惟齐鲁兆民，昏垫是虞。抑恐徐、兖运道，因之淤阻。天和等治水于兹，大惧寡昧，无以仰副天子明命，谨率属吏，斋沐以祷，惟神其相之。大开梁靖之流，兼通夏邑之口，敛束横溢，顺注安流。以上裨国计，下奠民居，以丕显神休，天和等亦允有赖焉。

右梁靖口告河文

孟津而下，河乃横奔，北吞为济，南溢为荥。惟兹渡口，故河所经，通塞靡常，疏浚频兴。岁惟癸巳，天子忧勤，爰命司空，分属咨询。咸谓兹水，为系匪轻。下趋凤、泗，中经园陵，未可遽通，惟宜永堙。越岁甲午，仲夏三旬，河忽大决，远迩震惊。曾未逾夕，遂淤而平，万姓稽首，颂河神明，上答

[1] 河　原文作“何”，据水本改。

天子，下慰舆情。天和等治水之功，感赖咸臻。自兹以往[1]，觊河效灵，顺注淮海，故道率循，兼济二洪，运道底宁。懋昭利用，允赖平成。式陈明荐，有假兹禋。

右孙家渡告河文

惟兹原武，比接江荆。惟河故道，亦既久堙。南徙荥泽，密迩孙渡。中经园陵，讵曰细故。顷以伏涨，渡口倏淤。人力何济，神实相予。乃溢北堤，冲决数四。无何底宁，神实予畀。天和仰承明命，中切殷忧，神不责报，予敢忘酬。乃洁粢盛，乃陈牲醴。爰答洪休，复邀遐祉，神其俯鉴。中流率循，北无溃溢，南无凭陵。上重国赋，下悯民穷。岂予私祷，聿显神功。

右原武告河文

维赵皮兮分流，岁丁亥兮伊始。保北岸兮无虞，赖南流兮迅驶。维下流兮涡河，实中经兮园陵。合长淮兮吞啮，虑皇寝兮匪宁。维中土兮疏薄，恐湍流兮横溢。忍赤子兮流离，嗟田庐兮垫溺。维兰阳兮仪封，实三面兮濒河。悲浩渺兮巨浸，骇冲荡兮洪波。吁真宰兮无从，盼长河兮祈祀。羌民命兮匪轻，谅神心兮鉴祇。循中流兮顺注，回涡水兮宿迁。卫陵寝兮遥拱，奠城部兮永全。通支流兮夏邑，济二洪兮徐、吕。益昭美兮神休，冀乎假兮兹旅。

右赵皮寨告河文

赵皮疏导，河始南徙。睢当其冲，罹患极矣。洪波巨浸，平壤沮洳。田庐垫溺，赤子流离。天和等治水于兹，心切惊惕。菲荐式陈，冯流吁祀，惟神其鉴之。

右睢州告河文

---

[1] 往　原文作“住”，据水本改。

惟兹宁陵，蕞尔小邑。洪河南流，肆境胥溺。室庐昏垫，粒食孔艰。问水触目，惊心惨颜。式洁牲牢，秉诚以祀。我词匪饰，神其听祇。全我民命，奠我民居。神休丕显，我心始纾。

右宁陵告河文

卷三

奏议

〔谢恩疏〕[1]

总理河道都察院右副都御史臣刘天和为谢恩事。

嘉靖十三年四月初一日，臣方守制家居。该工部差武功左卫千户仇锡赍捧敕谕一道到臣，并准吏部咨该本部会题为缺官事。奉圣旨："刘天和着照原职总理河道，写敕与他。钦此。钦遵。"臣当即望阙叩头。臣随于本月初五日服满，闻运河一带，闸水浅涸，漕运事重，不敢辞避稽延，谨兼程趋赴，于本月二十六日前到济宁。交代接管外，谨具本称谢者：伏以挽江海之粟，以实京储，开亿万载太平之鸿业；注黄河之水以资漕运，成数千里利济之通津，自昔无闻，于今独盛。顾西域河源流极湍迅，而中州平陆土杂泥沙，况水浊则易淤，下壅则上溢。顺注则运道为之立涸，国计攸关；横流则平地为之陆沉，民命焉赖。是以汉贾让之上策，竟托空言；惟宋欧阳修之一疏，诚为确论。盖治水与用水，本难兼全，惟利民与病民，当知所择。

[1] 原文无此标题，据目录补。

顾兹重任，猥及迂愚，臣敢不罄竭丹衷，图惟报称。酌缓急轻重之势，为疏浚修筑之宜，行所无事，每当为先事之图，期于有成，拟终献平成之绩。臣无任感恩图报激切屏营之至。

自陈乞罢疏

为自陈不职乞赐罢黜以弭灾变事。

臣阅视河道于淮海之间，忽得邸报，知南京太庙火灾。仰惟陛下圣德格天，圣孝协祖，犹且遇灾警畏，修省不遑，而况内外臣工不能仰承德意，共图化理，而臣其尤者也。盖治河重务，国计民命攸关。臣学未闻道，材不逮人，心虽切于效劳，而识每病于疏陋。况年逾五十，发白齿脱，蒲柳之质，早已衰惫。若复漫不自省，虚冒宠荣，仰负陛下，自弃平生，其为罪大矣。伏望圣明，鉴臣愚衷，特赐罢黜，则灾变可弭，而愚臣兢惕之心，亦获以自释矣。

河道迁改分流疏

为河道迁改分流随宜防御事。

据兖州府管河同知戴缨勘呈，看得黄河一大支自河南正东流至山东曹县地方，分为二小支，内一支东南流由梁靖口直抵徐州小浮桥入运河，外一支正东流由岔口直抵沛县飞云桥入运河。嘉靖九年七月内，飞云桥河淤塞，北徙鱼台县谷亭镇口入运河。今嘉靖十三年七八月以来，黄河变迁，又将谷亭河口以渐淤塞。复自上流曹县地方榆林集岔分一股，向东南流经河南虞城县、直隶萧砀二县地方，归入梁靖南河，合流出小浮桥口。又自单县侯家林岔分一股，向东北流至鱼台县大小塌场口，分流入运河，离济宁州广运闸止有一里。诚恐黄水日渐北徙，不无有伤济宁一带闸座，具呈裁夺。等因。及据兖州府管河通判丁鹏呈称，访得先年粮运自济宁至徐州，俱由各闸启闭方行。自黄河北徙以来，粮运官民船只，虽皆顺利，但节年沙淤，河底渐高，鲁桥以下，闸座尽平。济宁以下，诸泉阻隔，不能入河。闻今七八月以来，黄河于上流改冲一股，从虞城、萧、砀等县下出小浮桥口。诚恐明年水尽南向，则鲁桥下及徐州一带河道必须大加挑浚导引济宁以下一带诸泉，尽入运河接济，闸座废坏者尽行修理，以复先年旧规，庶保运道无患，粮运不致阻滞，呈请裁处。等因到臣。

案照先该同知戴缨等报称，黄河迁改已经行仰各官勘议去后。今据前因，照得黄河入运以来数年之间，闸座不事启闭，粮运官民船只虽皆称便，但淤积泥沙，河皆平满，闸座尽废，且又阻绝诸泉，是其为害甚大。今一旦将原出谷亭口河道淤为平陆，若使尽势北趋，则济宁一带闸座必将尽坏；若尽势南迁，则济宁下至徐州三百余里运河立见浅涸，均于运道有害。今分为二股，一由河南虞城、直隶、萧、砀南趋徐州，则足以少杀北趋之势；一由鱼台之北出塌场口，是即国初未置闸以前导引河水入运故道，犹可赖以接济，均为运道目前之益。然河性罔测，难以预度，若使明岁水渐南趋，则济宁下及徐州淤浅必须尽浚，闸座必须尽修，以复永乐至弘治百余年来闸运之旧规，诚为运道无疆之福。但目前数百里淤浅挑浚，工役巨繁，且明春粮运在迩，事势迫切。而将来粮运，不免照常由闸积水行舟，较之数年舟行闸面者不同。如水渐北趋，则仍济漕河，运舟诚为顺利。但黄河难御，而闸河窄狭，不能受黄水十分之一。今已逼近济宁，万一涨溢冲决，则天井以下一带闸座，必皆尽坏，下及徐州三百余里，淤浅日甚。或以渐北徙，则先年北经曹、单，下冲张秋故道，亦有可虞，尤为运道无穷莫大之患。二者均为有利有害，而轻重不可不权，询谋不可不审，防御不可不周。且事连三省，关系匪轻。除遵奉敕谕，会同抚按官行委各该管河、守巡、兵备等官，公同管河郎中等官亲诣踏勘，审度测量，计算详议。至日臣等再行亲诣审勘，遵奉敕谕从长计处，奏请定夺外，谨具题知。

修浚运河第一疏

为河道迁改分流随宜防御事。

行据山东等处提刑按察司分巡东兖道带管曹濮兵备兼管河道佥事谢兰呈，据委官兖州府管河同知等官戴缨等并济宁州卫、鱼台县、知州等官范栻等呈抄蒙山东按察司谢佥事、管理河道工部郭郎中案验，奉总理河道刘都御史案札前事。职等会同本府知府康河、管泉同知刘纯等，依蒙亲诣勘得黄河新分二股，并上源曹县岔口河，于今十月十七八以来，已尽淤塞断流。会议得国家财赋，取给东南，建闸设官，疏泉积水，漕法以渐而备。加以导浚启闭之如法，春夏雨旸之时若，亦自足用，但遇天旱泉微，未免盘剥阻滞。是以故老相传，先年运舟有数月方过闸河，阻冻不能到湾者。

自黄河入鱼、沛，数十年间，闸座不烦于启闭，漕舟不苦于盘剥，运行顺利，直达济宁。但黄河水半泥沙，而性尤湍悍，故流之所经，且决且淤。如弘治六年，决黄陵冈入海，则安平镇淤矣。嘉靖六年，决鸡鸣台口入昭阳湖，则庙道口淤矣。而当时或治旧河，或开新河，皆殚库藏之财，疲生民之力。或久而成功，或卒于中止，是黄河济漕之利害较然矣。后因梁靖口决分为二派，以达漕河，而鱼台、单、沛之间悉为受水之区，东奔西突，迁徙无常，堤防捍御，岁无宁日。自鲁桥直抵徐州，为里二百二十，泥沙沉壅，未易疏通。自师家庄至黄家闸为闸一十四座，石块动移，实难启闭。而济宁以下诸泉多因河底淤高，或阻隔于堤外，或漫流于湖波，泉源之利，入运者少。今黄河忽自淤塞，迁改南徙。在漕河无冲决淤漫之虞，在地方免沮洳垫溺之患矣。但河性不常，实难预料。若明春河水果全不至，则挑河修闸浚泉之工费用不赀，关系重大，诚不可不预为之所。

然谋事非难，成功为难。先年开挖新河，止一百四十里，多在陆地施工，且未暇及闸座，官吏、夫役钱粮至勤四省。今欲于二百二十余里之间，使闸座一新，淤塞尽去，源泉尽浚，以复我国家百五十年之旧，必须选委四省官属，动调四省人夫，计派钱粮，事事有备，而后漕舟可以无误。职等会勘得各闸淤泥深浅不等，且河道广阔，一旦岂能尽挑？中间固有闸座原高，当尽去泥淤直求原底者，亦有闸座原低，因其水势之平量培闸面，仅去泥淤之半者。自鲁桥至胡陵城止，计长六十三里，逐里测量折算，各淤一丈二尺九寸，应该大挑。今通融以挑深一丈，阔十丈为准。职等公同取泥，每深广一尺，秤重一百四十斤，每筐可抬泥一百斤，仍计自河至岸广狭若干步，每夫每日可抬泥筐数。如闭闸禁水并工急挑，则每四人抬泥，一人取泥，通融每夫每日可抬泥七十筐。明岁春早，自正月十五至三月终止，除风雨休息十五日，每夫实用工六十日，每里用夫六百名，每五十名用总甲一名，火头二名，共用夫四万零六十八名。若放闸通水，二月用小船，三月下水取泥挑浚，每二人抬泥，即用三人取泥，须倍起人夫八万名外，该修闸七座，每座用夫七百名，共用夫四千九百名。合无今十二月以里，通调山东、河南并北直隶河道、浅铺、闸溜、堤坝、河道并黄河白夫起倩附近府、州、县、卫军民人夫，各于正月初间委官分投督领，刻期到工。并预于年里委官估计停当，分投采取石块，铸造铁锭，买运石灰、桩草、板木，打坝修闸物料齐备，冻开兴工，修理废坏闸座，官置闸板挑浚月河，先期早完，以备皇木粮运早至。犹恐采石艰难，运期促迫，众工并举，卒难齐集。或酌量闸座远近，每二闸先修石闸一座，中间暂用桩草筑坝蓄水，候木石俱备。各闸俱如式修培，务令坚久。一面严督管泉官将济宁以下诸泉疏浚，导引入河接济。俱自正月十五日兴工起至三月终止，务在粮运船只未到之先完工。万一天时亢旱，泉源枯涸，皇木、粮运阻滞，事势十分紧急，方将梁靖口岔分泥河故道，少加疏浚，以济闸河，仍于梁靖口上流分水处所，大加疏浚，俾水出小浮桥，以济徐、吕二洪。其城武县苟村集起至广运闸止，长堤一百二十二里，俱且停止。各该均徭夫役俱有原编下户贴并盘费，不须官给工食，但每半月量加赏劳，合用筐扛锹镢，令夫自备，事完领回。正派人夫工食，日给银一分五厘，顾募倍之。并采运石块，备办合用闸板、物料等项人匠工食，俱准于南北两河各该库贮河道银动支、买办、应用，桩草、苘麻、石灰准于临河各该官厂支用，完日造册缴报，庶几大功可冀，而漕舟可通。但积水行舟，其粮运终不如扬帆闸面之速，乞行漕运衙门，令其查照旧规，遇浅盘剥，仍严禁不许例外多带客货，免致浅阻，借口河道，则粮运可保无误矣。具呈施行。等因到道。

案照先准本司关抄，蒙总理河道刘都御史案验前事，备蒙已行勘议去后。今据前因，随该本道会同山东等处承宣布政使司左布政使张钦、本司署印分巡海右道佥事周相、总理税粮带管分守东兖道左参政丘民范、工部管河郎中郭敦、管泉主事段成恩、管闸主事邵元吉会议，复勘相同，具呈照详。及据管理河道郎中郭敦呈，据戴缨等呈前事，会同各官复勘相同，及称相应准拟，合即措办石灰等料，预调河道及顾募等夫，依期兴工，刻期告完。但钱粮出自河道，用度数目，必须公同二司守巡及曹濮兵备管河等官会同估计，会委廉干官员收掌支销，方为允当。其银两俱要通解兖州府贮库，凡遇给领买运料价等项，先须呈请本院批允，方行动支，不许径解工所。凡夫役工食须委附近廉洁州县掌印官员公同给散，不许管工委官给散，庶获清楚。

但前拟合用人夫八万名，看得连年河道多事，官民疲困，动众八万，未免四省骚然，深为可虑。且治河之功，水难于陆，纵有八万之众，粮运伊迩，或恐难收水捞之功。查得南旺河道淤浅，例该三年两次，具呈本部，题奉钦依打坝绝流，停止鲜贡粮运各船只，大举挑挖。幸今嘉靖十四年春，适该大挑之期，该调东、兖、济南等府河道、泉坝、闸溜并各该驿递夫、厂接递夫役一万余名。自二月初一日兴工，三月终止。合无将此项人夫尽数暂挪，并以黄河白夫，亦仿大挑事宜，北于济宁，南于孟阳泊打坝绝流，分工挑浚，虽曰淖泥深陷，为力固难，较之水中捞取，终为省力。刻自正月十五日起至三月终止，期于皇木、粮运，不致阻误，庶为事半功倍，开呈定夺。等因到臣。

案照先据山东兖州府管河同知戴缨勘呈，看得黄河一大支，自河南正东流至山东曹县地方分为二小支，内一支东南流由梁靖口直抵徐州小浮桥入运河，外一支正东流由岔口直抵鱼台县谷亭镇口入运河。今嘉靖十三年七八月以来黄河变迁，又将谷亭河口以渐淤塞。复自上流曹县地方[1]榆林集岔分一股，向东南

[1] 方　原文作“名”，据水本改。

流出徐州小浮桥口，又自单县侯家林岔分一股，向东北流至鱼台县塌场口入运河，离济宁州广运闸止有一里。诚恐黄水日渐北徙，不无有伤济宁一带闸座等因。及据兖州府管河通判丁鹏呈称，诚恐水尽南向，则鲁桥下及徐州一带河道，必须大加挑浚导引济宁以下一带诸泉，尽入运河接济，闸座废坏者，尽行修理，以复先年旧规，庶保运道无患，粮运不致阻滞。等因。

据此，会同巡抚山东都御史唐胄、巡按山东监察御史郭圻，议行山东布按二司、守巡管河各道公同管河郎中等官郭敦等，督率各该府卫州县掌印、管河、管泉等官亲诣勘议，仍会同该司各掌印官通行详议。及臣具本题知外，续据兖州府管河同知戴缨呈报，新开榆林集并侯家林分流二河。上源曹县岔河口自十月初旬以来，水势南流顺便，东行者渐缓，至本月十八日黄水尽归梁靖口南趋，致将本口并新分榆林集、侯家林二河俱淤塞平满，见今断流。缘由到臣。

案候间，今据前因，会同巡抚山东右副都御史唐胄、巡按山东监察御史郭圻议得理有经权，势有缓急。自黄河入运，漕舟通利者数十年，而淤填河道，废坏闸座，阻隔泉流，冲广河身，为害亦大。今一旦南徙，则其利尽失，而害独存。议者欲于单县地名[1]侯家林微导黄水，下从泥河，出孟阳泊闸，下当鱼台、沛县之间，俾上不伤济宁闸座，下可以济徐、沛一百七十余里之运道。但勘量得侯家林至孟阳泊泥河口一百五十四里，量挑深八尺、面广八丈、底广四丈为准，计用夫一万七千名，用工九十日可完。自侯家林至梁靖岔河口一百五里大须导浚，用夫二万三千二百名，通计该用夫四万零二百名，工费甚巨，但河性罔测，而国计至重，先事之防，急宜预图。是以臣等反

[1] 名　原文作“方”，据水本改。

复计虑，目前惟修浚闸座、河道，开通泉源，以完复百余年漕运旧规，为永久无疆之利。各官所议酌缓急之势，为经权之宜。其间闸座之高下，泥淤之浅深与夫秤轻重以取泥，步远近以定工，增闸积水以省深浚之费，闭闸禁水以收急浚之效，皆臣等亲诣公同测量审度计算明实，委皆可行。而郎中郭敦所议估计必会同宪臣，出纳必总归郡府，给放必轮委正官，尤为详慎。而各处泉源已经主事段承恩遍诣疏浚所据调夫并各工食，查有嘉靖七年开挑新河事例，及查河南河夫内应量调一半，明春例该大挑，南旺亦系紧要。合无存留人夫九千余名挑浚，其余亦应量调。今次合于济南、东、兖、青州四府，查照旧规，派夫二万二千名，照旧每名日给食银一分五厘。兖州一府所属闸溜、浅铺、堤坝等夫六千九百名，曹县等处黄河堤白夫三千五百名，直隶大名府堤白等夫三千二百名，河南河夫内先调九千五百名，以上二万三千一百名俱均徭额编夫役，各令自备工食，惟量加赏劳。其闸座泥沙淤填候筑坝车水挑浚，方可定估。目前惟急备石块、灰、铁、桩木等项物料，所费谅亦无多。

南河徐、沛等处工程，虽未议至，大约该修闸座相当，河道虽远，而淤泥不深，人夫谅自可减大半。臣等复查得嘉靖六年开挑赵皮寨口河，起夫五万八千名，用工三个月。嘉靖七年开挑新河，起夫六万五千名，用工六个月，用银二十余万两。先年工部侍郎崔岩修筑梁靖缕水堤，亦起夫四万二千名。今次较之各起工程，大小、远近、难易、关系、轻重，诚为不侔。而调夫止六万余，用工仅及二月，诚不敢张大多估，以虚费财力。如果不敷，方行随宜量顾，或通融调拨，务求财不费而事集。但数百里淤浅之挑浚，闸座之修复，取办一旦，为力甚难。明春粮运在迩，为限甚迫，而四省夫役之征调，极难齐一。郡县掌印官员又当应朝之年，运河一带管河卑官多不堪委，且经近年裁革，为员甚少，万一夫役工程少过期限，即至偾事矣。臣等不足惜，如国计何？且事体重大，犹恐臣等愚昧，一时计虑未周，伏望皇上轸念运河事重，国脉所关，乞敕工部会同吏、户二部再加详议，速为上请定夺行下。臣等于今十二月初旬以里，通行各省派调夫役、采运物料完备，定委山东守巡及管河副使，南直隶、河南各管河副使，每府佐贰官一员，总部州县各佐二官一员分部。明春正月初旬各量远近定限起程，务于正月十五以前到工，闭闸绝水，禁止船只，画地兴工，不许参差后期误事。直隶、山东、河南应朝官员定与期限，不许枉道及顺便回家，并在途迁延，尤望天语叮咛。各该抚按官协力申饬，早为督发，并管河郎中、布按二司，守巡管河等官，务须体国如家，协心共济。委官如有不敷，各道及各府州县能干正佐等官，容臣选委。果能实心干事，经画有方，及惮劳避事，因循怠玩，处置乖方者，俱听臣旌举参劾。及照运舟盘剥漕河旧规，臣等审验粮船自面至底尺寸，及遍询回船运军，举云装米五百余石，用水亦不甚深，而带货过重，未免浅阁，前船一滞，后帮皆迟。况今黄河迁改，闸座新复，淤泥量挑，未免迟难。尤望乞敕户部通行漕运衙门，晓示运军，遇浅即剥，仍申明带货旧例，不许例外重载。如违盘诘。臣等临期再行多方捞浚，导引接济，惟冀明岁不误粮运到京，以完复百余年来运道旧规，国计允有赖矣。

工部复议，是皆本官目击河患酌量缓急之宜，以为先事预防之计，相应依拟。但前项河道事于三省，工并一时，总理官员必须专其委托，重其事权，庶克有济。本部仍请敕一道，马上差人赍付都御史刘钦遵，便宜行事。各该抚按守巡并管河郎中务要用心协力、共济厥事，毋分彼此，致误漕运大计。其司府、掌印、管河等官，并承委大小官员，果能始终用心，著有劳绩，就行据实荐用。如有乖方阻挠、妄费钱粮、卖放夫役等弊，应拿问者径自拿问，应参奏者指名参究。中间一应未尽事宜，听其就彼从长计处，事体重大者奏请定夺。吏部将山东、河南、直隶司府州县应朝官员严限赴任，以济紧急河工，不许枉道回家，在途延缓，致令误事。漕运衙门申饬旧例，晓谕运军，遇浅即行盘剥，不许例外多带重货，以免浅阁。官军故违，即便访拿究治。再照黄河水性无常，来春仍或复入故道，亦要相度机宜量为经理。等因具题。

奉圣旨："依拟。钦此。"

修浚运河第二疏

为河道迁改分流随宜防御事。

据工部管理河道都水清吏司郎中郑钢呈，据委官徐州知州魏颂、管河判官项情、沛县知县杨政、管河主簿王廷相等各会呈前事，勘得徐、沛一带河道，自胡陵城闸起至沽头三闸，并谢沟、新兴、黄家闸下至徐州止共闸七座，计里一百六十有余。先年河身低下，闸座启闭以时，泉源接济。自济宁直达徐、沛，复有峄山、滕、邹等县诸泉，或由金沟浅而入运，或汇昭阳湖而积水，舟楫顺利，粮运通行。自正德年间黄河决口，流出沛县飞云桥地方，西水东注，漫浸各闸，自后飞云桥淤塞，河水复自鱼台漫入运河，然河流冲决，奔突无常，引河济运，利害相半，河流便于行舟，闸座日就颓废。本年八九月以来，黄河迁改，将原出谷亭口以渐淤塞，岔为二股分流。十月以来，通将二股淤塞断流，各闸淤浅，舟行艰难。但河性通塞往来莫测，目前惟当疏浚淤浅，修复闸座，以通漕运，先事预处，以复旧规。但粮运期早，兼闻皇木陆续将至，必须并工急挑，期于三月完工，方不有误。今沿河中流逐里测量，自胡陵城闸起至沽头上闸止，计五十七里零一百二十丈，各淤浅不等，俱该挑浚。自沽头上闸起至黄家闸止，内止淤浅三十七里，亦该挑浚。河面广阔，急难尽浚，兼恐水流散漫，每里俱用挑阔一十丈为准。职等公同各官，每深广一尺，取泥秤重一百四十斤，每筐可抬泥一百斤，仍计自河至岸广狭若干步，每夫每日可抬泥筐数。如闭闸禁水，并工急挑，则每四人抬泥，一人取泥，通融每夫每日可抬泥七十筐。明年春早，自正月十五日起至二月终止，除风雨休息，每夫实做工三十日。自胡陵城起至沽头上闸止，应挑淤浅五十七里，共用夫一万五千九百六十名。自沽头上闸起至黄家闸止，应挑淤浅三十七里，共用夫五千一百八十名。更修闸七座，每闸用人夫七百名，共用夫四千九百名。等因到职。案照先为前事，奉总理河道刘都御史札付，已经备行，仰各官勘议去后。今据前因，随会同徐州兵备兼管河副使查应兆亲诣各该地方复勘，与各官所议相同。会议得浚河修闸，通用夫二万六千四十名，合照旧例，于淮扬二府、徐州正派并调各处浅夫不足之数，量调附近黄河等夫，并顾募应役，各于年里派调停当。各府委佐贰官一员总部、每州县委佐贰官一员分部，预备浚河筐、扛、锹、镢等项器具完备，各于正月初间委官督领，刻期于正月十四日到工，内均徭编夫自备工食，但加赏劳。正派夫役，照例日给食银一分五厘，顾募人夫照例日给工食银三分，仍先于年里估计闸座停当。分投采取石块，动支河道桩草各项银两，买运石灰，铸造铁锭，并桩草、板木、打坝修闸物料齐备。及动支旧开河剩下徐州各厂杉木石块先尽取到，俱候冻开兴工，修理闸座，挑浚淤浅，刻期在粮运船只未到之先完工。若雨水匀和，泉源充溢，斯则闸座无穷之利。但恐天时亢旱，诸泉之水不足以供各闸之用，粮运阻滞，事势急迫，则于黄河梁靖口迤东岔河设法疏浚，下从泥河出孟阳泊口，以急济漕运，宁费财力，亦不敢惜。及查先年黄河流决，闸座不用，原设专管沽头等闸主事一员、各闸官吏俱尽裁革，闸溜、浅铺人夫十留一二，余皆革去。目今各闸既已兴复，原设主事并各闸官吏俱乞奏请铨补拨充，各浅人夫俱照旧编派。其人夫工食、赏劳并采运石块，备办苘麻、石灰物料、人匠工食，俱于河道贮库银两，公同兵备查应兆责委府州县正佐廉干官员估计，买办支用。工完之日，通将顾募调过人夫，动支过钱粮，修浚过工程，备悉造册缴报。再照积水行舟，终不如扬帆闸面之速。况闸座久废，而新复运河久淤而初通，尤乞申明漕运旧规，遇浅即行盘剥，严禁例外，不得多带客货，庶闸河可以通行，粮运亦无浅阻矣。具呈。及据徐州兵备兼管河副使查应兆会呈相同。等因到臣。案照先据山东兖州府管河同知戴缨勘呈，看得今嘉靖十三年七八月以来黄河变迁，将谷亭河口以渐淤塞。复自上流曹县榆林集岔分一股向东南流出徐州小浮桥口，又自单县侯家林岔分一股向东北流至鱼台县塌场口入运河。等因。及据兖州府管河通判丁鹏呈称，诚恐水尽南向，则鲁桥下及徐州一带河道必须大加挑浚导引，济宁以下一带诸泉尽入运河接济。闸座废坏者尽行修理，以复先年旧规，庶保运道无患，粮运不致阻滞。等因。会同总督漕运都御史马卿、巡按直隶监察御史陈表，议行直隶徐州兵备兼管河副使查应兆，公同管河郎中郑钢，督率各该府卫州县掌印、管河管泉等官亲诣勘议。及臣具本题知外，续据兖州府管河同知戴缨呈报，新开榆林集并侯家林分流二河上源曹县岔河口，自十月初旬以来，水势南流顺便，东行者渐缓。至本月十八日，黄水尽归梁靖口南趋，致将本口并新分榆林集侯家林二河俱淤塞平满，见今断流。缘由到臣。除北河事宜已经会同巡抚山东都御史唐胄、巡按山东监察御史郭圻议题外，臣会同总督漕运都御史马卿、巡按直隶监察御史陈表议得，建闸积水以通运者，先朝百余年之旧规；借黄河之水以济运者，迩年一时之近利。今黄河一旦迁改，虽河性罔测，而先事当防，国计至重，岂容少缓。徐、沛百余里间，凡运道之淤浅，闸座之颓废者，目前举须修浚，各官所议利害甚明，经画亦当。前项人夫合于淮、扬、徐三府州尽调河道、浅闸、塘坝、黄河等夫四千名，沛县空闲接递夫二千四十名，俱系均徭编，佥各令自备工食，但量加赏劳。正派人夫一万名，照例每名日给食银一分五厘；顾募人夫一万名；照例每名日给工食银三分。但闭闸绝水，则人力易施。入水取泥，则成功难必。照得济宁、南旺河道例该三年两次大挑，嘉靖十四年春适当应挑之期，例该工部管河郎中呈部奏请于二月初一日兴工至三月终止，闭闸绝水，禁止往来鲜贡船只，系是旧规。合无趁今大挑之期，预于年里将前项人夫起派顾募。每州县选委佐贰官一员分部，每府选委佐贰官一员总部，仍委徐州兵备躬亲催督调发修闸灰石、铁锭、板木、桩草等料，俱于年里买办采运到闸完备。俱候春初，人夫于正月十五以前到工。并各闸俱俟冻开，上自南旺下至黄家闸，闭闸绝水，禁止往来船只，画地分工。并北河原议夫役，亦合量增，并力挑浚，修理完工，以俟皇木粮运早至。

臣等仍申饬[1]运卒不许例外多带货物，临期再行多方疏引接

---

[1] 饬　原文作“饰”，据水本改。

济，及夫果不敷，量为添顾，以期国计无误。再照徐、沛河道广阔，闸座稀少，较之济宁河狭闸密者，犹有不同。是以故老相传，先年运舟有累旬、累月方过沽头三闸者。况今淤浅量挑，闸座新复。若果将来天旱泉微，皇木粮运阻塞，事势迫促，方如各官所言，将梁靖东流岔河量加疏导，以图急济，此则甚不得已一时之权也。如蒙乞敕工部再加计议，早为上请，行下臣等预行征调，及期兴工，尤望天语叮咛，各官有能体国效劳，实心干事，经画有方，及惮劳避事，因循怠玩，处置乖方者，俱听臣等旌举参劾。再照沽头等闸，上去济宁，下至淮安俱远，旧设主事一员管理。近年黄河入运，闸座尽废，主事并沽头三闸、谢沟、新兴、黄家、胡陵城等七闸官吏俱经裁革。今闸座既复，前项各官似应复设，乞敕吏、工二部再行计议。如果臣等所言不谬，将前主事并闸官照旧铨选行下臣等，将吏役并闸溜等夫悉照旧规编拨应役，则运道百年之旧规可以完复，国计允有赖矣。

工部议复，详观前后二疏，经理南北两河，明烛机宜，才优经济，诚一劳永逸之图，国计无穷之利也。似此总理宪臣，数十年以来所罕见者，况经会官勘议前来，相应依拟。合候命下之日，通前请敕一道，马上差人赍付本官，重其事权，专其责任，山东、河南及南北直隶司府军卫官员，悉听节制。见今守巡该道并治河等官，廉能者选委，干实阘茸者即便更换。照依原拟调集各项人夫，俱限明春正月十五日以前兴工，河道大加挑浚，闸座随宜修理。如夫数不敷，随宜添顾，合用料价工食，查照本部先议，动支两淮余盐银八万余两，山东、河南二省户部开纳事例银各二万两，及动支原议河道桩草各项贮库银两，通融估算支用。再照沿河闸座颓废二十余年，上下淤泥壅积三百余里，一旦修浚，委的工役浩繁。相应添官分理，以图工程早完，庶几粮运无滞。但本部近因营建宫殿，修举庙制，属官差遣数多，合无移咨吏部于内外相应官内推升才识优长、谙晓河道郎中二员，请敕前去。一员会同郎中郭敦，一员会同郎中郑钢，俱仍听都御史刘经画委任，分投督理，务要同心协力，共济时艰，工完之日，奏请回部别用。其沽头闸主事亦就铨选老成官一员前去管理，三年更代。各闸官吏人夫照旧添设，先年印记，查给用使。仍备行总督漕运右副都御史马严督各处领运官军，遇浅即剥，不许多带重货，及行各该管洪、管闸、管泉主事等官，务要亲诣淤浅去处，各行起夫挑浚，勿致阻误皇木、粮运。工完造册，奏缴本部，仍将都御史刘劳绩奏请擢用。其承委大小官员，果有实心干理、懋著勤劳者，本官指实具奏以凭上请升赏；怠玩偾事者，参劾罢黜。中间若有未尽事宜，悉听都御史刘从长区处便宜行事。等因具题。

奉圣旨："是。这疏通运河，系国家紧急事务，刘天和所奏具见用心。着写敕与他，作急督理。一应司府军卫等官，俱听节制。务要刻期完工，以图永久。其余依拟。钦此。"

卷四

奏议总理河道都察院右副都御史臣刘天和

议筑曹、单长堤疏

为会计预备嘉靖十四年河患事。

据山东等处提刑按察司、整饬曹濮兵备兼管河道副使吕陶呈，据兖州府管河同知戴缨呈，勘得曹县地方梁靖口东行岔河于嘉靖十三年十月以来，淤塞断流。见今调派人夫数万名，挑浚淤浅运道数百里，并修理闸座，所费钱粮不赀。诚恐春夏黄水发长，复冲鱼台等处，则前工尽弃。照得梁靖口东行岔河口，必须先筑压口缕水堤一道，长三里，以防黄水东冲。一面将曹县八里湾起至单县地方侯家林接旧堤头止未完长堤八十里，应该修筑大堤一道，根阔五丈，顶阔一丈五尺，通融折算自顶至根阔三丈二尺五寸，高一丈。取土远近不等，酌中每方广一丈、高六寸为一工，每丈该五十四工，每里该九千七百二十工。每夫做六十工，每里该夫一百六十二名，外总小甲、火头十二名，共一百七十四名，八十里共夫一万三千九百二十名。每夫一名该分工一丈一尺一寸零，实做工两个月可完，外采柳、栽柳用夫一百八十名，共用夫一万四千一百名。遵照总理河道刘都御史案行规制，密栽卧柳、低柳、深柳，行及伏秋，必将长茂，根株盘结，自可备其复冲，则运道功成，保无患害矣。及照筑堤合用人夫数多，查得黄河原额均徭白夫共三千七百名，外该调大名府铺河夫三千三百五十名，仍令每夫一名添顾一名，共夫一万四千一百名。内均徭河夫自备工食外，顾募夫每日工食银三分，相应于河道银内支给。其岔口缕水堤量调曹县等处近放回下三则原编白夫一千余名修筑，庶使大工早完。等因到道。

据此复议得谨始所以虑终，有备斯保无患。故为长久之计者，当为远虑，而惮目前之劳者，必贻后忧。先年黄河善决，东逼运道，蒙总理河道侍郎潘，修筑长堤一道，以防奔溃，以障漕河，自曹县娘娘庙直抵沛县，绵亘百余里，岿然尚存。但彼时或因财力不敷，或因人言阻挠，中间未筑隙堤，自八里湾以及侯家林上下八十里，缺而未合。设使当时前堤果就，黄水无路可通，鱼台、金乡、单县等处，岂至淹没？运道闸座，岂至淤塞如今日哉？识者每每恨之。今黄河既已南趋，不借行舟，积于空虚之地，而运道见行修浚，会集财力，将图永久之规。前项长堤，若不早为接筑，万一今夏黄水复至，冲坏闸座，淤填漕河，阻滞粮运，则工力徒费，国计何赖？诚宜早见而预待之，非小小举措也。所据接筑前堤并岔河口添筑压口缕水堤一节，既该本官勘议停当，俱应依拟施行，则黄水不复为患，运道永保无虞矣。

开呈照详到臣，案照先准工部咨，为河道迁改分流随宜防御事。该臣等题工部复议，看得总理河道右副都御史刘题称，黄河南徙，则其利尽失而害独存，必须大浚河道淤浅，修复闸座，以复旧规。相应依拟将府州县该调夫役、选委官员分部，俱限明春正月十五日以前赴工。及称黄河水性无常，来春仍或复入故道，亦要相度机宜，量为经理。题奉圣旨："依拟。钦此。"备咨到臣，已经通行钦遵去后。

今据前因，窃惟我朝建都上游，永乐间特命尚书宋礼，大发山东丁夫十六万五千，疏浚济宁北至临清前元会通河三百余里，增建闸座，导引汶水及山东诸泉，以通漕运，为国计万世无疆之利。百余年间，未闻大加挑浚，纵遇浅涩或天旱泉微，亦不过盘剥寄顿及到湾稍迟尔。初未尝有淤塞不通之患，亦未始资水于黄河也。又且上自河南原武下至山东曹县七八百里间，每岁于黄河北岸筑堤卷埽，防其北徙，劳费动以亿计。往岁河决张秋，大伤运道，是其明验。自黄河入徐、沛，舟行闸面，皆以为顺利矣，然亦不过二百余里尔。而上至南旺北至临清五百余里间，则仍全赖汶水诸泉之利也。议者泥近小而昧远大，臣窃惑之。迩年河渐北徙，将及济宁矣，淤填河道，废坏闸座，冲广河身，阻隔济宁以下诸泉，是其为害岂小邪？今一旦南徙，至役四省之民以疏浚河道修复闸座，劳费不赀。万一今岁复入运河，则数百里间必将复淤，前功尽弃，为患愈大矣。臣等前议浚河未及筑堤者，盖虑工役并兴，恐顾此失彼，为虑犹未周也。是以工部议行臣等相度经理，盖此事预防欲收全功，为一劳永逸之图。诚为国计至虑，仰荷俞允，已行钦遵。各官所议前堤委应修筑。但沛县以下，黄水久冲，河道广阔，倘遇天旱泉微，未免浅涩，稽迟粮运。及照徐、吕二洪与闸河不同，必赖黄河之水，然后深广利济。是以臣等二次疏内议称，若果将来粮运阻塞，事势迫促，方将黄河量加导引，下出泥河，为甚不得已，一时之权，然势难两遂。今幸赵皮寨南徙，黄河于嘉靖十三年秋冬忽自河南夏邑县地名太丘回村等集，陆续冲开数口，下注山西坡湖，转向东北流，经直隶萧县城南，仍出徐州小浮桥口，下济徐、吕二洪。殆由天相、川灵效顺，不假人力。见今二洪舟行无阻，春夏水长，必愈深广矣。其沛县以下将来如果水流散漫，舟行浅涩，臣等自当多方竭力，随处疏浚。俟数百里淤塞既通，四省民力息肩之后，又当广询长策，别图久远。目前惟当权其轻重缓急，先浚运河，以通漕舟，补筑长堤，以防黄河，以保运河而已。若预计利害，曲为趋避，过为疑虑，以慓近功，则臣之罪大矣，固亦臣所不忍以仰负陛下，自负平生者也。除遵照该部复议，题奉钦依内事理钦遵备行，副使吕陶督率同知戴缨、通判陈万言等，相度经理，调领[1]河道人夫，动支河道银两，依限修筑前堤，工完具奏。及行直隶、河南、山东各管河副使将萧县新开并梁靖旧口河水，再加疏导，接济二洪外，具题工部议复。

看得挑浚淤浅以除运河之患，增筑堤岸以防黄河之决，二者相须不可缺一。既经议处停当，相应依拟修筑，务使堤岸坚固，一劳永逸。所据萧县新开并梁靖旧口河水接济二洪，亦为紧要。其直隶、河南、山东各管河副使再加疏导，以免浅涸之虞，务各勉尽心力，不分彼此，庶克有济。如有怠职误事，以致阻滞粮运，指名参究。等因。

奉圣旨："依拟。钦此。"

荐举方面疏

为荐举河道方面官员事。

臣奉命总理河道，已尝阅历山东、河南、直隶等处。凡利病之咨询，修浚之方略，与夫征调督理，多于藩、臬长贰及管河守巡、兵备等道是赖，固非臣一人之身所能周知而独任也。

[1] 领 底本作"顾"，据水本改。

除到任太浅者，未敢遽举外，其间识足以达变、材足以任事，凡有裨于河道者，臣诚不敢蔽，谨遵敕谕，一一为陛下陈之。

在山东如布政司左布政使张钦，持守不阿，台宪之风裁久著，出纳惟慎，藩宣之誉望尤彰。右布政使秦钺，材猷练达，亦既效于累迁，器量宏深，自可期其远到。先任按察使，今升浙江右布政使范辂，刚方不拔之操，遇坎坷而已彰，清慎有为之誉，随迁转而益著。先任分守东兖道参政，今升河南按察使李显，性恬澹而守不移，材练达而事克济。先任曹濮兵备兼管河副使，今改广东提学周瑯，学术纯正，历中外而资望已深，器度端凝，治河防而勤劳久著。在河南、直隶如布政司左布政使孙懋，官久而持守不渝，政繁而弛张得体。按察司带管河副使唐符，练达之材，勤励之政，河防兼理，劳绩居多。管河副使胡宗明，颖敏之资，随所处而施无不宜，精练之材，随所至而事无不举，宪度尤严，河政有赖。颍州兵备带管徐州兵备兼管河佥事李宗枢，厚重不挠之器度，远大堪用之材猷，兼理河防，议处精当。

之数臣者，是皆有裨河道，一时之良。其余藩、臬虽贤，顾于河道无关，臣殊不得而概举也。如蒙乞敕吏部再加查访，如果臣言不谬，将张钦等量其年资，以次擢用，则庶官知劝，河政修举，而国计亦允有赖矣。

举劾有司疏

为举劾河道有司官员事。

臣奉命总理河道，凡掌印管河及带管河道有司官员，举尝留心询访，或验诸施为，或审诸舆论。其间有益河道及怠政殃民者，举不敢蔽。盖匪惟河政之兴废所系，而民生之休戚攸关。

况当考察庶职之期，谨一一为陛下陈之。

如直隶河间府知府喻茂坚，年资深而誉望累彰于荐剡，事体练而勤劳兼著于治河。扬州府知府侯秩，正大不阿之操，精练有为之才。山阳县知县王汝楫，地当繁难，政皆修举。山东兖州府管河同知戴缨，才足胜剧，事不避难。河南睢州知州胡瑞，节财爱民之誉已彰，治堤卫民之绩尤著。祥符县知县刘九容，令严而邑事毕举，才敏而河政兼修。此皆有裨河道，政亦宜民，所当荐扬者也。如山东金乡县知县王宇，坐视水患，志惟亟于征求，任用匪人，利交通于关节。单县管河主簿马琇，老病艰于拜起，贪求志在图归。河南原武县典史董昌，修堤侵克，托疾逃避。此皆怠政殃民，亟当罢黜，内董昌犹合提问者也。山东汶上县知县沈暄，两耳颇觉重听，百务悉皆废弛，但到任尚浅，似应仍改教职者也。山东兖州府管河通判丁鹏，材暗劣而驱策不前，事糊涂而迟误已甚。夫役数盈七千名，河道远逾二百里，责任繁重，委难支持。始犹勉强，而操守未亏，近因戒饰，而志向渐异。况今工役繁兴，决非庸才可济。滕县知县林春，一令不行，诸务废阁，河夫累百，举不赴工。河南永城县知县戴亨，河徙而民瘼罔知，才弱而吏弊滋甚。此皆才力不及，内丁鹏年力未衰，林春操守未亏，戴亨历任未久，授以简僻，尚堪效用，此则似应改调者也。

伏望皇上轸念治河重务，国计所关，掌印管河，责任均重，乞敕吏部，再加查访。如果臣言不谬，将喻茂坚等以次擢用，王宇等速加罢黜，内董昌仍行提问，沈暄仍改教职，丁鹏等量调简僻。则举措攸宜，河政无误，而国计亦允有赖矣。

改设管河官员疏

为复设管河官员以专责任事。

据河南按察司管河副使胡宗明呈，查得接管卷内，先该原任本道副使齐之鸾、汪溱并带管副使唐符呈，节据开封府管河同知王景明、兰阳县知县白汝翼等各呈前事。要于兰阳、仪封、封丘、原武四县复设管河主簿，归德、睢州添设管河判官各一员，专管本州县河堡夫役、钱粮。等因。俱经具由通呈，向未蒙示添补，切照黄河为患，由来转徙无常，以故沿河设官，亦因而增减不一，比与他官可以预定而额设者不同。先年原武、兰阳、仪封等县，各设有管河官一员，必非得已。至嘉靖九年，止存郑州及阳武、祥符、考城等县共官四员，余皆裁革，虽云奉例，实因一时河势缓急，以为去留。近该本道巡历滨河一带州县，除武陟以上未暇备陈，自原武下至封丘，河渐北徙，县南长堤，日被大河侵削。原武去河只数里，封丘仅十余里，虽有护城缕水新堤，而堤防捍御，岁无宁息。兰阳、仪封而下，势益危迫。

近因河经赵皮寨地方，分而为二，兰阳滨寨之西北，仪封滨寨之东南，四分五裂，腹背受水。至于睢、宁则又分而为二，一由归德、夏邑、永城以达徐、淮，名曰挑河；一由宁陵、柘城、鹿邑以达亳、泗，名曰涡河。缘上流赵皮寨分夺大河十之七八，而下流新堤浅狭，势不能容，以故弥漫沮洳，急宜经制。况原武西有红荆口，东北有黑洋山，封丘南有荆隆口，兰阳北有铜瓦厢、张村集，仪封东北有黄陵冈，睢州所属有蔡家口，要皆黄河往日奔决故道。今当[1]逼近河流，或直当河冲，其关系于地方运道者如此。且原武有王村厂，封丘有荆隆厂，兰阳有铜瓦厢、张村集二厂，仪封有于家厂，各有节年收买物料钱粮。归、睢虽未设有厂分，每岁修筑疏浚之费，动以万计，其关系

[1] 当　原文作“尚”，据水本改。

钱粮出纳者又如此。近虽暂委州县佐贰或首领官管理，往往交代不常，缘以为奸，虚费无补，皆由于此。甚至阴医、义官、射利无耻之徒，夤缘充管，则其害又有不可胜言者。为照治人、治法之有无，自昔皆然，而任法、任人之优劣，于今尤切。本职猥以庸材，叨兹重委，且亲临目击，动虑乏人。职守所关，不容缄默。

乞轸念河患重务，备查本道，节次呈请，会议转达，于滨河紧要州县，添设州判、县丞等官各一员，专管本州县地方河防，兼理一应钱粮，庶河患有备而无虞，责成有官而非冗矣。呈乞照详。等因到臣。会同巡抚河南都察院右佥都御史简霄、巡按河南监察御史蔡瑷议得河患有缓急，故建官之因革以之，副使胡宗明所呈河患利害，亦已明备。盖河分流则山东、河南均受其害。今全河南徙，则河南一省独受其害矣。上自兰阳、仪封，下及归德、睢州、宁陵、永城、夏邑等县，皆当河之冲，洪流冲荡，巨浸沮洳，民患已极，诚可矜悯。而原武正当上源，黄河北冲故道，封丘则先年北冲荆隆等口在焉。况黄河上流势犹北徙，运道所关，最为要害。疏导堤防，卒岁弗宁，支费钱粮，动以万计，诚不可无专官管理。臣等复虑因事设官，过省固废事，然过冗则扰民。

查得阳武、原武道里甚近，而原武河患尤切。合无裁革阳武见设管河主簿一员，却于原武复设主簿一员，兼管二县河道。其封丘、兰阳、仪封三县管河主簿，委应复设；睢州应添判官一员，兼管柘城县；归德应添判官一员，兼管宁陵、永城二县各河道。惟夏邑县境内黄河今岁改流，一支东北经萧县出徐州小浮桥口，下济徐、吕二洪，至为紧要。盖黄河旧由梁靖口济二洪之水今已甚微，势将淤塞，二洪运道，全借此水导引疏浚，关系至重。合无特设主簿一员管理，庶因革损益，各适于中，官非冗而事不废矣。如蒙乞敕吏、工二部，再加详议。

如果臣等所言不谬，将阳武县管河主簿裁革，原武、封丘、兰阳、仪封四县各管河主簿照旧。复设睢州、归德州各管河判官，夏邑县管河主簿，各添设专理河道，兼管钱粮，则责任专一，而民患赖以少纾；运道利济，而国计赖以不匮矣。

急缺管河官员疏

为急缺管河官员事。

嘉靖十四年三月十五日，臣于鱼台县督理浚河工程，忽得邸报，知管河工部郎中郑钢已蒙钦升浙江嘉兴府知府。本官管修大工，幸已垂成，惟俟凭至赴任。但本官所管河道，北自沛县南至瓜洲、仪真千有余里。今春正月以来，因徐、沛运河事重，昼夜在工浚河修闸，罔敢少违。以是淮、扬之间，凡湖堤坝堰，只能委官分修防护，未遑躬亲督理。目今正值粮运盛行，况徐、沛河道新开之际，诚不可一日缺官管理。若候升任新官至日，不无迟误。窃照近蒙钦准添设修河工部郎中涂楗，原拟工完奏请别用。自今工已垂成，况本官性资明敏，材猷练达，凡所经画，上下咸宜。若任之管河，诚为有益。

伏望皇上轸念漕运事重，国计所关，就近设官，事体甚便。乞敕吏、工二部计议，即将涂楗改注管河，请敕行事，则建官惟人，而河政亦允有赖矣。

卷五

奏议 总理河道都察院右副都御史臣刘天和

治河功成举劾疏

为河道迁改分流随宜防御事。

据南北河管工工部管河郎中郭敦、郑钢，协管河郎中李仁、涂楗，管闸主事邵元吉，管洪主事张镗，山东布政司分守右参议王旸，按察司曹濮兵备兼管河副使吕陶，分巡佥事谢兰，河南按察司管河副使胡宗明，徐州兵备兼管河副使查应兆等会呈，据北河委官济宁州知州范栻等开报，挑浚过自师家庄以上起至鲁桥日照县工止河道，长一千一百四十八丈一尺。青州府通判陶辙等开报，挑浚过自鲁桥日照县工起至干河沟益都县工止河道，长一千八百一十二丈；枣林闸月河一道，长七十二丈；修完师家庄、鲁桥、枣林等闸三座。东昌府同知孙廷相等开报，挑浚过自干河沟朝城县工起至钓鱼嘴聊城县工止河道，长一千六百四十丈；南阳闸月河一道，长三十丈；修完南阳闸一座。济南府同知高廷璋等开报，挑浚过自钓鱼嘴蒲台县工起至上浅铺德州工止河道，长二千九百零八丈；谷亭闸月河一道，长三十五丈；修完谷亭闸一座。东昌府通判黄锜、兖州府同知戴缨等开报，挑浚过自上浅铺滋阳县工起至陈美庄费县工止河道，长二千四百四十丈；修完八里湾闸一座。河南开封府推官牛兆祥、卫辉府同知王聘、怀庆府通判裴岩等开报，挑浚过自陈美庄祥符县工起至沛县胡陵城闸上止河道，长二千七百二十四丈；孟阳泊闸月河一道，长九十四丈五尺；修完孟阳泊闸一座，俱于三月三十等日通完，四月初十等日彻坝开闸，放水行舟。南河委官徐州判官项情等分委官、天字号起至张字号止千户刘勇等开报，挑浚过胡陵城起至庙道口止河道，长二千三百六十丈六尺八寸；胡陵城闸月河一道，长七十六丈；修完胡陵城闸一座。寒字号起至出字号止百户等官张政等开报，挑浚过庙道口起至沽头上闸止河道，长三千四丈一尺五寸；修完沽头上闸一座。昆字号起至潜字号止义官李士通等开报，挑浚过沽头上闸起至谢沟闸止河道，长二千七百八十六丈一尺；修完沽头、中沽、头下谢沟闸三座，月河坝堰二道。羽字号起至推字号止判官等官彭绣等开报，挑浚过谢沟闸起至黄家闸止河道，长二千八百八十七丈五尺；修完新兴黄家闸二座；通泉减水闸一座；逼水顺水坝共六道，各于三月二十八等日通完开闸，放水行舟。南旺委官济宁卫经历杨锡等开报，挑浚过南旺一带淤浅河道，长一万七百七十三丈四尺四寸；补修过开河起至长沟止一带运河东堤，长一千六百三丈五尺；栽植过大长沟起至济安桥止，柳八万八千八百二株，于三月初二等日工完。曹单委官兖州府管河同知戴缨、大名府管河通判陈万言、接管河照磨宋仲等开报，修筑过曹县八里湾起下至单县侯家林止大堤一道，长一万零二百六十丈并筑过岔河口压口缕水堤一道，长五百四十丈，俱于三月初七等日工完。及于堤两边，纵横遍栽高柳、卧柳、编柳、低柳、深柳，共二百七十二万五千三百零九株，并各役过正派、正调、添顾、协助等项人夫，动支过钱粮，买办支用过物料、桩草、杉木等项，支剩、扣留、交还过银两、物料、器具等项数目。及据委官扬州府管河通判闵廷珪、宿州卫指挥使梅希孔、城武等县知县赵恒等开报，支放过银两数目。泰州判官吴麟开报，总委查催完过前项工程。各缘由到职。

职等会同案照节奉总理河道都察院右副都御史刘天和札案，及该各道抄蒙巡抚山东都察院右副都御史管楫、巡按山东监察御史郭圻各案验，俱为前事。又节奉刘都御史札案为河道淤浅阻滞粮运事、为会计预备嘉靖十四年河患事、为疏浚运河以通漕运事。又该巡按直隶监察御史徐九皋案，验为疏浚运河以通漕运事，俱节该工部，题奉钦依各备行钦遵，随节奉刘都御史札案。北河会同巡抚山东都御史管楫、巡按山东监察御史郭圻、巡抚河南都御史简霄、巡按河南监察御史蔡瑷；南河会同总督漕运兼巡抚都御史马卿、巡按直隶监察御史陈表议照，粮运伊迩，事势迫切，州县掌印正官俱各应朝，一失期限，即至偾事。并将原拟夫役通融调拨，及从宜添调添顾。兼虑署印官编夫生弊，开立条件，案行各道，行仰各照概州、概县均徭银数计算均编。及各乡各里挨次顺编，每五十名为一队，定拟置备锹、䦆、筐、杠等项器具，预期调集，听候各委佐贰、阴、医、义、散等官督领，于本年正月十五等日陆续到工。及蒙刘都御史公同职等委官将各州县夫役画地分工，戒谕管工官员，不许凌虐，令其人自效力，早完早放。及议得郎中、主事、守巡、管河各道，亦应画地分管，方克有济。内北河则郎中郭敦分管青州府工，并修师家庄、鲁桥、枣林三闸，及勘得鲁桥以上至师家庄河道淤浅，亦须挑浚。就近行委郭敦兼管、副使张时彻分管东昌府工并修南阳闸；参议王旸分管济南府工并修谷亭闸；佥事谢兰分管兖州府工并修八里湾闸；郎中李仁则兼管济南、兖州二府工，并谷亭、八里湾二闸；河南按察司副使胡宗明分管河南开封、卫辉、彰德三府工，并修孟阳泊闸。其南旺一带大挑淤浅，今勘得原勘尚有未尽者，难以拘定原题丈尺，及郎中郭敦所管鲁桥以下河道相离遥远，行委管闸主事邵元吉专管南旺工程，倍加挑浚深远，及补修开河起至长沟止运河堤岸，栽植长沟以下直至济宁柳株；副使吕陶专管修筑曹单长堤；佥事周相专管催督青州阖府夫役；南河则副使查应兆分管胡陵城起至庙道口止，并修胡陵城闸；郎中涂樾分管庙道口起至沽头上闸止，并修沽头上闸；郎中郑钢分管沽头上闸起至谢沟闸止，并修沽头、中沽、头下谢沟等三闸；主事张镗分管谢沟闸起至黄家闸止，并修新兴、黄家二闸；又该巡按山东监察御史郭圻案行各道，将本省夫役上紧督令分工催促，不许延挨。又该巡按直隶等处监察御史曾翀，案行各道，往来监临管理，趁时如法挑浚修筑间，节蒙刘都御史督同各职。议得原勘之时，河水尚盈尺余，近因闭闸禁水，方露河底。北河及南河胡陵城一带通系极稀深陷油泥，不能近前着足。沛县泗亭浅等处俱系瓦砾，掘取倍难。沽头等闸一带，多系积沙姜石，虽锹镬不能入。复有溜沙，随挑随涌，杴杓不能取。及勘得各闸惟枣林闸面露石三尺，师家庄、鲁桥闸面各露石一尺五寸，谷亭闸面露石一尺，孟阳泊闸面露石一尺四寸，胡陵城闸面露石一尺八寸，以下直至闸底，尽系淤泥。南阳八里湾二闸，俱没入泥里。闸面以上仍有深淤不等。南阳闸面淤泥三尺三寸，八里湾闸面淤泥五尺，孟阳泊闸上河中泥淤殆若丘阜，难以拘定原拟挑深一丈之数，夫役不敷，恐致愆期，迟误粮运。遵照敕谕从宜，及该部原议，夫果不敷，临期再行添顾。

题奉钦依事理，札仰职等北河将山东正派夫每名添顾一名。河南夫量行添调，及南河添顾人夫并调顾洪夫，多方设法。于淤泥之工，则用杉条、板片、桩木，搭桥成路。先于中心取沟彻水，复用桩草拦河筑坝，及用土、用草，纵横铺垫成路。通用去秋新制铁兜杓、方杓、杏叶杓、竹夹等器数万具，鱼贯捞取。其油泥最稀者，则用木筲、柳斗下取，猿臂传递登岸。瓦砾之工则用锹镬，溜沙之工则用布杓，沙姜石之工则旋制锯齿铁叉，寸寸凿之。至二月初间，夫方到齐，工方就绪。复虑大众聚处，疾病易生，事关民命，所当矜恤。备仰职等动支官银，买办药材。北河则每府，南河则每一总工，各选委诚实官员，医道颇精医生，及旋制锭药，印发簿籍，逐日各分两路。自工首至尾，逐队问病、察脉、用药，姓名记簿。及虑夫役、供送、工食官银，支运数多，又蒙巡抚都御史管楫、巡按御史郭圻案，委山东都司都指挥佥事周彻，督率兵快前来，南北河适中处所兖州谷亭地方驻扎，往来巡逻，防御盗贼。随据各管工委官节报，取泥稍深，泉即迸出，竭力车戽，昼减夜盈。重以雨泽频降，河水愈盛，夫数仍少。

又该巡按直隶等处监察御史曾翀，星驰前来，公同阅视。恐误漕运，添委官员及该刘都御史札仰职等将南河量行添顾人夫，北河添调河道余夫，并将南旺挑浅曹、单筑堤工完各夫，通融调拨。挑浚间，副使张时彻工未及半，升任去讫。又蒙行委副使吕陶星驰前来接管，躬率职等拦河添筑土坝，一面将泉水稍浅之工，用新造水车，并多置柳斗数万具，昼夜轮班车戽取水，并力急挑深广，却将泉深之工倒水挑浚。及议得黄水入运，致将河身冲广，若欲全挑，非惟工力不敷，兼恐天旱泉微，水流散漫。遵照原题及模仿上源南旺运河规制，俱以面广十丈，底广五丈为准，俾涝则水有所容，旱则水不致散漫，又将河广沙多所在，添筑顺水土坝，一则拦截溜沙，一则约束河流，免致浅阻。及勘得各闸系元时及我朝永乐、宣德等年陆续建设，高低原自不一，以致下闸过低，上闸易涸。备仰职等将各闸酌量高下，一以枣林闸为准，余闸各量培闸面，俾远近高低一律。其闸底原低者，则量留脚板，不致走泄水利。上下闸傍各从宜添筑土坝，逼水归闸，添修通泉减水石闸。及委主事邵元吉前来，催修各闸。又该刘都御史公同郎中涂楗等看得南河各工，官有能否，夫有勤惰，每工效力者则先期预完，延捱者则过期未毕，难以照日给银，兼恐人心怠缓，工程耽误。札仰涂楗等测验工之难易，定与尺寸，顾募之夫，止论每工给银三分，先完与过期后完者，俱一例均给。均徭人夫量加赏劳者，照依南旺大挑事例，每工给银一分，正派者每工给银一分五厘。其北河查得山东添顾夫役，俱系正派夫内贴丁，各有一例帮贴工食。其官给工食，难以再分等第，反致不均。议将正派夫应给食银四钱五分，及添顾夫应给工食银九钱，亦通融每名均给，人心方一，工程方次第依限完报。复节据管工委官禀报，河广淤深所在，随挑随堕，未免费工重挑，甚者堕至数次，期限已逼，夫役愁苦，间有逃者，深恐迟误。复该刘都御史躬率职等遍诣工所，宣布朝廷恩威，申明累奉敕旨，晓以国计至重，役民为不得已之故。劳之以饮食，抚之以温言，夫役始皆奋力。职等昼夜在工，劳勉督调。

又经议呈刘都御史选委附近州县应朝回还掌印正官知州范栻等前来，督夫并力重加挑浚深广，比之原议工程，为力数倍。随该御史徐九皋前来，南河御史郭圻前来，北河各催督阅实，兹幸先后举完。南河于三月二十九日开闸放水行舟，北河于四月初十等日自下而上，彻坝开闸放水。见今粮运官民重船，通行无阻外，职等公同会查得，上自南旺，下至黄家闸止，通共挑浚过淤浅河道并月河共三万四千七百九十一丈四尺七寸；修完闸一十四座，逼水土坝八道，减水石闸一座；筑过长堤缕水堤共一万八百丈；补修过运河堤共一千六百三丈五尺；栽过柳共二百八十一万四千一百一十一株；役过人夫一十四万三千九百九十四名；支过银共七万八千五百三十两六钱一分二厘二毫四丝。及查得我国朝至今百六十余年间，黄河入运，或淤或决，为患者凡五矣。前此治之率以九月、或年余、或二年工成，间有数月成者，役夫至二十五万余。今次南北河之淤及南旺上下之浅、曹单之堤，不下数百里。夫役、钱粮为数甚简，而用工仅余两月，即幸告成。河道大通，粮运不误，且雨旸时若，人心安妥，疾疫不作，民命获全。

是皆仰荷我皇上圣德潜孚，圣泽深厚，以故神明协相，群策毕效之所致也。职等曷胜庆幸，将前项完过工程缘由，并将各总管分管工程大小军民职官分别相应旌举、奖励、犒劳、戒饬、提问、参问等第职名，填注考语实迹开报到臣。

查得臣节该钦奉敕：“疏通运河，系国家急务。徐、沛一带河道，先年被黄河为患，近得尔奏称黄河迁改，河道淤塞，要行浚河、修闸，以复旧规。具见尔竭诚体国，深谋远虑。”该部议复前来，相应依拟：“尔须亲诣沿河一带，用心相勘。凡河道淤浅当挑、闸座废坏当修者，即便督同南北管河郎中，选委能干官员，调集人夫，作急兴工整理。务要修浚如法，刻期成功，以图永久。合用人夫、钱粮等项，悉照该部议奏事理施行。山东、河南、南北直隶、司府军卫等官，俱听尔节制委用。中间有能懋著勤劳者，具奏升赏；怠玩偾事者，参奏治罪。凡合行事宜，敕内该载未尽者，听尔便宜处置。尔为大臣，受兹重托，宜大展材猷，悉心经理，务使河道大通，粮运无滞，以为一劳永逸之图。斯尔之能，毋或愆期误事，有负委任。钦此。钦遵。”

及准工部咨前事。该臣题据山东按察司分巡东兖道带管曹濮兵备兼管河道佥事谢兰呈，据委官兖州府管河同知等官戴缨等呈，勘得黄河上源曹县岔口河，于嘉靖十三年十月十七八以来，已尽淤塞断流。会议得自鲁桥直抵徐州，泥沙沉壅，未易疏通。自师家庄闸至黄家闸，石块动移实难启闭，河道广阔，一旦岂能尽挑？中间固有闸座原高，当尽去泥淤，直求原底者；亦有闸座原低，因其水势之平，量培闸面，仅去泥淤之半者。自鲁桥至胡陵城止，逐里测量，折算各淤深一丈二尺九寸。今通融以挑深一丈，而[1]阔十丈为准。等因到道。会同山东布政司左布政使张钦、本司署印佥事周相、带管东兖道左参政丘民范，公同工部管河郎中郭敦、管泉主事段承恩、管闸主事邵元吉会议，复勘相同，具呈照详。及据郎中郭敦呈称，会同各官复勘相同。等因到臣。会同巡抚山东都御史唐胄、巡按山东监察御史郭圻议得理有经权，势有缓急。自黄河入运，漕舟通利，而淤填河道，废坏闸座，阻隔泉流，冲广河身，为害亦大。今一旦南徙，则其利尽失而害独存。目前必须修浚闸座河道，以完复百余年漕运旧规，为永久无疆之利。

所据调夫并各工食，查有嘉靖七年开挑新河事例，及查河南河夫，亦应量调一半。明春例该大挑南旺，亦系紧要，合无存留人夫挑浚，其余亦应量调。今次合于济南、东、兖、青州四府，查照旧规派夫，照旧每名日给食银一分五厘，兖州一府所属闸溜浅铺等夫，曹县等处黄河堤白夫，直隶大名府堤白等

[1] 而　原文作“面”，据水本改。

夫，河南河夫，俱均徭额编。各令自备工食，但量加赏劳。夫数如果不敷，方行随宜量顾，或通融调拨，务求财不费而事集。但数百里淤浅之挑浚，闸座之修复，取办一旦，为力甚难。明春粮运在迩，为限甚迫，四省夫役之征调极难齐一，郡县掌印官员又当应朝之年。万一夫役工程少过期限，即至偾事矣。乞敕工部会同再加详议，速为上请定夺行下。臣等于今十二月以里，通行派调夫役，采运物料完备。定委官员总部分部，务于正月十五以前到工，闭闸绝水，画地分工。等因。该部议称，看得是皆本官目击河患，酌量缓急之宜，以为先事预防之计。又经会同抚按等官勘议停当，相应依拟。合咨都御史刘天和、总督漕运都御史马卿，并山东河南等处各巡抚都御史，及转行各该巡按监察御史、督同、守巡、兵备、管河等官，照依今议事理。合[1]将该调夫役，选委廉干官员，分部管领，俱限明春正月十五日以前赴工，不许后期误事。及行本部管河郎中郭敦、郑钢等，动调沿河闸溜等夫，查取收贮河道桩草银两，选委军卫有司管河官员，起解应用。但前项河道，事干三省，工并一时，总理官员必须专其委托，重其事权，庶克有济。本部仍请敕一道，赍付都御史刘天和，令其钦遵便宜行事。各该抚按、守巡并管河郎中，务要同心协谋，共济厥事。毋分彼此，致误漕运大计。其司府掌印管河等官，并承委大小官员，果能终始用心，著有劳绩，就行据实荐用，如有乖方阻挠，妄费钱粮，卖放夫役等弊，应问者拿问，应参者参究。中间一应未尽事宜，听其就彼从长计处，事体重大者，奏请定夺。再照黄河水性无常，来春仍或复入故道，亦要相度机宜，量为经理，工完造册奏缴。等因。

[1] 合　原文作“各”，据水本改。

复题奉圣旨："依拟。钦此。"

又准工部咨，亦为前事。该臣题据工部管河郎中郑钢呈，据委官徐州知州魏颂等会勘得，徐、沛河道，黄河迁改、淤塞、断流，各闸淤浅。今沿河逐里测量，自胡陵城闸起至沽头上闸止，俱该挑浚。自沽头上闸起至黄家闸止，亦该挑浚。河面广阔，急难尽浚。每里俱用挑阔一十丈为准，更修闸七座。等因到职。具呈照详。及据徐州兵备兼管河副使查应兆会呈相同。等因。会同总督漕运兼巡抚都察院右副都御史马卿、巡按直隶监察御史陈表议得，建闸积水以通运者，先朝百余年之旧规；借黄河之水以济运者，迩年一时之近利。今黄河一旦南徙，先事当防，国计至重，岂容少缓？徐沛百余里间运道之淤浅，闸座之颓废者，目前举须修浚。合于淮、扬、徐三府州尽调河道夫，沛县空闲接递夫，俱系均徭编，佥各令自备工食，但量加赏劳。正派夫日给食银一分五厘，顾募夫日给工食银三分，预于年里派顾委官分部总部，修闸灰石、铁锭等料，俱于年里买办，俱候正月十五日以前，到工挑浚修理。夫果不敷，量为添顾。等因。该部议称详观前后二疏，经理南北两河，明烛机宜，才优经济，诚一劳永逸之图，国计无穷之利也。况经会官勘议前来，相应依拟，合通前请敕一道，赍赴本官，重其事权，专其责任。山东、河南及南北直隶司府军卫官员，悉听节制。

照依原拟调集各项人夫，俱限明春正月十五日以前兴工，河道大加挑浚，闸座随宜修理。如夫数不敷，随宜添顾。合用料价、工食，查照本部先议，动支两淮余盐银八万两，山东、河南二省户部开纳事例银各二万两，及动支原议河道桩草各项贮库银两，通融估算支用。再照沿河闸座颓废二十余年，上下淤泥壅积三百余里，一旦修浚，委的工役浩繁，相应添官分理。

合咨吏部推升才识优长，谙晓河道郎中二员，会同郎中郭敦、郑钢，俱仍听都御史刘天和经画委任，分投督理，务要同心协力，共济时艰。工完造册奏缴，其承委大小官员，果有实心干理、懋著勤劳者，指实具奏，以凭上请升赏；怠玩偾事者，参劾罢黜。中间未尽事宜，悉听都御史刘天和从长区处，便宜行事。

复题奉圣旨："是。这疏通运河，系国家紧急事务。刘天和所奏，具见用心，着写敕与他，作急督理。一应司府军卫等官，俱听节制。务要刻期完工，以图永久，其余依拟。钦此。"

又准工部咨，为河道淤浅阻滞粮运事。该管河郎中郭敦呈称，汶河泉水分注南旺二闸，递年山水冲带泥沙，淤塞河身，阻滞粮运，最为要害。乞照先年事例，兴工挑浚。该部议称，看系漕运急务，节有旧规，相应依拟。合咨总理都御史刘天和起调夫役，分拨打坝，挑浚淤浅，务令深阔。等因。

复题奉圣旨："是。钦此。"

又准工部咨，为会计预备嘉靖十四年河患事。本部题，该臣题据山东按察司整饬曹濮兵备兼管河道副使吕陶，呈据兖州府管河同知戴缨呈，勘得曹县地方梁靖口东行岔河，淤塞断流。见今调取人夫数万，挑浚淤浅运道三百里，并修理闸座，所费钱粮不赀。诚恐正二三月黄水发长，复冲鱼台等处，则前功尽弃。梁靖口东行岔河口，必须先行修筑压口缕水堤一道，以防黄水东冲曹县。八里湾起至单县地方侯家林接旧堤头止，未完长堤，应该修筑大堤一道。根阔五丈，顶阔一丈五尺，高一丈，以备其复冲。则运道功成，鱼台等处皆无患矣。等因到道。开详到臣。窃惟黄河一旦南徙，至役四省之民，疏浚修复，劳费不赀。万一今岁复入运河，必将复淤，前功尽弃。目前惟当权其轻重缓急，先浚运河以通漕舟，补筑长堤以防黄河，以保运河而已。等因。该部议称，看得挑浚淤浅，增筑堤岸，二者相须，不可缺一。既经议处停当，相应依拟。合行调顾人夫，修筑坚固，一劳永逸。等因。

复题奉圣旨："依拟。钦此。"

又准工部咨，为疏浚运河以通漕运事。该巡按直隶监察御史徐九皋题称，黄河迁改，淤塞断流，闸座复见浅阻不通。伏乞皇上俯察运河为国家重计，敕下该部议拟。备咨总理河道衙门，择委官员，动支河道银两，估买物料等项，派拨顾募人夫，于来春正月初旬兴工修浚。若有怠缓误事、冒破侵克等弊，听臣参劾究治。该部议称，看与总理都御史刘天和先题事理相同，合咨都察院转行御史徐九皋，会同都御史刘天和，严督各该司府军卫等官，刻期工完，早济粮运。

复题奏圣旨："是。钦此。"

俱经备咨到臣，钦遵。通行各官、各道选委官员，调集夫役，于本年正月十五等日，各画地陆续兴工。臣于南北河适中处所谷亭镇沙河驿驻扎，上下往来督理，指示方略，挑浚修理。至三月二十九等日，南河通完。臣公同巡按直隶监察御史徐九皋阅实，开黄家等闸，放水行舟。北河候撤坝放水，已经具本题知。至四月初十等日，北河撤坝通完，臣即自下而上，阅实开闸，放水行舟，通行无阻。及行各官查造去后，今据造报前来，除复查相同外，臣窃惟运河国计所系，凡宗庙军国之需，营建宴赏之费，与夫四夷薄海之朝贡，京师万姓之仰给，举由是以达，而所虑为运河之患者，则惟黄河而已。是以永乐间之淤，特命尚书宋礼，正统、弘治间之累决，先后命都御史徐有贞、刘大夏，侍郎白昂，于淤则浚之，决则塞之，虽役夫用财至累亿万计而不敢以为费，用工至累时累年而不敢以为劳者，诚以国计至重故也。自河入徐、沛运道，冲决者数十年。今河忽南徙，运道淤塞者数百里，而粮运紧急，期限迫促。视前此永乐间之淤，漕舟海运，未由里河。视景泰、弘治间之决，河水盛流，不妨漕运。举可以从容施工者，犹不侔矣。况臣之薄劣，不逮前诸臣远甚邪，仰荷我皇上神几先物，睿照无遗，俯纳愚臣之敷陈，特允该部之议复。纶音焕发，天语褒嘉，既假愚臣以便宜，谋猷务期于展布，复勉诸臣以协力，调度得免于稽违，用是大小臣工，罔不矢心戮力，奋励之余，仁怀义激，感戴之下，恩重身轻。是以役不逾时，民不久劳，而数百里之运道大通，累百万之贡赋咸达。然使用工累月之间，倘遇暴雨河盈，及或疾疫遍作，则河工必不能完，粮运及紧急营建贡赋之舟必不能达，臣等万死之罪，亦无所逃矣。所幸时雨时旸，寒暄和适。疾疫不作，民命获全。亿兆同声，欢欣仰戴，以为前此未有。而河工甫完，澍雨随降，泉盛水盈，万艘直达。此岂臣等人力所能致邪？实皆仰荷我皇上仁孝格天，中和建极，以故神明协相，群策毕效之所致也，臣等曷胜庆幸，臣等曷胜庆幸。

及照山东、河南、南北直隶大小诸臣，凡懋著勤劳及容有怠玩偾事者，举不敢蔽。谨遵敕谕及该部题奉钦依事理，为我皇上陈之。如总督漕运右副都御史马卿，巡抚都御史管楫、唐胄，右佥都御史简霄，巡按监察御史郭圻、曾翀、徐九皋、蔡瑗、陈表深知推重国计，仰体圣怀，凡咨谋、凡建议，罔不协心；若委属、若调度，咸共戮力，且累督工程，而亲行阅实，兼虑外侮，而防御周详。凡兹运道之通，悉其赞襄之力，而臣实赖以成事者也。若部属都、布、按三司官员，其间实心干理，懋著勤劳者，臣得十一人焉，效有劳绩者盖八人焉。若府州县卫所而下，部夫、管工大小委官，共六百二十员，除督理有方，浚筑成效，已经礼待者七十二员。材无他长，而在工日久，劳苦可悯，已经犒劳者三百八十员。在工虽久而材识庸下，督理无方，已经戒饬者八十一员。及怠玩偾事，伍品以下文职，并阴、医、义、散等官，已经提问者四十六员，俱不敢缕陈外，其间悉心干理，懋著勤劳者，仅得二十七人焉。谨据部属各道之公举，查验工程完报之实迹，并应参提军职，各分别等第，开具职名，条列上请。伏望皇上特下该部，通将各官遵照累奉敕旨，再行议拟，上请定夺升赏，及将应提军职行臣提问，以励人心，以重运道。不胜幸甚。为此开坐具本，谨题请❶旨。

计开：

部属方面官员。

第一等懋著勤劳官员。工部管河郎中郭敦、郑钢，协同管河郎中李仁、涂楗，管闸主事邵元吉，管洪主事张镗，山东布政司分守济南带管分守东兖道右参议王旸，按察司曹濮兵备兼管河道副使吕陶，徐州兵备兼管河道副使查应兆，分巡东兖道佥事谢兰，河南按察司管河副使胡宗明。以上十一员分委督工，争先戮力，村居旅食，寝处不遑于求安；朝出暮归，督理无分于雨夜。多方指授，极力图成，凡取泥御水之方略，悉其咨诹。若委属顾役之调度，咸其建白。深知推重国计，恐误运期，兼能仰体圣怀，保全民命。心力为之无遗，形容为之瘠损。是诚圣谕所谓懋著勤劳，部议所谓实心干理，河工之成，举全赖之者也。其功为优，其勤劳为甚。

第二等效有劳绩官员。山东布政司左布政使张钦、分守济

❶ 请　原文作“情”，据文意改。

南道左参政丘民范、按察司按察使刘夔、临清兵备副使张时彻、分巡海右道佥事周相、都司都指挥佥事周彻、河南布政司掌印右布政使边宪、按察司按察使李显。以上八员或协心勘议，始谋既已佥同，或极力调度，成功实有攸赖。内张时彻虽已升迁，未获毕事，而在工已久，勤劳已甚。周相独能驰诣所属，而勘议既勤，调度尤力。是皆悉心干理，效有劳绩，其功均不可泯者也。

府州县卫所等委官。

第一等懋著勤劳官员。山东东昌府同知孙廷相、济南府同知高廷璋、兖州府管河同知戴缨、东昌府管河通判黄锜、青州府通判陶辙、济宁卫管河指挥佥事钟继祖、济宁州知州范栻、莒州同知宋朝嘉、祥县知县张禹弼、鱼台县知县宫潮、城武县知县赵恒、泗水县知县陈励、冠县知县王润、新泰县县丞柴绍龄、莱芜县县丞王宗义、河南卫辉府同知王聘、怀庆府通判裴岩、开封府推官牛兆祥、睢州判官方鼎、南直隶扬州府管河通判闵廷珪、宿州卫指挥使梅希孔、泰州判官吴麟、徐州管河判官项情、邳州判官彭绣、沛县管河主簿王廷相、丰县管河主簿王宗儒、北直隶大名府管河通判陈万言。以上二十七员各委分管工程，咸能勉竭心力，役夫甚众，督理勤渠，经费不赀，出纳明允。或遵行规画，而浚筑率先成功；或建议方略，而经画足以济事。野处河滨，暴露风日，河工之成，实多赖之。其功亦优，其勤劳亦甚。内陈万言虽以往事考察去任，而治河勤劳，殊不可泯，亦合量处者也。

怠玩偾事应合提问军职。山东肥城守御千户所千户蔡顺，百户杨鉴、杨琚因循怠玩，宽纵稽迟。或脱逃以避难，或执迷以慢事。济宁卫前所百户贾政、彭堂诈病逃回，推奸可恶。青州卫镇抚张景畏难饰诈，逼夫私逃。南直隶徐州卫后所正千户陶铬、中左所正千户高举、右所百户张纯、左所百户柯槐、徐州左卫中所百户王进畏难怠玩，稽迟工程。徐州卫左所副千户倪经，托疾推奸，愆期怠事。前所百户周辅，罔恤役劳，克饷银而买妾。右所百户孙凤，不思夫瘠，侵工直以肥家。以上一十四员俱应提问，内周辅、孙凤犯有赃罪，犹合勘问招参，从重归结者也。

该部议称，为照黄河为患，关系国家大计。追考永乐间钦命尚书宋礼，正统、弘治间先后命都御史徐有贞、刘大夏，侍郎白昂浚淤塞决，不遗余力，银夫费至亿万，用工动及累年，始获成功。昨者河忽南徙，漕渠断流，运道梗塞。佥谓修复难于往昔，统督未易得人，而总理河道御都史刘天和，目睹时艰，累疏恳请。荷蒙圣明鉴察，俯从部议，特敕本官，专董其事，督委诸臣，浚河修闸，筑堤建坝。一旦底于成功，著有劳绩，深为可嘉。所据奏称各该管工大小官员中间，效劳偾事不等，相应分别议处，酌量赏罚，以为劝惩。中间列为一等，如原管北河郎中今升贵州石阡府知府郭敦，南河郎中今升浙江嘉兴府知府郑钢，见任管河郎中涂楗、李仁，管闸主事邵元吉，管洪主事张镗，山东布政司右参议今升湖广按察司副使王旸，按察司管河副使吕陶、查应兆，分巡佥事谢兰，河南按察司管河副使今升福建布政司右参政胡宗明十一员。及东昌等府州同知等官孙廷相等二十五员，宿州等卫管河指挥使等官梅希孔等二员承委分管工程，俱能实心干理，河工之成，实多赖之。以上各官，诚如圣谕所谓懋著勤劳，应加升擢者也，内郎中郭敦、郑钢虽以常调先升，而郭敦却远任边方可念，通判陈万言虽以往事考察闲住，而查其履历，曾任员外郎中皆有可称。至于列为二等，如山东布政司左布政使张钦、左参政丘民范、山东按察司按察使今升都察院左佥都御史刘夔、山东按察司副使今升福建布政司左参政张时彻、山东按察司佥事周相、都司都指挥佥事周彻、河南布政司右布政使今升南京光禄寺卿边宪、按察司按察使李显，同心勘处，佥效谋谟。以上各官八员，应加赏赉者也。

其南直隶、山东等处各卫所千百户等官蔡顺等一十四员，中间或脱逃避难，或诈病推奸，或过期慢事，或侵克工直。以上各官，虽犯有轻重，缘系军职，俱应参奏治罪者也。伏惟皇上俯念河工告成，粮运有济，将先任郎中等官郭敦等、指挥使等官梅希孔等，并同知等官孙廷相等查照升用，或量加俸级，或复原职致任，候命下之日，移咨吏、兵二部，议奏施行。左布政等官张钦等量行赏赉，以劝将来。其怠玩偾事千百户等官蔡顺等仍行都御史刘天和径自提问，照依律例问拟发落，以警余众。臣等切照右副都御史刘天和，奉命治河，摅忠体国，身亲督理，指授方略，虚心以受群策，竭力以倡百工。区画之详，既达于建白之初；经济之才，足征于调度之际。财力不多费，而功倍于昔人；时日不久旷，而效收于三月。且其誉望素著，年资已深，相应晋秩懋赏，以酬其劳绩，伏乞天语褒嘉，早赐宠擢。再照现任总督漕运右副都御史马卿，山东去任升任巡抚都御史管楫、唐胄，河南见任巡抚右佥都御史简霄，山东巡按监察御史郭圻、曾翀，南直隶巡按监察御史陈表、徐九皋，河南巡按监察御史蔡叆，皆能同心协力，会议允谐，督阅防御，咸著勤劳。以上诸臣，俱合量加奖赉。等因。

奉圣旨："是。河道功成，粮运不阻，各官效劳，委可嘉尚。刘天和升工部右侍郎兼都察院左佥都御史，照旧管理河道。

郭敦等并孙廷相等、梅希孔等，各升一级，内已升用的，加俸一级。郭敦着改移近地，陈万言复原职致仕。张钦等各赏银二十两，纻丝二表里。马卿等各十两，一表里。蔡顺等提了问。你部里区画题奏。预有勤劳堂上官秦金赏银二十两，纻丝二表里。林庭棉、甘为霖各十两，一表里。该司官各五两，一表里。该衙门知道。钦此。”

卷六

奏议总理河道都察院右副都御史臣刘天和

预处黄河水患疏

为预处黄河水患事。

行据管河郎中郭敦、河南按察司管河副使胡宗明、直隶兵备河南按察司佥事李宗枢等各备由逐款开呈，查议过祖陵、寿春王坟并河南山东等处堤岸、月河，应修、应止等项工程缘由到臣。案照接管卷，查准本部咨前事，该先任总理河道都察院右副都御史朱裳公同工部郎中郭秉聪、韩廷伟等会勘，预处黄河水患，应挑、应筑堤岸、河道等项事宜，会题该工部复议。黄河东注，迁徙不常，关系运道民生，最为利害紧切，思患预防，固宜有备。但曩因沛河梗塞，尝钦命大臣前去督理。及创开新河费过银两，役过人夫，动以数十万计，寻以修省停工，竟无底绩，鉴往实难轻议。然随时经理，任在得人。今该总理河道都御史朱裳会同工部郎中郭秉聪、韩廷伟并各该抚按等官勘奏前来，内开应筑堤岸之类，动经数百余里，工费不赀。通合审处，合候命下，备咨都御史朱裳，再行详审询谋。如果切近河患，势所当急去处，一面督同管河郎中、副使等官调募人夫，措办工料，用心整理。若水患未及，势尚可缓，姑候酌量次第而行，应停止者暂行停止。题奉钦依备行朱裳行间，本官丁忧去任。嘉靖十三年四月二十六日，该臣接管节该钦奉敕："近该工部议复会勘修河事宜。除已挑浚开通外，其应挑、应筑堤防者，工程浩大，所费不赀。今特命尔再行亲诣各该地方，详审周询，酌量时势。其切近河患，势所当急者，尔即督同管河郎中、副使等官，选委能干官员，分定应挑、应浚、应筑地方，调募人夫，措办工料，趁时用心整理。孙家渡应否放水等项，听尔从宜处置。其宁阳源泉、南旺湖堤务要及时浚筑深厚，随处蓄水，以济漕舟。合用钱粮照依该部题准各项银两，解去支用。凡有益河道事宜，敕内该载未尽者，听尔从长计处而行，事体重大者，奏请定夺。尔为宪臣，受兹重托，尤须悉心竭力，刻期成功，以济国家大计。钦此。钦遵。"

臣当即开款通行勘议，臣仍钦遵，躬亲遍诣，公同相度。由山东溯流而上，直抵河南孙家渡，复由开封顺流而下，直抵直隶、凤、泗，恭谒祖陵、皇陵、寿春王坟，下至淮海之间，上溯徐、吕二洪而还。节据各官先后勘呈在卷，凡河道、堤岸、泉源、湖堤，应筑者修筑，应浚者挑浚，工程稍有次第。间复因黄河南徙，运道淤阻断流，国计事重，臣急诣相度，议当浚河修闸，以通漕运。具题，荷蒙俞允，委官调夫，于嘉靖十四年正月十五兴工，幸于四月初旬工完。粮运随至，臣躬亲儹运，兼阅视北河，直抵河西务，幸粮运四百万石，通行到湾完纳讫，臣方还济宁，周旋数千里间，随处经画。

窃维前此各官之会勘，工部之议题预处黄河水患者，凡以保全运河，俾无妨漕运。尔兹仰荷皇上圣化潜孚，川灵效顺，黄河既已南徙，复荷皇上俯从臣等之议，浚河修闸，运道既已疏通，则目前河道，与前大异。各官所勘工程，除关系切要，已经修筑、挑浚外，其余固多有应止不须虚费财力者矣。惟原勘祖陵、寿春王坟，修筑堤岸，事体重大，则又非臣等所敢擅拟，为此今将勘过应该，奏请定夺。及已挑浚、修筑并应该停止各项工程事宜，条列开坐，上请乞敕工部再行计议，上请定夺施行，则事不废于因循，财不病于徒费矣。谨题请旨。

计开：

事体重大钦遵敕旨奏请定夺二条。

一、原勘议祖陵东西南三面，量筑土堤，以障泛溢。

前件行据直隶兵备、河南按察司佥事李宗枢呈称，据泗州申准，该州掌印知州李天伦关公同中都留守司佥书指挥佥事张祐、凤阳府掌印知府刘佐、泗州卫掌印指挥同知张镗并祖陵祠祭署奉祀朱光道等，恭诣伏瞻：祖陵在泗州城东北，相距一十三里，坐北向南，地俱土冈。其冈西北，自徐州诸山发脉，经灵璧、虹县，逶迤起伏数百里而来，会秀含灵，至兹聚止，近封基运山即此。其陵北有土冈连络倚负，南有小冈横亘依凭，小冈之北间有溪水涨流。先年置桥利涉，凡谒陵官员，俱至此下马。是西北二面土冈联属，永奠无虞。其南面小冈之外即俯临沙湖，西有陡湖之水，亦汇于此。沙湖之南为淮河，自西而来，环绕东流，去祖陵一十三里。惟东面冈势止处，俯临平地，有汴河一道，远自东北而来，上有塔影、芦湖、龟山、韩家、柯家等湖，及陵北冈后沱沟之水，俱入于汴河。西面有本冈溪水，引入金水河，经陵前东流，亦入汴河。前项四面湖河诸水，每岁水大，则众流会合，从东南直河，奔注于淮水，小则汇潴于陵之东南二面，四时不涸，但遇夏秋淮水泛涨，则西由黄冈口，东由直河口，浉漫浸溢，与前项湖河诸水通连会合，间或渰及冈足及下马桥边。惟正德十二年大水异常，涨至陵门，遂侵墀陛，此则旷百年而一见也。今欲遵奉总理河道都察院右副都御史朱裳及工部郎中郭秉聪、韩廷伟原题东西南三面量筑土堤一节，固预防水患，永固陵寝大计，但未明开有远近、起止、里数、丈尺。

职等浅见，自今议之，欲自下马桥边及林木左右筑堤，则西来龙脉，交错盘纡，北去玄宫土壤密迩，板筑震惊，锸斧掘伐，关系匪细，固非职等所敢轻议也。欲自陵前平地筑堤，则积水长盈，群工难措，抑且远无所御，近有所妨，亦非职等所敢轻议也。又欲东自直河口、西自黄冈口，上下五十余里间，远筑围绕，工力虽多，诚不敢惜。但恐此堤一成，淮河一时泛涨之水，虽稍能障蔽傍溢，而陵前湖河诸水，又将阻遏北侵，名虽防河，实则蓄水，远流未及为患，而近水先有可忧者矣。纵使开一石闸，随时启闭，则湖水可出，河水亦可以入，孰能御之？尤非职等所敢轻议也。又据匠役王良等量得自淮河见流水面至岸地比水高七尺，又自岸至陵南湖水平面比水亦高七尺，自湖水平面至下马桥边地高八尺四寸，桥边地至陵门地高六尺，陵门地至陵地高一尺七寸，共高二丈三尺一寸。况基运山虽俱土冈，百余年来每岁水溢，未闻冲决，实我德、懿、熙三祖陵寝万年根本之地，百祥肇始之区，委的事体重大，未敢遽拟。是以前次郎中郭秉聪、韩廷伟案行本州勘议，本州亦惟以干碍陵寝，未敢轻议回报，但水势不常，难于逆睹。据已往之迹，虽云久安，在将来之患，岂能预度？合无俯赐转达，备由具奏。乞命钦天监官一员，前来相其地势，察其风水，定其基址，审其岁时。有无妨碍通利，应筑、应止，伏候圣裁定夺。等因具申到道。及据留守司经历司、凤阳府、泗州卫、经历司、祖陵祠祭署各申呈，会议相同。

据此，案照先蒙总理河道、都察院右副都御史刘案验前事，已经委官会勘去后。今据前因，将勘议过前项缘由，具呈到臣。随该臣公同佥事李宗枢及留守司、凤阳府并泗州、泗州卫各掌印等官，恭诣祖陵，伏瞻环仰，博访备询，亦与各官会议相同。窃惟祖陵数百年来奠安已久，今一旦添筑土堤，虽水患固当预防，而工役岂宜轻动，委的事体重大，非臣等所敢轻议。乞敕该部再行计议。请命钦天监官前来相度，应否筑堤，上请定夺，不胜幸甚。

一、原勘议寿春王坟北面包砌石岸以防冲决。

前件行据直隶兵备、河南按察司佥事李宗枢呈称，据凤阳府牒呈准本府掌印知府刘佐关公同留守司副留守苏润、长淮卫掌印指挥佥事杨时正、凤阳县知县赵楷并皇陵祠祭署、举祀等官赵儒等，亲诣寿春王坟勘议得，先年黄河全水从涡入淮，势冲南岸，直近寿春等十王四妃之坟，故中都志开白塔坟。自天顺四年以后，连年河水泛溢，坟冢殿宇，俱被渰没。至弘治年间，河冲北岸，泥沙壅淤，坟茔北面积起沙洲，离水二百余丈。至正德八年，河水盛长，又从洲漫入坟内，本坟前殿，尚有水痕五尺五寸。

以此总理河道都察院右副都御史朱裳、工部郎中郭秉聪、韩廷伟惟恐开通孙家渡水势汹恶，议于洲北水次，包砌石岸，防其冲决也。今验得洲之根脚，俱是淤泥，石岸钜万之费，虽不足计，但恐或遇冲岸之水，轰豗澎湃，终不免于崩塌。至于沿河通筑土堤十五余里，虽足为北岸之计，设有水自曹山上流，由堤内涌入，则不免径冲坟所，而堤且溃矣。今测量水势浅深，比坟低二丈六尺有余，丈量河岸远近，距坟三百四十余步。且孙家渡既不开通，似可无他虞者，但黄、淮二水合流，泛涨难测，况寿春等十王四妃，神灵所依，不可不思患而预防之。参酌众议，合无于坟之北一百四十丈外，坟之南一百六十丈外，其东西各一百五十丈外，周围环筑土堤一座，约广五里，计该九百丈，脚宽五丈，结顶二丈，高一丈。自北面及东、西各转角处堤脚，共约长三百丈，俱用石砌根脚，须深掘入土，砌高一丈五尺，阔三尺，俾与外河水面相平，庶可以防将来冲啮。其上面四围土堤两面至顶，俱密栽低矮柳橛，用以御涨漫之水，俾不得坏堤。又于北面及东、西二角堤外，临河二十七丈内，俱栽深柳数十层。每相离四尺，即栽一根，每层各破行鱼鳞而栽，用木橛栽之，俟其长茂，根株下达旁通，可以保结沙土，保护石基，比之原议，包砌石岸数百，可省费十之七八。其圆堤比筑长堤，亦可省费十之六七。据此数端，若可以并行而相为用者，但前项工作凿石穿土，系干王坟，事体重大，不知于风水有无妨碍，年月有无通利。合无转达具奏，乞命钦天监官前来相度，果无别碍，方敢举行。等因到道。及据中都留守司经历司并长淮卫、凤阳县、皇陵祠祭署，各亦申呈相同。

据此，案照先抄蒙总理河道都察院右副都御史刘天和案验前事，已经行勘去后。今据前因，今将勘议过缘由具呈。等因到臣。随该臣公同佥事李宗枢及中都留守，同凤阳府县、长淮卫各掌印等官，恭诣寿春等王坟度量周视，咨询众见，亦与各官会议相同。

臣等窃惟寿春王坟去河仅一百余丈，且土脉不坚。而黄、淮二水合流，其势甚盛。前项筑堤砌岸，恐犹不足以御其冲决之势。且事关王坟，风水有无妨碍，年月有无便利，皆非臣等所敢定拟。近该巡抚凤阳右副都御史马卿具奏，已蒙特遣钦天监官前来相度，臣等不胜幸甚。但来岁伏秋之水，须当预防，而石料非可猝办。乞敕该部计议，行下各官，如钦天监官勘果风水无妨，年月便利，即行预办石料，以候明旨一下，即行包砌，庶王坟可保无虞，而臣等亦可逭误事之罪矣。不胜幸甚。

已经挑浚修筑施行八条。

一、原勘议山东诸泉大加疏浚。

前件看得运道利济，全仰诸泉。近年黄河入运，仅能利济鱼台南至徐、沛二百里尔。自鱼台北至济宁，又北至临清五百里间，则尤赖汶水诸泉之利也。臣甫到任，即躬诣汶上、宁阳、泰安州等处阅视，节行主事段承恩督委同知刘纯等，通将诸泉大加疏浚。渠道淤塞者开挑，堤岸断缺者补筑，盗引者禁绝，务俾勺水悉入运河。又经测验泉出穴数、大小、形状，泉口成渠深广尺寸，泉流入运远近里至，以防浚泉官夫虚文捏报之币。见今嘉靖十三年、十四年每年全运粮四百万石，俱依期通运到京，并无阻误，将来苟非大旱泉微，运舟决可利济矣。

一、原勘议南旺湖堤一百余里修筑，原设闸坝通行，查复。

前件臣初到济宁，正遇运河水涸，运舟浅阻。臣查访南旺周围，湖堤尽皆颓废，臣当即行委同知刘纯等督调河道夫役，画地分工，创行修筑。随据刘纯呈称，筑完南旺三面湖堤五十一里一百三十五丈，及修完临运河一面堤六十里，通共一百一十余里，堪以积水。及开通减水闸座。等因到臣。随诣阅实讫。

一、原勘议鲁桥至沛县东堤，一百五十余里，修筑坚厚。

前件行据管河郎中郭敦督同管河通判等官丁鹏等修筑坚厚完备，随该臣亲诣阅实讫。但原议要害去处，砌之以石，以御横流；量置石坝，以泄暴水。今黄河既已南徙，闸河、汶泉水微，近日浚河淤泥，又已培益东堤高厚，似不必更砌石、置坝，虚费财力。

一、原勘议河南原武县地名王村厂添筑月堤一十里。

前件看得前堤已行河南管河道经委原武县典史董昌修筑完

备，随该臣亲诣本堤阅实讫。

一、原勘议孙家渡河且勿放水，候涡河壅塞之日，方将本口开放。

前件行据河南按察司管河副使胡宗明呈据开封府管河同知王景明呈，会同颍州兵备道委官颍川卫经历陈廷桢[1]勘得，孙家渡于嘉靖十二年八月内，因赵皮寨支河分流水小，黄河势大，恐伤运道，故于渡口开浚成河，以杀全河水势。后赵皮寨河日渐冲阔，水皆南注，分入涡河挑河，若再开孙家渡河，并入涡河，不惟二洪水小，舟楫难行，抑恐黄水经绕陵寝，事干重大。况本渡已经淤塞。等因到道。备呈到臣。随该臣亲诣孙家渡，查看得本渡自正统年间，全河从此南徙。弘治二年淤塞之后，累经疏浚，縻费财力，不可胜计，随开随淤，卒不能通。盖黄河已弃之故道，两岸河底，率皆高仰故也。且赵皮寨河道，既已冲广，全河从此南徙，前项渡口，不须复开。恐其流经陵寝，关系重大，已经行令照旧堵塞讫。

一、原勘议祥符县地名铜瓦厢，仍开浚对岸月河五里。

前件行据河南按察司管河副使胡宗明呈称，前项月河，已经行委郑州管河判官姚熙挑完，共长九百丈。曾未两月，随复淤塞。盖水势趋北而月河乃欲使之东注，不惟水势难挽，抑恐随挑随淤，徒费财力。等因到臣。看得黄河水势，难与力争。前项月河，既已挑完复淤，似应不必复浚。

一、原勘议淮安清河口，将板闸迤西筑坝，下流放水，使河身干涸，并工挑浚，就将所挑泥沙，筑为堤岸。

前件臣于嘉靖十三年八月亲诣淮安相勘，议候运粮回空船只过尽筑坝、挑浚间，随因本年十月，黄河南徙，山东、直隶

---

[1] 桢　原文作“祯”，据水本改。

运道淤塞。节该钦奉敕命臣挑浚济宁至徐、沛一带闸河。其淮安迤南直抵仪真河道，钦奉敕命总督漕运右副都御史马卿挑浚。随该马卿委官调夫，将前议清河口板闸一带淤浅河道，俱已挑浚深广。十四年，粮运通行无阻。

一、原勘议新庄、清江等闸，如济宁闸事例，依时启闭。

前件已经行仰管闸主事徐存义查照，依时启闭，施行讫。

河道迁改应该停止六条。

一、原勘议涡河一支，因赵皮寨下流，自睢州野鸡冈地方淤塞正身五十余里，以致漫入平地，注入涡河。今议得赵皮寨、野鸡冈迤下至宁陵县地方，应该挑浚淤河五十余里，倍加深广，导引漫水，归入正河。

前件行据河南按察司管河副使胡宗明呈据睢州知州胡瑞、睢阳卫指挥于宗仁查勘得：野鸡冈而下河身五十里。上年会勘之时，河水未涨，委实淤塞，应该挑浚。嘉靖十三年五月，内河水泛涨，自野鸡冈至郭节口二十里，冲刷两岸，河面阔一百二十丈，深二丈。自郭节口而下河身三十里，虽仍淤塞，但南岸本口冲开新河一道南行，阔二百丈，深二丈。由伯党集南流十里，至许家楼分作二支，一支仍南行，阔一百丈，深二丈，从宁陵县地方阳驿铺西注入涡河；一支折而东行，漫阔二百余丈，中流深一丈，流二十里，经宁陵县地方胡家楼迤东，归入挑河。北岸邵家口冲开新河一道东南行，阔六十丈，深二丈，流二十里，经宁陵县地方崔家楼迤东，亦归挑河。新冲三支河道，俱各深广，内一支分入涡河，二支会入宁陵县城北挑河，俱各通行，似更不必挑浚。等因到臣。看得黄河之势，迁徙无常。俄顷之间，淤决顿异，以故昔日所勘，与今日所议不同，所据淤河既已通流深广，不必更加挑浚，前议工程，应该停止。

但涡河中经陵寝，水势宜减。挑河分济二洪，水势宜增。近据河南管河各官节报，赵皮寨分流南向涡河之水渐减，东向挑河之水渐盛，川灵效顺，不假人力，臣等不胜庆幸。以后如有淤浅，方可随宜挑浚。

一、原勘议自睢州地方张见口起至归德州地方郭村止，应该量筑长堤一道，计长一百余里，以御泛涨。

前件行据河南按察司管河副使胡宗明呈据委官睢州知州胡瑞、睢阳卫掌印指挥于宗仁查勘得：上年会勘之时，河水未涨，本州张见口而下俱有涯岸实地，堪以筑堤。今年河水泛涨，平地水深行舟。自张见口起至宁陵县地方五十余里，近虽水退地出，然近岸新淤、涌积沮洳，更无实地。支水交流，断岸未续，若欲修筑长堤，无从联接，抑且根基不固，颓塌可立而待。归德州地方饮马池而下河道，两岸颇高，堪以修筑，但赵皮寨河口上流尚未成堤，则下流虽欲筑堤，倘漫水从上倒下，竟成何济。莫若责令州县官省谕邻河地方召集乡夫，两岸缺口小而可塞者，用力堵塞；离岸数十步外，可修筑缕水堤者，各随地势突洼，或高三四尺，或高一二尺，根阔四步，顶阔二步，使积凌、清明、桃花等水，不能渰没二麦。来年五月麦熟收获之后，伏秋水发，虽有泛涨，两岸远近更加淤淀。或有冲决，修补亦易。年复一年，淤淀有加，岸高水深，澌流成川，虽无堤防可也。等因到道。查得前项长堤，近该本道原任管河副使汪溱议允于张见口起至归德州地方郭村止，筑堤一百五十里，行委杞县县丞刘时义部领睢杞等州县人夫共三千八百五十名，筑完长堤共八十五里，随被冲坏。为照前堤虚费，固人事工力之未尽，亦地形水势之未宜，复辙在前，似难再议。况两河夹岸，俱欲筑堤，则四堤绵亘，不下数百余里，恐非河南一省之力所能料理。合无俯从各官勘议，长堤不必创筑，其近河缕水小堤决口，行令各该州县拘集乡夫人等随宜补筑，以防春水，以全二麦。民有实利，官无虚费，实为两便。等因到臣。

随该臣公同副使胡宗明躬历睢州一带地方，阅视得河水初决之处，必数十百里弥漫横流，久之则深者以渐成河，两旁[1]淤淀以渐成岸。若复量筑缕水小堤，加以栽植随河低柳，则泥沙壅积，两岸自高，省费休民，莫逾于此。前项堤岸，似应停止。

一、原勘议内开梁靖口虽已疏通，下流一带河身，仍须时加疏浚。自仪封县于庄村旧有见淤月河一道，再挑二十八里，接入梁靖口，达于小浮桥，以杀北岸水势。

前件行据河南按察司管河副使胡宗明呈称据开封府管河同知王景明呈，督同考城县典史刘仲文勘得，先因赵皮寨南河水小，恐北河汹涌，有伤运道。故议于于庄村梁靖口，开浚月河。近南河水势日盛，若再将于庄口淤河挑浚，北河水势愈涸，二洪运道，不无阻碍。前议月河，今似不宜开浚。又据夏邑县知县滑参会同徐州兵备道委官徐州管河判官项情会议得，冬来水势消耗，不无坐淤。差官沿河踏勘，如遇淤浅之处，起夫挑挖深阔，不致阻流。将梁靖口起直抵小浮桥出口止，逐段测量远近里数，并深浅、广狭各数目，备开到道。看得原议挑浚月河，不过欲杀北河之势。今全河皆已南注，而北河自赵皮寨以达小浮桥口，皆淤浅不一，则今日之所当开浚者不在月河而在于北河矣。时异势殊，法难拘泥。等因到臣。看得黄河近已南徙，北河近已渐微，前项于庄村月河委应不必挑浚，虚费财力，应该停止。

一、原勘议城武县苟村集大堤头起至济宁州地方止，创筑缕水大堤一道，计长一百五十余里，以防北溢。仍将鱼台县城

---

[1] 旁　原文作“傍”，据水本改。

北小屯起至谷亭镇南店头止，开挑淤河，引水入运河，以杀鱼台城之患。

前件苟村集至济宁大堤，已经行委同知戴缨督夫修筑一十二里。间该工科都给事中戴继奏行停止。今黄河既已南徙，曹县八里湾至侯家林大堤又已筑合，前项大堤不须更筑，鱼台已无水患，前项淤河不须更挑。二项工程，俱应停止。

一、该科原奏内开塞岔河之口，俾自梁靖口经丰、砀之南，由小浮桥入运河。

前件看得黄河南徙，岔河口以东河道今不待堵塞，自已淤塞断流，别无可议。

一、原勘议淮安海口泄水甘沟、菊花沟、通涧河七十五里，马逻港四十余里，羊寨港三十八里，并北卤等沟量开一二处海口套沙，多置龙爪船只往来爬荡。其余原有今淤分流处所，斟酌次第为之。淮安新城河北淤滩挑浚深广。

前件行据管河郎中郑钢呈称，勘得甘沟、菊花沟、羊寨港、北卤沟各有旧河形迹，间段淤塞，用工通浚，势必复淤，未必能泄水患。盖因各河通射羊湖者，则水面两平，潮汐相通；自河入海者一日二潮，减泄如旧，海潮随时消长，初无阻塞不通。及勘马逻港地势不顺水性，淤塞年久，难以开挑，海口套沙，有通有塞，不碍河流。且风涛汹涌，舟无羁维，人难用力，爬荡龙爪船亦不须创置。其新城后岸近日新长淤滩，过河北岸，水势不冲。今只于新城后岸栽植深柳，防护堤岸，实为长计。以上工程，大概不切河患，势尚可缓。到臣。

随该臣躬亲于淮海之间，周询审度，及节行委官相勘得，黄、淮二全河之水，俱于淮安清河口会合。河广约数里，东注而下，河身以渐宽广，下及安东县，则已倍加深广矣，又下及海口，则广二十余里矣。初不见其停阻壅淤也。若使海口果为流沙积隘，则洪河巨流必将停缓盈溢，淮安重镇必将立见其沉没矣。今洪流奔注，初无少缓。淮人平土而居，亦初未见其有所害也。况海口洪波冲荡，非若安流，舟楫可以往来。纵有套沙，亦非尺寸铁龙爪所能爬荡。若夫甘沟、菊花、北卤等沟，马逻、羊寨等港，及通涧河，开之未必无利，但河广已数十里，诸河沟港之开不过数十丈尔。况洪河流向东北，而沟港折向东南，正以水势不顺，以故节年壅淤。今若捐累万之财力以浚之，只恐其旋复淤塞尔。盖海口迤北，委有新淤套沙，然海口迤南，近已冲洗开广矣。新城河势又已淤改，前项工程目前似应停止，以后海口果复沙淤，淮安新城水势渰没冲洗，方可另议开浚。

工役甚巨，次第修举一条。

一、原勘议祥符县地名盘石口添筑长堤一十二里，北离二百步加筑月堤一十五里，兰阳县地名铜瓦厢帮筑月堤九百九十步。考城县地名蔡家口自第三堡起至清凉寺山东界止，创筑月堤一道一千九百九十步，其余矮薄并临时冲刷去处量为修筑。

前件行据河南按察司管河副使胡宗明呈，看得原议盘石口、铜瓦厢、蔡家口各添筑长月堤，远近不等，深为有见。近该本道原任副使汪溱议呈，盘石口自马家口起，改于回回寨止，长八里一百七十步。又大户张家前月堤长一里六十步，共长九里二百三十步，行委祥符县主簿王应奎管理筑完。铜瓦厢自本厢迤西帮筑过月堤一道，计长七十五丈，又迤西接连帮筑月堤长一百五十八丈，又筑斧刃埽堤东西长六百八丈六尺，行委典史张仁、阴阳官栗尧民管理筑完。蔡家口自本口迤西筑截水横堤一道，长四百五十丈，又筑本口坝台迤东埽堤长一百零八丈，又筑埽堤长一百八十一丈，又帮筑埽堤长七十二丈，又筑埽堤长一百三十丈，行委考城县主簿牟锐管理筑完。为照前项筑过工程，比之原议堤数远近，虽少有异同，但今又行据管河判官姚熙呈报，勘过长月堤二道，上自原武下至考城，议欲增培高厚，补筑联续，则视之原议筑堤里至、丈数，又不啻加数倍矣，其原议盘石口等堤，去河太近，况有今议二堤，似亦不必添筑。等因到臣。

随该臣躬诣上自河南原武县，下至直隶、山东界止七八百里间，沿河周行相度。看得黄河之当防御，惟北岸为重。盖先年荆隆口、黄陵冈累决之口皆在焉。宋元迄今，累筑堤岸形址皆在焉。臣备询博访，历考审度。盖河水湍悍冲激，迁徙所向无常，是以堤岸之远于河者，间获仅存；其逼近濒河者，无不冲塌。当行该道委官将百数十年以来堤岸，择其中去河最远大堤，及去河稍远中堤各一道，坍塌者增修，缺坏者补完，断绝者接筑，务使北岸七八百里间均有联续坚厚高大堤岸二重，则前勘应筑各堤，举在其中，不须另筑矣。但工役甚巨，年荒民窘，未能猝完，合渐次修举，期于完固。苟非异常之水，北岸亦可保无虞矣。

建闸济运疏

为修建闸座以济漕运事。

臣窃惟建闸节水，以通运者，我朝百数十年来之定规成宪，诚万世所当遵行，而罔敢或违也。顾闸座建有后先，以故地势之远近、高下、容有未能齐一者。夫闸近则积水易，而舟行无虞；闸远则积水难，而舟行不免浅阁留滞之患。若上闸地近而下闸地远，则其难、其患为尤甚矣。

顷者臣奉命疏浚运河，修复闸座，往来鱼台、徐、沛之间，既而河道幸通，闸座幸复。臣复往来阅视，见运舟满载溯流而上者，万艘毕达，诸闸举皆无滞。惟沛县沽头上闸迤上，胡陵城闸迤下，数十里间，舟行稍迟。必待沽头闸闭板，积水盈满而后能进。一遇开闸水泄，未免稍停，仍待积水。臣复严督管河等官督调夫役，挑浚倍深，而其患如故，虽不致阻误行舟，而不免迟留停候。臣乃审视周询，及躬用水平，反复测量，而后得之。盖上闸与下闸地里远近、高下相当，则水势常盈，舟行自速。今胡陵城闸上距孟阳泊闸仅七里尔，而下距沽头上闸乃六十余里，则远近已悬绝矣。孟阳泊视胡陵城闸仅高四尺余，而胡陵城闸视沽头上闸乃高八尺余，则高下亦倍蓰矣。夫地高则水难盈，闸近则水易涸。是以胡陵城闸每遇开放，仅能挽运舟数十，而闸口之水已浅涩矣，又安能下济六十余里之舟邪？

臣已从宜行管河官，于胡陵城闸下二十里间地名庙道口添筑土坝，积水接济，然不过一时权宜，非久远之利也。乃公同管河郎中涂楗等，议于庙道口建设一闸，俾胡陵城、沽头上下二闸之间，积水易盈。然运河为黄河冲洗，自胡陵城而下，渐加宽广，犹虑久旱泉微，积水难盈。臣复勘得胡陵城下一里许鸡鸣台之东，原有小河口，内有上流滕县新庄桥泉、七里沟泉由昭阳湖出焉，近被黄水淤塞。又勘得沽头上闸之北金沟口，内有上流薛河、沙河、玉花等泉出焉，原有减水闸座，近年已被黄水淤塞。臣已节行管河郎中委官调夫通将二口疏浚接济漕运矣。合将金沟口旧闸修复，稍移临河沟口，鸡鸣台小河口创造减水小闸一座，以后运河水盈则闭闸潴水以待，涸则开闸放水以济。仍于昭阳湖下流增筑横亘长堤遏水，俾由上流鸡鸣台小河口以出，则下至沽头闸六十余里间通可接济矣。

随据管河郎中涂楗勘报庙道口闸估计合用钱粮前来。臣查得今春挑河尚有支剩铁锭一千八百余，并石灰等料，及金沟口淤没旧闸一座，昭阳湖泥淤无用石闸三座，石块尚多可用，合无通融运用。如有不足，方行增益。及此外匠作、工食、物料等费，亦有挑河还官支剩银两堪以动支。

又该巡按直隶监察御史徐九皋亲来阅视，及委官勘估修建前闸物料，与臣所见大概相同，地方舆情，亦皆称便。但庙道口既建闸座，即须添设官吏夫役。照得沽头中闸、上闸地里相距甚近，合无将沽头中闸闸官裁革，改设庙道口闸。吏役则添拨，闸溜夫役则查照各闸于徐州四县编佥。其沽头中闸，比照南旺七级，阿城荆门上下各闸事例，行令沽头上闸闸官就近带管，则官不至冗而事亦不废矣。

如蒙乞敕工部再行计议。如果相应，速为上请定夺行下，即委管河工部郎中涂楗管沽头闸，工部主事王佩公同管理，趁今冬尽春初，调度兴工，克期修完，务期坚固，造册稽查，阅实奏缴，则财力不多费，而运道获利济之益矣，曷胜幸甚。

议免河南夫银疏

为地方灾伤量免夫银以苏民困事。

据河南等处提刑按察司管河兼管水利副使张纶呈前事。照得本省额设河夫除近议减编外，实在三万四千六百名，堡夫二千三百七十二名，河夫每年俱以三个月为限。如开封、怀庆、卫辉三府所属稍近，递年起夫，每夫征银三两，随夫解赴工所给散。南阳、汝宁、河南、彰德四府并汝州所属遥远，每名征银三两，解发开封府贮库。临时顾觅夫役，系是旧规，但黄河为患，频年兴作，劳役无息，加以连年灾伤，民多艰窘。为照今年灾伤，比之往年尤甚，下地多被冲没，高地复罹旱蝗。本道巡行目击，老幼悲愁，凄凉满目。其未经地方，大略相同。来岁春夏之交，青黄不接，尤难聊生。本道所议工程，起夫征银正在贫月之间，若不预为呈请，诚恐临时征银不前，起夫不至，河患无备，尤为难处。及查河道在库银两，积有一十万六千九十五两有零，夫积而不用，则为无用之物。今所积既多，合无俯从悯念地方灾伤，预行所属州县，将嘉靖十五年河夫银两尽数宽免，或量免一半。虽兴工动众，照旧佥派，俱从召募之例，计日验工。将开封府库贮河道银两，分发邻工州县，委官同管夫官，照名给散。是虽用其力，不尽其财。贫民如有愿来做工，求价糊口，亦许准听，如此则人不告劳，工可就绪，而地方借此以获生活者必多。其灾伤困苦，若有以全济之者，而公私俱便矣。具呈到臣。

窃惟黄河入中土，惟河南一省，独当其冲，被害为甚。每年编夫，殆逾数万，征银调役，劳费不赀。况今嘉靖十四年春，因山东运河淤塞，远赴挑浚，劳苦殊甚。目今灾伤重大，困苦尤极。且自嘉靖十三年以来，凡河南一省夫银，臣即经批行，按察司管河道通行收贮开封府库，以革寄放邻河州县及径发工所之弊。凡挑河、筑堤通计丈尺，定拟工数，以革委官多估虚费之弊。目今存积颇多，相应减免以苏民困。但黄河水性无常，运道关系重大，合行酌处。如蒙乞敕工部再行计议，将河南一省嘉靖十五年黄河夫役内开封、怀庆、卫辉、彰德四府附近并邻河州县，曾经调发山东挑河及兰阳、夏邑等处筑堤，并水患尤甚兰阳、仪封、睢、归、宁陵、夏邑、永城等州县，各与全免一年。其开封、怀庆、彰德三府，隔远未曾调夫州县，及汝宁、南阳、河南三府，并汝州全未调夫州县，各减征一半，则中州之民举荷至仁之泽，而河患亦赖以有备矣。

刘天和《黄河图说》

国朝黄河凡五入运

洪武二十四年，河徙阳武黑洋山，由陈、颍入淮。先是元至正间，河北入会通河，至是南徙，而会通河遂淤。永乐九年，命工部尚书宋礼发山东丁夫十六万五千疏浚之，九月工成。正统十三年，河决荥阳，北经开封、曹、濮，至阳谷入运河，溃沙湾东堤，累塞弗绩。景泰四年，命左佥都御史徐有贞役夫五万八千治之，十有八月工成。弘治二年，河决金龙口，东北趋运河，命户部侍郎白昂役夫二十五万治之，三月工成。弘治五年，河复决金龙口，溃黄陵岗堤，趋张秋，入运河，治弗效。六年，命右副都御史刘大夏役夫十二万有奇治之，二年工成。正德四年，河决曹、单，由沛县飞云桥入运河。嘉靖七年，庙道口淤，命右都御史盛应期治之，役夫九万八千，开新河，用工四月余停止。九年，飞云桥淤，河北出谷亭口。十三年冬，河南徙，济宁鲁桥下至徐沛运河淤。上命臣天和役夫十四万有奇疏浚之。始于十四年正月中旬，迄工于是年四月初旬云。

古今治河要略

《夏书·禹贡》："导河积石，至于龙门。南至于华阴，东至于底柱，又东至于孟津。东过洛汭，至于大伾。北过洚水，至于大陆。又北播为九河，同为逆河入于海。"

贾让"治河三策"：堤防之作，近起战国，齐与赵魏，以河为境。齐地卑下作堤，去河二十五里，赵、魏亦为堤去河二十五里，虽非其正，水尚有所游荡。时至而去，则填淤肥美，民耕田之，或久无害，稍筑室宅，排水泽而居之，湛溺固其宜也。今堤防狭者去水数百步，远者数里，此皆前世所排也。今行上策，徙冀州之民当水冲者，放河北入海。难者将曰"败坏城郭、田庐、冢墓以万数，百姓怨恨"。昔大禹凿龙门，辟伊阙，析砥柱，破碣石，堕断天地之性，此何足言也？今濒河十郡治堤岁费且万万，及其大决，所残无数。如出数年治河之费，以业所徙之民，遵古圣之法，定山川之位，使神人各处其所而不相奸。且以大汉方制万里，岂其与水争咫尺之地哉！此功一立，河定民安，千载无患，谓之上策。若乃多穿漕渠，旱则开东方下水门，溉冀州，水则开西方高门，分河流，富国安民，兴利除害，支数百岁，谓之中策。若缮完故堤，增卑倍薄，劳费无已，数逢其害，此最下策也。

张仲义曰："河水浊，一石水六斗泥。谓伏秋暴水也。"欧阳修曰："禹得《洪范》书，知水润下之性，乃疏而就下，水患乃息。"然则以大禹之功不能障塞，但能因势而疏决尔。今欲逆水之性，障而塞之，夺洪河之正流，使人力干而回注，此大禹之所不能也。且河本泥沙，无不淤之理。淤常先下流，下流淤高，水行渐壅，乃决上流之低处，此势之常也。然避高就下，水之本性，故河流已弃之道，自古难复。是则决河非不能力塞，故道非不能力复，所复不久，终必决于上流者，由故道淤而水不能行故也。智者之于事有所不能，必则较其利害之轻重，择其害少者而为之，犹愈害多而利少。

宋神宗时，河决恩、冀等州，司马光言："北流幸而可塞，则东流浅狭必致决溢，是移恩、冀之患于沧、德也。不若俟二三年东流益深，北流渐浅，然后塞之。"神宗曰："东北流之患，孰为重轻?"光曰："两地皆赤子，但北流已残破，而东流尚全尔。"

宋神宗谓辅臣曰："以道治水，无达其性可也。如顺水所向，迁徙城邑以避之，复有何患?"任伯雨曰："河流混浊，流行既久，迤逦淤淀，久而必决者，势也。或北而东，或东而北，安可以人力制哉！今宜因其所向，宽立堤防，约拦水势，使不致漫流尔。"吕祖谦曰："禹不惜数百里地，疏为九河，以分其势。善治水者，不与水争地也。"

欧阳玄《至正河防记》：治河一也，有疏、有浚、有塞，三者异也。酾河之流因而导之谓之疏；去河之淤因而深之谓之浚；抑河之暴因而扼之谓之塞。疏浚之别有四：曰生地，曰故道，曰河身，曰减水河。生地有直有纡，因直而凿之。故道有高有卑，高者平之以趋卑，高卑相就，则高不壅，卑不潴，虑夫壅生溃，潴生淹也。河身者水虽通行，身有广狭，狭难受水，水溢悍，故狭者以计辟之；广难为岸，岸善崩，故广者以计御之。减水河者，水放旷则以制其狂，水隳突则以杀其怒。治堤一也，有创筑、修筑、补筑之名，有刺水堤、有截河堤、有护岸堤、有缕水堤、有石船堤。治埽一也，有岸埽、水埽，有龙尾、拦头、马头等埽。其为埽台及推卷、牵、制、薶、挂之法，有用土、用石、用铁、用草、用木、用筏、用絙之方。塞河一也，有缺口、有豁口、有龙口。缺口者已成川，豁者旧常为水所豁，水退则口下于堤，水涨则溢出于口。龙口者水之所会，自新河入故道之源也。曰："折者，用古算法。因此推彼，知其势之低昂，相准折而取匀停也"。

余阙曰："中原之地，平旷夷衍，无洞庭、彭蠡以为之汇，故河尝横溃为患。禹自大伾而下则析为三渠，大陆而下则播为九河，然后其委多，河之大，有所分，此禹治河之道也。自瓠子再决，流为屯氏诸河，其后德棣之河，又播为八，偶合于禹所治，由是讫东都至唐，河不为害者数百年。至宋河又南决，惟一淮以为之委，无以泻而分之。故今之河患，与武帝时无异。"

宋濂曰："夫以数千里湍悍难治之河，而欲使一淮以疏其怒势，禹之无此理也。分其半水，使之北流，以杀其力，河之患可平矣。譬犹百人为队，则力全莫敢与争，若分为十则顿损，又各分为一则全屈矣。治河之要孰逾此。"

丘浚曰："曩时河水犹有所潴，如钜野、梁山等处，犹有所分，如屯氏、南河之数。虽以元人排河入淮，而东北入海之道犹微有存者，今则以一淮而受众水之归矣。后世治河者往往与水争利，其行也强而塞之，止也强而通之。又不如听其自然而不治之为愈也。诚能沿河流相地势，择便利就汙下，条为数河，以分水势，使河之委，易达于海。如是而又委任得人，积以岁月，随见长智，害日除而利日兴。河南、淮右之民，庶其有瘳乎？"又曰：汉唐以来，贾让诸人言治河者，多随时制宜之策，在当时虽或可行，而今日未必皆便宜。今河南相地所宜，或筑长垣以御泛溢，或开淤塞以通束溢，或迁村落以避冲溃，或给退滩以偿所失。虽不能使并河州郡百年无害，而被患居民可暂苏息矣。

《元史》：至元十七年，命都实为招讨使，佩金虎符，往求河源。四阅月始，至是冬报。翰林学士潘昂霄、临川朱思本各有撰述。大率河源东北流历蕃地至兰州，凡四千五百余里，始入中国。又东北流过达达地，凡二千五百余里，入河东境内。又南流一千八百余里至河中潼关，又东流九百余里至开封。又东南分流，一由梁靖出徐州小浮桥口，一由宿州出宿迁小河口，一由涡河出怀远荆山口，通合于淮。入海，又一千四百余里，通计万有余里云。

治河臆见

天下之水，凡禹所治，率有定趋，惟河独否，盖尝周询广视，历考前闻而始得之，其原有六焉。河水至浊，下流束溢，停阻则淤，中道水散，流缓则淤，河流委曲则淤，伏秋暴涨骤退则淤，一也。从西北极高之地，建瓴而下，流极湍悍，堤防不能御，二也。易淤故河底常高，今于开封境测其中流，冬春深仅丈余，夏秋亦不过二丈余，水行地上无长江之渊深，三也。滨河郡邑护城堤外之地渐淤高平，自堤下视城中如井然。旁无湖陂之停潴，四也。孟津而下，地极平衍，无群山之束隘，五也。中州南北，悉河故道，土杂泥沙，善崩易决，六也。

是以西北每有异常之水，河必骤盈，盈则决，每决必弥漫横流。久之，深者成渠，以渐成河；浅者淤淀，以渐成岸。即幸河道通直，下流无阻，延数十年，否则数年之后，河底两岸，悉以渐而高，或遇骤涨，虽河亦自不容于不徙矣。此则黄河善决、迁徙不常之情状也，故神禹不能虑其后。自汉而下，毕智殚力以从事，卒莫有效者，势不能也。甚者喜功生事，妄兴大役，以劳民病国，曾不旋踵而或淤或决，可畏也已。

然则河终不可治欤？曰："贾让、宋濂之说备矣，而今则未宜。"盖南经园陵，北妨运道，河之所泄，惟徐、邳之间尔，复多阻山，治之倍难，与古大异。其"勿与河争之"一言，则万世治水之定论也。若欧阳修、司马光而下，吾咸取法焉，然则河终不可入运欤？曰："河之水至则冲决，退则淤填，而废坏闸座，冲广河身，阻隔泉源，害岂小邪？前次张秋之决，庙道口之淤，新河之役，今兹数百里之淤，可鉴已。议者有引狼兵以除内寇之喻，真名言也。故永乐迄今，治河者于淤则浚之，决则塞之而已。虽先朝宋司空礼、陈平江瑄之经理，亦惟导汶建闸，不复引河。且于北岸筑堤卷埽，岁费亿计，防河北徙，如防寇盗。然百余年来，纵遇旱涸，亦不过盘剥寄顿，及抵京稍迟尔，未始有壅塞不通之患也。如迩年鱼、沛河水自至，则不得已而聊幸目前舟行之便利，后害虽大，不暇计矣，然仅二百余里尔。上至济宁、临清五百里间，则犹资汶水诸泉之利也，顾可泥近小而忘远大邪？苟已去而复引之，则亿万之财力徒捐，而数百里已平之故道难复，当事者所深惧也，况昔人已虑及此邪。"

惟汶泉之流，遇旱则微，汇水诸湖以淤而狭，引河之议或亦虑此。然国计所系，当图万全无已，吾宁引沁之为愈尔。盖劳费正等，而限以斗门，涝则纵之，俾南入河；旱则约之，俾东入运，易于节制之为万全也。而大劳未艾，民力方屈，运道方幸通，抑何敢以轻议邪？若徐、吕二洪而下，必资河水之入而后深广。近夏邑新开东北之流，赖以下济，圣化潜孚，川灵效顺，不假人力。治水之臣，惟当时疏浚，慎防御，相高下顺逆之宜，酌缓急轻重之势，因其所向而利导之尔。然则中州之患，何以恤之？议者云："黄河南徙，国家之福，运道之利也。当冲郡邑，作堤障之，不坏城郭已矣。被患兵民，蠲其租役，不至流徙已矣。"谨三复斯言云。

嘉靖乙未夏四月朔，钦差总理河道都察院右副都御史麻城刘天和书。

河防一览

〔明〕潘季驯 撰
闵祥鹏 吴朋飞 肖启荣
武强 整理

整理说明

《河防一览》是明代总理河道大臣潘季驯根据毕生治河经验写成的一部水利专著，阐述了他治理黄河、淮河及大运河的思想、规划和实施过程中的一系列问题。潘季驯，字时良，号印川，湖州府乌程人（今浙江省湖州市），嘉靖二十九年（1550年）进士，官至工部尚书兼右都御史加太子太保。

漕运向来是历朝的经济命脉。明成祖朱棣迁都后，北京成为漕运的中心。永乐九年（1411年）疏浚京杭大运河山东段会通河之后，每年都要依靠大运河这条水道为京城运送粮食、军备等各种物资。大运河与黄河、淮河在清口（今江苏省淮安市境内）交汇。然而，黄河迁徙改道，紊乱不定，河患频繁，严重威胁到漕运的顺利进行。因此，朝廷把保证大运河的通畅作为治理黄河的原则之一。从嘉靖四十四年（1565年）开始，潘季驯先后四次奉命治理河道水患，苦心经营二十七年，最终使黄河趋于稳定。其间，潘季驯走遍大小河道开展实地考察，向当地百姓询问水情，查阅大量古籍文献，在掌握丰富的信息和汲取前人研究成果的基础上形成自己的治河主张，并在施行过程中不断检验，弥补不足，修正错误，进而不断完善自己的理论。这为《河防一览》的成书积累了充足而可靠的资料。

潘季驯在写作《河防一览》时，针对不同的篇章主题分别选用了最适合的表现形式：授命敕谕原文摘录，河工概况画图贴说，河议辨惑有问有答，河流考证述古说今。在奏疏部分，潘季驯认为自己第三、四次主持治河时的思想已趋于成熟，故而从这一阶段的奏疏中精选出最能体现他治河理念和方法的予以收录。不但如此，他还收录了其他同僚的奏疏，这其中有相同意见，也有不同声音。《河防一览》于万历十九年（1591 年）首次刊刻，全书十四卷，内容包括敕谕五道、图说三幅、河议辨惑、河防险要、修守事宜、河源河决考、古今稽证、潘季驯奏疏四十四篇，以及其他臣工奏疏、工部或户部覆前疏。

《河防一览》是潘季驯治河思想理论、施工方案和河务管理的集中体现：它透过黄河水患的现象看到黄河沙患的本质，由此入手，将治沙作为治理黄河水的核心内容；它将黄河、淮河、运河建立联系，视为一体，进而统筹规划，综合治理；它创造性地提出了“筑堤束水”“束水攻沙”“蓄清刷黄”“淤滩固堤”的治河策略，并付诸实践，巩固河槽，修筑缕堤、遥堤、月堤、格堤、滚水坝（减水坝）、顺水坝等设施，构成了一套较为完备的河防工程体系；它务实地归纳总结了“四防二守”堤防修守制度和险情应急机制；它从支放、分督、责成、激劝、优恤、蠲免、改折几个方面构建起河工财务制度、分工责任制度、绩效奖惩制度和税收减免办法。

了解河流、治理河流、利用河流，是当代社会的人们学习如何与自然和谐相处，达到古人天人合一境界的必修课题之一。《河防一览》是“束水攻沙”思想的集大成者，是我国古代最重要的治黄专著之一，代表了 16 世纪中国水利技术的最高水平，后世治水活动均以此书作为参考标准，具有极高的科学价值，有利于中国水利史研究，从而挖掘治河历史经验、指导当代治河实践。书中收录的敕谕、河图、奏疏数量丰富、内容全面，是了解明代山川风貌和治河史实的第一手资料，具有史料价值。此外，《河防一览》中体现的朴素的唯物辩证思想，可以更好地引导人们尊重自然、求真务实、以人为本；而潘季驯一生在工作岗位上踏实肯干、刻苦钻研而无怨无悔的精神，同样值得后人尊敬和学习，也与当代社会主义核心价值观中的“爱国敬业”不谋而合，这些都使本书颇具思想价值。

《河防一览》主要有万历十九年初刻本、乾隆十三年（1748年）河署刊本、乾隆四十五年（1780年）《四库全书》本、1936年《中国水利珍本丛书》本。

本次整理以万历十九年初刻本为底本，参校《四库全书》本。

本书由闵祥鹏、吴朋飞、肖启荣、武强整理，或有未尽之意，敬请批评指正。

整理者

目　录

《河防一览》叙

河防一览者何？宫保印川潘公志防河之绩也。潘公自嘉靖乙丑迄于今日，奉三朝简命以从事于河漕之间，前后二十七祀矣。其功艰而巨，其画详而深，其耳目之所狎，精神之所寄，若与水相忘者，国家万万年大计在焉，志之以示后也。兼漕而专言河者何？防河所以治漕也。河者，漕之藉也。然则古之防河也避其害，今之防河也资其利乎？曰：唯唯否否。漕之藉河，《禹贡》以来有之，匪自今也。禹画九州，冀为都会，河流碣石以入于海，兖浮济漯，青浮汶济，徐浮淮泗，扬浮江汉，豫浮于洛，梁浮潜沔以入于渭，雍浮积石至于龙门，未有不通于河者也。汉唐皆都关中，汉漕山东粟百万，更砥柱之险，以达于渭；唐漕江淮之粟，由汴入河，由河入洛，以达于渭，亦未尝不藉于河也。独今日哉？然则公之防河也奚若？曰：二十七年之中，有大役于河者三，其功皆成于因始：而飞云之决，则开南阳以往新渠二百里以避河之险，因而避之也；已而清口之役，则合河淮之流以趣于海，因而合之也；其后铜瓦之决，则堤大名上流以防其溃，因而堤之也。凡公之成功，皆因也，而淮河之绩为最，即万世不能易焉。嗟夫！古之圣人见转蓬而为车，睹落叶而造舟，察列星而分四时，视月行而推晦朔，未有无所因者也。况夫四渎之流，呼吸吐纳，天地之性关焉者乎。禹能通九道，陂九泽，播九河，疏九川，东注之海，而不能使水西流，因其势也。故曰：三代所宝莫如因，因则无敌。此之谓行所无事也。盖自河淮议兴，而谋夫盈庭，或以为当瀹海口，不思海口之壅；河淮分也，则以为当开故河，不知河淮之分，堤防溃也。是故高堰之堤成，而淮不东；崔镇之堤成，而河不北。以河予淮，以淮予河，而以河淮予海也。又安用瀹海口而又安用复故河为，此所谓因也。因者，水之道也。漕渠之要在河淮之交，而公之绩亦以此为最。故特著焉。后之防河者，第因公之成劳而时修备之，则智亦大矣。故曰“志之以示后也”。

万历辛卯季春下浣之吉，赐进士出身资政大夫、礼部尚书兼翰林院学士、前经筵日讲、会典副总裁知起居注官济北于慎行顿首拜书。

刻《河防一览》引

季驯生而颛蒙，居东海之滨，不知所谓黄与淮者。长而计偕北上，寻奉使南游，亦贸贸然惟舟子之所之耳。河中沙渚累累，操舟者寻隙而进，窃谓河道固然也。嘉靖乙丑，谬承总河之命。时黄决沛县之飞云桥，而谷亭、沙河、留城、境山一带河渠尽塞。驯视之惶惧无措，道谋滋起，莫知适从，曰："吾其问诸水滨乎？"乃溯流而西，延袤荒度，故道新冲，炯然在目。所至则进田间老叟与长年三老而问之，乃知河性喜故。决而冲者，过颡在山之水也，非其性也。喟然叹曰："河在是矣。"业有成议，力请仅得复留城以下故河六十里。隆庆庚午，河决邳、睢，渠成平陆。奉命再治，而故道尽复。万历戊寅，三奉玺书，以右都御史总督河漕。时黄决崔镇而北，淮决高堰而东，清、桃塞，海口湮，而淮扬、高宝、兴盐诸郡邑则汇为巨浸，怀山襄陵矣。为驯虑者曰："尔居常欲复故道，今故道安在哉？"驯曰："是固难，第无他策，乃以身先之。"芟舍为居，腐心蒿目于畚锸间者八阅月。塞崔镇，堤归仁，而黄水悉归故道。筑高堰、黄浦、八浅，而淮水复出清口，会黄东入于海，而海口遂辟。复筑遥堤十万余丈，以为外护，如此者十年。而人皆忘其为堤之功，尽弃之为车马蹂躏之场。风雨又从而剥蚀之，而河复四溃矣。岁戊子，驯从草莱中再拜明命而出，治之如故，而河亦如故云。夫议者欲舍其旧而新是图何哉？盖见旧河之易淤而冀新河之不淤也。驯则以为无论旧河之深且广，凿之未必如旧。即使捐内帑之财，竭四海之力而成之，数年之后，新者不旧乎？假令新复如旧，将复新之何所乎？水行则沙行，旧亦新也；水溃则沙塞，新亦旧也。河无择于新旧也，借水攻沙，以水治水，但当防水之溃，毋虑沙之塞也。昔汉武塞瓠子之决，而禹道遂复。宋欲力遏北来故道，使之东注，卒无宁日而国大疲，此非万古明鉴哉！或谓徐、邳非黄河之故道也，然独非泗、沂之故道乎？《禹贡》所谓"导淮自桐柏，东会于泗、沂"即此河也。宋神宗十年，河大决于澶州，合南清河而入于淮。南清河者，即泗、沂也。行之五百余年矣，是亦黄河之故道也。且我朝岁漕四百万石，非藉黄不能浮舟。是天所以默相我国家而预辟此河以助之也。敢弗守乎？驯殚心力者二十七年，今且归而死矣，不敢不以一得之愚质诸后之君子。万历庚辰河工告成，司道诸君曾以不佞奏议及诸明公赠言编刻成书，名曰《宸断大工录》。然其事止于江北，而诸省直无所发明。事体未备，检阅未详，故兹畚锸之暇，复加增削，类辑成编，名曰《河防一览》：首载玺书，重王命也；继以图说，明地利也；河议辩惑，阐水道也；河防险要，慎厥守也；修守事宜，定章程也；河源河决考，昭往鉴也；古今稽证，备考核也；而诸臣章奏，次第纂入，便检括也。为卷一十有四，要之皆所以求顺治也。试尘丙夜之观，用备刍荛之择，可因则因之。如其不可，则亟反之。毋以仆误后人，后人而复误后人也。敬为之引。

时万历庚寅嘉平月吉，霅上七十老人潘季驯谨识。

新安后学罗文瑞书

卷之一

敕谕五道

敕都察院右佥都御史潘季驯：近年沛县迤北漕河屡被黄河冲决，已经差官整理，但恐河势变迁无常，漕河不时淤塞，有妨粮运。今特命尔前去总理河道，督率管河、管洪、管泉、管闸郎中、员外郎、主事及各该三司军卫、有司、掌印官、守巡，并管河副使，临清、沂州、大名、曹濮等处兵备等官，时常往来亲历，多方经画，遇有淤塞去处，务要挑浚深广，其黄河北岸长堤并各堤岸，应修筑者亦要着实用工修筑高厚，以为先事预防之计。凡所属地方遇有水患，即便访究水源，可以开通分杀并可筑塞堤防处所，严督各该官员量度事势缓急，定限工程久近，分投修理。一应合用工价、人夫、桩草等项，查照该部题准事理，行令所在军卫、有司，斟酌调用。敕内该载未尽事理，俱听尔便宜处置。若事关漕运者，与各该抚按官计议而行；事体重大者，奏请定夺。承委官员果能勤劳干理，着有成绩，尔即荐举擢用；其不遵约束、乖方误事及权豪势要之家，侵占阻截，违例盗决河防，应拿问者径自拿问，应参奏者参奏治罪。每年终照例将挑浚修筑过河堤并用过夫料数目造册、画图贴说具奏。尔为宪臣，受兹专委，尤须竭忠尽力，悉心区处，毋或因循怠玩，虚费财力，责有所归，尔其慎之。故敕。

广　运

嘉靖四十四年十一月十一日

之　宝

敕都察院右副都御史潘季驯：近年沛县迤北漕河屡被黄河冲决，已经差官整理，但恐河势变迁无常，漕河不时淤塞，有妨粮运。今特命尔前去总理河道，督率管河、管洪、管泉、管闸郎中、员外郎、主事及各该三司军卫、有司、掌印官、守巡，并管河副使，临清、沂州、大名、曹濮等处兵备等官，时常往来亲历，多方经画，遇有淤塞去处，务要挑浚深广，其黄河北岸长堤并各堤岸，应修筑者亦要着实用工修筑高厚，以为先事预防之计。凡所属地方遇有水患，即便访究水源，可以开通分杀并可筑塞堤防处所，严督各该官员量度事势缓急，定限工程久近，分投修理。一应合用工价、人夫、桩草等项，查照该部题准事理，行令所在军卫、有司，斟酌调用。敕内该载未尽事理，俱听尔便宜处置。若事关漕运者，与各该抚按官计议而行；事体重大者，奏请定夺。承委官员果能勤劳干理，着有成绩，尔即荐举擢用；其不遵约束、乖方误事及权豪势要之家，侵占阻截，违例盗决河防，应拿问者径自拿问，应参奏者参奏治罪。每年终照例将挑浚修筑过河堤并用过夫科数目造册、画图贴说具奏。近该科臣建议，要将总理河道兼提督军务，山东济宁各临近地方，南直隶淮扬、颍州、徐州，山东曹濮、临清、沂州，河南睢陈，北直隶大名、天津各该地方听其督理。各兵备道悉听节制，务要防护运道以保无虞。如遇盗贼生发，即便严督该道率领官兵上紧缉剿，毋致延蔓。如各官若有纵寇贻患者，指名参奏处治。尔为宪臣，受兹专委，尤须竭忠尽力，悉心区处。如或因循怠玩，虚费财力，责有所归，尔其慎之。故敕。

敕　命

隆庆四年　月　日

之　宝

皇帝敕谕都察院右都御史兼工部左侍郎潘季驯：近年河淮泛滥为害，运道梗塞，民不安居，朕甚忧之，已屡有旨责之地方官经理，奈无实心任事之臣，动以工费艰巨为解。又当事诸臣，意见不同，事多掣肘，以致日久无功。今特命尔前去督理河漕事务，将河道都御史暂行裁革，以其事专属于尔。其南北直隶、山东、河南地方有与河道相干者，就令各该巡抚官照地分管，俱听尔提督。尔宜亲历河流所经，会同各巡抚官，督同各部属司道等官，悉心协虑，讲求致害之因，博采平治之策备查。草湾口何为既开复淤，及今作何开通？全淮水何为南徙不复，及今作何疏导？徐邳河身高并州城，何以疏之使平？黄浦、崔镇等口，久塞无功，何以筑之使固？及查诸臣历年建议有行奏疏，逐一勘议。要见老黄河故道应否开复？清桃正河应否挑浚？高家堰、宝应堤应否修筑？小浮桥、新冲口可否济运，应否加挑？又徐邳以上地形南昂北下，恐堤防一溃势必奔流北徙，将为闸河之梗，亦要审其孰为正河，孰为支河，孰为合河，或正而当厚其防，或支而当杀其势，或合而当分其流，一并勘议，详妥奏闻区处。合用钱粮及选任司道等官，俱许以便宜奏请，给发委用。功成之日，通将效劳官员一体分别升赏。如有抗违不服及推诿误事者，文官五品以下，武官四品以下，径自提问，应奏请者奏请定夺。其提督军务事宜，查照河道衙门原管行事。

尔候事宁之日，奏请回京。朝廷以尔谙习河道、素有才望，特兹重任，尔尚殚忠筹虑，尽力区画，俾河漕无梗塞之虞，人民免昏垫之苦，必有懋赏，以酬尔功。毋或畏难惮劳，隐忠不效及苟且塞责，有负委任，尔其勉之慎之。故谕。

敕　命

万历六年三月初十日

之　宝

皇帝敕谕总理河漕兼提督军务、都察院右都御史兼工部左侍郎、今加太子少保升工部尚书兼都察院左副都御史潘季驯：迩者河淮泛滥，浚治罔功，运道有梗塞之虞，民生沦垫溺之患。畴咨俾乂，佥曰汝谐。尔乃殚任事之忠诚，而持之以果断，运亨屯之干略，而出之以恭勤，躬亲胼胝之劳，力主堤防之策，束散漫之流而循故道，借奔冲之势以涤新淤，使全河复合于淮，而二渎并趋于海。以水治水，计虑出于万全；知人任人，率作先乎众职。庶几洒泽浚川之智，允惟利民益国之勋。有臣若时，厥惟良显。兹科臣核实闻奏，式获朕心。特加尔太子少保升工部尚书兼都察院左副都御史，暂留河道经理，荫一子入监读书，赏银五十两，纻丝四表里，仍赐敕奖励，以示眷酬。於戏！懋功懋赏，朕弗忘优渥之恩；善作善成，尔尚图永终之绩。服予嘉命，勿替初忱，钦哉。故谕。

敕　命

万历八年四月二十八日

之　宝

皇帝敕谕都察院右都御史潘季驯：该科臣建议：先年河道原设有总理大臣，近年裁革，分属各该巡抚官兼管，事权不一。

目今河患不常，工程重大，要将原官复设，简择熟知河务任事大臣管理。该部议覆相应，兹特命尔前去总理河道，驻扎济宁州，督率原设管河、管洪、管泉、管闸郎中、员外、主事及各该三司军卫、有司、掌印、管河、兵备、守巡等官，将各该地方新旧漕河，并淮扬、苏松、常镇、浙江等处河道及河南、山东等处上源，着实用心往来经理。遇有淤浅冲决、堤岸单薄，应该帮筑挑浅去处，务要先事预图，免致梗塞。并查先年工部题覆事宜，一一着实举行。合用人夫照常于河道项下附近有司军卫衙门调取应用；其各省直岁修河工钱粮，悉听通融计处动支。所属大小官员果能尽心河务，功绩昭著者，奖荐擢用；敢有不服调度、怠玩误事及权豪势要之家，侵占阻截，并违例盗决河防，应拿问者径自拿问，应参奏者指名参奏。其余开载未尽及河道紧要事宜，悉听尔便宜处置。其有干漕运抚按衙门事体，公同计处，重大者，奏请定夺。每年终将修理过河道、人夫钱粮照例备细造册、画图贴说奏缴。其南直隶淮扬、颍州、徐州，山东曹濮、临清、沂州，河南睢陈，北直隶大名、天津各该地方军务，亦听尔兼理。其各兵备道悉听节制，务要防护运道，永保无虞。如遇盗贼生发，即便会同各该巡抚严督该道官兵上紧缉剿，毋致延蔓。若兵备各官纵寇贻患者，参奏处治。尔为重臣，受兹委托，须殚心竭虑，输忠效劳，务俾河道安流，粮运无误。斯称委任，如或处置乖方，以致误事，责有所归，尔其钦承之毋忽。故谕。

敕 命

万历十六年五月十一日

之 宝

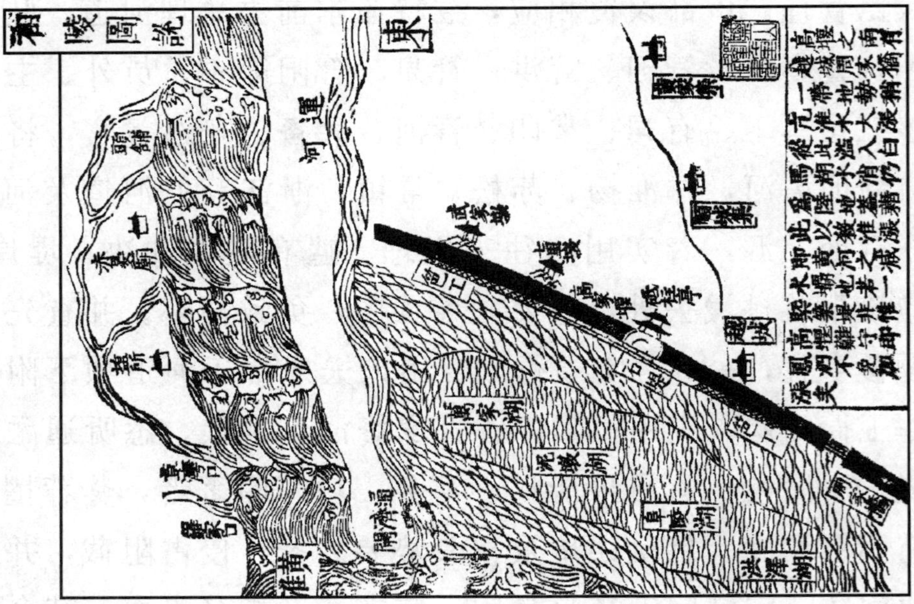

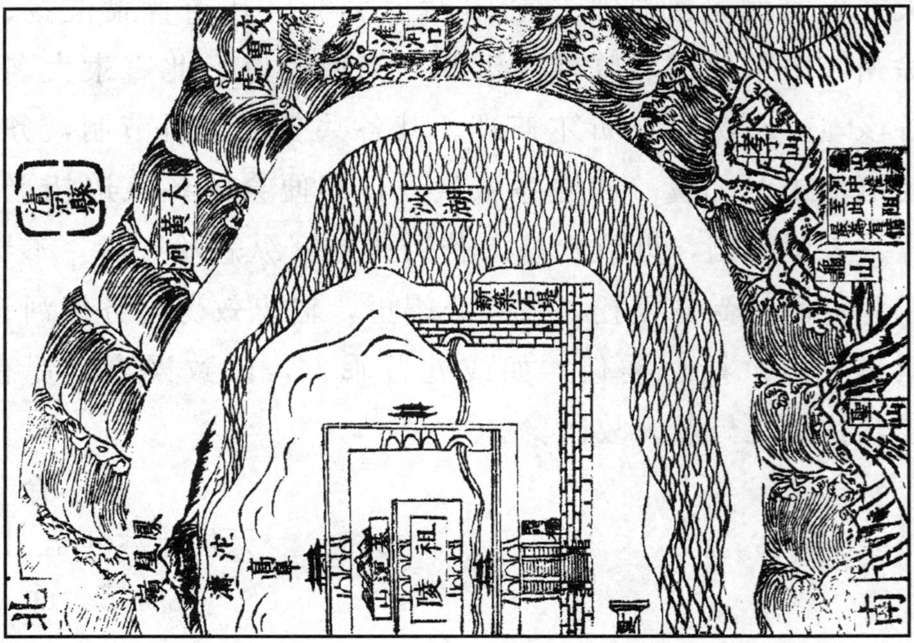

祖陵图说

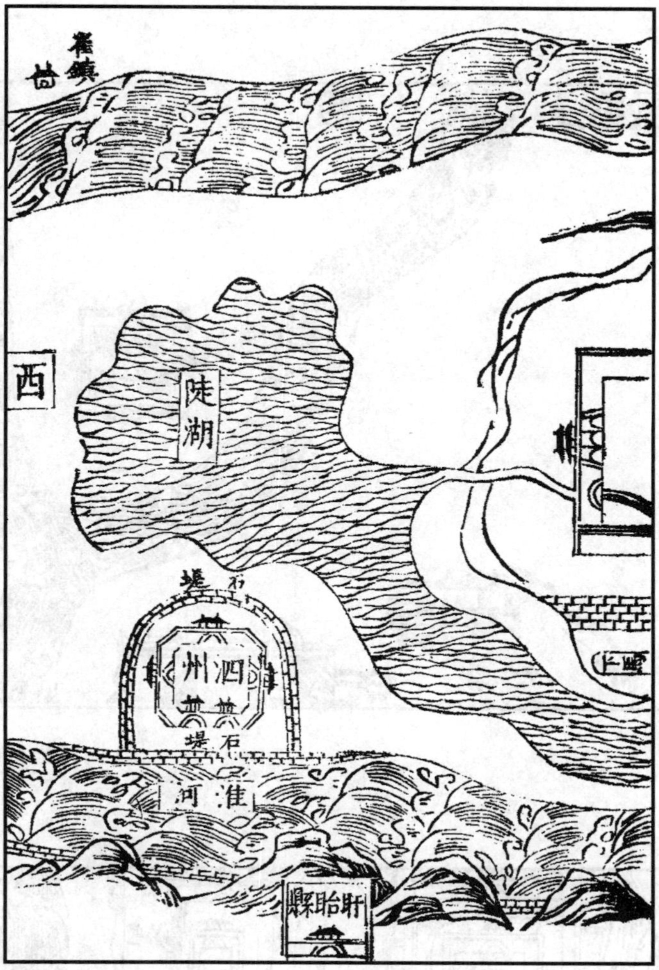

谨按：形家之言，未足深信。然天生一代圣君，使之绍统立极，以开亿万年太平之业，必有钟灵毓秀之地以为之基者。成周定鼎郏鄏，卜世卜年，慎重故也。恭阅我三祖之陵，居泗州东北一十余里，平原中突起高阜，较泗州城址高二丈三尺一寸，沙、陡二湖潴蓄于前，面淮背黄。两河发源之处相距万余里，蟺蜿而来，合于清河县之东，并流入海，更无涓滴中泄，而龟山半出河中，约拦去流于后，风气完固，岂偶然哉？好事者乃欲以私意凿见，分泄两河，万一有误，得无令人寒心乎！

臣季驯顿首顿首谨识

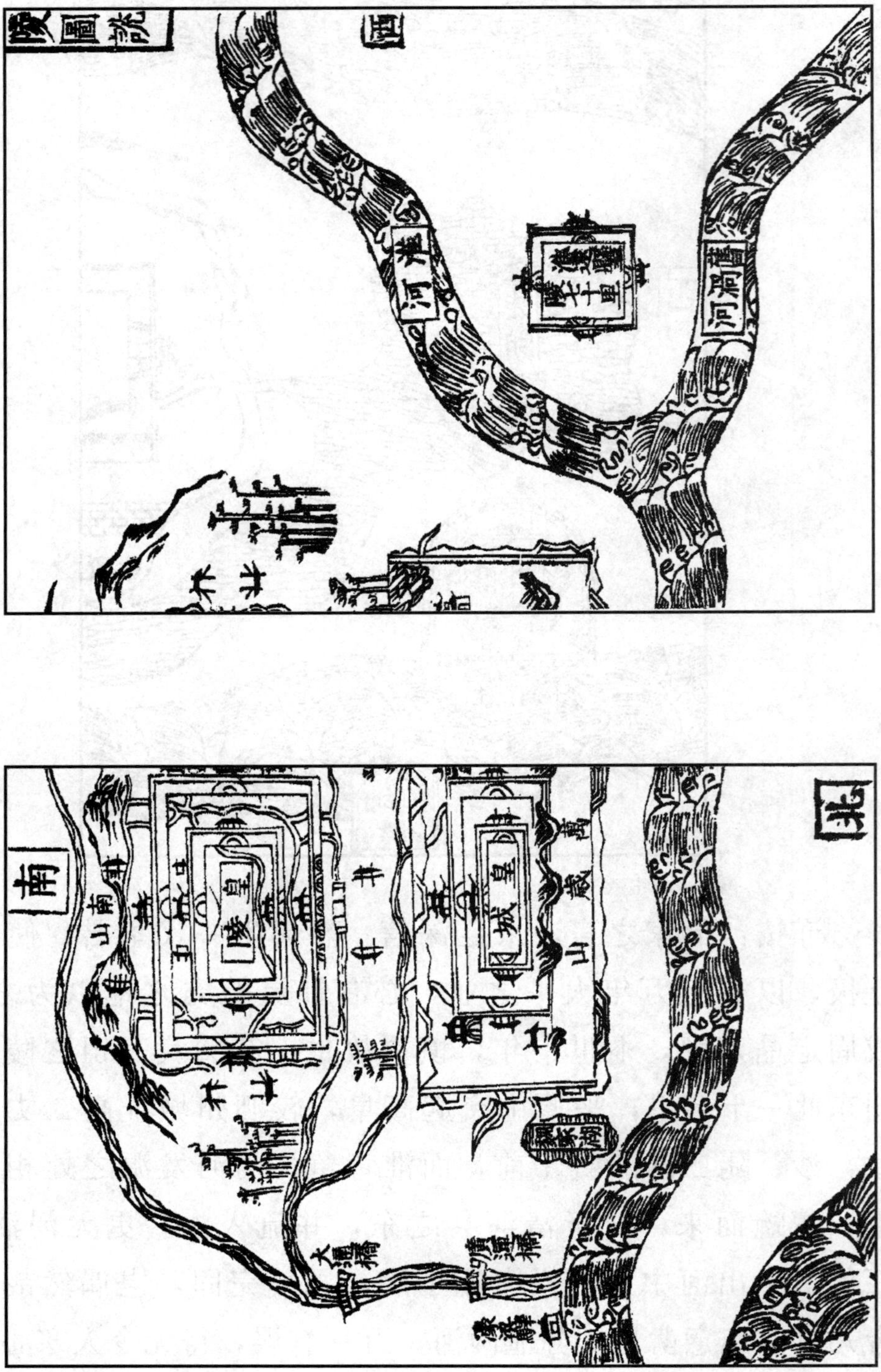

皇陵图说

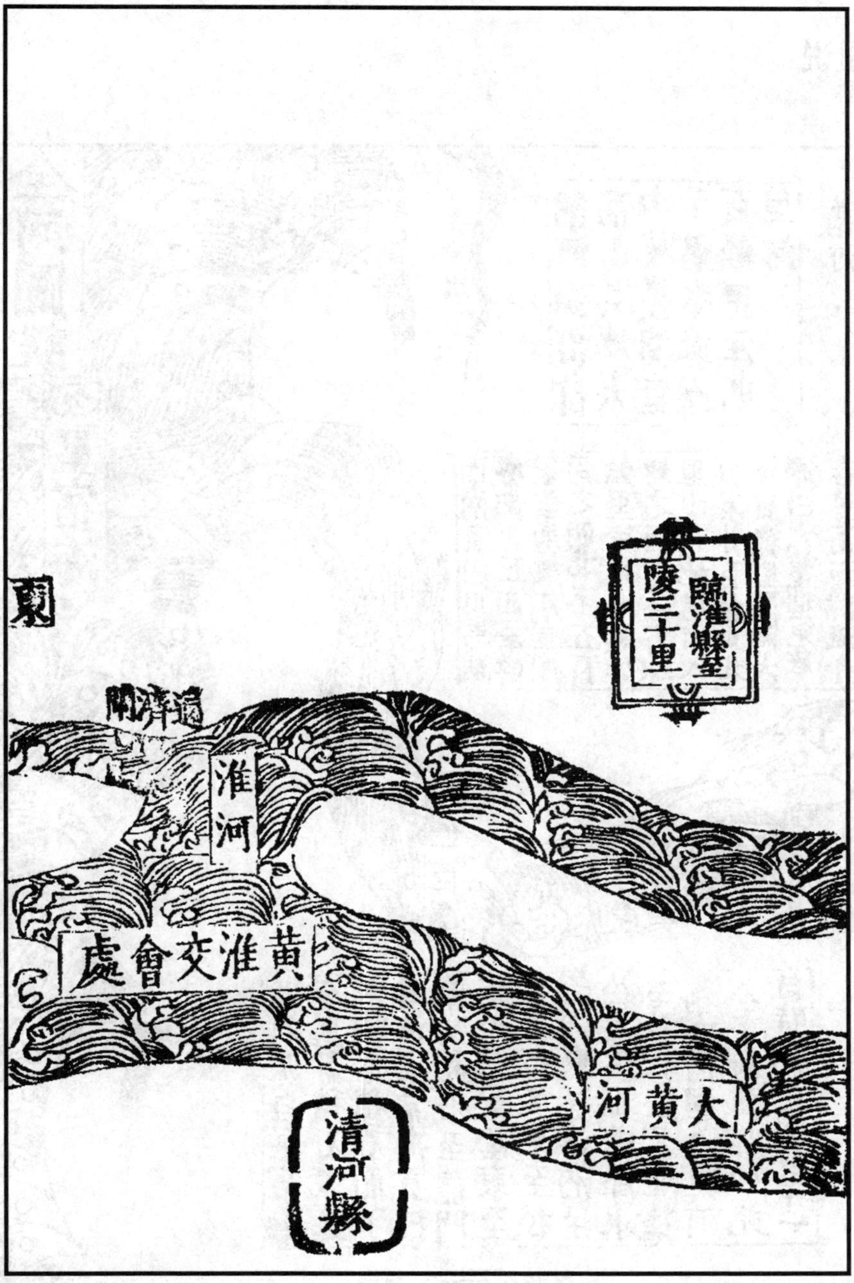

谨按：凤阳皇陵，居祖陵之西南一百八十余里，奠南北向而亦面淮，形胜稍异，而有取于淮、黄合襟则同，知祖陵则知皇陵矣。两河关系二陵，吃紧如此，私意凿见者，慎勿易易也。

臣季驯顿首顿首谨识

全河图说

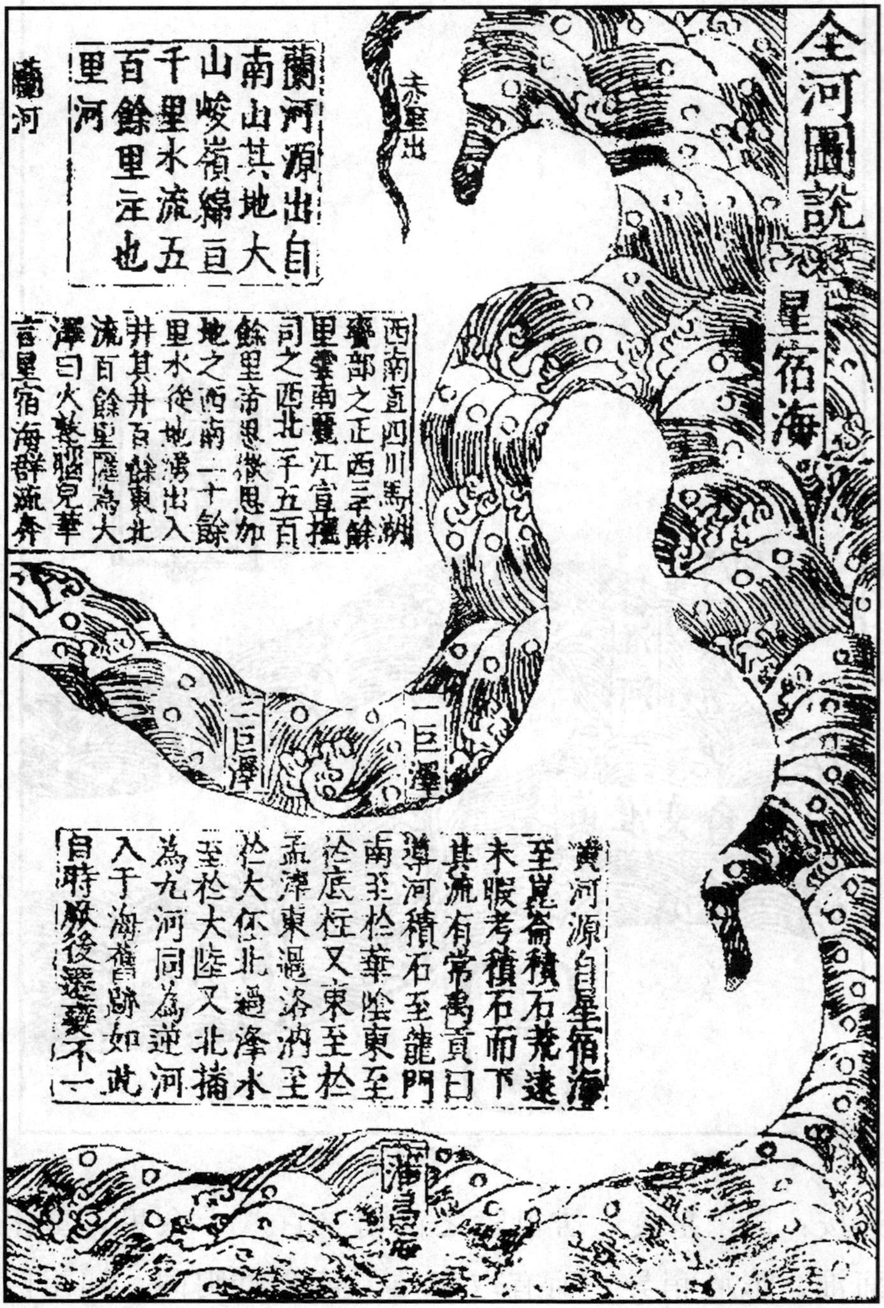
全河圖說
星宿海
蘭河源出自
南山其地大
山峻嶺綿亘
千里水流五
百餘里注也
里河
蘭河
西南直四川馬湖
蠻部之正西三千餘
里雲南麗江宣撫
司之西北千五百
地之西南二十餘
里水從地湧出入
井其井百餘東北
流百餘里匯為大
澤曰火敦腦兒華
言星宿海群流奔
一巨澤
二巨澤
黃河源自星宿海
至崑崙積石荒遠
未暇考積石而下
其流有常禹貢曰
導河積石至龍門
南至於華陰東至
於底柱又東至於
孟津東過洛汭至
於大伾北過降水
至於大陸又北播
為九河同為逆河
入于海舊跡如此
自時厥後遷變不一

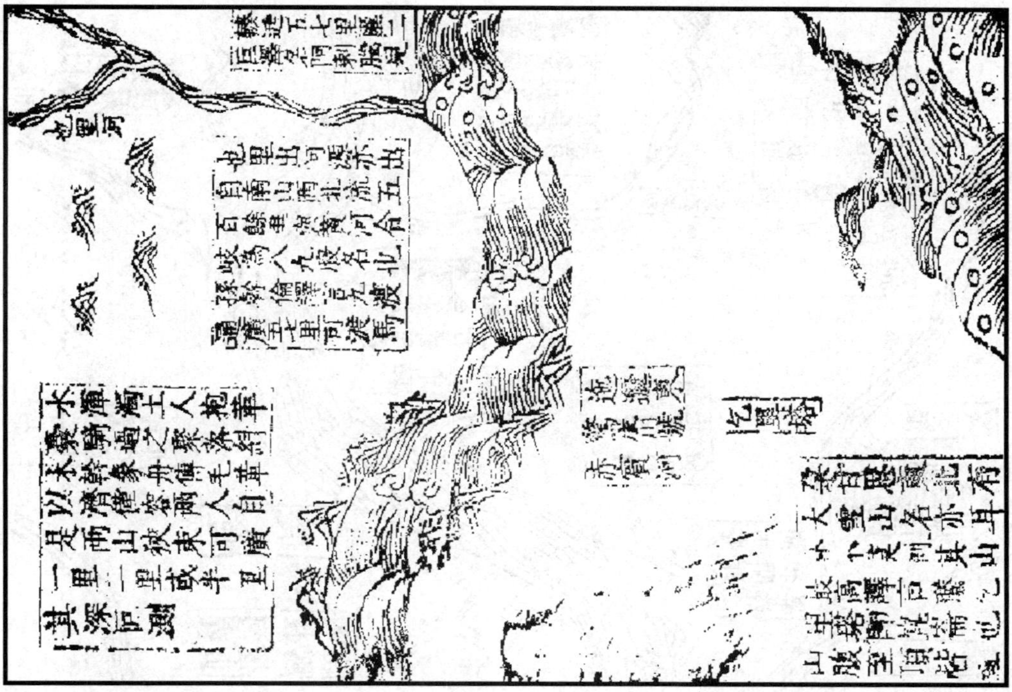

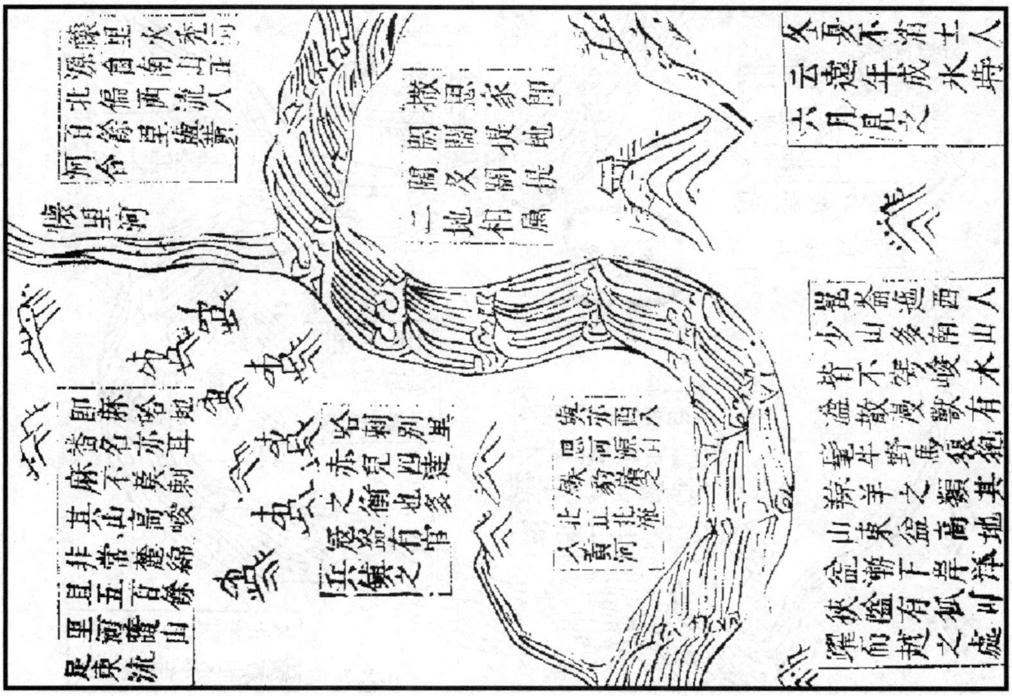

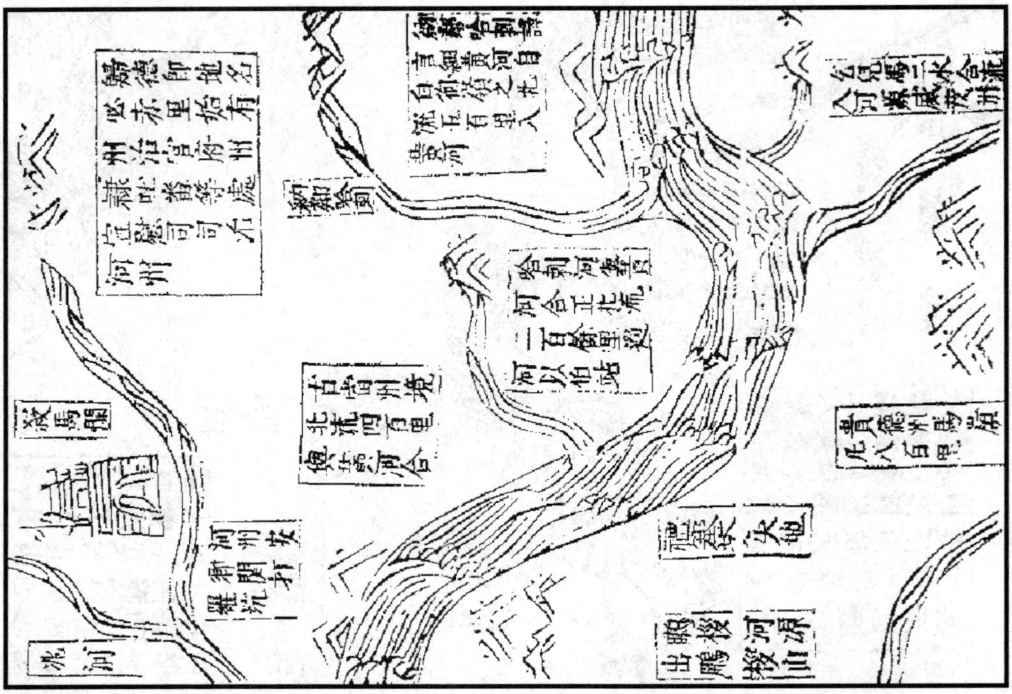

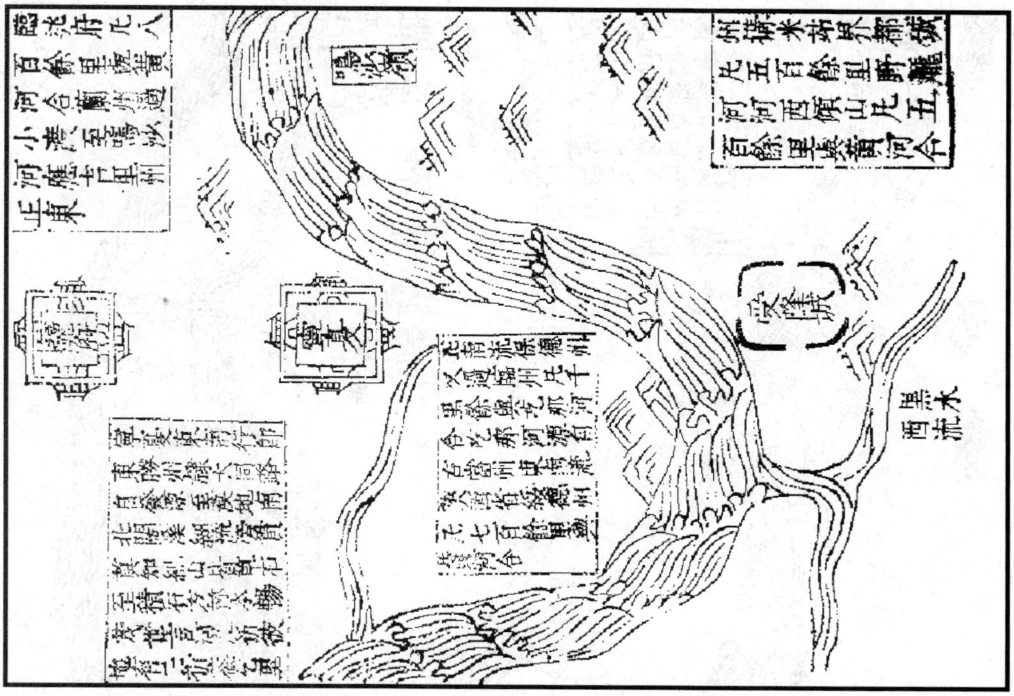

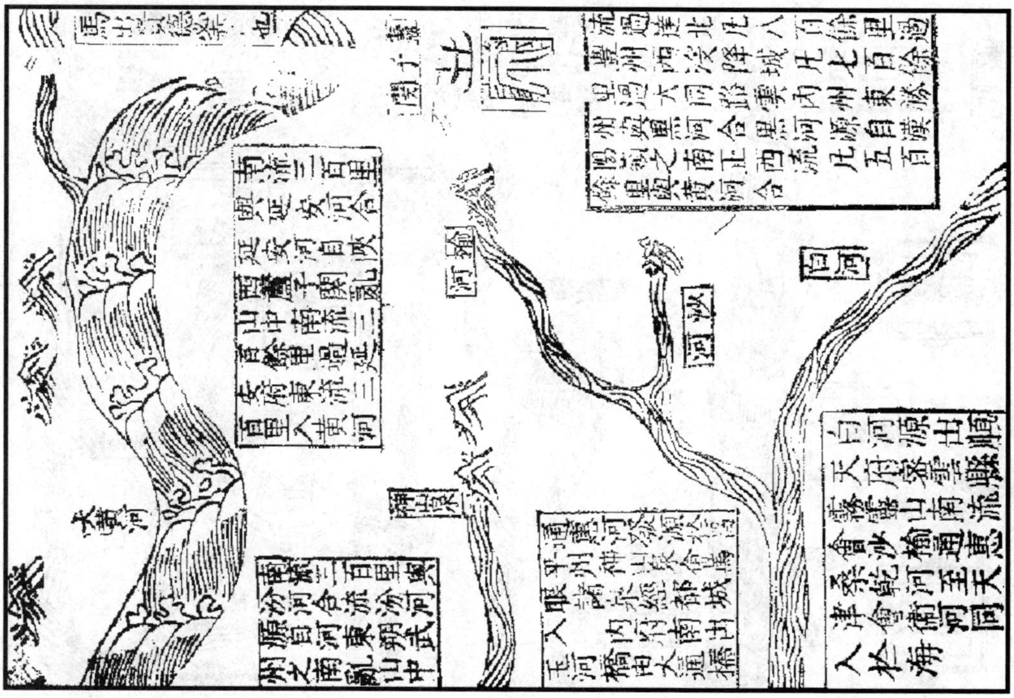

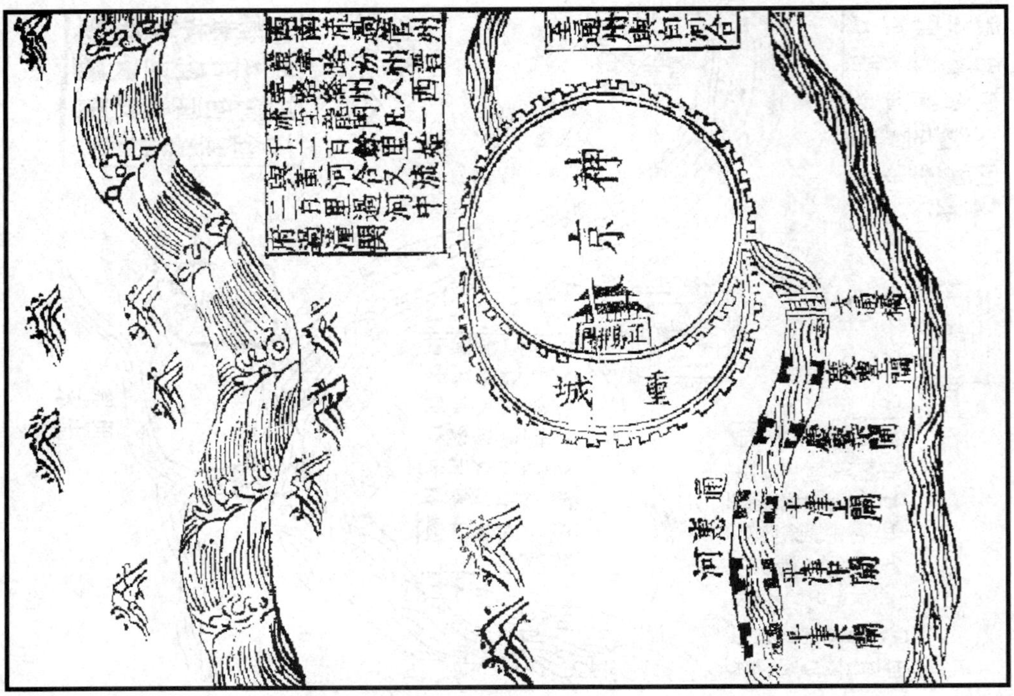
神京

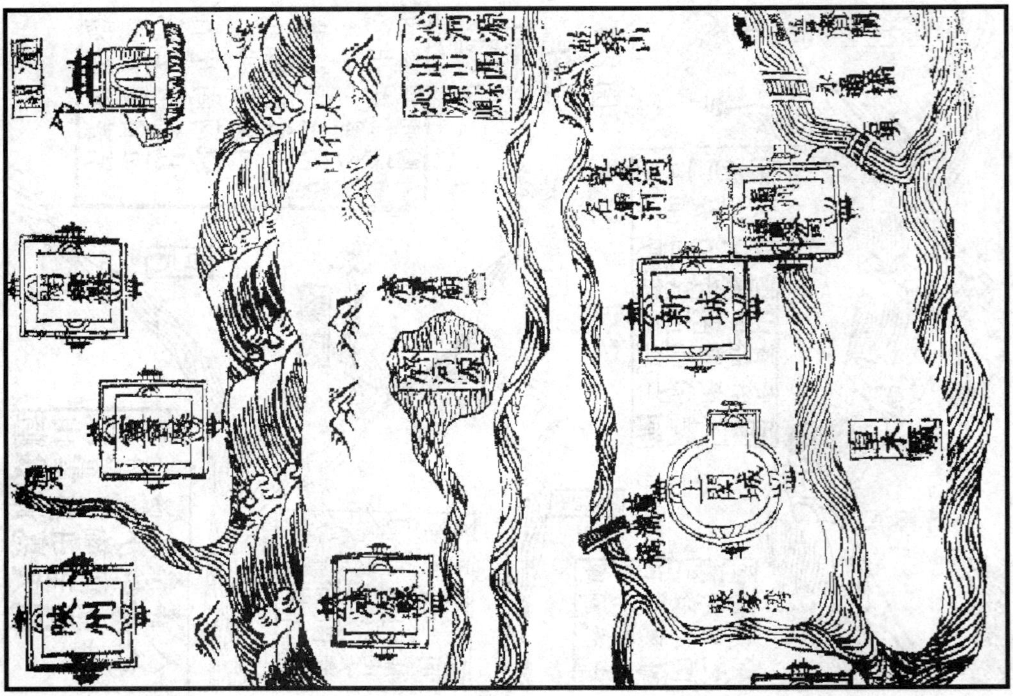
陕州
新城

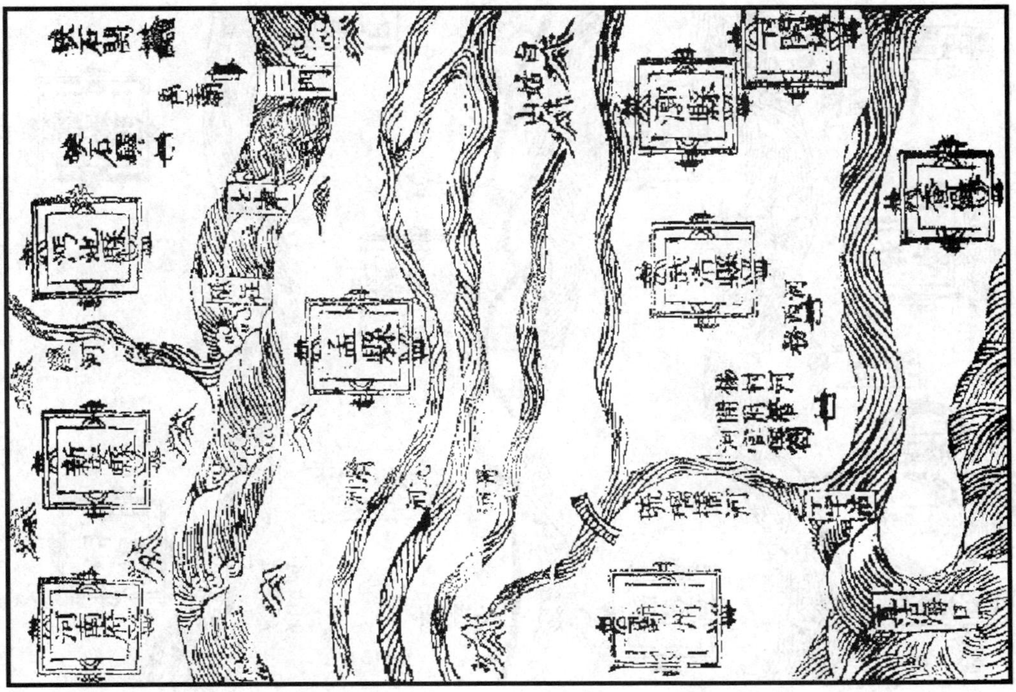

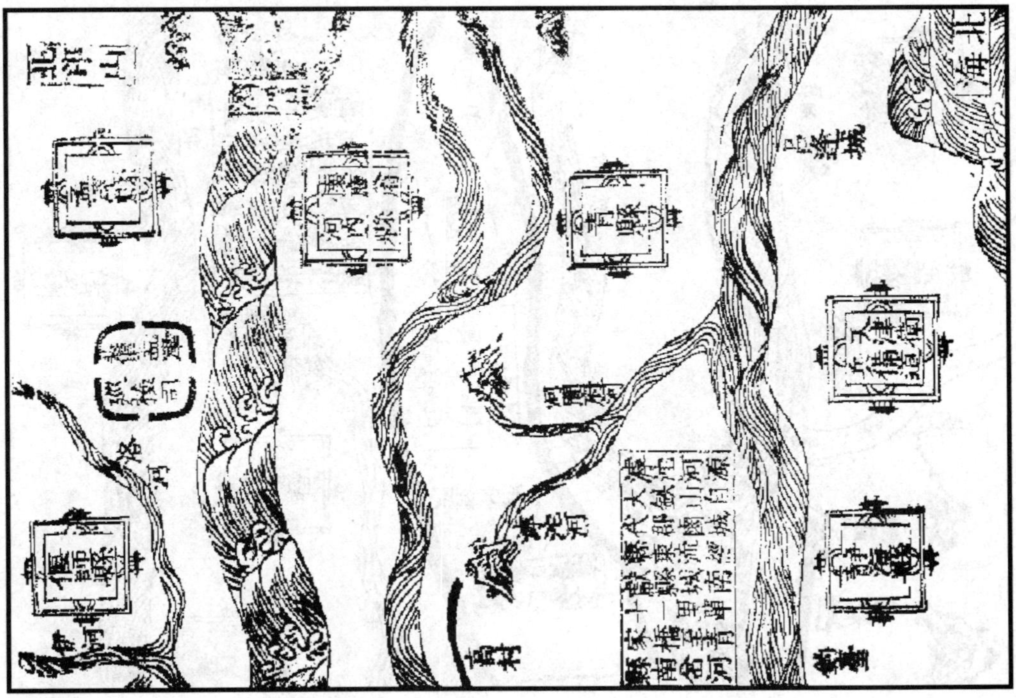

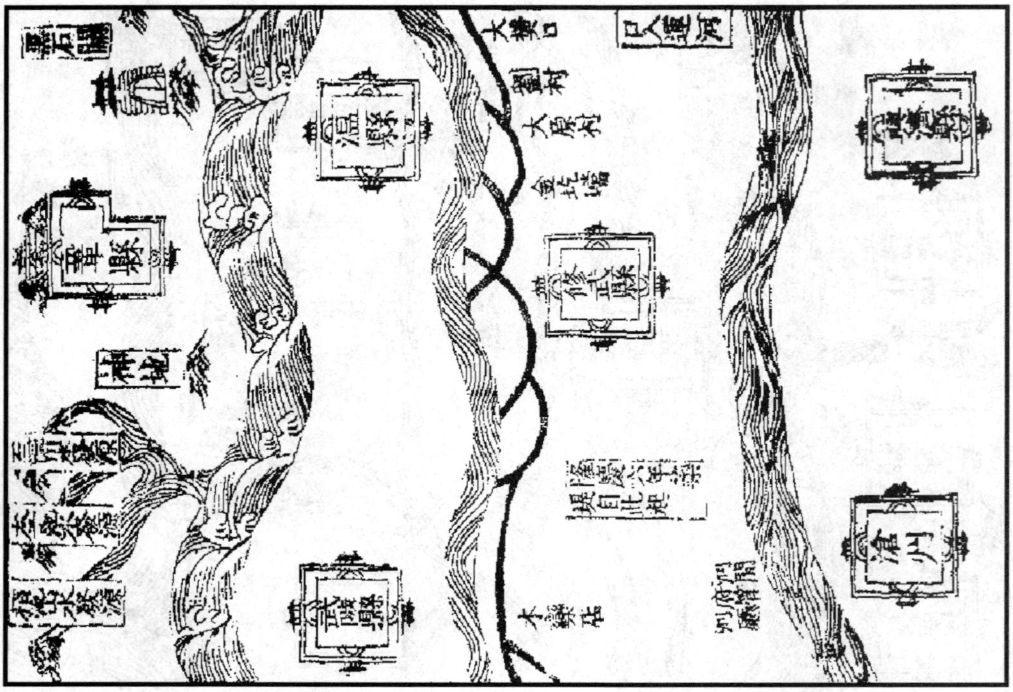

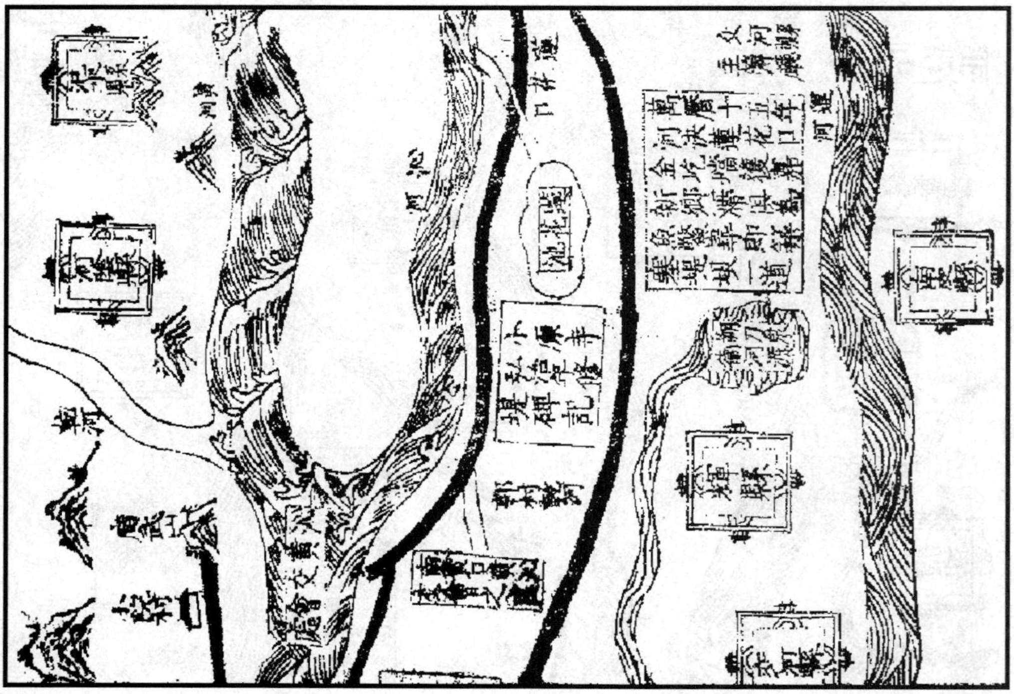

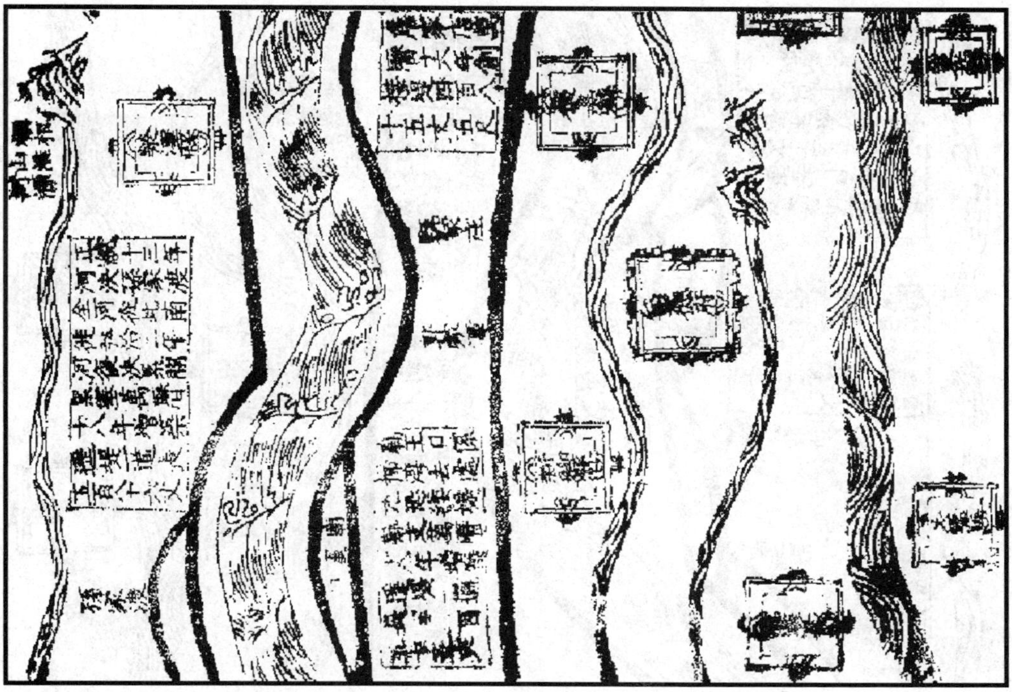

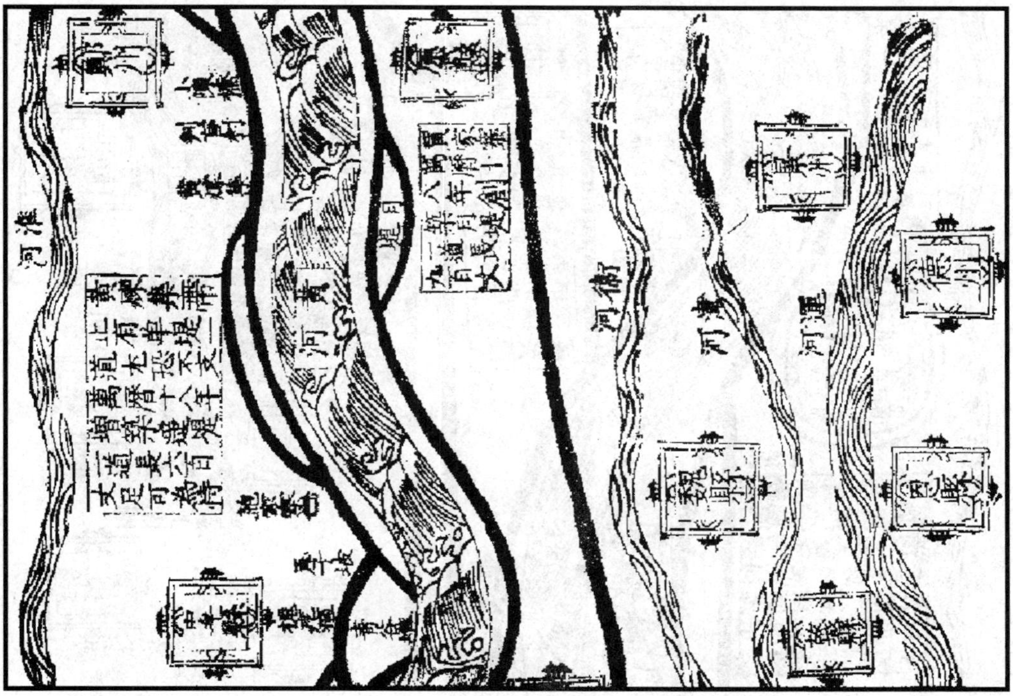

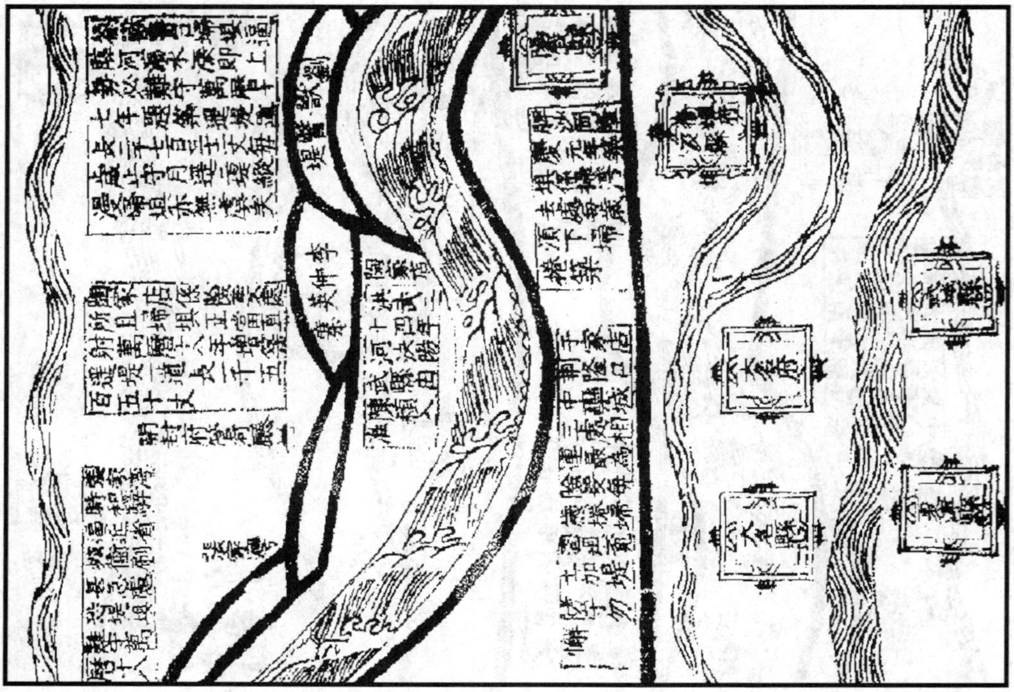

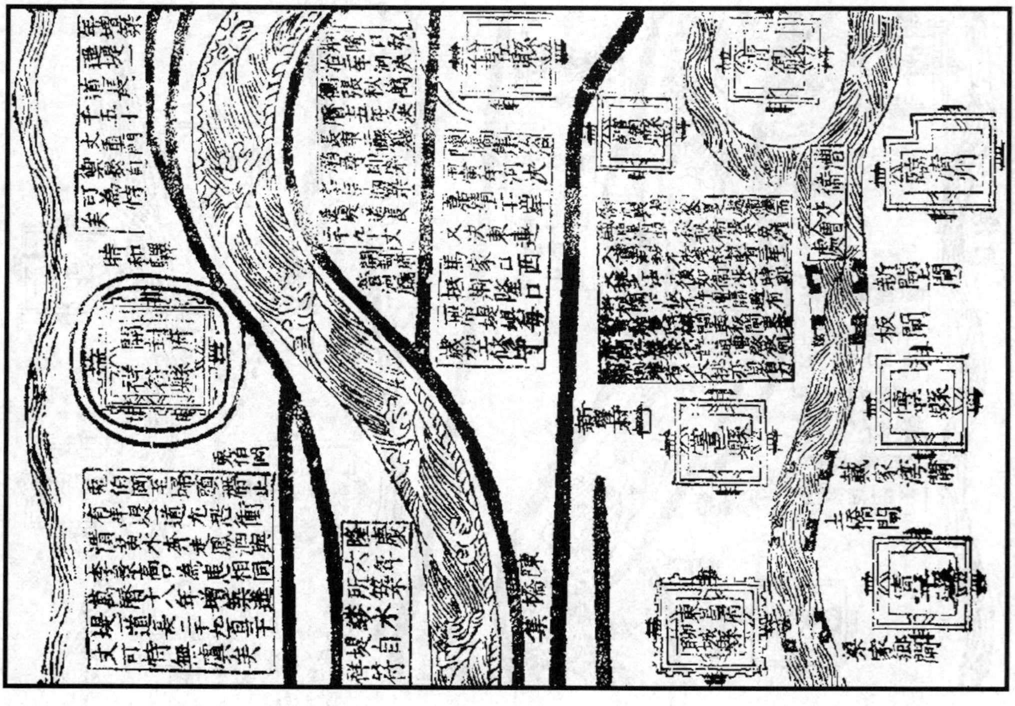

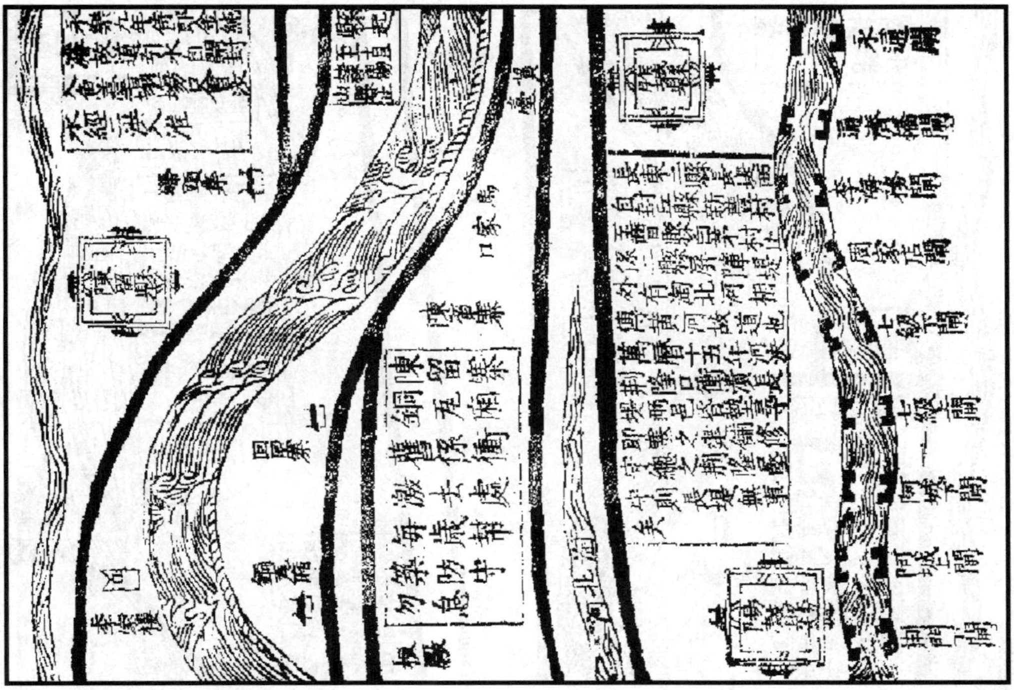

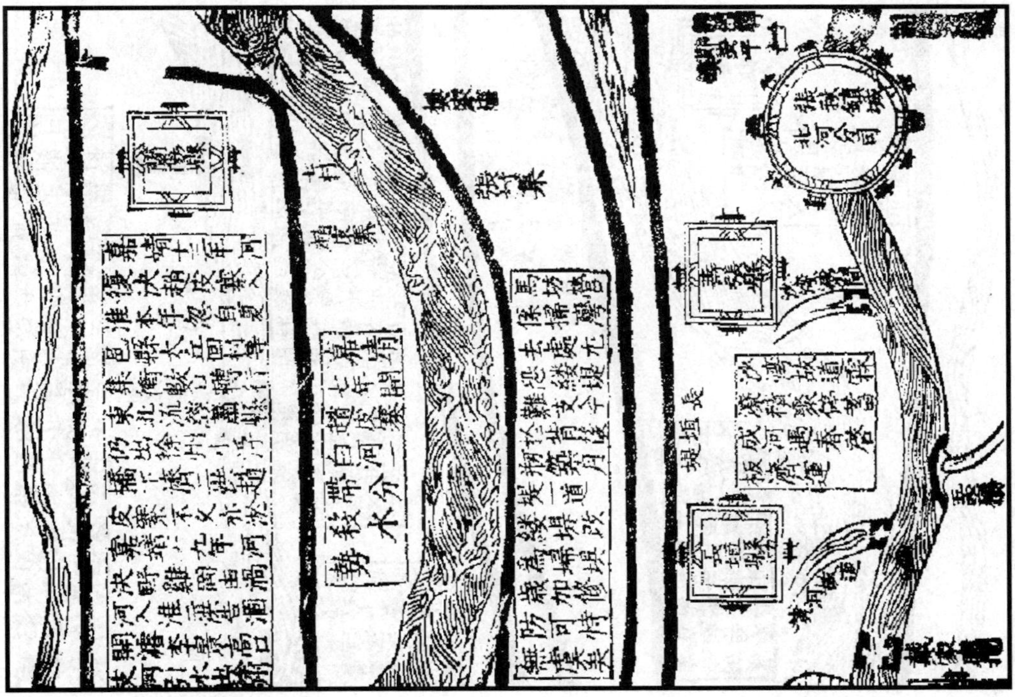

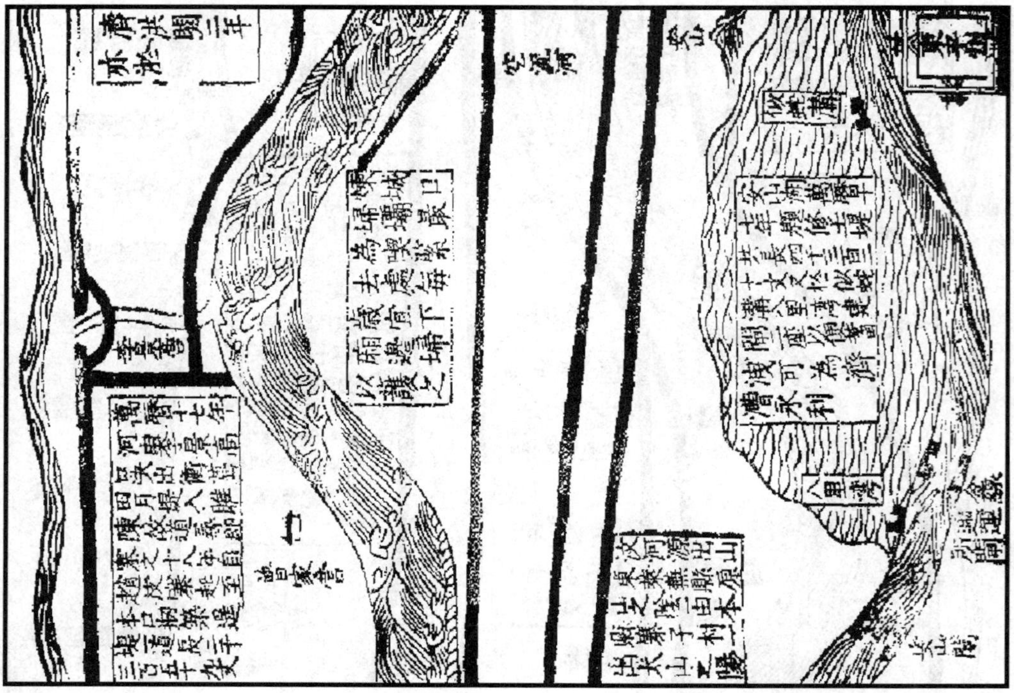

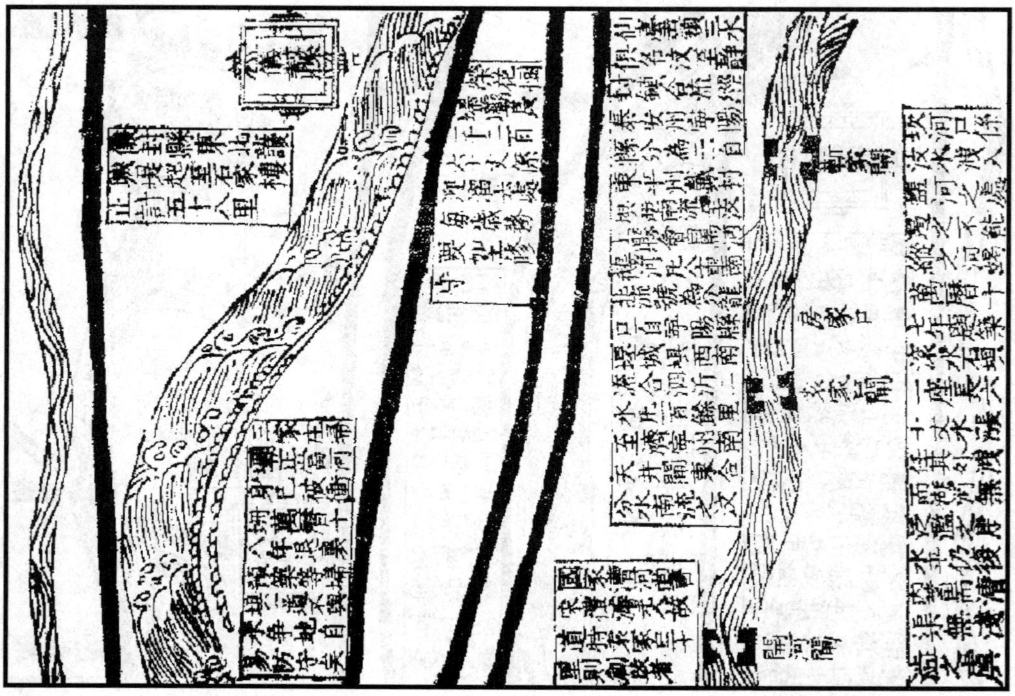

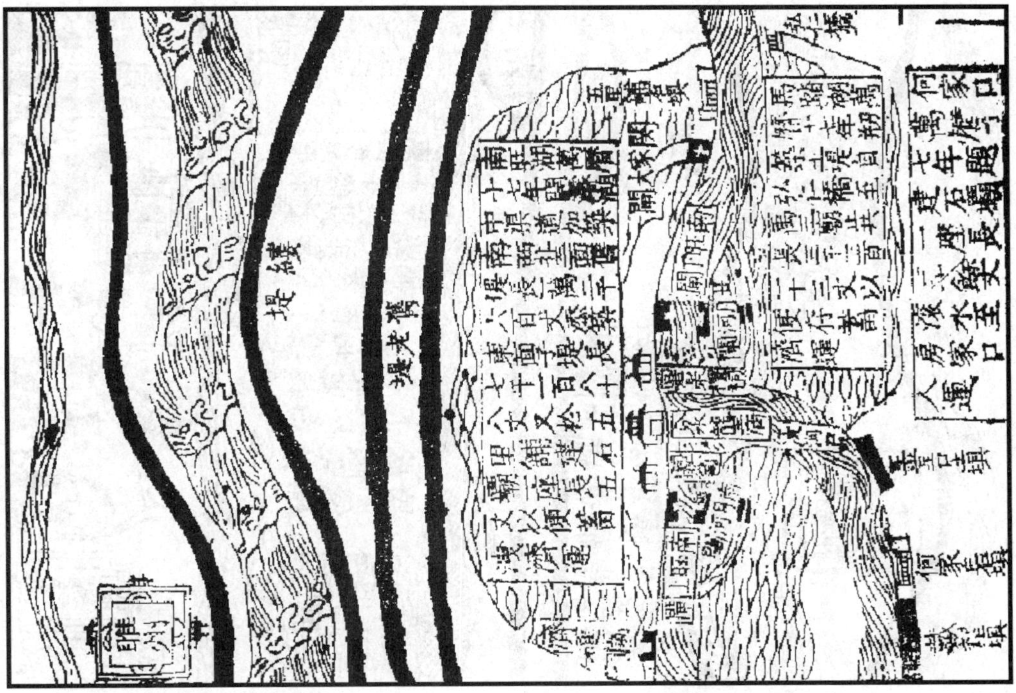

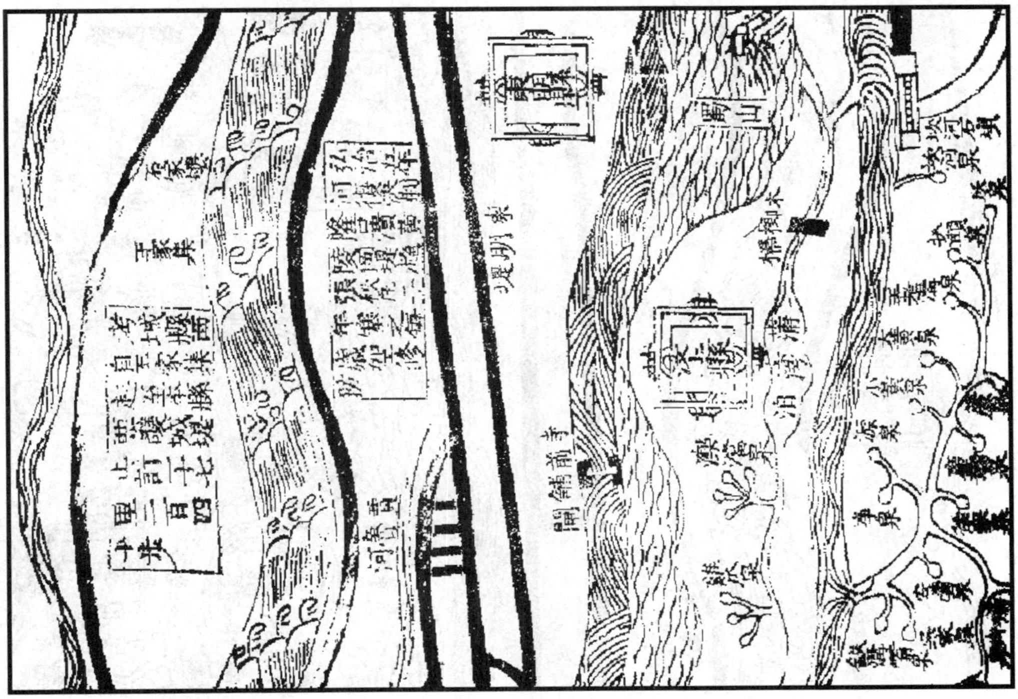

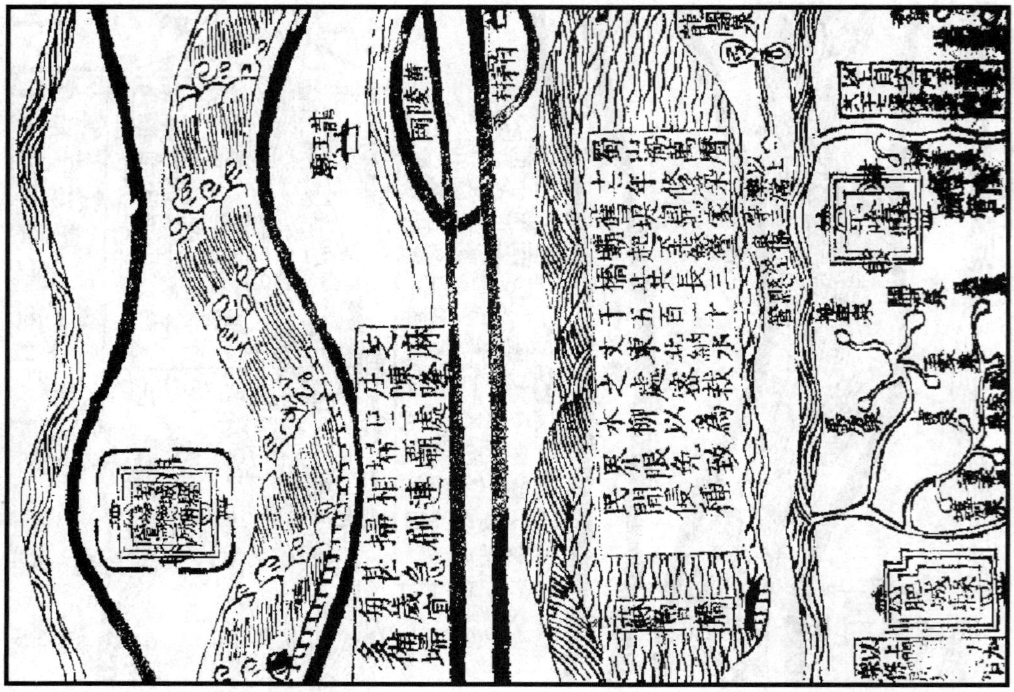

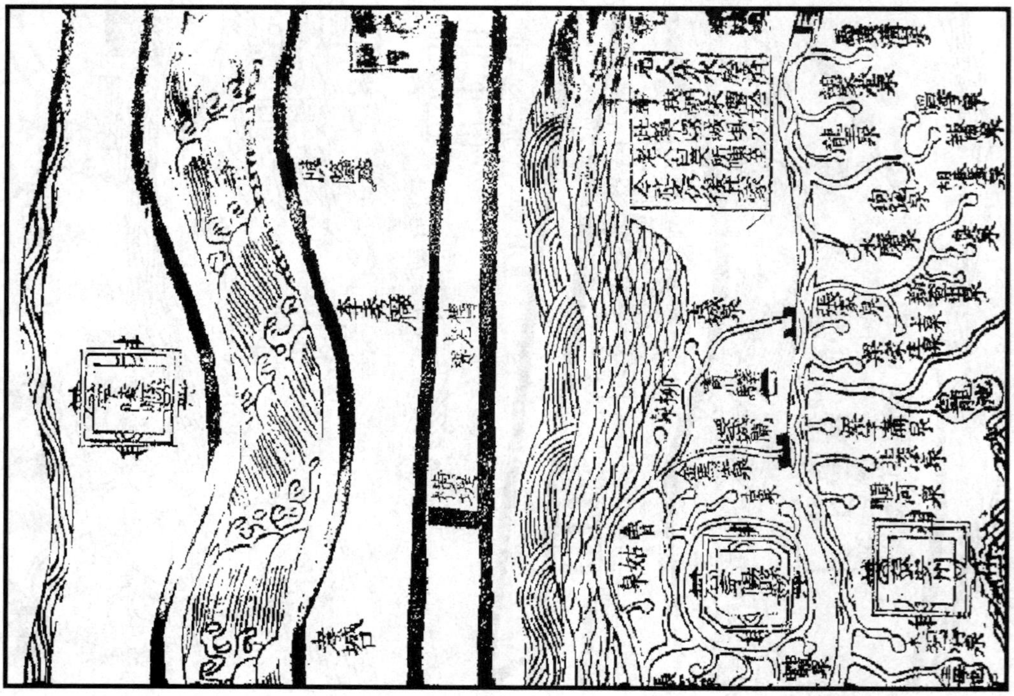

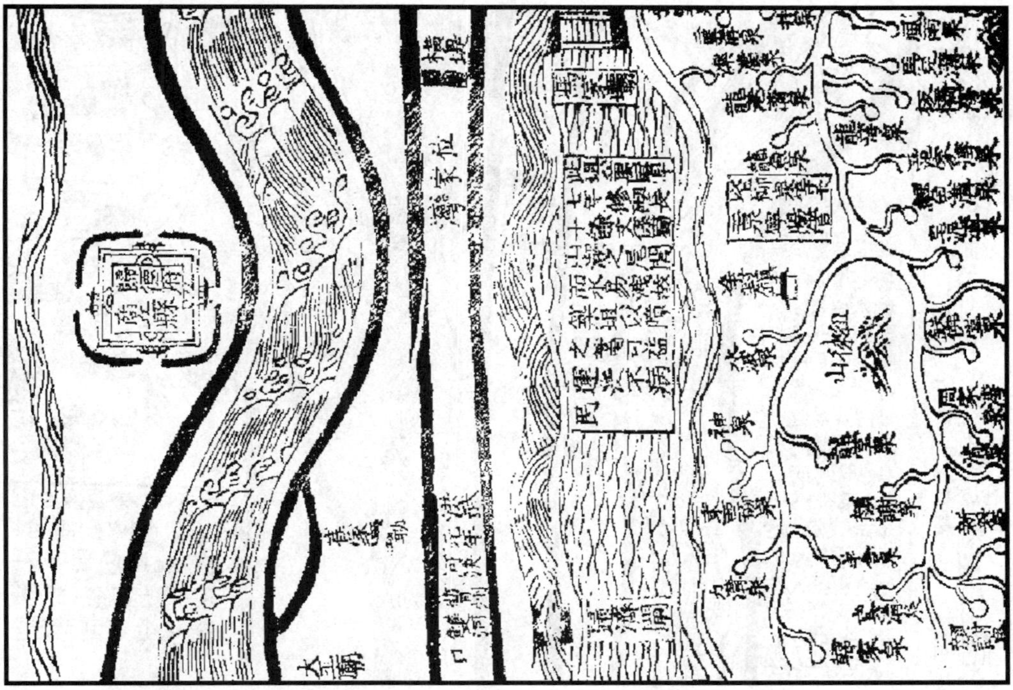

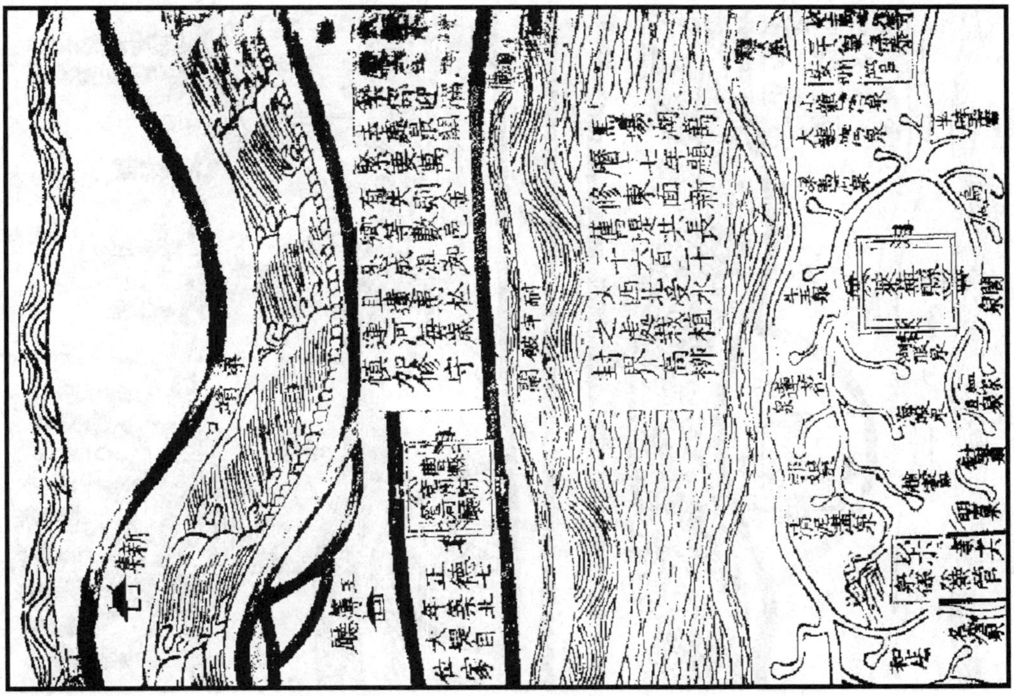

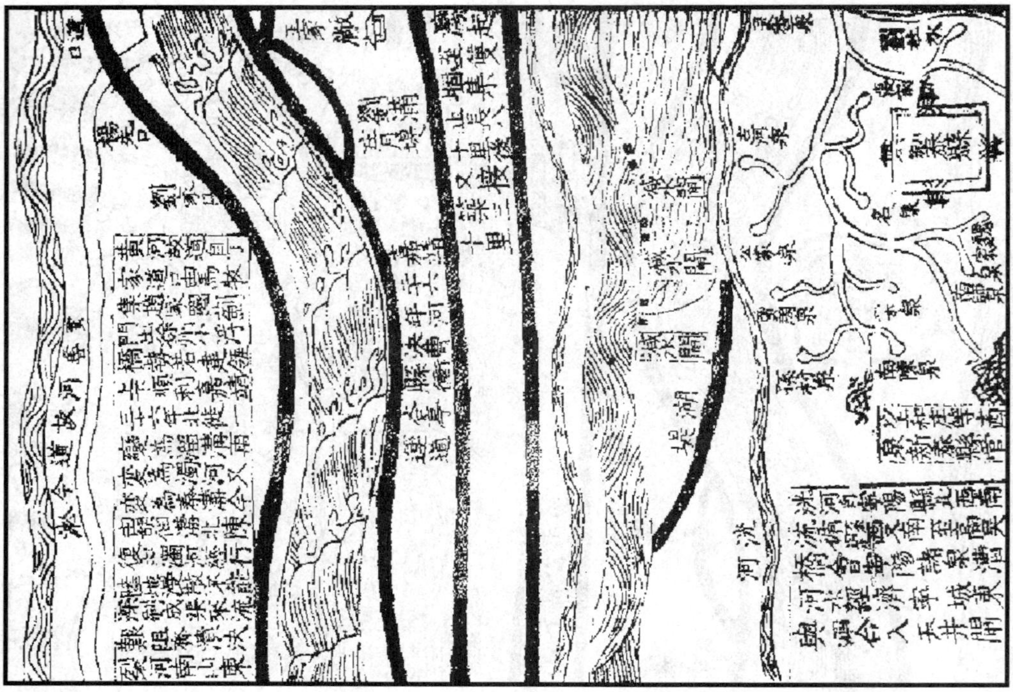

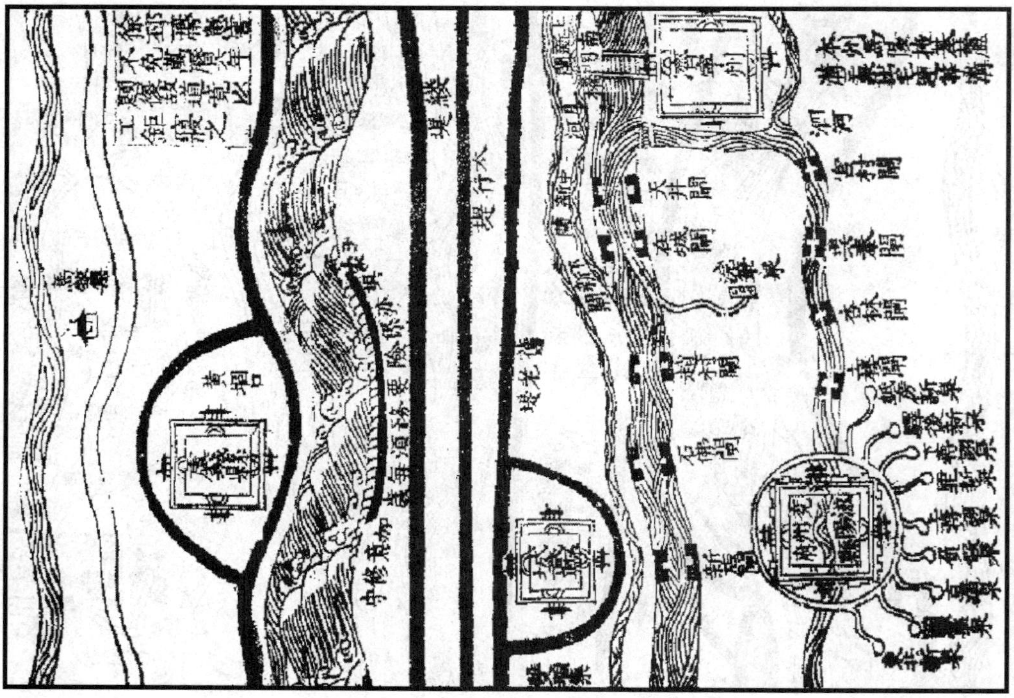

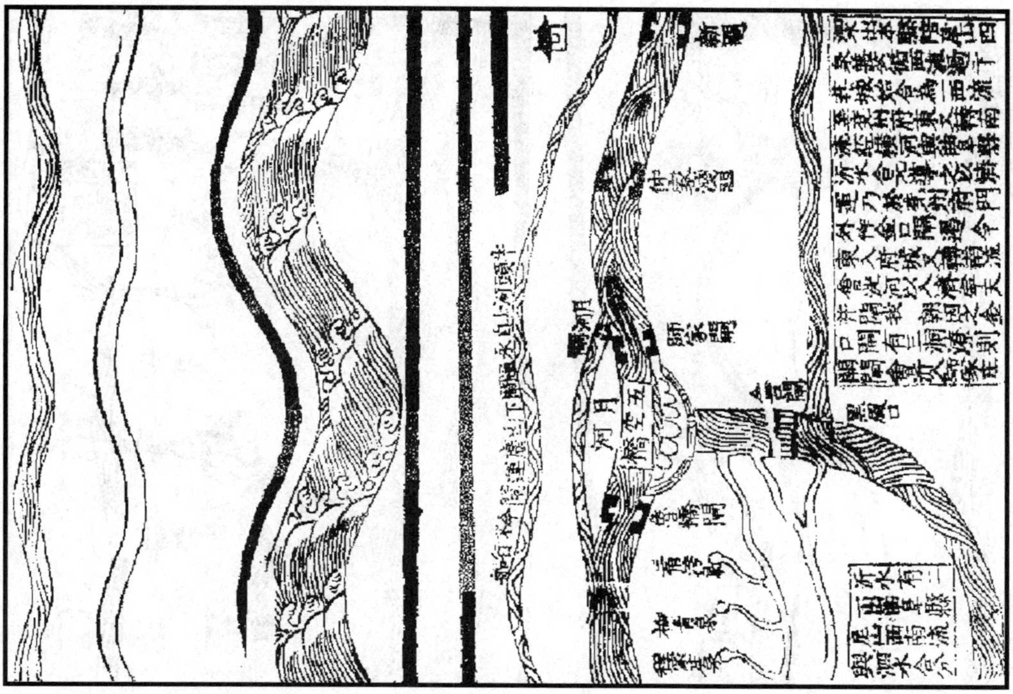

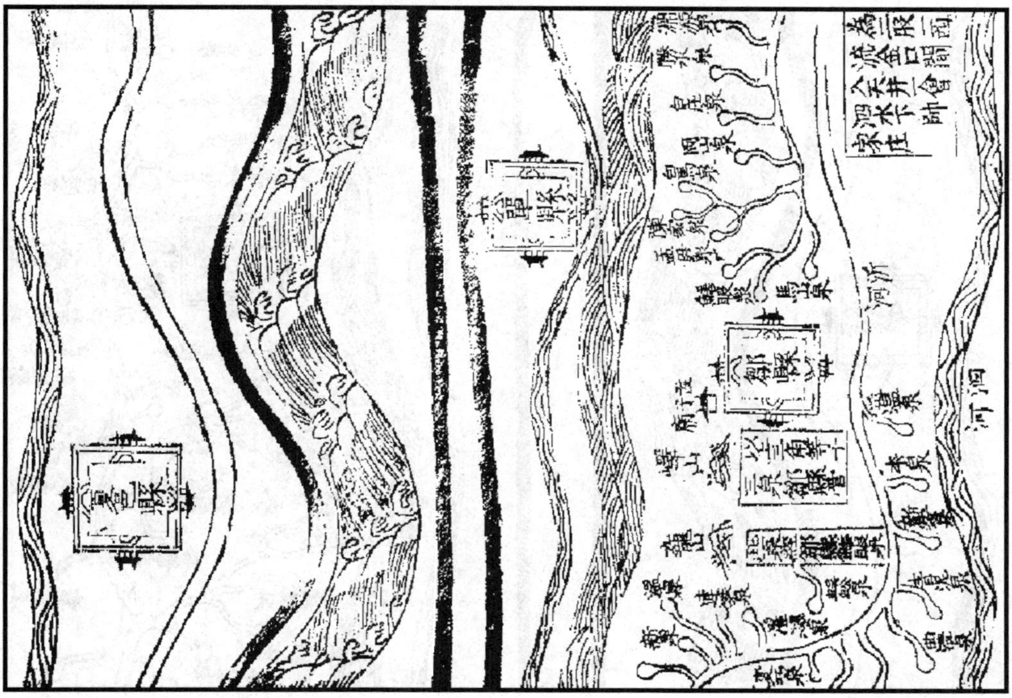

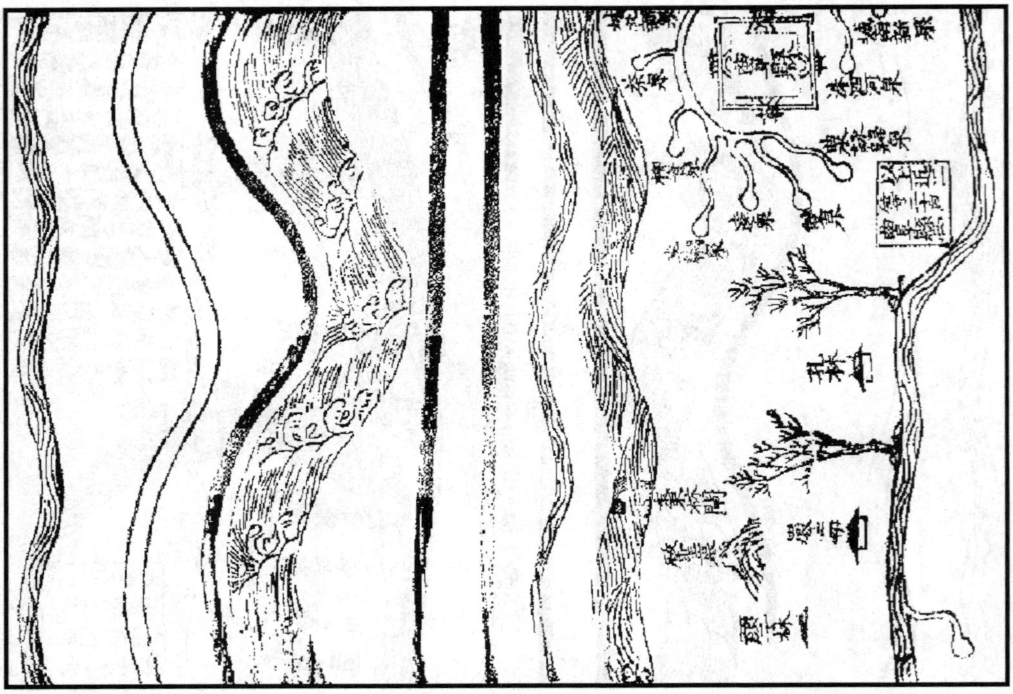

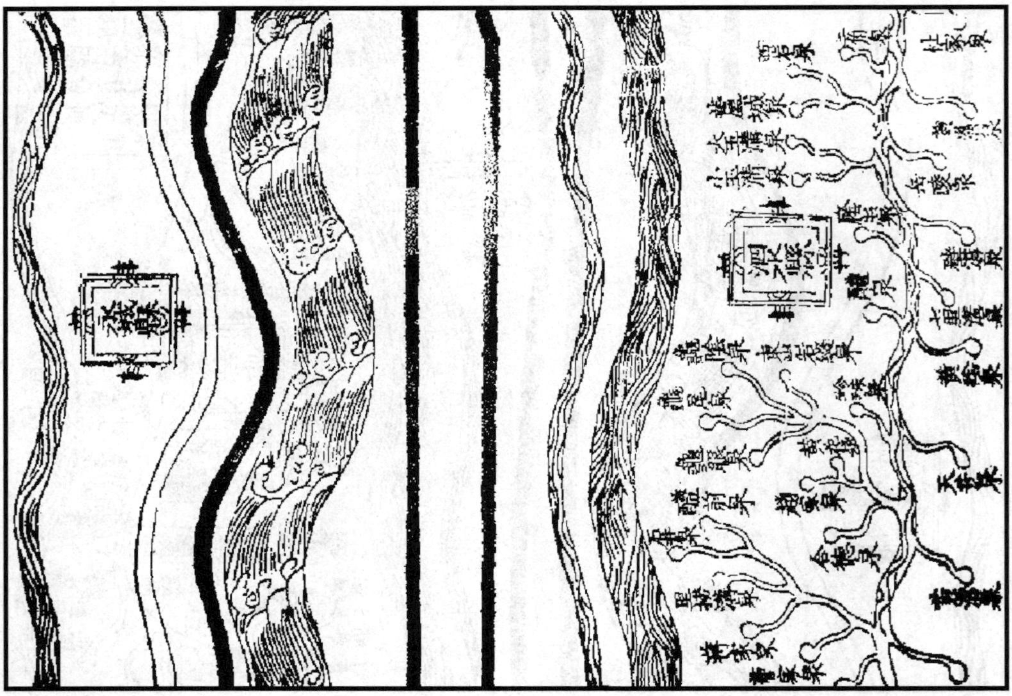

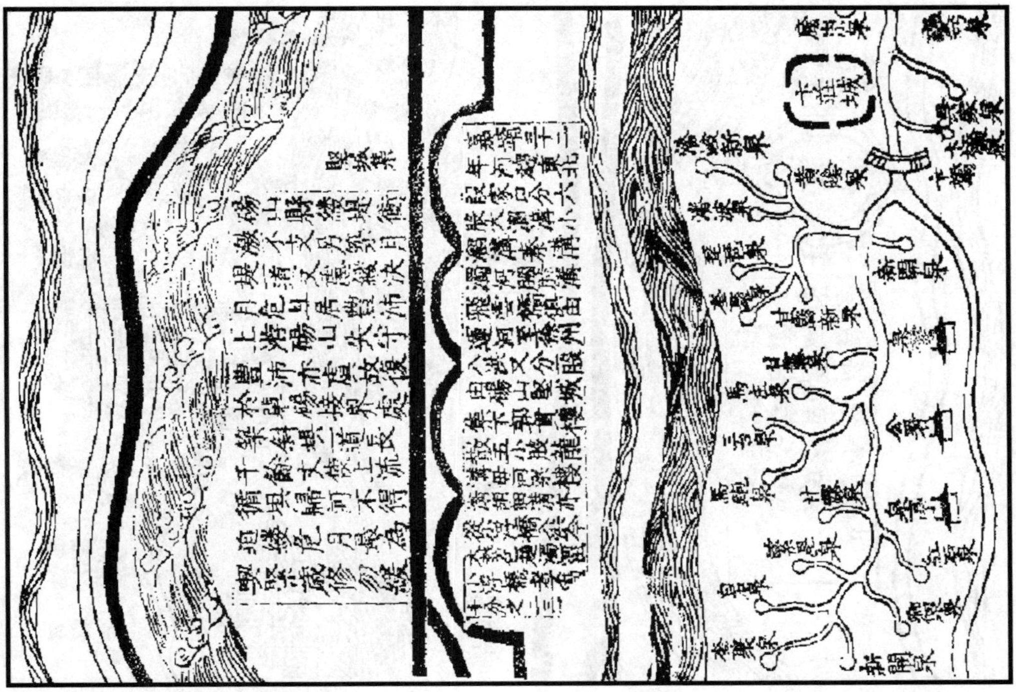

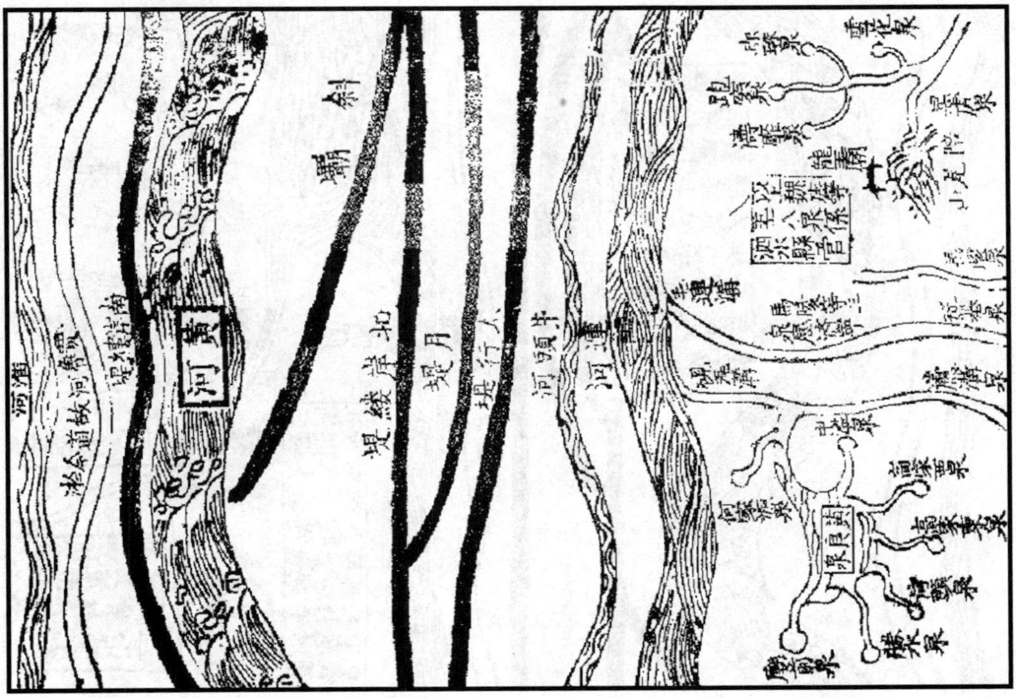

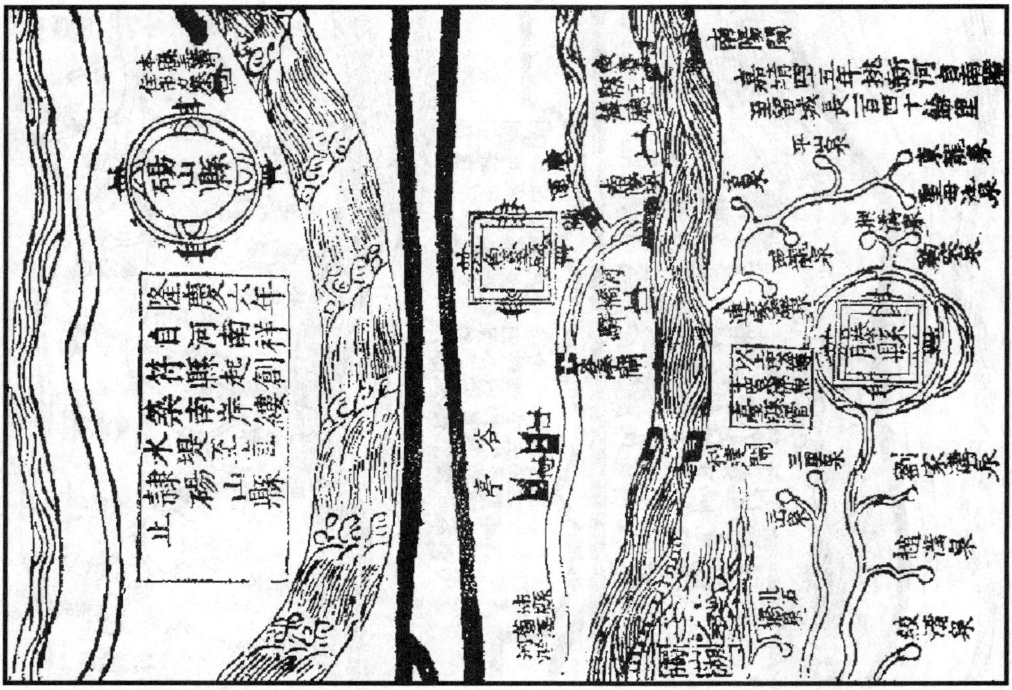

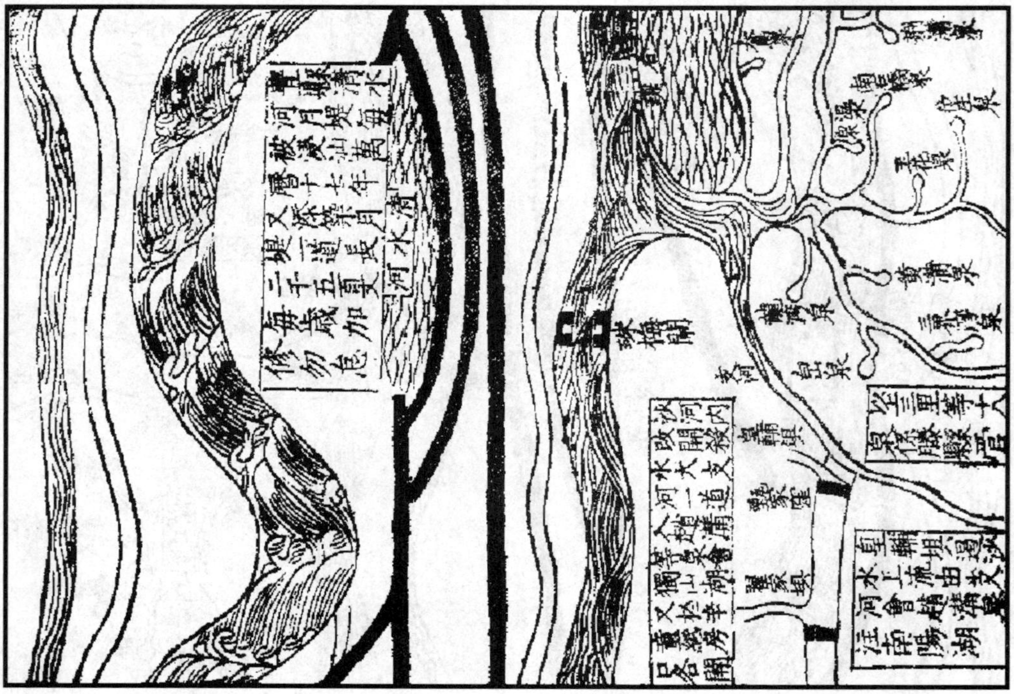

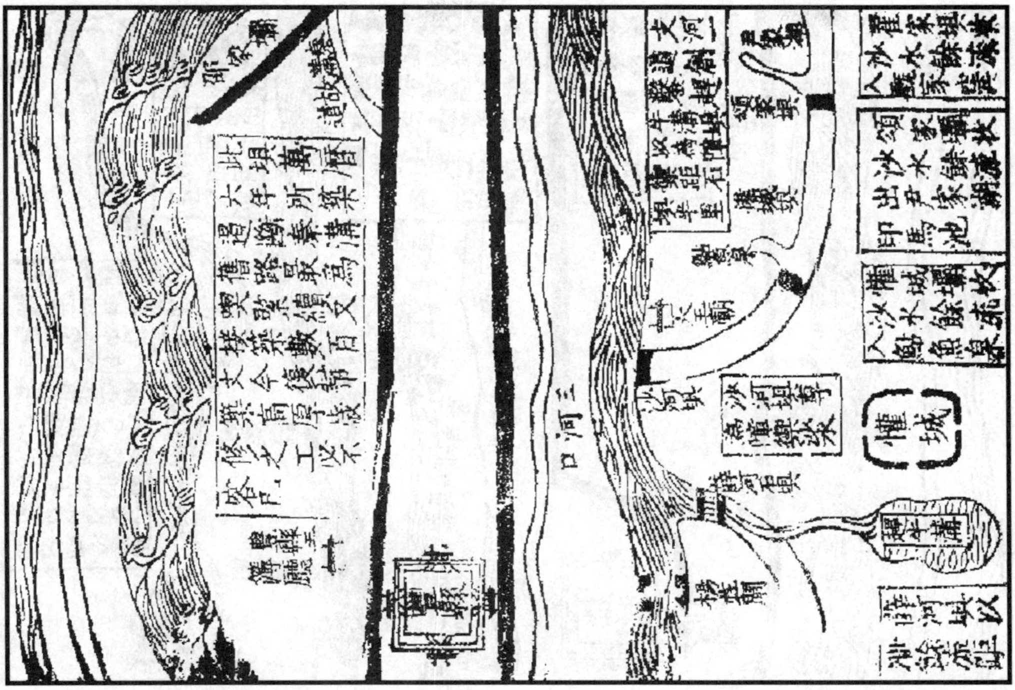

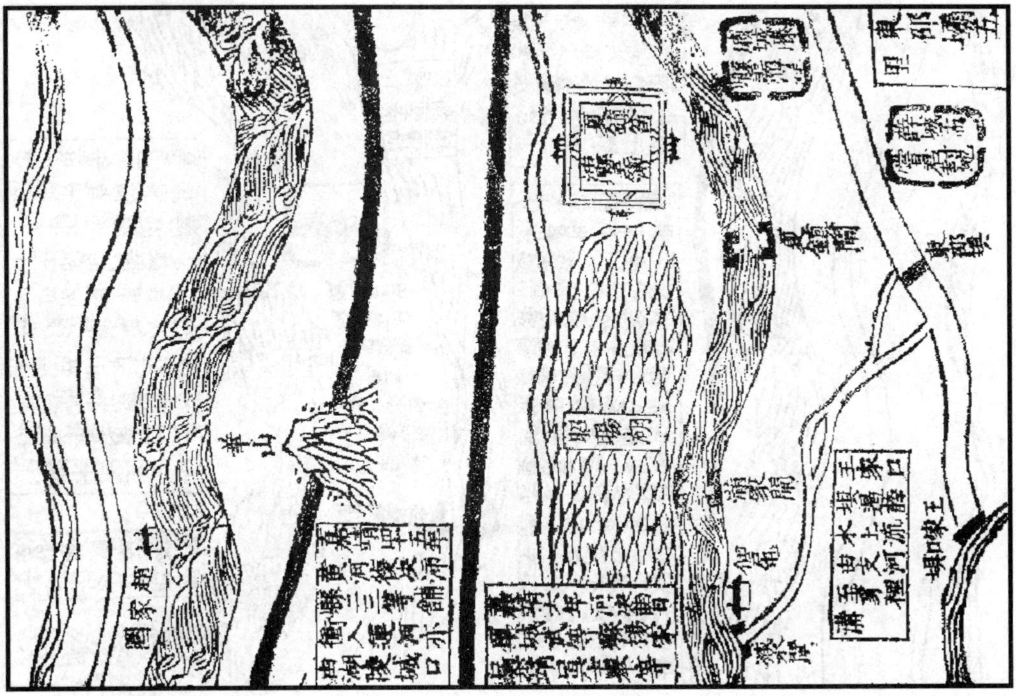

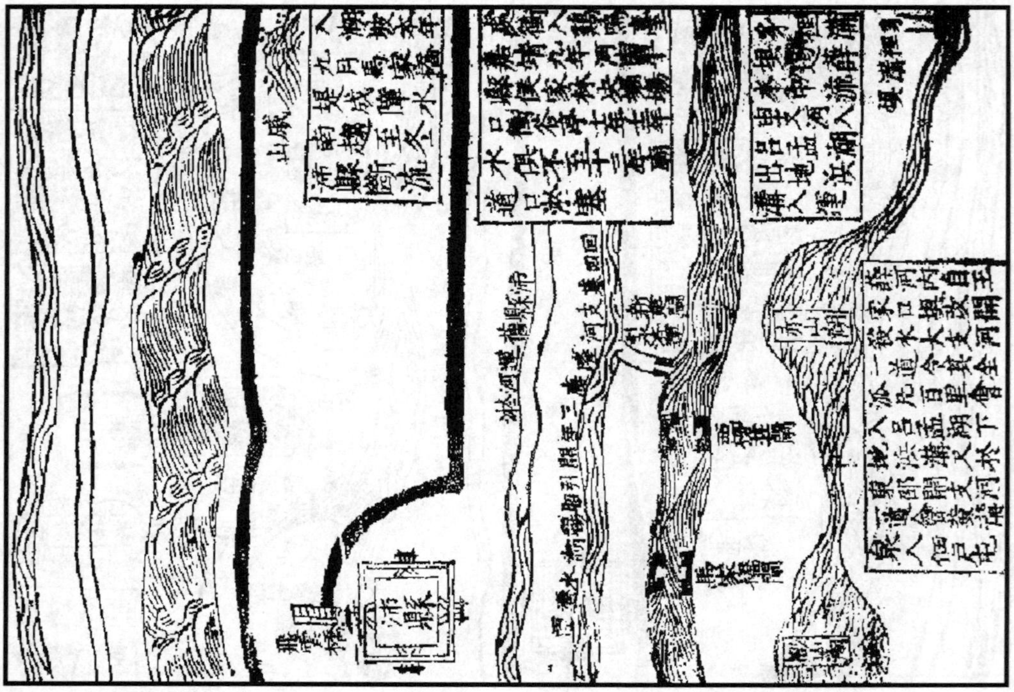

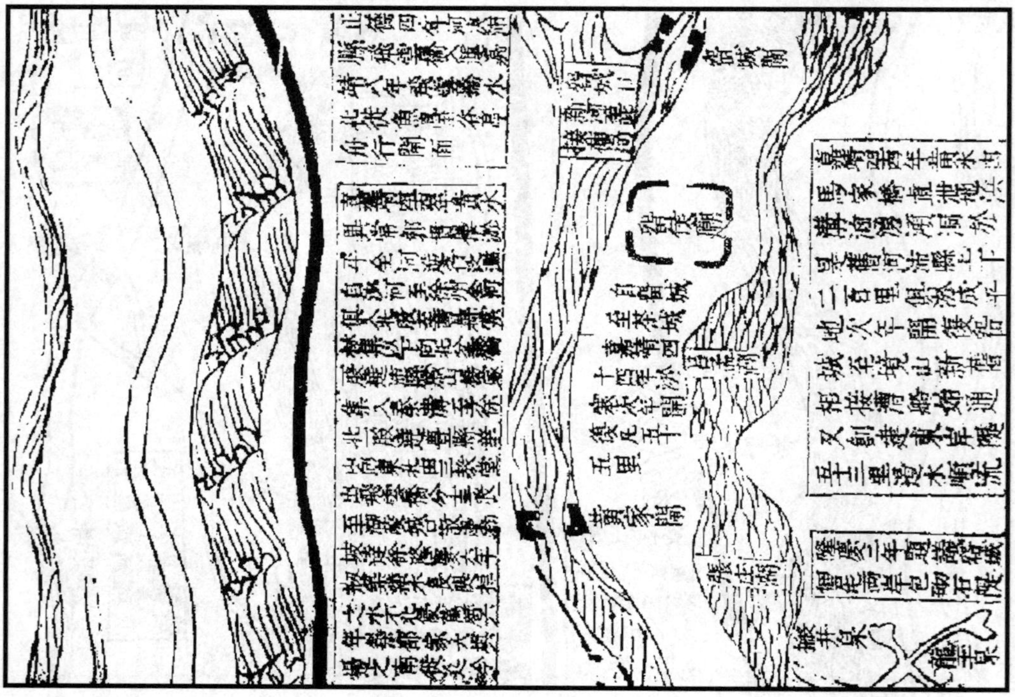

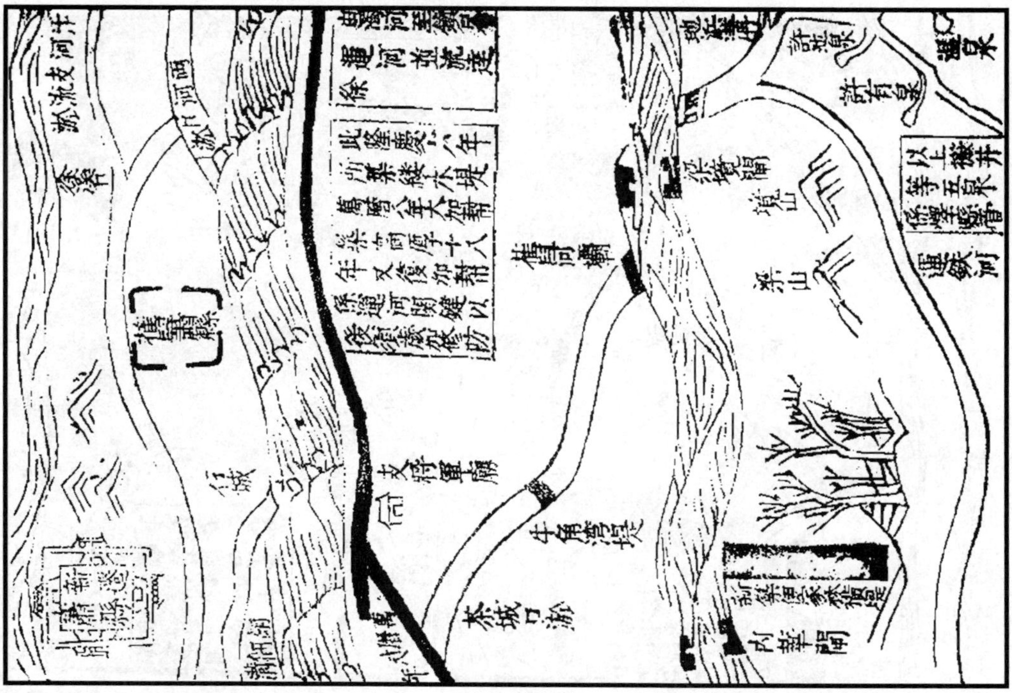

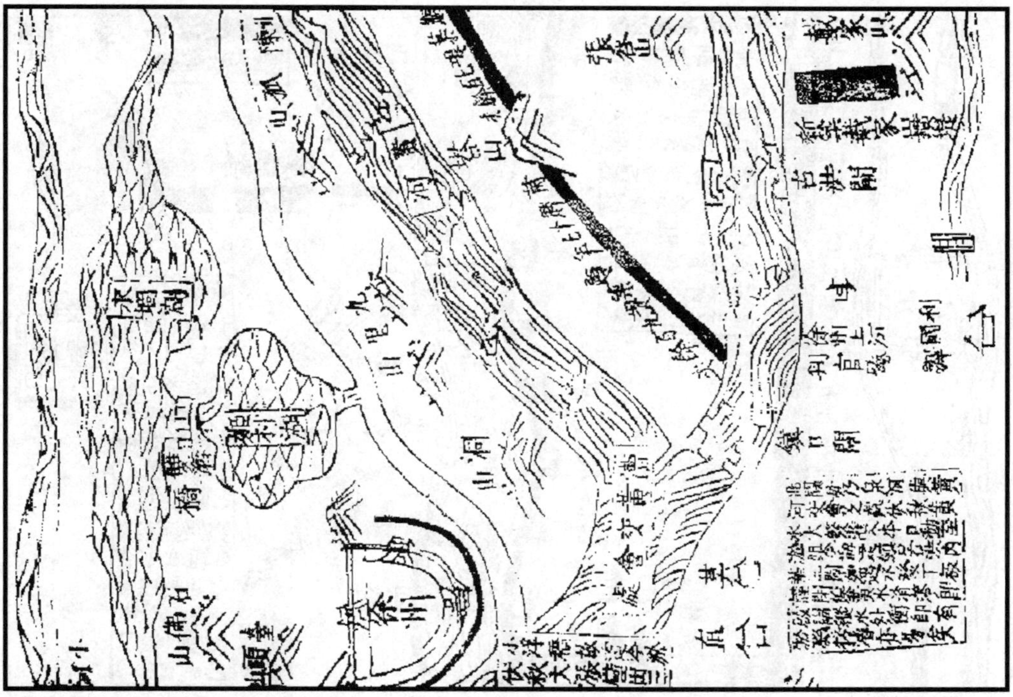

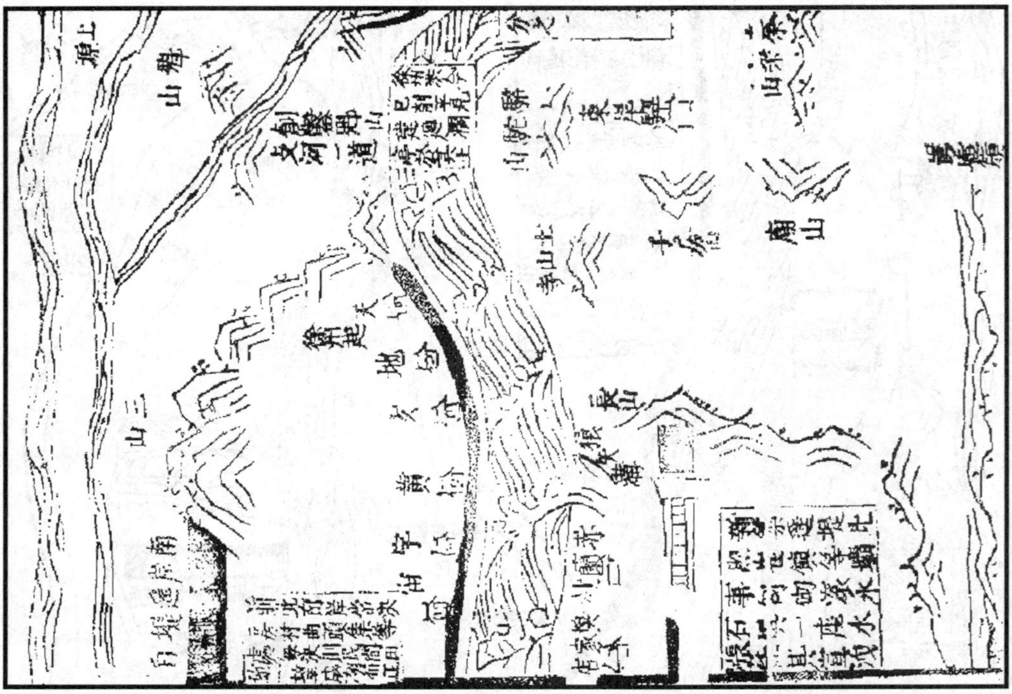

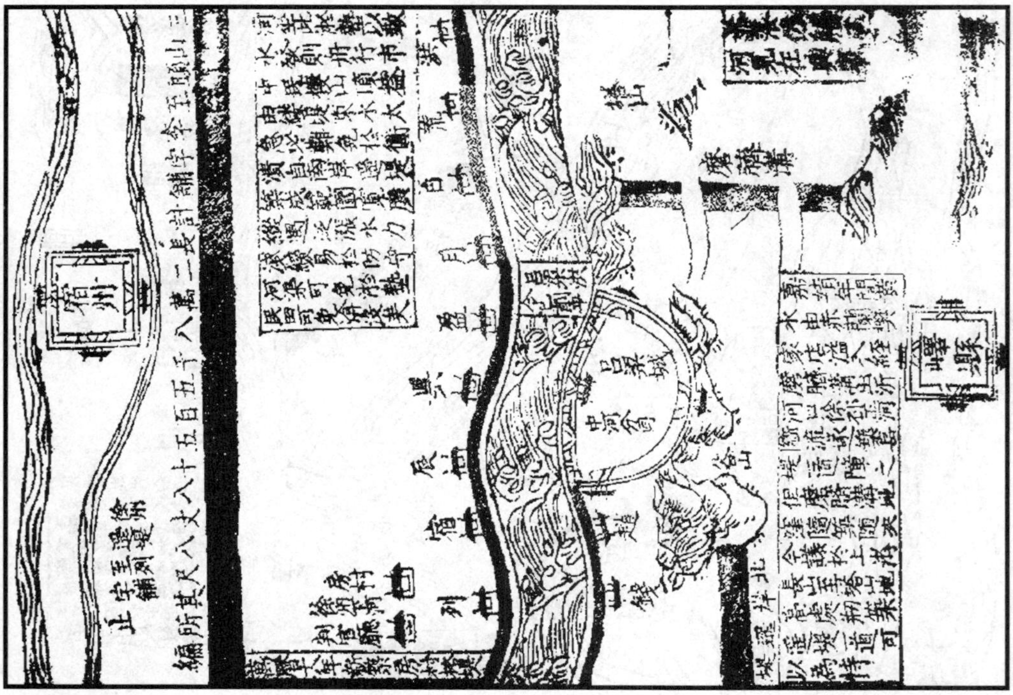

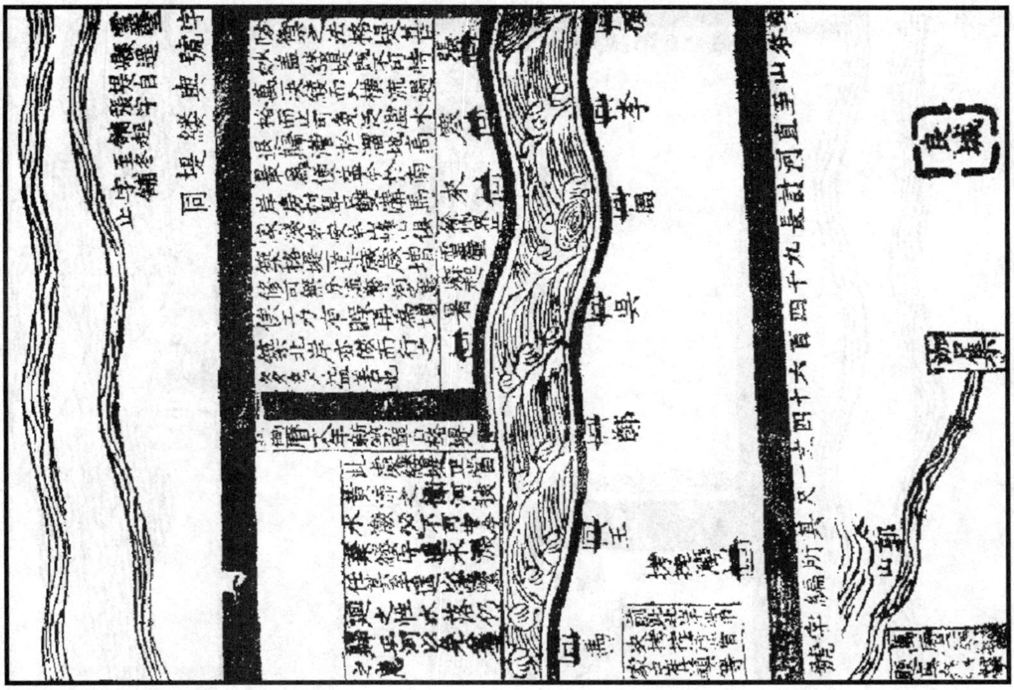

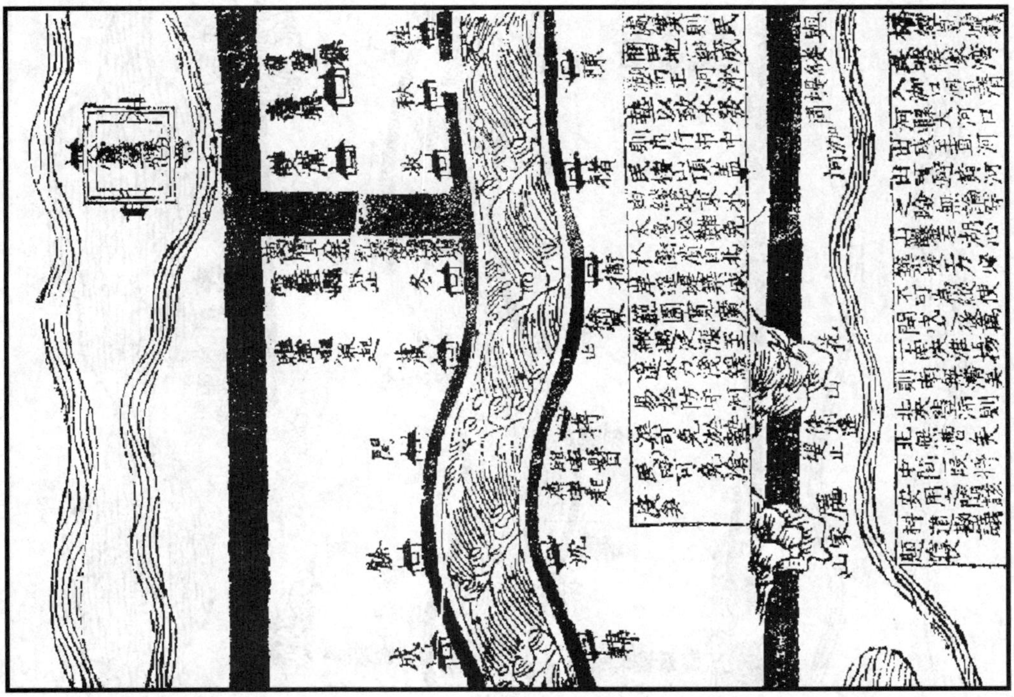

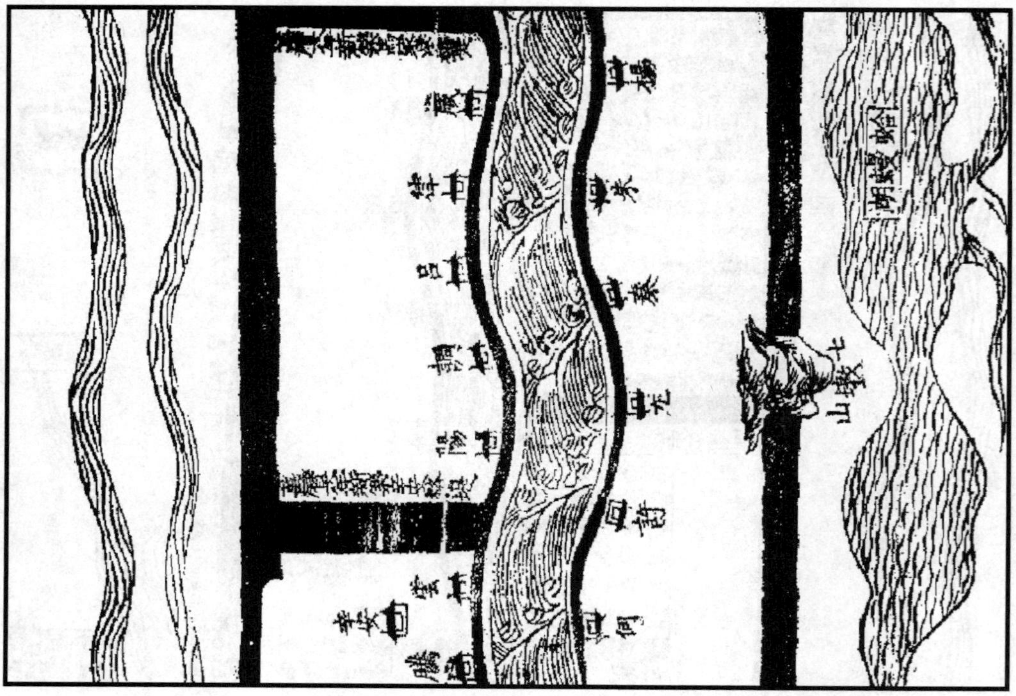

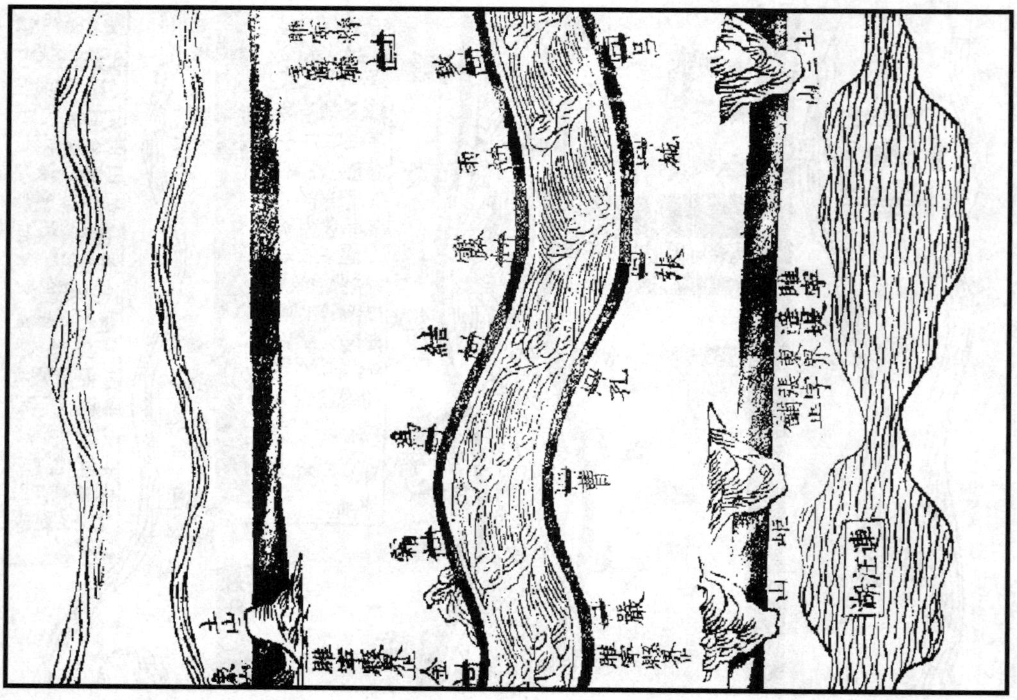

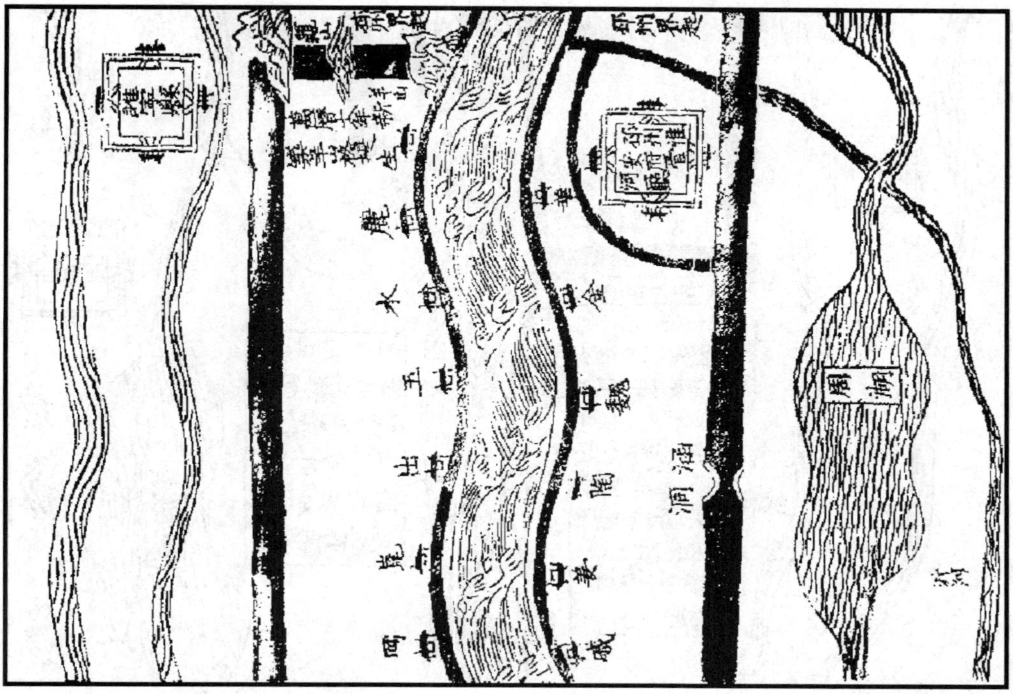

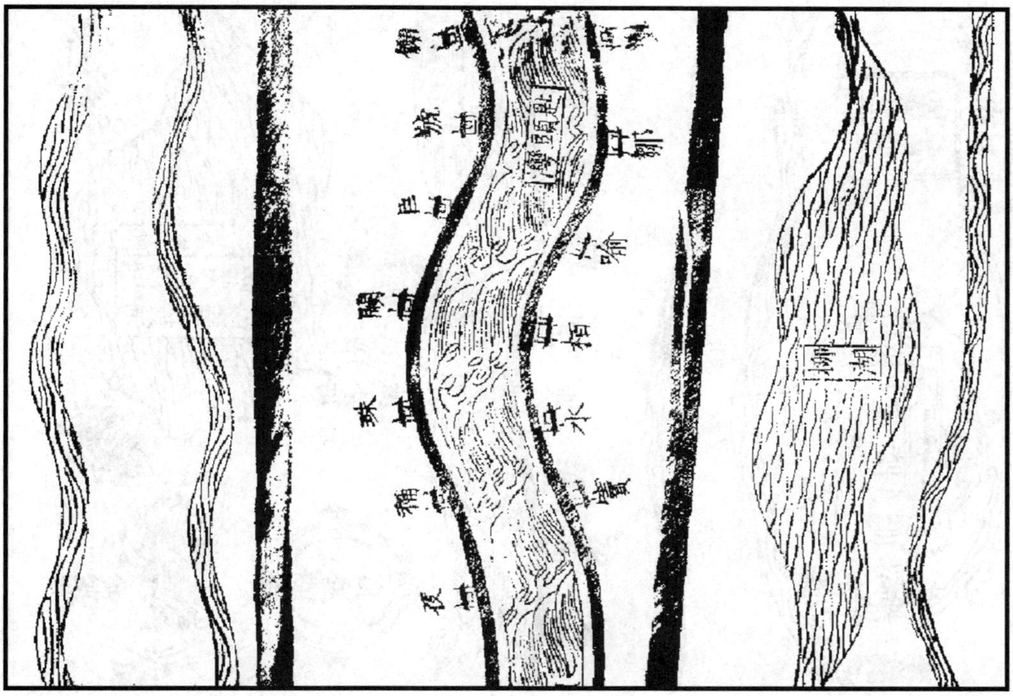

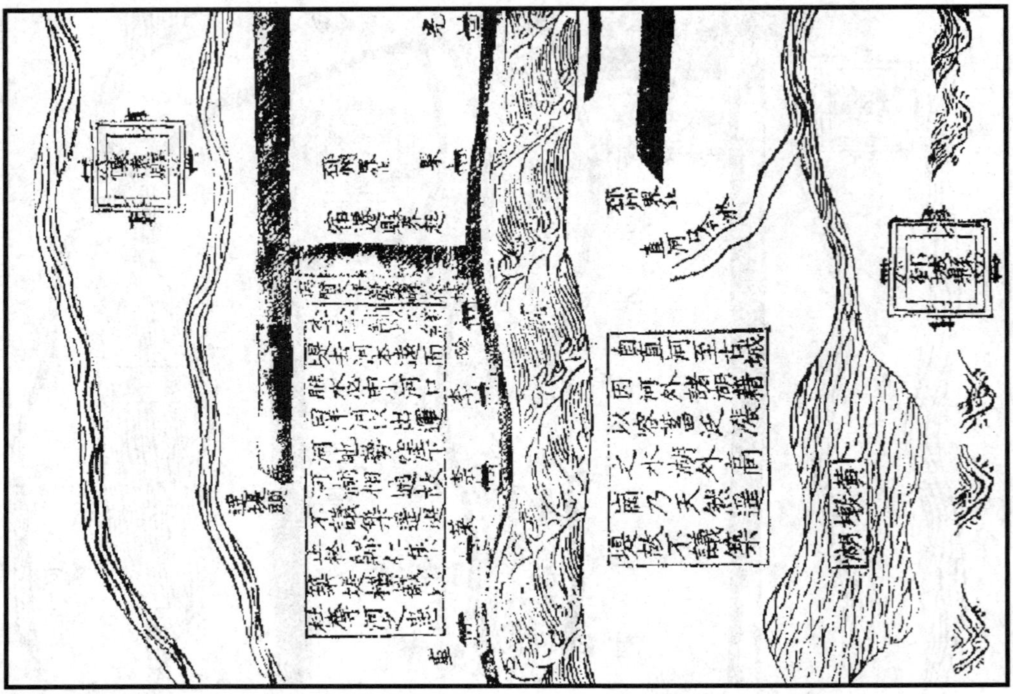

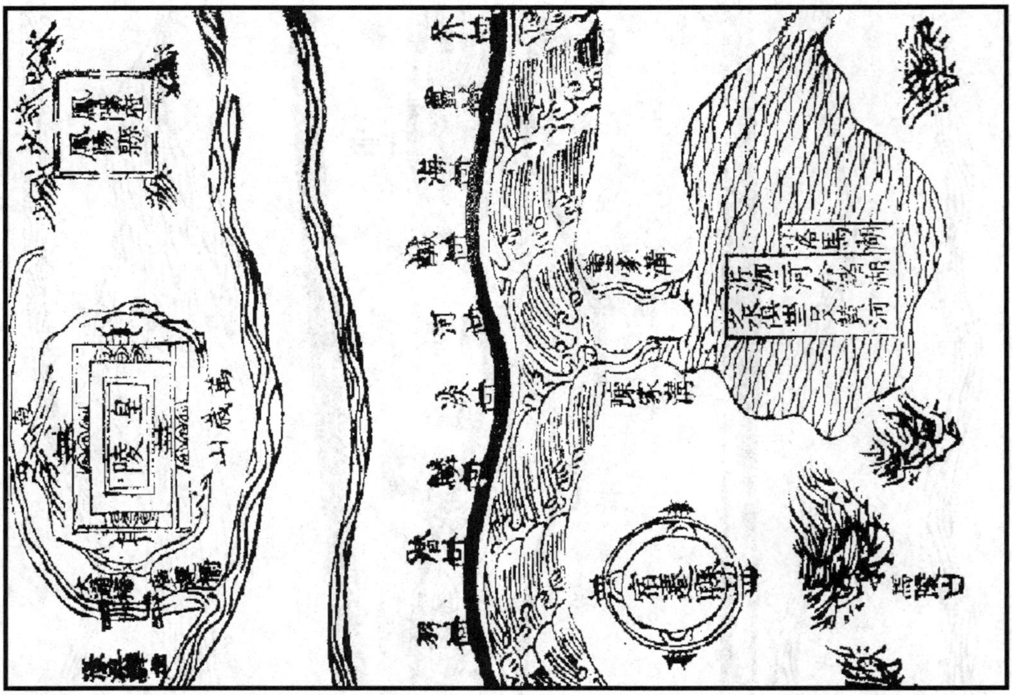

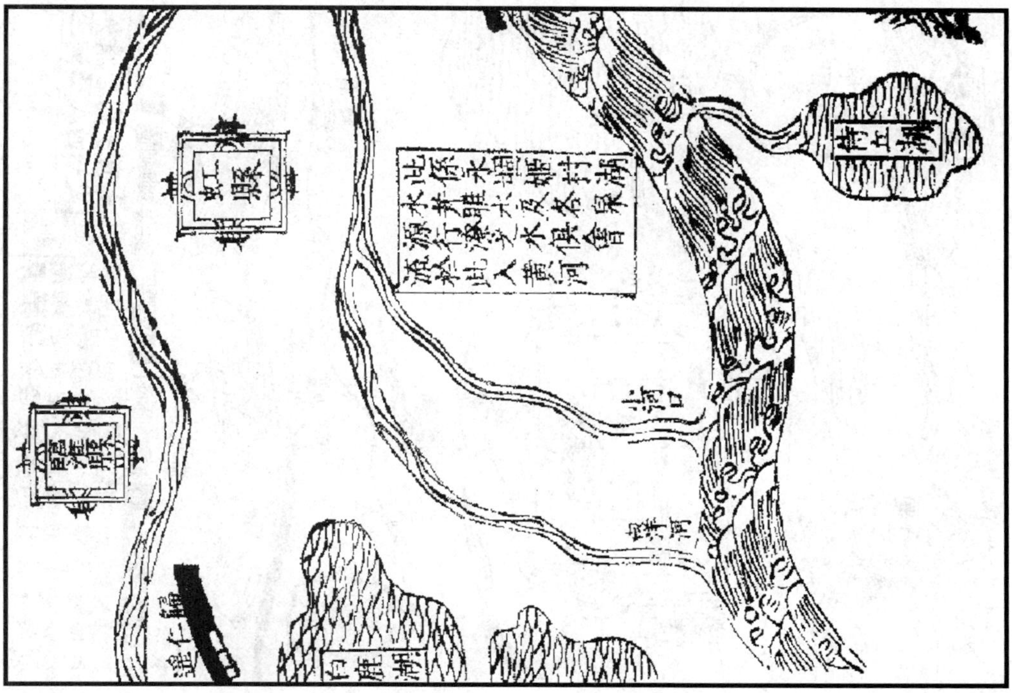
虹縣

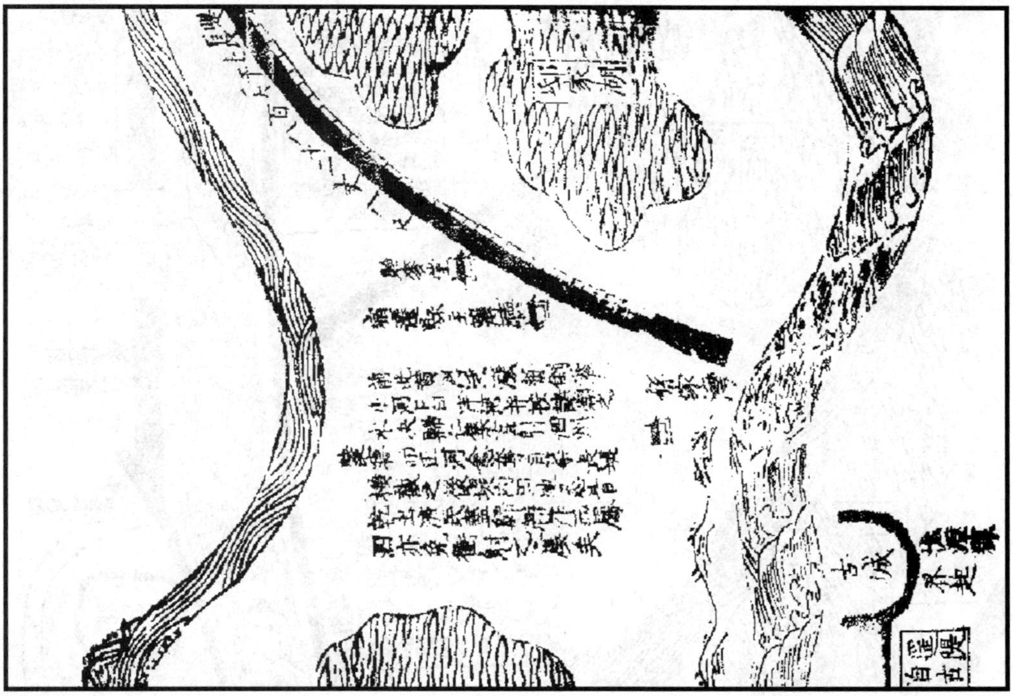

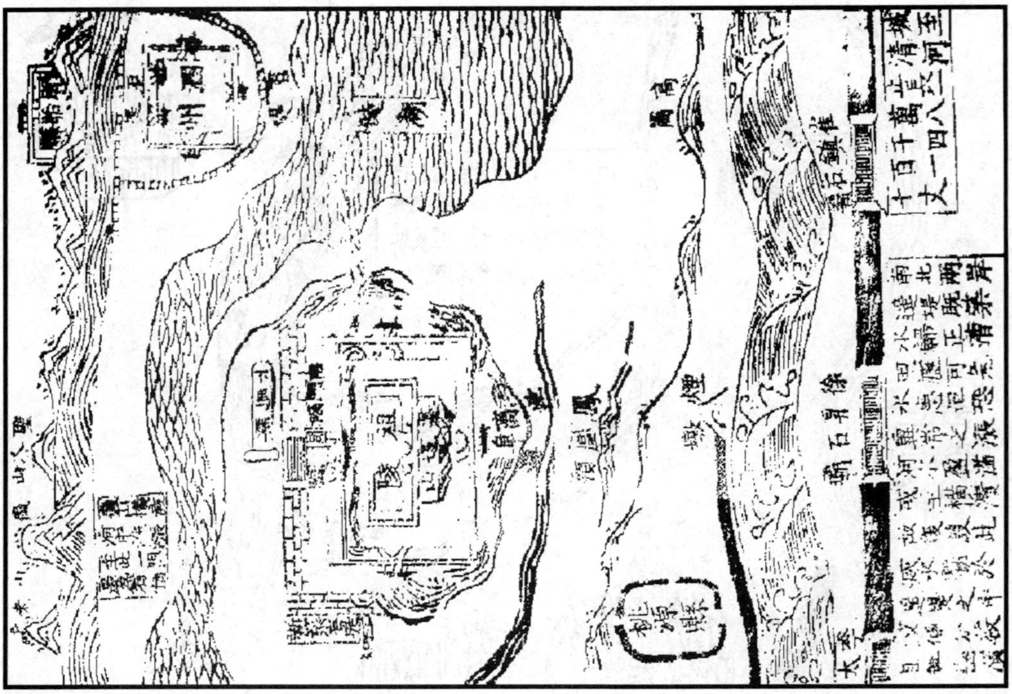

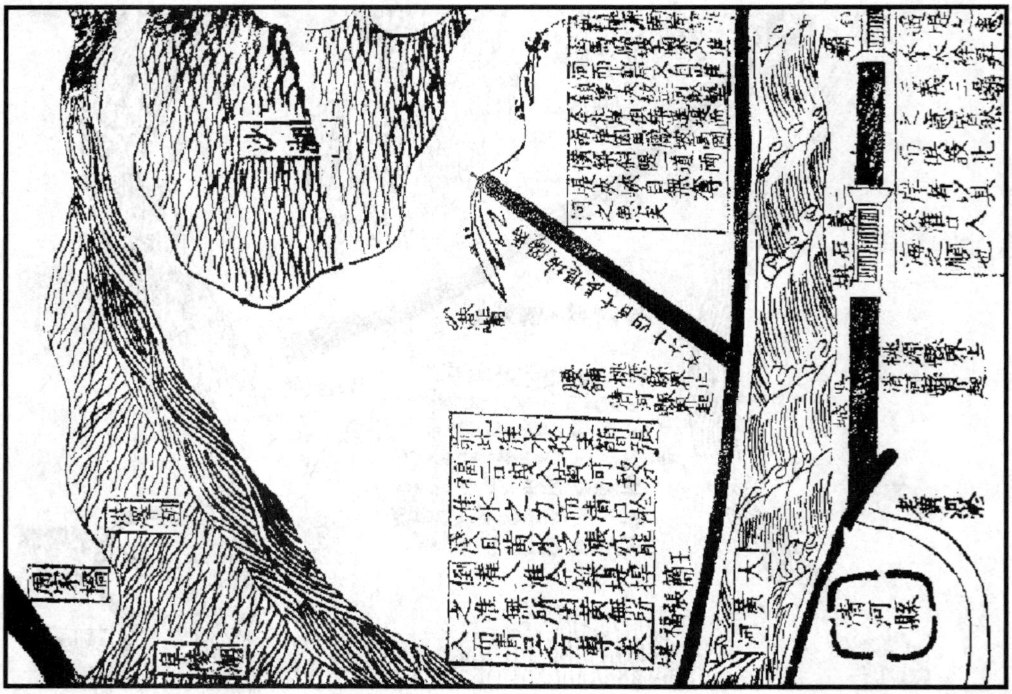

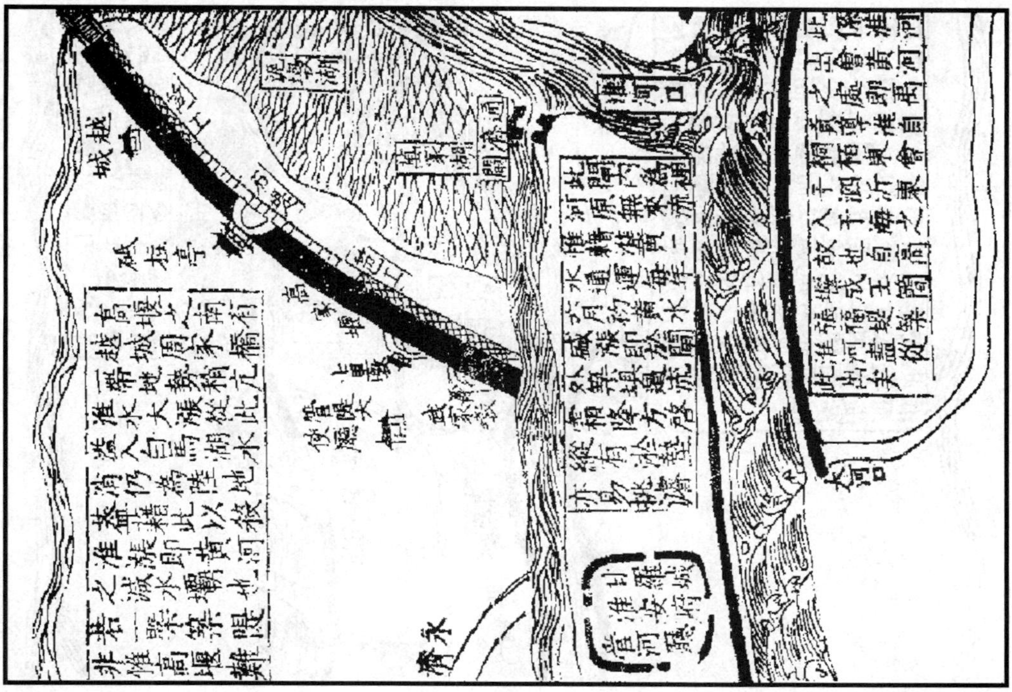

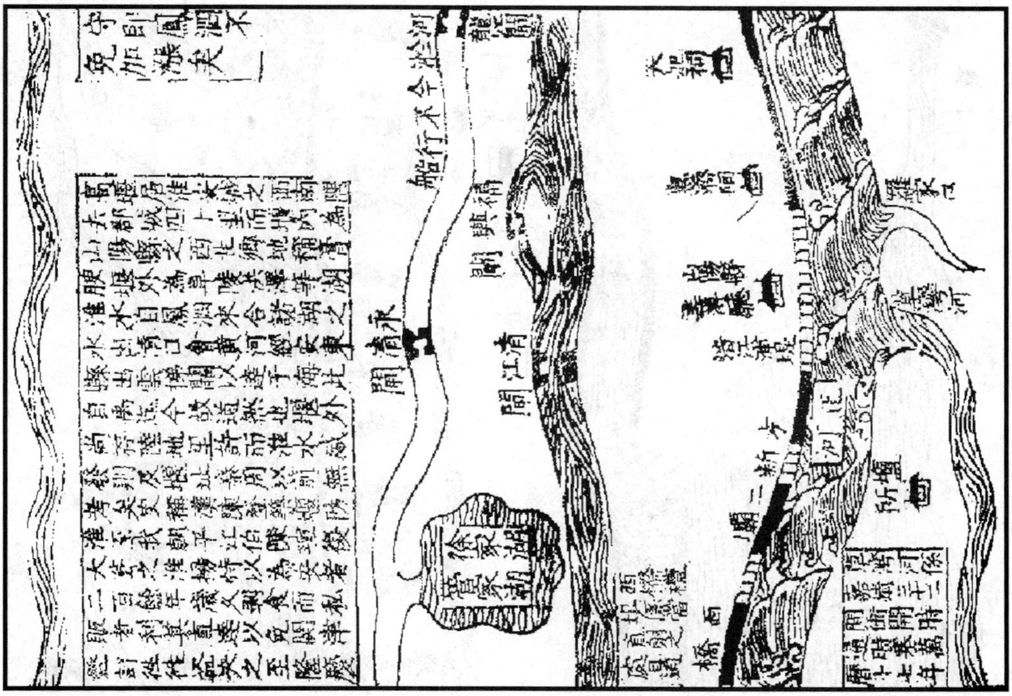

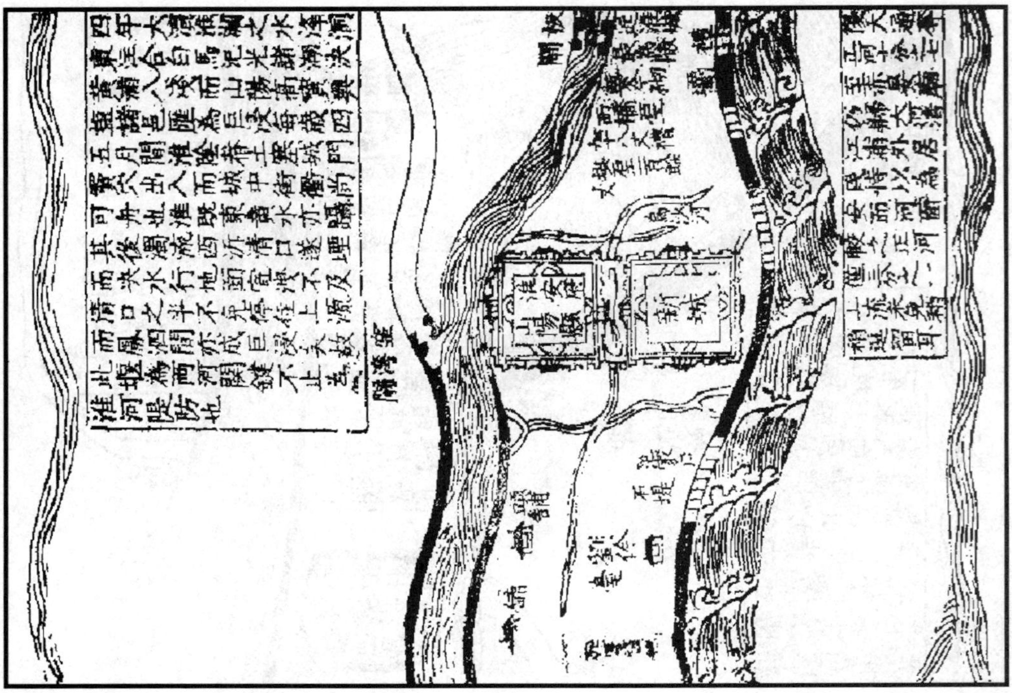

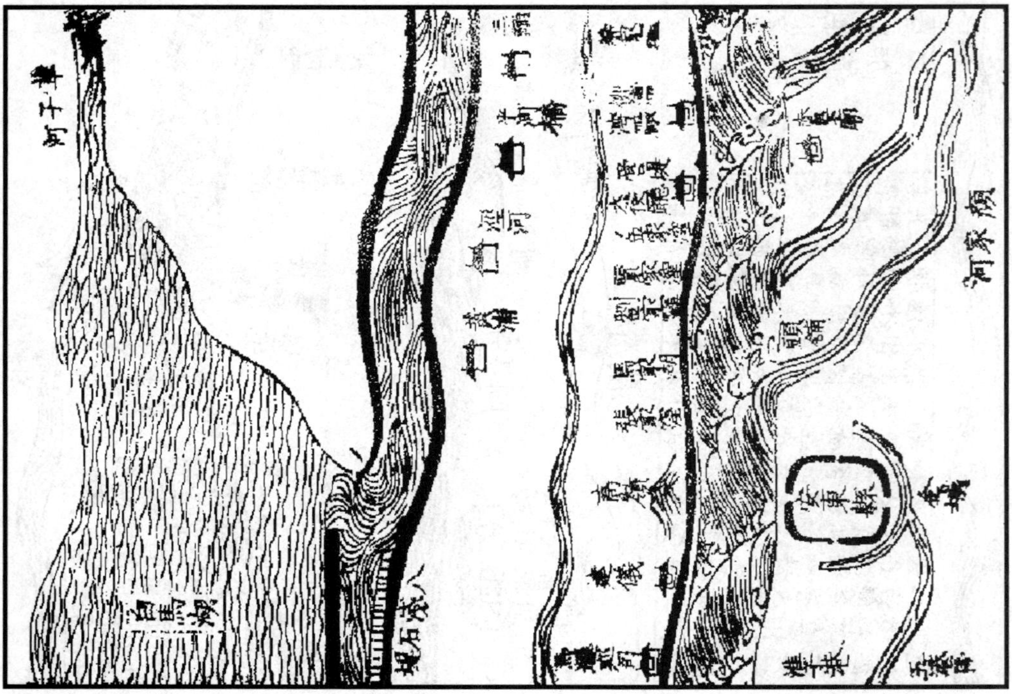

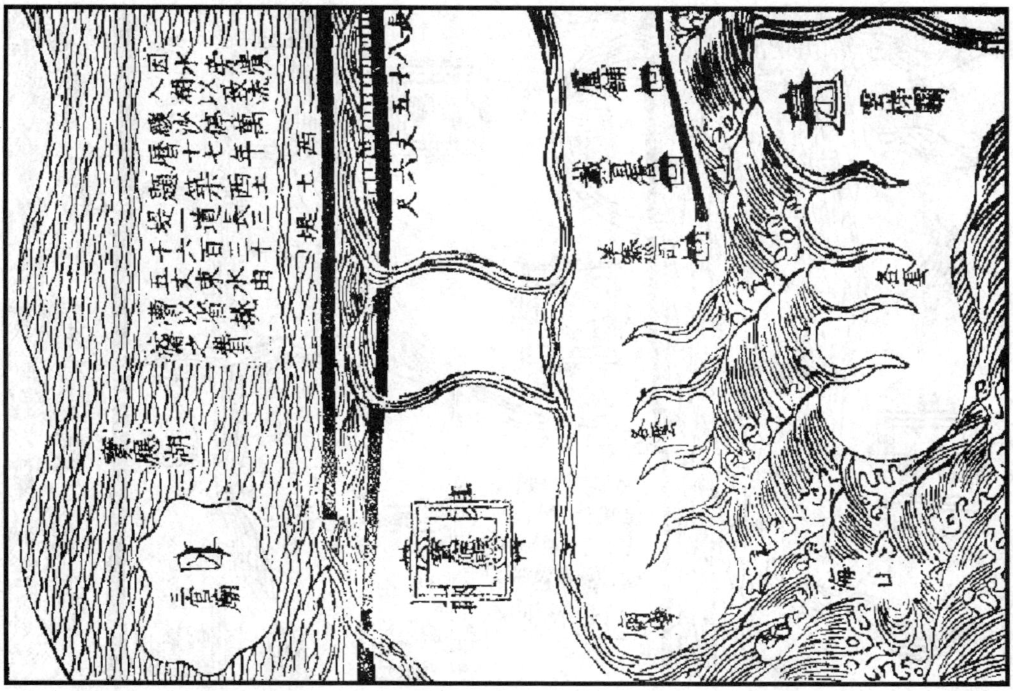

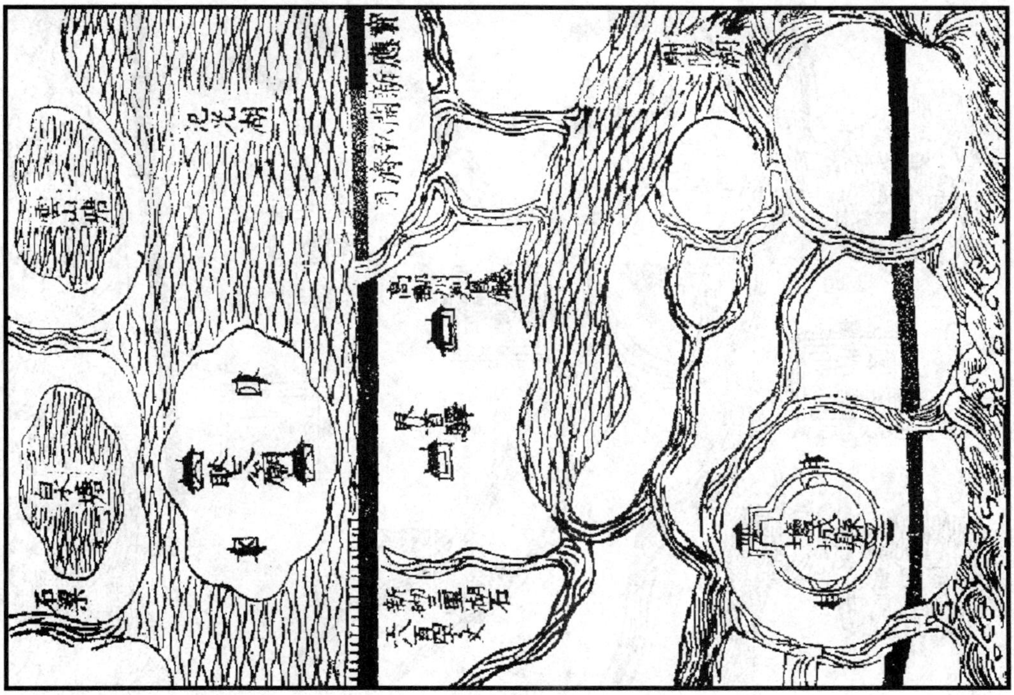

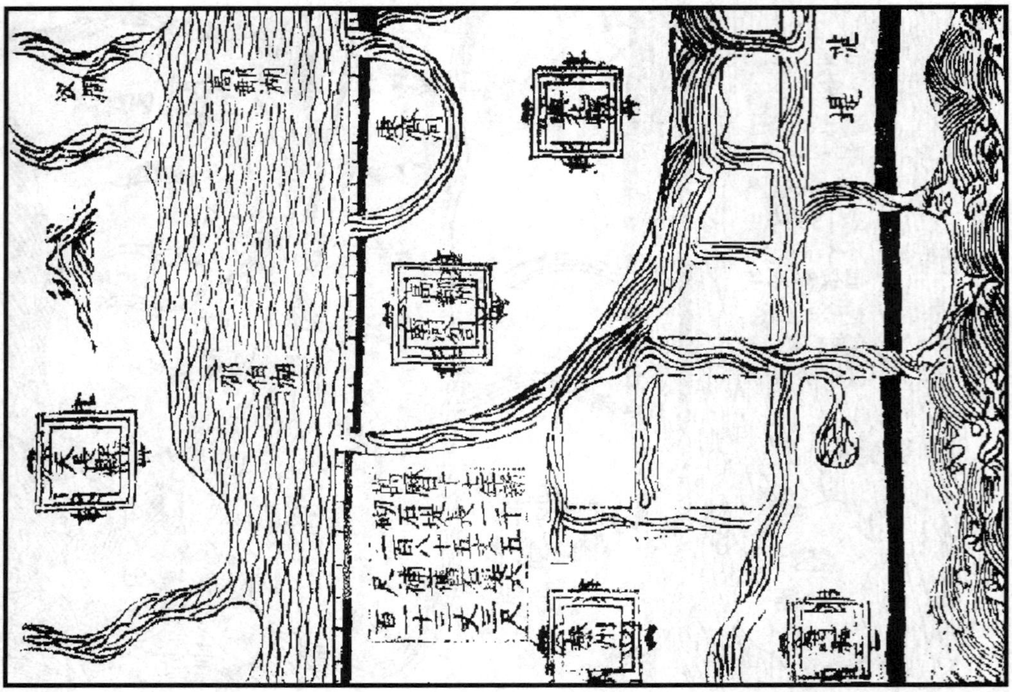

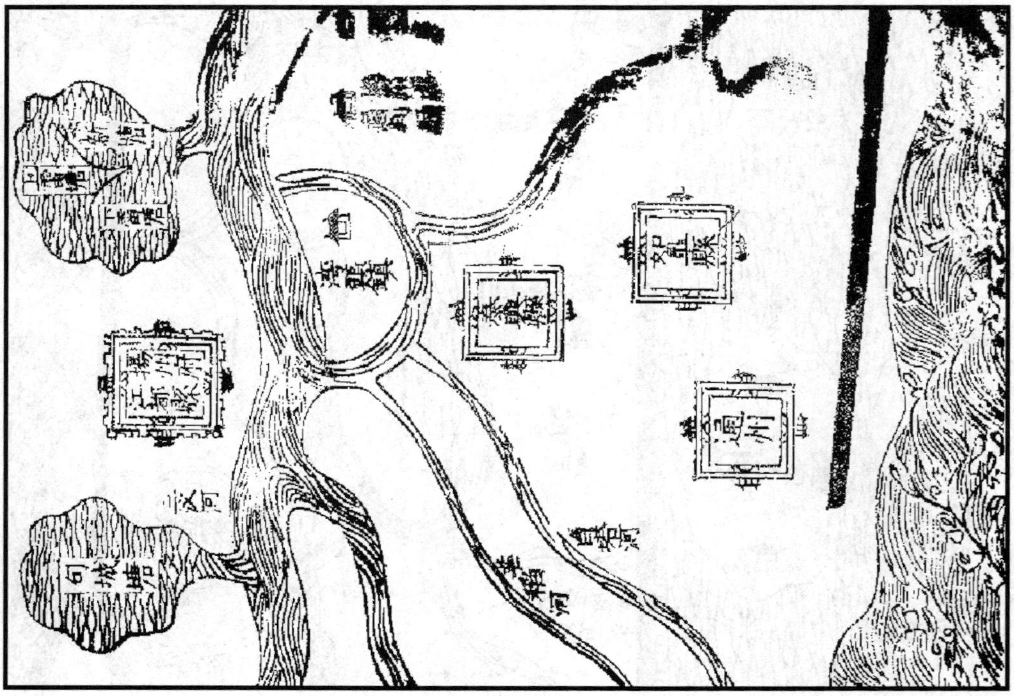

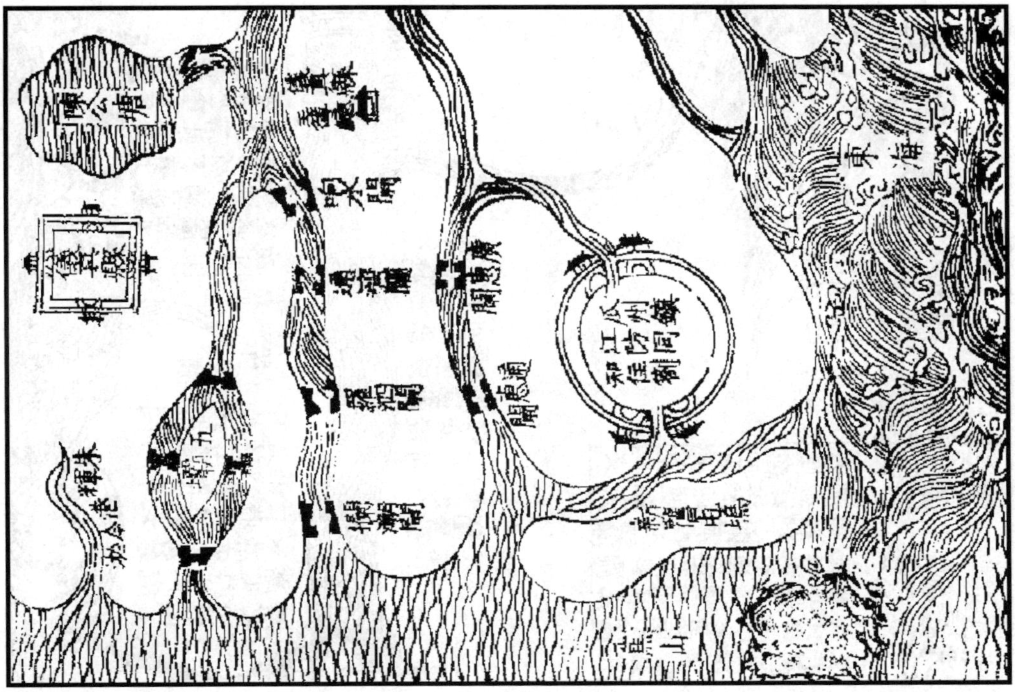
東海

揚子江
金山寺

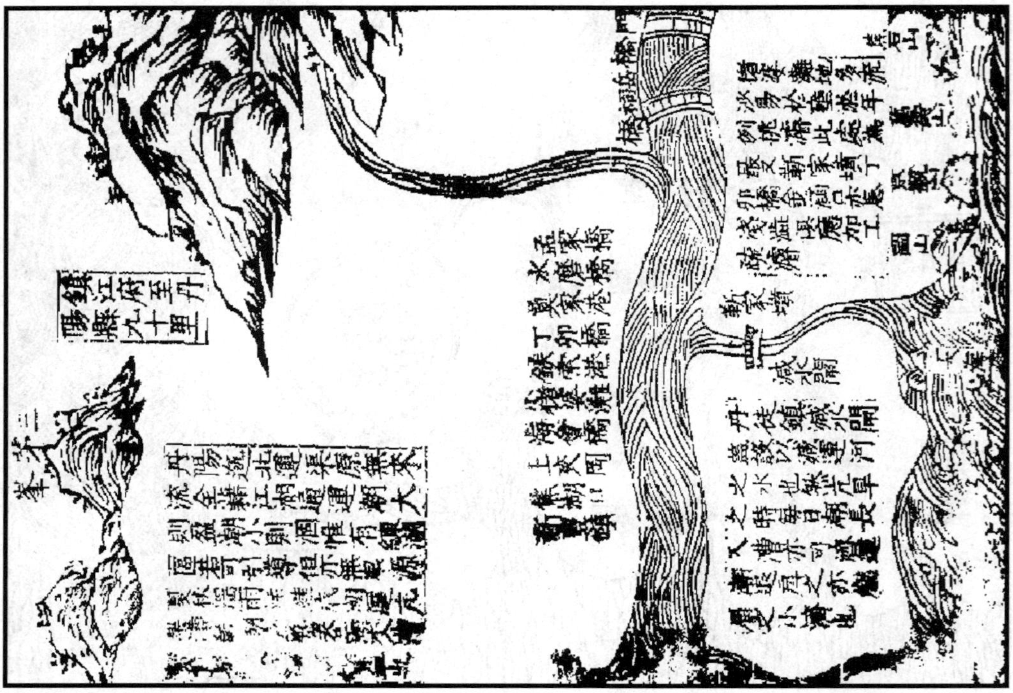

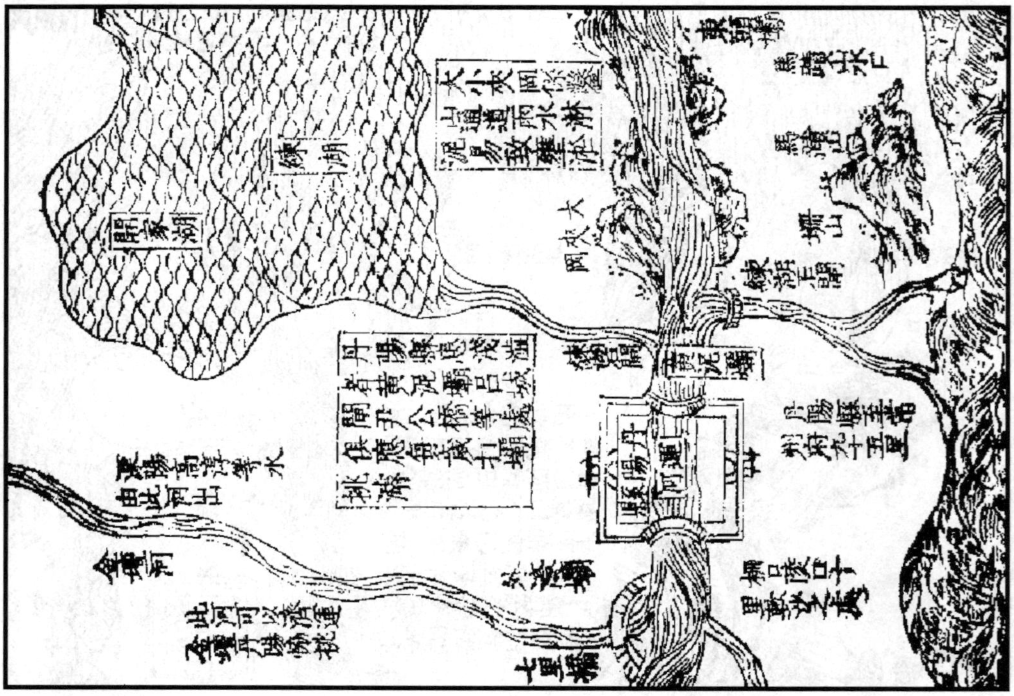

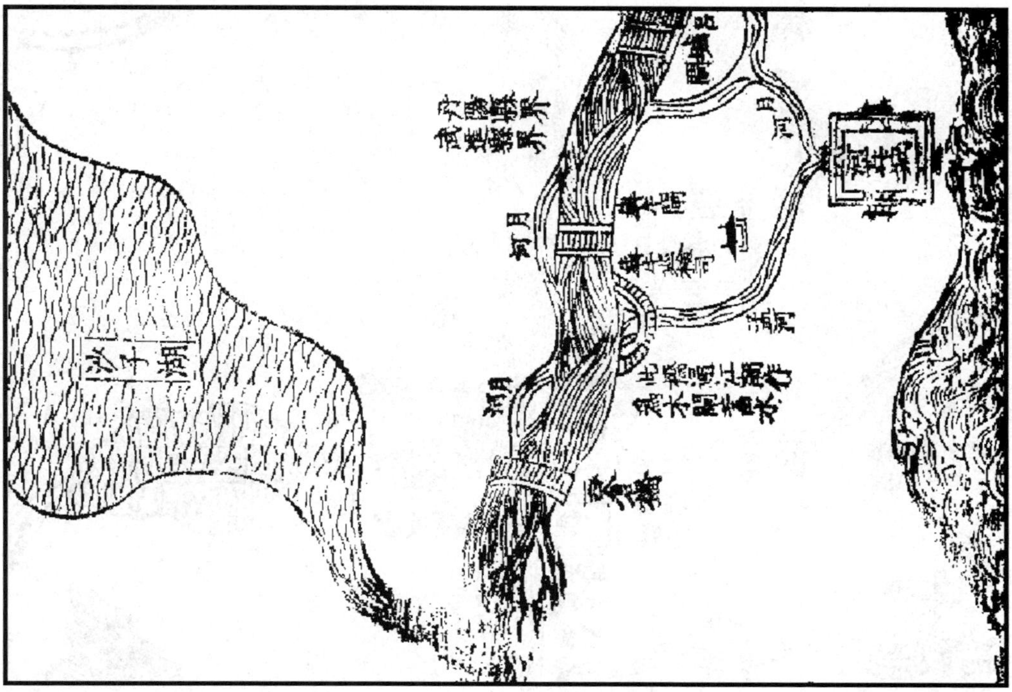
沙子湖
丹陽縣界
武進縣界

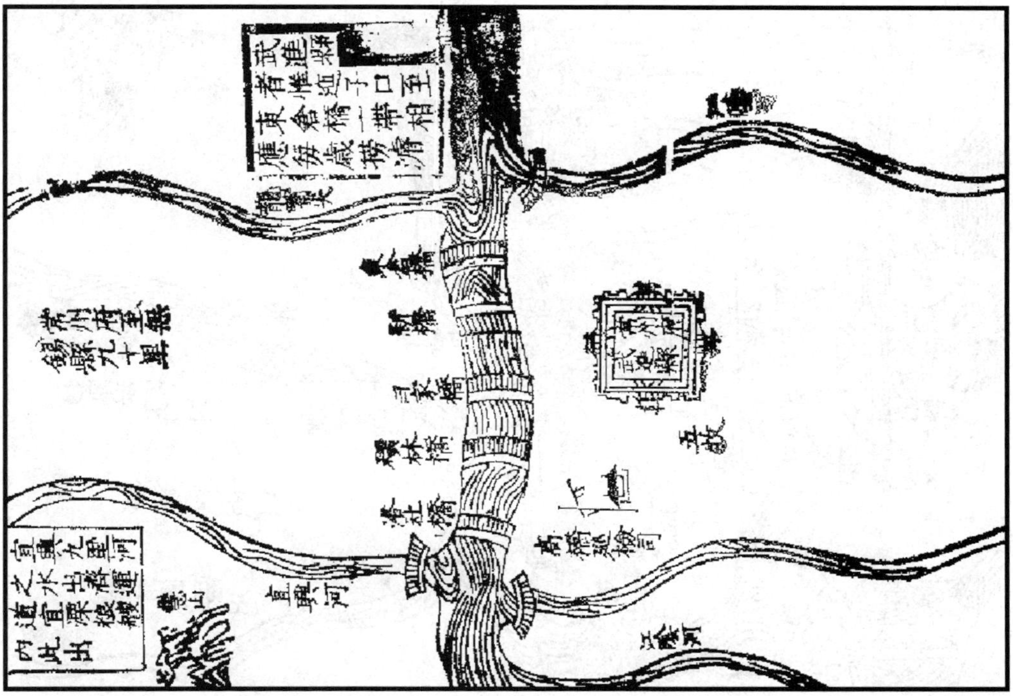

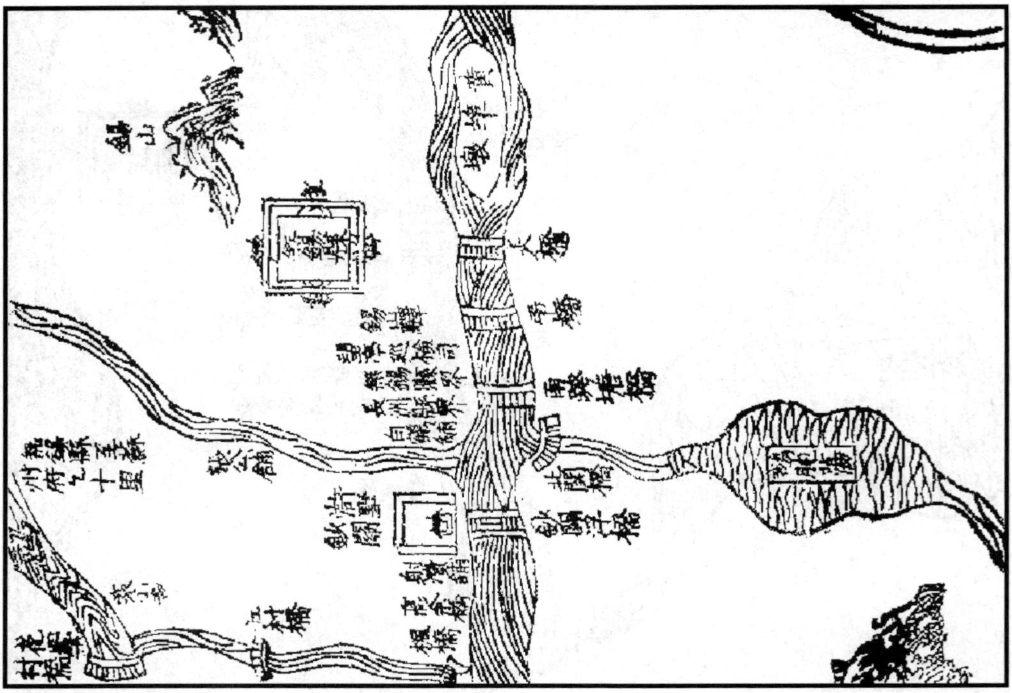

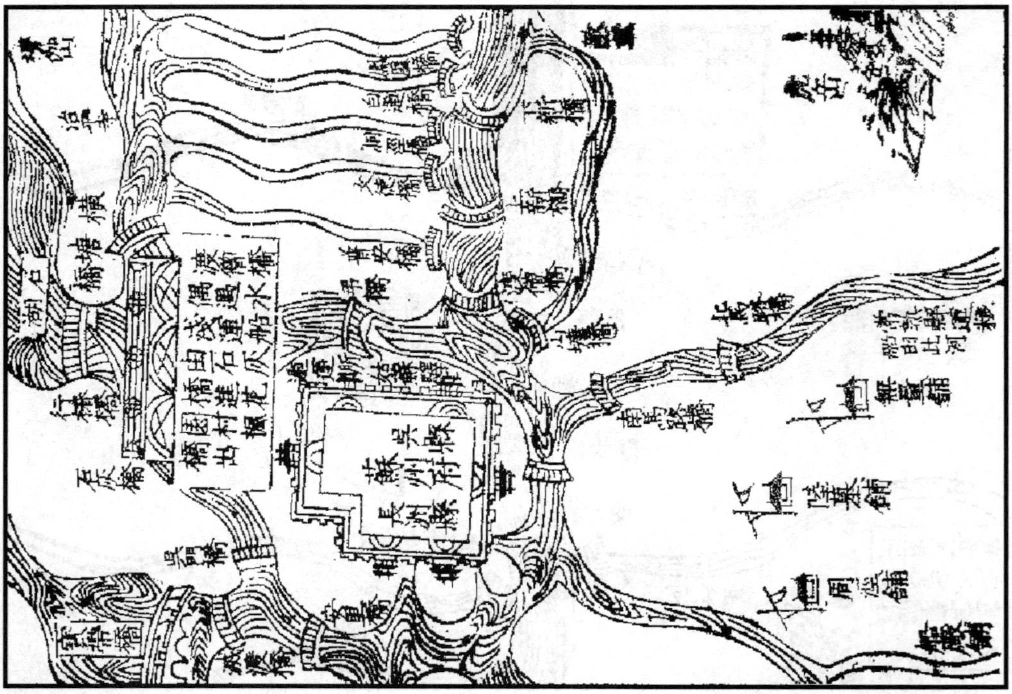

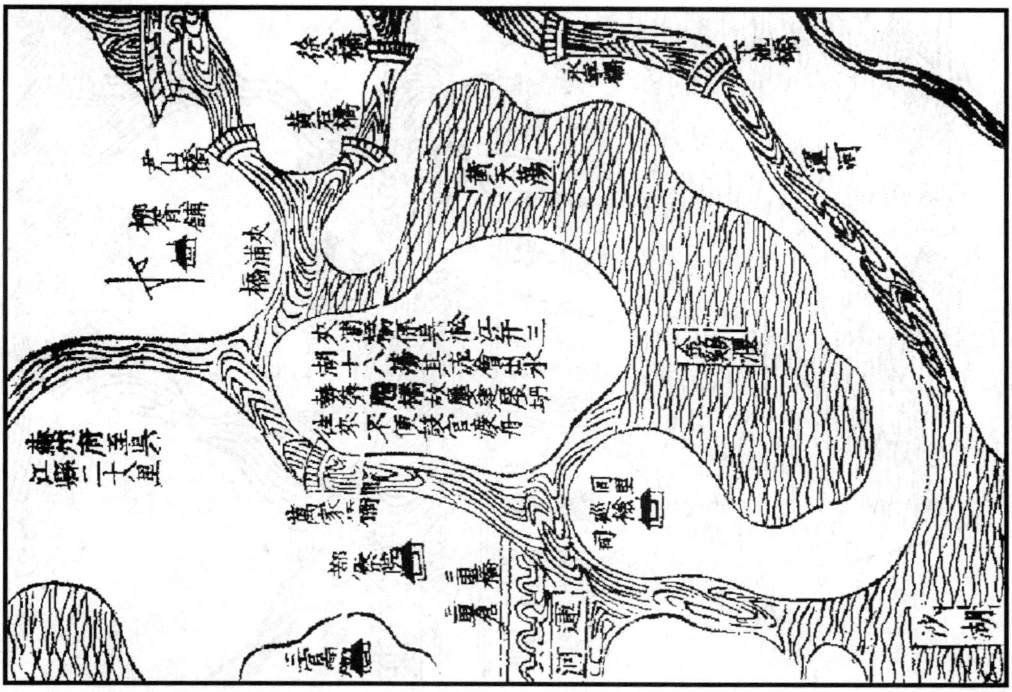

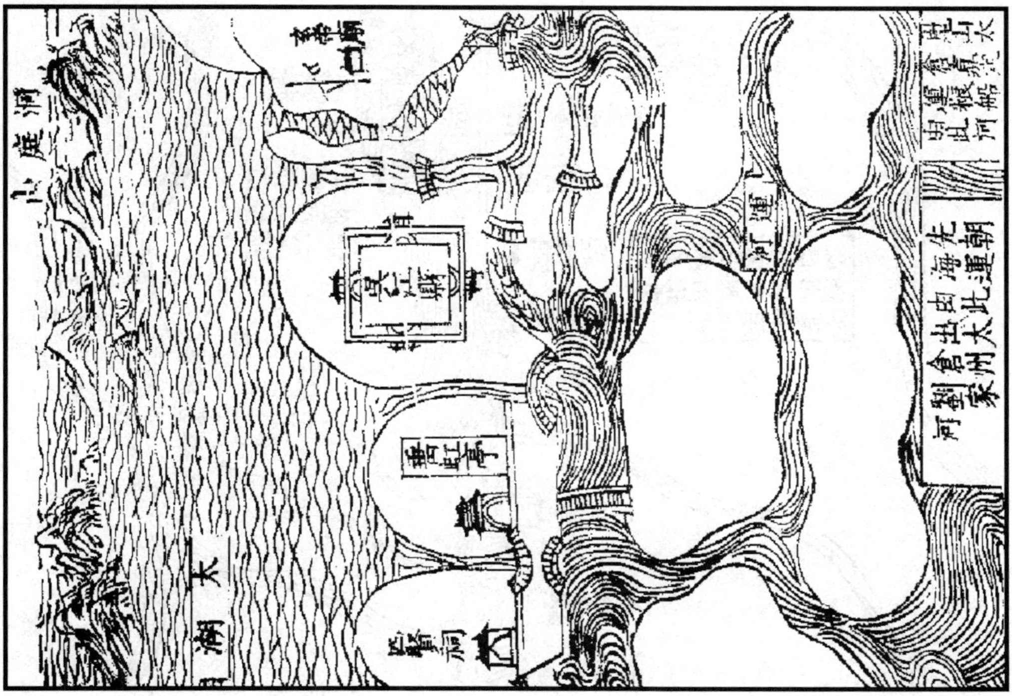

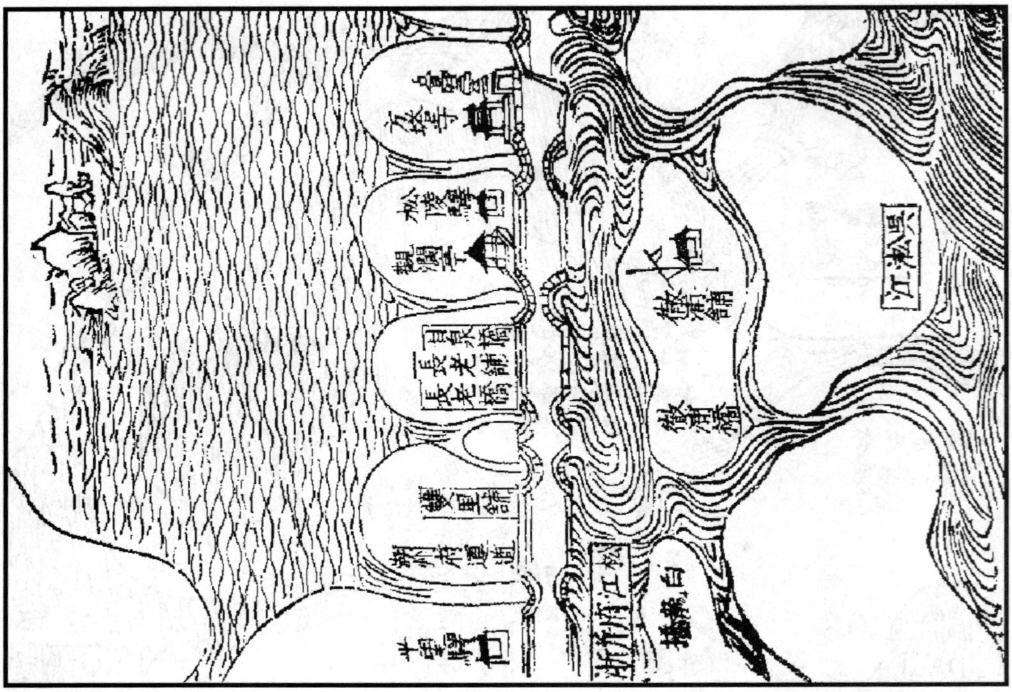

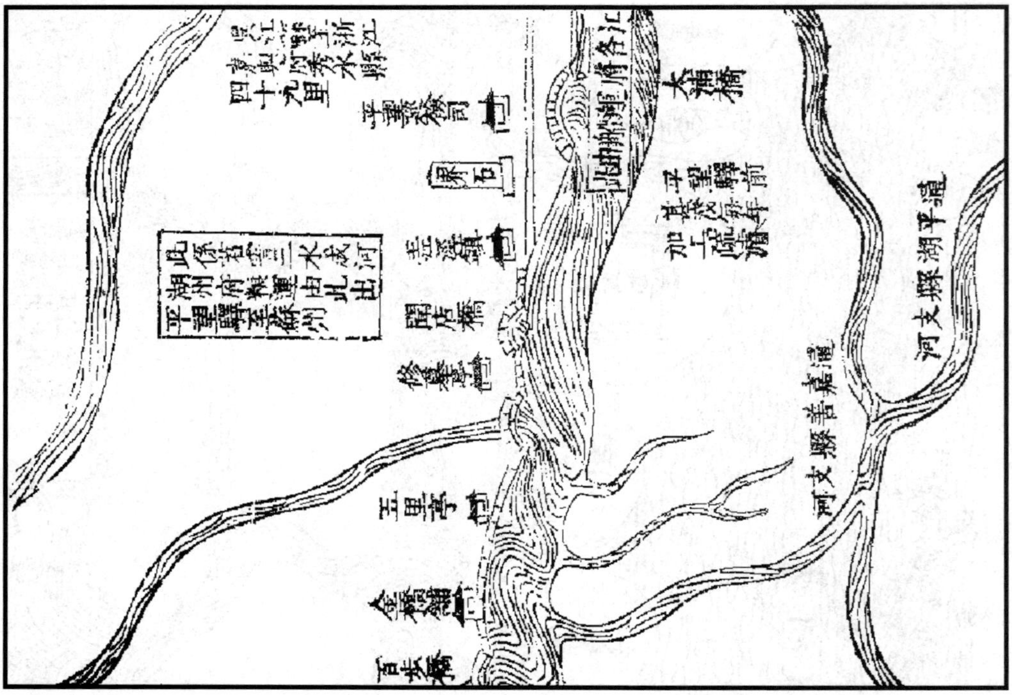

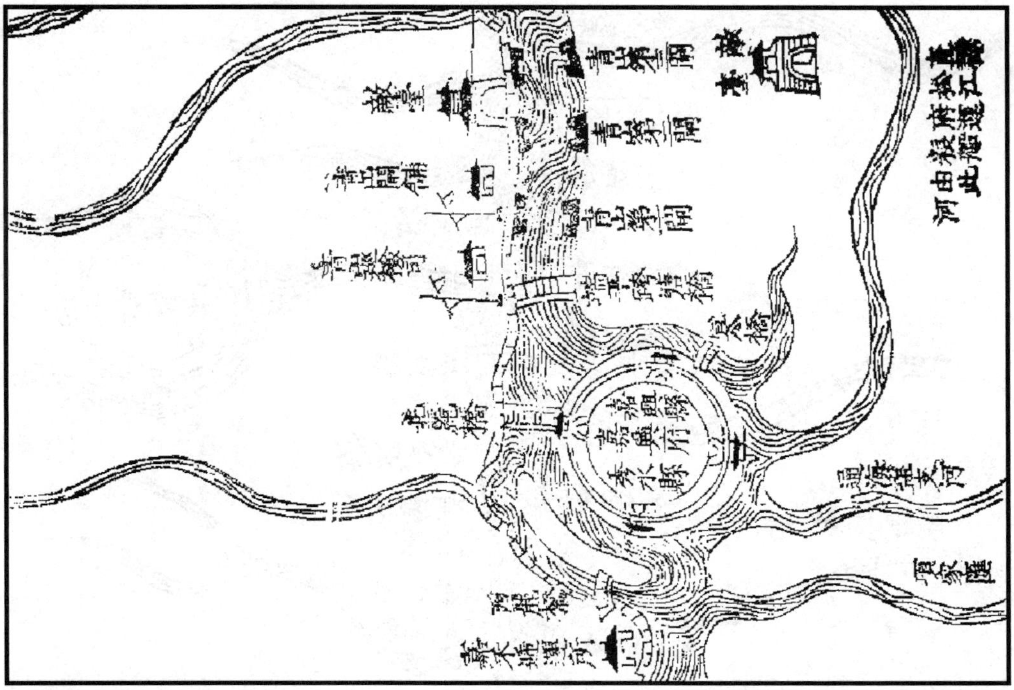
嘉興府
嘉興縣
秀水縣

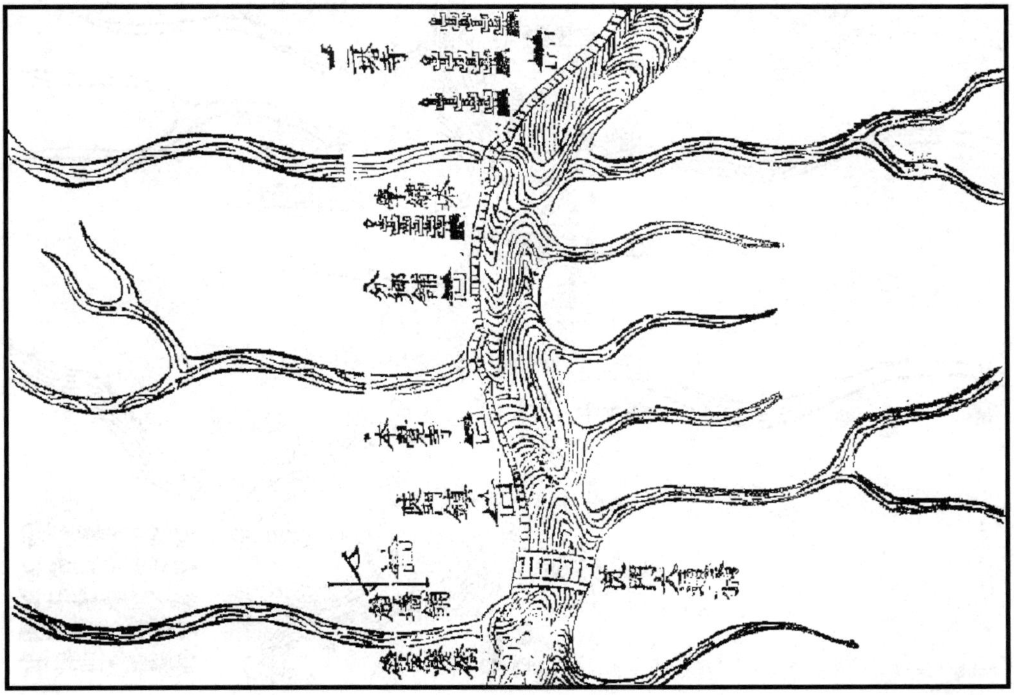

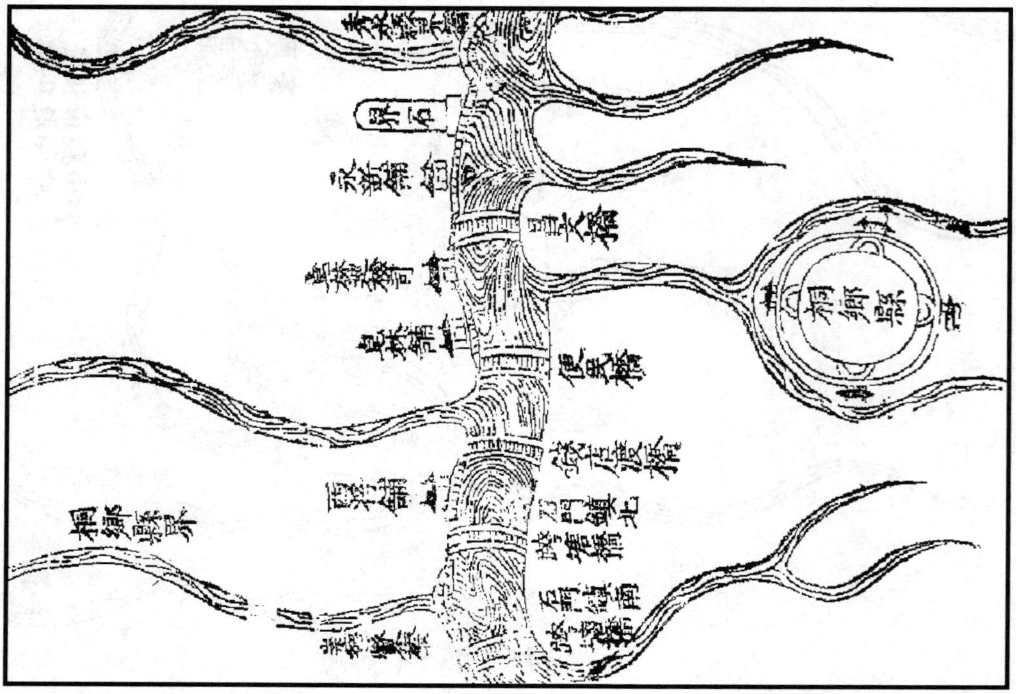
桐鄉縣
桐鄉縣界

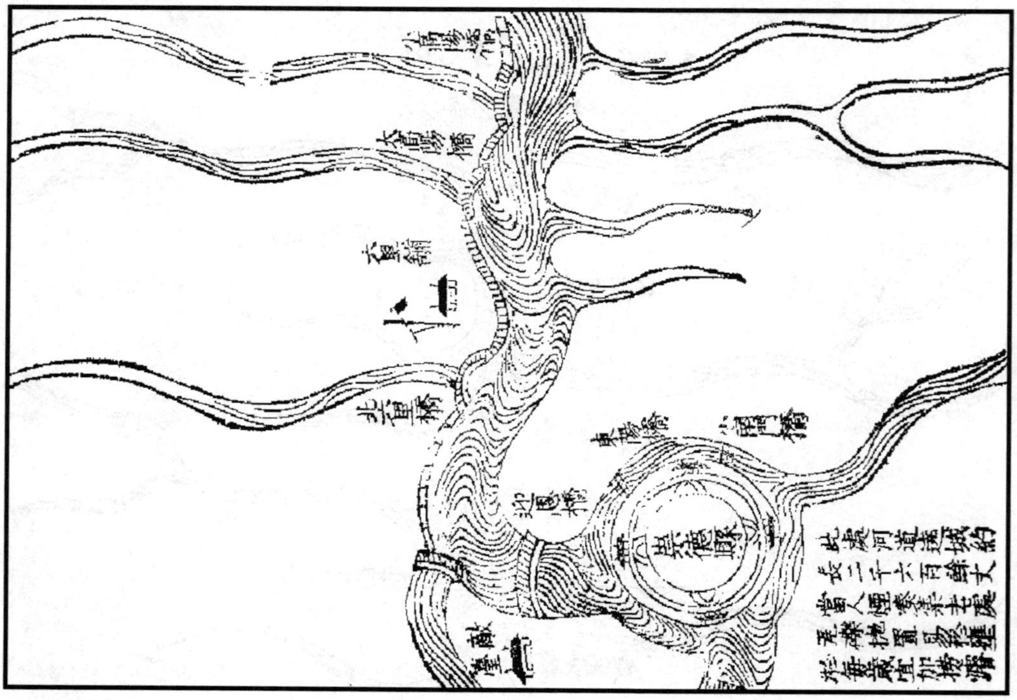
崇德縣
北星橋

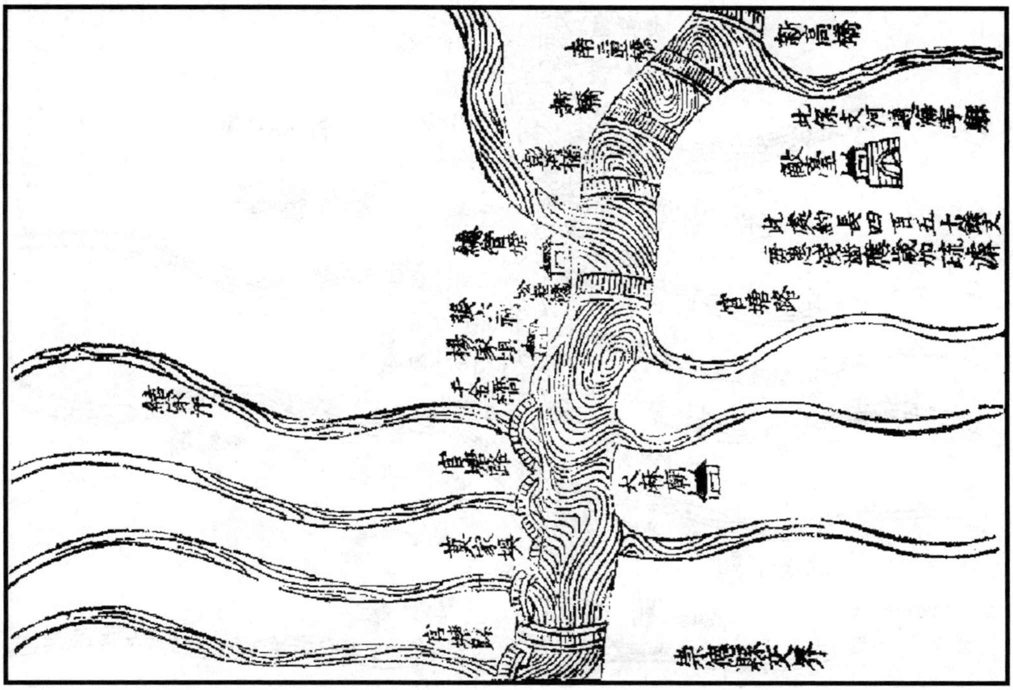

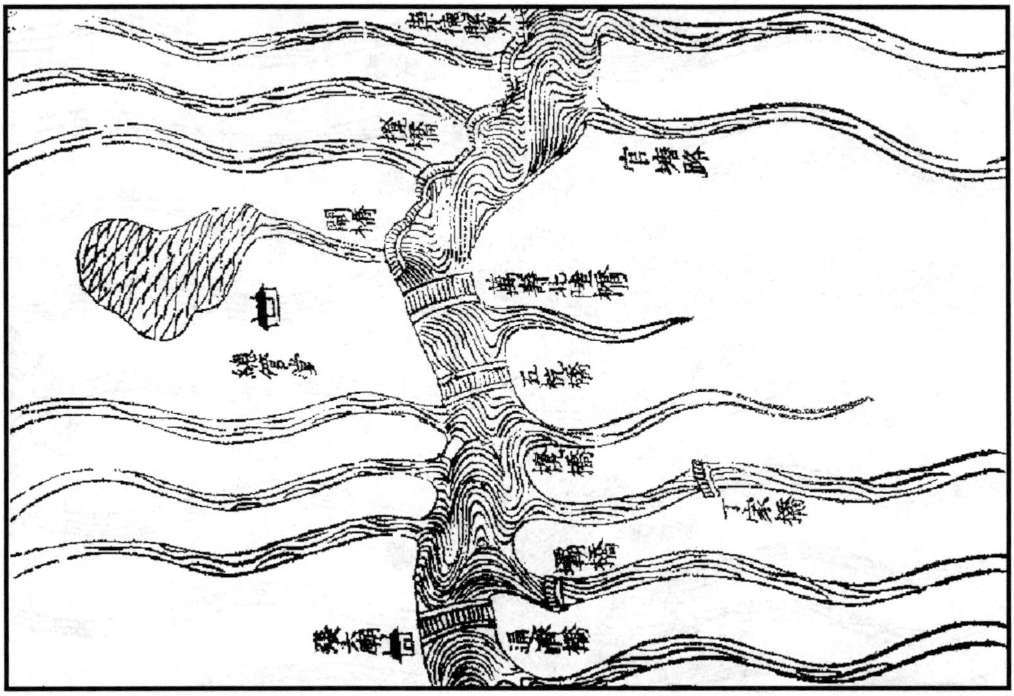

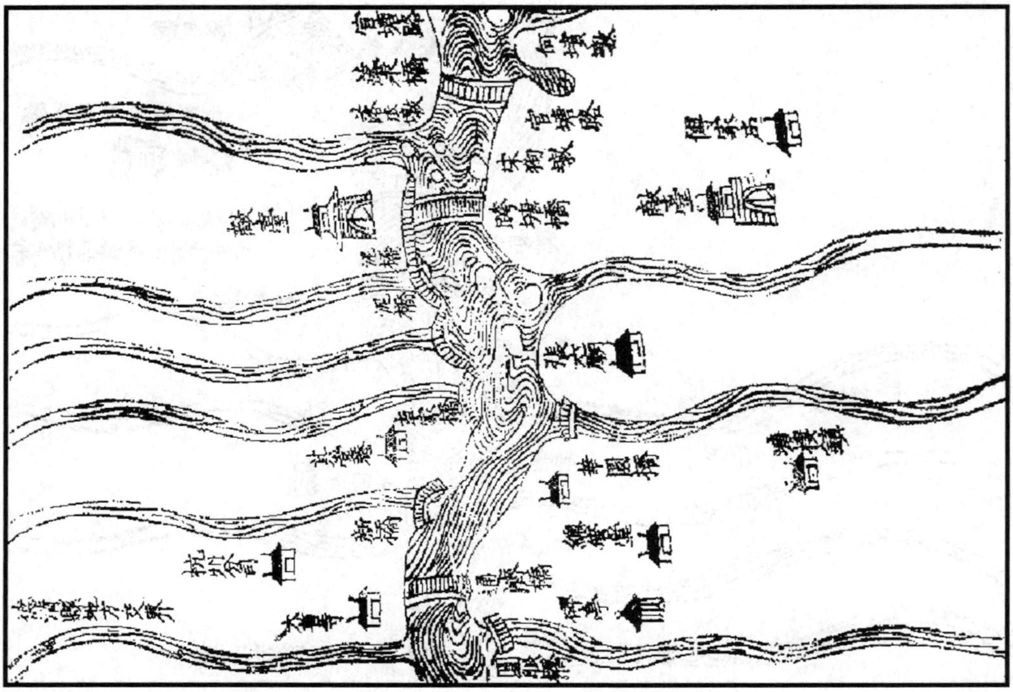

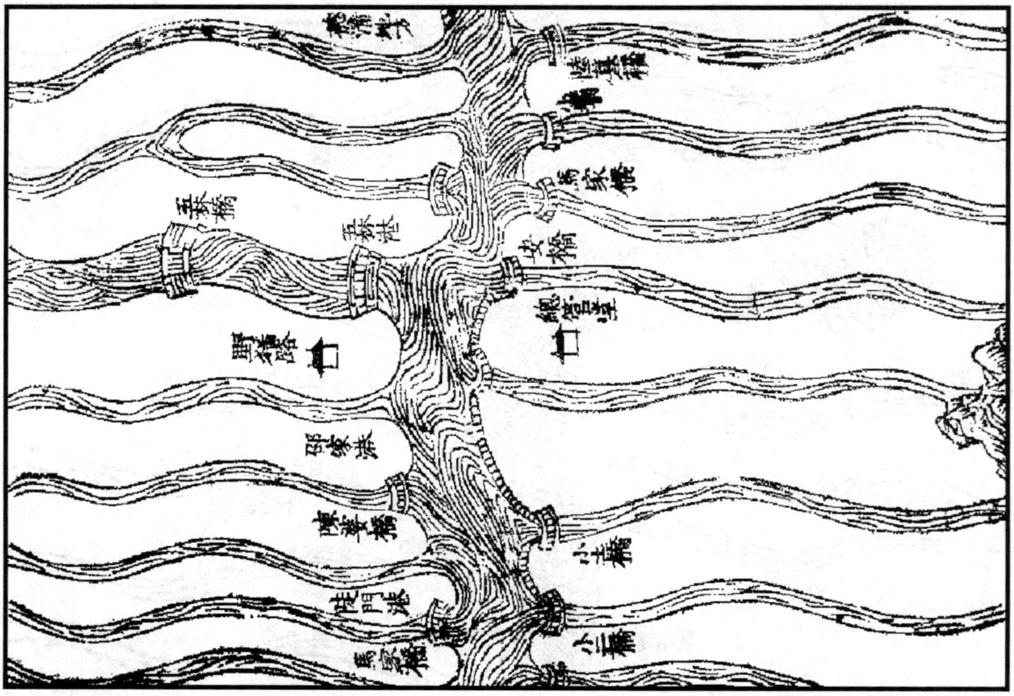

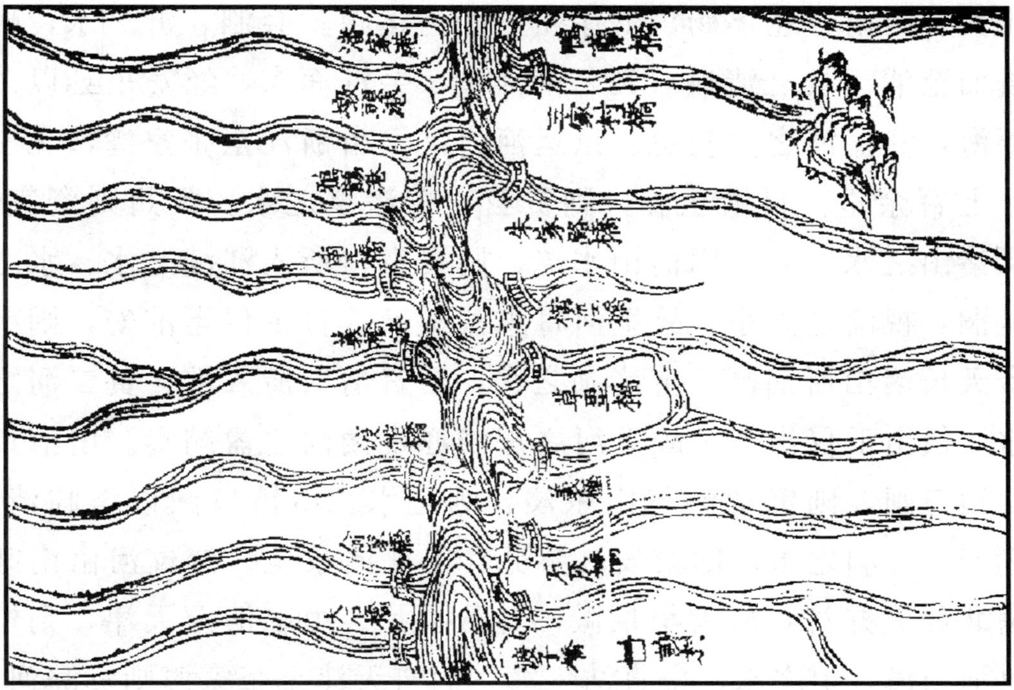

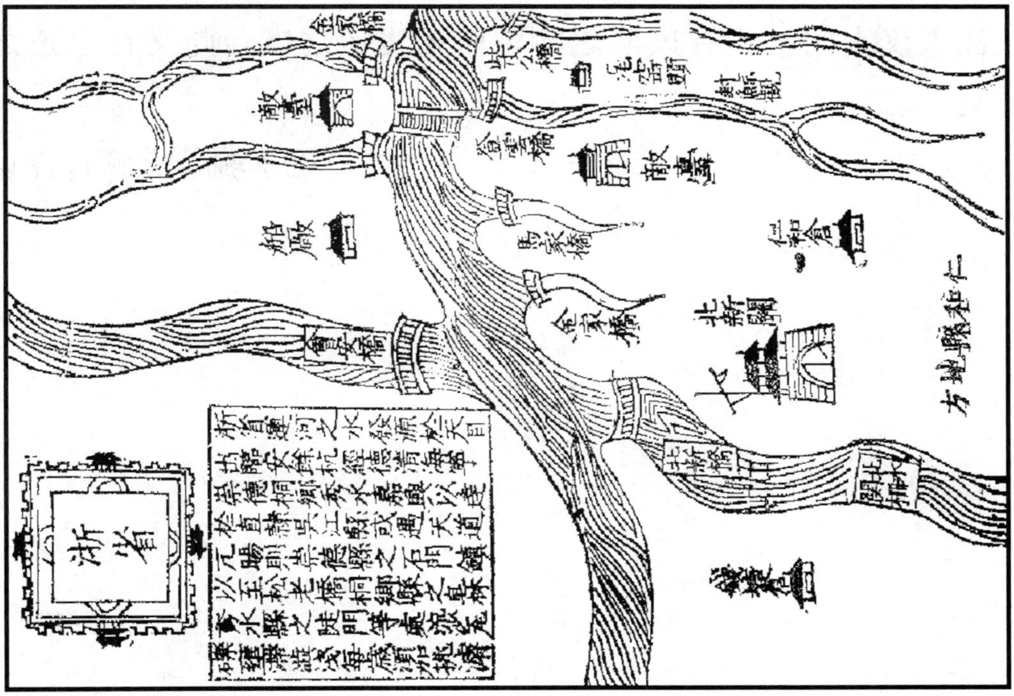

黄河发源于星宿海，绕昆仑，历积石，越西域，逾关陕、山西、河南，经丰砀，出徐州，始为运道。会泗、沂之水，蟺蜿而至清河县之清口，又名南河口。会淮而东，经安东县以入于海，此黄河之大较也。以运河言之，由浙江至张家湾，凡三千七百余里。自浙至苏，则资苕、霅诸溪之水。常州则资宜、溧诸山之水。至丹阳而山水绝，则资京口所入江潮之水。水之盈涸，视潮之大小，故里河每患浅涩云。自瓜仪至淮安，则南资天长诸山所潴高、宝诸湖之水，西资清口所入淮、黄二河之水，俱由瓜仪出江，故里河之深浅亦视两河之盈缩焉。由清口至镇口闸，则资黄河与山东汶、泗之水。由镇口闸以至临清，则资汶、泗之水，即泰安、莱芜、徂徕诸泉也。然汶河由南旺南北分流并济，故天旱泉微，每苦不足。由临清至天津，则资汶河与漳、卫之水，由直沽入海。而自天津至张家湾则资潞河、白河、桑干诸水矣。此运河之大略也。若江西湖广运艘，俱由长江入仪真闸，止有风波之险，而无浅涩之虞，此又在运道之外矣。

臣季驯顿首顿首谨识

卷之二　河议辨惑

或有问于驯曰："河有神乎?"驯应之曰："有。"问者曰："化不可测之谓神。河决而东，神舍西矣；河决而南，神舍北矣。神之所舍，孰能治之?"驯曰："神非他，即水之性也。水性无分于东西而有分于上下。西上而东下，则神不欲决而西；北上而南下，则神不欲决而北。间有决者，必其流缓而沙垫，是过颡在山之类也。挽上而归下，挽其所不欲而归于其所欲，乃所以奉神，非治神也。孟子曰：'禹之治水，水之道也。'道即神也。聪明正直之谓神，岂有神而不道者乎？故语决为神者，愚夫俗子之言，慵臣慢吏推委之词也。"问者曰："彼言天者，非与?"驯曰："治乱之机，天实司之，而天人未尝不相须也。尧之时泛滥于中国，天未厌乱，故人力未至，而水逆行也。使禹治之，然后人得平土而居之，人力至而天心顺之也。如必以决委之天数，既治则曰玄符效灵，一切任天之便，而人力无所施焉，是尧可以无忧，禹可以不治也。归天归神，误事最大，故驯不敢不首白之也。"

或有问于驯曰："宋欧阳修有云：'黄河已弃之故道，自古难复。'而驯之见，舍复故道之外无有也，无乃不可乎?"驯应之曰："修之言，未试之言也，且但云难复，非不可复也。驯尝考之，史曰，汉元光中，河决瓠子，注巨野，后二十余年，武帝自临决河，沉璧投马，群臣负薪塞之，复禹旧迹，而梁楚之地无水灾云。夫禹旧迹非故道乎？堙淤二十余载，而一塞决即复通之，何云故道不可复乎？且即以神禹治水言之，九河曰疏，济漯曰瀹，汝汉曰决，淮泗曰排。传者曰：疏，通也；瀹，亦疏通之意；排、决，皆去其壅塞也。固未尝有开凿之说。故孟子谓之行所无事，而他日告公都子者有，曰：'禹掘地而注之海。'传者恐人以'掘'为疑，即解之曰：掘地，掘去壅塞也。盖天地开辟之初，即有百川，四渎原自朝宗于海，高卑上下，脉络贯通，原不假于人力，岁久湮淤。至尧时泛滥之极，禹不过审其高卑上下之势，去其壅塞湮淤之处，以复天地之故道耳，固未常创掘一河也。吾人知识不逮神禹远甚，乃欲舍故道而另凿一河可乎？禹无论矣，即如贾鲁治河，亦以复故为主，传记可考也。且自我朝以来，徐邳之间，屡塞屡通，如以故道为不可复，则徐邳久为陆矣。藉令欲弃故道而凿新河，无论其无所也，即使得便宜之地而凿之，人力能使阔百丈以至三百丈、深三四丈以至五六丈如故河乎？即使能之，将置黄河于何地乎？如不可置，黄河何择于新故，故则淤，新则不淤，驯不得而知也。尽信书不如无书，修言不足信也。"

或有问于驯曰："沙垫底高之说，何如？"驯应之曰："河底甚深，沙垫则高，理所有也。然以之论于旁决之时则可，非所论于河水归漕之后也。盖旁决则水去沙停，其底自高，归漕则沙随水刷，自难垫底。但沙最易停亦易刷，即一河之中溜，头趋处则深，平缓处则浅，此浅彼深，总不出我范围，此挽水归漕之策必不可缓，而欲挽水者非塞决筑堤不可也。宋臣苏轼《吕梁诗》云：'坐观入市巷闾井，吏民走尽余王尊，岁寒霜重水归壑，但见屋瓦留沙痕。’则比时黄河之水，固尝入市，而河流之沙高于屋矣。自宋迄今，垫而疏、疏而垫者，不知其几，岂可以此而遂欲弃故河哉？故沙垫底高者，乃故道难复之根，而故道难复者，乃别寻他道之根，此说最为膏肓之疾，治河者宜审之。”

或有问于驯曰：“河以海为壑，自海啸之后，沙塞其口，以致上流迟滞，必须疏浚或别寻一路，另凿海口之为得也？”驯应之曰：“海啸之说，未之前闻，但纵有沙塞，使两河之水顺轨东下，水行沙刷，海能逆之不通乎？盖上决而后下壅，非下壅而后上决也。驯尝亲往海口阅视，宽者十四五里，最窄者五六百丈。茫茫万顷，此身若浮，蚤暮两潮，疏浚者何处驻足？若欲另凿一口，不知何等人力，遂能使之深广如旧？假令凿之易矣，又安保其海之不复啸，啸之不复塞乎？旧则塞，新凿者则不塞，非驯之所解也。”

或有问于驯曰：“河由草湾入海，何如？”驯应之曰：“河由淮城北西桥地方入海，此故道也。嘉靖三十年间，河忽冲开草湾，而西桥正河遂塞，连都御史塞之不得，未几自塞，河复归故道。今于万历十六年，河水仍归草湾，而故河复淤，淮城之民恃以安枕矣。查得草湾六十里至赤晏庙复归正河，似亦无碍，但正河之面三百余丈，草湾阔仅三分之一，譬之咽喉狭小，吞咽不及，则徐邳之水消泄未免迟滞，此则可虑耳。今欲挽归正河，人力亦可施者，而清江浦一带居民方恃正河之塞为安，人情难于重拂，而以水势度之，二三年间，恐当复归正河，姑俟之可也。”

或有问于驯曰：“贾让有云：‘土之有川，犹人之有口也，治土而防其川，犹止儿啼而塞其口。’故禹之治水以导，而今治水以障，何也？无乃止儿啼而塞其口乎？”驯应之曰：“昔白圭逆水之性，以邻为壑，是谓之障。若顺水之性，堤以防溢，则谓之防，防之者乃所以导之也。河水盛涨之时，无堤则必旁溢，旁溢则必泛滥而不循轨，岂能以海为壑耶？故堤之者欲其不溢，而循轨以入于海也。譬之婴儿之口旁溃一痈，久之成漏，汤液旁出不能下咽，声气旁泄不能成音，久之不治，身且槁矣，何有于口？故河以海为口，障旁决而使之归于海者，正所以宣其口也。再考之《禹贡》云：‘九泽既陂，四海会同。’《传》曰：‘九州之泽已有陂障，而无决溃，四海之水无不会同，而各有所归。’则禹之导水，何尝不以堤哉？弗之考耳！”问者曰：“堤以防水似矣，水高堤高不将隆堤于天乎？”驯曰：“若谓堤之外即水耶？堤外为岸，岸下为河。平时水不及岸，堤若赘疣，伏秋异常之水始出岸而及堤，然或三日或五日，或七日或旬日，即复落归于漕。驯堤成之后逾十年矣，未尝有分寸之加，何须隆之于天也？”

或有问于驯曰：“贾让有云：‘今行上策，徙冀州之民当水冲者，治堤岁费且万万，出数年治河之费以业所徙之民，且以大汉方制万里，岂其与水争尺寸之地哉？’此策可施于今否？”驯应之曰：“民可徙也，岁运国储四百万石将安适乎？”问者曰：“决可行也？”驯曰：“崔镇故事可考也。此决最大，越三四年，而深丈余者仅去口一二十丈间，稍入坡内，止深一二尺矣。盖住址陆地，非若沙淤可刷，散漫无归之水，原无漕渠可容，且树桩基磉，在在有之，运艘侥幸由此者，往往触败，岂可恃为运道？且运艘经行之处，虽里河亦欲筑堤以便牵挽，乃可令之由决乎？”“然则贾让中策所谓据坚地作石堤，开水门，旱则开东方下门溉冀州，水则开西方高门分河流，何如？”驯曰：“河流不常，与水门每不相值，或并水门而淤漫之。且所溉之地，亦一再岁而高矣，后将何如哉？矧旱则河水已浅，难于分溉，潦固可泄，而西方地高，水安可往？丘文庄谓古今无出此策，夫乃身未经历耶！刘中丞《问水集》中言之甚详，盖名言也。惟宋任伯雨曰：'河流混浊，淤沙相半，流行既久，迤逦淤淀，久而决者，势也。为今之策，止宜宽立堤防，约栏水势，使不大段涌流耳。'此即驯近筑遥堤之意也。故治河者必无一劳永逸之功，惟有救偏补弊之策；不可有喜新炫奇之智，惟当收安常处顺之休；毋持求全之心，苛责于最难之事；毋以束湿之见，强制乎叵测之流；毋厌已试之规，遂惑于道听之说。循两河之故道，守先哲之成矩，便是行所无事。舍此他图，即孟子所谓恶其凿矣！"

或有问于驯曰："黄淮原为二渎，今合而为一矣，而自昆仑千溪万派，如泾渭沁汴诸河，与山东诸泉复合之，又何怪其溢也。为今之计，莫若多穿支河，以杀其势，何如？"驯应之曰："黄流最浊，以斗计之，沙居其六。若至伏秋，则水居其二矣。以二升之水载八升之沙，非极汛溜，必致停滞。若水分则势缓，势缓则沙停，沙停则河塞。河不两行，自古记之。支河一开，正河必夺，故草湾开而西桥故道遂淤，崔镇决而桃、清以下遂塞，崔家口决而秦沟遂为平陆，近事固可鉴也。"问者曰："禹疏九河，何如？"驯曰："九河非禹所凿，特疏之耳。盖九河乃黄河必经之地，势不能避，故仍疏之。而禹仍合之，同为逆河入于海，其意盖可想也。""然则如贾让所云，多穿漕渠，使民得以溉田，分杀水怒可乎？"驯曰："此法行于上源河清之处或可，若兰州以下水少沙多，一灌田中，禾为沙压，尚可食乎？""然则淮清其可分矣？"驯曰："引淮而西，其势必与黄会；引淮而东，则与决高堰而病淮扬无异也。盖河水经行之处，未有不病民者。向有欲自盱眙凿通天长、六合出瓜埠入江者，无论中亘山麓，必不可开，而天长、六合之民非我赤子哉？且所借以敌黄而刷清口者全淮也，淮若中溃，清口必塞，运艘将从何处经行，弗之思耳！更有一节尤为可虑，清口北与黄会，乃祖陵之水口也，若从东再添一口，使淮水反跳而去，大为堪舆家所忌，臣子何忍为之！”

或有问于驯曰：“治河之法凡三，疏、筑、浚是也。浚者，挑去其沙之谓也。疏之不可，奚不以浚而惟以筑乎？”驯应之曰：“河底深者六七丈，浅者三四丈，阔者一二里，隘者一百七八十丈，沙饱其中，不知其几千万斛。即以十里计之，不知用夫若干万名，为工若干月日，所挑之沙不知安顿何处。纵使其能挑而尽也，堤之不筑，水复旁溢，则沙复停塞，可胜挑乎？以水刷沙，如汤沃雪，刷之云难，挑之云易，何其愚，何其拗也！”问者曰：“昔人方舟之法不可行乎？”驯曰：“湍溜之中，舟难维系，而如饴之流，寓坎复盈，何穷已耶？此但可施于闸河，而非所论于黄河也。”

或有问于驯曰：“淮不敌黄，故决高堰避而东也。今驯复合之，无乃非策乎？”驯应之曰：“《禹贡》云：‘导淮自桐柏，东会于泗沂，东入于海。’按：泗沂即山东汶河诸水也，历徐邳至清口，而与淮会。自宋神宗十年七月，黄河大决于澶州，北流断绝，河遂南徙，合泗沂而与淮会矣。自神宗迄今六百余年，淮黄合流无恙，乃今遂有避黄之说耶？夫淮避黄而东矣，而黄亦寻决崔镇，亦岂避淮而北乎？盖高堰决而后淮水东，崔镇决而后黄水北，堤决而水分，非水合而堤决也。”问者曰：“兹固然矣，数年以来，两河分流，小潦即溢，今复合之溢将奈何？”

驯曰："水分则势缓，势缓则沙停，沙停则河饱，尺寸之水皆由沙面，止见其高；水合则势猛，势猛则沙刷，沙刷则河深，寻丈之水皆由河底，止见其卑。筑堤束水，以水攻沙，水不奔溢于两旁，则必直刷乎河底，一定之理，必然之势，此合之所以愈于分也。"

或有问于驯曰："河既堤矣，可保不复决乎，复决可无患乎？"驯应之曰："纵决亦何害哉？盖河之夺也，非以一决即能夺之。决而不治，正河之流日缓，则沙日高，沙日高则决日多，河始夺耳。今之治者，偶见一决，凿者便欲弃故觅新，懦者辄自委之天数，议论纷起，年复一年，几何而不至夺河哉？今有遥堤以障其狂，有减水坝以杀其怒，必不至如往时多决。纵使偶有一决，水退复塞，还漕循轨，可以日计，何患哉？往事无论矣，即如万历十五年，河南刘兽医等堤共决十余处，淮安河决范家口、天妃坝二处，上廑宵旰，特遣科臣督筑，筑后即成安流，此其明征矣。故治河者惟以定议论、辟纷更为主，河决未足深虑也。"

或有问于驯曰："堤以遥言，何也？"驯应之曰："缕堤即近河滨，束水太急，怒涛湍溜，必至伤堤。遥堤离河颇远，或一里余，或二三里。伏秋暴涨之时，难保水不至堤。然出岸之水必浅，既远且浅，其势必缓，缓则堤自易保也。"或曰："然则缕可弃乎？"驯曰："缕诚不能为有无也。宿迁而下，原无缕堤，未尝为遥病也。假令尽削缕堤，伏秋黄水出岸，淤留岸高，积之数年，水虽涨不能出岸矣。第已成之业，不忍言弃。而如双沟、辛安等处，缕堤之内，颇有民居，安土重迁。姑行司道官谕民五月移住遥堤，九月仍归故址。从否固难强之，然至危急之时，彼亦不得不以遥堤为家也。"问者曰："缕不去，则两堤相夹，中间积潦之水，或缕堤决入黄流，何处宣泄?”驯曰：“决可入水，亦可出水，水落之后，放水归漕无难也。纵有积涝，秋冬之间，特开一缺放之，旋即填补亦易易耳。若无格堤处所积水顺堤直下，仍归大河，犹不足虑矣。”

或有问于驯曰：“遥堤之筑是矣，而直河至古城一带，何以不筑?”驯应之曰：“此地俱隶宿迁，内有落马、侍丘等湖，湖外高冈环绕，乃天然遥堤也。黄水暴涨则灌入诸湖，黄水消落则诸湖之水随之而出，已经题覆如后，不敢赘也。”问者曰：“桃、清二县之北亦有诸湖联络，何以筑之?”驯曰：“湖与宿同，而湖外皆系洼地，水从五港灌口出海，故崔镇一决而桃、清遂涸，此则与宿异耳。”问者曰：“止筑北岸，而南岸自马厂坡而下何以不筑?”驯曰：“此处岸外即系淮河，势能敌黄，黄水泛滥，未免灌入，黄落仍归故渠，不能夺河，故不筑也。”

或有问于驯曰：“两堤并峙，重门御暴，又何需于减水坝也?与其多费以筑减水之坝，宁若留决之为愈乎，且与支河何异也?”驯应之曰：“防之不可不周，虑之不可不深。异常暴涨之水，则任其宣泄，少杀河伯之怒，则堤可保也。决口虚沙，水冲则深，故掣全河之水以夺河，坝面有石，水不能汕，故止减盈溢之水，水落则河身如故也。俱建于北岸者，欲其从灌口入海也。”问者曰：“今四坝何以不泄水也，无怪乎议者之欲毁也?”驯曰：“初创之时，伏秋水泄，喧声若雷，日久河深，深则可容异常之水，何尝不泄，特不常也。且所谓减水坝者，减其盈溢之水也，不溢则已，何必减?为留之以待异常之水可也。”

今将都给事中常勘覆原题附载集中。

一、停拆三坝，以保成功。查得万历七年，该总督潘经略两河塞决固堤，虑缕堤束水太急，恐有奔溃也，远创遥堤以广容纳。又虑遥堤涓滴不泄，恐有啮刷也，创建滚水坝以便宣泄。崔镇、徐升、季太等坝，皆因地势卑下，使水易趋，原以防异常之涨，非以减平漕之水也。数年以来，束水归漕，河身渐深，水不盈坝，堤不被冲，此正河道之利矣。议者欲将三坝拆落，用心良苦。职量得崔镇坝石顶去地仅二尺八寸，视遥堤低七尺；徐升坝石顶去地仅二尺五寸，视遥堤低七尺三寸；季太坝石顶去地仅二尺，视遥堤低八尺。三坝临水河岸离水面各八九尺一丈不等，较之三坝各高三四尺不等。是河岸甚高，石坝原低，每遇伏秋，水高于岸，即从各坝滚出，其不得出坝者，乃不得出岸者也。欲分水势，坝可拆矣，一带河岸可尽削耶？据乡民毕九皋、冯吉、赵伦等诉称，坝外水乡，渐成膏腴，逃徙之民，近方归业。若欲将坝改拆二层，是为无坝。先年河从此决，又可虞矣。酌之事势，仍旧为便。已经工部覆奉钦依讫。

或有问于驯曰："高家堰之筑，淮扬甚以为便，而泗州人苦其停蓄淮水，何也?"驯应之曰："此非知水者之言也。夫高堰居淮安之西南隅，去郡城四十里而近，堰东为山阳县之西北乡，地称膏腴，堰西为阜陵、泥墩、范家诸湖，西南为洪泽湖，淮水自凤泗来，合诸湖之水出清口，会黄河经安东县出云梯关以达于海，此自禹迄今故道然也。堰距湖尚存陆地里许，而淮水盛发，辄及堰。秦周以前无考矣，史称汉陈登筑堰御淮，至我朝平江伯陈瑄复大葺之，淮扬恃以为安者，二百余年。岁久剥蚀，而私贩者利其直达以免关津盘讦，往往盗决之。至隆庆四年大溃，淮湖之水泽洞东注，合白马、氾光诸湖，决黄浦、八浅，而山阳、高宝、兴盐诸邑汇为巨浸。每岁四五月间，淮阴畚土塞城门，穴窦出入，而城中街衢尚可舟也。淮既东，黄水亦蹑其后，浊流西泝，清口遂堙，而决水行地面，宣泄不及清口之半，不免停注上源，而凤阳寿、泗间亦成巨浸矣。故此堰为两河关键，不止为淮河堤防也。驯戊寅之夏，询之泗人曰：‘凤、泗之水蓄于高堰未决之前乎，抑既决之后也？’佥曰：‘高堰决而后蓄也。’‘清口塞于高堰未决之前乎，抑既决之后也？’佥曰：‘高堰决而后塞也。’驯曰：‘堰决而塞，筑则必通；堰决而蓄，筑则必达。堰成而清口自利，清口利而凤泗水下。驯何疑乎？遂锐意董诸臣筑之。二月决工告竣，而清口遂辟。七月堤工告成，而清口深阔如故。八月河水大退，高堰外水及堤址者，仅一百五十丈，余皆干地。再询泗州之水，尽已归漕，膏腴可耕，而泗州人士始谓高堰之当筑矣。”问者曰：“然则每岁伏秋泗水何复涨也？”驯曰：“淮水发源于河南之桐柏山，挟汝决穷颍肥濠等处七十二溪之水，至泗州下流，龟山横截河中，即《祖陵赋》中所云‘下口龟山不等闲，湾如牛角，势样非凡’者是也。故至泗则涌，譬之咽喉之间，汤饮骤下，吞吐不及，一时扼塞，其势然也。且淮涨于泗，即黄涨于河南徐邳也。每岁伏秋皆然，自古及今无异。泗州水困，黄遏淮矣，河南徐邳水困，又谁遏之乎？盖两水发有先后，各有消长，泗人见牛未见羊耳。再查万历六年以前，黄决崔镇而北，淮决高堰而东，两河风马牛不相及矣，而泗州之告水灾者无岁无之，石护祖陵东麓及泗州护城堤，皆其时也，亦岂有黄遏之乎？”

今将考订志传卷牍中语开列于后。

计开：

一、《禹贡》云：“导淮自桐柏，东会于泗沂，东入于海。”

职按：泗、沂即山东汶河诸水也，历徐邳至清口，而与淮会。宋神宗后黄决而南，遂并泗沂而与淮会矣。故昔之东会于泗沂，即今之东会于黄也。

一、《中都志》云：“淮河自五河东来，经州城南，东至清河口，会泗水东入海。”

职按：泗即泗沂之泗，清河口即清口也。此与《禹贡》所云无异。要之淮由清口入海，自禹迄今故道。今云清口板沙若门限然，欲舍故道而出高堰，似不可也。

一、《地理心学》云：“祖陵龙脉，发自中条，王气攸萃。前潴水成湖，作内明堂；淮河、黄河合襟，作外明堂。淮上九峰插天为远案。黄河西绕，元末东开会通河绕之，而圣祖生矣。”

职按：黄淮二河合襟，谓之水会天心，实祖陵钟灵毓秀之吃紧处也。今欲纵淮出高堰，是分两河为二道，且过宫反跳，为堪舆家大忌，臣子何敢轻议？

一、《中都志》与《欧阳文集》载宋臣欧阳修《先春亭记》，其略有云，景祐三年，泗守张侯问民之所素病，而治其尤暴者，曰：“暴莫大于淮。”明年春，作城之外堤，因其旧而广之，高三十三尺，土实石坚，捍暴备灾，可久而不坏。又曰：“泗，天下之水会也。”先时岁大水，州几溺，张侯夏守是州，筑堤以御之，今所谓因其旧者是也。

职按：修曰尤暴者莫大于淮，则知淮之为暴于泗旧矣；曰堤高三十三尺，则知水之高矣；大水几溺州，而先后州守惟以筑堤为事，则知御淮之策舍堤之外无策矣。今查泗州护城堤高不及宋三之一，是今之水较宋为甚小矣。再查黄河自宋神宗十年七月大决于澶州，北流断绝，河遂南徙，合南清河而入于淮。而先臣丘浚《大学衍义补》曰：“此黄河入淮之始，则仁宗景祐三年黄河尚未会淮，业已为泗州暴矣。今乃归罪于黄，或未可也。”

一、查得泗州旧志载元知州韩居仁所撰《淮水泛涨记》内称，大德丁未夏五月，淮水泛涨，漂没乡村庐舍，南门水深七尺，止有二尺二寸未抵圈砖顶，城中居民惊惧。因考宋辛丑之水大此二尺，丙寅小此二尺，今取高低尺寸刊之于石，以后水涨，官民视此勿惊惧云。

职按：韩居仁记此以慰泗州官民，令其勿惊勿惧，良工之心可谓独苦，且以州守载州事，必无不真者。夫云漂没乡村庐舍，未抵城门圈砖顶者止二尺二寸，宋辛丑之水大此二尺，则已抵城门圈顶无疑矣。宋元泗州水患景象如此，此与欧阳文忠公所云“暴莫大于淮”“州几溺者”可为互相参考。比时已有高堰，官民何不请毁？如其无堰，则水涨与堰无预矣。今乃归罪于堰，不亦过乎！

一、嘉靖十四年，先任总理河道都御史刘天和题勘议都御史朱裳所请“祖陵东西南三面，量筑土堤，以障泛溢”，内开行据直隶兵备佥事李宗枢呈称：据泗州知州李天伦、留守司佥书指挥佥事张佑、凤阳府知府刘佐、泗州卫掌印指挥同知张镗并奉祀朱光道等伏瞻，祖陵在泗州城东北，相距一十三里，坐北向南，地俱土冈。其冈西北自徐州诸山发脉，经灵璧、虹县逶迤起伏数百里而来，会秀含灵，至兹聚止。陵北有土冈联络倚负，南有小冈横亘依凭。小冈之北，间有溪水涨流，先年置桥利涉，凡谒陵官员俱至此下马。是西北二面土冈联属，永奠无虞。其南面小冈之外即俯临沙湖，西有陡湖之水，亦汇于此。沙湖之南为淮河，自西而来，环绕东流，上有塔影、芦湖、龟山、韩家、柯家等湖。但遇夏秋淮水泛涨，则西由黄冈口，东由直河口，弥漫浸溢，与前项湖河诸水通连会合，间或淹及冈足及下马桥边。惟正德十二年大水异常，涨至陵门，遂侵墀陛，此则旷百年而一见也。今欲遵奉原题，东西南三面量筑土堤一节，职等浅见：欲自下马桥边及林木左右筑堤，则板筑震惊，锸斧掘伐，关系匪细，固非职等所敢轻议；欲自陵前平地筑堤，则积水长盈，群工难措，抑且远无所御，近有所妨，亦非职等所敢轻议；又欲东自直河口，西自黄冈口，上下五十余里间远筑围绕，但恐此堤一成，淮河一时泛涨之水虽稍能障蔽傍溢，而陵前湖河诸水又将阻遏北侵，名虽防河，实则蓄水，远流未及为患，而近水先有可忧者矣，尤非职等所敢轻议也；又据匠役王良等量得自淮河见流水面至岸地北水高七尺，又自岸至下马桥边地高八尺四寸，桥边至陵门地高六尺，陵门地至陵地高一尺七寸，共高二丈三尺一寸，况基运山虽俱土冈，百余年来每岁水溢，未闻冲决，实我三祖陵寝万年根本之地，百祥肇始之区，委的事体重大，未敢遽拟等因到职。随该职公同各官恭诣祖陵，伏瞻环仰，博访备询，亦与各官会议相同。窃惟祖陵数百年来，奠安已久，今一旦添筑土堤，虽水患固当预防，而工役岂宜轻动，委的事体重大，非职等所敢轻议等因。

职按：前疏系嘉靖十四年所题，地势水势，颇为明悉。据称，陵地迥高二丈三尺一寸，则虽极大之水亦无高出玄宫者。且陵前湖河诸水，向来伏秋涨溢如此，要知非筑高堰后始然矣。

一、查据泗州申称万历三年该奉祀朱宗唐具题蒙南京工部委主事郭子章前来，会同颍州兵备道，勘得水势汹涌，风浪冲击，崖岸逐渐坍塌，逼侵柏林，包砌石工，计长二百二十六丈，至万历五年工完等因。及查巡按邵亦于此时行州，将护城堤用石包砌，至今赖之，称为邵公堤。

按：前开工程，皆职未任时事，比时淮水竟从高堰决冲淮扬郡邑，黄水从崔镇决出五港入海，两河已不会于清口矣。无堰可阻，无黄可遏，而其势如此。则今之水涨，亦未可归咎黄与堰也。且比时更无别策，惟有护堤一事，毁堰之说委难轻议。

或有问于驯曰："高堰之筑是矣，而南有越城并周家桥，淮水暴涨从此溢入白马湖，宝应县湖水遂溢，此与高堰之决何异?"驯应之曰："驯与司道勘议已确，筹之熟矣，其不同者有三，而其必不可筑者一：夫高堰地形甚卑，至越城稍亢，越城迤南则又亢，故高堰决则全淮之水内灌，冬春不止，若越城周家桥则大涨乃溢，水消仍为陆地，每岁涨不过两次，每溢不满再旬，其不同一也；高堰逼近淮城，淮水东注，不免盈溢，漕渠围绕城廓，若周家桥之水即入白马诸湖，容受有地而淮城晏然，其不同二也；淮水从高堰出，则黄河浊流必溯流而上，而清口遂淤，今周家桥止通漫溢之水，而淮流之出清口者如故，其不同三也；当淮河暴涨之时，正欲藉此以杀其势，即黄河之减水坝也，若并筑之则非惟高堰之水增溢难守，即凤泗亦不免加涨矣。""然则即于周家桥疏凿成河，以杀淮河之势，何如?"驯曰："漫溢之水不多，为时不久，故诸湖尚可容受。若疏凿成河，则必能夺淮河之大势，而淤塞清口，泛溢淮扬之患，又不免矣。况私盐商舶由此直达，宁不坏鹾政而亏清江板闸之税耶?"

或有问于驯曰："向来河堤之决，人皆归罪于河之猖獗，堤不能障，有之乎?"驯应之曰："河势自无不猖獗者，譬之狂酋悍虏，环城而攻，惟在守城者加之意耳。往事无论矣，即如近岁范家口之堤，汕刷者十八，管河官置之若弃，人以告者，辄重笞之，能无决乎?决后官夫避罪，辄委之于河，而上官亦恐以此得罪，议论纷起，而河之罪不可解矣。譬之盂中之水至静也，执事者不戒于盂，偶损一隙，则水必从隙迸出，主人不以治盂，而以罪水，冤哉水乎！良可叹也。"

或有问于驯曰："老黄河之说，何如?"驯应之曰："老黄河之说吾未之前闻也。考之郡志，止有大清河、小清河，注云即泗水之末流，源出泰安州，至县西北三汊口分为二河，大清河由治东北入淮，小清河由治西南入淮。是黄未会淮之时，泗沂之水或经于此，并无所谓老黄河者。今据淮人云，自桃源县三义镇经毛家沟、渔沟等处出大河口，谓之老黄河故道。殊不知大河口去见行清口仅五里许，至此复与黄会，何能遽杀清浦、泗州水势？若如近议，欲改从叶家冲、周伏三庄、瓦子滩入颜家河，则自渔沟而北，又非老黄河故道矣。深阔须照见行之河，方能改旧。无论开掘之难，工费之巨，而开通之后，自三义镇迤东一带河道必至淤塞，运艘岂能飞渡？矧泗州之水，自古及今皆然，志传开载甚明。所谓老黄河者，去泗二百余里，去清口亦四十余里，岂能远泄泗州之水？此言甚易惑人，既非志乘有据之言，又非合众通方之论，执己见以淆国是，如之何其可哉？累经勘议，并未有考订详确阐发明悉者。若知泗州伏秋淮水之涨即如徐邳、河南每岁黄河之涨，必不可免，止宜堤防，则其议自息矣，其说详具淮、黄交会白。”

或有问于驯曰：“昔年徐、吕二洪，怪石嶙峋，上浮水面，湍激之声，如雷如霆，舟触之必败。今皆无声，行者若履坦途，得非沙掩其上而然乎？”驯应之曰：“二洪本体甚高，沙能掩之，是无徐州矣。徐洪于嘉靖二十年为主事陈穆所凿，吕梁洪于嘉靖二十三年为主事陈洪范所凿，巉岩突屹之石，一切削而平之，铲而卑之。今河中之回澜亭即洪基也，又安望其有声耶？皆有碑志可考，不必辩也。”载在《古今稽证》卷中。

或有问于驯曰：“徐州城当伏秋水发之时，河高于地，以至城中雨水难泄，人甚苦之，奈何？”驯应之曰：“此不特徐州为然也。滨河州县皆有之，如凤阳之泗州、河南之虞城等县皆然。

至如河南省城，则河面高于地面丈余矣，一城之命悬于护城一堤，谨谨修守而已。城中积水，惟有车戽之法，而土人颇不惯此，垫土增高，亦是良策。而填筑工费不赀。官街衙舍，尚可努力为之，小民未必能办。若欲为长久之计，则惟有比照宿迁县迁城事例，而士民安土重迁，未必乐从。查得徐南地势颇洼，开浚一渠，纵之由符离集出小河口，亦一策也。”或曰：“黄河旧由新集经萧县蓟门出小浮桥，河水尚未至此，今由石城出浊河，皆系民间陆地，原非河身，来源既高，故下流河底亦高耳。”驯曰：“否否。自宋熙宁十年，黄河南徙会淮，水即高于地矣，故苏轼守徐，有‘入市巷闾井’‘屋瓦留沙痕’之说。且河南来源未之有改，而河流之高于省地也，又何故哉？此其河势地形高卑，原自如此，亦难强图。讶徐州者，若知河南省城形势，或自息喙矣。”今从开渠之议，积水尽泄，详见后疏。

或有问于驯曰：“清江浦一线之堤，广者不过三四十丈，窄者仅二十余丈，两河扫汕，能无虑乎？”驯应之曰：“陈平江开凿清江浦一带，通河济运，所留堤址，原只如此。”问者曰：“何以征之？”驯曰：“不观车盘伍坝乎？伍坝去河仅二十余丈，进船水沟，每为浊流所淤，常事捞浚。如更广也，何以能车盘也？今河由草湾、清江浦，淤沙稍远，船遂不能进矣，此正陈平江之妙用也。又不观之惠济祠前之石堤乎？乃宣德年间之所筑也，其广亦不满二十丈。此古迹也，岂亦剥削而然哉？且各处遥、缕堤面广不过二丈余，尚欲恃以为固，矧于二十丈者乃云不能守乎？若每岁埽护之工，及矶嘴坝之筑，则不可少耳。”

或有问于驯曰：“开复新集旧河之议，何如？”驯应之曰：“此全河之利也。查得黄河故道，自虞城以下，萧县以上，夏邑以北，砀山以南，由新集历丁家道口、马牧集、韩家道口、司家道口、牛黄堌、赵家圈至萧县蓟门，出小浮桥，此贾鲁所复故道，诚永赖之业也。后因河南水患颇急，另开一道，出小河口，意欲分杀水势，而不知河不两行，本河渐涩。至嘉靖三十七年，河遂北徙，忽东忽西，靡有定向，行水之处即系民间住址陆地，水不能刷，冲不成槽，虽一望茫然，而深不及丈，梁楼沟、北陈等处，不及二尺。今大势尽趋浊河，小浮桥不过十之一二矣。夫黄河并合万余里间千溪万派之水，澎湃湃激，势若奔马，陡然遇浅，形如槛限，其性必怒，奔溃决裂之祸，驯恐不在徐邳而在河南、山东耳。水从上源决出，则运道必至浅阻。嘉靖二十年间，河决亳州，而二洪干涸，往事固可鉴也。且浊河漫溢，坡水皆由地面，徐州以下之渠，不能着底冲刷，以致河水易盈，堤防甚为艰苦，尤可虑也。驯于万历六年具疏请复，而河南、山东当事之臣，颇畏劳费，会疏请止。夫欲复此河，非百万金不可，委非细故。”然其葺篱于亡羊之后，似不若彻土于未雨之前也。姑志之以为后日左券，原题小疏，具载集中。

或有问于驯曰：“泇河、胶河与海运之议，何如?”驯应之曰：“二河之不可成，备载勘议诸臣之疏，一览自悉，然驯之意则谓不当辩其可成与否也。假令胶泇告成，海运无阻，将置黄淮于不治乎，亦将并治之也?夫治河之策，莫难于我朝，而亦莫善于我朝。盖自元宋以前，惟欲避河之害而已，故贾让不与河争之说为上策。自永乐以后，由淮及徐，藉河资运，欲不与之争得乎?此之谓难。然以治河之工，而收治漕之利，漕不可以一岁不通，则河不可以一岁不治，一举两得，乃所以为善也。故元宋以前，黄河或北或南，曾无宁岁，我朝河不北徙者二百余年，此兼漕之利也。今欲别寻一道，遂置两河于不治，则尧舜之时，泛滥于中国者，此河也。纵使漕艘无阻，民可得而食乎？况胶河去河尚远，若洳河必从直河、沂河等处出口，复与黄合，而中段相隔之地，近者仅三四里，每岁水涨，势必漫入，可不治乎？如欲并治，则张官置吏，设夫备料，岁费不赀，一之不支，其可再乎？至于海运之说，尤为支漫，往岁已有明鉴，不必渎陈。卷查万历五年十二月内节奉圣旨：'近来河淮为患，民不安居，朕何尝一日不以为念，先年以运道梗塞，不惜重费，欲别求一道，以利转漕，乃议者谓治河即所以通漕，遂降旨专责当事诸臣，着一意治河。钦此。'大哉王言，可为万世蓍鉴，驯又何容复赘！"问者曰："夏镇新河，非别寻一道乎？"驯曰："此河仅于闸河中直截一段，至留城仍归原河，出茶城仍与黄会，此与三沽旧河无异，特欲避卑就高，非弃黄河于不治也，治河者审之。"

或有问于驯曰："故道当循是矣，然禹时河由大伾、巨鹿入北海，今入南海矣，岂故道乎？"驯应之曰："河自宋神宗十年大决于澶州，合南清河而入于淮。南清河者，即泗沂之故道，黄河经行五百余年矣，谓之非禹故道则可，谓之非黄河之故道则不可。如必欲复禹故道，则岁漕四百万石将安适乎？胶柱而鼓瑟矣！"

或有问于驯曰："浚睢河以为通运，旁行一道，且可杀河流也，其说何如？"驯应之曰："考之《括地志》云，睢水首受浚仪县浪荡渠水，东经取虑县入泗过沛。浚仪、取虑二县皆隶河南，《漕河图志》云，宿迁县小河在本县东南十里，源自开封府，黄河来流经归德州、虹县、宿州，至睢宁县东南流六十余里，至小河口以入漕河。盖《括地志》所载乃黄河入北海之时，故止云睢水而不及黄河；《漕河图志》所载乃黄河南徙之后，故直指黄河来流也。《淮安志》云，小河在宿迁东南十里，以其浅狭故名。查得弘治六年，侍郎白昂曾导水自归德小坝地方经睢宁至宿迁小河口入漕河，比因河决河南之金龙口，冲张秋，势甚危急，故浚此河以杀水势耳。然不久遂淤，盖河不两行，徐邳之河与小河必无并行者。今自徐溪口迤北，直至永城县一带，俱成平陆，复之亦颇不难，但恐此河一开，则徐邳必塞。若徐、邳不塞，则此河必复为平陆，且均一浊流也。在徐邳大河则淤，在新复之小河则不淤，恐无是理也。况小河口而南至清河县，尚有二百三十余里，假如近岁河决崔镇，桃清为塞，不知南来运艘将从何路达睢河也。”问者曰：“止浚双沟、永涸湖一带，使艘从九里沟出小浮桥，倘徐邳正河淤塞，此不通而彼通，可无阻也。”驯曰：“此河原甚浅狭，且湖水常盈，浚工难施。若正河淤塞，黄水尽从此河，则泛滥无归，非特牵挽无路，而经行于树桩基磉之间，必至触败，与由决何异也？若正河不塞，而此河仅分支流，则径由正河可也，何必去夷就险为哉？”

或有问于驯曰：“改沁入卫，以杀黄河之势，何如？”驯应之曰：“黄可杀也，卫不可益也，移此与彼，不可也。卫、漳暴涨，元、魏二县田地每被淹浸，民已不堪，况可益以沁乎？且卫水固浊，而沁水尤甚，以浊益浊，临德一带必至湮塞，不可也。又《问水集》有引沁至长垣界，经张秋出永通闸入运济旱语，亦未知沁之浊也。一沟之渠，宁能当此浊流乎？沁可引，黄亦可引矣。”

或有问于驯曰：“茶城之浅，何如？”驯应之曰：“茶城为清黄交接处所，黄强清弱，故黄发必倒灌茶城，与漕水相抵，沙停而淤，势所必至。然黄水一落，则漕水随之而出，沙随水刷，仍复故渠，亦势所必至者，但勿令漕水中溃耳。若因船只少阻，辄议改浚，徒费财力，无益也。此在清河口、直河、小河口，凡系清黄相接处皆然，不独茶城也。万历九年，该中河郎中陈瑛移河口于茶城东八里许，创建古洪、内华二闸，黄涨则闭闸以避淤，黄退则启闸以冲刷，极为便利。近于万历十六年，工科都给事中常居敬请增建镇口闸一座，去河愈近，冲刷愈易，而本口无遗策矣。已经题奉明旨，永宜遵守可也。”

或有问于驯曰：“漕水之出镇口闸者甚低，故难敌黄，被其倒灌而淤也。今欲束之使高，可乎?”驯应之曰：“漕水发源本不甚洪，而昭阳、微山、吕孟诸湖水为潴蓄，故出闸者愈少耳。议者欲筑西堤以障之，中砌减水闸二三座，漕盛则闭闸以防其泄，漕涸则启闸以藉其流，或是一策，但因无处取土，司道勘议未决。近据地方呈称，欲从满家闸经豆腐店，开出梁山，凿渠一道，似或可行，俟图之。”

或有问于驯曰：“五塘蓄水济运，先年设有堤闸，今皆圮矣，可不复举乎?”驯应之曰：“驯初至之时，亦尝锐意求复，反覆行勘，查得小新塘与雷公上下二塘相接，西去扬州郡城十余里，水由淮子河入漕河、句城塘，西去扬郡几三十里，水径奔仪真，由向水闸出江，四塘皆隶江都县，唐长史李袭誉所筑也；陈公塘隶仪真县，其水亦奔向水闸出江，汉广陵太守陈登所筑也。句城、陈公二塘地形高阜，水俱无源，惟藉雨积；小新、上下雷三塘受观音阁后及上方寺后并本地高田所下之水，而局面窄小，蓄水无多，故汉唐二臣，筑塘积水，以为溉田之计，非以资运也。今若虑漕渠浅涸，借此水以济之，则应任其直下，不宜筑塘以障其流，且冬春运河水浅，彼先涸矣。若虑湖水涨漫，借此塘以障之，则诸水皆从扬仪径奔出江，与诸湖了不干涉也。如欲复前人之故业，蓄水以溉高亢之田，于民未必无益。但民间承佃为田，输价不赀，岁纳之课亦不赀，必须尽行偿贷，筑堤建闸费尤不赀，必须大为处分。矧田高之民欲积，田洼之民欲泄，筑堤建闸之后，盗决者多，必须添设官夫防守。当此劳费之后，灾伤之余，种种难于措办，故驯谓其是尚可缓也。”

或有问于驯曰：“徐南十余里有长、塔二山，中间地甚平衍，伏秋水涨，正河从此分泄，出磨脐沟，会鳗、蛤诸湖之水，由董、陈二沟出宿迁县，徐州庶几少免涨溢，今乃筑堤障之大，乃不可乎?”驯应之曰：“此未考也。嘉靖三十年，河水由磨脐沟泄出，正河遂夺，工费不赀，两年始复故河。万历十八年，水去其八，几蹈覆辄，筑堤之后，挽水归漕，河方深广。且塔山原有天然一坝，减水三十余丈，长山新砌石坝减水四十余丈，水涨则泄，水落归漕，堤何尝阻遏之也?”

或有问于驯曰：“禹以治河称神，而自夏及商，为年不甚久远，而盘庚遂有播迁之患，至周定王五年以后，则或南或北，迁徙不常，而驯欲以区区堤坝之工，遂为长久之策乎？且自河南而上，秦晋之间，何尝有堤哉？任之而已。”驯应之曰：“成功不难，守成为难。使禹之成业，世世守之，盘庚不必迁也。周定王以后，河必不南徙也。人亡岁久，王迹熄而文献无征，故业毁而意见杂出，又何怪乎河之无常也！至于秦晋之间，则更有说，山多土坚，水难啮也；地亢而旷，运不资也。河南为城廓所拘，徐、邳为运道所藉，堤而束之，势不得已也。世世守之，世世此河也。岁远人亡，道谋滋起，驯不得而知也。”

卷之三　河防险要

淮南

一、岁防高堰。高堰为淮扬门户，堤防不可不严，修守不可不预。内除石堤三千丈外，两头土堤，每岁伏秋，画地分守，随汕随葺，似可无虞矣。但帮护之法须于冬春间，桩内贴席二层，紧捆草牛，挨席密护，毋使些须漏缝，然后实土坚夯，则是以桩席护草牛，以草牛护土，浪窝何从得来？至于密植橛柳、茭苇以为外护，须于水落即种，庶免淹浸，是在当事者加之意耳。

一、岁防湖堤。诸湖堤岸，见议加帮高厚，且多减水闸，寻常之水似可无虞矣。但或霪潦弥月，山水并发，则又不可不预为之计也。查得沙坝并芒稻、白塔二河俱可泄水，当事者因虑私贩盐徒潜通间道，每每筑坝断流。殊不知欲禁舟航，何须筑塞，河心密布桩栅，仍委白塔巡检严防越渡船只，瓜仪诸闸一体开放，闸口拦以木栅，则湖水可泄，而盐政税课亦无妨矣。

一、岁防清江浦外河。清江浦内外河相隔仅得一线之堤，最为吃紧。况黄河自清河县出口，由西射东，势甚湍急，然扫湾迎溜之处，不过一百五十丈，止是卷筑鸡嘴六道，每道相去二三十丈不等，阻隔来流，复于鸡嘴中间卷埽护岸，即可支持。

然仓卒措办，未免张皇，莫若于冬春之间，卷筑大埽，帮护老堤，埽外深下密桩，内用两笆两席以护埽，亦如岁防高堰之法，自可无虞。合用人夫，查有近议行银募夫，专听本堤兴作，免其别处差拨，自可足用。其余桩草所费不多，措办自易。至于用石甃砌，以为永久之计，则俟工力少裕为之可也。鸡嘴即顺水坝之俗名。近日河由草湾，清江浦外，淤滩甚远，犹恐河性不常，二三年间复归正河，修守之法，当谨识之。

一、议守徐家坝。清河而下，黄淮二渎交流注海，越五十里，一大折于淮郡之西桥，又三十余里，一大折于徐家坝，其冲激怒号之势，无异西桥。前此治者，屡坝屡坏，为与水争尺寸耳。今议弃旧址，只营月坝，去水稍远，令无湍激，外护桩埽，用实坝基，事省功倍，良得策也。每岁派拨官夫预备物料，伏秋将届，专责山阳令督管河主簿不时巡视，少有圮坏，辄先综理，年复如斯，斯永赖也。

一、议守八浅堤。宝应县之西十余里有白马湖，其当湖心而东即所谓八浅堤也。往岁堤决，湖水奔逸，建瓴而下，舟楫过者，少遇西风，辄沉溺不可救。其决处阔八十余丈，深且二丈五六尺，而水势湍急，莫可名状，虽不惜费，宁能与水角力哉！屡筑无功，覆辙可鉴也。乃议从湖心浅处先筑西堤一道，以捍其外，仍于河之南北截坝二道，暂令运艘越湖而行，堤坝成则八浅正决，潴水不流，捧土而塞之矣。是筑西堤者，乃所以塞东决也。但东决虽塞，西堤终不可弃，必须岁加修筑。仍密种橛柳、茭苇之类，使其能当涛浪，则东堤不守而自固矣。此当于冬初预行宝应县掌印管河官料理可也。

一、宝应月河自黄浦至三官庙前，长二十里，水多旁溃入湖，是以流缓沙停，新闸一带浅阻为梗。今加筑西土堤一道，长三千六百三十五丈，以束漕水，可省挑浚之费。须责夫看守，栽植茭柳，加意培护，岁修之工可勿缓也。

一、严闸禁。河口诸闸之设，先臣平江伯陈瑄殊有深意。盖节宣有度，则外河之水不得突入，运河之水不得盈槽，非惟清江板闸一带堤岸易守，而宝应诸湖亦缓此一派急流矣。但启闭之法非严不可，如启通济闸，则福清二闸必不可启；启清江闸，则福通二闸必不可启；启福兴闸，则清通二闸必不可启。河水常平，船行自易，单日放进，双日放出，满槽方放，放后即闭。时将入伏，即于通济闸外填筑软坝。秋杪方启，悉照先年旧规与近日题准事例行之，其于河道关系不小也。

一、岁守淮城北岸遥堤。查得清江浦起，由柳浦湾至高岭止，共堤一万六千九十一丈，近又加至戴百户营止，共堤八千一百五十六丈，向来置之若弃。万历十三年，范家口一决，淮城几为鱼鳖，工费不赀，复还故物。今已增设大使一员、夫五百名，专守一带堤岸，乃淮安城北外捍殊为吃紧，如有汕刷，随宜修补，倘遇大有损动，即于堤内有产之家，量起夫役相帮修筑。伏秋之时，选拨省祭、阴医等官，画地分守，仍须预备桩草、绳苇之类，各安置要害处所，以待不时之需。每岁冬春之交，即预行申饬山阳县掌印官可也。目今河由草湾，正河俱淤，殊不足虑。然河性不常，一旦忽归正道，修守之法仍须志之。

一、岁守通济闸外大坝。旧通济闸逼近外河，河形浅直，水势汹涌，不便启闭。而朱家口一带堤岸，尤为难守。今移闸于甘罗城旁，改河于西南隅，而于旧闸内半里许筑拦水大坝一道，置朱家口于度外，似为得策矣。但大坝最为吃紧，万一倾圮，则新河与旧河之水并泻入闸，势必不支。每岁四月初，须专委一的当义民官，拨夫十余名，量备桩草守之，毋忽毋忽！议者又谓从大坝迤东两头，直接泰山，筑堤一道，仅三里许，则坝东与高堰七里墩迤北两岸一带堤岸，俱不须守，而堤内之田皆可耕矣。冬涸之时，夫力稍暇，即宜图之。

一、防清口淤涩。清口乃黄淮交会之所，运道必经之处，稍有浅阻，便非利涉。但欲其通利，须令全淮之水尽由此出，则力能敌黄，不为沙垫。偶遇黄水先发，淮水尚微，河沙逆上，不免浅阻。然黄退淮行，深复如故，不为害也。往岁高堰溃决，淮从东行，黄亦随之而东，清口遂为平陆。今高堰筑矣，独虑清河县对岸王家口等处，淮水过盛，从此决出，则清口之力微矣。故于清河县南岸筑堤一千一百八十丈，今又接筑张福口堤四百四十余丈，以防其决，盖为此也。工若甚缓，而关系甚大，已经题奉明旨，每岁专责清河县掌印官，责差的当员役看守，如遇塌损，即便修筑，更有一事，尤宜稽察：河南、凤泗等处，商贩船只最利由此直达，每为盗决，须严防之。

一、京口闸附。江南丹徒、丹阳一带河道原无水源，藉江为源，潮长则开京口闸以放舟，潮落则下板以蓄水。若水涸舟胶，则丹徒闸亦系通江支河，放水可济，潮水既落，车戽亦可，须临时斟酌，申严启闭，守闸者勿弛禁也。

淮北

一、砀山旧缕堤，原因傍堤取土，以致堤根成河，每上流刘霄等口漫溢，则直灌堤河，壅激冲撞，缕堤坐此不支。今弃此堤于不用，而另帮近年所筑月堤，已为得策。又虑缕堤决，则月堤亦危。且砀山居丰、沛上游，砀堤乃丰、沛外户，外户失守，则堂奥随之。故复彷黄河顺水坝之意，于单、砀接界处筑斜长大坝一道，长千余丈，使上流漫溢之水，循坝径归大河，不得迫缕堤以危月堤，试有成效。宜加意此坝，冬春拨夫帮培，伏秋倍夫防守，此保全砀、丰、沛一带堤防关键也。

一、丰县邵家大坝，乃断绝秦沟旧路，最为吃紧。今已倍帮高厚，又接长数百丈。每岁宜摘调徐北堤夫赴此，加修加守。若日后夫役钱粮有余，再于华山斜筑大坝，直至楼子集，将秦沟、浊河二口俱断，则全胜之策也。但坝须高大，斜向东南，勿令兜水，乃可经久，姑识之以俟将来。

一、磨脐沟减水坝。徐州东岸南去十余里有狼矢沟，又东十五里许有磨脐沟。每岁黄水暴涨，则从狼矢沟直下，至磨脐沟泄出赤龙潭，经蝘[1]蛤诸湖、落马湖出宿迁董、陈二沟。嘉靖年间，全河俱从此出，而两洪正河俱为之夺。万历七年，已于本沟筑遥堤一道，而地形甚卑，水入囊底，随复冲决。遂议筑减水石坝一座，余郎中亲往视之，不可而止。今此议尚存，驯躬率中河沈郎中往视之，地形较之河口卑数丈，黄河暴涨之时，必至逾堤漫流，岂肯循轨入坝？今议于长、塔二山新筑堤中建石坝一座，长三十丈，水涨则泄，水退归漕，自无夺河之患矣。但坝西与徐州居民甚不利，此恐有盗决之患，须特设一老人，常川看守，庶可久耳。

一、徐北镇口等闸。此泉河与黄河交会之处，伏秋黄水大发时，多灌入本口，动至淤阻。原任中河郎中陈瑛创建古洪、内华二闸。近该工科都给事中常题建镇口一闸，如遇水发，下板谨闭，俟黄水消落，即启闸纵水外冲，而漕河无淤垫之患。启一闭二，悉如清江里河事规，与近日题奉明例行之。其镇口闸外东西两堤，原系挑河所积，客土未坚，内水涌出，未免剥

[1] 蝘　前文作“鳗”。

损。伏秋之前，密护桩笆，堤固则闸无虞矣，司闸者宜加慎焉。

一、塔山牛角湾等缕堤。镇口、古洪二闸以东多傍山麓，以西一望平旷，浊河经流，更无堤防，黄水出岸，横截闸河，腹心受病，故于塔山支河接筑缕堤九百四十二丈。而牛角湾系茶城运河旧渠，又筑坝一道，东接塔山，西接长堤，几二里许，以遏黄流傍入。但坝地原系河身，下多积沙，创筑卑薄，连岁失守，肘腋为患。已于本坝之南，自旧缕堤支将军庙起，东接塔山，增筑长堤七百余丈，颇得重门御暴之意。冬春之际，多加帮护。伏秋之时，昼夜防守，预办桩草，以备不虞。夏镇第一要害，宜殚心力，勿忽！

一、徐州之房村、牛市口、犁林铺、李家井，灵璧之双沟、曲头集、栲栳湾，睢宁之马家浅、王家口、白浪浅、何字铺，邳州之匙头湾、张林铺、沙坊等处，皆系扫湾急溜，先年屡经冲决，最为要害。今双沟一带已议弃缕守遥矣。其余每岁冬春间，务及时详加勘议，应护埽者急护，应筑矶嘴坝者急筑。若水既发，则难施工矣。水发之后，尤须倍严防守。司道府官俱当不时巡阅，矧滨河田地，每利于黄河出岸，淤填肥美，奸民往往盗决。盖势既扫溜，止须掘一蚁穴，而数十丈立溃矣。凡此等处，夜防尤不可懈，识之慎之。

一、羊山横堤。双沟弃缕守遥，固为得策。但恐涨水直至峰山，未免分流。今于邳州对河羊山、龟山、土山相接处，创筑横堤，长四百八十丈。纵有顺堤之水，遇格即返，仍归正槽，自无夺河之患。此堤虽系睢宁县地方，然去邳州不远，专责该州掌印、管河官时加督阅，培筑之工，勿怠勿忽。

一、议格堤。防御之法，格堤甚妙。格，即横也。盖缕堤既不可恃，万一决缕而入，横流遇格而止，可免泛滥，水退本格之水仍复归漕，淤溜地高，最为便益。今于南岸房村、单家口、双沟、马家浅、辛安、峰山等处俱筑格堤一道，并羊山横堤共七道。倘岁岁增修高厚，可永无分流夺河之患矣。俟工力有暇，再为增筑。北岸亦仿而行之，多多益善也。

一、归仁集堤。本堤所以捍御黄水、睢水、湖水，使不得南射泗州，并攻高堰，而又遏睢水、湖水，使之并入黄河，益助冲刷，关系最为重大。每岁三月间，即当拨洪夫二百余名，协同本堤夫并力修护。堤下宜密栽茭柳以搪风浪，其水浸堤根稍深处，即预下护埽一二层，桩笆欹朽者，务逐一掘换填筑，内四铺以至九铺，尤为危险，工宜倍之。每岁冬春，宜多运桩苘绳草，分贮各铺。其管河主簿，督令专驻本堤，以便督率。前岁议筑石堤，以工力不足，仅成二千一百丈，尚余二千九百丈，若得全完，帮护之工可免矣。然其橐籥则又在小河口之通塞，盖小河通，则睢水径入黄河，而归仁之水减半；其藩篱则又在耿车、时儿滩一带之堤，盖此堤高厚坚固，则睢水不能漫入埠子等湖，而小河常通矣。故上自高卓，下至时滩，皆当接筑长堤，岁加修守，且密栽茭草苇以护之。盖修守此堤，即所以修守归仁也。况小河常通，则灵睢、宿迁积水得泄，而沮洳渐成膏腴，舟行径直，免犯湖险，而小民便于贩易，为地方利又非浅鲜也。司河者宜加意促成之。

一、马厂坡堤。桃源县地方有马厂坡横堤，长七百四十六丈。盖虑黄水大涨，则从此入淮，而淮为之淤；淮水大涨，则从此泄出，而清口流弱。故特筑横堤一道以遏之，使黄不得入，淮不得出，最为紧关，宜慎修之。

一、直河。邳州东南六十里原有直河，以宣泄蒙沂诸山之水。近年因浊流倒灌，直河遂塞，诸山水俱迤逦由落马湖经董、陈二沟以出大河。水势纡回，则近邳田地，常被淹浸；湖波淼渺，则候风舟楫，迟滞艰危。不特直河居民失市廛之利已也。昔已开复通行，而迤里阎家集等口，乃原通落马湖故道，复筑长堤遏水，此堤之坚瑕，乃直河所视以通塞者。每岁仍须加高加厚，水发之时，严行防守，不令复出落马湖，庶直河可保不淤也。奈何继者失守，长堤复决，直河因之复塞矣。务须查仿先年规制为之，此与耿车、时滩之堤同一关棙，在司河者加之意耳。

一、濒缕居民。遥、缕夹中居民及滨河居民，俱当谕以移居高阜处所，或即结庐于遥堤之上。盖黄河伏秋盛涨之时，缕堤逼水，必难恃以为安。若水至而后避，则无及矣。此亦徙民当水冲者之遗意也，即小民安土重迁，亦须谕以四月暂移，至九月复还故址。每岁春杪，司道即严行各州县家谕而户晓之，久之而民知遥堤之外皆乐土，自有不待驱迫而相率移居者矣。

山东

一、岁守武、王二坝。曹县武家坝、王家坝迎溜扫湾逼近老堤，最为险要，而武坝险又甚焉。万一此坝溃决，则城武、金乡数郡邑者悉成沮洳。且逼近闸河，甚为可虞。须于正月间，多卷钉头、矶嘴埽坝，以遏直射，及将老长堤帮厚增高。伏秋防守，官夫时刻勿懈。万历十七年，武家坝外忽成淤滩，此亦一时之幸，未可恃以忽修防也。

一、修守曹单太行堤。曹、单二县太行堤，创自弘治十年，河决黄陵冈，大伤张秋运道。先臣都御史刘忠宣公，自河南以至砀沛筑长堤一道，即太行堤也。向来修守止及近水缕堤，而行堤置于度外。万历四年，河决鲁家口，则曹单、金鱼被淹殆尽。万历八年，题准大加修筑，屹然可恃。以后每二年一次加帮，着为定例。当事者慎毋居安忘危，爽期废格可也。

一、守戴村坝。汶水从陶泰而来，就盐河由博兴车渎入海。自宋司空筑坝戴村，蜿蜒九里，屹如天成，回狂澜而逆之西，会通河始得济运，此坝系全河屏障。先年设夫增土植柳，培护周密，岁久防弛，以渐单薄，万一乘瑕复归故道，不无可虑。宜令东平、汶上管河官，督夫培土栽柳，悉如旧制。此系运河第一吃紧关键，故首及之。

一、守坎河口石坝。坎河口与戴村坝无异，盖因戴村既筑之后，水无傍泄，岁久复冲此口，泉水决入盐河，运河每至浅涸。万历十六年，都给事中常会同抚按题请筑坝。驯于十七年创筑石坝一道，长六十丈，水涨则任其外泄，而湖河无泛滥之患；水平则仍复内蓄，而漕渠无浅涸之虞。利赖甚重，防守当严，必每岁六月初旬，即令东平州管河官驻扎坝上，备料集夫，相机捍御；九月初旬，始得彻守。着为定例，永保万全，司河者宜加慎焉。

一、守冯何二坝。冯家坝系蜀山湖之门户，地卑而水易泄，故筑坝以障之，蓄可益运，泛不病民。何家口系南旺湖之尾闾，此口稍卑，汶水就西而下，每决房家口，而伤运河之堤，南旺之水则涸矣。今筑石坝，平时任其南逝，水涨泄而之西，良得策也。每岁伏秋，专责管河官不时巡视，少有圮坏，即便修砌。二坝皆系都给事中常会题创筑，驯督筑颇固，真永赖也。

一、挑浚汶河淤沙。坎河口石坝，固为完策，但可以泄水而不可以通沙，日久淤停，沙填河内，则能致水涨漫，或沙嘴横射河湾，则能逼水冲决。宜督管河官乘暇集夫挑浚，使水不东逼，径直南趋，诚为保全石坝要务，是在司河者先事而加之意尔。

一、巡守五湖堤岸。运艘全赖于漕渠，而漕渠每资于水柜。五湖者，水之柜也。止因旧堤浸废，界址不明，民乘干旱，越界私种，尽为禾黍之场。先臣兵部侍郎王原建土堤，南旺湖周围，堤长一万九千七百八十八丈三尺；蜀山湖堤自冯家坝起至苏鲁桥止，长三千五百八十丈，自苏鲁家西至田家楼止原系收水门户，栽植封界高柳；马场湖堤东面长一千六百二十丈，北面原留入水渠道，栽植封界高柳；马踏湖堤自弘仁桥起至禹王庙止，长三千三百一十三丈；安山湖堤长四千三百二十丈，而斗门闸坝悉已完备，可收济漕永利。万历十六年，又该都给事中常会题增修，驯因旧为新，督筑完固。但近湖射利之徒，觊觎水退，希图耕种，盗决之弊，禁令当严。每年冬春，管河官周围巡阅，责令守湖人役投递甘结。庶河防饬而水利无渗泄之患，疆界明而奸民杜侵越之萌矣。

一、因时分合汶流。南旺分水，地形最高，所谓水脊也。决诸南则南流，决诸北则北流，惟吾所用何如耳。当春夏粮运盛行之时，正汶水微弱之际，分流则不足，合流则有余，宜效轮番法。如运艘浅于济宁之间，则闭南旺北闸，令汶尽南流以灌茶城；如运艘浅于东昌之间，则闭南旺南闸，令汶尽北流以灌临清；当其南也，更发滨南诸湖水佐之；当其北也，更发滨北诸湖水佐之。泉湖兼注，南北合流，即遇旱暵，克有济矣。此以智役水，以人胜天，力不劳而功倍，计无愈此，临时酌之。

一、先期挑浚月河。南旺旧例，两年一大挑，筑坝断流，不通舟楫。始开月河，官民称便。欲挑正河，必先挑月河。一时两役并兴，夫多苦累。时迫则工必略，工略则沙必淤。自今万历十八年挑正河为大挑，十九年挑月河为小挑，以后着为定规。庶舟楫往返既不阻于稽缓，夫役用工亦不病于烦难矣。

一、筑土坝，以利接济。闸河地亢，卫河地洼，临清板闸口，正闸、卫两水交会处所。每岁三四月间雨少泉涩，闸河既浅，卫水又消，高下陡峻，势若建瓴。每一启板放船，无几水即尽耗，漕舟多阻。宜于闸口百丈之外，用桩草设筑土坝一座，中留金门，安置活板，如闸制然。将启板闸，先闭活闸，则外有所障，水势稍缓，而于运艘出口易于打放。卫水大发，即从拆卸。岁一行之，费无几何，此亦权宜之要术也。

一、疏卫济运。卫水发源于河南辉县苏门山，名曰朔刀泉，经新乡等处，合淇、漳二水，逾馆陶至临清，合汶河之水，经德州出天津直沽入海，板闸以下全赖此水济运。夏秋之交，粮运盛行，每患浅涩。盖因辉县源头建有仁、义、礼、智、信五闸，壅泉灌溉民田，以致水不下流，殊妨国计。宜行分巡东昌道，每岁粮运北行，卫水消涸，呈报总河衙门，移文河南管河道，速将五闸封闭，俾水尽归运河。其余月分，或水势充盈，仍听民便。庶公私两不相妨，而运艘不滞矣。

一、疏浚泉源。按：山东泉源属济兖二府一十六州县，共一百八十泉，分为五派，以济运道：新泰、莱芜、泰安、肥城、东平、平阴、汶上、蒙阴之西，宁阳之北九州县之泉俱入南旺分流，其功最多，关系最重，是为分水派也；泗水、曲阜、滋阳、宁阳迤南四县之泉，俱入济宁，关系亦大，是为天井派也；邹县、济宁、鱼台、峄县之西，曲阜之北，五州县之泉俱入鲁桥，是为鲁桥派也；滕县诸泉近入独山、吕孟等湖以达新河，是为新河派也；又沂水、蒙阴诸泉与峄县许池泉俱入邳州，徐、吕而下，黄河经行，无藉于此，是为邳州派也。酌其缓急，则分水、天井、鲁桥之派均属漕河命脉。每岁春夏，听司道严督管泉官夫疏浚通达，俾源源而来，庶几有济。但数月不雨，其流必竭。万历十六年，漕渠干涸，百计疏浚，卒无涓滴之流。至闰六月初旬，大雨连朝，诸泉俱涌，河渠遂盈，则地利未尝不系于天时也。至于山泉沙碛颇多，汶河每为淤垫，须于大挑之期一并挑浚，使泉流无阻，亦一策也。司漕者志之。

河南

一、南岸堤防。南岸逼近省城，藩封重地，最为吃紧。如荥泽县之小院村，中牟县之黄炼集，祥符县之瓦子坡、槐疙疸、刘兽医口、陶家店、张家湾、时和驿、兔伯冈、埽头集，陈留县之王家楼，兰阳县之赵皮寨，仪封县之李景高口、普家营，商丘县之杨先口，俱为要害。刘兽医口先年筑有埽坝，坝内有月堤一道，惟恐月堤不支，又于万历十七年筑遥堤一道，长二千七百三十二丈，足为屏翰。本年题准埽坝不足恃，专守月、遥二堤讫。又陶家店帮接堤长一千八百七十一丈，坝长三千六百二十九丈。张家湾加修旧坝一道、旧堤一道。时和驿帮筑堤长九百二十丈，坝长三百二十七丈。又兔伯冈至埽头集止有一堤，倘被冲决，则水直至野鸡冈，趋凤泗重于陵寝。万历十八年增筑遥堤，长二千九百三十丈，重门待暴，或可无虑。又赵皮寨起至李景高口一带，系黄河旧趋凤泗故道。万历十七年创筑遥堤，长二千三百五十九丈九尺，最为要害，宜慎守之。

一、北岸堤防。北岸迫近漕河，关系运道最为要害。如荥泽县之甄家庄、郭家潭，阳武县之脾沙冈，原武县之庙王口，封丘县之于家店、中栾城、荆隆口，祥符县之黄陵冈、陈桥、贯台、马家口、陈留寨，兰阳县之铜瓦厢、板厂、樊家庄、张村集、马坊营，仪封县之挖泥河、炼城口、荣花树、三家庄，考城县之陈隆庄、芝麻庄、孝城口，俱为要害。荆隆口万历十五年河决，长东二县几溺。万历十七年，创筑遥堤，长二千九十丈，所当加意防守。又荣花树帮筑堤长一百七十五丈六尺、坝长五百五十九丈，三家庄创筑坝长二百七十丈，芝麻庄创筑坝长八十六丈，孝城口补筑堤长二十八丈、坝长二十丈四尺，皆系吃紧堤岸，并宜分拨官夫防守不懈者也。

以上南北两岸要害处所，每岁冬春掌印、管河官沿堤相度，或预卷干埽，以防其汕；或多筑矶嘴，以遏其冲。各该管河官驻守河滨，该道不时巡阅。四防二守之法，务须三令五申，丁宁告戒，慎之慎之。

一、修守南北两岸长堤。黄河北岸弘治十年河决黄陵冈，张秋运道淤阻。都御史刘忠宣公筑有长堤一道，荆隆口之东西各二百余里，黄陵冈之东西各三百余里，自武陟县詹家店起直抵砀沛，一千余里，名曰太行堤，盖取耸峙蜿蜒如山之状。南岸亦旧有长堤一道，起自虞城县至荥泽县止。两堤延亘一千五百余里，实为该省屏翰。但地鲜老土，最易冲汕，卑薄已甚，已经题加帮筑。于万历十七年计筑完堤坝共长四万八千一百二十二丈，庶几可恃。以后年分管河官各照地方，但有剥损，悉如岁修事例，觅取老土填淤，加帮高厚，不得拥沙塞责。管河官不时巡视探验，加意毋忽。

一、修守沁河堤岸。沁河发源于沁州绵山，穿太行达济源，至怀庆府武陟县与黄会合。其湍急之势，较黄河益甚。而武陟县东岸之莲花池、金屹峭，最其冲射要害处也。万历十五年，沁从此决，新乡、获嘉一带俱为鱼鳖。每年堵筑埽坝，劳费不赀。且坝内为商民辏集之处，烟爨不下千余，倚堤为命。今议甃石四百三十五丈，随守随修，限以三年告成。此堤一成，永久可恃，而议者畏难，尚未兴举。而北岸大樊村亦系扫湾要害，帮堤卷埽均在，司河者留意焉。

北直隶

一、通惠河浚浅筑堤。通惠河发源于昌平州神山泉，会马眼诸泉，经都城入内府，南出玉河桥，由大通桥至通州，而与白河合。白河发源于雾灵山，由密云县会榆、浑诸河至张家湾，总名曰潞河，至通州而与通惠河合，势并南流。杨村以北，通惠之势峻若建瓴，白河之流淤沙易阻，夏秋水涨则惧其潦，冬春水微则病其涩。浮沙之地，既难建闸以备节宣，惟有浚筑之工，殊为吃紧。万历十五年，创设管河通判专驻杨村，其为修防计得矣。但查沿河两堤，如搬罾口、火烧屯、通济厂、东要儿渡口、王家务、华家口、阎家口、绵花市、猪市口、观音堂、蔡家口、桃花口，以上堤岸坍塌卑薄，最为险要，水发即决。滨河州县，淹漫为患，漕艘漂淌，人甚危之。应行司道督行管河官，每岁冬间办积桩草，春初率夫将前堤加高帮厚，真土实杵，不得杂沙塞责。粮运将至，设法疏浚，或筑束水小坝，冲刷深广，俾漕舟无胶滞之虑，民业免沮洳之害，司河者宜殚心焉。

一、岁修辅郡长堤。大名府属长东二县，旧有长堤一道，延亘一百三十里，东至山东曹县白茅集，西至河南封丘县新丰村止。堤外即有淘北河一道，相传即黄河故道也。万历十五年，河由河南封丘县荆隆口决入，挟淘北河冲决本堤之大社口，两邑昏垫。该工科都给事中常会同抚按题奉钦依，修筑堤完。然堤外有月堤三坝，名曰三尖口、吴家口、刘家口。在长垣利在泄水，不肯闭塞；在东明惧其受淹，坚欲堵截。两相掣肘，虽有坝名，终属虚应。即令长堤专设府佐，驻守杜胜集，而又画界分理，长垣县管九十七里，东明县管三十三里，建铺设夫，以时修守。堤既固矣，三坝有无，不足较也。夫坝之有无，系于长堤，而堤之利害，全在荆隆一带。故添设开封府同知，专驻扎荆隆，虽卫河南，实卫长东二县也。总之，荆隆坚守，则长堤无事，长堤无事，则三坝不用，二县之民永帖衽席。此探本溯源之论，不可不知也。长东河官须时时侦探荆隆口堤岸，少有冲汕，即申总院施行。

卷之四　修守事宜

一、筑堤。凡黄河堤必远筑，大约离岸须三二里，庶容蓄宽广，可免决啮，切勿逼水，以致易决。堤之高卑，因地势而低昂之，先用水平打量，毋一概以若干丈尺为准。务取真正老土，每高五寸，即夯杵三二遍。若有淤泥，与老土同。第须取起晒凉，候稍干，方加夯杵。其取土宜远，切忌傍堤挖取，以致成河积水，刷损堤根。验堤之法，用铁锥筒探之，或间一掘试。堤式贵坡，切忌陡峻，如根六丈，顶止须二丈，俾马可上下，故谓之走马堤。

工费，凡创筑者，每方广一丈、高一尺为一方，计四工。土近者每工银三分，最近者二分，土远者四分。如堤根六丈顶二丈，须通融作四丈折算，此计土论方之法也。如帮堤则先计旧堤若干，今增高阔各若干，亦以前法折算。

一、塞决。凡堤初决时，急将两头下埽包裹，官夫昼夜看守。稍待水势平缓，即从两头接筑。如水势汹涌，头裹不住，即于本堤退后数丈，挖槽下埽，如裹头之法，刷至彼必住矣，此谓截头裹也。如又不住，即于上首筑逼水大坝一道，分水势射对岸，使回溜冲刷正河，则塞工可施矣。塞将完时，水口渐窄，水势益涌，又有合口之难。须用头细尾粗之埽，名曰鼠头埽，俾上水口阔，下水口收，庶不致滚失，而塞工易就也。埽以土胜为主，埽台须要卧羊坡，以便推挽；揪头绳须要紧扯，以防下游；又须时时打松，令其深下。仍觅惯会泅水之人，入水探验，底埽着地，方下签樟。签樟须要酌中，埽埽钉着，方为坚固，倘有数寸空悬，无有不败事者。如寒天或水急，不能泅水，即看揪头宽松，便是着地之验。系绳留橛，令人专守，略有走动，便须另下一橛，橛头上填记第几埽揪头滚肚明白，以便点查收放。埽面出水未高，宁加一小埽，不可多用土牛，推埽时易动故也。此等事须要勇往直前，俗谚谓之抢筑，稍稍逗遛，必有后悔。以上数端，苟不详审，劳费罔功，辄疑鬼怪，甚可嗤也。

如用大埽，长五丈、高六七尺者，用草六百束，每束重十斤，价银二厘，该银一两二钱；柳稍一百二十束，每束重三十斤，价银一分，该银一两二钱，如无柳稍，以苇代之；草绳六十套，每套四十二条，每条长二丈四尺，价银三分，该银一两八钱；桩木五根，每根银一钱，该银五钱；揪头滚肚绳四条，共用苘二百五十斤，每斤价银五厘，该银一两二钱五分。每大埽一个，约共该料价银五两九钱五分。挑土夫土远近不等，难以预计，中埽并土牛工料，以次递减。

一、筑顺水坝。顺水坝，俗名鸡嘴，又名马头，专为吃紧迎溜处所。如本堤水刷汹涌，虽有边埽，难以久恃，必须将本堤首筑顺水坝一道，长十数丈或五六丈，一丈之坝可逼水远去数丈，堤根自成淤滩，而下首之堤俱固矣。安埽之法，上水厢边埽宜出，将裹头埽藏入在内，下水埽宜退，藏入裹头埽内，庶水不得揭动埽也。

如筑长六丈，阔四丈，高一丈，用埽两面厢边，每边用埽二行，裹头二行，中间填土。每行用埽三层，共计用中埽十八个，每个长五丈，高三尺，用草四百束，柳稍八十束，草绳四十条。排桩签桩共用桩木四根，人夫二十五工，共用卷埽堤夫四百五十工，运土堤夫二百工，俱不议工食。共用草七千二百束，该银一十四两四钱；柳稍或苇一千四百四十束，该银一十四两四钱；草绳七百二十套，该银二十一两六钱；桩木七十二根，该银七两二钱；行绳十二条，每条重四十斤，共用苘四百八十斤，该银二两四钱，约共该银六十两。如无柳稍，以苇代之。

一、下护根干埽。凡堤系扫湾须预下干埽，以卫堤根，此埽须土多料少，签桩必用长壮，入地稍深，庶不坍蛰。如下长三丈、高三尺埽一个，用草一百六十束，该银三钱二分；柳稍四十束，该银四钱；草绳十二套，该银六钱；桩木三根，该银三钱；量用苘作行绳。用堤夫二十工，不议工食。每埽一个，约共该料价银一两六钱二分。

一、造滚水石坝。滚水石坝，即减水坝也，为伏秋水发盈槽，恐势大漫堤，设此分杀水势，稍消即归正漕。故建坝必择要害，卑洼去处，坚实地基，先下地钉桩，锯平下龙骨木，仍用石楂楂铁楂缝，方铺底石垒砌。雁翅宜长宜坡，跌水宜长，迎水宜短，俱用立石。拦门桩数层，其地钉桩，须札鹰架，用悬硪钉下，石缝须用糯汁和灰缝，使水不入。

如石坝一座，坝身连雁翅共长三十丈，坝身根阔一丈五尺，收顶一丈二尺，高一尺五寸，迎水阔五尺，跌水石阔二丈四尺，四雁翅各斜长二丈五尺，高九尺。用粗细石计长一千三百九十余丈，并地钉桩，龙骨木、铁锭、铁销、煤炭、木炭、石灰、糯米、苘麻及各匠工食，约共该银一千九百余两。其运石、抬石、搬料夫船并官夫廪粮工食临期酌给。

一、建石闸。建闸节水，必择坚地开基。先挖固工塘。有水即车干，方下地钉桩。将桩头锯平，樋缝，上用龙骨木、地平板铺底，用灰麻艌过，方砌底石。仍于迎水用立石一行，拦门桩二行。跌水用立石二行、拦门桩八行。如地平板铺完，工过半矣。自金门起两面垒砌完，方铺海漫雁翅。

金门长二丈七尺，两边转角至雁翅各长五丈。共用石三千一百丈，闸底海漫，拦水、跌水共用石九百丈，二项共用石四千丈。并铁锭、铁销、铁锔、天桥环、地钉桩、龙骨木、地平板、万年坊、闸板、绞关、闸耳、绞，轴、托桥木、石灰、香油、苘麻、柴炭等项及各匠工食，约共该银三千两有奇。其官夫廪粮工食临期酌给。

一、建涵洞。建涵洞以泄积水。基址亦择坚实，方可下钉桩砌石。水多则建二孔，少止一孔。

如涵洞一座，口阔一丈五尺，身长二丈，中立石墙一堵，亦长二丈，宽五尺，分为二孔，每孔宽五尺，两边四雁翅，各一丈五尺，共用石二百丈。并地钉桩、铁锭、石灰、板木并各匠工食，约该银一百八十余两。其夫役工食临期酌给。

一、建车船坝。先筑基坚实，埋大木于下，以草土覆之，时灌水其上，令软滑不伤船。坝东西用将军柱各四，柱上横施天盘木各二，下施石窝各二，中置转轴木各二根，每根为窍二，贯以绞关木。系蔑缆于船，缚于轴，执绞关木环轴而推之。

一、挑河。凡挑河面宜阔，底宜深如锅底样。庶中流常深，且岸不坍塌。如不用堤，须将土运于百余丈外，以免淋入河内。凡创开河者，每方广一丈，每夫日开深一尺为一工。挑浚泥水相半者，减十分之五；全系水中捞取者，减十之七八；取土登岸就而筑堤者，亦以半折算焉。

一、闸河偶浅急疏之法。凡闸河浅处，如水溜在中，须两岸筑丁头坝以束之。水溜在傍，将浅边顺筑束水长坝以逼之。水由坝中，其势自急，中溜自深。如浅处不多，或排板插下泥内，逼水涌刷；或排小船，用杏叶杓挖浚；必不得已，则用桩草制活闸节水，亦一策也。

一、栽柳护堤。卧柳、长柳须相兼栽植。卧柳须用核桃大者，入地二尺，余出地二三寸许，柳去堤址约二三尺密栽，俾枝叶搪御风浪；长柳须距堤五六尺许，既可捍水，且每岁有大枝，可供埽料。俱宜于冬春之交，津液含蓄之时栽之，仍须时常浇灌。长柳宜用棘刺围护，以防盗拔畜啮。

一、栽茭苇草子护堤。凡堤临水者，须于堤下密栽芦苇或茭草，俱掘连根丛株。先用引橛锥窟，深数尺，然后栽入，计阔丈许。将来衍茁愈蕃，即有风不能鼓浪。此护临水堤之要法也。堤根至面再采草子，乘春初稍锄覆密种，俟其畅茂，虽雨淋不能刷土矣。

一、伏秋修守。

四防

一曰昼防。堤岸每遇黄水大发，急溜扫湾处所未免刷损。若不即行修补，则扫湾之堤愈渐坍塌，必致溃决。宜督守堤人夫每日卷土牛小埽听用。但有刷损者，随刷随补，毋使崩卸。少暇则督令取土堆积堤上，若子堤然，以备不时之需，是为昼防。

二曰夜防。守堤人夫每遇水发之时，修补刷损堤工，尽日无暇，夜则劳倦，未免熟睡。若不设法巡视，恐寅夜无防，未免失事。须置立五更牌面，分发南北两岸，协守官并管工委官照更挨发，各铺传递。如天字铺发一更牌，至二更时前牌未到日字铺，即差人挨查，系何铺稽迟，即时拿究。余铺仿此，堤岸不断人行，庶可无误巡守，是为夜防。

三曰风防。水发之时，多有大风猛浪，堤岸难免撞损。若不防之于微，久则坍薄溃决矣。须督堤夫捆札龙尾小埽，摆列堤面，如遇风浪大作，将前埽用绳桩悬系附堤水面，纵有风浪，随起随落，足以护卫，是为风防。

四曰雨防。守堤人夫每遇骤雨淋漓，若无雨具，必难存立，未免各投人家，或铺舍暂避。堤岸倘有刷扫，何人看视？须督各铺夫役每名各置斗笠蓑衣，遇有大雨，各夫穿带，堤面摆立，时时巡视，乃无疏虞，是为雨防。

二守

一曰官守。黄河盛涨，管河官一人不能周巡两岸，须添委一协守职官，分岸巡督。每堤三里，原设铺一座，每铺夫三十名，计每夫分守堤一十八丈。宜责每夫二名共一段，于堤面之上共搭一窝铺，仍置灯笼一个，遇夜在彼栖止，以便传递更牌巡视。仍画地分委省义等官，日则督夫修补，夜则稽查更牌。管河官并协守职官，时常催督巡视，庶防守无顷刻懈弛，而堤岸可保无事。

二曰民守。每铺三里，虽已派夫三十名，足以修守，恐各夫调用无常，仍须预备。宜照往年旧规，于附近临堤乡村，每铺各添派乡夫十名，水发上堤与同铺夫并力协守，水落即省放回家。量时去留，不妨农业，不惟堤岸有赖，而附堤之民亦得各保田庐矣。

一、竖立旗竿灯笼以示防守。各铺相离颇远，倘一铺有警，别铺不闻，有误救护。须令堤老每铺竖立旗竿一根，黄旗一面，上书“某字铺”三字，灯笼一个。昼则悬旗，夜则挂灯，以便瞻望。仍置铜锣一面，以便转报。一铺有警，鸣锣为号，临铺夫老挨次传报，各铺夫老并力齐赴有警处所，即时救护，首尾相顾，通力合作，庶保万全。

一、防盗决。守堤之法，堤防盗决，最为吃紧。盖盗决有数端：坡水稍积，决而泄之，一也；地土硗薄，决而淤之，二也；仇家相倾，决而灌之，三也；至于伏秋水涨，处处危急，邻堤官老，阴伺便处，盗而泄之，诸堤皆易保守，四也。巡警稍怠，或乘风雨之时，或乘酣睡之处，即被下手矣。防御者不可不知。

一、议涵洞。涵洞泄水本是无妨，但须明设石闸以严启闭。若暗开堤址，草木蒙丛，便难觉察。万历八年，奸民私嘱管河主簿，将南岸遥堤暗开涵洞数座。十七年伏水暴涨，单家口水从涵洞泄出，势甚汹涌，一鼓而开，遂成大决，此可谓明鉴矣。司河者知之。

一、岁办物料。河防全在岁修，岁修全在物料。而州县河官视为奇货，岁估既定，冒银入己，括取里递草束，河夫攀折柳稍，遮掩一二，便为了事。近日徐州判官彭鹤、灵璧主簿元仲贤之事，可鉴也。今议于十一月间，司道官估计停当，各掌印官领银收买，法固善矣。又须特委廉能职官一二员，专管收支。工完之日，将卷筑过埽坝、收支过物料数目，开报总河衙门查考。庶几事有责成，而钱粮无冒破矣。又冬初修守稍暇，即督夫于漫坡中采取野草。每束十斤者，每夫每日可采四十束，积至百万，可省千金，裨益非小。草料既备，埽护必周，冲决之患可免。即脱有不测，而物料在手，计日可塞，何致延阔糜费？此河道第一吃紧工夫也。

一、水汛。立春之后，东风解冻，河边人候水，初至凡一寸，则夏秋当至一尺，颇为信验，谓之信水。二月、三月桃花始开，冰泮雨积，川流猥集，波澜盛长，谓之桃花水。春末芜菁华开，谓之菜华水。四月垅麦结秀，擢芒变色，谓之麦黄水。五月瓜实延蔓，谓之瓜蔓水。朔野之地，深山穷谷，冰坚晚泮，逮乎盛夏，消释方尽，而沃荡山石，水带矾腥，并流于河，故六月中旬之水，谓之矾山水。七月菽豆方秀，谓之豆华水。八月荻薍华，谓之荻苗水。九月以重阳纪节，谓之登高水。十月水落安流，复其故道，谓之复槽水。十一月、十二月断冰杂流，乘寒复结，谓之蹙凌水。此外非时暴涨，谓之客水。皆当督夫巡守，而伏秋水势最盛，非他时比，故防者昼夜不可少懈云。

卷之五　河源河决考

河源考

《夏书·禹贡》

导河积石至于龙门，南至于华阴，东至于底柱。又东至于孟津，东过洛汭，至于大伾。北过洚水，至于大陆。又北播为九河，同为逆河，入于海。

《蔡传》曰：河自积石三千里而后至龙门，经但一书积石，不言方向，荒远在所略也。龙门而下，因其所经，记其自北而南，则曰南至华阴。记其自南而东，则曰东至底柱。又详记其东向所经之地，则曰孟津，曰洛汭，曰大伾。又记其自东而北，则曰北过洚水。又详记其北向所经之地，则曰大陆，曰九河。又记其入海之处，则曰逆河。自洛汭而上，河行于山，其地皆可考。自大伾而下，垠岸高于平地，故决啮流移，水陆变迁。而洚水、大陆、九河、逆河，皆难指实。然上求大伾，下得碣石，因其方向，辨其故迹，则犹可考也。

《西汉书·西域传》

西域……中央有河……其河有两源：一出葱岭山下；一出

于阗。于阗在南山下，其河北流，与葱岭河合，东注蒲昌海。蒲昌海，一名盐泽者也，去玉门、阳关三百余里，广袤三百里。其水停居，冬夏不增减，皆以为潜行地下，南出于积石，为中国河云。

《山海经》

昆仑山纵横万里，高万一千里，去嵩山五万里，有青河、白河、赤河、黑河环其墟。其白水出其东北陬，屈向东南流，为中国河。河百里一小曲，千里一大曲，发源及中国。大率常然。东流潜行地下，至规期山；北流分为两源：一出葱岭；一出于阗。其河复合，东注蒲昌海，复潜行地下，南出积石山，西南流，又东回入塞，过敦煌、酒泉、张掖郡；南与洮河合，过安定、北地郡；地[1]流过朔方郡西，又南流过五原郡南，又东流过云中、西河郡东，又南流过上都、河东郡西而出龙门。汾水从东于北入河，东即龙门所在。龙门未开，河出孟门东大溢，是谓洪水。禹凿龙门始南流。至华阴潼关，与渭水合，又东回砥柱。砥柱，山名，河水分流，包山而过，山见水中若柱然。今陕州东河北陕县三县界，及洛阳、孟津所在。至巩县与洛水合，成皋与济水合，济水出河北，至王屋山而南，截河渡，正对成皋。又东北流过武德，与沁水合。至黎阳信都。信都，今冀州，绛水所在。绛水亦曰溃水，一曰漳水。巨鹿之北，遂分为九河。巨鹿，今邢州，大陆所在。大陆，泽名。九河，一曰徒骇，二太史，三马颊，四覆釜，五湖苏，六简，七絜，八钩盘，九鬲津。又合为一河而入海。齐桓公塞九河以广田居，故馆陶、具丘、广川、信都、东光、河间以东城池，九河旧迹犹

---

[1] 地 《初学记》作“北”。

存。汉代河决金堤，南北多罹其害。议者常欲求九河故迹而穿之，未知其所，是以班固云："自兹距汉，已亡其八枝。"河之故渎，自沙丘堰南分也出焉。故《尚书》称"导河积石至于龙门"，今绛州龙门县界。"南至于华阴，北❶至于砥柱，东至于孟津"，在洛北，都道所奏，古今以为津。"东过洛汭，至于大伾"，洛汭，今巩县，在河洛合流之所也；大伾山，今汜水县，即故成皋也，山再成曰伾。"北过水❷，至于大陆"，其绛水，今冀州信都；大陆，泽名，今邢州巨鹿。"又北播为九河，同为逆河入海"是也。同，合。出九河又合为一，名为逆河。逆，行也。言海口有潮夕，潮以迎河水。

《元史·河源记》

河源古无所见。《禹贡》导河，止自积石。汉使张骞持节，道西域，度玉门，见二水交流，发葱岭，趋于阗，汇盐泽，伏流千里，至积石而再出。唐薛元鼎使吐蕃，访河源，得之于闷磨黎山。然皆历岁月，涉艰难，而其所得不过如此。世之论河源者，又皆推本二家。其说怪诞，总其实，皆非本真。意者汉唐之时，外夷未尽臣服，而道未尽通，故其所往不无迂回难阻，不能直抵其处而究其极也。

元有天下，薄海内外，人迹所及，皆置驿传，使驿往来，如行国中。至元十七年，命都实为招讨使，佩金虎符，往求河源。都实既受命，是岁至河州。州之东六十里，有宁河驿。驿西南六十里，有山曰杀马关，林麓穷隘，举足浸高，行一日至巅。西去愈高，四阅月，始抵河源。是冬还报，并图其城传位

❶ 北　应为"东"。

❷ 北过水　应为"北过绛水"。

置以闻。其后翰林学士潘昂霄从都实之弟阔阔出得其说，撰为《河源志》。临川朱思本又从八里吉思家得帝师所藏梵字图书，而以华文译之，与昂霄所志，互有详略。

今取二家之书，考定其说，有不同者，附注于下。

按：河源在吐蕃朵甘思西鄙，有泉百余泓，沮洳涣散，弗可逼视，方可七八十里，履高山下瞰，灿若列星，以故名火敦脑儿。火敦，译言星宿也。思本曰："河源在中州西南，直四川马湖蛮部之正西三千余里，云南丽江宣抚司之西北一千五百余里，帝师撒思加地之西南二千余里。水从地涌出入井，其井百余。东北流百余里，汇为大泽，曰火敦脑儿。"郡流奔辏，近五七里，汇二巨泽，名阿剌脑儿。自西而东，连属吞噬，行一日，迤逦东骛成川，号赤宾河。又二三日，水西南来，名亦里出，与赤宾河合。又三四日，水来南，名忽阑。又水东南来，名也里术。合流入赤宾，其流浸大，始名黄河。然水犹清，人可涉。思本曰："忽阑河源出自南山，其地大山峻岭，绵亘千里，水流五百余里，注也里出河。也里出河源亦出自南山，西北流五百余里，始与黄河合。"又一二日，岐为八九股，名也孙斡伦，译言九渡，通广五七里，可度马。又四五日，水浑浊，土人抱革囊，骑过之。聚落纠木斡象舟，傅髦革以济，仅容两人。自是两山峡束，广可一里、二里或半里，其深叵测。朵甘思东北有大雪山，名亦耳麻不莫剌，其山最高，译言腾乞里塔，即昆仑也。山腹至顶皆雪，冬夏不消。土人言，远年成冰，时六月见之。自八九股水至昆仑，行二十日。思本曰："自浑水东北流二百余里，与怀里火秃河合。怀里火秃河源自南山，西❶北偏西流八百余里，与黄河合，又东北流一百余里，过即❷麻哈地。又正北流一百余里，乃折而西北流二百余里，又折而正北流一百余里，又折而东流，过昆

---

❶ 西 《元史》作"水正"。

❷ 即 《元史》作"郎"。

仑山下，番名亦耳麻不剌。其山高峻非常，山麓绵亘五百余里，河随山足东流，过撒思家即阔阔提地。河行昆仑南半日。”又四五日，至地名而阔及阔提二地相属。又三日，地名哈剌别里赤儿，四达之冲也。多寇盗，有官兵镇之。近北二日，河水过之。思本曰：“河过阔提，与亦西八思今河合，亦西八思今河源自铁豹岭之北，正北流凡五百余里，而与黄河合。”昆仑以西，人简少多，处山南。山皆不穹峻，水益散漫，兽有髦牛、野马、狼、狍、羱羊之类。其东山益高，地亦渐下，岸狭隘，有狐可一跃而越之处。行五六日，有水西南来，名纳邻哈剌，译言细黄河也。思本曰：“哈剌河自白狗岭之北，水西北流五百余里，与黄河合。”又两日水南来，名乞儿马出。二水合流入河。思本曰：“自哈剌河与黄河合正北流二百余里，过阿以伯站，折而西北流，经昆仑之北二百余里，与乞里马出河合。乞里马出河源自威茂州之西北，岷山之北，水北流，即古当州境，正北流四百余里，折而西北流，又五百余里，与黄河合。”

河水北行，转西流，过昆仑北，一向东北流，约行半月，至贵德州，地名必赤里，始有州治官府。州隶吐蕃等处宣慰司，司治河州。又四五日，至积石州，即《禹贡》“积石”。五日，至河州安乡关。一日，至打罗坑。东北行一日，洮河水南来入河。思本曰：“自乞里马出河与黄河合，又西北流与鹏拶河合。鹏拶河源自鹏拶山之西北，水正西流七百余里，过礼塞塔失地，与黄河合。折而西北流三百余里，又折而东北流，过西宁州、贵德州、马岭，凡八百余里，与邈水合。邈水源自青唐宿军谷，正东流五百余里，过三巴站与黄河合。又东北流，过土桥站古积石州来羌城廓州构米站界都城凡五百余里，过河州与野庞河合。野庞河源自西倾山之北，水东北流凡五百余里与黄河合。又东北流一百余里，过踏白城银川站与湟水浩亹河合。湟水源自祁连山下，正东流一千余里，注浩亹河。浩亹河源自删丹州之南删丹山下，水东南流七百余里，注湟水然后与黄河合。又东北流一百余里与洮河合。洮河源自羊撒岭北，东北流过临洮府凡八百余里，与黄河合。”又一日，至兰州，过北卜渡。至鸣沙河，过应吉里州，正东行。至宁夏府南，东行，即东胜州，隶大同路。自发源至汉地，南北涧溪，细流旁贯，莫知纪极。

山皆草石，至积石方林木畅茂。世言河九折，彼地有二折，盖乞儿马出及贵德必赤里也。思本曰：“自洮水与河合，北流过达地，凡八百余里。过丰州西受降城，折而正东流，过达达地古天德军中受降城，东受降城凡七百余里。折而正南流，过大同路云内州、东胜州与黑河合。黑河源自渔阳岭之南，水正西流，凡五百余里，与黄河合。又正南流，过保德州、葭州及兴州境，又过临州，凡一千余里，与吃那河合，吃那河源自古宥州，东南流过陕西省绥德州，凡七百余里，与黄河合。又南流三百余里，与延安河合。延安河源自陕西芦子关乱山中，南流三百余里，过延安府折而正东流三百里，与黄河合。又南流三百里，与汾河合。汾河源自河东朔武州之南乱山中，西南流，过管州，冀宁路汾州，霍州，晋宁路绛州，又西流，至龙门，凡一千二百余里，始与黄河合。又南流二百里，过河中府，过潼关与太华太山绵亘，水势不可复南，乃折而东流。大概河源东北流，所历皆西蕃地，至兰州凡四千五百余里，始入中国。又东北流过达达地，凡二千五百余里，始入河东境内。又南流至河中，一千八百余里。通计九千余里。”

历代河决考

周

定王五年，河徙砱砾。

晋景公十五年，《谷梁传》曰：梁山崩，壅河三日不流。晋君召伯尊。伯尊遇辇者问焉。辇者曰：“君亲素缟，帅群臣哭之，既而祠焉，斯流矣。”伯尊至，君问之，伯尊如其言而河流。《左传》曰“伯宗”。

汉

文帝十二年冬十二月，河决酸枣，东溃金堤。

武帝建元三年，河水溢于平原。

元光三年春，河水徙，从顿丘东南流。夏，复决濮阳瓠子，注巨野，通淮泗，泛郡十六。

元帝永光五年冬十二月，河决。初武帝既塞宣房后，河复北决于馆陶，分为屯氏河，东北入海，广深与大河等，故因其自然，不堤塞也。是岁，河决清河灵鸣犊口，而屯氏河绝。

成帝建始四年夏四月，河决东郡金堤，灌四郡三十二县，居地十五万顷，坏官亭庐舍且四万所。

河平三年秋八月，河复决平原，流入济南、千乘，所坏败者半。建始时，复遣王延世作治，六月乃成。

鸿嘉四年秋，渤海、清河、信都河水溢溢，灌县邑三十一，败官亭民舍四万余所。

新莽三年，河决魏郡，泛清河以东数郡。先是，莽恐河决为元城冢墓害。及决东去，元城不忧水，故遂不堤塞。

唐

玄宗开元十年，博州河决。十四年，魏州河溢。十五年，冀州河溢。

昭宗乾宁三年夏四月河涨，将毁滑州，朱全忠决为二河，夹城而东，为害滋甚。

后唐

同光二年秋七月，唐发兵塞决河。先是，梁攻杨刘，决河水以限晋兵。梁所决河连年为曹濮患，命将军娄继英督汴滑兵塞之，未几复坏。

晋

天福二年，河决郓州。四年，河决博州。六年，河决滑州。

开运三年秋七月，河决杨刘西，入莘县，广四十里，自朝城北流。

汉

乾祐元年五月，河决鱼池。三年六月，河决郑州。

周

广顺二年十二月，河决郑州、滑州，周遣使修塞。周主以决河为忧，王浚请自行视，许之。周塞决河。三月，澶州害。

天福十一年，黄河自观城县界楚里村堤决，东北经临黄、观城两县。

宋

太祖乾德二年，赤河决东平之竹村。三年秋大雨，开封府河决阳武。又孟州水涨，坏中滩桥梁，澶郓亦言河决。四年八月，滑州河决，坏灵河县大堤。

开宝四年十一月，河决澶渊，泛数州。

太宗太平兴国二年秋七月，河决孟州之温县、郑州之荥泽、澶州之顿丘。七年，河大涨，蹙清河，凌郓州，城将陷，塞其门。急奏以闻，诏殿前承旨刘吉驰往固之。八年五月，河大决滑州韩村，泛澶濮、曹济，东南流至彭城界，入于淮。九年春，滑州复言房村河决。

淳化四年十月，河决澶州，陷北城，坏庐舍七千余区。

真宗咸平三年五月，河决郓州王陵埽，浮巨野，入淮泗，水势悍激，浸迫州城。

景德元年九月，澶州言河决横垅埽。四年，又坏王公埽，并许诏发兵夫完治之。

大中祥符三年十月，判河中府陈尧叟言白浮图村河水决溢。明年九月，棣州河决聂家口。五年正月，本州请徙城，居民重迁，命使完塞。既成，又决于州东南李氏湾，环城数十里，民舍多坏，又请徙商河。役兴逾年，虽扞护完筑，裁免决溢，而湍流益暴，壖地益削，河势高民屋殆逾丈矣。民苦久役，而终忧水患。六年，乃诏徙州于阳信之八方寺。七年八月，河决澶州大吴埽。

天禧三年六月乙未夜，滑州河溢城西北天台山旁。俄复溃于城西南岸，漫溢州城，历澶濮、曹郓，注梁山泊。又合清水古汴渠，东入于淮，州邑罹患者三十二。

仁宗天圣六年六月，河决澶州之王楚埽。

明道二年，徙大名之朝城县于社婆村，废郓州之王桥渡、淄州之临河镇以避水。

景祐元年七月，河决澶州横垅埽。

庆历八年六月癸酉，河决商胡埽。

皇祐元年三月，河合永济渠，注乾宁军。二年七月辛酉，河复决大名府馆陶县之郭固。四年正月乙亥，塞郭固，而河势犹壅，议者请开六塔以披其势。

嘉祐元年夏四月壬子朔，塞商胡北流，入六塔河，不能容。是夕复决，令三司盐铁判官沈立往行视。

神宗熙宁元年六月，河溢恩州乌拦堤。又决冀州枣强埽，北注瀛。七月，又溢瀛州乐寿埽。四年七月辛卯，北京新堤第四、第五埽决，漂溺馆陶、永济、清阳以北。八月，河溢澶州曹村。十月，溢卫州王供。时新堤凡六埽，而决者二，下属恩冀，贯御河，奔冲为一。十年五月，荥泽河决，急诏判都水监俞光往治之。是岁七月，河复溢卫州王供及汲县上下埽、怀州黄沁、滑州韩村。乙丑，遂大决于澶州曹村，澶渊北流断绝，河道南徙，东汇于梁山张泽泺，分为二派：一合南清河入于淮；一合北清河入于海。丘濬《大学衍义补》曰："此黄河入淮之始。"本年八月，又决郑州荥泽。

元丰元年四月丙寅，决口塞，诏改曹村埽曰灵平。五月甲戌，新堤成，闭口断流，河复归北。三年七月，澶州孙村陈埽及大吴、小吴埽决。四年四月，小吴埽复大决，自澶注入御河。五年六月，河溢北京内黄埽。七月，决大吴埽堤，以纾灵平下埽危急。八月，河决郑州原武埽，溢入利津、阳武沟、刀马河，归纳梁山泺。七年七月，河溢，元城埽决，横堤破。八年，河流虽北而孙村低下，夏秋霖雨，涨水往往东出小吴之决。十月，又决大名之小张口。

元符三年四月，河决苏村。

徽宗大观元年丙申，邢州言河决，陷巨鹿县。庚寅，冀州河溢，坏信都、南宫两县。三年六月，河溢冀州信都。十一月，河决清河埽。是岁，水坏天成圣功桥。

元

世祖至元九年七月，卫辉路新乡县广盈仓南河北岸决。二十三年，河决，冲突河南郡县凡十五处，役民二十余万塞之。二十五年，汴梁路阳武县诸处河决二十二所，漂荡麦禾房舍，委宣慰司督本路差夫修治。

成宗大德元年秋七月，河决杞县蒲口，塞之。明年，蒲口复决，塞河之役，无岁无之。是后，水北入复河故道。二年秋七月，大雨，河决漂归德属县田庐禾稼。三年五月，河南省言河决蒲口儿等处，侵归德府数郡，百姓被灾。

武宗至大二年秋七月，河决归德，又决封丘。

仁宗延祐七年七月，汴城路言荥泽县六月十一日河决塔海庄东堤，横堤两重，又决数处。二十三日夜，开封县苏村及七里寺复决二处。

泰定帝泰定二年五月，河溢汴梁。三年，河决阳武，漂民居万六千五百余家。寻，复坏汴梁乐利堤，发丁夫六万四千人筑之。

文宗至顺元年六月，曹州济阴县河防官言，初五日魏家道口黄河旧堤将决，不可修筑，募民修护水月堤，复于近北筑月堤，未竟。至二十一日，水忽泛溢，新旧三堤一时咸决。明日外堤复坏，有蛇时出没于中，所下桩土一扫无遗。

顺帝至正四年五月，大雨二十余日，黄河暴溢，平地水深二丈许，北决白茅堤。六月，又北决金堤，并河郡邑济宁军州、虞城、砀山、金乡、鱼台、丰沛、定陶、楚丘、武城，以至曹州、东明、巨野、郓城、嘉祥、汶上、任城等处，皆罹水患。北侵安山，沿入会通运河，延袤济南河间，将坏两漕司盐场。五年，河决济阴，漂官民庐舍殆尽。六年，河决。二十六年春二月，黄河北徙。先是河决小疏口，达于清河，坏民居，伤禾稼，至是复北徙，自东明、曹濮，下及济宁，民皆被害。

国朝

洪武元年，河决曹州，从双河口入鱼台，大将军徐达开塌场口入于泗，以通运。时戴村末坝，汶由坎河注海，运阻，故引河入塌场以济之。二十四年，河决原武之黑阳山，东经开封城北五里，又南行至项城，经颍州颍上，东至寿州正阳镇，全入于淮，而故道遂淤。

永乐九年，以济宁州同知潘叔正言，命尚书宋礼役丁夫一十六万五千浚会通河。乃开新河，自汶上县袁家口左徙二十里，至寿张之沙湾接旧河，九阅月而成绩。侍郎金纯从卞城金龙口下达塌场口筑堤，导河经二洪，南入淮。漕事定，为罢海运，至今赖之。

正统十三年，河决荥阳，冲张秋。尚书石璞、侍郎王永和、都御史王文相相继督夫十余万塞之，弗绩。

天顺六年，河溢，决开封府北门，淹毁官民军舍。

弘治二年，河决原武，支流为三：一决封丘金龙口，漫祥符，下曹濮，冲张秋长堤；一出中牟，下尉氏；一泛滥仪封、考城、归德，入于宿。以布政使徐恪言，命侍郎白昂役丁夫二十五万塞之。五年，复决金龙口，溃黄陵冈，再犯张秋。侍郎陈政督夫九万治之，弗绩。六年，乃命都御史刘大夏、平江伯陈锐役丁夫十二万有奇，一浚孙家渡口，开新河导水南行，由中牟至颍川，东入于淮；一浚四府营淤河，由陈留至归德，分为二派：一由宿迁小河口入淮；一由亳州涡河入淮。分土命工，始塞张秋，二年告成。自是河南岁计河夫矣。

正德四年九月，河决曹县杨家口，奔流曹单二县，达古迹王子河，直抵丰沛，舟楫通行，遂成大河。五年二月，起工修治，至五月中雨涨，埽台冲荡，不克完合。八年七月，河决曹县以西娘娘庙口、孙家口二处，从曹县城北东行，而曹单居民被害益甚。是年，骤雨涨，娘娘庙口以北五里焦家口冲决，曹单以北、城武以南，居民田庐尽被漂没。

嘉靖六年，河决曹单、城武、杨家口、梁靖口、吴士举庄，冲鸡鸣台。七年，河决淤庙道口三十余里河道。都御史盛应期奏开赵皮寨白河一带，分杀水势。八年，飞云桥之水北徙鱼台谷亭，舟行闸面。九年，河决塌场口，冲谷亭，水经三年不去。十三年，又淤庙道口，都御史刘天和役夫一十四万浚之。是年，河决赵皮寨入淮，本年忽自河南夏邑县大丘回村等集冲数口，转向东北流，经萧县出徐州小浮桥，下济二洪，赵皮寨寻亦塞。十九年，河决野鸡冈，由涡河经亳州入淮，二洪大涸，兵部侍郎王以旂开李景高支河一道，引水出徐济洪，役丁夫七万有奇，八月而成，寻淤。二十六年，决曹县、冲谷亭，运河不淤。三十二年，决房村，约淤三十里，都御史曾钧役丁夫五万六千有奇浚之。三十七年，新集淤。七月，忽向东北冲成大河，而新集河由曹县循夏邑丁家道、司家道出萧县蓟门，由小浮桥入洪。七月，淤，凡二百五十余里，趋东北段家口，析为六股：曰大溜沟、小溜沟、秦沟、浊河、胭脂沟、飞云桥，俱由运河至徐洪又分一股，由砀山坚城集下郭贯楼，又析五小股，为龙沟、母河、梁楼沟、杨氏沟、胡店沟，亦由小浮桥会徐洪。河分为十一流，遂淤。然分多则势弱，势弱则并淤之机也。四十四年七月，河果大淤。全河南绕沛县戚山入秦沟，北绕丰县华山漫入秦沟，接大小溜沟泛滥入运河，至胡陵城口，漫散湖坡，从沙河至二洪。八月，工部尚书朱衡乃请开都御史盛应期原议新河。自南阳至留城，佥都御史臣潘季驯请接浚留城旧河，并力挑浚，八阅月而成。

隆庆四年七月，黄河决睢宁县曲头集、王家口、马家浅等处，运道沙垫，一百余里俱为平陆，淤重储船九百余只，臣季驯筑塞诸决，河水仍归正道，储船尽出。隆庆年间，高家堰大溃，淮水东趋，决黄浦、八浅，而兴盐、高宝诸邑汇为巨浸，淮城水困，民不聊生。黄河亦决崔镇等处，而桃清河塞，运道梗阻者数年。

万历六年，臣季驯拜命总督河漕，筑高家堰六十余里，归仁集堤四十余里，柳浦湾堤东三十余里、西四十余里，塞崔镇等决一百三十余处。徐睢、邳宿、桃清两岸筑遥堤共长五万六千四百三十余丈，马厂坡堤七百四十余丈，使两河不得外决。筑砀山大坝、丰县邵家大坝各一道，约水不得北徙。筑徐沛、丰砀缕堤一百四十余里，砌八浅宝应湖石堤共长一千五百七十余丈，建崔镇、徐升等四减水坝，修复淮安新旧闸坝，而迁通济闸于淮安甘罗城南，以纳淮水，故道尽复。

卷之六　古今稽证

泗州先春亭记宋臣欧阳修撰

景祐三年[1]秋，清河张侯以殿中丞来守泗上。既至，问民之所素病，而治其尤暴者。曰："暴莫大于淮。"越明年春，作城之外堤，因其旧而广之。度为万有九千二百尺，用人之力八万五千。泗之民曰："此吾利也，而大役焉。然人力出于州兵，而石出乎南山，作大役而民不知，是为政者之私我也。不出一力而享大利，不可。"相与出米一千三百石，以食役者。堤成，高三十三尺，土实石坚，捍暴备灾，可久而不坏。既，曰："泗，四达之州也，宾客之至者有礼。"于是，因前蒋侯堂之亭新之，为劳饯之所，曰"思邵亭"。且推其美于前人，而志邦人之思也。又曰："泗，天下之水会也，岁漕必廪于此。"于是治常丰仓西门二夹室，一以视出纳，曰某亭；一以为舟者之寓舍，曰通漕亭。然后曰："吾亦有所休乎。"乃筑州署之东城上，为先春亭，以临淮水，而望西山。是岁秋，予贬夷陵，过泗上，于是知张侯之善为政也。昔周单子聘楚而过陈，见其道秽而川泽不陂梁，客至不授馆，羁旅无所寓，遂知其必亡。盖城郭、道

---

[1] 景祐三年　四库本为"景祐二年"，下文有"越明年春……是岁秋，予贬夷陵"之语，欧阳修被贬夷陵在景祐三年，推知段首纪年应为"景祐二年"。

路、旅客寄寓，皆三代为政之法，而《周官》尤谨著之，以为御备。今张侯之作也，先民之备灾，而及于宾客往来，然后思自休焉。故曰善为政也。先时，岁大水，州几溺。前司封员外郎张侯夏守是州，筑堤以御之。今所谓因其旧者是也，是役也，堤为大。故余记其大者详焉。

阅此，则知淮涨于泗，自古为然，又何咎于高堰也。

贾鲁河记

元至正九年冬，脱脱既复为丞相，慨然有志于事功，论及河决，即言于帝，请躬任其事，帝嘉纳之。乃命集群臣议廷中，而言人人殊，唯都漕运使贾鲁，昌言必当治。先是，鲁尝为山东道奉使宣抚首领官，循行被水郡邑，具得修择成策；后又为都水使者，奉旨诣河上相视，验状为图，以二策进献：一议修筑北堤以制横溃，其用功省；一议疏塞并举，挽河使东行以复故道，其功费甚大。及是复以二策对，脱脱韪其发策。于是遣工部尚书成遵与大司农秃鲁行视河，议其疏塞之方以闻。遵等自济濮、汴梁、大名，行数千里，掘井以量地之高下，测岸以究水之浅深，博采舆论，以谓河之故道断不可复。且曰："山东连歉，民不聊生，若聚二十万众于此地，恐他日之忧又有重于河患者。"

时脱脱先入鲁言，及闻遵等议，怒曰："汝谓民将反邪?"自辰至酉，论辨终莫能入。明日，执政谓遵曰："修河之役，丞相意已定，且有人任其责，公勿多言，幸为两可之议。"遵曰："腕可断，议不可易。"遂出遵河间盐运使，议定，乃荐鲁于帝。大称旨。

十一年四月初四日，下诏中外，命鲁以工部尚书为总治河防使，进秩二品，授以银印，发汴梁、大名十有三路民十有万人，庐州等戍十有八翼军二万人供役。一切从事大小军民，咸禀节度，便益兴缮。是月二十二日鸠工，七月疏凿成，八月决水故河，九月舟楫通行，十一月水土工毕，埽诸堤成。河乃复故道，南汇于淮，又东入于海。帝遣贵臣报祭河伯，召鲁还京师，论功超拜荣禄大夫、集贤太学士，其宣力诸臣迁赏有差，赐丞相脱脱世袭荅剌罕之号，特命翰林学士承旨欧阳玄制河平碑文，以旌劳绩。玄既为河平之碑，又自以为司马迁、班固记河渠沟洫，仅载治水之道，不言其方，使后世任斯事者无所考则，乃从鲁访问方略，及询过客，质吏牍，作《至正河防记》，欲使来世罹河患者按而求之。其言曰："治河一也，有疏、有浚、有塞，三者异焉。酾河之流，因而导之，谓之疏。去河之淤，因而深之，谓之浚。抑河之暴，因而扼之，谓之塞。疏浚之别有四：曰生地，曰故道，曰河身，曰减水河。生地有直有纡，因直而凿之，可就故道。故道有高有卑，高者平之以趋卑，高卑相就，则高不壅，卑不潴，虑夫壅生溃，潴生堙也。河身者，水虽通行，身有广狭，狭难受水，水溢悍，故狭者以计辟之；广难为岸，岸善崩，故广者以计御之。减水河者，水放旷则沙[1]制其狂，水隳突则以杀其怒。"

治堤一也，有创筑、修筑、补筑之名，有治水堤，有截河堤，有护岸堤，有缕水堤，有石船堤。治埽一也，有岸埽、水埽，有龙尾、拦头、马头等埽。其为埽台及推卷、牵制、薶挂之法，有用土、用石、用铁、用草、用木、用杙、用絙[2]之方。塞河一也，有缺口，有豁口，有龙口。缺口者，已成川。豁口

[1] 沙　据前后文，"沙"疑为"以"之误。

[2] 用杙、用絙　原文作"用找周絙"，据四库本、《元史》改。

者，旧常为水所豁，水退则口下于堤，水涨则溢出于口。龙口者，水之所会，自新河入故道之众[1]也。此外不能悉书，因其用功之次第，而就述于其下焉。其浚故道，深广不等，通长二百八十里百五十四步而强。功始自白茅，长百八十里。继自黄陵冈至南白茅，辟生地十里。口初受，广百八十步，深二丈有二尺，以下停广百步，高下不等，相折深二丈及泉。曰停、曰折者，用古算法，因此推彼，知其势之低昂，相准折而取匀停也。南白茅至刘庄村，接入故道十里，通折垦广八十步，深九尺。刘庄至专固百有二里二百八十步，通折停广六十步，深五尺。专固至黄固，垦生地八里，面广百步，底广九十步，高下相折，深丈有五尺。黄固至哈只口，长五十一里八十步，相折停广垦十步，深五尺。乃浚凹里减水河，通长九十八里百五十四步。凹里村缺河口生地，长三里四十步，面广六十步，底广四十步，深一丈四尺。自凹里生地以下旧河身至张赞店，长八十二里五十四步。上三十六里，垦广二十步，深五尺。中三十五里，垦广二十八步，深五尺。下十里二百四十步，垦广二十六步，深五尺。张赞店至杨青村，接入故道，垦生地十有三里六十步，面广六十步，底广四十步，深一丈四尺。

其塞专固缺口，修堤三重，并补筑凹里减水河南岸豁口，通长二十里三百十有七步。其创筑河口前第一重西堤，南北长三百三十步，面广二十五步，底广三十三步，树置桩橛，实以土牛、草苇、杂稍相兼，高丈有三尺。堤前置龙尾大埽。言龙尾者，伐大树连稍系之堤旁，随水上下，以破啮岸浪者也。筑第二重正堤，并补两端旧堤，通长十有一里三百步。缺口正堤长四里。两堤相接旧堤，置桩堵闭河身，长百四十五步，用土

[1] 众 《元史》作“潨”，水流汇合之地。

牛、苇草、稍土相兼修筑。底广三十步，修高二丈。其岸上土工修筑者，长三里二百十有五步有奇，广不等，通高一丈五尺。补筑旧堤者，长七里三百步，表里倍薄七步，增卑六尺，计高一丈。筑第三重东后堤，并接修旧堤，高广不等，通长八里。补筑凹里减水河南岸豁口四处，置桩木、草土相兼，长四十七步。

于是堤塞黄陵全河，水中及岸上修堤，长三十六里百三十八步。其修大堤刺水者二，长十有四里七十步。其西复作大堤刺水者一，长十有二里百三十步。内创筑岸上土堤，西北起李八宅西堤，东南至旧河岸，长十里百五十步，颠广四步，趾广三之，高丈有五尺。仍筑旧河岸至入水堤，长四百三十步，趾广三十步，颠杀其六之一，接修入水。

两岸埽堤并行。作西埽者，夏人水工，征自灵武。作东埽者，汉人水工，征自近畿。其法以竹络实以小石，每埽不等，以蒲苇绵腰索径寸许者从铺，广可一二十步，长可二三十步。又以曳埽索绹径三寸或四寸，长二百余尺者衡铺之。相间复以竹苇麻苘大綷，长三百尺者为管心索，就系绵腰索之端于其上，以草数千束，多至万余，匀布厚铺于绵腰索之上，槁而纳之。丁夫数千，以足踏实。推卷稍高，即以水工二人立其上，而于众众声力举，用小大推梯，推卷成埽，高下长短不等，大者高二丈，小者不下丈余。又用大索或互为腰索，转致操管心索，顺埽台立踏，或挂之台中铁猫大橛之上，以渐缒之下水。埽后掘地为渠，陷管心索渠中，以散草厚覆，筑之以土，其上复以土牛、杂草、小埽、稍土，多寡厚薄，先后随宜，修叠为埽台，务使牵制上下，缜密坚壮，互为犄角，埽不动摇。日力不足，夜以继之。积累既毕，复施前法，卷埽以压先下之埽，量水浅深制埽，厚薄叠之，多至四埽而止。两埽之间置竹络，或三丈围四丈五尺，实以小石、土牛。既满，系之竹缆。其两旁并埽，密下大桩，就以竹络上大竹腰索系于桩上。东西两埽及其中竹络之上，以草土等物筑为埽台，约长五十步或百步，再下埽，即以竹索或麻索长八百尺或五百尺者一二，杂厕其余管心索之间，候埽入水之后，其余管心索如前薤挂，随以管心长索，远置五七十步之外，或铁猫，或大桩，曳而系之，通管束累日所下之埽，再以草土等物通修成堤。又以龙尾大埽密挂于护堤大桩，分析水势。其堤长二百七十步，北广四十二步，中广五十五步，南广四十二步。自颠至趾，通高三丈八尺。

其截河大堤，高广不等，长十有九里百七十七步。其在黄陵北岸者，长十里四十一步。筑岸上土堤，西北起东西故堤，东南至河口，长七里九十七步，颠广六步，趾倍之而强二步，高丈有五尺，接修入水。施土牛、小埽、稍草、杂土，多寡厚薄，随宜修叠。及下竹络，安大桩，系龙尾埽，如前两堤法。唯修叠埽台，增用白阑小石，并埽上及前游修埽堤一，长百余步，直抵龙口。稍北，拦头三埽并行，埽大堤广与刺水二堤不同。通前列四埽，间以竹络，成一大堤，长二百八十步，北广百一十步，其颠至水面高丈有五尺，水面至泽腹高二丈五尺，通高三丈五尺。中流广八十步，其颠至水面高丈有五尺，水面至泽腹高五丈五尺，通高七丈。并创筑缕水横堤一，东起北截河大堤，西抵西刺水大堤。又一堤，东起中刺水大堤，西抵西刺水大堤，通长二里四十二步，亦颠广四步，趾三之，高丈有二尺。修黄陵南岸，长九里百六十步。内创岸土堤，东北起新补白茅故堤，西南至旧河口，高广不等，长八里二百五十步。

乃入水作石船大堤。盖由是秋八月二十九日乙巳，道故河流，先所修北岸西中刺水及截河三堤犹短，约水尚少，力未足恃。决河势大，南北广四百余步，中流深三丈余，益以秋涨，水多故河十之八。两河争流，近故河口，水刷岸北行，洄漩湍激，难以下埽。且埽行或迟，恐水尽涌入决河，因淤故河，前功遂隳。鲁乃精思障水入故河之方，以九月七日癸丑，逆流排大船二十七艘，前后连以大桅或长桩，用大麻索、竹絙绞缚，缀为方舟。又用大麻索、竹絙，用船身缴绕上下，令牢不可破，乃以铁猫于上流硾之水中。又以竹絙绝长七八百尺者，系两岸大橛上，每絙或硾二舟或三[1]舟，使不得下，船腹略铺散草，满贮小石，以合子板钉合之。复以埽密布合子板上，或二重，或三重。又于堤前通卷拦头埽各一道，多者或三或四。前埽出水，管心大索系前埽，硾后拦头埽之后，后埽管心大索亦系小埽，硾前拦头埽之前，后先羁縻，以锢其势。又于所交索上及两埽之间，压以小石白阑，土牛草土相半，厚薄多寡，相势措置。

埽堤之后，自南岸复修一堤，抵已闭之龙口，长二百七十步。船堤四道成堤，用农家场圃之具曰辘轴者，穴石立木如比栉[2]，蕴前埽之旁。每步置一辘轴，以横木贯其后，又穴石，以径二寸余麻索贯之，系横木上，密挂龙尾大埽，使夏秋潦水、冬春凌簿，不得肆力于岸。此堤接北岸截河大堤，长二百七十步，南广百二十步，颠至水面高丈有七尺，水面至泽腹高四丈二尺。中流广八十步，颠至水面高丈有五尺，水面至泽腹高五丈五尺，通高七丈。仍治南岸护堤埽一道，通长百三十步，南岸护岸马头埽三道，通长九十五步，修筑北岸堤防，高广不等，通长二百五十四里七十一步。

[1] 三　原文作“二”，据四库本改。

[2] 比栉　排列紧密。原文作“此”，据四库本改。

白茅河口至板城，补筑旧堤，长二十五里二百八十五步。曹州板城至英贤村等处，高广不等，长一百三十三里二百步。稍冈至砀山县，增培旧堤，长八十五里二十步。归德府哈只口至徐州路三百余里，修完缺口一百七处，高广不等，积修计三里二百五十六步。亦思剌店缕水月堤，高广不等，长六里三十步。

其用物之凡，桩木大者二万七千，榆柳杂稍六十六万六千，带稍连根株者三千六百，藁秸蒲苇杂草以束计者七百三十三万五千有奇，竹竿六十二万五千，苇席十有七万二千，小石二十艘，绳索大小不等五万七千，所沉大船百有二十，铁缆三十有二，铁猫三百三十有四，竹篾以斤计者十有五万，硾石三千块，铁钻万四千二百有奇，大钉三万三千二百三十有二。其余若木龙、蚕椽木、麦楷、扶桩、铁叉、铁吊枝、麻搭、火钩、汲水、贮水等具，皆有成数。

官吏俸给，军民衣粮工钱，医药、祭祀、赈恤、驿置马乘及运竹木、沉船、渡船、下桩等工，铁、石、竹、木、绳索等匠佣赀，兼以和买民地为河，并应用杂物等价，通计中统钞百八十四万五千六百三十六锭有奇。

鲁尝有言："水工之功，视土工之功为难；中流之功，视河滨之功为难；决河口，视中流又难；北岸之功，视南岸为难。用物之效，草虽至柔，柔能狎水，水渍之生泥，泥与草并，力重如碇。然维持夹辅，缆索之功实多。"盖由鲁习知河事，故其功之所就如此。

玄之言曰："是役也，朝廷不惜重费，不吝高爵，为民辟害。脱脱能体上意，不惮焦劳，不恤浮议，为国拯民。鲁能竭其心思智计之巧，乘其精神胆气之壮，不惜劬瘁，不畏讥评，以报君相知人之明。宜悉书之，使职史氏者有所考证也。"

先是岁庚寅，河南北童谣云："石人一只眼，挑动河天下反。"及鲁治河，果于黄陵冈得石人一眼，而汝颍之妖寇乘时而起。议者往往以谓天下之乱，皆由贾鲁治河之役，劳民动众之所致。殊不知元之所以亡者，实基于上下因循，狃于晏安之习，纪纲废弛，风俗偷薄，其致乱之阶，非一朝一夕之故，所由来久矣。不此之察，乃独归咎于是役，是徒以成败论事，非通论也。设使贾鲁不兴是役，天下之乱，讵无从而起乎？故今具录玄所记，庶来者得以详焉。

阅此，则见鲁之治河，亦是修复故道，黄河自此不复北徙。盖天假此人，为我国家开创运道，完固凤泗二陵风气，岂偶然哉。

都御史于湛题名记略

或谓海运由浙西，不旬日可达都下，较之河运费省而功倍，丘文庄《衍义补》言之详矣。近年言者亦多厌河运之劳，而欲举文庄之策，子顾极言河运之利，而欲侈诸臣之功示诸久远，何也？曰："海运之法，作俑于秦，效尤于元，祖宗已弃之策，三代以前未闻也。文庄计漂溺之米，而不计漂溺之人，故以海运为便，不知米漂而载米之舟、驾舟之卒、管卒之官，能独免乎？考之《元史》，至元二十八年，海运漂米二十四万五千六百有奇。至大二年，漂米二十万九千六百有奇。即如文庄言，每舟载米千石，用卒二十人，则岁溺而死者殆五六千人。此残虏之所忍于华人也，奈何华人亦忍于华人哉？河运之费，费于人，所谓人亡人得，损上益下者。王者以天下为家，又奚恤哉？"

此说海运之害最为明悉，故录之。

太常卿佘毅中全河说

洪惟我国家定鼎北燕，转漕吴楚，其治河也，匪直袪其害，而复资其利，故较之往代为最难。然通漕于河，则治河即以治漕；会河于淮，则治淮即以治河。合河淮而同入于海，则治河淮即以治海。故较之往代亦最利。迩岁以来，委寄靡专，论议滋起，于是有以决口为不必塞，而且欲就决为漕者，不知水分势缓，沙停漕淤，虽有旁决，将安用之，无论沮洳难舟，田庐咸沼也，是索途于冥者也。又有以缕堤为足恃，而疑遥堤之无益者，不知河挟万流，湍激异甚，堤近则逼迫难容，堤远则容蓄宽广，谓缕不如遥，是贮斛于盂者也。又有谓海口浅垫，须别凿一口者，不知非海口不能容二渎，乃二渎失其注海之本体耳。使二渎仍复故流，则海口必复故额。若人力所开，岂能几旧口万分之一。别凿之说，是穿咽于胁者也。又有谓高堰筑则泗州溢，而欲任淮东注者，不知堰筑而后淮口通，淮口通而后入海顺。欲拯泗患而訾堰工，是求前于却者也。它如绝流而挑，方舟而浚，疏渠以杀流，引洫以灌溉，袭虚旧之谈，而懵时宜之窾者，纷纷藉藉，载道盈廷。至于钓奇之士，则又欲舍其旧而新是图，于是有泇、胶、睢三河之说焉。不知既治河而又别治漕，是以财委壑也。又有兴复海运之说焉，不知岁用民赋，而又岁用民命，是以民委壑也。

嗟嗟，谋室于路，则三年靡成；回车于歧，则千里坐失，又何惑乎漕几成陆，而民胥为鱼耶！然诸为前议者，岂故好是凿且奇哉。总之不达于水可攻水之理耳。盖黄河之性，合则流急，分则流缓。急则荡涤而疏通，缓则停滞而淤塞。故以人力治之，则逆而难；以水力治之，则顺而易。

今太子少保潘公，屡膺河寄，洞照委原，才谞精诚，并称绝世。爰偕故右都御史江公决策上请，事悉具两河经略疏中。大都尽塞诸决，则水力合矣；宽筑堤坊，则衡决杜矣；多设减坝，则遥堤固矣。并堤归仁，则黄不及泗矣。筑高堰，复闸坝，则淮不东注矣。堤柳浦，缮西桥，则黄不南浸矣。修宝应之堤，浚扬仪之浅，则湖捍而渠通矣。故自告竣以来，河身益深，而河之赴海也急；淮口益深，而淮之合河也急。河淮并力以推涤海淤，而海口之宣泄二渎也急。用是河尝秋涨而涯畛屹然，淮尝夏溢而消耗甚速。贡赋舳舻，若履枕席，转徙孑遗；寝缘南亩，盖借水攻沙之效已较然显白矣。若谓水驯于分，涌于合，恐其合而涌也，则堤址既遥，而奔腾可恣，是寓分于合矣。若谓胡不用浚而纯用筑也，则筑坚而水自合，水合而河自深，是藏浚于筑矣。若谓胡不使黄淮分背，而乃使淮助河势，河扼淮势也，则合流之后，海即大辟，盖河不决固自深，得淮羽翼则益深，是用淮于河矣。若谓河决为天数，不可以人力强塞，故曰故道难复也。然既塞之后，河即安澜，是全天于人矣。若谓胡不创开一渠，而拘拘胶柱为也，则二百年地纪之故道，天储之懿规，本无庸创，而自今复之，是兼创于守矣。若谓闸坝之复，行旅稍滞，然河渠既奠，而行旅益通，何便如之，是含速于滞矣。

记礼者谓其数可陈也，其义难知也，治河之事，良亦类此。是故，排河淮非难，而排天下之异议难；合河淮非难，而合天下之人情难。史迁氏曰：甚哉，水之为利害也。余则曰：甚哉，人情之为利害也。故今日之功，非当事大臣，暨余等诸臣之功，皆圣明之功也。盖知河固难，而知知河之人尤难；知知河之人固难，而任知河之人尤难。语曰：千夫舆瓢，不如一人负而趋也；千夫牧羊，不如一人驱而走也。使非圣明之并合河漕，而事权归一也，其何能功！絷骐骥之足，则难望其必至；缚孟贲之手，则难望其必敌。使非圣明之宽假便宜，而不从中制也，其何能功！蜚蝗蔽天，则农稷不能善稼；奔驷曳辙，则王造亦废驰驱。使非圣明之不惑浮言，而私挠必黜也，其何能功！千仞而坡，则牧竖陵其阜；数尺而峭，则楼季不敢逾。使非圣明之严惩堕窳，而凛莫可干也，其何能功！空柯无刃，则公输不能以斫；虚甑乏粒，则易牙不能以炊。使非圣明之破格折兑，而大费不吝也，其何能功！张鹄以行赏，然后人罔不射；计程以齐足，然后人罔不奔。使非圣明之综核明允，而微劳必录也，其何能功！昔晋富平津河桥之成，武帝谓杜预曰：非卿此桥不立。预曰：非陛下圣明不成。今日之功，良亦类此。善乎！部疏有云：其本在明良之相遇，其机在赏罚之必行。真识体之论哉！后之治河者，其尚仰体君相任人图治之心，俯察河臣呕心腐舌之意，相与踵而行之期于勿坏。勿以事既即安而玩愒，勿以功非己出而更张。如周郊之有陈毕终始协心，如汉法之有萧曹宁一作颂。如此则漕河之允翕，当与国家亿万年灵长之祚同垂罔极也。斯岂非国家甚盛隆事哉！斯岂非国家甚盛隆事哉！余谨不嫌侈大，赘笔于简，作左契焉。

此篇独悉顺治之法，故录之。

隆庆六年工部覆止泇河疏

题为河道工完水消，恳乞圣明，申饬总理宪臣及时计处经久长策，以裨新运，以免后艰事。

该左给事中雒遵题，据山东分守参政等官刘孝等呈，据兖州府知府等官朱泰等勘得，自马家桥、微山、赤山、吕孟等湖起，葛墟岭下止一段，计水面长三十里，该挑口阔三十丈，底阔七丈，除水挑深一丈八尺，与马家桥河底相平。且本河水，来自薛河上下及东山一带山水，五六月水发之时，势甚涨漫，纵筑土堤不免冲决，工程最难。葛墟岭顶起，至曹儿庄天齐庙止一段，计长二十里，该挑深六丈一尺、五丈二三尺不等，方与马家桥河底相平。岸既高峻，若非斜坡，恐致倾坠。凡凿深一尺，必须两岸各开二尺，斜作土嶝，以便人夫上下。连底占河身七丈，共该挑口阔三十一丈。随经委官部领人夫七百二十名，于岭顶开凿一工。自隆庆五年十月十八日兴工，长十丈，阔虽八丈，除两头斜坡实止阔三丈五尺、四丈不等。至十一月十七日止，计二十九日，用过人夫二万八百八十工，工食银六百两。仅挑前工，上有黑土四尺，下多砂石二三尺不等。层靠又系礓土，以下红砂石，层厚一二尺不等，锹镢难施，俱用铁锹、石木等锤开凿，深浅不等，深处二丈五六尺，浅处二丈二三尺。以下砂礓硼石愈加坚硬。内有东西两工，泉水涌沸，急流有声。戽水之工更多。前项工程以下，再挑二倍，方与水平相等，较之先做一分，尤为加倍。一则高下出土之难，二则昼夜彻水之苦，实难开凿。自十二日至十六日止，计五日，戽水方才见底。及至动手，天又将晚，经过一夜，水积尺余，无计可施。

自岭顶东南至天齐庙沿路，又挑四工，长阔各一丈，掘至二三尺下，俱是礓石，泉水涌出，随彻随盈。十夫做工，十夫彻水，尚不能胜。再掘尺余，礓石愈大，泉水愈多。据此二十里冈岭，若强欲开凿，其赀费不可以数算也。又岭下西路，自利国驿起，由郝家庄中心沟至曹儿庄止计一段，长三十八里，地势虽少卑洼，但郝家庄后一带两边近山，掘试俱系连根青石，尤难开凿，无容更议。曹儿庄起，由大房岭至枣儿庄小房岭止一段，计长一十八里，原无河形，该挑深三丈八九尺不等，口阔三十丈。在于天齐庙前挑试一工，长阔一丈，挑至二尺以下，即有礓石，大者如升斗，小者如鸡卵，层叠坚硬，不能用锨，惟镢可施。一镢不能竟寸，石内泉水涌出，终日撤打难尽。夫役开凿，愈甚艰难。大房岭前微有洼水，枣儿庄见有小溪，阔一二丈，水深六七寸不等。中间挑试四工，礓石泉水，难凿同前。

又据乡民郭相等同称，伏秋天雨，山水泛涨，平地成湖，冬春露地，始见河形。小房岭起，至万家庄、彭河、顿家庄止一段，计长一十八里，见有河形，口阔四五丈，深一二尺，尚该挑深二丈二三尺不等，阔一十二丈不等，自万家庄挑试一工，长阔一丈，掘至二尺下，俱是礓石，用镢开掘仅入半寸。兼之泉水涌发，彻取不及，掘石水中，极为费力。彭河口以下，挑试二十工。二三尺之下，掘石彻水，工力艰若，较前尤甚。顿家庄起至侯家湾止一段，计长二十五里，河阔七丈，水深二尺六七寸不等，该挑深二丈八九尺不等。在于顿家庄以下挑试七工，挖至二三尺，俱是砂礓硼石，镢不能入，俱难用工等因。该各道先后参勘得湖岭浩广，计开凿之功，何止于十年。水石坚深，算用工之夫，终疲乎三省。工费不赀，竟难就绪等因。

又据徐州兵备等官副使冯敏功等呈，据淮安府知府等官陈文烛等勘得，山东地方侯家湾起至岔河口止一段，计长四里零六十丈，水深一二尺不等。内二里一百四十丈，石露水面，一里零一百丈，有浮沙，下俱平底大石。随委官于隆庆五年十月十九日领夫一千名，在于彼处兴工。河底有石，走砂引水，难以用工。先开月河一道，改水流行，随于原河有石处，丈量一段，长十三丈，阔十丈，打坝断流，分为六工。每官各做长二丈二尺，阔十丈，各将工内撼动大小浮石，尽行扛抬两岸。河底俱系过河青板大石，又取石匠四十五名，各用铁锹油锤，打凿数日，仅及寸工。至十一月十三日止，计二十四日，共用过夫匠二万五千八十工，银六百九十七两。时日既久，工力徒施，委难开凿。

又勘得岔河口起至杨家林止一段，计长一里零七十四丈，有露面大石数处。自杨家林起至李家道口止一段，计长七十九丈，锥探砂石相兼。李家道口起至良城桥止一段，计长一百七十六丈，遍河俱系露面大石，于桥东岸挑试一工，长阔各一丈，深八尺，下系大石；又于桥西岸挑试一工，长阔各一丈，深九尺，下亦系大石。良城桥起至马蹄湾沟口止一段，计长一里零一百一十丈，挑试一工，长四丈，深阔一丈，底有走砂，难以深入。沟口起至水静沟止一段，计长一里零三十八丈，内有截河大石，宽广深厚，余俱砂礓。于截石两旁挑试二工，土下二尺俱见大石。又共挑试一工，长十五丈，阔二丈，深一丈，锥探底有大石。水静沟至泇口桥止一段，计长九里零五十八丈，俱系泥土，挑试一工，长四丈，阔二丈，深一丈，底有走砂，随挑随陷，再若加深，岸必倾覆。且据乡民胡覲等禀称，每年夏秋，各山水势骤发，高至数丈，居民房屋常被冲荡。且两岸地势高阜，既不可张水门，又不可开水柜，诸水会集，难以防御，伤船之害，势所不免，实难开凿。

又自泇口桥起至谭家园止一段，计长三里零九十丈，河形见阔一十四丈，水深七尺，除水仍该挑深一丈四尺。自谭家园起至王史铺止一段，计长十二里，河形见阔十四丈，水深四尺，除水仍该挑深一丈四尺。王史铺起至瓦子埠止一段，计长十里，河形见阔十二丈，水深五尺，除水仍该挑深一丈三尺。瓦子埠起至齐家庄止一段，计长二十里，河形见阔十四丈，水深四尺，除水仍该挑深一丈二尺。以上河身，土砂相兼，虽可挑浚，但谭家园下有营河一道，内多滚沙，每遇山水泛涨，乘水拥至，易于淤塞。又有成字河一道，夏秋奔流，易于冲射，终为河患。又齐家庄起，穿蛤鳗、土巨、连汪等湖，至杲家口止一段，长六十五里，湖心原系积水旧汪，其余皆系淹浸民地，水深五六尺不等，较测水平，比之上源河底，尚高一丈三四尺。北有蒙阴营河、泇口成子河诸水，弥漫浩荡，非筑堤不可成槽；滩洼不平，非挑浚不能通运。然挑河于巨浸，必不能固，须下桩卷埽，且取土于数里之外。况沂河之水，每遇陡发，冲射甚猛，今欲筑堤横截，恐亦难捍。又杲家口起至直河口止，计长二十一里零四十五丈，中间周湖、柳湖水势相联，渺无涯岸。然深处止四五尺，比之上源河底上高一丈二三尺，必须更加挑深，方可通运。今湖坡之内，荡然一壑，水将安御。又须多用桩草，高筑堤防。今四面皆水，无从取土。虽议用小船装载，亦觉道路艰远，难计工程。况泇河出直河口，复归黄河，则平昔险溜处所尚未尽避，或遇黄河暴发，则直河出口之际难保不淤，是又不能无虑也等因。

该各道先后参看得，前项工程筑凿之费既已不赀，而冲溺之虞有难预料。虽耗公家之巨蓄，难收运道之全功等因。通呈到臣，臣与催运御史张宪翔勘议得，微山、赤山、吕孟等湖各官，同称水中难以筑堤，臣独为势不甚难，使凿葛墟岭以泄正派，开地浜沟以散余波，则其堤尚可筑也。但其工不得施于葛墟岭，未开之先，泇口镇至齐家庄一带，见有河形，水亦可舟，工夫省力，莫此为最。蛤鳗、周柳等湖，虽汇水汪濊，倘浚导下流，潴水亦能渐去。使无葛墟岭、侯家湾、良城山，假以年岁，不惜赀费，浚河筑堤以通漕艘，虽不能尽脱宿迁以下黄河之害，将不可避徐吕二洪之险哉？无奈葛墟岭高出河底六丈有余，开凿至二丈以下，未及其半，下即有硼石，水泉涌出有声。侯家湾、良城等处，虽有河形流水，水底俱有过河板石，两岸又多露石参差，石在水中，既不能火煅，又不得锥凿，其势必不可成功，纵成功亦不可通漕。

昔先汉时，人有上书欲通褒斜道及漕事，为抵蜀从故道，多阪回远。君穿褒斜道，少阪近四百里。而褒水通沔，斜水通渭，皆可以行船漕。时张卬拜汉中守，发数万人作褒斜道五百余里，道果便近，而水湍石不可漕，至今论者不韪。侯家湾、良城一带，伏石根盘不断，脉串二洪，纵令河形再深丈余，亦水湍石也。葛墟岭设使可开，舟运于六丈之下，人牵于六丈之上，势岂可漕耶？且葛墟岭紧防南北通衢，去徐州洪仅七十里，前人凿洪之时，谅必经历此岭，谛较难易，岂肯舍此易开之岭，而苦凿难开之洪哉！故谚有之曰："宁凿二洪，不开一岭。"此言虽俚，可稽实难。又恐蛤鳗、周柳诸湖，筑堤水中，工费无算。然葛墟岭、侯家湾、良城一带，上源山石既不能开凿，湖中筑堤岂能通运？况运道借用黄河已经百数十余年，见今复安故道，时加修防，可保无虞。漕规一加整顿，运船亦自蚤能如期过洪入闸，其机甚易，又何必过费苦役以复开泇河哉？再惟该部请开泇口河渠者，思远避河洪，固为保运之谋也，臣愚请止开泇口河渠者，恐枉费财力，功绪难成，不敢取误国之罪也。但该部得于所闻，臣愚本于所见，又亲尝历试，尤为的确。伏乞敕下该部，再加详议。如果臣言有据，覆议题请行令河漕官，益修已安之运道，大振久坏之漕规，预止无益之工程，爱惜有限之财力，庶国计人情，永为便利等因。

又该巡按直隶监察御史张宪翔题，同前事俱奉圣旨，工部知道。钦此。钦遵。该本部看得泇口之议，起于都御史翁大立，盖当黄河冲决之时，漕运阻塞之后，博采群议，开陈此策。一时人情汹汹，咸谓旧河难恃，本部亦见频年治河所费不赀，而阻溺之患岁不能免。既经都御史翁大立题有前议，相应及时查勘，续为题请。荷蒙皇上轸念国储，特差台臣勘议。复因科臣查勘功次，再加叮咛，无非多方讲求，欲为国家建长久之策。今该科道诸臣奉命查勘，躬亲探[1]，谓泇口必不可开，具题前来，所见必真。但事关军国大计，不厌详细，即今本部尚书朱衡，奉命经理河工，见在地方，合候命下移咨本部尚书朱衡，会同总理河道都御史万恭，虚心再加查勘，务求的实，果如科道诸臣所言，难以开掘，别无遗议，径自具题施行。

万历三年工部覆止泇河疏

题为河身淤垫，运道可虞，仍开泇河，以图永利事。

该工科都给事中等官侯于赵等题，据山东参政冯敏功等呈称，行委兖州府同知等官樊克宅等会勘，得：自泉河口水面至性义岭顶，从低至高二丈四尺五寸，又加挑下河身一丈，共挑岭顶深三丈五尺为止。其岭顶督夫试挑，稍下即有砂礓，俱用锛镢锄斫，随即碎起，泉水涌浸。又侯家湾水面，巨石参差，难以施工，随向陡沟至岔河口回避处所，下有伏石，未能逆料。自性义河至岔河口，共低四丈四尺。总计泉河口挖泥作堤之工十里，琴沟以下开河全挑之工二十三里七十丈，性义岭掘岭之工十一里七十丈，岭西开河全挑之工四里，巨梁桥东因河挑挖之工三十一里，彭河以下随河刷浚之工三十一里，台儿庄以下回避至岔河口全挑之工十三里，合用人夫，并拦湖、截水、防潦、筑堤、建闸、建坝工料，通共用银一百三十四万五千一百

[1] 探　据四库本，“探”后有“测”字，文义更通。

八十二两一钱。又据南直隶委官淮安府通判蔡玠等会同探测估算，大约自性义岭至陵城湖，上高于下，自陵城至大河口，下高于上，合计洼地夹堤为河者，该一百九十二里五十丈；平地挑土成河者，该三十七里零一百二十丈；因旧河身而拓开成河者，该九十八里。其良城以至马蹄湾，石隐水底，今放干河水，则河底板石露出，计长五百五十丈，共计河面阔二十丈，底阔七丈，估议石匠五百，人夫三千名，期以二年凿深，然皆非人所尝试之工，临期果否报完，亦难逆料。此外所可虑者，则有大河口倒灌之淤，山水暴涨之患。今自大河口探测水平，浪石以里，颇为洼下，见今黄水灌入，从此旁流沟渠分泄入海。山水自泇口而下，至邳徐、桃源，率由东北以趋黄河。今开河欲远黄流，悉在诸湖之北。诚恐开河之后，山水势必奔湖，计非横过运道，无路以达，建闸、修堤、筑坝，防御之策，所不容废也。总计挑河、筑堤、建闸坝，通共用银二百六十三万一千五百二十六两六钱一分等因到道，该各道会勘与前相同。总计工料共用银三百九十七万六千七百八两零。如果黄河必不可用，故道必不可复，国家运道，别无他路可通，则泇河虽有崎岖之险，劳费之大，亦万不得已，而当竭力以图之矣。但今日之计，既欲修治黄河以纾目前之急，则力有所分，势难并举。其施为缓急之序，非各道所敢擅拟也等因到臣。该臣与工部郎中张纯，会同河道都御史傅希挚、攒运御史刘光国亲自复勘，得地势水源开筑难易，大略与该道所呈无异。诸所称难，亦人力可为，非终不可成之事。使此河果有利无害，或利多害少，可以一劳而永逸，则当断以不疑毅然举行穿山凿石，夹湖改水，筑堤建闸，百凡艰难，皆所不辞，财用人力，亦不足惜。

但臣等反覆思惟，作事当先其所急，而后其所缓，为谋贵审之于始，而虑其所终。我国家资河以为漕，治河即所以治漕也。使河水安流，漕亦永利，又何必别为漕计？今惟黄河日渐淤垫奔溃，迁徙势所不免，兼之二洪为险，茶城多阻，皆自来为漕患者。傅希挚目击其艰，焦劳为计，因节年未定之议，为通漕善后之策，意以此河一开，则清河以北、夏镇以南一带六百余里，黄河可远，二洪、茶城可避，漕可恃以无恐，策无便于此者。若不论漕之大势，而止论一节，不遍履地里始末，而止据人言，鲜不以为万全之计也。孰知今所虑者，虑河之决也。万一南决淮扬，则南无漕矣，北决丰沛，则北无漕矣。南北有一于此，中间泇河一段，将安用之？不可一日无漕，则不可一日不治河也。河乃漕之大势，治河可以兼漕。泇特漕之一节，开泇亦须治河，是治河为急，开泇为缓，理势之的然可见者也。臣等询之河臣及濒河居民，佥谓自直河至清河三百余里，自来河道无恙。若于此段别创一河，则逼近黄河，其患易侵。即使高厚其堤，亦难保其不冲。与其创新河而倍加堤防之费，孰若仍旧河而获不劳之逸？是此三百余里者，似无赖于泇，当仍旧贯。不惟省无益之作，而落马等湖黄水之灌，与大河口倒流之淤，皆不得为我害矣。惟自徐吕至直河，上下二百余里，诚恐河冲萧砀，则涸二洪，冲睢宁，则淤邳河，不得已而开性义岭，以通泇河。又必使良城石不为险，丰沛水不能冲，则泇河二百里，斯为全利，藉此二百里之利，以避二洪邳河之害，方为得计。此先年河臣建议止欲于直河出口者，盖有见于此耳。

今仍议开至直河出口，如该道所估可费一百五十余万金，与其通开五百里之远，利少而害多，孰若止开二百里之近，省费而有利之为愈也。臣等窃以为直河而下，断在可已，直河而上，犹所当讲者也。特开凿良城，工力难以逆料，改口直河尚恐有似茶城，此又所当慎重而不可轻率者。若遽请内帑辄兴大工，恐有后艰，咎将谁执？合无先用在官徭夫，动支河道官银用资犒赏。先凿良城石工，以开难克之工程，预修丰沛堤防，以杜黄水之东注。俟二工俱有次第，然后照依后开条款，议兴前工，则始无轻举，而终可底绩，诚为思患、预防一策也等因。具题奉圣旨："工部知道，钦此。"钦遵抄送到部，看得工科等衙门，都给事中等官侯于赵等题称会勘泇河事宜。

自泉河口起至大河口止五百三十余里，内自直河至清河三百余里，自来河道无恙，无赖于泇，断在可已。惟自徐吕至直河上下二百余里，犹所当为，约费一百五十余万金。特开凿良城，工力难以逆料。丰沛河决，犹虑灌入。要先凿良城，石工预修丰沛堤防，然后议兴前工各一节为照，治河无上策，惟避之似为得策，然亦在视为患之浅深，权利害之轻重而已。事当改作者，固不可惮惜劳费；计在久远者，尤不可苟延。目前徐邳以下，河身淤淀日高，二洪水流无声。都御史傅希挚虑恐如近年邳河之变，则咽喉梗塞，故议开泇河以备不虞，其为计至深远也。

今据都给事中侯于赵、御史刘光国等勘称，自直河以下三百余里，断在可已，无容再议外，惟自徐吕直河口上下二百余里可开，以避二洪邳河之害，会计工程难易，并合用人夫钱粮，俱有成数。及查原委，各道府县等官原议，大约以正河有目前之患，泇河非数年不成，故以治河为急，开泇为缓。臣等再三思惟，目今正河尚可支持，若不早设预备之策，是犹作舍道傍，终无可成之日。患至而忧，无救于患，所据二河，工当并举，自不相妨。

再查傅希挚原勘，良城伏石七十五丈，马蹄湾不满五丈，共仅八十丈。今科道诸臣勘得，良城至马蹄湾旧因石隐水底，露面不多，今放干河水，起去河面浮土萍草，则河底板石露出，总计有石之地长五百五十丈，比原勘多四百七十丈，所以议先凿良城难克之功，然后次第兴工，无非慎于谋始，功出万全之意，相应通行议处，恭候命下。本部移咨河道都御史傅希挚，一面督率管河副使郎中主事等官，加意正河，时常巡视，某处缕堤卑薄当加修筑，某处河身窄狭当筑遥堤，此外别有长策虚心讲求。合用钱粮俱于河道原额，徐州洪、仪真闸船税等银从宜动支，务堪保障。一面另委能干官员尽用在官徭夫，河道官银，将良城伏石设法开凿，果见无甚艰阻，即将前工照依后开条款，次第兴举，庶谋于其始而审，则终可无悔；计其所利者多，则为无不成，非徒漕道永赖，而钱粮亦不致妄费矣。

此二疏泇河不可开之故甚悉，故录之。

隆庆五年工科题止胶河疏

题为漕河淤塞，粮运艰阻，乞开浚新河，以便储运，以图久安事。

据莱州府知府杨起元揭称，会同济南等府同知等官牛若愚等亲诣胶州麻湾等处。南自龙家屯北至海仓一带，勘得龙家屯四里三十步，水浅不过四五寸，每日潮至不能打坝断水，难施挑浚之工。店口三里有大沽河，横冲带沙淤塞，河虽挑深，一遇沙淤，前功尽弃。韩家口六里二百四十步，俱冈勾沙石，此处苦难彻水，不便挑浚。又准青州府推官张集勘得，赵家口起至杜家口止长十余里，水深一二尺，河底俱系冈勾石，且有大者，若欲深凿，极为费力。自杜家口至吴家闸三里余，系小沽河口，横冲细沙，恐难填治。吴家闸至谭家西南新口止，共七里，俱有淤沙冈石，其沙皆系白河水带来。谭家西口至分水岭共九里，白河全无接济，旱则先干，涝则冲决。又准莱州府推官岳凌霜勘得，窝铺分水岭至楚家口十里，中多流沙。楚家口至集蟆湾五里有余，北岸现河口，夏秋雨多，即有大水带沙入河，冬春干涸。董家庄至陶家庄四里余，内有冈石，一遇秋雨，泊水涌入，无雨则干。

又据掖县知县赵钦汤勘得，周家庄至秦家圈泊水冲开沟口数道，值雨则泛涨，无雨即干涸，并无泉源引导，河底俱有沙石。又据高密县知县李尚宾勘得，谢家口至玉皇庙约一十一里，至于闸内沙石相半，挑浚工费，比之他处颇大。自谢家口起至杨家圈止，河岸水势似有端绪，说者谓新河可开，或触目于此耳。又据黄县知县王中逵勘得，杨家圈至新河闸面，比之南边一带，虽渐稍宽，欲西引潍河，但势已近海，引之无益，况潍河地势返下，难以引入。昌邑又居潍河下隰，所当详议。又据滋阳县知县王琁勘得，新河闸至海仓流沙壅满，难以行舟，挑浚工程颇大。新河闸系东省通衢，凡经过见者起问，此新河议开之端由于此耳。又准青州府同知程道东等量得，潍河韩信坝口河中到于东岸高三丈四尺，若浚沟彻水必几四丈，迤东间有高阜处所，将不止于四丈矣。潍水难引，委为的确。又准浙江严州府同知李学礼等带同监生崔旦勘得，分水岭挑浚二尺之下俱是冈石，五尺下即是糜沙，挑之九尺六寸随即坍去四尺，缘糜沙力软不能承载，易于崩塌。又据青州府同知程道东、南阳府同知李元芳等，随同监生崔旦募夫到于分水岭口迤东南老地周围，开凿三丈有余，上层至岸，坚土四尺，中层冈石五尺，仍将冈石以下加挑四尺有余，俱是松软糜沙，旋挑旋堕，工役难施。等因到职。该职勘得引水接济，虽东有大沽河，西有潍河，二水稍大，亦系有源，但一则南入麻湾口，难以挽而西，一则西隔百有余里，难以引而东。若欲两河通贯，必深以六七丈，使得两平宽一十余丈，始免崩岸，然经费非百余万，程限非五六年不能成也，其功可轻言耶？等因到臣。看得所呈中间，恐有承委各官踏勘不的，捏调虚文、草率了事、面同背异、意见靡协，遽难轻信。

又经案行守巡海右道参政刘孝、副使潘允端亲诣覆勘，大率谓邻河无可导之泉，建闸无可蓄之水，欲深凿河身使海水南北贯通，但分水岭等处较之海面积高六丈，委难开浚，不敢附合以干欺隐。等因到臣。臣会同巡抚山东右佥都御史梁梦龙、巡按山东监察御史张士佩覆勘，得分水岭系新河命脉，旧名王干坝。昔年王副使欲开河，先于此相视，因恶王字与姓同，干坝乃无水谶，遂易云分水岭，至今土民犹呼王干坝。其实河岸俱有八九尺，河身沙泥，淤积较两头差高，非冈岭之岭也。募工凿验，三尺以下皆冈石小块，无有顽石，至一丈则皆流沙，旋挑旋溃，用力颇艰。此处止有白河一道，二三寸细水，流入新河。一股往西北，一股往东南，仅宽一步，已经各官踏勘。水源本来微细，然新河之开须是借水以济，今现河、小胶河、张鲁河、九穴、都泊虽接新河，即今干涸低处稍有积水，亦不深广，胶河虽有微源，仅得一线，沽河停蓄之水有三五七尺，亦多行潦渍积。查其源头亦细，况地势东下，不能北引以达分水岭。且陈村闸以下，夏秋雨滂水溢，俱从此河，冲入新河，流沙淤积，为河大害。

前人云欲开新河，当先治沽河，不然未受水利，先受水害，况敢引之而入乎？纵使诸水可引，不论地势，不虑沙患，然亦不过数寸之水，安能充足二百里全河之用。执此以论，诸河之不足资审矣。今人皆云新河易开者，止见沿河一带，卑洼处积水有一尺、二尺、三尺者，高浅处有二寸、三寸、四五寸者，若将高浅处挖下则水自通深；不知卑洼水积者以下流，高浅壅滞，故停蓄耳，若将高浅处浚深，则蓄水流行，流则无源必竭，安能积聚？执此以论，蓄水之不足恃的矣。又因登莱二郡士民往返新河闸上，见河形稍宽，海水潮入一二尺，遂谓全河皆然，不知迤南十里余，河之宽狭，水之浅深，迥不同矣。有献引潍河之策者，潍河在高密县之西，离新河一百二十余里，中间高岭五层，难于挑引。及量潍河东岸三丈四尺，方与石平，石高九尺，方与水平，即石岸甚高，已难挑浚。况道里甚远，高岭甚多，诚如各官所称，虽竭尽财力，终难济事。执此以论，潍河之不可引明矣。夫新河之开，必借济于旁支之水，水既无可借，河决不可开，此有目者所共睹，即执拗如崔旦辈视之，亦俯首叹息而已。且崔旦昔年所刊海运编，请以一丸泥破之，东塞沽河，西塞潍河。今因无水，又献策东引沽河，西引潍河。及委踏勘潍河，则又具呈回称委实难引。夫以一人之言，而前后牴牾悬绝如此，以一人之见，而旬日之间悖谬如此，则新河之说皆游谈，而鲜定论益彰彰著矣。

臣又筹之，新河无水以济，无泉可引，固矣。然南北两头海水相接，中间三百里河身，又与海相通，旁水固无可引，海水独不可达乎？若将河身深浚广开，较海面更深数尺，俾海水灌入停蓄，亦可牵引舟楫。纵工力繁难，财费浩大，亦须估计的确，开说明白，以晓示后人，以杜绝后议。复委各官带领打水平匠役沿河计算丈尺，以凭估计。据各官所称，南自陈村闸以至分水岭，积高二丈九尺八寸；北自周家庄以至分水岭，积高三丈九尺八寸。复委同知李学礼等并监生崔旦募工凿试，阔四丈，长十丈，深三丈五尺。随据学礼等囊沙回称，挑浚一尺之下俱是冈石，五尺下即是糜沙，挑至九尺六寸随时塌去四尺，此河绝无能为矣。盖糜沙力软不能承载，崩溃甚速，流淤不常渗漏，亦易故耳。是新河以上，视之水源不足，既无盈尺活泉可以引济，则全河之血脉已涩；以下验之，糜沙不坚又易坍塌，干漏难以持久，则全河之躯腹已亏。兹二者皆修河大忌也。纵费帑金百万开之，何裨于用；纵引海水数尺蓄之，胡可以保。则《元史·食货志》所载劳费而无成，国初遍访运道，舍此而不顾。王副使以后屡行奏勘而未兴厥工者，始得其真矣。再考元益都田赋总管于钦山水纂文云："至元初，莱人姚演建言，首起胶西县东陈村海口，自东南趋西北，凿陆地数百里，欲通漕直沽海口，数年而罢。余尝乘传过之，询土人，云：此河为海沙所壅，又水潦积淤，终不能通，徒残人耳！"即此则彼时已议其非矣，何今人之不审耶！

万历四年工部覆止胶河疏

题为漕渠可虞，议开新河，以永裨国计事。

本部会同六部、都察院、通政司、大理寺各堂上官，六科十三道各掌印官，尚书张瀚等，看得尚书刘应节、侍郎徐栻题称，南海口地方有积沙横绝中流，已从古路沟另开十一里许，以避此沙。又议于新旧河水之交，横建一闸，俾浮沙不入。北海口一带，筑堤五百余丈，以约水障沙。分水岭一带，试开一处，深至三丈以上，运水甚难，因而停工。自王家丘至船路沟，另开七里为一便路，此处白河一道，适当分水岭之冲，议建闸坝以遏之，仍引水为用。及造船之式，欲以侍郎王宗沐海船为准，而稍俭其制，载粮三四百石，纳水三四尺，河海并行，永永无患。要动用原奏留银三十万，其余银两，另行细估补发。

巡抚李世达题称，试过三工，俱已的无可行，潮水引泉，俱不可恃，乞将二臣回部管事。巡按商为正题称，淖沙为梗，海水难通及。又揭称淖沙难去，丈尺难据，工程难计，沙石难去，潮水不足恃，引河不足济，海运难行，乞命二臣回京，河工即为停止。各一节，议照尚书刘应节、侍郎徐栻建议新河，要舍故河，而寻便道，在于匡家庄一带开浚，以通海为主。盖两海相贯，则河渠充满，海舟直达于河，由河复入于海，往来无滞，诚为得策。随该二臣改议黄皐岭，又改船路沟。今却于分水岭开试，勘称河形太高，而海最下，势不可通。遂议及乘潮导河障沙造舟等事，意在多方求济。大约以两头所恃者潮，南自麻湾以抵朱铺，凡五十里，北自海口以抵亭口，一百八十里，皆可通潮。巡抚李世达却谓，南潮止及陈村闸，距海口二十里，北潮止及杨家圈，距海口六十里间。或至朱铺亭口者，盖一年之内，有大风迅烈，潮流疾速则然，不可以为常也。且潮水倏焉而长，倏焉而落，落则未免守候耽延逾时，况潮之所及为有限乎！潮不足恃，明矣。

又以中段所恃者张奴河，至胶乃最下之地，为秋潦所归。十月以后，日渐消耗，至春月泉脉微细，适粮运涌到之时，虽置柜建闸，以时启闭，终不能使之源源而来，滔滔不竭也。至谓白河流沙为害，议建坝二座，以遏水之入，而谓水流坝下，引以济河。秋涨水经坝上，则沙必与水俱入，而谓内以停沙，又皆臣等所未喻也。河不足恃，亦明矣。两海口地方，各有淖沙，至谓为浅沙、客沙，亦能为害。全河长亘二百七十里，内沙洲颇多，自王家丘至船路沟七里，虽为便路，其下有沙与否，亦未可知。沙在海中者，潮水涌进，沙必随之而入。沙在地中者，疏浚所及，沙必随之而出。虽上沙中半，土可荡尽，而沙则下沉，日积日多，愈挑愈有，固非祛除所能绝，亦非堤闸所能障也。

乘潮导河，皆无足恃，沙多水浅，置舟则胶，虽稍俭其制，载粮三四百石，亦非浅浅者所能胜也，剥浅、易舟、建仓等议，必将复起。尚书刘应节亦谓善后之策，难以逆睹，窃恐所谓利者未必利，而害将不止于什一矣。国家举事，固不嫌于导河，若无裨漕计，亦奚以导河为哉！今以百万之银，驱数十万之众，而希冀不可必成之功，殊非万全之谋，亦非二臣建议之初意也。且尚书刘应节，原奉明旨，会同徐栻等并该省抚按官虚心计议，先将难处开浚，试验果否的有可行？今抚按官李世达、商为正俱各亲到地方，公同开浚试验，而执论互异如此。则刘应节所谓为而可成，成而可恃者，询谋原未佥同，事体委多窒碍，相应停罢，以省劳费。

此疏胶河不可开之故甚悉，故录之。

修凿徐州中洪记略　四明陈穆

凿洪匪以徼功，不得已也。嘉靖庚子冬，河决亳州。明年辛丑，徐州云集桥流塞。于是百步洪渐浅，舟楫上下，悉由中洪，而里外二洪，遂以湮弃。顾兹中洪，年久不用，疏凿罔施，巉石旁罗，利于剑戟。又其下多大石盘据，横突隐见于波涛之间，激飞湍而鸣雷霆者无虑数十块，舟一不戒而杵其上焉，磨曳斯须辄敝坏而不救。蹇余不佞，叨职兹洪，目击厥危，每为嗟悼，思有以凿去之而未暇也。适是岁冬，河冻夫闲，可以兴役。乃召夫总甲刘福等谕意，众咸乐从。今年正月癸未，即毅然举事，募匠纠夫，击牲酾酒，躬亲劝督，万夫子来，昼夜诜诜，并手偕作。诸凡门限中方等石刬削殆尽，费银凡四百两。是则请于万安郭公守衡而动支，本洪岁办草束折色不丝粟干于民焉。修凿告成，险阻以去，洪流深缓，牵路砥平，一时军民商贾，翕然称便。镌石而载之言，聊以志岁月云尔，嘉靖壬寅秋九月记。

疏凿吕梁洪记略　国子监祭酒华亭徐阶撰

我国家漕东南之粟，贮之京庾，为石至四百万。其道涉江乱淮，溯二洪而北，又沿卫以入白，然后达于京师。为里三千而遥，而莫险于二洪。二洪之石其狞且利，如剑戟之相向、虎豹象狮之相攫，犬牙交而蛇蚓蟠。舟不戒辄败而莫甚于吕梁。吏或议凿之，其旁之人曰：是鬼神之所护也，则逡巡而不敢。嘉靖甲辰，都水主事陈君往莅洪事，恻然言曰："古之君子苟利于民则捐其身为之，矧里巷之浮言其不足听，盖审而以罣吾所当为，是厚自为而为民薄也。"遂以二月二十六日率其徒凿焉。众亦闻君言以为仁也，咸忭以奋。阅三月怪石尽去，舟之行者如出坦途。于是洪之士民来请余记。治君为诸生，余幸识之，常与言万物一体之学，君欣然受焉，不意其果能行之也。余故因君推本，而记之石。君名洪范，字锡卿，辛丑进士，浙之仁和人。

今将洪内凿平狞石丈尺数目，列于碑阴：

第一处饮牛石，在洪上口北岸纳水去处，长七丈三尺，阔七尺，高三尺六寸，突出洪中，最碍洪口，凡下水船只少失回避，必然粉碎，今凿去石五百一十二块。

第二处癞虾蟆石，其状甚恶，船只难避。原长五丈，阔一丈五尺，高五尺三寸，打去石四百三十八块。

第三处垅子石，如覆釜状，逆流碍舟，长四丈九尺，阔一丈七尺，高三尺一寸，打去石三百二十五块。

第四处放箍头石，长四丈八尺，阔一丈四尺，高三尺四寸，上水船到此，船缆必须先放箍头方不相碍，少迟多致重损，打去石二百八十七块。

第五处飞檐石三处，如屋檐飞出之状，共长五丈八尺，阔七尺，厚三尺，下水遇有微风，船刮其上必然粉碎，今已尽行凿平，去石三百一十二块。

第六处门槛石，在洪咽口，两崖激水急溜，上水至此，稍有不慎，船即撞激冲淌，今南北口各打去石二尺，即今放船如履坦道。

第七处杨家林上首狞石，共长七丈七尺，阔二丈，高五尺三寸，当洪湾曲回溜之处，下水船只但遇猛风，扫湾伤船实多，今打去石二百五十一块。

第八处杨家林下首狞石，共长五丈三尺，阔二丈二尺，高四尺三寸，今打去石二百一十五块，今已悉平。

第九处打舵石，在洪中心，碍洪伤舵，常被撞沉，今已打去围圆仞余大石三处。

第十处暖泉石三处，在洪东岸转湾之处，破舟避难，共长三丈二尺，围圆高五七尺不等，今已打去石五十三块。

第十一处磨盘石二处，在洪中心致水旋转，名曰磨盘，船若至此，夫力少有不加，必致沉溺，今已尽行打讫。

第十二处螃蟹窝石三百余块，如群蟹聚窝之状，每块围圆数尺，高肆五尺不等，星分罗布，当洪之中，为害特甚，今分工打去大石九百三十九块。

第十三处滑皮石肆处，在洪心，每处约长八九尺，阔六七尺，高四五尺不等，上下船只挽簟伤人溺水，今打去石四十八块。

第十四处小毂轮石狞利，长三丈，阔一丈，高三尺，今已打去。

第十五处大毂轮石，在洪心东岸回溜之中，下水船只忽时遇风刮撞无不沉没，石长伍丈，阔一丈六尺，高五尺。今打去大小毂轮二处，石共九百八十三块。

第十六处红石头，当洪之中，石极坚峻，围圆七尺，厚三尺七寸，一遇水漫，船户回避不及，擦损沉漏无日无之，打去石五十七块。

第十七处舀鱼石，峻峙参差，为害匪细，长五丈三尺，阔二丈，高四尺二寸，尽行打讫。

第十八处溜沟石，在洪中，长三丈六尺，阔七尺六寸，高三尺五寸，此二石水乘石溜船，若少不存意，难保冲激之患，今打去石九十三块。

第十九处牛角稍石，在洪中迤南，长三丈二尺，阔八尺，高三尺八寸，下水稍有不慎，每每撞溺，今打去石八十五块。

第二十处黄石头，在大洪下口紧要，兜水之石仍留未凿。

第二十一处夜叉石，取其耸峙水中之状，围圆约有二亩，尖高七尺，水落则突出洪中，水涨则淹漫为忒。石势险恶，横绝回避处所，少有不谨，日见破舟，土人悲号痛楚，惨不可言，打去石尖四尺，其害悉平。

第二十二处等船石三处，以其水势弥漫之日，舟必冲激至此沉没，有似等船之意，故以名也。共长五丈，阔七尺六寸，高五尺三寸，水势泛涨漫淹，船遇风抗或回避不及，船货无踪。今打去石峰三尺，俱已悉平。陈洪范记。

又查得《大明会典》亦载其略，人弗之考耳。

卷之七　奏疏

两河经略疏

臣潘季驯谨题为遵奉明旨陈愚见，议治两河经略，以图永利事。

据管理河道工部郎中佘毅中、施天麟、张誉，管河兵备等道参政龚大器，副使林绍、张纯、章时鸾，佥事朱东光，水利道佥事杨化各会呈，蒙臣札付，备仰职等躬历各该地方，逐一查阅。要见徐、沛、丰、砀缕水及太行长堤冲决者，作何筑塞？茶城正河变迁，由小浮桥出，果否成河？崔镇等决，黄水泛溢，正漕淤阻，作何堵筑？徐邳一带长堤，应否加帮？宿、桃以南，应否接筑？老黄河故道，应否开复？高家堰，应否修筑？新城外一带老堤，是否低薄，或原基短促，相应接筑？草湾既开复淤，作何浚治，或应弃置，仍复云梯关故道？黄浦口见今水从东决，一望弥漫，以致高、宝、扬州一带浅阻，因何不行筑塞？高、宝一带堤岸，有无足恃？逐一详议，虚心讲求。或应修复旧河，或应别求利涉，勿拘成案，勿避烦劳，上裨国计，下奠民生，以图久安长治之策。画图贴说，具由通详等因。

蒙此，随该职等前往徐、沛、淮、扬等处，督同淮安府知府宋伯华，扬州府知府虞德烨，管河同知王琰、蔡玠、刘顺之，并各州县掌印管河等官，逐一细加查勘，从长计议。看得水性就下，以海为壑，向因海壅河高，以致决堤四溢，运道民生胥受其病。故今谈河患者，皆咎海口，而以浚海为上策，则诚然矣。第海有潮汐，茫无着足，不得已而议他辟。岂知海口视昔虽壅，然自云梯关四套以下，阔七八里至十余里，深皆三四丈不等。纵使欲另开凿，必须深阔相类，方便注放，则工力艰巨，必不能成。矧未至海口，干地犹可施工，及将入海之处，则潮汐往来，亦与旧口等耳。且海之旧口皆系积沙，人力虽不可浚，水力自能冲刷。乃若新辟之地，则土壤坚实，不特人力难措，而水力亦不能冲。故职等窃谓海无可浚之理，惟当导河以归之海，则以水治水，即浚海之策也。然河又非可以人力导也，欲顺其性，先惧其溢，惟当缮治堤防，俾无旁决，则水由地中，沙随水去，即导河之策也。顾频年以来，无日不以缮堤为事，亦无日不以决堤为患，何哉？卑薄而不能支，迫近而不能容，杂以浮沙而不能久，堤之制未备耳。是以黄决崔镇等口，而水多北溃，为无堤也。淮决高家堰、黄浦等口，而水多东溃，堤弗固也。乃议者不咎制之未备，而咎筑堤为下策，岂得为通论哉？又有所未尽者，上流既溃，堤以旁决矣。至于下流，复或岐而分之，其趋于云梯关正海口者，譬犹强弩之末耳。盖徒知分流以杀其怒，而不知水势益分，则其力益弱，水力既弱，又安望其能导积沙以注于海乎？

职等故谓今日浚海之急务，必须塞决以导河，尤当固堤以杜决。而欲堤之不决者，必真土而勿杂浮沙，高厚而勿惜巨费，让远而勿与争地，斯堤于是乎可固也。如徐、邳、桃、清沿河各堤固矣，崔镇等口塞矣，则黄不旁决而冲漕力专。高家堰筑矣，朱家口塞矣，则淮不旁决而会黄力专。淮、黄既合，自有控海之势。又惧其分之则力弱也，则必暂塞清江浦河，而严司启闭，以防其内奔。姑置草湾河，而专复云梯，以还其故道。仍接筑淮安新城长堤，以防其末流，尽令黄、淮全河之力，涓滴悉趋于海，则力强且专，下流之积沙自去。下流既顺，上流之淤垫自通，海不浚而辟，河不挑而深矣。此职等所谓固堤即所以导河，导河即所以浚海也。

犹虑伏秋水发暴涨伤堤，职等查得吕梁上洪之磨脐沟、桃源之陵城、清河之安娘城等处，土性坚实，可筑滚水石坝三座。若水高于坝，任其走泄，则水势可杀，而两堤无虞矣。至若宝应石堤之当复，与夫下流支河之当疏，扬州运河之当浚，皆今时之切务，所宜次第并举，而不可缓者也。但前项工程，自丰、沛、徐、淮以至海口，共长千余里；自清江浦以至仪真，共长三百余里，地势遥远，工程浩大，一时钱粮未措，人夫难集。除前请发银二十万两，并截留漕粮八万石。一面先将丰、沛缕堤，太行遥堤及徐、邳一带缕堤，酌量帮筑。桃、清南堤并接淮安新城长堤，乘时创筑。高家堰两头水势稍缓，先行筑塞。宝应湖，先用桩笆修筑土堤外，其余各项工程相应大加修举者，一面请发钱粮，调集官夫，买办物料，次第兴举，务保无虞等因。并将应做工程列款呈详到臣。

据此，该臣查得接管河道卷内先准工部咨为竭愚忠陈末见，以裨安攘事。该御史柴祥题踏勘彭城、淮、邳等处，某处河身淤塞，作何疏浚？某处堤岸窄狭，作何展筑？某处下流可开支河，则涤为数河以分水势。某处海口果有束隘，则多方开通以达于海等因。又准工部咨为敷陈末议，恳乞圣明亟赐举行，以裨将来粮运大计事。该御史陈世宝题开三义镇引入清河县北，或出大河口，或出清河县西另开一河，何者为便，从长定议。

又淮工部咨为河患频仍，运道艰阻，恳乞圣明亟赐议处，以裨国计，以奠民生事。该南河郎中施天麟题要停运断流，大挑河身。该部覆题动支官银制造平底方舟，长柄铁爬，躬亲试验。如果挑浚有效，先于淤垫最高处，逐段浚去。或大兴工役，应否停运，仍将高家堰并朱家等口筑塞。至于高邮、宝应堤间多建减水大闸，堤下多开支河，俱听从宜处置。其黄浦口可塞则塞，如另为入海一路，可疏下流，亦宜建减水大闸，水涨则任其外流，水消则尽闸而止等因。又淮工部咨为河患愈深，经治鲜效，恳乞圣明特彰宸断，审机宜以图匡济事。该工科都给事中刘铉题疏海口泄下流，或浚草湾之口使之开广，或疏云梯关之淤使之复旧。应开海口去处，如盐城、安东、五港、金城一带，孰为利便？并查小浮桥新冲之口，可否济运？如有浅阻，亦要设法开浚等因。

又淮工部咨为披竭愚衷，敷陈治河事宜，以备采择，以安国计事。该户科给事中李涞题要见，安东、金城、云梯关等处，某处地方坚实，可以另开一河，以泄河淮下流。兴化、盐城沿海庙道口、新兴场、牛团铺等处，某处可以多浚十余口，以导射阳诸水入海，相度计议的确，陆续修举。其徐、吕而下，河身淤高之当疏，老黄河故道之当复，高家堰溃决之当筑，高宝湖平水闸分水河之当修，俱听详估等因。又该臣钦奉敕谕内开，备查草湾口何为既开复淤及今作何开通？全淮水何为南徙不复及今作何疏导？徐、邳河身高并州城，何以疏之使并？黄浦、崔镇等口久塞无功，何以筑之使固？及查诸臣历年建议有行奏疏，逐一勘议。要见老黄河故道应否开复？清、桃正河应否挑浚？高家堰、宝应堤应否修筑？小浮桥新冲口可否济运，应否加挑？又徐、邳以上地形南昂北下，恐堤防一溃势必奔流北徙，将为闸河之梗，亦要审其孰为正河，孰为支河，孰为合河？或正而当厚其防，或支而当杀其势，或合而当分其流，一并勘议，详妥奏闻区处。钦此。

又准工部咨为新开海口复淤，河患不测，乞敕当事臣工多方计处，以图永济事。该工科都给事中王道成题行臣亲诣云梯关踏勘，果否原系黄河入海之口，从前何以通流，今日何以一线，详相其势，明求其故。仍自海口而上，逐处讲求，及备查草湾何时复淤，作何开浚？或另择坚实之地，多开数口，以为通海之路。金城以下，何以久不疏通？崔镇决口何以筑之使固？桃源长堤应否修筑，高家堰应否修理，老黄河应否开复？大端委官之言，决不足凭，务必躬亲，庶有真见。合用钱粮应于何处动支，原题请各官何以处之，使得效力，一一筹划委妥等因。准此，案照前事已经会案札行各该司道逐一勘议，诚恐转委属官，不足凭信，该臣会同漕运巡抚右侍郎江一麟躬亲督率，沿河荒度。南溯维扬，看得仪真东关历石人头、杨子桥、三汊河，直抵高庙止一带，运河淤浅，湖堤圮坏，淹及数邑，高家堰水射淮扬，清江浦长堤卑薄，柳浦湾至高岭无堤障御。西穷凤、泗，看得全淮不下清口，日益南徙。北抵清、桃，看得崔镇诸决，水从旁泄，一望弥漫，正河淤浅。徐、沛以上崔家口新河浅阻，北陈一带水行陆地，仅盈尺余。东抵海口，看得新挑草湾寻复淤塞，今自清口至西桥一带，河流复通，但不及故河十分之一。自安东以下，河身渐广，虽有淤浅，未复全河，然河水东下，亦无阻碍，随处患害。

一一查阅明白去后，今据前因，该臣会同右侍郎江一麟议照。事师古者罔愆，智不凿者乃大。《孟子》论智一章，首以禹之治水为喻，而论为政则曰“为政不因先王之道，可谓智乎？”

是大智者，事必师古，而不师古则凿矣。故治河者必先求河水自然之性，而后可施其疏筑之功，必先求古人已试之效，而后可仿其平成之业。黄水来自昆仑，入徐济运，历邳、宿、桃、清至清口，会淮而东入于海。淮水自洛及凤，历盱、泗至清口，会河而东入于海。此两河之故道，即河水自然之性也。胡元岁漕江南之粟，由扬州直北出庙湾入海。至永乐年间，平江伯陈瑄始堤管家诸湖，通淮河为运道。然虑淮水涨溢，东侵淮郡也，故筑高家堰堤以捍之。起武家墩，经小大涧至阜宁湖，而淮水无东侵之患矣。又虑黄河涨溢，南侵淮郡也，故堤新城之北以捍之。起清江浦，沿钵池山、柳浦湾迤东，而黄水无南侵之患矣。尤虑河水自闸冲入，不免泥淤，故严启闭之禁，止许漕艘鲜船由闸出入，匙钥掌之都漕，五日发筹一放，而官民船只，悉由五坝车盘，是以淮郡晏然，漕渠永赖。而陈平江之功，至今未斩也。后因剥食既久，堤岸渐倾，水从高家堰决入，一郡遂为鱼鳖，而当事者未考其故，乃谓海口壅塞，遂穿支渠以泄之，盖欲亟拯淮民之溺，多方规画，以为疏导之计，其意甚善而其心良亦苦矣。讵知旁支暂开，水势陡趋西桥以上，正河遂至淤阻。而新开支河，阔仅二十余丈，深仅丈许，较之故道不及三十分之一耳，岂能容受全河之水？下流既壅，上流自溃，此崔镇诸口所由决也。今新开寻复淤塞，故河渐已通流，虽深阔未及原河十分之一，而两河全下，沙随水刷，欲其全复河身不难也。河身既复，面阔者七八里，狭者亦不下三四百丈，滔滔东下，何水不容？若犹以为不足，而欲另寻他所，别开一渠，恐人力不至于此也。以臣等度之，非惟不必另凿一口，即草湾亦须置之勿浚矣。

故为今之计，惟有修复平江伯之故业，高筑南北两堤，以断两河之内灌，而淮扬昏垫之苦可免。至于塞黄浦口，筑宝应堤，浚东关等浅，修五闸，复五坝之工，次第举之，则淮以南之运道无虞矣。坚塞桃源以下崔镇口诸决，而全河之水可归故道。至于两岸遥堤，或葺旧工，或创新址，或因高冈，或填洼下，次第举之，则淮以北之运道无虞矣。淮、黄二河既无旁决，并驱入海，则沙随水刷，海口自复。而桃、清浅阻，又不足言矣。此以水治水之法也。若夫扒、捞、挑、浚之说，仅可施之于闸河耳。黄河河身广阔，捞、浚何期？捍激湍流，器具难下。前人屡试无功，徒费工料。但恐伏秋水发，淫潦相仍，不免暴涨，致伤两堤，故欲于崔镇口、陵城、安娘城等处再筑滚水坝三道，万一水高于坝，任其宣泄，则两堤可保，而正河亦无淤塞之患矣。徐州以南之工，如此而已。

或有难臣者曰："臣等欲顺水性，今淮水欲东，而乃挽之使北，黄水欲北，而乃挽之使东，无乃水性之未适乎？"臣曰："水以海为性也，决水乃过颡在山之水也，非其性也。"或者又曰："昔禹治河，播九河，同为逆河入于海。今臣等乃欲塞诸决，并二渎，而不使之少杀耶？纵有滚水坝，仅去浮面之水百一耳，亦乌能杀其势也？"臣应之曰，九河非禹所凿，特疏之耳。盖九河乃黄河必经之地，势不能避，而禹仍合之，同入于海，其意盖可想也。况黄河经行之地，惟河南之土最松，禹导河入海，止经郑县[1]、孟津、巩县三处，皆隶今之河南一府，其水未必如今之浊。今自河南府之阌乡县起，至归德之虞城县止，凡五府河已全经其地，而去禹导河之时复三千余年，流日久，土日松，土愈松，水愈浊。故平时之水，以斗计之，沙居其六，一入伏秋，则居其八矣。以二升之水载八升之沙，非极湍急，

[1] 郑县 疑为"陕县"之误，郑县不近黄河。

即至停滞。故水分则流缓，流缓则沙停，势所必至者。臣等不暇远引他证，即以近事观之，草湾一开，而西桥故道遂淤。崔镇一决，而桃、清以下遂涩。去岁水从崔家口出，则秦沟遂为平陆。此眼前事也，又何疑哉？所据司道诸臣款议前来，臣等复加参酌，似应允从。伏望敕下该部再加查议，如果臣等所言不谬，俯赐俞允行。臣等遵照及时兴举，除工程夫役钱粮数目另本具陈外，谨题请旨。

计开：

一、议塞决，以挽正河之水。窃惟河水旁决，则正流自微，水势既微，则沙淤自积，民生昏垫，运道梗阻，皆由此也。臣等查得淮以东则有高家堰、朱家口、黄浦口三决，此淮水旁决处也。桃源上下，则有崔镇口等大小二十九决，此黄水旁决处也，俱当筑塞。但伏秋之水，相继而至，非惟地为水占，无处取土，抑且波涛汹涌，为工不坚，除将决口稍窄者，见在分投兴筑外，其决至数十丈以上者，一面鸠集工料，相时兴举，伏候圣裁。

一、议筑堤防，以杜溃决之虞。照得堤以防决，堤弗筑则决不已。故堤欲坚，坚则可守，而水不能攻；堤欲远，远则有容，而水不能溢。累年事堤防者，既无真土，类多卑薄，已非制矣，且夹河束水，窄狭尤甚，是速之使决耳。合无力监前弊，凡堤必寻老土，凡基必从高厚。又必绎贾让不与争地之旨，仿河南远堤之制，除丰、沛太行堤原址遥远仍旧加帮外，徐、邳一带旧堤，查有迫近去处，量行展筑月堤，仍于两岸相度地形最洼易以夺河者，另筑遥堤。桃、清一带，南岸多附高冈，但上自归仁集以至朱连家墩，古堤已坏，相应修复。下抵马厂坡，地形颇洼，相应接筑，以成其势。北岸自古城至清河，亦应创筑遥堤一道，不必再议缕堤，徒糜财力。及查清江浦外河一带，至柳浦湾止，为淮城北堤，除扫湾单薄量行加帮外，但原基短促，防护未周，仍自柳浦湾至高岭，创行接筑四十余里，以遏两河之水，尽趋于海。自清江浦运河至淮安西门一带旧堤，相应再行帮厚，勿致里河之水走泄妨运。如此则诸堤悉固，全河可恃矣。伏候圣裁。

一、议复闸坝，以防外河之冲。查得先该平江伯陈瑄创开里河，仍恐外水内侵，特建五闸，设法甚严，锁钥掌于漕抚，启闭属之分司，运毕即行封塞，一应官民并回空船只，悉令车坝。此在嘉靖初年尚尔，循行故事，制非弗善也。奈何法久渐弛，五闸已废，其一仅存，四闸亦且坍塌殆尽，漫无启闭。是以黄、淮二水悉由此倒灌，致伤运道，合无议复旧制，将见存四闸俱加修理，严司启闭。俟二月前后，粮运过完，即行封闭。惟遇鲜贡船只，方许启放。仍行查复五坝，以便官民船只照旧车盘，毋致曲徇使客，致坏良规。伏候圣裁。

一、议创建滚水坝，以固堤岸。照得黄河水浊，固不可分，然伏秋之间，淫潦相仍，势必暴涨，两岸为堤所固，水不能泄，则奔溃之患，有所不免。今查得古城镇下之崔镇口，桃源之陵城，清河之安娘城，土性坚实，合无各建滚水石坝一座，比堤稍卑二三尺，阔三十余丈。万一水与堤平，任其从坝滚出，则归漕者常盈而无淤塞之患，出漕者得泄而无他溃之虞。全河不分，而堤自固矣。伏候圣裁。

一、议止浚海工程，以免糜费。照得海口为两河归宿之地，委应深阔。但查海口原身，自清口至安东县，面阔二三里，深各三四丈不等，自安东历云梯关至海口，面阔七八里至十余里，深各三四丈不等。止因去年旁决之后，自桃、清至西桥一带淤塞，寻复通流。今虽未及原身十分之一，而两河之水全归故道，并流洗刷，深广必可复旧。至云相传海口横沙，并东西二尖，据土民季真等吐称，并未望见，潮上之时，海舟通行无滞，潮退沙面之水尚深二尺。况横沙并东西二尖，各去海口三十余里，岂能阻碍河流？故臣等以为不必治，亦不能治。惟有塞决挽河，沙随水去，治河即所以治海也。别凿一渠与复浚草湾，徒费钱粮，无济于事。伏候圣裁。

一、暂寝老黄河之议，以仍利涉。照得黄强淮弱，每每逼淮东注，故议者欲复老黄河故道，冀使黄水稍避高堰，民垫可瘳，斯亦得策。但勘得原河七十余里，中间故道久弃，无论有水无水之地，询之居民，俱失其真，无从下手，一不便也。且已弃故道，欲行开复，必须深广与正河等乃可夺流，今见存大河口窄狭，不及桃、清三分之一，而三义镇入口之处，背湾径直，犹恐水未必趋，二不便也。又其中流，如鱼沟、铁线沟、叶家口、阴阳口等处，地势卑洼，诸决之水漫流至此，一望弥茫，筑堤费巨，且恐难保，三不便也。况今桃、清遥堤议筑，则黄水自有容受；崔镇等决议塞，则正河自日深广；高家堰议筑，则淮水自能会黄；清江浦等闸议严启闭，新城北堤议行接筑，则淮安、高、宝、兴、盐等处自无水患，此河虽不必复可也。伏候圣裁。奉圣旨：“工部看了来说。”

工部覆前疏

题为奉明旨陈愚见，议治两河经略，以图永利事。

该总理河漕都御史潘季驯题前事，奉圣旨：“工部看了来说。钦此。”臣等看得治河之说，纷纷持议，并以深浚河身，多开海口，谓得上策。不知海口本自深广而不必开，河身捞浚甚难而不可开，皆缘未尝亲历其地，而徒得诸遥闻，故听其言则美，施之事则泥。古人云千闻不博一见，正谓是也。今都御史潘季驯、侍郎江一麟足遍口讯，佥议详酌，而为是六说：曰塞决，曰筑堤，曰复闸坝，曰创滚水坝，曰止浚海口，寝开老黄河。其所修置，其所寝格，俱目击利害而非道听之言，庶同则绎而非匆询之谋。盖堤防既固，塞决又审，水无旁决，而正流自急，沙随水刷，而海口自复。此正以水治水，而不为穿凿之论，迂漫之谈。顷来治河之说，未有逾于二臣之议者也。再照黄、淮之性，变迁靡常，机会之来间不容发，临时酌处又存乎人，如有善后未尽事宜，亦勿拘原议，勿狃目前。事小者径自举行，事大者奏请定夺，务求至当，以期永赖。所有条请事宜，相应开立前件，议拟上请定夺。通乞圣裁。

计开：

一、议塞决口，以挽正河之水。前件臣等看得：今日水患，所以为民生运道之蠹者，则由河水旁决，以致正流之渐微，而流沙由此日积，故塞决之工，诚治河者切近之议也。今都御史潘季驯等议，要淮以东将高家堰等诸决口，桃源以上将崔镇等诸决口，其在稍窄而工易者，分投兴筑；其或决阔而工巨者，一面鸠役集料，相时聿举。良有补于河务，相应依拟。伏乞圣裁。

一、议筑堤防，以杜溃决之虞。前件臣等看得：堤所以防决，防不固则决不止，此势之必然者。然筑堤之议甚久，筑堤之工常兴，而不见筑堤之利者，则以其失之卑薄，或非真土及过于狭隘耳。乃不察筑堤之非善，而遂病筑堤之非计，不已过乎？今都御史潘季驯等建议筑堤，而有欲坚、欲广、欲寻老土之论，诚有见矣。至于徐、邳、桃、清、归仁集、马厂坡、古城、清江浦至淮安西门一带，或葺旧工，或创新址，或因高冈，或填洼下，或应帮厚，或应接筑，诸所等工皆经荒度所宜，筹划具审，相应依拟，令其次第举行。庶诸堤悉固，而全河可恃矣。伏乞圣裁。

一、议复闸坝，以防外河之冲。前件臣等看得：右都御史潘季驯等所议，为迩来淮、河二水内侵里河，以致运道有碍者，其原则在五闸圮废，漫无启闭所致，要将修复一节。为照先臣平江伯陈瑄特建五闸，正以防外水之反灌，故旧制特严锁钥，不时缮治，惧有今日之患尔。今议要修举，盖洞察其故，恭候命下。本部备行右都御史潘季驯等，将坍塌四闸，即行修复。查照锁钥启闭旧规，俟二月终粮运过完，即行封闭。如遇鲜贡船只，方许开放。仍查复五坝，令一应官民并回空船只，于彼车盘。如有势豪恃强擅开者，即便指名参究。伏乞圣裁。

一、议创建滚水坝，以固堤岸。前件臣等看得：秋水淫涨，两岸为堤所固束，其横涛怒浪靡得宣泄，其势不至于他溃不已也。今都御史潘季驯等条议，于崔镇口、陵城、安娘城土性颇坚地方，要各建滚水石坝一座，倘遇伏秋水与堤平，任其从坝滚出，可免他溃之虞。于河渠堤防，两有便益。相应依议，伏乞圣裁。

一、议止浚海工程，以免糜费。前件臣等看得：浚海之议节，该科道等官题疏，本部覆行踏勘。为是说者，盖信于传闻，谓海口隘窄，复横沙淤梗，不能容众水之泄，以致上流溢垫，此得于遥度者也。今右都御史潘季驯等足履口讯，与得于臆说者殊异，谓海口尚颇深广，横沙远不为害。但得上流无滞，沛然下趋，刷洗日深，冲突日广，旧口自复，何水不容，何必为是浚口之说，以图难措之功，另开一渠以滋无益之举乎？此所谓舛也。相应议止，伏乞圣裁。

一、暂寝老黄河之议，以仍利涉。前件臣等查得：先该直隶巡按陈世宝条议，复老黄河故道，本部覆行会勘。今右都御史潘季驯等条称，有三不便之说，且称诸工既以议行，黄水自有容受，正河自日深广，淮水自能会黄，水亦自不为患。以此自有四利，较彼三不便，故要行暂寝，良于利害大较，酌之审矣。相应依拟，伏乞圣裁。

奉圣旨："这治河事宜，既经河漕诸臣会议停当，依拟都准行，着他们悉心着实兴建永利。各该经委分任人员，如有玩愒推诿、虚费财力者，许不时拿问参治。其未尽事宜及临时事势，或与原议不合的，也着陆续奏闻，务求有益。应用钱粮，你部里会户部上紧议来。"

河工事宜疏

臣潘季驯谨题为条列河工事宜，乞恩俯赐俞允，以便经理事。

该臣会同漕运巡抚右侍郎江一麟议得工役繁兴，料理宜预，官夫猬集，调度须周，若不先为申明，未免临事舛错。除两河疏筑之议另行具陈外，所有一二事宜，不得不上烦圣听者，敬列条款，拟议上请。伏望敕下该部，再加查议。如果臣言不谬，俯赐施行，臣等不胜感幸。

计开：

一、议支放。照得鸠工聚材，出纳甚琐，收掌销算，头绪颇多，稽核不严，必滋冒破。臣与抚臣，百责攸萃，兼以阅视不常，无暇躬亲经理。合无比照昔年邳工事例，将请发银两，俱解淮安府贮库，各工应给工食、应买物料，府佐等官开数赴各该分督司道官核实给票，赴两淮巡盐衙门覆核挂号，方许关支。每季终，该府将票类送巡盐衙门，比对号印，数目相同，发回附卷，通候工完类核，造册奏缴。如有奸弊，按法追究，庶臣等得以专心河工，而钱粮亦易于清楚矣。伏乞圣裁。

一、议分督。照得河工浩繁，道里遥远，若非多官分理，不免顾此失彼。分工之后，钱粮出入，工程次第，皆其首尾，遇有升调等项，若听其离任，则本官所分之工，又须另委补替，文移往来，便至逾月。及到工所，茫然无措，何以望其竣事而底绩也。合无俯念河工重大，如遇前项相应离任官员，容臣等暂留完工，稽其勤惰，别其功罪，请旨处分，方得离任。庶人心专定，觊觎不萌而事易责成矣。伏乞圣裁。

一、议责成。照得州县正官，职专亲民，故民易驱而事易集也。奈何相沿之弊，视河患如秦越，视管河官如赘疣。即以分司部属临之，蔑如也。妨工偾事，实由于此。目今大工肇兴，诸务丛挫，若非责成各掌印官，鲜克有济。合无兴工之后，一应派拨夫役，买办物料，俱以责之各掌印正官，躬亲料理。仍选委贤能佐贰，管押夫役赴工，不许将阴医等官搪塞。如有仍前玩愒，派办失宜，以致夫役逃散、物料稽迟，该工司道官即时参呈，以凭奏治，事完之日，仍与管理河工诸臣，一体分别题请施行。庶事权归一，人无推避，而大工自易矣。伏乞圣裁。

一、议激劝。照得各工委官除府佐县正外，其州县佐贰、府卫首领及杂职、阴医、义民等官，或管领人夫，或措办桩埽，或运取砖石，或打造器具，众务纷纭，如臂使指，但各官出入泥淖，栉沐风雨，艰辛毕萃，殊可矜悯。有功而薄其赏，误事独重其罚，此人心之所以懈弛，而事功之所以隳堕也。合无工完之后，容臣等逐一精核，如有实心任事、劳苦倍常者，俯赐破格超擢，中间间有劣升王官等项，准与改擢。其阴医等官，原有部札冠带者，厚加奖犒。如系义民，准照题给冠带荣身，仍与阴医等官一体免其本等差徭。庶人心争奋而百事易集矣。伏乞圣裁。

一、议优恤。各工夫役，计工者每方给银四分，计日者每日给银三分，而本籍本户帮贴安家银两，有无听从其便，兹亦不为薄矣。但贫民自食其力，冲寒冒暑，暴风露日，艰苦万状，纵使稍从优厚，亦不为过。合无每夫一名于工食之外，再行量免丁石一年，容臣等出给印信票帖，审编之时许令执票赴官告免，州县官抗违，许其赴臣告治。如此则惠足使民，民忘其劳矣。伏乞圣裁。

一、议蠲免。照得淮、扬河患频仍，民遭昏垫，称最苦者，如淮安所属山阳、清河、桃源、宿迁、睢宁、安东、盐城，凤阳所属泗州，扬州所属兴化、宝应，徐州所属萧县，十一州县者一望沮洳，寸草不长，凋敝极矣。适今大工兴举，用夫颇多，舍近取远，邻封未免有词。而此中流移贫民亦赖做工得食，少延残喘。应派夫役，既不容已，应输赋税，复加责办，实为繁苦。合无轸念灾极民穷，姑将前十一州县本年见征夏、秋起运钱粮，特蠲一半，行臣等揭示通知，俾催科少宽，人乐趋役。伏乞圣裁。

一、议改折。照得大工肇兴，费用不赀，帑藏空虚，既难搜括，闾阎穷困，又难加派。臣等反覆思惟无可为处，万不得已，辄有非分之请，而非所敢必也。臣等窃闻太仓之粟，可备八九年之食，积愈久则粟愈朽，故官军之情，有不愿本色而愿折色者，稍加变通，未为不可。合无暂将今岁漕粮，除淮北及河南、山东照旧兑运外，其淮南并浙江等省，姑准改折，照例正兑每石连耗米轻赍折银七钱，改兑每石连耗米折银六钱，即以五钱给军，正兑尚余银二钱，改兑余银一钱。兑运停止，官军应得行月粮俱可免给，以正额解京，而以余银并行月粮留发河工支用，总计可得九十余万两。以运军应得之数，而济国家大工之需，在内帑无支发之烦，在闾阎无征派之苦，在朝廷为不费之惠，在河工免缺乏之虞，而在工诸臣亦得悉心疏筑，可无顾此失彼之虑，所谓两利而俱全者也。臣等非不知近该科臣建议，奉有明例，但钱粮浩繁时，当诎乏舍此，则惟有请发内帑耳，故敢冒昧陈渎[1]。伏望敕下该部，再加查议，如可允行，河工幸甚，臣等幸甚。伏乞圣裁。

一、议息浮言。臣等窃惟治河固难，知河不易，故虽身历其地，犹苦于措注之乖舛，而况于遥度乎？但劳民动众之事，怨咨易兴，而往来络绎之途，议论易起。至于将迎之间，稍稍简略，则以是为非，变黑为白者，亦不可谓其尽无也。忧国计者以急于望成之心，而偶闻必不可成之语，何怪乎其形诸章牍也。而不知当局者意气因而销沮，官夫遂生观望，少为摇夺，隳败随之，勉强执持，疏逖难达，其苦有不可言者，伏望皇上俯垂鉴照，容臣等殚力驱驰，悉心料理，宽臣以三年之期，如有不效，治臣以罪。伏乞圣裁。奉圣旨："工部知道。"

工部覆前疏

题为条列河工事宜，乞恩俯赐俞允，以便经理事。

该总理河漕右都御史潘季驯题前事，奉圣旨："工部知道。钦此。"钦遵通抄到部，送司案呈到部。看得总理河漕右都御史潘季驯题称工役繁兴，官夫猬集，若不预先申明料理之方，恐临事舛错。将河工八事条列前来，诚于漕计民生有裨。除蠲免一事咨户部径自题覆，改折一事会同户部议覆，所有支放等六

---

[1] 陈渎　据前后文义，此处"陈渎"疑为"陈请"。

事，相应开立前件，议拟上请定夺。伏乞圣裁。

计开：

一、议支放。前件臣等看得：大工所费不赀，出纳之际，若不严加稽核，则冒破之弊，难保不无。今右都御史潘季驯等要比照邳工事例，将银两贮之于淮安府库，各工应给工料，府佐等官将数赴该督司道官核实给票，仍赴巡盐衙门挂号关支。每季终，该府将原票类送巡盐衙门覆核。倘有奸弊，从重追究，则关防严而奸蠹革。河漕二臣不至分虑，而钱粮亦靡有虚冒矣。相应依拟，伏乞圣裁。

一、议分督。前件臣等看得：往年分督之官，往往遇有升迁，则竟自代去，以致钱粮不明，勤惰无稽。如是则人心在事多存规避之私，苟且塞责曾无忠事之谋，因肆侵渔所不可保，望其底绩也难矣。今右都御史潘季驯等议，为河工浩大，要多官分督。倘本官遇有升调，留待工完，将经手钱粮并其勤惰稽查明白，方许离任。委于责成良便，恭候命下。本部备咨右都御史潘季驯、侍郎江一麟，将见兴河工画地分官管理，本官自委之后，虽遇升调不许擅离，候工完之日，将经手钱粮稽核明白，分别勤惰，奏请处分，方许离任。督抚衙门仍将承委官员姓名，陆续移咨吏部，暂住升调，候工完施行。伏乞圣裁。

一、议责成。前件臣等看得：潘季驯等议，将河工料理物料责之各州县掌印官管押，夫役委之贤能佐贰。如有玩惕，该工司道参呈奏治，事完之日，仍与管河诸臣，一体分别题请一节。为照国家以河务为急，特设大臣以总理于上，又设司道官以分理于下，所以重其事权也。迩来有司以秦越视河患，以赘疣视管河之官。至如分司部属具奉有专敕，而有司视之蔑如，虽经屡次申饬而故纸自若。即有案牍之行，辄置之阁束。其间部臣稍欲尽职，则有司群然詈之，为生事百尔阻顽，反欲假此以取风力之名。故本部辄差司属，则辄苦于抑气含郁，动有掣肘为虑。夫号令不行则施为何展，无惑于妨工偾事也。故责成之请，诚有洞于往辙，激于时态而言之也。诚如所议，则事权不分，而推避靡容，相应依拟，合候命下。除本地方两司守巡官各有专职，自行督责外，本部行令司属官，凡供事河工者，倘州县掌印官照旧玩视，于案牍之行辄置高阁，不即奉行，致误工程者，即一面呈本部，一面呈督抚衙门，以听参奏处治，决不姑息。伏乞圣裁。

一、议激劝。前件臣等看得：潘季驯等议称，在州县佐贰、府卫首领、杂职、义民等官要行激劝一节。为照国家所以鼓舞人心，令趋事而不懈者，以赏罚之明也。故悬千金之赏令转巨石，即惫夫亦超距而奔，彼有激尔。今在工各官，其出入泥淖，沐栉风雨，劳苦万状，而不大悬赏格，何以令其毕力而终事邪？激劝之典，似当亟议，伏候命下。本部备咨都御史潘季驯等，候河工完日，将供事官员查有效劳实迹者，分别等第，题请超擢。中间如有劣升王官等项，亦准改擢，或从另议优处。其阴医等官，重加奖犒。如系义民，给与冠带荣身，仍与阴医等官一体，免其本等差徭。于激劝之大机，良有得也。再照管河之官，惟隶于河渠，诸所辖司道，或怪其接见之不常，而不谅其承委之甚急；或怪其差遣之不趋，而不谅其一身之难分。往往是非枘凿，有此以为极贤而彼以为不肖者，有此署上考而彼置诸劣等者，以致输劳竭力之辈俯首吞声，迟疑埋怨傍观者徒付之不平，而督河之臣亦有无如之何者。以后凡一应管河之官，其贤否悉以河臣为主。他辖上司，其于考语，不过注曰管河而已。候河工既完，仍复照旧，如此庶毁誉不致失真，而从事者不至疑畏矣。伏乞圣裁。

一、议优恤。前件臣等看得：右都御史潘季驯等条称，各工夫役冲寒冒暑，暴风露日，艰苦万状，要每夫一名于工食之外，量免丁石一年，出给印票，遇审编之时告免，如有抗违，许其告治一节。为照河工夫役既备尝艰辛，则从厚优恤亦不为过，今各官条议前来，盖深得于惠足使人之义。相应依拟，伏乞圣裁。

一、议息浮言。前件臣等看得：往年治河迄无成功者，虽由于措注之未尽协宜，亦本于议论之太多以阻之也。盖当局而任事者甚难，旁观而论事者甚易。矧河变靡常，即身亲其事者，方尔旦暮，矛盾兴置顿异，岂可得而遥度邪？且人情不一，是非未必得其公；所见不同，议论未必得其当；敢于任事者，不免于任怨，而言之出于怨口者，岂足听也。谋不见用者，多幸其无成，而谤毁之言，将何所不至哉！转相告语，荧惑听闻，当事者夺于铄金，过忧者摇于三至，即有神禹之智，恐亦难于展布矣。此右都御史潘季驯等有息浮言之论，诚为有见。伏望皇上俯念河工重大，专委责成，勿惑于浮言，勿阻于群议。以后除治河诸臣，倘有欺隐大弊及推避不肯尽心，苟完目前，遗患于后者，许言官访实，照常参劾外，其余但有条陈治河利害之疏，虽各效其一得之忠，而众言淆乱，要必折以真实之见，本部未敢遽为题覆。悉行河漕二臣斟酌可否，明白具奏。或有窒碍难行，听行寝格。如此，则治河之臣可无临事掣肘之虞，而本部亦免于渎聒圣聪之罪矣。伏乞圣裁。

奉圣旨："河工事重，必须委任责成，乃可期效。今后分督司道及承委等官，都着潘季驯等开送吏部，暂停升调，通候河工完日，总论功罪，大行赏罚。若有才干不相宜的，即便遴选，具奏更调；推诿误事的，不时参奏处治，毋得避怨姑息，自误大事。其各委官贤否，但以该管河道官为主，别道俱不许干预，其余俱依拟。”

勘估工程疏

臣潘季驯谨题为勘估两河工程，乞赐早请钱粮，以便兴举事。

据管理河道郎中佘毅中、施天麟、张誉，管河兵备等道参政龚大器，副使林绍、张纯、章时鸾，佥事朱东光，水利道佥事杨化各会呈前事，蒙臣札付，备行职等亲历各该地方，逐一相度，除河患源委，疏治事宜，先行具呈讫。今将职等估计过各项工程，合用钱粮，分理官员，派调夫数，逐一会计明白。及称钱粮无处要得，题请破格蠲发。等因，列款呈详到臣。案照先为前事已该臣等会案札行，各该司道勘议过“疏治两河经略”缘由前来，另本具题外。又经催行细估工程去后，今据前因，该臣会同漕运巡抚右侍郎江一麟议得，北自丰、沛，南抵瓜、仪，蟺蜿一千余里，中间应筑、应塞、应建、应复工程不遗尺寸，当此极敝大坏之时，欲为一劳永逸之计，若非重费，岂能有成？所据司道估勘银两、官夫数目，臣等复加算核，委不可已。伏望敕下该部，再加查议。题请速赐俞允行，臣等遵照施行，地方幸甚。

计开：

一、议钱粮。照得河工募夫计土论方者，筑堤方广一丈厚一尺为四工，每工给银四分；计日者，每日给银三分；徭夫日给银一分，风雨量犒，此历年议工之成规也。但土有远近，力有倍省，工难处所，量须加增，以均苦乐。至于合用料物桩草、苘麻、柳稍、灰铁之类，俱须查照时价，难以律论，但当严加稽察，勿滋虚冒。除徐、沛、砀山行缕二堤，并徐、邳、睢、灵、宿迁两岸帮堤，创筑归仁集堤，桃、清接筑新堤，高家堰与淮口支河，先共估银二十二万四千三百三十二两三钱八分，已经工部题奉钦依，动发南京户、兵二部银二十万两，并留漕粮八万石，除前工支用外，约该剩银一万五千六百六十七两六钱二分，相应听作后工支用。今估计得崔镇决口，共长一百八十丈，中段水深一丈二尺，两头深浅不等，俱应筑根阔二十丈、顶阔十丈，计用人工、桩草、苘麻等料，该银一万两。黄浦决口，先就上流斜筑，计长六十丈，水深一二丈不等，应筑根阔二十丈、顶阔十丈，计用工料银六千两。填塞原决长一百六十丈，该用工料银四千两。应展月堤，自徐州玄黄二铺，计长八百五十丈，根阔五丈、顶阔一丈四尺、高一丈二尺，每丈计三十八方四分，共三万二千六百四十方，计工一十三万五百六十工，该银三千九百一十六两八钱。应筑遥堤，南岸自灵璧县张字铺起，至邳州果字铺止，长九十八里；北岸自吕梁山空连筑至邳州直河止，长七十五里；桃源古城起至清河獾墩止，长一百二十里。共长二百九十三里，计五万二千七百四十丈，应筑根阔六丈、顶阔二丈、高一丈二尺，每丈计土四十八方，共二百五十三万一千五百二十方，计工一千一十二万六千八十工，该银四十万五千四十三两二钱。内查沙垫土难，在邳、睢各界约长二十里，桃、清各界约长二十五里，二处计长八千一百丈。该土三十八万八千八百方，每方量加二工，该加银三万一千一百四两；加桩草等料，该银八百九十两。古城下崔镇口、桃源陵城、清河安娘城三处，各建滚水石坝一座，每座工料银三千两，共银九千两。淮城北堤，自大王庙起至柳浦湾止四十五里零，长八千二百五十二丈四尺，加帮根阔二丈二尺、顶阔一丈一尺、高六尺，每丈计土九方九分，该土八万一千六百九十八方八分，计工二十四万五千九十六工四分，该银七千三百五十二两八钱九分六厘。又自柳浦湾起至高岭止四十余里，实长六千四百九十六丈七尺，创筑根阔四丈五尺、顶阔一丈五尺、高六尺，每丈计土十八方，该土一十一万六千九百四十方六分，计工四十六万七千七百六十二工四分，但取土甚远，遍野虚沙，寻距五里挖至丈余者，若一概论方给银，恐难济事，共估银三万三千七百一十两五钱五分。清江浦一带，运堤南岸自王卿家起至寿州厂止，长二千二百二十丈；北岸自月河口起至许岭家止，长八百八十丈，各加高三四尺、阔一丈四五尺不等，共计土二万二千一十方，计工六万六千三十工，该银一千九百八十两九钱。内北岸一带缺口计用桩料，该银四百八十六两。修复通济闸并塞天妃闸，该用工料银一千两。修复板闸、清江、福兴、新庄等闸，各加石六七层不等，共该工料银一千四百九十两。四闸各开月河，打坝截流，该用银五百两。修复仁义等坝，约用银五千两。宝应湖堤，自六浅起至瓦店止，长三十里，添石修补工料，该银八万九千五百七十两。沿堤设减水闸六座，每座工价银五百两，共银三千两。下流应开支河，如兴化县白驹、丁溪二场，盐城县新河庙等处，各应挑深阔丈尺不等，共计夫工该银二万五千八百七十六两。扬州河自高庙至杨子桥，计长五千八百二丈，应挑深六七尺不等，共计夫工该银一万九千四百四十六两五钱。仪真县自东关至石人头止，计长四十五里，量加疏浚，该银三千五百两。旧例管工员役，各有廪粮。府佐每员日给廪粮银一钱二分，每员各带书办一名，日给口粮四分。州县佐贰首领等官，每员日给廪粮银六分。省祭、阴医、义民、老人，每名日给口粮银四分，约该银二千两。以上总括之数，大约如此。至于工程难易，料价低昂，裒多益寡，截长补短，容臣等随时通融计算，要在节缩，不至虚縻而已，通共该银六十六万四千八百六十六两八钱四分六厘。除前支剩银一万五千六百六十七两六钱二分，徭夫减省工食银一万五千两，扬州挑浅并白驹、丁溪、盐场、新河庙等处支河，议动巡盐衙门银三万五千八百七十六两外，尚该银五十九万八千三百二十三两二钱二分六厘。臣等查得河道岁额钱粮，山东、南直隶原无余积，每遇年例修筑，东那西补，甚至缩手待敝，以致因循误事，追悔莫及。止有河南一省，见贮银一十九万余两，而彼中河工繁巨，如梁靖口、黄陵冈、孙家渡、赵皮寨、铜瓦厢等处筑堤防决，费用不赀，剜肉补疮，势难那借。合无俯念大工紧急，破格议处，准照臣等所请改折，将正额解京，余银留工支用，庶为不费之惠。如有不可，乞照都给事中刘铉题请，内帑支发通贮淮安府库，听司道官查核，赴巡盐御史处覆核关支。伏候圣裁。

一、议分督。照得工程浩大，道里遥远，若非多官分理画地责成，不免顾此失彼。今议徐州北岸，自吕梁洪至邳州直河止一带遥堤七十里，该海防道参政龚大器总管；自桃源县古城以下，遥堤六十里，并塞界内缺口及建陵城滚水坝一座，该淮北分司郎中佘毅中总管；自桃源界至清河獾墩止遥堤六十里，并塞界内决口及建安娘城滚水坝一座，该添注管河道副使张纯总管；自徐州南岸玄、黄二铺月堤并灵、睢界内遥堤五十余里及建崔镇口滚水坝一座，该徐州道副使林绍总管；自睢宁界内遥堤四十余里，并筑归仁集堤三十五里，该颍州道佥事朱东光总管；修复淮安板闸至新庄闸，共四闸，修筑里河两堤并新城北一带帮筑新旧堤及塞黄浦口，该水利道佥事杨化总管外。兴、盐支河，先经该道呈允行各县掌印官开挑，仍应该道查催筑高家堰中段，塞天妃闸朱家口，开复通济闸，修筑赵家口迤西堤岸，修复仁义等五坝，该添注管河郎中张誉总管；修筑宝应一带土石堤并建减水闸及挑浚扬州至仪真一带河道，该南河分司郎中施天麟总管。以上司道八员，均分八大工，每司道一员，分督府佐二员，计用府佐一十六员，每府佐一员，分督州县佐贰、首领、阴医、省祭官十员，共用一百六十员。听臣等于所属地方，抡才调取，如员数不足及各官间有经手要务妨占者，容臣等于附近省分有司内查有干济素著者，另行具奏调用。分工之后，大小官员俱要悉心经理，纵有应理公务，止许工上干办，不得擅离工次。工完之日，通将效劳官员分别等第及怠玩误事者，一并题请处分，以昭劝惩。伏候圣裁。

一、议夫役。照得前项工程一时并举，约用夫八万名，内除量调各处徭夫七千五百名外，今议派淮安府所属，募夫二万七千五百名；扬、庐、凤三府，各募夫一万名；徐州所属，募夫一万名；滁、和二州，共募夫五千名。内有灾伤及冲繁州县，听该道官酌议减免。应得工食，照常支给。仍行各该掌印官按籍派募，如将无籍之徒应名塞责，以致临工逃散者，容臣等指名参究。伏候圣裁。

奉圣旨："工部知道。"

工部覆前疏

题为勘估两河工程，乞赐早请钱粮，以便兴举事。

该总理河漕右都御史潘季驯题前事，奉圣旨："工部知道。钦此。"钦遵通抄到部，送司案呈到部。看得右都御史潘季驯等议称，北自丰、沛，南抵瓜、仪，约有一千余里，欲图久远不拔，必须重费财力。今将勘估过银两，官夫数目，款立前来，诚为一劳永逸之计，相应照款开立前件，议拟上请定夺。伏乞圣裁。

计开：

一、议钱粮。前件看得，夫役工有难易之不同，物料时有消长之不齐，若一概取必而授之值，则亏苦者有不均之叹，而人情竞诡于趋避矣。今该右都御史潘季驯、侍郎江一麟议，夫役工难者加增，毋令苦乐不均，物料照时估价，仍要严稽冒破，委于国计民生有裨，相应依拟。除勘估崔镇等处一带塞决筑堤诸项工程，合用工料要留改折余银支用一节，臣等已经遵旨会同户部议覆。奉圣旨："这漕粮改折，不独以措支河工费用，亦可因此以苏息东南之民，还再议停当来说。钦此。"钦遵，随该本部移咨户部径自再议外，伏候圣裁。

一、议分督。前件看得，右都御史潘季驯、侍郎江一麟议，将河工自徐州北岸起至仪真止，内一应筑堤塞决诸各等项工程，分为八大工，以司道郎中等官总管。每司道一员，分督所属府佐二员。每府佐一员，分督州县佐贰、首领、阴医、省祭等官十员，各行干理。工完之日，要将各官分别功罪，题请各一节。为照河工浩大，北自丰、沛，南抵瓜、仪，延袤一千余里，非多官分管，未免顾此失彼。今河、漕二臣将本工画地委官分管，条议前来，诚得专委责成之意，相应依拟，恭候命下。本部备咨右都御史潘季驯、侍郎江一麟，将分工委官事宜，除原议总管官杨化、施天麟奉圣旨拿降另行外，其余各照议施行。如委官不足，并中间有要务妨占，难以离任者，即于附近省分有司内查有干才者调用。自分工之后，大小官员，俱要实心干事，务期底绩。如有应理事务，止许就工干办，不许擅离工所，以至妨事。工完之日，将管工官员查有勤劳实绩及怠玩误事并卖放夫役者，分别等第，一并题请处分。伏乞圣裁。

一、议夫役。前件看得，前项工程浩巨，必藉夫役之多以集事。若不分投雇募，则恐一时短少，以致妨偾厥工。今右都御史潘季驯、侍郎江一麟议，所用夫约八万名，除量调各处徭夫七千五百名外，议于庐、凤、淮、扬、徐、滁、和各府州酌数雇募，内于灾伤冲繁处所，则听该道酌量减免，条议妥当，相应依拟，伏候命下。本部咨行右都御史潘季驯、侍郎江一麟，即将前项所派夫役，仍行各掌印官按籍雇募，工食照常支给。如有将无籍之徒搪塞，以致临工逃散；或将老弱不堪者充役误事，及不先时预为募处致临时缺少，或虚冒夫役名色志在侵渔者，司道等官不时查核，呈请河漕衙门指名参奏，以凭重处。再照前项河工，地里遥远，夫役星散，若不严加点闸，则虚实无从稽考。合无行令募夫府州县各掌印官选委廉能，官员部押赴工，明开某官一员押夫若干名，每夫或三十名或二十名编为一队。如内有躲役影射者，令互相觉察本队夫役，即时禀明押夫委官，委官具呈管工府佐追提。如有本队互相容隐不举者，查出并治，并不准工。伏乞圣裁。

奉圣旨："依拟行。"

卷之八 奏疏

恭报续议工程疏

臣潘季驯谨题为遵奉明旨恭报续议工程，以便查核事。

据管理河道工部郎中佘毅中、张誉，主事陈瑛，管河兵备水利营田等道参政龚大器、游季勋，副使张纯，佥事朱东光、史邦直会呈，抄蒙总理河漕并漕抚衙门宪牌。仰职等即查各工内有与原议不同工程会同类总开呈，以凭覆核奏闻。依蒙随将各工逐一查勘，除两河分合及应筑、应塞工程，俱与原议无异，又堤工各高阔丈尺、各相度地形增减不等，候通完之日册报外，所有堤岸闸坝，势当小更，难拘原议者，委应裁酌，用图经久。

以淮北言之，如南岸遥堤，原议自灵璧县张字铺起至邳州果字铺止，共长九十八里，其张字铺以上，原因河岸甚高，故止议将玄、黄二铺扫湾处所展筑月堤，长八百五十丈。今续勘得徐州三山头起至灵璧县张字铺，共五十余里一带，河岸虽高，然先年遇有异常泛涨，亦往往漫决，若止展筑玄、黄二铺月堤，尚有可虞，相应一并接筑遥堤，计长九千余丈，庶成全堤，无复遗虑。其玄、黄二铺，止筑顺水坝，以遏水势，不必另行展筑。果字铺以下，原因缕堤颇远，故未议筑遥堤。续勘得果字铺至李字铺缕堤，约四里余，犹觉逼近，仍应增筑遥堤，计长七百五十丈。北岸遥堤内，邳州谷山并匙头湾二处，俱有水沟，潴畜积水，合行疏泄。今议各建函洞一座，以便泄水。桃源县古城起至季太口止，计六十里，内原议滚水坝三座，已经建完。今岁伏水涨溢之时，甚赖其减泄之力。但季太口至清河县，计五十余里，未议建坝，恐水势至此，尚致涨溢。勘得三义镇地形原洼，众水所趋，合增建滚水坝一座，其长阔丈尺俱照前坝，庶分杀之路既多，则冲漫之患可免。此淮北工程所当续议者也。

以淮南言之，原议修复清江等闸，今勘得通济闸逼近淮河，直受冲啮，势甚汹涌，且闸设年久，底桩朽烂，加石太重，不免坍卸，相应改建于甘罗城东坚实之地。仍改浚河口斜向西南，使水势纡回，不至直射，庶便启闭。前闸既已改建，则新庄闸距此不及一里，难容多船，而关锁太促，水势湍急，不易启闭，相应拆卸。福兴闸上距通济闸计二十里，下距清江闸止五里，远近悬绝，且亦因年久圮坏，难以加石。今议改建于寿州厂适中处所。其清江一闸，仍照原议修复。至于板闸地洼水平，无庸启闭，止须照旧免行增高。又勘得原议修复五坝内，信字坝逼近淮城，且系黄河扫湾，先年久废不用。今已将礼、智二坝修复，见在车盘船只。其仁、义二坝，原共一口出船，亦系黄河扫湾，又与清江闸相邻，恐有意外冲漫之患。见今筑堤在上，以御黄流，不便修复。查得旧有天妃闸，正与清河直对，相应建坝一座于本闸之里，则车盘尤便，而船只无阻矣。其兴、盐等处入海支河，原因高堰未筑，黄浦八浅等决未塞，水势浩荡，故踵袭节年。旧议欲加挑浚，以泄积水。近勘得高堰筑完，黄浦八浅俱塞，下流已干，无水可泄，而海口之水反高于内地，若复挑浚，则海水灌入，既伤民田，复损盐利。正在勘议间，随该巡盐御史姜璧躬亲踏勘，题请免浚，复经司道会勘，委应停止。夫兴、盐等处，既以无水可泄，免浚支河。若宝应湖堤，仍照原议于三十里之内添建减水闸六座，又恐分流太多，兴、盐难受，况建闸初意只因上流水溢，恐致伤堤，今高堰既筑，通济闸外又经题准每年水涨之时，筑坝断流，则宝应湖水不甚盈溢，湖堤可保无虞，不必多建减闸。今议修复旧闸二座，创建一座，通共四座，庶运道民田俱有攸赖。其开挑兴、盐支河，工费银二万五千八百七十六两，原议于巡盐衙门动支运司银两，仍听该衙门作正支销，此淮南工程所当续议者也。

以上事宜，皆因地损益，随时剂量，期于有济，不敢执泥，俱经会议佥同，陆续呈请举行。讫今蒙行查理合类报转奏施行等因到臣。案照先准工部咨为“奉明旨陈愚见，议治两河经略，以图永利事”。该臣等题议各项工程事宜，本部覆题，奉圣旨：“这治河事宜，既经河漕诸臣会议停当，依拟都准行，着他们悉心着实兴建永利。各该经委分任人员，如有玩愒推诿虚费财力者，许不时拿问参治。其未尽事宜及临时事势，或与原议不合的，也着陆续奏闻，务求有益。应用钱粮，你部里便会户部上紧议来。钦此。”备咨到臣，俱经通行司道钦遵兴举间，续据郎中佘毅中等议，将各工增损事宜，节次会呈前来，又经臣等亲阅相同批允举行，讫只缘工程大体俱无更张，止于节目微有不同，事涉烦琐，未敢屑屑渎奏，兹当告成伊迩，合行通查类报。今据前因，为照两河大工延袤千里，臣等荒度之初，止详于两河分合大势，而堤岸闸坝之远近多寡，委须临时再加斟酌。仰荷我皇上坐照万里，洞烛事机，假臣以便宜之权，开臣以续奏之路，所据司道陆续议报前来。在淮北，则有徐州三山头起至张字铺，加筑遥堤五十余里。玄、黄二铺，止建顺水坝一道。果字铺起至李字铺，加筑遥堤四里余。谷山匙头湾添建函洞二座，三义镇添建滚水坝一座。此皆原题未载，委应增益。在淮南，则有通济、福兴二闸从新改迁。新庄逼近通济闸，势难两存，板闸止宜仍旧。信字坝逼近黄河，不便修复。仁义坝改建天妃闸以里，至于兴、盐等处入海支河，因高堰、黄浦八浅堤成，无水可泄，自宜停止。而宝应湖堤减水闸，止须修建四座。此原备载，委当更易，因时审势，随地制宜。臣等固不敢惜劳以贻一篑之亏，亦不敢妄举以滋无益之费。其应添钱粮，即于原议河工银内通融裁节济用，并无求益加派之事。除将各堤工高阔丈尺，相度地形增减不等，通候查核外，相应奏报，谨具题知。奉圣旨："工部知道。"

查复旧规疏

臣潘季驯谨题为乞恩查复旧规，以利漕渠事。

臣等谬膺简畀，肩厥巨艰，日夕兢兢，惟恐一事未周有负任使。兹幸庙堂主持，诸臣效力，导河防决之工，骎骎然有涓埃之验矣。但于淮安一带闸河，终有未安者。臣等初至地方，目击淮安西门外直至河口六十里，运渠高垫，舟行地面。昔日河岸，今为漕底，而闸水湍激，粮运一艘，非七八百人不能牵挽过闸者，臣窃怪之，询之地方，俱云自开天妃闸后，专引黄水入闸，且任其常流，并无启闭。而高堰决进之水，又复锁其下流，以致沙淤日积。万历五年，河渠堙塞，随浚随淤，不得已开朱家口引清水灌之，方得通舟。臣等乃决意开复通济闸，以引范家湖清流，且请修举陈瑄故事，严其启闭。随该工部覆奉钦依咨行遵照，见由通济闸引水济舟，河身亦觉渐刷，数年之间或可复故矣。但沙淤可免，而湍溜如旧，牵挽不易，而启闭甚艰，且闻淮河暴发，亦有浑流。臣等求其善处之术而未得也。随行据司道等官郎中张誉等博访志传，查得永乐初年原由海运，淮郡与黄、淮二河隔绝不通，后因平江伯陈瑄疏清江浦之渠，引水以通淮安，东南运艘始得直达京师。复虑黄、淮之水沉沙易淤也，乃建清江、福兴、新庄等闸，递互启闭，锁钥掌之漕抚，开放属之分司，法至严矣。复虑水发之时湍急，难于启闭，又于新庄闸外，暂筑土坝以遏水头，水退即去坝用闸如常。延至嘉靖八年间，坝禁废弛，河渠淤塞，该漕运都御史唐龙、河道侍郎潘希曾题奉钦依，仍复旧规，载在简册者，班班可考也。数十年来初议浸失，前患复滋，臣等询之地方耆宿，皆云运渠卑隘，最易沙淤；淮地低洼，最易盈溢。若仿古人之制，严启闭于春冬之时，筑外坝于伏秋之际，则非惟河身无壅垫之患，而田庐亦无浸潦之苦矣。臣等反覆思惟，请复旧规为便。及查每岁三月以前，粮运俱过，六月初旬，鲜贡已尽，其余船只，皆可盘坝，并无妨碍。即如镇江京口闸，遇冬筑塞，入春方启，其例固可援也。伏望敕下该部，再加查议。如果臣等所言不谬，每岁于六月初旬，一遇运艘并鲜贡马船过尽，即于通济闸外暂筑土坝，以遏横流，一应官民船只，俱由盘坝出入。至九月初旬，仍旧开坝用闸，庶于国计民生两利之矣。再照人情易玩，法禁易弛，势豪人员任情自恣者，难保不无地方当事之臣，稍稍阿徇，辄至滥觞。恳望皇上特降严旨，容臣等刻石金书垂示各闸之上，庶几人心有常目之警，而良法无久弊之患矣。谨题请旨。奉圣旨：“工部知道。”

工部覆前疏

题为乞恩查复旧规，以利漕渠事。

该总理河漕右都御史潘季驯题前事，又该总督漕运右侍郎江一麟题同前事，俱奉圣旨："工部知道。钦此。"钦遵，送司案呈到部。看得总理河漕右都御史潘季驯等题称，淮安一带黄、淮灌入，运渠高垫，且闸水湍急，启闭甚难。查得平江伯陈瑄建清江、福兴、新庄等闸，递互启闭，以防黄水之淤。又于水发之时，闸外暂筑土坝遏水头，以便启闭，水退即去坝用闸如常，其法至善。议要修复旧规，并请特降严旨垂示各闸，使势豪人员不敢任情阻挠一节。为照黄、淮二河之入淮郡也，由先臣平江伯陈瑄疏浚清江浦始也，而其立法则甚密矣。虑黄、淮灌入，泥沙易淤，而建闸以慎启闭。又虑水发湍急，难于启闭，而筑坝以遏水冲。自是浑流不入，闸河不壅，大为运道之利。后来闸坝废弛，淮安一带河渠始日就垫塞，费区画矣。况水发常在六月，此时粮运及鲜贡船只，俱已过尽，筑坝似无妨碍，虽官民船只盘剥未便，终不得因此而废河漕大计也。且筑坝止是水发时候，自六月至九月初旬，不过三月余，即去坝用闸如常，不便于民船者无几时，而便于漕渠者则甚大。所据都御史潘季驯等具题前来，似应依拟，恭候命下。本部备咨总理河漕右都御史潘季驯、漕运侍郎江一麟，即查先年闸坝旧规，斟酌修复。凡清江、福兴、新庄等闸，俱要以时启闭，不得开放无度，以致泥沙灌入，有碍运道。每岁至六月初旬，运艘马船过尽，伏水将发，即于通济闸外暂筑土坝以遏横流，一应官民船只，俱暂行盘坝出入。至九月初旬，开坝复用闸启闭，仍将题准明旨刊示各闸之上。如有势豪人员恃强阻挠，应拿问者径自拿问，应参奏者径自参奏，毋得阿徇假借。庶人心知警，法不废格，而河渠有赖矣。

奉圣旨："这筑坝盘坝事宜俱依，拟有势豪人等阻挠的，即便拿了问罪，完日于该地方枷号三个月发落干碍职官，参奏处治。”

申明鲜贡船只疏

臣潘季驯谨题为乞恩查复旧规，以利漕渠事。

准南京兵部咨称案照先准臣等咨，已经备行南京内守备厅速查，今运鲜贡等差总计几起，已拨装载。五月以前过淮出口者几起未拨，差限尚迟，约在筑坝之后发行者几起，一面移文本部差拨，就令通济闸外停泊，以待各差抵闸盘船前进，庶免临期误事。随准该厅回称，冰鲜鲥鱼例在五月初旬采完，杨梅例在小暑之后采取，俱各在京装船，先用底盖盐冰打筑结实，然后起运，前进冰鲜船只，势不可盘，烦为议处到部，合咨河道漕运衙门，酌量前差尚在五月之内，伏秋未至，水势未发，姑待二起鲜船出口，方行筑坝。如坝不容缓，前项冰鲜作何计处，使不误事，希由咨报等因到臣。

案照万历七年七月二十六日准工部咨，该臣等会题前事，本部覆议，每岁至六月初旬，伏水将发，即于通济闸外暂筑土坝以遏横流，一应官民船只俱暂行盘坝出入，至九月初旬开坝。仍将题准明旨刊示各闸之上。如有势豪人员恃强阻挠，应拿问者径自拿问，应参奏者径自参奏，毋得阿徇假借等因。题奉圣旨：“这筑坝、盘坝事宜俱依，拟有势豪人等阻挠的，即便拿了问罪，完日于该地方枷号三个月发落干碍职官，参奏处治。钦此。”备咨臣等通行钦遵间，今岁遇闰五月二十二日，即已入伏，相应先期筑坝，诚恐鲜贡船只所至后期，预咨该部转行早发去后。今准前因，该臣会同漕抚右都御史江一麟议照，清江里河向因外河伏水，带入泥沙，致坫漕渠，应照先臣陈瑄旧规，先期筑坝。已经题奉严旨，通合遵守。

今该监既谓冰鲜鲥鱼在五月初旬，杨梅在小暑之后，各采完。若肯较常早发，沿途无滞，计五月二十以前，二项鲜船俱可赶到。若至入伏之日，各船愆期不至，势难久待。随经咨覆该部，及延至入伏之日，定行筑坝外，但恐各监拘泥故常，逗遛不发，延至坝成，又以盘船不便推诿。臣等不无掣肘，况所进冰鲜不多，盘坝只须顷刻，即使车盘不便，亦可预拨马船停泊坝外，鲜到之日对船盘剥，亦无妨碍。漕渠关系甚重，似当量从权宜。伏望皇上轸念国计，敕下该部申饬南京守备衙门，每岁冰鲜船只，较常催攒早发，务在伏前旬日抵淮，不至有碍筑坝。万一愆期，即从天妃坝车盘，或预拨马船停泊外河船剥，着为定例。庶临期不致妨阻，而漕渠永无沙玷矣。谨题请旨。

奉圣旨："工部知道。"

工部覆前疏

题为乞恩查复旧规，以利漕渠事。

该总理河漕尚书潘季驯、总督漕抚右都御史江一麟题为前事，奉圣旨："工部知道。钦此。"钦遵抄出到部，送司案呈到部。看得冰鲜船只关系上供，而筑坝护漕关系国计，均之有不可缓者。今据河臣题称，遵旨筑坝当在伏水未发之先，其势必不能停筑以待船。据守臣回称，鲜船发行常在闸坝既成之后，其势又不能车船以盘坝，似于上供国计两有所妨。然臣等窃以为无伤也。

查得正德、嘉靖年间，五月已有鲥鱼到京，且既称鲜品，尤宜早进；既系荐庙，尤该及时。但近年以来，进鲜内臣每以采鲜既完之后，方行措办装具，附载货物勾当稽留，动逾旬日，沿途淹顿，又致愆期，比至京师，则色味俱变。不惟有碍筑坝，且于荐鲜之义，亦甚无当也。臣省吾先任南京见守备太监乔郎每事用心整饬，才复优于干济。即据今回称，鲥鱼例在五月初旬采完，盖四月二十日前后已行采矣。若随船器用，如冰盐之类，预备停当，一经采完，即便发行，不过半月即可过淮，正是伏前之期，自于筑坝无碍。至于杨梅等物，又与鱼鲜不同，即至坝成，不妨盘剥。但今年闰月伏早，此时议行恐不及事，而坝又不容缓筑，万一鲥鱼到迟，必须设法对船盘剥，方克有济。此在内守备臣及河漕大臣各以上供国计，不分彼此，一体筹度处置，自当无误。其剥完之后，自淮以北，仍须严令地方官多方护送速进，务期共济，不得应付迟缓。至于以后年分，鲥鱼鲜船，定限五月初头发行，伏前定限过淮。杨梅等船，定从便听，将南京马快空船于未筑坝之先预拨过淮，停泊坝外，以俟般剥，则上供既无后时之虞，国计亦得先事之备矣。

又访得南京进鲜各船，每将起程之时，有无籍棍徒号称伙光，设局诈骗，肆意把持，要得倚船，觅利领差。内臣万一不从，即遍递诬状，使船不得行，在京不遂，复随至沿途，骚扰管河各官，或有不察堕其计中，即复稽留延缓，是以船行不得如期，非尽由发船之果迟也。合无恭候命下，容臣等行南京及河漕各衙门出示严禁，如有前项棍徒，仍前作梗者，即便拿问，从重究罪，仍枷号通渠或滨河处所示警。至于到淮般剥之际，在河漕大臣尤宜加意禁约，使奉差者不苦于道路之难，则般剥从容，攒进便利。所关于筑坝治漕者，实非小补，均乞圣明裁定，敕下钦遵施行。奉圣旨："是。"

报黄浦筑塞疏

为恭报黄浦筑塞事。

据管理南河郎中张誉呈称，蒙臣等牌督修筑黄浦决口，随行扬州府同知韩相鸠工聚料，于本年三月初三日兴工，官夫昼夜并力拦河。北坝于本月初十日，南坝于十二日，各合口断流讫。又蒙本院部亲临工所，仍恐卑薄难恃，又于北坝之外加筑一坝，共阔十丈，足御水患。为照黄浦冲决为害已极，经营数年，劳费不赀，妨运病民，莫此为甚。即今两坝告成，横流堵截，山、宝、兴、盐一带生灵，悉得平土而居，耕获而食，官民船艘往来无虞，复业编氓，欢声载道，诚地方无穷之利也。除将旧口填土接筑老堤，通候工完另呈，合先具报等因到臣。据此，案查先该臣等题为河患已除，流民复业，乞恩蠲租以广招徕事，已将高堰堤成，黄浦见在兴筑，缘由于本月初一日具题讫。臣随督行该司，设法督筑黄浦去后，今据前因，该臣会同漕抚侍郎江一麟照得高堰据黄浦之上游，而黄浦为兴、宝、盐城之门户，高堰既筑，黄浦之工自易。黄浦既塞，则兴、宝、盐城一带田地尽行干出。自兹两河横流涓滴皆由正道，千里之内民业皆可耕获，而海口河身日见深刷，亦可免壅溃之患矣。除将正口填筑高厚，务俾永赖，仍候大工全完另报外，为此具题。奉圣旨："工部知道。"

河工告成疏

臣潘季驯谨题为恭报两河工成，仰慰圣衷事。

万历七年十月初六日，据管河郎中佘毅中、张誉，主事陈瑛，管河兵备营田等道参政龚大器、游季勋，副使张纯，佥事朱东光、史邦直会呈，节奉总理河漕并总督漕抚衙门札付，俱为奉明旨陈愚见，议治两河经略，以图永利等事。行职等将派定工程，鸠夫办料，刻期兴举。该职等遵依督率分委府州县等官，亲诣工所，照式率作，俱自万历六年九月十五等日兴工，至今陆续通完讫。总计筑过土堤长一十万二千二百六十八丈三尺一寸，砌过石堤长三千三百七十四丈九尺，塞过大小决口共一百三十九处。建过减水石坝四座，每座长三十丈；修建过新旧闸三座，车坝三座；筑过拦河顺水等坝十道；建过函洞二座，减水闸四座；浚过运河淤浅长一万一千五百六十三丈五尺；开过河渠二道，栽过低柳八十三万二千二百株。其各堤高卑，酌量地形低昂随宜增损，自一丈二尺以至七八尺不等，数目烦琐，听候勘官至日另册开送核实外，照得数年以来，黄、淮二河，胥失故道，至以地方州县为壑，盖由黄河惟恃缕堤，而缕堤逼近河滨，束水太急，每遇伏秋，辄被冲决，横溢肆出，一泻千里，莫之底极。北岸则决崔镇、季太等处，南岸则决龙窝、周营等处，共百余口。而又从小河口白洋河灌入，挟永堌诸湖之水，越归仁集，直射泗州陵寝，以至正河流缓，泥沙停滞，河身垫高。淮水又因高家堰年久圮坏，溃决东奔，破黄浦决八浅，而山阳、高、宝、兴、盐悉成沮洳。清口将为平陆，黄、淮分流，淤沙罔涤，云梯关入海之路，坐此浅狭，而运道民生俱病矣。

自去秋兴工之后，诸决尽塞，水悉归漕，冲刷力专，日就深广。今遥堤告竣，自徐抵淮六百余里，两堤相望，基址既远，且皆真土胶泥，夯杵坚实，绝无往岁杂沙虚松之弊。蜿蟺绵亘，殆如长山夹峙，而河流于其中，即使异常泛涨，缕堤不支，而溢至遥堤，势力浅缓，容蓄宽舒，必复归漕不能溃出。譬之重门待暴，则暴必难侵；增纩御寒，则寒必难入。兼以归仁一堤，横截于宿、桃南岸要害之区，使黄水不得南决泗州。至于桃、清北岸，又有减水四坝以节宣盈溢之水，不令伤堤。故在遥堤之内，则运渠可无浅阻；在遥堤之外，则民田可免淹没。虽不能保河水之不溢，而能保其必不夺河；固不能保缕堤之无虞，而能保其至遥即止。

盖尝考弘治以前，张秋数塞数决，自先任都御史刘大夏将黄陵冈一带，增筑太行堤一道，而张秋之患遂息，此其已试之明验也。今职等所筑之遥堤，即太行堤之别名耳，况系真正淤土，较之太行杂沙又有不侔者，故今岁伏初骤涨，桃、清一带，水为遥堤所束，稍落即归正漕，沙随水刷，河身愈深，河岸愈峻。前岁桃、清之河，胶不可楫，今深且不测，而两岸迥然高矣。上流如吕梁两崖，俱露巉石，波流湍急，渐复旧洪。徐、邳一带，年来篙探及底者，今测之皆深七八丈，两岸居民无复昔年荡析播迁之苦，此黄水复其故道之效也。高家堰屹然如城，坚固足恃，今淮水涓滴尽趋清口，会黄入海。清口日深，上流日涸，故不特堰内之地可耕，而堰外湖坡渐成赤地。盖堰外原系民田，田之外为湖，湖之外为淮，向皆混为一壑，而今始复其本体矣。其高、宝一带，因上流俱已筑塞，湖水不至涨满，且宝应石堤新砌坚致，故虽秋间霖潦浃旬，堤俱如故。黄浦八浅筑塞之后，俱各无虞。柳浦湾一带，新堤环抱，淮城并无啮损。不特高、宝田地得以耕艺，而上自虹、泗、盱眙，下及山阳、兴、盐等处，皆成沃壤，此淮水复其故道之效也。见今淮城以西，清河以东，二渎交流，俨若泾渭，诚所谓同为逆河，以入于海矣。海口之深，测之已十余丈，盖借水攻水，以河治河，黄、淮并注，水涤沙行，无复壅滞，非特不相为扼，而且交相为用，故当秋涨之日，而其景象如此。昔年沙垫河浅，水溢地上，只见其多；今则沙刷河深，水由地中，只见其少。地方士民，皆谓二十年来所旷见也。此盖仰仗我皇上圣德格天，神明协相，圣心独断，庙算坚持，是以本院部得行初志。职等得效胼胝，向使少为异议所摇，则此时不知更作何状矣。今财力不多费，而功遍于两河，时日不久旷，而效收于期月，数千里鱼鳖之民，一旦登于衽席，亿万年命脉之路，一旦底于翕宁，职等幸获遭逢，曷胜庆幸！除各用过钱粮另行册报外，所据完过工程，拟合开坐呈报施行。等因到臣。

据此，案查万历六年五月十五日，该臣钦奉敕谕都察院右都御史兼工部左侍郎潘季驯，近年河淮泛滥为害，运道梗塞，民不安居，朕甚忧之，已屡有旨责之地方官经理，奈无实心任事之臣，动以工费艰巨为解，又当事诸臣意见不同，事多掣肘，以致日久无功。今特命尔前去督理河漕事务，将河道都御史暂行裁革，以其事专属于尔。其南北直隶、山东、河南地方有与河道相干者，就令各该巡抚官照地分管，俱听尔提督。尔宜亲历河流所经，会同各巡抚官，督同各部属司道等官，悉心协虑，讲求致害之因，博采平治之策。备查草湾口何为既开复淤及今作何开通，全淮水何为南徙不复及今作何疏导。徐邳河身高并州城，何以疏之使平。黄浦、崔镇等口久塞无功，何以筑之使固。及查诸臣历年建议，有行奏疏，逐一勘议。要见老黄河故道应否开复，清、桃正河应否挑浚，高家堰、宝应堤应否修筑，小浮桥新冲口可否济运、应否加挑。又徐邳以上地形，南昂北下，恐堤防一溃，势必奔流北徙，将为闸河之梗，亦要审其孰为正河，孰为支河，孰为合河？或正而当厚其防，或支而当杀其势，或合而当分其流，一并勘议详妥，奏闻区处。合用钱粮及选任司道等官，俱许以便宜，奏请给发委用。功成之日，通将效劳官员一体分别升赏，如有抗违不服及推诿误事者，文官五品以下，武官四品以下，径自提问。应奏请者奏请定夺。其提督军务事宜，查照河道衙门原管行事。尔候事宁之日，奏请回京，朝廷以尔谙习河道，素有才望，特兹重任。尔尚殚忠筹虑，尽心区画，俾河漕无梗塞之虞，人民免昏垫之苦，必有懋赏以酬尔功。毋或畏难惮劳，隐忠不效及苟且塞责，有负委任，尔其勉之、慎之，故谕。钦此。

臣遵奉纶音，会同抚臣躬率司道等官沿河荒度，周咨分合之势，博求平治之谋，群策毕集，众论佥同，随题为："奉明旨陈愚见，议治两河经略，以图永利事。"该工部覆：看得都御史潘季驯、侍郎江一麟足遍口讯，佥议详酌，为是陆说。其所修置寝格，俱目击利害而非道听之言，庶同则绎而非弗询之谋。盖堤防既固，塞决又审，水无旁驶，而正流自急，沙随水刷，而海口自复。此正以水治水，而不为穿凿之论，迂漫之谈。顷来治河之说，未有逾于二臣之议。等因。题奉圣旨："这治河事宜，既经河漕诸臣会议停当，依拟都准行，着他们悉心着实兴建永利。各该经委分任人员，如有玩愒推诿、虚费财力者，许不时拿问参治。其未尽事宜及临时事势，或与原议不合的，也着陆续奏闻，务求有益。应用钱粮，你部里便会户部上紧议来。钦此。"备咨臣等钦遵，查照兴举施行，准此。

又该臣等题"为勘估两河工程，乞赐早请钱粮以便兴举事。"款议分督徐州北岸，自吕梁洪至邳州直河止遥堤，该海防道参政龚大器总管。自桃源古城以下遥堤，并塞界内决口及建减水坝一座，又先分马厂坡遥堤，该中河郎中佘毅中总管。自桃源县界至清河县北遥堤，并塞界内决口及建减水坝一座，该添注管河道副使张纯总管。自徐州南岸并灵睢界内遥堤及建减水坝一座，该徐州道副使林绍总管。睢宁界内遥堤，并筑归仁集堤，该颍州道佥事朱东光总管。修复淮安运河各闸，修筑里河两堤，并新城北一带帮筑新旧堤及塞黄浦口，催浚兴、盐支河，该水利道佥事杨化总管。筑高家堰，塞天妃闸、朱家口，开复通济闸，修筑赵家口迤西堤岸，修复各坝，该添注管河郎中张誉总管。修筑宝应一带土石堤，并建减水闸及挑浚扬州至仪真一带河道，该南河郎中施天麟总管等因。本部覆奉钦依，咨行臣等分工间，郎中施天麟降调，将原分宝应堤工改委营田道佥事史邦直，扬州挑浅改委该府知府虞德烨，佥事杨化罢黜，将原分清江浦两岸筑堤改委主事陈瑛，增修闸座改委淮安府知府宋伯华。各管理柳浦湾修筑新旧堤，并添宝应八浅决工增委，今补水利道副使张纯。黄浦口决工增委，今补南河郎中张誉。各兼理副使林绍闲住原分一工，该今任参政游季勋管理。俱于上年九月十五日起土兴工，臣等具本题知讫。

又该臣等查得司道续报工程，淮北有徐州三山头起至张字铺，增筑遥堤；玄、黄二铺，止建顺水坝一道；果字铺起至李字铺，增筑遥堤；谷山匙头湾，添建函洞二座；三义镇，添建减水坝一座。此皆原题未载，续议增益。淮南有通济、福兴二闸，从新改迁。新庄逼近通济闸，势难两存，板闸止宜仍旧。信字坝逼近黄河，不便修复。仁义坝改建天妃闸，里兴、盐等处支河，因高堰、黄浦八浅堤成，无水可泄，自宜停止。宝应湖堤减水闸，止须修建四座。此原题备载，续议更易。又经具本题知讫。臣等向在催督，各工去后，今据前因，除将报到工程，逐一查核相同外，该臣会同漕运巡抚侍郎江一麟，窃照我朝建都燕冀，转输运道，实为咽喉。自仪真至淮安，则资淮河之水；自清河至徐州，则资黄河之水。黄河自西而来，淮河自南而来，合流于清河县之东，经安东达云梯关而入于海。此自宋及今，两渎之故道也。数年以来，崔镇诸口决而黄水遂北，高堰黄浦决而淮水遂东，桃、清、虹、泗、山阳、高、宝、兴、泰田庐坟墓，俱成巨浸，而入海故道几成平陆。臣等受事之初，触目惊心，所至之处，孑遗之民，板舆号泣，观者皆为陨涕。然议论纷起，有谓故道当弃者，有谓诸决当留者，有谓当开支河以杀下流者，有谓海口当另行开浚者。臣等反覆计议，弃故道则必欲乘新冲，新冲皆住址陆地，漫不成渠，浅涩难以浮舟，不可也。留诸决则正河必夺，桃、清之间仅存沟水，淮、扬两郡一望成湖，不可也。开支河则黄河必不两行，自古纪之，淮河泛溢，随地沮洳，水中凿渠，则不能别寻他道，则不得况杀者无几，而来者滔滔，昏垫之患，何时而止，不可也。惟有开浚海口一节，于理为顺，方在犹豫。而工部遗咨，叮咛臣等亲诣踏看。

臣等乃乘轻舠出云梯关至海滨，延袤四望，则见积沙成滩，中间行水之路不及十分之一。然海口故道则广，自二三里以至十余里。询之土人，皆云往时深不可测，近因淮、黄分流，止余涓滴入海，水少而缓，故沙停而积，海口浅而隘耳。若两河之水，仍旧全归故道，则海口仍旧全复，原额不必别寻开凿，徒费无益也。

臣等乃思欲疏下流，先固上源，欲遏旁支，先防正道，遂决意塞决，以挽其趋，筑遥堤以防其决；建减水坝以杀其势，而保其堤。一岁之间，两河归正，沙刷水深，海口大辟，田庐尽复，流移归业，禾黍颇登，国计无阻，而民生亦有赖矣。盖筑塞似为阻水，而不知力不专则沙不刷，阻之者乃所以疏之也，合流似为益水，而不知力不弘则沙不涤，益之者乃所以杀之也。旁溢则水散而浅，返正则水束而深，水行沙面则见其高，水行河底则见其卑，此既治之后与未治之先光景大相悬绝也。每岁修防不失，即此便为永图，借水攻沙，以水治水。臣等蒙昧之见，如此而已。至于复闸坝，严启闭，疏浚扬河之浅，亦皆寻绎先臣陈瑄故业，原无奇谋秘策骇人观听者，偶幸成功，殊非人力，实皆仰赖我皇上仁孝格天，中和建极，诚敬潜孚而祇灵助顺，恩威并运而黎献倾心，念转输乃足国之资，轸昏垫切儆予之虑，宵旰靡皇，丝纶屡饬。其始也，并河漕以一事权，假便宜以任展布，故臣等得效刍荛之言；其既也，逮偷堕以警冥顽，折淆言以定国是，故臣等得竟胼胝之力。俯从改折之议，国计与民困咸纾，特颁赏赉之仁，臣工与夫役竞劝，致兹无兢之功，遂成一岁之内。今两河蒸黎歌帝德而祝圣寿者，且洋溢乎寰宇矣。臣等何敢贪天功以为己力哉！除用过钱粮听巡盐衙门查核奏缴外，谨将完过工程总数开坐。伏乞敕下该部覆议，差官勘阅明实施行。谨题请旨。

计开：

淮北工程

总管官中河郎中佘毅中，督淮安府同知王琰、兖州府同知唐文华、桃源县知县郭显忠、济宁卫指挥文栋等筑完原分桃源县北岸遥堤，自古城起至关王庙止，长八千六百八十九丈二尺，俱根阔六丈、顶阔二丈、高一丈至九尺不等。塞完崔镇大决口一处及刘真君庙等决口，共三十六处，共长四百六十一丈五寸。筑完古城堰口堤一道，长三百六十丈。造完崔镇减水石坝一座，坝身连雁翅，共长三十丈。又筑完续增徐州南岸三山遥堤，长二千四百二十八丈三尺五寸，俱根阔四丈、顶阔一丈六尺、高八九尺不等。又督淮安府同知蔡玠，筑完桃源县迤南马厂坡遥堤，长七百四十六丈，根阔七丈至五丈不等，顶阔二丈、高一丈至八尺不等。以上各堤，共栽过低柳一十六万一千六百株。

总管官海防兵备道参政龚大器，督庐州府通判宋守中、邳州知州张延熙、泰州同知王法祖等筑完原分邳州北岸遥堤，自吕梁山麓起至直河止，长九千四百六十四丈一尺，俱根阔六丈至五丈不等，顶阔二丈至一丈五六尺不等，高九尺至七八尺不等。造完续增谷山并匙头湾函洞各一座，又筑完续增徐州南岸三山遥堤，长一千三百九十一丈八尺，俱根阔四丈、顶阔一丈四五尺不等，高八尺。以上各堤，共栽过低柳五万二千株。

总管官徐州兵备道参政游季勋，督淮安府同知蔡玠、徐州知州孙养魁、灵璧县知县张允孚、睢宁县知县徐密、桃源县知县郭显忠等筑完原分灵睢南岸遥堤，自窦老榖堆起至象山止，长一万一千七百五十七丈二尺，俱根阔六丈、顶阔二丈、高九尺。造完徐升镇减水石坝一座，坝身连雁翅，共长三十丈。又筑完续增徐州三山遥堤二千六百四十七丈一尺六寸，俱根阔四丈、顶阔一丈六尺、高九尺。顺水坝一道。又会同南河分司改建通济闸一座，并闸外拦河坝一道。以上各堤，共栽过低柳一十五万一千六百株。

总管官水利道副使张纯，督兖州府同知樊克宅、清河县知县石子璞等筑完原分桃源、清河县北岸遥堤，自关王庙起至护城堤止，长九千七百二十一丈，俱根阔六丈、顶阔二丈、高一丈至八九尺不等。塞完张泗冲等决口一十八处，共长二百一十一丈。造完季太镇减水石坝一座，续增三义镇减水石坝一座，坝身连雁翅，俱长三十丈。又筑完续增徐州南岸三山遥堤二千五百四十九丈，俱根阔四丈、顶阔一丈五尺、高八尺。以上各堤，共栽过低柳五万三千株。

总管官颍州兵备道佥事朱东光，督凤阳府通判李光、前庐州府通判查志文、归德府通判祝可立，泗州守备卫镐、张大德等筑完原分睢宁南岸遥堤，自象山起至果字铺止，长六千九百三十六丈七尺，俱根阔九丈至六丈六尺不等，顶阔二丈一尺、高一丈至八尺不等。又筑完续增果字铺起至李字铺止遥堤，长八百四十八丈六尺，俱根阔六丈六尺、顶阔二丈一尺、高八九尺不等。又筑完原分归仁集遥堤，长七千六百八十二丈八尺，根阔六丈至四丈五尺不等，顶阔三丈至一丈不等，高一丈二尺至八九尺不等。内填塞决口四十七处，共长三百四十九丈。以上各堤，共栽过低柳三十万株。

淮南工程

总管官南河郎中张誉，督扬州府同知韩相，淮安府同知郑国彦、王琰，两淮运副曹铁、东昌府通判王一凤、中军都司俞尚志等修筑高家堰堤六十余里，计长一万八百七十八丈，俱根阔十五丈至八丈六丈不等，顶阔六丈至二丈，高一丈二三尺不等。内三千四百丈，会同徐水二道，俱用桩板厢护坚固。塞完大涧、渌洋、汤恩口等决三十三处，共长一千一百一十八丈。又塞朱家决口一处，先筑月坝一道，长八十丈，并筑本口直堤，长一十四丈。闭塞天妃闸一座，修筑赵家口迤西两岸堤，共长六百七十四丈，根阔三丈至一丈，顶阔二丈至一丈，高一丈至八尺不等。又修复礼智坝各一座，添设天妃坝一座。又开出闸河口，自甘罗城起至淮河，长二百一十三丈，底阔四丈、面阔六丈、深一丈，两崖筑堤，共长四百二十六丈，根阔十丈、顶阔二丈、高一丈。又塞完续分黄浦决口一处，先筑南北拦河坝二道，共长四十五丈，根阔一十三丈、顶阔十丈、高二丈。填筑正口土堤一道，长九十四丈，自水底至顶高三丈八尺，根阔一十三丈。又会同徐州道改建通济闸一座，并闸外筑拦河坝一道。以上各堤，共栽过低柳六万株。

总管官清江厂主事陈瑛，督留守司经历屠钥、把总诸葛尧宾、镇抚王绍武等筑完清江浦南北两岸河堤，共长三千三百九丈八尺，俱根阔一丈二尺、顶阔八尺五寸、高三尺五寸。塞完郑家决口一处，长六十七丈，加堤一道，自水底至顶高一丈三四尺不等，底阔二丈五尺，顶阔九尺。

总管官水利道副使张纯，督淮安府带衔同知刘顺之、两淮运副曹鉷、宝应县知县李贽修完原分淮安府新城北旧堤，自清江浦起至柳浦湾止，共长九千八百五十一丈，帮阔二丈一丈五尺以至一丈不等，高四尺至二三尺不等。筑完新堤，自柳浦湾至高岭止，长六千六百四十丈，俱根阔四丈五尺、顶阔一丈五尺、高六尺。筑完西桥坝一座，长十二丈，自水底至顶高二丈。筑塞八浅决口一处，长八十五丈六尺。内土堤，根阔七八丈不等，顶阔二丈，自水底至顶高二丈至一丈四五尺不等。外包砌石堤一道，长八十五丈六尺，高一丈五六尺不等。又石堤两头接筑旧土堤，共长一百五十丈，俱根阔三丈，顶阔二丈，高一丈三四尺不等。南北拦河坝二道，共长五十九丈。西堤一道，长二百四十一丈，俱根阔五六丈不等，顶阔一丈三四尺不等，自水底至顶高一丈六七尺不等。以上各堤，共栽过低柳五万四千株。

总管官营田道佥事史邦直，督扬州府通判王开、郭绍等修筑完宝应湖土堤，长四千四百九十二丈，俱根阔五丈、顶阔三丈、高一丈六七尺不等。筑完石堤，长三千三百七十四丈九尺，俱根阔五尺、顶阔三尺、高一丈四五尺不等，上加土，西面三尺，东面四五尺不等。密下桩笆实土者，计长一千一百一十七丈一尺，修建减水闸共四座。

总管官扬州府知府虞德烨，督江都县知县秦应骢、原任仪真县知县况于梧等挑完淤浅河道，自高庙起至仪真县东关止，共长一万一千五百六十三丈五尺，挑深五尺至二三尺不等，阔十四丈至八丈不等。

总管官淮安府知府宋伯华，督同同知刘顺之、通判况于梧、清河县知县石子璞等造完改建福兴闸一座，修完清江闸一座，增砌荒细石块，共长二千二百九十二丈三尺。旁开月河一道，长九十三丈。筑完南北拦河坝二道，共长三十五丈。闸下两岸并月河堤，共长一百二十四丈，俱用桩笆厢护。

奉圣旨："工部知道。"

黄河来流艰阻疏

臣潘季驯谨题为黄河来流艰阻，后患可虞，乞恩速赐查议，以图治安事。

臣等猥以谫材，谬膺重任，昼夜思惟欲求万全之策，以报陛下罔极之恩，食不甘味，寝不贴席者三月矣，而卒未能快于心也。窃惟今之谈河患者，莫不曰徐邳河身垫高，水易溢也；崔镇诸口未塞，桃、清浅阻也；高堰、黄浦淮水横流，淮扬之民久为鱼鳖也；淮、黄两河之水，漫无归宿，海口沙垫也。此徐州迤南之患，耳目之所睹记，运道之所必资，故人人得而言之也。臣等已于前月二十八日会本具题陛下俯从臣请，两年之内或可脱淮扬昏垫之苦，免运道梗阻之虞，而臣等亦得借以少逭愆尤矣。然其大可忧者不在此也，敢敬陈之。

臣等初抵淮安，即询黄河出接运道处所，众云出徐州小浮桥，则臣等喜以为此黄河故道之最顺者也。又询水深若干，众云深四丈余，则臣等又喜，以为此河身之本体也。又询小浮桥迤西，则为胡佃沟，为梁楼沟，为北陈，为雁门集，为石城集，而石城集以上十五里则为崔家口，即去岁八月所决之口也。其间浅深俱不能答，臣等即行淮安府管河同知王琰，前往测度。去后随于四月二十九日亲督淮北分司郎中佘毅中，添注管河郎中张誉，徐州管河兵备副使林绍，添注管河副使张纯沿河踏勘，行至徐州，随据王琰揭报，前项河水深七八尺至二三尺不等，而梁楼沟至北陈三十里，则止深一尺六七寸，散漫湖坡，一望无际，原系民间住址陆地，非比沙淤可刷，故河流逾年而浅阻如故也。臣等不胜惊讶，随据徐州砀山乡民段守金、龚泮、王霜等各呈称：老河故道，自新集历赵家圈、萧县蓟门出小浮桥，一向安流，名曰铜帮铁底。后因河南水患，另开一道，出小河口，本河渐被沙浅。至嘉靖三十七年，河遂北徙，忽东忽西，靡有定向，行水河底，即是陆地，比之故道，高出三丈有余。停阻泛滥，妨运殃民，恳乞开复老河，上下永利等情。臣等当督前司道并山东管河道副使邵元哲、河南管河道副使唐汝迪，由夏镇历丰、沛至崔家口，复自崔家口历河南归德府之虞城、夏邑、商丘诸县，至新集阅视间，则见黄河大势已直趋潘家口矣。

随据地方乡老靳廷道等禀称：去此十二三里，自丁家道口以下二百二十余里，旧河形迹见在，尽可开复。臣等即自潘家口历丁家道口、马牧集、韩家道口、司家道口、牛黄堌、赵家圈，至萧县一带地方，委有河形，中间淤平者四分之一，地势高亢，南趋便利，用锥钻探河底，俱系滂沙，见水即可冲刷。又据夏邑、虞城等县乡官王极、乡民欧阳照等七百余人连名呈告，俱为乞疏旧河便民事。窃照黄河故道，自虞城迤下，萧县迤上，夏邑迤北，砀山迤南，嘉靖年间岸阔底深，水势安流，既于运河无虞，亦于民田无害，商贾通行，贸易大遂，民称丰庶。自嘉靖三十六年以后，故道渐淤，河随北徙，黄流泛溢，青野汪洋，居民十不存一，运道屡年阻滞，告乞早为开通，上利下便，是诚万世盛举等情。臣等度其言，实为探本之论，但道里遥远，工费巨艰，复又沿河荒度，更无省近可从者。而臣等犹冀崔家口一带浅阻去处，或可疏浚成河，易为力也。复督各官，驾小舠至梁楼沟、北陈等处，躬亲测量，委果浅阻。河底原系陆地，委难冲刷。萧县地方，一望弥漫，民无粒食，号诉之声，令人酸楚。该县城外环水为壑，城中潴水为池。居民逃徙，官吏婴城难守，见今题请迁县。臣等窃思之，一县之害，此其小也。夫黄河并合汴、沁诸水，万里湍流，势若奔马，陡然遇浅，形如槛限，其性必怒，奔溃决裂之祸，臣等恐不在徐、邳，而在河南、山东也。止缘徐州以北，非运道经行之所，耳目之后，人不及见，止见其出自小浮桥，而不考小浮桥之所自来，遂以为无虞耳。岂知水从上源决出，运道必伤。往年黄陵冈、孙家渡、赵皮寨之故辙可鉴乎？

臣等又查得新集故道，河身深广，自元及我朝嘉靖年间，行之甚利。后一变而为溜沟，再变而为浊河，又再变而为秦沟，止因河身浅涩，随行随徙，然皆有丈余之水，未若今之逾尺也。浅愈甚则变愈速，臣等是以夙夜为惧也。臣等又查得此河先年亦尝建议开复，止缘工费浩繁，因而寝阁。臣等窃料先时诸臣，虽以工费为辞，实非本心，盖诚虑黄河之性叵测，万一开复之后，复有他决，罪将安辞？目前既有一河可通，姑为苟安之计耳。而不知臣子任君父之事，惟当论可否，不当论利害；惟当计其功之必成，不当虑其后之难必。且所虑者他决也，随决随塞，亦非有甚难者。故河变迁之后，何处不溢，何年不决，宁独不虑之乎？

臣等与司道诸臣计之，故河之复，其利有五：河从潘家口出小浮桥，则新集迤东一带河道俱为平陆，曹、单、丰、沛之民，永无昏垫之苦，一利也。河身深广，受水必多，每岁可免泛溢之患，虞、夏、丰、沛之民，得以安居乐业，二利也。河从南行，去会通河甚远，闸渠可保无虞，三利也。来流既深，建瓴之势导涤自易，则徐州以下河身亦必因而深刷，四利也。小浮桥之来流既安，则秦沟可免复冲，而茶城永无淤塞之虞，五利也。臣等以为复之便。

至于复故道难，仍新冲易；复故道劳，仍新冲逸，则臣等计之熟矣。然舍难就易，趋逸避劳，虑日后未可必之身谋，而不惜将来必致之大患，皆非臣等之所以尽忠于陛下也。臣等勘议之后，即拟具题，但因伏水将发，犹望水势汹涌，或可冲刷成渠。近又行据同知王琰回称，勘得北陈等处，原深一尺六七寸者，今止深七八尺。臣等看得伏秋暴涨之时，水增六尺有余，则客水消落之后，不免仍存本体矣。伏望敕下该部查议，如果臣等所言不谬，拟议上请特差素识水性科臣一员前来，候秋深水落，与臣等会同山东、河南抚臣及兼理河道巡盐御史躬亲勘议。如果可复，即便估计钱粮，会本题请早赐施行，地方幸甚，臣等幸甚。谨题请旨。奉圣旨：“工部知道。”

申饬徐北要害疏

臣潘季驯谨题为伏秋将届，徐北来流未安，乞恩申饬地方当事臣工，严守要害处所，共保无虞事。

先该臣于去年六月间，勘得黄河自徐州小浮桥迤北胡佃、梁楼、北陈、雁门等处，水仅逾尺，散漫不能成渠，下壅上溃，势甚可虑。博访舆论，佥谓开复新集旧河为便。该臣会同漕抚侍郎江一麟题为黄河来流艰阻，后患可虞，乞恩速赐查议，以图治安事。请差科臣前来会勘间，该工科都给事中王道成等题为河工艰巨，恳乞圣明特议次第举行，以求万全事。该工部议覆。咨臣及江一麟会同各该抚按督率司道等官，亲诣踏勘，虚心讲求，科臣不必议遣。臣随咨行河南、山东两省巡抚都御史并札行管河道备呈巡按巡盐御史各督行布按都三司守巡管河等道，先勘明妥通详。臣等约期会集，覆议未报。臣窃惟徐、淮之间水患相仍，钱粮正当缺乏之时，地方又值灾伤之候，频年动众，殊有隐忧。今两河之工，延袤千里，至艰且巨，臣不自揣度，复以徐北为请，诚虑夫伏秋水涨，萧、砀从中梗阻，则河南、山东不无溃决之虞。而去岁伏秋已幸无恙，臣言益愧其迂矣。况大工至今未完，若复远事开浚，强弩之末，官夫俱疲。转眼入伏，大雨时行，其势自不能不候南工报竣之后，方行议处也。然杞人之忧，则犹有未能释然者，臣自去冬至今，节行郎中佘毅中、徐州道参政游季勋，躬往踏勘，其浅阻漫散如故，见分一股冲出浊河，倒灌茶城，浊河即嘉靖年间所决之河也。伏秋之时，难保不更他徙。

臣再三咨访，咸谓开复既所未能，则堤防诚为吃紧。查得河南，则有庙王口、李景文庄前、于家店、刘兽医口、黄陵冈、陶家店、马家口、铜瓦厢、泥河、炼城口、荣花树、芝麻庄，山东则有杨家口、梁靖口、毛王寨、武家坝、侯家林、韦家楼，单县缕堤七铺至十一铺，太行堤十五铺至二十铺等处，皆为扫湾迎溜之所，先年失事，往往由此，若能固守，或可无虞。第须各该河臣移驻要害处所，躬亲督理，乃克有济。

臣以南工方在促成之际，东奔西驰，未遑他顾。而淮安去河南、山东千有余里，文移往返，动经月余。伏秋之时，呼吸变态，臣坐镇于千里之外，岂能调度之适期也？臣查得先该尚书吴桂芳准吏部咨节，奉圣旨："河道事务，着各该巡抚官照地分管，俱属吴桂芳提督。钦此。"臣奉敕谕开载亦同，伏望敕下该部，转行各该巡抚都御史，就近督同管河道及各该府县等官，躬亲料理。某处堤岸卑薄相应加修，某处水势冲突相应卷埽，大小一心，昼夜无懈，则时水虽狂力，既不能旁决，势必勉就原趋。而张秋迤南一带，运道自可无虞矣。再照夫人之情，难于虑始，而天下之事，贵在广忠。臣与江一麟具题之时，谆谆乞差科臣者，诚见新集故河淹塞已久，一旦创为开复之说，殊骇观听。且臣愚一人之见，诚不自信，而欲求协于佥谋之同耳。今该部既称科臣不必议遣，而复行臣会同各该抚按是，又以臣为主议之人，而以各该抚按为附矣。诸臣纵有异同，其谁能逆睹黄河之无恙，遂决然于拂臣之请乎？亦孰肯面斥臣言之非，而昌言其不必复乎？至于心知其当复，而深畏其劳费之难，因循不敢言者，即司道之中难保其不无也。少有依违，后言滋起，偾事之由端在于是。且自徐州直至虞、夏、商丘等处，臣俱足蹈而目击之，而臣之愚见肤说，亦尽于前疏矣。未经勘议者，在河南、山东诸臣耳。伏望敕下该部，催行各该抚按及淮扬巡盐御史，径自会期，躬赴浅阻及应开复处所，逐一踏勘。如果臣言可采，不嫌于徇同；臣言乖违，不妨于互异。或俟南工报完，即行议举，或念官夫积困，姑事堤防。虚心讲求，务求协一，会本具题。听该部覆议，咨臣遵奉施行，则人心早定，而河患可弭矣。臣非敢有所推避也，正欲以诸臣之见，订臣之得失为行止也。伏望皇上特赐允行，河防幸甚，臣愚幸甚。谨题请旨。

奉圣旨："工部知道。"

卷之九　奏疏

覆议善后疏

臣潘季驯谨题为河工告成，敷陈善后事宜，以图永利事。

据管理中河郎中佘毅中、南河郎中张誉、徐州兵备兼管河道按察使张纯、海防兵备兼管河道参政龚大器会呈，奉臣札付，备仰各司道会同，即将条开事宜，逐一会议。要见管河官员，作何交代？高堰石堤，作何甃砌？清江里河，作何挑浚？徐北堤防，作何修守？岁用钱粮，作何积贮？查议明妥，会呈详报，以凭覆议，具题奉此。又奉总督漕抚右都御史江一麟札付同前事，依奉照款会议，登答明白呈乞，题请施行等因到臣。据此案照先准工部咨前事，该工科右给事中尹瑾条陈具题，工部覆奉钦依备咨到臣，准此。除将款开定法制、专责成二事，应钦遵者，通行滨河有司掌印管河官着实举行外，其重久任、甃石堰等五事，应议覆者，已行司道会议详报前来。该臣会同总督漕运巡抚兼管河道兵部尚书凌云翼逐一虚心计处，覆议相同，堪为永利，似应依拟合照款列具陈。伏乞敕下该部，再加查议，上请行臣等遵奉施行。缘系河工告成，敷陈善后事宜，以图永利事理。谨题请旨。

计开：

一、重久任，以便责成。先该给事中尹瑾题，该工部覆议，河道关系最重，类非可以穿凿于聪明，勾干于仓卒者，全在得人任久，乃可责成。及要大小官员俱令久任，或考满加升，或积劳超叙，与夫就近遴补，交代亲承，最为治河先务。合咨吏部，查照隆庆六年题奉明旨，都着久任事理。凡管河部属司道及府州县佐贰等官，果有熟谙机宜懋著积效者，考满即与升级，照旧管事，资深即与超迁，用劝异劳，有缺就近遴补。取其濡染习熟，临行新旧交代，令其传告，精详至于待异等者，一如待边臣由道而抚，由抚而督，由督而本，兵不吝焉。合咨臣等年终荐举，预储可代之才，遇缺揭咨，必求因才，而代径咨吏部，仍知会本部，以凭会同遵行。其有才志庸劣及不候交代辄先离任者，听其不时奏劾，更易究惩，毋或拘挛，贻误大计等因。行据司道等官议报前来，该臣等覆议，为照治河固难，知河不易，部科首以久任交代为言，诚为永赖至计。除荐举贤能，汰黜不肖，容臣等钦遵着实奉行外，所据新旧交代一节，管河大小官员，地方有难易，职掌有缓急，再须分别明白，庶免临时掣肘。如中南北三管河郎中、夏镇南旺二主事，皆系专职，俱应交代，无容别议外。至如徐州、海防、颍州、天津、霸州、大名、临清七兵备，则有兼管河道之责。山东、河南二副使，则有专管河道之责。但颍州、临清、天津、霸州、大名五道，或距河稍远，或闸渠晏然，虽兼河道，干系颇轻，似应俱免交代。其徐州、海防二道，则为河湖吃紧之区。山东、河南二道，则为黄河要害之地。四道宪职，并其所辖府州县佐贰管河官，如遇升调去任等项，与同各管河分司，俱应比照巡抚衙门事例，守候交代，仍须各行吏部知会。凡遇各官升调去任，即便就近推补，勒限赴任，使旧者得免久候之苦。文凭期限，明开交代之日，方行计算，使旧者得免违限之愆。如不候代辄先离任者，容总理河漕衙门查照工部题准事例，指名参奏。伏望敕下该部，再加查议，拟议上请行。臣等遵奉施行，则人情既便，政体画一，而河务聿兴矣。伏乞圣裁。

一、甃石堰，以固要冲。先该给事中尹瑾题，该工部覆议，高家堰西当淮、泗冲流，东护淮、扬沃土，即今筑塞已固，要将当中大涧口二十余里，用石包砌。合咨臣等今岁预行估计干办，合用石料若干，工费若干，责成徐、颍、海防三道，并力分工同心协虑。自万历九年兴工，酌宽限期，合用钱粮于大工余剩银内支用等因。行据司道等官议报前来，该臣等覆议，查得本堰自汉陈登创筑之后，至我朝平江伯陈瑄复大筑之，向不甃石者，非谓石之不坚，亦以采石之难也。去岁堰工告竣，即设官夫画地分守，每岁四月以前、八月以后，水及堤根者不满二百丈，防守甚易。惟是五月中至八月尽，最为吃紧。如有汕刷浪窝，随时补修，可保无恙。然岁久月深，官吏更换，首尾不知，疏虞难免，诚不如甃砌山石之为一劳永逸。科臣所云三利可谓委曲明尽矣。况内土既已坚厚，厢石亦易为力，但淮安原不产石，俱于徐州取办，而节年采伐不歇，势必穷山远搜，石岩既远，则出山脚价自倍于昔，水次去工尚余五百里，粮艘带运，势必病军。民舟搭载，势必病商，则自备官船专人管运之费不可惜也。采石数万丈，聚匠必须数千名，非远募于山东、河南之间不得也。其直不多，谁肯乐就。及卸石工次，搬运至堰，远者将十余里，近亦五六余里，泥涂深陷，举趾艰难，比之伐石出山之苦，又有甚焉。大工满毕，民劳方休，势难骤举，故须濡迟岁月。事难独任，故须分责三道。该科虑之详矣。今该臣等公同勘得，大涧口极洼去处，自列字号至水字号止，计长三千丈，合派南河分司三百丈，徐、海、颍三道各九百丈。每堰长一丈，应砌高一丈，内外用石二层，该石二十丈，共该石六万丈。约计在山采办工价，出山脚价，并凿砌工食，每丈该银五钱九分，共该银三万五千四百两。合用船只，除南河分司查有见在混江龙船免造外，每道该造船九十只，共船二百七十只。每只连篷桅什物，该价银五十两，共银一万三千五百两。每船雇募水手六名，共募一千六百二十名，每名每年工食银七两二钱，大约四年为期，共该银四万六千六百五十六两。募夫搬石上船下船，及抬石到工，大约每丈费银三钱，共银一万八千两。每砌石一丈，用石灰二斗、银八厘，共该银二百四十两。堰基三千丈，每丈约计用长杉二十五根，共计七万五千根。每根价银二钱三分，共该银九千七百五十两。桩手每丈三十工，该银一两二钱，共银三千六百两。管工官廪粮，比照大工事例，合用府佐二员，每员每日廪给银一钱，书办一名，口粮银四分。州县佐贰官十二员，每员每日廪给银六分，书办一名，口粮银三分。阴医、省祭等官三十员，每员每日银四分。每年该银九百七十二两，共银三千八百八十八两。以上通共该银一十三万一千三十四两，应于大工用剩解还户部银一十二万，奏请留用。尚欠银一万一千三十四两，再于原留用剩银内动支。除南河分司见有船只，一面行令采运外，其三道工程，今岁时月已促，止可打造船只，置办器具，雇募夫匠完备，明岁采运石块，陆续细凿备用。万历十年方可下桩甃砌，随砌随采，定限四年以里工完。听总理衙门将各效劳官员，分别勤惰，题请核实赏罚。如司道等官处置得宜，能于限前早竣工坚费省者，破格优处。其原造船只事毕，量行变价，作正支销，庶料理周悉，而堤防永固矣。伏乞圣裁。

一、浚闸河，以利运艘。先该给事中尹瑾题，该工部覆议得，堤成之后，淮水悉出清口，里河水由地中，第恐外河日深，内河日浅。况前此两河交注之沙，铺垫已久，合咨臣等将清江浦河道，照南旺事例，每三年两次，严限大挑；其扬仪河道时常捞浚，应否几年一挑，着为定例，酌议奏请等因。行据司道等官议报前来，该臣等覆议，照得清江浦至头二三铺一带里河，先臣平江伯陈瑄议为每岁一挑之法，盖因河自新庄闸外入口，多纳黄流，岁有积沙，势不得不尔也。今改闸通济，则全纳清流宜无俟于挑浚。特因往年黄流久注，淤沙久填，水溢沙上，舟因水浮。去岁头铺、二铺便觉浅涩，曾劳挑浚，是以该科目击其事，议复挑浚之法。盖见外河既已顺轨，内河尤须利涉，诚运渠之首务也。然舍岁挑之法，而欲比照南旺事例，定为三年二挑之制者，盖知通济闸之纳清，异于天妃闸之纳浊，故不必复仍岁挑之劳也。合无始自今岁冬初，查将应浚里河并乌沙河淤浅去处，筑坝断流，多募夫役，大加挑浚，不得苟且了事。工完之日，听南河分司核实造册奏缴，以后河深利涉，姑免挑浚。如有浅涩，即照南旺事例，三年两浚。其扬仪河道，去岁挑浚之后，目前尚自深广，以后如有浅阻，小则量浚，大则加挑，临时酌拟施行，务求漕舟通利，不致虚费工力。伏乞圣裁。

一、防徐北，以固上流。先该给事中尹瑾题，该工部覆议得，全河之势，下流安则徐以南无浅阻之患，上流顺则徐以北无改徙之虞。今南河可以无虑，独徐北未可忘备。合咨臣等，除行、缕二堤，遵照原题兴工帮筑外，其徐北、丰、沛、砀山一带，宜大修堤工，以防上流决徙；邵家等坝，宜并力原筑，以断秦沟旧路，及缕堤有水扫根去处，俱要帮筑。守堤夫役，每里补足十名，工食或于山东、河南停役银内解募，或摊派庐、凤、扬三府，或将洪夫仍旧徭征，而以徐州船税召募夫役，议拟上请。至于量地建铺、安插各夫、召民居集、免派堤租、人自为守，乃称长便等因，行据司道等官议报前来，该臣等覆议，照得徐北黄河乃运道上源，关系尤重，今河出小浮桥，固能刷洪以深河。而徐南一带，决塞堤成，水无旁溢，河身益深，掣水愈驶矣。但徐北新冲崔家口上下，尚非故道，万一北决，则上而闸河，不免泛溢之患，下而徐、邳一带，不免浅涸之虞。臣等是以有来流艰阻，乞恩查议之请也。今该科议将徐北堤坝加意修筑，并议增夫防守，诚为慎重上源至计。查得徐北行、缕二堤，先该臣会同各抚按题准大修，已督各官夫见在帮筑。此外，如华山、戚山一带，原冲沛县故道，俱倍帮高厚，足恃无恐。先年砀山堤根水扫成河，近俱另筑月堤以为保障。而又于砀、单接界之所，创筑顺水斜坝，长一千余丈，以截流护堤，捍外卫内，见今伏水，止是漫至坝根，即顺坝归河，不复浸及缕堤。至于丰县邵家大坝，乃遏绝秦沟旧口，最为吃紧，今将正坝一百四十余丈，帮厚八丈，高一丈一二尺不等。又于坝东添筑二百余丈，坝西帮筑九百余丈，以防其旁冲。而上流苏、许二坝，亦俱次第加帮，秦沟之患，似可杜绝。但自砀山以至茶城，共堤一百五十五里有奇，而修守夫役，共止七百二十名，委不敷用。合无量照徐南事例，每里派夫八名，共该夫一千二百四十名。除已有七百二十名外，仍该添夫五百二十名，每名工食银七两二钱，共该银三千七百四十四两。查得庐、凤、扬三府，近年除邳堤夫已派协济，似难再加。又萧县因万历五年黄河冲漫灾伤特甚，原编决浅等夫，暂议停编四百余名。今闾阎生气初回，尚难议复，合候三二年之后，民稍殷阜，另议编派。前项增夫工食，合于后开，议请积贮银内，每岁按季支给。

其画地建铺一节，亦应比照徐南，每三里建铺一座，以便各夫栖止。仍通行各州县示谕附近居民，及复业之人，听其结庐堤上，俾人自为守，不许辄派堤租，以阻受廛之念。但严禁牲畜作践，务期保护堤工。庶沿堤皆夫，上源可固，而北徙之患自除矣。伏乞圣裁。

一、备积贮，以裕经费。先该给事中尹瑾题，该工部覆议得，河道起自丰、沛，至于淮、扬，延袤千有余里，以葺修则工料浩费，以防守则用度巨艰。乃徒恃岁额不满数百之银，而支持千里之河道，坐视大坏极敝，而后请发内帑，似为失计。见今估修徐北堤工，及包砌高堰石堤，所费不赀，原剩钱粮二十四万有奇，即使尽留，尚未足用，宜多方措处，约每岁三万两，积贮淮安以便支费。合咨臣等从长酌议，或应再行奏请，或径自措处等因。行据司道等官议报前来，该臣等覆议，照得防河之法，全在固守堤岸。而堤岸止是土筑，原非镕铁而成者，河流之汕刷、雨水之淋漓、人畜之践踏，能保其不损乎？岁修之工必不可缺，则工料之费必不可少，故积贮，实治河第一义也。今自徐属以至扬州一千三百余里，而取给于岁征灾逋数百之银，是所谓无米而炊，空拳而搏，虽有智者，其何能济？每岁一遇水患，袖手张目，坐视其敝，盖由此也。近者大工肇兴，仰荷皇上俯从改折之议，在公帑无亏额之虞，在闾阎无加派之苦，以不费之惠，成最繁之工，实皆庙算主持之力也。然事莫难于守成，患恒弭于有备。故臣等于告成之后，惓惓以乞留大工余剩银料，以备每岁修防支费，盖诚虑及于此也。今徐北大修行、缕二堤，已估用五万一千有奇，加以议甃高堰石堤，必将大工余银尽数支销，亦未足用。然则预为后日修防之备者，容可缓乎？但臣等反复思惟，若欲派之滨河四郡之疲民，则积灾孑遗力有不堪。若欲派之各省四百万之漕粮，则所在加赋势又不可。欲再以余盐赃罚为请，则已经工部咨议，未蒙户部准留，似难再渎。查得万历五年，该户部题覆淮扬抚按会题，为仰体皇仁亟处荒芜要区，开地利以厚民生事。内称往年凡遇挑河等役，每引带盐征银以济工用，议将淮南北共九十万引，每引许商人带盐六斤赴掣，每斤征银五厘并随余盐银两上纳，另项贮库，计每岁带征银二万七千两，以济垦田之费，原议至万历八年住支。查得前项带征银两，往岁原供挑河之用，不系解部济边之数，委应征解河工备用。随该臣等会同巡盐御史姜璧面议，得行盐地方有限，若仍照原议垦田之费，每岁征银二万七千两，或有未便。合无行令两淮运司，自万历九年为始，每引止带盐四斤，每斤征银五厘，计每岁止带征银一万八千两，解淮安府贮库，听两河岁修之用，俟积贮稍裕，又行停征数年，若支用将匮，仍旧征贮。夫银以挑河为名，今自仪真至邳、徐一带，行盐之河，既于河臣任之，则此项银两亦系应拨之数，非于分外增益也。此外别无措处，更望轸念徐、淮为运道经行之地，实为天下襟喉，而修河大计，原为转运粮储户、工二部，似属一体，特赐破格议处。除山东岁额不多，难以协济外，合无于河南河夫银内，每岁量裒六千两。再将扬州、淮安二钞关并徐州仓分司所抽税银，每处各量留二千两，并前带征盐银，共足三万之数，俱解淮库以济河工。若或再损，实难措手。伏望敕下该部覆议，行臣等遵奉施行。其该科原题要令滨河要地，俱各建设科厂，每岁秋冬之交，即行预积，明岁修防之具司道置立，循环稽考收放，总理宪臣岁终奏报。夫物料既备，则临事无缩手之患。稽查既严，则平时无冒破之虞。容臣等通行申饬，逐一兴举，无容别议，均乞圣裁。

奉圣旨："工部知道。"该工部覆议，扬州、淮安、徐州三分司，每年各准支税银一千两，河南河夫银六千两之外，又加三千两。每年共支银九千两，大工银剩银准留一半，其余覆议相同。奉圣旨："这河工善后事宜，既已议定，着凌云翼督率各官着实修举，以终前功。余剩解部银都着留用，却要支费明白，毋容苟且冒破。其余俱依拟。"

覆议河工补益疏

臣潘季驯谨题为恭睹河工垂成，尚有可言，恳乞圣慈，俯赐亟行，以少图补益事。

据管理中河郎中佘毅中、南河郎中张誉、清江浦管闸主事陈瑛、徐州兵备兼管河道左参政游季勋、淮扬海防兼管河道右参政龚大器、水利道副使张纯、颍州兵备兼管河道佥事朱东光、营田道佥事史邦直会呈，奉臣札付，备仰各司道会同，即将条开事宜，逐一会议。要见移建衙舍，作何建设？守堤官夫，作何增添？工食钱粮，动支何项？庶免分派小民，其宿迁遥堤，踏勘地形要害，斟酌事体缓急。如应增筑，即估计工费钱粮应用数目，照款查议明妥，会呈详报，以凭覆议，具题施行。奉此依奉遵依照款会议，登答明白呈乞，题请施行等因到臣。据此案照先准工部咨前事，该巡按直隶监察御史陈世宝条陈具题，该工部覆奉钦依备咨到臣，准此。除乞广赏劳之天恩一款先行，据督工司道官郎中佘毅中等，议呈各工夫役，每名赏银五分米一斗，老人、吏农，每名赏银一钱，省祭、阴义等官，每名赏银一钱米一斗，呈详前来，批允动支。各司道宣布天恩，唱名给赏外，所据移建衙舍等项，又经通行各司道会议详报去后。今据前因，该臣会同漕运巡抚侍郎江一麟、巡按直隶监察御史李时成、姜璧通，将司道会议过事宜，逐一覆加详议，款列具陈。伏乞敕下该部，再加查议，上请行臣等遵奉施行。缘系恭睹河工垂成，尚有可言，恳乞圣慈俯赐亟行，以少图补益事理。谨题请旨。

计开：

一、移建管河官衙舍，以重责成。先该御史陈世宝题，该工部覆议，咨行臣等，查将淮北、淮南各管河官原分地方，择要害去处，建立衙舍，钱粮即于河工银内动支，不得分派小民，及查有废坏寺庙、拆毁取用等因。行据司道等官议报前来覆，该臣等议照，淮、扬、徐三府州所属河道，俱系险要之处，而管河官安坐郡邑，虽间或巡视河上，往来不常，缓急无备。今该巡漕御史陈世宝议，将各官衙舍移置河滨，画地修守，深得专任责成之法。

兹以淮北言之，查得原设管河同知二员，已经题奉钦依。一管徐、灵、睢宁河堤，并丰、沛、萧、砀黄河；一管邳、宿、桃、清河堤，并茶城迤里闸河。除管邳、宿等处者，原驻邳州无容别议。其管徐、灵等处者，原系淮安府水利同知，遥制不便，合创建衙舍于徐州，乃便管理。其各属州判主簿等官，惟邳、清、桃三州县原俱滨河，各官衙舍不必另建。至于睢、灵、沛、滕四县，各离河窎远，先年已经题准将各官衙舍创建河边。议定睢宁县管河主簿驻新安镇，灵璧县管河主簿驻双沟镇，沛县管河主簿驻夏镇，滕县管河主簿驻戚城。徐州虽系滨河，而该州河道延袤颇远，故上、下管河二判官，分驻茶城、房村二处，俱已派有信地，相应照旧分驻。其宿迁县官河主簿，查得该县河道止南岸一面有堤，管理似有余裕、归仁新堤，关系甚大，责成宜专，应于本堤适中处所建葺公馆一所。每岁自三月初一日起至九月半止，责令本官专驻本堤，督率新设堤夫，并裒拨洪夫，昼夜修守，多方防护，其余月分，仍驻该县。

又以淮南言之，通济闸至黄浦一带河道及高家堰、柳浦湾二堤，已经题准专责淮安府清军同知管理，若本官仍驻淮城，则辽远难于照应。查得通济闸以上新庄镇地方空阔，与堤堰闸座附近，相应建设管河同知衙舍，既可以监率官夫，修守堤堰，又便于约束军民，催护粮船。其山阳县管河主簿，即应移驻黄浦镇。扬州府河道，惟有高、宝二湖堤岸最宜防守，管河通判衙舍相应于邵伯镇建置。宝应县管河主簿，则当移驻瓦店；高邮州管河判官，则当移驻界首；江都县管河主簿，则当移驻腰铺；仪真县管河主簿，则当移驻响水闸。其各官应建衙舍，除应驻扎本州县，及沛、滕二县主簿原设夏镇、戚城衙舍见在，无容创建外，其余俱行各州县逐一建设。合用物料，着落各掌印官，即将各官原署，拆赴河滨改建。仍查境内圮废寺观，及应拆书院，酌量移凑。其搬运夫匠之费，估计呈请量于河工银内动支凑用，并不扰派小民。仍严谕各官，务要遵照议定地方常川驻扎应管堤堰，不时巡视修守，不许营求别差。庶衙舍不为虚设，而官夫皆得实用矣。伏乞圣裁。

一、添设新堤堰夫役，以便防守。先该御史陈世宝题，该工部覆议，咨行臣等备查，旧堤新堤旧设夫役，果否够通融应用，如不敷用，应否添设长夫，或应否随时募夫，工食动支何项银两，方得免派小民。其加派漕粮，恐难轻议，必于别项银内酌处等因。行据司道等官议报前来，覆该臣等议照，新筑堤防，修守为急，而编设夫役，工食为先。查得淮北，除宿迁以上各州县创筑遥堤，既皆坚固足恃，且原设缕堤人夫，布置颇密，堪以往来修守，不必另议添设外。其宿迁以下，北岸自古城至清河遥堤，共一百零七里，原无缕堤，未经设夫。合另设遥堤夫役，照例每三里一铺，共三十六铺，每铺应设夫一十二名，老人一名，共该夫四百三十二名。内除裒拨中河分司洪夫二百名外，实该新设夫二百三十二名，老人三十六名。听桃源、清河二县管河官各照地督率。南岸归仁集遥堤约四十里，每三里一铺，共一十三铺，每铺亦设夫十二名，老人一名，共该夫一百五十六名，老人一十三名。听宿迁县管河官督率。前项夫老，共四百三十七名，每名各工食银七两二钱，共该银二千一百四十六两四钱。及照归仁堤最为险要，修守颇难，仍于洪夫内抽拨一百四十四名，每岁定限三月初旬，亦付宿迁县管河官管领赴堤，于新设夫老相兼防守，至九月中旬时水消涸，方许撤放。其桃源县南岸缕堤三十九里，并马厂坡遥堤计五里。清河县南岸缕堤一十里零八十丈，俱应一体建铺设夫。查得桃源县原有浅夫一百六十六名，清河县原有浅夫五十三名，堪以分派，亦免另议。其淮南、山阳等处，除原额浅夫甚少，不时调发浚浅，尚有不敷，难于裒拨。查得高家堰堤并柳浦湾堤，共一百六十里，应设夫五百名，俱建铺于高堰住歇，通融调拨，修守西桥、徐家二坝，颇为险要，各应设夫三十名。黄浦、八浅各五十名，并乌沙河起至通济闸止，共六十里，应设夫一百名，各酌量地里，建置铺舍，通共应设铺老四十名。听该管河同知督率。各管河主簿大使等官照地分管，俱每年如式增修，积土堤上，遇有坍塌及水势冲激，并力守护。前项夫老共八百名，每名亦各工食银七两二钱，共该银五千七百六十两。及查裒拨洪夫二百名，工食旧额，每名银六两，岁该银一千二百两。今改常川修守遥堤，较之在洪应役颇劳，合照新设堤夫一例，每名岁给银七两二钱，除原数六两仍旧动支徐州船税外，每名加银一两二钱，岁该加银二百四十两，通应议处。以上淮北、淮南计，应添设夫老共一千二百三十七名，共该工食银八千九百零六两四钱。又该加添洪夫工食银二百四十两，通共该银九千一百四十六两四钱。看得漕粮既难加派，疲民又难增赋，别无堪动钱粮。查有淮安府四税银两，原为修浚河工等项公费，及赔贱灾伤逋负支用，今水患既除，赔贱可省，酌量于内岁支银七千三百四十两；仪真县船税银内岁支一千八百六两四钱。以上二项，凑足夫食银九千一百四十六两四钱，遇闰月年分，每夫加银六钱，共银八百六十二两二钱。听于各夫内有旷役扣除工食，通融补给，庶夫役增置得宜，而钱粮措处不扰矣。伏乞圣裁。

一、添设管堤官部夫，以保新工。先该御史陈世宝题，该工部覆议，咨行臣等详议，高家堰、柳浦湾二堤，如果地属要害，官难兼摄，奏行吏部铨选。其奸徒盗决高家堰等处水口者，即照故决盗决山东南旺湖、沛县昭阳湖等处事例，一体问发，仍行法司衙门增入律例，永为遵守等因。除盗决事例无容再议外，其增设堤官一节，行据司道等官议报前来覆，该臣等议照，设堤以御水患，设夫以固堤防，诚为地方永赖之计，然无专官管理，终难责成。查得高堰、柳浦，俱属山阳县辖，即有管河主簿一员，各处河堤颇遥，势不暇给，况二堤僻在荒野，向多盗决，必须专官防守。合无两堤总设大使一员，专督前夫往来修守。随该臣等查得山东东平州仓大使李时萼，向委部领徭夫，分筑高堰工程，勤慎克济。本堤要害处所修筑事宜，本官久已熟知，似应改除管堤大使，行令率领新设堤夫修守本官衙舍，就于高堰建设居住，专听该府清军同知提调。如果三年修守无失，效有劳绩，量请加升职衔。倘有惰误，究治不贷。其东平仓员缺，另行铨补。庶事有专责，而堤可无虞矣。伏乞圣裁。

一、增筑宿迁县遥堤，以顺民情。先该御史陈世宝题，该工部覆议，咨行臣等委官前去宿迁一带地方，逐一踏勘。如遥堤接筑果于民生漕运两便，不妨酌估具奏，择暇举行等因。行据司道等官踏勘议报前来覆，该臣等看得滨河郡邑，俱因筑有遥堤，永除昏垫之患。独宿迁傍湖无堤，不免向隅之泣，情委可矜。但该县北岸，自直河至古城一带，从来不议筑堤者，正以本处为落马、侍丘诸湖停蓄之所。湖外马陵诸山，蟺蜿环抱，天然遥堤，水无他泄，不能夺河。而水发之时，河湖相通，萦回展转，水势稍得舒缓，即汉贾让所谓"使秋水得有所休息，游波宽缓而不迫也"。且山东蒙、沂诸水，俱由此湖入河，若一概接筑遥堤，则河水无所停蓄，而下流难受益，多溃决之虞。湖水不能外出，而淹浸愈广，及增胥溺之患耳。今据各司道议，于直河官堤头起至王珣地头止，约二十里，旧有民间自筑小堤，每岁三四月间水发尚小，若此堤无恙则麦亦有秋，如伏秋水涨至有残缺。合行该县掌印管河官，每岁冬春间督率本地民夫，或量拨徭夫，协助修补，此于漕河固无损益，而于民生亦有裨补矣。伏乞圣裁。

奉圣旨："工部知道，钦此。"钦遵，本部覆议相同，题奉圣旨："是。"

高堰请勘疏

臣潘季驯谨题为高堰石工将兴，乡官请毁甚力，乞恩速赐勘议，早定国是事。

臣于十月十五日，准工部咨，覆奉钦依行。臣等遵奉题准事理，采石甃砌高家堰。臣即分行各司道查照兴举，南河分司郎中张誉见在下桩甃砌间，忽闻泗州乡官欲毁高堰，投揭抚按衙门，且赴南都矣。随觅视之，原任湖广参议常三省者，特具一揭本官，又与原任江西副使李纪、朔州知州柳应聘、潍县知县高尚志，联名一揭，危词悍语，不可殚述。而中间最所耸动人者，云祖陵“松柏淹枯”“护沙洗荡”二句，臣读之不胜骇汗。先该臣于九月间，督同南河郎中张誉、颍州道副使唐鍊亲诣祖陵勘议，初乘坐船，一入陵东沙湖口，则浅涸难进，复易小舟，约行六七里，登岸陆行至下马牌边半里许，又行里许，至廷墀恭谒讫。当同各官并奉祀朱宗唐。周围阅视，得山基高阜，松柏茂郁，湖水仅及冈脚，堤根俱露干地。当询朱宗唐淮水暴涨之时，水及何处，本官回称至下马桥边，墀水系是骤雨，宣泄不及。随据各司道议得，为今之计，惟有量将旧闸加增高阔，便泄雨水，前岁所筑东南隅石堤，较之内地反卑，无甚关系，但已成之业，亦宜修葺，随将应修堤闸及泗州护堤工程，咨覆工部讫。及又查得陵东嘉靖二十一年所筑堤闸坚好如故，而前岁接筑石堤，圮裂甚多，内无托石、外无钉笋，必系委管堤工员役侵扣钱粮所致。复行该道严查何官管理，应参应究，另行呈夺未报。据其“淹枯洗荡”等语，则臣等恭谒之时，岂皆无目者耶？然臣终不自安也，又于十月二十二日臣复往泗州，督同该州知州秘自谦、盱眙县知县詹朝等躬阅祖陵，则见河湖之水较前更涩，光景顿殊，松柏郁然，笼云蔽日，即地滨所栽旱柳，亦皆生意勃然，而堑外护沙高阜如故。臣殊怪士人口吻，岂宜如此诳诞。回至该州，面询知州秘自谦，彼云士夫何常亲到陵上阅视，止据小人相构之语，遂形纸笔耳。窃照臣与前任漕抚都御史江一麟未至之时，称淮水为害之大，高堰当复之由者，不知其几千万人。而形之抚按之奏牍，台省之条陈者，又不知其几千万言也。然臣亦不敢轻率举事，到任之后，亲诣泗州，会集生员、里老人等备询：“泗州水患在高堰未决之前，抑既决之后也?”佥曰：“高堰决而泗州水患为甚也。”“清口塞于高堰未决之前，抑既决之后也?”佥曰：“高堰决而清口塞也。”臣应之曰：“是”诚然矣。盖高堰决则淮水东，黄河随蹑其后，故清口塞而堰内皆住址陆地。其泄不及清口之半，故泗州之水聚，今塞高堰乃所以通清口，而泄泗州之水也。遂断然请于皇上而行之。去春高堰既成，即闻泗水消落，臣未之信也。寻于五月二十二日接到该州乡宦御史赵卿遗臣与江一麟书，云：“大工底绩，数十年沮洳之乡，一旦膏壤，诸名公必溃之役，倏尔告成，国家幸甚，生民幸甚。”古谓地平天成，万世永赖者，更何状哉！又遗各僚属书曰：“治河之役，古今称难，今日之河，缘云梯关塞而不通，高家堰通而不塞，是以桑梓鞠为巨浸，陵寝亦有小妨。十余年来当事者，徒为长叹，兹幸神谟妙算，倏尔成功。”然今论功者，止云两府贫民得免鱼鳖之患，三陵树木得免淹没之虞而已。而不知淮、黄合流，为祖陵一大合襟，所关尤重。如堰功不成，则淮奔而南矣。即此言之，其功在朝廷，岂特咽喉之枢，腹心之病，云乎哉？至于吾民之沃壤极目，欢声盈耳，又有不能尽述者，而臣犹未之信也。九月十八日，又据营田道佥事史邦直揭称，本月初七日职经越城等处，达淮、泗间，沿途看得高堰以东地方，数年间洪波浩荡，非二三月不见地皮，比及四月复如初矣。而泗城淮河弥涨漫衍，令人蹙焉，今也皆为平陆，亢爽无复津涘，但布种者即嘉禾穰穰。而泗州四外，俱成干滩，淮由地中，去堤岸十余丈，黄童白叟共曰十数年来未见，不意今日复睹平地。而职亦待罪地方，既已三年，往来此地，岁不下数次，诚未睹有光景如今日也。至于避水孑遗，弃田里庐舍，携父母妻子远去，望故土而泫然者，数稔矣。

今皆即旧基积土为壁，铺芦为屋，子妇欢呼，鸡犬聚栖。职一经行咸入照览有不图为乐之至于斯也。泗土[1]若民，各亦互相骇愕，自逊见识不到。夫以土之士民，世世其中，岁岁其患，又皆缙绅名流而所识见仅如此，则治河者可肤浅道哉。臣睹此揭方快然自以为得矣。夫据二臣书揭，则高堰未筑之前，与既筑之后光景顿异，了然在目矣。陛下与庙堂诸臣焦心劳思者数载，臣等胼手胝足者逾年方成此工，今陛下且俯纳科臣之言用石甃砌，以为亿万年无疆之计矣，三省等遽欲毁之，忍乎哉？今岁之水，委果异常，往岁止发一次，今则再发。往岁以数尺计者，今则及丈。然五月末旬暴涨，六月俱消，七月中旬暴涨，九月俱消。即三省揭中亦谓目今淮流少减，遂谓祖陵无恙，诚然矣。然既称少减，则消而复涨，涨而复消，乃水性必然之理，即徐、邳间皆然，不独泗州为然也。即山陕、河南皆然，不独徐、邳为然也。有今岁异常之雨，则有今岁异常之水，三省等能使天之不雨乎？南都滨临大江，苏、浙逼近沧海，五六月间街市可舟，一望巨浸，又闻承天显陵水深六七尺，岂亦有高堰阻之乎？臣不敢琐琐辩渎，即以揭中最舛之语，为皇上陈之。

案查嘉靖十二年，前任河道都御史朱裳请于祖陵东西南三面，量筑土堤，以障泛溢。该都御史刘天和接管，勘得祖陵西、北二面土冈联属，永奠无虞。其南面山冈之外，即俯临沙湖，西有陡湖之水，亦汇于此。淮河自西而来，去祖陵一十三里，但遇夏秋淮水泛涨，与前项湖河诸水通连会合，间或淹及冈足及下马桥边。今据匠役王良等量得，自淮河见流水面至陵地，共高二丈三尺一寸。百余年来，每岁水溢，未闻冲决，事体重大，未敢轻拟等因。又查得《泗州志》载元知州韩居仁所撰

[1] 土　原文作“士”，据四库本改。

《淮水泛涨记》内称，大德丁未夏五月，淮水泛涨，漂没乡村庐舍，南门水深七尺，止有二尺二寸未抵圈砖顶，城中居民惊惧。因考宋辛丑之水大此二尺，丙寅小此二尺，今取高低尺寸刊之于石，以后水涨，官民视此勿惊惧云。又查得盱眙县石刻载邑人蒋仲益记，内称正统六年五月连雨，六月水浸泗城，官民咸避盱眙山，泗州卫前水高一丈二尺，漂没庐舍，民大惊骇。按：宋淳祐、咸淳，元大德及我朝洪武乙丑、永乐己丑皆大水焉，不可不纪，以慰后人。云各志石种种在也，汉唐无考矣。我朝正统以后无论矣。即志刻所载，自宋之淳祐至我朝正统，泗州每为水困，而揭云万历以前，堰未筑则鲜害，果何说耶？考之郡志，高堰为汉陈登所筑，而我朝平江伯陈瑄复大葺之，相传千有余年。乃云原无高堰，万历元年创筑，如其无也。则隆庆四年以前，高堰未决，淮扬何以无水患乎？堑外护沙原非人为，自开辟以来有之者，即志刻所载历朝大水，较之今岁不啻三倍，护沙固无恙也。乃今遂洗荡乎。高堰居淮水之东，中间尚隔阜陵、泥墩诸湖，淮水北出清口则直而顺，出高堰则逆而难。揭云高堰横拦直受，使淮流至此纡回曲折而不得直下，是未知高堰安顿何处可论水乎？又云，万历以前，河、淮于清口会合通流入海，惟自高堰一筑之后，淮益弱，河益强，荡激泥沙，日累月积，此又不经甚矣。夫高堰通流，则淮分而弱，反为之强。高堰断流，则淮全而强，反谓之弱，何其舛乎？先任漕抚衙门，特因清口沙塞，制混江龙以滚刷之，毕竟无效。臣与江一麟，率同司道府州县官二十余员，亲往清口阅视，仅存一线，人皆褰裳而渡，此高堰大溃时也。延至次年二月，高堰筑而清口始辟，今反言之，舛甚矣。三省又云淮人以此堰为便特田土耳，孰愈害及人民，夫高堰决后，淮扬之民流离转徙、阽于死亡者，不知其数无论已。淮水东注黄浦、八浅、高、宝一带，横溃四决，覆溺船只，阻梗运道，三省辈独不闻乎？况云梯关外海口甚阔，全赖淮、黄二河并力冲刷。若决高堰，清口必淤，止余浊流一股，海口必塞。海口塞，则下壅上溃，黄河必决，运道必阻，此前岁之覆辙也。三省辈未之知乎？臣前至泗州时，有以清口淤塞语臣者，臣应之曰："清口既塞，则泗州城外之水从何宣泄，而今乃消落归漕若是也。"语者词少涩，然臣犹不自信，随率南河郎中张誉、淮安府同知庄桐、清河县知县袁世南，驾扁舟从诸湖中泛至清口，直抵清河县南，逐一探试，得河湖相连处所，汇为巨浸，万顷茫然，中间深浅不等，自一丈五尺以至四五尺。一入清口，淮水方有归束，以四丈之绳系石投之，未得其底，盖水散则浅，水聚则深，其理然也。今三省辈欲加疏浚，不知从何措手，试即令彼为之，当自见也。又云二者以御高堰为要，此时清口水仅三尺，近堰之外深几二丈，是计其水所从泄清口难而高堰易也。此又诪张甚矣。夫清口深逾四丈，堰外见有干滩，水势迥异，万目昭彰，谁能掩乎？盖不言祖陵之伤，无以动人；不言清口之塞，难以毁堰。而不自知其大非士人举动矣。臣谛思之，三省辈宁无人心者，何其变乱黑白至此哉。且其揭不行于高堰初议之时，而行于高堰久成之后，不行于淮水大涨之日，而行于淮水消落之余，何哉？盖缘泗州巨商私贩，北自河南，南至瓜仪，势必假道清浦运河，而各闸不免稽留，分司不免税榷，人甚苦之。数年以来，皆从高堰直达，为利甚大。先任漕抚都御史王宗沐于万历元年筑堰断流，而泗人危言四起，卑薄不加，遂致中圮。侍郎吴桂芳亦知高堰当筑，几欲兴工，有泗州棍徒杨明恕者，造为飞语，多方煽惑，因循堕误。臣初至之时，亦常以游言力阻，臣坚执不允。继复请于高堰迤南五十余里周家桥至古沟一带，凿渠通湖，而淮安之民又欲比照高堰一体加筑。臣行司道查得彼处地形亢于高堰，淮水大涨则从此漫入白马湖，浃旬不雨，仍为陆地，此天然减水坝也。如欲加筑，则淮水暴涨，不免增溢，而高堰难守，然留此以泄异常之水，则可。如欲开凿成河，淮水从此长流，则非特淮扬被害，而清口亦必复淤，俱不可也。任之而已，泗人无路中通，向抱悒悒。兹当臣将去之日，复袭故智以申前说，而不知其中更有大不可者。夫祖陵风水，全赖淮、黄二河会合于后，风气完固，为亿万年无疆之基。地方乡乘载吴桂芳语云："凤、泗皇陵，全以黄淮合流入海为水会天心，万水朝宗，真万世帝王风水。"与赵卿前书所云，淮、黄合流为祖陵一大合襟，诚知言也。今若于高堰等处，从中劈画，一路分之，使抱身之水反挑而去，万一有误，谁执其咎？夫三省辈偶见淮水暴涨，则动辄以陵寝为言，至若分淮、黄之流，以坏祖宗万年根本之地，则又悍然不顾以全淮之力出清口，则以为塞中分淮水之力，则清口又以为通，公乎私乎？臣诚不知其何心也。臣又念之，当两河泛溢之时，民生昏垫，国计梗阻，则人以朝廷不遣大臣，爱惜财费而哓哓矣。今朝廷遣大臣矣，不惜财费矣，一岁之间两河顺轨，往来利涉矣。而泗人又欲毁成业而兴新工，忘大体而行私臆，地方之私臆无穷，而朝廷之财力有限。臣不知其所终也。此议不息，则大衅犹存，必须速勘明白，方可杜绝后患。而见奉明旨采石甃砌，淆言四起，人心惶惑，何以成功？诚不可不速为之计也。况臣管窥之见，固止于此，犬马之力，亦尽于此，而宁敢遂谓其必无遗策乎。今臣奉旨离任，正地方人情得以摅发之时，勘议诸臣得以虚心之日，伏望敕下该部，转行尚书凌云翼毋拘成议，毋靳成功。可改图者，即为改图。可增损者，即为增损。荒度诹咨，务求全美，此固国家之幸，地方之幸，而使臣他日无遗议焉，亦臣之大幸也。如三省等之言，必不可行，亦望特降明纶，着为令甲，使他日怀私好事之徒，不得妄生厉阶，以乱国是，则公论早定，而事体画一矣。再照人情不免顾忌谗口，尤多推委，臣若仍縻廪禄，则他日勘议者，稍拂三省等意，不曰云翼同官相护，必曰属僚畏臣徇臣，而不敢持公议矣。伏望将臣放归田里，使凌云翼等得以虚心勘议，如臣之所行者是，而三省辈所言者非，即欲用臣未晚也。况臣自治河以来，胼胝之力少而笔舌之劳多，神销质耗，心悸魂惊，自知不久于人世矣。前者具疏乞归，实出恳悃谬蒙温旨眷留，臣虽殒身图报亦所甘心，何忍求去。但揆之人情似已未厌，臣一日不去，人言一日未息。恳乞陛下怜而允之，臣不胜感戴幸望之。至奉圣旨高堰筑后，河道安流，绩效已著，岂可因一二无稽之言。又行勘议，着遵前旨，上紧修筑，以终前功。常三省倡言阻坏成议，姑革去原职为民，其余且不查究，以后再有这等的，拿来重处。工部知道。

遵奉明旨计议河工未尽事宜疏

臣潘季驯谨题为遵奉明旨计议河工未尽事宜事。

据中河郎中佘毅中、徐州兵备兼管河道按察使张纯会呈，蒙臣并总督漕运巡抚兼管河道兵部尚书凌云翼宪牌前事。备仰司道即便会同，将所管河道自清河县起至徐北止，应议未尽事宜，逐一计议。要见某处工程原议未及，应该续举；某处工程原议已及，即该举行；某处堤岸卑薄，应该加帮；某处闸坝稀少，应该增建；某处运渠浅涩，应该挑浚。夫料作何调办，钱粮作何动支，毋以先有成议，而惮于纷更；毋以专事节省，而致贻后悔。此系奉旨虚心计议以终前功，务求永赖善后长策。该司道必须悉心详议，估计明妥，具由会呈通详，以凭覆议施行。蒙此该职等遵依，督同淮安府知府樊克宅、管河运同王琰、徐州管知州事运同孙养魁，并淮徐所属各州县掌印管河等官，查议得先年淮北一带，惟恃缕堤，束水太迫，卑薄杂沙。每年伏秋泛涨，决口不下数十，决愈多则水愈散而沙愈停，沙愈停则河愈高而决愈甚，海口冲刷无力，遂致浅狭，以故徐吕而下两岸田庐，溢为巨浸，桃清运道仅同一沟，运道民生敝坏极矣。幸赖庙堂坚持独断，部院协心经理，自万历六年兴工以来，大小决口悉皆筑塞。自徐抵清，除中间原有高阜可恃外，余俱创建遥堤。然又虑异常暴涨，遥堤或亦难容，故又于桃、清北岸崔镇、徐升、季太、三义镇等处，建减水坝四座，使得宣泄入湖，免伤堤址。告成之后，又开复邳州北岸小河一道，而蒙沂诸水径出大河。开复宿迁南岸小河一道，而灵睢积水渐已消减。近又查得沂河毛墩各涵洞一座，应改减水坝，见在兴工。若徐州以上茶城口，为清黄接会之所，自改行新河以来，地势中亢，泉水力弱，每岁运艘过尽之后，黄河大涨之时，或不免数日浅涩。先经题准三年两挑，至期本司照例请挑，无容再议。是自徐抵清五百余里之间，所以导黄入海，为运道民生计者，亦可谓算无遗策矣。以故水力既专，奔流迅驶，淤沙日涤，河身日深，海口一带今岁倍加深阔，此皆河、淮合流冲刷之明效也。所据淮北河工，职等再四筹维[1]委的别无未尽，若欲勉强搜索，恐徒縻费无补，惟有遵照部科题奉钦依事例，每岁责成掌印管河官，将遥堤应帮处所岁加帮筑，缕堤要害之处随宜量修，所谓久安长治之道，似不出此。合行会呈，具报施行。又据南河

[1] 维　原文作“惟”，据四库本改。

郎中张誉、徐州兵备兼管河道按察使张纯、海防兵备兼管河道参政龚大器、颍州兵备兼管河道副使唐錬会呈，蒙臣并总督兵部尚书凌云翼宪牌俱为前事行间，又蒙漕抚部院宪牌，为讲求治水事宜，以息民患事。备仰本司道即督各府州县掌印治河等官，将淮南一带水道，逐一详加踏勘，要见某处作何疏浚，某处作何筑塞，寻其原委，察其脉络。如射阳湖月河等项条议，应否举行，果否可为永利；其高家堰既筑之后，淮城已免垫溺，果否泛溢犹为下流州县之患，及有一切未尽事宜，会议详悉，刻限呈报，以凭施行等因。蒙此俱经备行淮安府知府樊克宅、扬州府知府虞德烨率同各州县掌印管河等官，逐一躬亲踏勘，查议去后，节据条议呈报前来。随该职等会议，得淮南水患，其源在淮、黄，其重在运道，而民生利病，实相关焉。往年高堰不塞，闸禁不严，而淮水始南，黄水又从天妃闸灌入，以致淮扬一带浸及城市，兴、盐等处之田庐尽成昏垫，清口遂淤，海口因塞，群议纷纷，计将无出矣。幸赖庙谟主持，部院殚心经画，筑高家堰，改天妃闸，复三坝，严启闭，而淮、黄二水并免南奔之患。塞黄浦、八浅，修复宝应土石堤，而兴、盐一带俱有可耕之田。清口因淮水冲刷而日深，海口得淮、黄合流而大辟，运计民生殊为永赖矣。所据未尽事宜，止有高、宝、江都、山阳年例岁修之堤，向缘钱粮缺乏，工力不敷，每岁止是支吾，目前未能加帮高厚。及兴、盐、高、泰以里泄水旧渠，向因黄浦、八浅溃决，浊流浸灌，淤垫颇多诚。今日所当议者，以湖堤言之，除宝应大工堤岸，俱各修砌完固，惟当率夫防守，无容别议外，其卑薄残缺之堤，应加土工桩木者，宝应土堤，计长四千八百一十七丈，内量旧堤止高八尺五寸至九尺者，阔一丈五尺至二丈者，今应加帮共阔二丈五尺，于堤面上加高一尺至一尺五寸，共高一丈。计土论方，共该工银二千五百二十五两一钱，应添桩木银六百九十二两五钱六分。高邮土堤，计长六千七百丈，内量得旧堤止高八尺五寸至九尺者，阔二丈不等，今应加帮共阔二丈五尺，于堤面上加高一尺至一尺五寸。共高一丈，该工银二千八百四十四两，应添桩木银八百二十二两八钱八分。江都邵伯湖堤，应加添石块桩木者，计长三千六百丈，合用石块工料银一千二百两，应添密桩该木价板片钉银八千一百八十两二钱六分二厘八毫，应帮土堤八千二百八十丈，今量止高八尺五寸阔二丈不等，应该加帮共阔二丈五尺，堤面上加高一尺五寸，共高一丈，该工银三千九百七十四两四钱。山阳县清江浦外河堤，约一百五十余丈，应用桩木埽料银四百六十两，加筑堤岸夫工银五百四十两。以上四项共该银二万一千二百三十九两二钱二厘八毫。以减水闸言之，除高、宝、江都新旧增置闸座，可以宣泄者，无容别议外，高邮南门旧桥口，应改建减水坝一座。宝应子婴沟旧闸，及泰山庙后砖闸九浅石闸，应改建减水坝三座，工料等项照依黄河遥堤各减水坝之费，约计每座该银五百两。并江都邵伯湖加高闸石九座，该银四百一十四两三钱一分五厘。共该银二千四百一十四两三钱一分五厘，连前堤工通共该银二万三千六百五十三两五钱一分七厘八毫。以上钱粮，俱应于见请岁修积贮银两动支，如有不敷，即于大工余剩银内支补者也。然减水闸仅可以泄寻常盈溢之水，至于伏秋淫涝，与天长、六合诸山之水陡发，共注于湖，止凭瓜、仪二闸宣泄不及。查得扬州湾头，原有运盐官河一道，内由芒稻、白塔二河直达大江，势甚通便，年久淤浅。先年刑部侍郎王恕曾议挑浚，计长三百四十里，道里辽远，工费不赀，且议者又谓私贩船只潜度难防，遂致中寝。殊不知泄水之期，每年止是五、六、七、八四个月吃紧，若从坝口密布桩栅，就令白塔巡司防守，自可禁绝。其余月分，任从照旧筑坝，实为两利而无害也。但虑钱粮不敷，今止议先从湾头浚起，至泰州南门止，计长九十七里，挑深四尺，面阔四丈、底阔二丈，并打坝，合用夫工银一万零八百两，相应于巡盐衙门挑河银内动支。又查得高、宝、江都堤内田地及兴、泰、山、盐州县地方，外受各减水闸之余沥，而内蓄时伏连绵之积雨，皆由射阳湖经朦胧喻口出庙湾以入海，乃其故道也。渠道见存，止宜疏浚。先蒙总督两部院据盐城知县杨瑞云估勘挑浚浅处，计长一万二千六百丈，合用夫役工费银七千五百六十两，已经覆勘明确，相应于原议大工扣存巡盐衙门挑浚支河银内动支者也。以上数事，俱系岁修及原议未举事宜，亟应兴举，务在明岁伏前报完，方克有济。但道里辽隔，时日不多，必须分任责成，庶可速就。今议得高宝、江都一带湖堤及修建减水坝等工，相应俱属南河分司管理；疏浚湾头盐河，分属海防兵备道管理；疏浚射阳湖诸浅及清江浦外河堤岸，分属徐州兵备道管理。庶事有专责，而工可速成矣。再照盐城知县杨瑞云、宝应知县李贽揭内开称，宝应堤内重创月河一节，委与高邮康济河事体相同，节经部院题请勘议举行。但计工费不赀，当此劳费之余、灾伤之日，恐有不堪。相应暂停，姑候时和年丰，再图兴举者也。职等会勘无异，理合呈报等因。各缘由到臣，据此，案照先准吏部咨，为缺官事，该本部题节奉圣旨："河漕职任繁重，宜用重臣经理，凌云翼改兵部尚书兼都察院左副都御史，总督漕运，提督军务，巡抚凤阳等处地方兼管河道。写敕与他着上紧赴任，与同潘季驯将河工未尽事宜，虚心计议，着实经理，以终前功。钦此。"备咨到臣钦遵外，续该总督漕运巡抚兼管河道尚书凌云翼赴任，与臣会行司道各官，将河工未尽事宜会勘呈报去后，今据前因，该臣会同兵部尚书凌云翼，虚心讲求，逐细查核，除中河司道管辖地方，自清及徐五百余里，黄河经行之处，委已顺流入海，运道无梗，居民颇安。惟在查照部科题准事例，防守不懈，即为永赖之策，无容别议外，其宝应迤南诸湖，联络清江浦外，湍溜不多，而关系内河不小，各该堤岸虽系大工之所未及，实亦运道之所必资。循例岁修，殊属虚应。寻常仅可支持，暴涨不免冲塌，盖人力固自有限，钱粮亦所不敷，无怪其然也。所据司道勘议，加帮堤岸，修改闸坝，浚湾头河之淤浅，以杀外湖之横流，疏射阳湖之故道，以泄内地之积潦，工费不烦，于请发分任尤便，于责成似应依拟，以终前功。伏乞敕下工部查议，上请备行。总督衙门悉照前议，督行各司道查照动支前项银两，严督各该掌印管河等官，务趁今冬天气晴和，分投修理，并乞转行两淮巡盐衙门将挑河银两查发济用，定限来岁三月中，通行完报，以备伏秋。如有惰误及苟且塞责不堪永赖者，指名参奏。庶未尽之工，区画周备，而运道民生，端有攸赖矣。

奉圣旨："工部知道。"

申严镇口闸禁疏

臣潘季驯谨题为清黄交接处所，浊流倒灌易淤，恳乞特降纶音，以严闸禁事。

我国家建鼎燕京，岁漕四百余万，自徐以北则资汶泗诸泉，自徐以南则资黄河之水。汶泗清而弱，黄河浊而强。而二水交会之处，则茶城是也。每遇伏秋之时，黄流盛发，则必倒灌入漕，沙停而淤，势所必致。然黄水消落，漕水随之而出，沙随水刷，不待浚而自通，亦势所必致也。纵有浅阻，不过旬日。万历十年，中河郎中陈瑛创建古洪、内华二闸，每遇黄水暴发，即下板以遏浊流之横，而闸内无壅阻之苦。黄水消落，则启板以纵泉水之出，而闸外有洗涤之功。数年以来，颇称利涉。不意去年伏水盛发，启闭不常，任其所之淤垫颇远，而治者不知引水攻沙，鸠工疏浚，以致废时失事。上廑宸衷当事之臣稍加更置，而人心庶几知警矣。前月十六日，臣至宿迁阅视河堤，据管河同知徐伸揭称，本月十三四日黄水陡长丈余，漫入古洪闸内。臣即令严闭闸板加高闸面。去后至二十一日，又据管闸主事杨信报称，十九日至二十一日黄水消落，尽启各闸诸板，通漕放水，冲刷成河，通行无滞等因。至闰六月十一日，又据徐州管河判官郑简揭称，本月初六日黄水复发，比前又高一尺，急下闸板，日夜固守，至初八日午时水退，初九日启板通行无滞等因。夫两旬之间，黄水陡发二次，然前不过七日，后不过三日，随长随落，此即清、黄二水相为胜负，随塞随通之本来面目也。近又该工科都给事中常居敬题，奉钦依增建口闸一座，去河愈近，则沙淤愈少，所淤既少，则冲刷愈易，足为漕河之永利矣。但设闸固欲其多，而启闭犹欲其谨，闸禁不严与无闸同，去岁之覆辙可鉴也。而管闸官牌，每苦于势豪船只，强欲启板放行，少拂其意，辄加嗔责。盖行者赴家，其心本急，而以王程难缓，倍道疾趋者，亦或有之。但漕河关系甚大，似不可以一人之私，而重妨国家之大计也。臣查得万历八年，该臣初立清江浦三闸启闭之法，题奉圣旨："这筑坝盘坝事宜俱依，拟有势豪人等阻挠的，即便拿了问罪。完日于该地方枷号三个月发落干碍职官，参奏处治。钦此。"臣刻石金书，竖立各闸之上，庶几人心少警，而行未数年闸禁复弛，内河渐淤。又该工科都给事中常居敬题奉钦依，而臣于入淮之初，即会同漕抚都御史舒应龙首为申饬管闸，工部主事黄曰谨查复旧规，呈将三闸匙钥，送赴漕抚衙门收贮，每日请发，禁例始定。然亦恃有先奉严旨，昭若日星，故废之虽久，而复之不难也。今古洪等闸并未奉有明旨，非惟人心不知警惕，而司闸者亦无所恃以为遵守矣。伏望皇上俯念漕务至重，敕下该部再加查议。如果臣言可采，比照前例，特降纶音，容臣刻石金书，竖立各闸之上。其闸上匙钥，凡遇水涨下板之时，俱送赴夏镇分司官收掌。水落即便请发，庶一应船只俱知畏忌，而漕渠可免淤塞之患矣。再查万历十五年九月，该工科都给事中常居敬等“题为河道可虞，人心易怠，仰体宸衷敬陈末议，以励人心，以保河漕事”内一款开报之，当时工部议将河道有无通塞，河工有无兴举行，令管河司属各官按季报部覆，奉钦依在卷。臣遵奉备行各管河司道官员，将黄河陡长、闸座闭塞日期，逐一登记，通候季终报部，不敢琐渎天听外。谨题请旨。

奉圣旨：“工部知道。”

工部覆前疏

题为清黄交接处所，浊流倒灌易淤，恳乞特降纶音，以严闸禁事。

该总理河道右都御史潘季驯题前事等因，奉圣旨“工部知道。钦此”，钦遵抄部送司，案查万历七年七月内，该总理河漕右都御史潘季驯“题为乞恩查复旧规，以利漕渠事”内题称，淮安闸坝，每岁于六月初旬运艘鲜贡马船过尽，即于通济闸外暂筑土坝，以遏横流。其官民船只出入，俱暂行盘坝。至九月初旬开坝，复用闸启闭。仍将题准明旨，刊示各闸之上。如有势豪人员恃强阻挠，应拿问者径自拿问，应参奏者径自参奏，毋得阿徇假借等因。已该本部覆，奉圣旨：“这筑坝盘坝事宜俱依，拟有势豪人等阻挠的，即便拿了问罪。完日于该地方枷号三个月发落干碍职官，参奏处治，钦此。”备行总理河漕及漕运衙门钦遵讫。又查得十六年四月内，该查勘督理河工工科都给事中常居敬“题为酌议河道善后事宜，以裨运务，以图永利事”内开严启闭以杜淤浅，乞要查照先年平江伯陈瑄原立成规，如山阳通济等闸，三月初运毕即行封锁，惟遇鲜贡船只，启一闭二，官民船只，照旧车盘等因。已该本部覆，奉钦依通行，河道衙门着实遵行讫。今该前因，似应题请案呈到部，看得茶城口，系清黄交接之处，而闸规之设所以严启闭之防，故有闸无法与无闸同，行法不严与无法同，所从来尚矣。先是淮安闸坝，奉有明旨森严，至今幸赖无事。今茶城三闸，其紧要与淮安相同，而闸规未立，人有玩心，若不照例申严，将来淤阻之患，或有甚于前日者。所据总理河臣题，要照例请旨刊刻遵守，相应如议恭候命下本部备咨总理河道都御史转行各该管河官员，将题准明旨，刊石金书，竖立茶城各闸之上。凡遇黄河暴涨，即便闭闸，各闸匙钥送夏镇主事收掌，一应官民船只俱候启闸放行。敢有阻挠应拿问者，径自拿问，应参治者奏请定夺。至于鲜贡船只，原与寻常官民不同，自难一例守候。但当黄水盛发之时，遽许启闸以行，则沙随水拥，急难开通，无论挑浚，劳费不赀，而继至贡船，反致耽延滋甚。访得黄河水性骤长不过二三日，倘少停楫，消落可期。再乞天语并饬鲜贡诸船，如遇黄水盛发，亦令暂候顷刻。庶法行自近，而河渠永有赖矣。

奉圣旨：“是。各闸启闭严约俱依，拟有势豪人等阻挠的，照淮安闸坝事例，即便拿问枷号干碍职官，指名参奏。”

卷之十　奏疏

河工分派司道疏

臣潘季驯谨题为检查节奉钦依，河工分派司道各官，以便责成，以图早竣事。

臣于本年六月初二日到任，随行各司道查理勘督河工。工科都给事中常居敬先后具题河上事宜，除申饬禁例、查核贤否等项，及议应停寝者，已经遵行外，其应修、应筑工程逐一开报前来。随准漕抚户部右侍郎舒应龙揭帖内一件“为钦奉敕谕，查理河漕，以保运道事”，内有添建镇口闸，接筑塔山支河缕堤，议修清江浦外堤草坝，创筑宝应县西土堤，石砌邵伯湖堤，疏浚里河淤浅等事。一件“为酌议河道善后事宜，以裨运务，以图永利事”，内有添设柳浦湾料厂一事。其在淮扬所应兴举者如此矣。续该臣准工部咨“为查理河漕，以重国计事”，内有查复南旺、马踏、蜀山、马场四湖，建筑坎河滚水坝，添建通济、永通二闸等事。又准工部咨“为清复湖地，以济运道事”，内有查复安山湖地一事。其在山东所应兴举者如此矣。

臣随自淮扬历邳、徐，至山东沿河一带地方，逐一查阅。前项工程委于运道大有裨益，相应作速兴举，勒限告成。但道里寥远，工程浩大。而中如修复伍湖，内皆有复斗门、筑长堤、建滚水坝等工，尤为烦琐。若非分任责成，或易推诿。除建镇口闸、塔山支河缕堤，修清江浦外堤、草坝，添设柳浦湾料厂，先该漕抚右侍郎舒应龙行委南河郎中罗用敬、中河郎中沈修、夏镇主事杨信、徐州兵备道佥事陈文燧，督同淮安府管河同知徐伸、姜桂芳、徐州判官郑简等，见在兴举，已有次第。臣照旧督行各官上紧筑砌外，其兴筑宝应县西土堤二十里，石砌邵伯湖堤二十里，疏浚淮安至仪真一带里河淤浅，查系南河郎中罗用敬、海防道副使周梦旸。地方三工俱当以中为界，北段属之罗用敬，南段属之周梦旸。查复马踏湖、添建梭堤集永通闸，则委之北河郎中吴之龙，而应筑土堤、修复王岩口滚水石坝，俱以属之该司矣。查复蜀山湖、建筑坎河坝，则委之南旺分司主事萧雍，而筑堤束水，修复滚水大坝，俱以属之该司矣。查复马场湖、添建火头湾通济闸，则属之济宁管河道按察使曹子朝，而封界子堤一道、安居斗门三座，俱以属之该道矣。查复南旺湖地，则委之东兖道左参政郝维乔，而修复邢通等口一十二处、张住口斗门一座、封界子堤一道，中亘长堤一十四里，俱以属之该道矣。查复安山湖，则委之曹濮道佥事刘弘道，而封界子堤创建八里湾、似蛇沟二闸，俱以属之该道矣。至于管河同知、通判，及州县掌印、管河等官，随其地之所属，听各该司道径自分委。如有不足，不妨选取别郡贤能者而用之也。至于关提夫匠，查取物料，司道有不免于互相资藉者，又当通融帮助，以普同心共济之义，不待臣丁宁告诫之矣。

既经分派停当，恭候奉有明旨之后，各官一面鸠工庀材，水落举事，定限明春三月内完工。以慰圣主南顾之怀，以图运道永赖之利，毋得失时废事，致有坠误。中间斗门、堤、坝等项琐屑事宜，或于原议稍有参差。如先远而今宜稍近，先近而今宜稍远，先多而今宜稍减，先无而今宜添设，大同而小异者，不妨相度地形，临时拟议，以凭裁酌。臣同各该抚按及巡盐御史，不时查阅。工完之日，容臣分别勤惰，疏名上请，恭候圣裁。

伏望敕下该部，再加查议。如臣所言不谬，拟议覆请行，臣遵奉施行。庶事体不淆，而责成自易，人心竞奋，而告竣可期矣。谨题请旨。

奉圣旨："工部知道。"

工部覆前疏

题为检查节奉钦依，河工分派司道各官，以便责成，以图早竣事。

该总理河道右都御史潘季驯题前事等因，奉圣旨"工部知道。钦此"，钦遵抄出到部送司。案查万历十六年四月内，该查勘督理河工工科都给事中常居敬、总督漕运户部右侍郎舒应龙各"题为钦奉敕谕，查理河漕，以保运道事"，内条议古洪闸以外添建镇口闸座，并接筑塔山支河缕堤等项。本月内，又该查勘河工都给事中常居敬"题为酌议河道善后事宜，以裨运务，以图永利事"，内条议申饬闸规，并添设柳浦湾料厂。五月内，又该查勘河工都给事中常居敬、巡抚山东右副都御史李戴各题"为钦奉敕谕查理漕河，以重国计事"，内条议查复湖地，积水济运，并建筑坎河滚水坝各缘由，俱经本部覆，奉钦依，备行各该抚按及总理河道等衙门，转行管河司道一体钦遵，讫。今该前因相应具题，案呈到部。

看得山东至淮扬一带河道应修应筑处所，地里寥远，工程浩大，提纲挈领虽在总理大臣，而画地效劳必须庶司分任。所据河道都御史潘季驯题称，将各处工程量其地之远近、险易，分委各该司道等官管理，区处当而劳逸适，均任使宜，而责成尤易，俱应如议题请，恭候命下。本部备咨总理河道并凤阳、山东各巡抚衙门，一体遵照施行。及行管理河道、泉源、闸、坝、郎中主事、管河守、巡各道，查照分地，督率府州县管工官员，竭力修治。本部仍咨都察院，转行各该巡按、巡盐御史，各照所辖地方，不时稽察工程，期于同心共济。倘兴工前后或有事体与原议稍异者，即便从宜处置。或有原议未尽者，不妨另行增补。悉如原题，定限十七年三月终通完。其总河大臣仍亲自查阅，委果工程坚固，足保无虞，从实奏报于内。一有推诿误事，即时参处。工完之日，将做过工程钱粮、夫役等项造册，奏缴青册，送部备查。其效劳大小官员，分别勤惰题请，以俟赏罚。伏候圣明裁定敕下，臣等遵奉施行。

奉圣旨："是河道工程着司道等官，各照分定地方，用心管理，上紧完报，不许疏玩。"

议留河工米银疏

臣潘季驯谨题为查议河工紧急，工费以免临期匮乏事。

据管理南河工部都水司郎中罗用敬、管理中河工部都水司郎中沈修、整饬淮扬海防兵备道副使胥遇、整饬徐州等处兵备道佥事陈文燧会呈，先蒙总督漕运、提督军务、巡抚凤阳等处地方、户部右侍郎兼都察院右佥都御史舒应龙信牌前事，照得国家岁漕转输必资河运，而河防岁修、筑堤、疏浅工费不赀，额编钱粮十无二三，每每挪移曲处，至今匮竭已甚，诚为无米之炊。夫国家治河济运，事干河南、山东、直隶三省直地方。然山东运河甚安，河南有黄河而无运河，直隶则自徐至淮五百里，以黄河为运河，自淮至扬四百里以重湖为运河，防守要害、缓急迥不相同。今在山东、河南则供以全省之力，在直隶则仅取足于四郡积灾之民，惟于工费不敷，岁多修筑未坚，无怪其岁修岁圮，而淤决之患终不免也。见蒙圣上轸念河漕大计，特遣工科亲诣督勘，必欲为河漕久远永利之策。工费钱粮即为首务，备仰司道会同即查过淮漕粮三，六二六轻赍银内，例复二升河工米折银一分，后以通惠河成，改解太仓济边。见今九边款贡饷边年例顿减于旧，如以河工之银仍充河工之用，本系正征正支，似为经久可恃。再查万历元年瓜州闸座建成，南京、江北各卫军船直达水次，省免浙江杭、嘉、湖，直隶苏、松、常、镇等府，顾觅江船七升米银，已经前任总理河道侍郎万恭议题量复一升折银，备修江南河道，其余六升免征于民。即今应否于内再复数升，以充修河之费，逐一会查的确，作速呈详，以凭酌议施行。蒙此行间，又蒙本院信牌，为查议河道钱粮事，照得淮扬滨河一带堤岸系干运道襟喉，岁修工程方殷，需用钱粮甚急。况兼工科都给事中常居敬题奉钦依，应筑邵伯湖石堤一道，计二十里，该银二万二千九十七两，创筑宝应西堤一道，计二十里，该银四千一百三十一两，亟宜兴举。应用钱粮俱合查议，仰司道会行淮安府即查原议岁修银三万两，自万历九年起至十五年止某年某处，用过若干，尚存若干，有无拖欠，作何催补，各工有无足用。及近议邵伯、宝应土石二工钱粮，作何区画，俱要明白声说，从长计议。如有别项堪动钱粮，就便斟酌停妥，会呈前来，通详漕抚衙门，以凭覆，核会题等因。

蒙此，当该司道会行淮安府查勘去后，随据该府回称，卷查万历八年十一月内，蒙本院题奉钦依，岁修银三万两内，该盐运司带征盐引银一万八千两，河南协济银九千两，淮扬两钞关并徐州户部税银三千两，每年征解淮库，专备各工支用。后因十四年盐滞商困，该司奉文蠲免四千五百两三钞关税银，期满仍解户部。随该司道会议，将山东河夫银四千五百两，并拨瓜仪盘坝脚米银、徐属派剩麦银，系原议解给徐吕二洪、灵璧等处夫银之数，共二千六百余两，抵补前额，呈蒙题奉钦依在卷。近又该山东抚按题准，原议河夫银两仍留彼处募夫挑浚。其在河南九千两除节年拖欠一万三千余两外，又以去岁冲决异常，该前任总督漕抚侍郎杨一魁具题停免，议将漕粮轻赍三六二六漕米二升河工银留淮支用。该部议覆，止将十六年分数内量留九千两，抵作河南应解之数，以后年分该省照旧征解淮库等因，钦遵。

外今查，自万历九年起至十五年止，各处解到银两盈缩不一，节经奉文支尽。除将收支细数另行册报外，尚有借用未补、应给未支江都、高、宝、山阳、清河等处工银，实该一万七千九百六十四两八钱二分零。徐、吕洪夫工食额于瓜仪二坝各卫所挑盘脚米银内扣存一千五百七十八两，比因去年各处灾伤，减存漕船数多，止扣有脚米银六百一十三两三钱八厘零，其余九百六十四两六钱九分零尚无扣补。徐属欠解原派剩麦银一千五十九两，即今高、宝、江都、山阳、清河一带吃紧工程，俱因前银不敷，止领一半。各该有司仰体朝廷运道为重，东挪西借，朝给暮空，终非常策。且伏秋修守之候，临时支用不常，又不知约用几何。

查得江南雇觅江船米免征七升续，虽议复一升，而六升仍蠲在民也，相应于六升之内再复二升，该粮一万一千三百七十七石九斗七升六合八勺八抄，折银五千六百八十八两九钱八分八厘四毫四丝。轻赍扣米二升，折银一分，近虽解济边饷，而其始乃修河故物也，相应于内归还河工一升，该粮二万七千五百石，折银一万三千七百五十两。通共该银一万九千四百三十八两九钱八分八厘四毫四丝，与同旧额，见该征解实银，通收淮库，作岁修支用等因，呈报前来。

据此，又该司道会同覆核无异。况去年雨水异常，今岁工程倍于往昔，其所估者过其数于原额之外，其所收者减其数于原额之中，挪借者无从查补，见在者何凭支给？各工皇皇，诚犹捧漏卮沃焦釜，莫知其所措者。

今据该府所议前项江南雇船米一升外，再复二升，并于轻赍二升米银内归复河道一升，俱系河工正额钱粮，向因边防告急，河道无虞，故暂为借处，以济边也。今胡虏款贡，河道多艰，原额钱粮委应归复，伏乞早为题请，以济工程。

又查得近该工科都给事中常居敬题筑邵伯湖石堤二十里，该银二万二千九十七两，宝应西土堤二十里，该银四千一百三十一两，皆系钦依紧要工程。向因所议钱粮原未注有定项，迄今尚未兴举。乞查别项堪动钱粮，一并题请支给应用，以便早竣等因，会呈到臣。

据此，该臣会同总督漕运、提督军务、巡抚凤阳等处地方、户部右侍郎兼都察院右佥都御史舒应龙议，照运道之设专为岁漕，岁漕之迟速系运道之通阻，其休戚常相关也。若徒求速于岁漕，而不先求通于运道，徒求通于运道，而不先求务乎岁修，徒求务乎岁修，而不先求裕于工费，皆非知务者矣。我国家岁漕四百余万，皆由瓜仪入闸，以至通惠河，绵亘三千余里。山东济宁州以北原无冲溢之苦，疏浚岁有常规，额办足资工料，姑置勿论矣。惟是淮南则多诸湖之险，淮北则有黄河之患，波涛之冲刷，堤岸之坍损，无岁无之，故岁修之钱粮亦无岁可缺者。先该臣于万历八年十一月内会同漕抚衙门题请河道岁修银三万两，今查数内盐运司带征盐引银已蠲四千五百两，复还户部三厂税银三千两，寻改山东徐吕、灵璧河夫银。未期，而山东抚按复议留彼处挑浚，难以解银。而徐吕、灵璧河夫银又多缺少，且彼处工程颇多夫役，亦似不可少者。河南岁该解银九千两，节年拖欠一万三千两。又以去岁冲决异常，十六年议停征矣。是原题三万之数，仅存盐引银一万三千五百两耳。及查该司道所报今岁岁修银已费四万一千四百八十两有奇，是所出之数浮于所入之额已三倍矣。目前似已不支，他日必至偾事，诚不可不预为之计者。

又该都给事中常居敬题奉钦依，议筑宝应县西土堤二十里，束水刷沙，俾无胶浅之患。江都县议砌邵伯堤石工三十里，捍湖冲激，俾无倾溃之虞。皆系吃紧工程，共该工料银二万六千二百二十八两，原未议有动支何项钱粮，见今束手以待。是连前岁修银三万两，并借用未补应给未支银一万七千九百六十四两八钱二分，共该银七万四千一百九十二两八钱二分，洗锅待爨，不可时刻缓者，而帑如悬磬，将何以支？所据司道议将轻赍二升米银归复河道，江南雇船停征米六升内再复二升一节，诚非得已。

但臣等反覆思维，苏、松、常、镇并杭嘉湖等处，正当大祲之后，民不聊生，岂可复行加派？随查得轻赍扣留二升米银原系河工支用之数，万历四年该漕抚都御史吴桂芳奏留一年，为挑浚草湾之用。万历六年该漕抚都御史江一麟奏留二年，为补造缺船之用。臣等今日河工较之前项支费尤为紧要，伏望皇上俯念运道至重，敕下该部准将轻赍二升米银听留河工支用三年，之后修筑少闲，仍以一升米银解赴户部饷边，余米一升准作河上岁修银两，庶几岁修不废，新工可兴，而河道安流，岁漕无阻矣。臣等复又查得前项银两业已尽数解部，必须守候明年新运方可征解，相去尚远，难救燃眉。合无恭候命下，容臣等先于漕库，或淮安府库借支别项银两应用，俟轻赍米银解到之日，照数补还。则工可刻期，而告竣自早矣。谨题请旨。

奉圣旨："该部知道。"

户部覆前疏

题为查议河工紧急，工费以免临期匮乏事。

该总理河道右都御史潘季驯、漕运都御史舒应龙各题同前事，俱奉圣旨"该部知道。钦此"，钦遵通抄到部，送司案呈到部。看得河道都御史潘季驯，漕运都御史舒应龙会题，近该都给事中常居敬题奉钦依，筑砌宝应土堤、邵伯石堤，共该工料银二万六千二百二十八两，未议动支何项钱粮，要将轻赍二升米银留用三年之后，仍以一升米银解部饷边，一升米银准作河上岁修应用一节。

臣等查得轻赍二升米银原备修河之费，嗣因通惠河成，改议解部济边。今总理督臣潘季驯等议留筑砌宝应、邵伯湖堤，是以正项留充正用。况系紧要工程，相应依拟覆请，恭候命下本部，移咨河道都御史潘季驯、漕运都御史舒应龙。查将淮库别项银两先借支二万六千二百二十八两，趁此秋冬水涸，作速兴工筑砌，俟新运轻赍二升米银解到，不必拘定年限，照数补完，余银仍行解部济边。以后凡遇有应修工程，不妨照数再行奏留，如无工程，即以济边，随时通融，不必各分其半，以致临时支用不敷，又烦渎请。本部仍咨工部知会，伏乞圣裁。

奉圣旨："是。"

申明修守事宜疏

臣潘季驯谨题为申明修守事宜，以图永赖事。

伏念臣负谴余生，甘心草莽，谬蒙我皇上曲垂矜贷，复赐甄收，高厚洪恩，实均罔极，受事四月，夙夜靡宁。且当修防已弛之后，复值河水暴涨之时，东支西吾，既竭心力，诹咨荒度，益信岁修之工不可缓也。敬陈觑缕，恭候圣明裁察。

臣窃惟治河之法，别无奇谋秘计，全在束水归漕。归漕非他，即先贤孟轲所谓“水由地中行”，而宋臣朱熹释之曰“地中两崖间”也。束水之法亦无奇谋，秘计惟在坚筑堤防。堤防非他，即《禹贡》所谓“九泽既陂，四海会同”，而先儒蔡沈释之曰“陂障”也。九州之泽已有陂障，而无决溃，四海之水无不会同，而各有所归也。故堤固，则水不泛滥，而自然归漕。归漕则水不上溢，而自然下刷，沙之所以涤，渠之所以深，河之所以导而入海，皆相因而至矣。然则固堤非防河之第一义乎？而岁修之工舍固堤其何以乎？臣于万历六年三月内，祗承明命，总理河漕，急趋淮徐视之。黄决崔镇而北，淮决高堰而东，而淮扬高、宝之水浲洞无涯，汇为巨浸。观御史陈堂疏中所谓“东横西决，散为洪流。自徐、邳以下至淮之南北，不啻千里，流离漂没，莫可胜数，居无尺椽，食无半穗，上阻运道，下垫民生”，而比时两河情状盖可想矣。臣即首拟合淮、黄二流，以复其本来之性，筑遥、缕二堤以防其溃决之虞。具疏上请，谬荷温纶，刻期兴工，十月告竣。年逾八载，并无只舰漂流，粒米狼籍。而昔日流遗之民仰戴我皇上生成之恩，咸归故土，比屋而居矣。不意为日既久，人情遂弛，掌印管河官视两堤为赘旒矣。岁剥月蚀，残缺颇多。臣于六月初二日受事，即申饬各该司道严督掌印、管河等官，分投帮筑，昼夜修防，寝食不宁者逾三月矣。然立法易，而守法难，守法于一时易，而守法于长久难。臣于万历七年告竣之后，将善后事宜种种陈请，而台省诸臣亦相继题奉俞命矣。而近年以来行者无几，失今不为申饬，数年之后又当何如哉？故敢以修守事宜，摘其吃紧最关河防者，条列于后，伏望敕下该部，再加详议。如果臣言有裨，俯赐允行，特降严旨，容臣删削，简明榜谕，分发司道并各该掌印、管河官，置之座右，庶几常加省阅，按时修举，而可免疏玩之虞矣。谨题请旨。

计开：

一、久任部臣，以精练习。臣窃谓天下之事，皆可以揣摩测度而得之，而惟治河一事，非身亲经历，足遍而目击之，则文移调度之间，终属影响。故以大禹之智，必十有三年而后成功。盖其诹咨荒度，非假以岁月之久不得也。何也？水性有顺逆，河情有分合，地势有夷险，堤形有高卑。某处迎溜，作何卷筑，以当其冲；某处扫湾，作何帮护，以防其汕。至于分派官夫皆有定额，置办器具各有攸宜，储蓄物料，栽插柳株，一切琐屑事宜，种种皆须料理。总理衙门眇然一身，控制于数千里之间，岂能一一身亲为之哉？所恃者分司与该道而已。而该道不免有钱谷、刑狱、兵戎之事，抚按倚办甚殷，岂能专心河务？故总河之所恃以干济者，分司官为多也。但部臣初至地方，未知原经首尾，岁月稍久，头绪颇知，而转擢之报又至矣。臣于万历八年具疏题请久任，奉有成命，而数年之间卒未有能行之者，又何怪乎河工之作辍也？伏望敕下该部，再加查议。如遇中、南两河郎中员缺，即于工部主事，查有曾经分司河上，及历俸未及三年者，遴选推补。查照旧规，新旧交代，以河上事体，转相传告，代后克修职业。任内并无疏虞，容其历俸九年，方为破格迁擢。则练习久，而河防自熟，区画当，而河患可弭矣。臣又查得，见任南河郎中罗用敬、中河郎中沈修，才识敏练勤恪，自将臣受事以来历试诸艰，辄有成验，但俸资俱有六年，转擢之期将至。伏望比照原任中河郎中陈瑛事例，俟其九年考满，方与优处，实于河道大有裨益。伏乞圣裁。

一、责成长令，以一事权。夫州之有守，县之有令，即家之有长也。家务繁琐，不得不分任于子弟，或司耕作，或司出纳，或司交际，虽各有其人，而鸠工、庀材、备物致用，未有不取裁于家长而能成者。臣尝以责成掌印官为请，而勘工给事中尹瑾兼管河道，御史姜璧皆先后具题，奉有明旨矣。官更吏换，若罔闻知。臣顷于阅视之时，见河水将发，急若燃眉。问其物料，则曰某所官承买未至也；问其夫，则曰某处调用未补也；问其时日，非一月即两月也；问之掌印官则曰不知也。如此，而宁有不堕误者哉？臣伏愿自今伊始，调度夫役，备办物料，则责之掌印官。趋事赴工，董率巡守，则责之管河官。如有疏虞，掌印与管河官同罪。至于郡之有守，关系尤重，琐屑之事，固难责成，而提纲挈领，区裁督察，使守令有所受成者，郡守之责矣。伏乞圣裁。

一、禁调官夫，以期专工。臣惟治河有定议，而防河无止工。工之不可止者，乃所以成其议之一定而不可挠也，何也？治河之道惟有救偏补弊之法，必无一劳永逸之事也。不然则禹之治水可称万世永赖矣，何不数百年至商之祖乙，而都圮于河。荡析离居，遂有盘庚之迁也。盖禹法不守，而河防久弛也。故管河之官，必以河为责，而他务俱所未遑。防河之夫必以河为事，而诸工有所不逮。朝于斯，暮于斯，饮食起居必于斯。功以久积，业以专成，如此而犹有倾圮颓败之患者，臣所未解也。近该工科都给事中常居敬，将管河官查照清江造船厂官事例，凡系管河官专属河道，部司年终考核，分别贤否，径呈督抚咨部施行，不许别谋差委。题奉圣旨："近年管河佐贰等官，多有营求差委，妨废职务，不行用心防守的，总理衙门务遵敕谕，拿问重治，不许姑息，其余依拟行。钦此。"人心或知警畏。而于夫役一节，未经申明。臣请自今伊始，凡遇差委管河大小官员，及调用各项夫役，必须申呈总理衙门批允，方许委调。如有抗违，容臣指名参究，庶几人无废事，而工可责成矣。伏乞圣裁。

一、预定工料，以便工作。志有之防河如防虏，虏至而后为治兵缮甲之计，则必为虏所乘，河涨而后为鸠工聚材之计，则必为河所乘，此一定之理也。臣请于秋防告竣之后至十月中旬，各该司道即便会行各掌印管河官，沿堤踏勘，分为三等。以逼临河滨当冲最急者，为第一等。或改筑，或加帮，或添筑马头埽，应委何官管理，用夫若干，应办何项物料若干，用银若干。次险者为第二等，又次者为第三等。官夫物料递加减杀，造册开报，司道覆核停当，定限十一月初旬类报总理衙门批允查照，分拨应办物料，即行各掌印官支领岁修银两，如数买办。定限正月半以前报完，随即兴工，定限四月初旬告竣。每岁着为成规，违误定行参治。庶事以预立，功以早成，而无临渴掘井之患矣。伏乞圣裁。

一、立法增筑，以固堤防。臣窃惟天下之事，不日益则日损，而夫人之情不日检，则日弛。故自古帝王立法，岁有成，月有要，日有考，未有不如此，而能成久安长治之业者也。淮徐之民十年以来，所以得免鱼鳖之患，而运道不致梗阻者，恃有遥堤也。先该给事中尹瑾虑恐岁久坍塌，题请每岁行令管河官，率领守堤官夫，务将各遥堤定限加高五寸，加厚五寸，年终司道官躬亲核验，开报河漕衙门，造册奏闻。每三年遣官一员，前去阅视，分别叙录、参究等因。工部覆，奉圣旨："堤工岁修当视其低薄处，随宜加筑，岂得定以五寸为限？河漕当事诸臣能严督地方官着实经理，视国如家，何事不成？亦不必数数差官阅视，反滋多事。其余依拟行，钦此。"仰见我皇上体念河臣，欲其事权归一，且便责成也。三年差官阅视，委为烦琐，不敢渎陈矣。至于加帮一节，向因漫无稽考，未尝有分寸帮补。雨水之淋漓，车马之蹂躏，如归仁、象山、磨脐沟等处，剥蚀过半矣。臣伏睹《大明会典》内开：各处河堤每岁加高一尺，加厚一尺，年终管河官具数奏闻。是祖宗成法炳若日星，大小河臣所宜世世守之者也。但河夫屡经裁减，为数不多，欲其加帮高厚各一尺，力有未逮。臣又查得堤身两傍率多蔓草盘结，足堪遮护，若欲加土，必须去草，反为不美。臣见行司道官将各堤坍损卑薄者，以原堤丈尺为准，先行加帮取平，至明年或可竣事。臣请自十八年为始，每岁司道官督令管河官率领夫役，务觅真淤老土，加高五寸，不许夹杂浮沙，苟且塞责。再查护堤之法，无如栽柳为最。而栽柳六法，无如卧柳为佳，盖取其枝从根起，扶苏茂密，足抵狂澜也。每堤一丈，栽柳十二株，每夫一名，栽堤三丈。柳橦以径二寸为则，离堤以三尺为准，堤内栽完方及堤外，如有枯死，随时补种。年终管河官呈报各该司道，要见本堤原高若干，今加五寸，共高若干，栽过柳株若干。司道官躬亲验核，开报总理衙门覆核无异，造册奏闻。其不合数及不如式者，指名参究。庶几事有成规，而人知法守矣。伏乞圣裁。

一、添设堤官，以免遥制。臣窃惟当官之事，兼摄为难，而以最卑之官摄最远之事为尤难。臣于万历七年建复高堰之堤，在捍横流于淮郡之东，创筑柳浦湾之堤，以遏狂澜于淮郡之北。十余年间利赖于二堤者，良不浅矣。第因比时冗员之禁方严，不敢多求添设，故止请高堰大使一员兼摄柳浦湾一带堤务。但查高堰之堤增筑已几百里，而柳浦湾之堤起自清江浦，以至高岭戴百户营，延袤一百三十余里，伏秋之时顾此失彼，一大使岂能日奔走于二百里之间耶？纵委义民等官，不过虚应故事，岂肯在堤防守？前岁范家口之决，实由此也。臣请添设柳浦湾大使一员，住札本堤要害去处，自清江浦起至戴百户营一带遥堤，付之管理。应用夫役即于高堰八百名数内裒出三百，再于南河堤浅夫内裒出二百，共夫五百与之。其高堰大使专管本堤，各令昼夜巡逻，遇汕即补。庶地有专辖，而功可责成矣。臣已行司道会议，通详未报，乞敕工部转咨漕抚都御史，及咨都察院转行巡按、巡盐御史，再加查议。如果相应添设，覆请施行，不胜幸甚。伏乞圣裁。

一、加帮真土，以保护堤。臣查得淮水发自河南桐柏山，挟七十二溪之水，经凤、泗，东入于海。然至泗州，而龟山横截河中，即基运山图中所云“湾如牛角，势样非凡”者是也。下沙一转，回澜西顾，此于风气实为完美。然伏秋之时，不免涌涨，亦由此也。臣读宋臣欧阳修《先春亭记》，其略有云，景祐三年，泗守张侯问民之所素病，而治其尤暴者，曰：“暴莫大于淮。”明年春，作城之外堤，因其旧而广之，高三十三尺，土实石坚，捍暴备灾，可久而不坏。又云：“泗，天下之水会也。”又云，先时岁大水，州几溺，张侯夏守是州，筑堤以御之，今所谓因其旧者是也。夫曰尤暴者莫大于淮，则知淮之为暴于泗旧矣；曰堤高三十三尺，则知水之高矣；先后州守惟以筑堤为事，则知御淮之策舍堤之外无策矣。今查泗州护城堤高不及宋三之一，然幸当水一面甃石可恃。但石内土堤皆系浮沙，一遇霖雨，辄至坍损。土堤一圮，石将安附？不可不虑也。臣于六月间躬往阅视，即行颍州兵备道，及该州知州浦朝柱，令其觅取真土，另加坚筑。第本堤丈数颇多，工费不少，钱粮难处，延久未报。臣请敕下工部咨行抚按衙门，多方计处，覆请施行。庶护堤可恃，而州民获安矣。再查基运山去州一十余里，地势高峻。嘉靖十四年间，该先任总理河道都御史刘天和令匠役王良等量得，地形迥高二丈三尺一寸，则又与州不同。东麓石堤见在查修，臣故未及之也。伏乞圣裁。

一、接筑旧堤，以防淤浅。臣窃惟清口乃黄淮交会之所，运道必经之处，稍有浅阻，便非利涉。但欲其通利，须令全淮之水尽由此出，则力能敌黄，不为沙垫。往岁高堰溃决，淮从东行，清口遂为平陆。高堰既筑，独虑清河县对岸王家口等处，淮水从此决出，则清口之力微矣。臣于万历八年行郎中佘毅中，即于本处筑堤一道，以防其溢，数年之间，清口利涉实赖于此。不意凤、泗，商贩船只，又于本堤之东，盗挖一渠，取便往来，岁久成河，已阔九十余丈，淮水尽由此出，清口不免沙淤。臣查得此处系清河对面地方，该县知县出入之间，一览在目，何致任其盗决，汪洋北注，而若罔闻，知且不以报也？其秦越肥瘠，亦甚矣。除臣见在查理，及行司道官候淮水消落，接筑长堤一道，务期坚久可恃外，臣请堤成之后，专责清河县知县管理。每岁派定官夫，时加帮补，如遇水发，率同地方人等，昼夜巡逻，以防盗决。傥有疏虞，即将掌印官参治。盖此堤即在县治之前，较之他所不同，而掌印官常川在县，较之管河官尚有他处奔走者，又不同也。伏乞圣裁。

奉圣旨："工部知道。"

工部覆前疏

题为申明修守事宜，以图永赖事。

该总理河道右都御史潘季驯题前事等因，奉圣旨"工部知道。钦此"，钦遵抄出到部送司。案查万历七年七月内，该巡按直隶监察御史姜璧"题为河工将竣，敷陈末议，恳乞圣明，俯赐采择，以保治安事"内，条议严责成等四事，要将河工专责府州县掌印官，督同管河官管理等因。八年四月内，该工科右给事中尹瑾"题为河工告成，敷陈善后事宜，以图永利事"内，条议重久任等七事缘由。俱经本部覆，奉钦依，备行总理河漕及山东、河南各抚按衙门钦遵，讫。今该前因似应具题案呈到部。

看得黄河自古号称难治，我国家又以黄河为运道，其治之更有难者。万历六年黄决崔镇，淮决高堰，运道阻绝，上廑宵旰之忧。该河臣潘季驯创筑遥、缕二堤，合黄淮二流，遂使八年之间转漕数千万石，只舰粒米悉达京师。功成之日，详陈善后事宜。其要归于修堤束水，使之归漕。其法甚备，乃日久人玩，迄于去年，黄河再溢，几至不支。则堤渐圮，而岁修之法渐废也。季驯荷蒙召用，再履兹任，乃举旧法而重新之。又择其中吃紧最关河防者，列为八款，疏请严旨，特加申饬。盖思保前功于不毁，杜后患于将来，不图旦夕苟且之安，而为国家久远之计。通应依拟，恭候命下本部，移咨吏部，及总理河道、凤阳、山东、河南、保定各巡抚衙门，并咨都察院转行各该巡按、巡盐、巡漕御史，仍札各管河、管泉郎中、主事，督行各该司道、府、州、县？一体遵行。仍听总河衙门将题准事理，刊刻简明榜谕，分发各该官员，置之座右，常加省阅，按时修举。庶法守常存，而河防永赖也。

计开：

一、久任部臣，以精练习。前件看得，河工最巨，治河最难，其司道各官非久于其任，精于其业，鲜克有成者。今河臣潘季驯灼知其故，申议久任之法。特以中、南两河郎中为请，而又举见任郎中罗用敬、沈修贤能，令历任九年，方行优擢。盖两河之地甚要，则倚办甚殷，且见任郎中既称得人，是诚不可数易者，合无悉如所议。今后二河郎中员缺敕下吏部，即于工部主事查有曾经分司河上及历俸稍浅者，遴选推补，俟后查果职业克修，容令历俸九年，方为破格迁擢。其南河郎中罗用敬、中河郎中沈修俸资已及六年，相应比照陈瑛事例，俟其九年考满，方与优处，如有异绩，即于京堂缺内推用。盖必有超迁，然后可以行久任，此又法之相须者也。伏候圣裁。

一、责成长令，以一事权。前件看得，万历八年该总河潘季驯与科道诸臣先后具题，将河防事宜责成州县守令，已经奉有明旨，乃数年以来，亦未见举行，则以积习久，而赏罚不信也。不知趋事赴工，虽管河佐贰之责，而催办调度则州县守令之事，苛责佐贰而缓于守令，宜事功之不集也。今总河潘季驯申明前议，要将守令与佐贰凡有河道疏虞，一体治罪，而终复归重于郡守，深得提纲挈领之意。相应依拟，凡河上工程不起，则坐佐贰，钱粮夫役不备，则坐守令。至于郡守，有总理一郡之责，倘河道疏虞，亦当权其失事之重轻，察其平日治河之勤惰，而殿最行焉。则赏罚必信，上下相维，而人知激劝矣。伏候圣裁。

一、禁调官夫，以期专工。前件看得，防河如防虏，沿边将士，不得擅离信地，沿河官夫，岂容擅调别差？止缘管河各官，避难趋易，营求差委，以致河工作辍。先该科臣常居敬议题，奉有严旨，洞烛其弊，人心已知警惕矣。惟夫役一节未经申明，往往有见其空闲调拨别用者。不思河之塞决靡常，夫之差遣无定，万一误事，所损更多。今后合照河臣所议，凡河上官员夫役非经申呈总理衙门批允，不得轻委一官、妄调一夫，以致疏虞，违者参奏处治。伏候圣裁。

一、预定工料，以便工作。前件看得，治水之法全在治堤，治堤之法全在岁修。若物料不备，是无米而炊粥也，若修防不豫，是临渴而掘井也。大约黄河泛涨常在伏秋，然至伏秋而始为修防之计，即无及矣。今议，欲于秋防竣后，至十月中旬，即委司道督同各掌印管河官沿河踏勘，分别三等。而物料夫匠，亦以次减杀，其动支钱粮、选委员役，通限十一月内计议停当，类报总河衙门批允。正月内办完物料，随即兴工，四月初工程告竣，每年着为定规，后期者参处。深得先事预防之意，相应依拟举行。仍令将每年踏看计料与兴工月日，备咨本部查考。伏候圣裁。

一、立法增筑，以固堤防。前件看得，淮徐之间河流咫尺，而其民免于昏垫者，以遥堤一线为之捍隔耳。自有堤以来，年复一年，风雨剥蚀，车马蹂躏，日就卑薄，势所必至者。先该给事中尹瑾题请加筑高厚各五寸，节奉圣旨："堤工岁修当视其低薄处，随宜加筑，岂得定以五寸为限？钦此。"臣窃思之，限以尺寸者，每年修守之常。不限以尺寸者，一时补偏之法。若低薄而止加五寸，则必无成功。若岁修而亦欲随宜，又漫无稽考。二者原当并行，而不可偏废。今该河臣潘季驯复为题请，合无查照所议，自十八年为始，每岁修堤高厚俱以五寸为限。遇有低薄处所，即便随宜加筑，务令与老堤相等，不许夹杂浮沙，苟且塞责。年终各司道将修筑过堤岸，亲行查核尺寸，类报总河衙门覆核，造册奏闻。有不如式者，指名参究。至于栽柳护堤之法，纤悉曲当，俱应如拟。伏候圣裁。

一、添设堤官，以免遥制。前件看得，高堰、柳浦湾二堤绵亘二百余里，止以一大使往来兼摄，势卑地远，顾此失彼，恐致疏虞。今议要将原设大使专管高堰，而柳浦湾一带，自清江浦起至戴百户营止，另设大使一员专管。应用夫役即于高堰八百名数内裒出三百名，及南河堤浅夫内裒出二百名，共出五百名与之。昼夜防守，遇汕即补。河臣之议已当，似应免行彼处抚按覆查，移咨吏部，径自添设。庶官有专责，而堤防可固。伏候圣裁。

一、加帮真土，以保护堤。前件看得，泗州虽为水会，而基运山嵸峙其北，地形高峻，风气完美。且东麓石堤见在查修，似尚可无水患。惟是州城卑洼，仅有石堤一带捍御暴淮，而堤内多系浮沙，雨水淋漓，辄至坍损，土堤一圮，石将安附？可不为之寒心邪？河臣潘季驯躬亲阅视，题议帮筑真土，以固石堤，委宜亟举。但其一应钱粮、夫役与夫派、委官员等项，俱未有成议。且前项工程尤于保障地方为切，合无咨行淮扬抚按，会同总河衙门，作速计处停当，具题前来，以凭覆请施行。伏候圣裁。

一、接筑旧堤，以防淤浅。前件看得，清口乃淮、黄交会，而淮、黄原自不敌。然清口所以不至壅淤者，以全淮皆从此出，其势足以敌黄也，若分之，则必致壅淤。先年淮决高堰，而清口遂成平陆，可鉴矣。今王家口堤被商贩盗决，淮流之势已分，将来清口沙淤，运道阻塞，患必由之。此堤在清河县对岸，而该县任其盗决，罪将谁诿。今议欲行司道官，候淮水消落，接筑长堤。堤成之后，专责清河知县管理。无事派夫修筑，有事责令看守。稍有疏虞，即行参治。庶几责任既专，而堤防可固。相应依拟，伏候圣裁。

奉圣旨："河道每岁修防，先年题有定规，乃各该官员不行着实遵守，旷职误事。这所议俱依拟行，如有仍前怠玩的，总河官指名参奏重治。"

议守辅郡长堤疏

臣潘季驯谨题为议守辅郡长堤，以防水患，以保民生事。

臣窃惟大名府为辅郡要地，关系匪轻。去岁黄河决入长垣、东明地方，淹没田庐，漂溺人畜。上廑宸衷，特差工科都给事中常居敬，会同抚按诸臣，培筑先年长堤一道，两县之民方有更生之乐。臣受事之后，即行大名兵备兼管河道副使侯尧封备查水决缘由，及自后修防事宜。去后，随据回称，大名府所属开州、清丰、南乐、滑县并无河道，元城、大名、魏县、内黄浚县境内止有漳卫二河，如遇淤浅，随即挑浚，并未设有管河官员。去岁黄河泛涨，从荆隆口冲决大社堤，淹没长、东二县。近蒙题加该府通判李敷荣、长垣县县丞张九二、东明县县丞徐衎，兼管河防。原无设有人夫，如遇雨水淋冲，即拨邻近火夫修补，岁修钱粮止有每年额征蒿草银三百三十六两一钱九分三厘，并无别项银两，及将善后事宜开报到臣。

臣以未经目击，不敢妄议。随于九月初七日起程，前往长、东二县踏勘。行至板厂地方，有长堤一道，即系工科都给事中常居敬与同抚按诸臣去岁所督筑者也。东至山东曹县白茅集，西至河南封丘县新丰村，共长一百三十里。堤外即有淘北河一道，相传即黄河故道也。去岁之水委由荆隆口决入，挟淘北河，冲决本堤之大社口，致有昏垫之患。荆隆口虽决，而本堤坚固，则亦岂至两邑之沮洳哉！是荆隆口堤实为此堤之藩篱，而此堤实长、东二邑之民所恃以为命者也。但荆隆口堤系河南开封府所属，二邑岂能兼制？所可守者惟此长堤耳。然守堤之法不外于官夫之专设，物料之预备，而今皆无之，是与无堤同矣。谨将该道所议善后事宜逐一斟酌，列款上请，伏望敕下该部再加查议。如果臣言可采，覆请施行。庶堤防可固，而水患可弭矣。谨题，请旨。

计开：

一、议管河官驻扎，以便修防。臣查得大名府原有管河通判一员，驻扎本堤之杜胜集，后因河道安流，革去管河通判，而以本堤俱属长垣县管理，业已视此堤为赘旒矣。今议巡捕通判兼管河防，亦无不可。但该府去堤几三百里，伏秋之时，呼吸变态，本官岂能遥制？臣请每岁自五月初一日起至九月尽止，本官仍宜移驻杜胜集。本集原设有管河衙门，行令长、东二县再加修葺，以便栖止。督同两县掌印、管河等官往来巡视，昼夜堤防。其本堤原有大罔、杜胜各巡检司，亦听本官分委哨瞭。庶防守有人，而灾沴可免矣。伏乞圣裁。

一、议夫役，以便工作。臣惟守堤之有夫，即守城之有兵，兵以御寇，夫以御河，必不可缺者也。长堤虽筑，未经设有一夫，则平时之修葺，临事之堤防，谁与为役？且夏秋正当农忙之时，起倩乡夫怨咨必起，甚非长民之道。而有夫则有铺盖，以便栖息也。查得长垣县该堤九十七里，每五里建铺一座，该铺一十九座。每铺设铺老一名，夫九名，共应设夫老一百九十名。东明县该堤三十三里，该铺七座，应设夫老共七十名。平时则觅取老土，加帮高厚，水至则卷筑埽料，堤防汕刷。初春之时，则栽插卧柳，以护堤址。庶工多事集，而冲决可免矣。伏乞圣裁。

一、议处钱粮，以备工料。臣查得濒河郡县俱有河道钱粮，而大名府独无者，以久无河患，不复议处也。至如去岁河水突入，茫无所措，不免空帑藏而为之，甚非计之得者。今查两县共该建铺二十六座，每座工料银五两二钱，共该银一百三十余两，此非每岁额银，议于长、东二县自理纸赎银内支建，不必别议外。其夫老二百六十名，每名该给工食银六两，共该银一千五百六十两，每年稍草、绳麻等项约费银二百两，通共该银一千七百六十两，内除每岁征收蒿草银三百三十六两，尚欠银一千四百二十四两。行据通判李敷荣、长东二县知县周嗣哲、朱诰议称并无别项钱粮，合于两县征收本府夏秋存粮银内动给，其物料银两有事年分方准销算。如此则工费有备，而修防克济矣。伏乞圣裁。

一、查复旧规，以便分任。臣惟分土分民，各有专责。长堤乃长、东二县分管之地，后因革去管河通判，遂将本堤尽属长垣。一当有事之时，在长垣则民非所辖，难于呼集，在东明则堤非所辖，难于调度，事之掣肘莫有甚于此者。臣请查复旧规，照地分管，属长垣者以修守责之长垣，属东明者以修守责之东明，无事均享其逸，有事各任其劳。庶事无推诿，而工可责成矣。伏乞圣裁。

一、分别妍媸，以便委任。臣窃惟治河之官，全在得人，苟非其人，立至倾圮。臣于阅视之时，将该府县管河官备加咨访，及面与确议河上事体。看得通判李敷荣年力既当壮猷之时，才识亦为敏达之质；长垣县县丞张九二河上事体俱能通晓。且堤上工程皆系两官首尾，合无行令久任俸满之日，加衔管事，六年通考任内果无河患，破格超擢。其东明县县丞徐衍性虽醇实，齿实衰颓，问其堤工，东西莫辨。但任浅无过，似应送部调用员缺。乞行抚按衙门，即于所辖州县佐贰官内，择其廉能年壮者，或升或调，就近铨补，促令到任管事，以为来岁修防之计。庶分理得人，而河防允赖矣。伏乞圣裁。

奉圣旨："工部知道。"

工部覆前疏

题为议守辅郡长堤，以防水患，以保民生事。

该总理河道右都御史潘季驯题前事，奉圣旨"工部知道。钦此"，钦遵抄出到部送司。案查万历十五年十月内，该巡抚保定右佥都御史张西铭"题为查筑河防，并议专任责成，以永奠民居事"内，题议筑大社集堤，并将大名府巡捕通判及长垣等县佐贰加添兼管，分管河防各缘由。本年十二月内，又该查勘督理河工工科都给事中常居敬"题为查议河防，以图永利事"内，题议修筑长垣等县、大社等集堤岸决口深潭缘由。俱经本部覆奉钦依，备行保定抚按转行管河司道各官，一体钦遵。讫今，该前因随将议动大名府夏秋存留银两，移咨户部，依议前来，似应具题案呈到部。

看得大名府为畿辅重地，其属县长垣、东明境内原有长堤一道，捍御黄河，则两县之民所恃以为命，而亦张秋运道所倚以为固者也。去年河决大社口，淹没远近，为居民运道之虞。上廑宸衷，特遣工科都给事中常居敬，会同抚按诸臣修筑前堤，民困始苏。然堤之既坏，修筑为先，堤之已完，防守为要。若官夫不设，物料不备，虽有堤防，何能永固？所据总理河臣潘季驯将善后事宜列款上请，区画曲当，深于河防有裨。内除“分别妍媸，以便委任”一款，移咨吏部议覆外，其议管河官驻扎、以便修防等四事，系隶本部职掌，相应依拟覆请，恭候命下，本部备咨户部总理河道、保定巡抚衙门，及咨都察院，转行直隶巡按御史，督行大名道、府、县官员一体遵奉施行。

计开：

一、议管河官驻扎，以便修防。前件看得，大名府管河通判驻扎府城，距堤几三百里，黄河冲决，呼吸变态，岂三百里之外所能遥制？今议每岁自五月初一日起至九月终止，本官移驻杜胜集，督率东、长两县掌印管河官，及大岗、杜胜二巡检司，昼夜巡守。其驻扎处所，即将原设衙门修葺，尤为省便。相应依议，伏候圣裁。

一、议夫役，以便工作。前件看得御河必以堤，守堤必以夫此事势相须，不可缺一者。大名久无河患，虽有故堤基址，并未设有一夫，及至伏秋水发，辄起乡夫，修守甚属未便。今议长、东两县各照地里远近，设夫以守堤，设铺以处夫。至若培土于平时，卷埽于水至，栽柳于初春。所以用夫之法尤为纤悉曲当，相应依议，伏候圣裁。

一、议处钱粮，以备工料。前件看得，铺舍夫老既已议设，堤守固有备矣。然修铺舍则费工料，设夫老则费工食，而稍草、绳麻皆应用物料不可缺者。今议铺舍二十六座，听长、东二县自理赎银支建。其夫老工食及稍草等项物料共该银一千七百六十两，除每年蒿草银三百三十六两，尚欠一千四百二十四两，于本府夏秋存粮银内动支。前项物料银两无事征收贮库，有事方准支销。庶工费既备，而出纳亦明矣。相应依议，伏候圣裁。

一、查复旧规，以便分任。前件看得，长堤在长垣县界九十七里，在东明县界三十三里，旧规原系分辖，后因裁革管河通判，遂将本堤尽属长垣，地分不明，易得推诿。今议查复旧规，照地分管。庶修守各有专责，而临事不致推调。相应依议，伏候圣裁。

奉圣旨："依议，着实行。"

吏部覆前疏

题为议守辅郡长堤，以防水患，以保民生事。

准工部咨该总理河道右都御史潘季驯题前事，奉圣旨"工部知道。钦此"，钦遵咨部送司案呈到部。

看得总理河道右都御史潘季驯条议，欲将大名府通判李敷荣、长垣县县丞张九二俱令久任。及议将东明县县丞徐衍送部调用，员缺即于所辖州县佐贰官内就近铨补各一节。除通判李敷荣、县丞张九二行令文选司停其升转，准留在任，管理河工，俟其久任，果有成效，容臣等另行优叙外，为照河工重大，必须委任大小官员，皆得其人，方能济事。所据东明县管河县丞徐衍虽系新任，但既称寻常，岂足干办？查有真定府枣强县县丞钮镃，各院道所注考语有强健精敏之称，必称管河之任，可以更调。既经河道都御史具题前来，相应酌议覆请，恭候命下，将钮镃改调东明县，徐衍改调枣强县各县丞，本部各给文凭，令其到任管事。仍咨总理河道及抚按衙门各遵照施行。

奉圣旨："是。"

恭诵纶音疏

臣潘季驯谨题为恭诵纶音，不胜感奋，敬陈治河鄙见，伏候宸断事。

伏念臣自嘉靖四十四年至今，谬承总河之命者四矣。向来治河之法惟是率由旧章，非两河之故道不敢寻，非已试之成规不敢蹈。每自恨其智识凡近，器局拘挛，无能炫奇更新，以报涓埃之万一也。

兹沐我皇上非常之恩，尤当有非常之报。故自入境以来，延袤千余里内，周咨荒度，足遍而目及之矣，而卒无可以他图者。然犹谓河南为黄河上流，或可别求长计。顷于九月初七日躬率管河道副使陈九仞、开封府知府王见宾、同知吴克勤、归德府知府陈禴、通判陈思论，及各该州县掌印、管河等官，北自考城以至武陟，南自荥泽以至虞城，又自河南至大名府所属长、东二县，将黄、沁二河延堤踏勘，大禹所治故道岁久湮没已不可考。有云自荆隆口经广、大二府地方出北海者。臣谓纵使可复，无论移河南徐淮之患于北直隶诸府，而二洪干涸，运艘难浮，不可也。或云复贾鲁河，自荥泽而达涡河者。无论二洪干涸，运艘难浮，而凤、泗祖陵重地，一淮尚且不支，况益之以黄乎？不可也。或云分沁河合漳、卫二水出临清，可杀水势者。沁河之浊不减黄河，小滩见苦浅涩，增此一河，必至淤塞，不可也。

检括故牒，咨询父老，始信治河之法惟有修防，必难穿凿，方拟备陈覼缕，恭候圣裁。顷于十月初五等日准吏、工二部咨，奉圣旨："朕闻黄河冲决，为患不常，欲一观浑河，以知水势。昨见河流汹涌，因念黄河经行处所，经理防御倍宜加慎，河道官员还行文与他，都着用心任事，务一勤永逸，勿劳民伤财，以为故事。自今推选委用，务在得人，吏、工二部知道。钦此。”钦遵，焚盥跽诵，不胜感服，不胜悚惕，仰见我皇上留心国计，加意民生。因浑思黄有触，即感知黄河之冲决不常，即思防御之当慎，因防御之当慎，即思劳民伤财之当戒，因劳伤之当戒，即思委用之在得人。宸翰龙章不数言而尽治河之道矣。

臣请以河情水性并防御鄙见，敬为皇上陈之。夫黄河由昆仑历关陕，至河南，而合渭、沁诸河，至徐州而合泗、沂诸水，至清河县，而合淮河，并入于海。其间小谿曲涧之水又有不可胜言者，固无怪其波涛汹涌，伏秋势若滔天。考之书传，自周定王五年河徙砱砾，历汉、唐、宋、元以至我朝，河决不知几千百次矣，诚有如圣谕黄河冲决为患不常者。而自发源以至入海处，惟见其合，不见其分，曾无两河并行，而古今治河者惟以塞决、筑堤成功，稍事穿凿，非久即废，何也？盖黄河与清河迥异，黄性悍而质浊。先臣张仲义云“河水一石六斗泥”，以四斗之水，载六斗之泥，非极湍悍汛溜不可。分则势缓，势缓则沙停，沙停则河饱，河饱则水溢，水溢则堤决，堤决则河为平陆，而民生之昏垫、国计之梗阻，皆由此矣。有谓堤能阻水，水高堤高，堤无穷已者。盖不知堤能束水归漕，水从下刷，则河深可容，故河上有岸，岸上始有堤。平时水不及岸，堤若赘旒，伏秋暴涨，始有逾岸而及堤址者。水落复归于漕，非谓堤外即水，而旋高旋增也。昔禹导河入海，而必先之以陂九泽者，陂非堤乎？有谓水欲其泄，决以泄水，安用筑为？盖不知浊流易壅，泄于决则必壅于河，必无两全者。昔瓠子之决，汉武亲临，群臣负薪，投马沉璧，方克有济，亦岂好为艰难之事，以自取劳苦哉？诚有见于此也。故治河之法惟有慎守河堤，严防冲决，而圣谕经理防御倍宜加慎之外，更无他策矣。舍此而别兴无益之工，即为劳民；舍此而别为无益之费，即为伤财，然总之在于得人而已。

臣自六月至今日与司道诸臣丁宁告戒，惟以修防为事。今岁霖雨连绵，河水暴涨者十余次，仰仗我皇上圣德所格，百神效灵，圣意所钟，百僚用命，两河翕犹，往来无阻，臣亦庶几藉以塞责矣。然循途守辙之事诚不自满于心，直至河南阅视之后，眇无他道可寻，故益信防御之当慎矣。除申明修守事宜，已经具题该部，见在议覆。其河南应修、应改堤工，应添、应更官员，候管河道议呈至日，另行题请外，伏望敕下该部，再加查议。如果臣言不谬，容臣申饬各该大小官员，谨遵圣谕，毋惑淆言，一意修防，毋怠职业。如有沿袭故事，轻役大众，虚糜钱粮，容臣指名参究，共输忠赤，务保无虞。臣由发及肤，自顶及踵，皆我皇上生成至恩，才识所及，殒身何辞！必不敢有一毫未尽之心，纤芥未竭之力，自干斧钺之诛也。臣无任激切屏营之至，缘系恭诵纶音，不胜感奋，敬陈治河鄙见，伏候宸断，事理谨题，请旨。

奉圣旨："工部知道。"

工部覆前疏

题为恭诵纶音，不胜感奋，敬陈治河鄙见，伏候宸断事。

该总理河道右都御史潘季驯题前事等因，奉圣旨"工部知道，钦此"，钦遵抄出到部送司。案查本年九月内，该总理河道右都御史潘季驯"题为申明修守事宜，以图永赖事"，内条议久任部臣、禁调官夫等八事缘由，已经本部覆，奉圣旨："河道每岁修防先年题有定规，乃各该官员不行着实遵守，旷职误事，这所议俱依拟行，如有仍前怠玩的，总河官指名参奏重治，钦此。”备行总理河道、凤阳、保定、河南、山东抚按衙门，转行管河司道，及札付管河、管闸郎中、主事等官，一体钦遵，讫。今该前因似应具题案呈到部。

看得总理河道右都御史潘季驯题，称“仰承纶音，敬陈治河，专在慎守堤防”一节，为照国家财赋仰给东南，转运必由黄河，治河必赖堤防，所从来久矣。顷自堤防少懈，以致黄河泛溢，乃言者不知治堤，即所以治河，始议复故道，开支河，合沁、卫，以杀水势。诸说不一，则河防不专。河防不专，则河患不息。然则一议论专修防，正今日之要务也。总理河道右都御史潘季驯久历河防，熟知水性，且感殊异之恩，冀效非常之报，遍履省直地方，备询今古事宜，乃题称“黄河之必不可分与堤防之必不可废”言皆有据，行可底绩。盖惟阅历多而闻见真，故持论定而利害审，非但一时之谋，实为经久之计。相应如议题请，以仰答纶音于万一。恭候命下，容臣等备咨总理河道、河南、山东、保定、凤阳各巡抚，及咨都察院转行各该巡按、巡漕、巡盐御史，并札付管河、管闸郎中、主事，督率各该道、府、州县官员，务要恪遵经理，防御倍宜加慎。圣谕及本部近日覆奉钦依修守事宜，如有作聪明乱旧章，劳民伤财，徒损无益与创为臆说，及蹈袭陈言，阻坏成规，致误国计者，听部科总河衙门重行参究。

然臣等又有说焉。伏读圣谕，自今推选委用务在得人，盖人存斯政举，而任法尤不如任人也。窃惟季驯治河屡试辄效，有臣如此，亦既得人矣。伏愿皇上重其权，久其任，假之便宜，而责以成效，必能为皇上纾南顾之忧，建久长之策。其所属大小管河官员如有升迁、降调等项，俱听本官甄别议处，移咨吏部施行，则修守无不得人，而河防益为永固矣。

奉圣旨："是。近年河道官员不行遵守修防事宜，因循废弛，致有疏虞，却又纷纷建议，意见杂出，何裨实事？今后务遵明旨，加谨防御，每年终，总河官将所属河道部司等官甄别具奏。"

卷之十一　奏疏

添设管河官员疏

臣潘季驯谨题为查议管河官员，以裨修防事。

据河南管河道副使陈九仞呈称，蒙臣阅视河堤，勘得府州县管河官员有地方广远，一官难以管摄者；有河防险要，未经额设专官者；有升迁事故，见今员缺待铨者。牌仰本道会同酌议，某处应该添补，某处应该更调，就便遴选贤能，堪任官员，具由通详，以凭会题。蒙此，行据开封府议呈前来。

该本道会同守巡大梁道参政王来贤、佥事王九仪议得，黄河经行开封府属，岐分两岸，延袤千里。南岸如小院村、瓦子坡、黄炼集、阎家寨、刘兽医口、陶家店、张家湾、时和驿、槐疙疸、王家楼、埽头、普家营等处，系关省会藩封重地；北岸如甄家庄、郭家潭、脾沙冈、于家店、中栾城、荆隆口、陈桥、贯台、马家口、陈留寨、铜瓦厢、张村集、炼城口、荣花树、三家庄等处，逼邻漕河，重干运道。先年屡被冲决，今虽筑堤完固，但管河同知止有一员，平时修守已难周遍，若遇河涨风涛，两岸相隔，顾此失彼，何以克济？应照淮安、兖州两府各有管河同知二员事例，添设一员驻扎北岸荆隆口。及查河北旧有演武亭一处，乃荥泽等四县联界之区，盗贼出没，水陆为害，先年曾设官兵防御，今已废格，时有警虞，似当以添设管河同知，仍兼捕务，往来督视，以靖地方，庶为两便。及查祥符县河工浩繁，道里辽远，额设主簿一员，委难卒办，相应添设主簿一员，以分责任。荥泽县居黄河上流，向属县丞兼管，今改沁水与黄合流，尽由该县出口，二河并涌，两岸俱险，乃县丞督粮兑运，往返不暇，有误河防，相应创置主簿一员，以专责成。兰阳县管河主簿王佩、仪封县管河主簿余纯华俱已升任，员缺未补。

以上四县应添、应补官员，若候铨选，未免耽延时日。且初任未谙，恐致堕误河工。今据该府推举，各道遴择，查有开封府经历姚学孔，才干优裕，操守谨严，督工克效劳迹，防御已竭心力。宣武卫经历刘汝行小心勤慎，干理条达，河工夙夜多劳，厂务纤毫无染。俱蒙院科会荐内应选择一员，加以带衔州判管祥符县添设主簿河务。原任荥泽县典史、今升光山县牛山巡检高荣魁，向委堤工，克勤厥事，虽经迁转，而修防皆属经手，相应升补该县管河主簿。原任通许县县丞，今升陕西葭州判官吕文，承委修筑则竭力经营，居官操持则恪守清洁，今虽报升，尚未离任，似宜改留，仍以带衔州判管理兰阳县主簿河务。原任陈州吏目，今升甘泉县主簿李克己，才力俱壮，心行亦纯，若畀胼胝之任，必收底绩之功，相应改留，顶补仪封县管河主簿。其中牟县管河，该府议欲添官，但邑小民疲，既有县丞兼理，似应照旧。再照黄河两岸盗贼繁兴，旧委巡河指挥二员，徒拥虚名，无益河防，且扰害庄民，需骗船户。今既添设同知主簿，驻守河滨，巡缉事宜应归河官约束督理，原委武职革撤回卫，庶分理得人，河防捕务均有攸赖等因，呈详到臣。

据此，近该臣前往河南地方，躬率管河道副使陈九仞，并分守道参政王来贤，分巡道佥事王九仪，开、归二府知府王见宾、陈褵及各该州县管河等官，沿河踏勘。每至本官该管地方，备将本处要害细加询问，做过工程细加阅视。中间堤坝坚好应答如流者固有，而苟且虚应蒙昧无知者亦多。揆厥所由，有因道里遥远而奔走不及者，有因官系兼摄而志意不专者，有因河官悬缺暂委代署者。随行该道查议去后，今据前因，该臣会同巡抚河南右副都御史衷贞吉、巡按河南监察御史王世扬，看得河南实运道上流，关系甚重，而用人实治河首务，毗藉甚殷，经理于上者，固为巨艰，而委任于下者，尤为吃紧。顷者节奉圣旨："自今推选委用，务在得人。钦此。"臣等仰见我皇上留神河务，洞烛治原矣，臣等不胜感服。

今据各道议，将开封府比照淮安、兖州二府事例，添设同知一员，驻扎荆隆口地方，带管巡捕事务。盖荆隆口逼近长、东二县，去年黄河从此决入，长、东几溺，若有府官驻扎，必能保守卫河南，亦卫长、东二县也。其应添设及铨补管河主簿，就将经历姚学孔、刘汝行内定一员，加以判官职衔，分管祥符县河务。巡检高荣魁升授主簿，管荥泽县河务。判官吕文仍以原职带衔，改留管理兰阳县主簿河务。主簿李克己应以原职改留，顶补仪封县管河主簿。中牟县邑小民疲，河患亦少，原系县丞兼摄，委应照旧。其升补各官遗下员缺，听另铨补。原委巡河指挥扰民无益，合革回卫，一应巡河事宜归并管河官兼管，尤为良便，似应依拟。

伏望敕下该部，再加查议。如果臣等所言不谬，覆请允行，速赐改补，以便预备来岁修防。仪封、兰阳二主簿缺，或于臣疏未到之前已经铨补，仍恐初任未谙，亦望转改别用。其开封府添设同知，查无相应官员，乞于邻省查有资俸相应者，就近调补，勒限到任。庶承委得人，而河防允赖矣。缘系查议管河官员，以裨修防事理。谨题请旨。

奉圣旨："吏部知道。该部覆奉施行。"

申明河南修守疏

臣潘季驯谨题为申明河南修守事宜，以固河防事。

臣窃惟黄河防御甚难，而中州为尤难。盖河自昆仑，历关陕以至河南，则伊、洛、渭、沁诸水合焉，水愈多势愈盛。而自三门七津[1]以下，地皆浮沙，最易汕刷，故自汉迄今，东冲西决，未有不始自河南者也。去岁河决刘兽医、荆隆口等处，势如飞雷，呼吸千里。上廑圣虑，特遣科臣会同抚按诸臣，分投督筑，地方始有更生之乐。然先事之防固当，预慎善后之计尤宜亟图，则今日修守之事，臣之事也，臣之责也，敢不尽心力而图之乎？

臣于受事之初，惓惓申饬各该道府管河等官，及将四防二守之法丁宁告戒，今岁幸保无虞矣。而犹虑河情地势目所未睹，足所未及者，固难以悬想而测度之也。复于九月初七日自济宁州起程，前往该省，督同管河道副使陈九仞及郡县掌印、管河等官，将南北两岸堤坝逐一阅视。河患叵测，将来可忧者一，而修防吃紧，目前应举者六。一者何？河南之委流是也。查得河南黄河涓滴皆由徐、邳出清口，会淮入海。旧由新集历赵家圈、萧县蓟门，出小浮桥，势若建瓴，河南无阻梗之虞，徐、

[1] 七津　原文作"七律"。《全河图说》中河南孟县段标示为"七津"，符合上下文义，据改。

邳有冲刷之利，水之道也。后因河南水患，另开一道出小河口，本河渐淤，至嘉靖三十六年，河遂北徙。一变而为溜沟，再变而为浊河，又再变而为秦沟，今则由胡佃沟、梁楼沟、北陈、雁门、石城等处，而复出浊河矣。中间经行之处，皆系民间住址陆地，较之故道河底高出三丈有余。漫流平地，无渠可归，深者不过数尺，浅则尺余耳。黄河并合汴、沁诸水，万里湍流，势若奔马，陡然遇浅，形如槛限，其性必怒，奔溃决裂之祸臣恐不在徐、邳，而在河南、山东也。缘非运道经行之处，耳目所不及，见人遂以为无虞，而岂知水从上源决出，运道必伤。往年黄陵冈、孙家渡、赵皮寨之故辙可鉴乎？

臣于万历六年题为黄河来流艰阻，后患可虞，乞恩速赐查议，以图治安事，该工部覆行凤阳、河南、山东抚按会勘得，开复故道，劳费不赀，事体重大，时势未宜。工部覆奉，钦依停止。夫开复此河工费须以百万计，各省俱当灾歉之余，内帑正值空乏之际，一时委难轻议。臣未敢琐琐，陈乞姑候年岁丰稔，民力少苏，另行题请。外，今将修防紧关事宜条列于后，伏望敕下该部，再加查议。如果臣言不谬，覆议上请行臣，遵奉施行。河防幸甚，臣愚幸甚。谨题请旨。

计开：

一、查得黄河北岸逼邻漕河，关系甚重。弘治年间，先臣刘大夏筑有长堤一道，起自曹县界，至武陟县詹家店止，延袤五百余里。南岸逼近省会藩封重地，最为要害，亦有长堤一道，起自虞城县，至荥泽县止。两堤延亘千有余里，实为该省屏翰。但地鲜老土，堤皆浮沙，而河流迁改靡常，多有滨河难守者矣。

今据该道逐一查核，分为缓、急二工。开封府如仪封县北岸炼城口旧堤二段，长一千五十丈，旧坝一段，长六百五十六丈，坝后水坑长二百五十丈；南岸普家营等处新旧月堤四段，共长三千一百五十五丈。兰阳县杨家庄至贾家楼旧堤一段，长一千六百丈。南岸自陈留县界至仪封县界旧堤一段，内有缺口二十一处。祥符县南岸刘兽医口迤南旧堤二段，长一千二百五十丈；张家湾老坝塌断，应筑绕后月坝一段，计长三百五十丈；又自陶家店至兔伯冈，自埽头集至旧堤头长堤二段，共长七千五百五十六丈。又该河南抚按会同工科都给事中常居敬题，奉钦依，创筑刘兽医口遥堤一道，长三千七百丈。封丘县北岸荆隆口、中栾城、于家店、张家庄、萧家庄，各有水冲潭窝，共长一百七十五丈。又该科抚按诸臣题，准该县荆隆口创筑遥堤一道，长二千零九十丈。阳武县北岸脾沙冈埽坝长三百丈。原武县旧堤一道，分为五段，共长二百八十九丈。荥泽县北岸长堤一道，自朱世花大王庙至王娄店、郭家潭等处，共九段，俱有潭窝，共长一千七百七十二丈八尺。归德府考城县北岸芝麻庄迤东埽坝三段，共长八十九丈；李秀厂东堤决口四丈，唐家水口坝基二十一丈，水坑二十八丈。商丘县南岸杨先口堤三十二丈。以上工程或创筑，或加帮，或填补，皆系险要之处，亟宜兴举者也。

又如仪封县北岸荣花树旧堤一段，长一千六百三十三丈，挖泥河旧坝坍塌，共三百七十丈。祥符县北岸马家口旧堤三段，共长一千四百七十丈。省城四面大堤一道，高下通融修理，共计六万五千九百工。阳武县北岸旧堤自王佑庄至脾沙冈，分为九段，共长四千零八十丈；南岸旧堤自訾家庄后至中牟县圆墩寺止，分为六段，共长三千三百六十四丈。原武县南岸旧堤二段，共长五百四十四丈。中牟县旧堤六段，共长一千四百七十丈。俱应加帮，河势稍缓，应俟急工完日，次第兴举者也。

两工告竣，可恃防御。但筑堤不难，而觅土为难。若非真淤老土，随修随坏，徒费无益。容臣严行管河道刻期帮筑，加意验探。如有堕误，或夹杂浮沙，或夯杵不实，苟且塞责者，容将管河官参拿究治。伏乞圣裁。

一、臣查得沁河发源于沁州绵山，穿太行，达济源，至武陟县，而与黄河合。其湍急之势不下黄河，两河交并，其势益甚。而武陟县之莲花池、金圪垱最其冲射要害处也。去岁沁从此决，新乡获嘉一带俱为鱼鳖。今幸堵塞，筑有埽坝矣。但系浮沙，恐难久恃。且坝内为商民辏集之处，烟爨不下千余，以堤为命，关系不小。查得最险之处仅四百三十五丈，甃之以石，方为可久。况每岁修守费亦不赀，积之数年，与石无异，何惮而不为耶？已行该道查估，随守随筑，迟以三年之久，必可竣事。此堤一成，百年永赖矣。伏乞圣裁。

一、臣查得河道钱粮止是徭编河堡夫银，工役所恃以为生，河防所恃以为固者，此也。而有司视为末务，每倦追征。吏书干没，收头侵欺，殆十五矣。向来旧例俱系各州县另征另解，庶便稽查，近有议请并入条鞭者。夫条鞭之法非为不美，但解京钱粮与本地方急用银两尽先征解，而待次可缓者辄为赘旒，此有司之常情也。若一概并入条鞭，则畸零人户逋负粮稍皆作河道钱粮矣。臣请仍照旧例追征，管河道立限催比，收至百两以上，俱解赴开封府收贮。如遇考满升迁，完不及三分之二者，不准离任，庶人知警惕，而钱粮自裕矣。

臣又查得河道银两节经题奉钦依，不许别项那借。今以禄粮借以驿传，借以会银，借以纸赎，借者不知几万两矣。夫以本项未征借贷，则当于已征扣还，而久假不归，玩愒殊甚，合无容臣严行管河道备查明白，照数扣还。再有逋负，容臣参究，实于河工有裨。伏乞圣裁。

一、臣惟防河在堤，而守堤在人。有堤不守，守堤无人，与无堤同矣。近该管河道副使议令开、归、怀三府，遵照工科给事中常居敬题准事例，各于堤坝之上，每二里修建堡房一座，佥令堡老、堡夫常川住堡，看守埽料，防护堤岸，修补坍塌，填塞窝穴，看守柳株，禁逐樵牧，三伏九秋之间，不分风雨昼夜，竭力防守，法至备矣。但终岁劳苦，虽得官给工食，糊口不敷。合无行令三府掌印官，即于近堤处所勘刷地段，堡老每人给与六亩，堡夫五亩，以便耕种，稍助食用。其应给地亩，先尽没官田地，如有缺少，动支旷工河银置买民产，仍给帖照，免其粮差，则人心乐为之用，而堤防可久矣。伏乞圣裁。

一、臣惟励世磨钝之术，惟在劝惩有道，而于河防最苦之事，人心尤易懈弛。先于万历八年四月内，该勘工给事中尹瑾题为河工告成，敷陈善后事宜，以图永利事，内开定法制，以核岁修。该工部覆议于秋冬之交，将各经管官员分别功罪，奏请升赏罚治，题奉钦依在卷。但此例仅行于淮、徐，而河南未经题请，未敢擅行，诚为缺典。合无容臣于秋防报竣之日，将河南掌印、管河等官，一体甄别，遵例具题施行。庶人心知警，而河防不至弛堕矣。伏乞圣裁。

一、河南虽非运道经行之处，而河情水性与徐、淮无异，则当以治徐、淮者治之矣。先该臣于八月二十二日题为申明修守事宜，以图永赖事，皆为徐、淮堤防而设。内有责成长令，以一事权，盖欲归重于郡邑掌印官也；预定工料，以便工作，盖欲早核岁修工程，以便兴举也；立法增筑，以固堤防，盖欲遵例加倍旧筑，以固堤防也。兹三事者皆可行之于河南者也。已经题奉明旨，臣不敢再赘。合无容臣行令河南管河官员，一体遵照施行，实于河道有裨。伏乞圣裁。

奉圣旨："工部知道。"工部覆奉圣旨："依拟行。"

停寝訾家营工疏

臣潘季驯谨题为祖陵当护，运道可虞，淮民百万危在旦夕，恭进《开复黄河故道图说》，恳乞圣明采择，以垂百年永利事。

据管理中河郎中沈修、南河郎中罗用敬会呈，奉臣札付，仰司会同各道，督同淮安府，并山阳、清河二县各掌印、管河官、地老、知音人等，亲诣訾家营地方逐一丈量查勘。要见清河县东见行正河水面若干丈，今议新开支河果否能分正流，日后可无淤阻，分后果否可保泗州永无水患，原议工食有无足用，黑墩湖、罗家口湖中起堤作何设法浚筑，从长计议，毋求同而为迁就之计，毋畏难而忘久远之图。斟酌停妥，会呈详夺，以凭具题施行。

蒙此，随该职等督同淮安府知府张允、济管河同知姜桂芳、山阳县知县张光绪、清河县知县邹守约、桃源县知县华存礼，唤集彼处土人杨甫等，丈勘明白，回报前来。该职等议，照国家兴大役，举大事者，非持意见以为可否，惟深晰夫利害之辨而已。据府县申，谓訾家营支河一开，除目前之患害，收将来之全利，恶在乎？其不可也。但查清河县东见行正河水面阔二百四五十丈，其深约有三四丈不等，则支河之开，视全河必得三分之一，乃可分流，而导之使趋。今议面阔止四十丈，底深止二丈五六尺，试以全河形之，果有三分之一乎？必须面阔、底深比原议丈尺稍增其数，方为完计。若啬其数于勘估之初，恐费病于不继之请，似未可以原估五十五万九千九百七十余两限之也。况黑墩湖又系洼湿积淤之所，夫以四十余里平陆易淤之地，而欲新创导河入海之功，工力巨艰，举动匪细，鸠夫役必至数万，奏成功须待经年。及今徐、淮以南岁苦大祲，二麦稍熟，复罹大疫，流移饥殍，枕藉相望，此何时也？疮痍未起，闾阎萧条，即以大工召募，给散工食，聊济一饱而已。率僵仆甫起之民，而责以趋事赴工之敏，恐亦难矣。合无俯从该府之议，姑待年丰兴举为便，呈乞再加查议等因。

又据整饬淮扬兵备副使周梦旸、颍州兵备副使杨芳、徐州兵备佥事陈文燧会呈，蒙臣案验，会同管河分司，行据淮安府勘议前来。覆该各道议，照自昔治水惟有二策，非厚筑堤堰以遏横流，则多开支河以泄暴涨，而总之审时度势，乃可底绩安民。若时事未便，漫然尝试，未利先害，非计之得者。该府所称訾营之开，一举四利，而挑浚情节曲畅旁通，不为无见。但工费颇为艰巨，帑藏又多空虚。淮民连岁灾伤，疮痍未复。目今秋旱燥烈，黍豆不登，穷冬苦寒。又恐糊口无策，而以煮粥聚赈，传染瘟疫，枕藉而死者十之二三。见存孑遗之民匡羸幺么，可静而不可动，可逸而不可劳，万分煦育，犹恐不能保其残喘。而鸠数十万之夫，挑五十里之河，计算时日，必数年之久，乃可竣事。是犹以疲癃奄息，而责之艰重之任，未有不仆者。况五十里长途，满目荒莱，居民流徙，竟日不闻鸡犬、见井灶，不惟数万夫役栖身无所，即督工官员亦未有驻足之地，天时人事俱属不便。职等初议，亦谓年歉不能举事，请行再议者，盖与本府今议大略相同，而非迁就畏难，不顾久远之利也，相应准从等因到臣。

通候覆议间，又据管河郎中沈修、罗用敬、徐州兵备佥事陈文燧会呈为河道事。本年八月二十六日，据淮安府管河同知姜桂芳揭报，本月十四日，清江浦外堤对岸清河县地方，有鲍家营住民张思礼门首，势当黄淮西南而来，直射东北。河水大涨，忽从本营漫流，阔二百余丈。随令大河卫经历章淮，率领本方熟知河道乡民唐山，驾船随流，探勘水势归向。自本口东北十里，经官庄浪石二十里至娘子庄，又二十里至涧桥，又三十里至古寨，俱系湖荡。又十五里至桑墩，入见成连河，抵幞头关，下新坝入海。此口离清河县三十里，外系迎溜，内有河湖故道，即今分杀黄流，清江浦石堤以下一带可保无虞缘由到职。

先该职等据实揭报本院讫，今蒙批行覆勘。为照鲍家营正当王家营之上，訾家营之下，既非运道，又非民居，先年不议筑堤，留以分杀暴涨之势。今清江浦外堤加筑高厚，而黄河大涨，果由此分泄，自娘子庄，径由涧桥古寨，以入于海。不劳工力，不费财用，而盈溢之势可杀，清浦外堤可保，真天开之訾家营也。若虑水落之后，难保不淤，而来岁水涨，势必复泄。淤则平时无夺河之患，泄则临涨有分杀之功，诚于河防有益无损。呈乞本院详示，将本口照旧存留，以备分泄。惟于两岸用埽包裹，以成河口。二三年后，时和年丰，再举訾营之议，未为晚也等因，各呈详到臣。

据此，先该臣准工部咨前事，该本部覆议，内开訾家营支河以接草湾，较诸故道之复，固事半而功倍。要其入海之路又散漫而难收事，既未见全利，议亦未敢遽决。今新任总理河臣潘季驯前后治河将几十稔，阅历既久，闻见必真。所据支河之议，宜令覆行勘阅，恭候命下本部，备咨总理河道右都御史潘季驯，作速到任。将科抚诸臣所议于訾家营开支河，以接草湾一事，覆行勘阅。果为利多害少，在所当行，或为徒费无益，在所当止。倘众议未妥，别有长策，可以护祖陵，保淮安，固运道者，但求事可功成，不拘人己同异，即令从实具奏以凭，覆请定夺等因。

奉圣旨："是。这黄河故道既勘议明白，难以开复，罢訾家营，应否添开支河，还着河道衙门从长计议具奏。钦此。"钦遵，备咨到臣。

该臣督同司道并府县等官，亲往訾家营一带地方，逐细阅视。行据各官会呈前因，正在详审间，忽据徐州道佥事陈文燧揭报，清江浦外堤对岸鲍家营冲开一口，几二百丈。水从本口入荒坡，往东北浪石旧河身，至娘子庄、涧桥、古寨，俱系湖荡。又十五里至桑墩，入见成连河分支一百余里，下新坝入海。此口离清河县三十里，与运河经行之处眇不相及。而清江堤修筑既高，水从西激，鲍口一开，清江堤乃完，运道可免啮溃改徙，而上之顺达泗水，下之分杀淮水。其入口至浪石娘子庄，即前勘议訾家营经流之处，折至东北，经涧桥，达古寨入海。则又不必凿五十里入赤晏庙，而水有所归，是省六十万金之费，以开訾家营。此皆本院拯溺救民，忠诚仁爱，孚格苍穹昭昭者，默助其成，不劳而底绩也。佥谓，若念訾营工费难处，绩效难成，而鲍家口不系运道，不淹民田，俯赐存留，以代訾营无损之益，舆情自安等因。又据管河同知姜桂芳揭报相同。俱经臣批行司道覆勘，及亲阅相同外，今据前因，为照论天下之大事者，创其始必先究其所；终成天下之大计者，图其利必先虑其所害。若聊且虚应于一时，而漫然为尝试之举，举之未几，废即随之，咎将谁归？且工役以十万计，时以年计，工费几六十万计，劳民动众，关系不小。我皇上以科臣之言，下之科抚，而复以科抚之言下之于臣，亦诚以事体艰重，未可易易耳。臣敢不虚心博访，以仰体皇上至严至慎之意乎？

臣于六月十七日一接邸报，即率同各官躬往阅视。訾家营委与清口相对，地势平衍，并无崎嵚险阻。中间虽有黑墩湖、罗家口二处颇难浚筑，然工力稍倍，亦似可成。开成之后分流甚便，由此而至颜家口四十五里，由颜家口而至赤晏庙，复与大河相会不远矣。分流之后，欲杀泗州水势于二百里之外，固不可得，而清江浦外伏秋之涨委为可减。但该府原议工费五十五万九千，止言浚河，而不及筑堤。若欲比照旧例，建筑遥堤，运土于一二里之外，其费又当倍之矣。计土论方之法固是旧规，而浚至一丈之下，地泉迸出，非十倍其工不可，则其费亦未可知也。然成大事者不惜小费，此亦未足论也。臣所虑者，河性喜深广而避浅隘，今以阔四十丈深二丈五尺之河，而欲与阔二百四五十丈深三四丈者同流并驱，似亦难保不淤。伏秋之时，河水消涨不常，旋淤旋浚，恐滋烦苦。若欲加浚深广，费须数倍，非惟钱粮难措，抑恐妨夺正河。盖河不两行，自古记之。先年河臣刘大夏、刘天和、王以旂诸臣，有开孙家渡以杀水势者，有浚赵皮寨以济二洪者，有开李景高口引水出徐者，皆不久即淤，可为明鉴矣。当此中外告匮之时，万一虚费工力，罪将谁诿？司、道、府臣系原勘原议之官，而恳恳以荒歉请停为辞，其意亦可想见。

臣又查得漕抚侍郎舒应龙、工科都给事中常居敬原题，内开訾家营经黑墩湖、罗家口，恐有散漫之虞，亦未敢为必然之画。倘以祖陵山麓之水未及玄宫，运道之危在清江浦者，先年已有石堤，目前加筑埽堤，尚可保无决裂。淮、黄交汇之地，昏垫之害祛之于西者，不免移之于东。则今议支河重役巨费，非有全利，若未可以轻举而试为之。如必欲为淮水疏泄之谋，求人事之可尽者，固不能舍此有他图耳等因。是二臣之见与臣亦不甚异，臣所以展转思惟，未敢遽决者，此也。

今据司道议，有新开鲍家营，去訾家营密迩，既非运道经行之处，亦无民田损家之虞，入海另由别路，可免大河合后复涨之事。虽水落势必复淤，与虑訾家营者无异，但不费一尘，可免后悔。而漫流广阔，淤不甚高，来岁水涨之时，势必复通。淤则平时无夺河之患，通则临涨有分杀之功，与崔镇等减水四坝无异也。姑俟三四年后，本口冲刷成河，留之固善。若沙淤渐高，水流不顺时，或地方丰稔，民力稍苏，再议别图，亦未为晚。

所据司道诸臣之言似为有见，此皆仰仗我皇上留心国计，轸念民劳，上帝鉴临，百灵效顺之所致也。合无将本口两头埽护留备分泄，其原议訾家营工程暂行停寝。伏望敕下该部查议，如臣所言非谬，覆请允行。臣愚幸甚，地方幸甚。缘系祖陵当护，运道可虞，淮民百万，危在旦夕，恭进《开复黄河故道图说》，恳乞圣明采择，以垂百年永利事理。谨题请旨。

奉圣旨："工部知道。"

工部覆前疏

题为祖陵当护，运道可虞，淮民百万，危在旦夕，恭进《开复黄河故道图说》，恳乞圣明采择，以垂百年永利事。

该总理河道右都御史潘季驯题前事等因，奉圣旨："工部知道，钦此。"钦遵抄出到部送司。案查万历十六年三月内，该礼科给事中王士性题前事，内议开复黄河故道等因，奉圣旨："着工部便行，与漕运衙门及勘河科官从长计议来说。钦此。"已该本部备行查勘，河工都给事中常居敬、总督漕抚侍郎舒应龙查议。去后，本年六月内该查勘河工都给事中常居敬、总督漕抚侍郎舒应龙题称黄河故道难复，訾家营另开支河，顺入草湾河缘由，已经本部覆奉圣旨："是。这黄河故道既勘议明白，难以开复，罢。訾家营应否添开支河，着河道衙门从长计议具奏。钦此。"已经备行总理河臣，会同司道各官勘议去讫。今该前因似应具题，案呈到部。

看得訾家营另开支河之议，盖为黄河故道难复，欲别求一策，以杀泗州水势，本不得已之计也。彼时科抚诸臣查勘，及臣等议覆，业已谓其难行。特事关运道民生，非经详核，遽难定议，故行河臣覆勘，以求画一之说。今潘季驯督率诸臣躬亲查阅，谓其水性之难强，钱粮之难措，工绩之难成，种种不可开浚之状，昭若指掌，与部科原议若相吻合。又况鲍家营突冲一口，入海甚径，非若訾营之迂绕，不烦工力，非若訾营之劳费。淤则平时无夺河之患，泄则临涨有分杀之功。然则訾家营支河非惟不当开，亦有不必开者。相应如议停寝，恭候命下本部，备咨总理河道衙门，及札付中河、南河郎中，备行各该道、府、州县官员，一体遵奉施行。

奉圣旨："訾家营既难开浚，罢。见今河道疏通，只着该管官员遵守成规，用心堤防，不许妄生意见，阻坏成功，徒滋劳费。"

修复湖堤疏

臣潘季驯谨题为修复湖堤，以便蓄水济运事。

据管理南旺泉闸主事王元命、济宁道按察使曹子朝、分守东兖带管、分巡兖州道参政郝维乔呈，蒙臣札案，俱为检查节奉钦依，河工分派司道各官，以便责成，以图早竣事。分行司道，遵照工部议覆。工科都给事中常居敬原题，各项工程勒限兴举。除将应修闸坝、斗门等工俱已如法甃砌将完，马踏、安山二湖应筑约水土堤见今工有次第，通候另报外，其蜀山、马场、南旺三湖各原议筑束水子堤一道，以为封界，及南旺湖中堤一道，严督官夫修筑间，节据委官兖州府同知陈昌言等呈称，各湖先年创有封疆老堤，水至堤根十常八九，后因堤防废弛，湖水难蓄，蒙工科踏勘之时，正值亢旱，举目禾黍，故议筑子堤，中亘长堤。堤内蓄水，堤外召佃，官民两便。但自去岁夏秋恒霖，斗门洞开，坎河坝筑，涓滴不遗，水势弥漫。即今湖中筑堤，不惟水深工难，纵筑成，堤内外汕刷易圮。又恐湖狭水微，似非济漕初意。且地被水占，亦难召佃利民。

查得嘉靖二十二年兵部侍郎王以旂清复湖界，筑有大堤，年久倾废，似应修复。蜀山湖西南一带俱临运河，堤岸高耸，无容别议。其东北一带自南头冯家滚水坝起，至苏鲁桥迤南大堤头止，俱有旧堤根址，相应修复。自大堤头至南旺田家楼止，原系受水门户，今应密植柳株，以正封界，水至入湖为运河之资，水退据柳为民田之限。马场湖地势南面临河洼下，出水济运，北面原系入水渠道，今宜照旧仍留入水，密栽柳树，以为湖界。东面旧堤约长八里余，相应修复。南旺湖东面高埠，遵照原议，量留一里，筑子堤一道，其余三面应将原堤建复。其中亘长堤正在湖中，难以施工，相度地势应浚沟渠，通接斗门，庶为完计。各具呈前来，覆该司道亲阅相同，委属妥当。虽与原议稍有不同，求其济运利赖则一，呈乞酌议题请等因到臣。

据此卷查，先该臣查，将工科都给事中常居敬原题，查复南旺等五湖，筑建堤坝、闸座等工。分委北河郎中吴之龙查复马踏湖，建永通闸，筑子堤，修王岩口滚水石坝；南旺主事萧雍查复蜀山湖，建坎河坝，筑束水堤，修滚水大坝；济宁道按察使曹子朝查复马场湖，建通济闸，筑子堤，修安居斗门三座；分守东兖道参政郝维乔查复南旺湖，修邢通等斗门十三处，筑封界子堤，中亘长堤；分巡兖州道佥事刘弘道查复安山湖，筑封界堤，建八里湾、似蛇沟两闸等因具题。该工部覆议，备咨总理河道，转行司道各官，查照分地，竭力修治。倘兴工前后，或有事体与原议稍异者，即便从宜处置。或有原议未尽者，不妨别议增补，通完奏报等因。覆奉钦依，咨臣通行司道，督率兴工，勒限报竣去后。

今据前因，覆阅相同。除将闸坝、斗门等工及马踏、安山两湖应筑堤岸，俱照原议，候通完核实类奏。外，该臣看得，运艘全赖于漕渠，而漕渠每资于水柜，五湖者水之柜也。先该勘工科臣常居敬洞烛其源，倡为封界子堤之说。盖因比时旱魃为灾，湖身龟裂，地方之民乘时射利，尽为禾黍之场，故欲筑堤限之，非浚湖以就民，乃限地以蓄水也。良法美意，可谓善之善者。第自去年六月以后，天雨频仍，湖水盈溢，不惟湖地难耕，即民地亦成沮洳矣。询之湖滨年老之人，皆云如此景象，向来岁居十七。今欲尽泄湖水创筑子堤，亦甚易易。但恐筑成之后，堤泡水中，立见倾圮，而子堤之外必成夹河，岂能耕种？随查得先臣兵部侍郎王以旂原有土堤一道，意与科臣常居敬封界正同，而围湖稍广，蓄水更多。今岁之水正及堤址，止因年久浸废，界址不明，干旱之时遂有越界私种者矣。若将此堤加帮高厚，尽复旧业，堤内为湖，堤外为地。纳水处所不便筑堤，密栽水柳为界，庶湖水不缩，经界不淆，而亦不失科臣原题之意矣。其南旺湖中堤水内积土，成功固艰，堤成水泡，汕刷必易，似宜免筑。

所据各司道之议，相应依拟具题，伏乞敕下该部，再加查议。如果臣言不谬，覆议上请，行臣遵照，督令上紧修筑，勒限报竣。谨题请旨。

奉圣旨：“工部知道，该工部覆奉施行。”

就近铨补分司疏

臣潘季驯谨题为河防紧急，乞恩就近铨补贤能官员事。

臣于三月十六日，据徐州兵备兼管河道按察使陈瑛揭称南河郎中罗用敬于三月初八日忽患喉毒病故，见今河务方殷，缺官管理等因。臣查得本官所管高家堰、清江浦、范家口等处，俱系两河要害，岁修之工方在兴举。宝应县西土堤、邵伯石堤适当诸湖之滨，题奉钦依修筑，尚未告竣。郎中罗用敬毕力肩承，业有成绩，忽尔奄逝，臣实痛心。除候工完之日，将本官另行叙报外，臣窃照钦修之工，原限三月以里，并日而作，犹惧愆期。矧夏令去今不过数日，伏秋之备正在此时，若候推补前来，迁延便须数月，废时失事，必致疏虞矣。该臣会同总督漕抚侍郎舒应龙看得，管理清江厂兼管闸座工部营缮司署员外郎事主事黄曰谨，禔身狷洁，任事精详，司闸禁而怨讟不辞，淤垫之患可免，严厂务而工费俱省，侵克之弊顿清。况久处两河之滨，闻见甚确，习知通塞之故，疏治不难。若将本官转擢南河郎中，就近到任接管，则河防得人，而官不久虚矣。及又查得臣于万历十六年十月内题为申明修守事宜，以图永赖事，该工部覆称，今后中、南两河郎中员缺敕下吏部，即于工部主事查有曾经分司河上，及历俸稍浅者，遴选推补。俟后职业克修，容令历俸九年，方为破格迁擢。题奉钦依在卷。今员外郎黄曰谨正系曾经分司河上之官，若令铨补久任，九年方行迁擢，则非惟目前得其分猷之力，而迟之岁月，必收永赖之功矣。其清江厂员缺，另行推补。

伏望敕下吏部，再加查议。如果臣等所言不谬，覆请施行，河道幸甚，臣愚幸甚。谨题请旨。

奉圣旨："吏部知道。"该吏部议覆相同，题奉圣旨："是。"

就近铨补河官疏

臣潘季驯谨题为黄河要地缺官，乞恩就近铨补，以防伏秋事。

臣于三月十六日接到邸报，内开南京户部湖广司缺员外，推淮安府同知徐伸升补等因。该臣查得徐伸为管河同知，北自夏镇珠梅闸起，历丰、沛、萧、砀、徐、邳、灵、睢等处，至桃源县止，一带黄河俱系本官管理。而中间扫湾，迎溜、素称善决者，无处无之，故河防惟以中河为难。而司道官之所责成者，惟同知一人而已。矧今时将入夏，去伏不遥，卷埽护堤正当预备，断断于畚锸之内，逐逐于河漕之滨，殆未可以顷刻缺人者也。若候铨补依限前来，未免耽延时日。倘从远方升调，则又未可以时日计矣。臣查得驻扎杨村河间府管河通判申安，历任甚著贤声，修防业有成效，曾经通惠河郎中陆梦熊揭荐到臣。杨村河患颇少，未展其才。山东德州知州赵可学才识通敏，施为练达，节该司道开荐到臣，查访委为可用。臣于去年十二月内，将二臣具疏列荐之矣。若于内拣选一员，加以同知职衔，前来管理河事，必克有济。而二臣见任地方，去中河不及千里。恭候命下之日，容臣促令兼程趋任，浃旬即可接管。倘以本官资俸未深，明开疏中，令其久任，于河道更为有裨。伏望敕下该部，再加查议。如果臣言不谬，覆请升补施行。庶河防得人，而要地不至久于缺官矣。谨题请旨。

奉圣旨："吏部知道。"该部议覆，通判申安升补。题奉圣旨："是。"

查议通济闸疏

臣潘季驯谨题为目击时事，敷陈愚悃，以裨治安事。

据管理闸座工部署员外郎事主事黄曰谨、徐州兵备兼管河道按察使陈瑛、海防兵备带管南河工部分司副使周梦旸会呈，蒙臣案验，仰各司道速查：清江里河通济闸今自开春启闸之后，是否波涛内讧，不能闭闸；回澜水势较比往年有无湍激，即今应否改移闸口于稍南，要是，何项地名，有何便利，可避河流之冲；此外有无别所另寻一路，堪以济运；清江浦口应否填筑，以收永利。务要躬亲相度，会议妥当，呈详覆议具题。

蒙此，行据淮安府呈，称督同管河同知等官姜桂芳等查勘得，通济闸建立甘罗城坚实之地，两崖颇高，牵挽甚便，水势北趋，河流平缓，运艘往来颇称利便，所据闸坝不必改移，宜从旧贯等因。

据此，该职等亲诣前项地方，督率多官覆加查勘，谨按舟从今通济闸出口者，以此口专向淮河，独受清水。惟伏秋大涨，黄流未免倒灌，故于入伏之时，闸外卷筑软坝，无非为避黄计也。至九月水落，仍复开坝由闸。盖自九月以后至五月以前，通济之水有清无浊，三闸递相启闭，其法甚便。故先年改天妃闸而为通济闸，以天妃闸当黄，而通济闸近清也。见今粮运通行，水皆清平如旧，旋启旋闭，颇为不难。况昔黄流只有一道，今分流草湾一百五十余丈，已减全河大半。若欲改闸而南，必从淮城以下出口，张口受黄，日有沙壅，是平江伯建闸以避浊，今返背清而就浊矣。全河大势已奔草湾，而清浦西桥一带渐淤，复从淤处建闸，是又舍通而就塞矣。且板闸、钞关，与船厂、仓庾，户、工各部三分司，皆在清江沿河地方，以便督造抽分，二百余年于兹矣。今若改闸而南，则清江、板闸一带必至干断，三分司与诸闸厂俱当改建，为费不赀。三闸延袤六十余里，人烟辏集，仰商贾挑盘之利者，万有余家，若闸改而南，必夺生理，移署迁民，事在得已。况粮艘经由清浦，如履盘盂之内，甚为平稳，遽从淮南出口，是舍清夷之渠，而多受黄河六十余里牵挽之苦，仍恐运军亦难之耳。再询淮中士夫，皆称淮城风水前有清淮，后有黄河，环流回抱，有如襟带，乃缙绅生灵之血脉也。今从淮南建闸，将使淮地中断，而自绝其襟带矣。谈者多称不利，难以拂众强图，乃勘通济闸迤南一带，别无可通舟楫之所。职等反覆思惟，诚不如仍旧为便，呈乞本院定议题请等因。

又据清江管闸分司呈称，蒙臣宪牌，仰司即查通济闸入春以来，有无黄流内入，波涛湍激，是否不能闭闸回澜，各闸启放之后，因何不行下板，备将致害缘由从实呈报。依蒙查得清口乃粮运咽喉所系，自有通济等闸启闭以来，顺时节宣，河无涨溢，成效如睹。去冬遵守新立传筹规矩，启一闭二，遵行无失。入春黄水未发，粮运出口络绎无停，三闸俱开，昼夜催攒，时难暂闭。外水虽入，悉皆清流平缓。若粮船出尽，即遵前法启闭。况今清江外堤修筑完固，附堤淤土一望数十余丈，决无他患，缘由各呈报到臣。

据此，案照万历十七年三月初九日准工部咨该南京户科给事中徐常吉题款开，肆曰：淮扬水患清江浦口运艘所经，而频年以来黄河内冲，出入为梗，安东之流日缓，而浦口之入渐多。今自开春之后，运船出口，千樯并集，舳舻相衔，未免启闸以纳水，而波涛内讧，不能闭闸，以回澜水势亟矣。乞敕该部转行总理河道衙门，多方筹画。或移闸于稍南，以避清河之冲。或通漕舟于别所，以为万世之利。其清江浦口则令筑坝堵截，不许复开。如此，则庶几民生可保。不然开口受沃，而束手待尽。臣恐湍激之黄流将直穿乎高、宝，而百万之苍生且胥而为鱼鳖，此淮扬水患，臣之所可忧也等因。题奉圣旨："该部知道。钦此。"钦遵，备咨行臣。即查前项闸口应否可移于稍南，漕舟有无可通于别道，其清江浦口应否筑堵，不许复开。凡奏内事情一一从长计议妥当，具题前来，以凭覆请施行。

淮此，先该臣接到邸报，随即督同南河郎中罗用敬、淮安府署印同知赵垧、山阳县知县张光绪等，亲诣淮城以南东坝地方及通济闸以下清江浦等处，逐一踏看，犹恐未确。又经案行各司道查勘去后，今据前因，该臣查得，国初踵习元人故事，以海为运。永乐年间平江伯陈瑄创凿清江浦一带，以通淮、黄两河，始以河为运矣。然清浦原无来流，全借河流内灌，方可浮舟。而黄流甚浊，恐至淤垫，故复设天妃等五闸，递互启闭，以便节宣。时将入伏，闸外即筑软坝，一应船只俱于五坝车盘，良法美意，二百余年利赖之矣。后因天妃闸全纳浊流，故复改于三里沟，寻复改于甘罗城，即今之通济闸是也。此处为南河口，乃淮水独经之地，离黄向淮，用清避浊，漕渠无淤垫之患，舟航有利涉之休，人甚便之。惟于五六月间黄水盛发，不免逆上，与淮并入。而时将入伏，筑坝断流，九月开坝，则黄水业已退矣。今给事中徐常吉题请移闸稍南，通漕别所，极为订谟长虑。如果徙避有地，真为万世之利。但细查淮郡之外，别无支流可引，欲通漕舟，不得不资两河，欲资两河，必难免其内灌。然分流不及十分之一，而滔滔北去，由安东入海者，固如故也。若移闸愈南，则纳浊愈甚。司道诸臣所云背清就浊，舍通就塞，而运艘多涉险阻六十余里，皆所不免矣。至如改建衙门，迁移厂闸，费虽不赀，无足论也。臣又查得初春水落，正当平缓之时，止因运艘昼夜放行，诸闸不便下板，传者遂谓不能启闭。今运艘如期出口，各闸启闭如故，委与该司查勘相同，臣不敢蔽。

伏望敕下该部再加查访，拟议上请。或行抚按及巡盐、巡漕衙门，覆加勘议，务求久安长治之策，以为河漕永赖之计。地方幸甚，臣愚幸甚。谨题请旨。

奉圣旨:“工部知道。”

工部覆前疏

题为目激时事，敷陈愚悃，以裨治安事。

该总理河道右都御史潘季驯题前事，奉圣旨：“工部知道。钦此。”钦遵抄出到部，送司案呈到部。看得我国家岁漕东南数百万石，以海运非便，故凿清江浦引淮、黄二水，以通漕舟。又建通济等闸，以避黄而就淮。此法行之二百余年，未有能变者。给事中徐常吉虑黄水灌淤，条议移闸座，塞清浦，似或有见。今据总理河臣潘季驯督率多官，再三筹度。谓清浦若塞，更无别道可通漕舟，闸座若移，则去淮流益远，而纳浊流益甚，受浊不若受清，故更新不若仍旧。其说甚明且悉，而河臣犹不敢自是，复请下抚按及巡漕、巡盐御史覆议。臣等以为清江浦之于运道，譬若人身之咽喉，即使少有淤阻，不过随宜修浚之耳，未闻塞其咽喉，而别求吐纳之处者。况清浦见无淤阻，而别处又无可通漕。既经踏勘明白，似惟仍旧为便，不必再议。恭候命下本部，备咨总理河道并巡抚、漕运衙门，及咨都察院，转行巡按、巡漕、巡盐各御史，并札付南河清江厂郎中主事，一体遵奉施行。

奉圣旨："清江浦运道见在通行，只着照旧修守，不必再议更改。"

河工告成疏

臣潘季驯谨题为省直河工告竣，据实恭报，仰慰圣衷事。

节据南直隶中河郎中沈修、南河郎中罗用敬、夏镇主事余继善、海防兵备副使周梦旸、徐州原任兵备管河佥事陈文燧、见任按察使陈瑛、颍州兵备副使杨芳会呈，节奉总理河道并总督漕抚衙门札，案俱为检查节奉钦依，河工分派司道各官，以便责成，以图早竣事。行职等，将先后题准应修土石工程，勒限兴工，上紧报竣。职等遵依，督率分委府州县等官，亲诣工所，如法率作，俱至万历十七年四月二十九等日通完讫。总计筑过邵伯、宝应界首、三里湖、高邮南北小湖口、盐坝、南堤、高家堰、天妃坝、清江浦惠济祠、礼字坝、范家口、柳浦湾、潘家坝、张家洼、马家湖、黑墩、蒯家洼、金家洼、贾家洼、王家口、张福口、塔山，并护陵石堤，共长七千一百六十五丈八尺，土堤共长一万三千五百七十五丈，桩笆堤工共长六千二百九十丈六尺。筑过顺水草坝十四座，石矶嘴一座。盖过柳浦湾料厂一所，建过镇口闸一座，增砌过古洪、内华闸二座。挑浚过里河淤浅，并浚支河涧河。及开镇口闸上下河道，共长一万一千六十九丈九尺。塞过决口长一百二丈，填筑过喻口河坝一道。其各堤高卑酌量地形低昂，水势缓急，稍有增损，俱经呈明。除长阔高厚丈尺数目，已蒙各院及委官亲诣各工，逐一核实讫。

职等议照，上下江运艘皆由瓜、仪，历邵伯、高、宝、淮、徐，至茶城，以入漕河，延袤千里。中间湖波万顷，则有风涛之虞，流沙久积，则有淤垫之虞，两河湍急，则有冲决之虞，淮、黄交接，则有沙涩之虞。故邵伯东堤每至倾圮，宝应西口率多浅阻，清口茶城浊流难免逆上，而范家口、天妃坝堤岸坍塌，相继冲决，淮扬几为鱼鳖，此往事之明征也。至如高堰一堤，尤为二河关键。隆庆初年，淮水从此溃入，黄亦随之而东，海口无水冲刷，因之堙塞，而淮扬兴、盐、高、宝之间，则一望弥漫，桑田为海矣。自万历七年修复本堰之后，两河始归故道。近年以来堤防久弛，渐至汕刷，诚为可虑。幸蒙部院科臣先后具题，浚筑之工至周大备。职等遵奉，节行案札，起派官夫，分投兴举，昼夜督促，如期告竣。除用过钱粮见在覆查，另行造册送核外，所据完过工程，拟合开坐呈报等因。

又据扬州府推官李春开、凤扬府推官盖国士会呈，蒙总理河道并漕、抚、按、盐各院，俱行职等前去各工核实。依蒙，遍历邵伯、宝应、界首、高邮、高堰、天妃、清江浦惠济祠、礼字坝、范家口、涧河、柳浦湾、张家等洼，张福口、王家口、镇口闸、塔山缕堤，古洪、内华二闸及护堤等处，逐一锥探。土堤委系老土夯实，验勘石工俱各甃砌坚致。河渠深广，一一足数合式，经久可恃。随具不致扶同甘结，呈报前来。又据山东管理北河郎中吴之龙、管理泉闸主事王元命、济宁兵河按察使曹子朝、分守东兖道左参政郝维乔、分巡兖州道佥事和震会呈，蒙总理河道并抚按衙门备行职等，分督修复湖堤，建筑闸坝、斗门等工，鸠夫办料，刻期完报。依蒙，督委府州县等官，修筑过马场、马踏、蜀山、南旺、安山五湖土堤，共长三万二千五百五十一丈三尺。建过火头湾、通济闸，梭堤迤南永通闸、八里湾、似蛇沟闸，共四座。坎河口、何家口、冯家口、五里铺各滚水石坝，共四座。安居、五里营、十里铺、关家大闸，常明、孙强、刘家、焦栾济运闸，盛进、张全各斗门，共十一座。砌过石堤四丈，筑过土堤二百九十五丈。又挑过建闸河身，长八十四丈。顺水沟渠长一千一百七十四丈六尺。填过水口十一处，筑过河口一处。栽过护堤卧柳一万六千一百五十株，封界高柳六千七十一株。俱于万历十七年四月二十五等日通完讫。

职等议，照运艘入镇口闸，直至临清板闸一带漕渠，共计八百余里，皆藉汶河之水，以资利涉。而漕渠颇远，泉源颇微，故多设闸座，以便节宣；修复南旺等五湖，以便潴蓄；建立减水闸坝，以便出纳。皆为治漕要务，不可不讲求者也。近年以来，法久寝废，一遇亢旱，遂同涸辙。幸蒙勘河都给事中常居敬前来，会同抚按躬亲踏阅，逐一检查，将封殖五湖、建复闸坝、斗门等项会疏，题奉明旨，通行总河及抚按衙门，转行职等，分派工程，定立期限，昼夜督促，幸以告成等因。

及据山东按察司按察使叶梦熊呈，蒙总理河道及抚按衙门宪牌行职，查得马场等湖堤、永通等闸、坎河等坝、安居等斗门，各项工程委系精致坚实，别无渗漏，今具不致扶同甘结呈报等因。各具呈到臣。据此，案照万历十六年闰六月二十九日准工部咨该查勘河工都给事中常居敬，题为钦奉敕谕，分别效劳官员，以励臣工，以重河漕事。本部议覆，内开案查万历十五年十一月内，该凤阳巡抚都御史杨一魁题为议处两河水患，以固运道，以奠民生事，内议修砌范家口等处堤岸，并改拆崔镇等坝及疏草湾河口缘由。本部覆奉圣旨："崔镇坝应否改拆，候差去科臣到彼，再议定夺。其余俱依拟，着实行。钦此。”随该本部备行凤阳巡抚及差去科官钦遵讫。万历十六年四月内，该查勘河工都给事中常居敬会同总督漕运户部右侍郎舒应龙题为钦奉敕谕，查理河漕，以保运道事，内题议古洪以外添建镇口闸，并修筑运河堤岸及停拆崔镇等坝、停浚草湾等缘由。又该本部覆奉圣旨：“依拟行。钦此。”备行淮扬抚按，转行管河司道各官一体钦遵讫。本年四月内，该都给事中常居敬会同山东抚按题为钦奉敕谕，查理漕河，以重国计事，款开南旺湖修筑子堤，中亘长堤，修复邢通等斗门共十三座。马踏湖东北筑堤，修复王岩口石坝。蜀山湖周围筑堤，修复冯家大坝。马场湖周围筑堤，修复安居斗门三座。及修坎河口滚水石坝一座，长六十丈。建火头湾通济闸，梭堤集永通闸各缘由。又经本部覆奉圣旨：“依议行。钦此。”备行山东抚按，转行司道等官钦遵讫。本年六月内，该都给事中常居敬会题为清复湖地，以济运道事，要将安山湖低洼处封为水柜，及八里湾、似蛇沟建闸二座缘由。又该本部覆奉圣旨：“这湖地依拟筑堤，仍画定界限，永远遵守。如有侵占盗决等弊，照前旨着实参治。其各处泉湖蓄水济运的，都着一体清查整理。钦此。”已经备行南北直隶河南、山东各巡抚衙门，转行管河司道各官一体钦遵讫。

今科臣常居敬比照阅边事例，将各管理诸臣分别勤惰题请。但在淮扬，则经理之议甫定，在山东则浚筑之役方兴。见今总理大臣新到，一切调用人夫，参酌河务，似应候各工通完之日，并议优处。仍咨总理河道、凤阳、山东各巡抚衙门，转行管河司道各官，查照本部节题事理，将见在工程及河道应行未尽事宜，上紧督催。完日将做过工程，役过人夫，用过钱粮等项，核实造册，奏缴清册，送部备查。候工完之日，河道都御史仍将大小官员分别举劾，另行具题，以凭覆请赏罚施行等因，具题。节奉圣旨：“是。直隶、山东等处工程通候完日，河道衙门奏报并叙。钦此。”备咨到臣。本年八月初五日，又准工部咨为检查节奉钦依，河工分派司道各官，以便责成，以图早竣事。

先该臣题，议除将修建镇口闸、塔山支河缕堤，修清江浦外堤草坝，添设柳浦湾料厂，先该漕抚侍郎舒应龙行委南河郎中罗用敬、中河郎中沈修、夏镇主事杨信、徐州兵备佥事陈文燧，见在兴举，臣照旧督行各官上紧修筑外，其兴筑宝应县西土堤二十里，砌邵伯湖石堤二十里，疏浚淮安至仪真一带里河淤浅，查系南河郎中罗用敬、海防道副使周梦旸地方，三工俱当以中为界，北段属之罗用敬，南段属之周梦旸。其在山东各工分委，北河郎中吴之龙查复马踏湖，建永通闸，筑子堤，修王岩口石坝；南旺主事萧雍查复蜀山湖，建坎河坝，筑束水堤，修滚水大坝；济宁道按察使曹子朝查复马场湖，建通济闸，筑子堤，修安居斗门三座；分守东兖道参政郝维乔查复南旺湖，修邢通等斗门十三处，筑封界子堤，中亘长堤；分巡兖州道佥事刘弘道查复安山湖，筑封界堤，建八里湾、似蛇沟两闸等因。该部覆议，备行总理河道，并凤阳、山东各巡抚衙门，一体遵照施行。及行管理河道、泉源、闸坝司道各官，查照分地，督率府州县管工官员竭力修治。

本部仍咨都察院，转行各该巡按、巡盐御史，各照所辖地方，不时稽察工程，期于同心共济。倘兴工前后，或有事体与原议稍异者，即便从宜处置，或有原议未尽者，不妨另行增补，悉如原题，定限十七年三月终通完。其总河大臣仍亲自查阅，委果工程坚固，足保无虞，从实奏报，其效劳大小官员分别勤惰题请，以俟赏罚等因。覆奉圣旨：“是。河道工程着司道等官，各照分定地方，用心管理，上紧完报，不许疏玩。钦此。”备咨前来。

本年十月十四日，又准工部咨为申明修守事宜，以图永赖事。该臣条议，一接筑旧堤，以防淤浅。本部覆议，清口乃淮、黄交会，而淮、黄原自不敌，然清口所以不致壅淤者，以全淮皆从此出，其势足以敌黄也。若分之，则必致壅淤。先年淮决高堰，而清口遂成平陆，可览矣。今王家口堤被商贩盗决，淮流之势已分，将来清口沙淤，运道阻塞，患必由之。此堤在清河县对岸，而该县任其盗决，罪将谁诿。今议欲行司道官，接筑长堤，专责清河知县管理修守，疏虞参治。庶几责任既专，而堤防可固等因。覆奉钦依，咨臣俱经通行司道，勒限兴工间。

节据司道呈报，南河分司工内天妃坝原议内外包石，后蒙工科亲阅，本坝地势广阔，谕令内填实土，不必砌石。清江浦外堤原议险要去处卷埽钉桩，并作顺水坝十四座，今酌量水势缓急，添筑草埽排桩，长四百八丈，止筑草坝四座，惠济祠外河石堤加石二层，并添顺水草坝一座。里河石堤原议五十七丈，今减去平缓处所一十三丈，实砌过四十四丈。范家口石堤原议长四百丈，今覆勘堤坚水缓去处减砌七十丈，实砌过三百三十丈。海防道工内，邵伯湖原题应筑石堤二十里，除旧石颇坚，量加修补，不敢算工外，实砌过石堤一千八百九十八丈八尺。夏镇分司工内，塔山缕堤原议六百六十丈，今加筑三百三十六丈，共长九百四十二丈。古洪闸原议改造，今因添建镇口闸，启闭颇易，不必更改，以滋虚縻。止议本闸并内华闸各加石四层，雁翅加石五层。北河分司工内，原议王岩口建坝，今酌量地势，即于本口之上地名何家口建滚水石坝一座，并增修房家口石堤四丈，筑塞河口一处。南旺分司工内，续议填筑水口十一处，坎河坝两头接筑土堤，共长二百九十五丈，迎水处所俱用灰石垒护。分守东兖道工内，原议修复斗门十三座，今议照旧修复八座，其余五座改于五里铺添建滚水大石坝一座，长五丈，开挑顺水沟渠，长一千一百七十四丈六尺，各缘由前来。

万历十七年三月二十三日，又准工部咨为修复湖堤，以便蓄水济运事。该臣具题，本部覆议，南旺、蜀山、马场三湖目今水势弥漫，直及旧堤根址，去年所议筑子堤长堤处所，见今俱在湖心，难以施工，欲行免筑。要将旧堤培筑高厚，纳水处所不便筑堤，仍密栽柳树，以为封界。虽与科臣原题稍殊，而其为蓄水济运则一。且围湖更广，蓄水更多，相应如议，备咨总理河道，转行司道、府、州、县官一体遵照施行等因。覆奉圣旨："是。钦此。"咨臣通行遵依缘由，俱各在卷。

及查原委司道南旺主事萧雍、夏镇主事杨信、徐州兵备佥事陈文燧、分巡兖州佥事刘弘道，工俱有绪，各以限满，升官离任。随行接管主事王元命、余继善，按察使陈瑛，佥事和震督理。臣等向在严催，节据各工报完，随即躬亲阅视。惟恐头绪多端，中间倘有隐瞒丈尺，工少报多，又经覆委南直隶扬州府推官李春开、凤阳府推官盖国士、山东按察司按察使叶梦熊，各查核去后。今据前因，该臣议照，我国家定鼎幽燕，岁漕四百余万，以实京师。自瓜、仪至淮安，则资湖；自淮安至徐州镇口闸，则资河；自镇口闸至临清板闸地方，则资汶。湖河洚洞之水，其患在涝；汶、泗涓涓之流，其患在涸。固其堤，使之可捍，深其渠，使之可容，此治涝之法也。湖以蓄之，使其不匮；闸以节之，使其可续，此治涸之法也。所据部科诸臣先后具题筑浚诸工种种，皆切河务。盖邵伯堤固，而湖水无泛滥之虞；宝应堤成，而闸口免回沙之积，高堰无倾圮之患，则淮扬免昏垫之灾，淮河绝支岐之流，则清口有专攻之力。茶城镇口之增建，深得重门御暴之策。永通、通济之添闸，自无长渠济运之艰。五湖堤界既明，则汶、泗停涵，而不时之需，可待斗门。闸坝既设，则蓄泄有所，而湖河之利相须。汶水西趋，而泉河易竭，故坎河大坝之关系匪轻。汶水北注，而南旺之东流必少，故何家一坝之利赖不小。至如卷筑桩埽，加帮卑薄，虽非一劳永逸之计，然亦每岁修防之必不可已者。臣谨遵成议，画地分工，各司道并力一心，刻期告竣。

然事连省，直兴作之，头绪颇多，而群力难于毕举。工历三时，官夫之劳苦难任，而人情易于怠弛。仰赖我皇上诚孝上格乎玄穹，祇灵助顺，威德殚孚于苍赤，黎献倾心。奉职者咸效靖躬之义，趋事者俱竭子来之诚，俾臣等得竭犬马之劳，以效涓埃之报。厥功告成，丝粟皆我皇上神圣之所致也，臣愚不胜庆幸。除用过钱粮，候委官查明，另行造册奏缴，及将效劳官员遵旨另疏叙录外，今将各工通完数目、日期，拟合从实奏报，为此具本开坐，谨具题知。

计开：

南直隶工程

总管官海防兵备道副使周梦旸与同原任南河郎中罗用敬，督同扬州府通判刘汝大等，砌完邵伯湖石堤，长一千八百九十八丈八尺，内创新砌石，长一千二百八十五丈五尺，拆砌旧石六百一十三丈三尺，各高九尺至一丈一二尺，计石十层十一十二层不等。其余修补旧堤，不敢算工。筑完宝应西土堤，长三千六百三十五丈。内桩笆工长二千八百三十七丈，土工长七百九十八丈，俱底阔一丈三四五尺，顶阔八九尺一丈，高五六七尺不等。宝应县知县耿随龙管砌完界首三里湖石堤，长八百四十丈。高邮州知州杨汝濲管砌完该州南北小湖口石堤，共长三百九十丈，砖石相兼，各高九尺至一丈一二尺不等。淮安府同知姜桂芳、扬州府同知张文运、通判刘汝大、江都县知县刘道隆、仪真县知县赵廷杞、清河县县丞关大伦等，筑过里河东西束水桩笆土堤，共长三百二十丈，底阔六七尺，顶阔四五尺不等，俱高五尺。帮筑过盐坝迤南堤岸，长六十一丈，阔二三丈，高五六尺不等。挑浚河身淤浅，自清河口起至瓜、仪江口止，共长四千四百一十三丈九尺，面阔三四丈至十五六丈，深三四尺不等。

总管官南河郎中罗用敬、徐州兵河佥事今升漕储道参议陈文燧，督同淮安府同知姜桂芳，修补完高堰石堤，长三千一百一十丈。帮完土堤，长七千七百九十二丈。桩笆工长一千五百四十四丈。挑浚完堰内泄水支河，长二千一百五十五丈。筑完天妃坝里口，长一十八丈，外口长三十二丈。清江浦外堤草埽、排桩长四百八丈，草坝四座。砌完惠济祠外河石堤，长五十四丈五尺，高十六层。草坝一座，里河石堤长四十四丈，高十三层。祠西包石，长四十二丈。礼字坝土堤长三百四十九丈，石堤取直，止一百六十四丈，高一十五层。范家口土堤长四百五十丈。帮完副坝一道，长二百七十丈。排桩一道，共长六百九十三丈。自水底筑高三丈四五尺，底阔十丈四尺，面阔五丈五六尺。砌完石堤，长三百三十丈，高十九二十层不等。筑完顺水草坝九座，石矶嘴一座。浚完涧河，长四千九十丈。引水沟，长一百九十五丈。帮完柳浦湾、潘家坝桩笆堤，长二百二十八丈一尺。张家洼土堤，长二百九十一丈。喻口河坝一道，马家湖桩笆工，长一百八十丈。黑墩工，长十丈。蒯家洼土堤，长一百丈。金家洼土堤，长二百丈。贾家洼土堤，长一百九十丈。

俱底阔一丈三尺，顶阔五尺，高八尺。建完柳浦湾料厂一所。

总管官中河郎中沈修，徐州兵河按察使陈瑛，督同淮安府同知姜桂芳，清河县署印、本府通判田有年等，塞完清河县南岸张福决口，长一百二丈。加筑堤长一百二丈，底阔六丈，顶阔二丈五尺，高八尺五寸，两头并中段俱护埽排桩，长阔不等。接筑张福口以东新堤，长四百四十一丈，根阔六丈，顶阔二丈，高一丈。北面创筑斜坡，阔六尺，南面护卷土牛矶嘴，长阔不等。加筑戚书口坡堤，长一十九丈，阔三丈五尺，高四尺五寸。修筑完张福口以南桩笆土堤，长七十七丈五尺。筑完张福口以西新堤，长三百三十丈，根阔三丈五尺，顶阔一丈五尺，高六尺。帮筑完王家口旧堤，长一千一百八十丈，根阔二丈一尺至七八尺不等，顶阔一丈五尺至三五尺不等，高六尺至九尺一丈不等。内用芦笆草埽厢护，共长一千三百五十四丈。

总管官中河郎中沈修、夏镇任满主事杨信、接管主事余继善、徐州兵备升任佥事陈文燧、接管按察使陈瑛，督同淮安府同知徐伸、徐州知州唐民敏等，砌完镇口闸一座，计石三十层，高三丈一尺，四雁翅各砌石三十层，闸窝四角厢护桩埽，各长七丈。挑完本闸新开河道，北首长八十丈，南首长一百三十六丈。筑完塔山缕堤，长九百四十二丈，底阔四丈，顶阔一丈二尺，高一丈。增砌完古洪、内华二闸，各加石四层，并加雁翅石各五层。

总管官颍州道兵备副使杨芳，督同盱眙县知县吴万全、泗州守备丁汝谦等，砌完护陵子堤。除先筑拦河月坝，长二百八十二丈不算外，实砌石工长二百九十二丈五尺，高四尺，根阔三尺。

山东工程

总管官北河郎中吴之龙，督同兖州府同知陈昌言、东昌府通判田野臣、汶上县知县刘汉书、聊城县知县韩子廉等，筑完马踏湖上堤。自弘仁桥起至禹王庙后止，长三千三百一十三丈，根阔二丈五尺，顶阔八尺，高六丈。何家口建滚水石坝一座，砌完坝身连雁翅转角坝头，共长三十一丈四尺。坝身高四尺，两头各高九尺。建完梭堤迤南永通闸一座，高一丈九尺五寸，闸底长七丈，阔四丈，四雁翅每长二丈，阔一丈五尺。续议修补完房家口石堤，长四丈，高一丈，阔二尺。筑完弘仁桥河口一处。

总管官南旺任满主事萧雍、接管主事王元命，督同兖州府同知陈昌言、东平州知州徐铭、汶上县知县刘汉书、济宁卫指挥文栋、济宁州同知程子洛，筑完蜀山湖旧堤。自冯家坝东起至苏鲁桥止，长三千五百一十丈，根阔二丈五尺，顶阔七尺五寸，高七尺五寸。外又填完苏家等十一处水口，各长一丈四五尺，阔二丈三丈二三尺，深七八尺一丈不等。建完坎河口滚水石坝一座，连雁翅长六十二丈八尺，坝面阔一丈五尺，底阔一丈八尺，高三尺，雁翅各阔三丈，高一丈。北头接筑土堤七十丈，南头二百二十五丈，俱根阔四丈二尺，顶阔三丈，迎水处所灰石垒砌。建完冯家滚水石坝一座，长十丈，面阔一丈五尺，底阔二丈，高四尺。自苏家桥起至田家楼止，长一千四百七十一丈八尺，纳水处所每丈栽柳三株，共栽完封界柳四千四百一十五株。

总管官济宁兵河按察使曹子朝，督同兖州府同知罗大奎、巨野县知县殷汝孝、济宁卫指挥文栋，修完马场湖东面旧堤，并筑新堤，共长一千六百二十丈，根阔一丈四尺，顶阔六尺，高六尺。建完火头湾通济闸一座，闸底砌石，长阔各八丈，计石一十三层，高一丈七尺七寸。上两雁翅各长三丈五尺，下两雁翅各长四丈五尺。闸下接砌雁翅两边各长三丈，闸上接砌雁翅两边各长二丈五尺。又开挑河身，南北共长八十四丈，阔十六丈，深一丈五尺。修完安居斗门一座，四雁翅各接砌新石，长一丈，高一丈。十里铺斗门一座，四雁翅各接砌新石，长五尺，高一丈。五里营斗门一座，南二雁翅各接砌新石，长一丈，北二雁翅各接砌新石，长五尺，俱高一丈。栽完护堤卧柳一万六千一百五十株，北面原留入水渠道栽完封界高柳一千六百五十六株。

总管官分守东兖道左参政郝维乔，督同兖州府同知陈昌言、汶上县知县刘汉书，筑完南旺湖东面子堤，长七千一百八十八丈三尺，根阔一丈，顶阔五尺，高六尺。西、南、北三面帮筑完旧堤，长一万二千六百丈，根阔二丈五六七八尺，高六七尺不等。挑完顺水沟渠，长一千一百七十四丈六尺，口阔一丈二尺七八尺，底阔一丈三五尺不等。修补完关家大闸，两金门并两雁翅各长十一丈，阔各八丈，高一丈五尺。常明、孙强、刘家、焦栾、济运闸，共斗门五座，每座两金门，并两雁翅，各长三丈五尺，阔各二丈五尺，各高八九尺不等。又创砌完盛进、张全斗门二座，每座两金门，连两雁翅，各长六丈，阔各二丈五尺，各高八九尺不等。五里铺创筑完，滚水石坝一座，长五丈。两坝头各阔一丈五尺，迎水两雁翅各长一丈二尺，两转角各长一丈，跌水两雁翅各长九尺五寸，两转角各长五尺。

总管官分巡兖州道升任佥事刘弘道、接管佥事和震，督同兖州府通判王心、东平州知州徐铭，筑完安山湖土堤，长四千三百二十丈，根阔一丈一尺，顶阔六尺，高七尺。建完八里湾闸一座，闸身连雁翅共长十丈，金门阔一丈三寸，高一丈一尺。

建完似蛇沟闸一座，闸身连雁翅共长十丈，金门阔一丈三寸，高一丈。

奉圣旨："工部知道。"

赠恤司官疏

臣潘季驯谨题为乞恩赠恤病故勤事司官，以慰幽魂，以励人心事。

据中河郎中沈修、清江浦管闸员外郎黄曰谨、徐州兵河按察使陈瑛、海防兵备副使周梦旸、漕储道左参议陈文燧会呈，据高邮州申报，南河工部郎中罗用敬因积劳感患喉疾，于三月初八日身故，乞念本司河工劳绩最多，艰辛备至，照例请恤等因。

据此，职等查得南河分司工部郎中罗用敬，江西南昌县人，由进士初任乌程县知县，行取赴部升刑部主事，漕运理刑。万历十三年八月内督修宝应越河工完，升本部员外郎。十四年七月升工部都水司郎中，管理南河各工。修补过高堰石堤三千一百一十丈，帮筑土堤七千七百九十二丈，桩笆工一千五百四十四丈。挑浚堰内支河二千一百五十五丈。塞筑天妃坝，里外共长五十丈。清江浦草埽排桩四百八丈，草坝四座。惠济祠外河石堤五十四丈五尺，草坝一座。里河石堤四十四丈，祠西包石四十二丈。礼字坝土堤三百四十九丈，石堤一百六十四丈。范家口土堤四百五十丈，副坝长二百七十丈，排桩长六百九十六丈，石堤三百三十丈。草坝九座，石矶嘴一座。挑浚涧河四千九十丈，引水沟一百九十五丈。柳浦湾、张家洼等处土堤、桩笆，共长一千一百九十八丈二尺。并建物料厂一所。筑过盐坝迤南堤岸，长六十一丈。挑浚淮扬运河，北自清河口，南至瓜、仪，共长四千四百一十三丈九尺。筑过里河东西束水桩笆土堤，共长三百二十丈。修砌界首、三里湖石堤，长八百四十丈。高邮州南北小湖口石堤，共长三百九十丈。宝应西土堤二十里。俱经报完。邵伯石堤二十里修砌将完，正在报竣。其各处岁修工程随地帮筑者，不可胜纪。积劳之后，致感喉疾身故。为照本官经济练才，肤敏素抱，始以宝应功成，荐擢水部。因而南河受事，值际河艰，荒度三年，历寒暑而曾无厌怠，拮据万状。虽纤细而必自身亲，淮扬修守若范坝，若高堰，头绪奚啻千端。土石堤防若钦工，若岁工，延袤殆将百里。工已报竣，人即云亡。盖平生精力殚于胼胝，而一念艰贞比之金石。宦囊淡薄，衾敛无以为资，旅榇凄凉，道路为之恸恻。所谓鞠躬尽瘁，死而后已者，于本官真无愧矣。即今旦夕报功，已在首叙之列，岂可勤劳死事寂，无优恤之酬？及查万历九年，中河郎中佘毅中在任病故，该部院题奉明旨，加赠太常寺卿。今郎中罗用敬工程劳绩委与佘毅中事例相同，合无请乞本院俯赐会题，特加赠典。庶幽魂永慰于地下，而人心激励于将来等因到臣。

该臣会同总督漕抚户部右侍郎兼都察院右佥都御史舒应龙，照得原任工部都水司南河郎中罗用敬，秉心忠赤，敷治精明，出宰菰城，遗思尚在，明刑淮甸，平反有声。改任南河之官，正当弛防之日，范家口之堤未固，天妃坝之决复，仍东支西吾，此顾彼失。扬历三年之久，曾无片刻之休。延袤千里之间，宁有不遍之足。旧工未艾，新役复兴。浚浅培卑，种种皆其料理；鸠工集事，纷纷多所取裁。朝于斯，暮于斯，饮食起居于斯，已绝生人之乐。寒不息，暑不息，烈风暴雨不息，常怀殉国之心。以故河湖夹攻之地，并无一隙之虞。筑浚兼举之秋，能获万全之策。形神俱敝，智力两穷，寸心如焚，诸火并发，积成喉病，其及宜矣。又闻本官未死之二日，犹扶疾遍历诸工，口不能言，惟以手指，医人立劝归署，就榻即仆，古人所谓鞠躬尽瘁，死而后已者，非其人哉！身死之后，囊无余资，臣等与地方诸僚曲为捐助，始就棺殓，又可知其生平矣。兴言及此，不觉泪下。身在固当优叙，殁后尤宜厚酬。所据司道查有原任工部郎中佘毅中事例，曲为申恳，似宜允从。伏望敕下该部再加查议。如果臣等所言不谬，具疏覆请从厚优恤，河臣幸甚。

臣等再照，天下之事劳心以治人者，其力或可少憩，劳力以治于人者，其心尚有余闲。维兹河工，必须心力两尽，方克有济，故虽以大禹之智，犹不免于手足胼胝也。十年之内，但经河工大举，必有殉身之臣。两淮运同赠行太仆寺少卿黄清，中河郎中佘毅中、山东参政冯敏功、徐州道副使莫与齐、河南佥事余希周、南河郎中罗用敬，相继客死工所，臣等皆所目击。而其他卑官散秩泯没无闻者，未可悉数。故近来大小诸臣视河官如桎梏，偶得脱免，若释重负。如蒙皇上俯赐矜怜，曲为优处，恤既死者于身后，鼓见任者于生前，亦砺世磨钝之一机也。臣等不胜惶悚，恳祈之至。谨题请旨。

奉圣旨："该部知道。"该吏部议覆，奉圣旨："罗用敬准赠太仆寺少卿。"

卷之十二　奏疏

甄别司道疏

臣潘季驯谨题为钦遵明旨，甄别司道官员，以重河漕事。

案照万历十六年十一月内准工部咨该臣题为恭诵纶音，不胜感奋，敬陈治河鄙见，伏候宸断事。覆奉圣旨："是。近年河道官员不行遵守修防事宜，因循废弛，致有疏虞，却又纷纷建议，意见杂出，何裨实事？今后务遵明旨，加谨防御。每年终，总河官将所属河道部司等官甄别具奏。钦此。"除钦遵外，臣窃惟南北运道不啻三千余里，总河之臣以一身弹压于其间，岂能家喻而户晓，日省而月视哉？所赖于承宣者司道诸臣也。司道不得其人，则河情难于上达，法禁苦于下壅，鲜不误矣。我皇上留心国计，轸念民生，特降明纶，谕以得人为要；仍颁严旨，假以甄别之权。此实地方之福，河臣之幸也。敢不仰承德意，悉心咨访，以图报称哉！

臣查得自北直隶以至浙江，专管河道者，部臣五，道臣二。兼管河道者，部臣三，道臣十一。今当万历十七年已终，相应奉旨甄别。内除莅任方新，伏秋修防，未经委任，及浙江水利道系臣原籍，恐违近例，不敢概举外。以部臣言之，如中河分司郎中沈修，虚中雅能，受善广益，出自和衷，不假声色，而推赤心以鼓群工，罔炫新奇而顺水道，以收群策。北河分司郎中吴之龙，直谅固是，本真敷施，尤多谙练，勿喜更张，而因革自有条理，无为苛刻，而章程具见整严。南河分司郎中黄曰谨，勤恪足应纠纷，老成不事粉饰，始任即值横流，而疏浚独苦，施工必勤荒度而防御有方。临清板闸分司员外何应奇，性不徇人，政能剔蠹，司砖、司闸而遇事皆有规条，任怨任劳而一心惟知法纪。南旺分司主事王元命，卓有古雅之风，绝无脂韦之态，言若不出而泉闸庶务聿兴，体若不胜而官夫奉行惟谨。夏镇分司主事余继善，通敏可当一面才谞，克济时艰，浊流四溢而两月悉就安全，诸作并兴而一身不遗余力。以道臣言之，如徐州道山东按察使陈瑛，胼胝已及十年，忠劳真如一日，胸抱全河而区裁有同指掌，志专报主而注厝不异承蜩。分守东兖道管泉参政郝维乔，涵养定而吐茹不形，器识高而张弛自裕，导泉防河之曲当，泽民利国以咸宜。分守济南道管泉参政杨芳，秉长驾远驭之才，有忧勤惕厉之意，厘析河泉之源委，而擘画甚当，稽查额课之逋负，而工费允资。河南管河道副使陈九仞，精勤率属而事在先劳，缜密分猷而言可底绩，御狂澜一身如弃，躬畚锸万苦不辞。济宁管河道副使曹时聘，心事如青天白日，才华若流水行云，昔守凤郡而防淮之誉已彰，兹擢东藩，而治河之功尤茂。苏、松兵备道副使李涞，才可断犀，智能先物，当庶务旁午之日，而疏凿必亲，值天时旱魃之秋，而闾阎允附。大名兵备道副使于文熙，卓荦不事诡随，诚确雅能肩仔，疏瀹卫水而王舟无阻滞之患，议建堤防而魏民有保障之功。霸州兵备道副使蒋科，才猷不尚挥霍，趣向自是高明，流沙之通涩不常，运渠之疏筑知谨。以上诸臣职任虽有不同，要之公廉勤恪，皆为一时之选，所当荐扬者也。内如郎中黄曰谨，涖事虽仅九月，修防已毕一年。按察使陈瑛、副使陈九仞，近报升任，尚未交代。参政杨芳、副使曹时聘，见任虽未及期。

前官具兼河务，皆臣所辖之地，似应并荐者也。如蒙敕下该部再加查议，如果臣言不谬，将诸臣次第转擢，而中间相应久任者，查照原题施行。庶几防御得人，而地方永赖矣。谨题请旨。

奉圣旨："该部知道。"

工部覆前疏

题为钦遵明旨，甄别司道官员，以重河漕事。

该总理河道右都御史潘季驯题前事，奉圣旨："该部知道。钦此。"该部看得，总理河道右都御史潘季驯题称自北直隶以至浙江，专管及兼管河道部司诸臣，除浙江系河臣原籍，恐违近例，不敢概举，乞将中河郎中等官沈修等、徐州道按察使等官陈瑛等，次第转擢，中间相应久任者查照原题施行一节。为照漕河事规，分理防守固在郡县，承宣督率尤赖部司，乃往岁荐奖，独及郡县，而部司不与，甚非所以重综核，昭劝惩也。近该河臣题奉明旨，通行甄别，兹当十七年岁终，照例具题前来。相应如议题请，恭候命下。咨行吏部，将部臣沈修、吴之龙、黄曰谨、何应奇、王元命、余继善，道臣陈瑛、郝维乔、杨芳、陈九仞、曹时聘、李涞、于文熙、蒋科，通行纪录，次第转擢。内郎中沈修查照原题久任，候九年考满，另议优擢。及照苏、松兵备系暂管河务，彼江南水利既设有专官，今后年终仍查水利官举劾。其浙江水利据河臣称系原籍，遵例不敢概叙。但查近例，原籍回避，特为南道御史点差而设，若都御史统辖地方广远，原不在此例。如各边及漕运总督有所举刺，虽原籍亦所不遗。总理河道与总督体统相同，则事权不宜独异。况全河形势南自两浙，历江、河、淮、济，以达京师，凡数千里，若一身之脉络然。倘偏而不举，则脉络不得贯通，事权不得归一。合无今后每年终查核各司、道、府、州、县，如南北两直隶、浙江、河南、山东，凡与河道相干涉者，无论原籍与否，一体举劾，并乞圣裁。移咨总理河道，及南北直隶、浙江、河南、山东各巡抚都御史，及咨都察院，转行各巡按御史，遵照施行。

奉圣旨："是。各该司道等官，但与河道相干的，着总理官一体甄别。"

申饬鲜船疏

臣潘季驯谨题为乞恩查复旧规，以利漕渠事。

据管理南河郎中黄曰谨呈前事，卷查旧例，淮安通济闸外每年伏水未发之前，筑拦河土坝，以遏黄流内灌，所有进贡鲥鱼鲜船限在五月初发行，伏前过淮。其杨梅等船听将马快空船预拨坝外，停泊盘剥，节经遵行已久。及照上年，前船俱不预先出口，以致筑坝过期，黄水暴涨倒灌，里河淤垫，挑浚甚为不便。近来黄河涨发多在未入伏二十日之前，势猛难御，则口坝之筑，须为早图。合无移文南京兵部并守备衙门，速将鲜贡船只催攒发行，并拨马快船只，依期于五月中旬，俱令出口。本司预备物料，定于六月初一日筑坝合口，庶坝工早竣，河道无虞等因到臣。

案照万历八年，先该臣总理河漕会同漕抚前任都御史江一麟题，该工部覆议，查得正德、嘉靖年间，五月已有鲥鱼到京。且既称鲜品，尤宜早进，既系荐庙，尤该及时。但近年以来，进鲜每于采鲜既完之后，方行措办。装具附载货物勾当，稽留动逾旬日，沿途淹顿，又致愆期。比至京师，则色味俱变。不惟有碍筑坝，且于荐鲜之义，亦甚无当也。即据守臣回称，鲥鱼例在五月初旬采完，盖四月二十日前后已行采矣。若随船器，用如冰盐之类预备停当，一经采完，即便发行，不过半月即可过淮，正是伏前，自于筑坝无碍。至于杨梅等物，又与鲥鱼不同，即至坝成，不妨盘剥。以后年分，鲥鱼鲜船定限五月初头发行，伏前过淮，杨梅等船从便。听将南京马快空船于未筑坝之先，预拨过淮，停泊坝外，以俟盘剥。则上供既无后时之虞，国计亦得先事之备。所关于筑坝治漕者实非小补等因。题奉圣旨："是。钦此。"备咨通行钦遵外，今据该司所呈，近来黄河水发太早，即如去岁五月二十日水汛陡涨，其流愈浊，马船到迟，致误筑坝，里河受淤，挑浚工巨，乞要预催鲜船早放出口一节，委属吃紧。

臣又查得徐北镇口闸外清黄交接，黄河暴涨，内灌成淤。已经题奉钦依，黄涨之时下板闭闸，以防内淤。若贡艘稍迟，南误出口，北误入闸，两相妨碍。况鲥鱼出在四月，自应及时采取。若船只冰盐预先备办，采完即发，则半月之内准可过淮出口，非惟坝工不误，而恭进品物较常必更鲜美。今据该司拟于六月初一日筑坝，似为长便。

伏望皇上轸念河漕荐新，均属重务，敕下该部。如果臣言不谬，咨行南京兵部及内守备衙门，预将鲥鱼鲜船合用器具冰盐，先时料理完备，一经采完，随即督发，严谕在途不许迁延，期在五月十五左右，两运尽数过淮，趁赶伏水未发，早进镇口闸河。其余贡船预拨马快空船，照限出口，停泊外河，以俟盘剥。仍听臣预行该司办完坝料，将通济闸外软坝准在六月初一日合口。庶几贡期不爽，河防有裨矣。谨题请旨。

奉圣旨："该部知道。"

工部覆前疏

题为乞恩查复旧规，以利漕渠事。

该总理河漕兼提督军务都察院右都御史潘季驯题前事，奉圣旨："该部知道。钦此。"钦遵抄出到部送司，案呈到部。看得淮安通济闸、徐州镇口闸当黄河南北之冲，故每年五月间黄水未发，将鲜贡船只催攒过尽，南则筑软坝，以遏横流，北则闭闸口，以御淤垫。屡经题奉明旨，禁例森严，遵行已久。乃近年鲜船未行之前，则器具冰盐失于先治，既发之后，则附载货物沿途迁延。如上年黄水陡发太早，鲜船出口太迟，遂致筑坝不前，几成大患。是以河臣潘季驯先事预防，申明旧制，要在四月采鲜，五月过淮，六月初一日筑坝，较之往年稍加督速。而贡品愈致鲜美，闸坝俱得蚤图，深为长便，相应如议覆请。但进鲜船与官民船不同，法禁难行，事多阻挠，自非天语丁宁，未免迁延如故。伏望皇上俯念军国大计，将鲜贡限期，特降严旨。容臣等咨行兵部，转咨南京兵部及守备衙门，务要依期采办，作速启行，限在五月十五日前后，两运尽数过淮入口，但有稽迟至六月内者，许河臣参奏重处。仍咨总河都御史转行管理南河郎中、夏镇主事，预办物料，候鲜船过淮，即便筑坝，过徐即便下闸。其软坝定限每年六月初一日合口，如有迟误，一体查参施行。

奉圣旨："是。进鲜船只着该衙门依期采办发行，限五月中过淮，六月初筑坝，不许延缓过期，致碍河防。如有故违，听总河官及该科参治。"

申明职掌疏

臣潘季驯谨题为明职掌，一事权，以便责成，以裨河漕事。

臣于二月十二日准工部咨该臣题为钦遵明旨，甄别司道官员，以重河漕事。本部覆议，内开苏、松兵备系暂管河务，彼江南水利既设有专官，今后年终仍查水利官举劾。其浙江水利河臣称系原籍，不敢概叙。但查各边及漕运总督有所举刺，虽原籍亦所不遗。总理河道与总督体统相同，则事权不宜独异。年终查核司道、府、州、县，如南北两直隶、浙江、河南、山东，凡与河道相干涉者，无论原籍与否，一体举劾等因。题奉圣旨："是。各该司道等官但与河道相干的，着总理官一体甄别。钦此。"

除钦遵外，臣谨以今岁甄别之疏，不及苏、松水利道之故，与兵、水二道事体应否归一之由，敬为皇上陈之。臣于万历十六年六月初二日入境，适值添设苏、松水利一道，副使许应逵随亦赴任。臣以事体度之，漕渠必属之水利道矣。随于本年闰六月初八日为查取官员贤否事，牌行该道，查造文武官员考语册。又为专责成、严修守等事，案行该道，申饬河防。初九日为钦奉敕谕、查勘河道等事，牌行该道，查议浚浅、筑堤、钱粮、人夫作何区处。七月初一日准工部咨为民饥已极、西成尚远等事，案行该道，将南京户部发银十万两，如遇修举水利，呈允支销，年终将支过实存数目报院覆查咨部。初二日为关防诈伪事，票行该道，将发去告示转行所属晓谕。十八日为查浚江南河道，以便早运事，案行该道，查勘运河某处浅阻，作何疏浚，并额征河工脚米银完欠数目。二十九日为查理岁报河道工程事，牌行该道，查取万历十六年修过工程，用过钱粮，年终册送院类造。该道俱无一字回报，而水利道事务亦无一字关白臣者。随该臣咨行应天巡抚周继查询管河该道缘由，准有回咨，内开先据苏、松兵备道呈，称河道事宜先年并水利俱系兵备道兼理，今既设有水利专道，则河道一事应否归于水利道专管，或仍听本道兼摄，呈蒙本院详批。河道、水利原系二事，仰照旧行去后。今准前因，相应咨覆等因。臣遂以河道事务一意责成苏、松兵备道，而水利道之事绝无干涉矣。此非许应逵之有心抗臣，亦以河道原属兵备道，而谓臣职专河道，水利非所司耳。故臣于年终甄别司道之疏，止及李涞，而不及许应逵也。即今奉有明旨，无容别议。但于职掌尚未申明，事权亦未归一。且水利道原无管河之责，而臣乃举刺非所管辖之官，若于事体未妥者。臣查得江南水利、河道委属两端，而副使许应逵才猷敏练，智识通明，先任南河郎中，河事固所素习，河道事宜应否并属本官兼理，其水利事务自有抚按专司，应否亦属河道衙门兼摄，臣不敢擅拟。

再照浙江司道、府、县掌印水利等官，工部覆奉明旨，令臣照各边及漕运总督事例，无论原籍与否，一体举劾。行间，续准吏部咨该本部覆，臣年终举劾有司官员，内开浙江司道有司玩愒不职，失误河防者，许令臣据实开报，彼处抚按参奏等因。两咨事体未一，有碍遵行。

伏望敕下该部通行查议，其苏、松水利惟复转行彼处抚按衙门，再加详酌，覆请明旨，着为成例，以便永永遵行。庶职掌明，而举刺自当，事体定，而责成亦易矣。臣愚。幸甚，河道幸甚。谨题请旨。

奉圣旨："工部知道。"

工部覆前疏

题为明职掌，一事权，以便责成，以裨河漕事。

该总理河道右都御史潘季驯题前事，奉圣旨："工部知道。钦此。"钦遵抄出到部送司。案查本年二月内，该总理河道右都御史潘季驯题为钦遵明旨，甄别司道官员，以重河漕事，内题议北直以至浙江专管及兼管河道部司诸臣，除浙江系河臣原籍，恐违近例，不敢概举，乞将中河郎中等官沈修等、徐州道按察使等官陈瑛，次第转擢等因，具题前来。已该本部查得苏松兵备道副使李涞暂管河务，彼江南水利既设有专官，今后年终仍查水利官举劾。其各司道、府、州、县官，如南北两直隶、河南、山东，凡与河道相干涉者，无论原籍与否，一体举劾缘由。覆奉圣旨："是。各该司道等官但与河道相干的，着总理官一体甄别。钦此。"已经咨行吏部，及备行顺天、保定、凤阳、应天、浙江、河南、山东各抚按衙门，一体钦遵讫。今该前因似应覆请，案呈到部。

看得河道都御史潘季驯所题，大约谓漕河应属水利，屡经移文苏、松水利道查议漕河事宜，不报。续准应天巡抚咨称河道、水利原系两事，河道系兵备李涞兼摄，水利系许应逵管理，故年终叙录，止及兵道，而不及水道。即今漕河水利应否归一，要行彼处抚按详酌覆请，着为定例。其浙江水利等官，该工部覆奉明旨，许总理河臣一体举劾。又准吏部咨开，浙江司道有司失误河防者，河臣开报彼处抚按衙门参奏。两咨事体有碍，乞要通行查议各一节。

为照苏、松添设水利副使，一应江南水利皆其职掌。而况漕河上裨国储，下切农事，尤水利之重且要者乎？十六年水道初设，尚未履任，该抚臣以江南旱荒，亟欲借水利以济饥民，诸凡修浚事宜暂令兵备副使李涞兼摄。一面举行，一面候新官至日交代，诚得救荒权宜之策。及水道既至，业有专责，则漕河事务自应接管。若复归之兵道，恐非朝廷设官分职之意。况水利近兼督粮，每年押运水次，则漕尤其紧关疏浚，岂宜别委？此后河道年终仍当查水利道举刺。至于各省直水利官，凡与河道相干涉者，既奉明旨，许总河一体甄别。则浙江虽系河臣原籍，其司道有司苟误河防，自当论刺，似不必开报彼处抚按参奏。此两事者一关职掌，一关事权。职掌不明，何以尽官守？事权不一，何以昭劝惩？河臣详具本末，特为申明。委应如议覆请，恭候命下，备咨总理河道、应天巡抚、都御史，及咨都察院，转行苏、松巡按御史，督行苏、松水利道，将漕河即便管理。以后兴修水利，做过工程，用过钱粮，凡关系农务者，照旧开呈彼处抚按衙门奏报。关系漕河者，呈报总河衙门，以凭甄别，仍呈彼处抚按知会。至于浙江司道、府、县掌印，水利等官，既奉有明旨，许河臣一体甄别，仍应钦遵施行，无容别议。

奉圣旨："是。水利道有关漕河的，着遵照近旨通行甄别。"

县官轻忽河务疏

臣潘季驯谨题为县官轻忽河务，重累小民，乞恩俯赐究治，仍乞申饬成例，以安地方，以裨河防事。

据管理中河郎中沈修、徐州兵备副使陈文燧会呈，蒙臣宪牌内开，各属领银买办芦、柳、桩、苘等料，除邳州遵行，差官收买将完，与民无干外。该司道即查，睢宁县因何不差职官买运，派令乡民，致生骚扰，究明呈详。其徐、灵、宿三州县见今作何收买，曾否累民，并查议报。依蒙，行据淮安府管河同知唐民敏呈，称本职亲诣睢宁县，查得该县先领银一千五百两，分派各社殷实薛檠等前去产料地方，收买已完。见今运厂交收，续领银一千两，又分派各社殷实刘仲弼等，转派花户。职已出示晓谕，原买人役各将原领银两，查照原派各料已买完者，仍令交厂。其未领银两，俱委佐贰职官买解，不许累民。及查徐州领过银两已发所属四县，差委沛县典史朱大积等，宿迁县已委典史陈一扬等，各前去安东等处买运，惟灵璧县尽派该县小民。该职亲诣查理，行至双沟地方，据各买料人役执称，买到料物俱被收料委官凌锡刁难使费，守候日久。随拘本犯审实，搜得索受人户蒋连等赃银共六两一钱九分，票发县丞杨田收贮，本犯行县监候外参。看得睢宁县原估埽料，派及殷实义民买解，而殷实转派花户，动众滋怨。至于灵璧县违背原行，尽派花户，民已不胜其苦。及买到交纳，又被委官百计刁难，索骗不赀，误工病民，莫有甚于此者，法难轻贷。合无请乞裁夺，缘由到职。

该职等勘得，河工办料责成掌印官，原系节年题准事例。今岁工料已经估计，呈请本院并漕抚部院详允，备行州县，着落掌印官领银，选委廉干职官，查照上紧买办交厂。除邳、徐、宿迁遵照外，惟睢宁县派之里甲殷实，而殷实转派之花户。灵璧县则径派里甲，骚扰小民，且纵容义官索骗，不惟堕工，抑且累民，似应呈请定夺等因到臣。卷查先该臣题为申明修守事宜，以图永赖事，款开预定工料，以便工作。每岁十一月中旬，司道踏勘，沿河险夷分为三等，类报总理衙门批允，分拨应办物料，即行各掌印官领银，如数买办。定限正月半以前报完，随即兴工，四月初旬告竣，着为成规，违误参究。已经工部覆奉钦依，通行钦遵在卷。续于去年十一月二十一日据司道呈为会计预备十八年岁修工料事，议得，徐、邳、灵、睢、宿五州县遥缕二堤迎溜、扫湾，卷埽帮护，合用桩、草、芦、柳、绳、苘等料，该银一万三千六百四十七两二钱一分。动支淮库岁修银，转发各州县掌印官，选委廉干职官，查照原估，趁时置买，交厂验足，听于正月初旬兴工支用。已经批允通行讫。臣又恐缺料误工，派民生事，又于正月初二日牌行各州县，将支过银两，责差的当员役，四散收买，解厂交纳，向未回报。臣随于正月十九日亲诣徐、邳一带查理，止据邳州揭报收买将完，其余州县屡经催促，并无解到。该臣往来河滨，询知小民，始知睢宁县故违原行，并无差官买运，及至兴工方才派及殷实，攀连里递。其徐州、灵璧、宿迁等三处，恐亦类此。即牌行司道查究去后。

今据前因，臣窃惟治河之法莫要于岁修，而岁修之工必资于草料，草料不预，则工作必迟，而伏秋之间，难保无虞矣。臣是以题请十一月中旬勘估买料，正月半以前报完兴工，四月初旬告竣。三令五申，极为详勉。而又恐其派累小民，耽延时日，复与司道叮咛告戒，不曰责差的当员役，四散收买，则曰选委廉干职官，上紧买办，可谓至谆恳矣。而灵、睢二县不恤民隐，惟便己私。揆厥所由，盖因积胥黠吏意在侵扣，差官收买便难染指，以至义官凌锡大肆诛求，即搜出者如此，而其花费者可知矣。即义民官如此，而吏书可知矣。等而上之，又安知掌印官之无所私乎？今时及三月，诸料未备，岁修之工必难早竣，不惟小民负累，而于河防之事堕误多矣。既经司道勘核前来，相应参治。参照睢宁县知县冯绍京、灵璧县署印县丞董本，才既昏庸，志多怠肆，视贫民如秦越，全无已溺已饥之怀，视河务若赘疣，宁有急公趋事之义？听群小之拨置，而上官禁令若罔闻。知任积棍之凭陵，而小民咨怨了无动念。徇私之弊难保不无，而违玩之愆已属难逭。我皇上洞悉民艰，特垂蠲赈，留神国计，宵旰勤惓。而绍京等乃敢玩愒如此，非惟有乖人臣之义，而亦大失民牧之职矣。伏望敕下该部，再加查议，将冯绍京、董本并一干吏书及赃犯凌锡等，行臣提问，依律议拟。官吏如有赃私，从重究治。庶人心知警，而河工自肃矣。

再照岁修之工，每岁必不可已者，若不再加申饬，着为定例，日久官更未免弛惰。并望特降严旨，每岁十一月中旬各掌印官赴司道官处关支银两，将应办物料责差的当员役，于出产地方分投收买。定限正月以里报完，并不许派及小民，致滋骚扰。如有仍前抗违，许总理衙门指名参究。则地方既得安堵，而修防亦可预办矣。谨题请旨。

奉圣旨："冯绍京等着河道衙门提了问，工部知道。"

旱久泉微祷雨疏

臣潘季驯谨题为旱久泉微，河道艰涩，乞恩俯允虔祷，以回天变，以济粮运事。据管理北河郎中李民质、管泉兼理南旺济宁闸座主事王元命、济宁管河兵备副使曹时聘会呈，据兖州府管河运司同知陈昌言报，称自去冬至今，天道亢旸，汶、泗泉流微细，以致南旺等处河道日涩，即今重运盛行，恐有阻滞，预呈到职。

该职等看得，南旺、济宁一带，漕河地势高亢，不通江河，所赖以济运者，惟籍诸泉之水。而诸泉之水必得天雨及时，源流充溢，斯可盈漕利涉。讵自去冬至今，雨泽未沾，天道亢旱。时已入夏，地脉益干，泉流愈涸，以涓滴有限之水，充南北二河之用，势必不能。今浚河则河身不浅，导泉则泉穴俱辟。多方疏引，水涸如故。人力至此，无可奈何，所仰望者惟有雨耳。乃云作风随，须臾如扫，日复一日，膏泽竟屯。虽今岁粮艘不多，积有诸湖之水，尽可接济。但目下过济者，止有江北运船，江南重运及进贡船只，尚多未到。兹值狂风卷荡，烈日熏蒸，湖水虽盈，亦渐消耗。倘自今犹然不雨，接济不前，殊为可虑。查得万历十六年久旱河浅，该查勘河工都给事中常居敬、山东巡抚李戴会题请祷，奉有明旨，随即霖雨滂沱，运艘利涉。即今旱魃为虐，不异往岁，河水渐涸，后事可虞。除行管河、泉闸等官加谨启闭，极力疏浚，职等日夜警皇，痛自修省外，合无比照前例，俯赐题请，恭行祈祷于泰山诸神，庶几天意可回，甘霖早澍，国储幸甚，河道幸甚等因到臣。

臣窃惟漕河之深浅系于泉源之盛衰，而泉源之盛衰系于雨泽之多寡。盖天时、地利本自相资，而人力、天工不可偏废者也。矧漕渠自镇口闸以至临清七百余里，皆赖莱芜诸泉南北分济。道里既远，水力自微，其所藉于霖雨者，尤不小也。臣于去年夏秋之间，目击山东地方苦旱良久，已经抚按衙门题请蠲赈。入冬，雨尚愆期，雪不盈寸。臣逆虑漕河浅涩，即严行司道及管河诸臣疏导泉穴，挑浚漕渠，及将汶河诸水挽入湖坡贮蓄，以待不时之需。凡可为漕计者，似无遗力。该司道所云“浚河则河身不浅，导泉则泉穴俱辟”，诚有然者。第因山东久苦干旱，入春雨泽全无，亢旸愈甚，阴云稍合，旋被风散，此皆臣等奉职无状之所致也。泉流日微，漕水日涸，闭闸积水，两日方可盈漕。所幸今岁漕粮不多，徐北业已过济，头帮已出临清板闸矣。独上江运艘共计一百八十七只，尚未过济，而鲜贡之船亦多陆续前进。臣严行管河各官，将南旺、蜀山、马场、马踏等湖，封闭蓄水，取有甘结在卷。候运船至日，放水送舟，量亦无误。但虑狂风簸荡，烈日熏蒸，湖水不免渐消。臣与司道诸臣昼夜徬徨，寝食为废，日望天降时雨，以济燃眉之急，而竟未可得也。

考之《春秋》，三月不雨即以示警。今不雨者，自冬历春，由春入夏矣，宁能保其不涸乎？臣查得，万历十六年四月间，山东巡抚都御史李戴亦以久旱不雨，漕渠浅涩，会同勘工都给事中常居敬题请，躬诣泰山祈祷，奉圣旨："便着该巡抚官虔诚祈祷，礼部知道。钦此。"诸臣遵行，未几而大雨如注，盖圣德隆盛，素格天心，意念所及，百灵效顺，宜其响应如此。

伏望我皇上容臣比照前例，率同司道等官，斋食素衣，躬诣泰峙，建坛祈恳，仰冀旱魃潜消，甘霖速降。则非惟运道可免浅涩，而民生亦可望其有年矣。

奉圣旨："着河道官竭诚祈祷，该部知道。"

添募夫役以裕河工疏

臣潘季驯谨题为添募夫役，以裕河工，以安民生事。

据中河分司工部郎中沈修、徐州道管河副使陈文燧呈，称照得国家定鼎燕都，岁运东南粳粟四百万石，涉江淮，经邳、徐入闸，必资黄淮二河济之。嘉、隆以来，河决崔镇，淮决高堰，高、宝、兴、盐、山、清、桃、宿等处田庐荡溺，正河浅涸，转运艰辛，东修西溃，数十年无宁宇。至万历六年，蒙本院创筑遥堤，重门御暴，尽塞诸决，束水归漕，田地始获耕种，民居亦将安堵，迄今已逾十年。而堤长夫少，修守乏人，以致车马践踏，风雨剥蚀，日见卑薄。近蒙本院调拨山东徭夫三千九百余名，倩派徐、邳、灵、睢、宿乡夫一万二千余名，大加修筑，工已告竣。而各夫犒赏动经数千，岁修银两仅供物料，不免称贷于漕库，民固称劳，官亦告匮，甚非久安长治之策也。为今之计，必须添夫一千二百余名，分拨险要去处，专令廉干官一员管理，修守，庶几不至堕误。但添夫不难，而增饷难。每夫工食八两，该银九千六百两，当此民穷财尽之时，岂宜派及里甲？查得万历十六年，本院会同漕抚衙门奏留二升米银内，相应动支召募等因到臣。

该臣看得，治河之法平时有修筑之工，伏秋有防守之苦，一有不周，祸患立至。夫役减少，固难责以全功，起派乡夫，又不免于骚扰。随查中河所管地方，北自镇口闸，南至清河县，两岸共一千余里，而丰、沛、萧、砀四县堤岸，又约二百余里。原设夫役颇多，只因工食缺乏，日渐减削，仅存五千五百余名。计里分派，每里不及五名，中间又多逃旷，以至岁修之时不免派及乡夫。而犒赏之费动经数千，贫夫所得不多，官司设处甚苦。且与其劳费于既坏之后，孰若预办于未坏之先乎？所据司道之请，诚有不可已者。伏望敕下该部，再加查议，如果臣言不谬，容臣札行司道，转行淮安府。每岁于臣等奏留轻赍二升米银内，动支九千六百两，分发沿河各州县，募有身家之人共一千二百名，责令廉干官员专管，分布要害处所。平时加上帮筑，伏秋昼夜防御。庶几河防有人，闾阎无扰，未必非永赖之策也。

再照前项米银以全漕计之，约有二万七千余两，但每岁俱有折兑，即如万历十七年止有一万九千七百二十五两，十八年止有六百二十六两六钱，以致原借漕库钦修银两尚未补足，以后此等年分难保不无。仍乞特赐允行漕抚衙门，如遇二升米银不足，容臣暂于漕库借支别项银两，给散各夫，候下年解到之日，如数补还，则饷不病于告匮，而堤可恃以长固，民可藉以少安矣。谨题请旨。

奉圣旨："工部知道。该工部覆奉施行。"

官旗挟带私货疏

臣潘季驯谨题为官旗挟带私货，十倍明例，壅阻漕渠，乞恩申饬成规，以厘夙弊，以裕转输事。

据管理漕务参政吴同春呈，蒙臣宪牌，查得江西南、饶二卫所粮船私带木筏甚多，塞满河路，仰道会同济宁道，速令江西运粮把总公同管河同知，将木起放在岸，要见某卫所某船，见带板木若干，共秤重若干斤，具数呈报。催船星夜前行，木植留人看守等因。又蒙漕抚部院牌，仰本道即查，前船如果因带板木变卖，故行迟延，每船除例带土宜六十石，如系板木，每一百斤准算一石。此外，但有夹带过多者，查明入官，将船催赶前进等因。依蒙，会同济宁道，行委兖州府管河运司同知陈昌言、江西把总贲捷，秤盘过木数，到道。为照今岁粮船为数甚少，运纳宜速。讵意南、饶二卫所多带木筏，挤塞河路，殊属违玩。既经管河同知查勘前来，即应照议没官。但板木就水，秤盘低昂，恐未尽确，合无备行陈同知，将前堆寄济宁板木一百三十六万五千一百九斤内，量除二十八万五千一百二十九斤，入官变价作正支销。仍将一百七万九千九百八十斤照依原盘各船数目，拨给军人收领，任其发卖。

及又揭称漕运议单，内开运军土宜每船许带六十石，沿途遇浅盘剥，责令旗军自备脚价，例外多带者照数入官。乃今法久，人玩违禁携带十有八九。各船每到马头，辄延缓数日，虽曰挨帮，实为脱货。而把总运官亦或因公济私，带货觅利，总分于卫，卫分于所，所又分带于旗军，遂致旗军乘机夹带，有至数万斤者。淹滞运艘，稽误程途，莫甚于此。盖因盘验姑息，参罚之例未定，人情狃于因循，相应议处。以后开兑司道严谕各船，止带别项土宜限定六千斤，其竹木、板片沉重货物不许稍带。违者搜获，勿论多寡，即发水次衙门入官。每年南船抵瓜、仪，则委瓜洲江防同知。抵淮则委淮安验单推官，抵徐入闸，则委管河同知。逐一严搜，果无夹带，回报漕司，案候稽考。如前途验过后，官查有夹带，即系前官容纵，一体参治，永为遵守。庶例严而实效可臻，源清而流弊自绝等因，呈详到臣。案查先据兖州府管河运司同知陈昌言揭称饶州所粮船止三十七只，稍带木筏八十三吊。济宁天井闸河挤塞盈满，每船载木既多，不得不卸为筏。况以重船而尾，复曳以重筏，连绵之势，撑驾又难。闸板既启，待久水泄，又以河浅为名，延挨货卖。及查南昌卫较之该所更甚，缘由前来。

臣即牌行两道，委官盘卸。随据济宁管河副使曹时聘呈，将秤盘过多带板木数目，令人看守各船，催赶前进，呈详到臣。已经详批，各官旗故违明例，稍带私货不啻十倍矣。今既停留在岸，姑候各运船抵湾迟速，再夺间。今据前因，臣看得岁漕四百余万，自瓜、仪至淮安，则资诸湖与二河之水，自镇口闸至临清板闸则资汶、泗之水。每年四五月间，雨少泉微，正当漕渠浅涩之际，适值粮运盛行之时。臣督管河官员开湖闭闸，多方蓄水，以求速济，良亦苦矣。乃今各船私带重货，公行无忌，而南、饶两处运船见卸板木重一百三十六万五千一百余斤。而未盘之先，沿途开厂发卖已多，该道所报仅及其半，船内磁铁等器又不知其几何矣。何怪乎舟行迟滞，抵湾之愆期也。究其来由，运军一贫如洗，乌得有此巨货，尽系运官通同把总贩卖营利，势压旗军分派装载。今岁运艘不多，南、饶仅八十五只稍带木筏，所至充塞。若遇全运之年，万艘鳞集，寸步难前矣，其贻漕河之害甚非眇小。所据把总贲捷及领运指挥朱维祺、千户张士维等，通同派买之弊，难保不无，而容情阿纵之愆，已属难道。但沿袭日久，向未申明禁例，姑免参治。随批该道，将给军并入官之数通呈漕司稽考。去后，其该道所议，以后开兑各道严谕官旗，止带别项土宜，不许仍携竹木、板片，及要委官盘验一节，似应依拟。除听漕抚及巡漕衙门设法稽查外，窃惟漕米之盈亏系于漕司，而运艘之迟速系于河道，合无许令总河衙门分行各管河分司，各照地方分段盘验。如运船入瓜、仪至淮安通济闸，责之南河郎中。由黄河至镇口闸，责之中河郎中。自镇口至珠梅闸，责之夏镇主事。自南阳至安山闸，责之南旺主事。自张秋至临清板闸，责之北河郎中。但遇粮船入境，把总官投递官旗及部运船只各数到司，就便抽盘。遵照议单，除应带土宜六十石外，如有多余，或违禁仍带竹木、板片及沿途耽延收买货物者，将货物尽数入官领运，把总及指挥、千百户指名参呈，总河衙门具奏提问。盖各分司俱有河道之责，货重难行，愆期误事，各司自难诿咎，痛痒切身，又何敢徇情避怨哉？至于开兑起行之时，则在该省粮储道加意检查，严行戒谕，指顾之间不劳余力，而自可省沿途之扰矣。

如蒙敕下该部，再加查议，覆奉明旨行臣，钦遵施行，仍着为定例，永永遵守。庶积弊可厘，而转输自速矣。谨题请旨。

奉圣旨："户部知道。"

户部覆前疏

题为官旗挟带私货十倍明例，壅阻漕渠，乞恩申饬成规，以厘夙弊，以裕转输事。

该总理河道右都御史潘季驯题前事，奉圣旨："户部知道。钦此。"钦遵抄出到部送司。查得议单内一款，凡运军土宜每船许带六十石，沿途遇浅盘剥，责令旗军自备脚价，例外多带者照数入官。监兑粮储等官水次先行搜检，督押司道及府佐官员沿途稽查。经过仪真，听攒运御史盘诘，淮安、天津听理刑主事兵备道盘诘，六十石之外，俱行入官。经盘官员徇情卖法，一并参治，遵行在卷。今该前因案呈到部。看得河道都御史潘季驯题称江西把总贲捷、总下指挥朱维祺、千户张士维等各官旗，挟带竹木私货，沿途发卖，致迟转运。欲要将应带土宜六十石外，其余堆寄板木私货尽行入官，所据把总领运等，官法应参治。缘相沿日久，向未申明，今次姑免行究。以后开兑之时，各要管河分司照依地方如法盘验，有违禁多带者尽数入官，将领运、把总及指挥、千百户指名参呈，仍着为定例一节。

为照漕运每船附带土宜六十石，载在议单，实国家恩恤旗军之典。而不才运官通同挟带数多，以致排挤满河，大阻运艘，则非许令附带初意。若不亟行申饬，将来稽迟粮运，其弊实由于此。既经河道都御史题议前来，相应依拟覆请，恭候命下本部，移咨河道衙门，转行各管河分司。此后凡遇粮船到时，即照依各管地方分段盘验。如运船土宜除六十石外，若有多余，或违禁仍载竹木沉重等物及沿途收买货物者，将货物尽数入官，仍将违犯运官指名参治。如经管地方盘验官员徇情卖法，亦遵照议单事例，听河道衙门一并参处。至于开兑之时，则尤责成该省粮储道加意检查，违者亦同参治。并着为定例，永远遵守。并咨漕运衙门知会，及应天、浙江、江西、湖广、山东、河南各巡抚一体遵照施行。

奉圣旨："是。"

恭报三省直堤防告成疏

臣潘季驯谨题为恭报三省直堤防告成，乞恩申饬修守之法，以图永赖事。

伏念臣犬马余生，甘心草莽，谬蒙我皇上天高地厚之恩，拔之废弃之中，授以总河之任。腼颜受事，忽复三秋，两河工程业已曲为之制，而周为之防矣。才识固有未融，而心力不敢不竭。堤防虽已稍备，而修守不可不严。谨将做过工程开列陈请，除南河邵伯、高、宝、范口、礼坝，中河张福、王家二堤，夏镇塔山、镇口，北河闸、坝、湖堤，各钦修土石等工，该臣于万历十七年五月二十四日将完过缘由具疏奏报，不敢赘渎外。节据中河郎中沈修、徐州兵河按察使陈瑛、见任副使陈文燧呈，称节奉本院札案为申明修守事宜，以图永赖等事。行职等，将先后题准应修堤工，勒限兴筑，上紧报竣。职等遵依督率分委府、州、县等官亲诣工所，如法率作，至万历十八年五六等月，各日期不等通完讫。一应料物犒赏等银，俱于岁修银内动支，并无请有别项钱粮。

为照徐、淮一带河道自昔万历八年，本院创筑遥堤，高厚坚实，水循故道，经今十年，运艘利涉，居民安堵，凡司河道者俱享平成之利。近年以来，风雨损坏，夫役停减，修补失时。加以连岁异常洪水，缕堤逼临河身，扫湾冲刷，易于塌陷。若非遥堤保障，难免无虞。今蒙督促，大加帮修，悉如旧式。及议筑格堤，以防决水横流，自夏徂秋，暴涨数次，河南水高一丈五尺，而堤坝无恙，以后岁加修守，即为久安长治之策。并将加帮创筑徐州、灵璧、睢宁、邳州、宿迁、桃源、清河、沛县、丰县、砀山，共十州县遥堤、缕堤、格堤、月堤、太行堤、土坝等项，共长一十万四千三十九丈一尺，各高厚如式数目开呈前来。又据夏镇主事余继善会同徐州道呈，同前因，及备开加帮、创筑完沛县、徐州支庙及缕堤、长堤、纤路、土坝等项，共长二万一千九百六十六丈八尺，各高阔数目。又据河南管河原任副使陈九仞、见任副使李三才，各先后呈报，帮筑、创筑、接补完荥泽、原武、中牟、郑州、阳武、封丘、祥符、陈留、兰阳、仪封、睢州、考城、商丘、虞城、河内、武陟，共一十六州县遥、月、缕、横等堤，新旧大坝，共长一十四万四百九十四丈七尺九寸。俱觅真淤杵实，并非昔日杂沙虚松可比，委堪捍御缘由，并各工程细数开列前来。及据济宁兵河升任按察使曹子朝、见任副使曹时聘节次呈报，修筑完曹县、单县新旧堤坝，并加帮完太行堤，共长二万六千四百四十七丈七尺七寸。挑改过梁靖口河渠，长一百八十丈，见今武、王二坝逼水南徙，黄河安流等因，各开报到臣。

据此，案照万历十六年十月十四日准工部咨该臣题为申明修守事宜，以图永赖事，款开：一立法增筑遥堤，以固堤防。徐、淮之民十年以来所以得免鱼鳖之患，而运道不致梗阻者，恃有遥堤也，向无稽考，未补分寸，剥蚀过半。合行司道官，将各堤坍损卑薄者，以原堤丈尺为准，先行加帮取平，后自十八年为始，每岁加帮五寸等因。工部覆奉圣旨：“河道每岁修防，先年题有定规，乃各该官员不行着实遵守，旷职误事，这所议俱依拟行。如有仍前怠玩的，总河官指名参奏重治。钦此。”备咨前来。又于本年十二月十九日准工部咨该臣题为申明河南修守事宜，以固河防事，款开：“一查得黄河北岸逼邻漕河，关系甚重。弘治年间，先臣刘大夏筑有长堤一道，起自曹县，至武陟县詹家店止，南岸逼近省会藩封重地，最为要害，亦有长堤一道，起自虞城县，至荥泽县止。两堤延亘千有余里，实为该省屏翰。但地鲜老土，堤皆浮沙，而河流迁改靡常，多有滨河难守者矣。今据该道逐一查核，分为缓、急二工，容臣严行刻期帮筑，加意验探。如有堕误，或夹杂浮沙，或夯杵不实，苟且塞责者，容将管河官参拿究治。”等因。工部覆奉圣旨：“依议行。钦此。”备咨前来。又于万历十七年十月二十四日准工部咨该臣题为三省直修防告竣，河流近已归漕，据实恭报，仰慰圣衷事。本部覆议，赵皮寨至李景高口议筑遥堤，支将军庙至塔山议筑长堤，羊山至土山议筑横堤，皆区画周悉，于河道有裨，相应依拟等因。题奉圣旨：“是。河道事宜着总理等官，照旧用心经理。钦此。”备咨前来，俱经通行司道勒限兴工去后。查得加帮遥堤适值去岁黄水暴涨，修防不暇，止将象山一带二十余里加帮高厚，其余尚未施工，已经严督中河司道大加帮筑。间续据中河司道议得，单家口一带河身独窄，堤临河滨，原题弃缕守遥，惟恐黄水横肆，顺堤东泄，合照原题邳州横堤之制，再于房村、单口、双沟、成铺、辛安等处，各增筑格堤一道。又据河南管河道副使李三才勘得，判官村、荆隆口、陶家店、马坊营、三家庄、陈隆庄、大寨等处，最为险要，将帮旧创新堤坝等工，续议呈详，俱经臣覆勘允当，批行兴举，刻期完报去后。今据前因，覆核相同。

臣窃惟防河如防虏，自古记之矣。防虏则曰边防，防河则曰堤防。边防者防虏之内入也，堤防者防水之外出也。欲水之无出，而不戒于堤，是犹欲虏之无入，而忘备于边者矣。且自古称治水者，莫过于禹。而考之《禹贡》曰：“九泽既陂，四海会同”，先臣蔡沈释之曰：“九州之泽已有陂障，而无决溃，四海之水无不会同，而各有所归，陂障即堤也。”神圣如禹，而犹不免致力于堤，则舍堤之外，别无所以防河者矣。臣于万历六年奉命治河，即请筑遥堤以防其溃，筑缕堤以束其流。八九年间河流顺轨，故道晏然，业有成效矣。而岁久官更弊滋法弛，以河防为末务，视堤工为赘疣，一篑莫加，万夫闲旷，而车马之蹂躏，风雨之剥蚀，河流之汕刷，高者日卑，厚者日薄，又何怪其东溃西决哉！荷蒙我皇上授臣以总理之权，责臣以修复之事。臣袜线微才，固不能别为新奇之策，而管窥小见，尤不敢为侥幸之图，惓惓以堤防陈乞。谬承俞命，毕力仰成，督率南直隶、河南、山东司道等官，将滨河一带地方躬亲荒度，周爰咨诹。旧有而今圮者，则议加帮，旧无而宜有者，则议创筑遥堤，约拦水势，取其易守也。而遥堤之内复筑格堤，盖虑决水顺遥而下，亦可成河，故欲其遇格即止也。缕堤拘束河流，取其冲刷也。而缕堤之内复筑月堤，盖恐缕逼河流，难免冲决，故欲其遇月即止也。防御之法颇称周备，较之己卯告成之功，更为详密，而夏镇、河南、山东往岁原未经理者，皆一体增建矣。倘能岁守不失，则河流自无冲决之患，河不冲决，则故道晏然，翕由顺轨，而运艘自无阻滞之虞矣。但畚土成堤，原非铁石，稍不修葺，便至倾颓，岁岁修之，岁岁此河也，世世守之，世世此河也。故岁修钱粮之设徭编，雇募额夫，凡以为河也，而可置之虚糜闲旷之地哉！臣是以谆谆为申明修守之请也。

伏望天语叮咛，严谕地方司道等官，查照臣愚节次题奉钦依事理，每岁务将各堤顶加高五寸，两傍汕刷及卑薄处所一体帮厚五寸，年终管河官呈报各该司道。要见本堤原高阔若干，今加帮共高阔若干，司道官躬亲验核，开报总河衙门覆核，年终造册奏缴，不如式者指名参究。庶河防永固，而国计民生俱有赖矣。

臣又查得连年司道等官肩仔河工，颇竭心力。除府佐、州县掌印、管河官候秋防报竣，另行题请奖戒，原任河南管河道副使陈九仞已经论劾，难以另议外。如中河分司郎中沈修、夏镇分司主事余继善、徐州兵河道升任按察使陈瑛、见任副使陈文燧、河南管河道副使李三才、山东济宁兵河道升任按察使曹子朝、见任副使曹时聘，谋谟已竭其心，思黾勉不辞于夙夜，祁寒溽暑，逐逐于畚锸之内，而寝食靡宁，鸠工聚材，断断于会计之时，而锱铢不爽。大兴千里之筑，如垣如墉，皆其心膂所致。共图久远之计，必诚必慎，不为苟且之谋。况工料取办于岁修，绝无虚縻之弊，而胼胝侵寻于岁月，未闻倦勤之时，固皆分义，当然不敢别有希冀。相应咨部纪录，庶几稍劝群工。

再照三省直之道途颇远，臣一身委有难周，河南两岸堤工皆都御史周世选一身肩承。群策毕举，当饥馑之日，而鼓舞有方，贫民乐为之用。当暴涨之时，而提撕不懈，地方赖以无虞，实多保障之功，全无矜伐之意。本官已蒙简拔，似难渎请。然臣不敢掠其功以为己功，蔽其贤而不以告之君父者也。伏望敕下该部，再加查议，覆奉明旨，容臣遵奉施行，臣愚幸甚，河防幸甚。谨将完过工程数目具本开坐。谨题请旨。

计开：

南直隶工程

总管官中河郎中沈修、徐州兵河道升任按察使陈瑛、见任副使陈文燧，督同淮安府升任同知徐伸、丁忧同知申安、见任同知唐民敏、分委都事胡传、指挥文栋等。

徐州迤南帮筑完南北两岸遥堤，共长六千三百七十四丈二尺。创筑完谷山堤头，长六十丈。加筑完谷山子堤，长八十丈。

创筑完房村格堤，长四百九十六丈，单家口格堤，长三百一十八丈。本口帮筑完南北两岸缕堤，共长五千八百三十八丈。加帮完该州迤北黄河上源缕堤，长三千六百二十三丈。

灵璧县南岸帮筑完遥堤，长三千七百二十七丈。创筑完双沟格堤，长四百一十五丈。填完河身，底长四丈，口长六丈，深七尺。帮筑完南岸缕堤，共长二千二十七丈五尺。加筑完子堤，长一千六百二十丈。筑塞单家口私开涵洞缺口，长八十丈。

睢宁县南北两岸帮筑完遥堤，长八千九十五丈。创筑完成字铺格堤，长四百三十二丈七尺，河口三道俱有厢边埽土牛。帮护辛安格堤，长三百五十六丈。加帮完两岸缕堤，共长一万五千七百八十一丈。补筑完成字铺堤，长一百四十九丈。

邳州南北两岸帮筑完遥堤，共长一万二千八百三十二丈四尺。创筑完羊山横堤，长四百七十三丈。筑过横堤迤西水口，长四十丈。加帮完缕堤，共长一万三千八百二十五丈。

宿迁县南岸加帮完遥堤，长七百四十三丈四尺。修筑完归仁集堤，长五千七百五十六丈。帮筑完南岸缕堤，共长六千七十六丈。

桃源县南岸加帮完马厂坡堤，长一千五百丈。修砌完马厂闸雁翅，长八丈六尺，高七尺。帮筑完北岸遥堤，长一千三百三十七丈。修补完崔镇、徐升、季太、三义四滚水坝两雁翅，迎水接连土堤，共长四十八丈。

清河县南岸加帮完张福口、王家堤，共长四百一十丈。帮修完县前围堤，长一百零六丈。

沛县加帮完张村店一带缕堤，共长三千零四十丈。填补完缕堤雨淋缺口，共一千八十二处，共计九百二十丈，太行堤雨淋缺口，共三千二百七十处，共计一千一十丈。

砀山县加帮完大坝六段，共长一千四百八十六丈五尺。帮筑完刘金楼、白川店缕堤，共长一千零八十丈。

丰县加帮完清水河大小月堤，并邵家大坝、邀城寺月堤，共长五千八百八十七丈。补筑完田刘口堤四十六丈四尺，塞完涵洞一处，长二丈七尺。填完缕堤缺口、水沟，共一千四百五十七处。补完太行堤缺口、水沟，共一千五百九十七处。

总管官夏镇主事余继善、徐州兵河升任按察使陈瑛、见任副使陈文燧，督同升任同知徐伸、丁忧同知申安、见任同知唐民敏等。

沛县境山起至留城一带，又自大堤头起至地浜沟止，运河纤路两次帮筑完堤，共长一万五千八百丈。加帮完塔山缕堤，长七百五十丈。创筑完支将军庙缕堤，长七百五十丈，内有水口一百二十丈，俱下埽三层，其尤要害处水口四十丈，加埽一层，俱用排桩深钉。帮筑完留城至黄家闸东堤，长二千六百三十九丈。修砌完石坝一座，长阔共一百四十五丈。修补完镇口闸东西雁翅，共长四十六丈三尺。帮筑完镇口闸西堤起至大堤头止，长一千五百四十五丈。

徐州上河筑完牛头湾、梁山等处坝共十五道，计长三百丈零三尺。创筑完伊家林堤，长三十七丈五尺。

河南工程

总管官管河道原任副使陈九仞、见任副使李三才，督同开封府加从四品服色同知吴克勤、同知张士奇、怀庆府同知刘应聘、归德府通判萧汝慎等管理。

荥泽县帮筑完北岸甄家庄旧堤，共长四千三百八十六丈三尺四寸。郭家潭等处长堤，共长一千七百七十二丈八尺。填平潭窝，底阔四五丈至二十二丈，口阔四丈至六丈五尺，深七八尺至二丈二尺。南岸帮筑完小院村旧堤，长二千二十丈，朱家庄等处堤，长五百四十八丈。创筑完曹家屯遥堤，长三百五十六丈。绕筑完梨园村月堤，长二百三十丈。帮筑完苏家庄旧堤，长二百丈。

原武县北岸帮筑完姚村堤，长七百五十八丈，娄家庄堤，长三百四十九丈，胡村铺堤，长七十二丈，娄彩店堤，长三百五十六丈，王村正南旧堤五段，共长二百八十九丈。创筑完张家庄月堤，长一千二百五十五丈。帮完本庄旧堤，长二百二十三丈，旧坝长一百八十丈。帮筑完小陈桥等处堤，长四千二十七丈七尺，师家庄旧堤，共长五百四十四丈，判官村旧堤，长九百三十五丈，旧坝长一千零六丈。

中牟县南岸帮筑完黄炼集堤，共长二千四百丈。创筑完新庄集堤，长七百八十七丈七尺。帮筑完旧堤六百一十七丈四尺。

郑州南岸帮筑完小陈桥旧堤，长二百三十丈三尺。

阳武县北岸帮筑完脾沙冈堤，长一千八百三十四丈六尺三寸。创筑完坝，长三百丈，帮完旧坝，长二百丈。帮完宋家庄旧堤，长二百四十六丈，王佑庄旧堤，共长四千四百丈。南岸訾家庄后至圆墩寺止，原题应帮旧堤，共长三千三百六十四丈，内除一段照旧外，实帮完堤长一千八百九十四丈。接补完本寺迤北旧堤，长一百七十三丈。创筑完买家寨月堤，长九百丈，申家寨遥堤，长四百五十五丈。帮筑完旧堤，共长二千六百三十丈。又接筑完本寨迤东旧堤，长四百八十二丈。

封丘县北岸帮筑完千家店中栾城旧堤，共长八千八百四十七丈二尺，旧坝长七百丈。帮筑完萧家庄、张家庄坝，并潭窝，共长一百七十五丈。创筑完原题荆隆口遥堤，长二千五十六丈。填完根下河身三处，共长二十八丈九尺，潭窝二处，共长一百七十五丈。帮筑完本口坝三段，共长一百四十七丈。接筑完堤三段，共长四十二丈。帮完东姜寨老堤七段，共长八百二十丈。

祥符县南岸帮筑完瓦子坡旧堤，长一千八百七十一丈一尺二寸，柳青口横堤长四十六丈，刘兽医口旧堤，共长五千零五十七丈三尺。创筑完原题刘兽医口遥堤，比原估稍直，省减九百六十八丈，实筑长二千七百三十二丈。帮筑完陶家店、兔伯冈、埽头集旧堤三道，共长七千七百六十六丈。填完水坑六个，共长四十四丈。陶家店帮完旧坝，长一百丈。张家湾筑完新堤，长六十丈。创筑完月坝一段，长三百五十丈，帮完坝岸，共长一千三百二十六丈。创筑完遥堤，长一千零五丈。补完缺口五十七处，共长二百一十二丈。填完坑洼一处，长四十丈。创筑完李仲英寨遥堤，长一千五百五十丈，填平本堤东西两头坑，共长二十丈。帮筑完槐疙疸堤，共长一千三百一十五丈。填完水坑一处，长一十五丈。北岸帮筑完马家口旧堤，共长一千七百七十丈。填完王卢寨起至鱼里止，行车路口三十六处，坑洼五处，共长一百四丈九尺五寸。帮完贯台陈桥集堤，长五千七百一十丈。接筑完省城周围大堤，共长一万三千八十丈。修补完缺口拖脚八十一处，共长一千五百七十二丈。创筑完刘家寨遥堤，长二千九百三十丈。

陈留县南岸帮筑完解家堂旧堤，长三千二百四十丈。北岸帮筑完陈留寨堤岸二段，共长一千一百四十丈。

兰阳县北岸加筑完杨家庄旧堤，长一千六百丈。铜瓦厢旧堤，共长三千三百二十二丈。张村集旧堤，共长一千八百五十五丈。马坊营旧堤，共长二千六十三丈。创筑完本营月堤，长六百五十丈，又遥堤，长五百五十二丈。填完沟渠坑洼一百一十八处，共长二百九十丈一尺。南岸创筑完赵皮寨遥堤，长一千七百五十四丈七尺。帮筑完草庙旧堤，长二千六百七十丈。补筑完草桥等处旧堤，内有车践缺口二十一处，共折长二十一丈。

仪封县北岸创筑完炼城口堤，长一百七十五丈六尺。又筑完遥堤，长一千七百五十丈。帮筑完旧堤，长一千五十丈。内填完行车大埠口二处，共长十丈，旧坝长六百五十六丈，坝后有坑，长二百五十丈，填与地平。帮筑完荣花树旧堤，长一千六百三十三丈。填完行车大埠口二处，共长十丈。加筑完挖泥河旧堤，长六十九丈。补筑完旧坝，长三百七十丈。加筑完三阙家庄旧堤，长三百一十六丈，旧坝长一百九十一丈。填筑完拖脚缺口一十九处，共长一百七十丈。创筑完护坝一道，长三百七十五丈。南岸帮筑完普家营葛田口堤，共长四千六百七十四丈。岔股堤长二千六百三十丈。创筑完李景高口遥堤，长六百丈。大寨月堤，长六百二十丈。补筑完缺口拖脚二十八处，共长二百八十丈。接筑完护城堤三段，共长九百四十丈。

睢州南岸加帮完大城集旧堤二段，共长三百五十丈。

考城县北岸加帮完芝麻庄月堤，长七百三十丈，旧坝共长三百五十七丈八尺。填完坑洼三处，共长五十三丈。接筑完新坝三段，共长一百五十四丈五尺。创筑完本庄背后月堤一道，长一千三十六丈。补筑完陈隆庄护坝，长八十八丈。帮筑完月堤，长六十五丈，内有坑长六丈，深一丈二尺，填平上筑，高一丈二尺。创筑完坝岸，长一百六十丈。补筑完李秀厂、唐家水口、回龙庙、流通集、董家庄五处堤坝，共长五百二十四丈五尺。填完水坑，长二十八丈。南岸帮筑完遥堤五段，共长五百五十丈。

商丘县南岸补筑完杨先口缺口一处，长一十八丈。帮筑完本口堤，长三十二丈。又本口迤东帮完旧堤，长四百三十八丈。口西帮完堤，长十六丈五尺。加帮完楚家湾东堤，长十一丈。

虞城县南岸帮筑完罗家口堤，长二千四百丈。

河内县沁河南岸补筑完古阳东西坝，共九段，长三百四十四丈五尺。帮筑完缕水堤，自闸口起至安家楼止，长二百丈。

武涉县沁河北岸补筑完大原村坝二段，共长四十四丈五尺。沁河东岸补筑完堤，长六丈五尺，坝长二百六十丈，填完水口长一十五丈，庙后覆土长一十一丈，庙前覆土长八丈。又帮完堤，长二百六十丈，莲花口创筑完坝，长一百八十三丈一尺，坝后创筑完戗堤，长一百六十四丈，本口添帮堤长十一丈。接筑完缕堤，长四十丈。帮筑完大樊村堤，长四十五丈。创筑完郭村堤，长四百八十五丈五尺。沁河南岸修筑完护城堤，长四百四十二丈。黄河北岸詹家店、王化营创筑完堤，长一百丈，帮筑完堤，长一千三百五十九丈，内有缺口一十三处，长一百六十四丈，俱帮填完。

山东工程

总管官济宁兵河道升任按察使曹子朝、见任副使曹时聘，督同兖州府管河运司同知罗大奎等管理。

曹县武家坝帮筑完旧老堤，自二十九铺起至三十五铺止，共长二千四百丈五尺。加帮完土坝、冯家厂、王家坝等处共二十九道，共长七百九十九丈。接筑完王家坝后护坝一道，长二百二十丈。加筑完董家口、史家楼坝四段，共长四百八十丈。帮筑完大王庙起至刘满庄止，堤长二百二十五丈。修筑完曹家集、牛市屯、刘满庄月堤，共长二千五百二十三丈五尺。帮筑完旧老堤三铺至七铺，又自三十铺起至重堤北头止，共长二千二百二十九丈九尺五寸。帮筑完王家坝埽台三段，共长二百二十七丈。填平坑洼，长六十三丈二尺二寸。加筑完埽台起至窑南堤，长三百七十八丈。帮筑完里河堤，自八铺起至十六铺止，长四千八百七十六丈。坝南重堤，长一百零三丈。加修完太行堤，自十七铺起至二十五铺止，长四千八百六十丈。挑浚过梁靖口泄水支河，长一百八十丈。

单县帮筑完十八铺堤，长五百四十丈。缕水堤自十铺至十七铺止，长三千二百四十丈，缕水月堤长五百四十一丈五尺二寸。创筑完头铺雁翅上坝，长四十丈。加修完太行堤，自十五铺起至二十铺止，长二千七百六十四丈八尺。

以上通计帮筑过各项堤坝，共长二十六万四千五百六十一丈九尺六寸，创筑过各项堤坝，共长二万八千三百八十六丈五尺，开挑过河渠，长一百八十丈。

河上易惑浮言疏

臣潘季驯谨题为垂亡之人忧思转切，谨摘河上一二易惑浮言，乞恩俯赐勘议，以定久计，以免劳费事。

伏念臣潦倒无知，久甘畎亩，误蒙我皇上拔之既弃之余，授以总理之任。二三年间殚竭心力，一应事体请自圣裁，种种俱有成画，试有小效矣。尚有一二事，宜理本如此，而人言必不如此，工本难为，而人情必欲强为，若不早为勘议，浮言不免猬兴，全河之工未必不由此而决裂也，敢敬陈之。

夫镇口闸内为汶、泗清流，镇口闸外为黄、沁浊流。平时清浊相当，内水外出颇顺，惟黄水一发，则黄强清弱，倒灌入漕，而河渠淤淀，此理势之必然者。上源山陕以西雨少，则黄水易消，而内水之出速。上源雨多，则黄水难消，而内水之出迟。此又理势之必然者。自用河为运以来，灌塞之患无岁无之，其年远无卷，及旋淤旋通者无论矣，臣姑以嘉靖末年尚有卷簿可查者言之。查得嘉靖四十一二年，黄水由大小溜沟会漕于夹沟驿南，黄涨漕淤，粮艘阻滞，该总河都御史王士翘行徐州，领夫挑通。嘉靖四十四年，大小溜沟淤断，该总河都御史陈尧行徐州，一面挑浚，一面起剥前进。隆庆元年，黄河南徙秦沟，会漕于梁山之北，淤塞无异溜沟，该总河尚书朱衡行徐州洪分司，督夫挑浚。隆庆二年，黄河冲塞，浊河改至茶城与漕交会，茶城之称自此始。隆庆三年，茶城淤，阁重运，该总河都御史翁大立具题，要从马家桥经地浜沟至徐州子房山下，另开新河，以避茶城之淤，续因黄落漕通，前议随寝。隆庆四年，茶城填塞八里，内水漫由张孤山东冲出，翁大立具题，就于张孤山开河。本年冬本河复塞，仍将茶城挑通，原议随寝。隆庆五年，茶城淤浅，该臣先任总河，行委经历韩柏部夫常川捞浚，运艘赖以无阻。隆庆六年，茶城淤阻，该总河侍郎万恭行司道疏浚通行。万历元年八月，茶城淤塞，该工部题行总河衙门设法挑浚。万历二年，黄水倒灌，淤漕三十余里，该总河都御史傅希挚集夫挑浚，前给事中吴文佳题将翁都御史原议马家桥出子房山开河一道，行傅都御史。勘得子房山前、虾蟆山西俱有伏石，马家桥一带俱系水占，难以议开，前议遂止。万历三年十一月内，黄水大发，茶城淤塞十里，调夫挑通。万历四年，茶城淤浅，粮运艰阻，复开张孤山东，以冀此塞彼通。至万历五年二河俱淤，复开茶城正河通运。万历六年，茶城淤浅，徐州道参政游季勋筑过顺水丁头坝一十六道，束水冲刷。万历七八九十等年，淤塞尤甚。至十一年间，该中河郎中陈瑛议呈漕抚尚书凌云翼，改漕河于古洪出口，即今之镇口闸河也。创建内华、古洪二闸，递互启闭，淤难深入，而去黄河口仅一里，挑浚甚易，人颇便之。万历十五年秋，黄水大发，河与闸平，而棍徒段守金私受民船重贿，将牛角湾掘开，黄水迸入，淤塞甚远。议者欲复归德府丁家道口故道，使黄水尽出小浮桥，以免浊河内灌。该勘工都给事中常居敬看得，闸河出口无往而不会黄，则无往而不受淤，岂从浊河则淤，而出小浮桥则否邪？具疏题寝。请于古洪闸外添设镇口一闸，去河仅八十丈，纵有沙淤，挑浚犹易。盖深知清黄交接之处，难免淤灌，故不得已而为易浚之计，良有以也。今之议者不察水势，不鉴往昔，偶见淤垫，议论风生，如臣昏庸无足论矣，向来总河诸臣岂无一人高才朗识者乎？而卒无，如之何也？大小溜沟淤矣，改而为梁山北，淤亦如之；梁山北淤矣，改而为茶城，淤亦如之；茶城淤矣，改而为张孤山东，淤亦如之；张孤山东淤矣，复改而为茶城，淤亦如之；茶城复淤矣，改而为古洪，淤亦如之。劳民伤财，毕竟无益。所幸郎中陈瑛、都给事中常居敬先后创筑三闸，递互启闭，而挑浚始易，计无出于此矣。

臣又查得万历十六年闰六月内，该臣题为清黄交接处所，浊流倒灌易淤，恳乞特降纶音，以严闸禁事。要将古洪等闸每遇黄水暴发，即下板以遏浊流之横，黄水消落，则启板以纵泉水之出，比照清江浦三闸启闭之法，刻石金书，竖立各闸，俾知畏忌等因。题奉圣旨：“是。各闸启闭严约，俱依拟。有势豪人等阻挠的，照淮安闸坝事例，即便拿问枷号。干碍职官，指名参奏。钦此。”倘如所题，何至淤淀？而王程难稽，客心难挽，闸上官牌力难阻遏。每照常居敬原题三闸递互启闭之法，通放船只，纵有淤浅不过八十丈，旋浚旋放，亦无难者。至于运艘入口大约俱在孟夏以前，水未大发，淤亦不久，或少加捞浚之工，必无阻滞，舍此之外，别无他策。如谓镇口逼近浊河，故易灌塞，要得别寻一道，则邳州之直河离浊河二百里矣，而何其淤也？宿迁县之小河口去浊河三百余里矣，而何其淤也？清河县之清口去浊河五百余里矣，而全淮之力十倍于漕，何以黄发即涩？而每岁初伏，通济闸外卷筑软坝，以防其倒灌也。要之，黄强清弱，随处相接，则随处倒灌，随处淤塞。总之，不出科臣常居敬所云“无往而不会黄，则无往而不受淤”，两言尽之矣，似不必过为纷更也。但人情不见其形，未信其影，必须勘议，以杜后言，此其一矣。

臣又查得滨河州县河高于地者，在南直隶则有徐、邳、泗三州，宿迁、桃源、清河三县；在山东则有曹、单、金乡、城武四县；在河南则有虞城、夏邑、永城三县，而河南省城则河高于地丈余矣。惟宿迁一县已于万历七年改迁山麓，其余州县则全恃护城一堤，以为保障。各处久已相安，并无他说。惟徐州则议论稍多，其故有二：一以山陕久旱之后，连岁雨水颇多，伏秋不免加涨，观者不考其源，而惟归罪于河，固无怪其然矣；一以前岁十一月间，知州张世美初任未谙，为义民官卢泰所愚，开堤放水，遂忘筑塞，消凌水发，黄水灌入内濠，侵及街衢，地方官民不归罪于知州张世美与义官卢泰，而惟归罪于河，至有谓护堤与城平者，有谓泉从地涌者。夫护城石堤自昔有之，非一二年间所筑者，则河之原高于地可知矣。且堤高不过丈余，遂谓与城相平，城何若，是其卑耶？徐州为邳、睢上游，徐州而水平堤，堤平城也，则迤南一带州县皆陆沉矣，有是理哉！且黄河入伏始涨，秋杪渐消，冬春则涸，堤外露有沙滩，非经年淹浸者。近该徐州于去年十一月间揭称河水已消，再过数日，内水可放。臣近又令人视，水将及址矣。今称入冬黄水尚与堤平，则伏秋又将何如耶？至于堤内之水，盖因卢泰灌放颇多，兼之去岁雨雪甚频，徐民不善车戽，一时难于消涸。若谓泉从地涌，则城中之水宜向与外河相平，即护堤无所用之矣，何待卢泰放灌之后方有水耶？非臣所能解也，然臣有治河之责，凡可图维，即宜曲处，不必问其人言之有无也。臣已行徐州道，将城中洼地用土垫高，仍一面拨夫车戽，复查最低之处开泄。自去年九月以来向在料理，不敢弛堕。但为今之计，惟有戽城濠之水，使内水可泄，固护城之堤，使外水不入，正卢泰之罪，以警将来。或加高徐城数尺，以防不虞。此则事理之所当为，而人力之所可为者也。舍此，惟有比照宿迁县事例，迁城而已。盖所患者，惟徐城之积水于运道原无阻碍，若必欲卑黄河伏秋之水，以就徐城之地，则天地气候之自然，恐非人力所能强遏者，劳民伤财之事或从此起矣。人情厌旧喜新，臣言终不尽信。臣在自当力诤，必不依违。第今衰病已剧，死有日矣，独念臣从事此河已历三朝，犬马恋主之情，岂肯以将去，而遂置此河于度外耶？

伏望敕下该部，转行该地方巡抚及各差御史，会同总河衙门，督行徐州道副使陈文燧，或添委海、颍二道，中河、夏镇二分司，逐一勘议。如有别策，使漕黄交接之处可免淤灌之患，徐州城外之水可免暴涨之虞，不妨从长计议。如必不可当，仍旧贯毋徇人情，毋拘成说，务求经久可行之道，不为劳费无益之工，则事体画一，而浮言可息矣。

再照徐城被水灌浸，以贻百姓之忧者，卢泰实始祸之人，死有余辜者也。臣据该州申文，行道提究未报。此而贷之，何以警后？仍容总河衙门严究，以正法纪，庶几将来知护堤之为重，而无轻犯者矣。谨题请旨。

奉圣旨："是❶。"

司道画地巡守疏

臣潘季驯谨题为入伏行河，将届病痼，步履不前，乞敕司道画地巡守，容臣力疾稽查，以保万全事。

臣窃惟河防吃紧，伏秋为严，而伏秋堤防巡视为急，此臣与司道官之责也。但该道政务颇繁，势固不能专理，司官事权不重，势亦有所难行。故臣受事以来，春初即出，秋深方归，凡所以代该道之所不暇，而助司官之所不及者，一切以身任之，东奔西驰，周咨荒度，曾无息肩驻足之时也。今臣年七十有一，去冬暴病阽危，气血两枯，形神尽槁，腰疾成痼，举足辄仆，三疏乞休，未奉俞旨。即使旦晚褫黜，候代尚未可期，文移催督之事，犹自勉强支吾，而奔走跋涉之劳，实非伛偻蹇涩者所能任也。

今岁五月入伏，初夏即当发水，昼夜惶惧，计无所施，反覆思维，惟有司道官画地巡行，臣时加督察，庶可责成除河南、山东各有专道副使一员，心无他技，事有成矩，每岁查照旧规，用工修守，无容分任外。查得中河地方原有郎中一员，与徐州道共理；南河地方原有郎中一员，与徐州海、防二道共理；夏镇地方原有主事一员，与徐州道共理。道里颇远，阅视难周，一人则有所不逮，两官则易于推诿。合将邳州并睢宁、桃源、清河三县坐派郎中沈修专管，修满去任，代者接管。徐州并丰、沛、砀山、灵璧、宿迁五县坐派副使陈文燧专管。山阳县南地界起至清河口止，又有清江浦起至戴百户营止，文华寺起至高家堰越城南止，一带河防坐派郎中黄曰谨专管。高邮、宝应、

❶ 是　原文无此字，据四库全书本改。

江都、瓜、仪一带河防，坐派按察使张允济专管。自珠梅闸起至镇口止，并支将军庙、塔山一带徐州道所辖，地方颇多，相应专派主事余继善管理。如有疏虞，照地指名参究。肩仔在身，智虑自毕，分委已定，规避自无，合拳独击，胜于十羊九牧者多矣。

矧今诸堤俱完，两河循轨，惟欲于扫湾迎溜之处，督促埽护，以免汕刷。洪水暴涨之日，躬亲阅视，以防懈弛，此司道之力所裕如者。该道一切往来姑暂停止，其部臣所辖州县有不奉该司约束者，容臣提问具奏。臣职任在河，蒙恩以河，一日未死，何敢忘河。病剧计穷，万不得已，而混干天听如此。倘蒙我皇上以河防重务衰病非宜，将臣即赐罢黜，使臣得以全河付之代者，则死亦瞑目矣。伏望敕下该部，再加查议。如果臣言可采，覆奉明旨，咨臣转行各该司道，查照应管地方，钦遵施行。庶几地有专司，人有专辖，利害切心，经理必慎，而河防允有赖矣。

奉圣旨："这河道画地巡守事宜，俱依拟，着实行。潘季驯着不妨在任调理，用心经理督察。该部知道。"

申明修守泗堤工完疏

臣潘季驯谨题为申明修守事宜，以图永赖事。

据颍州兵备副使王之猷呈，称节奉总理河道并抚按衙门札案行职，将原题准泗州应修护城土石堤工勒限兴举，上紧报竣，遵依转行凤阳府，督率该州知州汪一右分委，同知等官马尚絅等亲诣工所，如法率作。将原估石堤内应换老土，自北门迤西月堤，由西门、香花门、南门至东门迤北新桥庙止，共长一千四百五十六丈。贴近石堤，内挖深七尺，阔三尺，仍于堤里帮阔五尺，高七尺，中心挖去五尺，阔一丈一尺，计土论方，共筑过老土三万一千三百六十九方。自新桥口起，北至西门牌坊止，应加修石堤长九百三十二丈，加高二尺，用石二层，共砌大石一千八百六十四丈，石堤内加老土九千五百三十九方。自虮蜡庙起，由西门至香花门外止，添建子堤长一千六百八十丈，用碎石砌高二尺五寸，阔二尺五寸。自西门牌坊起，迤南至东门迤北新桥口止，堤长一千一百六十五丈，裂缝里外俱用石灰兜抿。又于原议护堤之外应添修新桥，迤南大堤用石长六十一丈，窑西石堤三处，共用石长二十五丈，拦水坝长二十五丈，拦马墙一处。以上工程自万历十七年七月二十五日兴举，至十八年九月二十九日通完讫，已蒙本院委官亲诣各工，覆加阅视，丈量明白，俱各修理坚固。

及查采取土石，遵照禁例，老土在盱眙县西五十里、马过嘴县东二十五里龟山挖取，大石在旧县迤南涧溪青平山，离城一百二十里，碎石在清河县地名老子等山，离城四十五里，俱由水路装运，悉系禁山之外，并无违碍。其原发工料银四千九百三十两零五分七厘二毫九微九纤五沙，内支土石、灰料、桩木并匠作夫船工食，共用过银三千八百九十九两三钱六分五厘，实省剩银一千零三十两六钱九分二厘二毫九微九纤五沙，贮库。除用过钱粮细数已委凤阳府推官盖国士查盘明的，造册送核外，所据完过工程丈尺、日期，并经管官员职名，分别勤惰、奖戒等第，理合呈报等因。又据凤阳府推官盖国士呈，蒙总理河道并漕抚衙门宪牌，仰职前去泗州，将护城堤工逐一核实，依蒙亲历该州，沿堤逐工细加查阅。完过土堤俱系真正老土，夯杵坚实，取验土色相同，并无夹杂浮沙。石堤亦皆如法修砌，坚固可垂久远等因。各呈报到臣。据此，案照万历十六年八月内，该臣具题前事款开，一加帮真土，以保护堤。查得泗州护堤当水一面甃石可恃，但石内土堤霖雨坍损，石将安附等因。该工部覆议，筑土固石，委宜亟举，题奉钦依，备咨前来。已经备行该道估勘，得前堤换土、加石工料等项，通共该银四千九百二十九两三钱六分五厘，通详各院。

随该前任漕抚侍郎舒应龙看得，修筑泗堤，御淮保城，宜在冬春水落之候，先行攒筑。如候催齐工费完足，方行兴工，不无稽延时日。批行该道节次查发凤阳府并颍州库贮无碍银共一千七百三十二两四钱七分零，运司腌切银八百一十五两零，凤阳府纸赎等银六百三十四两二钱二分三毫，庐州府属并滁州全椒、来安二县积剩银共三百四十八两一钱七分一厘五毫，本道自理纸赎银三百两，颍州库贮支剩民壮工食银六百五十三两五分六厘零，以上共银四千四百八十二两九钱一分二厘八毫。委官支领，分投兴工，尚少银四百四十六两四钱四分七厘二毫，呈要查处给发缘由，通详到臣。会同抚按衙门查，有淮安府库贮停浚草湾银六千一百四十四两六钱，相应于内动支银四百四十六两四钱四分七厘二毫，解发泗州，补足原估之数，作速攒工，勒限本年告完，听臣等委官核验，工程的确钱粮明的造册奏缴。其余存停浚草湾银两仍令收贮淮库，听候原议防守清浦河工支用等因，具题。本部覆奉钦依，备咨前来，已行该道督理，动发银两支用间。臣等又于堤工未举之先，严行该道，申饬禁例，泗州诸山密迩祖陵，山前山后不许取土、取石，敢有夤缘纵夫，在于就近山场挖取者，即便拿究，取有该州掌印管工官重甘结状在卷。

续据该道呈报工完，惟恐丈尺短少，筑砌不坚，又经复委凤阳府推官盖国士查核去后。今据前因，该臣会同总督漕抚右侍郎周寀、巡按直隶监察御史龚云致，看得淮水发自河南之桐柏山，挟七十二溪之水，东会于黄以入于海，其性最暴。而泗州居淮河之下流，卑于祖陵之地二丈三尺一寸，而龟山横截河中，约拦水势，伏秋之时不免加涨，此于祖陵形势最为佳胜，而泗州之民不免有沮洳之患矣。臣等查得宋臣欧阳修《先春亭记》有云景祐三年泗州张守问民之所素病而治其尤暴者，曰："暴莫大于淮，越明年春作城之外堤，高三十三尺。"则泗城之藉于护堤者久矣。堤高三十三尺，则水之高可知矣。而岁久浸废，前功尽毁，万历四五年间巡按御史、见任刑部侍郎邵陛筑堤为护，甃石为坚，泗民恃以为安者十五年矣，至今名其堤为邵公堤。而风雨淋漓，车马蹂躏，内土不免倾圮。臣于受事之初，躬往视之，诚虑其土去而石无所附也，遂以为请。随该工部覆奉钦依，漕抚侍郎舒应龙多方搜括，鸠工庀材，始克有济。

然该地方大小诸臣拮据，鞅掌畚锸间者，岁有二月而后告成，其勤劳亦有不可泯者。然系人臣分内之事，何敢过为干请？除佐幕义民等官劳勋未多，臣等量行奖赏，旧县巡检张谟酣饮废事，径行戒饬，不敢渎陈外，如颍州兵备道副使王之猷，风猷峻洁，功令严明，勘核务极其精详，而工作无虚饰之弊，稽查不遗于丝粟，而钱粮无冒破之奸，已经臣于年终例荐，仍应咨部纪录者也。如凤阳府知府李骥千、推官盖国士、泗州知州汪一右，以上三员志存捍患，念切急公，综理密而缩费大裒原额，调派均而抚循尤所留心，允宜优奖，仍咨吏部纪录者也。泗州同知马尚絅，泗州卫指挥王畿，泗州吏目李元嗣，泗州卫镇抚王有功，千户陶承祖、路由正，盱眙县典史曹自高，以上七员殚力驱驰，劳瘁不辞于寒暑，悉心催督，勤劬无间于始终，所当量奖并行纪录者也。余剩银一千三十两六钱九分二厘零，内将草湾银四百四十六两四钱四分七厘二毫仍归淮库，听候修河支用，其余无碍银五百八十四两二钱四分零，听候漕抚衙门作正支销。

除将支用过工料项款银数造册奏缴外，伏望敕下该部，再加查议。如果臣等所言非谬，覆请明旨，行臣等遵奉施行。应奖官员容行，该道动支该府州无碍银两，分别等第给散。谨题请旨。

奉圣旨："工部知道。"该工部覆奉圣旨："是。这各官纪录奖戒等项俱依拟。"

议创石堤疏

臣潘季驯谨题为议创石堤，以垂永赖事。

据夏镇分司工部都水司主事余继善呈，称本职奉本院札付内开，准工部咨该本院题奉钦依，自珠梅闸起至镇口闸止，并支庙、塔山一带，一应修守工程专责本职管理。随查得先蒙本院为酌议漕堤，以图经久事，仰职照牌事理，即便查议，近修漕河一带纤道、桥梁，运艘过日委果可恃，就便一意修整坚固，以垂永久。如悉用土堤为便，要见前被冲损今作何法，能御冲汕之患，取土作何装运，物料钱粮作何出办，逐一虚心酌议，务求确当，呈详施行。如该司别有良策，不妨从长计议，以凭酌议具题，毋得含糊两可，以致后艰。

蒙此，本职俯思，职掌既已分土，从此一有失误，皆职之责也，岂容他诿？即将所辖上下河道与今酌议事宜细加检点，看得本管河渠镇口当清黄交接之处，常有倒灌淤塞之虞。本职请加镇口古洪闸石，以浚堤防，仍建河口木闸一座，以便挑浚。东筑戴家山横堤，使外水不得漫入，西筑支庙堤，令浊河不得越过牛角湾门户。关锁甚密，两翼相抱如环，明效亦可睹已。惟运舟入漕之后，必由堤岸纤挽，少有残缺，便成阻隔。查得溜沟至姜家桥一带皆系一线之堤，外滨微山、吕孟诸湖，内通西湖，风掀浪涌，内外加攻，质非金石，欲保常固，难矣。每岁东修西补，仅可支吾一时。今春风雨更甚，损坏尤多。该职将全缺处所采取木料搭置桥梁，既可纤挽，而水势通融，又可内泄，以增漕水之盛。其余残缺堤岸亦皆修葺完固。但木桥易损，客土难坚，终非一劳永逸之计。查得微、赤诸山多产石块，道里甚近，如多置船只，载取山石，砌成两面石堤，每三里留一水口丈余，上面铺桥通行，下纵水势入运，既成金堤之固，又有济漕之益。盖堤而桥者也，永赖之计无出于此。随又查估得应用物料，自溜沟起至姜家桥止，计七千二百丈，两面俱用石砌，高一丈一二尺不等，每丈用石一十二三层不等，内用底石衬护，大小阔狭不等，难计丈数。俱令本管夫匠于微、赤等山采运，合用石匠二百名，在于本管夫内选用，抹缝石灰，拨夫采柴烧用，堤心用土填筑。议令回空粮船并空载民船上于戚城，下于境山高阜处所，稍带差委职官监发运送本堤交卸，俱未议钱粮外。惟有擎石杉桩，每丈用短桩六十根，共四十三万二千根，每五根折长桩一根，共折八万六千四百根，每根价银一钱，共该银八千六百四十两。运石下桩须用船只，今议买民船八十只，每只价银十两，共该银八百两。二项共该银九千四百四十两，其余零星小费本职另行议处。今值钱粮匮乏之时，不敢别请，乞于原留余剩二升米银并岁修银内支用。虽所费仅将万金，而以数年帮修之费权之，亦略相当。如蒙允行，职当矢竭犬马，力督管河同知赵埛并各州县掌印、管河官，措办兴举。此工告成，则本职所辖河道一百四十余里登之覆盂之固，无复有不举之工，遗后日之虑者矣等因到臣。

卷查，先该臣牌行该司会查，近修内漕一带桥梁、纤道是否可久。又该臣题奉钦依，分任司道，画地巡守，札行本官去后。今据前因，为照主事余继善所辖地方实系漕黄滨邻交会之所，而二三年间本官既竭心力筑堤设闸，防护颇周，似无虑矣。所据溜沟、姜家桥一带纤路较之河防，虽有不同，而揆之利涉，亦当周备。今以一线之堤居诸湖之中，风浪冲刷，势所不免，故随修随圮，旋坏旋筑，盖自设堤以来即有然者。本官议将本堤两边用石镶砌，每三里留一桥门，使内外之水通融萦会，并流出闸，则既免阻遏之虞，又无冲溃之患。且工费不过万金，钱粮取之岁额，计无善于此矣。伏望敕下该部，再加查议，如果臣言可采，覆奉明旨，容臣督行主事余继善，率同各掌印、管河官，将各项料物器具分投措办，设法甃砌。其应动银两、派拨官夫及买船、带土一切事宜，悉照本官所议施行，未尽事宜临期再行斟酌。但道里颇远，工作亦烦，矧非洗锅待爨之工，无妨次第兴举，惟在坚久可恃，不必刻立限程。工完之日，听总理衙门覆核明实。如果工程坚好，足垂永久，优叙奏请，以励群工。若虚应故事，定行参究。用过钱粮造册奏缴。漕渠幸甚，臣愚幸甚。谨题请旨。

奉圣旨："工部知道。"该工部覆奉圣旨："是。"

会勘徐城镇口疏

臣潘季驯谨题为垂亡之人忧思转切，谨摘河上一二易惑浮言，乞恩俯赐勘议，以定久计，以免劳费事。

据管理中河郎中沈修、夏镇主事余继善、淮扬海防兵备按察使张允济、颍州兵备副使王之猷、徐州兵备副使陈文燧会呈，蒙臣并漕运巡抚右侍郎周寀札付，俱准工部咨为前事。并工科都给事中杨其休等题为临河要地，水涨可虞，乞敕勘议，以慰人心事。及蒙巡漕御史贾名儒案验，奉都察院札付，同前事，备行职等会同详勘，要见各疏内所称加堤、加城以后，黄水暴发有无可以捍御，迁城避患士民意见有无翕然相同，开堤分水是否可免冲决，通湖泄水是否可免停涨，此外有何长便之策，足为河防久远之利。务要虚心计处，毋得漫为两可之言，致误大计。其镇口闸座若果别有善地可以改建，亦不妨从实勘报。如以清黄交会之处无往不淤，见在闸座去口尚近，易于疏浚，仍应照旧，亦要明白声说，以杜后议。各司道务须体勘详确，会议妥当，具由通详，以凭覆勘，会题施行等因。

奉此，该职等关会勘议，并行淮安府管河同知赵坰，督同徐州掌印、管河官逐一勘议去后。近据呈，称查得徐城坐临河滨，岁受黄河之害，其来远矣。隆庆年间黄水暴涨，几溃西门，先任同知冯镮解衣囊土，为士民倡，力堵其门。万历初年议筑护城堤，以为捍御。旧岁黄涨异常，兼以阴雨过多，以致徐城积水无路泄出，城内军民房舍拆卸过半，州墀学宫尽皆沮洳。近蒙本道遍历各处，相度形势，勘得自护城堤涵洞起，斜向东南，历魁山至苏伯湖西，勘至史家村、陈家林晁、夏二湖，杨二庄阚疃，直抵宿州符离集东小河止，计长一百六十二里，堪以开渠泄水，分布官夫挑成支河一道，随开涵洞放水，势若建瓴，而徐城积水数日之间，日见消落。今验城濠水已泄四尺九寸三分，城水已泄三尺七寸九分。见今滔滔南流，居址街衢尽成亢爽，徐城已危再安，士民既徙复还。但此河新开，善后事宜所当计处者有三：一筑堤防，以固保障；一议闸座，以严启闭；一加常夫，以固防守。又勘得镇口闸内系清水，外系黄流，平时清水外出，闸口自无淤阻。若黄水涨，则清弱黄高，浊流内灌，不免停淤。顾今闸口去河止八十丈，疏浚易于为力，今若别从改迁，求以免淤，则先年溜沟淤，而改梁山，复改茶城，改张孤山，改古洪，又何以屡迁屡塞也？相应仍从镇口为便。但闸座既已照旧，而善后应议之事亦有三：一复常夫，以便挑浚；一严启闭，以防出入；一设专官，以便弹压。

再照魁山支河既通，徐城积水已❶，不惟目前可救沮洳，即千万祀永恃此河以为奠安之计。较比改河子房山下，省费数万金，迁城丘墟之上，省费又数倍。前者迁城改河之说似可免议等因，呈详司道。该职等会议得，救民者变则必通，而治水者行所无事。盖天下之事无全利，亦无全害，而怠之则为豫蛊，扰之则为拂经。权利害之大小而不怠不扰，则安民利国自无难事，而众见之公，独见之明，均有不必泥者。国家定鼎燕冀，岁漕东南粳粟四百万石，由徐入镇口，达清济，实京师，徐州固称扼控冲襟。而转运漕艘必资黄河之水，黄水奔腾剽悍，排山襄陵，自昔患之。徐城初建，隔远黄河，宋熙宁十年河决澶渊，经绕城下，遂苦水患。元时移城广运仓基，未几水复冲啮，城不能保。我明复还旧地，万历初年创筑护堤，设减水闸，以泄伏水，始得安堵迩。因关陕久旱之余，仍之积潦，内水难泄。兼之十七年闸吏放水灌入，十八年雨雪异常，积水增涨，四隅军民房舍几于沈灶产蛙。士民纷纷异议，或谓河水冬春未消，地泉涌出，请从砀山县戎家口建石坝，分黄河上流，为保城计。又欲改黄河子房山下，出徐洪后，远避城根，是谓河病则徐亦病，治河即所以治徐也。而城内积水自昔已然，即改漕河，未必能救，迁城时久费巨，无救眉急。该徐州道陈副使遵奉河抚

❶ 后疑有脱字。

二院明文勘议，魁山以南历瑶家村、萧县杨二庄、宿州阚疃地方，以达小河，绵亘一百六十二里，可挑支河，以泄城水。鸠集夫匠一万余名，疏凿土石工程，至闰三月初三日各工告竣，初四日开放，势若建瓴，浃旬之间，消泄殆尽。濠水泄出城根，城水泄出旧址，官舍民居尽获安堵，转徙之民复故处，定安集，今昔殊观。不惟迁城改河之说无容别议，而有此支河，则有此州治，将为永赖之利矣。但此河初开，尚觉草创，则善后长策诚有如本官所议者。至于镇口闸为漕艘入闸咽喉，初从溜沟，溜沟淤；改之为梁山，梁山淤；改之为茶城，茶城淤；改之为张孤山，张孤山淤；改之为古洪。万历十五年古洪复淤，回空阻误，蒙皇上特遣工科常都给事中勘议，增设镇口一闸。亦知黄强清弱，理势之常，清黄相会无处不淤。无论溜沟、梁山、茶城、张孤山、古洪，为浊河初会，势不免于淤垫。而邳州之直河、宿迁之小河，乃黄河下流，亦且灌阻，则舍古洪而他徙，犹之古洪也。且镇口去河八十丈，近而易浚，转运数年，诸艘通利。惟十八年伏水发于五月十三，比昔太早，经冬雨雪，遂成冰冻，旅使船只稍觉濡滞，而喙喙争鸣，浮议复起。今欲议长策，择善地，职等谓资黄济漕，而欲黄不为害，即神禹复生，未有完策，只缘官夫不能疏导，启闭不遵法禁，则十五年八九月间阻船数千，几致意外，此则可为隐忧。而漕渠有必致之水势，治河无尽省之人功，酌时宜申旧法。如本官与该州所议诸事断然行之，即行所无事，而漕渠永利，固非敢持独见而自用也。谨用开款列陈，伏乞再加裁酌，题覆遵行。即两地蒙安，劳费且省，国计民生，胥有恃赖矣等因，呈详到臣。

案照先准工部咨该臣题前事，谓镇口清黄交接，无往不淤，另寻别道，随地皆然。徐城积水，止因义民卢泰放水灌入，又兼去岁雨雪甚多，以致难消，乞行勘议，以息浮言，以省劳费。又该工科都给事中杨其休等题为临河要地，水涨可虞，乞敕勘议，以慰人心事，谓徐城河水不落，则地下之浸灌必深，河势日高，则城中之宣泄为难。欲开月河，以分水势，使徐无冲决之患，通苏伯湖，以导积水，使徐无停涨之虞。要行会勘，从长计议等因。俱经该部覆奉圣旨：“是。着河漕等衙门勘议停当，具奏。钦此。”移咨臣等，随经备行各司道逐一虚心会勘去后。

今据前因，该臣会同漕抚侍郎周寀、巡漕御史贾名儒等，将徐城新开支河并镇口闸等处，逐一躬亲阅视，委与该司道所呈无异。为照徐城外河原系山东汶、泗诸泉，即今镇口闸所出之水也，涓涓之流，卑于徐城之地多矣。自宋熙宁十年黄河南徙会淮，其势始高，徐城遂有水患。据宋臣苏轼入市巷闾井之说，则彼时河水委入徐城，业再迁矣。延至万历初年，原任徐州道副使见任南京兵部尚书舒应龙创筑护城石堤，而黄河始与徐城隔绝，了无干涉矣。止因万历十七年，义民卢泰启闸放水内灌，而十八年雨雪连绵，无处开泄，遂至盈溢。议论纷然，或主迁城，或主改河。臣是以有请勘之疏，而工科都给事中杨其休等亦具疏催勘。今新开支河即科疏所称苏伯湖地方，而此渠一开，城水尽泄，内渠曾无潜滋暗长，外河亦无停蓄不流，则城水之无预于外河，可想见矣。且故河系祖宗运渠，固难轻改，而河不两行，徒滋劳费。若迁城本以避水，今徐城安堵如故，又似可免议迁矣。至于镇口闸外系清黄交接之处，平时清水外出，其流甚顺，一遇黄水暴涨，不免倒灌成淤。先年溜沟改梁山，又改而为茶城，为张孤山，为古洪，竟不能免。如必欲为快意可喜之事，须得清黄不会之处可也。而运艘全资黄水，岂能以不会哉！勘工都给事中常居敬所云“无往而不会黄，则无往而不淤垫”，诚为不易之论也。然镇口去河止八十丈，淤垫不多，挑浚亦易，随浚随进，人力可施，粮运无阻。部疏所称清黄交会之处，无往不淤，见在闸座去口尚近，易于疏浚，仍应照旧。科疏所称镇口乃清浊交流之会，黄水一发，倒灌入漕，而河遂淤，黄强清弱，随通随塞，无适非是，已为确见，臣等又何敢为无益之纷更哉！伏望敕下该部，再加详议，覆奉明旨，容臣等遵奉施行。其该司道款列事宜，臣等覆加参酌，开坐于后，恭候圣明裁夺，臣等无任激切屏营之至。为此，谨题请旨。

计开：

一、甃石堤，以固保障。照得新开支河去城五里，即为魁山石渠，逼临河滨，约有一百余丈已经创筑土堤防护。但恐客土未坚，暴涨易塌，浊流内灌，上下盈溢，不惟徐城有倒注之虞，而新渠亦难免淤垫之患矣。合将前堤用石包砌，以为一劳永逸之计，工费银两应于城堤银内动支。伏候圣裁。

一、建闸座，以便启闭。照得州城东南护堤原设涵洞一座，见今堤开洞启，城水已泄，基址街道并成亢爽，则城内之水固藉此口南注，而滨河居民要从此河转输仓粮，搬运货物，避黄河之风涛，省舟车之顾赁，不愿填塞，其情亦当俯从。但闸座不设，启闭无时，有如黄水暴涨，溃堤内灌，城中之民未可安枕而卧也。合将东门减水旧闸量添工费，移建本处，请添闸官一员，并乞钦定名目，以垂永久。再拨新募人夫十名，以司启闭，如遇黄涨，键关固守，消落即行开放，费用不多，而利赖无穷矣。伏候圣裁。

一、设长夫，以备修守。照得魁山支河自徐州至小河，延长一百六十二里，原系沙土新开，日夜经流，未免坍淤。且陈家林迤北土堤未坚，苏伯湖一带伏秋黄水可虑。合照邳、睢事例，添设堤夫二百五十名，除见在游夫一百名外，应增一百五十名，即于都事胡传所领二升米银募夫内拨发，专管修守本堤并护城堤。仍每五里建铺一座，以便各夫栖止。应用料价于城堤银内动支，仍责成镇口总管官兼摄其事。庶缓急有济，而近年失守灌城之事当不再蹈覆辙矣。伏候圣裁。

一、改堤夫，以专疏浚。照得镇口闸外即为黄河，黄浊倒灌，则必淤垫，全藉挑浚通行。而粮船体制重厚，往来多挟私货，非并力牵挽，岂能利涉？先该工部题覆勘河都给事中常居敬条议，将徐吕二洪人夫摘拨六百三十三名，专司镇口诸闸。嗣因年歉税少，工食不敷，裁减二百三十三名，止存四百名，分派前闸拽溜，其工银改之夏镇湖租，非不称善，而粮运之时苦不足用。查得徐州上河判官分管该州一带西堤，额夫三百二十九名，原属中河管辖，而西堤专为防护，内漕应属夏镇分司，事体方便。合将前缕堤并夫改属夏镇分司管理，再于都事胡传所领募夫内调拨二百名夏镇分司，再于各闸坝裒拨七十一名，共一千名，并三闸夫六十名，俱责上河官管领，悉听夏镇总管官调度，专令住守本口。但有灌淤，并力疏浚，运艘入口，分投扯拽，运完之日，即行帮筑西堤。庶粮运无阻，而河官亦免推诿矣。伏候圣裁。

一、信法令，以防淤阻。先该总河衙门题，将镇口比照淮安闸规，严禁启闭。该部覆议，凡遇黄河暴涨，即便闭闸，一应官夫船只俱遵闸规放行，敢有阻挠，拿问参奏。至于鲜贡诸船，如遇黄水盛发，亦令暂候。刻石金书，昭如星日。而每岁伏秋闭闸避黄，往来船只公然违背禁例，闸吏理阻，备受荼毒，甚至有斩关而出者矣。频起频淤，日无宁晷。而回空粮船经月守候，有误新运，误事不小。合再申饬，今后除进贡龙袍、鲜品船只严催五月以前入闸外，其余棕藤、架木与使客等船，但遇黄涨闭闸，守候外水消落，启板通行。若王程迫促不能缓待者，听该州拘留闸口，内外泊船互相倒换。敢有势要抗违法禁，及家人、船头揽装违禁私货、夹带民船、抢关射利者，听管河官呈报总河衙门，照例参拿重治。庶法禁森严，而闸口不致常淤矣。伏候圣裁。

一、添设职官，以便弹压。照得镇口首闸清黄交会，灌淤之患必不能免。而督夫挑浚，派拨牵挽，阻遏势要，必得职事稍重官员，方可专责成，而便驾驭也。先该都给事中常居敬题，请淮安府管河同知移住境山，诚于闸务有裨。但灵、睢、邳、宿河防最为险要，一官岂能遥制？故不得已仍归邳州旧署。而判官职微权轻，无可托重，势要经临，则吞声启闸，黄水内灌，则束手无措。合无添设府佐专官一员，驻扎境山地方，将珠梅闸起至镇口闸外一带河道，并徐州护堤及新开支河防浚事宜，悉付本官管理。其自徐州迤南并丰、砀沛河道，仍归原设管河同知。则地分而干办克济，任专而责成自易矣。再照设官不难，而得人为难。要害之区，似非练习有素者，鲜不偾事。查得见今添设徐邳管河带衔山东都事胡传、徐州管粮判官蒋继祖，才力俱堪是任。蒋继祖履任未期，遽难转擢。胡传历官河上先后已逾九年，累经保荐，先该河漕衙门会请加衔管理邳州河务，因注选已定，未经推补，合无即将本官加升职衔，管理前项地方堤闸事务，上河判官听其调度。则付托得人，而河防有赖矣。伏候圣裁。

奉圣旨："工部知道。"

工部覆前疏

题为垂亡之人，忧思转切，谨摘河上一二易惑浮言，乞恩俯赐勘议，以定久计，以免劳费事。

该本部题，都水清吏司案呈，奉本部送工科抄出，总理河道兼理军务右都御史潘季驯、总督漕运提督军务右侍郎周寀、巡漕御史贾名儒题，同前事各等因，俱奉圣旨：“工部知道。钦此。”钦遵抄出到部送司。案查本年三月内该总理河道右都御史潘季驯题前事，又该工科都给事中杨其休等题为临河要地，水涨可虞，乞敕勘议，以慰人心事，各题议勘改镇口闸，迁徐州城，避水患缘由等因。该本部覆奉圣旨：“是。着河漕等衙门勘议停当，具奏。钦此。”备行河漕等衙门钦遵勘议去后，今该前因案呈到部。

看得治河一如治寇，防口甚于防川。自昨夏黄河非时骤涨，客冬徐城积水未消，或议当改河以全城，或议当迁城以避河，或议当改建镇口一闸，以免黄水倒灌。众论纷纭，靡所决策。臣等亦知事体重大，遽难轻议，特以运道民命所关，苟有裨于御灾捍患，即兴大役，动大众，自不当以劳费为解。故因右都御史潘季驯、都给事中杨其休等先后条陈，覆请会勘，无非欲广集众思，确求至当，以息讹言，以定允计。今该总河、总漕二臣及巡漕御史会题前因，大率谓魁山支河既开，城水尽泄，改河、迁城无容复议；镇口闸去黄河甚近，即有倒灌，易于挑浚，仍应照旧。并将河闸善后事宜开款，上请勘议明的。众论佥同，既可以省目前之劳费，又可以破一时之群疑，相应依拟。内除添设管河府佐一款径咨吏部议覆外，谨将甃石堤等五事酌议覆请，恭候命下，容臣等移咨河漕部院及咨都察院，转行巡漕御史，督率司道等官，将一应善后事宜，查照覆议，着实遵行，仍咨总河大臣。此外如有未尽事体，不妨及时条议上闻，次第修举，务使河防州治可永恃以无虞，道路传言不更兴于异日，庶几国计民生咸有攸赖等因。

奉圣旨："依议行。"

计开：

一、甃石堤，以固保障。前件看得徐州新开支河，惟魁山一带最为紧要。其堤岸虽经用土创筑，但本堤逼临黄河，诚恐客土未坚，暴涨易塌，浊流内灌，不惟徐城有倒注之虞，而新渠亦难免淤垫之患。合依所议，行令用石包砌，一应工费俱于城堤银内动支。工完将用过数目造册，报部查考。伏候圣裁。

一、建闸座，以便启闭。前件看得，徐城东南护堤原设涵洞一座，目今堤开洞启，城水已泄，而滨河居民欲从此口转输搬运，不愿填塞。议要就此开闸一座，时其启闭，以防黄水内灌。其石料即将东门减水旧闸量添工费，移建本口。仍拨新募人夫十名，常川看守，以司启闭。既系民情所愿，相应依拟。其闸官应否添设，并钦定闸名，俱候工完，再加详议，移咨前来，另行题请。伏候圣裁。

一、设长夫，以备修守。前件看得魁山支河延袤一百六十余里，原系沙土，新开易淤。且陈家林迤北土堤未坚，苏伯湖一带伏秋黄水可虑，其本堤及护城堤委应拨夫修守。合依所议，照邳睢事例，添设堤夫二百五十名。除见在游夫一百名外，应增一百五十名，于都事胡传轻赍二升米银内雇募拨发应用。仍每五里建铺一座，以便各夫栖止。一应工料价银俱于城堤银内支用，备行夏镇主事总管，事完将用过银两数目报部查考。伏候圣裁。

一、改堤夫，以专疏浚。前件看得，镇口闸外即系黄河，每遇黄水倒灌，势必垫淤，全资挑浚，兼以粮艘体重货多，必藉牵挽。先该本部题覆，勘河都给事中常居敬疏，将徐、吕二洪人夫责拨六百三十三名，以供本闸各项役使。后因工食不敷，裁减二百三十三名，止存四百名，分派前闸拽溜。遇有修筑、疏浚之事，动致缺人，前项夫役委应增设。合依所议，将徐州上河判官分管该州一带西堤，原属中河郎中统辖者，改属夏镇分司管辖。即将西堤原设额夫三百二十九名，再于都事胡传所领夫内拨二百名，各闸坝裒拨七十一名，共足一千名，并三闸夫六十名，俱责上河判官管理，悉听夏镇分司调度，专令住守本口。遇有灌淤，并力疏浚，运艘入口，分投扯拽。粮运完后，即行帮筑西堤。庶事体不致互相推诿，夫役不必另增工食，一更置之间，费省事集，而运道有赖矣。伏候圣裁。

一、信法令，以防淤阻。前件看得镇口闸系清黄交接之处，启闭尤当以时，闸禁不严，则将有黄水灌入，运道淤塞之患。先于万历十六年闰六月内，该总理河道右都御史潘季驯题称茶城三闸要比照淮安闸禁事例，将题准明旨刻石金书，竖立茶城之上。该本部覆奉钦依，备行钦遵去后。缘时久弊生，人情玩愒，法禁废弛，委当再行申饬。如龙袍、贡鲜船只照例于五月以前入闸外，其余棕藤、架木、官民船只倘遇黄水盛发，通候消落，启板放行。其王程迫促不容缓待者，许令地方官拨船搬剥。如有官豪势要及家人船头揽装私货，夹带民船，违禁射利者，许管河官指名揭报，总河衙门查照原题，从重参提究治。伏候圣裁。

报消泗水疏

臣潘季驯谨题为淮水已消，流言未息，谨将地方官节报水势，据实奏闻，仰慰圣衷事。

臣于本年十月间据泗州知州汪一右禀称，淮水自九月以后日消一二寸不等，见今共消四尺有余。续据该州申称知州汪一右亲督水手侯大林，内外打量水平。淮水除前报外，至十一月二十八日止，又消过一尺五寸，共消过五尺五寸。其城内积水，车退八寸五分。及量外河水面，尚高城内水面二尺余。围堤自窑东至水草庙，又禹王庙至西门二处，堤根露出三四尺不等。其城外濠水，量得香花门至西门，比淮水高六寸。又东、南、北三门，比淮水高尺余。见俱挖堤出放，已泄过四五寸。若濠水泄平，内水易于车戽，拟合申报。又据颍州兵备副使王之猷揭称，浮言摇乱河计，职不胜惊异。夫淮河伏秋则涨，冬深则涸，其来非一日矣。独是今岁霖雨连绵，虽若较之往岁，苦水颇甚，然亦时候消长使然。三道会勘陵水，独沱沟颇有水痕。若下马桥尚去湖水五十余步，下马桥去陵殿尚二百余步，则全无水迹。御冢高出二十余丈，水何能侵及？无藉之辈乃假此以耸动观听，真无人心等因。臣尤恐未的，又行据该州知州汪一右，申称打量水平。淮水报后，又消过二寸，连前共五尺七寸。又看得祖陵下马牌地面高于水面五尺七寸，逐一丈量明白，拟合回报等因到臣。

案照先该漕抚侍郎周寀等题为州治积水，淫潦益甚，根本重地，居民垫溺，乞赐会勘亟处，以苏灾困事。内称，本年淮水虽甚涨，止及下马桥，去陵尚远，而泗人困于水中，无计自免，动为诪张之语，以耸观听等因。夫周寀之疏正发于辞陵之时，目击水势甚真，而其言如此，则其意专在泗城之积雨，非为祖陵也。今据该道与该州节报申文揭帖，是周寀等发疏之后，淮水日消，业已远去下马牌，而泗城护堤根外已露有干滩者矣。而玄宫巍然在上，去下马牌远甚，苟非洪荒之世，淮水岂能溅及？何者？盖由祖陵原是土冈，较泗州城高卑悬绝，故城中之水未泄，而城外之水已涸矣。今据该州申称堤外河滩已露，而城水尚难开放。则其故在于城地之洼，而不在淮水之高矣。今闻泗州士民流言遍布，谓淮水至今尚浸祖陵，不情甚矣。

又臣于十月二十七日据海防道按察使张允济、徐州道副使陈文燧、颍州道副使王之猷等禀称，职等会勘祖陵之时，泗州士人指沱沟水滨土堆为三祖旧陵，臣答之曰，万历九年该州乡官常三省曾以此语载之揭中。臣躬往阅视之，则见祖陵东南隅沱沟水通流之处，蓁莽中土堆在焉。问之并无封号，视之原无封植。若指此为三祖旧陵，则国初封树。玄宫巍然高峙于寻丈之上，而为万世臣民瞻仰者，岂有误耶？且高皇帝御制碑文，昭如星日，并无有所谓旧陵者，亦岂有误耶？众皆相顾骇叹，危词激语，惟欲动人而不自知，其沦千不臣甚矣！且伏秋之水，无处不涨；冬春之水，无处不消。此气候之必然者。而泗人乃谓淮水至今未消，宁有是理哉！语有之，众口烁金，积毁销骨。臣不足惜，独虑皇上孝思纯笃，上廑圣衷，故敢备将地方官开报水势，据实奏闻。其会勘过缘由，已经具本会题，恭候该部覆奉明旨施行。无容再赘外，为此谨具题。

奉圣旨："工部知道。"

并勘河情疏

臣潘季驯谨题为衰庸归骨有期，犬马恋主尤切，谨以熟试河情，沥血具陈，恭候圣明采择事。

臣自嘉靖四十四年至今，以河事君父者，凡四矣：壮于斯，老于斯，朝于斯，暮于斯。或采之舆情，或得之目击；凡或稽之已往，或验之将来。水有性，拂之不可；河有防，弛之不可；地有定形，强之不可；治有正理；凿之不可。故厌常者，每欲弃旧以更新，而臣则以为祖宗二百余年之故道，必不可失也。泥成说者，每欲支分以杀势，而臣则以为黄河之浊流，必不可分也。

臣执此以治河者，前后一十二年矣，而不意去秋淫霖连月，河水滔天，物议遂腾，牢不可破。夫当伏秋暴涨之时，两河并高，人言无足怪也。而宁知涨之必有消乎？以方涨之河而律之旋消之后，不可也。人见其水盈及堤，辄谓堤可弃也。而宁知防溃则水泛，外泄则中干。不数日而水落岸出，河安如故，固堤所以存河乎。行者止见其涨，而不见其消；谈者不闻其消，而惟闻其涨。一人言之，百人从而和之。若谓水之有涨无消，而冬春之河犹然伏秋之河也，而不知其大有不侔者耳。倘睹其涨，复睹其消，则全河之形势皆在目中，自无臆度之说矣。臣已去矣，墓木拱矣，何敢以笔舌与人争曲直哉？且议者原无怪臣之心，见者言其所见，闻者言其所闻，凡以为国也。

臣器局拘挛，才识短浅，非两河之故道不敢循，非先哲之成规不敢蹈，曾不能别输一筹，以新天下之耳目。臣亦自憎其无当矣，而况于人乎？但虑天下之事，议论多者，成功或毁；兴作侈者，工费自烦；支离胜者，正道必废。有宋竭天下之财力以事河，而国以大敝，卒之横溃决裂，不可收拾者，职此故也。故敢备述人言之最易惑众、最能病河者，逐一详解于后。伏乞敕下工部，覆行勘河工科右给事中张贞观逐一踏勘，广询博访。如以臣言为是，则当安常处顺，毋事更张。如以臣言为非，则当易辙改弦，勿循故态。务求画一之论，以为永赖之规。若筑舍道傍，疑心信耳，今日之案墨未干，明日之新议复起。无论衰病如臣，即壮猷任事，忠勤敏练，如将来者亦何所措手哉？故敢冒昧具陈，伏望我皇上俯垂鉴照，曲赐矜原，臣无任激切屏营之至，谨题请旨。

计开：

一、议者谓水势宜杀，黄水暴涨，何不多浚支渠以杀之乎？臣曰，此分合之说，正所当辩也。分流诚能杀势，然可行于清水之河，非所行于黄河也。黄河斗水，沙居其六，以四升之水载六升之沙，非极迅溜湍急，则必淤阻。分则势缓，势缓则沙停，沙停则河饱，饱则夺河。河不两行，自古记之。藉势行沙，合之者乃所以杀之也。

又谓水涨之时，暂开决口以分其流，水落复塞。此言诚似有见，但塞决如升天之难，费亦不赀。臣于万历八年，筑有崔镇徐升季太三义四减水石坝，于桃源县遥堤中坝与地平，水浮则泄。此与开决之说无异，而水遇石止，难于深刷，可无夺河之虞。水落归漕，坝复如故，可免塞决之费，此外不须另开决矣。伏乞圣裁。

一、议者谓旧河沙垫底高，不若另觅新河之为得也。臣曰，沙固易停，亦易刷。即一河之中，溜处则深，缓处则浅。水合沙刷，必无俱垫之理。此浅彼深，亦无妨运之事。人见伏秋水高，辄归罪于沙垫，殊不知此水高于面，非沙高于底也。如使河底果为沙垫，则冬春水落岸出之时，舟胶不能行矣。且去秋苏、松报称水溢入城七尺，湖广报称公安等处堤为深渊，亦岂以沙垫底高而然乎？藉令因此而欲弃故道，别凿新河，无论其无所也。即得便宜之地而凿之，人力能使阔百丈以至二百丈，深二丈以至三四丈，如故河乎？即使能之，将置黄河于何地乎？如不可置，则行之数年，新者旧矣。河何择于新旧，旧则淤，新则不淤，非臣之所能解也。且禹之治水，九河曰疏，济漯曰沦，汝汉曰决，淮泗曰排，传者曰疏通也。沦亦疏通之意，排决皆去其壅塞也。盖天地开辟之初，即有百川四渎，原自朝宗于海，禹但去其壅塞，以复天地之故道耳。凡民知识不逮，神禹远甚，乃欲弃故从新乎。

议者又谓徐、邳非黄河之故道也，然独非泗、沂之故道乎？《禹贡》所谓“导淮自桐柏，东会于泗、沂”，即此河也。《志》称：“宋神宗十年河大决于澶州，合南清河而会于淮。”南清河者，即泗、沂也，行之六七百年，是亦黄河之故道也。伏乞圣裁。

一、议者谓，贾让有云：“土之有川，犹人之有口也。”治土而防其川，犹之儿啼而塞其口，故禹之治水以导，而今之治水以障，何也？臣曰，昔白圭逆水之性，以邻为壑，是谓之障。若顺水之性，以堤防溢，则谓之防。河水盛涨之时无堤，则必傍溢，傍溢则必泛滥，而不循轨，岂能以海为壑耶？故堤之者，欲其不溢，而循轨以入于海，正所以导之也。考之《禹贡》云：“九泽既陂，四海会同。”《传》曰：“九州岛之泽，已有陂障，而无决溃。”四海之水，无不会同，而各有所归，则禹之导水，何尝不以堤哉？

议者又谓，水愈高，则堤愈增，不将隆堤于天乎？臣则曰，若谓河水有长无消耶，亦岂以堤外即水耶？堤外为滩，滩外为河，平时水不及滩，堤若赘疣。伏秋异常之水，亦止丈许，始逾滩而及堤。然或三日，或五日，或七日，或旬日，即复归落于漕。堤之高者，不过逾丈，何能隆之于天也？至如俯阚城廓之说，有目者所共睹，不必辩矣。伏乞圣裁。

一、议者向谓，昔年徐、吕二洪，怪石嶙峋，上浮水面，湍激之声，如雷如霆，舟触之必败，今皆无声，得非沙掩其上而然乎？臣曰，二洪本体甚高，沙能掩之，是无徐州矣。徐州洪为工部主事郭升、戴鳌、陈穆先后铲凿，《志》所谓：“翻舟等石，悉去无余。”又云盘距横突，隐见于波涛之间，激飞湍而鸣雷霆者，划削殆尽是也。吕梁洪为工部主事陈洪范所凿，先臣大学士徐阶记中所称，狞利如剑戟之相向，虎豹狮象之相攫，犬牙交而蛇蚓蟠者，怪石尽去，舟行如出坦途是也。自诸臣凿平之后，往来更无覆溺之患，厥功甚大。盖比时偶因黄河他决，二洪为涸，天假之便，以成诸臣之功，而不知者遂谓洪为沙掩耳。又有病其铲凿之后，水不漱石，故不能刷沙，则误矣。夫水之激石，止在水面，岂能刷及河底之沙？且自河南至云梯关海口几二千里，惟徐、吕五十里内有此二洪，纵能刷沙，岂能刷及二千里耶？不以诸臣为功，而以为罪，冤哉乎其言之矣。伏乞圣裁。

一、议者谓，云梯关海口沙塞，以致两河停蓄不流，有之乎？臣曰，黄河自星宿海经昆仑山，万里而来，俱从云梯关出海，并无他处分泄，海口果塞，两河岂有不停之理？但自春徂冬，自朝及暮，滔滔东下，迅溜湍激，何尝有一息停蓄。如其停也，则水当有长无消矣。乃朝而长，暮而消，或今日长，明日消，消有多寡、有迟速，然必无长至旬日而不消者。而大分则伏秋长多消少，冬春长少消多；上源雨多则长，雨霁则消，此一定而不可易者。

海口既塞，则所消之水何往耶？臣往岁尝亲至云梯关阅视，海口深阔，人言付之一笑。万历十九年十月，臣复行淮安府，同知赵垧率同海州知州路畔、安东县知县杨日采、赣榆县署印判官王守正，亲往海口踏勘。回称，职于十月二十三日督同各州县掌印官及备倭陈指挥、把总李大经等，亲履其地。勘得云梯关以下，自夹套至十一套，面阔三五七八里及十里不等，水深一丈五六尺及二三丈不等。滔滔迅驶，原无隘窄，至云对口有横沙一段，在四十里之外，望之不见潮长，上可行舟，潮退尚深三四尺。人言自来如此，并无淤梗，及又查得各套俱不通海等因在卷。料想之语，未足深听。伏乞圣裁。

一、议者谓，黄高于徐，淮高于泗，可不为之处乎？臣曰，不能也，非不为也。自河南开归以至淮安之安东，其地皆卑于河，不独徐、泗为然也。如黄而可卑，则汤迁于亳，仲丁迁嚣，河亶甲迁相，祖乙迁耿，盘庚迁殷，凡以避河也，而何其不惮烦如此也。淮而可卑，则宋景佑三年，泗州张守不必筑护城堤三丈三尺以捍之矣。此载在《志》《传》中可考也。如有能卑河以就地者，臣当其辜，何敢辞哉？以上数端，言若有理，而听之不觉其深信事，若可从而行之，必至于病河。

臣身虽已去国，臣心犹在此河，故敢不避烦琐，而复为哓哓如此，亦自尽其犬马之心耳，不敢必其见亮于人否也。伏乞圣裁。

奉圣旨："工部知道。"

卷之十三　奏疏

请遣大臣治河疏南京湖广道御史陈堂

题为星象示异，河患可虞，恳乞圣明特遣大臣董理疏治，以拯民生，以通国计事。

臣闻明天之道者必验于人，应天之变者当以其实，是故古之明王遇灾而惧，随事格天，而卒保治安于无虞者，良有以也。臣顷见彗星见于西南，弥月不灭，考之往牒灾应，谓主大兵，谓主大水，或应之一年之远，或应之数月之近。臣愚以为兵无大于边防，水无大于河患，迩年虏王效顺，边境稍宁，虽有可虞，然犹诿之曰未形，臣愚亦已列名同官御史林应训等疏末，以劝皇上戒备之矣。若黄河之水东横西决，散为洪流。自徐、邳以下以至淮之南北，不啻千里，流离漂没，莫可胜数，居无尺椽，食无半穗，上阻运道，下垫民生，斯不谓之已形者哉？然而当事者一切付之无可奈何，无有持一长策可据以为疏理者。

臣愚以为今日治河之难者有五：曰事权不专也，群策不一也，利害不审也，钱粮沮格也，功罪不核也。何以知其然也？国家以理漕属之漕司，以治河属之河道，俱以都御史重职奉玺书行事，岂非使之各尽其职业，无有推诿，无有阻挠，以共成国计哉？乃迩年来辄因河之不治，遂以漕司而责之天妃闸以南，于河道而责之天妃闸以北，画地既分，遂成彼已，一设官也而或去或留，一决口也而或筑或否，以致有司下吏，彼此观望，迄无成功。无论今日，即自臣有知识以来，漕艘迟缓不曰漕艘而曰河道梗阻，河道梗阻不曰河道而曰漕艘稽迟，彼此相推而卒莫有引咎自反者，大都然也。顷者，朝廷锐情国计，举漕粮四百万石，通限正月以里过淮，悬重法以绳之，然后仅免黄河伏发之候而可保无事，今又以淮之南北分信地矣。近虽部议欲以河道都御史仍照敕书行事，而抚属地方水患又听漕运都御史从宜料理，言非相悖而行不免于牵制者，即有不治如今日之患不止，则当责之谁哉？且黄河之与淮河，其流虽二，其为运道相维系贯通者则一，未有黄不治而可以治淮，亦未有淮治而黄可以无事者也。

今之议者为黄河计，曰筑崔镇口矣。今闻崔镇而上至于邳州一带，决者不下一二百处，大者百余丈，小者亦三四十丈，何可胜筑也？即筑之又何保其不复决也？曰复老黄河矣，然引黄河东流，将必引淮逆为北向，而后可以与黄会而全运道，窃恐非水之性，势难成功，益退而壅决于宿、邳之间，不可为也。曰挑正河矣，然河之决也，由下无所归，故上有所壅，今河无入海之路，虽使河身日浚，奚益哉？为淮河计者，曰筑高家堰，则工费不赀，束手无策；曰筑高、宝黄浦等堤，则随筑随决，漫不可支；欲引淮、泗而入之江，则江上流也，而海为下，海近而江远，高、宝之间所经兴、盐等县皆为入海之路，岂能尽堤防之而使必逆而南哉？兼之草湾海口淤淀如故，遂使河身日高，黄水日涨，不图为疏导之计而惟筑堤以防之，将见堤之高也有穷而水之高也无限，其势必内灌而并泗水以趋于淮。黄之一日不治，则淮之人一日不安枕，此定势也。以是数者积时累日，坐观其大败决裂而不可救，此何以哉？

臣愚以为天下之事，有利必有害，未有有其利而无其害者，择其利多而害少者为之，则可矣。漕渠古无有也，自汉唐以来，宜莫如刘晏，然史称晏尽得运之利与害各有四，当时即尽以漕事委晏，使晏得尽其才，固未尝以利而讳害，亦未尝以害病利也。今之司河漕者，能如晏自按行浮淮泗，达于汴，入于河，循底柱、硖石，观三门遗迹而至河阴、巩、洛，视前人宇文恺等之所为者乎？每借口必曰神河，而皆付之曰不可治，又曰神禹而不能治，不知今之人有能八年于外者乎？三过其门而不入乎？胼手胝足而不胜劳瘁者乎？大抵治河者委于治河之官，故事，行勘一听之于郡县佐贰，彼以河为职，遂见黄之害而不见淮之害，见黄之利而不见淮之利，不知淮利而黄亦未尝不利，淮害而黄亦未尝不受其害者。其治淮者，辄委之郡县之守令，彼以守土为职，其所见又复然，如之何而不互相持衡莫决也。然犹可诿者曰下之人异议耳，自古师行粮从，虽有巧妇未有无米而可以议炊者，今淮、扬之间，自隆庆三年以至今日之巨浸，真尧之所谓九年之水矣，土地所产既无一毛之入，而河漕工费动称巨万，当事者复廑内帑而不之请，岂所谓通国体者哉？

夫有非常之事者，必有非常之工。非常之工，非非常之财不可济也。国家二百年余，河神亦可谓效职矣，以至今日始有此变，非如曩时之犹可以安常袭故者。近者淮、扬抚按诸臣疏请赈济，仅借留一二万金为灾民计，而犹格于部议，安望其能请内帑百万以济大工哉？臣知其不能也。夫人臣为国家守财，非徒能守其财之难，而善用其财之难。今之户部钱粮曰济边急矣，不知边犹人之肩背，而淮、扬之地则腹心也，运道则咽喉也。今之工部钱粮曰上用急矣，不知百姓足，君孰与不足，百姓不足，君孰与足？有若之言，固似孔子者。二部大臣岂以百姓为可缓，而视身之咽喉腹心不若肩背哉？彼河、漕二臣目击河工之急也，欲裁其费，则用小而不可为，欲大其施，则力限而不能为，即如崔镇口与高、宝堤之筑塞，皆傅希挚与吴桂芳之所自以为必不可已者，而亦苦于措处之无及，东搜西括莫可支持，他可知已。

臣愚以为今日司国计者，皆过也。钱粮既已不敷，而国家之待河、漕二臣，辄复以次叙迁，无所责成，其殚心竭力、鞠躬尽瘁者，秩不加升，坐视如故者，罪不加罚，率皆三年之内侥幸无事，相继弃去，何怪乎河患之日甚一日哉？即如傅希挚彼自以为实心任事者，三年考满，不闻查核功罪。其在于今，经理渐熟，河患方殷，而又以陕西巡抚行矣，使继此而驭李世达者又复然，臣虑河之患无已时也。夫是数者辗转相寻，因循苟安，以致今日辄于星象上廑圣衷，臣待罪言官，何敢一日安哉？臣闻惜小费者不足与成大功，守拘挛者不足与观昭旷，汉武帝称雄才大略矣，瓠子河决，至投璧亲祀，公卿负薪；宋仁宗称令主矣，汴河数决，灾民栖御廊、聚国社，忧形于色，至辍儒臣司马光讲筵，三往勘之。即如先朝徐有贞之筑张秋，朱衡之筑夏镇，皆以大臣而成功者，假令二三君者与国朝列圣皆苟安故常，是使河之患在汉宋者不知何如？而张秋、徐、沛今尚无底止也。

臣愚反覆思惟以为国家今日河漕计，莫如特遣大臣，集廷臣推议有才望者，或见任户、工二部侍郎，或常有事于河道，熟知水势地利不卤莽者，会同新任河道都御史李世达、见任漕运都御史吴桂芳协力共理，重之玺书，定之限期，河平之日照旧分职管理，则庶几乎目前可以一事权，可以定群策，可以审利害，可以酌钱粮，可以据功罪，而俟命于朝廷以行赏罚。夫自古成大功、干大业者，岂因循掣肘者之所能办哉？今河、漕二臣敕书曰便宜，部议亦曰便宜，而卒不能破格一努力而为之者，终为文法所拘而不敢自越也。

语曰："役不大兴，害不能已。"又曰："不一劳者不久逸。"臣愚以为诚遣大臣，则视河与漕无分彼此，视黄与淮无分胡越，势可便漕而不便于河不为也，势可便黄而不便于淮不为也。河道之臣龃龉，则以漕运之所宜迁就者通之，而使不涉于忌嫌；漕运之臣牴牾，则以河道之所宜委曲者导之，而使相忘乎彼己。腹心臂指，脉理贯通，无相滞碍，无相阻扼，其有徇私害公，病人利己者，辄得以其理直之而请命于陛下，然后可以惟其事之所欲为而能有济。臣故曰可以一事权。

诚遣大臣，则崔镇口之应否筑塞，老黄河之应否开复，宿、邳一带正河之应否挑浚，高家堰之有无关系，淮、泗扃钥，高、宝等堤之能否阻遏横流，淮、泗入江果否顺水之性而无所碍，草湾海口何以成功而无补于目前，或疏浚或筑塞能否可以并举，而后取效折衷议论，举众说而量其长短，如不出是数者而可以黄、淮兼济，则力主其说，而在于必行，如是数者，而皆无益于黄、淮久远之计，则博采舆论，而务为究竟，必得夫事机之肯綮，可以措手然后已。臣故曰可以一群策。

诚遣大臣，则必循行河道，考察地形，往复江淮、河南、山东、直隶之间，备详要害。何者为支流，何者为正道，何以遏其狂澜，何以适其本性，是非利害皆属之于一人，淮南淮北皆视之如一体，郡邑长吏与夫佐贰治河之属，皆如四肢手足之率相为用而不相背。利在于河者多而漕者少，则从其计多者而不以为私图，害在于淮者少而黄者多，则从其害少者而不以为嫁祸。利一害百，毋以害掩利；害一利百，毋以利冒害。不拂于人情，不挠于众口。臣故曰可以审利害。

诚遣大臣，则奉命而往，以陛下之心为心，如陛下之亲行，耳闻目击确有可据，一手一足、一木一石之力所不能办者，皆得以请命于朝而无所窒碍。内而视户、工之臣相为一体，外而视河、漕之臣相为一家。陛下既择人而用之，亦能以大臣之心为心，听其便宜行事，大破故常。利必期于大兴而不惜小费，害必期于尽去而无惑人言。其有事在两可，势不两全，利害相关，劳费难度者亦可以诣阙借筹，禀授方略，而期于共济永赖。臣故曰可以酌钱粮。

诚遣大臣，则请命而行，事竣而返，功有底绩之期，事有责成之日。河、漕二都御史而下以至于百司庶府、卑官小吏，苟有一毫之竖立效劳国事者，皆得以其功而叙录，奏议升赏。其或因循搪塞，苟安目前及浪费不赀，阘茸罔效者，亦得以其罪而奏闻处治，一如沿边重镇。或年终奏报，或三年类报，使人心鼓舞，于奖劝激励之中而唯吾所听命，然后群力可协而百工可成。臣故曰可以据功罪而俟命于朝廷以行赏罚。

夫由前观之，而今日河之为患如此；由后观之，而异日河之庶几如此。陛下何靳于一官之命，而使运道民生日复一日，无平成之期哉？且陛下御极以来，轸念国计，每虞运道艰阻，尝议开泇河矣，议开胶河矣，议复海运矣，计亦不下百万，而犹限于势力之不可能，民命之不可保，今皆报罢，而使河渠复涨塞如故。陛下何不以泇河、胶河之费而借赀于河、淮故道，犹不失其常策哉？说者以择人为难，臣又以为不然，夫尧之知人，犹必失鲧而后得禹，若虑诸臣之有负任使而置之不问，是因噎废食之说也。借使所遣大臣名位与河、漕二臣不相上下，才识与河、漕二臣不相优劣，而朝廷颛使一鼓舞自新之下，则河、漕诸臣之耳目心志皆为之丕振而思以自奋，宁复寻常之苟安已哉？昔唐之淮西久不能下，李愬诸将非不可以计日成功者，乃裴度在廷，独曰："臣出而诸将争功，则元济就擒矣！"自古成功建业，其所鼓舞之机类如此。臣诚愿上之治淮南北，如唐之克复淮西，而特遣大臣如裴度之效职也。如蒙敕下户、工二部拟议上请，则庶几河患可息，运道无虞，民生国计皆非小补，虽有星象之异，亦不能为之灾矣。谨题请旨。

奉圣旨："户、工二部知道。"该户、工二部议覆，奉圣旨："近来河淮为患，民不安居，朕何尝一日不以为念！先年以运道梗塞，不惜重费，欲别求一道以利转漕，乃议者谓治河即所以通漕，遂降旨专责当事诸臣，著一意治河，其管河司道等官，都着久任，不许升转。乃今河患连年如故，各官悉已转迁，言者不归咎旷职怠玩之臣，反说朝廷不行拯恤人臣之义，谓何且都不追究。这所奏姑依拟，著吏部便会推有才望、实心任事大臣一员，前去经理，一应事宜，著次第奏请施行。"

科道会勘河工疏　给事中尹瑾

题为恭报两河工成，仰慰圣衷事。

臣于万历七年十月初十日钦奉敕："工科给事中尹瑾，近该督理河漕右都御史潘季驯、侍郎江一麟奏称，南北河工俱完，河、淮安流，复其故道，朕心甚慰。前有旨，候工完差官勘实行赏，今特命尔前去会同巡按御史查照，节次题奉钦依事理，亲到各该地方，将疏内所开工程逐一查勘，要见筑完堤堰若干，塞过决口若干，果否坚固足堪捍御，建完坝闸若干，挑浚淤浅若干，果否通利有裨转运，于原题事理有无疏漏及用过钱粮有无虚冒，备细踏勘明白，造册奏报。尔为朝廷耳目之臣，受兹委任，务秉公持慎，作速勘明，以副朕赏不逾时之意。毋得苟且具文，含糊塞责，致负任使。钦哉故敕。钦此。”

钦遵。又准工部手本，亦为前事，该本部题都水清吏司案呈，奉本部送工科抄出工科都给事中王道成等题称，该总理河漕、右都御史潘季驯等题前事，奉圣旨：“工部知道。钦此。”随该工部尚书李幼滋等覆题，奉圣旨：“著工科给事中一员，前去会同巡按御史，即便勘来。钦此。”臣等惟黄河为患，自昔治之，鲜有臻成效者，顷又甚而夺淮，以致淮、扬之间，民遭胥溺，其仰廑宸衷亦孔殷矣。河臣潘季驯等，乃能殚智毕力，卒使两河顺轨，上有济于运道，下有裨于民生，诚旷世一殊勋也。工已报竣，委应差官查勘明白具本回奏等因。奉圣旨：“是。著尹瑾上紧去关防，有旧的便查与他工部知道。钦此。”续该本部覆题前因，会同彼处巡按御史查照原题事理，将后开工程逐一查勘，果否做完及有无坚实，钱粮有无虚冒，勘明径自具奏等因。奉圣旨：“是。钦此。”

钦遵。备行到臣。臣即昼夜兼程，于本月二十一日至徐州地方，行据各司道府郎中等官佘毅中等，各将筑过遥堤，塞过决口，建过闸坝，砌过石堤，开过河渠，浚过淤浅各工程，及用过钱粮开报到臣，会同巡按直隶监察御史李时成，夙夜兢惕，殚心竭力，以图免瘝旷。凡所勘堤坝，虑其长短之异数也，为长绳以计其丈尺；虑其厚薄之异制也，为横竿垂线以计其底面；虑其泥沙之异土也，试之锄镢以验其纯杂；虑其坚松之异工也，试之铲锥以验其虚实。堤堰以土真杵实为上，坝闸以石块坚厚为工。

即自淮北地方勘得，管理中河工部郎中佘毅中督率府卫州县同知等官王琰等，原分工程自古城起至关王庙止遥堤一道，丈量长八千六百八十九丈二尺，俱根阔六丈，顶阔二丈，高一丈至九尺不等。筑塞崔镇大决口一处及刘真君庙等决口共三十六处，丈量长四百六十一丈五寸。古城堰口堤一道，丈量长三百六十丈。崔镇减水石坝一座，坝身连雁翅共长三十丈。三山头遥堤一道，丈量长二千四百二十八丈三尺五寸，俱根阔四丈，顶阔一丈六尺，高八九尺不等。马厂坡遥堤一道，丈量长七百四十六丈，根阔七丈至五丈不等，顶阔二丈，高一丈至八尺不等。各堤栽过低柳数计一十六万一千六百株。共用过银四万八千七百五十九两九钱七分七厘三毫，米一万四千一百七十六石九斗七升二合。

又勘得海防兵备兼管河道参政龚大器督率府州县通判等官宋守中等，原分工程自吕梁山麓谷山头起至直河止遥堤一道，丈量长九千四百六十四丈一尺，俱根阔六丈至五丈不等，顶阔二丈至一丈五六尺不等，高九尺至七八尺不等。谷山并匙头湾涵洞各一座，三山遥堤一道，丈量长一千三百九十一丈八尺，俱根阔四丈，顶阔一丈四五尺不等，高八尺。各堤栽过低柳数计五万二千株。共用过银五万一千一百七十七两五钱五分六厘六毫八丝，米四千三十三石三升。

又勘得徐州兵备兼管河道参政游季勋督率府卫州县同知等官蔡玠等，原分工程自窦老谷堆起至象山止遥堤一道，丈量长一万一千七百五十七丈二尺，俱根阔六丈，顶阔二丈，高九尺。徐升镇减水石坝一座，坝身连雁翅共长三十丈。三山遥堤一道，丈量长二千六百四十七丈一尺六寸，俱根阔四丈，顶阔一丈六尺，高九尺，并顺水坝一道。各堤栽过低柳数计一十五万一千六百株。共用过银五万九千三百四十五两八钱一分四毫一丝，米二万一千九百六石一斗二升八合。

又勘得水利道副使张纯督率府州县同知等官樊克宅等，原分工程自桃源县关王庙起至清河县护城堤止遥堤一道，丈量长九千七百二十一丈，俱根阔六丈，顶阔二丈，高一丈至八九尺不等。塞完张泗冲等决口一十八处，丈量共长二百一十一丈。季太、三义二镇减水石坝二座，各坝身连雁翅俱长三十丈。三山遥堤一道，丈量长二千五百四十九丈，俱根阔四丈，顶阔一丈五尺，高八尺。各堤栽过低柳数计五万三千株。共用过银五万三千三百一十三两九钱四分九厘八毫，米一万四千三百一十八石一斗五升。

又勘得颍州兵备兼管河道佥事朱东光督率府卫州县通判等官李光前等，原分工程自象山起至果字铺止遥堤一道，丈量长六千九百三十六丈七尺，俱根阔九丈至六丈六尺不等，顶阔二丈一尺，高一丈至八尺不等。果字铺起至李字铺止遥堤一道，丈量长八百四十八丈六尺，俱根阔六丈六尺，顶阔二丈一尺，高八九尺不等。归仁集遥堤一道，丈量长七千六百八十二丈八尺，根阔六丈至四丈五尺不等，顶阔三丈至一丈不等，高一丈二尺至八九尺不等。内填塞决口四十七处，丈量长三百四十九丈。各堤栽过低柳数计二十万株。共用过银七万四百一十三两一钱五分六厘七毫，米二万五千四百一十八石九斗二升。

复至淮南地方，又勘得管理南河工部郎中张誉督率府卫州县同知等官郑国彦等，原分工程高家堰筑堤一道，丈量长一万八百七十八丈，俱根阔一十五丈至八丈六丈不等，顶阔六丈至二丈，高一丈二三尺不等，内三千四百丈俱系桩板厢护。筑塞大涧、渌洋、汤恩等决口三十三处，丈量长一千一百一十八丈。筑塞朱家决口一处及筑月坝一道，丈量长八十丈。本口直堤一道，丈量长一十四丈。闭塞天妃闸一座，帮筑赵家口迤西两岸堤二道，丈量长六百七十四丈，俱根阔二丈至一丈，顶阔二丈至一丈，高一丈至八尺不等。修建礼字坝、智字坝各一座，天妃坝一座。开过出闸河口自甘罗城起至淮河止，丈量长二百一十三丈，底阔四丈，面阔六丈，深一丈，两岸筑堤二道，丈量长四百二十六丈，根阔十丈，顶阔二丈，高一丈。筑塞黄浦大决口一处，南北拦河坝二道，丈量长四十五丈，根阔一十三丈，顶阔十丈，高二丈。填筑正口连土堤一道，丈量长九十四丈，自水底至顶高三丈八尺，根阔一十三丈，顶阔四丈三尺。改建通济闸一座，并拦河坝一道。各堤共栽过低柳数计六万株。共享过银八万八千九百七十七两一钱五分一厘四毫七丝一忽，米六千五百一十石一升五合。内高家堰涧北武家墩、涧南越城集二处土堤，根底丈量共长五千七百七十四丈三尺，查系去任水利道佥事杨化先行填筑，计用过银一万四千九百一两一钱一分六厘六毫五丝。

又勘得清江厂工部主事陈瑛督率都司等官俞尚志等，原分工程自清江浦起修筑南北两岸河堤，丈量长三千三百九丈八尺，俱根阔一丈二尺，顶阔八尺五寸，高三尺五寸。筑塞郑家决口一处，丈量长六十七丈，并加堤一道，自水底至顶高一丈三四尺不等，底阔二丈五尺，顶阔九尺。共用过银三千二百四十九两六钱二分九厘，米五十石。

又勘得水利道副使张纯督率府州县同知等官刘顺之等，原分工程自淮安新城北修筑旧堤起及清江浦至柳浦湾止，丈量长九千八百五十一丈，帮阔二丈一丈五尺至一丈不等，高四尺至二三尺不等。又自柳浦湾起至高岭止新堤一道，丈量长六千六百四十丈，俱根阔四丈五尺，顶阔一丈五尺，高六尺。西桥坝一座，丈量长一十二丈，自水底至顶高二丈。筑塞八浅决口一处，丈量长八十五丈六尺，上加土堤，根阔七八丈不等，顶阔二丈，自水底至顶高二丈至一丈四五尺不等，用石包砌，高一丈五六尺不等，石堤两头接筑土堤二道，丈量长一百五十丈，俱根阔三丈，顶阔二丈，高一丈三四尺不等。南北拦河坝二道，丈量长五十九丈，西堤一道，丈量长二百四十一丈，俱根阔五六丈不等，顶阔一丈三四尺不等，自水底至顶高一丈六七尺不等。各堤栽过低柳数计五万四千株。共用过银三万九千八百五十八两七钱五分二厘九毫，米一万六千二百五十石三斗一升二合。

又勘得柳浦湾旧堤头起接连新堤一道，丈量长九百七丈，底阔四丈五尺至三丈四尺，顶阔一丈二尺至一丈一尺五寸不等，查系原任副使今致仕章时鸾所筑。用过银四千二百三十七两六钱三分五厘，米二千八百九十三石五斗七升。

又勘得营田道佥事史邦直督率府卫州县通判等官王开等，原分工程修筑宝应湖土堤一道，丈量长四千四百九十二丈，俱根阔五丈，顶阔三丈，高一丈六七尺不等，内用石块包砌三千三百七十四丈九尺，除修补石块旧堤一千八百八十三丈一尺外，新砌石堤实计一千四百九十一丈八尺，俱根阔五尺，顶阔三尺，高一丈四五尺不等，上加土西面三尺，东面四五尺不等，用桩笆厢护一千一百一十七丈一尺。修建减水闸四座。共用过银三万七千四百九两七钱三分二厘六毫三丝，米一万九千五百七十三石三斗一升六合。

又勘得扬州府知府虞德烨督率府州县通判等官郭绍等，原分工程自扬州高庙起至仪真县东关止，挑浚过淤浅河道丈量长一万一千五百六十三丈五尺，挑浚五尺至二三尺不等，阔一十四丈至八丈不等。共用过银一万三千九百二两二钱五分二厘五毫五忽。

又勘得淮安府知府宋伯华督率府卫县同知等官刘顺之等，原分工程改建福兴闸一座，修建清江闸一座，各砌石块丈量共计二千二百九十二丈三尺，傍开月河一道，丈量长九十三丈，南北拦河坝二道，丈量长三十五丈，闸下两岸并月河堤，丈量长一百二十四丈，俱有桩笆厢护。共用过银一万一千七百二十八两九钱八分九厘六毫六丝三忽，米一千五百九十三石一斗四升九合。

总计两河之工，筑过土堤共长一十万二千二百六十八丈三尺一寸，石堤长一千五百七十七丈四尺，塞过大小决口共一百三十九处，建过减水石坝四座，共长一百二十丈，修建过新旧闸三座，车坝三座，筑过拦河、顺水等坝十道，建过涵洞二座，减水闸四座，浚过运河淤浅长一万一千五百六十三丈五尺，开过河渠二道，栽过低柳八十三万二千二百株，及原任副使章时鸾先筑过土堤九百七丈。各工共用银四十九万七千二百七十五两七钱一分七厘九忽，米一十二万六千七百二十三石五斗六升二合，每石原议折银五钱，折该银六万三千三百六十一两七钱八分一厘，通共银五十六万六百三十七两四钱九分一厘七毫九忽。

该臣等逐一亲历，躬自查勘，堤堰决口皆系真土筑塞，加以夯杵舂实，石堤闸坝俱系平广厚石缝以铁锭厢钤，堤堰之设亘若长城，坝闸之坚屹如盘石，委为坚固，足堪捍御，河渠淤浅，挑挖深阔，船只通行，实裨转运。及查先后题议工程，并无疏漏，通将所用钱粮，行委庐州府同知孙化龙、淮安府推官王国祚对卷稽核。查得先该原任总理河漕工部尚书吴桂芳揭议，该工部覆请准发南京户、兵二部粮剩马价银二十万两，截留漕米八万石，加耗米二万四千七百四十九石一斗七升三合二勺，每石折银五钱，共折该银五万二千三百七十四两五钱八分六厘六毫。后该总理河漕、都察院右都御史潘季驯，会同总督漕运、户部右侍郎江一麟议题，该户、工二部覆议，题请准发改折粮料银五十九万八千三百二十三两二钱二分六厘，除庐、凤、苏、松等府被灾题准停征，并减派银一万八千二十八两八钱二分九厘三毫七丝，实该银五十八万二百九十四两三钱九分六厘六毫三丝。南京事例银五万两因例已停，止解银二万九千一百九十两。续该户部题准掣回银三千六百三十两解还太仓，讫实该银三万五千五百六十两。巡盐衙门议开支河银三万五千八百七十六两，内除支河停开未支银二万五千八百七十六两，实该银一万两。巡漕御史陈世宝奏借漕米，该户部覆题准留五万五千石，加耗米一万八千七十四石六斗，每石折银五钱，共折该银三万六千五百三十七两三钱。议将河工银两补还淮安府积出法马羡余银二千三百一十三两四分五厘。以上七项银米，通共该银九十万七千七十九两三钱二分八厘二毫三丝，内除解还太仓漕米价银三万六千五百三十七两三钱，并万历六年、七年各工岁修用过银六万二千五百三十七两八钱三分一厘一毫四丝，米六千九十八石二斗六升，折该银三千四十九两一钱三分，及仪真开挑便河先用过银二千一百九两七钱四分九厘三毫二丝，俱听河漕衙门年终奏报外，实该银米共银八十万二千八百四十五两三钱一分七厘七毫七丝。除大工用过前项银米外，实该剩银二十一万九千七百六两八钱五分四毫六丝一忽，米四万五千一石九斗五升一合二勺，折该银二万二千五百两九钱七分五厘六毫，通共剩银二十四万二千二百七两八钱二分六厘六丝一忽，见在淮安府并各州县仓库收贮。臣等仍吊取卷簿，亲自核实，俱无虚冒。

及查管工官员，如管理中河工部郎中佘毅中，管理南河工部郎中张誉，清江厂工部主事陈瑛，海防兵备兼管河道参政龚大器，徐州兵备兼管河道参政游季勋，水利道副使张纯，颍州兵备兼管河道佥事朱东光，营田道佥事史邦直，扬州府知府虞德烨，淮安府知府宋伯华，或集群策以效谋猷，或率群力以躬胼胝，则皆殚心综理，卓有成绩者也。

淮安府管河同知王琰，兖州府管河同知樊克宅、唐文华，扬州府同知韩相，淮安府同知郑国彦、蔡玠，带衔同知刘顺之，两淮运副曹鉷，庐州府通判今升无为州知州查志文，凤阳府通判李光前，东昌府通判王一凤，归德府通判祝可立，扬州府通判王开、郭维，庐州府通判宋守中，淮安府通判况于梧，徐州知州孙养魁，邳州知州张延熙，清河县知县石子璞，桃源县知县郭显忠，江都县知县秦应骢，山阳县知县鲁锦、先任知县胡希舜，宝应县知县李贽，灵璧县知县张允浮，安东县知县史选，徐州参将黄孝敢，中军以都指挥体统行事指挥佥事俞尚志，泗州守备张大德、升任卫镐，济宁卫指挥文栋，或以谙习河务，或以匡助河工，则皆分理勤渠，效有劳勚者也。

庐州府同知孙化龙，淮安府推官王国祚，扬州府推官范世美，庐州府推官胡载道，或以经理度支于先，或以清查钱粮于后，则皆稽核出纳，明允足称者也。

六安州同知浦朝柱，泰州同知王法祖，泗州同知易宗，宿州同知李茂元，邳州同知王诚，亳州同知潘良旦，滨州同知辛自实，海州同知李逢，邳州判官胡传，徐州判官胡三德，通州判官李应魁，沛县县丞吕学申，仪真县县丞吴子恕，鱼台县县丞黄穆，兴化县县丞张相，合肥县县丞高幼元，山阳县县丞陈国光，阳谷县主簿张祖范，萧县主簿赵永福，聊城县主簿陈嘉兆，武城县主簿乔遇，山阳县主簿吴一道，汶上县主簿李廷佐，江都县主簿邹东周，灵璧县主簿喻鹏，沛县主簿陈存之，留守司经历屠钥，扬州府经历叶逢旸，庐州府经历李简，淮安府照磨雷雨、检校周藻，宿州卫经历崔文学，庐州卫经历黄自性，济宁卫经历林大原，邳州卫经历周学孔，徐州左卫经历林英，扬州卫经历任重，海州吏目甘椒，亳州吏目吕尧焕，通州吏目周敏政，滁州吏目吴梦麒，寿州吏目沈淮，泗州吏目刘一龙，单县典史岑登，巢县典史王公祚，宿迁县典史陈良璧，来安县典史林公松，定远县典史何养浩，颍上县典史朱良臣，海门县典史李廷瑞，灵璧县典史李时先，峄县典史辛元禄，扬州府税课司大使吴炤，淮营名色把总诸葛尧宾、立功名色把总宋大斌，徐州左卫镇抚蒋助，徐州卫镇抚薛守田，大河卫千户许圜，定远县省祭伊儒，寿州省祭曹仁，泗州省祭于子贵，天长县省祭董梅，来安县省祭于显，东阿县省祭战伯前，山阳县省祭张济，仪真县省祭郭忠，徐州义民张奎，邳州义民胡巡、杨去甚、陈潜，曹县义民回守节，济宁州义民田辂，山阳县义民胡应华，江都县义民许国忠，或以董率工匠，或以催趱人夫，则皆冲风冒雨，亦与有劳者也。

至于调度官兵，协助谋议，则又漕运总兵灵璧侯汤世隆宣力分猷者也。然诸臣各尽其职，而督抚实总其成，如总理河漕都察院右都御史潘季驯，硕画弘猷而算无遗策，神谋独断而胸有全河，荒度备历，艰辛程督，不辞劳瘁，两河之功皆其悉心经略者也。总督漕运、户部右侍郎江一麟，同寅协恭而商榷周悉，集思广益而咨询精详，推诚鼓舞群僚，锐志担当重寄，两河之功，皆其同心共济者也。

臣等窃念往昔黄河北决，淮流东溃，民生胥溺，运道艰难，今都御史潘季驯等乃能审谋定议，束水浚河，黄、淮安流，克底成绩，昔日阨塞之区悉皆通济之利，昔日鱼鳖之地尽成耕稼之场，两渎循故道以朝宗，复千百载清宁之旧，群黎得平土以复业，除数十年昏垫之忧，真地平天成之景象也已！此岂人力所能为哉？实由我皇上纯德格天，任贤图治，念河工之艰巨，纳宰辅之嘉谟，命大臣而事权不分，惩怠玩而群工警惕，天心助顺，河伯效灵之所致也。元辅精忠体国，伟略匡时，秉国是而决群疑，摅庙谟而定大计，首弘以水治水之策，丕阐知人用人之公，同事辅臣，和衷辅治，精白一心，赞襄鸿猷而筹划有成算，扶持谠议而簧鼓不能摇，故内外重臣得以展布夫谋猷，大小群工皆能殚竭夫心力，两河顺轨，二渎安流，皆由然矣！自此管河诸臣仰体圣衷，修守有常，勤慎不怠，即万世所永赖也。伏乞敕下工部再加查核，如果河工坚固，漕运通利，钱粮无虚冒之弊，工程无疏漏之虞，合无将各效劳官员破格恩赉，仍责成加意修守，务俾久远，则国计民生利赖不穷矣！谨题请旨。

奉圣旨："工部知道。"

勘工科道 进图说

查得黄、淮二河古称二渎。黄河变迁无常，宋元以前不敢琐叙，即自我国家以来形势言之。黄河发源于星宿海，经昆仑山，历陕西、山西、河南，出南直隶之徐州，合山东汶、泗诸水以资运道，自徐经邳州、宿迁、桃源，至清河县东与淮水会。淮河发源于河南之桐柏山，经凤阳、泗州，至清河县东与黄河会，二渎合流，俱经安东县由云梯关入海。云梯关以下海口，深广原足容泄。但因隆庆年间，黄河从崔镇等口北决，淮水从高家堰东决，而海口遂湮，盖水不行则河自塞也。今诸决即筑，两河复合，水行沙刷，海口仍旧深广。海口既辟，河流自驶，河身日深，水落岸高，并无淤浅。且坚筑堤堰以防伏秋之涨，连建减水四坝以泄盈溢之水，筑归仁集而泗州陵寝无冲射之虞，固黄浦八浅、宝应诸堤而兴、盐诸邑无昏垫之苦。自兹闾阎有可耕之业，而运道无夺河之患矣。至于塞天妃闸以拒黄流，修复通济、清江、福兴等闸以严启闭，复礼、智二坝，创建天妃坝以便车盘，此皆查复先臣陈瑄之故业遗意。若能岁加修守，即久安长治之策也。臣躬亲遍阅，睹记详确，谨绘图贴说于后。

科臣进图疏　给事中尹瑾

奏为恭进河图，恳乞圣明俯赐睿览，以重国计，以裨圣治事。

窃惟黄、淮二河古称二渎，黄河发源于星宿海，经昆仑山，历陕西、山西、河南，出南直隶之徐州，合山东汶、泗诸水以资运道，自徐经邳，至清河县东与淮水会。淮河发源于河南之桐柏山，经凤阳、泗州，亦至清河县东与黄河会，二渎合流，俱经安东县由云梯关入海。其淮河以南则由淮安历扬州以通江南，黄河以北则由会通河历天津以达京师，两河合抱于凤、泗，光岳钟祥于祖陵，为我国家亿万年根本之地，实在于此，且岁输江南四百万之粮，以给官军数十万之用，上有关于国计，下有系于民生。自隆庆年间，黄河从崔镇等口北决，淮水从高家堰等处东决，二渎之水散漫而无归。故入海之路停滞而不达，此非河之浅也，水不行而沙自塞耳。今惟诸决尽塞，两河复合，水行沙刷，海口复通。且坚筑堤堰以防伏秋之涨，连建减水坝以泄盈溢之水，筑归仁集而泗州陵寝无冲射之虞，固黄浦八浅、宝应诸堤而兴、盐诸邑无昏垫之苦，塞天妃闸以拒黄流，修复通济、清江、福兴诸闸以严启闭，复礼、智二坝，创建天妃坝以便车盘，则二渎不至于横流，两河悉循夫故道，闾阎有可耕之业，漕运无转挽之难，真平成之伟观，旷世之希觏也。

该臣奉命会同巡按御史李时成查勘河工，遍历各地方，睹记详确。窃念两河之形势实为国家之命脉，谨绘图贴说以进。夫知其为祖陵之密迩，则思培护之当严；知其为京师之通津则思疏浚之当豫；知漕运关乎国用，则思河务之当修；知壤地切乎民生，则思保障之当急；知堤堰之绵亘，则思上流之当防；知坝闸之布列，则思下流之当泄。观今日之顺轨，当思昔日之横流；观工成之巨艰，当思保守之不易。择人以重其寄，久任以责其成，岁修以葺其工，综核以稽其实。又今日之不容缓者，此则臣愚涓埃之微忠，进图之诚悃也。伏乞皇上留神览阅，俯察两河形势，则不出九重之上，而坐照数千里之外，国计民生胥赖之矣。

奉圣旨："河图留览，工部知道。"

条陈善后事宜疏　给事中尹瑾

题为河工告成，敷陈善后事宜，以图永利事。

该臣奉命查勘两河工程，北由徐、沛，南抵淮、扬，溯观萧、砀上流，历涉云梯海口，详审地势，熟察河流。乃知黄河之性宜合而不宜分，宜急而不宜缓。合则流急，急则荡涤而河深；分则流缓，缓则停滞而沙淤。今堤堰已固，黄、淮合流，淮得黄而力益专，黄得淮而流益迅。两河协力，同趋中流，水不横决于两傍，则必直刷于河底。故河身深浚，海口通达，真平成之景运，无容他议。但成功固难。而保其成功为尤难。臣尝躬亲遍阅，广询舆情，参以众见之同，断以己见之独，谨条列七款以为善后之图，敬陈一得之愚，少效涓埃之报。伏乞敕下工部覆议，如果臣言不谬，令河臣参酌举行，亦庶几河漕之一助也。谨题请旨。

计开：

一、重久任，以便责成。照得事理必阅历而后熟，施为必谙练而后精，凡一职一事之寄皆然也。况河道之职关系最重，议论最多，中间地形之险夷，水势之缓急，工程之难易，经费之盈缩，或黎民惧而晏然，或薪积安而厝火，或在载籍为美谈而实乖于至理，或在往代为良画而不宜于今时，使非久于其任者当之，则作聪明者涉穿凿，暗大较者昧设施，盖涉历有未谙，故临事多眩瞀耳。先年屡经题准久任，然非定立章程，甄别淑慝，则贤且劳者反淹滞，而不才者得苟安，非所以劝勤劳而惩惰逸也。合无今后自司道以至府州县管河诸臣，俱令久任，俾得熟知河务，谙练机宜，修守有方，堤防无失。如累岁贤劳，着有成效者，遇三、六年考满，准与加升职衔，令其照旧管事，待其资俸最久，绩效最著，然后破格超迁，其有迁转离任者，则必就近遴补，如管河郎中有缺，即以管理泉闸等主事中选补，管河守巡有缺，即于附近守巡各道中选补，一则濡染久而端委相谙，一则交承速而职事无旷。又必令其新旧交代，新者未至旧者不行，不惟人存政举，缓急有资，且使旧政告新，传受有法，其为河道裨益非浅鲜也。至于才志庸劣，不堪负荷者，则听总理宪臣不时奏请更易，不必拘年终考核因循姑息，致误地方，庶几人思任事而规避不生，事有责成而巨工可保矣。伏乞圣裁。

一、定法制，以核岁修。照得筑堤以御水，犹筑城以御虏也。虏之性避实而击虚，故治兵者必岁严城守；水之性避坚而就脆，故治河者必岁严堤防，其理一也。往岁黄河惟恃缕堤束水，堤迫而不能容，堤松而不能固，致水决啮。今两岸遥堤既成，俱系真土坚筑，则范围宽广而水不迫堤根，水薄而势不冲，纵伏秋泛涨，水上崖以铺淤而崖益高，水落河以刷沙而河益深，诚以水治水之策也。然两堤虽固而修守当严，每岁雨水之淋漓，人畜之蹂践，能无坍且损哉？使不岁加修守，则高者将日卑而厚者将日薄，是可不预为之防也。查得《大明会典》内一款，令各处河堤每岁加高一尺，加厚一尺，年终管河官具数奏闻，法至深远也。今宜申明此法，稽核举行。但黄河堤夫每里止十名，则每名该帮堤一十八丈，除下护埽筑顺坝量帮扫湾缕堤，或风雨妨工等项，大约一年之中，止有半年帮筑。以方土计方，仅能加高厚各五寸，使岁加此数，则将来高厚亦莫知底止矣。合无行令管河司道等官，每岁严督各该管河官，率领守堤官夫，务将各遥堤觅取真淤老土，定限加高五寸、加厚五寸。柳苇岁加栽植，勿令稀疏；闸坝岁加修葺，勿令圮坏，年终管河郎中会同该道躬亲核验，将某处遥堤原高若干，今加若干，原厚若干，今加若干，补栽过柳苇若干，伏秋之时遥堤有无冲溃，闸坝有无圮坏，从实开报，呈河漕衙门造册奏闻。如各管河官加帮数少，及伏秋失事者，明白参劾，轻则罚治，重则黜降。仍照阅边事例，每三年遣官一员前去阅视，三年之内遥堤加帮果否足数，伏秋水发有无失事，运道果否通利，淮、黄果否安流，通将各经管司道等官有功者分别叙录，失事者悉听参究，则法度森严，人心警惕，而堤防可永保矣。伏乞圣裁。

一、甃石堰，以固要冲。照得高家堰居阜陵、洪泽诸湖之滨，淮水伏涨，湖河相连。西当淮、泗冲流，东护淮、扬沃土。自汉陈登建筑之后，累世因焉，我朝平江伯陈瑄复加修筑，使淮水不得东注。则淮、扬之田庐一望膏沃，高、宝之运道万艘安流，二百年间淮、扬借以耕刈，厥功懋矣。向因莅兹土者足迹不履其地，终岁不葺其工，盐徒利其直达，盗决侵寻，决口渐以成渊，狂澜莫挽。淮水不出清河而黄河倒灌，全淮尽注高、宝而洪水横流，又何怪淮、扬之民久为鱼鳖也。今已筑塞成堤，体制高厚，既有桩板以护其外，复设官夫以严其防，堰成之后，淮水悉从清口故道会黄入海，河深水退，堤外皆干。水及堰址者惟大涧口一处，仅百余丈，询之土著，皆云必可永恃。第恐岁久月深，官更吏易，不见其溃而不思其防，每遇伏秋泛涨，西风激浪，又乌知不日渐侵削，如昔年之决溃者乎？终不若包砌石堤，可一劳而永逸也。今熟察地形，南北各二十里稍亢，而中二十里为洼，稍亢者可保无虞，低洼者尚宜砌石。盖石砌坚固则伏秋不必护埽，省费不赀，一利也；盐徒不能盗决，金城永固，二利也；编氓乐居，人自为守，三利也。但聚鸠采伐，用力巨艰，未可以岁月计；大工才竣，民力方苏，未可以旦夕举；工程浩大，夫匠最多，未可以一郡办。合无先行采石，以万历九年为始，派行徐、颍、海防三道，均分道里，各派所属为之。每道该砌六里六分有奇，俱从大涧口最洼处砌起，假之以岁月，责之以必成，其经费钱粮见有大工用剩银两，听其估计应用。工完之日，河漕衙门奏行该部核实，毋至虚冒，仍分别勤惰以昭劝惩，则力分而事易举，法立而功可成，即万世可永赖矣。伏乞圣裁。

一、浚闸河，以利运艘。照得黄河浊水，随挑而随淤，惟当束水以浚河；闸河清水，愈挑而愈深，必当疏浚以通运。今黄河一带，自决塞堤成之后，河身深广，本无所庸其浚，而亦不必言浚矣。惟是淮河一带，原系先臣平江伯陈瑄开凿成河，蓄水漕运，犹恐浅阻，创立里河规制，每岁挑浚一次，迩年以来，清江闸河黄流久注，淤沙久填，水溢沙上，舟因水浮，不无浅涩。查得南旺运河三年二挑，合行该管河郎中亦照南旺事例，将兴工完工月日及用过钱粮特疏奏闻。查考至于扬仪河道，虽近经浚深，舟行顺利，然日久不挑，泥沙渐积，日积月累，必复淤垫。且揆之地形，扬、仪稍亢而高、宝最洼，每遇伏秋水涨，湖堤最称危险，使下流常深则上流无壅，是浚渠之中兼得平水之利。亦应时常严督官夫捞浅，或酌定数岁一挑，勿致浅滞。庶浚筑相成而工无偏废，河堤胥利而漕有常通矣。伏乞圣裁。

一、专责成，以防冲决。照得黄河之性，合则力专而流急，故沙随水刷而河日深；分则力散而流缓，故水滞沙停而河日浅。淮河虽系清水，而分合缓急之机要，与黄河无异。近日大工兴举，诸决尽塞，河水顿深，则塞决之功诚不可缓，盖河决久则傍流深，傍流深则正河夺，故塞之速则费省而工易，塞之迟则费浩而工难。方其始决，以数十人塞之而有余，及其既久，以千百人塞之而不足，涓涓不塞，遂成江湖，盖自古记之矣。其间经理区画，固司道职掌，而夫役物料，则有司存焉。有司职掌守土，比闾之民皆其抚驭，一号召即夫役也，帑藏之财皆其典守，一措置即物料也，呼吸之间，事可立办。惟地方有司视河堤之坍啮，漫不经心，及水势之涨决略不动念。间有循职任事者，又执拘挛之见，持不敢自用之心，即有水势危迫，必待白之司道、白之河漕而后行之。彼司道所辖广袤，在在皆应经理，岂能百十其身而一一坐督之哉？文移往返，动经旬月，江河一决，澎湃难支，始而蚁穴，继而滥觞，终必至于滔天而莫可收拾。崔镇、黄浦之覆辙可鉴也，崔镇、黄浦当初决之时，特数十人捧土之力耳，乃崔镇士民赴愬而县令付之罔闻，黄浦铺老呈报而县佐加之笞责，且倡为不可塞不必塞之说，以乱观听。迄今地方官民言之，无不痛恨。近该巡盐御史姜壁条议，凡河道失事，掌印及管河官一体参治。该工部题覆奉钦依遵行，诚宜永为令甲，第恐积习难挽，立法贵严，若或假之以姑息，则人无畏志。然下无专制，事辄关白，若非假之以便益则彼有他辞。合无今后除平时区画修守之法，俱责成于司道管河官。万一水涨暴发，事机危迫，非司道驻扎地方，该掌印官径自派募人夫，动支物料，多方防守。如夫料不足，听其借支贮库别项银两措办，务保无虞。抑或水势异常，委难支持，致被冲决，一面通详司道，一面便宜处办夫料筑塞，不必拘泥关白而后行事。大决限十日或半月，小决限五日或十日完报，之后借用过银两，司道核实，将岁修钱粮照数抵还。其失事之罪即岁终奏缴亦姑免开列，如过限不完，司道官即时据实呈河漕衙门参奏，轻则罚治，重则降黜。如司道容隐罪在司道，河漕姑息罪在河漕。庶法严而人知守，防密而堤自固，河渠可永利矣。伏乞圣裁。

一、防徐北，以固上流。照得运河自徐州而下，防黄河之溃而出也，故筑两岸遥堤以捍之，毋令傍溢以夺河流；徐州而上，防黄河之溃而入也，故筑太行、缕水二堤以障之，毋令北徙以伤运道，其为保运计则一耳。河决徐州之下，则运道犹有可通之路，河决徐州之上，则运道不免有中断之虞。先年张秋之役，可谓寒心，故论目前转输之计，则徐、邳、桃、清为急；论全河变徙之患，则丰、沛、砀、单为尤急，徐南黄河工程坚固，防守谨严，可保无事，惟徐北黄河旧由萧县出小浮桥入运，小浮桥河深近洪，能刷洪以深河，运道之利也，且河势趋南，而北徙非所患也。嘉靖四十五年，河决邵家口，出秦沟入运，秦沟河浅近闸，每积淤以塞河，运道之害也。且河势趋北，而北徙有可虞也，今幸复趋小浮桥矣。而小浮桥上流原非故道，尚当预防，详观地势，南岸萧县一带淤垫已高，无虑南徙，北岸丰、沛一带地势颇低，恐防北迁，所恃者行、缕二堤为之捍御也。已经河漕衙门会同各省抚按题准大举修筑，见今估计兴工，画地修守。但查沛河淤塞，原系华山、戚山诸处冲决，而缕水堤根近有水埽成河，俱当加意修筑。其邵家坝为秦沟旧口，趁今兴工之时，亦宜倍加修理坚固，以绝秦沟上流。夫邵家坝筑矣，行、缕二堤修矣，而守之存乎人也，有堤不守与无堤同，守堤不密与无守同。河南、山东自太行遥堤已成之后，无复冲决者，亦以夫力多而防守密也。今徐北至单县界止，见修堤坝长一百五十余里，而夫役止七百余名，是每里仅四五名耳，其何能济？仍应量照徐南事例，每里补足十名，方能修守。但徐、淮州县灾疲岁久，难复加派，合行河漕衙门通融酌处，或将山东、河南停役夫银每岁量解召募。盖保丰、沛所以保全河，非止为直隶河道也，或量摊派于庐、凤、扬三府，盖当以江北全力治河，不当止以濒河州县治河也。或于洪夫徭役银两仍旧征给，而以徐州税银召募夫役，盖止于复旧额而非以额外派民也，务俾夫役有余，每岁亦如徐南加帮之法一体稽核。伏秋水涨，并力堵筑，北徙既无可患，而秦沟又无可虞，则河既不傍决于两岸，必能深刷于中流，小浮桥之利可永保也。再照新筑各堤，俱应比照缕堤，画地建铺，安插各夫，庶栖息有定所而修守有专功。至于近堤居民，有愿结庐堤上者，悉听久长居住，不必起派基税，使人皆乐居。庶蜿蜒长堤宛如市井，昼则牖户相联，夜间烛火相照，久之将视为己业，各自修守，是万年不拔之基也。伏乞圣裁。

一、备积贮，以裕经费。照得未雨而彻桑土，既济而谨衣袽，古人思患预防非过计也。今大工底绩，二渎安流，非既济之后而未雨之时乎？然必积贮钱粮，岁加修守，则桑土衣袽之备也。河道钱粮，山东、河南额派原多，颇足应用。若南直河道，起自丰、沛至于淮、扬，地方延袤千有余里。淮以北则黄河汹涌，淮以南则湖水弥漫，非止切乎民生，悉皆关乎运道。以葺修而工料浩费，以防守而用度巨艰，及查岁额桩草银两仅二千有奇，加以连年灾沴，每岁征收在库者不满数百，以数百之金而支持千里之河，安能有济？故一遇修筑，束手无措，或堤防已圮而不能修，或冲决已深而不能塞，隐忍坐视，浸淫滋蔓，遂至于大坏极敝，而后请发内帑以图经理。设使才决才塞，愈修愈固，又何有至于大坏，亦何至于大费哉？夫与其大费于河防既溃之后，孰若省费于河患未然之先？此其利害得失，固较然明著也。今查大工钱粮，见剩二十四万两有奇，已取回一十二万，即今估修徐北堤工，又不下数万，使高堰石堤兴举，亦非小费可成，则所剩之银已不足用，藉令无此二役，亦仅足供数年修守之费耳，数年之后又将何以处之？故积贮之策，诚今日急务也，似宜从长计议。或河南、山东河道银两，或运司挑河盐银，或徐、淮各处钞税，或抚按赃罚，或多方措处，大约每岁共凑银三万两，岁为定额，解贮淮安府库，专备两河修守之费。仍行滨河州县，各于要害处所建设物料厂一座。每遇冬春之交，支银买办桩草及修河器具积贮厂内，以备紧急，宁备而不用，毋宁用而不备也。司道官仍置立循环，时常查核，总理宪臣岁终将用过钱粮若干，剩余钱粮若干，照例奏报。臣非不知盐银钞税关系边储，但河漕关系京储，较之边储似尤紧要。况河道通而后盐船通，有河漕而后有钞税也。日后河道无虞，钱粮积至数十万，则以所积之银解供内帑，亦朝三暮四之法，若一通融议处，俾积贮素预，庶钱粮随取而随足，河工有备而无患矣。伏乞圣裁。

奉圣旨："工部知道。"该工部覆议：内重久任款开移咨吏部，凡管河部属司道及府州县佐贰等官，果有熟谙机宜，懋著绩效者，考满即与升级，照旧管事。资深即与超迁，用劝异劳，有缺就近遴补，取其濡染习熟，临行新旧交代，令其传告精详。至于待异等者一如待边臣，由道而抚，由[1]抚而督，由督而本兵不吝焉，及咨行河漕衙门，年终荐举预储可代之才，遇缺揭咨，必求因才而代。径咨吏部，仍咨本部，以凭会同遵行等因，其余款覆相同。题奉圣旨："堤工岁修，当视其低薄处随宜加筑，岂得定以五寸为限？河漕当事诸臣，能严督地方官着实经理，视国如家，何事不成？亦不必数数差官阅视，反滋多事。其余依议行。"

条陈河工补益疏　御史陈世宝

题为恭睹河工垂成，尚有可言，恳乞圣慈俯赐亟行，以少图补益事。

恭惟皇上自临御以来，纯心任贤，励精图治，国家重务靡不振起。去岁又悯淮、扬之水患，运渠之敝坏，特命大臣以往治之。维时中外臣工忧切杞人，皆恐艰巨难成，徒劳财力，惟我皇上独奋乾刚，锐意举行，然犹宽之以岁月，而未遽责之以速成也。今自去年九月十五日兴工以计之，除中间冻阻，其修理实期才三四月耳。乃该臣瓜、仪催攒，以历乎高、宝、淮安、

[1] 由　原文作"而"，据四库全书本改。

清河、桃源、宿迁、下邳之间，已见所[1]修诸工十完七八，黄河顺轨，深阔倍常，及登岸四顾，凡前日之洪涛巨浸、沮洳淹没之处，遂多为野而称可耕可获之田。此皆我皇上拯溺亨屯之仁，有以上孚于天，故其平治水土[2]之速；有以下应于地，太平有象，兹非其一哉！但垂成之会，而曰堤曰堰，尤宜为事制曲防之策；曰官曰民，尚当用招徕激劝之恩。臣缘是不自揣量，列为六款，敬为我皇上陈之，虽刍荛愚陋，殊无远识，而目击参酌，亦不敢为无稽之言也。伏乞敕下该部逐款详议，如果可用即见之施行，则于河工未必无小补也。缘系恭睹河工垂成，尚有可言，恳乞圣慈俯赐亟行，以少图补益事理。谨题请旨。

计开：

一、移建管河官衙舍，以重责成。照得河之为害无异于虏，而防河之计亦准于防虏可也。臣尝闻沿边要害必设立将营，使之咫尺陇荒有警即知，或战或守，为计甚便，此固旁通事理，何独于治河而疑之？今查徐州至清河县一带，两岸各筑遥堤一道，以障泛溢之水；中间设减水坝三座，以杀冲突之势。自是以往，亦可保其无夺河之患矣。但是工也成之固难，而守之尤难。夫固当增，而官尤为要，况伏秋之时河流暴涨，扫湾迎溜，素称要害之处，呼吸变态，又有顷刻不可缺官，而当率夫以防守之者。虽府有管河同知二员，州有管河判官、县有管河主簿各一员，官可谓备矣。然其郡邑之去河，纵远近不一，皆不与要害而相值。即先该总理河道、兵部侍郎万恭，曾以专驻地方，题奉钦依而建成衙舍，止有一二，然亦非要害之区。信如此，倘其地河决堤破而始往报于官，则一线之裂，将有瞬息汹涌而

[1] 所　底本作“听”，据四库本改。

[2] 土　底本作“上”，据四库本改。

缓不及事者矣。且高邮石堤向已筑成，宝应石堤今亦就绪，黄浦八浅近因高家堰之断流而亦计日可塞，似宜无所事守也。尤恐高、宝之二湖，一遇西风，波浪滔天，石亦难恃，而八浅、黄浦俱系未坚之土，又焉敢谓必无他虞？是移管河官之衙舍，以责成其昼夜防守，诚今日之不可少者也。如蒙乞敕该部再加覆议，转行总理河漕并漕抚衙门、巡按、巡盐御史督同该道，查勘淮南、淮北各管河官原分地方要害处所，建立衙舍，使之常川驻扎，自河防之外上司不许别项差委，躬率各夫行二守四防之法，比遇粮船盛行，仍责之以催攒防护。如虽移建衙舍而晏安偷惰，以致少有疏失，即住俸以责其成功，或尽力修守而三年无虞，则破格优处以酬其刻苦之心，夫如此则附近要害而修筑决不后时，督责严切而职守自不怠玩矣。再照地方灾伤而又兴作，是增一厉阶矣，合无将建立钱粮俱在河工银内动支，其衙舍规制亦不许过求弘厂。臣又往来河道，见两岸寺庙多被水淤，而吕梁洪有书院三座，据两座已倾如拆毁，而充此衙舍之资，当又不假于河工之银也。伏乞圣裁。

一、添设新堤堰夫役，以便防守。照得古今举事，功甫告成而旋致废坠者何哉？亦以狃于目前，而不复为长虑却顾之谋耳。夫今全河之工幸睹垂成，固当思患预防而为守之之计矣。但遥、缕二堤已逾千里，高家堰之堤凡六十里，柳浦湾补旧增新将百余里，而八浅、黄浦地虽咫尺反称要害。若非多集夫役，则以盗而决者，巡逻有所不逮；以水而决者，修筑有所不能。夫既集矣而不分截，庐栖于其上，恐彼此推诿，无以收责成之效，住居窎远，亦不胜招呼之烦，则查增夫额而画地筑居，所当亟亟以为之处者也。然既用其身，当饱其食，访得以前河夫工食年年拖欠，今若以新增者而派之于本地州县，亦必以相沿之故征解不完，而逃窜之弊在所不免矣。切思大举河工，虽为地方，而漕运尤重，合无以新增夫饷分派于漕粮之内，每亩加增不过毫厘，众轻易举，莫此为便者。如蒙乞敕该部再加覆议，转行总理河漕并漕抚衙门，督同司道将遥、缕二堤、高家堰、柳浦湾、黄浦八浅逐一查勘。或旧有夫若干今该加添若干，或一向无夫今该创设若干，某处至某处共几里，应分布若干，即令于其地筑室爰居。其在遥缕二堤、黄浦八浅者，悉听州县管河官调度；在高家堰、柳浦湾者，悉听新设大使官部领，而总摄于管河之同知。昼夜巡缉，以防盗决之奸，日操锸畚，用加高厚之工，以至应给工食，每夫一年约用若干，共夫若干，该用银若干，洒派漕粮每石应加若干，逐一算明，注之派单，分发各处，及粮运北来，令与轻赍银一并解淮，按月关支。夫如此，则堤不缺夫，夫不缺食，而今日不赀之费，幸成之功，亦可以永恃矣。伏乞圣裁。

一、添设管堤官部夫，以保新工。照得置吏张官，固有定额之常数，而因事添设，实乃济时之权宜。窃念臣往来淮上已三年于兹矣，见得高家堰实淮安之前门，柳浦湾乃淮安之后阃，故数十年来，使淮安城外楼台烟火之地半为川源，桑麻禾稻之区尽成沮荡，皆此二堤倾圮之所贻也。今该河臣于高家堰，则多集官夫，加厚加高，密布栅桩，中护以板，遂使弥漫，泗水尽由清口而出，以至柳浦湾，则亦因其旧基而修补充拓，绵亘百里，旦夕告竣，夫如此则淮郡亦可保其无冲啮之患矣。但此二堤俱在荒僻，人不及见，而盐徒私贩奸商漏税，又利高堰之直达扬州，每行盗决，夫以不坚之堤而加之以盗决之众，亦可惑于已往之不治也。以臣愚见，合无除多集夫役，以分布栖住于二堤矣，尤当各设精厉大使官一员，使之同居堤上，专部而防御焉。如蒙乞敕该部再加详议，移咨吏部，即将高家堰、柳浦湾各铨选年力精锐大使官一员，使之筑居堤上，督率各夫，遇有盗决则擒拿以重治，而修筑之功尤责其日增而月盛，至官职之修否，亦照管河官之例以为赏罚。夫如此，则官有所专，夫有所统，而新堤诚可以永保矣。再照臣伏睹见行事例内一款，凡故决盗决山东南旺湖、沛县昭阳湖、蜀山湖、安山积水湖各堤岸，并阻绝山东泰山等处泉源。有干漕河禁例，为首之人发附近卫所系军，调发边卫各充军，其闸官人等用草卷阁闸板，盗泄水利，串同取财，犯该徒罪以上，亦照前问发。臣敢以为此例，不但可施之湖水泉源管闸官役而已矣，合无仰廑圣断并下部议，如有盗决高家堰尺寸之口及大使官知而不举，受贿纵容，比照前例一体问发。著为定例，榜示淮安，庶人心警惕，自不敢犯矣。伏乞圣裁。

一、增筑宿迁县遥堤，以顺民情。照得淮、黄泛溢，梗运残民，臣盖耳濡目染而怵惕于心者三年矣。迩幸朝廷之上明良合德，轸念时艰，不惮费劳，惟求平治，此其精神感召，诚有格天心而协民志者，故修筑之工曾未旬月，而各处堤防俱完强半。该臣自淮而北，见近河之民欢若更生，皆谓数十年昏垫之苦鱼鳖之忧，一旦而尽释之，非我皇上体天勤民，何以有此？凡所以效华封之祝，竭嵩呼之诚者，盖万口而一词矣。顾行抵宿迁县，据乡民王卓等百有余人持状告诉，大约谓濒河州县有遥缕二堤者，自此修完，皆可以避水灾而兴农业。独念宿迁县缕河虽有堤岸，而侍丘诸湖尚未修筑遥堤，使伏秋河涨，各处必无他虞，此地应遭水患，乞要一视同仁，接筑遥堤等情，具告到臣。该臣再三寻思，中必有说，及询诸各道，则云当时踏勘而于此处未议遥堤者，以侍丘诸湖背马陵山而为壑，即黄河溢流以注于其中，则必为此山阻回而仍归于河，盖湖不外泄，斯河不为夺，是以未为遥堤之议耳。况当踏勘之时，河水与湖山相连，若不能为堤者，所以官不为议而民亦弗之告也。今河深岸出，湖水日缩，中段隔绝，遂成平陆，此灾民动耕种之念而生筑堤之请也。近总河衙门亦以民告者众，欲行补建，独以原议之时无此钱粮斯从而已之矣。切照原议固无此端，而以支剩河银为之亦可也，今春纵不能举，而以秋后为之亦可也，且全河之工所费不赀，此堤之工所费无几，是又可果于大而特靳于小乎？各处之民靡不遂愿，此地之民独不蒙惠，是不犹之满堂燕笑而有向隅之泣乎？田有一丘一亩，尚欲设计开垦，矧云此堤一筑，而可复数万亩之利乎，是增筑此堤亦非迂缓而空糜者也。如蒙乞敕该部再加覆议，转行总理河漕并漕抚衙门委官踏勘，无拘原议，如地可为堤而堤可益田，即以支剩河银觅夫修筑，如无支剩，另行派处，其修筑之举，俟各工完后刻日亟图。如今春不暇，期在秋间，务使千里长河在在享平成之利，一方永赖人人无不获之忧，则我皇上治河之鸿勋，允可以参天地而轶古今矣。伏乞圣裁。

一、暂宽归移之钱粮，以安地方。照得钱粮出于田土，耕种本乎民力，故欲钱粮之不负，惟安集百姓而已。慨自黄河决于崔镇，而桃源、清河之民强半流移；淮河决于高堰，而泗州、山阳之民强半流移；又决于黄浦，而宝应、兴化、盐城之民强半流移。散之四方，转于沟壑，盖已数年于兹矣。今幸崔镇、高堰决口已塞，淮、黄合流，并入于海，而高堰乃黄浦之上流，相须以为开闭者。兹高堰既塞，黄浦必可计日以断流矣。是以流移之民见水去田出，日渐归复，但惊疑徬徨，而未敢为必住之计，诚恐居处未遑而旧逋即追，开垦未熟而新租复征耳。故凡臣所过之地，因其催征见年与以前之折饷也，拥众遮诉，哭声震天，俱称寻复故业，求免新旧之税，其投递词状，不能尽述。切思臣受催征之寄，岂不欲公税之尽完也？顾拖欠之数，多系流移之民，使因其归复而拘系以追并之，恐残喘可毙而钱粮决无所处。此风一闻，逃移益远，况捐百万之膏血以治此水患，本为民也，今水患渐平，而独以些须逋负阻绝归复之民，不识水退之田将付之谁以耕种乎？新旧之税又将责之谁以输纳乎？及查臣去年奉都察院札付准户部咨行，令带征淮扬等处万历四年五月拖欠改折之数，随经遵依亲历催比，据各处册报亦稍稍补纳。而见年者亦较之往年分数为多，此皆茕茕遗孑因漕饷半征，岁事可望，而勉力以供之者。诚再于归复之众而推浩荡之恩，不但改折，凡一应起存钱粮，新者旧者暂行停征，仍比照垦田事例给之以牛种，则流移之民归来日众，新旧之税将取诸开种而渐完矣。如蒙乞敕该部再加覆议，转行总理河漕并抚按等衙门，将淮、扬二府委官踏勘，素有水患，今渐平治，流移归复之州县，不拘起存新旧，一应钱粮暂行停征，待田地成熟陆续追补，仍比照垦田事例给以牛种，则已归者安心耕耨，未归者闻风而来。我皇上治河之举益有实惠，逋负公租非无民而终不可完者也。再照此时正开耕布种之会，民心去留之际，嗷嗷待命，不啻解悬，更乞亟赐举行，不然虽蒙俞允，而民亦不能速霑其恩也。伏乞圣裁。

一、乞广赏劳之天恩，以鼓人心。照得治河臣民，服役效劳乃其常分，固不可以言赏，亦不可以求知也。顾维其时众役之困敝已极，尚有待于鼓舞，诸臣之辛劬过苦，尤当加以慰劳，是又可缄默自惜而不披沥以陈恭？惟我皇上爱民之心，素洽于闾阎之内，而子来之愿遂形于佚使之间。故该臣沿河催攒，随地查阅，见得各夫日夜力作，劳苦万端。如遇浮沙则必挖沙取土，深既数尺而水且上涌，值淤陷则必涂手霑足，行方跬步而身半泥中；或取土于五六里及七八里间至十余里，日不数回，而足热如火，红肿未消，而晨起且赴工矣；或筑堤于水际，及半在水中以至全在水中，地无多余而身危苦坠垫塞未几而溃折者相寻矣。单袷被身，已不胜冬雪之苦；蓬穴为室，更不任风雨之侵。秽湿熏渍，疟痢半生，凄楚无穷，羸羸日甚，其颠连可悯，诚有工食不足以尽之者。况此时服劳既久，精力将疲，而未完工程犹有赖于修筑，于此不曲为鼓舞，恐解体之念或不能已，而一篑之功反觉其难矣。以臣愚见，合无推浩荡之恩，念元元之苦，动支河工羡银量行犒赏，第见民心易动而感激思奋，将有忘已往之劳，踊跃以终其事者矣。及查羡银乃河臣题奉钦依而用之，以为阅工之费者，今皇上如用之以为赏，是真不费之惠，亦何靳而不为乎？且此银已在正数之外，赏功之列，即皇上不用河臣，亦以阅工而用之矣。顾用于河臣则各夫犹视以为常，而感之为有限，用自皇上则各夫必仰戴如天，而懽悦以无疆，是赏费虽同而所感迥别，又何惜此一令之颁乎？此固臣目击其苦而知鼓舞克终之术，必有待于一赏也。至于诸臣之在工者，臣亦以干预河道，而每诣其驻扎之所，窃事访问。见得总理河漕都察院右都御史潘季驯，委身高堰，缉草为居，自编于版筑之间，罔辞乎风日之苦；总督漕抚、户部右侍郎江一麟，同心调度，协力经营，会计督视，昕夕不倦。盖二臣主持全河纲纪，众官忧勤惕厉之念，自为之百倍，倡率综核之令，不敢少有所懈耳。故自司道以及于总委、小委等官，靡不拱听约束，殚竭心力，随其所委，期于速成。盖虽官阶有崇卑，而其拮据奔走，备极艰苦，则固一而已矣。夫诸臣之效忠若是，臣非不欲恳乞皇上而推恤民之恩以为之并赏也，顾朝廷之于民，每随时以用爱，赏官之定例，必事竣而后颁。今查河堤虽已垂成，而加厚加高犹有未完，是可录可赏者，诸臣之劳而不敢遽请者，则固拘于例耳。合无再祈天心悯诸臣之劳，而又嘉其绩之能速底也，特赐纶音，用施宣慰，待其报完，重加赏赉，则一字之褒将重于金玉，而督夫以完未完之工者，殆有孜孜而不敢以或后者矣。如蒙乞敕该部再加覆议，每夫应量赏银若干，着为定数，转行河漕并漕抚衙门动支河工羡银，查照夫额逐一犒赏。如羡银不足，准以河工正银补之，仍于总理河漕、都察院右都御史潘季驯，总督漕抚、户部右侍郎江一麟，以及于司道等官颁之，以宣慰之纶音。许之以功成之重赏，则臣民霑恩而大工可完于不日矣。或仰廑天仁，念此河工乃非常之举，而于潘季驯、江一麟亦用羡银预加一赏，此又在我皇上破常格以优体大臣，昭宠异以隆重河务，竦动群工之意，臣又何胜惓惓颙望之至。伏乞圣裁。

奉圣旨："该部看议来说。"工部覆议，除暂宽归移之钱粮以安地方一事，移咨户部议复无异，其余五款本部覆俱相同。题奉圣旨："这河工垂成，各官殚忠经理，劳绩可嘉，著候工完之日，你部里奏请差官勘实，朝廷自不惜爵赏以劝有功。潘季驯、江一麟各先赏银三十两，纻丝二表里，潘季驯还加赐大红獬豸纻丝衣一袭，以示优劳，其余俱依议行。其管河官衙舍著用附近毁坏寺庙，及遵近旨拆毁书院改建，不许增派扰民。"

条陈治安疏　御史姜璧

题为河工将竣，敷陈末议，恳乞圣明，俯赐采择，以保治安事。

臣窃闻之古志曰，防河如防虏，防虏者当以不治治之，来则御去则止而已矣；防河者当以无事行之，逆则治顺则止而已矣。而今之防河者有二弊焉：好事者谓故辙之必不可循，辄为穿凿之图以乱其性，是挑衅也；怠事者谓河流之必不可治，每为因循之说以滋其患，是玩寇也。十余年间，二弊相寻，河患极矣。上廑宸衷，宵旰为虑，俯从言官之请，遂为破格之谋，独断圣心，群疑屏息，使当事大臣得以殚竭心力，故半载之间，两河顺轨。该臣巡历于淮安等处，亲诣各工，见得各官之催督，其严谨也即如家事，万夫之趋事，其欢呼也犹若子来。水孽潜消，河工就绪，闾里有可耕之地，运艘无壅阻之虞。据工程虽云繁巨，计钱粮尚有赢余，是皆仰赖我皇上纯德格天而淮海效灵，至诚动物而群工用命之所致也，以此时观之，可谓一治矣。然虞其始者不可不虑其终，图其大者不可不矜其细。兼理河道亦臣之责也，尚有一二可言者，臣既得于闻见之真，敬为我皇上陈之，如蒙不以为谬，敕下该部覆议施行，臣愚幸甚，地方幸甚。缘系河工将竣，敷陈末议，恳乞圣明俯赐采择，以保治安事理。谨题请旨。

计开：

一曰一事权。天下之事，多绪则乱，多岐则诿。查得治河之官，自永乐以至弘治百五十余年，原无河道都御史之设，故有以漕运兼理河渠，如景泰之王竑者，有以总兵兼河道，如天顺之徐恭者。成化七年，因漕河浅甚，粮运稽阻，特令刑部侍郎王恕出总其事，八年事竣改升，自后不复建设，凡遇河患事连各省，重大者辄命大臣督同各省巡抚官治之，事竣还京，此祖宗成法也。至正德十一年，始专设总理河道，驻扎济宁，而南北直隶、河南、山东皆为统辖之地。地非不广，势非不尊，然延袤五六千里之间，足不及遍，目不及睹，形势要害，东西南北俱若梦寐，岂能遥制？至于伏秋瀑涨之时，呼吸变态，猝遇冲激，势若燃眉，州县管河官白之于府，府白之道，道白之总理，总理下之道，道下之府，府下之州县，往返已一月矣。谓必待禀白而后行之，事已无及，如其不待白也，总理焉用为也？且既有总理，巡抚必难独断，凡遇申呈，辄批仰照总河批详施行，此在避难者固然，而在任事者亦不得不然，何也？畏侵权也。及至借支钱粮，调派官夫，便相龃龉，此在私而刻者固然，而在无我者亦不得不然，何也？总河之事不免劳民伤财，而巡抚之责则在安百姓、节财用也。至于意见不同，秦越相视者，又不待言也。臣昔任山东，当两河泛滥之时，总河都御史傅希挚力言草湾不可开，崔镇之当塞，高堰之当筑，章疏案牍，班班可考，而漕抚衙门拒之甚力，后至草湾复淤，横流莫遏，业已悔之无及矣。故今之议者谓傅希挚之说得行，或吴桂芳早兼河道之任，则平成之绩不在今日矣，此事权分委之弊彰彰也。查得先该吴桂芳节奉圣旨："近来当事诸臣意见不同，动多掣肘，以致日久无功，今以此专属吴桂芳经理，河道都御史暂行裁革，河道事务着各该巡抚官照地方分管，俱属吴桂芳提督，事宁回京请旨再设。钦此。"即今潘季驯接管，亦照旨行事。夫巡抚照地理河者，即王竑、徐恭兼理之制也，吴桂芳提督者，即特遣侍郎王恕出总其事，事竣改升之制也，故事权归一，事功易就，今日河功之成实原于此。盖天启我皇上以法祖致治之盛，故其明效大验如此。且事权之隆重，体统之尊严，属僚之承听，人民之信服，孰有逾于巡抚者哉？天下之事欲其速办，孰有易于巡抚者哉？而乃欲益一赘员以滋推诿也。但原奉旨内，有暂革再设之语，而各该巡抚又未见特加敕谕，窃以为复设河道则推诿之弊复生，未蒙特敕则责成之意未笃，终非可久之道。合无将前明旨着为令甲，而于抚臣特加敕谕一道，其各衔内添增“兼管河道”四字，万一日后河道有事，亦照祖制临时特遣大臣一员，督同各该巡抚管理。如此则可永杜推诿掣肘之弊，而河渠利赖世世无穷矣。伏乞圣裁。

二曰严责成。夫郡县之有守令，即家之有长也，一家之事必取办于长，其子姓之分猷倅理者，不过受成算效奔走而已。而于河道则独不然，府有管河道同知或通判矣，则郡守若罔闻之；州县有管河判官或主簿矣，则州守县令若罔闻之，甚至有牴牾其事，变乱其是非，颠倒其贤否者，此何以故？盖因管河为最苦之官，而治河为最难之事，避难厌苦为人情之常，而况奔走河滨，悉听司道官差委，不得以时亲就，以事售知于僚长？其势固宜然也。至于上官稍稍责成，守令亦不过增一牒文，移付管河官而已，甚至有束之高阁者。窃以为朝廷张官置吏，莫要于守令，盖以总括庶务，综核群僚也，而何独于河道遗之哉？今后河工之事，似应专责掌印官督同管河官管理，各照该地方堤岸，冬春踏勘，随地修补，伏秋水涨，督率防护，如有疏虞，掌印官与管河官一体参治，庶责任有归而事功易就矣。伏乞圣裁。

三曰议支河。查得先因高堰、黄浦之决未塞，全淮之水倾注高、宝、兴、盐之间，田庐坟墓一望淼渺。当事者不探其原，惟寻其委，请开兴化县之丁溪、白驹二场海口，盐城县之周禄港至新河庙三十余里。又动支盐运司银二万五千余两，分贮于兴、盐二县，大加疏浚，为泄水计。该臣巡历于淮、泰各盐场，躬亲踏勘，看得地势外高内洼，无从宣泄，而潮水灌入，填塞甚易，及至盐城。据知县杨瑞云并士民谢与成等禀称，本县自黄浦等口决后，民田沉于水底者数年，今幸筑塞，民有耕获之望，若又开挑支河引入潮水，一为淹没永不堪种。又据两淮运司判官孙仲科并灶户管席等禀称，自盐城支河一开，将各场运盐河水尽随潮泄去，运河断流，商不来支，盐日消折，灶益困敝等因。为照高堰居黄浦之上游，而黄浦为兴、盐水患之门户，今高堰堤成，黄浦决塞，是上流已断，则地上干涸，已无可泄之水。若复开浚海口，则地形外高，徒引倒灌之潮，且海口既多，防御实难，是开私贩之门，咸水灌入民田，为害不小，宜乎官灶士民之告禀者纷纷也。臣至淮安，即与总河都御史潘季驯会议，亦云曾委官踏勘，诚不可开。臣思盐场、民地皆国课攸关，河道、盐务臣职掌所系，今堤堰既成，此工可已。如蒙乞敕该部再加覆议，或将疏浚海口诸工径行停止，或转行总河都御史逐一再委官勘明，将前工程题覆停寝，不惟可省重费，抑亦可免大患也。伏乞圣裁。

四曰修古堤。查得宋臣范仲淹修筑长堤一道，肇自吕泗，终于徐渎，接连数百里，环绕三十场，堤以外俱系盐场草荡，灶丁居住，煎办盐课，离海远者百里，近者数十里不等，堤以内则有运盐官河一道，南抵泰州，北抵庙湾，西通高、宝、兴、盐等处。各湖港商民船只往来，及田户车戽甚为通便，是此堤外以捍海潮，内以护盐河并各民田，其计至深而利至溥也，至今称之曰“范公堤”。中间原留泄水大海之路，如今之白驹闸口及牛湾河、瓦龙诸港，皆随地形潮势宣泄，亦不为害。况当时范堤之初筑也，即有蓄涝之虑，及其既筑也，复有雨雪之变，事几中罢，幸而范公之持[1]议甚坚，张、胡二臣之赞襄更力，卒能不惑群言，功成保障，贻海滨数百年之安，供我国家百万金

[1] 持　原文作“特”，据四库本改。

之课，故三贤有祠[1]，民到于今祀之不忘。奈何前当事者见高堰、黄浦口决，兴、盐、高、宝受害，倡为凿范堤开海口以泄水，徒为一时权宜之术，更不思昔人创置之意。堤外系灶户煎盐之地，淡水一出则盐课消薄矣，堤内系民灶耕种之田，潮水一入则田租减损矣。该臣巡历各盐场，皆由范堤往来，见得历年既久，堤渐坍塌，有旧址见在半为民灶所居者，有海潮淤沙渐成高阜与堤相平者，有被水冲漫卑薄不堪者，要皆堤址尚存，若肯时加修复，永可为捍御之计，是修复古堤诚盐场之切务也。如蒙乞敕该部覆议，果属不谬，行令臣转行运司并通、泰、淮三分司官，照各该管地方，将范公堤岸逐一踏勘估计明白，量派灶夫督率修理。其旧堤高厚可恃者不必再修，惟于坍塌者筑之，卑薄者补之，要害者先之，各夫工食，就将前项兴、盐二县收贮运司疏浚海口银两动支给领，每年于春正二月此非旺煎之时量修三分，计三年工可全完矣，其原泄水口港仍旧存留，间修两岸，使不为患。如此先臣之泽永垂于不休，而国课灶额利赖于无疆矣。伏乞圣裁。

五曰蠲堤[2]租。查得自徐至淮新筑遥堤五百余里，若以夹岸计之将千里矣，南北两堤蟺蜿若城，高坚足恃，诚为治河之一策矣。但其所筑之堤皆系民间已业，而中间挖沙寻土，伤损地段尤多。夫以不可耕之地而欲小民偿计亩之税，除概邑昏垫之苦而使一户陪无产之粮，征之者似为无名，而输之者实为无辜也。合无行令巡抚衙门择委廉能官员，逐一踏勘丈量明白，要见某户某人堤址若干。挖伤地土若干，乞敕户部议蠲租额若干。如以国课必不可损，或以该堤应纳之税均摊一邑，或以水退无

---

[1] 祠　底本作“词”，据四库本改。

[2] 堤　底本作“祖”，据四库本改，余同。

主地土给照开垦，加倍抵补，如此则地方无不均之叹，而小民无向隅之泣矣。伏乞圣裁。

奉圣旨："该部知道。"工部覆议相同，题奉圣旨："依议行。"

中州河防为要疏 御史王世扬

题为中州河防为要，巡抚去衔未宜，恳乞圣明俯赐查复，以便责成事。

臣惟天下之事不能无利害，亦不能无因革，然有所革也必其有所害也，若无所于害即无贵于革矣。况不惟无害而且大有利于地方，如河南巡抚管河之衔者，恐即因之不暇，尚可云革乎？臣请为皇上悉陈之。盖黄河自潼关而东，迤逦二千余里始入于海，中所经行地方，则河南、山东两省，南北两直隶也。故事各该抚臣虽皆领有管河职衔，然疆域既分，统辖各异，非情有壅阏而不达，则事多掣肘而难行，故向来阳侯为患，固云天数使然，而要之人谋不臧，亦未必尽无也。

顷者幸蒙皇上慨允科道诸臣之奏，除去抚臣"兼管"字样，仍设总督大臣经理，以数省之地总之一人，凡属河防，惟其擘画，若身之使臂，臂之使指，盖无复有所为壅阏不达，掣肘难行者，此诚至计也。顾总督大臣可设也，抚臣兼衔不可去也，保定、山东抚臣兼衔可去也，河南抚臣兼衔不可去也，何者？盖事权不可不专，而利害尤不可不审，语云，千人舆瓢，不如一人负而趋也，是专责之说也。然不曰一手不能举鸿鼎，一臂不能挽大车乎？以是知事固贵专，而有时乎不专者，则求以共济，而非好为多事也，故使督臣在上流而抚臣在下流，抑或督臣切近而抚臣窎远，则万一河流不靖，督臣先已身任其事矣，抚臣即有石画妙算，何济燃眉？徒多牵制之虞，无益成败之数，如是而去其兼衔，何不可者？顾河流虽经数省，乃所经于中州者，实则居半，且抚臣驻扎开封府，督臣驻扎济宁州，是抚臣在上流，督臣反在下流，抚臣去河近，而督臣去河反远矣。有如每年水涨之时，或有溃决之患，则必数日始可报知督臣，督臣亦必数日始可走檄筑塞，况波涛汹涌，济渡为难，即驰报亦有未便达者，夫以患起于须臾而计图于持久，即有神禹之智，将安所施？其不举濒河之民而胥溺之者几希矣。争如抚臣驻扎河干，未决先防，随决即塞，且与管河各官群聚一城，面相可否，无烦文檄，不费日时之为得哉？

说者曰，督臣之设，正以权之不专，奈何又令抚臣兼之？噫！是未尝引边事观之也。今国家九边军务，固尝以总理责之督臣，然亦何尝不以赞理责之巡抚？彼固以为相济，而此可以为相励哉？即今年濒河州县，凡无管河之官者为增官，凡无管河之衔者为增衔，岂非以河务为急而官职当备乎？夫诚以河务为急而官职当备也，臣意抚臣即素无此衔亦宜增入，乃素有之而反去之，岂以抚臣之要系顾出佐领下哉？名除抚臣之衔以重督臣之任，而实弛抚臣之担以贻督臣之忧，揆之事理人情，臣诚未见其可也。

说者又曰，今年抚臣去衔未见偾事，后之视今一也，即过计何为？臣又以为不然，盖今河患初平，人心正惕，抚臣既自劳于经度，安得不自爱其成功？故夫夙夜拮据，不敢怠遑者，固忠所事也，亦爱厥功也。倘后安澜日久，玩愒渐生，由前观之，事非己作则痛痒不关，由后观之，事有专官则功罪不与，或安燕雀之愚，致罹鱼鳖之患。于时举而罪之督臣，督臣则诿之远不及知，举而罪之抚臣，抚臣则又诿之曰事难越俎，虽云干系地方，终难逭责，然皇上业去其权矣，可复重其罚哉？是必有督臣以总数省之纲维，亦必有抚臣以专一方之督责，然后策有万全而事无后患也。矧原议称令同心共济，则既与以管河之事矣，何必又吝一管河之衔，而使他日旷职者借口乎？

此臣所以谓抚臣兼衔不可去，而河南抚臣兼衔尤不可去者，盖取其去者比之，而知其利害有如此也。如蒙乞敕该部再加查议，如果臣言不谬，除保定、山东抚臣去河原远，无容别议外，将河南巡抚兼管河道职衔，照依各边巡抚赞理军务事例，于新任抚臣敕内仍旧增入。凡平日一切堤防之术，务令与督臣议定而行，惟有事则一面相机筑浚，一面驰报督臣会议，毋得推诿，致误事机。庶人有切身之虑，事无卒至之虞，督臣得抚臣而猷念有资，抚臣得督臣而隔越无患，则河防庶几永固，而祖陵、运道及中土民生亦自可无劳圣主之宵旰矣。臣待罪兹土，闻见颇真，即督臣前题远地修守疏中，亦甚以遥制为不便。窃妄以为将来事势必有出于此者，用是辄敢忘其固陋，少效款款之愚，伏惟圣明留意，幸甚等因。

奉圣旨："该部知道。"

工部覆前疏

题为中州河防为要，巡抚去衔未宜，恳乞圣明俯赐查复以便责成事。

该巡按河南监察御史王世扬题前事，奉圣旨："该部知道。钦此。"钦遵，抄出到部，送司案呈到部，看得河南巡按御史王世扬题称河南巡抚仍复兼管河道职衔以便治河一节。为照黄河之在河南，上自潼关，下至归德，中经开封，奔流二千余里，俱系河南巡抚境内，而河南巡抚敕书内原无"兼管"字样，则以总理河臣专治之也。近缘总河罢设，遂将兼管分属各巡抚，以致事权不专，堤防陵夷，驯至上年刘兽医等口之变。上廑宵旰之忧，故俯采言官之议，复设总理河道衙门，除去各巡抚兼管字样，惩前虑后，为计甚详。

夫总理衙门既设而复分其务，将无以专事权，兼管敕书甫易而遽增入，将无以示法守，是殆未可以轻议者。但总理固有河道之寄，而巡抚实有地方之责，今河南巡抚委居黄河上流而最近，总理衙门委居黄河下流而最远，若释其近而切者漫无干涉，责之远而难者旦夕取办，窃恐黄河湍悍无常，呼吸便有利害，比至疏虞而后图，则在总理已噬脐无及，而在巡抚亦得有辞矣。

所据御史王世扬题议凡黄河之在河南境内者，总理总持其纲，巡抚兼管其事，未决先防，随决即塞，不以彼此越俎为嫌，惟以同心共济为务，诚为忠谋远算，相应酌议题请。合无自万历十七年为始，除河道照常堤防修筑俱听总河衙门裁处外，其遇伏秋水发将有横决，如上年刘兽医等口之变，当责河南管河副使一面申报总河，一面申报巡抚。其总河未能卒至料理，巡抚即便动支河道钱粮，起夫督率修筑，务期未决先防，随决即塞，尽如御史所言，斯为同心共济，但于事宁之日，备将用过钱粮、修过工程移咨总河知会，以便年终奏缴，每年着为定规，不许推诿稽迟。其有应行未尽事宜，容令会议具奏，伏乞圣明裁定，本部备咨总理河道、河南巡抚及咨都察院转行河南巡按御史备行道府州县掌印管河官员，一体遵奉施行等因。

奉圣旨："境内河道关系水利民生，抚臣岂得推诿坐视？你部里既议明白，著河南巡抚官，凡黄河经行去处就近兼理，会同总河官行事，还添入敕内，不必加衔。钦此。"

卷之十四　奏疏

查理沁、卫二河疏　都给事中常居敬

题为查理沁、卫二河，以济运道，以安民生事。

据河南按察司管河道佥事余希周呈，蒙臣并抚按两院宪牌前事牌，行该道，会同分守河北道即便转行各该掌印管河官。要见卫河上源有无淤阻，果否引以灌田，作何禁止，沁河经行有无冲决，当从何处导引，作何堤防，引沁通卫是否可减黄河，有裨运道，即今莲花池口应否免塞，逐一勘报，务求经久长策，以凭会议施行。蒙此，依蒙会同守巡河北道及牌行怀、卫二府掌印官会同勘议去后。随据卫辉府呈称，依蒙行委辉县主簿周时礼，带领熟知地里人役郭周等，查得卫河上源并无淤阻，无事挑浚，其旁河居民引水灌田在四五月之后，兑运漕粮在二、三月之间，前后相隔日期颇远，自国朝二百年来，临清漕舟直达天津，并无阻碍。再查前此雨旸时若，卫河之水运道通行，今因连岁天旱，源泉枯竭，不独下流浅涩，上流源头几至不流，以此阻塞，其理显然。及查沁河经行怀庆府河内县出武陟，下合黄河，与卫河相离甚远，亦无支流相通等情。又据怀庆府呈蒙依蒙会同卫辉府知府周思宸，看得沁河经行武陟如莲花口等处，屡决而屡议兴修旧堤，宁不惜工力艰难，必不肯姑顺水势使入卫河者，诚以卫辉一府属县在河下流，而横流一发，被灾最远，且临清运道不能赖其清流之利，而每遭其淤阻之害，节经历年详议，卷案可查。今谈者以谓足以杀黄河之势，而有赖于运道，此不过据旧说及臆度之耳。况潞府新封卫城，利害所关，不敢轻议。切详果从会卫济漕之说，则怀庆一府既免频年修筑之烦，而武陟一带地土永无水患，即本府首当主其议者，但以国家大计通论，断断乎有难于行。合候详示转行各委官，照旧将莲花口堤工催督修筑，使沁水仍归黄河故道各缘由，具呈到道。据此，该本道看得此番行查，系奉钦依，事体重大，又经驳行二府掌印官，行令刘、薛二同知，亲诣细勘另报。今据怀、卫二府会呈，关行刘、薛二同知及会委临河汲、新、河、武等七县各掌印官勘议，随该汲县知县李赋秀会同新乡县知县张赤心、辉县知县龚世仰、获嘉县知县张谕、淇县知县崔璵、河内县知县黄中色、武陟县知县李日茂，俱亲诣卫、沁二河踏勘。间当据汲、新、辉、获等县社里老刘应逵、高进表、宋廷珏、师以正、杨涛德等各连名告称，卫河发源在于辉县苏门山下，其水陡峻通流，灌田不过些须，并无淤阻，其沁水河身宽一里有余，卫水河身宽不过三四丈，先年曾遭沁水冲开木栾店莲花池堤口，附近地方俱受淹没。且流入获、新二县，城门用土屯塞，漂流民舍淹没民田一百二十余里，卫辉府关厢巷口行舟，冲倒民房八千余间，压死男妇陈可立等百十余口等情，各具告到官。会看得引沁入卫，固杀黄河之流，且济运道之便，但恐沁水本大，若一入卫河，二水合流，势必滔害。不惟各县民居民田深有可虞，况潞府新建，方将高其堤，预其防，惟恐不固，而敢引沁以贻不测之患等因，会申到府。又准本府同知刘应聘，会同卫辉府同知薛应麟关称，各亲诣卫河源头踏勘得卫水流清土坚，原无淤阻，虽有军民水田，盖为水由地行，故乘势以资其灌溉，非敢阻塞以专其利也。前此雨旸时若，源泉不枯，河水盈溢，漕舟无滞，年来亢旱，泉源不流，而漳河以下诸水亦俱浅涩，因此卫流愈觉微细，此议者不得不归咎于居民灌田。至于引沁入卫，谓于漕河有济也，但查沁水原无支流可以通卫，今欲因冲决之道而遂挽之以入卫，则目前似足以助卫济漕，而将来水缓沙停，其终必致淤塞，则既见其利而又思其害，是不可不为深长虑也等因，会关到府。尤恐不的，随该本府知府赵以康，会同卫辉府知府周思宸亲诣前项河口，逐一踏勘，会看得卫水枯涩，并沁于卫则卫水大而漕舟可行，岂不曰运道有所裨益哉？但卫小沁大，则其势难容，卫清沁浊，则末流必淤，如先年沁河一决而临清、东昌等处遂至淤塞，征之往事，窃恐不减黄河之害而又增运道之梗，斯时归咎，谁其任之？且沁卫地势高下殊悬，必须创开河身，沿河筑堤，此其费地费工，固为不赀，而伏秋水涨，横流滔天，则生灵城池不可不为之计也。此皆前人已有成说，利害较然，如曰姑舍是而轻试，以建非常之功，非职等之所敢擅议也。至若引水灌田，诚当禁止，但末流之微细，实起于源头之枯竭，即今三年亢旱，泉源几至不流，有如昨岁运道阻涩，漕院差官守视卫源，尽导上流，而管河道亦驻扎辉县，亲至泉所，禁之非不严也。斯时田禾日槁而卫水不增，则其故诚不系于淤阻也。惟是漕运重务，关系匪细，合无以后水源有余则从民之便，而不妨与民同利亦可也，如水源不足则禁其引灌而专以济漕等情，具呈到道。卷查先年升任曹副使奉总理河道万都御史查勘沁、丹等水，案行开封府管河同知张崇谦，会同各州县掌印官，亲诣沁河上源。会看得沁河北岸大樊口先年原有决开堤坝故道一处，询问居民，执称先年秋水涨大，溢过堤岸，致将修武、获嘉、新乡等处一带城郭田舍尽被淹冲，官民受害，彼时即令官夫并力筑堵，见今遗有河形。及修武县西北有清水河一道，经流获嘉县北六里，直至新乡县西北侯家桥入卫河，随据本地居民齐口称苦，皆曰此处原有山河数处，每年秋水泛涨，淹没民田，以致小民逃窜，若再开沁河，则滔天水势入于卫河，本县城郭乡村尽皆漂流。及相度地形，西南太高，东北卑下，以修武县较之大樊口地下约十五余丈，《卫辉府志》开称地形，卫城浮图最高，才与沁水平，势不可开。在新乡则河流城下，两岸居民千余家，在卫辉府西北一面离城仅有半里，两岸系商贾之薮，居民稠密，公署俱建于此，若欲开浚两岸各数十丈，则新乡、卫辉城郭居民公署，俱当改移数里方可动工，况沁水猛涨，势比黄河，稍有一线之决，溢入卫河，则临河居民城池受害不支。查得嘉靖三十五等年，管河工部汪郎中题称，河南沁河冲开木栾店相邻大樊口三百余丈，决水横流，突入卫河，水半泥沙，弥漫异常。至临清逆流上拥运河板闸至砖闸七十余里，泥沙沉积二闸，淤塞二千余丈，阻防运道，应行河南管河道作速修筑，以保粮运，议允遵行。今若复引沁入卫，则昔年壅塞运道势所不免，其患不专在卫辉，而贻患于漕矣等因到道。又该曹副使复议三难：一河身之难辟，二堤岸之难筑，三下流之难浚，逐一条议具呈总理河道，详允停止。

讫今奉文覆勘，该本道会同分守河北带管分巡道徐参议，会看得沁河自武陟县迤入于黄，其来已久。木栾店至卫河相去百余里，自西而东，地势极下，其流甚易，但先年引沁入卫，屡议屡止，盖言利害相关，莫敢承议。继今又奉钦依勘议，会委多官悉心相度，及查先年勘议牍中条析详明，利害较然，且所为引沁入卫者，盖一以为稍杀黄流，一以为有资卫河运道，故纷纷建议，欲举行此策。今无论前项工力之难，与卫辉一带淹没之害，即于黄流虽能稍杀，而卫河运道仍有留塞，则北河之阨犹之在南河也。况今潞府建设，利害所关，尤非往年之比。相应呈请，合无将莲花口堤工并淤塞河身照旧疏筑，大加工力疏河身，必令宽大通流，筑堤坝务要坚固，一劳永逸，不得苟且塞责，若卫河泉源之水，所称五、六月间正系漕船过闸入卫之时，难谓与民间灌田不相妨害，相应严行卫辉府，查其如遇天旱漕河干涸，则严禁居民不许分引灌溉，庶不致阻塞河渠矣等因，会呈到臣。据此，先该工部题称，去岁春夏间天久不雨，卫河之流几竭，以致漕舟浅阁。攒漕御史吴龙征奏报本部，亦行北河郎中吴之龙查勘，据称漳、卫两河上源多有引以灌田，以致末流日细，行臣查勘应否许令引灌等因，覆奉圣旨："是。钦此。"又准总督漕运都御史杨一魁手本内称引沁水以济运河款开，要将武陟木栾店决口免其筑塞，因而通卫助运一节，已经臣等会行该道查议去后。

今据前因，该臣会同巡抚右副都御史衷贞吉、巡按御史王世扬会议得，古今论治水者，孰不曰顺水之性，行所无事哉？然而地当中土，势有重轻，利害所关，又非可以尝试而漫为者。沁河发源西晋，经带河内，沛然东下，势若建瓴，惟至武陟城东复折而南，与黄河会流，以故昨秋暴涨，束隘难行，遂致溃溢，直冲木栾店，决莲花口，滔滔东注，则引沁通卫，其势良便也。但细查卫辉府治地既卑下，河复狭隘，狂流灌注，容受为难，即今获嘉已成巨浸，新乡亦若浮盂，该府城垣去河不远，冲决之患殊为可虞。况今藩封新建，关系尤重，昔人所谓不与水争利者，诚有不得而概论者矣。且沁水沙多善淤，一入漕渠，淤垫闸座，昔有左验，恐利未得而害且随之也。既经道府勘议明悉，又该臣等亲阅相同，仍应坚筑堤坝，宽辟河身，务使南行无滞，庶为长策。至于漳、卫上源，据称天旱泉微，诚有之矣。但民间灌溉，壅遏泉流，致妨[1]运道，合行该道将一应私坝悉行拆毁，如遇雨少泉微，尽令导入漕渠以济粮艘，河北分巡道仍不时周行巡察禁治，如有阻挠，许巡漕御史拿究。如是则沁不得以病卫，卫又得以济漕，其于国计民生均有裨益矣。伏望敕下该部再加查议，如果臣等所言不谬，俯赐允行，庶便刻日兴工。除工程钱粮另行类报外，谨题请旨。

奉圣旨："工部知道。"该工部覆议相同。题奉圣旨："是。"

河工大举疏　都给事中常居敬

题为河工大举，酌议善后事宜，以图永利事。

据河南按察司管河道兼管水利佥事余希周呈，奉臣并抚按宪牌前事，照得两河工程已有次第，一应善后事宜行道悉心详议，以凭会题等因。先该工科常都给事中批，据带管河道辛佥事条议事件，蒙批管河道查照款开事宜，会同该道再议明悉详夺，并蒙巡抚衷都御史批，仰管河道查照，先今河工事宜备细类成条款，作速申报，以凭酌议施行。又蒙巡按王御史批新管河道会同该道确商详报，蒙此，依奉照款会议登荅明白，呈乞题请遵行等因到臣。该臣会同巡抚河南兼管河道右副都御史衷贞吉、巡按河南监察御史王世扬议照，中州惟河患为最巨，故其治河也为独详。迩年人心玩于积习，法制废于因循，致廑圣怀，特旨修筑，即今两河工程，臣等不敢不竭心力矣。然必料理精详，庶可垂示永久，若非奉有明旨，无以警惕人心，既经

[1] 妨　原文作"防"，据四库本改。

该道会议前来，又该臣等覆议相同，合照款列具陈，伏乞敕下该部再加酌议上请行臣等遵奉施行。谨题请旨。

计开：

一、预积埽料，以防未然。臣等查得河南水平岸高而土疏，其湍急扫湾之处患常在下，虽有高厚之堤，卒然坍塌，无所措手，故防河之患无愈于卷埽，而卷埽之料全资于稍、草、桩、麻与土也。往年所用桩木、苘麻，俱分派于出产州县买运，而柳梢、谷草俱于临河地方召商收买，已有定议。近因沿河各县连年苦旱，复遭大水，百谷无收，欲暂将谷草派之别府州县买纳解送，亦通融之策，但道途隔远，不惟脚价浩费，抑恐反滋骚扰。及查往年谷草定价，每束连耗草二十二斤给银二分，今年谷草缺乏价贵，合无每束增银一分，共给价银三分，仍旧召商收买，此后丰年酌量估裁，庶草价既增而商贩自至矣。至于卷埽胚胎，纯用好土始得坚完，必须预积平日，庶可取办仓卒。近因久无水患，管河员役不复议积，每遇急迫，取土窎远，缓不济事，竟日般运，不成一埽，遂致决口渐阔，为害滋大矣。合无令各守堤守坝堡夫，于闲旷之时查照成法，令各管河官督令预运埽土，堆垛于埽坝及紧要堤岸之上。每年会计之时，查算某处该积土若干，责令各夫如数运积，着实查验，无容虚报，其河流冲射之处，仍当预置旱埽，如伏秋水发，微有冲刷，即时添补，管河官一面督行，一面申报，则有备无患而埽不虚费，堤防愈有赖矣。伏乞圣裁。

一、议处工食，以恤穷民。臣等查得估计修筑堤坝工程，每筑方广一丈高五寸为一工，每夫一名，日完一工方给工食银三分三厘三毫。夫以一人而日筑一工已为难完，况取土有远近之不一，填筑有险夷之不同，概以一例计工，即不能依期报完，复又计工给银，安能尽满所望？且今岁米价腾贵，数倍往昔，一工给银三分三厘三毫亦不足其食用，若一日不完一工，则所得工食益不足以糊口，无惑乎每遇募夫，召之不至也。合无将今岁做工夫役，每一工给工食银四分，如取土在百步之内及在平地修筑者，俱仍以方一丈高五寸为一工；若在坑坎水内填筑及在百步之外取土者，酌量减其寸数，俱每工给银四分。如此则工食既加而养赡足，工程有等而劳逸均，人心亦知乐从矣，其已后成熟年分，仍照旧查给。伏乞圣裁。

一、议设堡房，以慎守御。臣等查得黄河两岸长月等堤并埽坝之处，先年每二里建堡房一间，佥堡老地方各一名，统领火夫十名，巡守以防河患。原无工食，数年以来天时亢旱，河患稍息，人心懈弛，堡房倾倒，而孑遗灾民星散求食，各堤防守遂无人矣。惟各埽坝处堡房尚存数名，然为数亦少，不足应用，昨岁河患虽出异常之灾，未必不由疏虞所致也。合无于黄河两岸各新旧长月等堤，每二里仍建堡房一间，每堡佥邻近堡夫二名，每五堡佥勤能堡老一名，统率各堡夫昼夜往来巡守，栽培柳树。但有盗决堤防及砍伐堤柳者，即便擒拿送官究治。遇有河水泛滥，冲刷损伤，即行填补。每堡老一名月给工食银五钱，各役每名月给工食银三钱，俱于河道官银内支给。至于临河埽坝尤系要害，修守之工倍当加谨，仍每二里建大堡房一重三间盛放埽料以备急用。每堡设堡夫五名，每二堡设堡老一名，管河官不时查点。遇有紧急冲刷，不拘昼夜，本堡鸣锣，各堡老督率各夫前来接济，并力堵塞，其堡老必于邻近乡民中选精勤守法者充役。如此庶防守俱各得人，而河患可保无虞矣。伏乞圣裁。

一、议处厂夫，以杜偏累。臣等查得临河祥符等县设有官厂八处，收贮稍、草、桩、麻以备卷埽，每厂原有厂夫二名或三名，令其看守物料。先年俱于各州县堡夫内选殷实大户充之，凡管厂官合用心红纸札并雇觅书手造写，循环倒换盘缠及雇人晒晾物料，并修理厂房墙垣，冗费百出，每名每年费银五六十两，如遇不才官员需索常例，费至百金者有之。后因称累，以堡夫二名，朋应厂夫一名，每年工食银四十八两。至万历十三年，该前任巡抚臧惟一允河道议每名裁定工食银三十六两，以其数非不多也，不知工食有限而额外之费无穷，夫厂夫原以看厂为名，惟晒晾物料是其职守，乃至责以不赀之费，磨累无休，身家荡败，无惑乎合口称苦，不敢承役也。相应痛革，以后每厂夫一名，以二人当之，给条鞭工食银二十四两，扣除银十二两存贮官库，不许复佥正头，惟召募邻近土民充当，一切杂费如管河官心红纸札等项，量于编派，其登报文册，修理墙垣，即于前扣银内申请动支，不许滥派厂夫出办，惟稍草等料有浥烂数多，各役失于苫盖晒晾者，姑免问罪，令其量赔。如此庶需索之弊既革，而厂夫之害可免矣。伏乞圣裁。

一、及时给散，以杜侵克。臣等查得河工全赖人夫，夫役全资工食，河道钱粮俱贮府库，管河官不得自由，必至河岸冲决，方议调人夫请支钱粮，已无及矣。合无每遇春时，该道行管河同知、通判等官赴府领银，分发沿河州县，专听不时之需，遇有河患，一面募夫，一面申请，事完稽查，庶不耽误。至于给散工食，往时独责之各县管河佐贰官，各官多不亲理，又委之部夫阴医等官，秤凿给散，其中不免扣克，以致各夫鲜受实惠。合无以后给散河夫工食，俱听该府管河官督同各县掌印官，眼同包封，唱名给散，再不许令各县部夫官总领，致滋奸弊，如府管河官偶在别县督工，一时不暇者，听各县掌印管河官径自给散。如此庶扣减之弊既除，而夫役之逃可免矣。伏乞圣裁。

一、责成正官，以便查核。臣等窃惟设官定制，在府州县虽有清军、管粮、捕盗、理刑、管河等官分任佐理，而兼总条贯则掌印官事，非谓各官之外掌印官全无相干也，故一州县之中，河渠要害孰非正官之所当料理防守者？况中州生灵命脉系于黄河，可以正官而漫不关心乎？乃向来河务该道止行文府管河官，府管河官止行文州县管河官，而该府州县全不经由，故问河水冲决，非不曰某州某县之某口决也，问应用人夫应动钱粮所以治其决者，则曰有管河官在，非本州本县事也。不知河患系民瘼最切，不此之究而徒诿之于一二佐贰，彼其威令不行，召集人夫既多，阻挠操持不定，动用钱粮又难清楚。况修理工程必动钱粮，管河官身任其事，则钱粮自有粘带，每年会计，既令其查议矣，乃年终核实，亦令其自为而自核之，无论工程虚薄、钱粮冒破，无由而觉，即工程坚固、钱粮明白，谁则信之？是尤不可解也。合无自后申饬各府州县掌印官，凡遇河务，虽有管河官专管，至于催攒人夫，给发钱粮，各掌印官务破积习，协心共济。其会计工程，亦与管河官会同估议，每年河防毕日，该道将各掌印管河官分别勤惰，开呈两院，量行奖戒。如此则精神流贯而法亦昭明，责任各专而功可永赖矣。伏乞圣裁。

一、议豁堤粮，以苏民困。臣等看得黄河两岸皆系民间纳粮田地，而新旧所筑长月、缕水、减水等堤坝，南北两岸上下绵亘六七百里，其根阔有七八丈者，有十余丈者，所压占民地不下千百余顷，自来地内夏秋税粮并各项差银尚系地主赔纳。臣等窃谓筑堤乃为一县小民捍患，非一人一家私事，其占用各户之地，既不偿以原价，复令包纳虚粮，诚于人情有所不堪。

合无候部议行，臣等转行临河各县，逐查各该地方，除年远旧堤外，其有五年以内新创及帮筑堤坝若干道，某道根阔若干长若干，共计压占民地若干，每年共计税粮差银若干，即与除豁均派概县地内征收抵数，及查见今种麦挑挖者，量给仓谷以补子种之费，庶包赔之粮不致偏累，而沿河之民可免向隅矣。伏乞圣裁。

奉圣旨："工部知道。"该工部覆议相同，题奉圣旨："依议，著实行。"

钦奉敕谕查理河漕疏　都给事中常居敬

题为钦奉敕谕，查理河漕，以保运道事。

据淮扬海防兵备兼管河道副使胥遇、徐州兵备兼管河道佥事陈文燧会呈，蒙臣并先任总督漕运侍郎杨一魁、巡按御史刘怀恕会牌前事行职等躬历各该河道地方，逐一查阅，要见古洪淤塞作何疏通；浊河内灌作何防御；徐、邳一带堤岸有无圮坏，作何修治；清江浦一带河防有无冲决，作何保守；崔镇等坝应否改拆；塔山支河应否开通；小浮桥故道果否可复；草湾河口果否当浚。并调度夫役，议处钱粮，逐一查勘，虚心详议，务求长策，永裨运道，十日内具由详报，以凭会议等因。该各道会同南河郎中罗用敬、夏镇主事杨信悉心踏勘，议照得国家定鼎燕京，岁输漕粮四百万石，运艘涉江淮，经徐、邳，入运河，抵京师，济宁以北必资汶、洸、沂、泗诸水，而徐、邳以南必资淮、黄二水济之，俱会淮安外河，掠草湾，历云梯关入海。北高南下，势若建瓴，淮弱黄强，时有冲阻。弘、正以前姑不必论，嘉靖末年河道日益多故，归德而下丁家等口忽然冲塞，黄水不从小浮桥故道达徐，初徙于溜沟，再徙于秦沟，三徙于浊河口，于茶城相近全河逆行。至嘉靖四十四年，徐、邳一望弥漫，不辨州里，该先任尚书朱衡改建南阳新河，运道复通，自老黄河故道既失，云梯海口未疏。隆庆年间河决于崔镇，淮决于高堰，宝应、兴、盐等州县遂成巨浸，水泛沙停，转运甚艰。至万历六年，先任右都御史潘季驯创筑遥堤，尽塞诸决，束水归海，使由故道，民获安堵，漕得顺利，已逾八年，其功昭昭，在人耳目。惟是支河既塞，海沙尚高，一带河身日渐淤垫，决塞之患比岁稍多。在淮安上流，不分全河直冲范家、天妃等口，通济、福兴诸闸岁苦冲淤，王公堤屏蔽清浦，岁遭二渎啮射，随修随圮，劳费不赀。在徐州下流，不分黄水倒灌古洪、内华诸闸，淤塞日久，今未极力挑通，万一黄河暴涨，不免复淤，阻滞运道，关系不小，高、宝一带由淮引黄，河渠日高，虽有湖堤，越河足避风涛。然邵伯、宝应二堤尚未包砌，土堤单薄，巨浪乘风，倾溃可虑，善后之计不可不图。谨将淮、扬应议应举工程款列开呈等因到臣。

先该工部题，为钦奉圣谕事，照得黄河东经梁靖口、田刘口，至茶城河逆而上，而茶城淤，又东则淮、黄河[1]流，其势益盛，于是天妃坝决而淮安河流几没堤岸。行臣要见徐、邳之堤岸，淮安之堰坝作何修防，草湾河见今议浚可否分流以杀水势，崔镇坝见今议拆可否泄水以沃民田。合用钱粮若干，作何措处；合用人夫若干，作何起派。司道等官听其便宜委用，未尽事理听其陆续会题，仍严督地方官上紧兴工，事完之日核实造册，奏缴回京。有功官员查照阅边事例分别举荐，如有阻挠误事，推诿抗拒，应提问者径自提问，应奏请旨奏请定夺等因。奉圣旨：“是。钦此。”

[1]河　据文义，疑为“合”。

又该总督漕运侍郎杨一魁题为议处两河水患，以固运道，以奠民生事。内称覆勘草湾口等七事，该部覆奉圣旨："崔镇坝应否改拆，还候差去科臣到彼再议定夺。其余俱依议着实行。钦此。"又该侍郎杨一魁题为恭报运河疏通，空船过尽，并陈善后事宜，以图永济事。条议改闸座等十事，该部覆称开支河、移官夫、复故道等事，行臣会同查议等因。奉圣旨："依议行。钦此。"该臣先同巡按御史刘怀恕，并南河郎中罗用敬、徐州道兵备佥事陈文燧，自上而下，由丰、沛经徐、邳以至桃、清。复同总督漕运侍郎舒应龙等，自上而下，由清浦以至古洪梁境一带，或舣舟阅视，或登陆荒度。看得丰县田刘口河势扫湾，原有缕堤坍入河中，新筑月堤一道，堪以防御；郭家湾、匙头湾、梼梼湾等处虽系迎溜，见今修筑埽坝亦无大害；徐、邳自桃源五百余里河身就下，河岸甚高，遥、缕二堤俱无冲决；归仁集、高家堰、范家口续修石工俱各坚厚；宝应越河运艘甚便；惟古洪河口去秋浊河倒灌，今虽挑通，尚属可虞；清江浦一带运河与黄河仅隔丈余，王公堤二百九十丈，二渎南徙，冲刷日甚，堤悬一线，势甚危急。至于高宝西堤、邵伯石堤，俱属要害，委不容已，一一查阅明白，又经催行司道会议去后。

今据前因，该臣会同总督漕运侍郎舒应龙、巡按御史刘怀恕、巡盐御史陈禹谟、巡漕御史乔璧星，议照我国家挽漕东南，全赖河渠，古洪以北必资汶、泗诸水，徐、邳以南悉藉淮、黄二渎，河虽不同，利害相因，故理漕必先于理河，治黄即所以治漕，诚不可一日不讲也。然徐州以上之河恐其溃而入，有冲决之患；徐州以下之河恐其溃而出，有漫散之虞。审水性之顺逆，酌时势之缓急，要非可以执一而论者。往无论矣，嘉靖初年河渐北徙，济宁鲁桥以下河道淤填。至嘉靖十三年，该副都御史刘天和挑浚河身，复修闸座。四十四年河决沛县，旧河淤塞，该工部尚书朱衡开通南阳至留城新河，徐、邳以上河道赖之。隆庆以来黄河决崔镇等口，淮河决高堰等处，二渎漫流，水缓沙淤，运道艰阻。该右都御史潘季驯创筑遥堤，尽塞诸决，两河复合，沙刷水深，运道民生均有裨益，徐、邳以下河道赖之，虽先后河臣经略良画，尚不止此，此其功之最著者也。惟自万历十四年以来，清河以下一决范家口而全河几夺，一决天妃坝而福兴渐淤，徐州以上浊河灌注古洪，阻塞要害之地，委属可虞。然则有思患预防之心者，安得不为补偏救弊之谋哉?但据称上源小浮桥之路久塞，故道当复也，支河当开也；下流之老黄河难复，三坝当拆也，草湾当浚也，此其计虑甚周而用心良勤矣。臣等随处查勘，虚心商度，故不敢曲徇以苟同，亦岂敢有心以求异。然而势当酌其所急，功必期其可成，苟或心思虽竭而经理实乖，议论虽多而治效则鲜，于河道终无补也。

今据司道会详，臣等复加酌议，除升闸座等项已蒙俞允，见今责令兴工外，谨将应举应停工程事宜款列，分别上请，其当行者虽无新奇之见而实切于事机，其当止者虽嫌意见之殊而实采之舆论，河漕重务，彼此何心，要皆求以便国计耳。伏乞敕下该部再加查议，俯赐俞允，行总督侍郎舒应龙查照遵行，庶于运道民生裨益非浅鲜矣。谨题请旨。

计开：

一、添造闸座，以便防守。查得古洪、内华为入运首闸，先因规制未坚，启闭不时，一遇暴涨遂多淤塞。今古洪等闸已奉旨改造，加石数层，似已得策。但自古洪以至河口尚有一百八十余丈，每遇闭闸，外成滩浅，两岸土堤又易奔溃，奔岸之土与黄水之沙并填，其中无惑乎阻塞之易也，且鲜贡船只势难久待，古洪失守，直至梁境数里淤填，诚难为力。合仍于古洪以外酌中之所，相择坚地添建镇口闸一座，长砌雁翅，宽凿闸窝，以便停泊，南北两岸俱用桩埽厢护，共银二千三百两。如船入镇口则急闭上闸，候外闸既闭，渐次而启，庶彼此联贯，既可以蓄内漕之水，关防严密，又可以御外河之涨，重门御暴，防守自便。此外纵有淤浅，所余无几，俟黄水少落，而以盈漕之水冲之，势自易易矣。伏乞圣裁。

一、接筑缕堤，以防中溃。查得黄河自西而东，漕河自北而南，至河南开、归以下相去伊迩。南高北下，其势易趋，先年溃荥阳、灌临清、决荆隆、冲张秋，竭天下财力而始塞。该都御史刘大夏等自胙城经曹、单至丰、沛创筑大堤，即所谓大黄堤也。嘉、隆以来，治河诸臣又自丰、沛市里寨接筑，直至茶城漕渠之内，遂免浊流之患。然彼时河会茶城而出，以故堤亦止此，近该郎中陈瑛另开内华、古洪二闸，远避戚港，运艘利之，则茶城东下又十余里矣，两河相望，堤防未筑，每至伏秋几成横溃，万一失守，是短垣可逾，而扃钥虽严，竟亦何益？合无自茶城以下塔山支河西岸起，接至河口止，督率堤浅洪闸等夫接筑缕堤一道，计长五百丈，底阔四丈，顶收一丈二尺，高一丈。又补筑旧河缺口一道，长六丈，帮修旧堤一百丈，共计土一万三千八百七十六方，上用犒夫银四百一十六两二钱，俱用坚实老土，勿杂浮沙，则束水归河，下流益速，黄河不致漫溃，而诸闸亦可恃以无虞矣。伏乞圣裁。

一、议修埽坝，以防危急。淮安自西门皇华亭，抵清江浦，约三十余里，内、外二河仅间一堤，至于王公堤一段最为吃紧。先年两河之滨，相去里许，居民比密，后因黄、淮逼流，偏向南徙，冲刷日甚，民居荡析，仅隔丈余，虽有石堤，止在浮面，浊流扫根，利如矛戟，以如线之堤而当排山之势，必无幸也。万一蚁穴溃防，泥丸难塞，则清江一带荡为巨浸，不但无淮城，且无运道矣。查得每年桩埽费亦不赀，但因新于旧，续卑为高，基址不实，工力未坚，随填随陷，实由于此。合于本堤海神祠起至孙赡门首止，计长二百九十丈，出水三丈，卷丁头埽五层，计埽二千五百个，雁翅之内实以土石，卷埽之外密钉桩木，每堤二十丈，作顺水坝一座，共计一十四座，逼水北流以刷对岸之沙，以数年之费为一劳之计，庶危堤可保而运道有赖矣。伏乞圣裁。

一、开创月河，以避冲决。王公堤一带地当要害，单薄可虞。今番所议埽坝可保数年无恙矣，但欲为万全之计，不可无永赖之图。议者欲于河北王家营开河一道，引河北徙，意非不善，但工力浩大，开创甚艰，而地势高亢，淤塞亦易，河成矣而水不趋，水趋矣而后不继，是委财于壑也。然与其挽黄以避漕，孰若引漕以避黄，相应于运河南岸另开月河一道，共计九百丈，内上自刘相屋基起至红庙止五百丈，地形稍高，应挑深二丈，自红庙起至清江闸上首止，地形稍洼，挑深一丈八尺，俱面阔十二丈，底阔七丈，共计土一十六万三千四百方，共该银九千八百零四两。仍将旧河筑拦河坝二道，或即以挑河之土填实于中，务令坚厚，如是则两河相隔几二三里许，河虽善决，亦必不能夺漕而入矣。伏乞圣裁。

一、筑宝应西堤，以束漕流。照得固堤即所以导河，导河即所以利运，从来治河，试有明验彰彰矣。何也？水之为性，专则急，分则缓，而河之为势，急则通，缓则淤，理固然也。其在宝应湖口三官殿、米市、竹巷口一带，岁每淤每捞，邑恒患之。究其故，该县未筑西堤，则水多肆溢，河流不束，赴下力微，以故湖口三官殿等处淤浅殊甚，前者一岁一挑，今则一岁二挑，犹以浅涩为虑，重运所经不无迟滞。合无比照山阳县培筑西堤一道，自黄浦南坝口起至弘济河北闸向南二三丈止，计二十里许，加筑土堤高五六尺，底阔一丈二尺，顶阔五六尺，共该银四千一百三十一两。则因河势以筑堤，固堤防以束水，而该县淤浅之患渐可去矣。伏乞圣裁。

一、砌邵伯湖堤，以免岁修。照得司河务者，无日不以缮堤为事，亦无日不以决堤为患，不知功非永图，则堤虽缮犹弗缮也，溃决之患其何能免？高、宝邵伯诸湖，西受盱、泗、天长、石梁、汊涧、甘泉、五塘诸山之水，联贯汪洋，一望无际，其在高、宝湖堤，凡系险要，各经甃石，中有未石若宝应之三里湖口、高邮之南小湖口俱称险地。万历十五年曾经动支岁修银两分委砌石，一包八百余丈，一包三百余丈，工俱将竣。惟邵伯湖堤正当湖面宽广之所，一遇西风则掀天震撼，势若排空，中有包石者原无地钉衬石，年久塌卸甚多，其未包石者则止排桩厢板，不时汕削尤易，节经岁修，随即圮坏，徒耗工费，真为无策。今合于一浅、二浅堤向湖心险要一带，除已包石外，俱应接续包砌，该银二万二千九十七两，庶一劳永逸而岁修可省矣。伏乞圣裁。

一、浚里河河身，以利运艘。从来议治河者，不过曰筑曰浚而已，然而治黄河与闸河异。盖黄河浊流，随挑随合，人力难施；闸河则愈挑愈深，功效立见。先臣平江伯陈瑄创立里河规制，每岁挑淤，法至善也，因循至今，惟知筑堤，不知浚河，即岁时调度，夫役无多，竟成故事。自万历十四年以来，天妃坝等处冲漫，黄流灌淤，河腹日饱，两堤夹水，形若圜堵，一遇冲击，下无实土，将溃裂肆出而不可支矣。合无由淮安至仪真内河一带，俟其重运过毕，至六月间清口大坝筑完，乘此水涸，即当查复浅船，密布浅夫，多备器具，浚浅已深，河则水由地中，而堤根皆系实土，斯可以杜决而防溃矣。伏乞圣裁。

一、酌议分地，以便责成。自通会河至瓜、仪俱设有工部司属等官分理河道，其责为甚专也。然河有远近，则画地不可不均，势有缓急，则立法不容不变。先年新河初成，设立夏镇主事一员，专管闸务，上自硃梅闸以至黄家闸仅百余里耳，至于梁境茶城一带，则原属徐州洪主事，谓其驻扎相近，防守自便也。后将徐州主事裁革，尽属中河郎中，不知中河所辖自梁境至天妃六百余里，道里辽远则耳目有所难周，闸河兼司则事体有所未便。当伏秋河涨，徐、邳沿河堤坝俱当时时料理，乃复欲溯流而上，浚漕渠而防淤阻，其将能乎？似应将梁境至首闸尽属夏镇主事管理，中河郎中专管黄河，则湖水之蓄泄有度，各闸之启闭以时，诚便计也。第管闸主事原未奉有钦依关防，以致人有玩心，事多掣肘，今既加分古洪等闸，正运道咽喉，事权安可不重？况动支钱粮，调度夫役，持空牍而理要地，非所以重委任也。合无比照三河事例，请给敕谕关防，以便行事，庶责成专而事权重，闸河亦永有赖矣。伏乞圣裁。

一、移调官夫，以资策应。查得吕梁洪设有洪夫一千二百一十名，徐州洪夫三百七十八名，又协济夫四十五名，原为滩高水险，以资牵挽，今河势渐平，挽舟甚易，各夫闲旷，私役为多。古洪以上三闸为运道咽喉，而堤浅等夫仅仅五百，委属不足。该督臣杨一魁议调吕梁夫七百名，未为无见。该部覆称移徙未便，诚体恤贫民之意，但夫役流寓，原无身家，衣食于奔走，随地皆可居也，况相去未甚远乎？合酌议二洪共拨六百三十三名，以六百名均散古洪等四闸各一百五十名，以三十三名即充新闸闸夫，专司启闭。吕梁洪仍存七百名，徐州洪仍存三百名，以供拽运，亦足应用。管河同知移住境山，常川防守，庶夫役适均而策应自便，调度有人而防守无虞矣。伏乞圣裁。

一、设山阳长夫，以便河工。照得先年总河部院题设民船由闸税银，以济河工，殊亦称便，嗣因先任淮安府知府邵元哲呈请民船仍旧车盘，俾小民藉有生计，乃于牙行埠头每年顾夫一千八百名，此山阳行夫之所由设也。每名雇觅一日给工食银三分，每年做工六个月，计银五两四钱，相因旧矣。但售雇者非老弱不堪即游食无赖，朝点暮逃，全无实用，及至勾摄，辄以往返数日，废时误工，莫此为甚。合议将行夫二名共合一名，做工一年每名日给工食银二分，一年计该银七两二钱，责令牙行纳银，在县比照高堰堤夫规则，务选年力精壮者籍名在官，即注曰某处堤夫，该实在人夫计九百名，如王公堤险要处所即注夫五百名，西桥礼坝各一百名，范家口二百名，常川修守，俱属分委官管理，如本工无虞则临时酌量通融，调拨别工应用，仍刊刻木榜，注为定规，责令各夫专听河上应役，其各衙门别项工作，不得私役一名，违者听总督部院参究。庶夫役有定额而牙行无赔累之扰，分派有常所而河工获实济之益矣。伏乞圣裁。

一、寝开支河，以防善淤。照得先年黄河从秦沟入徐济运，正与茶城对冲，而戚家港一带水势湍溜，挽舟而上，为力颇艰，覆溺漕舟不知其几。该见任侍郎舒应龙为副使时，另开塔山支河一道，行舟数年，颇称利便，后因淤阻，后开内华等闸，即支河遗意也。今督臣欲将支河挑浚，建设闸坝，与内华、古洪两处行舟亦有备无患之意，但泉源无多，难容两行，诚有如该部之议矣。臣等以为不患内水之难分，而患外水之易入，黄河暴涨，一隙可乘，势如奔马，岂独灌闸漕而不灌支河乎？方欲严扃镉以御寇，而复开径窦以导贼，非长策也。查得昨岁古洪之淤，从闸口入者尚无几，从支河引透直至梁境为害颇大。今方塞之惟恐不固也，尚可自多其门户乎？人有恶噎者而穿咽于胁，恐非摄生之道也，况支河之外沙渚横截，挑浚亦难，寝之为便。伏乞圣裁。

一、查议故道，以省繁费。徐州以北之黄河，即运道上流也，自小浮桥之路塞而河出浊河口，易于灌淤。议者欲自归德丁家道口开浚故道，或从砀山县韩家口，或从石城，逼水南行，俱从小浮桥经流，庶为顺利，此其议甚正而虑甚远矣。臣已行河南守、巡、管河三道会勘明悉，大都自丁家道口至石将军庙二百五十余里，地势高亢，已成平陆，内有稍洼者挑成样河，一尺以下尽为沙泥，无论工费之难，即挑成亦易淤塞。臣又勘得韩家口一带亦未见河形，水势滔滔东下，欲挽之使南，势必不能。惟石城浊河之南小有河形，一遇伏秋水泛，亦分十一，冬春之间遂多淤填，欲筑坝分流，则地尽浮沙，无可竖基，诚难为力矣。此故道之大较也。然人皆知故道不能复，臣以为不必复可也，何也？闸河出口无往而不会，黄则无往而不受淤，岂从浊河则淤而出小浮桥则否耶？先年河臣潘季驯欲复新集故道，盖恐来流散漫，非为出口受淤也。即今虞城、砀、丰之间水皆通流，原无决裂，尽可济漕，万一尽从小浮桥出，则古洪至此尚三十余里，弱汶之流曾不足以润河身之沙，不知漕舟何所借以上行耶，故道之复亦难轻议。伏乞圣裁。

一、停拆三坝，以保成功。查得万历七年，该总督潘季驯经略两河，塞决固堤，虑缕堤束水太急，恐有奔溃也，远创遥堤以广容纳，又虑遥堤涓滴不泄，恐有汕刷也，创建滚水坝以便宣泄，崔镇、徐升、季太等坝，皆因地势卑下，使水易趋，原以防异常之涨，非以减平漕之水也，数年以来束水归漕，河身渐深，水不盈坝，堤不被冲，此正河道之利矣。议者欲将三坝拆落，用心良苦。臣量得崔镇坝石顶去地仅二尺八寸，视遥堤低七尺；徐升坝石顶去地仅二尺五寸，视遥堤低七尺三寸；季太坝石顶去地仅二尺，视遥堤低八尺。三坝临水，河岸离水面各八九尺一丈不等，较之三坝各高三四尺不等，是河岸甚高，石坝原低，每遇伏秋水高于岸，即从各坝滚出，其不得出坝者乃不得出岸者也，欲分水势坝可拆矣，一带河岸可尽削耶？据乡民毕九皋、冯吉、赵伦等诉称，坝外水乡渐成膏腴，逃徙之民近方归业，若欲将坝改拆二层，是为无坝，先年河从此决，又可虞矣，酌之事势，仍旧为便。伏乞圣裁。

一、停浚草湾，以节财用。查得黄、淮二渎，自清河口会流入海，其势最盛，由清浦操西桥绕淮城从赤晏庙而下，此正河也。每遇伏秋淮城告急，西桥而上北岸原有草湾河一道，河口虽系新冲，河身即先年侍郎吴桂芳所开也，北流之势分则淮城之势减，议者欲开浚草湾，未为无见。臣曾虑其复淤，亦未得之目击也，今阅草湾一支，黄河分流几十之四，自颜家河一从赤晏庙，一从安东头铺复会流入海，原无阻滞，且东西两岸阔几二百丈，颇足容纳，若复以为不足而浚之，不知屈曲湾环本河之性，沙淤如饴，人力莫施，纵使挑开，一遇暴涨，冲塞靡定，竟无益也。查得先年曾费十数万金塞之不得，忽然自塞，费四十万金开之未能，倏尔自通，已有明验矣。今乃欲以数千金挑之，又何济于万一耶？即去岁督臣具题时尚有沙嘴，今已冲刷殆尽，难以再浚，故虽奉有俞旨而至今尚未兴工，亦不敢为无益之举也。合无免其开浚，将原议银六千一百四十四两为王公堤月河之用，庶钱粮不致虚费而漕渠得有实济矣。伏乞圣裁。

奉圣旨："工部知道。钦此。"钦遵，该工部覆议条列一十四款，除相同外，其稍有异议者四款，开列于后。

计开：

一、开创月河，以避冲决。前件臣等看得，漕、黄相隔仅一王公堤，诸臣既欲修本堤，设顺水坝，又欲于运河之南开月河，引漕水南流，则两河相隔几二三里，若时加培筑，即数年可保无虞，可谓计深而虑远矣。但工程浩大，钱粮措处或难，合候王公堤筑完，次第举行，未为晚也。伏候圣裁。

一、浚里河河身，以利运艘。前件臣等看得，淮安至仪真内河一带，旧系三年一浚，自万历六年以后更定岁修之法，而今则堤形已高，淤者未必浚矣，诸臣欲俟重运过毕，清坝筑完之际，乘时挑浚，甚为有见。但所称查复浅船一节，不知船料船工作何计处，及今修复犹能不误挑浚否，也合候总理河道至日，会同漕抚衙门再议举行。伏候圣裁。

一、酌议分地，以便责成。前件臣等看得，治河之臣信地分则责任有归，事权重则法纪不紊，此事理之易见者。所据诸臣欲将梁境至首闸属之夏镇主事，茶城至清口黄河属之中河郎中，则道里既均，循行亦便，诚为计之得者。至称地方一分，关系颇重，欲比河道郎中事例，将夏镇管闸主事给以关防敕书，尤为确论。但查南旺管泉主事亦有钱粮夫役，与夏镇事体相同，科臣相度徐、沛尚未至于汶、济，以故未议及此，相应一并题请。容臣等移咨礼部铸给关防二颗，颁给南旺、夏镇二主事钦遵行事，惟是二主事奉差，以往已有精微批文，所议敕书似应免给。伏候圣裁。

一、停浚草湾，以节财用。前件臣等看得，草湾一河乃先任督臣开之以保淮城者，第此河见阔二百余丈，则淮、黄之水未尝不借以分流，且开塞靡常，历有明验，是又所谓不必开者。既经诸臣勘议详明，相应停浚，其原拟应用银两合听别项支用。但河流无常，海口易淤，倘夏秋淮、黄盛发，草湾旧口难泄，则淮安城池生灵不无意外之虞，合候临时酌量缓急，不妨另议题请，是又未可执论也。伏候圣裁。

奉圣旨："依议行。"

酌议河道善后事宜疏　都给事中常居敬

题为酌议河道善后事宜，以裨运务，以图永利事。

窃惟国家定鼎燕冀，转漕东南，九重之供亿，六军之储需，咸取急焉，所赖以灌输者河道也，岂不称重巨哉？故治河者既欲祛其害，复欲资其利，诚难之难者矣。考之国家之功令，诸臣之经略，犁然具备，若可持循，然而时势少殊则法制不可不讲，人心易怠则申饬不可不严，桑土之谋当于未雨，况河道多艰，补偏救弊之方，其容以或已乎？臣疏庸无似，误蒙皇上任使，日夕兢兢，罔知报称，日来奔走河漕，酌之事机，询之舆论，稍得其概，除各项工程会同抚按诸臣另疏具题外，敬抒一得，列为八事，用备采择，少效涓埃。伏乞敕下该部再加酌议，上请施行，其于河漕未必无裨益万一矣。谨题请旨。

计开：

一、复河臣，以一事权。窃惟今所称漕河者，南尽瓜、仪，北通燕、冀，天下所由飞刍挽粟，而通塞之机所关，于国计甚重也。第河道源流既远，名称亦殊，分合异形，决塞靡定，即使精神专而料理密，尚恐不足以济事也。先年设尚书侍郎或都御史一员总理河道，以故事体画一，兴作甚便，议定而行，无敢格者，诸臣经略之迹，至今班班可考。乃迩年罢不设，归诸总督漕运，而各省则令巡抚兼之，不思河道变迁常在指顾呼吸之间，非专一则牵制而难行，非身亲则怠缓而误事，稍顾忌则龃龉而败绩，或犹豫则后时而罔功，此其所系何如者？至于各巡抚专制一方，辩官邪，审刑名，稽钱谷，理盐盗，日不暇给，乃欲出其什一辨河务，其将能乎？非独此也，河南之令不能行于山东，山东之令不能行于淮、扬，即一举而可以垂永利，此最忠国便计而各省牵连，甲可乙否，卒亦愤惋而止，至于气脉不贯，事体牴牾，此其害未可一二言也。嗟夫！禹平水土，稷教稼穑，未闻兼理奈何令并漕运、河道而兼之也？即今督臣初任，经理方新，才品卓然，足以胜此，但以河道事理论之，仍当专设总督重臣，庶权不分而事易集矣。伏乞圣裁。

一、严启闭，以杜淤浅。查得先臣平江伯陈瑄疏浚清江浦里河，虑黄河灌入，泥沙易淤，设建三闸以慎启闭，锁钥掌于督臣，启闭属之分司，运毕即行封锁，一应官民并回空船只悉令车坝，法至善也。时久人玩，禁令遂弛，万历七年，都御史潘季驯题为乞恩查复旧规以利漕渠事，该部覆奉圣旨："这筑坝盘坝事宜俱依拟，有势豪人等阻挠的，即便拿了问罪，完日于该地方枷号三个月发落，干碍职官参奏处治。钦此。"一时人心肃然，启闭以时，漕渠便之，及数年以来，闸规复废，黄流内灌，河道垫淤，大有可虞矣。合无查照旧规，严行申饬，如山阳通济等闸，三月初运毕即行封锁，惟遇鲜贡船只启一闭二，官民船只照旧车盘，其在瓜洲二闸，俟苏浙运毕即行封锁，庶不失先年建闸肃规之意，而于运道大有裨矣。伏乞圣裁。

一、催粮运，以谨河防。查得通济等闸止许漕艘鲜贡经行，启一闭二，至六月初旬始行筑坝，此旧例也。夫筑坝者正恐黄水内灌，运道淤阻耳，然节气之早晚不齐，黄河之骤发靡定，或发于四月，或发于五月至六月，则浊浪排空，势如奔马，千夫辟易矣。今时各省漕粮俱二月终尽数过淮，及鲜贡等物各以时至，犹可言也。独白粮船听其自便，迟速不齐，遂使沿途规什一之利，至有六月中旬尚逶迤不前者。管河官谓此内府钱粮自当由闸，必使尽出而后筑坝，是时滚滚浊流业已内灌，每岁挑浅所费不赀，十一年之覆辙可鉴也。夫漕粮白粮征兑之时亦不甚远，自当接踵而至，无论河道，即运艘亦甚便也。合无请敕漕运总督衙门比照漕粮事例，填注限单，临时查照迟速，严加赏罚，其掌印及运粮官亦以先后为奖戒，务使四月中旬尽数出闸，听管河官先期办料，探量水势，随发随筑，毋拘六月初旬旧例，庶免冲淤之患而省挑浚之费矣。伏乞圣裁。

一、定贤否，以便责成。照得东南之所急者，无大于河漕，而所以重河防而责成效者，无过于贤否。今时河道督臣总理于上，部司分理于下，乃各府佐官则专率州县管河判官、主簿听候部司分委办料兴工，且吏部给与文凭填注，专管河道，不许营求别委，法甚善也。乃贤否则各衙门主之，而部司不与焉，夫河道艰虞，脱有缓急，若救火追亡犹恐弗及，乃部司曾不得操赏功酬劳之权，是求前于却，欲责其功力难矣。以故别衙门，执贤否，以便差委，而各官亦或冀差委以图亲信，反视河道若骈拇枝指然，及溃决而图之已无及也。合无查照清江造船厂官事例，凡系管河官专属河道部司，年终考核，分别贤否，径呈督抚咨部施行，不许别谋差委。及查滨河处所俱有各官公署，仍量行修理，常川驻扎，毋使混居府城，以妨职业，庶贤否定而人心趋，责成专而分理便矣。伏乞圣裁。

一、议近转，以励人心。语云："耕当问奴，织当问婢"，语专一也。夫耕织细事犹不可泛任，况河道重务，苟非得其人专其任，徒使素不经事者尝试而漫为之，犹未能操刀而使割也。骤而语地利，孰知险夷，骤而语板筑，孰辨工苦，及举事不当，始议更置，钱粮实已耗费，亦无及矣。故任河务者非得忠勤任事之人，久任而责成之不可也。第州县佐贰官卑禄薄，欲使之数年不调，其志易隳，故欲励人心莫若近转，如巡司之守堤堰也，州县佐贰之司岁修也，通候部道年终核实，分别类呈督抚咨部纪录，倘主簿缺则推大使，判官缺则推主簿，县令缺则推判官，否则加衔以俟遇缺推补，其同知、通判等官亦照此行。但宜慎重考核，果有显迹方得推举，则虽升迁不出淮扬四府，异日举大役兴大工，令此素习者为之，轻车熟路，蔑不济矣。矧其人尚留地方，即不称吾得而议处之，夫既叨显庸而又知苟且之无所逃罪也，有不视河事如家事者乎？伏乞圣裁。

一、议钱粮，以济河工。窃以勇士不能为徒手之搏，巧妇不能为无米之炊，治河全赖工料，必需钱粮，淮、扬河渠固运道咽喉，非止为二府之河也，查得岁额银不过三万两，而岁修银至有六七万者，如淮城之石工，高、宝之支河，以钱粮不继，工遂难完。至于各该州县库有额设，河道桩草砖灰、湖塘地租、船税、香银等项，专备河道支用者也。近因人心玩怠，辄行借支别用，因而积猾人等通同侵分，及至查核，遂以灾伤告蠲矣。合无行督臣逐一清查每年额银若干，岁用实该若干，有无足用，作何设处，即今未完工程速行措办。其各州县掌印官凡额设河道钱粮，某年某项原系若干，征完若干，收头某人拖欠若干，曾否蠲免，明立文簿，每季终着落经手吏书赴管河分司查比，勒限征完贮库，专听河道支用，不许别项借支，庶钱粮有归著，而河工有实济矣。伏乞圣裁。

一、稽工料，以资实用。淮、扬、徐、邳运河延袤千有余里，岁用桩草、绳苘、灰石等料，所费不赀，乃积猾商贩通同官老书识人等，贱开贵价，虚出实收，弊孔百端，及工完查盘则料已入水，无从究诘。若夫夫役逃旷，工食虚冒，糜费甚多，盖缘任不得人，委肉于虎，良足惜也。合无于柳浦湾镇另建设料厂一所，每年春初动支岁修银两买办桩草等物，务选委廉干职官管理经收，凡遇岁修、敕修工程，仍委府佐官亲赴工所，查验明白方许支给，如有工料不实未久溃坏者，查追料价，职官一体参处。至于夫役工食，每小委官一员给票三十张，每日填一张。如某小委官管夫若干，本日在某处用工，某夫病某夫逃，病者半月一算，逃者三日一扣，管河丞幕按月类送府佐，府佐按季类送司道，然后司道以所核夫旷扣银入官，汇报总院，则稽核严而物料足，支销明而虚冒革矣。伏乞圣裁。

一、重修守，以谨河防。天下之事，作之者固不易，而守之者尤难，况于河道关漕运重计乎？何也？水势之缓急，夫役之调度，钱粮之盈缩，工料之磨算，是无一事可忽也。正月办料，二月兴工，三月终工，未就而桃花水发，五、六月而伏水发，七、八月而秋水发，是无一时可忽也。若遥缕各堤，若归仁集，若高家堰，若王公堤，若西桥范口等处，是无一地可忽也。此其责甚重而其劳为独至，然实不外于岁修之中，但在人见其无奇功，在己见其守旧彻，于是苟安者多玩愒，好事者喜纷更，其于河、漕何所裨益？不知治河如治边，防水如防虏，今各边之臣谨斥堠、修城堡、练士卒、饬器械，岂必犁虏庭、计首功，而后可以言劳哉？然而秋防有叙，互市有荐，阅边有录，以故人心有所激励而兴起。今河臣出入风涛，奔走拮据，劳瘁之状不减边臣，乃岁修之功莫由自见，非情也。臣以为有怠事之罚，亦当有勤事之赏，合无除兴举大工外，每年岁终总河大臣将部司以下各官，查其修守勤惰，分别注考，移咨吏、工二部纪录，案候三年，该部类题请旨赏罚以昭劝惩，果有成劳，虽破格超迁或加服俸亦不为过，如或持禄养高，偷安废事，致妨河务者，即行议处。如是则人知职业修而事功自见，防守严而河道永赖矣。伏乞圣裁。

奉圣旨："该部知道。钦此。"该工部摘将严启闭等五款覆议相同，题奉圣旨："依议行。钦此。"又该吏部摘将定贤否、议近转二款覆议相同，题奉圣旨："近年管河佐贰等官多有营求，差委妨废，职务不行，用心防守的总理衙门，务遵敕谕拿问重治，不许姑息。其余依拟行。钦此。"又该吏、工二部会议复河臣一款，题奉圣旨："这总理河道官准复设，着推练达老成有才望的去漕运河道衙门，各职掌还查拟停当来说。"

祖陵当护疏　都给事中常居敬

题为祖陵当护，运道可虞，淮民百万危在旦夕，恭进《开复黄河故道图说》，恳乞圣明采择，以垂百年永利事。

据颍州兵备副使杨芳、徐州兵备佥事陈文燧会呈，蒙臣案验行道，移会分司，率领各该府州县掌印管河等官，唤集知音父老人等并平水匠役，亲诣老黄河故道一带，自桃源三义镇起至瓦子滩止九十里，逐段探量地势高下，要见某处见其河形计长若干，某处淤为平陆计长若干，总计若干里，如果堪泄泗州水患，于祖陵、运道、民生有裨，应该挑复，就将合用人夫钱粮若干估计的确，应于何项措处，务要从长计议，画图贴说，具由通详，以凭覆核议题。中间若有窒碍难行，此外有何良策可以疏泄淮水，永护祖陵，保固运道，救民昏垫，亦要明白声说，毋得含糊两可，致贻后艰未便。蒙此，又该各道并奉总督漕运户部右侍郎舒应龙札付同前事等因。奉此，随该司道会同督行淮安府并山阳等县掌印管河各官，亲诣老黄河故道查勘去后，续蒙本科批据淮安府经历司呈，勘议老黄河难开，止于三义镇下开沟建坝，引入线河达海，以泄黄流，祖陵宜护，当于高堰减坝放入草子湖以泄堰水缘由，蒙批据议亦悉。第老黄河应否可开，当有一定之说，昨会阅止有毛家沟至渔沟二十余里间有河形，从此以下六十余里尽平陆也，至谓河不可开于三义镇下，建坝引水以达铁线沟至安东入海，似与原题驰背，且坝内所减几何，孰若见今草湾通流也，事关题覆该道即会分司酌议，另详俱候总漕部院会题行缴。

蒙此，又经会同行据淮安府呈，据山阳县知县张光绪、清河县知县邹守约、桃源县知县华存礼呈称，查勘得老黄河故道在桃源县三义镇入口，经毛家沟，清河县界由渔沟至大河口，见行黄河止计长一万二千四百六十七丈。其中间有河形，宽窄深浅丈尺不等，议者欲自老黄河口经渔沟改由叶家冲至周伏三庄瓦子滩入颜家河，出赤宴庙入大黄河下海，上护祖陵，下卫民生，诚为得策。但查见行黄河此时水尚未发，水面量阔二百四五十丈，深二三丈，若开故道，深阔必宜准此一半，计长八十余里，工程浩大，费用不赀，万一全河俱入故道，自三义镇至淮河口三十五里未免淤塞，阻误运道。欲自淮城南角楼转出东坝外河，下行四十五里入赤宴庙，溯流而上出老河口又百余里，较之见行河路止三十五里者程途太远，恐违过淮过洪之限，且彼处旷野，去府县辽远，漕粮并进贡船只俱未称便。职等复行拘集父老，详细计议，讲求疏泄淮水以免泗州淹没之策。有谓三义镇坝下旧有线河一道，近因河岸淤平水不能入，如开挑引水河一道，筑坝分水，由线河至毛景方庄，按老黄河地界至渔沟、铁线沟达涧桥东北，顺流而下入琏湖而注之海者。有谓高家堰南周家桥原有泄水支河一道，下接草子湖，尚有二十五里未曾挑完，可接挑由白马湖达宝应漕河，经高邮、邵伯分流瓜、仪，出通江闸而注之江者，俱为用力简易，劳费无多。但恐分泄势微，仅可少疏淮口一分之水，未能大有所济，且恐伏秋暴涨，或全河决入线河，致阻运道，或高堰横被冲决，为患高、宝，亦未可知。又覆勘得清河东北数里名为訾家营，西北正迎淮口，如于此处开一支河，由卢思方庄从夏虎门首经罗家河、周乔礼等庄入草湾河，出赤宴庙复归大河下云梯关入海，量长八千六十三丈五尺，比之开老黄河以入颜家河者，道里仅止一半，工费亦可半省，系在淮、黄已合运艘出口之下，可免全夺正河，阻塞运道之虞，或可以为分泄水患一路等因到府。

该本府知府张允济会行管河同知姜桂芳，查得古有大清口、小清口。大清口在清河县后，即今之老黄河也，小清口在清河县前，即今淮水所出之清口也。淮出清口东数里大河口与黄会，黄河入三义镇以下老河口，亦出大河口与淮会，同流至云梯关九十里入海，此弘治、正德以前运道。漕船到淮，俱由伍坝车盘以达外河，溯流至大河口，由清河县后经渔沟等处出三义老河口而北达桃、宿、邳、徐以上，淮不入里河，黄不至清口。自塞三义口而黄流横绝清口矣，自开天妃坝而外河引入内灌矣，黄、淮转折，直射清浦，淮南之患始殷，淮口之沙日积，泗北之水日聚，故议者每每欲开复老黄河，意盖有见于此耳。近年以来泗水之潴愈厚，而王公堤之势愈危，通济闸外常淤而天妃坝亦决，故首虑祖陵，次虑运道，次虑民生，而复开老黄河之说若不容已者。

今本府与同知姜桂芳，知县张光绪、邹守约、华存礼公同勘得，欲开老黄河应自三义镇临河迎流入口，下至颜家河张仁家北首，地势直顺，出口自沈相庄、谢家庄、毛家庄至叶家冲共长七千八百四十丈，略有河形。自叶家冲至瓦子滩刘家河共长三千七百五十丈，自刘家河至出口处共长三千六百三十丈，中有七千三百七十丈尽系芦苇，为力颇难，总计挑河共长一万五千二百一十丈，计八十四里五分。内以地形稍卑，间露河形，沙土可挖者为易工，计七千八百四十丈，该四十三里五分五厘，共计土五百八十四万三千四百方，每方给银八分，余有地形渐高，杂生芦苇，或有水洼者为难工，计七千三百七十丈，该四十里九分四厘，共计土四百三十八万九千方，每方给银一钱，通共该银九十万六千三百七十二两，应用钱粮夫役尚未敢拟。诚开此河，接入赤宴庙大河下海，使淮不受敌，顺势东注，无复退缩洄洑之状，泗北积水自消，祖陵可无他虞，黄流既与通济闸隔远，清江浦运道自下受冲而王公堤岸可保，是老黄河有可开之利矣。但河流既分，万一全夺正河，自三义镇至清河三十余里水少而浅，漕艘胶阻，国家大计可虑也。河性靡常，迁徙不一，傥开后淤垫，或别有改移，致虚劳费可虑也，连岁灾伤，民穷财尽，一旦动大众营大费，时诎举赢可虑也，是开老黄河亦非全利而无害者矣。

及思别求疏泄淮水之策，行据三县会查，有欲引黄水入线河，顺行至五港灌口入海者，计其筑坝开沟，泄之小不足以消暴水之盛涨，泄之大亦不免有全夺正河之虞。有欲开高家堰、周家桥以赴高、宝诸湖泄淮水入江者，计其分注南流，开之狭不足以疏泗水之弥漫，开之阔亦不免为高、宝月河之害。此外有绿杨沟、武家墩开渠建闸分泄之说。总之俱宜穿高堰而南，一则逼临大涧旧口，一则直迎淮口回溜，往年曾有冲决泛溢之患，筑塞堵救，工力甚难，此其利与周家桥相同而其害则倍之矣。于是反覆勘度，惟有清河县东訾家营支河顺入草湾一路，似为可分黄流之涨，以纵淮水之出，既无运道之虑，亦纾祖陵之忧。但查估工费，量长八千六十三丈，该四十四里七分，计土论方共土六百二十二万一千九百四十方，每方通融算银九分，共该银五十五万九千九百七十四两六钱，工若可必永利，费亦颇为不赀，适今年荒时诎，应否并候丰收举事等因。

据此，该职等会同勘得救民者先除其害，治水者必因其性，性之所趋不能遏而使止，性之所背不能挽而使通。自昔治水必称神禹，而行所无事，乃其大智，贾让谓黄河尺寸之地不可与争，而欧阳修谓故道已弃难以复回，皆确论也。然禹之治水，主于除害，害苟可除，江可注也，海可注也，惟其所便，尚勤三过、历八年而成功。今以国家定鼎燕都，岁漕东南粳粟四百万石实京师，必资黄、淮二水济之，淮不敌黄，垫必内壅，藉黄济漕，则漕以黄病，乃筑遥堤以防河决，筑高堰以防淮决，为善后深计。而海口难浚，河身日高，伏秋暴涨，非上灌古洪则下冲淮城，亦势所必至者，欲资二水以济运，而又欲免二水之冲垫，恐神禹复生未必有完策也。

今谈老黄河故道者，其利四。故道一复，黄缩淮伸，分流入海，不忧涨漫，三城巩固，淮民奠安，利之一也；黄不遏淮，清口顺达，洪泽诸湖滔滔东注，高堰之水朝满夕除，祖陵山麓涓不得相干，利之二也；清口而下单注淮水，王公堤不受冲啮，清江浦不必迁移，利之三也；通济闸口黄不浸灌，高、宝湖堤足恃，而三官庙运道岁省捞浚浅涩，利之四也。昔人谓苟利社稷，无爱发肤，而利至于此，安得不为修复之议？然而谈老黄河之害者亦有四。故道淤塞七十余年，且八十里远，河性湍速，不能必回，欲挽全河，挑挖深阔须与正河等，费当百万金，动众旷时，恐生他故，害之一也；黄河口二十里至毛家沟，平陆高亢，二十里至渔沟，仅有河形，一望民田，二麦已秀，清河被淹，淮水种植最少，熟地可耕仅仅有此，复尽弃之，害之二也；渔沟、浪石地势低洼，芦根胶结，难以删削，堤岸不高，水且散溢，水泛沙停，未免淤垫，而清、桃田地卒为污莱，沼支邑以救郡城，害之三也；清河十室之邑，面潴淮水，背绕黄河，巨浪乘风，卷而去之，势若拉朽，害之四也。

夫以四利较四害，则利害相当，尤可以权轻重为之，而通淮藉黄专为运道，先年崔镇一决，运艘艰阻，见今欲议于坝下开沟分泄，尤多缩手而不敢任，而必复老黄河，藉令正河被夺，自三义镇至清河口延亘三十余里，水利浅涸，浮沙难挑，岁漕驾八千艘急于星火，而水道不通，谁则任之？如由淮安阜城河绕出东坝顺流四十五里入赤晏，又百余里逆上出桃源，即顺风必数日始达，傥羁逆飏，过淮过洪必逾期限，回空遭遇伏秋，又不免古洪淤滞矣。永济新河去淮安五里，清浦十里，皆为地方辽寂，粮艘贡舰恐有他虞，今离淮浦六十里历草莽闲旷之滨，安能保其万全？且东堤如遇伏秋，回空必用车盘，单堤难守，易致溃灌，淮城剥肤之势，其视今日又当何如哉？司道窃谓言官触目激衷，发愤言事，为国计民生深长之虑，必欲贻万祺不朽之利，而职等窃禄淮、徐，职守所关，傥故道可复，时势可为，即请百万金，历数十年，殚力浚治亦可效犬马报主一念。而郡邑多官勘议若此，恐费用无处，事功难成，成且虑有运道之阻，则安敢靡国家之财而置之无益之地也？然以淮城较运道则运道重，以运道较祖陵则祖陵尤重，彼老黄河失已七十年，遥堤、高堰筑且八九载，淮安三城犹然无恙，而包王公之堤岸、护清浦之运河，惠济祠范家口西桥礼坝修筑且竣，随其要害再加护持，未必遽然沉灶产蛙，凛凛乎不可一朝居者。

随经行据泗州查报，祖陵山麓所被水患，淮河自泗州城下北岸起至下马牌止，共计长一千五百四十七丈，下马牌起过外桥至宝城门共长一百一十五丈，宝城门起至寝殿午门长四十一丈五尺，寝殿北墙至御冢长二十六丈。今淮水被阻，河沙逆流，倒灌浸及宝城以东堤岸，而寝殿午门之前旧有金水小河，东越宝城与沙湖相连，如水发灌入，或有淹及御路仪卫底座三四寸深者。若御冢周围地形颇高，向无水至，盖祖陵背枕山冈，龙腾凤跃，淮、黄二水并会天心，真天造形胜，为圣子神孙亿万年钟祥孕秀之地，虽淮流之壅阻停蓄，未有遽及御冢之势。然以宝城寝殿严重邃密之区，即水发游波，尺寸浸荡，亦于臣子保护之谊所宜亟图而不敢玩视之者。今岁河南诸决尽塞，全黄直冲清口，未易消涸，未然之防不可不讲。细询疏泄泗水护陵长策，诸如三义坝下开渠由线河达涧桥、琏湖、灌口而注之海，自高堰周家桥、绿杨沟、武家墩南北分入草子湖、永济河，由高、宝出瓜、仪闸河而注之江。又有谓从龟山下凿涧河，经天长、六合二百四十里可直泻入江者，乃各官见谓坝下渠狭分泄无多，如大为开辟又全夺可忧，堰水一减势不能支，淮力不厚清口反滞，而龟山之水南泄于江，入怀返跳，堪舆所忌，安敢轻议于祖陵之前？支东失西，终无全利，惟议自清口对岸大河口以西清河县以东，另开支河一道，长四十四里七分零，计八千六十三丈五尺，口阔四十丈至八十丈，底深二三丈不等，经黑墩湖，掠罗家口，仍归颜家河入海。其道里半于老黄河，所省工费数亦如之，约计五十余万金可以底绩，即开通之后稍有淤垫，亦可随时浚瀹，非若干系运道，重大迫切，难以措手。此河既通，即清口顺利，堰水不停，子堤可以无筑，而陵麓益见亢爽，郁葱佳气，万年无穷，且上流既杀，王公堤、清江浦与淮安三城并免冲啮，而运道、民生胥足恃赖。尺短寸长，虽非完策，较之老黄河则事半功倍，亦所谓彼善于此者也。既经各官勘报前来，相应呈请，合无请乞再加酌议，如果足护祖陵，有裨运道，早为会请施行等因，具呈到臣。并准中河郎中沈修、南河郎中罗用敬手本俱同前事。

据此，案照先准工部都水清吏司手本，该礼科给事中王士性题前事，大率谓淮、泗水患日甚，黄强淮缩，退溢泗州，祖陵运道可虞，民生危急，乞要勘复老黄河故道等因。奉圣旨：“著工部便行与漕运衙门及勘河科官，从长计议来说。钦此。”钦遵，备行到臣。随经会行各该司道及府县掌印、管河等官，公同前诣黄河故道，经行一带地方，先行查勘丈量，绘图贴说回报。臣复同督抚诸臣，躬自桃源三义镇老黄河口，循行至渔沟、浪石、瓦子滩、颜家河，复自赤晏庙从草湾新河而上，越大河口至清河县，逐一周览，相度探勘，丈估俱与各官所报相同，又经催行司道广集舆论，毕举群策，从长计处去后。

今据前因，该臣会同总督漕运提督军务、巡抚凤阳等处地方、户部右侍郎兼都察院右佥都御史舒应龙，议照谋国而图就利避害者，当先其所重，决策而思捍灾御患者，当虑其所终。我国家肇基淮甸、钟祥二陵，淮水发源桐柏，自西北以指东南，至凤、泗复绕东北，与黄河会而入海，二陵三面临流，淮水环绕如带，所以绵国祚亿万年无疆之庆者，端在于兹，顾不为至重至重者与？其次则定鼎燕冀，转漕东南，岁输四百万石于京庚，自淮至徐五百余里，必资黄河以为利涉之途，运道所经，国脉系焉，称并重矣。其次则畿辅根本之地，南北咽喉之区，淮、泗赤子较之四方安危，要害迥不相侔，诚重地也。自嘉靖中年，黄河以全流经徐、吕二洪，由邳、宿、桃、清横绝淮口而下，暴水时至，则积沙内壅，淮弱黄强，不得以纵其东注之性，势必泛滥于盱眙、泗州之墟，洪泽诸湖汪洋数百余里，室庐田亩尽属污池，民生困瘁已非朝夕。凤阳皇陵相去淮口尚二百余里，势不相及，惟祖陵宝城系在泗州城北十里，虽御冢地据冈峦，游波似无可及之势，而宝城旧有金水小河以消积水者，东与湖连，时被灌入，溢于廷阶，以故诸臣展谒之时，偶值水发，不能不为悚然动念者。往嘉、隆之际，运道之在徐、沛、邳、宿间称多故矣，自有遥、缕二堤以束河归漕，复筑高堰石堤以遏淮南注，至今七八年间，淮、徐以上河流渐深，未闻旁决，淮安以南高、宝二湖不至冲溢，此亦运道小康之日也。独自天妃坝以至清江浦，系当黄、淮会合，全流惟上游之堤防既固，则下注之势力倍增，决啮冲陨势有不免，况清浦运渠相去外河，远者不及数里，近者仅余十丈，伏秋危险之状几若累卵，此祖陵之受侵，运道之可虑，民生之昏垫，三患昭然在人耳目，凡生于其乡，吏于其土，所宜日夕焦思而亟为之谋者。故欲疏淮水之盛涨，莫不欲分黄流以东注，欲分黄流以东注，莫不以复老黄河为良策，所谓“善为川者，决之使导”是矣！检之往牍，万历三年曾具题于巡按御史舒鳌，万历五年曾再题于巡漕御史陈世宝，然皆旋议旋罢，竟未能有建必然之画者，岂果任事之难？其人第为国家惜巨费，为徒众惜烦苦，而遽前却耶？夫事无全利，亦无全害，如使三患可祛，一成无毁，即利少害多，尤宜以祖陵、运道为急，毅然为之。今据开复之利有四，如泗水可泄、陵麓无虞、清浦不迁、通济无阻。开复之害有四，河性靡常，疏凿之役绵亘百里，功不可必，劳费为虚；灾地民田近甫耕获，少救疲癃，旋即捐弃；渔沟卑洼，河流既东，沙土难堤，淹没无际；清河腹背受水，稍一泛溢，蕞尔县治不尽为沼不已也。似此害与利均，已非万全之算矣。至于运道之计，本欲为清浦一路安全之谋，而黄流一分，自三义镇至清口三十余里即有梗涩之患，如欲绕出东坝，转由赤晏以出三义，较之见行河路，更增一百余里险阻之途。夫运道之藉力黄流，数逢其害，少用寻丈可冀寻丈之安，顾欲迂回百里，隔远城邑以出浊河草莽之区，异时不测之害，有非今日之可悉指数者。

臣等自奉勘河之役，夙闻老黄河故道之议，业已博访多方，筹画讲求，缘以有妨运道，退而中辍。乃今肃将明命，周览荒度，利之所在，固不敢不较其所重而谩为同声之和，害之所在，亦不敢不虑其所终而恐贻日后之艰。惟是三患所关，国计民生，至重且巨，仰承明旨，从长计议，何敢藐然玩视，付之未可谁何？第逐一体查，淮水之于陵麓有倒坏而无冲射，寝殿廷阶之水系金水小河内灌所致，御冢之去水痕尚在百步之外，盖以乾坤灵淑之气攸萃于兹，而山陵背负层冈，蜿蜒隆起，百神呵护，万水朝宗，虽形若浮盂，而其巍然镇奠之势，当自有历千古同悠久于天地者矣。顾惟国家万年拱护之谊，臣子一念严恪之忱，即宝城午门尺寸之水，苟可以为祛除之策，竭力尽瘁，其何敢辞？况以清浦运道之阽危，泗民昏垫之可悯，悉轸宸衷宵旰之虑。臣等随经督行司道郡邑多官，重覆博访，于是议疏黄水者，有三义坝下开渠以达涧桥、琏湖入海之说，议疏淮水者，有穿高堰，通草子湖、永济河以下高、宝，与凿龟山，通天长、六合直达长江之说。夫淮之不敌于黄也，正以强弱为胜负，如欲穿高堰以泄淮，无论高、宝、运河之害将不可支，淮退一尺则黄进一尺，恐清口之淤日益甚耳，此前门驱盗后门纳贼之喻也。若龟山开凿，由天长、六合达之长江，患实同此，况为堪舆所忌，而绵亘二三百里，欲尽以人力疏凿通之，又难之难者也。然淮之受病在河，而治病者当探其本，则疏河为拔本之论，无俟言矣。琏河、灌口诸处，皆云梯关海口之外，别为入海之途，以故谈疏河者莫不曰河流可疏，得由他道入海，不与淮合，自无交涨之虞，今欲于三义坝下开渠，经线河以达琏湖，皆是说也。不知河以泥沙善淤，自昔两行必不能久，琏河、灌口之去河崖，迂曲周回二百余里，势难直达海口，测其深阔不及云梯十分之一，朝泄而夕淤，可逆睹者。惟分之于淮水既合之后，合之于下流近海之口，则以淮水之清涤河沙之浊，初分而可，必不至骤淤，既合而自能保其可久。

所据各该司道续有开訾家营支河以接草湾，经赤晏合流下海之说，盖庶几近之者矣。淮之与黄虽势不相敌，然彼此泛溢，亦先后不齐，今訾家营正与淮口相迎，当黄之涨而半分东注，则浸淮之分数自减，当淮之涨而河适消落，则淮口之沙可冲，或谓淮口以清浊交会，既岁有停沙，则支河之黄、淮并流，亦宜有淤垫，不知河水之遇淮流，两相迎则沙自停聚，两合流则沙可通行，固自然之势至较著者。且天下之事凡有开创于前者，贵能继续于后，如两河堤岸之筑闸渠，汶、泗之流莫不有岁帮岁挑之制，臣等周视草湾新渠，深阔将半于旧河，通顺直达于海口，当万历四年初开之时，何尝不以浅涩为患哉？惟其下出赤晏与大河相会入海，势足容受，不如灌口诸港浅狭迂绕之甚，以故上有所纳者下有所泄，日冲月刷，自臻深广。所据新议淮口支河下有草湾一段通利如此，即上段四十余里新开之工，如能比照汶河岁挑之例，稍有积沙，间岁一挑，自能冲刷，缘在淮流已合之下，非若独分黄流之沉浊易淤者可同日论也，万一河势东注，全流尽夺，而运艘之出通济闸口，乱淮入河，尚在支河未分之上，本无运道中断之虞，似于三患可望救补。即开河所经山阳、清河、安东三县之地，或有旁溢之害，若与渔沟相同，第三县河北旧无堤岸，即无开河，每岁水发，亦所不免。又所急在泗州陵园，则三县旧灾之地自不能与之较轻重矣。俟河成之后，即以挑河之土修筑北堤，亦可以资屏障，未必如泗郡数百余里之尽为湖泊也。但内经黑墩湖、罗家河，恐有散漫之虞，亦未敢为必然之画，倘以祖陵山麓之水未及玄宫，运道之危在清浦王公堤者，先年已有石堤，目前加筑埽堤，尚可保无决裂。淮、黄交汇之地昏垫之害，祛之于西者不免移之于东，则今议支河，重役巨费，非有全利若未可以轻举而试为之，如必为淮水疏泄之谋，求人事之可尽者固不能舍此有他图耳。

臣等窃又闻之，举大事者必顺天时，动大众者必资人和，支河虽若可开，而延长四十四里，论土计方六百余万，计必鸠夫数万始可匝岁报完。适今连岁阻饥，米价腾踊，足民先于足食，虽工费五十余万，国家念切祖陵，捐之内帑，不吝出纳，而珠米桂薪，工食所给不满一饱，何以责其尽力胼胝之余？各官议欲稍俟丰稔之岁，诚亦悦以使民之道，兹者恭睹逢皇上轸念河漕大计，允采舆议，复设总理河臣，具用人求旧，从善转圜，特起都御史潘季驯之历试有功，精熟河防者而专任之，寰海人士莫不翕然颂服圣明之豁达大度，知人善任，平成之效可立睹已。前项疏泄泗水、议开支河之谋，臣等遵奉德意，博采群议，折衷鄙见，井蛙之识，仅仅如此。合无请乞并行新任总理河道都御史潘季驯覆勘详确，以为行止，当必能晰利害之大致，贻久远之宏谟，非臣等疏浅庸昧之所能及也。伏乞皇上敕下该部再加议拟，覆请施行，谨题请旨。

奉圣旨："工部知道。钦此。"

钦遵，抄出到部。该工部看得，国家决大议、兴大役，必权利害之轻重而要其成，度时势之难易而定其画，斯工不虚举，事克有济。方今淮水波浸于祖陵，黄河流迫于淮安，故礼科给事中王士性议复黄河故道者，其为祖陵、淮民虑也甚远。然民疲不可胜役，时诎不可举盈，故查勘河防科臣常居敬、总督漕运抚臣舒应龙议故道难复者，其为运道财力计也甚详。臣等连日反覆科、抚诸臣之疏，熟筹祖陵、淮民、运道之利，则黄河故道之议，勘者固已忧其不可复，而当此财匮力乏之际，是诚不能以遽复者，似宜已之，以省覆勘存之，以俟续议。至议开訾家营支河以接草湾，较诸故道之复，固事半而功倍，要其入海之路又散漫而难收，事既未见全利，议亦未敢遽决。今新任总理河臣潘季驯，前后治河将几十稔，阅历既久，闻见必真，所据支河之议，宜令覆行勘阅。既经科抚诸臣会勘前来，相应如议，题请恭候命下本部，备咨总理河道右都御史潘季驯作速到任，将科、抚诸臣所议于訾家营开支河以接草湾一事覆行勘阅。果为利多害少在所当行，或为徒费无益，在所当止；倘众议未妥，别有长策，可以护祖陵、保淮安、固运道者，但求事可功成，不拘人己同异，即令从实具奏，以便覆请定夺。目今河水渐次将发，本部一面仍咨总督漕运衙门遵奉先后钦依事理，查照累年修守成规，多方措处，务保无虞，庶足纾九重南顾之虑，固万年转输之防矣。谨题请旨。

奉圣旨："是这黄河故道既勘议明白，难以开复，罢。訾家营应否添开支河，还著河道衙门从长计议具奏。"

钦奉敕谕查理漕河疏 都给事中常居敬

题为钦奉敕谕查理漕河，以重国计事。

据济宁兵备兼管河工山东按察使曹子朝、曹濮兵备带管东兖道佥事刘弘道、武德兵备带管临清道佥事李三才会呈，蒙臣并巡抚山东兼管河道右副都御史李戴、巡按山东监察御史吴龙征，会牌前事备行臣等躬历山东漕河一带，逐一查勘。要见泉源有无湮塞，作何疏浚；河道有无淤浅，作何挑通；坎河口先年石滩有无渗漏，作何捍御；南旺等湖多被侵占，不堪潴蓄，作何查复；某处堤坝应修，某处闸座应建，一应长策，勘议明悉，具由呈报以凭会阅施行等因。蒙此，该各道移会北河郎中吴之龙、南旺管泉主事萧雍，督同管河同知陈昌言等，查勘得山东河道全赖泉源，汶河自南旺南北分流以济运道。惟上源冲带浮沙，淤浅殊甚，业已挑浚。其余闸座之圮坏，堤岸之倾颓者，已经呈详本、科两院次第兴举外，惟坎河口渗水不便防御，火头湾无闸不便节宣，与夫修复水柜工程浩繁，并定期遏流，请给关防，增官添夫等项，事体重大，合无俯赐题请以便遵行等因，具由到臣。卷查先该工部题为钦奉圣谕事看得国家运道悉藉会通河而转输咽喉则黄河其尤要也，故旱则会通患涸或至胶舟，涨则黄河患淤或多旁决。题奉钦依，行臣会同抚按诸臣讲求利害之原，博采治平之术，未尽事理听臣陆续会题等因。

奉圣旨："是。钦此。"又准工部都水司手本，据北河郎中吴之龙等呈，该本部看得南旺分流，全济汶水，而坎河口则汶水入海之路，宜有经久之图，浚泉官宜有责成之道，并未尽事宜，该巡抚官俟查勘科臣至日，会集管河司道从长计议，作速另行题请等因。

奉圣旨："这河道事宜依拟便行，与各该巡抚等官从长计议，着实修举。钦此。"

该臣会同巡抚右副都御史李戴、巡按御史吴龙征看得，新运已临，天时亢旱，泉脉细微，躬诣各县督率官夫逐一料理外，复据前因，议照得国计莫重于漕河，漕河必资乎水利，我成祖文皇帝定鼎燕蓟，挽漕东南，自徐、邳以北、临清以南千有余里，全赖汶、泗、沂、洸诸泉之水以济运道。虽祖元人会通遗意，然坝戴村、遏汶流、分济南北，则尚书宋礼用老人白英之议也。其间设官立法，建闸筑坝，至精至备，二百年来运道其永赖矣。第泉源杂于沙砾，则湮塞甚易，湖地侵于豪右，则清复为难，至于事权间多牵制，法制废于因循，兼之天时久旱，地脉渐微，运艘经行不无迟滞，乘时经理，委不容缓。兹者上廑圣怀，特申圣旨，臣等周行河上逐一查勘，博采群策，列为八事，虽卒循不外于旧章，而经画似关乎要务。伏乞敕下该部再加酌议，速赐施行，庶于漕河少有裨益矣。谨题请旨。

计开：

一、浚泉源，以资灌注。查得会通河南北千里，尽赖十八州县百八十余泉之流，分为五派。至于新泰、莱芜、平阴、汶上、蒙阴、宁阳等九州县入南旺者为分水派，泗水、曲阜等四县入济宁者为天井派，其功最大，其所需尤甚切也。夫藉泉以资运，则涓滴当惜，必使源流充溢，庶于漕渠有济，若养身者气血周流无滞，始无壅阏之患也。乃平昔之疏浚既疏，天时之亢旱又久，是以泉政多弛，通流无几。近据管济宁道按察使曹子朝、分守济南道参政吕坤新浚出泰安州谢过城等六泉，新泰县刘官庄等五泉，莱芜县韩家庄等五泉，东平州源头泉一处，曲阜县新跑泉一处，发源颇盛，导入汶河，堪以接济，则自此之外，安知无湮没于沙砾而散漫于草莽者乎？但浚泉虽易，治汶实难，盖河广沙深，屈曲之流不足以润久渴之吻。臣等亲见龙湾等泉源源而来，至汶则一吸而尽，犹无泉也。又必督令捞浅等夫，择其积沙淤漫者浚为河泓，俾深五尺，阔一丈，则水得所归而趋壑亦易矣。然各泉坐落各府州县，近者四五十里，远者三四百里，管泉分司岂能遍历？近奉圣旨，各分守道兼管，已为得策矣。臣以为仍当责成各州县掌印官，督率夫老不时疏浚，每年终分守道会同管泉分司，将各官新泉搜出若干，旧泉废弃若干，类报总河衙门分别奖戒，庶人心有所警惕而泉流足济运道矣。伏乞圣裁。

一、复湖地，以预潴蓄。查得山东泉源有时微细，故设诸湖积水以济飞挽，盗决有禁，占种有禁，诚重之也。乃今则不然，南旺、安山、蜀山、马场等湖始因岁旱水涸，地属闲旷，当事者召人佃种，征租取息，以补鱼、滕两县之赋。于是诸河之地平为禾黍之场，甚至奸民壅水自利，私塞斗门，复倡为湖低河高之说，申禁非不严而占吝若故矣。除安山湖批查未报外，今勘得南旺湖周围九十三里，计地二千七百顷，原有斗门一十四座，止存关家大闸、常明口二处，其余邢通口、孙强口等十二处俱已湮塞，合行修复。本湖东边高阜地，量留护岸一里，共计一百六十二顷；南北留护岸地半里，共计一百一十六顷一十亩，令原主佃种纳课；其余专备蓄水，仍筑子堤一道以为封界。湖内北高南低，应于中亘筑长堤一道，自吴家巷天字号起至黄家寺止，长一十四里，根阔一丈五尺，顶阔八尺，高八尺，界为二区，寺前铺张住口建斗门一座，以便上下接济。马踏湖周围三十四里零二百八十步，计地四百一十余顷，俱应退出还官，其东北空缺处长十里零二百四十步，应筑土堤一道，约束湖水不使泄漏，西岸原有王岩口滚水石坝，年久湮没，合行修复。蜀山湖周围六十五里零一百二十步，计地一千八百九十余顷，除宋尚书香火地六顷，并高亢地八顷五十三亩，照旧令民佃种纳租外，其余地一千八百七十五顷四十六亩二分，俱筑堤蓄水，东岸季泰口闸以下十五里，原有冯家滚水大坝，相应修复。马场湖周围四十里零三分，内高阜地九十三顷二亩，先年召种纳课，抵补鱼、滕县粮，今查前项补足，责令退业还官，并低洼地六百四十顷四十二亩九分，俱筑堤蓄水，内有安居斗门三座，合行修复。其各湖占种麦田，法应追夺，但念年荒民贫，且成业已久，收成将近，候麦熟之日令其芟刈，照地退还。以上各湖应修复斗门闸坝堤岸工料人夫等项，细数册报外，通共该银四千七百一十七两七钱，于兖州府库河道银内动支，修完于湖口竖立大石，明注界址斗门，以杜侵占，如是庶法纪明而漕河永有赖矣。伏乞圣裁。

一、筑坎河，以防渗漏。查得汶合诸泉之水，西流抵南旺，分注南北，以成漕而济运，故汶蓄则漕盈，汶泄则漕涸，夏秋之间水固有余，冬春之后不可使有涓滴他适明矣。乃戴村以上有坎河口，西趋盐河，为入海故道，沛然就下，势若建瓴，先年总河侍郎万恭堆集石滩，盖谓溢则纵之，平则留之，意甚善也。但时久滩废，非不岁有修筑，而沙堤一线，乱石数堆，其走泄甚易矣，万一泉河尽趋，则运道之涸可立而待，岂得为完计哉？臣等督同管河同知陈昌言、东平州判官张汝荣等，会估得本口应修滚水石坝一座，计长六十丈，面阔一丈，底阔一丈五尺，深入土四尺，出土三尺，并雁翅细石及桩木、铁灰、工食等项，除细数册报外，通共计银八千一百六十七两四钱。一面办料兴工，水溢则由顶以上任其宣泄，水落则由坝以内尽资实用，且以免盐徒盗决之弊也，汶其有全利乎！或者以地多沙碛，恐筑之不坚，不知石滩之外原有老土，石坝不高，入土已深，其势自固，且汶河随涨随消，终非黄河比也，又何[1]冲决之患耶？如是则一劳永逸，而岁岁补石之费亦可免矣。伏乞圣裁。

一、建闸座，以便节宣。夫漕河之水名曰无源，盖谓其出有限而其流无穷，所以撙节积蓄，俾盈科而进，全有赖于诸闸也。故地有高下则闸有疏密，要之势相联络，庶几便于启闭。惟济宁寺前铺闸至天井闸则延长七十里，东昌通济桥闸至梁家乡闸则延长五十里，闸启水泄，积蓄为难。司河者每当粮运盛行之时排木堵水，名为活闸，苟且一时，终非久计，甚至各帮运军船一经过，捧土筑坝，流入河中，愈成滩浅，运艘正行，不便挑浚，无惑乎舟行之艰也。合于二处适中之所，南则巨野县火头湾地方，建闸一座名曰通济；北则博平县梭堤集地方，建闸一座名曰永通。俱照各闸事规启闭济运，除各匠役工食候工完扣算外，每闸估计粗细石料并木桩、铁麻、船只等项，各该银三千九十五两八钱九分五厘，于东、兖二府河道银内动支，每闸闸夫三十名，溜夫五十名，即于各县停役夫内拨用。如是则关束有具，节宣得宜，水利有所停蓄，而运艘不致浅阁矣。伏乞圣裁。

一、设闸官，以肃漕规。国家之设官也，有似大而实冗者，裁之为宜，有似小而实切者，增之为便。查得运河一带闸座，每闸设官一员统领夫役，盖启闭有人，责成良便，顷缘新河告成，枣林上下水平闸面不行启闭，遂将枣林闸官裁而不设，间付之南阳闸官兼理之。迩来天时久旱，河流细微，本闸水浅，启闭为急，尚可以南阳之官摄之乎？夫一启南阳，一闭枣林，

[1]何　原文作“河”，据四库本改。

互相阖辟，势如呼吸，一不得人，直泻而尽矣。近且无官，付之一二闸夫之手，在官船则莫敢谁何，在民船则大为簸弄，既以病商，复以弊运，以故漕舟至此，殊费牵挽，而往来者亦称不便也。不知闸官虽卑，职掌犹在，且廪俸无多，国家亦何惜此五斗，而令河道要害之地为无人之境哉？合于枣林并新添二闸各该官一员，俾司闸务，庶职守得人而漕规不废矣。伏乞圣裁。

一、给关防，以重事权。国家之事莫重于河漕，故于泉闸特设部臣经理之，所以重委任而专责成也，各管河郎中俱奉有敕印，是以文移称便，惟南旺管泉主事其设已久，关防未给，因循至今。夫管泉、管闸先年曾以二人理之，今并责之一官，其任亦重矣，督理乎十六州县之泉，而相隔数百里之远，止以空白文移临之，即旁午载道，鲜不以弁髦视河臣，欲其昭法守而一众志也难矣。且粮船过闸，例应十日一报，漕抚衙门相隔十里，无关防则驿递不行，事多掣肘，殊非一端。夫以一闸官之微，尚有条记关防，何独于部臣而反靳之也？至于漕河、黄河二同知，职守既专，责任亦重，凡工程之勤惰，钱粮之出入，咸赖稽察，事绪孔棘，弊窦易生，使少失于防闲，未免稽违河务。近见邸报，杨村管河通判已奉明旨给与关防，则兖州府管河同知事体相同，合无将管河主事并两河同知均赐铸给，庶文移便而事权重矣。伏乞圣裁。

一、严筑坝，以便挑浚。照得汶水入湖，接济运道，每岁寒沍之时，遂将河口筑坝，遏流分泄蜀山、马踏等湖，候来春冰泮之日开坝受水，是冬则以河之水汇于湖，春则以湖之水济于河，故南旺、临清一带因得乘时挑浚，不致淤浅，法至善也。除隔岁大挑已奉有钦定期限外，其余每年当天气渐寒，正宜筑坝绝流也，而往来船只力以缓筑为请，多方阻挠。甚至十一月中尚不得筑者，不知天寒冰合，乃驱荷锸之夫裸体跣足，凿冰施工，其将能乎？及寒冰初解，正宜固封蓄水也，则又以速启为请，百计催促，至有正月初旬放水行舟者，不知隔岁之水所蓄无几，三春无雨则运艘方至，又将何以济之乎？法制未明，事体掣肘，管河官徒茹苦而不敢言也。合无请赐明旨，除大挑年分外，每年定以十月十五日筑坝绝流，至次年二月初一日开坝行舟，势豪船只不得横扰，该管官员不许阿徇，违者听督抚衙门参究，大书刊石于南旺板闸二处，以便观览。如是则明旨森严，人心惕怵，不但便于挑河，亦且足以蓄水，一举而两得之矣。伏乞圣裁。

一、复夫役，以备修防。山东河道浅深不一，而汶河冲发，淤塞为多，各项夫役俱不可缺。查得兖州府属如汶上、巨野、嘉祥、济宁、鱼台、南阳、利建等处，原额设捞浅、浅铺堤夫各数不等，共计二千四百五十二名，后因河流稍顺，遂裁减一千一百三十三名，扣银入官，以备支用，止存见役夫一千三百一十九名，不知扣存有节省之名，而雇募起无穷之弊，一时河道淤浅，调度征发为难，工之弛废久矣。今议于汶上县量复捞浅夫七十四名、浅铺夫三十名，巨野、嘉祥二县量复捞浅夫三十八名、浅铺夫五名，济宁卫量复捞浅夫一十一名，济宁州量复捞浅夫三十二名、浅铺夫十二名，鱼台县量复捞浅夫十名、浅铺夫二十名，南阳、利建量复堤夫八名，东平州量复泉夫二十名，东昌府通济桥闸量添闸夫十名，庶挑河浚泉，不致乏人矣。然猾民之包揽肆意安闲，管工之代替任情隐射，甚至逃故不报，占吝私意，种种情弊，虽增犹弗增也。合行管河同知陈昌言、通判王心逐一汰选，严加稽核，庶工役得有实济，而河防不致稽违矣。伏乞圣裁。

奉圣旨："工部知道。钦此。"

该工部看得查勘督理河工工科都给事中常居敬，会同巡抚山东都御史李戴、巡按山东监察御史吴龙征，条列八款具题，俱思深虑远，大于河防有裨，相应开立前件议拟上请，恭候命下本部备咨漕运衙门，并山东巡抚督率管河司道及咨都察院转行山东巡按御史，行令府州县各官一体钦遵施行。

奉圣旨："依拟行。"

清复湖地疏 都给事中常居敬

题为清复湖地，以济运道事。

据济宁兵备兼管河工山东按察使曹子朝、分守东兖道参政郝维乔会呈，蒙臣并抚按宪牌前事，照得南旺以北仅有安山一湖，所系甚重，先因行查未报，未经具题。今曾阅得满湖成田，禾黍弥望，曾无涓滴之水，殊失设湖之意，当此亢旱，何裨接济？牌行该道督同管河官，亲诣该湖逐一勘议，要见某处卑洼堪以蓄水，某处高亢仅可通沟，承佃若干，作速清理，侵盗若干，作何禁治，查议明悉，作速通详以凭酌议等因。蒙此，随该司道行据兖州府管河通判王心，查得安山一湖周围共一百里，其间东北自通湖闸起至西北焦天禄庄止计长十三里，自焦天禄庄起至西南王禹庄止计长七里零，自王禹庄起至东南青孤堆止计长九里零，自青孤堆起至通湖闸止计长七里零，周围共计三十八里，此系水柜，堪以积水者也。但湖形如盆碟，高下不甚相悬，水积于中，原无堤岸，东南风急则流入西北燥地，西北风急则流入东南燥地，未及济运，消耗过半。且自许民佃种以来，百里湖地尽成麦田，先年总理河道传都御史履亩分析，除征租银二千六百五十三两，岁抵鱼、滕二县秋粮外，其低洼处所封为水柜，法非不善，但统陇无界，禁例不严，民情无厌，渐至今日，殆无旷土矣。为今之计，应将水柜三十八里筑一高堤，堤以外照旧佃种征银，堤以内挑深蓄水，管河通判等官不时巡历，庶堤界既明，人无盗种之弊矣。至于安山闸边原无通济、积水二闸，不便出水，访得万历九年有金把总曾于八里湾掘沟放水，人甚称便，至今形迹犹存，应于此处建闸一座。又西北地名似蛇沟，其地更低，水势散漫，应于此处亦建闸一座，庶于旧闸入者于新闸出，蓄泄得宜，漕河有赖矣等因到道。

先该北河郎中吴之龙议得漕河之利，有二泉与湖而已，每春末夏初正粮运盛行之际，泉源往往微耗，惟藉资湖水可济不虞，故自济宁至东平筑设南旺、安山等湖，涝则引水入湖以预潴蓄，旱则决湖入运以通漕艘，虑至深也。物盛致蛊，日渐废湮，嘉靖二十年都御史王以旂奉命清复疆界，顿还旧制，数十年来大为运道利。自隆庆四年都御史翁大立开召耕种，奸民始得借口，而滥觞极矣。万历三年都御史傅希挚清丈诸湖，安山湖高而田者计地七百七十一顷九十八亩，卑而宜柜者四百一十六顷二十六亩三分，具疏题请，斯亦通变之微权，公私两利之道矣。奈何管河各官利于混淆而不利于清别，竟未及立尺寸之疆界，是以豪强者大肆兼并之谋，奸顽者曲为欺隐之计，狼吞蚕食，不至于尽湖而有之，其心未餍也。今虽湖底洼处已不遗寸土，再数年不将占官地为世业乎？为今之计，相应查照前项顷亩，于高下交承之处筑一束湖小堤，底阔九尺，顶阔四尺，高八尺，堤以内永为水柜，堤以外作为湖田。如是则界限分明，内外各别，登堤一望，具在目前，小民既难于侵越，官司亦易于稽查矣。具呈巡抚山东李副都御史，蒙批湖以济运，关系匪轻，缘无界限，故水得漫流而人易侵占，东湖小堤委当急筑，如议速会管河道踏勘基址，定出夫事宜报夺等因在卷。今奉会牌前因，该司道会行兖州府管河通判王心，会同本府同知陈昌言，督同东平州知州徐铭、管河判官张汝荣，复勘得安山湖水柜周围长三十八里，内除东北一带自通湖闸至焦天禄庄止长十四里，系运河堤岸，不必修筑外，其余共长二十四里折四千三百二十丈，共计用夫一千名。每名计工五十日，每名日给工食银三分三厘，共银一千六百五十两。又八里湾似蛇沟创建出水小闸二座，每座合用石块、桩木、地平板、龙骨木、油灰、糯米、石灰、铁、麻等项，该银三百六两九钱二分，二座共银六百一十三两八钱四分，通共银二千二百六十三两八钱二分，合于兖州府库贮河道银内动支，虽无救于目前，实漕河将来之永利也等因到道。

该管河道按察使曹子朝、分守东兖道参政郝维乔、北河郎中吴之龙会议得，南旺至临清绵亘四百余里，惟安山一湖上下赖以接济，诚宜急为修复，但沧桑更变，原隰异壤，自非筑堤要束，禁治虽严，罔利蓄潴，其修筑工料屡经估勘，似为妥当，相应申请以便兴工等因到臣。先该臣等题为钦奉敕谕，查理漕河以重国计事，内复湖地以预潴蓄一节，该部覆称安山一湖，科臣见在行查，俟勘明日一并修复等因。

奉圣旨："依议行。钦此。"

卷查巡按山东监察御史毛在"题为巡历事竣，敬陈补偏救敝之略以备采择事"，该工部覆奉圣旨："各地方湖泉接济运河去处，著各该巡抚司道等官及差去部属官用心整理，如有占种阻塞的，即便拿问枷号重治，应参奏的指名参奏。钦此。"

该臣等催行查议去后，今据前因，臣会同巡抚山东右副都御史李戴、巡按山东御史吴龙征，议得设湖蓄水，本漕政之良规，清湖济漕，实治河之要务，自南旺而下四百余里始达卫河，其间全赖安山一湖积水济运，所系之重何如也！惟自召佃之弊政一行，而豪民之侵占无已，变沮洳为膏腴，视官湖为己业，日侵月削，久假不归，寸土无遗，殊可痛恨。即今久旱河浅，百计疏浚，如抱漏卮沃焦釜，徬徨无策，皆缘水柜未复之故也。及今则清湖蓄水，真若蓄艾，岂非第一议哉？侵盗奸民本应尽法重究，概夺还官，亦不为过，但私相授受其来已久，展转耕佃已非一人，且四外高亢之地不便潴蓄，终成旷废。据勘将少洼之地三十八里，周围筑堤封为水柜，既可以免渗漏易竭之患，又可以杜强梁无厌之谋，似亦计之得也，外八里湾、似蛇沟二处，便于放水，委应建立闸座。其筑堤建闸之费，初据各官议，将盗种湖麦刈半入官，以为工料之需，但恐饥民乘机起衅，且非大公之体，仍听本主收割，前项经费相应动支河道银两应用。清理之后大竖石碑，明立文册，又必严盗决之禁，定巡视之法，如是则一劳永逸，而国朝水柜之良规庶几可复矣。伏乞敕下该部再加酌议，行总河大臣督令各官作速兴工，事完奏报，则所以济运通漕者，岂曰小补之哉？谨题请旨。

奉圣旨：“工部知道。钦此。”

该工部看得南旺至济宁一带，河漕绵亘四百余里，全赖安山一湖蓄水济运，其关系诚重矣。近缘侵种成田，复以累年亢旱，遂致湖水蓄泄无所，漕河安能有济？今查勘河防科臣常居敬会同山东抚按李戴、吴龙征，看议安山湖周围一百里，除四外高阜之地不便潴蓄，照旧佃种外，其低洼处三十八里，合行筑堤封为水柜，深于漕运有裨。其动支河银、建立闸座等项，区画周详，悉应如议，题请恭候命下本部，备咨总理河道并山东巡抚衙门，及咨都察院转行山东巡按御史，行令司道府州县管河各官。仍札行本部管河郎中，查照原议动支河道银两，作速兴工，务期完固，仍大竖石碑，分别界限，差官不时巡察，敢有势豪奸顽人等侵占盗决者，轻则径自拿问，重则参奏处治，工完之日，将役过人夫、用过钱粮造册奏缴清册送部查考。谨题请旨。

奉圣旨："这湖地依拟筑堤，仍画定界限，永远遵守，如有侵占盗决等弊，照前旨著实参治。其各处泉湖蓄水济运的，都著一体清查整理。"

治河方略

〔清〕靳辅　撰
童庆钧　郑小惠　整理

整理说明

《治河方略》原名《治河书》，又名《治河奏绩书》，清代靳辅撰，崔应阶根据靳氏家藏原本增删改编为十卷，依雍正五年上谕，更名为《治河方略》，乾隆三十二年（1767年）刊刻。

靳辅（1633—1692年），字紫垣，祖籍山东历城，汉军镶黄旗人，历任内阁中书、兵部员外郎、内阁学士、安徽巡抚等职。康熙十六年至康熙三十一年间（1677—1692年），先后任河道总督，在其幕友陈潢的帮助下，在十余年的黄、淮、运河治理中成就卓著。

《治河奏绩书》是靳辅于康熙二十三年（1684年）奉旨纂述，但由于当时河道尚未全部竣工，直到康熙二十七年（1688年）靳辅被革职后，才于次年“昼夜校辑，历将十余年来圣谕天言，详加订绎，汇成一书”，循例奉表进书，但奏进后一直没有刊印。《治河奏绩书》于乾隆年间收入《四库全书》，《四库全书总目》称其“虽据一时所见，与后来形势稍殊，然所载修筑事宜，亦尚有足资采择者”。

《治河奏绩书》共四卷，卷一为川泽考、诸湖考、漕运考、河决考、河道考；卷二有职官考、河夫备考、堤河考、闸坝涵洞考；卷三为奏议；卷四为治纪。

崔应阶增删改编的《治河方略》，卷首为圣谕、恭进书疏、恭进治河书表，并有黄河图、黄河旧险工图、黄河新险工图、众水归淮图、运河图、淮南诸河图、五水济运图；卷一、卷二、卷三均为治纪，分别为治纪上、治纪中、治纪下；卷四为川渎考、泉考、湖考、漕运考；卷五为河决考、河道考；卷六、卷七为奏疏，分别为奏疏上、奏疏下；卷八为名论；卷九为陈潢《河防述言》；卷十为陈潢《河防摘要》。书前有序及凡例，书后有跋。

对比《治河奏绩书》与《治河方略》，可见崔应阶对该书做了较大程度的改编。他认为“治纪”为全书的精要，因此“以治纪为第一”。图则列在卷首，对运河图、黄河图、黄河新险工图等均有增补，“众水归淮图”“五水济运图”均为原本所无。崔应阶认为靳辅治绩“详于南河”，因而根据山东、河南《通志》增补了砀山以上堤工。此外，根据《通志》，对“泉”也作了增补。至于《治河书》原有职官、兵役、钱粮等，崔应阶认为它们会随时代而沿革，因而删去。

《治河方略》主要论述了靳辅、陈潢的治河措施，各河疏浚事宜及其先后缓急等，从规划、管理等方面讨论了黄、淮、运河治理的关键问题，以及各河险工位置、关键工程和重点河段，集中体现了靳辅、陈潢的治河方针和主张。本书是明代潘季驯《河防一览》以来最重要的河工著作之一。它在治河思想上继承了明代潘季驯、万恭等人“束水攻沙”的观点，又总结了靳辅、陈潢多年的治河经验，对此后的黄、淮、运治理有深远的影响。

《治河方略》初刻于乾隆三十二年（1767年），嘉庆四年（1799年）重刻。1937年，中国水利工程学会对《治河方略》做了句读工作，收入《中国水利珍本丛书》，由于抗日战争全面爆发，书中所附《河防述言》《河防摘要》未及付印。

本次整理以清华大学图书馆藏乾隆本为底本，参校《河防一览》《治河奏绩书》《天一遗书》等水利文献。本书由童庆钧、郑小惠整理，不当之处敬请批评指正。

整理者

目录

序

自古治河无善策，且昔之治河，治河而已。自明以来，治河兼以治漕，较之昔人更不易也。尝考马迁书《河渠》、班固志《沟洫》，仅载治水之道，不言其方。至元贾鲁治河，欧阳圭斋乃就鲁问方略，及询过客、质吏牍，作《至正河防记》，其疏决浚导、埽岸堤工之法略备。及明万历时，潘印川司空之书出，后之治河者奉以为金科玉律矣。间尝论之，古人事事胜于今人，惟治历治水，今人往往备于古人。盖变幻日出不穷，监于成宪，踵事而增，既能兼古人之长，又能补古人之所未备也。我圣祖仁皇帝如天之度，明哲之资，驱策一世之贤豪，知人善任，亘古未有，而一时名臣亦应运而起。方靳文襄公之治河也，正值河政大弊之后，即一日而上八疏，莫不洞中肯綮，全河之势朗若列眉。当是时，群议猬起，啧有烦言，公几不终，赖圣天子乾纲独断，深信不疑，用奏成功，于今为烈。且特命著书，以垂永久。君臣鱼水之欢，虽古之明良，何以过焉！惜其书未有专梓，虽附见于《行水金鉴》之中，然散漫而无要领，割裂而无次第。余久莅东土，黄、运二河并在封内；又或承乏河务，于河渠一家言，亦复时时究心。购得文襄原本，反覆周讽，其词则简明直捷，其法则精密周匝，以视《河防一览》，不觉后来居上矣。遂以暇日博求副本，互相参伍，删其繁冗，揭其精要。或有今昔异势、因时变迁者，间采图志以附于篇。卷帙不多，流行亦易，付之剞劂，以广其传。后人能读公之书，知公之意而不泥公之法，又何患治河无良策也！

乾隆三十二年丁亥皋月朔日，抚东使者楚鄂崔应阶序

凡例

一、《治河方略》，原名《治河书》。据王渔洋所撰《墓志》云十二卷，今得其家藏本，止八卷。目凡十一：先图，次川渎，次诸泉，次诸湖，次漕运，次河决，次河道，次治纪，次章奏，次名论，次律例。然其精要，尽在治纪。今以治纪为第一，图则列之卷首，删律例一门。依雍正五年上谕，更名《治河方略》。

一、原图颇略，如运河则不详诸闸；黄河全图乃始于阌乡，即文襄当时进本周竹冈所画者，亦仅始龙门。盖康熙四十三年四月，使臣拉席及苏山逸始出湟中塞访求河源，历蕃帐七十七处，计程三千三百里。文襄自不及见矣。今并补之。至《众水归淮图》《五水济运图》，皆原本所无也。

一、河性不常，或昨险而今平，或朝平而夕险，故详著现在之险工而别为图，以备参考，使读是书者庶不致泥古以律今，胶柱而调瑟也。

一、文襄之绩，详于南河，故砀山以上堤工并缺，今采山东、河南《通志》以补之。

一、泉之为功，以灌溉，以济运，此自然之美利也。然有时而通，有时而塞，关乎人功之修废。按今《通志》所列之泉，是书不载者正多，故悉采以附于后，并详其所在之处，疏而浚之，使永久不废，则良有司之责矣。凡有正补之处，以“按”字别之。

一、治纪之内，原书又有职官、兵役、钱粮三门，然此随时沿革，不可为典要，竟删去。章奏别有刊本，似不必重出，然如前后八疏，此文襄治河之纲纪也，故节录为二卷。

一、文襄勤劳王事，不避嫌怨，又得益友陈天一先生以为之助，至达宸聪。观《义友竭忠》一疏，宾主遇合，亦千古一时也。其《河防述言》及《河防摘要》亦附于“名论”之后，以垂不朽。

卷首

圣谕

康熙四十六年，奉圣祖仁皇帝特谕吏部：朕廑念河防，屡行亲阅，凡自昔河道之源流，及历来治河之得失，按图考迹，靡不周知。粤从明末寇氛，决黄灌汴，而洪流横溢，岁久不治。迄于本朝，在河诸臣皆未能殚心修筑，以致康熙十四五年间黄、淮交敝，海口渐淤，河事几于大坏。朕乃特命靳辅为河道总督。靳辅自受事以来，斟酌事宜，相度形势，兴建堤坝，广疏引河，排众议而不挠，竭精勤以自效，于是黄、淮故道次第修复，而漕运大通。其一切经理之法具在，虽嗣后河臣互有损益，而规模措置莫能异也。至于创开中河，以避黄河一百八十里波涛之险，因而漕挽安流，商民利济，其有功于运道民生，至远且大。朕每莅河干，遍加咨访，沿淮一路，军民感颂靳辅治绩者，众口如一，久而不衰。夫人臣有大建树于国家者，奖勋酬庸，宜从优渥。虽赐恤易名，已循彝典，尚应特予褒叙，贲以殊恩。靳辅着加赠太子太保，仍给世职拜他喇布勒哈番，用彰朝廷追美劳臣之典，为矢忠宣力者劝。钦此。

雍正五年，奉世宗宪皇帝特谕：朕阅《治河方略》，始知原任总河靳辅，昔年修筑河防，劳绩懋著，欲加恩恤，以奖勋庸。据该部奏称，康熙四十六年，圣祖仁皇帝曾加特恩，加赠宫保，给与世职。今着再加赠工部尚书，致祭一次，以副朕优奖昔日功勋之至意。钦此。

雍正七年，奉世宗宪皇帝上谕：历来河道总督如靳辅、齐苏勒二人，实能为国宣劳，安百姓，合于有功民社。祀典之例，着尹继善等就近相度地方，为靳辅、齐苏勒合建祠宇，令有司春、秋祭祀，以副朕优奖功勋之至意。钦此。

雍正八年，奉世宗宪皇帝上谕：洪惟太祖、太宗创业垂统，厥有一德，佐命之良。世祖抚绥万邦，实多奋庸熙载之彦。迨我圣祖临御六十余年，其间良臣硕辅，后先相望。据朕所深知者，举其一二，如大学士公图海、公赖塔，大学士张英，尚书顾八代、马尔汉、赵申乔，河道总督靳辅、齐苏勒，总督杨宗仁、巡抚陈瑸等，持躬正直，奉职公忠。或垂节钺之勋，或励冰霜之操。俯仰无愧，为朝野所共钦；终始不渝，无瑕疵之可指。似此等靖共尔位，不愧古大臣之风者，正不乏人，既树羽仪于一世，宜隆俎豆于千秋。且使世世为臣者观感奋发，知所慕效，群以皋夔稷契，共相期待，则明良喜起之盛，朕于斯有厚望焉。着于京城内白马关帝庙之旁，选择吉地，特建庙宇，命名贤良祠，春、秋以时展祀，其应入祠之员，着内阁会同该部确查本朝满汉文武大臣才德著闻、完名全节者，详慎开列，具奏请旨。将来继起之臣，亦并得沾被恩光，永为盛典。钦此。

恭进书疏

原任河道总督臣靳辅谨奏：为奉旨纂述《治河书》成，恭呈御览。仰祈圣恩，钦赐书名、书序，以志平成，以垂永久事。窃臣一介庸贱，蒙皇上拔置总河，指授方略，终始保全，十有余年，以得两河复故。此皆皇上圣德格天，神谋应地，以故上苍协顺，河伯效灵也。康熙二十三年冬，皇上南巡阅工，臣面蒙圣谕：俟河道告成之日，纂述一书，垂之永久。臣祇遵之下，因彼时河道尚未全竣，未遑纂述。今年春正月，复蒙圣驾南巡，遍阅皂河、中河、运口、高堰诸工。二月某日，随荷特恩，以河工似有成效，复臣所有衔级。臣于清江浦旅寓，望阙叩头谢恩外，随于本月某日拜本恭谢天恩，其前奉旨纂书一事，俟交代毕后，即行纂述，情由再经附奏。今臣交代已毕，于某月某日回京，昼夜校缉，历将十余年来圣谕天言，详加订绎，汇成一书，条分八则，总皆以发明圣略精微之旨之一二耳。伏祈皇上俯赐观览，锡之鸿名，荣之御序，俾世世臣民长知我皇上畴咨儆予之圣心，平地成天之睿算。于以率由罔外，庶运道民生，得蒙万世永赖之休矣。臣无任惶恐翘企，谨循例奉表进书，伏祈睿鉴施行。

恭进治河书表

原任总督河道提督军务兵部尚书兼都察院右副都御史臣靳辅恭承圣旨，纂述《治河书》成，谨奉表上进者。臣辅诚惶诚恐，稽首顿首上言：伏以殷忧启圣，皇作极而洪泽生；惟德动天，帝日咨而平成奏。敬述儆予之命，垂为敷土之经。已获成编，爰呈御览。恭惟皇帝陛下，阴阳定位，上下同流，凛不显于昊天，亦临亦保；视如伤于赤子，犹溺犹饥。一怒赫斯，授钺于明堂之上；三方有截，献俘于清庙之中。梯山航海之邦，请游庠序；春露秋霜之宇，罔不尊亲。方扬九叙之歌，宁使一行之泪。念彼黄、淮二水，泛澜者千七百年；近迨隆、万两朝，负薪者二十余载。始开宅土，旋见滔天。岂少劳臣？莫收成效。内府则金钱已匮，分黄之说方张；西山则木石无多，泛海之谋间起。议论多而成功少，变故极而主见淆。本自拙于人为，终乃诿之天数。百年一辙，兆姓其咨。圣人之大德曰刚，圣人之大用曰哲。拔臣于旅进备员之内，发帑于军兴旁午之时。知臣愚足禀成，频申之妙略；察臣戆轻任事，深戒之小心；谅臣孤则易摇，屡宽之文法；悯臣势将召怨，曲赐之保全。昔潘季驯功被当时，四任而再黜。念微臣辅才非逾等，一命而十年。盖圣心惟念切救民，诚救民，故宥过无大。在微臣但志期报国，诚报国纵冒戾何辞。矧复不惜万乘之尊，南巡至再；不间九重之隔，旅告重申。河岳增光，鱼龙失据。彼苍格兹如保，河伯变其不仁。用荷齐天，安兹二渎。高家堰鼍鸣徙穴，清水潭龙首成渠。南运、北运交移，皂河、中河继辟。扬帆数里，即渡洪河；引缆千樯，便登天府。启军国万年之庆，苏东南半壁之劳。咸仰天工，敢忘帝力。顾犹上盱往古，下念来兹。谓宣房瓠子之辞，徒传劳苦；竹络金堤之绩，莫纪施张。犹恐后世之无征，特俾微臣之有作。臣久承休命，追溯神谟，嗟胼胝之未遑；频年按部，庆怀柔之得颂。此日投闲，恪遵谕诰之文，附以修防之迹。行其无事，天子之旨约而该；治之多方，河臣之职烦以琐。条分八则，汇次一编。伏愿河海常清，图书再出。冠之天序，焕乎其有文章；锡以鸿名，倬彼昭于云汉。庶垂之奕叶，如闻咨儆之声；告之后人，永作随刊之鉴。臣辅无任瞻天仰圣，激切屏营之至，谨奉表随进以闻。

康熙二十八年某月某日，原任总督河道提督军务兵部尚书兼都察院右副都御史臣靳辅上表。

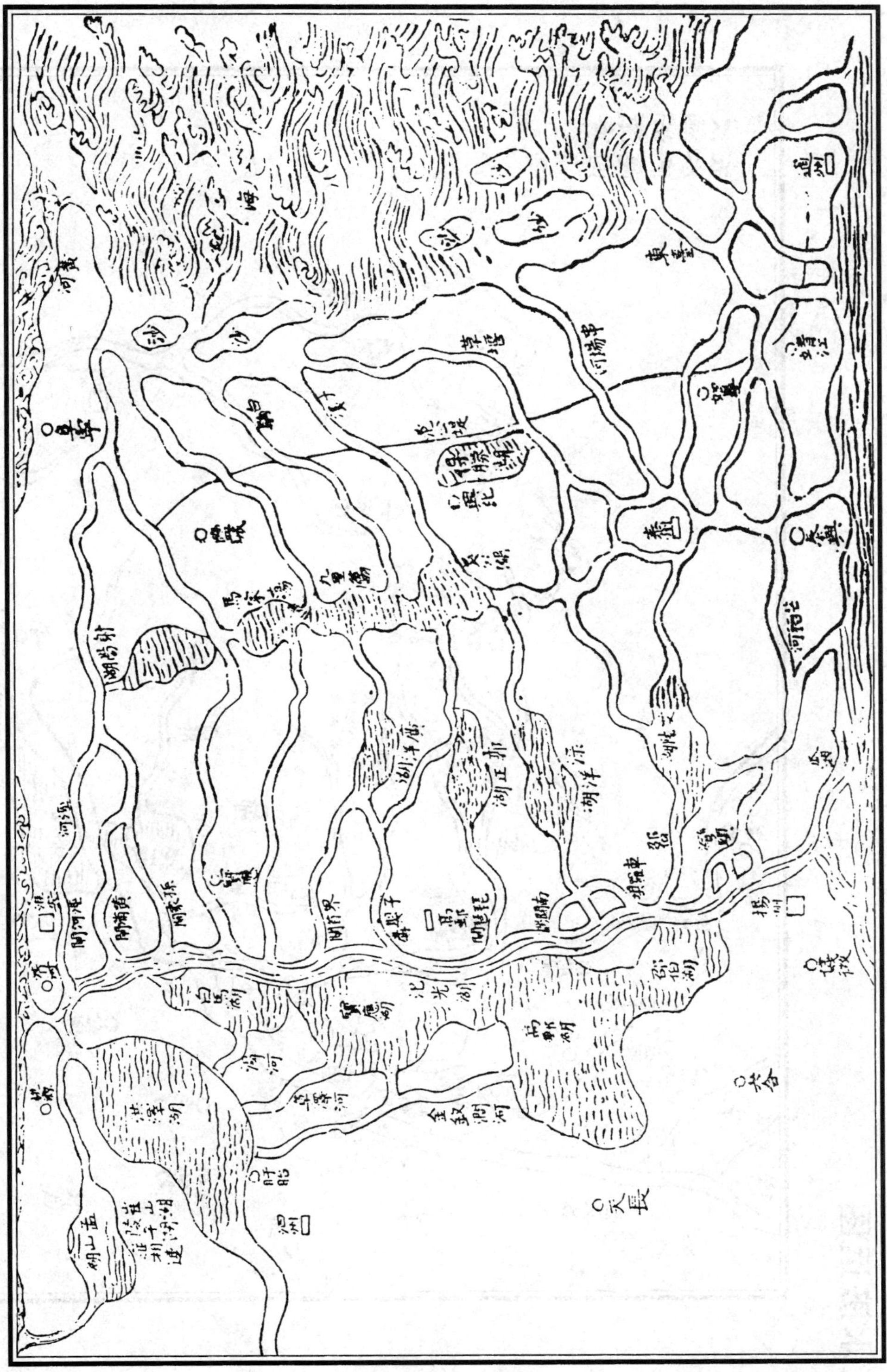

淮南诸河图

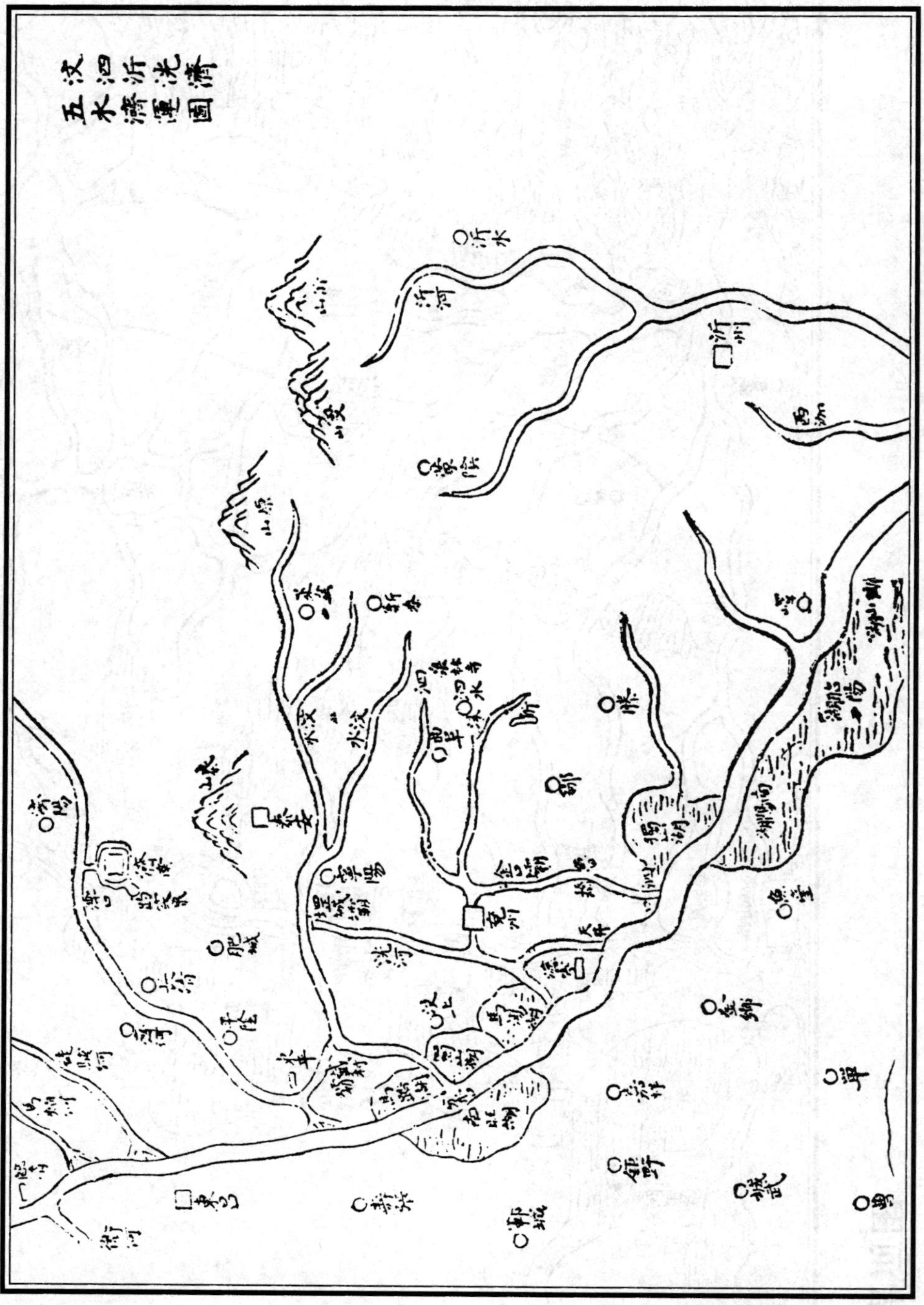

五水济运图

卷一

治纪上

自禹之后，治水之人多矣，而不详其所治之法。详所治之法者，盖自欧阳玄《至正河防记》始也。夫治水，非徒法也。因乎地形，察乎水势，而加之以精思神用焉。然规矩备，而娄之明、输之巧，不更加乎？《河防一览》备矣。臣不才，督河十有余年，治防事宜，不能希附前人。然河流变迁，运道改易，宜于今者，或不必胶于古，故凡见之施行者，亦不敢不录而存之，以备后此刍荛之采，其繁且大者，辞不厌详焉。

大兴经理

凡大工之兴，先审其全势。全势既审，必以全力为之。未有畏其大且难，而曰吾姑以纾目前之急已也。康熙十六年以前，淮溃于东，黄决于北，运涸于中，而半壁淮南与云梯海口且沧桑互易。此时若不将两河上下之全势统行规画，源流并治，疏塞俱施，而但为补苴旦夕之谋，势必溃败决裂而不可收拾。臣受事之始，正值军兴旁午，筹饷维艰，而《经理河工八疏》所计工程极大，请帑至数百万计，廷臣不无其难其慎。而我皇上睿谋独断，不惜大费，悉准施行，此两河之得以复故也。

首严处分

天下事莫不成于明作，而败于因循，但人情当积疲之后，委靡不振，无论贤不肖，皆狃以为固。然非有以大震动之，则贤者无以劝，而不肖者无以惧。自两河失故十有余年，夙弊相沿，废弛日甚，司道委之府佐，府佐委之州县，州县委之佐杂，而府州县之正印则袖手旁观。办物料则累月经年，计夫役则有名无实，核工程则苟且支吾，惩不胜惩，虽河臣亦无如之何。康熙十六年，题请嗣后凡黄运堤岸修筑，各定年限，其汛地冲决及催夫不发、办料不前、推卸迟误，并不行转催，不行确查，具题之上司，增定新例，较昔弥严。其荐举大计等典，凡有河地方之道、府、州、县正印、佐贰等官，俱将河工一并考成。从此人知儆惕，举千数百里之大工，屈指限期，以告竣焉。

改增官守

两河襟带数千里，全在大小群有司赞襄戮力。必使人如臂指，而后其令行；必使人无观望，而后其心一；必使人知惩劝，而后其力殚。往时河官之制，设分司四员，以部郎领其事，三年一易，以为常。夫部郎之亲民也，视郡邑有间，举事率多格滞，且以年之有限也，往往履任之初，皆迂疏；及车轻路熟，又以瓜期去，故请撤部郎而归之监司、郡丞。盖监司、郡丞之于郡邑，呼吸一气，事易集，且可遴选其谙练者以名闻，又绵其岁月，责其成功，是以吏习民安，而政克举。然大工庞杂，又非数郡丞可理，故又分设监理、分理者，画疆任责，俾各专其事，展其长以课其殿最而黜陟行焉，而河功无不效力之员矣。

设立河营

旧制：沿河堤岸，额设河夫以供修防之役。然有司按籍签点，必假手于吏胥，由吏胥而及之乡长、里甲，大都冒张虚数，临时倩应老弱，故名存实亡，而功以堕也。今改设河兵八营，营领以守备递为千、把总，一以军政部署之，令其亡故除补，有报逐日，力作有程，各画疆而守，计工而作，视其勤惰而赏罚行焉。有事则东西并力，彼此相援；无事则索绹艺柳，巡视狐獾窟穴，较额夫旧制有条而不紊，有实而可核矣。然守弁惟以督率兴作为务，至于钱粮出入、稽查商确，非文职不可，故有一备，即有一厅员监之，然后文武相资而事易集焉。

挑浚引河

塞决之方，必先杀其势、平其怒，而后人力得施焉。则莫如引河之善也。引河之用有三：一曰分流以缓冲也。河一决则全流尽趋决口，奔腾激荡，桩埽无所施，应于对岸上流别开一河以引之，则决口缓矣。一曰预浚以迎溜也。河身既淤为平陆，即异日黄流归故，必涨溢而他溃，故必预开一渠以迎之，务使水至归渠，遂其湍迅之势，则刷沙有力，而后无旁出之虞。一曰挽险以保堤也。河性猛烈，方其顺流而下也，则借其猛以刷沙；当其横突而至也，则挟其猛以崩岸。故当其倏忽激射之时，宜酌左右之中，急开一渠，以挽所冲之溜头，引入中流，以夺其势，而后危堤可保，故曰其用有三也。至于度土地高卑之数，以定挑挖之浅深，验土性淤松之殊，以酌渠路之去取，又在任事者之尽心焉。

挑河之法，固宜相土地之淤松以施浚，然亦有本无松土，不得不于淤处挑挖者。后水到之时，不比浮沙易刷，此等水中之淤，最难施力，必须初开之时，分外加深乃可。

开辟海口

云梯关者，不知名自何时，乃黄、淮二渎所由以入海者也。往时关外即海，自宋神宗十年，黄河南徙，距今仅七百年，而关外洲滩远至一百二十里，大抵日淤一寸。海滨父老言：更历千年，便可策马而上云台山。理容有之。此皆黄河出海之余沙也。自河道内溃，会同之势弱，下流不能畅注出海，而海口之沙，日淤海口，日淤而上流愈壅，以致漫决频仍，内讧而不之止。故凡议河事者，莫不力言挑浚，而不知其势有必不可者，何也？挑浚之口最狭浅，亦须宽至里、深及丈，方可通流，以土方之算，授工计万夫，三日之力，不及里之一分。且渐近海滨，人难驻足，加以滔天之潮汐，一日再至，不特随浚随淤，尤恐内水未及出而潮水先从之而入矣。夫海口之高，皆因关外原属坪厂漫滩，以故出关之水亦随地散淌，散淌则无力，无力则沙停耳。《禹贡》纪河之入海曰“同为逆河，入于海”。夫河也，而以逆名，海涌而上，河流而下，两相敌而后入，故逆也。既播之为九，又曷为而同之？不同则力不一，力不一则不能逆海而入也。《禹贡》，圣人之书，其言不可易也。又考《河防一览》，潘季驯有言曰：“海无可浚之理，惟有导河以归之海。然河非可以人力导，惟有善治堤防，俾无旁溢，则水由地中，沙随水去也。”季驯近世之能臣，其言固不当易也。今日之云梯关外，是即今日之逆河也。而不堤以求其同，不同以求其入海也，得乎？爰是自清口以下至云梯关三百余里，挑引河以导其流，于关外两岸筑堤一万八千余丈，凡出关散淌之水，咸逼束于中，涓滴不得外溢，从此二渎就轨，一往急湍，冲沙有力，海口之壅积，不浚而自辟矣。

塞决先后

河水当泛滥奔溢之时，其决口必非一处，或大或小，或上或下，议塞者莫不先大而后小，先上而后下，而不知其理有不然者。盖大口难塞，非逾旬累月不能竣。迨大口工竣，而小口又复汕刷而成大，虽用裹头套护之法，第能使之不阔，不能使之不深，然亦未有中泓既深而两端不塌陷者。则是所塞之工，处处皆大口矣。夫大口既宽阔，至于成河止矣，必不至更刷而大，急将诸小口尽行堵塞，而后以全力施之大者。至于先下而后上，从事乎其所易，其理亦然。截其尾，毋撄其锋，下口既截，而后以全力施其上，或挑引河，或筑拦水坝，或中流筑越坝，审势置宜，而大者、小者当亦无有不受治者矣。

量水减泄

至柔莫如水，然苟不得其平，则虽天下之至刚者，不能御平水之法。奈何？曰量入为出而已。今使上流河身至宽至深，而下流河身不敌其半，或更减而半之，势必怀山襄陵，而溃决之患生。夫河面窄狭之处，或城镇山冈不可开辟，我则于其上下流相度地形，多建滚水闸坝及涵洞，放入通水之沟渠，以测土方之法，移而测水，务使所泄之数，适称所溢之数，则其怒平矣。至其下，或复宽阔如故，又恐其力弱而流缓，流缓而沙停，则仍引上流所泄之水，归之正河，以一其力。如是则虽以洪河之浩瀚，而盈虚消长之权，操之自我，不难择便利而疏导之矣。

防守险工

防河之要，惟有守险工而已。黄河之易决，莫如中州。其地土松而沙多，每一坍陷，辄至数百丈，然其地宽旷，不与水争地，其筑堤甚远，至近者亦三五里。此堤不守，复筑一堤以守之，河流去堤身既远，则游波宽缓，亦不能深入，势必复引而他去，而淤滩仍为平陆。故虽险而易守也。江南自徐、邳而下，大抵皆城郭室庐，村镇繁庶，不得不画地戒严，亦其势然矣。守险之方有三：一曰埽，二曰逼水坝，三曰引河。三者之用，各有其宜。当风抵溜，其埽必柳七而草三，何也？柳多则重而入底，然无草则又疏而漏，故必骨以柳而肉以草也。御冰凌之埽，必丁头而无横，何也？冰坚锋利，横下埽则小擦而靡，大磕必折也。然扫湾之处，则丁头埽；又兜溜而易冲，必用顺埽，鱼鳞栉比而下之，然后可以挡溜而固堤。至十分危急，搜根刷底，上提而下坐，埽不能御，则急于上流筑逼水坝，回其溜而注之对岸，或一二三道。若止一道，恐河流悍烈，坝一摧而堤即不可救也。若开引河，则其费甚巨，又必酌地形而为之。若正河之身迤而曲，如弓之背，引河之身径而直，如弓之弦，则河流自必舍弓背而趋弓弦，险可立平。若曲折、远近不甚相悬，河虽开，无益也。诸如此者，殆如御敌，然埽之用，是固其城垣者也；坝之用，捍之于郊外者也；引河之用，援师至近，开营而延敌者也。夫吾既修其内备，而外又或捍之、或延之，敌虽强，未有不迁怒而改图者，保险之法尽矣。

附黄河各险工

自徐、邳以至海口，千有余里，险工甚多。有昔险而今平者，亦有昔平而今险者。盖河道变迁，冲刷不常之所致也。前代河患在北，其险多在开封、大名、河间、东兖间。今河患在南，开封所属，惟荥泽、北门一险，当岁加埽土以防之。东省惟曹县傅家集一险，向挑引河一道，尚未成，此河一成，便可变险为平。若江南则自徐、邳以下，险工不可屈指。今举其最者凡四十有六，详记之，冀后此司河事者加之意焉。

砀山县，两岸堤俱无险工。

萧县，两岸俱无险工。

徐州，南岸险工三：曰郭家嘴，乃治西南护城堤尽处；曰杨家洼，在长樊大坝南，地势最卑难守；曰小店庄，在杨家洼东。其北岸险工曰长樊大坝。

邳州之境，尽于北岸，险工四：曰塘池大坝；曰洋山寺；曰董家堂，州既去旧制，移建城南堤，其南里许即董家堂，乃剥肤之虞也；曰五工头，在治东南。

睢宁之境，尽于南岸，险工三：一曰王家堂；一曰戴家楼；一曰羊山寺。自鲤鱼、峰山两崖中建瓴而下，南北冲突三处，皆顶冲也。

宿迁，南岸险工四：一曰蔡家楼；一曰彭家堡；一曰徐家湾；一曰白洋河草坝。北岸险工三：一曰朱家堂；一曰杨家庄大坝，并逼水坝；一曰古城。诸险之中，朱家堂逼近运河，尤为险要。

桃源，南岸大险工三：曰烟墩；曰龙窝；曰李家口。北岸险工五：曰九里冈；曰上渡口；曰七里沟鸡嘴坝；曰新庄口；曰三岔。

清河，南岸险工三：曰甘罗城，天妃坝，惠济祠。此处最当顶冲，虽系石工，而残圮过半，内即运河，所系最大。北岸险工一：曰玉皇阁，即县治之南堤也。大抵宿、桃、清三邑，无山冈之阻，地土疏旷，其河流激驶，与他境不同，防之者尤当加意。

山阳之险，俱在南岸，险工最多，凡十有二：曰王公堤，乃第一大险工也，别有论说；曰老坝口；曰草湾；曰汤董庄；曰颜家河、上张庄；曰真武庙；曰周家渡；曰唐家堡；曰小茭陵；曰何家庄；曰大茭陵；曰马逻、沈家围、罗铺，左家口至卓家口二十里。

安东之险，俱在北岸，险工凡六：曰二铺；曰便益门；曰南门；曰东门；曰茆良口；曰佃湖。此各险虽与海近，无大害，然民社土田之系则同。

按：河性冲突迁徙无常，昔日之险工，质之现在，而不必尽合，难以枚举。今以旧图、新图并列之卷首，使览者参观而自得之，此不赘述。

坚筑河堤

防河之法，首在于堤。然堤太逼则易决，远则有容而水不能溢，故险要之处，缕堤之外又筑遥堤以备异涨。堤稍瑕即溃，与无堤同。必选择淤土，每覆土一尺，即夯硪三回，筑毕用铁锥杵孔，沃以水，水不渗漏为度。然亦有纯淤土而渗漏者，则其土必太坚，锤不易入，其捍水尤有力。且土必龟折为验。堤之高卑，因地势而低昂之，用水平打量，毋一概以丈尺为凭，以水面为准。筑堤之法，陟则易圮，如堤根六丈，顶止二丈，俾马可上下堤面，及根必多种茸草以盖之。盖草能柔水性，能庇雨淋，而坦坡又可杀风浪之怒也。其取土宜于十五丈之外，切忌傍堤挖取以致积水成河，刷损堤根。然取土有远近难易之辨，故其工值之多寡，视其远近难易而增减之。又土方之数，有虚实上下之辨，故其工值之多寡，复视其虚实上下而差等之。堤成之后，必密栽柳苇茭草，使其茁衍丛布，根株纠结，则虽遇飙风大作，总不能鼓浪冲突。此护堤之最要策也。

堵口诸要

河决之始，如用埽裹头以防汕刷，筑逼水坝，开引河，签桩必须深钉入底，以防悬空误事。《河防一览》所载备矣。至于沉系埽个，全在揪头绳索，其力尤重于桩，必须多而壮。埽必重而后沉，当柳七而草三，填土之后，傥埽工之外，忽起翻花大浪，急须于堤内下埽填土，昼夜压截。其翻花浪起于数十丈之内犹易，若起百丈之外则危矣。其堤工若但坍陷而平下，犹可填土加埽，若一悬空则危矣。若内外倾欹，亦不可救，此《河防》所不载，堵决者不可不知也。

就水筑堤

于水中筑堤取土，最远或至数十里外，工费不赀者。当用水中取土之法，其法先定堤基，随用船装远土于水中，筑成围埂，其埂出水二尺，中阔三十丈，长五十丈。围埂既成，用草料防护，随将埂内之水车干，然后于离堤基十五丈之外，启土挑至堤基之上，密加夯硪，筑成大堤。其堤如应，顶宽二丈，底宽十丈，高一丈六尺，每堤一丈用土九十六方。连船装筑埂之上并戽水防埂，一切夫工、器具、料物以及阴雨食米等项，每方约需银二钱六分，较之寻常就远取土之费，约省过半。

栽植柳株　刘天和《六柳说》附

凡沿河种柳，自明平江伯陈瑄始也。其根株足以护堤身，枝条足以供卷埽，清阴足以荫纤夫，柳之功大矣。然种柳不得其法，则护堤之用微，且成活者少。惟明臣刘天和《六柳说》曲尽其妙，当仿其法行之。统计每年岁修，需柳不下一百万束。自康熙二十年劝令各官种柳，已得若干株。自二十六年以来，所用之柳半取诸此。再行各营弁，凡春初防守稍暇之时，每丁计地，各课种柳若干，不过三年，沿河成林，一有不测，卷埽抢防，不烦砍运于他处，即以本汛之柳，供本汛之工，力省而功易集，所益非小也。

六柳说

余行中州，历观堤岸，绝无极坚者。且附堤少盘结繁密之草，与南方大异，为之忧虞，乃审思备询，而施植柳六法：一曰卧柳。凡春初筑堤，每用土一层，即于堤内外边箱，各横铺如钱如指柳枝一层，每一小尺许一枝，毋太稀疏。土内横铺二小尺余，土面止留二小寸，毋过长。自堤根直栽至顶，不许间少。二曰低柳。凡旧堤及新堤，不系栽柳时月修筑者，俱候春初用小引橛于堤内外，自根至顶，俱栽柳如钱如指大者，纵横各一小尺许，即栽一株，亦入土二小尺许，土面亦只留二小寸。三曰编柳。凡近河数里紧要去处，不分新旧堤岸，俱用柳桩，如鸡子大，四小尺长者，用引橛先从堤根密栽一层，六七寸一株，入土三小尺，土面留一尺许。却将小柳卧栽一层，亦内留二尺，外留二三寸。却用柳条将柳桩编高五寸，如编篱法，内用土筑实平满。又卧栽小柳一层，又用柳条编高五寸，于内用土筑实平满。如此二次，即与先栽一尺柳桩平矣。却于上退回五寸，仍用引橛密栽柳桩一层，亦栽卧柳、编柳各二次，亦用土筑实平满。如堤高一丈，则依此栽十层，即平矣。以上三法皆专为固护堤岸，盖将来内则根株固结，外则枝叶绸缪，名为活龙尾埽，虽风浪冲激，可保无虞，而枝梢之利亦不可胜用矣。北方雨少草稀，历阅旧堤，有筑已数年而草犹未茂者，切不可轻忽前法。运河、黄河通用可也。四曰深柳。前三法只可护堤，以防涨溢之水，如倒岸冲堤之水亦难矣。凡近河及河势将冲之处，堤岸虽远，俱宜急栽深柳。将所造长四尺、长八尺、长一丈二尺数等铁裹引橛，自短而长，以次钉穴俾深，然后将劲直带梢柳枝，如根梢俱大者为上，否则不拘大小，惟取长直，但下如鸡子，上尽枝梢，长如式者皆可用，连皮栽入，即用稀泥灌满穴道，毋令动摇。上尽枝梢，或数枝全留，切不可单少。其出土长短不拘，亦须二三尺以上。每纵横五尺，即栽一株，仍视河势缓急，多栽则十余层，少则四五层。数年之后，下则根株固结，入土愈深；上则枝梢长茂，将来河水冲啮，亦可障御。或因之外编巨柳长桩，内实梢草埽土，不犹愈于临水下埽，以绳系岸，以桩钉土，随下随冲，劳费无极者乎！五曰漫柳。凡坡水漫流之处，难以筑堤，惟沿河两岸，密栽低小柽柳数十层，俗名随河柳，不畏渰没。每遇水涨既退，则泥沙委积，即可高尺余或数寸许。随淤随涨，每年数次，数年之后，不假人力，自成巨堤矣。如沿河居民各分地界，筑一二尺余缕水小堤，上栽柽柳，尤易淤积成高。一二年间，堤内即可种麦，用功甚省，而为效甚大。黄河用之。六曰高柳。照常于堤内外，用高大柳桩，成行栽植，不可稀少。黄河用之。运河则于堤面栽植，以便牵挽。

酌用芦苇

护堤塞决之用，莫善于埽。卷埽之用，惟草柳二者而已。

盖柳遇水即生，草入水而腐为土，性既宜之，且又费甚省而采易办也。柳随地可种，草近则取之湖塘；远则取之海滨。湖塘所出之芦苇，不如海滨所出者之坚实长大，每一束抵二三束之用，但以其地远，采办稍艰。若抵冲塞决，非此不可，酌其工程之缓急而用之可也。

运载土方

浚河筑堤之迟速，一视运土之迟速而已。初以人力有限，以驴代之，然终莫若车运之便也。夫驴之力虽胜于人，然刍秣之费，喂养之劳，倒毙之患，合而较之，殆不得当矣。车之制，当用独轮小车，盖挑土之处，大抵原隰高低，沟坑断续，双轮则不行，且小则往来捷而不滞也。一车所载，可得土二百斤，每日二夫，一车之所运，可抵三夫之运。较之于驴，则省刍秣喂养倒毙之累；较之于人，又无召募逃亡及阴雨坐食之害。且设遇农工兴作之时，工程方亟，而夫役不继，则车之利尤大矣。计一车之工本，不及五钱。河例，每夫工食一日四分，不过出十二夫之工食，用之经年，可得三百六十夫之用矣。

采办料物

水土之工，物料最难。虽上有经画之总理，下有谙练之属员，与子来之兵役，而所需不急，以至万夫束手以待，其误事非浅鲜也。然物料非难，采办为难。往时河工旧例：一曰官办，所需之物，行文于各出产之地方有司，给价买解；一曰商办，听各商人赴工领银，送料交官。夫地方官有司，必假手于胥吏，由胥吏而及之各行户，层层剥蚀，至料户或分文不给。及运料到工，而所专管之官，贪婪不职者，更复式外苛求，不肯即收，小民不堪其命，此官办之害也。工料之大，莫如桩木，而商人领价，大都真伪相半。其真商领银入己，分派各小行，其值必亏；伪者实无资本，夤缘冒领，花费拖欠，此商办之害也。至于大工急于星火，而文檄追比，催督不前，常至四五年，种种误工，则一也。臣莅事以来，稔悉此弊，再三斟酌，终无至当之策。若竟委之在工各官，恐破冒多；若专委之胥役，又恐势轻而无济。惟有择员而任，以鼓励惩劝之为稍愈耳。除岁修物料不多，不必差员，其大工物料，若苇草苘麻之属，当委之邻近各邑佐贰，彼既与工近，习知在工所需之物，必不敢欺且淹；其桩木之属，当精选廉干之府佐贰，专行买解。所办之木，果坚大如式，价值不浮，又往来迅速，克济大工者，工竣题请优叙，否者请黜亦如之，庶几人知自励，采办不前之弊或可免矣。

土方则例

土以方一丈、高一尺为一方。然有上方、下方之别焉，有专挑、兼筑之分焉。至挑河又有起土浅深之不同焉，筑堤亦有运土主客之不同焉，其土方工值更有人力强弱之不同焉。以江南而论，自邳州、睢宁县起，至砀山县止，每筑堤一方，给银一钱四分；自宿迁县起，至山阳县止，并扬属各州县，每一方增银一分。此题定之例也。

主土者，就近挑挖之土，以所筑之堤为准者也。取土之法最忌逼堤，盖逼堤则堤址卑洼，便有积水伤堤之患，故必离堤十五丈之外取之。取起之土挑至堤基之上，用大石夯硪之，或以七寸为一层，夯至五寸。或以一尺为一层，夯至七寸。然后再上一层土，如前法夯之。务要自底至顶，层层夯硪打就，则彻底坚固，可免渗水之患。每堤高一尺，两面坦坡，必须筑宽六尺。如高一丈之堤，应筑宽六丈之堤底，再加堤身、顶底各宽二丈，共计顶宽二丈，底宽八丈，高一丈。用勾股法科之，每丈计筑成上方土五十方，每方一钱五分，应给银七两五钱也。

客土者，迤远挑运之土，以所起之土为准者也。如此处必须筑堤，而沿堤基俱系积水湖荡，畚锸难施，势必别处取土，用船装运。高、宝定例，以五十大箩为一方，每箩约重二百余斤，每方约重一万斤。连搬运上船工银六分，运至工所又工银八分，由船而运至堤上又工银五分，堤基之上再加硪夫夯硪又须工银二分。通计虚土一方，共费银二钱一分，止筑成上方坚实堤土七分也。

专挑者，止挑去河身之土，而不系筑堤者也。所挑之土，必离河边四五丈地面，方许卸弃。若就近竟卸，一经淋雨，仍复淌入河内矣。其挑河工价，以所挑河之浅深为准。凡挑三四尺深者，每方给银六分；五六尺深者，加一分；七八尺深者、九尺一丈深者、一丈一二尺深者、一丈三四尺深者，递加一分至一钱一分止。盖六尺深以上之河，无翻塘戽水之劳，不过每方六七分而止；其挑深七尺者，未免有水，一丈以外，泉水愈多，故给银递加。若黄河之内流沙陷足，施工最难，必须设法挑挖。大抵每方递加一分，七八尺深者，给银九分；至一丈三四尺深者，给银一钱二分。然又当审工程之难易，如人夫易募、雨水不多、地高泉涸之处，尚可省一分也。

兼筑者，即用挑河之土，以筑防河之堤也。如所挑之河有必须筑堤者，其所挑之土必须卸于应筑堤基之上，照依前式，彻底夯硪成堤。如此则一举而堤河成。每挑土一方，照挑河工银外，另加摊土夯硪银二分。此挑河兼筑堤，作下方工价科算，以河工挑成为准者也。更有虽挑河而重在筑堤者，每上方土一方，给银一钱六七分不等，此以堤工筑成为准者也。总之视工程之难易而斟酌之。

上方、下方者，以筑成堤工之实土为上方，土塘所取之松土为下方也。然一堤之中，亦自有上方、下方之别。如筑堤一丈，则以平地自一尺起至五尺为下方，自六尺至一丈为上方；如筑堤一丈二尺，则以一尺至六尺为下方，七尺至丈二为上方。盖筑堤之法，愈高则愈难，故必先为斟酌难易，而等差其工价，庶铺底者不致以易工而多取值，收顶者不致以难工而寡取值。则劳逸之势虽殊，而高下之值则均也。然土方工价，虽题有定额，亦不过举大概而言。若筑堤高至一丈四五尺，自不得泥一定之例，况取土更有远近之不同，甚至扎簰铺路，远取稀泥于污淖之中而成堤者，其工价不啻加倍，有至三钱余一方者，更难执一而论。是在司其事者，相地势之高卑远近而变通之可也。

卷二

治纪中

高家堰 题明经理河工第三疏内事宜

洪泽湖在山阳之西南，北距大河，东俯高宝诸壑，淮水远自豫省，复挟汝、颍、溵、涡、汴群川之水，汇而入焉，潆洄激荡，唯下之是趋，而其地东北为下，趋而北则出清口而达于海，趋而东则高宝诸壑滔天，而淮扬之民其鱼矣。

汉末陈登为广陵守，大兴水利，首建高堰，障其东而使之北，淮南千余里，地无沮洳，后世治水者，皆守其旧而不变。自唐以来，南北通运，至宋，黄又徙而南，湖日宽广成巨浸，而是堰之所系愈重。庆历间，一修于发运使张伦。明初，再修于平江伯陈瑄。至万历间，河臣潘季驯复大修之，且砌以石者三千余丈，愈巩固焉。

顾西南一带，自周桥至翟坝三十里，空之而弗堤，曰此处地形稍亢，天然减水坝也。但当时湖底深而能纳，虽不筑堤，湖水常低于岸面，惟遇淫潦异涨，始漫溢而出。故季驯又曰："周桥漫溢之水，为时不久，诸湖尚可容受也。"迨黄流倒灌之后，湖底垫高，湖水亦因之而高，况决口九道，淌刷成河，地形愈陷。以愈高之湖，放愈陷之地，于是此三十里稍亢之区，昔所称漫溢不久者，今且终岁滔天，东注而不止。不特清口之力分无以敌黄，而淮且反引黄水以俱东，二渎交腾，高、宝诸湖盈科而不受。此清水潭所以大决而不可塞，而下河七邑遂同溟渤也。

臣奉命大修，将诸决尽塞。自清口至周桥，九十里旧堤，悉增筑高厚，并将周桥至翟坝三十里旧无堤之处，亦创建之。盖今日之地形水势，与明万历间大异，即使季驯而在今日，亦未有不堤者也。然仍留减水坝者六处，计二百丈。坝之而弗堤，何也？湖水之高于黄水者，常五六尺，若一任其建瓴而出，则所蓄无几，一逢亢旱，上源微细，既不足以济运，更恐黄水之乘其弱而入。故烂泥浅一带湖滩，昔人称之为门限，今不使尽辟，欲清水常留其有余。然设遇大雨连旬，洪波骤溢，清口一道之所出，不胜数百里全湖之涨，不有以减之，势必寻隙而四溃。故趋下之势必堤以防之，不虞之溢复坝以减之，然后节宣有度，旱不至于阻运，而涝不至于伤堤也。虽然，洪泽周围三百余里，合阜陵、泥墩、万家诸湖而为一，又上受全淮之委，空蒙浩瀚。每西风一起，怒涛山涌，而以一线之长堤捍之，浪头之所及，土崩石卸，虽岁岁增高培薄，终不能御。

窃思水，柔物也，惟激之则怒，苟顺之自平。顺之之法，莫如坦坡。乃多运土于堤外，每堤高一尺，填坦坡八尺，如堤高一丈，即填坦坡八丈，以填出水面为准，务令迤斜以渐高，俾来不拒，而去不留。是年秋，黄水大涨，奇风猛浪，倍异寻常。而汹涌之势，一遇坦坡，而其怒自平，惟有随波上下，而无所逞其冲突，始知坦坡之力反有倍蓰于石工者。故障淮以会黄者，功在堤；而保堤以障淮者，功在坦坡也。惟是填积坦坡以来，垂及十载，风涛之所汕刷，平铺卸去，离堤已四五十丈矣。若用帑填积，既所费不赀，又工程难见。应每年督河兵岁夫，逐渐加工，立为定制。每岁堤工一丈，填土二方，务使所增之数，适称所耗之数，则善矣。久而久之，离堤百丈之内，必渐垫而高，因丛植柳芦茭草之属，俟其根株交结，茂盛蔓延，则虽狂风动地，雪浪排空，不能越百余丈之茂林深草而溃堤矣。

永安河　即清水潭

清水潭之决，历杨茂勋、罗多、王光裕三河臣经营堵塞，十有余年，前后费帑金五十余万。随筑随圮，终难底绩。其故何也？盖高、宝诸湖，西南受泗、盱、天、六诸山溪涧之水，西北又值高堰大溃，黄、淮东注，南北交汇，汹涌滔天，方以下河为壑，而清水潭尤属卑洼，其势莫御。一难也。

屡塞屡决，其势愈盛，宽至三百余丈，深至七八丈，旋澜飞沫，如雷如电，一遇风飙乍起，辄怒涛山涌，漕艘商船至此者，皆徘徊而不敢进。虽有桩杙，人力无所施。二难也。

卷埽筑堤，全借真正老土，然后工程坚固，可以永久。而决口地方，前后左右数百里内，非一望汪洋，即芦洲沮洳之区，无从取土。三难也。

康熙十五年，尚书冀如锡等勘阅，所司估帑五十七万，而夫、柳仍派之民间，犹未敢必其成功。臣受事后，周行阅视，曰是未可治也。清水潭以高、宝诸湖为上源，诸湖西南所受泗、盱、天、六之水，本等之水也；西北所受高堰，东溃黄、淮之水，无妄之水也。本等者不可去，但去其无妄者，而上流建瓴之水，其力必大杀，而后决可塞也。于是先堵高堰，凡三十四决口，筑堤建坝，令全淮尽出清口，然后专力以图清水潭。但决口既深阔异常，若徒下埽填土，则随下随溜，以有限之金钱，委无穷之巨壑，是复蹈前人之辙也。

窃思决口不患其宽也，而患其深。然决口虽深，而决之上下五六十丈之外未尝加深，其法当避深就浅，于决口上下退离五六十丈为偃月形，抱决口两端而筑之。计所筑之堤，其长必数倍于决口，然较其浅深，必减七八九倍不止。况湖底平坦，则桩埽易施；湖面宽缓，则冲淌无患。因命于决口之上测之，果深不过六七尺也。然工程既大，老土难得，乃移咨漕督，令大江以南回空漕艘随便带老土若干方，赴工交纳，选廉能官司之，计方给价。大抵梁王城之土居半，盖其土性胶而凝，绝胜他处之土。然去工所六百余里，非回空莫能运也。于是立标授工，就湖内越筑之，中下埽个，内钉排桩，外填坦坡。身宿工次，调度董率。筑成西堤一道，长九百二十一丈五尺；东堤一道，长六百零五丈；更挑绕西越河一道，长八百四十丈。凡一百八十有五日而工竣，改清水潭曰永安新河。连夫、柳为费九万两有奇，省帑金四十八万余两。至今十余年，屹然巩固，运艘民船，永绝漂溺之苦焉。

南运口

大江以南，各省漕运，自瓜、仪而北，凡四百五十余里，至清江浦天妃闸，以入黄河。此明臣平江伯陈瑄之所开也。万历年间，河臣潘季驯以天妃闸直接黄河，故不免内灌，因移运口于新庄闸，以纳清而避黄。后亦以天妃名之，非其故矣。然其口距黄、淮交会之处，不过二百丈，黄水仍复内灌，运河垫高，年年挑浚无已。兼以两河会合，潆洄激荡，重运出口，牵挽者每艘常七八百人，或至千人。鸣金合噪，穷日之力，出口不过二三十艘。而浊流奔赴，直至高、宝城下，河水俱黄，民居至澄汲而饮。于是建闸置坝，申启闭之条，严旨刻石，除重运回空及贡鲜船只放行外，即闭坝拦黄。凡官民商艇，俱令盘坝往来。夫闭坝之制，不独不便于民，且空重往来之时，仍不能必黄流之不入，乃不得已之图，非不易之策也。盖因当时太山墩一带，及七里墩外，皆渺然巨浸，舍新庄闸之外，别无彼善于此之地。地形水势，实限之以不得不然耳。

自黄河倒灌以来，西北自白洋河、于家冈一带，直接泗州，东北自吴城、张福口一带，直至武家墩，卑洼者悉变为高厚。其清口以内，裴家场、帅家庄、烂泥浅周围数十里，凡垫成平陆之处，臣挑引河四道，淮水仍出清口，是则黄流之灌在当时诚大为运河之害，而在今则颇受其利矣。何也？清口两岸垫高，天然成堤，黄、淮不得交漫。一利也。太山墩上下洪涛尽涸，而运河之地形，愈加完固，制闸建坝，可以惟我之所择。二利也。清口之内，横亘滩洲，淮盛则湖水滔滔北注，淮弱则湖水常有所蓄以济运，而不至于尽泄。即黄涨内乘，亦限于滩洲而不得纵，不久而淮水盛长，即便抵回。三利也。

因而譬之：清口，全淮之口也；洪泽湖，其腹；所挑裴家场、帅家庄、烂泥浅诸河，则其咽喉；而新庄闸河岸，则其唇吻也。夫以黄河之悍烈，而运口出于唇吻之间，宜其浅露而无庇，径直而受灌，济运之清淮，反为浊黄之所抵而不得入也。于是酌议拜疏，移运口于烂泥浅之上，自新庄闸之西南，挑河一道至太平坝；又自文华寺永济河头起，挑河一道，引而南，经七里闸，复转而西南，亦接之太平坝，俱达烂泥浅之引河。内则两渠并行，互为月河，以舒急溜而备不虞；外则河渠离黄水交汇之处不下四五里又有裴家场、帅家庄二水，乘高迅注，以为之外捍。而烂泥浅一河分其十之二以济运，仍挟其十之八以射黄。运艘之出清口，譬若从咽喉而直吐，即伏秋暴涨，黄水不特不能内灌运河，并难抵运口，间遇东北风大作，累日不止，浊流乘之，而风回溜驶，不旬日而停沙一刷无遗矣。是以迩年以来，重运过淮，扬帆直上，如历坦途，运河永无淤垫之虞，淮民岁省挑浚之苦矣。虽然，旱涝不常，湖水设有时而浅涸，诸引河势不能畅注而俱出，则宁使裴家场之水断流，而烂泥浅一道，务须挑浚深宽以佐运，毋或缓此而顾彼。此则意外之虞，亦不得不预为之筹者也。

皂河

明万历三十一年，总河李化龙开泇河行运，自夏镇达于直河口，不由徐、吕二洪，避黄河之险者三百里，漕运利之。后直河口塞，改行董口。及董口复淤，遂取道于骆马湖，由汪洋湖面西北行四十里，始得沟河。又二十余里，至窑湾口而接泇。第骆马湖，本洼田也，因明季黄河漫溢，停积而成湖。夏秋水发，不碍行舟，至冬春水涸，其浅处不流束楚。且水面辽阔，纤缆无所施，每重运入口，即役兵夫数万，于湖中捞浚，浮送北上，而所捞之渠，不旋踵而汩没于风浪之中。年年畚锸，宿邑骚然苦之。况黄河复故，雨潦各有所归，湖水必致日涸，且捞浚无所施，实漕运咽喉之大虞矣。

查宿邑西北四十里皂河集，其地沟渠断续，有旧淤河形一道。若挑新浚旧，因而通之，可以上接泇河之委，而下达于黄。但启土于沮洳之地，为力甚艰。又南患黄河之逼，北虞山左群山之水，不有堤防，不可以行运。乃揆测规画，即取水中之土，以筑水中之堤，南起皂河口，北达温家沟，水深之处，挑水旱工共二千四百丈，两岸筑堤四千八百丈。凡邳、宿两州县旧河内，一切漫流旁泄决口三十余处，尽行筑塞。又起自温沟，历窑湾，至邳境猫儿窝，计四十里，从无堤岸，每山泉暴涨，即一望滔天，复两岸筑堤二万七千丈。然猫儿窝一带，为徐、兖诸水之所注，纳水太盛，则堤必伤，故建减水大坝三座以泄之。至如猫儿窝以上，地亢土坚，则空之而弗堤。又猫儿窝以西，至唐宋山三千余丈，乃淫霖暴涨之所从出入者，则堤之。盖自皂河而上者，无不治矣。

惟是下口直截黄河，遇伏秋暴涨，不无内灌之虞。于是复加斟酌，相得皂河迤东二十余里张家庄，其地形卑于皂河口二尺余，而黄河上下水势，大抵每里高低一寸，自皂河至张家庄二十余里，黄水更低二尺余，内外水面，高低相准。乃复挑支河一道，自皂河历龙冈岔路口，达之张家庄出口。盖前此皂河出口，如丁字形，黄水自西而东，皂河水自北而南，两溜相抵而不相比。且黄强清弱，故易灌。今张家庄之出口，如人字形，黄水与张家庄之水，俱自西而东，两溜相比而不相抵，况又以皂河地高之水，下注于二十余里地卑之出口，其迅流更足以抵黄也。由是上则东省河流，滔滔奔注，常束本等之水于槽中，而泄暴涨之水于坝外，下则运口常通，永无淤塞之虑矣。

张庄运口为皂河之尾闾，东通骆马湖甚近。若不闭，则皂河之水与湖水必半从此入黄，中河之水必弱矣，春初重运难行；闭之，则夏秋水发，又恐内涨伤堤。应将张庄口筑塞，于其东建分水闸二座以减之。犹恐异常淫潦，如康熙十九年、二十四年之水，汹涌漫溢。今河臣王新命仿东省坎河口坝之制，堆积乱石为坝，诚为深虑。然尚虞宣泄不及，当再建一平水大坝，策方万全。但湖口一带，沙土松浮，须于宿迁治西马陵山址土坚处为之，更自张庄顺现行之河，开复河一道，经骆马湖，东至马陵山，接中河以行运，而置现行之湖，以为月河泄水之地，则往来船只，行不经坝，可无掣舟之患，兼以远黄而备不虞。此亦善后之计，勿以为过虑而忽之也。

皂河运道，自窑湾至吴家沟十余里，东西堤相去二三百丈，地极卑下，水一出岸，即浩瀚滔天。每东北风起，西堤冲塌殆尽，而西堤内外，皆湖河沮洳，无从取土，修筑甚难。又河形湾曲，一里数折，纤挽者苦之。盖当时因大工屡兴，请帑已数百万，又正值军兴旁午，故力图节省，但循河形而挑筑，以宽束河流故也。今应于冬春之后，坝窑湾口以上，放水东入骆马湖，使涸出河底，凡河道湾曲处，皆挑而直之。即以所挑之土，填筑岸堤，移西堤引近东堤，俾两岸相去不过五六十丈，则河形渐束，堤工无风浪之虞，且重运飞挽亦易前矣。

中河

百川莫险于黄河，然南北通运以来，浮黄河而达者，凡五百余里。议者莫不以为治河即所以治漕，一似乎舍河别无所谓漕也。虽然，水性避高而就下，地为之，不可逆也；运道避险而就安，人为之，所虑者，为之或不当耳。有明一代，治河莫善于泇河之绩。然其议倡始于隆庆年间都御史翁大立，而傅希挚继之，再历舒应龙、刘东星两河臣，屡兴屡阻。迨至万历三十一年，河臣李化龙实始通漕，卒避黄河三百里之险，至今赖之。嗣后直河口塞，董口淤，骆马湖又浅涩不行，臣因有开皂河之请，而泇河之尾闾复通。然自清口以达张庄运口，河道尚长二百里，重运溯黄而上，雇觅纤夫，艘不下二三十辈，蚁行蚁负，日不过数里，每艘费至四五十金。迟者或至两月有奇，方能进口，而漂失沉溺，往往不免。盖风涛激驶，固非人力所能胜也。

康熙二十五年题覆词臣张鸿烈圣心爱民已极案内，加筑北岸遥堤。后复加筹酌，若于遥、缕二堤之内，再挑中河一道，上接张庄运口，并骆马湖之清水，下历桃、清、山、安入平旺河以达于海，而于清口对岸清河县西仲家庄建大石闸一座，既可以泄山左诸山之水，而运道从此通行，避黄河之险溜，行有纤之稳途，大利也。乃决计题请，奉命兴工，至二十七年正月而工竣。连年重运，一出清口，即截黄而北，由仲家闸进中河以入皂河，风涛无阻，纤拽有路，又避黄河之险二百里。抵通之期，较历年先一月不止。回空船只，亦无守冻之虞。在国家岁免漂失漕米之患，在各运大则无沉溺之危，小则省纤夫之费。盖自吴开邗沟，隋开御河，历唐、宋、元、明，漕东南以济西北者，无不仰借黄河以为灌输。欲去其害，又欲收其利，故治河愈难。至康熙二十七年，而运道之历黄河者仅七里矣。或议于中河北岸，宿、桃境内，建减水坝数座以泄涨者，臣曰不可。盖中河之水，但患其弱而不患其强，若北岸遥堤减坝一建，则清水弱而黄必有内灌之忧，河身立淤矣。今当大工屡兴之后，钱粮未敷，未敢轻议。若工帑稍充，再将遥堤加修高厚，更于中河之北，挑重河一道，即以挑河之土筑成重堤，于西宁、锡成两桥之间，建闸一座，既以分泄东省之异涨，又以灌溉宿、桃、清等七州县之田亩。即遇黄淮并涨，亦可分泄入中河，以并出平旺归海，真永赖之策。而臣初议挑中河之举，原议如是，故有中河之名也。又运艘自清口入仲家庄闸，虽曰截流而北，然逆流而西者居多。若于清河治东陶家庄再建一闸，重运则由陶庄而入，回空则由仲庄而出，则俱顺流矣。且两闸并建，用备不虞，尤为万全，统志之，以俟来者。

或曰潘季驯专筑堤以束水，然独宿迁北岸不筑堤，今既欲修遥堤，又筑重堤，不亦异乎？曰：束水归槽，乃季驯终身治河之要旨，实亦万世不易之至言也。然其言曰：宿迁北岸，有马陵山及仓基、侍邱等湖之限，此皆天然遥堤，故独空之而勿堤。若今日之地形水势，则大不然。黄河之底，与黄河之岸，较之明万历时，既高数丈，而仓基、侍邱等湖，又皆淤为平陆，无尺寸潴水之地。河水一或出槽漫岸，不有堤防，必建瓴而四决。故臣独以修遥堤而筑重堤为必不可缓也。

黄淮全势

川之善溃莫如黄。蚁穴之漏，不终日而滔天，故防河最难。然有决而害小，有决而害大，沿河两岸数千里，无在不当防，尤必审其害之孰大孰小，而经略施焉。

决之害，北岸为大，何也？南亢而北下也。且开封南岸，从汴河可以达淮，归德、徐、邳而下，其地山陵，其堤归仁，其湖灵芝、孟山、洪泽，其去无路，久之而亦必复其故，又与运道无系也。然同一北岸，而其害又有大小之不同。若上自阌乡，下迄荥泽六百里，大抵山多而土坚，不甚溃决，不具论。至安东以下，虽北岸，然与海近，不远漫；徐、邳北岸即溃决，而冈阜四合，盘纡东下，贯皂河入骆马而并归中河。曹、单溃决，或由鱼台上下以入运，或汇荆山口、彭家河以入运，皆无夺河之患。若宿、桃、清河北岸，一有溃决，则运道首阻，而自海、沭以南，马陵迤左，周围千里，渺然巨浸矣。开封北岸，一有溃决，则延津、长垣、东明、曹州，三直省附近各邑胥溺，近则注张秋，由盐河而入海，远则直趋东昌、德州而赴溟渤，而济宁上下无运道矣。且开封之境，地皆浮沙，河流迅驶，一经溃决，如奔马掣电，瞬息数百丈，工程必大，而下埽更难。故前代河决之患，此地常十居八九。

自明臣刘大夏筑太行堤，西起黑羊山，东至曹州以及丰、沛，高厚坚固，北岸恃以无恐。岁久不修，风雨之飘零，车马之蹂躏，残缺过半。臣任事十年，属以江南大工屡兴，未遑及也。宿、桃、清河境内，无山冈阻滞，其河流之迅驶亦如之，故其害之大亦略等。国初封邱荆隆口、大王庙之决，前河臣杨方兴塞之，工六七年而始竣，费帑者八十万。近则宿迁杨家庄之塞，亦二十二万。若萧家渡一工，止旁决非顶冲，然犹费帑十万两有奇。而徐家湾因在南岸，费仅三万。徐州花山之役，则以马陵山之阻，骆马湖之汇，费一万余而已。故曰决之害北岸为大，而北岸之害莫大于开封及宿、桃、清一带，而曹、单次之，徐、邳又次之。若安东以下，非所忧也。然此则就黄言黄，未尝统两河南北之大势而言也。

夫黄自荥泽以至云梯关海口，两岸堤工三千二百里，溃决之害，人人知之。淮自桐柏而至泗、盱境八百里，自清口至海三百余里，上下千一百里，所堤防者止一高堰，而堰之固不固，未有能知其利与害者。知之者曰："淮地最下，平水者谓淮城睥睨与湖面等，堰不固，则淮其沼，而高、宝七邑其鱼也。"此知其一而未知其二者也。又有知之者曰："堰不固，则淮水东注，黄且蹑淮之后，而清口必淤；黄失长淮之援，无以刷沙，而海口亦必淤也。"此知其二而未知其全者也。

夫河决于上者，必淤于下，而淤于下者又必决于上，此一定之理。下口俱淤，势必以渐而决于上，从此而桃、宿溃，邳、徐溃，单、曹、开封溃，奔腾四溢，东省诸山泉亦阻塞而不得畅，泛溢之势，更挟黄水而愈涨。而运道民生，不可复问矣。故高堰一堤，全淮系之，全黄亦系之，非特淮、扬二郡与运口之害已也，此两河南北之大势也。然则如之何？而可北固开封之障，增卑培薄；中慎宿、桃、清之守，帮筑中河两岸之堤；南谨高堰之守，岁填坦坡，以保之。苟大者无虞，则其他堤岸但遵四防二守之制，即有溃决，亦随决随塞，可跂足而治之矣。

黄淮交济

黄、淮二渎，敌也。然黄强之时多，淮强之时少，强则易溃，而河不两行，可减而不可分；弱则易夺，而自泗、盱以东，淮无他河之会，惟即以黄济淮，使强者不独强，则二渎交得其平，而会同之势成。此减水各闸坝之最为得也。黄河莫窄于徐州，其至宽者，莫能过百丈。一遇秋伏大涨，奔腾激荡，必有冲突他溃之忧。淮水北出清口，每患为黄河之所抵，淮少弱，即不免乘虚而内灌。康熙二十三年冬，皇上南巡阅工，亲临清河运口。蒙上谕：今年黄水倒灌运口，须酌一至妥之策，俾永远无虞。钦遵之下，再三规画，思善后利运之图，惟有杀黄以济淮，而杀黄济淮之策，无如闸坝善，建置闸坝之地，又无如徐州上下善。乃经营相度，于黄河南岸砀山毛城铺，徐州王家山、十八里屯，睢宁峰山、龙虎山等处，为减水闸坝共九座。其因山根冈址，凿为天然闸者，居其七。既以杀黄，且使所过水各随地势，由睢溪口、灵芝、孟山等湖以入洪泽而助淮。如遇淮涨而黄消，则淮自足以敌黄，而闸坝亦无可过之水。如遇淮消而黄涨，则九闸坝所过之水分流而并至，即借黄助淮以御黄，而淮之消者亦涨。傥更遇黄、淮俱涨，则彼此之势略等，有中河以泄黄，周桥六坝以泄淮，亦不至偏强为害矣。

夫减水莫善于闸坝，但建于运河则易，建于黄河则难，何也？黄河两岸，俱系浮沙，其基既不固，加以水势之排荡，溜头之紧驶，率不越岁而颓圮。今因天然之冈址，凿天然之闸座，虽惊涛动地，终不能迸山根而败之，真千载之利也！虽然，黄善淤，自古记之。引黄入湖，数年后，洪泽湖且淤而为平陆，奈何？曰不然。夫黄流急则挟沙而行，缓则停遏。闸坝之水，其流必缓，又越数百里，历诸湖而入，安能淤洪泽为平陆？盖大与宿、桃、清三邑南岸溃决逼近而能垫湖者，不可同日语也。不惟是也，灵芝诸湖等处，地最卑洼，诚使黄水数年一过，流清而停浊，久之亦当如宿迁之侍邱、仓基，安东之硕项等湖，沮洳悉变为沃壤，其利又不特杀黄助淮而已也。

夫犹是黄也，闸坝未建之先，清口河流，黄常强而淮弱；自建有闸坝，即遇异涨，而上下六百里，递互灌输，回环平准。一似黄不得淮，即上无以泄其怒，而下无以佐其势；淮不得黄，则孤独无援，而势不敌。二渎相须，齐驱而东骛，化仇敌而为好合，是直以黄淮为秦晋，而以各闸坝为蹇修也。

或曰：各闸坝之水，数十年后，诚不难淤灵芝诸湖为沃壤，更数十年后，将复谁淤耶？且诸湖淤则助淮之水路绝，淮又将谁助耶？曰：不然。各闸坝虽建，必异涨方过水，黄虽强，非异涨亦不能灌淮。诚异涨耶，各闸坝减水入湖，黄之强即淮之强矣。夫黄已复故，更数十年后，黄底愈深，水由地中行，各闸坝尚安有可减之水？不惟是也，黄底愈深而洪泽湖底不加深，则黄与淮高卑悬绝，淮虽弱而建瓴之势自足以敌黄，又奚求助之有？

或又曰：归仁一堤专以遏睢、黄之水，使不得入洪泽而溃高堰也。今反引黄以入湖，则不如弗堤。曰：明代以泗州祖陵之故，归仁一堤修防最要。使黄消则遏睢入黄以刷沙，黄涨则以防不测。今黄身日高，归仁堤顶卑于河岸五尺，即使黄消数尺，亦不能遏睢入黄；设一遇黄涨，则建瓴而入湖，在此堤不过一门限沙耳，安能御哉？况近者湖为黄淤，容水甚浅，力不足以注清口而敌黄，故即以黄敌黄，是即兵家所云因粮于敌者是也。然将来河流顺轨，则河底必日深。不过十数年，此数坝者亦终归于不用。然则今日之黄、淮交济者，亦惟其时而已，何可泥也！

南岸遥堤

中州黄河两岸，筑堤多者至四五重。江南境内宿迁以下，北岸则缕堤之内复筑遥堤，南岸则否。盖以南亢北下，南有湖、淮之限，不致夺河，而北易夺故耳。然自徐州南岸，历灵、睢、宿、桃至清口、裴家场，约五百里，除诸湖、淮水外，别无分流之河。睢河虽通流，窄隘不能多受，砀、徐、邳、睢一带，坝闸所减之水，率漫滩四溢，民田悉被渰没。夫前此大兴经理之日，正值河道坏极之时，惟夺河阻运是惧，故堤防北岸，不遗余力，而南岸未遑及之。

今两河复故，五六年无溃决之苦，则绸缪善后，更当为大害去而大利兴之图。南岸遥堤一工，其利有四：黄患不测，作重门之障，一也；束散漫之水，汇湖入黄，沮洳涸而为沃壤，二也；引黄入淤，岁久加高，即岸成堤，不烦再筑，三也；挑土筑堤，即开成小河一道，伏秋保险，运料便易，四也。统计此堤，约长八九万丈，自房村至峰山，有子、缕二堤。今应将子堤为缕堤，而以缕堤为遥堤。自峰山至宿迁便民闸，旧有遥、越堤，皆须量为加修。至吴城亦有见在之堤，不烦另筑。然此堤所束者，徐州以下之水，而萧、砀以上，隔于山冈，尚未有所束者也。再于毛城铺起，筑堤一道，至王家山止，以東徐州以西，砀山以东，并十八里屯二闸之水，使悉由盐河归睢溪口入灵芝等湖，历归仁堤以汇于洪泽湖，则自砀山以及清河县境七百里，别无淫潦之虞矣。

北岸水利

淮境黄河之北二百里，为沭河，即《周礼·职方氏》所志“青州，其泽沂、沭也”。沂源于蒙阴，沭源于临朐沂山，并南流。沂经马陵山西入运。沭经马陵山东至郯城，贯山而西，世传大禹所凿，由海州涟河入海。其所经行地，较沂为长，而其流则较微焉。沭自入淮境，迫于山，折而左，大抵与黄河南北并驾而东，以望洋者也。约计二河相夹之地，周可千里，凡宿、桃、清、沭、山、安、海、赣各邑民田皆在其中。向受黄之患，一望汪洋。今黄已归故，尚苦东省诸山水，及不时淫潦无归，而其中旧有之河湖渠荡，久淤于黄，故旱则又无通川潴水之灌溉，每年正赋犹苦无出焉。臣于中河之北，已拟有重河、重堤之议。若重河已成，于北堤每二十里建涵洞一座，即于洞口开通河一道，自南而北，通之于沭。东西三百里，计置洞十五座，开通河十五道。其沭河狭浅之处，再辟而浚之，俾其纵横贯注，宣泄有路。此工一成，涝则大小相承，河洞互引，民田无渰漫之忧；旱则沟洫可蓄，车戽得施。不过数年，此周围千里沮洳之地，当一变而尽为水田粳稻之乡，其饶且与江浙之苏、松、嘉、湖等郡埒矣。

萧砀南河

睢、灵迤西之境，土地旷衍，无通行大河，睢溪亦微。虽有灵芝、孟山等泽，为众水之汇，然皆漫涣渗溃而入。故民田率成沮洳，归郡等处商贾至淮者，又苦水道之阻塞。盖商与民交病焉。按：砀、萧南境，有故决河一道，今虽淤漫，而旧迹可寻。若疏其浅，浚其塞，开成大河，由砀山东南出符离桥，直达灵芝等湖，至归仁堤。酌地形高下，或南由泗境入洪泽，或北由桃境入洪泽，或历归仁堤之便民闸入遥堤内，从白洋河南出裴家场。其间有无旧堤，或加修，或创筑，即以挑河之土筑之。此河一成，则归郡一带，行潦各有所归，而民田尽出久淤之地，其利十倍。且商旅通行，市集亦日兴，不过数年，变涂泥而为乐国，无难也。虽于河道无系，而于以通商惠民，其利顾不大哉！

邳州水患

邳州，古下邳也。地形最卑，南濒黄河，时受水患。西北金乡、鱼台十数邑之水，汇入微山湖，湖不能容，则又南溢而入邳。盖自明迄今，称泽国者二百年矣。然地形虽卑，但使外无溢入之水，内有流通之河，则泽不能钟，而久淤之土，其桑麻粳稻之利，必有反胜于高乡者。今黄河北岸，自镇口闸东至于皂河口，又自北而西抵于唐宋山，皆已筑堤。然自大谷山以迨镇口各闸坝减泄之水，及微山湖溢出之流，并徐州、丰、沛之行潦，南北交注，水患如故。计猫儿窝迤西，彭家河至荆山口约长一百三十里，颇通舟楫，但稍浅窄，冬春常涸。又近荆山口、有伏石一带，约长二三百丈，尤浅狭，今可开凿宽数丈，深四五尺，令冬春亦可通流。其外河道，一律加浚，两岸无山之处，即以所挑之土堤之，再加修猫儿窝以上运河西堤，高之厚之，则历年久渰之地，必尽涸之为树艺之区矣。然运河北受济、兖之委，西受彭河之流，而沂州、郯城诸山泉，半赴骆马湖，又半散漫趋徐塘口入运。夫以一线运河，而纳三面之水，伏秋异涨，势不至于普溢而溃决不止也。其徐塘口必须开河一道，以纳沂、郯之余波，使循运河而东，南至骆马湖口入中河，于以保运而泄潦，其功亦不少也。

骆马湖口

自中河达皂河一带运道，除修堤建闸坝及重河、重堤之外，遂无复遗虑乎？曰：有。内河之水，虽高于外河，然河水之消长无常，今使清、黄并涨，清自足以敌黄。设遇黄涨而清消，则骆马湖口尚可为虑，何也？中、皂二河，经行上下二百数十里，虽皆近黄，然犹外黄而内地；外堤虽两面皆水，然清水有直湍而无横突。独湖口则外黄而内湖，以一线之堤，而当两面横突之水，势必不支。先事而图善后之策，惟有筑逼水坝之法。计自湖口而东，至宿治十余里，乃马陵山址也。凡黄河之溜大抵一折辄二三百丈，今于湖口之西筑一逼水坝，使回其溜而南向，南向而不得逞，必怒极而复北，则已五六百丈矣。再于湖口之东三百丈又筑一坝，以使之再南而北。其下复如之。计河屡折之所向，且及于邑城，而马陵山址，皆冈土砂石，黄水虽悍，亦不能啮山址而崩陷之。保固湖口之法，无有善于此者也。

下河形势

淮以南，扬以北，周围千百里，泽国也，运河贯其中，东西二堤夹之。西堤以西为上河，泽之所钟，旧有泛光、白马、甓社、邵伯等十七湖；东堤以东为下河，泽之所钟，旧有射阳、广洋、喜雀、渌洋、淤溪等三十六湖。上河西南，接滁、泗、天长诸山，危冈断陇，起伏相续，地形为高，水之所从发也。下河东北，与海为邻，地形为卑，水之所泄也。两河均受水患，而下河尤烈，何也？上河西南受滁、泗、天长诸山溪之水，东注之下河，下河受之。下河西受上河所注滔滔无穷之水，东注之海而海不受，非不受也，海岸高而朝宗之路塞，故昔人譬之釜底也。然查下河以东，山阳则有庙湾，盐城则有天妃、石，兴化则有丁溪、白驹，宝应则有朦胧、喻口，其他盐场村镇，小渠不可悉记，皆所以通湖水之出海者也。沿海一带，长堤起于庙湾，蜿蜒三百余里，曰范公堤，宋臣范仲淹所筑，以障海潮之入湖者也。沿范堤之旁，南北有河一道，曰串场河，淮南诸商借以运引盐之往来也。运河东堤中八十里曰平津堰，明初设立三十三浅，浅有浅夫，使之不时捞浚。运盐之堤曰东河塘，明初分为十塘，塘有塘夫，使之随时修筑。统计下河之地，不下三十万顷，为田者十之四，为湖者十之六。当时堤坚固，疏浚得宜，故水旱皆无虑也。

王公堤

治河之事，莫难于保险。开、归以下，地土宽广，堤多者至四五重，无甚险。徐、邳而下，迄至云梯关，险工栉比，几至五十。然要未有如王公堤之所系者大而所保者难也。是堤建于陈瑄，至今几三百年，未有失事，《河防》或间亦有虑及此者。潘季驯曰："平常之堤，止宽二丈，尚欲恃以御河，况二十丈乎？"虽然，世有荷甑而行者，或堕地而不顾，今设有千金之璧，则美锦什袭，重椟而藏之，尤必谨其牡钥，慎其掌人者，何也？宝之者至，则所以守之者自不得轻也。诸险工即有失，小则渰没民田，大则恐其夺河，如是而已。王公堤一线石工，内捍运河，外抵黄、淮二渎之冲，为四百万国储咽喉地。一有所失，不特其上烟火万家俱为鱼鳖，而自清浦以至高、宝一带遂无运道，清水潭必至再决，下河周围千里必尽陆沉。是时，虽更费数百万金钱，竭数年之民力，恐未易竣工。如今日也，夫千金之璧，犹必措之于万无一失之地而后安，而况上关国计下系民生，如此其重，而可恃以大概无害置之乎？然此一堤最难保护，若开引河则地形未便，其曲折可开处甚远，非捐帑四五十万不能，惟有岁修石工，排桩固址，一有坍陷，便行补葺，而于上流层次筑逼水坝二三重以护之，一则挡溜以御冲，一则回湍以聚沙，使其日渐壅垫。若石工之外得淤滩一二十丈，则堤址愈固，永无冲决之虞。夫智者防患于未形，而防之则力省而功易集，凡险皆然，而况于险中之险所系尤大者乎？

按：王公堤自海神庙至老坝口，长五百九十五丈，明万历初漕督王宗沐创筑以御河患，民为立庙，此云建于陈瑄，恐误。

黄河三砂

河之有限砂，如人之患噎，小噎则伤气，大噎则伤食，故虽痛痒不形，而治之不可不预也。自河流顺轨以来，河底日深，然尚有礓砂三处为河之梗，不可不及暇而图之。三砂者：桃源之古城、清河之曹家窑、安东之莲花庵也。然三砂之中，古城砂不甚崇窿，水涸时尚深丈许；莲花庵近海且河流日渐南刷，更一二十年，必仍从苏家嘴正流，可与砂不相值；惟曹家窑砂最巨，横亘者一二百丈，每冬春水落时，去水面不过一二尺，夫河流迅疾，一遇限砂，则回澜旋洑，从底而起，舟行甚险，且河流为之不快。但去之甚难，虽乘冬春水落，用钉犁铁钯等具铲削，终难施力，计惟有于其南岸测伏砂断绝之处，另开越河里许，引河流，使之避砂而行坦，所开之河，不过深一丈，宽五六丈，听河流自行汕刷。此等工程，当于春初河防稍暇时，调河兵挑浚，不烦募役也。夫此砂既无大害，又非运道经行之地，然设遇亢旱之岁，河水浅涸，一值限砂之阻势，必流缓而砂停，此亦淤积之一渐，苟有妨于河，虽小毋忽可也。

岁修永计帮丁二难附

昔人四防二守之制，皆以保堤也。然使岁修无法，则塌圮相寻，与无防无守同。今营兵之设，仅足以巡查堤防，及运料、下桩、卷埽、栽柳之用。至于岁修加筑，其势有不能者，何也？汛远而堤长也。计自砀山以下，黄、运两岸，及归仁高堰至海口一带，缕、遥、月、格等堤，统共四十五万四千丈，而河兵仅七千二百名。计丈分修，每兵当岁修六十六丈有奇。堤高一丈，顶宽倍之，增卑培薄，各坚土五寸，须下土七寸，以土方计之，每丈须土二方一分。是每兵常役之外，又当岁挑筑下土一百四十五方二分也，岂能也哉？臣前以河兵不足供岁修，拟令每兵许其召募帮丁四名，或其子弟家属，每丁给以堤内空地，俾耕种其中以自食，而课其岁修。已经题请，未及奉行。然臣深思河道善后之图，惟有岁修以保堤，而帮丁一议，实与河兵之设，表里为用者也。盖易夫役而设营兵，无召募往来之淹滞，无逃亡之虑，无雇倩老弱之弊。若帮丁之设，则其利有八：堤工高厚，永无溃决，其利一；授田力役，贫民有归，其利二；堤近民居，风雨可守，其利三；群聚乐业，兵无逃窜，其利四；猝有河患，不烦召募，其利五；室庐相望，寇盗无警，其利六；深耕易耨，狐兔绝踪，其利七；刈获所余，藁秸充盈，其利八也。

或难之曰：每兵一名，帮丁四名，骤增丁二万八千八百名，河岸安得如许闲田？若查隐占，则良民扰；若给额田，则正赋亏。何可行也？曰：不然。黄河两岸，二千数百里，自十六年以前，非一望汪洋，即沮洳苇莽，此身所目睹者也。今两河复故，淤滩尽出，置之不问。则弃地若听民私种，亦无益于国。将计亩起科，而滩岸之田，其粮甚微，不过数厘至二分，极矣！增丁二万八千八百名，每丁授田十五亩，应田四千三百余顷，所纳正赋从重科输，不过八九千金耳。今即减八九千金正赋之额田，而岁得二万八千八百名丁夫之用，以保四十五万四千丈之堤，岁加高厚，永无意外之虞，运道常通，民无灾害，其为利孰多而孰少？而况赋未必亩二分，所授不必尽额田也。

难之者曰：河臣，怨府也。督抚为朝廷养民，而河臣劳之；督抚为朝廷理财，而河臣糜之。故从来河臣得谤最多，得祸最易也。今既设河兵，又设帮丁，分田授宇，在河岸二千数百里之境，其中隐占必多，一经画地，怨讟滋作。且兵民并居，势必生衅，将来挑土修堤，围场植柳，哄斗讦告从此而起，在督抚必左民而右兵，嫌猜内积，挑构外作，小则河属诸员受其祸，大则彼此交参，而河员不得一日安其位。夫为河堤图万全，而先置其身于不自全之地，何如循常守故用帑岁修之无誉而无毁耶？

臣应之曰：不然。河臣与督抚，皆天子大臣也。河臣司水土以保运安民，督抚诸臣司政教以养民理财，职虽不同，同于为国也。夫今百姓之得以耕种贡赋、降邱宅土者，何也？皆以两河归故，堤岸坚固，而无溃决也。五代汉臣王章有言：“无毛锥，则财赋安从而出？”督抚即为国养民理财，自当返念民之何以得养，而财之何以得理，必不为一二奸民喋喋而市恩邀誉，上失体国之忠，下失寅恭之义也。今使堤岸不固，溃决一生，则千里滔天，室庐为鱼鳖之居，膏腴皆荇藻之产。彼正赋之额田，且不能保而有之，尚得隐占夫非所固有也哉！且帮丁之法一行，亦必会同督抚，檄行地方有司，公同经理，立石分界，而后拨给，非冒昧为之也。如果有民田近堤者，亦可以空处闲田，互相换易，其家属有愿为帮丁者，即除其额田应纳之粮，亦无不可也。夫朝廷设岁修之河帑，非不知循常守故为无誉无毁之良图，但汛远堤长，将来河患久弭，人情怠玩，既忘当日之艰危，司河者或意在惜帑，狃于补苴旦夕之计，设或变生虑外，即有费数百万之金钱，竭数年之民力，尚恐不能奏功也。其如运道民生何？夫河道重任也，必图其大而毋惜其小，必计其远而毋筹其近，必忘私体国，而毋沽名市恩，以便其私图。否则碌碌者皆足以任之，夫岂圣天子畴咨而命之旨哉？

闸坝涵洞

闸之底，深于岸，其宽不过二丈四尺至三丈而止。坝之宽，为丈者可以百，而其底则与岸平。若洞之径仅三尺而已。其减水之用，大小不同，而其为减则一也。夫束水莫如堤，然堤有常，水之消长无常也。故堤以束之，又为闸坝涵洞以减之，而后堤可保也。今使上流河身，其广数里，而下流河身，或为山冈郡邑所逼限，其广也仅得其半，更或仅得其十之一二，势必滂薄奔驶，怒极而思逞。加以伏秋暴涨，非时淫雨，其不至于败坏城郭，漂荡室庐，溺人民而潡田亩者几希矣。今于黄河两岸，及运河上下高堰一带，凡遇河道险隘及水势激荡之处，相度地形，建置闸坝涵洞共若干座，其详分载各考下。务令随地分泄，上既有以杀之于未溢之先，下复有以消之于将溢之际。

故自建闸坝以来，各堤得以保固而无冲决也。乃不知河道者，与怀怨而寻衅者，啧有烦言。夫闸坝高卑，各有规画，原以泄异涨，非所以泄平槽之水。且以堤御河，以闸坝保堤，诚使河不他溃，则河底日深，河底日深，则河水亦日低，行且置闸坝于不用矣。即黄河土松而水悍，不无损伤修葺之费，然较之堤工涨溃，普面漫溢，败坏城郭，漂荡室庐，溺人民而渰田亩，塞决挑淤，经年累月，为费不赀，其利害之大小何如乎？不惟是也，耕种之区，资减水而得灌溉，洼下之地，借减黄而得以淤高，久之而硗瘠沮洳，且悉变而为沃壤，一事而数利兴。故既有堤堰，必不可无闸坝涵洞也。

涵洞之用有三：一减水，二淤洼，三溉田，固矣。然神而明之，更以之挡水，以之卫闸，其用微妙，非久于河者不知也。夫闸坝所过之水，大抵伏秋异涨，澎湃之势，既足以撼闸之基；倾跌之力，又足以陷闸之底。而我以涵洞之水透入闸后，使之旋澜涌波，以护其基而承其底，则闸反若有所凭以固，而澎湃之势平，倾跌之力衰矣。其于坝也亦然。顾置洞必与堤内地面相等，前所建涵洞，正值河身垫高之时，故所置皆高。今河底日深，前所建涵洞，非夏秋水发之时，不复过水，必须因河底之高下而高之下之，方得涵洞之用焉。

论贾让治河奏

贾让三策，名臣邱浚谓古今治河无出此策，而诋其谬者亦有之，是二者皆过也。夫论古人者，必论其世，毋泥其所言；平其心，毋逞其所快，然后吾之论为不易之论，而天下服之。盖让之策，乃专为西汉之世黎阳、东郡、白马间数受河患而言，未尝全为治河立论也。考黎阳即今浚县，东郡、白马即今滑县。

冀州之民当水冲者，即浚、滑二境之民贪近河肥饶，沿金堤而作室庐者，非统言冀州全境之民也。缮完故堤，增卑培薄为下策者，即浚、滑二邑曲防遏水，使百里之间河再西而三东之堤，非专谓堤防为下策也。

夫河一折即一冲，冲即成险。彼时百里之间而河凡五冲，其患安得不烈？故让欲徙其当冲之民，废其曲防之堤，而别为径直之石堤三百里，束河以北入海耳。夫让欲束河而仍用堤，用堤而必以石，而至于三百里，彼之倚堤以治河也，亦至矣。后世不考其时，不详其地，或欲遵而行之，或欲辞而辟之，不亦过乎？

或曰：昔者潘季驯尝辨之矣。然则潘之言非欤？

曰：何可尽非也？其上策徙冀州之民，辨之曰：民可徙，四百万之岁运将安适乎？盖汉不行运而明行运，然未尝以之辟让也。其中策多张水门，旱开东方溉冀州，涝开西方放河流，辨之曰：涝固可泄，而西方地高，水安可往？盖既傍西山作堤，则东卑而西亢，可知其言皆是也。至若曰河流不常，与水门每不相值，或并水门淤漫之。夫让所谓水门，即今之闸坝涵洞也。河流虽不常，能淤漫然。即季驯治河，何以不废闸坝涵洞乎？

又曰：旱则河亦浅，无以分溉。则又不然。盖让所云溉，亦止言冀州石堤三百里间耳。黄河挟万里之源，合秦、晋、豫三州之水而至冀，安得冀州一旱而河即浅？此一时逞快之论，非通论也。又辨甘州以下浊流不能溉田，亦不可以辟让，今平心而论之，若所云疆里土田，必遗川泽之分，使秋水得有所休息，左右游波，宽缓而不迫，诚万世之至言，无古今之分，南北之异者也。其他言则宜于古者，未必宜于今，宜于北者，未必宜于南，何也？前世土满而人稀，民易徙，后世当水冲者，往往通都大邑，其可徙乎？浚、滑以上，西薄大山，地坚而多石，故能据坚地作石堤。今自开、归以至海口，惟徐、邳近山冈，余皆浮沙旷土，地安得坚？石安从取？虽三里亦不能，况三百里乎？且季驯尝言河南土最松，禹导河止经河南一郡，故当时之水不甚浊。今河南、开、归，河全经之，又距禹三千余年，流日久，土日松，故水愈浊。由此言之，西汉去今千七百年，距禹犹未远，又河未南徙，则其水亦未必如今日之浊，或尚可因渠而溉田，亦未可知。若今则但能开涵洞引黄以淤洼，已善矣，安能通渠而引溉哉！然则为今之策，亦惟有择老土筑坚堤以束河，使不他徙；建闸坝置涵洞以保堤，使不内溃而已。舍此之外，别无奇谋异见矣。故曰：让之三策，自为西汉黎阳、东郡、白马间言，未尝全为治河立论也。鉴于古而不胶于古，不亦善乎！

又

自《禹贡》而后言治河者，始于贾让之三策，今人皆盛称之。然即让之言有不能概行于让之时者，何也？地形水势，随处不同，让所言乃据黎阳、东郡百里间之情形而言，使移而行之徐、兖、中州之境，则已有大谬不然者，而况欲举千七百年以前之论而行之于千七百年以后之河道，则亦天下之愚人而已矣！

夫治河以卫民也，徙民非细事也。在上世土满人稀，故殷避河患，至五迁其国都而不以为难，后世人民稠庶，今日开、归以至徐、邳而下，皆通邑大都，万无可徙之理。盖当时黄河从黎阳、东郡间，北流入海，其地东薄金堤，西逼大山，惟此二邑之中百余里间为必经之地，而民贪其近河沃饶，竞作室庐，居住其间，又近山多石，互为石堤，更相抵遏，束河于其中，所谓百里之内再西三东者是也。

夫河自底柱以东，其势方溯湃而思逞，而咽喉之路顿值迫束如此，是以抑于北则溃而南。瓠子一决，而泛郡十六，注钜野，通淮、泗；东郡一决，而灌四郡三十二县，居地十五万顷，凡西汉二百年间河患皆在此二邑间，虽使大禹复生于此，亦未有不徙民而放河北流者，安得不以为上策哉？况所谓当水冲者，亦不过金堤左右及环内黄堤与东郡、白马，故大堤之居民户多，不过以千数计耳。岂若今时一大村落镇市，动以万计乎？今不察时势，动言贾让上策在徙冀州之民。考西汉冀州该今直隶、山西二地，其民当不下数千万户，使让果如徙其民，不知处斯民于何地？兼山西处太行之右，与河全不相涉，不知让亦何事而欲尽徙之？虽猖狂失志者亦不为此言，而让乃以为上策，且千七百年以来，亦遂无非之者，何也？盖今人亦但顺口读其书，曰其上策当徙冀州之民，遂互相传说，而忘其下犹有“当水冲者”四字故也；且即记有“当水冲者”一言，而忘其但即浚、滑二邑曲防居住之民故也。请得而断之曰：贾让徙民在西汉之时，在黎阳、东郡之地，真上策也。若时非西汉，地非黎阳、东郡，岂特非上策，是谓无策。至若堤防者治河之要务，自西汉以迨元明，治河之臣未有不用堤防而能导河使行者。近代潘季驯最称治河能臣，而其终身所守，惟是“筑堤以束水，束水以刷沙”二语耳。而今之空谈局外者，辄曰此贾让所谓下策也。夫使让诚以筑堤为下策，则前不当云“据坚地作石堤”矣；使让诚以筑堤为下策，则必用疏用浚，又不当云为筑“非穿地也，但为东方一堤北行三百余里入漳水”矣。详让所言，则其筑堤以束水之旨，实与季驯同也。盖堤防之言，乃大概之言，施之得其当则为束水以导河，施之失其当则为壅土以遏河，齐作堤以遏河之入海而自利，此曲防之堤也；赵、魏作堤以遏河，此防患之堤也，皆非以束水导河也。故葵丘之会曰“无曲防，白圭为堤，障水以注邻国”。则孟子辟之。故让以为堤防之作，近起战国，盖疾其以堤防为民害耳。今若不问堤防之是与非，而但以堤防为是，则是葵丘之载，书可无戒，而白圭之功，果愈于禹也！若但以堤防为非，则是太原、岳阳可无修而九泽可无陂也。今黄河自荥泽而东，水常高于地，开封河面且高于内地者丈余，掘地既不能，筑堤又以为下策而不事，泛滥无束之河，何从而入海哉？盖西汉之世，文辞朴略，不甚分疏，使人意会，今人亦但顺读其书，曰缮完故堤，增卑培薄，劳费无已，数逢其患，此最下策。遂趁口传说而忘其所谓故堤者，乃即百里之间再西三东，浚、滑二邑之民曲防遏水之堤也。

今使于云梯关一带筑南北堤一道，堵绝河流，人从而非之曰：治河而防其川，犹止儿啼而塞其口。吾忿然而与之争曰：堤防，治河之要务耳，安得而非之，不亦大可笑乎哉？亦请得而断之曰：浚、滑二邑，百里之间，再西三东之故堤，真下策，而让所议，起淇口至漳水石堤三百里，放河入海之堤，真上策也。若其中策，多开漕渠，张水门，旱开东方溉冀州，涝开西方放河流。潘季驯虽尝辨之，然虽千七百年其地形既不知何如，其河流清浊可溉与否，即季驯所言，已自有前后不同者，不敢妄为论也。

又

贾让治河三策，潘季驯尝论之矣，惜其论之未畅，且上策徙民一议，但曰：“民可徙，四百万之国储将安适乎？”又曰：

“宋元以前，未行漕之时，贾让不与水争地，诚为上策。”其言亦未尽也。今试即徙民言之。考西汉冀州部所统甚广，又河自龙门底柱，东北入海，若卫辉、大名、彰德一带，何处非当水冲者？约计其民，当不下数千万户。盖闻治河以安民，未闻徙民以避河也。即欲徙民，吾不知让将徙此数千百万之民于何地也！且河流不常，倏东倏西，倏南倏北，使河东北入冀，吾徙冀州之民以避之；倘河更东而冲兖，南而徐而豫，吾亦将尽徙兖之民、徐豫之民而避之乎？使河患果必不可治，当水冲之民，孰肯知陷溺而不避？亦必将不待命而自徙，又何待让之策之也哉？故曰让之策可言而不可行者也。

夫河流既不常，即今日徙民以避之，放河北流，不过数十年百年，未有不徙者。在大禹神功之所治，仅四百年，而商已五迁其国都以避河患。至周定王时，河已南徙，安得一徙冀州之民，放河入海，便千载无患？果尔，则是让之知反过于禹也耶？至于多开漕渠，便民灌溉，变瘠卤为沃壤，诚善策也。然开渠之说，止可行于运河之清水，不可行于黄河之浊流。盖清水弱而易引，浊流强而难御也。惟有坚筑径二三尺小石涵洞以通其流，而近则又畏河之冲，必须于数里之外为之。然河善淤，自古记之。通河引灌，虽极卑洼之地，一过而平，再过而高，不出数年，且深谷为陵。若岁岁开挑，出自国则为费不赀，出自民则民力势有所不能。故即不惜帑金，多为涵洞，其利无过五六年，得仅偿费耳，安得曰兴利除害支数百岁耶？

夫河自荥泽而东，势愈大而土愈松，一遇伏秋，出槽泛溢，若无堤防束之于两崖之中，以驶其流而刷其沙，彼安肯滔滔顺轨，惟海之是趋？故自有此河，即有此堤防之制，以辅相天地之不及。何以征之？大禹，千古治河之圣人也；《禹贡》，千古治河之圣经也。禹治冀州，首曰“既载壶口，治梁及岐”；次即曰“既修太原，至于岳阳”。蔡氏注：“曰修，因鲧之功而修之。”盖当时鲧筑堤以障帝都，其功未成，故禹因而修之，其后功成。又纪之曰：“九泽既陂。”蔡氏注曰：“陂，陂障，亦堤也。”又今浚县尚有鲧堤。然则堤防之作，实始于唐虞之时，而让乃以为近始战国，谓之下策，不亦诞耶？盖古人传世之言，有可言而亦可行者，如陆贽之奏议，元稹之均田图是也。有言之甚可听，而行之必不能者，贾让之论治河是也。

夫让之三策，已乖之千七百年，无有非之者。明邱浚至称之为“古今治河无出此策”，今臣独创论而辟之，世必竞起而驳臣之谬，且嗤臣之妄者。第治河，大事也，深恐后世之耳食者，不察其失，而前人以误后人，后之人又复以之误后之人，故不得不悉举而指摘之。虽然，其所云“疆理土田，必遗川泽之分，使秋水得有所休息，左右游波，宽缓而不迫”数语，则善矣。

论贾鲁治河

昔贾鲁治河，用沉舟之法，人皆称之。明万历间佥事俞汝为奏议，以为塞决简便之用无如此者。臣窃尝疑之，夫河底浅深坦陷不一，惟草柳性柔，一经压挤，则周遭充满，故塞决必用埽。今以至平之舟底，而沉之深浅坦陷不一之湍流，则埽根透溜之患，必有不俟终日而见者。若沉舟之后，仍用埽工继之，则所费不赀，何如专用埽之便而省？然以鲁之才，其成功如是，必非孟浪姑试之人。因于《至正河防记》，沉思寻绎者累日，恍然知鲁之沉舟，盖以代坝而逼水，非以塞决而合龙也。盖彼时故河业已通流，但决河势大，水流多于故河十之八；又适当秋涨洄漩湍急，埽不能下；又其上逼水三堤，短弱而势不支，恐埽行一迟，水尽涌决，决则故河复淤，前功尽堕。因急沉舟为坝以逼之，所谓抢救也。故前则曰，鲁乃精思障水入故河之方，后则曰，船堤之后，草埽三道并举，此并举之三道，乃加筑前短弱之三堤也。迨至船埽四堤并就，河埜南流，然后塞决耳。不然，鲁于九月七日沉舟，而龙口之合，何以直至十一月十一日耶？

虽然，臣以鲁于是役也，有三忌焉。鲁自受命以及回朝仅逾半载，昏晓百刻，役夫分番，无少间断，不恤民力，一也；筑堤塞决，正值伏秋，用功于河流暴涨之候，不审天时，二也；废农冒暑，聚十数万军民于一路，不念国家隐忧，三也。盖鲁惟上恃其君相之信任，下恃其强敏果敢之才气，力排群议，犯三忌以成功，盖以治河则有余，以之体国则不足。《元史》因“石人一眼”之事，竟坐以亡元之罪，则过矣。夫“石人一眼”之谣，是亦大泽中篝火狐鸣之类，殆韩山童、李芝麻等所为耳。然则元之亡即不因鲁，毋乃火将然而投之燧耶？

卷三

治纪下

堤工

贾鲁治河，有疏，有浚，有塞，潘季驯曰："治河惟有筑堤束水，以水刷沙，此外别无奇谋异策。"此亦专为治黄河言耳。若清水淤泥礓砂之地，冲之不开，刷之不深，安能舍疏浚而专言塞乎？然疏浚之功十之二三，堤之功则得十之七八矣。故堤为要焉。

江南砀山县黄河南岸，上自河南虞城县界起，下至萧县界止，计长一万四千三百九十三丈七尺，内毛城铺减水坝闸各一座。

萧县黄河南岸，上自砀山县界起，下至徐州界王家山西止，计长一万一千四百八十九丈八尺。又东镇口格堤一道长八百六十四丈五尺，以束毛城铺减坝之水，并上流各处行潦，由小神河入睢河。

徐州黄河南岸，上自萧县界起，下至灵璧县界止，计长二万一千二百一十八丈五尺。内护城堤石工五百一十二丈六尺。又郭家嘴至韩家山旧堤一道，长八百二十一丈。

砀山县黄河北岸，上自山东单县界起，下至丰县界止，缕堤通计长一万零四百四十丈八尺。

丰县黄河北岸，上自砀山县界起，下至徐州工界止，堤长二千一百二十二丈。

徐州黄河北岸，上自丰县界起，下至李道华楼止，堤长七百三十丈四尺；又大谷山、苏家山一堤，四百四十七丈五寸。李道华楼以下至大谷山九十里，地势稍亢，无堤，恐毛城铺、大谷二处减水闸坝不足泄水，空此以泄异涨。又自陟山起至子房山止一堤，计长一千三百十五丈。又上自狮子山起，下至长樊大坝西头止，计长二千七百十五丈。外长樊大坝遥堤，长一千六百八十九丈。又上自长樊大坝堤东起，下至王家山东止，旧缕堤一千一百二十丈。又北岸花山遥堤至邳州界止，长一千六百六十四丈。

花山决口堤工，自庞家山起，至庙山止，凡十里。初筑时，其高且厚也，倍于各处堤工，然其地形原属最卑。又其土沙多而淤少，其圮败之速也，较之各堤亦倍之。兼以历岁渐久，尤恐暴涨难御，必须加筑二三尺。虽境内冈埠蜿蜒无夺河之患，而淹浸民田当亦不少，不可不为未雨之绸缪也。

灵璧县南岸，上自徐州界起，下至睢宁县界止，计长三千九百七十一丈。

睢宁县南岸，上自灵璧县界起，下至宿迁县界止，计长一万六千六百七十六丈零二尺。内戴家楼险工坝台，长三百丈，月堤五百九十三丈。韩家庄险工埽台，五百二十一丈五尺，月堤一千一百十丈。武官营月堤八百九十丈。王家堂险工埽台。按：此下当有缺文。

邳州北岸，上自徐州界起，下至宿迁县界止，计长九千四百七十九丈九尺。外自徐州界起，接庙山，自绵山起，接拐山堤，四百二十丈。又羊山寺西寺南遥格堤长六百四十二丈。又董家堂险工埽台五百七十四丈。木社店格堤九十八丈。五工头险工堤二百一丈。运河西北唐宋山格堤三千五十丈。运河东西堤八千二百三十九丈二尺五寸。

邳州洼下猫儿窝，地势甚高，北来诸水直灌州城，内湖外河及邳、宿两州县各堤俱难保，故筑唐宋山格堤以拦之。猫儿窝斜对为彭家河，凡丰、砀、沛、徐及东省州县北岸之水，俱由此河入运。伏秋暴涨，运河难容，故筑猫儿窝、万家庄、马庄集减水坝三座以泄之，使东入骆马湖。

宿迁县黄河南岸，上自睢宁县界起，下至白洋河止，计长一万一千二百六十二丈七尺。又白洋河矶嘴坝九十丈，格堤七十八丈。墩郎庙、彭家堡、遥月堤三道，共一千六百零九丈。徐家湾遥堤一千零九丈。

宿迁县黄河北岸，上自邳州界直河起，下至皂河止。又自西门吴家墩起，下至古城桃源县界止，堤一万三百十一丈九尺。又朱家堂护坝堤五千六十二丈五尺。西挑水坝、中挑水坝及格堤，共五百三十五丈。杨家庄埽工一百六十二丈。萧家渡埽工九十四丈。宿迁县运河东西两堤上自邳州窑湾起，下至张庄口止，共一万七千五百十七丈。零拦马河桥坝七座，三百七十丈。

宿迁、桃源、清河、山阳、安东五县中河北岸堤一道，上自张庄运口起，下至安东平旺河止，共计堤工六万二千六百四十五丈。内中河南堤七千七百九十八丈，余又宿迁、清河、安东三县护城堤三千四百六十五丈。

宿、虹两县黄河南岸归仁堤，长六千三百二十五丈六尺。

桃源南岸，上自宿迁白洋河界起，下至清河县界止，计长一万六千五十三丈二尺。外烟墩挑水坝一百零一丈。

桃源县黄河北岸，上自宿迁县界起，下至清河县界止，计长一万四千六百五十一丈九尺。又上渡口及七里沟两挑水坝，共二百七十八丈五尺。三岔月堤五百五十丈。

清河县黄河南岸，上自桃源界起缕堤一道，下至裴家场河西止，长二千八百八十九丈。遥堤一道，下至张福口止，长三千二十八丈。甘罗城桩埽工二百十五丈二尺。天妃坝砖石工三百三十四丈。又自惠济祠起，至山阳止，缕堤长八百三十九丈三尺。又桃清界格堤一道，三百四十三丈。又运口东南拦湖横堤三道，共长八百六十七丈四尺。

清河县黄河北岸，上自桃源县界起，下至山阳县界止，计长八千五百八十三丈。内王家营大减坝一座，长一百丈。

山阳县黄河南岸，上自清河县界起，下至云梯关止，计长三万二千三十五丈五尺。内王公堤石工五百九十五丈一尺。又自云梯关起，至海口七巨港迤西尽头止，计长一万二百六十一丈三尺。

山阳县黄河北岸，上自清河县界起，下至安东县界止，共长三千六百零六丈八尺。又上自云梯关安东界起，下至六套迤东止，长八千一百四十二丈五尺。安东县黄河北岸，上自山阳县界起，下至云梯关山阳县界止，计长二万三千三百十一丈。

山阳、盱眙两县河堰，北自山阳县武家墩起，历高家堰、高良涧、周家桥、古沟、唐埂至盱眙县之翟家坝止，计长一万五千六百四十四丈六尺。内石工五千四百五十一丈五尺，桩工六千二百二十八丈九尺，土工三千九百六十四丈二尺。

山阳县运河西岸，上自清河县界起，历凤阳厂减水坝，下至宝应界止，计长一万三千七百五十九丈四尺。

山阳县运河东岸，上自清河县界起，下至宝应县界止，计长一万三千八百八十九丈四尺。

宝应县运河东岸，上自山阳县界起，历子婴沟减水坝，至高邮州界止，计长一万一千九百十一丈四尺。子婴沟坝长十二丈。

宝应县运河西岸，上自山阳县界起，下至高邮州界止，计长一万一千八百一十八丈一尺。

高邮州运河东岸，上自宝应县界起，下至江都县界止，计长一万二千八百七十七丈。内减水坝六座。

高邮州运河西岸，上自宝应县界起，下至本州私盐港石工尽头止，除七百六十丈无堤外，计长八千一百四十六丈。下俱湖滩高地，无堤。

江都县运河东岸，上自高邮州界起，下至金湾三闸北头止，计长五千一百九十七丈。内减水坝一座。

江都县运河西岸，上自露筋庙起，至三沟闸石工尽头止，计长二千六百十五丈，此下无堤。

附录河南山东堤工 按：二省堤工，原书并缺，今据《通志》采录以补之。

河南荥泽县黄河南岸大堤，上自旧县迤南堤头起，下至郑州界止，计长二千一百五十丈五尺。

郑州黄河南岸大堤，上自荥泽县界起，下至阳武县界止，计长六千三百九十八丈。

阳武县黄河南岸大堤，上自郑州界起，下至中牟县界止，计长八百八十丈。

中牟县黄河南岸，大堤上自阳武县界起，下至祥符县界止，计长九千四百五十八丈五尺。又北司家口堤，长七百六十五丈。

祥符县黄河南岸大堤，上自中牟县界起，下至陈留县界止，计长一万五千五百九十三丈。又新旧月堤，长一万六千八百五十五丈。

陈留县黄河南岸，大堤上自祥符县界起，下至兰阳县界止，长三千四百五十三丈。又月堤长七百丈。

兰阳县黄河南岸大堤，上自陈留县界起，下至仪封县界止，计长四千八百零三丈。又月堤长一千零七十二丈。

仪封县黄河南岸大堤，上自兰阳县界起，下至考城县界止，计长九千八百七十三丈。又月堤长一千三百六十九丈。

考城县黄河南岸大堤，上自仪封县起，下至商邱县界止，计长一万零八百丈。

商邱县黄河南岸大堤，上自考城县界起，下至虞城县界止，计长七千五百六十丈。

虞城县黄河南岸大堤，上自商邱县界起，下至江南砀山县界止，计长一万二千零六十丈。

武陟县黄河北岸大堤，上自沁县堤头起，下至荥泽县界止，计长五千八百六十丈。又秦家厂北坝尾堤、格堤并南坝尾堤，计长三千三百七十九丈。又马营口堤，长二千六百九十七丈。

荥泽县黄河北岸大堤，上自武陟县界起，下至原武县界止，计长一千四百四十丈。

原武县黄河北岸大堤，上自荥泽县界起，下至阳武县界止，计长九千丈。

阳武县黄河北岸大堤，上自原武县界起，下至封邱县界止，计长七千二百丈。又月石横堤长一百丈。又金马隆横堤长七百四十丈。

封邱县黄河北岸大堤，上自阳武县界起，下至祥符县界止，计长七千二百丈。

祥符县黄河北岸大堤，上自封邱县界起，下至陈留县界止，计长一万零四百四十丈。又埽坝月堤长一千零四十三丈。

陈留县黄河北岸大堤，上自祥符县界起，下至兰阳县界止，计长三百六十丈。

兰阳县黄河北岸大堤，上自陈留县界起，下至仪封县界止，长八千八百二十丈。撑横月堤共长五千六百八十二丈。

仪封县黄河北岸大堤，上自兰阳县界起，下至山东曹县界止，计长一万零八十丈。又月堤共长四千零五十三丈。

山东曹县黄河北岸大堤，上自河南仪封县界起，下至单县界止，计长二万七千九百二十六丈一尺二寸。又遥月格堤，共长三万二千一百四十五丈。

单县黄河北岸大堤，上自曹县界起，下至江南砀山县界止，计长一万二千二百八十六丈五尺。又月格各堤，共长六千九百二十一丈五尺。

太行堤堤自河南武陟县起，历山东曹、单二县，至江南砀山县止。

武陟县境内太行堤，长七千四百六十五丈八尺。

获嘉县境内太行堤，长五千五百四十九丈。

新乡县境内太行堤，长一万零九百七丈八尺。

延津县境内太行堤，长七百五十一丈。

又归并胙城太行堤，长一万二千四十一丈。

滑县境内太行堤，长二千五百九十丈。

曹县境内太行堤，长一万九千零八十丈。

单县境内太行堤，长一万二千八百丈。

河工

清河县南岸运河，自新建大墩开起，东行一百七十六丈。

又开为两道：一由东北历七里闸折而开由西北至文华寺，归入惠济祠旁旧运河，计长一千五百五十八丈一尺。一道径开由西北归入拦河坝迤北甘罗城东门外旧运河，计长四百一十丈。又自拦河坝历新庄闸、文华寺至山阳县界止，计长一千三百一十七丈八尺。俱即以挑河之土分运两岸筑成堤工。

清河县清口引河凡四道，武家墩沿堤史家一道，烂泥浅一道，帅家庄一道，裴家场一道，共长六千余丈。今烂泥浅、裴家场二道，愈加冲刷宽深，俱成大河。宿、桃、清、山、安五县中，河西自张庄口起，东至平旺河海口止，长计三百余里，历宿迁、桃源、清河、山阳、安东五县境。自清河县仲家庄闸以上为运河行运，自仲家庄闸以下泄东省诸泉淫潦，及黄异涨。

宿迁县皂河，上自温家沟起，下至皂河。又历龙冈岔头口，达张庄口止，计长四十里。上通泇河，下接中河。山阳县高堰运料小河，南自周桥起，北至武家墩止，计长四十里。高堰一堤长百余里，西障洪泽湖，东护淮扬，岁修之工为工最巨，运料必船只，往年由清口入湖。给工，风涛漂没者不可胜计，故开此河以便运料。

山阳县南岸运料小河，西自草湾柳园头起，东至海口止，计长二百里。

闸坝涵洞工

防水之工，莫大于堤，然水之消长不时，过障之虞，其溢也，闸坝以减之，然闸坝之为费也巨，非最要，弗建也。次之以涵洞，其减之用微矣，然其为减一也。保堤之道，三者略备，他或平畴绣错，河润是需，或下土沮洳，停淤成沃，功亦大矣哉。

黄河南岸

砀山县毛城铺减水坝一座，毛城铺减水闸一座，此二闸坝水俱减入小神湖，历灵芝、孟山等湖，从归仁堤、五堡减坝、便民闸汇洪泽湖助淮。

徐州王家山天然减水闸一座。十八里天然减水闸二座。

此三闸水俱减入马厂湖，经永固湖，归灵芝孟山等湖，由归仁堤减坝入洪泽湖助淮。

睢宁县峰山、龙虎山天然减水闸四座。

此四闸水俱减入马浅湖，由灵芝、孟山等湖，越归仁堤减坝入洪泽湖助淮。

自徐州界房村起，至睢宁县贾家湾止，三十里，地势甚卑。而张、寒二堡尤洼，下形兜湾，筑堤辄圮，盖地洼则水积，形兜则囊水，而风涛难御也。因于濒河高处筑子堤一道，直接峰山以暂捍漫溢，而于子堤之内、大堤之外开小河一道，于清凉寺建涵洞数连以引黄，计十年之后，洼地皆可淤高，此后堤工既易筑亦易保矣。然涵洞虽建，必须兵夫常川看守，修其圮败，通其壅积，以放黄入淤，否则洞亦空建。或以此地去河十数里，可无大虞，然地卑易冲，民田交错，司河者能无虑乎？

宿迁县归仁堤便民闸一座。五堡闸一座。

此二闸水俱减入洪泽湖助淮。

桃源县龙窝涵洞三座，建以淤洼。

山阳县柳围头闸一座。

所减水由运料小河沿缕堤出云梯关、掌家港，注黄入海，专为各险工运料而建。

黄河北岸

徐州大谷山减水坝一座。苏家山天然减水坝一座。镇口闸一座。此二坝一闸，水俱减由荆山口出彭家河口，会入北运河。

邳州羊山寺涵洞十二座。青墩营涵洞十座。直河涵洞二座。张家庄涵洞十座。奶奶庙涵洞十二座。

以上各涵洞俱建以淤洼。

宿迁县拦马河减水坝六座。朱家庄减水坝一座。此坝因淤洼而设，若萧家渡、杨家庄、七里沟、新庄口诸卑洼处悉淤高此坝，可以不用。各坝水俱减入中河。

清河县仲家庄闸一座。若于清河治东陶家庄再建一闸，使重运进东闸，回空出西闸，则往来俱顺流，且两闸并建，设淤浅，挑挖亦可闭一而启一也。王家营大坝一座。二闸坝水俱减入中河，由平旺河入海。

山阳县高家堰。武家墩减水坝一座。武家墩涵洞一座。高良涧减水坝一座。小黄庄涵洞一座。周桥涵洞一座。古沟减水坝一座。茆家围减水坝一座。夏家桥减水坝一座。唐埂北减水坝一座。唐埂中减水坝一座。唐埂南减水坝一座。以上高堰各闸坝涵洞所泄之水，俱从高、宝诸湖出，高、宝各减坝入下河。

南运河

清河县太平闸一座，金门宽二丈一尺，所以约全淮之水，止令烂泥浅一水，分十之二由此闸以进运河。今宜移置新庄闸运道由草坝出入。太平闸涵洞七里闸一座，与新庄闸南北并行，以备挑浅而平水势。

山阳县凤阳厂减水石坝一座，坝门宽八丈四尺，坝长十八丈，较龙注闸顶并各堤顶约低五尺，专为分龙注闸上流水势以保清江浦让淮安城而建。所减之水由运料新河历杨家庙入山阳运河。状元墩涵洞。杨家庙单家口涵洞五十座。

宝应县北弘济闸一座。南弘济闸一座。子婴沟减水坝一座，长十二丈，泄水之地六丈，所减之水由子婴沟入下河。永平闸坝二座，所减之水俱入下河。

高邮州东岸减水坝一座，泄水之地长四十丈。坝底高于高邮城。南砖坝底二尺有奇，止以泄异涨，所泄之水入下河，每年六月初一日开放。东岸南关减水砖坝一座，泄水之地计长四十八丈二尺，所泄之水亦入下河，每年六月初一日开放。东岸五里坝减水石坝一座，泄水之地宽十一丈，底低于砖坝者二尺有奇，每年四月初一日开放。东岸八里铺减水石坝一座，泄水之地计长十丈六尺，底低于砖坝者二尺有奇，每年四月初一日开放。东岸柏家墩减水砖坝一座，泄水之地计长五十一丈四尺，每年六月初一日开放。东岸车逻减水石坝一座，泄水之地计长十一丈，每年四月初一日开放。

江都县东岸鳅鱼减水坝一座，泄水之地计长十一丈，所泄之水亦入下河。东岸金湾三闸坝一座，其水减入人字河，归芒稻河入江。

高、宝诸湖下于洪泽湖，而运河又下于高、宝诸湖。诸湖自西南受滁、泗、天长之水，由下河入海，故东堤旧有闸座涵洞以泄之。而西北周桥六坝泄下之水亦由诸湖以入下河，故臣复于旧闸坝涵洞之外增建改建减水坝八座，以向来原有之闸坝涵洞抵泄运河，下注及天、泗等处山溪之水，而以新建八坝抵泄，周桥六坝之水而后因入为出，节宣有度，旱不至于涸运，涝不至于伤堤也。

北运河

邳州猫儿窝减水坝一座，减入骆马湖，会归中河。马庄集减水坝一座。万家庄减水坝一座。二坝水俱减入骆马湖，会归中河。

宿迁县兔车头涵洞。张八庄涵洞。晁家沟涵洞。皂河石磡一座。

物料

淮扬岁修埽按：工程每年必须修理者名为岁修工程。

高一丈，每丈用料一万斤。眼柴十，草二十。束。大缆，六十八条。小缆，一百五十五条。麻，一千五十斤。橛，四十根。桩。十根。

高九尺，每丈用料八千一百斤。眼柴八，草十六。束。大缆，六十条。小缆，一百三十条。麻，一千四十五斤。橛，四十根。桩。十根。

高八尺，每丈用料六千三百八十斤。眼柴六，草十二。束。大缆，六十条。小缆，一百零五条。麻，一千四十斤。橛，三十根。桩。十根。

高七尺，每丈用料四千九百斤。眼柴五，草十。束。大缆，五十条。小缆，八十四条。麻，一千三十五斤。橛，三十根。桩。十根。

高六尺，每丈用料三千六百斤。眼柴四，草八。束。大缆，四十条。小缆，七十二条。麻，一千三十斤。橛，二十根。桩。十根。

高五尺，每丈用料二千五斤。眼柴三，草六。束。大缆，三十条。小缆，五十三条。麻，一千二十五斤。橛，二十根。桩。十根。

抢修埽顶冲埽湾及风暴打坏浪窝之处，随时补救，名为抢修。

高一丈，每丈一万零五百斤。

高九尺，每丈八千五百斤。

高八尺，每丈六千七百斤。

高七尺，每丈五千一百五十斤。

高六尺，每丈三千八百斤。

高五尺，每丈二千六百五十斤。

高四尺，每丈一千七百斤。

大缆，二十条。小缆，三十六条。桩。十根，一木二截。

高三尺，每丈九百五十斤。

小缆，二十四条。桩，十根，一木三截。

高二尺，每丈四百二十斤。

小缆，十六条。桩，十根，一木三截。

高尺五，每丈二百三十五斤。

丁头草镶浪窝

深一尺：宽一丈，三百斤。宽一丈一尺，三百三十斤。宽一丈二尺，三百六十斤。宽一丈三尺，三百九十斤。宽一丈四尺，四百二十斤。宽一丈五尺，四百五十斤。宽一丈六尺，四百八十斤。宽一丈七尺，五百一十斤。宽一丈八尺，五百四十斤。宽一丈九尺，五百七十斤。宽二丈，六百斤。宽二丈一尺。六百三十斤。

深一尺五寸：宽一丈，四百五十斤。宽一丈一尺，四百九十五斤。宽一丈二尺，五百四十斤。宽一丈三尺，五百八十五斤。宽一丈四尺，六百三十斤。宽一丈五尺，六百七十五斤。宽一丈六尺，七百二十斤。宽一丈七尺，七百六十五斤。宽一丈八尺，八百一十斤。宽一丈九尺，八百五十五斤。宽二丈，九百斤。宽二丈一尺。九百四十五斤。

深二尺：宽一丈，六百斤。宽一丈一尺，六百六十斤。宽一丈二尺，七百二十斤。宽一丈三尺，七百八十斤。宽一丈四尺，八百四十斤。宽一丈五尺，九百斤。宽一丈六尺，九百六十斤。宽一丈七尺，一千零二十斤。宽一丈八尺，一千零八十斤。宽一丈九尺，一千一百四十斤。宽二丈，一千二百斤。宽二丈一尺。一千二百六十斤。

深二尺五寸：宽一丈，七百五十斤。宽一丈一尺，八百二十五斤。宽一丈二尺，九百斤。宽一丈三尺，九百七十五斤。宽一丈四尺，一千零五十斤。宽一丈五尺，一千一百二十五斤。宽一丈六尺，一千二百斤。宽一丈七尺，一千二百七十五斤。宽一丈八尺，一千三百五十斤。宽一丈九尺，一千四百二十五斤。宽二丈，一千五百斤。宽二丈一尺。一千五百七十五斤。

深三尺：宽一丈，九百斤。宽一丈一尺，九百九十斤。宽一丈二尺，一千零八十斤。宽一丈三尺，一千一百七十斤。宽一丈四尺，一千二百六十斤。宽一丈五尺，一千三百五十斤。宽一丈六尺，一千四百四十斤。宽一丈七尺，一千五百三十斤。宽一丈八尺，一千六百二十斤。宽一丈九尺，一千七百零十斤。宽二丈，一千八百斤。宽二丈一尺。一千八百九十斤。

深三尺五寸：宽一丈，一千斤。宽一丈一尺，一千一百五十五斤。宽一丈二尺，一千二百六十斤。宽一丈三尺，一千三百六十五斤。宽一丈四尺，一千四百七十斤。宽一丈五尺，一千五百七十五斤。宽一丈六尺，一千六百八十斤。宽一丈七尺，一千七百八十五斤。宽一丈八尺，一千八百九十斤。宽一丈九尺，一千九百九十五斤。宽二丈，二千一百斤。宽二丈一尺。二千二百零五斤。

深四尺：宽一丈，一千二百斤。宽一丈一尺，一千三百二十斤。宽一丈二尺，一千四百四十斤。宽一丈三尺，一千五百六十斤。宽一丈四尺，一千六百八十斤。宽一丈五尺，一千八百斤。宽一丈六尺，一千九百二十斤。宽一丈七尺，二千零四十斤。宽一丈八尺，二千一百六十斤。宽一丈九尺，二千二百八十斤。宽二丈，二千四百斤。宽二丈一尺。二千五百二十斤。

深四尺五寸：宽一丈，一千三百斤。宽一丈一尺，一千四百八十五斤。宽一丈二尺，一千六百二十斤。宽一丈三尺，一千七百五十五斤。宽一丈四尺，一千八百九十斤。宽一丈五尺，二千零二十五斤。宽一丈六尺，二千一百六十斤。宽一丈七尺，二千二百九十五斤。宽一丈八尺，二千四百三十斤。宽一丈九尺，二千五百六十五斤。宽二丈，二千七百斤。宽二丈一尺。二千八百三十五斤。

深五尺：宽一丈，一千五百斤。宽一丈一尺，一千六百五十斤。宽一丈二尺，一千八百斤。宽一丈三尺，一千九百五十斤。宽一丈四尺，二千一百斤。宽一丈五尺，二千二百五十斤。宽一丈六尺，二千四百斤。

宽一丈七尺，二千五百五十斤。宽一丈八尺，二千七百斤。宽一丈九尺，二千八百五十斤。宽二丈，三千斤。宽二丈一尺。三千一百五十斤。

宿、桃木价：尺一木，一钱四分。尺二木。一钱八分。尺三木，二钱叁分。尺四木，三钱一分五厘。尺五木，四钱零五厘。尺六木，四钱五分五厘。尺七木，五钱三分。尺八木，六钱七分。尺九木，八钱三分。二尺木。九钱八分。

邳、睢木价：尺三木。二钱七分。余与宿、桃价同。

徐属木价：尺三木，二钱七分。尺五木，四钱二分五厘。尺六木，四钱七分。余与宿、桃价同。

高、宝木价：一尺木，九分二厘。尺一木，一钱零九厘。尺二木，一钱二分六厘。尺三木，一钱四分三厘。尺四木，一钱六分。尺五木，一钱七分七厘。尺六木，二钱五分五厘。尺七木，三钱三分二厘。尺八木，三钱九分一厘。尺九木，四钱六分八厘。二尺木，五钱四分四厘。二尺一木，六钱二分二厘。二尺二木，七钱二分四厘。二尺三木，七钱八分四厘。二尺四木，八钱六分八厘。二尺五木。九钱五分四厘。

江都木价：一尺木，九分。尺一木，一钱零七厘。尺二木，一钱二分四厘。尺三木，一钱四分一厘。尺四木，一钱五分八厘。尺五木，一钱七分五厘。尺六木，二钱五分三厘。尺七木，三钱三分。尺八木，三钱八分九厘。尺九木，四钱六分六厘。二尺木，五钱四分二厘。二尺一木，六钱三分一厘。二尺二木，七钱一分一厘。二尺三木，七钱八分四厘。二尺四木，八钱六分八厘。二尺五木。九钱五分四厘。

山清木价：一尺木，一钱一分。尺一木，一钱四分。尺二木，一钱八分。尺三木，二钱三分。尺四木，二钱七分。尺五木，三钱四分。尺六木，四钱三分。尺七木，五钱三分。尺八木，六钱七分。尺九木，八钱三分。二尺木，九钱八分。二尺一木，一两二钱一分。二尺二木，一两四钱七分。二尺三木，一两七钱三分。二尺四木，二两零二分。二尺五木，二两三钱二分。二尺六木，二两七钱。二尺七木，三两一钱二分。二尺八木，三两五钱七分。二尺九木，四两零五分。三尺木，四两五钱六分。三尺一木，五两一钱。三尺二木，五两六钱七分。三尺三木，六两二钱七分。三尺四木，六两九钱。三尺五木，七两五钱六分。三尺六木，八两二钱五分。三尺七木，八两九钱七分。三尺八木，九钱七钱二分。三尺九木，十两零五钱。四尺木，十一两三钱一分。四尺一木，十二两一钱五分。四尺二木，十三两零二分。四尺三木，十三两九钱二分。四尺四木，十四两八钱五分。四尺五木，十五两八钱一分。四尺六木，十六两八钱。四尺七木，十七两八钱二分。四尺八木，十八两八钱七分。四尺九木，十九两九钱五分。五尺木。二十一两零六分。

徐属厅各色物料价：杂草每束六斤，价银三厘。苇每束一十斤，价银一分。麻一斤，价银一分六厘。草绳每套九斤。价银一分。

邳、睢厅各色物料价：草每束六斤。价银二厘六毫。余与徐属价同。扬河厅各色物料价：红草每束二十五斤，价银一分五厘。稻草每束二十五斤，价银一分二厘五毫。江柴每束百斤，价银八分。黄麻每斤，价银一分二厘。白麻每斤，价银一分八厘。石灰每担，价银二钱。糯米每石，价银一两。缆柴每担，价银一钱。稻草每条五斤，价银二厘五毫。每砌旧石一丈，工银三分。每砌砖百块，工银三分。每灰一担，用糯米五升。每砖一块，用石灰二升。每砌砖一丈，用石灰□□。钉每斤，价银三分。煤炭一石，价银三钱。每砖一块，价银一分三厘。灰筛一面，价银二分。灰箩一只，价银五分。木匠、石匠每名食米一升五合。

山盱、山安、山清三厅各色物料价：埽柴每束三十斤，价银二分二厘。红草每束十斤，价银六厘。缆柴每束三十斤，价银二分七厘。麻每斤，价银一分四厘四毫。刘淳荡柴山阳产柴每束三十斤，价银一分七毫。刘淳采运各工红草每束十斤，价银三厘。樟叶每百斤，价银五钱三分九厘二毫六丝。石灰每担，价银一钱四分四厘。芬草每斤，价银三厘。钉每斤，价银三分。芦席每片，价银一分。灰筛每面，价银四分。木（掀）〔锨〕每把，价银六分。扫帚每把。价银六厘。

宿、桃二厅各色物料价：草每束六斤。价银二厘六毫。余与徐属价同。

山、盱厅各减坝：大河砖每块银一分六厘。单料面石每丈银九钱五分。料半青面石每丈银一两四钱二分五厘。石灰每石银一钱四分四厘。石匠凿锭眼每个给银五厘。每石一丈，不论双单料半牵，用石灰一石。石匠凿光石连砌每面石一丈，给银一钱五分。锔眼每个银三厘。每砖一块用灰升半。钉每斤银三分。生铁锭每斤银一分四厘。熟铁锔每斤银五分。竹篾每斤银一分二厘。黄麻每斤银二分。酱每斤银一分五厘。礠肘每付银八分。煤炭每石银三钱五分。油灰每斤银一分。桐油每斤银五分五厘。真火灰每石银二钱八分八厘。

山清、外河厅减坝：杨桃藤每斤银六厘。做三和土每方用火灰三十石，黄土一百筐，杨桃藤六十斤。余料与山盱厅同。

宿、桃大工料价：双料青面石每丈银一两八钱。大砖每块银一分二厘。石灰每石银一钱六分。熬汁荒柴每石银二分。生铁锭每斤银一分四厘。铁锔每斤银五分。钉每斤银三分。抬石铁绳每条重十五斤，价银七钱五分。檀木撬杠每根银七分。铁（掀）〔锹〕每把银一钱。木（掀）〔锨〕每把银六分。扫帚每把银一分五厘。煤炭每石银三钱五分。牵钻皮条银一分。云礠每架银三钱五分。锅铁每斤银一分五厘。竹篾每斤银一分二厘。黄麻每斤银二分。黑煤每斤银四分。矾红每斤银五分。水胶每斤银八分。桩手每工银五分。竹笆每片用匠一工。芦笆每四片用匠一工。签桩八根用匠一工。

高、宝大工料价：石灰每石银二钱。雇船运砖每块银三厘。雇船运石每单料一丈银一钱二分。铁撬每斤银四分。煤炭每石银四钱。石匠錾砌石块不论双单料半，每丈给银八分。竹杠每条银二分。山竹每根银三分。灰筛每面银二分。灰箩每只银五分。

修造大柳船：三年小修，银二十两。五年大修，银三十两。八年拆造，银五十两。

大浚船：三年小修，银八两。五年大修，银一十二两。八年拆造，银十八两。中浚船减十之一五。小浚船减十分之一。

未到年限损坏，着船头赔修。如遇真正暴风漂没，本船头赔十分之三，通帮赔十分之七。

吕梁王家山采下石块：按：以下十二行，《行水金鉴》及原本俱无。浚船运至宿迁交卸，每丈银一钱四分。大谷城交卸，每丈银一钱六分。清江王家营交卸，每丈银二钱四分。

大谷山采下石块：浚船运至宿迁交卸，每丈银一钱七分。大谷城交卸，每丈银一钱九分。王家营交卸，每丈银二钱七分。

吕梁王家山采运石块。柳船……按：此下有缺文。

闸式

墙高三丈，用一尺二寸宽、一尺二寸厚双料石，二十五层。

五层用里石七路，四层六路，四层五路，四层四路，四层三路，四层二路。

两墙共长□□□□，用墙石九百丈。

里石一千九百八十丈。俱用一尺五寸宽，一尺二寸厚。

河砖七万九千二百块。一尺二寸长，五寸宽，二寸厚。

顶墙石马牙桩一千八百，改用尺五木六百株。一木三截，每丈用桩三路，每路二十段，后又添一路，共四路。

顶里石梅花桩三千九百六十段，尺四五木九百九十株。一木四截，每丈用梅花桩十一路，每路十二段。

底石六百十四丈六尺八寸。九寸厚，一尺二寸宽，料半每丈用梅花桩十八段。

顶底石梅花桩一万一千零六十四段，一尺三四木二千七百六十六株。一木四截。

火灰三千四百九十四石六斗八升。每石一丈，用灰一石。

糯米二百零九石六斗八升。每灰一石，用糯米六升。

熬汁柴六千二百九十束。每束三十斤。

前后锁口共用三和土二十二方。三尺深，三尺宽。

铁锔一千八百个。每个重一斤。

铁锭一千八百四十四个。每个重四斤。

熟铁条九根，共六千三百斤。每斤四分。

天然闸：砂碛一方，四钱。单料一丈，五钱。碎石一方。九钱五分。双料一丈，一两。凿光五面见线石。每丈一钱五分。

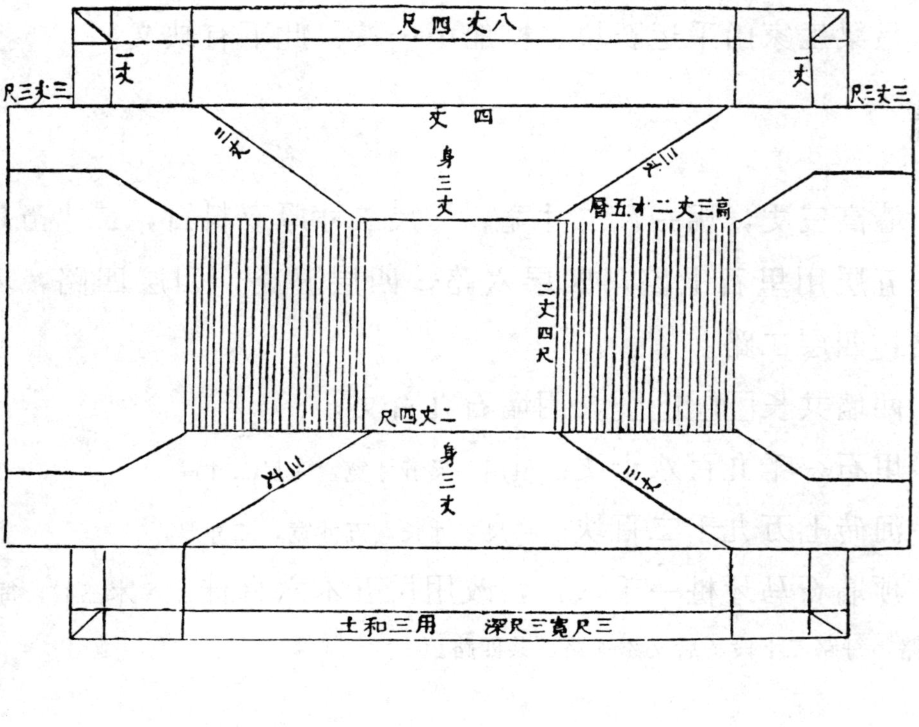

卷四

川渎考

黄河

《禹贡》“导河自积石”，不言河源荒远，在所略也。考《山海经》《汉书·西域志》、唐史及元《河源记》所论河源，参差不同。世传《山海经》出于伯益所作，当洪水怀襄之时，禹方八年三过其门而不入，益佐禹随山烈焚，何暇越五万里而至昆仑？糜岁月于水害不经之地，张骞虽身遍诸国，惝恍阅历，本非专使；薛元鼎奉使吐番，访河源得之于闷磨黎山。然汉唐之时，外国未尽臣服，道未尽通往者，不无纡回艰阻，安能直抵其处而准其流行之曲折、道里之远近乎？惟元薄海内外，罔不臣服，置邮乘传，如行国中。至元中，命招讨使都实佩金虎符往求河源，访得之，其言当属可据。第以非贡道，民咨所系，录其大概，不尽述下，若自河东以迨河阳，弗敢略也，自荥泽以迨入海，勿敢略也，并加详焉。

吐番朵甘思西鄙有泉百余泓，名火墩脑儿，译言星宿海也，直中国西南四川马湖蛮部三千余里，云南丽江宣抚司西北一千五百余里，大概更北流以入中国。其源不甚巨，自东行，合赤宾河、亦里出河、忽兰河、也里木河诸流[1]，始有黄河之名。然水犹清，人可涉也。又东行，北向转而西缘昆仑之北。又东北流至积石，河州洮水自南来注之，至兰州正东，行出宁夏镇南，东行即东胜州。自发源至汉地，南北涧溪，细流旁贯，莫知纪极。朱思本曰："河北流过丰州西，受降城，折正东，流过中东二受降城，凡七百余里。而正南过云内州、东胜州，合黑河又南流，折过保德州、葭州、兴州、临州，凡一千余里。"

以上皆本《河源记》而稍略之。

河自过东胜州，稍折而西南，流入河东、河曲、陕西府谷界。稍西南又正南流，凡千余里，下龙门。山西河津县与陕西韩（州）〔城〕县[2]交界。又南流，汾水自太原静乐东北来注之。又南，渭水自巩昌合泾水西来注之。又南至朝邑，洛水自甘泉西北来注之。又南抵华阴、潼关，折而东流，经阌乡、灵宝至陕州，穿三门山。即《禹贡》砥柱山。又东过新安、洛阳、孟津至巩县北，洛水会瀍、涧、伊诸水西南来注之。又东过巩、孟，济水自阳城北来注之。又东过成皋、大邳山，汜水南来注之。又东过荥阳绝蒗荡渠。一名浚仪渠，即《禹贡》"溢为荥"者是也。又东至河阴、武陟，沁水自潞泽北来注之。

以上犹《禹贡》故道也。

又东行，其阴为荥泽、郑州、中牟、祥符、陈留、兰阳、仪封诸邑，其阳则为原武、阳武、封邱三邑，及祥符、兰阳、仪封北境，入山东曹、单等邑。又稍东南，入归德境，过考城、商邱，入江南界。经砀山、丰县、萧县、徐州、灵璧以北，出于邳、睢之间。复正东流，过宿迁治南。又过桃源治之北。又

---

[1] 也里木河 《治河奏绩书》作也里术河。据改。

[2] 《治河奏绩书》卷一作"韩城县"。据改。

东至清河南数里，淮水出清口西南来会之。乃过山阳治北，从安东治南，东北流至云梯关，入于海。

黄河经流数千里，百川之会，不可殚详，详其最大者曰汾，曰渭，曰洛，曰济，曰沁。

汾水

汾水出静乐县管涔山，东南流过太原县，合晋水；又西南过文水县，合文水；又南过绛州，折而西至荥泽县，入于河。

渭水

渭水出渭源县南谷山，东流过鸟鼠同穴山，至宝鸡纳汧水；又东至咸阳，纳沣、镐水；又东过泾阳属泾汭；东至朝邑，会漆沮；至华阴，入于河。

洛水

洛水出陕西商州之冢岭山，东流至熊耳，又东北至新安，与涧水会。涧水出渑池。又东至偃师，与瀍水会。瀍水出谷城北替亭。又东至洛阳，会于伊。伊水出卢氏闷顿岭。又东北至巩县，同入于河。

济水

按：郑元庆云："济"古文作"泲"，《说文》：从水，从𠦒。注云：兖州之泲，从水，从齐。注云：出常山房子县赞皇山，则此当作"泲"，但自来相传，不敢改易。

济水出阳城县王屋山，初名沇水，东西二源，至济源县合流，始名为济，东南流至河内温县，当巩县北入于河。

济水至王莽时，下流已涸。然今大小清河及济、兖间诸泉，实皆济渎脉络，盖济性劲疾，常伏流地中，间过山冈，石根壅遏，即喷薄上溢而为泉，非真涸也。

按：黄子鸿曰：以《水经注》《元和志》《寰宇记》诸书考之，济水最南，漯水在中，河水最北。今者小清河所经，自历城以东，如章邱、邹平、长山、新城、高苑、博兴、乐安诸县，皆古济水所行。而大清河所经，自历城以上至东阿，固皆济水故道，而自历城东北如济阳、齐东、青城诸县，则皆古漯水所行。蒲台以北则故河所经。盖宋时常行漯渎，及河徙，则大清河兼行河、济二渎，其小清河所行，则济水故道也。

沁水

沁水出沁源县羊头山世靡谷，南流至阳城县，与获泽水合。又南与丹水合。又东过武陟。又东南至荥泽县北，入于河。

淮水

淮水出南阳胎簪山，自桐柏而东至光、息境，汝水合溵水西北来注之。又东至霍邱、寿州，颍水合溱、洧之水西北来注之。又东与淝水会。又北与濠水会。又东历盱眙、泗州。又东至清河境，入洪泽湖，北出清口，会黄河入于海。

漕之患莫大于黄，其次莫如淮。曰汴，曰汝，皆淮之所受也，故列淮而从之以汴、汝。

汴水

汴水出河南荥阳县西三皇山。《一统志》“出大周山”，疑即三皇山。山上有二广武城，相去百余步，汴水自两城间小涧中流出，东经开封府城内，合京、索、须、郑四水，东南至中牟县，入黄河。今不入河，自朱仙镇入涡水，同入于海。

汝水

汝水出鲁阳县之大盂山黄柏谷，东北流历上蔡、西平、汝阳之西南，入于淮。

黄淮以北诸名川，即不与黄、淮会，而漕实赖之者，其所系与黄、淮并，曰泗，曰沂，曰汶，曰卫，曰洸，曰大清河，曰小清河，曰白河。

泗水

泗水源出泗水县陪尾山，四泉并发，故曰泗。循西南流，过卞庄城，合为一。西流至兖州府城东，转南流经横河，与曲阜沂水合，元导之以济运，于兖州府东门外作金口闸，遏令东入府城。又转南流，会洸河以入济宁天井闸。初，泗合沂南泛为患，隋薛曹于二水交流处作石堰遏之，令西流，陂泽尽为良田。元修薛堰，为滚水石坝，以引泗水入济宁，金口闸之建始此，明因之。金口闸有三洞，夏秋水潦开闸泄水，南流会沂水，由港里河入师家庄闸河，冬春水微，闭闸遏水，入府城，出济宁。

沂水

沂水源有二：一出曲阜尼山，西南流与泗水合，分为二支，一西流金口闸，入天井，一南流，会泗入师家庄河者也。其一出沂水县，会蒙阴、沂水诸泉，合流至邳州入淮者也。明挑泇河，邳州之沂导由骆马湖出董、陈二沟，入河。至国朝，今上康熙二十年开皂河，二十六年复开中河，二沂水入中河济运。

汶水

汶水有三源：一出泰山阳仙台岭，一出莱芜原山阳，一出莱芜寨子村，俱名汶。会泰山诸泉至静村镇合流，谓之大汶口。转西南至泰安州，与小汶河合流，至宁阳西北分为二：其一为元人所改，由堽城南流，别为洸水；其一由堽城西流，会坎河诸泉，入大清河，由东阿北至利津入海，此故道也。明永乐中开会通河，乃于宁阳之北筑堽城坝以遏入洸之流，于坎河之西筑戴村坝以遏入海之路，使尽出运河。一自东平戴村镇西南流至汶上县，会白马河、鹅河，凡八十里，北流号为分水口，六分北流，四分南流；一自宁阳县堽城坝西南流，合泗、沂二水，凡一百余里，至济宁州，旧自州南天井闸东合分水南流之汶。本朝初，改从州北三十里，由马场湖入漕。

卫水附漳水

卫河源出河南辉县苏门山百门泉，东北流，西引滏、洹、淇三水，经新乡浚县、馆陶。又北凡千里，至临清，与会通河合。又北经德州、沧州等处，千有余里，至青县南岔河口，受滹沱之水，合流而北至静海、天津直沽，会白河同入于海，即汉时之屯氏河。隋时永济渠亦名御河。漳水旧至馆陶，入卫，万历初，漳北徙，由魏县曲周下滏阳河，北流不循卫河济运。

按：《山东通志》：“自漳水入滏，而馆陶之流绝。”国朝顺治九年，漳水自广平县迳元城县之贾家庄，直注邱县，分为二道：一从县西迳广宗县，入滹沱；一从县东迳青县北入运河。康熙三十六年，漳水又至馆陶，与卫合，北流渐微。四十七年，北流尽塞，全入于卫。

洸水

洸水源自宁阳县北三十里堽城之西，南流县西三里许。又南流三十里，至高吴桥，会宁阳县诸泉、漕河水。又六十里，经济宁城东隅与泗合，入济宁天井闸。《河考》云：“洸，汶之支流也。”元人于堽城之左作斗门遏汶水，以益泗、漕，洸之名始此。明永乐中，筑坝以遏汶水入洸之流，而洸河几绝，独堽城之南官庄河入洸，其源微而流不长。成化间复为堽城石闸，稍分汶之支以益之，遂西南流至济宁南门，会沂、泗二水入于漕。

《水经》：“泗水过高平县，洸水从西北来注之。”则洸水之名非始于元也。郦道元注：“洸水者，洙水也。”然其注洙水又曰：“洙水之南，洸水注之。”则又洙自洙，而洸自洸也。

大清河

大清河乃汶水，从张秋分流，会齐东南诸山泉沟泽，经长清、齐河、历城，会泺水，由利津入海。

小清河

小清河一名泺水，发源济南趵突诸泉，汇大明湖，会巨合水、漯水，经邹平至博兴车马渎入海。

按：古泺水自华不注山西北入大清河，伪齐刘豫乃导之东行，为小清河。后河道渐淤，其水复自华不注东北入大清河，而小清河所受止邹平而下浒山泊河、白条沟、郑黄沟、孝妇河、乌河诸流而已。

白河

白河在通州，其源出塞北，经密云县，合榆、浑诸河，凡三百六十里，至直沽入海，源远流迅，水始散漫，河皆溜沙，夏秋暴涨，最易冲决，沿河设铺，舍置夫甲，专管挑浚。

泉考

自徐、邳以北，川莫大于汶、泗、沂，然其源皆微，不得不以众泉为源，因乎地，导之以人。苟有济于运，虽与河渎班可也。爰各随其所从入而区别之，有五派焉，计州邑一十有八，泉二百四十有四。

一分水派凡九州县

凡发源新泰、莱芜、泰安并肥城、东平、汶上以及蒙阴之西、宁阳之北等泉会流，至南旺而分，皆名曰汶河。

为分水派

蒙阴县：旧泉二，今废。按《通志》，今有。官桥泉，按《通志》，在县西七十里。卞家庄泉。《志》作“卞桥泉”，在县北一百五里。

按：《山东通志》增多二泉：海眼泉，在县北一百一十里，与莱芜海眼泉同源。葛沟泉。在县北百五十里。

新泰县：旧泉十三，新泉四。南师泉，在县东北十五里。张家泉，在县南十里。孙村泉，在县西南十五里。西都泉，在县南二十里。古河泉，在县西南二十里。刘杜泉，在县西南四十里。灵查泉，在县西南七十里。和庄泉，在县西北五十里。崖头泉，在县西北三十五里。西周泉，在县西北八里。公家泉，在县西南八里。北鲍泉，在县东南十里。南陈泉。在县东北十五里。以上旧泉。明公泉，《志》作“名”，在县东南三里。北流泉，在县西南二十五里。万松泉，在县西南三十里。名湾泉。在县西南四十里。以上新泉。

按：《通志》增多一十九泉：太公泉，在县东北三十里。北陈泉，在县东南十里。路踏泉，在县东北三十里。魏家泉，在县东北三十里。高峪泉，在县北三十里。新西周泉，在县西北十五里。杏山泉，金沟泉，并在县西北十里。公家庄泉，在县西南八里。贾周泉，在县西南十里。刘都泉，在县西二十里。周家泉，在县西北三十五里。构沟泉，在县西三十里。红河泉，在县西南五十里。钓鱼台泉，在县西南五十里。大峪泉，在县东南二十里。柳沟泉，在县南二十里。涝陂泉，即里桥泉，在县西南二十里。黄水湾泉。在县西南四十里。

莱芜县：旧泉十一，新浚沟渠五。半壁店泉，在县西三十五里，三泉南流入汶。王家沟泉，在县西二十八里。牛王泉，在县西南二十里。郭娘泉，在县西南十四里。镇里泉，在县西北二十八里。乌江泉，在县北二十五里。小龙湾泉，在县东北五十五里。鹏山泉，在县东北二十一里。赵家庄泉，在县东二十四里。莲花池泉，在县东南二十五里。湖眼泉。在县东南三十里。以上旧泉。小龙湾，青杨港，《志》“青扬港泉”，在县西南三十里。坡羊湾，渌马河，青泥沟。《志》“青泥沟泉”，在县东三十里。以上新（渠）〔泉〕。

按：《通志》增多三十五泉：李家湾泉，在县西北五十八里。凉坡泉，薛家庄泉，并在县北六十里。黑龙泉，在县西北六十一里。老龙泉，在县西北六十二里。鱼池泉，在县西北四十五里。星坡泉，在县西北六十里。大龙泉，在县西北五十里。北夹沟泉，水河泉，并在县北三十三里。沙湾泉，在县西北三十四里。助沙泉，新兴泉，并在县西北三十五里。海眼泉，连珠泉，并在县东南六十里。斜里泉，在县东二十四里。坡里泉，在县东南五十里。朱家湾泉，在县东南二十七里。张家湾泉，在县东南二十六里。滤马河泉，在县东三里。大龙湾泉，在县东北四十里。垂杨泉，在县北二十七里。北海眼泉，广润泉，并在县北二十五里。西碧泉，青桥泉，并在县西北二十五里。龙兴泉，在县西北十五里。坡草泉，在县西南五里。片锦泉，灵泉，樱桃园泉，并在县南十四里。王家沟泉，在县西二十八里。西夹沟泉，在县西三十四里。卢家庄泉，在县西南二十里。贺家湾泉。在城西南四十里。

泰安州：旧泉三十五，新泉三，附河四。张家泉，在县南八里。木头沟泉，在县南十二里。龙湾泉，在县南二十五里。梁家庄泉，在县南三十里。马儿沟泉，在县东南三十里。风雨泉，在县东三十里。周家湾泉，在县东二十五里。铁佛寺泉，在县东三十里。清泉，在县东三十里。范家泉，鲤鱼沟泉，并在县东五十里。皂泥沟泉，在县东十五里。板桥湾泉，在县东六十里。北滚泉，顺河泉，并在县东六十里。浊河泉，在县东南一百里。斜沟泉，在县东南一百二十二里。羊舍泉，在县东南一百里。力沟泉，在县东南一百里。东西二柳泉，《志》作东柳泉、西柳泉，在县东南一百里。水波泉，《志》作水坡泉，在县东一百里。龙堂泉，在县南七十里。颜谢泉，《通志》无。上泉，马蹄泉，臭泉，并在县西南五十里。溯港沟泉，在县西南五十五里。水磨泉，在县西南六十里。马黄沟泉，在县西南九十里。龙王泉，在县西南一百里。胡家港泉，在县南六十里。陷湾泉，在县西南六十里。狗跑泉，报恩泉。并在县西南六十里。以上旧泉。神泉，在县东南一百里。韩家庄泉，在县南一百里。梁子沟泉。在县南三十里。以上新泉。

渿河　泮河　漕河　梳洗河

按：《通志》增多二十八泉：范家泉作范家湾泉，马黄泉作马黄沟泉。

云潭泉，在县东五十里。大兴桥泉，在县东六十里。凤凰泉，在县东四十里。坡里泉，在县东北六十里。会泉，一作惠泉。扳倒井泉，并在县东六十里。明堂泉，在县东北四十里。沧浪沟泉，在县南五十里。金星泉，在县西南一里。广生泉，在县西北二里。吴山沟泉，在县东南四十里。白土崖泉，在县南七十里。水泉，在县东南八十里。新兴泉，皮狐泉，并在县东南九十里。良甫泉，在县南八十里。香城泉，在县南七十里。真沟泉，鬪泉，并在县东南一百里。小柳泉，黑虎泉，海旺泉，海润泉，石缝泉，在县东南一百里。灵应泉，泰应泉，并在县西南九十里。坤温泉，凉泉。并在县西南一百里。

肥城县：旧泉五，新泉四。王家泉，吴家泉，臧家泉，并在县西南九十里。咸河泉，在县西南五十里。清泉。在县东南四十里。以上旧泉。董家泉，在县西南六十里。开河泉，在县西南四十里。马房泉，在县西南五十里。拖车泉。在县西南五十里。以上新泉。

按：《通志》增多三泉：圣惠泉，一作圣会。震泽泉，引兑泉。并在县西南四十里。

平阴县：旧泉一。柳沟泉。在县东南三十五里。

东平州：旧泉九，新泉八，附坝一。坎河口泉，《志》作坎河泉，在州东五十里。铁钩嘴泉，在州东五十里。安圈泉，在州东北五十里。张货郎泉，在州东五十里。吴家泉，在州东五十五里。席桥泉，在州东五十里。王老沟泉，在州东五十里。独山泉，在州东五十里。杷头泉，在州东四十里。以上旧泉。净泉，源泉，冽泉，在州东四十里。大黄泉，小黄泉，《志》作二黄泉，在州东五十里。芦泉，《志》无。灰泉，《志》无。徐家庄泉。《志》作徐家泉，在州东五十里。以上新泉。戴村坝，长五里十三步，横遏汶水，西南流，由黑马沟尽出南旺鹅河口，入会通河，南北分流。孙泉，游龙泉，神濮泉，涌泉，并在州东五十五里。小王泉，郝家泉，在州东五十里。冷河泉，口头泉，浮汶泉，大成泉，三眼泉，胜水泉，卷耳泉，餴饎泉，安宅泉，半亩泉，双明泉，单眼泉，高家庄泉，高嘉泉，并在州东五十里。戴村坝。长五里十三步，横遏汶水。

按：《通志》增多二十一泉。

汶上县：旧泉二，新泉二，泊一，附厂一。龙鬪泉，泺澢泉。并在县东北五十五里。以上旧泉。鸡爪泉，在县东北五十里。马庄泉。在县东南十八里。以上新泉。蒲湾泊。周二十里，西南流七里至金龙口入汶。戴村坝厂。按：《通志》增多三泉：老源头泉，薛家沟泉，赵家桥泉，并在县东北五十里。

宁阳县：旧泉四。龙港沟泉，《志》作龙港泉，在县东北五十里。龙鱼泉，在县东北六十里。鲁姑泉，在县西北二十五里。泺当泉。《志》：当作澢，在县西北三十五里。

一、天井派凡四县

凡泗水之泗河，曲阜之沂河，二水合流，由金口遏入黑风口，经兖城，会滋阳诸泉以出济宁，并宁阳蛇眼等泉入于漕河，会于堽城之洸河，亦出济宁以济运者，为天井派。

宁阳县：旧泉八，附坝一，河一，闸一。蛇眼泉，在县城北门外。古泉，在县北一里。三里沟泉，在县东北一里。井泉，在县城东门外。张家泉，柳泉，在县西十里。古城泉，在县南十二里。金马庄泉。在县东十五里。以上入天井派。堽城石坝，在青州村县北三十里。元济倅毕辅国、都水少监马之贞常筑此坝，在旧堽城遏汶水以入洸。成化十三年，主事张盛改建于此，长一百二十丈，宽一丈七尺，为水门七。洸河，在县北三十里，导汶水由县西四里南经高吴桥，会漕河及济河，转入济宁天井闸。洸河东西二闸。俱在县西四里许洸河两岸之间。嘉靖中，因洸水久涸，柳泉南入洸者悉为积沙所渗，乃于城西导柳泉，横过洸河，东西立闸以节宣之，使其南会蛇眼、张家等泉，转入漕河。

按：今《泉图》，柳泉、金马庄泉无。

按：《通志》增多三泉：日渊泉，在县城北门外。新电泉，在县东北二十五里。罗星泉。在县东北三十五里。

泗水县：旧泉三十，新泉十四，附公署一。趵突泉，珍珠泉，淘糜泉，黑虎泉，皆出陪尾山泉林寺左，波浪翻涌，为山东诸泉之冠。西北流出下庄桥，遂为泗河。繁星泉，白石泉，新。莲花泉，新，并在寺东龙王庙前。新开泉，新。响水泉，即柳音泉。红石泉，新，并在寺南。甘露旧泉，在龙王庙西南。卞庄泉，在寺西南。三台泉，新，在寺西南。涌珠泉，在寺南。石露泉，新，即潘坡新泉。甘露新泉，新，在龙王庙西南。奎聚泉，新，在寺南。琵琶泉，新，在寺南。潘波新旧二泉，在寺西南。黄阴泉，即大小黄阴泉，在县东。吴家泉，在县东北四十五里。黄沟泉，即大小黄沟泉，在县东北三十八里。岳陵泉，在县东北十七里。杜家泉，在县东十九里。石井泉，新，在县东二十里。蒋家泉，在县东十七里。曹家泉，在县东十五里。赵家泉，在县西十四里。东岩石缝泉，在县东十二里，旁有天津、地震二小泉。龟阴泉，龟尾泉，新。龟眼泉，并在县东十里。合德泉，新，在县东十二里。里涝沟泉，新，《志》作里老沟泉，在县东十八里。鲍村泉，《志》分大小鲍村泉，在县东十里。珍珠泉，在县东四里。石河泉，在县北五里。壁沟泉，在县西十五里。大小玉沟二泉，在县西二里。芦城泉，西岩石缝泉，并在县西南二十五里。三角泉，《志》作三角湾泉，在县西三十五里。泉林公署。在泉林之左。

按：《通志》增多三十五泉：雪花泉，在泉林寺内。双睛泉，在寺东。淘米泉，三水泉，醴桥泉，涓涓泉，西奎聚泉，涌珠泉，并在寺南。潘坡泉，即骊珠泉。膏涌泉，瑀泉，留思泉，石窦泉，石液泉，双石缝泉，石甃泉，并在寺西南。卞桥泉，在寺西卞桥东。变巧泉，在县东北三十八里。马庄泉，在县西北三十里。马跑泉，在县西北二十五里。魏庄泉，在县西北二十七里。激雪泉，在县东五十里。黄花泉，四胜泉，在县西十四里。泰来泉，龙泽泉，东荫小泉，西荫小泉，并在县东五十里。南珍珠泉，醴泉，醴前泉，并在县东南四里。七里沟泉，在县西三里。西荫小泉，珠泽泉，并在县西二里。卢城泉。在县西南二十五里。

曲阜县：旧泉十七。青泥泉，在县东南十里。温泉，在县东南八里。连珠泉，在县东南八里。逵泉，车辋泉，柳青泉，双泉，茶泉，并在县东南三里许。曲沟泉，在县东二里。濯缨泉，曲水咏归泉，以上二泉在县南三里许。潺声泉，《志》无，或云即浴沂泉，《图》作浴沂潺声泉。埠下泉，横沟泉，在县东北十五里许。新安泉，在县西三十里。变巧泉，在县西北十八里。新泉。

按：《通志》增多十泉：映安泉，在县西北三十里。城北新泉，在县北三十里。近逵泉，两观泉，洙泗泉，浴沂泉，并在县东南三里许。文献泉，在县城东二步许。城南新泉，在县南一里许。近温泉，黑虎泉。并在县东南八里许。

滋阳县：旧泉四，新泉三，附坝一，浅十五，闸三。东北新泉，阙党泉，并在县北一里许。负瑕泉，上蒋诩泉，新。下蒋诩泉，西北新泉，并在县西北半里。古沟泉，新，在县北一里。金口坝，在兖州府东门外，遏泗水由黑风口会洸以济天井闸。洸河十浅，济河五浅，金口闸，在坝西北引沂、泗以入洸。土娄闸，在府西十里。杏林闸。在府西十三里。

按：《通志》增多七泉：三义泉，元对泉，照星泉，惠泉，既济泉，并在县北一里。纸房泉，驿后新泉。并在县西北半里。

一、鲁桥派凡四州县

凡沂之下流，通乎港里河邹之诸泉，入于白马河，并济、鱼二州县等泉，各出鲁桥等处，以入运者为鲁桥派。

曲阜县：旧泉一。蜈蚣泉。在县南二十里。

邹县：旧泉九，新泉二，附闸二，河二。鳝眼泉，在县北三十里。孟母泉，在县北二十五里。陈家沟泉，白马泉，并在县北二十里。冈山泉，在县北二十里。白庄泉，在县南三十里。三角湾泉，在县西南八十里。柳青泉，在县西南七十五里。渊源泉，在县西南七十里。以上旧泉。黄港沟泉，在县西十八里。程家庄泉，在县北二十里。以上新泉。小闸，在县西南五十里，横绝泗水河，以蓄漕河上下之水。港里积水闸，县东北，即泗沂故道。蓼河，县北三十里，流入白马河。白马河。与蓼河同发源九龙山，合流至港里入鲁桥。

按：《通志》增多三泉：马山泉，在县北三十里。新泉，在县西北三十里。屯头泉。在县北二十里。

济宁州：旧泉三，附闸四。芦沟泉，在州东南七十里。托基泉，在东南五十里。马陵泉。在州东南六十里。片玉闸，在卢沟泉中源。碎玉闸，在托基泉中源。宫村闸，州东北二十里。吴泰闸。州东北四十五里，俱在济河。

鱼台县：旧泉二，新泉六，附闸一。黄良泉，旧泉。庙前泉，旧泉。俱旧泉。滕家泉，河头泉，高家东泉，高家西泉，陈家泉，中溢泉。以上八泉并在县东北四十里。阳城闸。今废。

按：《通志》增多七泉：仿石泉，何家湾泉，并在县东北九十里。圣裔泉，小龙泉，有本泉，六一泉，并在县东北六十里。胜水泉。在县东北四十里。

一、新河派即沙河派，凡三县

凡邹、滕、峄、鱼诸泉，或分入沙河，或出沽头，或出留城闸，统与沙河相近，故曰沙河派。今多会于昭阳湖及王家口等处支河，故又作新河派。

鱼台县：旧泉三，新泉三。东龙泉，平山泉，并在县东北九十里。西龙泉，在县东北六十里。古泉，新，《志》无。廉家沟泉，新，在县东北九十里。圣母泉。新，在县东北六十里。

滕县：旧泉十五，新泉三，附闸二，坝五。北石桥泉，在县北十里。三里桥泉，在县北三里。大乌泉，在县西北三十五里。绞沟泉，在县南二十五里。赵沟泉，在县南八里。荆沟泉，在县东南二十五里。刘家沟泉，新，在县南六里。趵突泉，在县东十五里。南石桥泉，在县东南四十里。玉花泉，魏庄泉，新，二泉并在县东南三十五里。三山泉，在县东南四十里。黄沟泉，在县东南七十里。白山泉，新，在县南七十里。温水泉，在县南七十里。黄家泉，在县东南七十里。三界湾泉，在县南。龙湾泉，在县南七十里。皇辅坝，在沙河店，遏沙水，上流由支河会赵沟泉，蓄南阳湖。颂嘉坝，南收沙水，余流使出尹家洼、印马池。王家口坝，在薛城东南，遏薛水上流，由支河至豸里沟。豸里沟坝，在百中桥，遏薛水中流，由支河入吕孟湖以出地浜沟。东邵坝，在薛城西，收薛水余流，使出支河出佃户屯。留城闸，佃户屯减水闸。

按：《通志》增多一十三泉：吕蒙泉，在县南一百八十里。灿星泉，在县南九十里。大胜泉，蕊珠泉，双胜泉，并在县东南四十里。马蹄泉，在县南七十里。双泉，在县南四十里。五花泉，在县东十五里。大沸泉，小沸泉，并在县东十二里。七里桥泉，在县北十里。凉水泉，峄庄泉。并在县西北二十五里。

峄县：旧泉二。许由泉，在县北四十里。温水泉。在县西北五十里。

按：《通志》增多七泉：巫山泉，在县东南四十五里。沧浪泉，在县北六十里。石室泉，在县西北八里。牛山泉，在县西三十里。龙王泉，在县西南二十里。侯孟泉，在县西南五十里。扳倒井泉。在县西北六十里。

一、邳州派凡三县

沂水、蒙阴之泉以至峄县之许池泉，会沂、泗二河西下古邳入淮者，曰邳州派。

峄县：泉一。许池泉。在县西北十里。

蒙阴县：旧泉二，新泉一，今废。伏牛谷泉，旧。泉河泉。旧。顺德泉。新。

按：《通志》三泉无。

沂水县：旧泉十，今废。上泉，龙王堂泉，雪王台泉，小水泉，大泉，盆泉，井泉，芙蓉泉，灰泉，单家泉。

蒙阴、沂水等泉，自明山东巡抚徐源，以黄河之水经流徐、吕二洪，可不资于泉，故暂废之。然今运河自中河以北，尽资源泉之水，终当逐处查勘，开浚以济运矣。

附新浚泉渠按：此当是文襄时所新浚者，可以补志乘之所缺。

新泰县，助水河渠十七道：嶅山河渠，西周庄沟渠，沈村庄沟渠，羊村庄河渠，头河渠，上王庄河渠，宫山岭沟渠，张公沟渠，和庄村河渠，羊柳河渠，碗窑头庄沟渠，羊柳东沟渠，未庄村沟渠，刘村集河渠，嶅阳河渠，钓鱼台沟渠，西都村沟渠。

莱芜县，泉源四十七处：海眼泉，雪家庄泉，外河泉，鱼池泉，新兴泉，郭娘二泉至三十泉，乌江二泉、三泉，鹏山二泉、三泉，湖眼二泉至十泉。

泰安州，泉源二十一处：陷湾新泉，小清泉，周家湾二泉，北滚二泉、三泉，会泉，小柳泉，浊河二泉、三泉，梁子二泉，马儿二泉至五泉，水磨二泉，狗跑二泉，马黄二泉、三泉。

肥城县，泉源四十处，助水河渠一道：盐河二泉至七泉，董家二泉至四泉，减家二泉至四泉，吴家二泉至八泉，王家二泉至八泉，开河二泉至五泉，马房二泉，托车二泉至五泉，清二泉至六泉，灰包沟渠。

东平州，泉源三十二处，助水河渠二道：独山二泉，扒头二泉至六泉，席桥二泉至十一泉，王老二泉至五泉，张胡二泉、三泉，吴家二泉至五泉，安圈二泉至六泉，铁钩二泉，独山河渠，刘家所河渠。

汶上县，泉源四处：龙鬪二泉，赵家泉、二泉、三泉。

宁阳县，泉源一百四十六处：鱼姑二泉至四泉，泺当二泉至七泉，龙港二泉至二十八泉，小河一泉至二十一泉，龙鱼二泉至三十泉，黄家一泉至三十二泉，蛇眼二泉至五泉，三里沟二泉至八泉，张家二泉至八泉，金马二泉、三泉，新柳二泉至八泉，小古泉。

泗水县，泉源十二处：潘波水泉，黄阴小泉，鲍村小泉，玉沟第三泉，新开第二泉，天井泉，醴泉，醴前泉，大小二泉，七里沟泉，马跑泉，马庄泉，魏庄泉。

曲阜县，泉源三处：邹村泉，文水泉，柳庄泉。

滋阳县，泉源二处：小新泉，负瑕二泉。

邹县，泉源三十处：程家二泉至四泉，胜水泉，马山泉，冈山二泉至九泉，鳝眼二泉、三泉，白马二泉，陈家二泉，孟母二泉至六泉，柳青二泉，三角二泉至八泉。

济宁州，小泉三处：马陵二泉至四泉。

滕县，泉源十一处：刘沟二泉，趵突二泉，大鸟二泉，北石桥二泉，绞沟二泉，南石桥二泉，玉花二泉至四泉，三山二泉，黄家二泉。

峄县，泉源九处：搬井泉，龙王泉，许池二泉至五泉，许由二泉、三泉，温水二泉。

湖考

泉者，川之源；湖者，川之汇。苟有系于漕，不可略也。然济、沛以上之湖，常苦其涸，淮、扬以下之湖，常苦其盈，则以地形高下之不同也。高者易涸，务蓄之使积；下者易溢，务通之使平。则有利于运而无害于运矣。

南旺湖

南旺湖在汶上县西三十里，宋时与梁山泺水汇而为一，周围三百余里。明代周围九十三里，漕渠贯其中，湖分为二，东湖广衍，倍于西，跨汶南北，南曰蜀山，北曰马踏。三湖其初则一湖也，全形北高而南下。万历间，周围筑堤凡一万九千七百八十八丈零，北接马踏湖，西北接安山湖，南接马场以及昭阳诸湖，绵亘数百里，于五水柜之中，前代以南旺、安山等五湖为水柜。最当要会。测其地形，与任城太白楼岑齐，南北通运之脊也。西湖环筑堤岸一万五千六百余丈，既开大渠与堤并长，湖内复纵横穿小渠二十余道，联络引水入漕。东湖以东地势渐高，无烦防遏，止植柳竖石以封界。南至长沟、小河口、苏鲁桥，北至田家楼，受水之处亦堤而渠之，视西湖工又倍之。今湖身日淤弥望，民田旧制，不可复问矣。

马踏湖

马踏湖西与南旺湖相通，周围三十四里有奇，其东北低，缺处长十里余，筑堤一道束水不使泄，西岸有滚水坝，漕河亘其西，汶河堤在其南。

蜀山湖

蜀山湖即南旺东湖也。周围六十五里，中有小山如螺浮水中，旧有堤，自冯家坝起，至苏鲁桥止，长三千五百八十丈，自桥西至田家楼止，原系收水门户，栽柳封界。

马场湖

马场湖在济宁北十里，蜀山湖之南，漕河经其西。《旧志》：周围四十里，三分，其东西堤共长一千六百二十丈，西北受水之处，植高柳封界，内斗门三座。

安山湖

安山湖在东平州治西十五里，绕安民山下。山在州西南三十五里。《旧志》：周围一百余里。自明中叶，许民佃种百里湖，地尽为麦田。然其低洼之区，自东北通湖闸起，历西北至天禄庄，转西南至王禹庄，又东南至青孤堆，复东北接通湖闸，周围三十八里，湖形尚存。尚书朱衡四围筑堤以蓄水，但湖形如盆碟，高下不甚相悬，湖水随风荡漾，西北风则流入东南燥地，未及济运，消耗过半。其西北地形稍卑，水势散漫，东南地名八里湾，放水之地，并建石闸，其堤长四千三百二十丈，旧称自南旺下至卫河四百余里，其间全赖安山一湖以济运。今自湖淤之后，一望平陆，录之以备参考。

南阳湖

南阳湖在鱼台县东三十里，周围约四五十里，运河经其中，水至深者五六尺，浅者二三尺，东湖俱芰荷，西湖率丛生马蔺草与蒲苇而已。

昭阳湖

昭阳湖在沛县东八里。《齐乘》云：山阳湖俗曰刁阳。山东滕、邹二县水咸汇于此，下与薛水合。自金沟口达于泗湖，东长七里，南阔一里，西十一里，北四里，周围二十九里有奇。永乐八年，湖口建石闸。嘉靖四十四年，黄河北溢，湖湮。又创开新河，去此尚远。

微山湖

微山湖界滕、峄、徐、沛之中，周围百余里，凡郓城、嘉祥、钜野、鱼台、金乡、城武、曹州、定陶、寿张、阳谷、曹、单各州县之水，皆南注之，兖、徐间一巨浸也。然查河渠各志，并不载。《沛志》有微山而无湖，惟河图内有之，岂当时尚未成巨浸故欤？

骆马湖

骆马湖在宿迁县西北十里，广七八里，袤三十余里，上受沂水之委，下出董、陈二沟，以入黄河。明季尝由此湖行运以入泇。康熙十八年以前，亦曾通漕。自开皂河，不行此湖。

洪泽湖

洪泽湖在山阳西南九十里，自东北而西南，迤逦滂湃于山、清、桃、泗、天长、高、宝之间。考之文献，此湖往代三之二皆民田，有泥墩、阜陵、万家诸湖。自黄河溃决，全淮壅注，不得畅流入海，漫衍四及诸湖，合而为一，遂为淮、凤间一巨浸。今其中犹有洪泽村，寥寥民居数十，浮沉于洪涛之中而已。其广袤约数百里，西北堤曰归仁，所以障黄河、睢河及灵芝诸湖之水北入；东南堰曰高堰，所以障淮流之东出，务使之全注清口以会黄入海也。

高宝诸湖

淮以南为湖荡者，无虑数十，其广袤各有疆畔。今则千里一壑，盖其地处东南下流，西受天、合、泗、盱七十二山溪之水，加以高堰所泄淮水余波，建瓴下注，其东薄海数百里，皆高、宝、兴、盐、通、泰、江都七属民田。又皆中洼而四高，测其水面与海面无甚低昂，虽有庙湾、天妃、石五港诸海口分泄，而所泄不敌所纳者十之二三，浸淫泛溢，势同溟渤，南北运道，仅以一线长堤引而咽喉之矣。考之《旧志》，运河以西有白马、泛光、甓社等十七湖，今俱不可辨，概而名之曰宝应湖。又南曰界首湖。又南曰高邮湖、邵伯湖。南北三百里而弱，东西百里而强，运河以东凡三十六湖，今亦不可辨。记其最要者，北曰射阳湖，在宝应湖东六十里，《志》称东西三百里，延亘于山、宝、盐城之间，凡山、宝之水，自泾河、涧河来者，俱由射阳湖出喻口白沙以入海。今则渐淤，与所载异。南曰广洋湖、得胜湖、喜鹊湖，昔不甚著，今一望弥漫，无有涯际，凡江高上下之水，皆入诸湖出海州、安东以达于海。

海口附

淮南、淮北沿海俱有海口，如海州则有东海口，安东则有云梯关、惠家港，山阳则有庙湾，盐城则有天妃、石，沭河分流及新开中河之水，由北卤五港出灌口，其各盐场村镇小渠入海者，难以悉记。然核其正派，则安东云梯关实黄河[1]二渎入海故道也。万历二十三年，总督杨一魁因黄强淮弱，清口沙垫，淮水反挟湖水以浸盱、泗，因开挑黄坝新河，分黄由桃源黄家嘴下五港口入海。然新河虽开，河流亦仅十之二三，未几，仍塞。其余诸湖水入海，如淮安、兴文等处闸洞之水，则由涧河；武家墩之水，则由泾河，俱入射阳湖。高良涧、周桥之水，一由岔河下泾河，一由阜子湖、宝应湖下子婴沟，入广洋湖。而射阳、广阳二湖则东趋庙湾入海。高、宝、兴、盐等处下河之水，则汇由兴化、丁溪等五场入海。若有骤溢，则有盐城、石海口为之分泄，淮北、海州、东盐正口，向虽称淤，而旁口更阔，亦奔流无滞。

[1] 河　应从《治河奏绩书》作“淮”。

江口附

考江口向自瓜、仪达清口，与黄淮会。今黄身日高，夺淮阻江，惟漕河为通江正脉，其余支流如高、邵等湖，受淮、泗散漫之水，又由邵伯金家湾下运盐河，入芒稻河达江。江都湾头亦下运盐河流，海陵诸处，亦有由白塔河滚水坝达江者，扬州以南下扬子桥，俱分流入江，而盈溢暴涨之水，在于分疏下流，如芒稻等河疏之不使狭阻可也。

漕运考

漕河

自黄、淮两渎以迨众泉泽，巨细不一，而皆资乎漕。然河非能自为漕也，人事尽而地利生焉。考汉唐以历元明，至我朝而漕事始尽善，则因革变通之故，亦可思矣，以故详列诸川泽，而次之以漕焉。

全漕运道，自浙江讫张家湾，凡三千七百余里。由浙至苏则资天目、苕、雪诸溪之水；常州则资宜、溧诸山之水；至丹阳而山水绝，则资京口所入江潮之水。水之盈缩，视潮之大小，故里河每患浅涩。自瓜仪至淮安，则南资高宝诸湖之水，西资清口所入淮河之水，俱由瓜仪出江，故里河之深浅，亦视两河之盈缩焉。自清口至直河，则资黄河之水，自直口至济宁，资汶、泗、沂、洸之水。

自康熙二十年，于黄河北岸骆马湖口开皂河一道四十余里，接泇河。二十六年，又于清河县之西黄河北岸开中河一道，广九丈至七丈不等，深丈余，长三百余里，通运道者一百八十里，绕出宿迁治北，直接皂河口。凡重运一出清口，即截黄河而北，径入清河县西仲家闸，由中河历皂河而进八闸，以达济宁，皆资汶、泗、沂、洸之水并山东之诸泉，不借黄河。

自济宁至临清则资汶河之水，即泰安、莱芜、徂徕诸泉也。从南旺分流，南流至济宁天井闸，会泗、沂、洸三水济运，北流至临清，以会卫河。然天旱泉微，每苦不足。自临清至天津则资卫河之水，由直沽入海。而自天津至张家湾，则资潞河、白河、浑、榆诸水矣。通州以上，则资大通河之水以达京师。

漕河南尽瓜、仪，北通燕、冀，其间自昌平州神山泉等水由西山贯都城，过大通桥东，至通州入白河者，大通河也。自通州而南至直沽，会卫河入海者，白水也。自临清而北至直沽，会白河入海者，卫水也。自汶上县南旺分水河口，其分而北流经张秋至临清，以会卫河；又分而南流至济宁州城东北，以出天井闸，上会泗、沂、洸三水者，汶水也。自济宁州城东北以上，会流而来，出天井闸与汶水合，南流至南阳，出夏镇入泇河、皂河、中河，以出仲家庄闸者，泗、沂、洸并山东诸泉也。自仲庄闸绝流五里入清口者，黄河也。自清口通淮南至瓜、仪者，淮湖诸水也。

大通河

大通河即通惠河，发源昌平州白浮村神山泉，过榆河，会一亩马眼玉泉，汇于积水潭。即七里泺。泺，一作泊。东越都城，由大通桥而东五十里，自通州入白河，凡一百六十四里，元郭守敬所凿也。又以白河、榆河诸水合流，亦名潞河。每十里为一闸。明初，诸闸犹有存者，然不以转运，河流渐淤。嘉靖六年自大通桥至通州石坝，大加修浚，设庆丰等五闸，置官夫以时蓄泄，造剥船，置布袋，责经纪领之，雇役递输，以达都下。国朝因之。

会通河

会通河即元运河，自济宁至临清是也。元初，转漕自浙西入江淮，由黄河逆流至中滦登陆，至淇门，复由御河登舟以达于燕京。至元二十年，江淮水运不通，自济宁开河达东平之安民山，凡百五十里。北自奉符为闸，以导汶水入洸，东北自兖州为闸，以遏泗、沂二水，亦会于洸，以出济宁之会源闸。分流南北，其西北流者，至安民山，入清济故渎，经东阿至利津入海。其后海口沙壅，又从东阿转陆二百里抵临清以下御河。二十六年，复自安山西南开河，由寿张西北至临清，径达御漳，凡二百五十里，是名会通河。会源闸以南为逆，以北为顺，南接丰沛，北讫天津，凡一千五百余里，推挽之劳免焉。洪武二十四年，河决原武，漫过安山湖，会通渐淤。永乐九年，疏凿元人故道，于东平戴村筑坝遏汶水，使西流，尽出南旺，四分往南接济徐、吕，六分往北达临清。自临清抵徐州，七百余里间，全资汶、泗、沂、洸诸水接运，总曰闸河。旧闸四十有三，后增建二十余，而减水通河诸闸不与焉。然河源之最微者，莫如会通，黄水冲之则随而他奔，而漕不行，故坝以障其入；源微而支分，则流愈小，而漕亦不行，故坝以障其出；流驶而不积，则涸，故闭闸以须其盈，盈而启之，以次而进，漕乃可通。潦溢而不泄，必溃于是，有减水坝，溢则减河以入湖，涸则放湖以入河，于是有水柜。柜者，蓄也，湖之别名也。而壅水为埭，谓之堰。沙淤之处，谓之浅。浅有铺，铺有夫，以时挑浚焉。

泇河按：泇水有二：东泇出沂州西北箕山，西泇出峄县抱犊山，二水合流，东南入泗。

运道诸水之开，莫善于泇河，既避黄河之险，又资泉湖之利。第经营之始，浚旧开新，堑山划石，引泗合沂，以通运。厥初孔艰，自隆庆间都御史翁大立倡议开之。万历初，都御史傅希挚继之，屡议屡止。二十一年，汶、泗泛溢，堤隤运阻，总河舒应龙挑韩庄中心沟，通彭河水道以入黄，而泇口始辟。二十五年，河决黄堌，二洪告涸，总河刘东星寻韩庄故道，凿良城、侯迁、顿庄及挑万庄，由黄泥湾至宿迁董家沟以试行运，而泇流始通。三十一年，因河决沛县，由昭阳湖穿夏镇，横冲运道，总河李化龙寻舒、刘旧绩，主事梅守相为陈泇河利运状，乃题请开泇行运，起夏镇以迄邳州直河口，长二百六十余里，避黄河之险三百余里，其间开李家港以避河淤，开王市[1]田家口以远湖险，中凿郗山以展河渠，建韩庄、台庄、侯迁、顿庄、丁庙、万年、张庄、德胜等八闸，以节宣水利，而泇之运始行。其后总河曹时聘复大加展拓，建坝遏沙，修堤度纤，置邮驿，设兵巡，增河官，立公署，而泇为坦途。

徐吕二洪

徐州洪在徐州，吕梁洪在徐州东南六十里，俱最险。自泇河通运，各省粮船俱不过洪，惟徐、寿二卫，兖徐、萧、砀三州县过洪，而洪亦不为害矣。

---

[1] 王市 《治河奏绩书》卷一作“三市”。

淮安运河

高家堰在淮安西南隅，汉陈登所筑。永乐间筑堤堰，上以防淮水东侵，又自府北开河，南接清口，曰清江浦，乃运船由江入淮之道。万历年间，复筑高堰，用石包砌，起新庄至越城，长二万八百七十余丈。于府城南运河旁自窑湾、杨家涧历武家墩开新河一道，长四十五里，曰永济河。置三闸以备清江浦之险。又建清江浦外河石堤、西桥西堤以御淮水之冲。明末国初，河道淤垫，黄流逆灌，全淮南溃，屡塞屡决，至康熙十五年大决，自武家墩以至高良涧决口三十六处，成河九道，清水潭决口至三百丈，运道阻塞十六年。臣奉命督河，自清口以下直出云梯关外，并开引河以导入海之势，尽塞诸决，创筑周桥、翟坝堤工三十里，大挑山、清、高、宝、江五州县之南运河，增筑两岸堤，塞清水潭，更名其地曰永安河。创改南运河之运口于三汊河。又大挑烂泥浅、裴家场等处，皆成大河，随地远近建减水坝以泄暴涨。于是淮水尽出清口，会黄入海，运道无阻。

高宝运河

自山阳以迨邵伯，运道所经诸湖皆石堤，运船触堤，往往败溺。弘治三年，于高邮湖迤东开新河以避险，曰康济河，两岸甃以石。嘉靖五年，于泛光湖东旁旧堤开新河三十里，遂弃康济河。又宝应县至界首，凡有沟河通注于海者，造平水闸十座。十年，又自宝应湖东筑月堤二十一里。万历五年，淮水由黄浦口决入，石堤多坏。七年，修筑改建减水闸四座，加高石闸九座，自是宝应诸湖堤岸相接。十二年，于石堤之东傍堤开新河三十余里，以避槐角楼一带之险，曰弘济河。

瓜仪运河

仪征、瓜洲，运道咽喉。宋时仪征尝建三闸。洪武中即其地筑坝。弘治元年，始建东关、罗泗二闸。十二年，复滨江建拦潮闸，潮长放船，潮退盘坝。万历四年，于朱辉巷钥匙河、清江等处各开河以便停泊。瓜洲江口旧有土坝，重船盘坝艰难。隆庆六年，自时家洲以达花园港，开渠六里余，建瓜洲、通江闸二座。万历四年，于瓜洲开港坞以泊运船。

丹阳运河

常州至丹阳，河道淤浅，岁劳开浚。正统初，巡抚周忱于武进奔牛、吕城设坝闸，俾漕舟由京口出江。景泰间，坝闸渐颓，水道淤浅，有议从蔡泾、孟渎出江者，因迫海洋，舟多覆溺，仍从故道增置五闸。

浙江运河

浙江运河发源于天目，出临安、余杭，经德清、海宁、石门、桐乡、秀水、嘉兴以达于江南吴江县。或遇天旱，则石门县之石门镇以至松老桥，桐乡县之皂林，秀水县之陡门等处，沙瓦石砾，壅滞浅涩，每岁必加挑浚。

卷五

河决考诸因势利浚事实大者，间亦录之。

夏

禹治洪水，导河积石，至于龙门，今山西河津县、陕西韩城县两岸相界。南至于华阴，今陕西华阴县。东至于底柱，今河南陕州之三门山。又东至于孟津，今河南府孟津县。东过洛汭，今巩县。至于大伾，今大名府浚县有大伾山，一名黎阳山，注即《禹贡》大伾山。《河防一览》注在今汜水县，即故成皋。两存，备考。北过洚水，今冀州北枯洚渠，一曰溃水，亦曰漳水。至于大陆，今邢州钜鹿，泽名也。又北播为九河，齐桓公塞九河以广民田居，故馆陶、贝邱、广川、信都、东光、河间以东，城池旧迹犹存。今在河间府沧州、南皮、东光、献县、庆云、平原、海丰等处。同为逆河，入于海。由今宁津、吴桥、南皮诸处东入海。此大禹导河之故道也。

商

成汤迁亳。皇甫谧曰：亳，今谷熟县，蒙为北亳，即武亳，汤受命之地。谷熟为南亳，汤所都偃师为西亳，盘庚所徙。《尚书·立政》所谓三亳也。或云考城为北亳，谷熟为南亳，偃师为西亳。谷熟故县在归德府东南四十里。

仲丁迁嚣。亦曰敖，今开封府郑州、荥阳县。

河亶甲迁相。今大名府内黄县。又彰德府西北五里洹水南岸有亶甲城，云古相都，未知孰是。

祖乙迁邢迁耿。邢，今顺德府邢台县。耿，今平阳府河津县。

盘庚迁殷。《尚书注》圮于河水也，殷即西亳。

此河决之始也。夫成汤至盘庚，不过三百余年，而六迁其国都，则当时大河南北决已屡矣。况古昔土旷人稀，又文字简略，苟害不及于都邑，方册弗载，则此外必更有不及纪者。世谓自大禹随刊以来，凡千七百年无水患，殆亦未之考也。

周

定王五年，河徙砱砾。按：胡渭云：当作砾溪口。

此河失故道之始也。

汉

文帝十二年，河决酸枣，东溃金堤。今延津、荥阳诸县至清丰、郓、濮，达于安平，绵亘千里皆是。

武帝建元三年，河溢平原。今德州。元光三年，河徙，从顿邱今开州清丰。东南流，夏复决濮阳、今濮州。瓠子，今开州西南十五里。注钜野，通淮泗，泛郡十六。此河通淮之始也。

元帝永光五年冬十二月，河决清河灵鸣犊口。今高唐州南三十五里。按师古曰：清河之灵县鸣犊河口也。初，武帝既塞宣房，仍导河北行二渠，复禹旧迹。后复决于馆陶，分为屯氏河，今卫河。东北入海，广深与大河等，故因其自然，不堤塞也。是岁河决而屯氏河绝。禹斯二渠以引河，一出贝邱西南二折，一则漯川是也。成帝建始四年夏四月，河决东郡金堤，灌四郡三十二县，水居地十五万余顷，坏官亭庐舍且四万所。以王延世为河堤使者，延世以竹络长四丈，大九围，盛以小石，两船夹载而下之，三十六日堤成。改元河平。河平三年秋八月，河复决平原，流入济南千乘，千乘海口在今青州乐安县。所坏败者半建始时，复遣延世作治，六月乃成。

鸿嘉三年，底柱石没水中，不能去，水愈怒。明年秋，渤海、清河、信都河水溢灌县邑三十一，败官亭民舍四万余所。

绥和二年，求能浚川治河者，待诏贾让言治河三策。新莽三年，河决魏郡，泛清河以东数郡。

东汉

明帝永平十二年，诏王景修汴渠堤。自荥阳东至千乘海口千余里，每十里立一水门，令更相洄注，无复溃漏之患。明年，汴渠成，河、汴分流，复其故迹。

隋

炀帝大业元年，开通济渠。自西苑引谷洛水达于河，复自板渚引河，历荥泽入汴，自大梁之东引汴入泗，以达于淮。又开邗沟入江。四年，发北河诸郡男女百余万，开永济渠，引沁水南达于河，北通涿郡，名曰御河。六年冬，穿江南河，自京口至余杭八百余里，广十余丈。今江浙运河也。

唐

中宗嗣圣十年，周武氏长寿二年。河决棣州。

元宗开元十年，河决博州。今东昌。十四年，河决魏州。今冀州。十五年，河决冀州，怀、卫、滑、汴、濮俱溢。

昭宗乾宁三年夏四月，河涨滑州，朱全忠决为二河，夹城而东，为害滋甚。

后唐

庄宗同光二年，塞决河。先是梁攻杨刘，今东阿杨刘镇。决河水以限晋兵，所决河岁为曹、濮患，发汴、滑兵塞之，未几复坏。

晋

高祖天福二年，河决郓州。今郓城县。四年决博州。六年决滑州。十一年，河决临黄、观城二县。

出帝开运元年，河决滑州，侵汴、曹、单、濮、郓。三年七月，河决杨刘，西入莘县，广四十里，自朝城北流。

汉

隐帝乾祐元年五月，河决鱼池。在滑县。三年六月，河决郑州。

周

太祖广顺二年十二月，河决郑州、滑州。

世宗显德元年，河决东平杨刘口，筑堤自阳谷抵张秋遏之，然河决不复故道，分为赤河。二年，疏汴水。初，汴水自唐末溃决，自埇桥东南悉为污泽，世宗欲击唐，命因故堤疏导之，东至泗上。四年，疏汴水入五丈河，自是齐鲁舟楫皆达于大梁。五丈河在荥阳县南三十五里大周山下，京水自荥阳逾汴东北注河，通山东之漕，其广五丈，故名。五年，浚汴口，导河流达于淮。春三月，汴渠成，于是江淮舟楫始通。即归德至泗州河。六年，导汴水入于蔡水，以通陈颍之漕。又浚五丈渠，东过曹、济梁山泊以通青、郓之漕。梁山泊在东平州西四十里。

宋

太祖建隆元年，导闵河自新郑与蔡水合，贯京师，南历陈、颍，达寿春，以通淮右，于是以汴城西南为闵河，东南为蔡河。闵河即惠民河，今黄河自汴梁西南历陈、颍至寿州正阳镇入淮，即宋闵河故道。按：宋都汴漕运之路有四：东南之粟自淮入汴，陕西之粟自三门白波转黄河入汴，陈蔡一路之粟自闵河至京，京东之粟自广济河至京，四河惟汴最大，闵河其一也。二年，浚五丈渠，自都城北历曹、济及郓，以通东方之漕。乾德二年，赤河决东平之竹村。三年秋，大雨河决，阳武、澶、郓河亦决。四年八月，滑州河决。开宝四年，河决澶渊，泛数州。五年，决阳武、濮阳。

太宗太平兴国二年秋七月，河决温县、荥泽、顿邱。八年五月，河大决滑州韩村，泛澶、濮、曹、济，东南流至彭城界入淮。此河入淮之始也。九年春，滑州河决。雍熙三年，开沙河，自楚州至淮阴凡六十里，以避淮水之险，舟行便之。端拱元年，开荆南漕河，自荆南城东至狮子口入汉江，以通荆峡之漕。淳化四年十月，河决澶州，陷北城，坏庐舍七千余区，乃于迎阳凿汴渠水入黎阳大河，以防暴涨。黎阳，今浚县。

真宗咸平三年五月，赤河决郓州王陵埽，浮钜野，入淮泗。徙郓州城于东南十里。景德元年，澶州河决。大中祥符元年，尉氏县惠民河决。三年十月，河中府白浮图村河水决溢。九月，棣州河决通利军。五年，河决棣州。六年，以棣州屡苦河患，诏徙州城于阳信之八方寺。七年，河决澶州。天禧三年六月，滑州河溃漫州城，历澶、濮、曹、郓注梁山泊。又合清水、古汴渠东入于淮，州邑罹患者三十二。

仁宗天圣六年六月，河决澶州。明道二年，徙大名之朝城县于社婆村，废郓州之王桥渡、淄川之临河镇以避水。景祐元年，河决澶州横垄埽。庆历八年，河决澶州商胡埽。皇祐元年，河合永济渠注乾宁军。二年，河决馆陶县郭固。四年，塞郭固，河势犹壅，殿中丞李仲昌请自澶州商胡开六塔渠入横垄故道，以披其势。至和二年，穿六塔渠。嘉祐元年，塞商胡河，北流入六塔河，不能容，是夕复决。五年，都转使韩贽言：四界首，古大河所经，宜浚二股渠，分河流入赤金河以纾决溢之患。遂凿二股河，工成，并五股河浚之。

神宗熙宁元年，河决枣强，北注瀛。二年，浚二股河以导河，东流商胡河，北流稍塞。四年七月，北京新堤第四、第五埽决，漂溺馆陶、永济、清阳以北，下属恩、冀，贯御河奔冲为一。按：宋以大名为北京。五年，开修二股河成，深十一丈，广四百尺，入于河，决口亦塞。六年，于北京第四、第五埽等处开修直河，使大河还二股故道。八年，开浚王供埽，引大河注之御河，以通江淮漕运。十年五月，河决荥泽，自开直河水势增涨。七月，大决于澶渊曹村，澶渊北流断绝，河道南徙，东汇于梁山张泽泺，分为二派，一合南清河，入于淮，一合北清河，入于海，灌郡四十五，濮、齐、郓、徐尤甚。

明臣邱浚曰：此黄河入淮之始。按：《史记》，汉武帝元光三年，河决瓠子，注钜野，通淮泗，时已通淮。至宋太宗太平兴国八年，河决滑州，东南流至彭城界入淮。真宗咸平三年，决郓州，浮钜野，入淮泗。天禧三年，决滑州，历澶、濮、曹、郓，注梁山泊。又合清、汴东入于淮。然则河之入淮旧矣，不自熙宁十年始也。

元丰元年四月，曹村埽决口塞，改名曰灵平。五月，新堤成，闭口断流，河复归北。三年七月，澶州孙村陈埽及小吴、大吴埽决。四年四月，澶州小吴埽复大决，自澶注入御河。都水监丞李立之言：河自乾宁军至劈地口入海，宜自大名至瀛州分立东西堤五十九埽，从之。大抵熙宁专欲导河东流，闭北流，然卒无成功。五年六月，河溢北京内黄埽。七月，决大吴埽堤，以纾灵平下埽危急。八月，河决原武埽，溢入利津阳武沟、刀马河，入梁山泺。六年，开龟山里河以达于淮。初，熙宁四年，自淮阴至洪泽已开新河，独洪泽以上至清汴尚患风涛之险，至是，发运使罗拯、蒋之奇请自洪泽以上凿龟山、蛇涌、左肋里河，取淮为源，不置堰闸，以免风涛。七年七月，河溢元城埽，决横堤破。八年十月，河决大名小张口。

哲宗元祐四年，置修河司。时安焘、文彦博、吕大防力主东流，曰：大河北流，失中国之险。苏辙、范纯仁、胡宗愈、王存等力言不可，以为势必不能，不听。元符二年六月，河决内黄口，东流断绝。二年，河决苏村。徽宗大观元年，河决钜鹿，又溢信都、南宫。三年，河溢冀州、信都，又决清河埽。崇宁元年冬，开临清坝子口，决北京、恩冀沧州、永顺军积水入御河枯源。二年秋，黄河涨入御河，行流侵大名府馆陶县，败庐舍，役民治之，三月堤成，工始毕，涨水复坏之。政和四年，都水使孟昌龄献言：河自大伾山东而来，直大伾山之西回，而南复折北，则又直大伾之东，曾不十余里，而地形水势束迫相直，若引使穿大伾东北二山，分两股而遇合于下流，因三山为址[1]系浮梁，岁省费数百倍，可宽河朔诸路之忧。从之。巨浒成，诏自居山至大伾山浮桥属浚州者名天成桥，自大伾山至汶子山浮桥属滑州者名荣光桥。

---

[1] 原文为“扯”，应从《治河奏绩书》卷一作“址”。

金

南渡后，两河尽入金境，金设官置属以主其事。沿河上下凡二十五埽，六在河南，十九在河北，皆从都水监廉举总统。埽兵万二千人，岁用薪百一十一万三千余束，草百八十三万七百余束，桩杙之木不与焉。世宗大定八年，河决李固渡，水溃曹州城，分流于单州之境。十一年，河决王村，南京孟、卫州界多被其害。十七年，河决白沟。二十年，河决卫州及延津京东埽，弥漫至于归德府。二十六年，河决卫州堤，坏其城。二十九年，河溢于曹州小堤之北。

章宗明昌五年，河决阳武故堤，灌封邱，而东又自开封北卫州决而入涡河。

元

世祖至元九年，卫辉新乡县河决。二十三年，河决河南，漂郡县十五，役民二十余万塞之。二十五年，汴梁路阳城县诸处河决二十二所。二十六年，于须城县今废，在东平州东南。安山西南开河，引汶水达临清之御河，凡二百五十余里，建闸三十一，度高低远近以节蓄泄。役工二百五十一万有奇，六阅月竣工，赐名会通河。二十七年，修浚会通河，易闸以石，至泰定二年竣。二十九年，开通惠河，以郭守敬领之，丞相以下皆亲操畚锸为之倡导。昌平县白浮村神山水过双塔榆河，引一亩、玉泉诸水入城，汇于积水潭，从东折而南入旧河，每十里置一闸，以时蓄泄。置闸之处，往往于地中得旧砖木云。

成宗大德元年秋七月，河决杞县蒲口，塞之。明年复决，其后水北入复故道。二年秋七月，大雨河决，漂归德属县。三年五月，河决蒲口儿等处，浸归德府数郡。

武宗至大二年秋七月，河决归德、封邱。

仁宗皇庆二年，河决陈、亳、睢三州，开封、陈留等县。延祐元年，以大船入会通河，余船碍不得行，于金沟、沽头两闸中增置二隘闸，临清置一隘闸，各阔一丈，止许一百五十料船得入。其后民造长船八九十尺者皆五六百料，比至闸内，不得回转，又阻余船。又于隘口下约八十步河北立二石，中间相离五六十尺，如舟至，量长如式，方许入闸。七年七月，河决荥泽、开封二县。

泰定帝二年五月，河溢汴梁。三年，河决阳武，漂民居万六千五百余家，已复坏乐利堤。

文宗至顺元年六月，河决曹州济阴县。

顺帝至正二年，河决封邱。又开金口河，今京城南三里河十里，河至烟墩巷入浑河，即金口河也。于都城外开渠置闸，引金口浑河之水东流达通州，以通舟楫。后卒以浑河水急冲决，无成。四年五月，大雨二十余日，黄河暴溢，平地水深二丈许。北决白茅堤，又决金堤，濒河郡邑济宁、单州、虞城、砀山、金乡、鱼台、丰、沛、定陶、楚邱、城武以至曹州、东明、钜野、郓城、嘉祥、汶上、任城等处，皆罹水患。北侵安山，延入会通运河，延袤济南、河间。五年，河决济阴，漂官舍民居殆尽。十一年四月，命贾鲁以工部尚书为总治河防使，发汴梁、大名十有三路民十五万，又庐州等戍十有八翼军二万人，供役一切，大小军民咸禀节度。是月兴工，十一月水土工毕，堤成，河复故道，东汇于淮，又东入于海。二十六年二月，黄河北徙，先是河决大小疏口，达于清河为患，至是复北，徙自东明、曹、濮，下及济宁，皆被其害。

明

太祖洪武元年，河决曹州双鱼口，流入鱼台。大将军徐达开塌场口，在鱼台县东南。入于泗，以通运。时戴村未坝，汶由坎河注海，故引河入塌场以济之。七年，河决开封。二十三年，河决凤池，迳夏邑、永城。二十四年，河决原武黑阳山东，经开封北五里，又南至项城，经颍州颍上，东至寿州正阳镇，全入于淮，而故道遂淤。《北河纪》云：决黑阳山，由旧曹县、郓城两河口漫过安山湖，而会通淤，乃自济宁陆运至德州入河。此黄全入淮之始也。

成祖永乐九年，以济宁州同知潘叔正言，命尚书宋礼、都督周长等发丁夫十六万五千浚元会通河，开新河，自汶上县袁家口，左徙二十里，至寿张之沙湾接旧河。又用汶上老人白英计，于东平州东六十里戴村旧汶河口筑坝遏汶，使西南流出南旺，四分往南，以达徐、沛；六分往北，以达临清。自分水至临清，地降九十尺，为闸十有七，而达于漳、御。南至沽头，地降百有十六尺，为闸二十有一，而达于淮。凡九阅月而成。侍郎金纯从下城金龙口下达塌场口筑堤导河，经二洪南入淮漕，事定为罢，海运至今赖之。十年，浚宋故沙河，平江伯陈瑄访淮安耆老漕河故渠，得宋转运使乔维岳所开之故沙河而疏浚之，沿河置闸焉。

英宗正统三年，开通济河。去通州南二百里，在河西务二里许。十三年，河决荥阳，自开封城北经曹、濮，北冲张秋，溃沙湾东堤，以达于海。又东南经陈留，自亳入涡口。又经蒙城至怀远，东北入淮。命侍郎王永和治之，弗绩。景帝景泰三年，命尚书石璞、侍郎赵荣相继治之。明年五月，复遣石璞往，旋塞旋决。十月，命都御史徐有贞治沙湾决口，塞之，乃于开封金龙口、铜瓦厢等处开渠二十里，引河水以济运。天顺六年，河决开封。

宪宗成化年间，开济宁西河，自耐牢坡至塌场口，长九十里，汶水入焉。改耐牢坡闸名永通。

孝宗弘治二年，河决原武，支流为三：一决封邱金龙口，漫祥符，下曹、濮，冲张秋长堤；一出中牟，下尉氏；一泛滥兰阳、仪封、考城、归德至宿州。命侍郎白昂治之。塞金龙口，筑阳武长堤，防中牟之决。于荥泽开渠导河，自中牟、尉氏旧河由陈、颍至寿州，达于淮。浚宿州古汴河以达泗，自归德州小坝地方经睢宁至宿迁，入漕。上筑长堤，下修减水闸。又修月河十余，塞决口三十六，由是河入汴[1]，汴入睢，睢入泗，泗入淮以达海。又筑渠堰于徐、兖、瀛之间，以杀河势。五年，复决金龙口，由黄龙冈北趋张秋，绝运河而东掠汶入海。六年，又决张秋镇东堤，东入于海。命都御史刘大夏、平江伯陈锐役丁夫十二万，乃先疏祥符、荥泽上流，于西岸凿月河三里许，属之旧河，使通漕不与河争道。乃凿荥泽县孙家渡，开新河七十余里，导水南行，由中牟至颍州，东入于淮。一浚祥符四府营淤河二十余里，由陈留至归德分为二派入淮。一由宿迁小河入淮，一由亳州涡河入淮。又疏贾鲁旧河四十余里，由曹县梁靖口出徐州运河。支流既分，水势渐杀，乃于黄陵冈东西筑两长堤蹙水南下，由徐淮故道自武陵属之砀、沛，凡三百六十里，曰太行堤。于金龙口之东西筑两长堤，自于家店及铜瓦厢东桥抵小宋渠，凡百六十里，曰新堤。又以两堤辽远，河或失守，于旧决口南里许为减水坝，广袤各十五丈。又为窦五以时通之，自春徂夏，张秋之决塞，由是黄河东流经归德、徐州达于淮，赐张秋镇名曰安平。始河自清河县入淮，大夏治之，自宿迁小河口入淮，

[1] 原文为“淮”，《行水金鉴》卷二十作“汴”。

则北三百里矣。已又北三百里至徐州小浮桥入淮。

武宗正德四年，河决曹、单，趋沛直抵飞云桥，舟楫通行，遂成大河。八年，复决黄陵冈。又决曹县以西，从县东北行曹、单以北，城武以南尽漂没。其后十二年，复决，城武县没焉。

世宗嘉靖五年，河溢没丰县，城徙华山避之。六年，河决曹、单、城武杨家口、梁靖口、吴士举庄，冲鸡鸣台，运大阻。七年，河决徐、沛，淤庙道口三十余里。以盛应期为河道都御史，奏开赵皮寨白河一带导之。南由亳、泗，归宿入淮，以分杀水势，别于昭阳湖东岸开新河百四十里，以通漕舟。报可。兴役垂成，罢役革应期职。八年，飞云桥河流北徙鱼台谷亭，水三年不去。十二年冬，河决亳、泗、归、宿等处，自济宁南至徐、沛数百里运道淤。十三年，又淤庙道口。是年，又决赵皮寨入淮。本年复自河南夏邑县大邱回村等集冲数口转向东北，流经萧县，出徐州小浮桥，下济二洪，赵皮寨寻亦塞。十九年，河决野鸡冈，由涡河经亳州入淮，二洪大涸。兵部侍郎王以旗兼都御史治之，开李景高支河一道，引水出徐济洪，寻复淤。二十六年，决曹县冲谷亭。三十一年，大水，卫河决，秋河决，房村至曲头集凡决四处，淤四十余里。三十二年，河决房村，约淤三十里。三十七年，河北徙新集淤。七月，向东北冲成大河，而新集河由曹县循夏邑丁家道、司家道出萧县蓟门，由小浮桥入徐洪，淤凡二百五十余里。趋东北段家口，析为六股，曰大溜沟、小溜沟、秦沟、浊河、胭脂沟、飞云桥，俱由运河。至徐洪又分一股，由砀山坚城集下郭贯楼。又析五小股，为龙沟、母河、梁楼沟、杨氏沟、胡店沟，亦由小浮桥会徐洪。河共分为十一流，河南、山东、徐、邳皆苦之。四十四年五月，河大淤全河。南绕沛县戚山入秦沟，北绕丰县华山漫入秦沟，接大小溜沟泛滥入运河，至胡陵城口漫散湖坡，从沙河至二洪。八月，户部尚书朱衡请开盛应期原议新河，自南阳至留城。明年，佥都御史潘季驯继请接浚留城旧河，并力挑浚，乃先筑马家桥东堤五十余里遏河，使出飞云桥，尽入于沟，乃开新河，即盛应期所开而未成者。自南阳至留城一百四十一里，疏旧渠，起留城至境山五十三里，凿王家口导薛河入赤山湖，凿黄甫引沙河入独山湖。凡为支河八，旱则济运，潦则泄之。昭阳湖是名夏镇。八阅月而成，漕舟通河，南北支流并入秦沟，河患始息。四十五年，河复决沛县，冲运河。尚书朱衡、都御史潘季驯自南阳至留城开新河一百四十一里，自留城至境山浚旧河五十三里。又筑留城至境山东堤五十余里，遏水归秦沟。

穆宗隆庆元年，河南冲浊河鸡爪沟，从徐洪入。既而新河之三河口复淤。尚书朱衡请开支河杀薛、沙二水之势，置闸增堤，外却浊流，内引沟泉灌注其内。按：三河口在滕县西南五十里，上源薛河、沙河、赶牛沟三水俱会于此，故名。三年，南直、山东、河南河俱大涨。秋复海啸，徐、邳、丰、沛一望无际。自清河抵淮安城西，淤者三十余里，决方、信二坝出海，平地水深丈余。宝应河堤崩坏。山东莒、郯诸处水溢，从沂河、直河入邳州。都御史翁大立奏开鸿沟废渠。初，沽沛旧河湮塞，朱衡奏开新河，北旧河徙东三十里。然新河余流旧河积水，犹侵昭阳湖，至是大立请开此渠，自西昭阳中以达鸿沟，自鸿沟以达李家口，自李家口以达回回墓，而东出留城闸。河长六十余里，滕、沛、利之鸿沟废渠，在新河以西、昭阳以东，乃往年沙、薛二水从此以入旧河者，自旧河淤而此渠亦半淤，故废，今所开即此。四年七月，河决邳、睢，由曲头集、王家口、马家浅等口出小河口，东由曹家等口注岠山等湖，运道淤垫一百余里，俱为平陆，睢宁潦没。翁大立议开泇河，寻议复旧泇河之议始此。河臣潘季驯筑塞诸决。明年，河仍归故道。时郎中张纯请筑遥堤，寻以浩费报罢。遥堤之议始此。五年，河决双沟。先是，河涨徐州，上下茶城至吕梁，两崖东山不得下，又不得决，至是，乃自双沟而下。北决油房、曹家、青羊诸口，南决关家、曲头集、马家浅、阎家、张摆渡、王家、房家、白粮浅诸口，凡十一支干流遂微，乃淤自匙头湾八十里。六年春，河决邳州，运道阻。乃诏工部尚书朱衡与总河都御史万恭覆视。以泇口限岭阻石，竟报罢，一意治徐、邳。自茶城至邳州、宿迁，高筑两堤。宿迁至清口尽塞决口，以防黄河之决而出。自茶城秦沟口至丰、沛、曹、单接缕水旧堤，以防黄河之决，而入二处，告竣。沛县窑子头至秦沟口复筑堤御之。四月，两堤成。北堤起磨脐沟，迄邳州之直河，南堤起离林铺，迄宿迁之小河口，各延袤三百七十里，河流乃安。

神宗万历二年，河壅海口，决房村。三年，议开泇河，不果。八月，河从崔镇北决，淮水从高家堰东决，清水潭等处，徐、邳以下至淮南北，漂没千里。五年，时淮、泗水溢，溃高家堰，黄河灌入清口，挟淮、泗，愈泛滥淮扬间。命吴桂芳以工部尚书总理河漕治之。六年三月，复起潘季驯为右都御史兼工部侍郎，总督河漕。先是，隆庆年间高家堰大溃，淮水东趋，决黄浦八浅，而兴、盐、高、宝诸邑汇为巨浸，淮城重困。黄河亦决崔镇等处，而桃、清河塞运道梗阻者数年。季驯既任，乃筑归仁集四十余里。又筑高家堰，起武家墩，经大小涧至阜宁湖六十余里，以捍淮东侵。又筑堤起清江浦，沿钵池山，迄柳浦湾迤东，东西共四十余里。以制河南溢，塞崔镇等决一百三十余处。徐、睢、邳、宿、桃、清两岸筑遥堤，共长五万六千四百三十余丈。马厂坡堤七百四十余丈，自徐至淮六百余里，两堤蜿蜒相望，使两河不得外决。筑砀山大坝、丰县邵家大坝各一道，约水不得北徙。筑徐、沛、丰、砀缕堤一百四十余里，砌八浅宝应湖口堤，共长一千五百七十余丈。建崔镇、徐升等四减水坝，修复淮安新旧闸坝，迁东济闸于淮安甘罗城南，以纳淮水，故道尽复，海口不浚而通。十三年，修宝应越河工成，赐名弘济。宝应有泛光湖最险，明初平江伯陈瑄筑石堤于湖之东，蓄水通运，上有所受，而下无所泄，后决为八浅，汇为穴潭，兴盐诸场皆没。淮水又间（泛）〔從〕周家桥漫人，汪洋无际。总漕李世达会同巡按、巡盐、御史等公议于石堤之东开越河以避其险，工成。河身一千七百七十六丈，凡为石闸三，减水闸二，为堤九千二百四十丈，石堤三千三十六丈，行堤五千三百九十丈，费帑二十余万。十五年，黄河漫流，自开封、封邱及东明、长垣多冲决。十六年四月，起原任刑部尚书潘季驯为右都御史，总督河道。季驯以职为民，言官交荐之，至是凡四治河矣。季驯请置闸严启闭，许之。十九年秋八月，河决山阳，江都、邵伯等处湖水泛溢，特设河御史一员督理。九月，泗州大水，淮水高于城。总督河道潘季驯上言："水性不可拂，河防不可弛，地形不可强，治理不可凿，故道必不可失，浊流必不可分。"二十三年，泗水溢，总河杨一魁请分黄导淮。二十四年，开桃源黄坝新河，自黄嘴至五港灌口止，分泄黄水入海，以抑黄强导淮，辟清口沙七里，建武家墩泾河闸泄淮水，由永济河达泾河，下射阳湖入海。又建高良涧减水石闸、子婴沟、周家桥减水石闸，泄淮水，一由岔河下泾河，一由草子湖、宝应湖下子婴沟，俱通广洋湖入海。犹恐宣泄不及，南注各湖为患，又挑高邮茆塘港通邵伯湖，开金家湾下芒稻河入江。二十五年，河大决单县之黄堌口，溢于河南之夏邑、永城界，经宿州之浮离桥，出宿迁新河口入大河，半由徐州入旧河济运，而二洪告涸，总河杨一魁大挑李吉口以挽黄流。二十六年六月，以侍郎刘东星兼都御史，总理漕河。东星请开赵渠。次年告成。又次年，筑邵伯湖。又次年，议开泇河。泇河在滕、峄之间，受沂、汶下流，南通淮海，屡议屡阻，东星决议赞成，会病卒。三十一年四月，以李化龙为工部尚书，总理河道。化龙遍行淮、徐、泗、凤间，得前河臣所开泇河遗迹，上疏请开泇河，乃浚旧渠八十七里，新开八十二里，费帑二十余万。运艘通行，并避二洪之险，至今赖之。

熹宗天启六年五月，总河李从心开陈沟、骆马湖新河，成。自马颊口起，下至陈瑶沟止，计程六十七里。

怀宗崇祯四年秋，决新沟，长三百五十丈，自淮郡而南弥漫千里，高、宝、兴、泰被祸尤甚。五年，复决建义。南决口长一百四十四丈，北决口长二百三十三丈。扬、淮民不聊生，镌司河者级勒限修复。时涨溜方甚，通判陈国鉴就建义之上流挑引水河以杀其势。三月河成通流，稍稍分泄，南决始塞。北决口桩埽不能透底，于上流筑坝，先设鸡嘴一座，引水北向，而后人得施工，至六年冬工竣。十五年九月，流贼李自成久围开封，城中食尽不支。巡抚高名衡与推官黄澍启周王掘河灌贼，许之。夜掘朱家寨大堤，河水奔入，城圮，溺宗民[1]数十万，贼淹者亦万人。次年二月，命侍郎周堪治决口，逾月工完。

国朝

世祖章皇帝顺治二年，河决考城刘通口。七年，河决封邱

[1] 宗民　当从《治河奏绩书》卷一作“居民”。

荆隆口。九年，河决封邱大王庙。又决邳州。十四年，河决祥符槐疙疸。十五年，河决山阳柴沟、姚家荡。十七年，河决虞城罗家口。

今上康熙元年，河决曹县石香炉。又决武陟大村。又决中牟黄练集。二年，河决武官营口。四年，河决虞城、永城、夏邑。又决安东茆良口。七年，河决桃源黄家嘴。又决江都运河崇湾堤。九年，河决曹县牛市屯。又决洪泽湖、高家堰、武家墩。又决清河运河窑湾、文华寺，高邮运河之茶庵、清水潭，江都运河之东堤四浅。十年，河决桃源陈家楼。又决七里沟。十一年，复决清水潭。十二年，河决桃源新庄口。又决洪泽湖高良涧。又决清水潭。十四年，河决徐州潘家堂、宿迁蔡家楼。又决江都邵伯运河。十五年，河决宿迁白洋河、于家冈。又决清河张家庄、王家营，安东邢家口、二铺口，山阳罗家口、夏家口、吕家口、洪家口、窦家口，并决山阳运河之山东厂净土庵。又决武家墩板工一处，高家堰石工七处，高良涧板工二十六处，清水潭塞而复决。又决高邮城南小口三十余处，并江都大潭湾四浅，竹林寺邵伯等处。十六年，命安徽巡抚靳辅总督河道。其年秋，河决杨家庄二百余丈。十八年，河决山阳运河之戚家桥，堤工塞之。二十一年，河决宿迁徐家湾。又决萧家渡，塞之。是年，大修各堤工告竣。

河道考

河南省南岸

阌乡县，临黄河，西自陕西潼关界，东至灵宝县界。河道计长九十里，河身宽十里，深二三丈不等。

灵宝县，距黄河一十里。西起阌乡县，东至陕州界。河道计长七十里，河身宽五里，深二三丈不等。

陕州，临黄河，西起灵宝县，东至渑池县界。河道计长一百二十里，河身宽四里，深一二丈不等。

渑池县，距黄河一百二十里。西起陕州界，东至新安县界。河道计长一百二十里，河身宽二里，深二三丈不等。

新安县，距黄河七十里。西起渑池县界，东至孟津县界。河道计长七十里，河身宽五十八丈，深三四丈不等。

孟津县，距黄河六里。西起新安县界，东至汜水县界。河道计长三十五里，河身上宽十里，迤下宽五里，深三丈不等。

汜水县，距黄河二十里。西起孟津县界，东至河阴县界。河道计长四十里，河身宽十里，深一丈五尺。

河阴县，距黄河十五里。西起汜水县界，东至荥泽县界。河道计长三十里。

荥泽县，距黄河八十一丈。西起河阴县界，东至郑州界。河道计长二十二里。

郑州，距黄河三十五里。西起荥泽县界，东至原武县界。河道计长六里，河身宽四里，深一丈八尺。

中牟县，距黄河四十里。西起郑州原武交界，东四十里至本县黄练集，又三十八里至阳武县大薛庄。河身宽十里，深一丈五尺。

又贾鲁河由祥符县朱仙镇入于南河，河身宽七里，深二丈，迤北宽八里，深一丈五尺。

祥符县，距黄河二十里。西起中牟阳武县界，东至陈留县界。河道计长一百九十八里，河身宽八里，深一丈五尺，迤下宽三四里，深三四丈不等。

陈留县，距黄河六十里。西起祥符县界，东至兰阳县界。河道计长十二里。

兰阳县，距黄河十五里。西起陈留县界，东至仪封县界。河道计长四十里，河身宽一里，深二丈。

仪封县，距黄河十六里。西起兰阳县界，东至考城县界。河道计长六十六里，河身宽二里，深一丈二尺。

考城县，距黄河七里。西起仪封县界，东至商邱县界。河道计长六十里，河身宽三百五六十丈不等，深二丈四五尺不等。

商邱县，距黄河四十里。西起考城县界，东至虞城县界。河道计长四十二里，河身宽一里至二里不等，深二三丈不等。

虞城县，距黄河十五里。西起商邱县界，东至本县滕家湾，下接山东单县界。河道计长五十四里，河身宽一百五六十丈至二百丈不等，深二丈余尺。

河南省北岸

济源县，南距黄河四十里。西北起本县董寨村，东南至孟县渡口寨入大黄河。河道计长一百八十里。

孟县，南距黄河二十四里。西起渡口寨，东至温县。河道计长五十五里。

温县，距黄河四里。西起孟县界，东至武陟县界。河道计长三十五里。

武陟县，距黄河十五里。西起温县界，东至荥泽县界。河道计长七十五里。

原武县，距黄河二十里。西起武陟县界，东至阳武县界。河道计长五十五里。

阳武县，距黄河二十里。西起原武县界，东至封邱县界荆隆口。

河道计长四十五里。

封邱县，距黄河二十里。西起阳武县界，东至祥符县界母寺地方。河道计长十二里。

自母寺东五十六里至陈留县小赛村，又二里至兰阳县铜瓦厢，又四十四里至仪封堌阳集，又六十六里至考城县芝麻庄，又十八里接山东省曹县界。

山东省北岸

曹县，南距黄河四十余里。西起仪封县界，东至单县界。河道计长一百五十里。

单县，距黄河四十里。西起曹县界，东至砀山县界。河道计长六十里。

江南省南岸

砀山县，距黄河八里。西起虞城县界，东至萧县界。河道计长一百二十里，河身宽一二里不等。

萧县，距黄河四十里。西起砀山县界，东至徐州界。河道计长五十里，河身宽一二里不等。

徐州，临河。西起萧县界，东至灵璧县界。河道计长一百十里，河身宽一二里、半里不等。

灵璧县，距黄河一百余里。西起徐州界，东至睢宁县界。河道计长三十里，河身宽一二里不等。

睢宁县，距黄河四十里。西起灵璧县界，东至宿迁县界。河道计长一百二十里，河身宽一二里、半里不等。

宿迁县境，西起睢宁县界，东至桃源县界。河道计长八十里，河身宽一二里不等。按：此下脱桃源县，而里数、河身未详，姑从阙疑。

清河县境，西起桃源县界，东至山阳县界。河道计长三十余里，河身宽一二里、半里不等。

山阳县，距黄河三十里。西起清河县界，东至海口。河道计长三百四十余里，河身宽一二里至七八里不等。

江南省北岸

砀山县，西起单县界，东至丰县界，河道计长一百二十里。

丰县，距黄河七十里。西起砀山县界，越萧县东至徐州大谷山止。河道计长百余里，地高亢无堤。

徐州，西起大谷山，东至邳州界。河道计长一百一十余里，内有堤四十余里，余俱山冈。

邳州，临河。西起徐州界，东至宿迁界。河道计长九十余里。

宿迁县，临河。西起邳州界，东至桃源县界。河道计长一百里。

桃源县，西起宿迁县界，东至清河县界。河道计长八十里。

清河县，临河。西起桃源县界，东至安东县界。河道计长七十里。按：今县治□河南岸清江浦。

安东县，临河。西起清河县界，东至云梯关。河道计长一百八十里。

山阳县，西起云梯关，东至海口。河道计长一百余里。

卷六

奏疏上

河道敝坏已极疏

题为河道敝坏已极，修治刻不容迟。臣谨先陈淤塞之原，并因势利导之策，分疏具题，仰祈皇上睿鉴，速赐允行，以通运道，以足额赋，以拯昏垫民生，以保见在田土事。窃臣本驽骀陋质，荷蒙皇上殊恩，由安徽巡抚奉职六载，寸善无闻，乃皇上不以臣为庸劣，反加优擢，升为河道总督。臣拜命以来，夙夜兢兢，既感且惧。感者感皇上知遇隆恩，臣虽肝胆涂地，无以图报于万一；惧者惧臣才庸体弱，惟恐不足当兹重任，有负皇上简拔之盛心也。是以臣朝夕孜孜，惟虞陨越。计自四月初六于宿迁到任之后，虽会同钦差侍郎臣折尔肯等察审河务，会勘云台山等事，一面即遍历河干，广咨博询，求贤才之硕画，访谙练之老成。毋论绅士兵民，以及工匠夫役人等，凡有一言可取、一事可行者，臣莫不虚心采择，以期得当。历今两月有余，竭尽臣之耳目心思，备稽当日所以敝坏之缘由，力求今日所应补救之次第。大抵治河之道，必当审其全局，将河道、运道为一体，彻首尾而合治之，而后可无弊也。盖运道之阻塞，由河道之变迁；而河道之变迁，总缘向来之议治河者，多尽力于漕艘经行之地，若于其他决口，则以为无关运道，而缓视之。殊不知黄河之治否，系数省之安危。即或无关运道，亦断无听其冲决而不为修治之理。矧决口既多，则水势分而河流缓。流缓则沙停，沙停则底垫，以致河道日坏，而运道因之日梗。是以原委相关之处，断不容于岐视也。今若不察全局之情形事势，而因循故事，漫为施工，则堵东必西决，堵南必北决，徒费时日，徒縻钱粮，而终归无益。岂惟无益，将河患日深，而莫可救药矣。何也？黄河之水，从来裹沙而行，水合则流急，而沙随水去；水分则流缓，而水漫沙停。沙随水去，则河身日深，而百川皆有所归；沙停水漫，则河底日高，而旁溢无所底止。故黄河之水，全赖各处清水并力助刷，始能奔趋归海，而无滞也。查今日河患之所以日深者，皆因顺治十六年至康熙六七年间，所冲之归仁堤、古沟、翟家坝、王家营、二铺口、邢家口等各处决口，不即堵塞之所致也。盖归仁一堤，原以障睢水，并永堌、邸家、白鹿诸湖之水，不使侵淮，且令由小河口、白洋河二处入河，助黄刷沙者也。自顺治十六年归仁堤冲溃之后，睢、湖诸水悉由决口侵淮，不复入黄刷沙，以致黄水反从小河口、白洋河二处，逆灌停沙，积渐淤成陆地。至康熙六七年间，各处大水，黄、淮并涨。黄涨，而王家营、二铺口、邢家口等处冲溃矣；淮涨，而古沟、翟家坝等处冲溃矣。王家营、二铺口、邢家口等处冲溃之后，黄河之水由决口四漫者多，而由云梯关外入海者少；古沟、翟家坝等处冲溃之后，淮河之水由高宝诸湖直射运河，冲决清水潭，下浒高江等七州县之田者多，而赴清口会黄入海者少。河、淮两水俱从他处分泄，不复并力刷沙，以致流缓沙停，海口积垫，日渐淤高，从此由远至近，由外至内，河沙无日不停，河底无日不垫，海口淤而云梯关亦淤，云梯关淤而清江浦清口并淤矣！迨至康熙十五年间，各处又复大水，黄、淮又复并涨，清口以下之河身既高，不能奔趋归海，而睢、湖诸水又合淮水并力东激，以故除古沟、翟家坝等原冲九处之外，又将高良涧板工冲决口大小二十六处，高家堰石工冲决口大小七处。诸水尽由各决口直注运河，加冲清水潭、三浅等处各决口，下淹七州县之田，而涓滴不出清口。黄水又乘高四溃，冲决于家岗等处，又复灌入烂泥浅，将武家墩板工冲开五十丈，入故明所开之废河，历杨家庙，会合淮水，直奔清水潭。其武家墩上流刷成大河，宽一二百丈不等，又分一股入洪泽湖，由高家堰石工决口会淮，并归清水潭。而于各旧决口之处，则又浸淫四漫，较之以前，势愈分泄，以致下流更淤，而河身高垫，更不可言矣。查自清江浦至海口，约长三百里。向日黄河水面，在清江浦石工之下，今则石工与地平矣。向日河身深二三四丈不等，今则深者不过八九尺，浅者仅二三尺矣。黄河淤，运河亦淤。今淮安城堞卑于河底矣。运河淤，清口与烂泥浅尽淤，今洪泽湖底渐成平陆矣。况尤有堪虑者。目今现在之河身既已垫高，若此而黄流裹沙之水，则自西北万里而来，昼夜不息，一至徐、邳、宿、桃等处，即便缓弱散漫。臣目见河沙无日不加积，河身无日不加高。若此之时，不及早大为修治，则不特洪泽湖渐成陆地，将见南而运河、东而清江浦以下，淤沙日甚，必至三面壅遏，而黄流无去路矣。夫以万里远来，浩浩滔天之水，竟至无路可去，则势必冲突内溃，而河南、山东二省，恐俱有沦胥及溺之忧。彼时虽费千万金钱，亦难刻期补救。臣是以谓今日敝坏已极，修治刻不可缓也。但既经修治，则必使无旋修旋圮之虞，更必使有可行可久之道，始为有当。臣逐细筹酌，其间修举情形，有必当师古者，有必当酌今者，有须分别先后者，有须一时并举者。总以因势利导，随时制宜为主。臣谨竭臣之愚，备采众论，而详加斟酌，将应行事宜分为八疏，条列具题，贴黄难尽。伏祈皇上全览，敕部速议允行，庶已淹之田可耕，见在之地可保，运道可通，额课可复，其于国计民瘼，诚均有攸赖矣。

经理河工第一疏挑清浦至海口

题为敬陈经理河工事宜第一疏事。臣惟河道坏至今日，已称至极，修治之不可缓，尽人而知之矣。然事势有顺逆，施工有次序，必须分别先后之宜，而后可斟酌兴举也。臣窃见今日治河之最宜先者，无过于挑清江浦以下，历云梯关至海口一带河身之土，以筑两岸之堤也。查清江浦以下河身，原阔一二里至四五里者，今则止宽一二十丈；原深二三丈至五六丈者，今则止深数尺。当日之大溜宽河，今皆淤成陆地，已经十年矣。兹欲令黄、淮之水尽从故道入海，必须开其去路，导之使行，盖筑堤堵决，用水刷沙，虽为治河不易之策，然河身淤土有新久之不同。三年以内之新淤，外虽板土，而其中淤泥未干，冲刷最易。五年以前之久淤，其间淤泥已干，与板沙结成一块，冲刷甚难，故必须设法疏浚也。今自清江浦至海口一带，河身之淤既经十载，如不从万全立议，而概以治新淤之法治之，恐决口尽堵，黄、淮齐下之际，因河身浅窄，一时冲刷不开，又生他变，则臣一身受溺职之罪，固不足惜，其如已费钱粮，将来之国赋，有亏民生之昏垫何哉？

况用水刷沙，即曰不必挑浚，而束水归槽，则又必须筑堤。既筑堤矣，与其取土于他处，何如取土于河身？寓浚于筑，而为一举两得之计也。今臣拟于河身两旁近水之处，离水三丈下锹掘土，各挑引水河一道，面阔八丈，底阔二丈，深一丈二尺，以待黄、淮之下注。盖黄、淮下注之时，中央既有一二十丈旧有之河，左右又各有八丈新凿之河，其所存两旁之地，虽属坚土，而薄仅三丈。一经三面之夹攻，顺流之冲洗，不待多时，即可尽行刷去，将旧有并新凿之河，俱合而为一矣。又两旁既各挑深一丈二尺，则中央河身自可刷至二丈之外。河至深二丈，宽四十丈，便不窄浅，从此日洗日刷，日深日宽，自可免意外之变，而渐复当时之旧矣。其所浚丈尺，计每地一丈，掘土六十方。即以挑筑两岸之堤，堤底阔七丈，面阔三丈，高一丈二尺，每丈亦用土六十方。再查工部尚书臣冀如锡等条奏，内开堤底以八丈为度，面以五丈为准，高以一丈五尺为凭等语，计每堤一丈，应用土九十七方半，诚为防河至坚之策。今臣所议高阔之数俱减每堤一丈，止科用土六十方者，盖以物力艰难，姑暂从减省拟议，俾其足以抵当河水而止；仍俟物力稍宽之时，再行量拨人夫，协同议设守堤之兵，加高加厚，务仍如部臣等条议丈尺之数可也。

至部臣等原疏内开南岸自白洋河至云梯关止，北岸自清河县至云梯关止，务须一律修筑等语，俱应照议兴筑。查白洋河至云梯关，约长三百三十里；清河县至云梯关，约长二百里。以每里一百八十丈科之，共约长九万五千四百丈。每丈用土六十方，共计用土五百七十二万四千方。其九万五千四百丈之内，有原未有堤者，有原有堤而今全无土者，有原有堤而今更狭洼缺少、须增填者，有堤根存土高一二尺至六七尺不等、宽三四尺至一丈五六尺不等者。合有无多寡牵算，约存旧土高三尺、宽八尺，每堤一丈计，约存旧土二方四分，通共约存旧土二十二万八千九百六十方，实须增土五百四十九万五千四十方。至于取土之处，虽以离水三丈为度，然河身有在中央者，有折流在河南岸及北岸者。远近不齐，必须随地科算。总之离堤三十丈之内，不许取土。其三十丈以外取土者，每土一方，用夫三工；一百二十丈以外取土者，每土一方，用夫四工；二百四十丈以外取土者，每土一方，用夫五工。合远近而牵算之，大约每土一方，用夫四工。两岸之堤，共用土五百四十九万五千四十方，应用夫二千一百九十八万一百六十工。每工照例给银四分，通共需银八十七万九千二百六两四钱。

又自云梯关以至海口，尚有百里之遥。除近海二十里潮大土湿之处，无容置议外，其余八十里之河身情形，俱与云梯关内无异。若不量加挑浚以导之，量筑堤岸以束之，则黄、淮合流出关之际，河身既窄而浅，两旁又坚而厚，大水骤至，不能承受归槽，势必四处漫溢。虽关外漫溢，与运道、民生无涉，然一经漫溢，则正河之流必缓，流缓则沙必停，沙停则底必垫。关外之底既垫，则关内之底必淤，不过数年，当复见今日之患矣。臣闻治水者必始自下流。下流疏通，则上流自不饱涨。故臣又切切以云梯关外为重，而力请筑堤束水，用保万全，不敢泄泄从事，以贻后此之大害也。惟是近海之堤，止期足以束水，不必过于高厚。堤底止须宽五丈，面亦须宽三丈，高止须六尺，亦一体照取河心之土筑之。两岸共堤一百六十里计，长二万八千八百丈。每丈用土二十四方，计用土六十九万一千二百方，用夫二百七十六万四千八百工。每工照例给银四分，通共需银一十一万五百九十二两。二共需银九十八万九千七百九十八两四钱。其需用人夫，共计二千四百七十余万工，应限二百日完工，计每日需夫十二万三千七百余名。

念淮扬附近民人，尚须供臣后疏挑浚帮堤堵决等各工之用，断不能更有许多夫前来应募。臣查康熙九年，前河臣罗多兴修黄河各工，除调用各处泉浅等夫外，曾经令山东、江南邻郡地方，协募赴工在案。今此工之大，数倍于前，不得不循例而行。臣拟令江南之凤阳府属募夫一万五千名，江宁府属募夫一万名，苏、常二府属各募夫八千名，正、太二府属各募夫四千名，徐州并属募夫五千名，滁、和二州并属各募夫二千名，山东兖州府属募夫一万四千名，济南府属募夫九千名，东昌、青州二府属各募夫五千名，河南开封府属募夫一万三千名，归德府属募夫八千名。尚少夫一万一千七百余名，应于淮属之邳、海、睢、宿、赣、沭六州县地方召募。其募夫之法，应令各该府、州，就所属州、县之大小近便，酌量派募，务募二十岁以外、四十岁以内精壮强健之夫赴工，常川供役，不许以老弱塞责。及往来更换，以致旷误工程，即于该府属首领州县佐贰杂职等官内，遴选能干之员，专管验募。限部文行到，该省半月之内，募齐人夫，各带土车、锹担等器，飞星押赴工所，董率料理，依限挑筑。至于地广夫多，其间恐有偷安苟且情弊，必须画段验丈之法以厘之。其法容臣预督各监理官，量取土之远近，按工画段。每用夫五千工为一段，编定字号，插牌标识。其中有原系平地者，有已经缺洼须填者，有存旧堤之土多寡不等者，并堤段长短丈尺之数，逐一书明标识之，上仍立簿一本，一体登记，交各监理官收存。各监理官即按各州县协募人夫多寡之数，照工拨给堤段，令其如式挑筑。臣仍亲临工所，用部臣冀如锡等条议铁杵筑隙、盛水不漏之法，不时查验，以别其夯杵之坚否。

臣更请立劝惩之典，以鼓舞而警策之。凡各州县协募人夫，有老弱病废及奸猾逃逸一名至五名免议外，六名至二十名者，各该州县官罚俸半年，所委专管官罚俸一年。二十一名至五十名者，州县官罚俸一年，专管官降一级调用。五十一名至一百名者，州县官降一级留任，专管官降二级调用。一百名以上者，州县官降一级调用，专管官革职。其所筑堤段如有一处夯杵不坚、盛水即漏，并底面丈尺虽合，而面上两旁低洼有一二丈者，将专管官降一级调用。两处夯杵不坚、盛水即漏，并底面丈尺虽合，而面上两旁低洼有三四丈者，将专管官降二级调用。三处以上夯杵不坚、盛水即漏，并底面丈尺虽合，而面上两旁低洼至五丈以上者，将专管官革职。如所募之夫尽皆壮健，并无一人逃逸，所筑之堤随验俱坚，堤面两旁丰满，处处合式者，该州县官不论俸满即升。专管官如系正途，照依应升之缺，加二级即升；如非正途，俱准照正途注册，一体加二级即升。更请责成道府州并监理各官，如各该道府州所属有一官议处者，将该道、府、州罚俸半年；两官议处者，将该道、府、州罚俸一年；三四官议处者，将该道、府、州降一级调用；五六官以上议处者，将该道、府、州降二级调用。所属委官，督工勤干，筑堤坚固如式、依期早竣者，将该道、府、州亦不论俸满即升。其各监理官除募夫一项与伊无涉不议外，凡伊所管各州、县委官之内，有因夯杵不坚、筑堤不丰满，一员议处者，将监理官罚俸一年；二三员议处者，将监理官降一级调用；四五员议处者，将监理官降二级调用；六员以上议处者，将监理官革职。如议处、议叙相同者，准与抵算；如监理官揭参者，准免连坐。若并无议处，止有议叙者，将监理官照依原任应升之缺，加二级从优即升。如此，则各官俱知勉励，可无阘茸贻误之虞矣。伏候睿裁。

经理河工第二疏挑浚清口

题为敬陈经理河工事宜第二疏事。窃照臣请挑清江浦至海口一带河身之土，以筑两岸之堤，乃先治下流、以导黄淮归海之计也。然下流虽治，而上有淤垫之处，不行及早疏通，则高家堰一带决口虽堵，淮水直下之时，难免阻滞散漫之虑。查洪泽湖下流，自高家堰以西至清口，约长二十里。原系汪洋巨浸，为全淮会黄之所。自淮流东决、黄水内灌之后，将此一带湖身，渐渐淤成平陆。向之汪洋巨浸者，今止存宽十余丈、深五六尺至一二丈不等之小河一道矣。查工部尚书冀如锡等条议内开清口一带沙淤之处、速行挑浚等语，然淤沙万顷，挑浚甚难。臣再四思维，惟有仿照挑浚清江浦以下河身之意，于小河两旁离水二十丈之地，各挑引水河一道，俾其分头冲洗，庶可渐渐刷开。至于挑清江浦引水河，臣止拟离河身三丈。而此处议离河身二十丈者，盖清江浦以下，系十年久淤之坚土，而此乃三年以内之新淤。臣曾掘土试验，浮面一层，板土深有二尺，下则系淤泥一尺许。淤泥之下，又属板土，板土之下，又属淤泥。掘深六尺有奇，而尚不能到当日之湖底。且面层板土虽极坚硬，而第二层板土因在淤泥之下，反润而松。故虽离河身二十丈之远，而易于冲刷，不久便可合而为一也。惟是此处淤沙既易冲刷，而臣亦议开引水河者，盖臣目击面层板土之坚硬，恐一时冲刷不开，又于他处生变，亦未可定。因思此番工程，钱粮人力，无不浩繁。若一处计虑未周，恐有差之毫厘失之千里之悔。是以不敢不略议导引之策，以图万全耳。其所挑引水河，应面宽六丈、底宽三丈、深五尺。每淤地一丈，掘土二十方，远倾于引水河六十丈之外。两岸共计七千二百丈，共掘土一十四万四千方。每方用夫三工，共用夫四十三万二千工。照例每工给银四分，共需银一万七千二百八十两。此工一治，庶淮河下注之时，可以冲辟淤泥，径奔清口，会黄刷沙，而无阻滞散漫之虞矣。伏候睿裁。

经理河工第三疏高堰坦坡

题为敬陈经理河工事宜第三疏事。臣惟淮河之下流既已疏治，则水可直行，而会黄刷沙矣。但临湖一带，除现在原冲各决口外，其余堤岸，无不残缺单薄，危险堪虞。若竟堵决口而不先修残堤，俾极坚固，则水将寻隙地奔放，势必堵者方堵，而决者又决，岂非徒费钱粮、徒劳民力耶？此帮修堤岸，又断不容缓者也。查工部尚书臣冀如锡等条奏疏内，原有石工，定要加高三尺；残薄之堤，一律修葺；高良涧一带土堤，必照修筑高堰之法，一律宽阔等语，所议极为周匝。惟是部臣等之议，专为坚固起见，而臣身膺治河之职，当钱粮绌乏之际，不得不反覆筹维，力求节省也。大抵堤以拦水，只期修筑得法，使水不能冲倒而止，似不必拘拘于石工、埽工、板工。盖石工之费，数倍于板。若将高良涧五千二百余丈板工尽改为石，费实浩繁。即或石仍石，而板仍板，现据山盱同知多宏安估计，加高帮阔工料册内，开自七里墩至周桥闸共长一万一千五百余丈，应用石埽、板工，并修一带残缺段口，共需银三十九万五千五百余两。臣就该同知所估石埽、板工之册，而核算之，并无浮滥，则其费亦非小也。况板工一项，皆系以桩拦板，以板束土，用之平日，尚有不能耐久之虑，若遇大水，乘风一击而土松，再冲而土卸矣。劳民伤财，将何底止？臣再四思维，因见淮、湖、运河等处，板工易于损坏，即石工之倾圮者，亦不可胜数。惟见堤下系坦白平坡者，则虽遇大水，不致冲塌。盖水性至柔，而乘风则刚，其板石诸工，率皆陡峻，故怒涛撞激，易于崩冲。若遇坦坡，则水之来也，不过平漫而上；其退也，亦不过顺缩而下。堤制水而不能抗水，故虽大水乘风，止于随高逐低，而无怒激之势。水既无怒激之势，故自无冲崩之虞。此乃以柔制刚之道，诚理势所必然者。今欲求费省工坚，惟有帮修坦坡之法，可为久远卫堤之策也。其法于堤外近湖之处，挑土帮筑坦坡。每堤高一尺，应筑坦坡五尺。若高一丈之堤，则坦坡应宽五丈。即有旧存桩木，亦听其埋于土内，以为堤骨。一律夯杵，务期坚实。密布草根草子于其上，俟其茂长，则土益坚。堤土既坚，而又有草护，再行设兵看守之法，禁止民人之樵采，驱逐牛畜之蹂躏，则坦坡自可永久无虞。坦坡无虞，则本堤更属万全矣。至于高家堰一带石工，亦宜照此帮筑坦坡，将石工并埋土内，更为至坚至稳之着也。查自运河西岸，历七里墩、武家墩、高家堰、高良涧，至周桥闸北止，共长一万二千八百余丈。内有三千八百余丈，可以竟筑坦坡。其余约九千丈堤根见被水占，必须先于离堤一丈之处，密下排桩，多用板缆，以蒲包包土填出水面，然后用芦柴捆一尺高小埽镶边，内加散土，用力夯杵，筑成坦坡一丈，俟全淮下注，则堤外之水，自即退去。水退之后，再行挑土，帮修到底，并将排桩尽埋土内，至此一带堤身，向来原窄，面不过二丈有奇，底不过三丈有奇。自上年冲塌淋卸之后，处处单残，石工堤面犹有宽二丈者，板工堤面宽者不过丈余，窄者仅有二三尺。今本应悉照部臣等所议加高加宽丈尺之数，但取土远，挑运万难。其加宽之处，姑以二丈五尺为准。俟水退土出，亦再令守堤之兵，逐渐帮筑。今查高家堰、高良涧一带，板石诸工，原高约有七尺，应如议再加三尺，共高一丈。堤底外宽五丈，内宽一丈，连本堤二丈五尺，共宽八丈五尺，堤面宽二丈五尺。每堤一丈，用土五十五方。今可以竟筑坦坡之三千八百余丈，见存堤底，约牵宽三丈五尺，堤面约牵宽一丈五尺，高仍有七尺许。每堤一丈，约存旧土十七方五分，应增土三十七方五分，通共约用土十四万二千五百方。近者取于半里之外，远者取于一里之外。用夫四工，挑土一方，共用夫五十七万工。照例每工给银四分，共需银二万二千八百两。其余九千丈，俱应先筑坦坡一丈。计每堤一丈，暂省土十六方，实用土三十九方。然堤身颓卸单残，已称至极。每丈堤底约牵宽三丈，面约牵宽六尺，高止约牵五尺。每堤一丈，约存土九方，应增土三十方。共堤九千丈，应增土二十七万方。近者取于七八里之外，远者取于二十里之外，往返艰难不便。计夫挑筑，必须照清水潭计箩买土之例。每方五十箩，共计土一千三百五十万箩。每箩给银六厘，共需银八万一千两。又桩木、板缆、蒲包、绳、边埽、匠工等项，每丈约需银十两，共需银九万两。三共实需银十九万三千八百两。然所需之数，较之见估用板、用石、用埽之工，可节省银二十万一千七百余两，且可免板工冲激颓卸之患也。伏候睿裁。

经理河工第四疏包土堵决

题为敬陈经理河工事宜第四疏事。臣惟黄、淮之上下流，既议治理疏通，而高家堰堤岸之残缺低薄者，又拟加帮高厚，则筑古沟、翟坝一带之堤，并堵塞黄、淮各处之决口，使河复故道，可次第而施工矣。查自周家闸历古沟、唐埂等处，以至翟家坝南，共计三十二里。据山盱河务同知多宏安估计册开，筑此三十二里之堤，并堵此内原冲成之九河及高良涧、高家堰、武家墩等大小决口三十四处，共需银七十万五千八百余两。臣相度水势，按册而计，皆属必需之项，似无浮冒。盖册内堵决，皆系循例用埽，而埽尽薪也。远运于数百里之外，大绳卷束而投之水中。其物料人工之费，每填堤一丈，水浅者费银三四十金至七八十金不等，水深者费银一二百金至六七百金不等。是以需用钱粮如此之多也。且臣验各处埽工，凡柳枝多者，尚可多延数年；其芦草多而柳枝少者，不过一二年，悉皆朽坏颓塌，殊非经久之道。于是再四思维，克水者土也。当求束土御水之法，斟酌变通，以为节省永固之计，不必概用埽工。臣虚心酌画，除有镶边裹头必须用埽者，有急欲闭合龙门之时，包土稍缓，应速卷大埽，立时填塞断流者。有修建滚水石闸等项，应先筑拦水小坝。而此坝于闸工造成之日，原应毁废，俾水流通。今若下桩包土，恐日后难于毁坏。有宜仍用埽者，俱照旧用埽外，其余一切工程，俱宜密下排桩，多加板缆，用蒲包裹土、绳捆扎而填之，较之用埽，既可省费一半，而坚固耐久，又愈于埽。今拟将前项工程改下埽为包土，仍筑坦坡制水，不过费银三十万两，较之原估之数，可节省银四十万余两。至黄河内桃源、清河、安东三县之新旧各处决口，水涨则刷成大河，水涸则两旁淤垫。是以各该县估计之册，随时变更，不能画一。今黄水方大，难以确估。然臣亲见情形，大抵俟秋冬水落之际，或应用埽，或兼用包土，不过再费银八万两，可以尽行堵塞，使两河之水悉，由故道入海矣。通计此疏内筑堤堵决，共需银三十八万两。伏候睿裁。

经理河工第五疏挑运河

题为敬陈经理河工事宜第五疏事。窃惟筑防塞决疏引黄淮，使复故道，合流入海事宜，如果一一兴行，则闭通济闸坝，深挑运河，尽堵清水潭等各决口，以通漕艘，诚为今日至要之务，所当次第修举者也。查运河自清口至清水潭，共约长二百三十里，通计四万一千四百丈。因黄水内灌，将河底淤垫甚高，居民日患沉溺，运艘每苦阻梗。今必须将河身大为挑浚，决口尽行堵塞，庶几运道可得通行，民生可免昏垫。臣请睿鉴，敕下江南、浙江、江西、湖广各抚臣，严督所属，将本年应运漕粮及早征收受载，火速催赶，务于康熙十七年三月内，勒令尽数过淮。俟粮船过完，容臣将通济闸坝即日封闭，一切商民船只，并该年回空漕艘，俱令暂由周桥闸绕出高邮州而行。淮关部司，亦令暂往周桥闸收税。臣一面督集人夫，将运河大为挑浚，面宽十一丈，底宽三丈，深一丈二尺。每河一丈，挑土八十四方。通计四万一千四百丈，共挑土三百四十七万七千六百方。挑起之土，俱令倾于东西两堤之外，更加夯杵，将西堤筑成坦坡，东堤加倍坚厚，以图永久。毋许将浚土乱堆堤上，以致雨淋仍落河中。每土一方，用夫三工，计共用夫一千四十三万二千八百工。限三百日完工，每日用夫三万四千七百七十六名。查挑浚运河，向有每工给银四分之例，亦有拨派坊里人夫量给银米之例。但淮、扬二府，节被水灾，里民困苦已极。兼之此番工程浩大，需夫众多，万难派拨。况坊里人夫，率皆老弱不堪之辈，而又每每逃逸。大抵坊里夫十名，不敌募夫三四名之用。即使派拨，亦属有名无实。若一体召募，则无告饥民，又得借以活命。相应照例每工给银四分，共需银四十一万七千三百一十二两。其督工等项议叙处分事例，并请如臣第一疏内题请之例，一体而行。至于堵塞高、江二州县之清水潭、大潭湾等决口六处，虽据南河分司估计册开，应用柳束、人夫，俱于各州县协济，而所估钱粮、尚需物料等，费银六十余万两等语，然此数处工程，只须俟翟家坝至武家墩一带决口尽行堵塞，黄、淮合流，从故道入海之后，下桩包土，相机填塞，并一带西堤之外，照筑坦坡。凡有水占堤根之处，量用短桩、笆席等项，拦土筑堤，不过总费十五万金，便可足用。盖清水潭一工，自目今视之，诚为最难。若俟各工告竣之后，留此工于结末，则流止水消，取土亦易，故可省费如许也。计此疏内挑河堵决，共需银五十六万七千三百一十二两。伏候睿裁。

经理河工第六疏筹画钱粮

题为敬陈经理河工事宜第六疏事。窃惟一切治河事宜，臣已于前五疏内一一陈请矣。伏查案准工部，咨为钦奉上谕事，内开工部等衙门，会覆尚书冀如锡等题前事。查黄、运两河，关系运道民生。今既经尚书冀如锡等将应修各处验明具题，相应照议，即行大为修筑。但今正需钱粮之际，若照此验勘修筑，需用钱粮，甚多不便。概行修筑，应令新任总河将应修紧要处所，酌量修筑坚固，不致有误漕运等因，奉有依议之旨，钦遵行臣知照在案。臣到任之后，凡经历河干，验阅形势，即将部臣条议工程，细加揆度。如果照议修筑诚为至坚，但所需钱粮不下五六百万。当此军兴需饷之际，措拨良难，是以廷臣有不便概行修筑之议。盖部臣奉命勘河，目击河道坏极情形，不得不从坚固立议，以为一劳永逸之计。而廷臣灼知司农仰屋之艰，又不得不酌量修筑议覆也。惟臣身任总河，亲见民生之昏垫，运道之阻梗，田土日渰，赋税日绌，且又深知河帑之无余，请拨之无项，安敢不委曲筹策，以仰副宵旰之忧虞耶？顾臣审势揆情，减筑堤后河之丈尺，并条议坦坡制水、下桩包土等法，以代石埽板工，然实尚需银二百一十四万八千余两；并臣第八疏内应打造浚浅船二百九十六只，约需银一万。通共需银二百一十五万八千余两，乃必不可少之数也。念河流为害，自康熙六年至今十载之间，岁岁兴工，费过钱粮三百余万，且更有历年蠲免之正赋、节次赈恤之帑金，不可胜计，而河患之深，日甚一日。臣身膺重任，不敢玩泄。是以确酌全局，曲思稳当之策，胪列上请也。惟是所需如许多金，既事在必不可少，而又实无可拨之项。臣因再四图维，不敢稍避劳怨。委曲详酌，谬拟设处钱粮之计，谨一一为我皇上陈之。

其一则议令淮扬被滨田亩，补纳修河之费也。窃计淮扬二郡，被滨田亩何止十万余顷？只因节被水占，耕凿难施。若黄、淮与运河俱治，则田土尽出，可以施畚锸而望收成矣。其中量纳修河之费，岂特理之所宜，谅亦情之所愿也。然田亩有高低之不同，其价值因有贵贱之各别。臣细加体访，知此等田亩，至水退可耕之时，其在黄淮之东南者，每亩值银一两至二三四两不等；其在黄淮之西北者，每亩值银一二钱至六七钱不等。臣请俟大工告成，田土可种之日，容臣会同江苏抚臣，将凡被滨东南上则田一亩，令纳修河费银三钱；中则田一亩，令纳修河费银二钱；下则田一亩，令纳修河费银一钱。被滨西北上则田一亩，令纳修河费银六分；中则田一亩，令纳修河费银四分；下则田一亩，令纳修河费银二分。其银准分为两年完纳。若系无主之田，但有人纳修河之费者，即便给与执业。至于本田正赋，照例三年之后升科，其每亩俱照二百四十弓之制科算，毋许以多为少，欺隐不均。如此约而计之，二郡被滨田亩，补纳修河之费，约可得银一百六七十万。但议者或谓灾民田亩不能优恤，而反重赋之，似属病民。殊不知抚民之道，有经有权。

发帑救民，而复宽其力者，经也。先忧民之忧，设法拯救；后乐民之乐，多取不虐者，权也。且臣采访舆论，皆称田被水潦之后，及河治水退，则田皆沃土，必有二三年加倍收成之美。言人人同，似属确论。顾此昏垫之民，设两河一日不治，则民田一日不耕，将冻馁流离，伊于何底？是必河治而后民始得所也明矣。夫以斯民得所之时，坐享沃土倍收之利，于是分粒米狼戾之余，以补河工万难之费，此经权互用，有不得不然者。臣所为不敢避怨，而断然以为可行者也。

一则运河经过之货物，宜令加纳剥浅之资也。查运河内一切往来船只，向因河身淤垫阻滞，盘剥艰苦万端。若黄、淮俱归故道，清口以内，一律浚深，则此后各船俱可畅行无阻，省费甚多。因令量输所省之费，以佐治河之用，亦属理之所宜，情之所愿也。臣请俟运河浚深，船艘通行之日，容臣印发日记、号簿二本，交给淮扬两关分司。凡过往船只，装载豆麦米粮等项者，每石着纳剥浅银二分；引盐油烛等项者，每百斤着纳剥浅银四分；其余一切杂货细货，每百斤俱着纳剥浅银六分。两关止纳一次，不分重纳。两关之中，此关已经收过该船剥浅银两者，即给印照为凭。该船赍此印照，前赴彼关，立时验放。如此收至一年，即行停止，约可得银一二十万两。夫加纳似乎病商，然臣细察商人遇河道浅阻，则剥浅车脚之费，视加纳之数，不啻数倍。今治河以利之，责其出余利以助河工，亦情理之最当者。矧贸迁有无，商惟视本计利于卖地权贵贱耳。今助工于运河，而取赢于卖地，则子母仍无亏也。

一则开广武生纳监之事例也。臣访得武生之中，亦有愿纳监生，入文场乡试，而格于文武两途，不敢擅自请纳者。今若准令武生亦照文生之例，许其加纳，准入文场应试，则愿纳者必多。查文生加纳银一百二十两，俊秀纳银二百两，俱准为监生。今武生比之文为不及，较之俊秀为有基。臣请许令武生加纳银一百六十两，准与文生一体为监生，入文场应试通行。各直省督抚，凡有武生纳监者，俱照例交纳藩库，解赴臣衙门济用。大约一二十万金，似亦可得。

以上三款，若蒙俞允，则治河之费已备，即有不敷，统容臣于河库内通融动用。惟是此等银两，俱在河工告成之后，方可责成输纳，不能应目前紧急之需。臣愚以为宜令直隶、江南、浙江、山东、山西、河南、湖北各直省州县，俱豫征康熙二十年分一切起存正杂钱粮十分之一，约可得银二百万两。其中即有未敷，统容臣于河库内通融动支。至各直省豫征银两，请敕各省督抚诸臣，严督该省藩司，即日先将见存藩库银两，照豫征二十年分十分之一之数，限部文行到该省，十日之内火速垫解臣衙门济用。如有迟误，容臣将该司查参，听部议处。该司仍一面照数豫征库补项，俟河工告成之后，容臣会同江苏抚臣，督令淮扬二郡府州县官，照议按亩征收修河之费；并督淮、扬两关收取各船剥浅之费，抵豫征各直省康熙二十年分钱粮十分之一之数。并移会各直省于该年应征项下，少征十分之一，扣民间。如此一转移间，不费公帑，而大工可刻期兴举矣。伏候睿裁。

经理河工第七疏裁并河官选调贤员

题为敬陈经理河工事宜第七疏事。臣惟修治河工，必先以措设钱粮为要。今措设钱粮之处，已经臣条议上请，倘蒙皇上俞允，则大工自可刻期兴举矣。惟是大工兴举之日，协理必须多员；而大工告竣之后，保护尤资群力。与夫事可兼摄者，则冗员应裁；权宜归一者，则职守应并。是皆当因势度宜，先为酌派，定其责成，使之可遵可守，无纷杂掣肘、玩忽坐误之弊，庶可望其乐于黾勉，不为推诿，而共相维持，以保永久也。窃思臣身任总河，凡直隶、东、豫、江、浙各省有河地方，并河务河官，皆臣督理统辖，不待言矣。其自臣而下，兼理兼辖者，则为分司各道；兼管者，则为厅印诸员；分管者，则为各州县之佐贰杂职等员。虽官之大小，各有所司，然其职掌之纷淆，事权之杂出，以致掣肘贻误者，皆当确议厘定也。查河道项下兴修守护等事，既有专管、分管各官，驻宿河干，朝夕料理，其司道等官，原以兼总大纲，承上接下，膺督率属员、指挥调度之任，只须一官而兼辖数府，不必一府而兼设数官者也。今淮、扬两府既设淮扬、淮徐两道，又设南河、中河两分司。窃见分司三年一换，自以一官为传舍，而他人亦以客官目之，未免呼应不灵。且分司无地方钱粮、刑名之任，其于民情之休戚，风俗之奸良，不能一一熟察。道臣系久任之官，而又兼管钱粮、刑名之事，于地方情形，自能周知一切，调拨协济事宜，易于得当，而官民之奉行，尤称惟谨。臣愚以为宜将南河、中河两分司裁去，其该管各务，量其地形事势，分归淮扬、淮徐两道兼理。淮郡之山阳、清河、安东、盐城、海州、沭阳、赣榆，并扬州府属河道，俱责成淮扬道兼理，令该道仍驻淮安。淮郡之桃源、宿迁、邳州、睢宁，并凤阳府之灵璧县，以及徐州所属河道，俱责成淮徐道兼理，令该道移驻邳州。至北河、通惠两分司，亦应并裁。将北河分司事务，照省归并，分交济宁、天津二道管理；通惠分司事务，交给通永道管理。又东兖道远驻沂州，而兼辖滕、峄两县河务，亦属未当，应归并济宁道兼理，庶为妥协也。又淮安一府，共有同知十员，而管河者居其八，皆系节次添设者也。殊不知河工事务，全在用人之当，而不在设官之多。矧治河之法，疏浚防塞，各有攸宜。同知为专管官，与分管防守之佐杂微员不同，乃画河为两岸而分管之，是竟置河身于不问矣。且其间有彼此意见不同，而推诿观望者；有属员奉行不一，而奔命不遑者。事权之杂出，诚为未便也。臣愚以为同知八员之内，今宜裁去三员。将山清同知原管运河事务，归并山盱同知多宏安管理，驻扎淮安府。山清同知原管外河，并安海同知河务，俱交宿桃南岸同知董安国管理，改为山清安海同知，驻扎安东县。俱令淮扬道兼辖宿桃两县河务，并归仁一堤，俱归并归仁堤同知佟国聘管理，改为宿桃归仁同知，驻扎白洋河。邳、睢、灵璧三州县河务，仍令邳宿同知苏嵋管理，改为邳睢灵璧同知，仍驻扎邳州。徐属同知事务，仍令祖文明管理，仍驻扎徐州。俱令淮徐道兼辖其所裁山清同知魏师段、安海同知李朝事、宿桃北岸同知黄道弘，俱应赴部改补；又宿、桃两县既有主簿四员，理应每县各设二员，不应彼此牵混。臣请将宿迁县主簿王振先改为宿迁北岸主簿，宿桃南岸主簿改为宿迁南岸主簿，桃源县主簿王金改为桃源南岸主簿，宿桃北岸主簿夏文象改为桃源北岸主簿，庶职掌俱各画一，而无纷杂混淆之虞。此臣所谓事可兼摄者，冗员应裁、权宜归一者，职守应并者是也。

若夫河道一事，攸关民生休戚，地方安危，良非渺小。凡膺民社之寄者，皆当曲图补救，力为保护，不宜徒委河官，坐视敝坏。如拨夫、运料等事，在正印官有人民地方之责者，设法自易。其管河同知、通判、佐杂等官，与民绝不相亲，于钱谷、刑名、街坊里下诸务，毫无关涉，安能设施？且府、州、县之正印官，往往视河务为余事，等河官为赘瘤，每有漠不相关之状，而无同舟共济之情。虽遇疾呼，未必驰救，以致掣肘误工，不一而足。臣请嗣今以后，凡遇河防冲决之事，不论钦工、民工，俱仿照盗案之例，将该管之道、府、厅、州、县、佐杂等官，一并照例题参议处，仍勒限半年，修复完固，亦照盗案，定承修、督修、催修之例，而责成之。如有讳决者，照讳盗例处分。至于荐举大计等典，凡有河地方之司府州县正印，并道厅佐杂等官，俱将河工之治否，一并考成，以分殿最。必任内无河道、冲溃之事，并遇决旋修、不致殃民损课者，方准保举卓异。如此，庶各员知警，共相绸缪于未雨之先，而河道之冲决自少。即有冲决，亦自速为修治，不致蔓延滋害，如今日之甚。此臣所谓大工告竣之后，保护尤资群力者是也。

以上事宜，皆指平时而言。如蒙俞允，则可为将来防守章程。至见议之大工，如果刻期兴举，则必须多选能员，责成料理。查工部尚书冀如锡等条奏内原有一员分工三十丈之议，虽从慎重坚固起见，然应修堤岸共约二十万丈，恐不能有如许堪委之员。今臣第一疏内挑河身之土，以筑两岸之堤，每日用夫十二万有奇。除分管之佐杂等官，见有各州县管押夫役官员，可以责成分管外，臣请特调才能厅印监理官十二员，分头董督而监理之。查现有臣请改设之山清安海同知、宿桃归仁同知，共二员，应再选调十员。又臣第二疏内浚清口以上一带淤沙，第三疏内增筑武家墩至周桥闸一带帮堤，第四疏内筑翟家坝一带之堤，并堵塞高家堰各处决口等工程，约需佐杂官四十余员，容臣随时酌量，于各属调用，并将所调各职名汇咨达部。其应用才能厅印监理官五员，今见在止有山盱同知一员，应再选调厅印官四员分头董督而监理之。二共实需选调厅印官十四员。查此皆关系田亩赋税、运道民生重务，必须遴选勤敏强干、才智俱优、实心任事之员，方克胜任。臣再四思维，非臣素所历试亲见确有才能允堪任用者，臣不敢滥任贻误。伏祈皇上俯念河道关系重大，允臣所请，将见任江南太平府同知刘沛引、扬州府同知王兴元、池州府同知管通判事喻成龙、宁国府通判常君恩、庐州府通判黄际会、滁州知州赵清正、和州知州夏玮、合肥县知县雷动声、清河县知县刘光业、宿迁县知县李灿山、东单县知县韩第、恩县知县何朝聘，并原任五河县丁忧知县陈显忠、原任扬州府降调通判俞森等十四员，准臣驰檄调取，勒限来工，各给委札，分界事权，授以机宜，共襄大务。其调取各官原任原缺，应请敕部即为铨补。至臣第五疏内挑浚运河、堵塞清水潭等处决口，各工程原拟在后兴举，应俟兴举之日，再将应调协理官员，另疏题请。此臣所谓大工方举之日，协理必须多员者是也。又各官之内，除俞森事实臣见在另疏具题外，其余十三员，有臣于安徽巡抚任内曾经委用历试才能者，有臣素知其能而今又亲见其勤敏练达者。若夫丁忧之员，虽有不准题留之例，然此系因其有才堪用，是以调取，监理督工，并无地方人民钱谷刑名之责，与现任官有别，相应一并题明。至于调取监理之厅印分管之佐杂等官，所修工程必须交明该管厅印佐杂等官确验，如果合式坚固，该管厅印佐杂等官，即便出具收管印结。该道府覆验相同，即便加结申送臣衙门，亲勘无异，会疏具题。将调取之大小各官，无论原是正途与否，俱作正途，照依原任应升之缺，加二级从优即升。其该管河厅佐杂等官，分领自修之工，如遵期完竣，如式坚固，出结申送道、府、州、县验明相同，加结转送臣衙门亲勘，无异亦即汇疏具题，照依调取各官一体议叙。若夫给发一切银两如协募、见募等夫，俱一例纹银四分一工，桩埽水手五分一工，木笆等匠三分一工，俱循照往例给与，仍着落各监理官公同各分管官五日一发，当官给散。其余一应料物等银，俱着从公速给，毋许迟延。如有劣员更换银色，短少分两，扣克回头等弊，并或有奸徒阴谋取利，冒领钱粮，捏造讹言，倡邪惑众，阻挠大工，暗坏工程者，俱容臣立刻严拿，究明情罪，遵照敕书内事宜，按军法题请正法警众。如此，则在工官民，各知警惧，有奋勉而无坏事，大工可以告成矣。伏候睿裁。

经理河工第八疏添设兵丁

题为敬陈经理河工事宜第八疏事。臣惟修治两河既定分工任人之法，则必当求其成功矣。但河工告成，而不立法以期久远，恐数年之后，奸弊滋生，难保其不旋坏也。臣到任以来，细加体访，知保全河道之策，全在能尽人力，而不可诿之天数。至于堤岸冲决之由，则官民夫役均有罪焉。官之罪有二：一在备员阘茸，不知河道为何物，其于运道民生，不啻秦越人之视肥瘠，虽有以未雨绸缪之说告之者，而茫然不能用也；一在利于多事，希图乘机侵蚀，故薄者不填，而缺者不补，以致溃决废坏，不可收拾也。民之罪有三：或与近堤之人有雠，而盗决以潦之；或因己田干旱，而盗泄以溉之；至于周桥、翟坝奸民，知商贩畏淮关之税重，而乐于趋其地也，于是盗决以俟之，堤决而商至，商至而伊得遂其乘机取利之谋矣。若夫夫役之罪，则总在利于动，而不利于静；乐于有事，而苦于无事，是以百计阴坏之耳。他如高良涧等处板工，上年大水冲击，除决口二十六处之外，其余一带残堤贴桩之土，悉皆卸塌桩木，无土拥护，易于窃取，致被湖内小船及水潦灾民乘夜盗锯者，不一而足。臣目击锯痕，深为痛恶。虽出示严禁，密访查拿，然犯者已逃，从何究诘？又闻向来多有奸恶夫役，当大埽方下、龙门未合之时，暗藏刀斧，乘夜割断揪头绳索，以致所下之埽，随即冲淌。诸如此类，欲保全河道者，不过一二人；而谋坏之者，遍地皆是，是以残坏至此。

臣再四筹维，欲图将来久远之计，莫妙于多设专心保全河道之人。则设兵以守，而立劝惩之法，使之知利之当趋，害之当避，诚为不易之策也。臣闻故明末年，各省漕粮，皆系世职卫官领运，漫无考成，以致无官不侵蚀，无年不拖欠，无日不追比，粮归奸橐，而在上者无可如何，流弊至极。迨本朝定鼎之后，责成各卫见任守千等官领运，按运考成，欠者置之以法，完者准与优升。不数年而锢弊一洗，岁岁全完。此有劝有惩，使知有利有害，而自为趋避之明验也。臣愚以为今既大费财力，高筑坚堤，必须按里设兵，使之住于堤上，逐日看守，并将疏浚修葺事宜，一切责成之外，河自云梯关而下，至于海口，为两河朝宗要道，每堤一里，必须设兵六名。每兵一名，管堤三十丈。堤根栽柳务活，堤旁畜草务茂。堤内则乘暇添土，逐渐帮宽。每二里半建一墩，令兵十五名居于墩侧。每墩给浚船一只，各系铁扫帚二个，于船尾系绳，以五丈为度。每月之初一、十一、二十一日，两岸墩兵各乘浚船，或布帆，或鼓棹，或缆锚下铁扫帚于水底，溯流刷沙，往来上下，必令五丈之系绳，不能到底，而悬铁扫帚于水中方止。两岸共堤一百六十里，设兵九百六十名，给船六十四只；再设兵二百四十名，给船十二只，专令浚堤外至海口一带淤沙。自云梯关至水口，应共设兵一千二百名，守备一员，千总二员，把总四员，给浚船七十六只，各分汛地，而责成之。自云梯关而上，南岸至清口，北岸至清河县，各长二百里，每里设兵三名，每兵管堤六十丈。五里建一墩，令兵十五名住于墩侧，每墩亦各给浚船一只，铁扫帚系绳，以四丈为度。应共设兵一千二百名，守备一员，千总二员，把总四员，浚船八十只，亦照前法责成之。自清河县至宿迁县，两岸各长二百里。每里亦设兵三名，每兵亦管堤六十丈。五里建一墩，令兵十五名住于墩侧。每墩各给浚船一只，铁扫帚系绳以三丈五尺为度。通共设兵一千二百名，守备一员，千总二员，把总四员，浚船八十只，亦照前法责成之。自宿迁县至徐州西两岸，约各长三百里。每里设兵二名，每兵管堤九十丈。五里建一墩，令兵十名住于墩侧。每二墩给浚船一只，铁扫帚系绳以三丈为度。通共设兵一千二百名，守备一员，千总二员，把总四员，浚船六十只，亦照前法责成之。内河自清口西南至翟家坝南，共长一万八千余丈，应共设兵四百名。每兵管堤四十五丈。五里建一墩，令兵二十名住于墩侧。堤根栽密柳，坦坡畜茂草。坦坡之外二十丈，俱密种茭荷蒲苇菱芡之属，为永远护堤之策。应设守备一员，千总一员，把总三员。运河由清口至邵伯镇南，约长三百三十里。每里设兵二名，每兵管两岸堤各九十丈。五里建一墩于西堤，令兵十名住于墩侧。其栽柳畜草等项，俱照翟坝一带之法责成之。应共设兵六百六十名，守备一员，千总二员，把总四员。以上六营，共设兵五千八百六十名，俱设步兵，而无庸设马。内以一分为百总管队，准支步战兵粮饷；其余九分，俱支步守兵粮饷。其应设兵五千八百六十名，容臣移会江督。臣于江苏所属额兵内，抽调步战兵五百八十六名，步守兵一千四百十四名，尚缺步守兵三千八百六十名，容臣遴选召募。每兵每月给银一两，米三斗。每岁共需银四万六千三百二十两，共需米一万三千八百九十六石。连守备、千、把总等官之俸薪、马干等项，每岁约需银四万九千余两。应将淮、扬、徐三府州属，并灵璧一县额设之堰，募堤浅等夫查明全裁，即以夫工充此兵饷。其不敷者，容臣于河库钱粮内通融拨给。岁需米石，亦于河库内动银买给，一并容臣于年终报销。至应给浚船二百九十六只，必须打造。每只约用银三十四两，共约需银一万两，已经臣于第六疏内题明矣。其各弁兵建旷朋扣等项，照例扣贮，以为各处岁修及修舱浚船之用。其各官兵，不必设造盔甲。其枪刀械帜之类，俱令自备。如各弁兵所管地方堤坡坚实，日渐帮宽，并无浪窝残缺之处，柳密草茂外，河之水果深五丈、四丈及三丈五尺不等，内河坦坡之外，茭苇荷蒲盛长。如是三年，无异将该管守兵拔为战兵，战兵拔为把总，把总拔为千总，千总拔为守备。有缺即题升，无缺则报部，照伊应升之缺，遇缺即升。如各弁兵所管地方堤坡不坚，或并不帮宽，及有浪窝残缺之处，并柳稀多枯，草被芟割，外河之水不及五丈、四丈、三丈五尺、三丈等深，内河茭苇蒲荷废弛不种，兵责四十板，枷号一月，穿耳遍游示众，仍革去粮饷，另行遴补；千、把总革职，守备降二级调用。若各弁兵该管地方因循阘茸，以致冲决堤岸者，官革职拿问，兵从重处死。以上俱责成总河，臣亲往确验，并不时委官差人严查密察，务使各弁兵人人警畏，不敢稍弛。如此则贤否别而劝惩昭，利害攸分，当莫不勉励鼓舞，共相守护。保全河道之人多，而阴谋废坏之徒无可逞其奸计。若果久而勿替，虽百世可保无虞，不特三年而已也。

至于一例之河道，而臣议设兵船，乃有多寡之殊者，盖下流既通，则上流可无意外之滞，是以外河独重于云梯关以下也。又虑水底之事，目不能及。设有意外骤淤之处，其本汛浚船不能即疏，则又当立调各汛船兵，协力疏浚，各疏本汛，以守其常。通融协助，以防其变，而黄河无虑矣。黄河无意外淤浅之事，则淮河自是安流。淮河安流，则运河益可无恙。其翟坝一带之兵，倍于运河者，翟坝一带当淮河之冲，为上流最要之地也。又查归仁一堤，已经侍郎臣折尔肯等同臣察审具题，见在候旨。俟命下之后，应作何接筑竣工之处，容臣另议题请。至其间或更有应损益增减，及一切未尽事宜有无庸渎听者，容臣竟自举行。有必当上闻者，容臣随事入告可也。

抑臣更有陈者。凡一切工程需用钱粮多寡之数，虽皆臣确核估计，然凡有可以设法节省之处，臣自当格外力求节省。至一切堤岸河身之远近丈尺，有按册而稽者，有无案可稽、约里而计者，虽无大错，然其中细数，或有与疏内未必恰合者，统容臣于临时确丈为准。若夫臣条奏八疏内之一切事宜，有臣亲自勘验、复采舆论、酌妥定议者，有臣虽访实情形，而无暇往勘，特遣的当亲信之人，确验绘图，向臣一一陈说，斟酌定议者。总以事关国计民生，如臣之庸愚，断不敢偏执己见，惟有广集众智，竭臣之努力。愚心以仰答皇上己饥己溺之怀，并简拔微臣之殊恩于万一而已。至于黄、淮为患，延蔓多年。倘获邀皇上齐天之福，得以奏绩，则运道民生，俱为万幸。设臣才术浅昧，料理失宜，以致徒糜时日，虚费钱粮，无益于民生运道，并旋修随圮，限内冲决，则请将臣从重处分，以为后来溺职者之戒。统俟工程告竣之后，恭请皇上特遣大臣确验定夺者也。伏候睿裁。

卷七

奏疏下

敬陈经理第一疏以中河之土筑堤

题为敬陈经理河工事宜第一疏事。切臣看得今日治河之最宜先者，无过于挑清江浦以下河身之土，以筑两岸之堤，臣前疏已备陈之矣。惟是募夫一节，如在工程稍缓，量用人夫数万名者，不难就近召募。然臣前疏因恐水涨无归，又生他变，欲于一二年间将两河工程概图完竣，是以挑浚黄河之夫，议每日用至十二万有奇之多。尚有其余各疏内挑浚帮堤堵决各工所需人夫，每日亦不下七八万，总计每日用夫二十万。念淮扬附近，断不能有如许多夫应募，故不得不将挑浚黄河之夫，议令江南邻属并河南、山东协募也。今廷议谓远派各省，恐不肖官役借端扰民，请敕臣酌量设法，就近募夫，不致误工等语。臣思道远工长，不肖官役借端扰民之事，诚难保其必无。然就近召募，则断不能取齐。若仿照旧例，多加工食，以鼓舞招徕之，则动须增费数十万两，从何设处？且使即加给工食，而淮扬被水已久，困苦灾黎，除死亡卖身之外，其逃散四方者，一时不能聚集，应募者少，必至误工。臣反覆筹酌，更得侉车代挑之法。

凡下锹掘土，并夯杵成堤，俱用人力。其往来运土，则以侉车，约可省夫一半。并原限二百日完工者，改为四百日完工，则前拟每日用夫十二万有奇者，今止须用夫三万余名，并车三万余辆足矣。又其余各工每日亦需夫七八万，其间但有可用侉车，以省人力之处，容臣随时斟酌而行，则需夫不至太多。可以仰遵廷议，就近设法召募济工矣。至所需侉车，查江南非出产之处，但若议派东、豫二省雇募，恐仍有不肖官役借端扰民之事，容臣竟动钱粮，行济、东、兖、开、归等府价买，解淮济用。统计南岸自白洋河历云梯关至海口，北岸自清河县历云梯关至海口，挑河筑堤工程，其所用人夫、工食、车辆、绳绊以及一切诸费，容臣设法节省，总于原题第一疏内所估需银九十八万九千七百九十八两四钱数内，期于足用。惟是车辆等项，一切俱不派民，而尽属官买，则其间料理之烦，更多数倍。臣再四思维，必须将臣第八疏内所议守堤官兵豫为设立，责令照管夫车，督率夯杵。在伊等即系将来守此堤工之人，自能尽力以图坚固，更为一举两得之道。

若夫两岸遥堤，臣原题面宽三丈，底宽七丈，高一丈二尺，每堤一丈，用土六十方。然臣又各处阅历，细察情形，遥堤固属必需，而缕堤尤不可少。盖黄河流急则沙行，流缓则沙垫。而河身窄则流急，宽则流缓。今莫妙于筑缕堤以束水，而以遥堤并加筑格堤，用防冲决，使守堤人等尽力防护缕堤。设或大水异涨，即有漫冲，亦至遥堤、格堤而止，自不至于夺河成缺。该守堤人等，随即星将缕堤仍旧筑起，为工亦易。臣请将原估筑遥堤之土六十方，分筑遥、缕二堤，并量增格堤。其缕堤顶宽二丈，底宽六丈，高六尺。每缕堤一丈，用土二十四方。遥堤顶亦宽二丈，底亦宽六丈，高八尺。每遥堤一丈，用土三十二方。二共用土五十六方，较之原估，每丈余土四方。或隔五七里，或隔十余里，即以所余之土，再筑格堤一道。格堤顶宽二丈，底宽六丈，高五尺以上，各堤均令守堤人等一并加意防护，并将各堤逐年加帮，务极高厚可也。再查南岸白洋河以上至徐州一带，堤工长二百八十里，北岸清河县以至徐州一带堤工长四百里。其间残缺危险，在在皆然，断须急为并治。至于治之之法，臣筹维再四，若徒加帮遥堤，则既不能束水，而又无重门之障，良非至稳之着。莫妙于亦于近河去处，加筑缕堤，并量筑格堤，以为外藩。其残缺遥堤，亦即一体加帮高厚，方称万全也。惟是工程浩大，既不能多用民力，亦不敢全动官银。除臣先经严行各该道、州、县速拨民夫，加帮旧堤，俟详至务令一律加帮外，其所议加筑之缕、格二堤，必须动支钱粮，募夫兴举者也。至此项堤工，凡在骆马湖以下者，俱照白洋河以下之式，缕堤筑顶宽二丈，底宽六丈，高六尺。每堤一丈用土二十四方，两岸共计二百里，约长三万六千丈，用土八十六万四千方。又应筑格堤约七千二百丈，顶宽二丈，底宽六丈，高五尺。每丈用土二十方，共用土十四万四千方。骆马湖以上缕堤、格堤，俱筑顶宽二丈，底宽六丈，高五尺。每丈用土二十方，南北两岸，除骆马湖水占之处不必筑堤外，其余约长四百六十里。计应筑缕堤八万二千八百丈，格堤一万六千五百六十丈，二共九万九千三百六十丈，计用土一百九十八万七千二百方以止。两岸缕、格二堤，通共用土二百九十九万五千一百方。每方止以用夫三名，计银一钱二分，科算共需银三十五万九千四百二十四两。如此，则人力既尽，自可少意外之虞矣。至于管工等官，所管工程坚固合式与否，其议叙议处之法，容臣于第七疏内一并确议题请。伏候睿裁。

敬陈经理第二疏烂泥浅挑引河二道

题为敬陈经理河工事宜第二疏事。该臣看得洪泽湖下流，高家堰西北至清口一带，即烂泥浅等处也。臣原请于河身两傍，各挑引水河一道，共需银一万七千二百八十两。廷臣先议，应如臣议，速行挑浚等语，后议大修，既议暂停，此第二疏内引水河工程无庸议等语，蒙皇上轸念运道民生，敕臣再行确议。伏查本年八月内洪泽湖下流烂泥浅一带，已经淤断，黄、淮相隔约有二十里之遥。虽议堵决束水，而不挑引水河，则淤泥拦阻在前，淮流不能下注，是以臣随于急工并举等事案内，一面题请钱粮，一面檄行淮扬道召募人夫，专委原估淮安府山阳县革职知县柳天正为监理官，着令督同分管官六员，并臣又委臣标效用官四员，协力催督，先筑土坝一道，拦阻黄流，将淤断河身挑挖疏通。于八月二十一日兴工，至十一月初二日业已告竣。目今淮水直抵土坝，只因河底垫高，高家堰、三官庙等大决口虽已闭合龙门，仍有次小决口数处，尚未堵完。淮水下注无多，是以未经开坝，俟次第堵塞。淮水加强，自即开坝通流。惟是原疏因正河浅阻，估挑引河二道。今正河全淤，业已挑通；应作挑引河一道。科算尚有一道未挑，必须及早挑浚深通，庶来年伏秋水涨之时，淮水有路遄行，不致更生他变也。伏候睿裁。

敬陈经理第三疏帮高堰堤以束淮济运

题为敬陈经理河工事宜第三疏事。该臣看得高家堰等一带临湖堤岸，无论石埽、板工，莫不残缺单薄。帮修之举，万不容缓。前据淮扬道佟康年、山盱同知多弘安等估计，共需银三十九万五千五百五十九两零。臣相度情形，条议概筑坦坡之法，可节省银二十万一千七百余两，实估银十九万三千八百两。廷臣先议，应如臣议，修筑坚固等语，后议大修，既议暂停，此第三疏内修筑坦坡工程无庸议等语，蒙皇上轸念运道民生，敕臣再行确议。臣查运河底垫，必须大挑，以济来年春运，臣见于第五疏内议请矣。但运河既议挑深，若不束淮水入河济运，而仍容黄流内灌，则不久复淤，岂非徒费钱粮、徒劳民力耶？臣是以将高家堰等临湖一带堤工决口见在，上紧堵塞，束淮济运也。但自高堰三官庙大决口闭合龙门之后，湖水陡长二尺有奇。连日西风鼓浪，便见汹涌之形，此犹在冬凉水落之际也。待至来岁伏秋，自是更加滂湃。似此一带残坏之堤，若不及早自下而上、次第火速帮修，务极坚固，势必又于单薄之处，更生冲溃之变。一经再冲，则淮水仍复旁泄，黄水仍复内灌，运河仍复势高，漕船既阻滞不通，而见在挑河堵决一切大费之工，尽归乌有矣。臣言念及此，心胆皆栗。除一面仰请皇上俯念运道钱粮关系至重，允臣仍照原估动银十九万三千八百两之数，一律帮筑外，但此帮堤之工甚长，而来年伏秋水涨之期不远。若待部覆之后，方行兴举，则时日有限，而工程浩繁，必至贻误。臣已一面檄行淮扬道并饬督山盱同知多弘安协理河务，原任扬州府通判俞森、原任革职山阳县知县柳天正等严督分管各官，臣更委臣标效用候缺守备陈杰等，带领其余效用各官，协力分工，星飞催攒矣。相应一并题明，伏候睿裁。

敬陈经理第四疏并修清水潭以束淮敌黄

题为敬陈经理河工事宜第四疏事。臣看得运河以西临河一带堤工，自武家墩历高家堰，高良涧至周桥闸，共计大小决口三十四处，俱应堵塞。又自周桥闸至翟家坝，应筑土堤一道。

其中成河九道之处，亦应堵塞。以上工程，先据淮扬道佟康年、山盱同知多弘安等估计，共需银七十万五千八百余两。臣相度情形，议不复砌石工，惟下埽与包工兼用，并筑坦坡制水，可节省银四十余万两，实估需银三十万两。又堵塞桃源、清河、安东三县黄河新旧各决口，估银八万两，共需银三十八万两等。因廷臣先议，应如臣议堵筑坚固等语，后议大修，既议暂停。此第四疏内筑周桥闸等处之堤，及堵各处决口工程无庸议等语，蒙皇上轸念运道民生，敕臣再行确议。查臣自到任之后，偕钦差侍郎臣折尔肯等查勘工程，目击武家墩决口水势汹涌，埽台缺陷。询据原任淮扬道降调副使黄桂、山盱同知多弘安禀称，自上年九月至本年二月，经原任革职同知李德耀、署事同知李朝事二官，在于本工越筑埽坝，共用过工料银五千七百三十两有奇，筑过浅处及稍深处工程一百余丈，尚存中泓深处三丈有奇，未经闭合。忽于本年三月初五日桃汛泛涨，复行溃冲。今决口见宽十丈有余，深四丈有余，难以堵塞，必须远越另做，又估银一万七千二百八十二两有奇等。因臣往来相度，见决口之下两岸俱属坚堤，若筑拦河大坝，约可省费过半。随行淮扬道佟康年力督该厅于五月初二日兴工，至七月二十三日闭合龙门，九月初九日完工在案。

又本年九月初三日，臣因黄运两河处处淤浅，竟有河水仅深数寸者，回空阻滞难前。臣焦思筹酌，随具急工并举、需费浩繁等事一疏，一面请借钱粮，一面飞檄中河、南河两分司，淮扬、淮徐两道，并淮安府知府及各厅印河官至。见任官不足于用，又复遴委罣误能员并臣标效用弁员分头协理，臣居中调度，往来查勘，不时严加催督。及自于家冈决口断流之日，黄水陡长二尺，而白洋河闭合龙门，黄水又增尺余。臣复亲诣下流，见黄水尽从王家营、张家口决口西奔，而清江浦以下云梯关一带，几有断流之势。臣复飞檄道厅印河等官，将王家营、张家口、邢家口二铺口，并一切无名小口，尽行堵塞，见在加帮宽厚。其回空漕船已进甘罗城草坝者，约有十分之七八，此十一月望前之情形也。近因天气久晴，兼之隆冬寒冻，黄水概消四尺，黄河古城一带，运河板闸一带，仍复胶浅。其未进草坝之回空，俱在宿桃地方。臣一面檄行司道府厅印河各官分头设法捞浚，逐船送过浅处，一面飞催山盱同知多弘安等，星将高家堰、高良涧一带上紧帮堤堵决，以束淮流。

至高家堰、三官庙大决口，虽工程浩大，水势湍腾，然两头攒筑，计长一百八十一丈五尺，已于十一月初一日闭合龙门。又高家堰、六安沟决口筑坝六十八丈五尺，管家西决口筑坝十二丈八尺，俱于十二月初一日闭合龙门，见在各各加帮宽厚。惟是临河一带决口三十四处，尚有三十处未经堵塞。兼之黄河下流底高，淮水下注，未能直下刷沙。臣再四察度，见将高家堰未堵决口数处，饬督各官无分昼夜，飞星堵塞。大约岁内可以断流。高家堰决口尽行断流之后，淮流便可加强；再于来春将高良涧各决口次第上紧堵塞，则淮水大强，可以助黄刷沙，并济来年重运矣。

至筑翟家坝之堤，并堵成河九道之工程，如不乘时并举，则清水潭万难修治。不特高宝等七州县田亩永无播种之期，而重运经过决口危险异常，殊非长法。且将来杨家庄决口堵塞，黄河复归故道之后，淮水翟坝旁分，不能敌黄，黄水势必又从清口内灌淤垫运河，误运非小，必须次第修筑。是臣原题需银三十八万两堵决筑堤等工业已陆续兴举，断难议缓，以致有半途而废、前功尽弃之虞者也。臣未敢擅便，伏候睿裁。

敬陈经理第五疏挑河以济重运

题为敬陈经理河工事宜第五疏事。该臣看得大挑运河，并帮堤岸，以及堵塞清水潭、大潭湾东西堤决口六处等工，臣前疏内条议，除可节省堵决银四十余万之外，共实需银五十六万七千三百十二两。廷臣先议，应如臣议，务须挑通堵筑坚固等语。后议大修，既议暂停，此第五疏内挑浚运河并堵清水潭等决口工程无庸议等语，蒙皇上轸念运道民生，敕臣再行确议。查运河自黄流内灌之后，日垫日高。本年八月内，不但河水停而不流，而河边拆为十字，底渐干涸。臣随于急工并举等事案内一面题明，一面严督道府厅印河官，并遴委各官星募人力，闭坝挑浚。彼因回空急须修艌，不能久待深挑，止量挑一二三四尺有奇不等。于九月初七日开工，十月初一日完工。即于次日开坝放船，目下河水深者有四五尺，而浅者止二尺及二尺四五寸不等。回空虽可勉行，而重运必须加挑。今臣拟于来年立春后十日地冻将解之时，即行闭坝大挑。先挑面宽八丈、底宽六丈、深六尺。每河一丈，先挑土四十二方，即以之帮筑堤工。除本年九月内业已每河一丈挑过土十余方及五六七八方不等外，其余应挑土方，或俱募人夫，或仿照臣第一疏内以车载代挑之法，统容臣临期斟酌，量卸土之远近而行，总限一百日完工。其来年春运过淮之期，必须略为宽限。查康熙十六年起运十五年分粮船，系五月初九日过淮全完，七月初十日过临全完。今康熙十七年起运十六年分粮船，拟于四月初旬内挑河完工、开坝放船起，约在五月终可以尽数过淮全完。一经过淮，臣自不令停留，严加驱赶，务于七月中旬内尽催过临，总期不误十七年回空，以济十八年春运可也。伏乞皇上敕部将十七年春运过淮之期，准臣宽限。

至于臣前题疏内每河一丈，估挑土八十四方，一则深通运河，二则帮固堤岸。原属必须之工，今运本年九月所挑，合之来春所挑，共止拟每丈先挑四十二方者，盖工程太大，断断不能速竣，而漕船难以久待，又不敢将重运轻议由湖冒险越行。是以不得不先挑一半，其余一半挑河帮堤，并堵塞清水潭各决口等工程，伏祈皇上俯允，照臣原题之数，容臣随时相机而行。总之务期节省，并断不施工于无用之地，以致縻费钱粮，以尽微臣职掌也。伏候睿裁。

敬陈经理第六疏广开捐输

题为敬陈经理河工事宜第六疏事。该臣看得原疏条议挑河筑堤、帮堤堵决，并造浚浅船只等项，除再三设法节省之外，共需银二百一十五万八千余两。彼因军兴需银之际，不敢遽请拨发。是以谬陈设处钱粮三款，一将淮扬被潦田亩自河治水涸可以耕种之后，分别令纳修河之费；一运河深通，商艘无滞之后，令过往商货量纳剥浅之资；一开广武生改途纳监之例，三共约可得银二百余万两。即有不敷，统于河库动支。又因此等银两俱在河工告成之后，方可责成输纳，不能应目前之急，需复请预征各直省康熙二十年分钱粮十分之一，至期扣民间等因。廷臣先议设处钱粮三款，俱准如臣所请。其预征之处，目今正值需饷之际，皇上轸念运道民生，并无预征钱粮。今议预征之处，不便准行。但各工关系运道民生，不得不动给钱粮，应交与户部照数拨给等语，后议大修，既议暂停，此第六疏内预征等项无庸议等语，蒙皇上轸念运道民生，攸关重大，敕臣再行确议。臣惟河道之急，当大治，断断不可议缓情由，已于前各疏内一一备陈，确议题覆矣。至于所需钱粮，臣原疏题请系二百一十五万八千一百九十两四钱。今因黄河骆马湖以上，南北两岸，危险甚急，必须加筑缕、格等堤，又增估银三十五万九千四百二十四两。二共实需银二百五十一万七千六百一十四两四钱，均属必需之项。查廷臣虽曾有应交户部拨给之议，然各处需饷繁多，恐难照拨。因议臣前此条陈经理河工八疏之时，先曾计及捐输之事。只以内外军需饷米，俱准援纳。若又开河工事例，恐徒有捐输之名，而无济于实用，是以止将未议行之武生纳监一例题请也。续于八月初九日，准户部咨为请定停止捐纳事例之限等事，内开凡一应捐纳事例在京城内者，准于本年十二月以内捐纳；在外省者，以部文到日为始，六个月准其捐纳。定限以后，概行停止捐纳等因。奉有依议之旨，钦遵通行在案。

兹当岁暮之候，虽军前饷米尚在捐输，而直省事例见议停止。莫若将治河繁费，广开捐纳之例，庶可不烦司农仰屋之嗟也。至捐纳之例，除捐银之外，更有捐米豆、草束等项。捐银二百两，或起河身之土二十丈，运筑遥、缕堤各二十丈，格堤四丈者，准纪录二次；捐银三百两，或起河身之土三十丈，运筑遥堤、缕堤各三十丈，格堤六丈者，准纪录三次；捐银四百两，或起河身之土四十丈，运筑遥堤、缕堤各四十丈，格堤八丈者，准加一级。各直省见任府同知、知州历任五年，无钱粮盗案未完者，捐银一千五百两，或起河身之土一百五十丈，运筑遥、缕堤各一百五十丈，格堤三十丈；历任三年，无钱粮盗案未完者，捐纳银三千两，或起河身之土三百丈，运筑遥堤、缕堤各三百丈，格堤六十丈者，俱准其离任，以各部员外郎先用知县。历任五年，无钱粮盗案未完者，捐银一千两，或起河身之土一百丈，运筑遥、缕堤各一百丈，格堤二十丈；历任三年，无钱粮盗案未完者，捐银二千两，或起河身之土二百丈，运筑遥、缕堤各二百丈，格堤四十丈，俱准其离任，以中行评博先用。又通判、知县无钱粮盗案未完者，捐银三千两，或起河身之土三百丈，运筑遥、缕堤各三百丈，格堤六十丈者，准其不论俸满离任，以各部王事先用。见任一切各道盐运司、知府，无钱粮盗案未完者，捐银四千两，或起河身之土四百丈，运筑遥、缕堤各四百丈，格堤八十丈者，准其不论俸满，以应升之缺，遇缺即升。同知、知州、通判、知县，无钱粮盗案未完者，捐银二千两，或起河身之土二百丈，运筑遥、缕堤各二百丈，格堤四十丈，布按都三司、经历、理问、府卫、经历、州同、州判、县丞，无钱粮盗案未完，并儒学教授，捐银一千两，或起河身之土一百丈，运筑遥、缕堤各一百丈，格堤二十丈；布政按察司两司都事、知事、校检、照磨、库官，府知事、照磨、吏目、主簿、典史、巡检杂职等官，无钱粮盗案未完，并儒学教谕、训导纳银二百两，或起河身之土二十丈，运筑遥、缕堤各二十丈，格堤四丈者，俱不论俸满，以应升之缺，于急选内遇缺即升。武官参将以下，守备以上，无钱粮盗案未完，并武举捐银六百两，或起河身之土六十丈，运筑遥、缕堤各六十丈，格堤十二丈者，参将等官，俱不论俸满，即升武举，以守备先用。廪、增、附、监各生，捐银二百两，或起河身之土二十丈，运筑遥、缕堤各二十丈，格堤四丈，准为贡生。捐银五百两，或起河身之土五十丈，运筑遥、缕堤各五十丈，格堤十丈者，准为正途。岁拔贡、廪生捐银八十两，或起河身之土八丈，运筑遥、缕堤各八丈，格堤一丈六尺；增生捐银一百两，或起河身之土十丈，运筑遥、缕堤各十丈，格堤二丈；附生捐银一百二十两，或起河身之土五十丈，运筑遥、缕堤各五十丈，格堤一十丈；京官九品以下，外官从七品以下，武官守备以下，捐银二百两，或起河身之土二十丈，运筑遥、缕堤各二十丈，格堤四丈者，准所降一级。如捐银筑堤更多者，照此数递所降之级。虚革、虚降留任，并停升住俸、戴罪之官，督、抚捐银二千两，或起河身之土二百丈，运筑遥、缕堤各二百丈，格堤四十丈；布、按二使、提督捐银一千五百两，或起河身之土一百五十丈，运筑遥、缕堤各一百五十丈，格堤三十丈；一切各道盐运司、府，总共捐银一千两，或起河身之土一百丈，运筑遥、缕堤各一百丈，格堤二十丈；文官同知以下，知县以上，武官副将以下，都司、游击以上，捐银五百两，或起河身之土五十丈，运筑遥、缕堤各五十丈，格堤十丈；文官从七品以下，武官守备以下，捐银二百两，或起河身之土二十丈，运筑遥、缕堤各二十丈，格堤四丈者，俱开复将原案注销。又直省各衙门吏、书，每年赴部考职，虽属旧例，然不无有往来跋涉之难。莫若照监生纳银，不必赴监读书之例，凡各直省役满五年，吏、书纳银二百两，或起河身之土二十丈，运筑遥、缕堤各二十丈，格堤四丈者，准授为正八品，以府经历、县丞等缺用。纳银一百两，或起河身之土十丈，运筑遥、缕堤各十丈，格堤二丈者，准授为正九品，以主簿等缺用。纳银八十两，或起河身之土八丈，运筑遥、缕堤各八丈，格堤一丈六尺者，准授为从九品，以吏目、巡检、库官等缺用。纳银六十两，或起河身之土六丈，运筑遥、缕堤各六丈，格堤一丈二尺者，准授为未入流，以典史杂职等官用。以上各吏、书捐银筑堤之后，臣衙门核实，即使按季汇题达部注册，挨次补选，寄凭赴任。

至凡捐纳银两之人，直隶纳河间府库，江南分纳扬河厅、山清厅、徐属厅三库，听其随便交纳；山东纳运河厅库，河南纳开封府库，俱令按月册报臣衙门以凭，不时就便支用。其余各省，俱纳该省布政司库，照例按季解交山清厅收贮。至于自愿筑堤之人，查臣见拟设监理官十八员，其筑堤者，听其自投某官名下，认地挑筑。经臣衙门核实无异，亦俱按季汇题，请叙可也。以上事例，有见在举行者，有臣谬为议拟者。总以臣衙门事例案卷不全，是以不能细考开载，伏乞皇上敕下部臣，确加查酌，再为开广。盖既广其途，则援纳者必众。援纳者既多，则完工自速。方于运道民生有实济，而免筑室道旁之虞也。

又督、抚、提、镇为封疆大臣，如有仰体皇上宵旰之忧，能遣的当亲属，赴工挑土筑堤者，似应照有功之例，优准加衔。盖捐银者不过入资于官，即可邀叙；而筑堤一事，必须挟资而来，处于荆榛泥淖之中，经营料理，以成坚堤。此堤一成，则运道可通，赋税可裕，其有裨于国计民生者，良非浅鲜。予以加衔之典，似属允宜。臣请凡直省督、抚诸臣，起河身之土三百丈，运筑遥、缕堤各三百丈，格堤六十丈，提督、总兵起河身之土一百五十丈，运筑遥、缕堤一百五十丈，格堤三十丈，俱准其加衔一级。如起土筑堤更多于此数者，俱照此递与加衔，相应一并题请。统候工完之日，停止捐纳。抑臣更有陈者。事例虽开，而不能即纳。臣前题急工并举等事一疏案内，所借漕项银十六万有奇，又将用完。今大工克期并举，若钱粮稍不凑手，则贻误匪浅，伏乞皇上敕下部臣，将江南两藩司库贮见银借拨五十万两，俟捐银至日补，并请容臣将河南省见在裁剩、裁扣交纳岁修夫食节省银两，尽数提用，以济急需可也。伏候睿裁。

敬陈经理第七疏改调河员以供大修

题为敬陈经理河工事宜第七疏事。窃臣看得臣前题此第七疏内一切事宜，有经廷臣议允者，有廷臣议称无庸议者，蒙皇上命臣再行确议。臣谨将随时之宜，复加详酌，逐一议请。

查南河、中河、北河、通惠四分司，向来各止汉官一员。至前任河臣罗多任内，各题增满官一员已经八年矣。臣到任之后，南河分司蔡音达礼等、中河分司沈图等面称，伊等管理河工，凡一切催夫、办料各事宜，必得各有司同心协理，方能有济。乃地方官员视分司为赘疣，往往呼应不灵，不若道官所行之奉命惟谨。而蔡音达礼更称伊等例应三年一换。方其初到任之时，诸凡未谙。及一二年后，才觉熟练，而又届瓜期，不若道员之久任等语。臣思其言，皆切实事，属确情。是以请将中河、南河、北河、通惠四分司裁去其所管事务，就近归并各该道兼理也。今部覆中河、南河、北河三分司俱应如臣议裁，惟通惠分司所管事务，有报臣衙门者，有竟报工部者。且所属河道俱系旗下地方，不便交通永道管理，相应仍留等。因是此四分司应裁、应留之处，廷臣已有定议，臣无庸更为置喙矣。至于裁同知三员，将宿、桃二县主簿四员，分管两岸，并嗣后堤岸冲决，该管知府与道员一体处分。钦工民工俱照定例议处，大计荐举等，典除布政、按察司外，其余道、府、厅、州、县以下各官，必河道无冲决之事，并旋冲旋堵，不致夺河成缺、淹没田禾、殃民损课者，方准卓异荐举。决口工程，限半年内堵塞，迟违俱有参罚。工大难完者，预行题明等各情由，俱应照廷臣原议，俟命下之日，即令所裁分司六员、同知三员，赴部改补；并宿、桃主簿，更定职掌，余俱载入例册遵行。惟是淮徐道驻扎之处，臣前疏议令移驻邳州，盖以邳州为适中之地也。及臣亲至邳州，见该州地虽适中，而不无偏僻。宿迁县为漕运咽喉之地，向有中河分司驻扎。今中河分司一切事务既裁归淮徐道管理，应令该道移驻宿迁县，方为妥协。又山盱同知所管，归并山清同知。运河亦有清河县地方，应将山盱同知官衔，改为山清盱眙同知者也。

至臣前疏请调厅印官十四员，分理大工，曾经廷臣议允。今臣将第一疏内原议限二百日完工者，改为限四百日完工。原议用夫十二万有奇者，改为用夫三万余名。其用车运土之处，又于第八疏内议请预设官兵，分头料理。是第一疏内原请用监理官十二员者，约可省用六员。又第二、第三、第四各疏内一切工程，见在次第催攒。比至部覆之时，约可完十分之二。其原请用监理官五员者，约可省用一员，二其可省监理官七员，尚少监理官七员。又南岸白洋河以上，北岸清河县以上，议增缕、格堤，并第五疏内先挑运河淤土一半，以帮两岸堤工，约需监理官八员。内除见在之徐属同知祖文明、邳宿之同知苏嵋、扬州府管河通判聂文魁等三员，可以分工监理外，尚少监理官五员。通其实需监理官十二员。内有原任扬州府降调通判俞森，已经奉旨其原职，见在高家堰等处协理河务。并又有原任淮安府山阳县革职知县柳天正，年壮力强，素称才干，因十五年分山阳高家堰并里河堤工冲溃，呈误革职，曾经漕运督臣帅颜保等以天正清廉爱民题请，将天正革职留任。虽部覆未经允行，而士民之爱戴天正者，迄今不忘。本年八月内，臣因烂泥浅一带淤断，必需能员督夫挑浚。淮扬道佟康年力保天正可用，而漕臣又屡屡面称其能，臣随委天正为监理官，令之督率分管各官，逐段深挑。而天正躬亲泥淖之中，不辞劳苦，不避风雨，无分晓夜，与夫役同甘辛，不七旬而将二十里淤土尽行挑开。其间有泥深丈余、人力难施之处，天正随机造器，设法疏通，不特功难泯没，而其实心任事之概，与勤敏干练之才，洵为难得之品，士民之称其善政而讼其冤枉者，牍且盈几。臣爱其勤能，已复委令协助山盱同知多弘安分工堵塞高家堰、高良涧等处决口去讫。俟其再著劳绩之时，臣当另疏保举，以酬其功。除此二员之外，尚少厅印官十员。又查有原任淮安府睢宁县因钱粮降级续完开复、见在赴部铨补之知县石之玫者，臣因勘阅徐州堤岸，道过睢宁，闻之玫先年为睢令之时，督筑堤工，无分昼夜，驻宿河干。凡一切政务，俱在工所办理，毫无贻误。且堤工一日不完，则之玫一日不肯稍自暇逸等情。臣复询之淮徐道降调副使戴圣聪，而该道之称许之玫者，与臣所闻无异。并臣前疏所请之山东单县知县今升北城兵马司指挥韩第，原任五河县丁忧知县陈显忠，皆系实心勤干之员，均可不负监理之任者。伏乞皇上允臣所请，敕下部臣将石之玫、韩第二官，令之就近来淮监理；并行陈显忠原籍，催令作速赴工。又除此三员之外，仍少厅印官七员，容臣将原疏请调之太平府同知刘沛引、扬州府同知王兴元、池州府同知管通判事喻成龙、宁国府通判常君恩、庐州府通判黄际会、清河县知县刘光业、宿迁县知县李灿等七员，就近调取赴工，并责成监理可也。至此官七员，臣原请出缺另补。今查刘光业、李灿二官，虽任冲疲之邑，而年青才敏，似可就近兼理河工，容臣督令二官驻工办事，不必更令出缺。又刘沛引等五官，皆系厅员，与正印官不同，尽可调取赴工。工完之日回任，亦无庸出缺。此即臣前疏所称或更有应损益增减事宜，有必当上闻者，容臣随时入告者是也。

至于一切工程，凡用监理厅印官一员者，必须用分管佐杂官员以佐之。今臣共用监理官十八员，计需分管官一百八员。查江南微员近因打造乌沙等船，闲者甚少。除臣现于革职废员之中择其勤干者一体委用外，然不敷尚多。臣请容臣于东、豫二省佐杂官员之中，查其职掌稍闲而才干可用者，随便调取，共襄大工，方为有济也。至于管工之监理、分管各官，伊名下派修之工合式坚固与否，必须优定叙录之典，严立处分之法，以鼓劝而儆策之，方可责其黾勉趋事。今廷臣议称，如果工程合式坚固，俟奏销之时，工部核明，交与吏部酌量从优议叙等语，臣本不应再渎，但念黄运两河无岁不修，无年不坏，流弊至今，极难补救。乃以微臣庸劣之才，孱弱之资，而膺兹艰巨之任，政不啻以蚊负山，此臣自知之最明者也。只以君恩深重，不敢不勉竭驽骀，以期仰副知遇于万一。是用广资博询，考古酌今，谬陈修治之计。然而工程浩远，料理艰繁，不得不将臣所知所见允堪任用之员，列名题请。惟是此等官员之中，除柳天正原系废员外，余者或系见任，或系候补，因其贤能而调取来工使之，或离其见在之城郭而处于泥淖之中，或离其见任之家室而日与夫役为伍，或离其乘舆张盖之荣而奔走于荆榛草莽之下，尤且日费无资，舟马自备。直待胼胝辛勤，幸而工程告竣，方得或回任，或赴补，或归家。若稍不合式，更有严参重处之虞。其舍易就难，舍利就害，至于如此。苟不预定优升之典，使之知有可至之途，踊跃争趋，一官倡率于前，而千夫效命于后，又安望其事之克济以共成此莫大之功也？伏乞皇上俯念运道民生，关系至重，此番极大工程，与寻常筑堤堵决者不同。将监理分管各官，准照微臣前疏题请之例。凡监理分管等官，所筑堤工处处合式坚固，该管厅印河官出具甘结，道府验实加结，申送臣衙门亲勘无异者，俱准照伊原任应升之缺，加二级从优即升。如有原非正途者，俱作正途，一体升迁。

至于分管官所筑堤工，有一处夯杵不坚、盛水即漏，并有一二丈不丰满合式者，降一级调用；两处夯杵不坚、盛水即漏，并有三四丈不丰满合式者，降二级调用；三处夯杵不坚、盛水即漏，并有五丈以上不丰满合式者，革职。监理官所辖分管官有因筑堤不坚固合式，一员议处者，罚俸一年；二员议处者，降一级调用；三员议处者，降二级调用；四员以上议处者，将监理官革职。如议处议叙相同者，准与抵算。如监理官揭参者，准免连坐。如此，则功罪昭明，贤者益奋，而不肖者知勉，工程可望坚固，而无阘茸贻误之虞矣。他如劣员，凡有更换银色、短少分两、扣克回头等弊，并奸徒捏言惑众，暗坏工程等项，俱应遵照廷议。凡有发觉，容臣拿问究审，具题重惩可也。

抑臣更有陈者。挑浚筑修之工，虽经遴官委任，然募力办料，必须附近地方官同心协力，始克有济。乃迩来之附近有司，视河官为赘疣，河务为余事。一任催呼，漠然罔应。查定例地方官员催夫不发，诿非本汛，并买料不速解送，以致迟误河工者，定有处分之例。功令煌煌，毫不知畏，总缘处分尚轻耳。臣请嗣后兴举大功，其附近地方官不协同设法募夫，不将急需之柳、草等项一切物料火速协买，上紧解运，以致迟误河工者，容臣不时题参，将州县官降三级调用，道府官降一级调用。如此，庶各官知警，可免贻误。又河南、山东俱有特设管河道。嗣后凡勘阅情势，估计工程，报销钱粮，应归管河道专责。其一切催督挑河、筑堤夫役，并买办物料事，理必须该地方之道员协同催攒，联衔会详，一体责成，方为有益也。相应一并题请，伏候睿裁。

敬陈经理第八疏立劝惩以儆汗吏

题为敬陈经理河工事宜第八疏事。窃臣看得疏通运道，全在束水归槽。而欲束水归槽，则舍遍筑坚堤，更无善策。但不肖官员、奸民、蠹役，率皆喜动恶静，乐于有事，而苦于无事，往往有阴求败废之者。是以坚堤既筑之后，必须设防守之法。否则，不久必坏，犹之未修筑堤也。既设防守之法，尤当立劝惩之典。否则，不久必弛，犹之不防守也。臣再四思维，反覆筹酌，是用谬陈。尽裁夫役，特设官兵，令之各驻堤上，将防守修葺事宜，一并责成之。并请严立议处，优定议叙之例，以鼓舞而儆戒之也。廷臣先议，应照臣议等语，后议大修，既议暂停，无庸议等语。蒙皇上轸念运道民生，命臣再行确议。

臣惟高堰等诸临湖一带堤工，臣见在帮宽塞决，束淮济运。而黄河两岸各堤，尤须次第速筑。是原议防守之兵，诚属必须者矣。惟是堤成而后设立官兵，交给防守，更不若先设官兵，而即令协同看筑堤工之为尤妙也。盖臣自到任以来，迄今八月。凡淮扬各处堤岸，莫不尽行亲勘。有虚松颓塌者，獾狸钻穴者，大约皆因夯杵不坚，无人看守所致。及观民间新帮之堤，甚有以大湿土叠累而成者，其空松之状何待水冲？凡骤雨一淋，即便塌卸。似此工程，又安能御怒涛之撞击也？揆厥所由，总缘筑堤之人痛痒不关，止图苟且完工，并不求其坚固。虽督筑之官，定有黄河一年、内河三年，如限内冲决从重处分之例。然大抵止顾目前，不思远虑。且即有实心任事之官，而一二人之耳目有限，安能遍察数十里之工程，与盈千累万人夫之勤惰？是以欲堤岸之坚固原属最难。今兴举大工，虽设监理之厅印官，率同分管之佐杂官，不时勘查催督。然工程浩远，耳目难周，诚有鞭长不及之虑。若先将应设之官兵预为设立，每兵一名交河堤四十五丈，并人夫一二十名，车一二十辆与之，令其日则催夫运土，勤督夯杵，夜则看守料理，照管车辆，且告以此堤既成之后，即系尔永远防守之工。保过三年，定即从优拔补。若因夯杵不坚，而有意外冲决之变，则获罪不小，性命攸关，非比泛常等语，在此等官兵既知利害两途，判若霄壤，且不费己财，而尽皆他人出力，自必尽心以求坚固，况更加分管官之往来催攒，监理官之统督稽查，自可无苟且塞责之功，洵为至当不易之计也。臣请皇上俯念河道关系重大，容臣将应设官兵即为预设，责成协同筑堤。其遴补官弁，召募兵丁之处，并容臣量才确酌，务令人地相宜，另行咨题报部。

至臣前疏议每兵一名，所管之堤有三十丈、四十五丈、六十丈、九十丈之不等，原从汛地有易险之不同起见。今臣复加斟酌，顶冲危险之处，每兵止管三十丈，亦属繁难；而寻常平易之堤，每兵管至九十丈，亦皆闲空。今莫若每兵一名，一律管堤四十五丈。及待伏秋水涨之时，则调取闲空汛地之兵，协守繁难危险之地，更为妥当。又每兵一名，其所管之遥、缕堤四十五丈，皆系顶宽二丈、底宽六丈，必须逐年加帮高厚，以图久远，以保万全。其按年责成加帮堤工之尺寸，容臣俟堤成之日，另行酌议题请为例。但以一人而帮堤四十五丈，力少工长，难期宽厚。臣拟每兵一名，听其自募帮丁四名，一并同住堤上，共相守助。至帮丁既同官兵协守，堤工必须代为预谋生计。

臣往来相度，目击黄河两岸近堤之处，颇多无人耕种之荒土，即其间亦有成熟民田，而瘠薄不堪，纳粮无几。臣请嗣后凡离堤一百八十丈以内，俱为河地。将此地分给帮丁耕种，责成协保堤工。至此等地土，凡原系荒地，即令帮丁开垦。或间有见在纳粮之田，即令业主为帮丁；或听业主拨伊家属为帮丁，协同保堤挑土，加帮高厚。此帮丁之制一成，则人力益众，而防守益密，再加铁扫帚随时探浚，设有骤淤，更调各汛船兵协力疏浚之法，久而勿替，便可永保无虞，不特三年、一年而已也。

至臣原题共设兵五千八百六十名内，请于江苏所属抽调二千名，尚少三千八百六十名，俱行另募。今廷议准于江苏所属额兵内抽调战守兵二千名，再于臣标兵内亦移步兵一千名守堤，其尚少二千八百六十名，准臣选募等因。查臣标官兵系隶山东省经制，而不在江南。且北至张秋起，南至珠梅闸止，一带三百七十余里，皆系臣标官兵汛守其间，弹压地方，催攒漕船，护送差使，责成甚多，尚苦不足，断难远调。况设兵守堤、责成修葺之法，臣愈思愈当。其山东、河南二省，臣亦欲次第一律举行。但江南未经定制，是以迟迟。俟江南定制之后，容臣再将东、豫裁夫设兵之处，另为题请，是臣标官兵，应俟将来另题，俾防东省堤工。此江南守堤之兵，仍请皇上俯允，照臣原题添募三千八百六十名，所需粮饷，除裁一切各夫工食之外，统容臣于河库内动支给发。盖设兵帮丁之制一定，则每年岁修钱粮亦可量图节省。工料之资，补兵饷不敷之用，并不更动公帑，而河堤保固，运道以通，民生以奠，诚一举数得之利，故臣敢于力请也。

又归仁一堤，仍在确酌，俟随后另题外，至于所修工程内微小事宜，准臣竟自举行。工完销算之时，开明具题。若事大者，仍行题明，并守堤弁兵议处议叙之处，以及盗决故决拟罪之例，俱经廷臣议允，应照廷臣原议，臣无庸更议。倘有未尽事宜，应损益增减者，仍容臣临期分别，或竟行入告可也。总之臣以一介寒微，驽骀陋质，蒙皇上屡加拔擢，畀以重寄，臣虽肝脑涂地，亦不足以仰答殊恩于万一。是以虽自知才力之不能胜任，而仍不敢因循苟且，必欲勉强筹维，以期得当。至其间干系重大，设有疏失，获罪不小。旁人每为臣危为臣虑，而臣不敢自计也。臣惟竭区区报主之心，以尽分内之职掌而已。若夫各疏内一切功程如捐纳人多，钱粮凑手，则自奉俞旨之后，大约三年可以告竣。如限期之内，黄、淮不复故道，粮艘不能通行，民生仍在昏垫，容臣自行纠劾。恭请皇上严赐处分，以彰功令。倘邀皇上齐天之福，幸而告成，其堤工之坚固与否，仍请皇上特遣大臣确验定夺者也。伏候睿裁。

义友竭忠疏康熙三十一年十月

奏为义友竭忠王事，尽瘁捐躯，微臣生死难安，仰吁圣慈推恩分恤，以慰幽魂，以励草野愚忠事。窃臣一介寒微，历蒙皇上天恩，拔擢于康熙十年，由学士升授安徽巡抚。大凡外官自州县以上，有刑名钱谷之责者，必以礼聘士，协同料理，名曰幕宾。臣于是时，留心访求，未得其人。适有浙江钱塘县儒士陈潢者，游学京师，偶与臣遇，臣见其状貌魁梧，器宇凝重，动止语默，咸秉以礼。臣遂聘以同行，并令教臣子焉，然臣亦未之奇也。徐而察其学问，似非章句；探其言论，悉具性情，臣亦未之信也。乃自抵皖署后，臣与之寝食惟俱，朝夕讨论，访求政事，始知其识明敏而深厚，其才肆应而曲当，臣不禁爱之重之矣。臣抚皖六年，适当军兴之际，陈潢之裨益实多。然此六年之中，犹为臣一人之私藉，而非有所宣力于国家。迨康熙十六年三月，臣复蒙皇上天恩，升任总河。当两河敝坏之后，前此覆辙频仍，闻者心惊，见者胆落，无不以畏途视之。臣虽报效有心，而设施无术，亦岂能无忧惶悚惧之念？陈潢即毅然告臣曰："遗大投艰，岂得无惧？但能实心力行，则天下无不可为之事。正可借此，以报君恩。即潢草茅下士，素有志于当世之务，而未获进身，无由建白。今亦正可佐理，以报朝廷，以毕素志。"臣于时一闻潢语，瞿然自惊，随应之曰："子能助我宣力王事，以报君恩，我亦何敢再萌身家之虑哉！"于是矢志同心，黾勉协力。出则随臣荒度经营，入则偕臣料理文告。凡所以算土方、核浮冒、科料物、图节省之处，纤悉无遗漏。如是不避寒暑，无分昼夜，与大工为始终者，十年有如一日。故臣得以时遵圣略，竭蹶从事，俾两河复归故道，潢与有力焉。但臣蒙皇上命臣治河，臣复以礼聘潢与之司事，是潢之尽心于臣，犹臣之尽心于皇上，乃臣职友谊之所当然耳，臣亦何敢将陈潢妄渎天听？

特是大工之内，如开河筑堤、募夫办料、设法催攒，及厘奸剔弊，鼓舞人才，不避劳怨，不畏强梁，臣力之所能为，臣心之所能尽者，陈潢不过助臣尽瘁而已，原无足异。若夫发前人心思之所未及，开微臣智虑之所不能者，则有五大功焉：一如下河七州县从前被渰，人但知高家堰冲决三十四口，因而不能堵塞清水潭之故，而不知前人尚留翟家坝未堵二十余里，与成河九道之处，以致滔滔下注，不舍昼夜，清水潭遂成泽国，清口内灌无休，而下河遂成巨浸，被灾十分矣。潢乃建议尽行筑堤塞河，以敌清口之黄；且创设减水坝，逐渐宣泄，以保高堰之堤，始得减下河十分之灾为二三也。二如清水潭旋筑旋决，未次勘估，需帑金五十余万。潢乃建议弃其旧口，移筑堤工于湖内，改为永安河，节省帑金四十余万，乃得永免溃决而保安澜也。三如前此甘罗城运口逼近黄河，河水内灌淤垫，山、清、高、宝之河道，每年冬底，必大起民夫挑挖，以济新运，不无劳民伤财。潢乃建议改进太平坝，以避黄水内灌。即或黄强淮弱之年，间有内灌，黄退旋即冲刷，仍旧永不淤垫。迄今十有余载，免民夫挑挖之劳，岁省民财数万金也。四如康熙十七年冬，骆马湖运口已经淤断，新运无由北达，危急非常。潢乃建议创挑皂河二十余里，地皆沮洳陷溺，应期而成，且复挑支河三十里，以避黄水，再无淤垫之患，使通漕直达天庾也。五如圣心爱民，一案原题不过欲泄减坝之水，以利民田。潢乃建议创挑中河，以避黄河一百八十里逆流之险，恤军利漕，自历代行运以来，所未有之事也。

当其兴举以上各工之时，无论寅僚，不分老幼，无不以为必不能成，且有涕泣以求臣之停止者。惟潢信之确，而臣任之力，得蒙皇上乾断，允臣兴举，且荷皇上如天之福，百川效灵，俱已成功，为国家永远之利，实潢之聪明卓见有以成之者。臣实不敢昧心掠之归己，以欺皇上，以欺天也。臣知潢之才，感潢之心，念潢之功，情不得已。当圣驾甲子南巡之时，蒙天语问臣以有无得人，臣即以陈潢姓名对。嗣因皇上圣慈，必欲使下河无一夫之不获，命臣子治豫，问臣以有无别治之法，潢乃筹之昼夜，议添重堤一策，仍挽减坝所泄之水，以出黄河。臣因试验有素，是以据实具题。以此策出之陈潢，蒙皇上不次之恩，授以佥事道衔，赞理河务。潢深感激，方将益竭其才，以图报效，不意因此议论纷起，部议革去职衔，而潢亦随病入膏肓矣。后蒙圣明洞鉴，察潢无他，特恩宽宥，而潢又随物故矣。今臣复蒙皇上天恩，复任总河，岂不以臣向者曾效犬马之劳耶？但向者帮臣以效犬马之劳者，乃陈潢也。是臣与潢乃同事一体之人，臣幸而生，得再受皇恩；潢不幸而死，臣何忍负之？使潢尚在，臣愿以百口保题潢于皇上之前，以备驱使，必有可观。潢诚不幸而死，臣若避嫌隐忍，是臣生为负友之人。臣念衰病日甚，旦夕难保，若不及早陈情，一时风烛，死为负友之鬼，逢潢地下，何以相见乎？臣今不揣冒昧，将臣友潢始末与潢竭忠王事各缘由，据实直陈，仰祈皇上察臣情词，怜潢劳绩，特沛天恩，准复陈潢佥事道衔，以光泉壤。不独潢之幽魂矢报衔环，而微臣仰荷推恩，及潢亦且死得瞑目。将见天下草野未达之士，当必有所观感兴起，而益奋其他日报效之心矣。臣谨具奏，贴黄难尽。伏祈皇上睿鉴，怜悯施行，臣不胜激切悚惶，待命之至。伏候敕旨。

卷八

名论

古之言治河者，始于贾让，详于贾鲁，大备于潘季驯。然或南北异宜，古今异势，有不当泥者，师其意可也。独季驯距今不过百余年，又四任治河，亲水土最久，故其事明以达，其思周以密。其所经画漕运、黄淮方略，大都可见之施行，有非他人所及。其外诸名臣条议，择其一二最切者，并录存之，以备酌取焉。

治河三策　贾让

汉哀帝初，待诏贾让言治河有上、中、下策。古者立国居民，疆理土地，必遗川泽之分，度水势所不及。大川无防，小水得入，陂障卑下以为污泽，使秋水多得有所休息，左右游波，宽缓而不迫。夫土之有川，犹人之有口也。治土而防其川，犹止儿啼而塞其口，岂不遽止？然其死可立而待也。故曰："善为川者，决之使道；善为民者，宣之使言。"盖堤防之作，近起战国，壅防百川，各以自利。齐与赵、魏，以河为境。赵、魏濒山，齐地卑下。作堤去河二十五里，河水东抵齐堤，则西而泛赵、魏；赵、魏亦为堤，去河二十五里。虽非其正，水尚有所游荡。时至而去，则填淤肥美，民耕田之。或久无害，稍筑室宅，遂成聚落。大水时至漂没，则更起堤防以自救，稍去其城郭，排水泽而居之，湛溺固其宜也。今堤防狭者去水数百步，远者数里。近黎阳南故大金堤，从河西西北行，至西山南头，乃折东，与东山相属。民居金堤东，为庐舍，往十余岁，更起堤，从东山南头，直南与故大堤会。又内黄界中有泽，方数十里，环之有堤，往十余岁，太守以赋民，民今起庐舍其中，此臣所亲见者也。东郡白马故大堤，亦复数重，民皆居其间。从黎阳北，尽魏界，故大堤去河，远者数十里，内亦数重，此皆前世所排也。河从内黄北至黎阳，为石堤，激使东，抵东郡平冈；又为石堤，使西北抵黎阳、观下；又为石堤，使东北，抵东郡津北；又为石堤，使西北抵魏郡昭阳；又为石堤，激使东北。百余里间，河再西三东，迫厄如此，不得安息。今行上策，徙冀州之民当水冲者，决黎阳遮害亭，放河使北入海。河西薄大山，东薄金堤，势不能远泛滥，期月自定。难者将曰："若如此，败坏城郭田庐冢墓以万数，百姓怨恨。"昔大禹治水，山陵当路者毁之，故凿龙门，辟伊阙，折石柱[1]，破碣石，堕断天地之性。此乃人功所造，何足言也。今濒河十郡，治堤岁费且万万，及其大决，所残无数。如出数年治河之费，以业所徙之民，遵古圣之法，定山川之位，使神、人各处其所而不相奸。且以大汉方制万里，岂其与水争咫尺之地哉？此功一立，河定民安，千载无患，故谓之上策。

若乃多穿漕渠于冀州地，使民得以溉田，分杀水怒，虽非圣人法，然亦救败术也。难者将曰："河水高于平地，岁增堤

[1] 折石柱　据《汉书·沟洫志》补。

防，犹尚决溢，不可以开渠。”臣窃按视遮害亭西十八里，至淇水口，乃有金堤，高一丈。〔自〕是东，地稍下，堤稍高，至遮害亭，高四五丈。往五六岁，河水大盛，增丈七尺，坏黎阳南郭门，入至堤下。水未逾堤二尺所，从堤上北望，河高出民屋，百姓皆走上山。水留十三日，堤溃二所，吏民塞之。臣循堤上，行视水势，南七十余里，至淇口，水适至堤半，计出地上五尺所。今可从淇口以东为石堤，多张水门。初元中，遮害亭下河去堤足数十步，至今四十余岁，适至堤足。由是言之，其地坚矣。恐议者疑河大川难禁制，荥阳漕渠足以卜之。其水门但用木与土耳，今据坚地作石堤，势必完安。冀州渠首尽当印此水门。治渠非穿地也，但为东方一堤，北行三百余里，入漳水中，其西因山足高地，诸渠皆往往股引取之，旱则开东方下水门溉冀州，水则开西方高门分河流。通渠有三利，不通有三害。民常罢于救水，半失作业，此一害也；水行地上，凑润上彻，民则病湿气，木皆立枯，卤不生谷，此二害也；决溢有败，为鱼鳖食，此三害也。若有渠溉，则盐卤下湿，填淤加肥，此一利也；故种禾麦，更为粳稻，高田五倍，下田十倍，此二利也；转漕舟舡之便，此三利也。今濒河堤吏卒郡数千人，伐买薪石之费岁数千万，足以通渠成水门；又民利其灌溉，相率治渠，虽劳不罢。民田适治，河堤亦成，此诚富国安民，兴利除害，支数百岁，故谓之中策。

若乃缮完故堤，增卑倍薄，劳费无已，数逢其害，此最下策也。

至正河防记　欧阳元[1]

元至正九年冬，脱脱既复为丞相，慨然有志于事功。论及

[1] 原名欧阳玄，避清圣祖玄烨讳，改玄为元。

河决，即言于帝，请躬任其事，帝嘉纳之。乃命集群臣议廷中，而言人人殊，唯都漕运使贾鲁昌言必当治。先是，鲁尝为山东道奉使宣抚首领官，循行被水郡邑，具得修择成策。后又为都水使者，奉旨诣河上相视，验状为图，以二策进献：一议修筑北堤，以制横溃，其用功省；一议疏塞并举，挽河使东行，以复故道，其功费甚大。及是，复以一策对，脱脱韪其发[1]策。于是遣工部尚书成遵与大司农秃鲁约视河，议其疏塞之方以闻。遵等自济、濮、汴梁、大名行数千里，掘井以量地之高下，测岸以究水之浅深，博采舆论。以谓河之故道，断不可复，且曰：山东连歉，民不聊生。若聚二十万众于此地，恐他日之忧又有重于河患者。时脱脱先入鲁言，及闻遵等议，怒曰："汝谓民将反邪?"自辰至酉论辩，终莫能入。明日，执政谓遵曰："修河之役，丞相意已定，且有人任其责，公勿多言，幸为两可之议。"遵曰："腕可断，议不可易。"遂出遵河间盐运使。议定，乃荐鲁于帝，大称旨。十一年四月初四日，下诏中外，命鲁以工部尚书为总治河防使，进秩二品，授以银印。发汴梁、大名十有三路民十有万人，庐州等戍十有八翼，军二万人供役。一切从事大小军民，咸禀节度，便益兴缮。是月二十二日鸠工，七月疏凿成，八月决水故河，九月舟楫通行，十一月水土工毕，诸埽诸堤成，河乃复故道，南汇于淮，又东入于海。帝遣贵臣报祭河伯，召鲁京师，论功超拜荣禄大夫、集贤大学士。其宣力诸臣，迁赏有差，赐丞相脱脱世袭答剌罕之号。特命翰林学士承旨欧阳玄制河平碑文，以旌劳绩。玄既为河平之碑，又自以为司马迁、班固记"河渠""沟洫"，仅载治水之道，不言其方，使后世任斯事者无所考则。乃从鲁访问方略，及询过客，

[1] 发　当从《元史·河渠志》作"后"。

质吏牍，作《至正河防记》，欲使来世罹河患者按而求之。其言曰：

治河一也，有疏，有浚，有塞，三者异焉。酾河之流，因而导之，谓之疏；去河之淤，因而深之，谓之浚；抑河之暴，因而扼之，谓之塞。疏、浚之别有四：曰生地，曰故道，曰河身，曰减水河。生地有直有纡，因直而凿之，可就故道。故道有高有卑，高者平之以趋卑，高卑相就，则高不壅，卑不潴，虑夫壅生溃，潴生湮也。河身者，水虽通行，身有广狭，狭难受水，水益悍。故狭者以计辟之；广难为岸，岸善崩，故广者以计御之。减水河者，水放旷则以制其狂，水隳突则以杀其怒。治堤一也，有并筑、修筑之名，有刺水堤，有截河堤，有护岸堤，有缕水堤，有石舡堤。治埽一也，有岸埽、水埽，有龙尾、拦头、马头等埽。其为埽台及推卷牵制薶挂之法，有用土、用石、用铁、用草、用木、用杙、用絙之方。塞河一也，有缺口，有豁口，有龙口。缺口者已成川；豁口者旧常为水所豁，水退则口下于堤，水涨则溢出于口；龙口者，水之所会，自新河入故道之潀也。此外不能悉书，因其用功之次第，而就述于其下焉。

其浚故道，深广不等，通长二百八十里百五十四步。而强功始自白茅，长百八十二里，继自黄陵冈至南白茅，辟生地十里。口初受广百八十步，深二丈有二尺，以下停广百步，高下不等，相折深二丈及泉。曰停、曰折者，用古算法。因此推彼，知其势之低昂，相准折而取匀停也。南白茅至刘庄村，接入故道十里，通折垦广八十步，深九尺；刘庄至专固百有二里二百八十步，通折停广六十步，深五尺；专固至黄堌垦生地八里，面广百步，底广九十步，高下相折，深丈有五尺；黄堌至哈只口长五十一里八十步，相折停广垦十步，深五尺；乃浚凹里减水河通长九十八里百五十四步，凹里村缺河口生地长三里四十步，面广六十步，底广四十步，深一丈四尺。自凹里生地以下旧河身至张赞店，长八十二里五十四步，上三十六里垦广二十步，深五尺；中三十五里垦广二十八步，深五尺；下十里二百四十步，垦广二十六步，深五尺。张赞店至杨青村接入故道，垦生地十有三里六十步，面广六十步，底广四十步，深一丈四尺。其塞专固缺口修堤三重，并补筑凹里减水河南岸豁口，通长二十里三百十有七步。其并筑河口前第一重西堤，南北长三百三十步，面广二十五步，底广三十三步，树置桩橛，实以土牛，草苇杂稍相兼，高丈有三尺，堤前置龙尾大埽。言龙尾者，伐大树连稍系之堤旁，随水上下，以破啮岸浪者也。筑第二重正堤，并补两端旧堤，通长十有一里三百步。缺口正堤长四里。二堤相接旧堤，置桩，堵闭河身长百四十五步，用土牛苇草，稍土相兼，修筑底广三十步，修高二丈。其岸上土工修筑者，长三里二百十有五步有奇，广不等，通高一丈五尺。补筑旧堤者，长七里三百步，表里倍薄七步，增卑六尺，计高一丈。筑第三重东后堤，并接修旧堤，高广不等，通长八里。补筑凹里减水河南岸豁口四处，置桩木草土相兼，长四十七步。于是堤塞黄陵全河水中及岸上修堤长三十六里百三十八步，其修大堤刺水者二，长十有四里七十步；其西复作大堤，刺水者一，长十有二里百三十步。内并筑岸上土堤，西北起李八宅西堤，东南至旧河岸，长十里百五十步，颠广四步，趾广三之，高丈有五尺。仍筑旧河岸至入水堤，长四百三十步，趾广三十步，颠杀其六之一，接修入水。

两岸埽堤，并行作西埽者，夏人水工征自灵武；作东埽者，汉人水工征自近畿。其法以竹络实以小石，每埽不等，以蒲苇绵腰索径寸许者从铺，广可一二十步，长可二三十步，又以拽埽索绹径三寸或四寸，长二百余尺者衡铺之相间，复以竹苇、麻苘、大繂长三百尺者为管心索，就系绵腰索之端于其上，以草数千束多至万余，匀布厚铺于绵腰索之上，橐而纳之。丁夫数千，以足踏实，推转稍高，即以水工二人立其上，而号于众，众声力举，用小大推梯，推卷成埽，高下长短不等。大者高二丈，小者不下丈余。又用大索，或五为腰索，转致操管心索，顺埽台立踏，或挂之台中铁猫大橛之上，以渐缒之下水。埽后掘地为渠，陷管心索渠中，以散草厚覆，筑之以土；其上复以土牛、杂草小埽稍土多寡厚薄先后随宜修叠为埽台，务使牵制上下，缜密坚壮，互为犄角。埽不动摇，日力不足，夜以继之。积累既毕，复施前法。卷埽以压先下之埽，量水浅深，制埽厚薄，叠之多至四埽而止。两埽之间，置竹络高二丈或三丈，围四丈五尺，实以小石土牛。既满，系之竹缆。其两旁并埽，密下大桩，就以竹络上大竹腰索系于桩上。东西两埽及其中竹络之上，以草土等物筑为埽台，约长五十步或百步，再下埽，即以竹索或麻索长八百尺或五百尺者一二，杂厕其余管心索之间，候埽入水之后，其余管心索如前薶挂，随以管心长索远置五七十步之外，或铁猫，或大桩，曳而系之。通管束累日所下之埽，再以草土等物通修成堤，又以龙尾大埽密挂于护堤大桩，分折[1]水势。其堤长二百七十步，北广四十二步，中广五十五步，南广四十二步。自颠至趾，通高三丈八尺。其截河大堤，高广不等，长十有九里百七十七步。其在黄陵北岸者，长十里四十一步，筑岸上土堤，西北起东西故堤，东南至河口，长七里九十

---

[1] 折　《行水金鉴》卷十七作“析”。

七步，颠广六步，趾倍之而强二步，高丈有五尺，接修入水，施土牛，小埽稍杂草土，多寡厚薄，随宜修叠。及下竹络、安大桩、系龙尾埽，如前两堤法。唯修叠埽台，增用白阑、小石并埽上及前溶修埽堤一长百余步，直抵龙口稍北。拦头三埽，并竹埽、大堤广与刺水二堤不同。通前列四埽，间以竹络，成一大堤，长二百八十步，北广百一十步。其颠至水面，高丈有五尺，水面至泽腹，高二丈五尺，通高三丈五尺；中流广八十步，其颠至水面高丈有五尺，水面至泽腹高五丈五尺，通高七丈。并筑缕水横堤一，东起北截河大堤，西抵西刺水大堤；又一堤，东起中刺水大堤，西抵西刺水大堤，通长二里四十二步，亦颠广四步，趾三之高丈有二尺。修黄陵南岸长九里百六十步，内并岸土堤，东北起新补白茅故堤，西南至旧河口，高广不等，长八里二百五十步，乃入水作石舡大堤。

盖由是秋八月二十九日乙巳，道故河流先所修北岸西、中刺水及截河三堤犹短，约水尚少，力未足恃。决河势大，南北广四百余步，中流深三丈余，益以秋涨，水多故河十之八。两河争流，近故河口，水刷岸北行，洄漩湍激，难以下埽。且埽行或迟，恐水尽涌入决河，因淤故河，前功遂堕。鲁乃精思障水入故河之方，以九月七日祭丑，逆流排大舡二十七艘，前后连以大桅或长桩，用大麻索竹絙绞缚，缀为方舟；又用大麻索竹絙用舡身缴绕上下，令牢不可破。乃以铁猫于上流硾之水中，又以竹絙绝长七八百尺者，系两岸大橛上。每絙或硾二舟或三舟，使不得下舡腹，略铺散草，满贮小石，以合子板钉合之；复以埽密布合子板上，或二重，或三重，以大麻索缚之急；复缚横木三道于头桅，皆以索维之，用竹编笆，夹以草石，立之桅前，约长丈余，名曰水帘桅；复以木榰柱使帘不偃仆。然后选水工便捷者，每舡各二人，执斧凿，立船首尾，岸上捶鼓为号。鼓鸣，一时齐凿。须臾，舟穴水入，舟沉，遏决河水怒溢。故河水暴增，即重树水帘，令后复布小埽、土牛、白阑、长稍，杂以草土等物，随宜填垛，以继之石舡，下诣实地，出水基趾渐高，复卷大埽以压之。前船势略定，寻用前法沉余船，以竟后功。昏晓百刻，役夫分番甚劳，无少间断。船堤之后，草堤三道并举，中置竹络盛石，并埽置桩，系缆四埽及络一。如修北截水堤之法，第以中流水深数丈，用物之多，施功之大，数倍他堤。船堤距北岸才四五十步，势迫。东河流峻，若自天降，深浅叵测。于是先卷下大埽约高二丈者，或四或五，始出水面，修至河口一二十步，用工尤艰。薄龙口，喧豗猛疾，势撼埽基陷裂欹倾俄远，故所观者股栗，众议腾沸，以为难合，然势不容已。鲁神色不动，机解捷出，进官吏工徒十余万人，日加奖谕，辞旨恳至，众皆感激赴工。十一月十一日丁巳，龙口遂合，决河绝流，故道复通。又于堤前通卷拦头埽各一道，多者或三或四，前埽出水，管心大索系前埽硾后拦头埽之后，后归管心大索，亦系小埽硾前拦头之前，后先羁縻，以固其势。又于所交索上及两埽之间，压以小石、白阑，土牛、草土相半，厚薄多寡，相势措置。埽堤之后，自南岸复修一堤，抵已闭之龙口，长二百七十步，船堤四道，成堤用农家场圃之具曰辘轴者，穴石立木，如比栉，薶前埽之旁。每步置一辘轴，以横木贯其后。又穴石以径二寸余麻索贯之，系横木上，密挂龙尾大埽，使夏秋水潦，冬春凌薄，不得肆力于岸。此堤接北岸截河大堤，长二百七十步，南广百二十步，颠至水面，高丈有七尺；水面至泽腹，高四丈二尺。中流广八十步，颠至水面，高丈有五尺；水面至泽腹，高五丈五尺。通高七丈。仍治南岸护堤埽一道，通长百三十步；南岸护岸马头埽三道，通长九十五步。修筑北岸堤防，高广不等，通长二百五十四里七十一步。白茅河口至板城，补筑旧堤，长二十五里二百八十五步；曹州板城至英贤村等处，高广不等，长一百三十三里二百步；稍冈至砀山县，增倍旧堤，长八十五里二十步。归德府哈只口至徐州路三百余里修完缺口一百七处，高广不等，积修计三里二百五十六步。亦思剌店缕水月堤，高广不等，长六里三十步。其用物之数，凡桩木大者二万七千，榆柳杂稍六十六万六千，带稍连根株者三千六百，藁秸蒲苇杂草以束计者七百三十三万五千有奇，竹竿六十二万五千，苇席十有七万二千，小石二千艘，绳索大小不等五万七千。所沉大船百有二十，铁缆三十有二，铁猫三百三十有四，竹篾以斤计者十有五万，硾石三千块，铁钻万四千二百有奇，大钉三万三千二百三十有二。其余若木龙蚕、椽木、麦秸、扶桩、铁叉、铁吊、枝麻、搭火钩、汲水、贮水等具，皆有成数。官吏俸给、军民衣粮工钱，医药、祭祀、赈恤、驿置马乘及运竹木、沉船、渡船、下桩等工，铁石、竹木、绳索等匠佣赀，兼以和买民地为河，并应用杂物等价，通计中统钞百八十四万五千六百三十六锭有奇。

鲁尝有言：水工之功，视土工之功为难；中流之功，视河滨之功为难；决河口，视中流又难。北岸之功，视南岸为难；用物之效，草虽至柔，柔能狎水；水积之生泥，泥与草并，力重如碇。然维持夹辅缆索之功实多，盖由鲁习知河事，故其功之所就如此。玄之言曰：是役也，亦惟是赖朝廷不惜重费，不吝高爵，为民辟害。脱脱能体上意，不惮焦劳，不惜浮议，为国拯民。鲁能竭其心思智计之巧，乘其精神胆气之壮，不惜劬瘁，不畏讥评，以报君相知人之明。宜悉书之，使职史氏者有所考证也。先是，岁庚寅，河南、北童谣云："石人一只眼，挑动黄河天下反。"及鲁治河，果于黄陵冈得石人一眼，而汝、颍之妖寇，乘时而起。议者往往以谓天下之乱，皆由贾鲁治河之役，劳民动众之所致。殊不知元之所以亡者，实基于上下因循，狃于宴安之习，纪纲废弛，风俗偷薄，其致乱之阶，非一朝一夕之故，所由来久矣！不此之察，乃独归咎于是役，是徒以成败论事，非通论也。设使贾鲁不兴是役，天下之乱，讵无从而起乎？故今具录玄所记，庶来者得以详焉。

沙湾治河三策　徐有贞

一、置造水门。臣闻水之性可使之通流，不可使之堙塞。昔禹凿龙门，辟伊阙，无非为疏导计。故汉武之堙瓠子，终弗成功。汉明之疏汴，逾年著绩，此其明验也。世之言治水者虽多，然于沙湾，独乐浪王景所述制水门之法可取。盖沙湾地土皆沙，易致坍决，故作坝作闸，皆非善计。臣请以景法为之，而加损益于其间，置门于水，而实其底，令高常水五尺。水小则可拘之以济运河，水大则疏之使趋于海。如是，则有通流之利，无堙塞之患矣。

一、开分水河。凡水势大者宜分，小者宜合。分以去其害，合以取其利。今黄河之势大，故恒冲决；运河之势小，故恒干浅。必分黄河水合运河，则可去其害而取其利。请相黄河地形水势于可分之处，开成广济河一道，下穿濮阳、博陵二泊。及旧沙河二十余里，上连东、西影塘及小岭等地。又数十里余，其内则有古大金堤，可倚以为固；其外则有八百里梁山泊，可恃以为泄。至于新置二闸，亦坚牢可以宣节之，使黄河水大不至泛滥为害，小不至干浅以阻漕运。

一、挑深运河。臣惟水行地中，避高趋卑，势莫能遏。故河道深则能蓄水，浅则弗能。今运河自永乐间尚书宋礼即会通河浚之，其深三丈，其水丈余，但以流沙恒多淤塞。后平江伯陈瑄为设浅铺，又督军丁兼挑，故常疏通，久乃废弛。而河沙益淤不已，渐至浅狭。今之河底，乃与昔之岸平。其视盐河，上下固悬绝。上比黄河来处，亦差丈余；下比卫河接处，亦差数尺。所以取水则难，走水则易，诚宜浚之如旧。

议疏黄河筑决口状　刘大夏

议得河南、山东两直隶地方，西南高阜，东北低下。黄河大势，日渐东注。究其下流，俱妨运道。虽该上源分杀，终是势力浩大，较之漕渠数十余倍。纵有堤防，岂能容受？若不早图，恐难善后。其河南所决孙家口、杨家口等处，势若建瓴，皆无筑塞之理。欲于下流修治，缘水势已逼，尤难为力。惟看得山东、河南与直隶大名府交界，地方黄陵冈南北古堤，十存七八。贾鲁旧河，尚可泄水，必须修整前项堤防，筑塞东注河口，尽将河流疏导南去，使下徐、沛，由淮入海。所经州县御患堤防，俱令随处整理，庶几漕河可保无虞，民患足为有備。仍于张秋镇南北各造滚水石坝一条，俱长三四十丈，中砌石块一条，拟长十四五里。虽有小费，可图经久。若黄陵冈等处堤防，委任得人，可以长远。仍照旧疏导。汶水接济运河，万一河流东决，坝可以泄河流之涨，堤可以御河流之冲。或夏秋水涨之时，南边石坝逼近上流河口，船只不便往来，则于贾鲁河或双河口，径达张秋北上，以免济宁一带闸河，尤为利便。臣等仰知皇上洞见黄河迁徙之害，深为国计民生之忧，凡智力所及，不敢不尽。但欲兴举此等工役，未免劳民伤财。今山东等处荒歉之余，公私匮乏，人夫尚可起倩，财用无从取办。况好逸恶劳者，怨谤易兴；听声蹑影者，议论难据。乞敕户、兵二部，会同在廷群臣，从长议处，斟酌前项工程，于理应否兴止。倘以臣言可采，则其事宜速举。其买办木石等项银两，应于何处取用；匠作等项口粮，该于何处支给。或此外别有治河长策，可以不费财力，逐一处分，明白定夺，行令臣等遵守施行。

两河经略疏　潘季驯

题为遵奉明旨陈愚见议治两河经略以图永利事。据司属蒙臣牌行看得水性就下，以海为壑。向因海壅河高，以致决堤四溢，运道民生胥受其病。故今谈河患者，皆咎海口，而以浚海为上策，则诚然矣。第海有潮汐，茫无着足，不得已而议他辟。岂知海口视昔虽壅，然自云梯关、四套以下，阔七八里至十余里，深皆三四丈不等。纵使欲令开凿，必须深阔相类，方便注放，则工力艰巨，必不能成，矧未至海口，干地犹可施工。及将入海之处，则潮汐往来，亦与旧口等耳。且海之旧口，皆系积沙，人力虽不可浚，水力自能冲刷。乃若新辟之地，则土壤坚实，不特人力难措，而水力亦不能冲。故职等窃谓海无可浚之理，惟当导河以归之海，则以水治水，即浚海之策也。然河又非可以人力导也，欲顺其性，先惧其溢。惟当缮治堤防，俾无旁决，则水由地中，沙随水去，即导河之策也。顾频年以来，无日不以缮堤为事，亦无日不以决堤为患，何哉？卑薄而不能支，迫近而不能容，杂以浮沙而不能久，堤之制未備耳。是以黄决崔镇等口，而水多北溃，为无堤也。淮决高家堰、黄浦等口，而水多东溃，堤弗固也。乃议者不究制之未备，而咎筑堤为下策，岂得为通论哉？又有所未尽者。上流既溃堤以旁决矣，至于下流，复或岐而分之，其趋于云梯关正海口者，譬犹强弩之末耳。盖徒知分流以杀其怒，而不知水势益分，则其力益弱。水力既弱，又安望其能导积沙以注于海乎？职等故谓今日浚海之急务，必先塞决以导河，尤当固堤以杜决。而欲堤之不决者，必真土而勿杂浮沙，高厚而勿惜巨费，让远而勿与争地，斯堤于是乎可固也。如徐、邳、桃、清沿河各堤固矣，崔镇等口塞矣，则黄不旁决，而冲槽力专；高家堰筑矣，朱家口塞矣，则淮不旁决，而会黄力专。淮、黄既合，自有控海之势。又惧其分之则力弱也，则必暂塞清江浦河而严司启闭，以防其内奔。姑置草湾河，而专复云梯以其故道。仍接筑淮安、新城长堤，以防其末流。尽令淮黄全河之力，涓滴悉趋于海，则力强且专，下流之积沙自去。下流既顺，上流之淤垫自通，海不浚而辟，河不挑而深矣。此职等所谓固堤即所以导河，导河即所以浚海也。犹虑伏秋水发，暴涨伤堤，职等查得吕梁上洪之磨脐沟、桃源之陵城、清河之安娘城等处，土性坚实，可筑滚水石坝三座。若水高于坝，任其走泄，则水势可杀，而两堤无虞矣。至若宝应石堤之当复，与夫下流支河之当疏，扬州运河之当浚，皆今时之切务，所宜次第并举，而不可缓者也。但前项工程，自丰、沛、徐、淮以至水口，共长千有余里；自清江浦以至仪真，共长三百余里。地势遥远，工程浩大，一时钱粮未措，人夫难集。除前请发银二十万两，并截留漕粮八万石，一面先将丰、沛缕堤，太行遥堤，及徐、邳一带缕堤，酌量帮筑；桃、清南堤，并接淮安、新城长堤，乘时创筑；高家堰两头水势稍缓，先行筑塞；宝应湖先用桩笆修筑土堤外，其余各项工程，相应大加修举者。一面请发钱粮，调集官夫，买办物料，次第兴举，务保无虞等因到臣，臣即会同江一麟躬亲督率，沿河荒度，南溯维扬，看得仪真东关历石人头、杨子桥、三汊河，直抵高庙止一带运河淤浅，宝应一带湖堤圮坏，黄浦决口淹及数邑，高家堰水射淮扬，清江浦长堤卑薄，柳浦湾至高岭无堤障御。西穷凤、泗，看得全淮不下清口，日益南徙；北抵清、桃，看得崔镇诸决水从旁泄，一望弥漫，正河淤浅；徐、沛以上，崔家口新河浅阻，北东一带水行陆地，仅盈尺余。东抵海口，看得新挑草湾，寻复淤塞。今自清口至西桥一带，河流复通，但不及故河十分之一。自安东以下，河身渐广，虽有淤浅，未复全河，然河水东下，亦无阻碍。随处患害，一一查阅明白去后。今据前因，该臣会同右侍郎江一麟议照。事师古者罔愆，智不凿者乃大。孟子论智一章，首以禹之治水为喻，而论为政，则曰："为政不因先王之道，可谓智乎？"是大智者事必师古，而不师古则凿矣。故治河者必先求河水自然之性，而后可施其疏筑之功；必先求古人已试之效，而后可仿其平成之业。黄水来自昆仑，入徐济运，历邳、宿、桃、清至清口，会淮而东入于海。淮水自洛及凤，历盱、泗至清口，会河而东入于海。此两河之故道，即河水自然之性也。昔元岁漕江南之粟，由扬州直北出庙湾入海。至永乐年间，平江伯陈瑄始堤管家诸湖，通淮河为运道。然虑淮水涨溢，东侵淮郡也，故筑高家堰堤以捍之。起武家墩，经小大涧至阜宁湖，而淮水无东侵之患矣。又虑黄河涨溢，南侵淮郡也，故堤新城之北以捍之。起清江浦，沿钵池山、柳浦湾迤东，而黄水无南侵之患矣。尤虑河水自闸冲入，不免泥淤，故严启闭之禁，止许漕艘鲜舡由闸出入。匙钥掌之，都漕五日发筹一放，而官民舡只悉由五坝车盘。是以淮郡晏然，漕渠永赖，而陈平江之功，至今未斩也。后因剥蚀既久，堤岸渐倾，水从高家堰决入，一郡遂为鱼鳖。而当事者未考其故，乃谓海口壅塞，遂穿支渠以泄之。盖欲亟拯淮民之溺，多方规画，以为疏导之计。其意甚善，而其心亦良苦矣。讵知旁支暂开，水势陡趋西桥以上，正河遂至淤阻，而新开支河阔仅二十余丈，深仅丈许。较之故道，不及三十分之一耳，岂能容受全河之水？下流既壅，上流自溃，此崔镇诸口所由决也。今新开寻复淤塞，故河渐已通流，虽深阔未及原河十分之一，而两河全下，沙随水刷，欲其全复河身不难也。河身既复，面阔者七八里，狭者亦不下三四百丈，滔滔东下，何水不容？若犹以为不足，而欲另寻他所，别开一渠，恐人力不至于此也。以臣等度之，非惟不必另凿一口，即草湾亦可置之勿浚矣。故为今之计，惟有修复平江伯之故业，高筑南北两堤，以断两河之内灌，而淮扬昏垫之苦可免。至于塞黄浦口，筑宝应堤，浚东关等浅，修五闸，复五坝之工，次第举之，则淮以南之运道无虞矣。坚塞桃源以下崔镇口诸决，而全河之水可归故道。至于两岸遥堤，或葺旧工，或并新址，或因高冈，或填洼下，次第举之，则淮以北之运道无虞矣。淮、黄二河既无旁决，并驱入海，则沙随水刷，海口自复，而桃清浅阻，又不足言矣。此以水治水之法也。若夫扒捞挑浚之说，仅可施之于闸河耳。黄河河身广阔，捞浚何期？悍激湍流，器具难下，前人屡试无功，徒费工料。但恐伏秋水发，淫潦相仍，不免暴涨致伤两堤。故欲于崔镇口、陵城、安娘城等处，再筑滚水坝三道。万一水高于坝，任其宣泄，则两堤可保，而正河亦无淤塞之患矣。徐州以南之工，如此而已。或有难臣者曰："臣等欲顺水性。今淮水欲东，而乃挽之使北；黄水欲北，而乃挽之使东，无奈水性之未适乎？"臣曰："水以海为性也。决水乃过颡，在山之水也，非其性也。"或者又曰："昔禹治河，播九河，同为逆河入于海。

今臣等乃欲塞诸决并二渎，而不使之少杀耶？纵有滚水坝，仅去浮面之水百一耳，亦乌能杀其势也?”臣应之曰：“九河非禹所凿，特疏之耳。盖九河乃黄河必经之地，势不能避，而禹仍合之同入于海，其意盖可想也。况黄河经行之地，惟河南之土最松。禹导河入海，止经郏县、孟津、巩县三处，皆隶今之河南一府，其水未必如今之浊。今自河南府之阌乡县起，至归德之虞城县止，凡五府，河已全经其地而去。禹导河之时，复三千余年，流日久，土日松，土愈松，水愈浊，故平时之水以斗计之，沙居其六，一入伏秋，则居其八矣。以二升之水载八升之沙，非极湍急，即至停滞。故水分则流缓，流缓则沙停，势所必至者。臣等不暇远引他证，即以近事观之，草湾一开，而西桥故道遂淤；崔镇一决，而桃、清以下遂涩。去岁水从崔家口出，则秦沟遂为平陆，此眼前事也。又何疑哉?”

计开：

一、议塞决以挽正河之水。窃惟河水旁决，则正流自微。水势既微，则沙淤自积，民生昏垫，运道梗阻，皆由此也。臣等查得淮以东，则有高家堰、朱家口、黄浦口三决，此淮水旁决处也；桃源上下，则有崔镇口等大小二十九决，此黄水旁决处也。俱当筑塞。但伏秋之水，相继而至，非惟地为水占，无处取土，抑且波涛汹涌，为工不坚。除将决口稍窄者见在分役兴筑外，其决至数十丈以上者，一面鸠集工料，相时兴举。

一、议筑堤防以杜溃决之虞。照得堤以防决，堤弗筑则决不已。故堤欲坚，坚则可守，而水不能攻；堤欲远，远则有容，而水不能溢。累年事堤防者，既无真土，类多卑薄，已非制矣。且夹河束水，窄狭犹甚，是速之使决耳。合无力鉴前弊，凡堤必寻老土，凡基必从高厚。又必绎贾让不与争地之旨，仿河南远堤之制，除丰、沛太行堤原址遥远，仍旧加帮外，徐、邳一带旧堤，查有迫近去处，量行展筑月堤，仍于两岸相度地形最洼易以夺河者，另筑遥堤。桃清一带南岸，多附高冈，但上自归仁集以至朱连家墩古堤已坏，相应修复，下抵马厂坡地形颇洼，相应接筑，以成其势。北岸自古城至清河，亦应创筑遥堤一道，不必再议缕堤，徒縻财力。又查清江浦外河一带，至柳浦湾止，为淮城北堤。除埽湾单薄量行加帮外，但原基短促，防护未周，仍自柳浦湾至高岭，创行接筑四十余里，以遏两河之水，尽趋于海。自清江浦运河至淮安西门一带旧堤，相应再行帮厚，勿致里河之水走泄妨运。如此，则诸堤悉固，全河可恃矣。

一、议复闸坝以防外河之冲。查得先该平江伯陈瑄创开里河，仍恐外水内侵，特建五闸，设法甚严，锁钥掌于漕抚，启闭属之分司，运毕即行封塞。一应官民，并回空船只，悉令车坝，此在嘉靖初年尚尔循行故事，制非弗善也，奈何法久渐弛，五闸已废其一，仅存四闸，亦且坍塌殆尽，漫无启闭。是以黄、淮二水，悉由此倒灌，致伤运道，合无议复旧制。将见存四闸俱加修理，严司启闭，俟二月前后粮运过完，即行封闭。惟遇鲜贡船只，方许启放，仍行查复五坝，以便官民船只照旧车盘，毋致曲徇使客，致坏良规。

一、议并建滚水坝以固堤岸。照得黄河水浊，固不可分，然伏秋之间，淫潦相仍，势必暴涨。两岸为堤所固，水不能泄，则奔溃之患，有所不免。今查得古城镇下之崔镇口，桃源之陵城，清河之安娘城，土性坚实，合无各建滚水石坝一座。比堤稍卑二三尺，阔三十余丈。万一水与堤平，任其从坝滚出，则归槽者常盈，而无淤塞之患；出槽者得泄，而无他溃之虞。全河不分，而堤自固矣。

一、议止浚海工程以免縻费。照得海口为两河归宿之地，委应深阔。但查海口原身自清口至安东县，面阔二三里；自安东历云梯关至海口，面阔七八里至十余里，深各三四丈不等。止因去年旁决之后，自桃、清至西桥一带淤塞，寻复通流。今虽未及原身十分之一，而两河之水全归故道，并流洗刷深，广必可复旧。至云相传海口横沙，并东西二尖，据土民季真等吐称，并未望见。潮上之时，海舟通行无滞；潮退，沙面之水尚深二尺。况横沙并东西二尖，各去海口三十余里，岂能阻碍河流？故臣等以为不必治，亦不能治。惟有塞决挽河，沙随水去，治河即所以治海也。别凿一渠，与复浚草湾，徒费钱粮，无济于事。

一、暂寝老黄河之议以仍利涉。照得黄强淮弱，每每逼淮东注，故议者欲复老黄河故道，冀使黄水稍避高堰，民垫可瘳，斯亦得策。但勘得原河七十余里中间，故道久弃。无论有水无水之地，询之居民，俱失其真，无从下手，一不便也。且已弃故道，欲行开复，必须深广与正河等，乃可夺流。今见存大河口窄狭，不及桃清三分之一，而三义镇入口之处背湾径直，犹恐水未必趋，二不便也。又其中流如鱼沟、铁线沟、叶家口、阴阳口等处，地势卑洼，诸决之水漫流至此，一望弥茫。筑堤费巨，且恐难保，三不便也。况今桃清遥堤议筑，则黄水自有容受；崔镇等决议塞，则正河自日深广；高家堰议筑，则淮水自能会黄；清江浦等闸议严启闭，新城北堤议行接筑，则淮安、高、宝、兴、盐等处，自无水患，此河虽不复可也。

河议辨惑　潘季驯

或有问于驯曰："河有神乎？"曰："有。"曰："神之所舍，孰能治之?”曰:“神非他,即水之性也。水性无分于东西,而有分于上下。西上而东下,则神不欲决而西;北上而南下,则神不欲决而北。间有决者,必流缓而沙垫,是过颡在山之类也。孟子曰:‘禹之治水,水之道也。’道即神也。归天、归神,误事最大。故驯不敢不白之首也。”

或曰:“宋欧阳修有云:‘黄河已弃之故道,自古难复。’而公舍复故道之外无有也,无乃不可乎?”曰:“修之言,未试之言也。尝考之史,自汉武瓠子之塞,复禹旧迹,而梁楚之地无水灾。夫禹旧迹,非故道乎?禹掘地而注之海。朱子释曰:‘掘地,掘去壅塞也。’盖天地开辟之初,百川四渎,朝宗于海。高卑上下,脉络贯通,原不假于人力,岁久湮淤。禹惟去其淤壅,以复天地之故道耳。即如贾鲁治河,亦以复故为主。藉令欲弃故道,而凿新河。无论其无所也,即凿之能使深阔如故河乎?且故而能淤,新独不能淤乎?尽信书则不如无书。修言不足信也。”

或曰:“沙垫底高之说,何如?”曰:“河底甚深,沙垫则高,理所有也。然以之论于旁决之时则可,非所论于河水归槽之后也。盖旁决,则水去沙停,其底自高;归槽,则沙随水刷,自难垫底。但沙最易停,亦易刷。即一河之中,溜头趋处则深,平缓处则浅。此浅彼深,总不出我范围。此挽水归槽之策,必不可缓。而欲挽水者,非塞决筑堤不可也。宋苏轼《吕梁》诗云:‘坐观入市卷闾井,吏民走尽余王尊。岁寒霜重水归壑,但见屋瓦留沙痕。’则比时黄河之水,固尝入市,而河流之沙,高于屋矣。自宋迄今,垫而疏,疏而垫者,不知其几,岂可以此而遂欲弃故河哉?”

或曰:“河以海为壑。自海啸之后,沙塞其口,以致上流迟滞。必须疏浚，或别寻一路，另造海口之为得也。”曰：“海啸之说，未之前闻。盖上决而后下壅，非下壅而后上决也。驯尝亲往海口，茫茫万顷，此身若浮。早暮两潮，疏浚者何处驻足？若欲另凿一口，不知何等人力，遂能使之深广如旧？假令凿之易矣，又安保其海之不复啸，啸之不复塞乎？旧则塞，新凿者则不塞，非驯之所解也。”

或曰：“河由草湾入海何如？”曰：“河由淮城北西桥地方入海，此故道也。嘉靖三十年间，河忽冲开草湾，而西桥正河遂淤。未几，草湾自塞，河复故道。万历十六年，河水仍归草湾，而故河复淤，淮城之民恃以安枕矣。查得正河之面三百余丈，草湾阔仅三分之一。譬之咽喉狭小，吞咽不及，则徐、邳之水消泄未免迟滞，此则可虑耳。二三年间，恐当复归正河，姑俟之可也。”

或曰：“贾让有云：‘土之有川，犹人之有口也。治土而防其川，犹止儿啼而塞其口。’故禹之治水以导，而今治水以障，何也？无乃止儿啼而塞其口乎？”曰：“昔白圭逆水之性，以邻为壑，是谓之障。若顺水之性，堤以防溢，则谓之防。防之者，乃所以导之也。河水盛涨之时，无堤则必旁溢。旁溢，则必泛滥而不从轨，岂能以海为壑耶？故堤之者，欲其不溢而循轨，以入于海也。故河以海为口，障旁决而使之归于海者，正所以宣其口也。再考之《禹贡》云：‘九泽既陂，四海会同。’传曰：‘九州之泽已有陂障，而无决溃；四海之水无不会同而各有所归。’则禹之导水，何尝不以堤哉？”曰：“堤以防水似矣。水高堤高，不将隆堤于天乎？”曰：“若谓堤之外即水耶？堤外为岸，岸下为河。平时水不及岸，堤若赘疣。伏秋异常之水，始出岸而及堤，不久复归于槽。驯堤成之后，逾十年矣，未尝有分寸之加，何须隆之于天也？”

或曰：“贾让有云：‘今行上策，徙冀州之民当水冲者，治堤岁费且万万。出数年治水之费，以业所徙之民，且以大汉方制万里，岂其与水争尺寸之地哉？’此策可施于今否？”曰：“民可徙也，岁运之国储四百万石，将安适乎？”问者曰：“决可行也。”曰：“崔镇之决最大，越三四年，而深丈余者，仅去口一二十丈间。稍入坡内，止深一二尺矣。盖住址陆地，非若沙淤可刷。散漫无归之水，原无漕渠可容。且树桩基磉，在在有之。运艘侥幸由此者，往往触败，岂可恃为运道？且运艘经行之处，虽里河亦欲筑堤，以便牵挽，乃可令之由决乎？”“然则贾让中策，所谓据坚地作石堤，开水门。旱则开东方下门溉冀州，水则开西方高门分河流，何如？”曰：“河流不常，与水门每不相值。或并水门而淤漫之，且所溉之地，亦一再岁而高矣。后将何如哉？矧旱则河水已浅，难于分溉；潦固可泄，而西方地高，水安可往？邱文庄谓古今无出此策，夫乃身未经历耶？刘中丞《问水集》中，言之甚详，盖名言也。惟宋任伯雨曰：‘河流混浊，淤沙相半。流行既久，迤逦淤淀，久而决者，势也。’为今之策，止宜宽立堤防，约拦水势，使不大段涌流耳。此即驯近策遥堤之意也。”

或曰：“黄、淮原为二渎，今合而为一矣。而自昆仑千溪万派如泾、渭、沁、汴诸河，与山东诸泉复合之，又何怪其溢也？为今之计，莫若多穿支河，以杀其势，何如？”驯曰：“黄河最浊，以斗计之，沙居其六。若至伏秋，则水居其二矣。以二升之水，载八升之沙，非极汛溜，必至停滞。盖水分则势缓，势缓则沙停，沙停则河塞。河不两行，自古记之。支河一开，正河必夺。故草湾开而西桥故道遂淤，崔镇决而桃清以下遂塞，崔家口决而秦沟遂为平陆，近事固可凿也。”问者曰：“禹疏九河，何如?”驯曰：“九河非禹所凿，特疏之耳。盖九河乃黄河必经之地，势不能避，故仍疏之，而禹仍合之，同为逆河，入于海，其意盖可想也。”“然则如贾让所云‘多穿漕渠，使民得以溉田分杀水怒’，可乎?”驯曰：“此法行于上源河清之处或可。若兰州以下，水少沙多，一灌田中，禾为沙压，尚可食乎?”“然则淮清，其可分矣。”驯曰：“引淮而西，其势必与黄会；引淮而东，则与决高堰而病淮扬无异也。盖河水经行之处，未有不病民者。向有欲自盱眙凿通天长、六合，出瓜埠入江者，无论中亘山麓必不可开，而天长、六合之民，非我赤子哉?且所借以敌黄而刷清口者，全淮也。淮若中溃，清口必塞，运艘从何处经行?”

或曰：“治河之法凡三：疏、筑、浚是也。疏之不可，奚不以浚，而惟以筑乎?”曰：“河底深者六七丈，阔者一二里。沙饱其中，不知其几千万斛，安能挑而尽也，堤之不筑，水复旁溢，则沙复停塞，可胜挑乎?以水刷沙，如汤沃雪。刷之云难，挑之云易，何其愚且拗也!”

或曰：“淮不敌黄，故决高堰避而东也。今公复合之，无乃非策乎?”曰：“《禹贡》云：‘导淮自桐柏，东会于泗、沂，东入于海。’按：泗、沂即山东汶河诸水也。历徐、邳至清口，而与淮会。自宋神宗十年七月，黄河大决于澶州，北流断绝，河遂南徙，合泗、沂而与淮会矣。自神宗迄今，六百余年，淮黄合流无恙，乃今遂有避黄之说耶?盖高堰决而后淮水东，崔镇决而后黄水北，堤决而水分，非水合而堤决也。”问者曰：“兹固然矣。数年以来，两河分流，小潦即溢。今复合之，溢将奈何?”驯曰：“水分则势缓，势缓则沙停，沙停则河饱，尺寸之水皆由沙面，止见其高；水合则势猛，势猛则沙刷，沙刷则河深，寻丈之水皆由河底，止见其卑。筑堤束水，以水攻沙，水不奔溢于两旁，则必直刷乎河底，一定之理，必然之势。此合之所以愈于分也。”

或曰：“河既堤矣，可保不复决乎？复决，可无患乎？”曰：“纵决，亦何害哉！盖河之夺也，非以一决即夺之。决而不治，正河之流日缓，则沙日高；沙日高，则决日多，河始夺耳。今之治者，偶见一决，凿者便欲弃故觅新，懦者辄自委之天数。议论纷起，年复一年，几何而不至夺河哉？今有遥堤以障其狂，有减水坝以杀其怒，必不至如往时多决。纵使偶有一决，水退复塞，漕循轨可以日计，何患哉！往事无论矣，即如万历十五年河南刘兽医等堤共决十余处，淮安河决范家口、天妃坝二处，上廑宵旰，特遣科臣督筑。筑后，即成安流，此其明征矣。”

或曰：“堤以遥言，何也？”驯曰：“缕堤即近河滨，束水太急，怒涛湍溜，必至伤堤。遥堤离河颇远，或一里余，或二三里。伏秋暴涨之时，难保水不至堤。然出岸之水必浅。既远且浅，其势必缓，缓则堤自易保也。”或曰：“然则缕可弃乎？”驯曰：“缕诚不能为有无也。宿迁而下，原无缕堤，未尝为遥，病也。假令尽削缕堤，伏秋黄水出岸，淤留岸高，积之数年，水虽涨，不能出岸矣。第已成之业，不忍言弃。而如双沟、辛安等处缕堤之内，颇有民居，安土重迁。姑行司道官谕民，五月移住遥堤，九月仍归故址，从否固难强之。然至危急之时，彼亦不得不以遥堤为家也。”问者曰：“缕不去，则两堤相夹，中间积潦之水，或缕堤决入黄流，何处宣泄？”驯曰：“决可入水，亦可出水。水落之后，放水归槽，无难也。纵有积涝，秋冬之间，特开一缺放之，旋即填补，亦易易耳。若无格堤处所，积水顺堤直下，仍归大河，尤不足虑矣。”

或曰：“遥堤之筑是矣。而直河至古城一带，何以不筑?”驯曰：“此地俱隶宿迁，内有骆马、侍邱等湖。湖外高冈环绕，乃天然遥堤也。黄水暴涨，则灌入诸湖；黄水消落，则诸湖之水随之而出。”问者曰：“桃、清二县之北，亦有诸河联络，何以筑之?”驯曰：“湖与宿同。而湖外皆系洼地，水从五港灌口出海，故崔镇一决，而桃清遂涸，此则与宿异耳。”问者曰：“止筑北岸，而南岸自马厂坡而下，何以不筑?”驯曰：“此处岸外即系淮河，势能敌黄。黄水泛滥，未免灌入，黄落仍归故渠，不能夺河，故不筑也。”

或曰：“两堤并峙，重门御暴，又何需于减水坝也?与其多费以筑减水之坝，宁若留决之为愈乎?且与支河何异也?”驯曰：“防之不可不周，虑之不可不深。异常暴涨之水，则任其宣泄，少杀河伯之怒，则堤可保也。决口虚沙，水冲则深，故掣全河之水，以夺河坝。面有石，水不能汕，故止减盈溢之水。水落，则河身如故也。俱建于北岸者，欲其从淮口入海也。”

或曰：“高家堰之筑，淮扬甚以为便；而泗州人苦其停蓄淮水，何也?”曰：“此非知水者之言也。史称汉陈登筑堰御淮，至我朝平江伯陈瑄复大葺之，淮扬恃以为安者二百余年。岁久剥蚀，而私贩者利其直达，以免关津盘讦，往往盗决之。至隆庆四年大溃，淮、湖之水，浲洞东注，合白马、泛光诸湖，决黄浦、八浅，而山阳、高宝、兴盐诸邑汇为巨浸。每岁四五月间，淮阴畚土塞城门，穴窦出入，而城中街衢尚可舟也。淮既东，黄水亦蹑其后。浊流西泝，清口遂堙而决。水行地面，宣泄不及清口之半，不免停注上源，而凤阳、寿、泗间，亦成巨浸矣。故此堰为两河关键，不止为淮河堤防也。驯戊寅之夏询之泗人，曰：'凤泗之水蓄于高堰未决之前乎？抑既决之后也？'佥曰：'高堰决而后蓄也。''清口塞于高堰未决之前乎？抑既决之后也？'佥曰：'高堰决而后塞也。'驯曰：'堰决而塞，筑则必通；堰决而蓄，筑则必达。堰成而清口自利，清口利而凤泗水下，驯何疑乎？遂锐意董诸臣筑之。二月决工告竣，而清口遂辟；七月堤工告成，而清口深阔如故。高堰外，水及堤址者，仅一百五十丈余，皆干地。再询泗州之水，尽已归槽，膏腴可耕，而泗州人士始谓高堰之当筑矣。"曰："然则每岁伏秋，泗水何复涨也？"曰："淮水发源于桐柏山，挟汝、泗决，穷颍、肥、濠等处七十二溪之水，至泗州下流，龟山横截河中，故至泗则涌，其势然也。且淮涨于泗，即黄涨于河南、徐、邳也，每岁伏秋皆然。泗州水困黄遏淮矣。河南、徐、邳水困，又谁遏之？再查万历六年以前，黄决崔镇而北，淮决高堰而东，两河风马牛不相及矣。而泗州之告水灾者，无岁无之。右护祖陵东麓及泗州护城堤，皆其时也。亦岂有黄遏之乎？"或曰："高堰之筑是矣，而南有越城并周家桥。淮水暴涨，从此溢入白马湖，此与高堰之决何异？"曰："其不同者有三，而其必不可筑者一。夫高堰地形甚卑，至越城稍亢。越城迤南则又亢。故高堰决，则全淮内灌，冬春不止。若越城、周家桥则大涨乃溢，水消仍为陆地。每岁涨不过两次，每溢不满再旬，其不同一也。高堰逼近淮城，淮水东注，不免盈溢漕渠，围绕城郭。若周家桥之水，即入白马诸湖，容受有地，而淮城晏然，其不同二也。淮水从高堰出，则黄河浊流必溯流而上，而清口遂淤。今周家桥止通漫溢之水，而淮流之出清口者如故，其不同三也。当淮河暴涨之时，正欲借此以杀其势，即黄河之减水坝也。若并筑之，则非惟高堰之水增溢难守，即凤、泗亦不免加涨矣。""然则即于周家桥疏凿成河，以杀淮河之势，何如?”驯曰：“漫溢之水不多，为时不久，故诸湖尚可容受。若疏凿成河，则必能夺淮河之大势而淤塞，清口泛滥，淮扬之患又不免矣。况私盐商舡由此直达，宁不坏鹾政而亏清江板闸之税耶?”

或曰：“老黄河之说何如?”曰：“老黄河之说，吾未之前闻也。考之《郡志》，止有大清河、小清河。注云：‘即泗水之末流，源出泰安州。至县西北三汊口，分为二河。大清河由治东北入淮，小清河由治西南入淮。’是黄未会淮之时，泗、沂之水，或经于此，并无所谓老黄河者。今据淮人云：自桃源县三义镇，经毛家沟、渔沟等处，出大河口，谓之老黄河故道。殊不知大河口去见行清口仅五里许，至此复与黄会，何能遽杀清浦泗州水势?若如近议，欲改从叶家冲、周伏三庄、瓦子滩入颜家河，则自渔沟而北，又非老黄河故道矣。既非志乘有据之言，又非合众通方之论，执己见以淆国是，如之何其可哉!”

修守事宜　潘季驯

一、筑堤

凡黄河堤必远筑，大约离岸须二三里，庶容蓄宽广，可免决啮，切勿逼水，以致易决。堤之高卑，由地势而低昂之。先用水平打量，毋一概以若干丈尺为准。务取真正老土，每高五寸，即夯杵二三遍。若有淤泥，与老土同，第须取起晒晾，候稍干，方加夯杵。其取土宜远，切忌旁堤挖取，以致成河积水，刷损堤根。验堤之法，用铁锥筒探之。或间一掘试，堤式贵陂，切忌陡峻。如根六丈，顶止须二丈，俾马可上下，故谓之走马堤。

工费：凡创筑者，每方广一丈、高一尺为一方，计四工，土近者每工银三分，最近者二分；土远者四分。如堤根六丈，顶二丈，须通融作四丈折算，此计土论方之法也。加帮堤，则先计旧堤若干。今增高阔各若干，亦以前法折算。

一、塞决

凡堤初决时，急将两头下埽包裹，官夫昼夜看守。稍待水势平缓，即从两头接筑。如水势汹涌，头裹不住，即于本堤退后数丈，挖槽下埽，如裹头之法，刷至彼必住矣，此谓截头裹也。如又不住，即于上首筑逼水大坝一道，分水势，射对岸，使回溜冲刷正河，则塞工可施矣。塞将完时，水口渐窄，水势益涌，又有合口之难。须用头细尾粗之埽，名曰鼠头埽，俾上水口阔、下水口收，庶不致滚失，而塞工易就也。埽以土胜为主。埽台须要卧羊坡，以便推挽。揪头绳须要紧扯，以防下淌。又须时时打松，令其深下。仍觅惯会泅水之人，入水探验底埽着地，方下签樟[1]。签樟须要酌中埽，埽钉着方为坚固。倘有数寸空悬，无有不败事者。如寒天或水急，不能泅水，即看揪头宽松，便是着地之验。系绳留橛，令人专守。略有走动，须便另下一橛。橛头上填记第几埽，揪头滚肚明白，以便点查收放。埽面出水未高，宁加一小埽，不可多用土牛，推埽时易动故也。此等事须要勇往直前，俗谚谓之抢筑。稍稍逗遛，必有后悔。以上数端，苟不详慎，劳费罔功，辄疑鬼怪，甚可嗤也。

如用大埽长五丈、高六七尺者，用草六百束。每束重十斤，价银二厘，该银一两二钱。柳稍一百二十束，每束重三十斤，价银一分，该银一两二钱。如无柳稍，以苇代之。草绳六十套，每套四十二条，每条长二丈四尺，价银三分，该银一两八钱。桩木五根，每根银一钱，该银五钱。揪头滚肚绳四条，共用二

[1] 签樟 《（乾隆）江南通志·河渠志》作“签桩”。

百五十斤，每斤银五厘，该银一两二钱五分。每大埽一个，约该料价银五两九钱五分。挑土夫远近不等，难以预计。中埽并土牛工料，以次递减。

一、筑顺水坝

顺水坝俗名鸡嘴，又为马头，专为吃紧迎溜处所。如本堤水刷汹涌，虽有边埽，难以久待。必须将本堤首筑顺水坝一道，长十数丈或五六丈。一丈之坝，可逼水远去数丈。堤根自成淤滩，而下首之堤俱固矣。安埽之法，上水镶边埽宜出，将裹头埽藏入在内，下水埽宜退藏入裹头埽内，庶水不得揭动埽也。如筑长六丈、阔四丈、高一丈，用埽两面镶边，每边用埽二行，裹头二行，中间坝土每行用埽三层，共计用中埽十八个，每个长五丈，高三尺，用草四百束，柳稍八十束，草绳四十条，排桩、签桩共用桩木四根，人夫二十五工，共用卷埽堤夫四百五十工，运工、堤夫二百工，俱不议工食。共用草七千二百束，该银一十四两四钱；柳稍或苇一千四百四十束，该银一十四两四钱；草绳七百二十套，该银二十一两六钱；桩木七十二根，该银七两二钱；行绳十二条，每条重四十斤，共用四百八十斤，该银二两四钱。约共该银六十两。如无柳稍，以苇代之。

一、下护根干埽

凡堤系埽湾，须预下干埽以卫堤根。此埽须土多料少，签桩必用长壮，入地稍深，庶不坍蛰。如下长三丈、高三尺埽一个，用草一百六十束，该银三钱二分；柳稍四十束，该银四钱；草绳十二套，该银六钱；桩木三根，该银三钱。量用作行绳，用堤夫二十工，不议工食。每埽一个，约共该料价银一两六钱二分。

一、造滚水石坝即减水坝。

滚水石坝，即减水坝也。为伏秋水发盈槽，恐势大漫堤。

设此分杀水势，稍消，即归正槽，故建坝必择要害卑洼去处，坚实地基，先下地钉，桩木锯平，下龙骨木仍用石楂、橿铁，橿缝方铺，底石垒砌。雁翅宜长、宜坡，跌水宜长，迎水宜短，俱用立石，拦门桩数层，其地钉桩须搭鹰架，用悬硪钉下石缝，需用糯汁和灰缝，使水不入。如石坝一座，坝身连雁翅共长三十丈，坝身根阔一丈五尺，收顶一丈二尺，高一尺五寸，迎水阔五尺；跌水石阔二丈四尺，四雁翅各斜长二丈五尺，高九尺，用粗细石计长一千三百九十余丈，并地钉桩、龙骨木、铁锭、铁销、煤炭、木炭、石灰、糯米麻及各匠工食，约共该银一千九百余两。其运石、抬石、搬料、夫船，并官夫廪粮、工食，临期酌给。

一、建石闸

建闸节水，必择坚地开基。先挖固工塘，有水即车干，方下地钉桩，将桩头锯平，缝上用龙骨木，地平板铺底用灰麻，艌过方砌底石，仍于迎水用立石一行，拦门桩二行；跌水用立石二行，拦门桩八行。如地平板铺完，工过半矣。自金门起两面，垒砌完方铺海漫、雁翅。金门长二丈七尺，两边转角至雁翅各长五丈，共用石三千一百丈。闸底海漫、拦水、跌水共用石九百丈。二项共用石四千丈，并铁锭、铁销、铁锔、天桥环、地钉桩、龙骨木、地平板、万年枋、闸板、绞关、闸耳、绞轴、托桥木、石灰、香油、麻、柴炭等项，及各匠工食约共该银三千两有奇。其官夫廪粮、工食临期酌给。

一、建涵洞

建涵洞以泄积水，基址亦择坚实，方可下钉桩砌石。水多则建二孔，水少止一孔。如涵洞一座，口阔一丈五尺，身长二丈。中立石墙一堵，亦长二丈，宽五尺，分为二孔。每孔宽五尺，两边四雁翅各一丈五尺。共用石二百丈，并地钉桩、铁锭、石灰、板木并各匠工食约该银一百八十余两。其夫役工食，临期酌给。

一、建车船坝

先筑基坚实，埋大木于下，以草土覆之。时灌水其上，令软滑不伤船坝。东西用将军柱各四柱，上横施天盘木各二，下施石窝各二，中置转轴木各二根。每根为窍二，贯以绞关木，系篾缆于舡，缚于轴，执绞关木环轴而推之。

一、挑河

凡挑河，面宜阔，底宜深，如锅底样，庶中流长深，且岸不坍塌。如不用堤，须将土运于百余丈外，以免淋入河内。凡创开河者，每方广一丈，每夫日开深一尺为一工。挑浚泥水相半者，减十分之五，全系水中捞取者，减十之七八。取土登岸就而筑堤者，亦以半折算焉。

一、闸河偶浅急疏之法

凡闸河浅处，如水溜在中，须两岸筑丁头坝以束之；水溜在旁，将浅边顺筑束水长坝以逼之。水由坝中，其势自急，中溜自深。如浅处不多，或排板插下泥内，逼水涌刷，或排小舡用杏叶杓挖浚。必不得已，则用桩草制活闸节水，亦一策也。

一、栽柳护堤

卧柳、长柳须相兼栽植。卧柳须用核桃大者，入地二尺余，出地二三寸许，柳去堤址约二三尺，密栽，俾枝叶搪御风浪。长柳须距堤五六尺许，既可捍水，且每岁有大枝可供埽料。俱宜于冬春之交，津液含蓄之时栽之，仍须常时浇灌。长柳宜用棘（刺）〔刺〕[1] 围护，以防盗拔畜啮。

---

[1] 刺　当从《河防一览》卷四作“刺”。

一、栽茭苇草子护堤

凡堤临水者，须于堤下密栽芦苇或茭草，俱掘连根丛株。先用引橛锥窟深数尺，然后栽入，计阔丈许。将来衍茁愈蕃，即有风，不能鼓浪，此护临水堤之要法也。堤根至面，再采草子，乘春初稍锄覆密种，俟其畅茂，虽雨淋不能刷土矣。

一、伏秋修守

四防：

一曰昼防。堤岸每遇黄水大发，急溜扫湾处所，未免刷损。若不即行修补，则扫湾之堤愈渐坍塌，必致溃决。宜督守堤人夫，每日卷土牛小埽听用。但有刷损者，随刷随补，毋使崩卸。少暇，则督令取土堆积堤上，若子堤然，以备不时之需。是为昼防。

二曰夜防。守堤人夫，每遇水发之时，修补刷损。堤工尽日无暇，夜则劳倦，未免熟睡。若不设法巡视，恐黉夜无防，未免失事。须置立五更牌面，分发南北两岸协守官并管工。委官照更挨发，各铺传递。如天字铺发一更牌，至二更时，前牌未到，日字铺即差人挨查，系何铺稽迟，即时拿究。余铺仿此。堤岸不断人行，庶可无误巡守。是为夜防。

三曰风防。水发之时，多有大风猛浪，堤岸难免撞损。若不防之于微，久则坍薄溃决矣。须督堤夫捆札龙尾小埽，摆列堤面。如遇风浪大作，将前埽用绳桩悬系，附堤水面。纵有风浪，随起随落，足以护卫。是为风防。

四曰雨防。守堤人夫，每遇骤雨淋漓，若无雨具，必难存立，未免各投人家或铺舍暂避。堤岸倘有刷扫，何人看视？须督各铺夫役每名各置斗笠、蓑衣，遇有大雨，各夫穿带，堤面摆立，时时巡视，乃无疏虞。是为雨防。

二守：

一曰官守。黄河盛涨，管河官一人不能周巡两岸，须添委一协守职官，分岸巡督。每堤三里，原设铺一座，每铺夫三十名。计每夫分守堤一十八丈。宜责每夫二名，共一段于堤面之上，共搭一窝铺，仍置灯笼一个，遇夜在彼栖止，以便传递更牌。巡视仍画地分委省义等官，日则督夫修补，夜则稽查更牌。管河官并协守职官，时常催督巡视，庶防守无顷刻懈弛，而堤岸可保无事。

二曰民守。每铺三里，虽已派夫三十名，足以修守。恐各夫调用无常，仍须预备，宜照往年旧规，于附近临堤乡村，每铺各添派乡夫十名。水发上堤，与同铺夫并力协守，水落即省放回家。量时去留，不妨农业。不惟堤岸有赖，而附堤之民，亦得各保田庐矣。

一、竖立旗竿灯笼以示防守

各铺相离颇远，倘一铺有警，别铺不闻，有误救护。须令堤老每铺竖立旗竿一根，黄旗一面，上书某字铺三字，灯笼一个。昼则悬旗，夜则挂灯，以便瞻望。仍置铜锣一面，以便转报。一铺有警，鸣锣为号，临铺夫老挨次传报，各铺夫老并力齐赴有警处所，即时救护。首尾相顾，通力合作，庶保万全。

一、防盗决

守堤之法，堤防盗决最为吃紧。盖盗决有数端：坡水稍积，决而泄之，一也；地土硗薄，决而淤之，二也；仇家相倾，决而灌之，三也；至于伏秋水涨，处处危急，邻堤官老，阴伺便处，盗而泄之，诸堤皆易保守，四也。巡警稍怠，或乘风雨之时，或乘酣睡之处，即被下手矣。防御者不可不知。

一、议涵洞

涵洞泄水，本是无妨。但须明设石闸，以严启闭。若暗开，堤址草木蒙丛，便难觉察。万历八年，奸民私嘱管河主簿，将南岸遥堤暗开涵洞数座。十七年伏水暴涨，单家口水从涵洞泄出，势甚汹涌，一鼓而开，遂成大决。此可谓明鉴矣。司河者知之。

一、岁办物料

河防全在岁修，岁修全在物料。而州县河官视为奇货。岁估既定，冒银入已，括取里递草束，河夫攀折柳稍，遮掩一二，便为了事。近日徐州判官彭鹤、灵璧主簿元仲贤之事可鉴也。今议于十一月间，司道官估计停当，各掌印官领银收买，法固善矣。又须特委廉能职官一二员，专管收支。工完之日，将卷筑过埽坝，收支过物料数目，开报总河衙门查考，庶几事有责成，而钱粮无冒破矣。又冬初修守稍缓，暇即督夫于漫坡中采取野草，每束十斤者，每夫每日可采四十束。积至百万，可省千金，裨益非小。草料既备，埽护必周，冲决之患可免。即脱有不测，而物料在手，计日可塞，何致延搁糜费？此河道第一吃紧工夫也。

一、水汛

立春之后，东风解冻，河边人候水初至，凡一寸，则夏秋当至一尺，颇为信验，谓之信水。二月、三月，桃花始开，冰泮雨积，川流猥集，波澜盛长，谓之桃花水。春末芜菁花开，谓之菜花水。四月垄麦结秀，擢芒变色，谓之麦黄水。五月瓜实延蔓，谓之瓜蔓水。朔野之地，深山穷谷，冰坚晚泮，逮乎盛夏消释方尽，而沃荡山石，水带矾腥，并流于河，故六月中旬之水谓之矾山水。七月菽豆方秀，谓之豆花水。八月荻薍华，谓之荻苗水。九月以重阳纪节，谓之登高水。十月水落安流，复其故道，谓之复槽水。十一月、十二月，断冰杂流，乘寒复结，谓之蹙凌水。此外非时暴涨，谓之客水，皆当督夫巡守。而伏秋水势最盛，非他时比，故防者昼夜不可少懈云。

条陈治安疏　姜璧

题为河工将竣敷陈末议恳乞圣明俯赐采择以保治安事。窃闻之古志曰：防河如防寇。防寇者当以不治治之，来则御，去则止而已矣。防河者，当以无事行之。逆则治，顺则止而已矣。而今之防河者有二弊焉：好事者谓故辙之必不可循，辄为穿凿之图，以乱其性，是挑衅也。怠事者谓河流之必不可治，每为因循之说，以滋其患，是玩寇也。十余年间，二弊相寻，河患极矣。上廑宸衷宵旰为虑，俯从言官之请，遂为破格之谋。独断圣心，群疑屏息，使当事大臣得以殚竭心力，故半载之间，两河顺轨。闾里有可耕之地，运艘无壅阻之虞。据工程虽云繁巨，计钱粮尚有赢余。是皆仰赖我皇上纯德格天而淮海效灵，至诚格物而群工用命之所致也。以此时观之，可谓一治矣。然虑其始者，不可不虑其终；图其大者，不可不矜其细。兼理河道，亦臣之责也。尚有一二可言者，臣既得于闻见之真，敬为我皇上陈之。如蒙不以为谬，敕下该部覆议施行。

计开：

一曰一事权。天下之事，多绪则乱，多岐则诿。查得治河之官，自永乐以至弘治百五十余年，原无河道都御史之设，故有以漕运兼理河渠，如景泰之王竑者；有以总兵兼河道，如天顺之徐恭者。成化七年，因漕河浅甚，粮道稽阻，特令刑部侍郎王恕出总其事，八年事竣改升，自后不复建设。凡遇河患，事连各省，重大者辄命大臣督同各省巡抚官治之，事竣还京。此祖宗成法也。至正德十一年，始专设总理河道，驻扎济宁。而南北直隶、河南、山东，皆为统辖之地。地非不广，势非不尊，然延袤五六千里之间，足不及遍，目不及睹。形胜要害，东西南北，俱若梦寐，岂能遥制？至于伏秋暴涨之时，呼吸变态，猝遇冲激，势若燃眉。州县管河官白之于府，府白之于道，道白之总理，总理下之道，道下之府，府下之州、县，往返已一月。然必待禀白而后行之，事已无及。如其不待白也，总理焉用为也？且既有总理，巡抚必难独断。凡遇申呈，辄批仰照总河批详施行，此在避难者固然，而在任事者亦不得不然，何也？畏侵权也。及至借支钱粮，调派官夫，便相龃龉。此在私而刻者固然，而在无我者亦不得不然，何也？总河之事，不免劳民伤财，而巡抚之责，则在安百姓、节财用也。至于意见不同，秦越相视者，又不待言也。臣昔任山东，当两河泛滥之时，总河都御史傅希挚力言草湾不可开，崔镇之当塞，高堰之当筑。章疏案牍，班班可考。而漕抚衙门，拒之甚力。后至草湾复淤，横流莫遏，业已悔之无及矣。故今之议者，谓傅希挚之说得行，或吴桂芳早兼河道之任，则平成之绩不在今日矣。此事权分诿之弊彰彰也。查得先该吴桂芳节奉圣旨，近来当事诸臣，意见不同，动多掣肘，以致日久无功。今以此专属吴桂芳经理河道，都御史暂行裁革，河道事务，着该处巡抚官照地方分管，俱属吴桂芳提督，事宁回京请旨，再设钦遵。即今潘季驯接管，亦照旨行事。夫巡抚照地理河者，即王鋐、徐恭兼理之制也。吴桂芳提督者，即特遣侍郎王恕出总其事，事竣改升之制也。故事权归一，事功易就。今日河工之成，实原于此。盖天启我皇上以法祖致治之盛，故其明效大验如此。且事权之隆重，体统之尊严，属寮之承听，人民之信服，孰有逾于巡抚者哉？天下之事，欲其速办，孰有易于巡抚者哉？而乃欲益一赘员以滋推诿也。但原奉旨内，有“暂革再设”之语，而各该巡抚又未见特加敕谕。窃以为复设河道，则推诿之弊复生；未蒙特敕，则责成之意未笃，终非可久之道。合无将前明旨着为令甲，而于抚臣特加敕谕一道，其各衔内添增“兼管河道”四字。万一日后河道有事，亦照祖制，临时特遣大臣一员，督同各该巡抚管理。如此，则可永杜推诿掣肘之弊，而河渠利赖，世世无穷矣。

二曰严责成。夫郡县之有守令，即家之有长也。一家之事，必取办于长。其子姓之分猷倅理者，不过受成算、效奔走而已。而于河道，则独不然。府有管河道同知或通判矣，则郡守若罔闻之；州县有管河通判官或主簿矣，则州守、县令若罔闻之。甚至有抵牾其事，变乱其是非，颠倒其贤否者，此何以故？盖因管河为最苦之官，而治河为最难之事。避难厌苦，为人情之常。而况奔走河滨，悉听司道官差委，不得以时亲就，以事售之于寮长，其势固宜然也。至于上官稍稍责成，守令亦不过增一牒文，移付管河官而已，甚至有束之高阁者。窃以为朝廷张官置吏，莫要于守令。盖以总括庶务，综核郡寮也，而何独于河道遗之哉？今后河工之事，似应专责掌印官督同管河官管理，各照该地方堤岸，冬春踏勘，随地修补。伏秋水涨，督率防护。如有疏虞，掌印官与管河官一体参治，庶责任有归，而事功易就矣。

三曰议支河。查得先因高堰黄浦之决未塞，全淮之水倾注高宝兴盐之间，田庐坟墓，一望渺渺。当事者不探其原，惟寻其委，请开兴化县之丁溪、白驹二场海口，盐城县之周禄港至新河庙三十余里，又动支盐运司银二万五千余两，分贮于兴、盐二县，大加疏浚，为泄水计。该臣巡历于淮泰各盐场，躬亲踏勘，看得地势外高内洼，无从宣泄，而潮水灌入填塞甚易。及至盐城，据知县杨瑞云并士民谢与成等禀称，本县自黄浦等口决后，民田沉于水底者数年。今幸筑塞，民有耕获之望。若又开浚支河，引入潮水，一为淹没，永不堪种。又据两淮盐运司判官孙仲科、灶户管席等禀称，自盐城支河一开，将各场运盐河水尽随潮泄去，运河断流，商不来支，盐日消折，灶日困弊等因。为照高堰居黄浦之上游，而黄浦为兴盐水患之门户。今高堰堤成，黄浦决塞，是上流已断，则地上干涸，已无可泄之水。若复开浚海口，则地形外高，徒引倒灌之潮。且海口既多，防御实难，是开私贩之门。咸水灌入民田，为害不小，宜乎官灶士民之告禀者纷纷也。臣至淮安，即与总河都御史潘季驯会议，亦云曾委官踏勘，诚不可开。臣思盐场民地皆国课攸关，河道盐务臣职掌所系。今堤堰既成，此工可已。如蒙俞允，乞敕该部再加覆议，或将疏浚海口诸工径行停止，或转行总河都御史，逐一再委官勘明，将前工程题覆停寝，不惟可省重费，抑亦可免大患也。

四曰修古堤。查得宋臣范仲淹修筑长堤一道，肇自吕泗，终于徐渎，接连数百里，环绕三十场。堤以外俱系盐场、草荡，灶丁居住，煎办盐课。离海远者百里，近者数十里不等。堤以内，则有运盐官河一道，南抵泰州，北抵庙湾，西通高、宝、兴、盐等处。各湖港商民船只往来，及田户车戽，甚为通便。是此堤外以捍海潮，内以护盐河并各民田。其计甚深，而利至溥也，至今称之曰范公堤。中间原留泄水入海之路，如今之白驹闸口及牛湾河、瓦龙诸港，皆随地形潮势宣泄，亦不为害。况当时范堤之初筑也，即有蓄涝之虑。及其既筑也，复有雨雪之变，事几中罢。幸而范公之持议甚坚，张、胡二臣之赞襄更力，卒能不惑群言，功成保障，贻海滨数百年之安，供我国家百万金之课。故三贤有祠，民到于今祀之不忘，奈何前当事者，见高堰淮浦口决，兴、盐、高、宝受害，倡为凿范堤，开海口以泄水，徒为一时权宜之术，更不思昔人并置之意。堤外系灶户煎盐之地，淡水一出，则盐课消薄矣。堤内系民、灶、耕种之田，潮水一入，则田租减省矣。该臣巡历各盐场，皆由范堤往来，见得历年既久，堤渐坍塌，有旧址见在，半为民灶所居者；有海潮淤沙，渐成高阜，与堤相平者；有被水冲漫，卑薄不堪者。要皆堤址尚存，若肯时加修复，永可为捍御之计。是修复古堤，诚盐场之切务也。如蒙俞允，乞敕该部覆议，果属不谬，行令臣转行运司，并通、泰、淮三分司官，照各该管地方，将范公堤岸逐一踏勘，估计明白，量派灶夫，督率修理。其旧堤高厚可恃者，不必再修，惟于坍塌者筑之，卑薄者补之，要害者先之。各夫工食，就将前项兴盐二县收贮。运司疏浚海口银两，动支给领，每年于春正、二月，此非旺煎之时，量修三分，计三年工可全完矣。其原浅水口港，仍旧存留，间修两岸，使不为患。如此，先臣之泽永垂于不朽，而国课灶额利赖于无疆矣。

五曰蠲祖租。查得自徐至淮，新筑遥堤五百余里。若以夹岸计之，将千里矣。南北两堤蟺蜿，若城高坚足恃，诚为治河之一策矣。但其所筑之堤，皆系民间已业，而中间挖沙寻土，伤损地段尤多。夫以不可耕之地，而欲小民偿计亩之税，除概邑昏垫之苦，而使一户赔无产之粮，征之者似为无名，而输之者实为无辜也。合无行令巡抚衙门，择委廉能官员，逐一踏勘丈量明白，要见某户某人祖址若干，挖场地土若干，乞敕户部议蠲租额若干。如以国课必不可损，或以该堤应纳之税，均摊一邑，或以水退无主地土，给照开垦，加倍抵补。如此，则地方无不均之叹，而小民无向隅之泣矣。

辨开周家桥疏　黄曰谨

奏为事关专职，见闻颇真，直陈宣泄泗水，保全运道缘由，乞圣明裁定，以垂万年永利事。去秋见邸报，见原任漕抚、都御史为州治积水霪潦益甚等事，又巡按御史高为前事，述泗民之言，谓有欲浚施家沟者，有欲开周家桥者，有欲弛张福口堤者。奉旨会勘，从长酌议。随据高邮州通学生员张行中等、耆老陈雷等呈状二纸，参酌见闻，中间条陈宣泄泗水与周桥不可开，甚悉。又见凤阳道府等官，画图贴说，旦夕即开周桥。职为此大惧，敬三薰三沐，披肝沥胆，直陈之。

夫高家堰与周家桥相接一堤也，特堰迤北，而桥迤南者也。堰以内与桥以内之水相连一淮也，特堰地稍低，而桥地稍高者也。使周桥可开，则堰地何所事守？高堰必守，则周桥断不可开。故开周桥者，乃开堰之别名也。此非职臆说也。庚午岁，高堰常决矣，淮水尽由堰而东矣，于是黄河亦蹑淮后，径趋大涧口，破黄浦口，入射阳湖，而清口遂淤，海口几为平陆。夫周桥距堰不过四五十步耳，黄既能蹑淮而趋高堰，独不能蹑淮而趋周桥乎？窃恐淮退一尺，则黄进一尺；淮退一丈，则黄进一丈。黄既侵淮而入，淮必不能敌黄而出。如是而清口有不淤，运道有不阻者，未之有也。难职者曰："吾所开周桥者，不过因见有河形开浚之，以泄淮有余之水，而清口自若也，奚至于此？"职答之曰："使水而人也，则将诰之曰：汝势十分，吾借汝三分而入湖，汝乃挟七分并黄而入海，夫奚不可不知。水非人也，就下其性也。决之东，则东；决之西，则西。况周桥地形高下，势甚相越，诚开之，深一丈五尺矣。是明导之以建瓴之势矣。彼得其势，则其流必急。流急，则浩浩滔天，一泻千里，夫谁得而禁之？此其祸近在三年之内，远不出五年之外。故谓周桥之开，而谓淮不尽东也；谓淮尽东，而黄不复蹑也，皆必无之理也。职谓周桥之断不可开者，此其一也。犹未也。

夫淮出清口也，是并黄入海，而以海为壑也。若开周桥而注之湖，是以湖为壑矣。夫高、宝之湖，受天长、六合二十四塘并诸山溪之水，毋论伏秋，即四时弥望连天，已不可支，所恃一线湖堤为之保障，故运道赖以无虞。若引灌入湖，则淮水之浩荡无涯，湖面容受有限，势不至决裂湖堤而奔溃四出不止也。夫伏秋湖涨堤倾，犹有消涸之期，故补筑之功可就。使淮与湖合，则无时不满，无日不涨。万一堤防有坏，将何所措手而筑之乎？窃恐旧坏者难修，新坏者相踵，而运道必从此大坏也。”难职者又曰：“淮为湖之上流，而江则湖之下流也。吾引淮之水入湖，汝复引湖之水入江，奚至涨决如此？”职答之曰：“使湖之水入江，诚犹淮之水入湖也。则悉淮而注之湖，夫奚不可。不知淮之入湖也易，湖之入江也难，何也？湖堤以外，即高、宝、兴、盐、通、泰、江都七州县之民产也。彼其地形洼下，与江面不甚昂。每遇海啸，江潮倒灌逆涌，民田四百余里，皆为淹没。故今通江之路，见有芒稻、白塔二河，与瓜、仪二闸。其余减水小闸入江海者，共二十八座。昼夜宣泄，而湖水不见大消。如去秋淳家湾、清水潭二决凡百余丈，而堤内堤外水势半停。至决口已合，而堤外田庐水尚深三四尺不等。此湖水入江之难之明验也。使复益之以淮，源源不竭，则高、宝七州县之地，有不胥而为沼乎？故职所谓周桥之断不可开者，此又其一也。

然则泗水将听其停积而不为之所乎？职则以淮有故道，清口是也。但清口黄淮交会，而黄之势常强于淮，故清口易淤。总河虑其淤也，堤张福口以束之，但借淮刷黄之意胜。而堤之筑太长，故出口路窄，淮不免渐高。今总河愿裁二百丈，又于张福堤极洼处，如所谓黄韶口、王简口者，建减水坝二大座。黄涨则下板，以遏黄之内侵；淮涨则启板，以纵淮之外出。黄淮并涨，则坚守数日，俟其消而节宣之。如此，而淮水有不渐消、泗民有不渐复其业者，职不信也。夫十五年以前，高堰屹然矣，周桥晏然矣，时张福口未堤，而泗人未尝困于水，则清口之能泄水也明甚，又奚必舍此而他求也哉？周桥之开，总河以为不可，职以为不可，即抚、院二臣，亦未敢毅然以为可。职河官也，河官重务，奉敕准职具奏，非出位沽名者比也。惟皇上矜其愚戆，而赐裁度焉，漕河幸甚！

东省河防《兖州府志》

黄河自古为患。明兴以来，报决者屡矣。兖当河下流，而直漕渠之中。自阳谷至鱼台，计三百余里。弘治六年，河决金龙口，溃黄陵冈，径趋张秋，赖刘公大夏经略其事，塞口筑堤，河乃东徙。张秋之患息，而曹、单岁受冲矣。夫自济以北决口虽塞，而故道犹存。弘治九年夏，考城县地方水势漫入，东来水势径冲贾鲁河，曹县梁靖口水溢大堤。遂于贾鲁河东岸修筑小堤一条，保护大堤。弘治十一年，管河副使张鼎见黄河水势俱从南行，不由丁家道口入徐州，建言欲将荆隆口分沁水于贾鲁河，俱入徐州。本年八月，水从王牌口等处俱往东行，不从丁家道口东南而行，却倒往东北，直至黄陵冈下；又自曹县以入单县，南连虞城，渰没民居人畜。单县、城武、金乡、鱼台、济宁等州县，皆在巨浸。自济宁迤南，闸座尽被冲倒，阻碍漕运，比往时张秋之害尤大。盖兖州之境，地平而土疏，比之河南之地，尤为卑下。河南地方上流不塞，则本州地方正当下流，虽筑堤岸，亦不能保。恐日后黄河之水，不由南行，俱往东注，酿成大患，天下事大可忧矣！故东省之治河，无先于曹、单，旧有太行、缕水二堤，皆所以障河流而护运道。而太行堤较缕水堤为最急。盖缕水堤譬之门户，太行堤咫尺闸河譬之堂寝，堂寝既安，外垣虽未尽饬，亦可以内地之全力从容图之，此太行一堤所尤宜急修也。

卷九

河防述言钱塘陈潢省斋原论，同里张霭生编纂。

河性第一

靳大司马抚军皖江，擢总督河道，问于陈子曰："比年河决数处，浊流泛滥，故道淤为平陆，国患阻漕，民苦垫溺，河害于今亦大矣！治之数年罔效，岂河终不治乎？余不敏，兹奉督河之命，敢不竭力荒度，子盍为我筹之?"陈子曰："河之形有古今之异，河之性无古今之殊。水无殊性，故治之无殊理。千古治水者，莫神禹若也。千古知治水之道者，莫孟子若也。孟子曰：'禹之治水，水之道也。'传曰：'顺水之性也。'又曰：'禹之行水，行其所无事也，所恶于智者为其凿也。'旨哉言乎！洵深得治水之至理者乎！潢尝观人事万端，或可骋机巧，或可事矫揉，或可任粉饰。犹得掩耳目于一时，袭虚名于后世。若水之性一定而不可移，而黄水之性尤奔注而不可遏，挟沙而不可停，且至与淮合流之区，绝无山陵阻恃，更散漫而不可约束。是机巧于此无所骋，矫揉于此无所事，粉饰于此无所任。惟有顺其性而利导之之一法耳。故孟子云'行所无事'诚为千古治水之至言，为千古神禹之知己也。"

大司马曰："疏瀹排决，无非事也，而曰'行所无事'，何也?"陈子曰："所谓'行'者，疏瀹排决是也。所谓'无事'者，因其欲下而下之，因其欲潴而潴之，因其欲分而分之，因其欲合而合之，因其欲直注而直注之，因其欲纡洄而纡洄之。一顺水之性，而不参之以人意焉，是之谓'无事'也。"

大司马曰："水今横决矣，岂可竟顺其横决之性而遂谓之治之乎?"陈子曰："不然。今河之横决，非河之本性也。犹人之拘于气禀，蔽于习俗，以至荡佚为非，而曰其性本恶也，岂其然哉？夫河之所以决者，皆由黄水暴涨，下流壅滞，不得遂就下之性，故旁流溢出，致开决口。决口既开，旁流分势，则正流愈缓。正流缓，则沙因以停。沙停淤浅，则就下之性愈不得遂，而旁决之势益横矣。若曰河性喜决，此岂知河性者哉!"

大司马曰："然则河之性若何?"陈子曰："约而言则曰就下，分而言则避逆而趋顺也，避壅而趋疏也，避远而趋近也，避险阻而趋坦易也。涨则气聚，聚不能泄，则其性乃怒；分则气衰，衰不能激，则其性又沉。流迅则性能挟沙土而俱行，势集则性能坏山陵而驾上。土能制之，即缕岸可抑其狂；风能助之，遇惊飚益张其势。故御之得其道，则利无穷；若御之失其道，则害莫可测。善治水者，先须曲体其性情，而或疏或蓄，或束或泄，或分或合，而俱得其自然之宜。虽有所事，究归于无事也。宋神宗曰：'后世以事治水，故常有碍；以道治水，无违其性可也。'此与孟子之言似有合焉。至所云能顺水所向，迁徙城邑以避之，此犹未知水性，而不明顺之之道也。水之性，岂必欲向城邑耶？水之所向，辄徙而避之，匪常法也。如徐州而上，三门以下，土松地阔，则宽其途以让之，而水性以安；徐州而下，城邑逼近于河，所宜严其防范，束流刷沙，以趋于海，而河性亦以安然。则宽之、束之，皆所以顺之耳。孔子系《易》曰：‘天道亏盈而益谦，地道变盈而流谦。’夫水丽于地者也，其道之变迁，必由于盈而流，利必归于谦也。盈也者，涨也，塞也。谦也者，虚也，下也。故水无不下也。孟子论水，深得于孔子之易道者也。故善治水者，惟于盈而防其变，于谦而道其流，水自得其性矣，水果为厉于世者耶？”大司马曰：“善。子既深知水性，其亟为我图之。”

周讽《河防述言》，抉洪流之窾会，发天地之旷解，宛如与天兄作抵掌谈。而笔力所至，自可直成一家。作者固难，述者亦不易。老长兄与天兄生瑜生亮，真难分仲伯也。汪文漪

此篇真是文襄与省斋讲学之言。于此知经济必原于性理，故留野、省斋学宗孔孟，而能深体河之性情也。今人谈经济，辄以性理为迂，故其苟且一时，所利者小，而为害者大。然空谈性命，不能实见设施者，又非真儒体用兼优之学也。省斋没久矣！世之称说省斋者，皆曰能佐文襄公治河，孰知其所以能治之有本源哉！留野为阐发其本源如此，省斋于是乎不没。故留野为省斋真知己，亦为谈经济者真儒宗。

夫治河者，文襄公之职。治河而河治，文襄公不朽之大功也。宾朋受其亲礼，佐筹于幕府，乃分内事耳，省斋讵敢分任其功哉？文襄公荐之于生前，又请之于身后，古大臣未有之风烈也！留野载文襄公疏稿，见其上不欺于君，下不负于友。夫不欺于君，忠也；不负于友，义也。文襄公忠义如此，留野是以无所嫌而直为省斋发明，盖即文襄公之意云尔。陈又大

审势第二

靳大司马问于陈子曰：“子言治河，必顺水性，其要何也？”

陈子曰："必也其度势也。今者诸患并作，若不先度大势之轻重缓急，而务其重者、急者，犹振衣而不知所挈也。虽然，重与急之患，又非即于患处治之也。必推其所以致患之处而急图之，是非熟审焉不为功。如有患在下，而所以致患在上，则势在上也。当溯其源而塞之，则在下之患方息。譬如足病只知疗足，而不探其足病之所由来，虽投药百剂，勿效也。不独勿效，病且增剧。谚云：'下流处塞水，缺愈塞愈大。'此之谓也。又有患在上，而所以致患者在下，则势在下也。当疏其流以泄之，则在上之患自定。譬如困贼于围中，而不开一面以分其志，以缓其愤，则将激其必死之心。一旦溃围而出，不可收拾矣。故上流应泄者先须于下流疏之，此又釜底去薪之法也。由是观之，非历览而规度焉，则地势之高下不可得而知，水势之来去不可得而明，施工之次序亦不可得而定也。潢请为公跋涉险阻上下数百里，一一审度，庶弘纲克举，而筹画乃可施尔。"

大司马曰："两河形势载籍可考，绘图可稽，奚事亲历为？"陈子曰："今昔之患，河虽同而被患之地不同。今昔治河之理虽同，而弥患之策亦有不同。故善法古者，惟法其意而已。若欲考载籍以治之，何异按图索骥、刻舟求剑耶？"

大司马曰："然。是固当亲历也。而子言治河之理，今昔无殊，则审势之说，亦有所昉乎？子其为我详言之。"陈子曰："《禹贡》首言'随山刊木，奠高山大川'，非审势而何至乘四载？尤先事历览之征也。《周礼·考工记》曰：'沟必因水势，防必因地势。善沟者水漱之，善防者水淫之。'训诂之家众矣，先辈惟以王昭禹说为得旨，说曰：'沟所以导水，不因水势，则其流易塞。防所以止水，不因地势，则其土易崩。'故为沟者必因水势之曲直，则其流斯无壅矣。为防者必因地势之高下，则其土斯无崩矣。是善沟者必潄啮之而无所壅，以因水势故也。善防者必淫液之而无所决，以其因地势故也。又按《说文》：'淫者，浸淫，随理也。'徐氏曰：'随其脉理而浸渍也。'凡此者，何莫非揆度情形以治水之谓与？惟是势之为言亦不一矣。有全体之势，有一节之势。论全体之势，识贵彻始终，见贵周远近。宁损小以图大，毋拯一方而误全局。宁忍暂而谋久，毋利一时而遗虑于他年。地有高卑，有险易；土有淤松，有燥湿，其应凿应筑、可行可止，必究其致患之故，以为探本之谋，必得易于施工之法，以成夫为下因川之计，是皆举全势而审度之者也。若论一节之势，如水弱必束之，使其势急；如水强必泄之，使其势平。水势停缓，宜引之使直；水势猛疾，必纡之使宽；水势冲射而难遏，必筑上流以逼之，使之濴洄；水势荡涤而可用，即合其流以导之，使之洗刷。此皆因势之说，又随时随地而酌之者也。苟不知势，用力多而成功少；若审势以行水，则事半而功倍。如孙膑之救赵，庖丁之解牛，均是法也。治水者，尤不可不神明其意焉。"大司马曰："余闻子言，不异读书十年也。"于是治装与陈子遍阅黄淮形势，及诸冲决要害，因条列拟筹河十疏，次第上之。

水之性不可见，见于势。譬如人之性情不可见，见于言行威仪。审势者，又如（奕）〔弈〕棋，先有成局在胸臆，然后下子不误。大匠建宫室，必先绘全图，然后众工人仿而为之也。此非躬亲历览不为功。省斋通达事理，非文襄之忠勤为国，不恤其身者，谁能听之？读留野文，贤主嘉宾咨谋大事，宛然在目。惟其笔力雄健，故能条理精详。朝勿斋

估计第三

陈子谓靳大司马曰："大工告兴，不可以惜费用，公其亟请

发帑乎?”大司马曰：“今者三逆甫平，需饷尚繁。臣子体国分忧，乃其分也。河工修筑，惟当节省是务。”陈子曰：“否否。适千里者，三月聚粮。治河之役，与治军无异。庀材鸠工，非财不办，亦犹用兵之要，必先料其仓库，转其刍粮也。若千里馈饷，士有饥色，樵苏后爨，师不宿饱，皆言粮匮者，知其军之不振也。今兴大工，倘赀用不继，则诸事罔济。昔人云：‘虚鬻乏粒，易牙不能炊；空柯无刃，公输不能斫。’盖谓此也。夫河之于国计民生所系綦重，其与军政正复相等，未可以军旅为急，而视河防为缓图也。”

大司马曰：“帑固应请，但锱铢皆黎庶脂膏，宜省之又省，以上体节用之至意耳!”陈子曰：“不当用而用之，谓之不节。若当用而反节之，恐后之费，转相倍蓰也。公日阅《沛水编年》，宁不知唐刘晏之理财乎？足国而不厉民，三代以后，能理财者莫有过于晏者也。考其造运艘，置仓庾，凡诸工计，宁宽毋刻，宁增毋减。其意盖曰：‘始制不惜，物可经久。后图修整，亦易为功。’是经始之多费者，正以省费也。设初估苟简，势必草率而易坏。一坏之后，不能修复，势必更张而重构，则其费不更多乎？故深于为国计者，不可图一时之省用，而遗旋修旋坏之虞；不可顾目前之易完，而致垂成垂敝之咎。大凡估计，宁留有余以待节减，甚勿先为苟且之计，以致因小而误大也。彼有司之浮冒估销，以图侵渔，此不肖之甚者，法固必惩。若以多估为己嫌，以樽节为迎合，虽贤者恐亦不免。殊不知大臣公忠为国，当计其大者、远者，不当于当用而节之，以留国家异日之患，并累苍生复罹漂溺之灾。将敝国殃民，不几乎因循苟且、一念基之乎？可不慎哉!”

大司马曰：“子言诚是也。谚云：日费斗金，不敌西风一浪。

以公私有尽之金钱，而填此无穷之壑。天之生水，利人为多，不图黄水为害至于靡已也，可不深慨也夫!”陈子曰：“噫！公之悲天悯人，意良善矣！然亦皆狃于成说，而未之思耳。国家终岁之出入，以千万计，大半皆以养兵。今时当治平，未闻以縻饷而遂弛兵备也。至于河工岁修之额，设二十余万，不及兵饷百分之一。即另有疏筑大工，岁增亦不逾数万金，奈何独以黄河为耗财耶？况王者以天下为家，其城郭、河渠，犹家室之有栋宇、沟洫也。百金之家，构一室，每岁必有涂茨修葺之用。岂富有四海，而惜此整理山河之费乎？且东南漕运，必经于河。国脉流通，利济匪细，是又所费小而所益大也。方今当宁轸念河患，一以奠安昏垫是图。凡有请发，无不允给。仰见庙谟宏远，则任事臣工，宜仰体此意，何沾沾惜费为哉!”

自古英雄必不吝财，乃能成大事，立大功。况于河、淮之治，尤非易易者。然徒知财不可吝，而估计不明，则吝之固非，浪费之亦失。故《审势》之后，即继以《估计》之篇。当时省斋遇文襄，得畅其说。文襄遇朝廷，得行其言。是亦天之欲治河、淮，故君臣宾主间，有此开心布腹、大度无嫌之盛举。诚古今所希觏也。卓哉留野，文能传之！朱纲伯

任人第四

大司马问曰：“铨曹需次者纷纷赴工，以冀进用，可尽录之乎?”陈子曰：“营室需财，举事需人。彼欲用命而来，安可不录？然不可滥录也，当慎之于始而已。夫水土畚锸，非可优游坐治也。暴露日星，栉沐风雨，躬胼胝，忍饥寒，其事固非易任矣。若膏泽纨裤之子，宁可与共荼苦？躁进趋利之徒，不可与历艰辛。倘假请滥录，不独遗误大工，且或一时未能委以事，

若辈逍遥河上，蜂营蝇集，何所不作？如易于题叙，则开幸进之门。如过为遏抑，必深丛怨之薮，公私交敝，诽谤布腾，其害可胜道哉？甚矣不可滥录也。”

大司马曰：“既需人，而不录之，可乎？是不可无遴选之良法也。”陈子曰：“然。夫工之作也，必有有司董其役。而地广事繁之处，非一官可办。若支分缕晰，具位庶僚，亦未足以佐之，则效力者之在所必录也。至如选录之要，仍当责之董理之有司，必先究其素履，验其材力，审其邪正，择可录者保之，而升之于公，然后亲为验视而录之，而试之以事。试而不称，即黜之，并究保者。试而称事，由细而巨，历委以试之，于是堪大任者出矣。夫苟有成效，必为荐拔，俾身受者奋庸，而闻风者尽鼓厉，此古用人之法也。要之始贵慎其选择，继贵严其考核，终贵信其赏罚。自可收任人之效，而又何有失人之患哉！”

大司马曰：“亲为验视，一谋面耳，安能定其贤否耶？”陈子曰：“孟子不云乎？‘听其言也，观其眸子，人焉廋哉？’盖应对举止之间，其人之智愚敬忽，大略可见。至其福泽之厚薄，亦不可不审也。故命将者福将为上，才将次之，勇将又次之。何则？夫福厚者，必得器厚也。其为人也，大抵皆坚凝持重，谦谨安详，奉上必诚恪也，任事必周密也，待人必宽恕也，临财必慎重也。其际危急之时，值艰险之地，乃能镇定而不惊，好谋而克济也。故曰观人者必观其心，而观心者必观其气也。”

大司马曰：“子言观人之法，我其试之。若劝惩之道，诚在于赏罚矣。我闻之古人云‘赏如山，罚如溪’者，何谓也？”陈子曰：“‘如山’云者，确乎其不可拔也，昭其信也。又山重也，所以明不轻也。‘如溪’云者，渊乎其不测也，亦可畏也。又溪深也，所以明不宽也。是故赏罚者，居上之枢机，作事之纲领也。信赏必罚，自可以驱天下之才，而成天下之务矣。虽然，犹未论其本也。从来治法固行于治人，而治人之本，尤在居上位者端之于己焉。公身膺重任，所贵敬以临之也，勇以任之也，明以察之也，勤以率之，宽以期之，信以要之，恒以守之也。备此七者，又矢以实心，惩以实事，将如声应响，如腕运指，庶司、百执事有不从风而偃者乎？于以捍大灾、御大患也，何有潢于此更有请焉？潢等臆度之论，又不若经历之言之亲切而已试也。故凡田夫老役有所陈说，皆宜采听，以备参详。此不任其人，而任其言，亦任人之一端也。虞舜好问，好察迩言，取于人以为善，故其智乃大。今人命意立说，必欲出于己而后快，自私我见之未去，安可以成大事、成大功哉？”大司马曰：“旨哉言乎，余敢不服膺焉！”

凡事必须人作，论任人详矣。泛记其语，何异科场中一篇对策？从其语切实行之，诚大臣为国因人之准则也。至于采听百姓条陈，恕其无等而不罪，择其善者而从之，此尤是居官要诀。俗吏不能行者，病在傲；幕宾阻其行者，病在忌。惟文襄当日能行之，省斋当日能劝之，留野今日能述之，贤矣哉！陈又大

源流第五

大司马问曰：“同一水也，何黄流湍急，独挟沙而行，易淤易决，与他水异？果其源有殊欤？”陈子曰：“河非有异于他水也。中国诸水，惟河源为独远。源远则流长，流长则入河之水遂多。入河之水既多，则其势安得不汹涌而湍急哉？况西北土性松浮，湍急之水，即随波而行，于是河水遂黄也。尝闻秦人之歌曰：‘泾水一石，其泥数斗。’今按渭流亦浊，不独泾然也。

他如燕地卢沟之水，其势酷似黄河，故俗称浑河。晋之沁、汾诸水亦浊，可知西北之水不惟黄河挟沙也。再考河自西域而来，其流虽浊，不若汴梁以东之甚。昔贾让之中策，欲引河灌田，邱文庄以经济名于时，亦不察其弊，而题之，谓古今善策，无过于此者。殊不知今日汴梁以东之河，若引以灌田，则禾苗必尽被沙压矣！乌可以灌乎？潘印川公之治河，去今为近。其所著《河防一览》，多中肯綮。后之议河防者，必当奉为金科。虽其所言险要，近多变迁，事宜亦有遗漏，然元贾鲁之后，深明河务者，潘公为最也。今稽其疏，有曰黄水所经河南之土最松。昔禹导河入海，经河南者止郏县、孟津、巩县三处耳。当时之水，未必如今之浊。今自河南郡之阌乡起，至归德郡之虞城止，凡五郡，河全经其地。故平时之水，沙居其六，一入伏秋，沙居其八。此岂无确据而言之欤？可知河之浊也，至河南而始甚也明矣。潢尝溯河之上流，惟宁夏、灵武诸处，至今犹引黄流以资灌溉。宁夏有汉、唐二渠，俱设闸以节蓄泄，水旱有备，民皆赖之。然定制：每岁清明起工，按产[1]挑浚，至夏毕事，方理农功，有司董之永以为则。由此观之，上流之水，尚不甚浊。然犹每岁必为疏浚，不然，沟渠亦淤，无所为利矣。又按：元临川朱思本所述河源，较为详确。其言自星宿海发源，行十数日，水犹清浅，可涉而渡。又行数日，水渐浑浊。则河源本清，与他水无异，不益可信哉！是其挟沙而浊者，皆由经历既远，容纳无算，又遭西北沙松土散之区，于焉流愈疾而水愈浊。浊则易淤，淤则易决耳。河之浊，且非其本然也。而谓河性喜决也，不更太诬乎？尤可嗤者，昔人筹河，有建议欲于塞外凿渠导之北流，入于北海，勿使经中土。谓既可阻隔华夷，又使中

[1] 产 《清经世文编》卷九十八作“座”。

土永无河患。论者莫不奇其策，只惜途遥，工巨难成耳。未有知其大谬者。曩见其说，不觉哑然失笑也。何笑乎尔？夫河之自西域而来，若无他水入之，止此一水，曲折行数千里，其势必衰，曷能为中国患？其所以为患于中国者，大半皆中国之水助之也。设导西域本来之水，行于塞北，而域内之水，自湟洮而东，若秦之沣、渭、泾、汭诸水，晋之汾、沁，梁之伊、洛、瀍、涧，齐之济、汶、洙、泗，其间山泉溪谷，千支万派之流，未易更仆数。凡此西北之水，安得不会为一大川以入于海哉！矧河防所惧者，伏秋也。伏秋之涨，尤非尽自塞外来也。类皆秦、陇、冀、豫深山幽谷层冰积雪，一经暑雨，融消骤集，无不奔注于河。所以每当伏秋之候，有一日而水暴涨数丈者，一时不能泄泻，遂有溃决之事。从来致患，大都出此。虽使河源引而行之塞北，乌能永免中国山水暴涨之害哉！”大司马喟然叹曰：“噫！彼论河源流者，率多传讹。今闻子言，可破一切影响之说矣！”

省斋之识若此，全河皆在其指掌中，岂必沿观直至星宿哉？读书明理，听言能以理断，留野所谓学博而有识，故言之如此凿凿。至于法本印川，推崇之不少讳，惟真豪杰有真本领，故豁达乃尔，非小才攘窃者可比。留野博学强记，与省斋同，故能于宿草屡经之后，详写故人之说，其文辞更工矣！沈点成

堤防第六

大司马曰：“论治河者，莫不以分杀河势为言。及考潘印川之说，先以堤防为事。子今力宗之，愿闻其详焉。”陈子曰：“拯河患于异涨之际，不可不杀其势。若平时虞其淤塞而致横决之害，更不可不合其流。是合流为常策，而分势为偶事也。设

专务于分，则河流必缓。缓则沙停而淤浅，愈浅愈缓，愈淤愈浅，不日而故道俱塞。河既不得遂其就下之性，势必旁冲而四溃矣。故潘印川曰：‘以人治水，不若以水治水也。’盖堤成则水合，水合则流迅，流迅则势猛，势猛则新沙不停，旧沙尽刷，而河底愈深。于是水行堤内，而得遂其就下之性，方克安流耳。所以治河者，必以堤防为先务也。且考堤防之缮，由来尚矣，非自潘公始。《禹贡》曰：‘九泽既陂。’陂者，堤防也。慎子曰：‘治水者茨防决塞，虽在夷翟，相似如一，学之于水，不学之于禹也。’解之者曰：‘茨防即今黄河之埽也。’《淮南子》曰：‘狟狢得埵防弗去而缘。’解之者曰：‘埵，水埒也，防土刑也。’‘埵’当作‘埵’，与‘塍’同。凡此所云防者，非堤防而何？”

大司马曰：“余闻宋太祖有云：‘夏后治水，但言导河至海，随山浚川，未闻力制湍流，广营高岸。自战国专利堙塞，故道以小妨大，以私害公。九河之制遂隳，历代之患弗弭。’论者悉推为知言。今之堤防，非所谓广营高岸、力制湍流乎？且曰力制，则非顺其性矣。而子以堤防束水为顺其性，其义何居？”陈子曰：“善治水者顺水之性，非纵水之性也。譬之人性本善，率之即谓之道。然《易》曰‘闲邪存诚’，又曰‘义以方外’。夫‘闲’与‘方’者，非多方防闲之谓乎？惟多方防范，而本然之性乃全。是防者，正所以顺其性也。倘人而任情纵欲，以为率其本性，此放诞者之言，其畔于圣人之道也远矣！治水亦然。纵之而就下之性反失，防之而朝宗之势乃成，此潘印川以堤束水、以水刷沙之说，真乃自然之理，初非矫揉之论。故曰后之论河者，必当奉之为金科也。”

大司马曰：“《禹贡》所谓九泽者，乃施之于潴水之泽，非于导川者言也。今导川而祖既陂之说，毋惑乎人之尚未释然耳！”陈子曰：“川泽虽有异义，古文每多互词。昔贤引经定案，原不泥近说。况今止论堤防之当与否，亦不必论人之曾用与否也。若《禹贡》无既陂之文，而今日合修堤防，亦宜毅然行之，况稽古有征乎？潘印川云：‘禹时之河，经于中州之地甚少，必不若今日之浊，故可分九河以杀其势。’于以知古之流可缓，而今之流断不可不迅，此又古今之异势，难以执一而论也。”

大司马曰：“子论甚快，余固无疑。顾《禹贡》所谓陂者，果与堤防之制有合否耶？”陈子曰：“甚哉公之善问也！夫陂者，坂也，土披下而衺侧也。此非陡崖之岸，乃坦陂之堤。后人以骑而可登，谓之曰走马堤。是即陂也。盖堤防之制，其基必倍广于顶，则水不能倾之。古圣人之一言，而作堤之法已备，洵言简意该也。至于近世堤防之名不一，其去河颇远，筑之以备大涨者，曰遥堤；逼河之游，以束河流者，曰缕堤；地当顶冲，虑缕堤有失而复作一堤于内，以防未然者，曰夹堤；夹堤有不能绵亘，规而附于缕堤之内，形若月之半者，曰月堤；若夹堤与缕堤相比而长，恐缕堤被冲，则流遂长驱于两堤之间，而不可遏，又筑一小堤，横阻于中者，曰格堤，又曰横堤。堤防虽多，不出数者。其作堤之法，遥堤去河远，必相地势，因高而联络之，其余随流以防范焉。取土须远堤根，筑土必旋挑旋夯。若近堤取土，则基不固。土厚方夯，则筑不坚也。筑成验土，旧法插签灌水，水不即渗，便为坚结。然插验之法，务于连晴之后，其铁签须细，直下直起方合。若辈作弊，签粗而摇宕之，则贴签之土先实，水亦不即渗，遂被掩饰矣，验时宜细察也。遥堤之外，离堤取土之地，即可成小河以资运料。缕堤逼流，排桩、衬埽所不可少。若在顶冲险工，尤必用护堤埽也。堤土插柳，可备卷埽，堤根蓄草，亦足御波。随地制宜，皆不可不喻也。”

大司马曰：“子言堤防详矣。若异涨之时，何以杀其势乎?”陈子曰：“遥堤去河颇宽。若异涨之时，溢至遥堤，河宽而势自杀。是虽合流，而分亦寓焉矣。所患者，三渎并涨耳。三渎者何？黄、淮及山东漕河也。每年水涨，或黄涨而淮不涨，或淮涨而山东诸水不涨，或淮与山东水涨，而黄反不涨。抑或有涨于春者，有涨于夏秋者。三渎不并涨，犹可御也。惟是一时而三渎适皆涨焉，其势遂莫之能御。若无以预为之地，一经泛溢，其害何可底止？是以遥堤之减水坝，断不可不设也。当其无事，人有议减坝为虚设者；及减水时，人又有议减坝为厉民者。此皆不知全河之事宜，而好为局外之论者也。夫减坝之设，譬如居室者，虽不日接宾客，而几、席必设，供具必备，偶有宾至，处之泰然。苟几、席供具不一设备，一旦宾客阗集，其何待之？势必怆惶莫措矣。有遥堤而不预设减坝，万一三渎并涨，而蔑由少杀其势，遥堤一溃，尚可救乎？兵可百年不用，不可一日不备。减坝之设，何以异是？或曰减坝泄水，大似以邻国为壑，毋怪乎谤者之谓厉民也。不知减坝之水，节制之兵也。所减有准，则不若堤溃之漂溺无算也。审利害者，若均之有害，必就其轻者焉。譬之子弟纵逸，即当裁抑其受困苦者无几。若不为节之，而至于逾闲越矩，将放僻邪侈，靡不为矣。其陷于罪，尚可言哉？此养痈之害，所以一溃而莫可救药也。夫减坝有天然之制，必在异涨之时，方有减下之水。若涨稍退，减即止矣，此出于万不获已，为保固全河于异涨之时计。方设是减坝，非若战国曲防以病邻国也。且遥堤之外，近有运粮小河，减下之水，将从小河泄之，亦略存大禹疏九河之意耳。设有淹及民田之时，不异偶逢涝灾，民田低下者乃罹之也。然低田一经黄水所淤，水退而土即垫高，次年必获倍收，损益亦正相等。要之设减坝，则遥堤可保无虞。保遥堤，则全河可冀永定。减坝与堤防，实又相为维持者也。虽有暂时之害，而实收久安之利，安得谓之厉民也哉？”

此篇及下二篇，乃实言治河之事。留野于二篇章法，前后有次第，读者不可紊乱之也。迅流刷沙，堤以束之，涨则又有减坝以泄之，其精之拟于率性，而大之同于治兵。清淮刷沙，亦即此理。文襄公逐层问难，真为大臣虚己之学，任事之忠，非省斋不能答，不能答即不能办矣。《左传》《史记》叙次战攻，一一如画，留野笔力足以当之。故读其书者，即可知治河不难。汪文漪

疏浚第七

靳大司马曰：“束河趋海，固以堤防为急务，岂疏浚竟可不事乎？”陈子曰：“疏浚乌竟可废也？夫堤防束水，固为行所无事。设处不得不疏浚者，又必有因事顺导之法，而不以人意参之，庶不悖神禹之道耳。如有溃决之患，先宜截筑决口两旁，掘沟下埽，以裹定其根，俾决口不致日扩也。若既决于旁流，则正流必缓，故道暂淤。若塞决口而不浚故道，则水将安适？水无所适，而决口之流渐筑渐逼，愈逼而水势愈急，欲望其遽合也，不几难哉？然疏浚故道，又未易言也。故道虽淤，岂竟如平陆乎？其浮沙、涂泥、滩河浅水，一望弥漫。欲事畚（插）〔锸〕，何所措手？少为开掘，水即随之，涝泥水中，焉能深广？甚矣，人力之疏浚未易言也。潢尝再四图维，而知以人治水，诚不若以水治水之为得其道也。是以欲浚故道者，莫若将决口之下，故道淤处，反筑一堰，截其微流。溯决口之上游，相度

形势，则开一引河，直通故道。夫故道淤处既截微流，则河底涸出渐可施工。止须开浚深沟数道，余不必尽挖也。俟上之引河既成，下之深沟复掘，然后并力下埽，以塞决口。及河流汹涌、势力加猛之际，遂开决口上流引河之口。黄流复际暴怒，有一道以泄之，势必直注引河，由引河而直趋故道，故道已开深沟，水有所容，必且沛然莫御，而停沙淤浅之处，便可随流而冲刷矣。河溜既归故道，而决口之事自减，因而再并力下埽，决口断无不合者也。于是知筑堤而水自可刷沙，乃以筑为疏，而疏且本于筑也。又当知导流而埽方可塞决，乃以疏为筑，而筑又原于疏也。凡此，皆治其所以然之故，而不外乎以水治水而已。故导河者，凿河之形，人力所成十之二；引河之势，水力所涤十之八。若以河患委托天意，此任天而不任人者，固失圣人范围补救之道，以河工全凭人力，此任人而不任理者，尤为小智穿凿，意见之私也。”

大司马曰：“海口淤垫，河流不畅，潘印川谓无可施工，惟当筑堤合流，导之冲刷，则海口自深。其说是已。但近年淮、黄入海之道，较昔渐狭，岂竟可无事于开广欤?”陈子曰：“唯唯，否否。夫海口浩渺，洪波滔天，欲事疏浚，诚难言也。然河挟沙，而海潮逆上，安得不垫?傍岸洄溜，尤易停淤。故以今较昔，沙洲出海，几及百里，而海口渐狭，势使然也。若终不浚，下流必壅，而欲上流不决，乌可得乎?是浚之法，亦不可不讲也。其法于近海两岸之内，各开一引河，挑土即培于引河之外，以作缕堤，其受河流处与入海处，且缓启其口，俟河形凿成，又必当河涨之时，方启其口，引黄分注于其中，以趋于海。初似析河而三，再将中隔之沙渚驾犁疏之，其沙必随波渐削，久之合三而一，则海口遂开广矣。此亦非全用人力，而半借水力以成之者也。若曰海口竟不可施工，印川之说不无漏议焉。”

大司马曰：“子之论真可补前贤未尽之旨矣。至运河淤阻，非人不为功，子有何妙画，其亦悉言之。”陈子曰：“南北漕水，皆入于河。间有河水暴涨，反入于漕之时，谓之倒灌。一经倒灌，漕必淤浅。如黄速退，而清水下注，便可束深，亦无待开浚也。惟虑清水旁泄，力不能刷，而黄水灌久，则漕不得不浚矣。此人力之必需者也。浚之之计，量度土方以估工费，自有常则。然计方论工，又不若聚夫而计担给值，随挑随发，尤为便捷。是在敏于任事者因时度地，酌而行之耳。至于河身广狭深浅之宜，又必计水之大小、流之急缓，量其水方，度其消纳以定之。待舟楫通利，浅者亦可渐深。倘朝夕停淤，深者行将渐浅。水无定行，工难终已，岁修额设，良有以也。”

古人以疏浚为治河之法，省斋以疏浚而济束河之穷，因时制宜，各有至理。筑堰以截微流，开引河以渐通故道，然后决口可塞；更欲施工海口，则又为引河、缕堤与黄河分而为三，然后暂俟其合而为一，补印川之所未逮。南北漕皆清水，使束之不旁泄，则不至于倒灌。不幸而有时倒灌，则土方、水方，各有量度之法以治之。于是河之表里，无不治也。周晓春

工料第八

陈子曰：“谋事者，人心也；赴工者，人力也；积贮者，赀财也；济用者，物料也。夫谋虑未精，不足以成事。然徒谋而人力不集，则托之空言矣。赀财不贮，不足以图功。然聚财而物料不备，则缓急亦无济矣。故欲筹河防，则工力与料物，不

得不熟计之也。”靳大司马曰：“考古塞河之役，动发卒数十万。今则不然，近河州县，有岁修额设之夫。若别有大工兴举，又随时召募，有司董之，义民率之，功竣罢去，似较古发卒为便。今之力役，岂尚有未善者乎？”陈子曰：“修举靡常，届期调发，恐有后时之虑。州县额夫既有定数，何不如丁银征科，解银河库，不时雇募，以免民夫起解及在工守候之苦，尤为公私两便也。至河流顶冲险要之处，其巡守之夫，无间昼夜，无分晴雨，皆须查视，方可不时抢救。向设有守堤夫役，虑无节制，惰弛不免也。潢思河工原比于军法，请即以军法行之。凡给食赴工之夫，尽募为支饷；守汛之卒，设千、把等官统之，以弁领兵，以大辖小，一如身之与臂，臂之与指。如此，则节制既有责成，而防御庶无疏虞矣。所虑者一法立，百弊生。每见营卒多开虚粮，武弁役使无间，而练习缺然矣。河兵流弊，恐一如之。若设则私役，缺则虚冒，不几名存实亡乎？所宜预立严禁，勤为查点，以杜弊端。然此所设之卒，为防守抢救之计也。若夫凿渠、筑堤，起建大工，非募夫不办。其法非可计土以论也，惟制府定其经界，酌其高深，量其寻尺。凡或筑或凿，皆以土方科之，命监司按则估计，以定经费之若干，然后监理有官，分修有官，画界派工，领费募夫，以从事焉。至于募夫，涣而无稽者也，必慎择义民以统率之。义民亦计土方，取值于官。自复计工散值，于夫其帑之不致于亏空，工之必期于合法，全视乎义民之得人与否，此在司事慎重择之也。胼胝畚锸，晴霁可作。时际阴雨，则相聚而食，其晴时所余之赀，不足偿雨时坐縻之费。役夫之食，恐致涣散，则土方之外，当量益以阴雨之食给，此又不可不预计者也。夫抢救防守若设，卒有定制，疏塞兴作，又量役以募夫，较古之拨发，诚为无扰而易集事也。

惟是精于厘弊，善于奉行，则不在治法，而在治人矣。”

大司马曰：“储料济用，欲有利无弊，又当若之何？”陈子曰：“埽柳、苇、苘，近河颇饶。需及时采运，贮于各险。至桩木来自江浙，甃石采于南湖诸山。而灰砖钉铁，悉事陶冶。其间若因公扰民，克价肥私，物既不能符式，料半属于虚縻，其弊正不可以枚举矣。祛弊之法，所当勤其稽核，信其惩究，则弊方不至太甚也。而其要，尤在预为储备，不使缓急无藉，此为肯綮之至论也。若夫砖石之工，以垫底深厚几层为固，下埽之法，以签桩入土多尺为坚。砖石用灰，须以沙炼。若灌灰浆者，尽属粉饰。埽用柳草，贵实以土，若松浮者尤易漂流。凡此，皆赖实心用事之人，实力董理耳。至濒海柴荡，随河东涨，有日广之势。其有裨于料，良非纤细，必宜设专官理之。凡造报之荡，取近河易运者，责取芦束，以佐大工。其余皆宜听民领管，或归灶户，或起滩租。裕公之中，复须利民，勿俾豪强兼并，滋为弊薮，斯善也。至于运载物料，皆系木石、柴草粗重之物，非借水力船只，何能搬运致远？向来修筑及伏秋抢救，俱封拿商旅行舟。夫封拿客舟，其为害民，自不必说。且仓卒之际，急欲拿舟，商贾闻风远避，往往有料无舟，以致徒手莫救小灾，遂成大灾矣。是宜疏请将河卒建旷银内动支，特造浚柳船只四五百号，分隶八河厅营，各拨兵目，为之催攒驾运，永着为令。则缓急运料有济，不致遗误险工。且拿舟之害民，可以杜其弊。此更有利公私、急须行之者也。”

雇募之夫，巡守之军，胜于古之调发。料物必核之勤，而储之预，炼之固，而下之坚。官理柴荡，特造运载之船，一一周详精到，不以大而遗细，不以精而弃粗，可大受，亦可小知。此诸葛孔明、陶士行之流亚欤？朝物齐

因革第九

靳大司马曰："潘中丞之治河，去今为近。其规画可法者固多，抑有与今异者欤?"陈子曰："治河之理，千百世不易，岂有明季至今而异也? 惟是水之形势，与世推移，而险要遂异，流行亦殊，则规画因以不同耳。即如明弘治间，河决荆隆口，溃黄陵冈，山东张秋镇几没于河。乃在曹、单等县，筑太行堤障之。嘉靖初年，河渐北徙，济宁鲁桥以下，河道淤填。二十六年，河复决曹县。四十四年，决沛之飞云桥，逆流东行，逾曹入昭阳湖，东平州平地水深丈余。万历十五年，又决荆隆口，长垣诸邑俱遭昏垫。是明时山东每有河患，长垣一带，堤防甚要。自本朝来，徐州以上堤固流深，绝无疏虞。虽防汛难忽，而险要已销矣。再如北运河口，明万历间，犹在徐州北岸。黄涨时，辄灌入古洪，内华等闸动至淤塞。禁闸启闭，岁加挑浚，殊费经理。今北运口渐改而东，黄水北灌之患永除，此皆今昔之各异者也。再者运河南口，明时例谨闭通济闸。粮艘过淮后，每岁六月初，即于闸外筑坝，以遏黄流。霜降后，黄水退，回空之时方启。凡一切南北往来之船，俱于五坝盘过。潘中丞叮咛告戒，以为此例断不可易。及本朝来，五坝俱废，通济闸口今复改制迁回，其道以接受清淮。若高堰加修，淮水不致东泄，得以全力敌黄，则黄水自不倒灌。此不特遏黄之坝永不必筑，即广济一闸似可不用，而南北往来之舟楫无复再事盘坝矣。此更今昔之不同也。夫高堰为全淮保障，自汉末陈登创建，至明初陈瑄大葺，中季潘中丞又加筑焉，迄今独为两河关键。但堰之迤南周桥一带，潘公不加修筑，其意虑淮水大涨时，借以泄泻。迨我朝，而流水之处，渐次刷决，以致淮水东注，遂有清水潭之大患。今不若将周桥一带接建堰堤，则清水潭之决口终难以塞。此明时可不全筑，而今必堤防之者也。然全筑之固，所以蓄淮水而敌黄流。顾淮水异涨，而不为先泄，则堰终难保，此减水坝之必不可不设者也。潘公留越城、周桥之余地，以泄淮涨，孰知流弊致清水潭之害？今接筑之以补其缺略，仍置减坝以神明其宣泄之意，是又今昔方略之不同而同者矣。明万历时，北运河犹出古洪口，屡塞屡改，百余年中，运口十改。迨东移至皂河口，虽明所苦吕梁洪诸险皆已不经，然倒灌之患犹或不免。今康熙二十年闭皂河口，又顺流而东十五里，出张庄运口，遂免倒灌，而运艘尚经由黄河二百八十余里，不无牵挽之瘁，风涛之危。潢已于九里冈一带，黄河北岸之内，间开运料小河，将来因之联络，开浚引汶、沂之水，直近清河县上流，从仲家庄入于黄河，则北河之口愈趋而下，不特黄流倒灌之患永绝，而漕艘过淮出南运口不二十里，即入北运口，可竟脱风涛之厄与牵挽之劳。利国储而息军力，不无有裨，此更古人所不及计，而今可渐为规画者也。其他如明季虑睢水直射泗州，有妨陵寝，特筑归仁遥堤以捍之，使睢水北入于河也。今睢水已尽，南入于淮，正可助淮敌黄，而归仁一堤，不甚扼要矣。又嘉靖间，于黄河北岸王家营东，冲开草湾河，夺黄流十分之七，至赤晏复归大河。是时清江浦喜河北徙，特以为安。当事者或以议塞，或议因之而浚，纷纷不一。今已全淤，浚塞均可不议矣。此皆因革之大凡也。要知水性本动，而黄为尤甚。其变更迁徙，原是无常，固难刻划古人成迹而治之也。惟是可信者理，可守者法，有事则顺理以调剂之，俾弥其害，无事则守法以谨防之，俾安其常。一日如是，千百年亦如是。即河有因革，而理与法安有因革哉！”

谈经济者，援上古不如证近代。盖近代之与今世，其规模相似，而转移不甚悬殊也。然即其二三百年间，非多见多闻，亦戛戛乎难言矣。省斋熟于史事，明代河道，历历可数，以是而推之，前后之因革，五帝不袭礼，三代不沿乐，俨然有损益。古今气象，河有变而理与法无变。嗟乎！吾恐变者之不能善变，又恐不变者坐视河之变也。如文襄，其可易得耶？陈又大

善守第十

靳大司马曰："河之为患，终古不息，岂遂无一劳永逸之策乎？"陈子曰："宇宙间万事万物，皆有变更，固不独河为然也。试观城郭、宫室有数千百年不倾圮者耶？即如常人庐舍，犹须岁为葺治。若不及时绸缪，飘摇风雨，所不免也。凡此静业，尚不能不敝，况水属动者乎？水而依山，或不挟沙，犹不速变。若黄水自中州而东，容纳既多，流于平旷之境，而又挟沙以行，欲其不变，安可得乎？故一劳永逸之说，治他水或可言，而独难言于治黄也。虽然，黄之不能常治，究人事之不能有恒耳。盖致害之端，无不兆于几微，而成于怠忽也。是以爝火不息，至于燎原；蚁穴不塞，至于沉灶。其所由来者，亦甚微矣。防河者果能察几虑远，杜渐防微，一人理之，千百人一其心以行之；一时定之，千百年遵其法以守之。少有冲刷，即卷埽以护之；少有渗漏，即退筑以阻之；少有淤垫，即束波以涤之；少有泛溢，即量减以泄之。时时防闲，在在检饬，自可消大患为小患，弭小患为无患。欲期久安长治也，何有无如人事之不能有恒，乃势使然也。或始勤终怠，或顾此失彼，或迁官罢去，或病疾死亡。自一官而论，已不能必其有恒矣。再者人怀殊心，各立异论，或勤惰不同，或公私各别，或习安而忘危，或喜新

而厌旧，种种无恒，河患随作则自众人而论，更不能必其有恒矣。人且无恒心而欲河之恒治也，不綦难哉！惟得公忠大臣，深明河务者，朝廷信任不疑，俾之久于其职，督率属员，惟怀永图。再简贤能，副其官，讲习有素。即属员俱宜永任，有过则降黜；若勤劳著绩者，增其秩，毋迁其官。一如钦天监、太医院之员，皆专习其事，自必谙熟其理，庶几陈、毕继治而协心，萧、曹相承而宁一。将奠定之功，克守一年，即可弭患于一年；克守十年、百年，即可弭患于十年、百年矣。独是守之之要，不特遵其成法，又必通其神明。故有不轻更张而为守者，更有随时变通而为守者，此又顾其人之何如耳！嗟嗟天之生才不数。即生其才，而或未必用；即用而或有间阻，又不获尽其才。此其间则有天焉。若曰人事既以克修，而天意尚有难必。是为流俗人之言，而非深明治河之理者也。”

文襄公思及善守，是真以天地万物为心。往古来今为己任，非徒建功名于一时者。省斋不责之群有司，而责之大臣公忠，可谓深知治体矣。予尝谓天下久安长治，原不难，只任宰相、九卿、督抚、将军得其人耳。大吏得其人，则庶司百职、进退黜陟无不当，而遐陬僻壤，人皆各得其所矣。为人君者审此，岂非劳于用人而逸于致治哉？朱纲伯

杂志第十一

靳公初莅河，于时黄水决者数处，而杨家庄之患为尤大。河流尽归决口，北流入海，正河淤浅，漕不得达，宿迁以东北岸民田皆成巨浸。陈子不为浅近补救之计，不即筑塞决口。先导南岸淮水，从清口畅流，以涤下流入海之淤浅，使故道以疏，然后溯决口之上游，从南岸开凿引河，引流入于故道。清口既

不倒灌，故道既得疏通，河水已半归故道。于是决口之势稍杀，随即卷备巨埽塞决。是时一埽之大如陵阜，约值千金，数百人挽之，以填诸决，而决口之河流奔涌，尚且掣埽漂去。有作埽之良工立埽上，随之没于河，人皆股栗，束手无策矣。陈子复酌多开引河，分水势，趋于故道。斯决口之流大缓，渐可筑塞。然将及合时，一夕水涨，复报溃开，官吏役工莫不相顾失色，以为此工必不可成也。惟陈子镇之以静，徐曰："偶值水涨耳！俟水消退，仍塞之，必可合。"后竟如其言。若非陈子之明识定力，欲决之塞也难矣！

黄流之倒灌北运口，其害已非一日矣。明时漕艘历吕梁，抵徐州，进镇口闸北运。每年黄涨，即逆流进闸，辄致垫塞。因立法俟漕船进口，即闭闸禁行。至秋深水退，方为启闸，放回空之船。然后涝浚之工，究不能免。后渐改而东至皂河口进北运河，难脱吕梁诸险。然黄河倒灌，犹未免也。靳公甫督河，骆马湖口已经淤断，漕运无由北达，危急异常。陈子即相度水势，建议创挑皂河二十里，复挑支河三十里，由张庄运口北上，于是黄流北灌之患方息，其故何哉？盖以运口愈东，则地势愈下，北水从上注下，以顺入于河，而黄水不能自下而上，以逆入于漕也。况至张庄运口，又北接骆马湖之水，合流入河，而力更足以敌黄，即稍为更定除数百年倒淤之患。非深得水之情性，其孰能之？

南运河口自明季以来，漕船俱出甘罗城口之天妃闸。初时闸口逼近黄河，河水浊流便易倒灌，比北运口之倒灌为尤甚。淮安一带运河，遂致淤垫。每年冬季，必大兴工挑浚，方可济运。且黄水既倒灌运河，则淮水不能畅出清口，以致高堰水势日增，下河被淹，为害甚大。陈子建议改进太平坝，迁其途以避黄水内灌。设或黄强淮弱之年，间有倒灌，黄水势退，清淮畅流，旋将淤泥即为冲刷，仍不垫浅，漕运可无阻滞。一转移间，岁省民力、财用无算。上济漕运，且保高堰之危，杜下河淹没之源，真在无声无形之中也。

清水潭者，在高邮之北，运道之所必由者也。淮水东溃，将堤防尽决，数十里略无畔岸。湍波冲激，旋为渊深，故曰潭也。初时，因漕船经此，辄被漂汩，运道中阻，势在必修。然塞之必随水而泻，屡修屡溃，茫无津涯。估工者计费百万，讫无效也。靳公既督河道，在所必理。陈子周视形势，遂估计其费，以为十万可塞也。监司以下，皆不敢任其事，谓前估五十余万，今估十万，费省十之八，焉能冀其有成效？于是陈子躬自治之。陈子知清水潭之致患也，由于高堰迤南，潘印川留越城一带未筑，以泄淮涨。及泄泻日久成河，九道其流不可遏，由高邮湖直冲而东，遂成清水潭之患。陈子先将越城一带，接高家堰而筑之。既障淮水北行，尽出清口以敌黄。而清水潭上游之势顿缓，水便减退，即易为功矣。陈子又计潭之中最深，若必欲径直筑堤，潭深未易填也。乃环潭而筑，稍迂其道，就其浅处施工，而其事又易矣。且他人视此工甚险，谓必以竹篾载石下之，或谓以舟载铁沉之，纷纷妄议。陈子以为制水者土也，止须土筑。乃就近岸浅处，渐次运土筑两堤于水中。约筑半里许，两头坝住，将水戽干，即于两堤之中，挖土接堤再筑。不特取土不远，而河且深矣。又筑半里许，其作坝、戽水、挖土接堤，一如前法。渐筑渐挖，而清水潭数十里之间，竟成长堤二道。运艘行乎其间，永无漂涨之患，故今谓之曰永安河。真省费而奏功易，非人意料所及。既成之后，又若行所无事焉，亦神乎其技矣。后之治水者，诚不可不奉为章程，而会其意旨也。

北运河口改至张庄，虽免倒灌之患，然漕船自淮出清口，溯流而上，尚有一百八十里之遥。重载逆水，固属难行，而黄水之湍急，于徐州以东更甚。每船过黄，增雇短纤必二十余人，而日行尚不过二三十里。况遇暴风水涨，不无漂淌之虞。浅洲淤沙，更有起驳之累。故漕艘之过黄，多费而且怀忧，良以大厄也。陈子因修建遥堤，乃于宿迁以下，如七里沟、上渡口诸处，取土筑堤，即间开运料小河，后因而规度于黄河北岸之内，另疏一渠，泻北运河之水。从拦马河起至仲家庄止，凡一百八十里，就运料小河，通而浚之，扩而深广之，所费颇节，而中河之运道成矣。使漕船出清口，止于黄河行二十里许，过清河县，即进仲家庄闸，悉由平流以北运，永免黄河风波之险阻，且省纤挽之劳费，又可速于趱程，不误漕限。运丁之戴颂，欢呼至今，口碑载道。嗣后每年漕运，从无稍阻。至于民船北上，因经黄河者止二十里，小舠叶舟，皆可直达于通州。裨国便民，匪可言殚。洵哉中河之闸，百世之利也。凡此疏筑大工，皆以靳大司马言听计从，即为建白，更仰赖朝廷圣明，乾断允行，方俾肤功克奏。然陈子竭智纡筹，澹灾兴利，其经世之学，诚有不可泯没者也。

漕船过清江浦，必由新庄闸出太平闸，而新庄闸之南，另疏一渠，由七里闸亦可出太平闸。每年大抵由新庄闸者居多，其设七里闸者，以备新庄闸之敝。或欲修造，则由七里闸也。其年正欲修新庄，遂由七里。适淮水暴涨，漕艘逆上七里闸甚艰，日止过一二船。漕院羽檄，来相催促，以误河政之误漕也。奈闸口水势甚紧，急切不能飞渡，靳大司马有忧色。陈子曰："是不难也。"当夕下片纸，谕有司于七里闸之上游，凿数涵洞，引水出于闸之下。不日涵洞成，闸口水顿平，日报漕船过数十号矣。留野张氏目击其事，惊叹不已，问何以闸上凿涵洞，而水遂平也。陈子曰：“闸上凿涵洞，则水泄而势缓；闸下得涵洞之水，则水长而势平，岂尚虑闸口之湍急难过哉?”留野曰：“噫！此真得水之性情者也。而子之算亦神矣!”

淮郡之东真武庙者，黄流所经之处也。一日者报河决真武庙，此乃旧决口，今复溃开。靳公不觉失色。陈子曰：“无虑也。潢请即往视之。”及相视而归，共问为害若何，以必须急塞也。陈子曰：“可不必塞。不数日后，自塞耳。”人皆异其言，尚疑信参半也。无何，果报决口之水退出，其溃处已塞矣。留野张氏更为惊叹，复问其故。陈子曰：“人以此为旧决口，向年难塞，宜乎共相忧虑也。但不知此乃下决口耳。水从来未有决而上流者。若欲由真武庙决而下行，地多陵阜，水去必不能畅其性，势必返而仍归于河。况黄水挟沙，决而不能畅流，其沙俱停垫于所决之处，行即自塞矣，无待人力也。”是时淮民不知陈子不塞之故，但闻其言曰‘决将自塞’，未几其言果验。民遂有河伯降生之谣也。以上二条，虽无关乎大工，然陈子之论，深得水之性情，可以为后世法。特附志之，亦举一隅之意云耳。

前此一篇，通论治河之理。此云“杂志”，非果杂也，乃省斋佐文襄公治河之实迹也。文襄公特疏其有大功者五，此与之相发明。按省斋有测水法：以水流迅则如急行人，日可行二百里；水流徐则如缓行人，日可行七八十里。即用土方法，以水纵横一丈、高一尺为一方。计此河能行水几方，然后受之其余者，皆以计宣泄之。此出彼入，使游波宽衍，不致薄堤。凡置闸通漕，率用此方。第七篇所谓“水方”者是也。清水潭，是省斋改作。若如众人之议，则虽费帑金五六十万，亦终不能成。

何则？以一潭受全淮之水，愈久愈深。深处筑之，旋筑旋坏，立下流而承上流之滔滔倾注，虽使铁石当之，亦不能久存也。故省斋谓疏河当先浚其下，塞决则当先治其上。于是将减水翟家坝三十里，与九道之河尽堤而塞之。上流既治，然后越潭避险，相湖中浅所筑堤，堤纡而长，厥根牢固，而清水潭改移其处。自此舟行不患漂溺，而下河七州县不至弥漫矣。方其始作时，郡有司谓塞筑上流，恐下流未救而上塞先溃。且湖中筑堤，事所未经。而向者程工六十万，今反减其八，以为十万可就，是必不能，甚有面陈不可之状，至于泣下者。省斋持议愈坚，文襄公佐之益力。及其成也，为时几何，人役几何，草柳铁木石几何，所估不失毛发。其改南北两运口，北者不由辽阔之骆马湖，而于大泽中凿河以行；南者业改闸于淮内。运河抵受淮水，淮又足以御河。然予闻省斋有言：佐大司马治河无憾，惟南运口尚思再有改也。中河之利，公私便之，万世赖之。以上列之为五大功。若杨家庄，即所谓疏河者。先浚下，其人所股栗失色，而能镇之以静。乃留野所谓饶胆略者也。七里闸、真武庙皆是饶胆略处。又按：中河迤北，复有重河障之以堤，山东之水尽由此入海，黄河不忧其加涨。更相所在，多建闸坝，故黄河与山东之水得以互相游息。而黄河南岸，又有坚堤以障之，不虞其再溃。将从此黄河永不他徙。其中河与重河之间，又有通河，以备蓄泄。区画之详，不可殚举。陈又大

辨惑第十二

留野张氏问于陈子曰：“近来河防致患之由，大率以黄水倒灌入淮也。淮既不能出清口，势必东溢，尽淹高、宝诸州县。黄水分泄入南运河，则出海之势自弱，于是沙停水滞，而上流

傍决之患遂作矣。此患之不息，而费以不赀也。以愚计之，莫若竟塞清口，使黄流直注于海，再将淮水顺其性，而南入于江。孟子‘排淮泗而注之江’一语，俾黄淮分流，则永无倒灌，而诸患之原可弭矣。惟是漕船北运，必由清口以出，岂可竟塞乎？不知国帑之费于河工亦多矣。愚意漕艘竟造南北两班，南班之船运至于淮，即由六坝盘交北班；北班另造小样之船于黄河受载，运送通州，省每岁河工之费，以为增造漕船及两班分运之需，亦不甚远，而淮泗水患可息，民得安土而居，岂非澹灾之策乎？”陈子曰：“子能通计黄淮形势，及漕运大略，而发为此论，亦见子留心经世之学矣。特未知近代淮黄亦曾分流矣。元时运道漕船由江入淮，由淮顺流出庙湾海口，从海道北运。是淮原未尝与黄合流入海。而元时河患，仍未息也。迨明初，平江伯陈瑄始增修高堰，开清口，导淮入黄，漕艘溯黄流，浮汶卫诸水而北上。是时防闲得其道，不独河无泛滥，而漕亦克济。是元分淮黄，而患仍作。明合淮黄，而功亦奏。由此观之，水患不息，岂仅因淮黄之相通哉？况黄水自中州而来，至彭城以下，河流愈浊。及将入于海，又日有两潮逆其流，若无清淮从而涤之，则海口尤易于淤。平江伯引淮入河，同趋于海，止欲涤海口之淤也。譬之人食稠糜，必易于哽咽。若漱以清茗，有不利喉而下者乎？”留野曰：“余窃以为分淮黄而导之，乃顺其性耳。元时分流，而患不息，或别有故。今闻子言，方知黄之入海，有借于淮。余之议，姑存以备参考可耳。”

下河议兴，靳大司马疏请筑长堤二道，障各减坝之水，直达于海。议者嗥然，以筑堤于地面，架水而行，非水由地中之意，且河形既高，则田反在其下，被淹之田，潴积之波，安能归于堤内，以泻入于海耶？闻其说者，皆不能无疑于长堤之策也。留野张氏因其说而问难于陈子，陈子曰：“子亦知下河之何以议开乎？夫下河高、宝、兴、泰七州县之被淹也，非淹于雨泽之过多，实淹于运河溢出之水也。夫溢出之水由高堰而来，白马、泛光诸湖不能容，运河不能泄，乃溢注于下河，源源不穷也。若无一渠以达之于海，则日积于七州县之区矣。此七州县之所以被淹，下河之所以议开也。若止虑雨泽淫潦，而欲泄之，则原有庙湾、石、串场、芒稻诸河具在，又安用别治一渠哉？今人不明开下河之故，而漫然为局外之论，是以有堤高于地之惑也。须知七州县之地，其形如釜。西近运河，地势固西高而东下，东近海滨，又东高而西下，此范公堤之东障海潮，为百世之利也。倘凿渠以东通于海，不特减坝之水不能逆上而出，将海潮且溢而入矣。今再四筹画，不得不于淮郡之南、高邮之北，筑长堤以护减下之水，向东北就下，而行朦胧港，以趋归于海也。果将减坝源源之水送之入海，而田中所潴皆属无源，不难日就涸竭也。彼谓田水反下不能入渠为疑，试问开下河为泄田中之水乎？抑为泄减坝之水乎？若为泄减坝之水而开渠也，又何疑田水之难泄耶？”

陈子既定开浚中河之计，人尽知浚成之利，而仅虑创凿之难耳。惟竹冈周氏以为黄流与中河相隔密迩，黄之泛滥莫测，或决入于中河，恐致合为一渠，终非可久之策，问难于陈子，陈子曰：“子之虑诚远矣。然而河防之计，其可信以垂久者，惟有谨守之一法也。倘疏于防范，即相越数百千里，而患将及之。若勤于守御，虽止隔一缕之堤，而可恃以永久。如清江浦之运河，与黄止隔数武耳。而几百年来，保固无虞，民居列市于堤上，前门临运河，后门逼黄水，尚处之泰然。是未可以两河相近为疑也。”

初，靳公抚皖时，陈子见卢、凤间多荒芜旷土，因议为沟田之制。说本井田之沟洫，而规画便宜，实利民而可行也。维以靳公移节河干，其事不果。迨乎两河奠安，向所淹溺之区，渐次涸出。陈子复理沟田之说，先于安东之野，就湖地而屯垦焉。试之而利，因筹帑金之耗于河工者无算，可即涸出之土田，开屯收息，以偿库项。后日者屯租积储渐多，可以备防河之费，则国帑可节，且两河无业之民，招之播种，又使各安其生。筹画再四，遂有屯田之举焉。其要先构庐舍，定疆界，给牛种耕具，以招徕流移，归者如市。畴昔所叹为汗下之泽国，行见墟烟相望，比成沃壤矣。夫水土平而农事作，裨国计而益民生，方谓太平盛业，无有过于此者也。及辟土渐广，而豪强占利，私垦亦多，司事者从而清厘之，怨谤乃起。是时忌功者流见治河告成，苦无从媒蘖短长。适因屯田之事，奸民散布流言，欲阻挠屯政，以利其私。而忌者乘之，得以诬陷矣。或者深咎陈子曰："河工奏绩，既上答国恩，下拯民患，功成名立，可以不朽矣。何为复营屯政，致起谤端？子岂独昧于此耶？"陈子曰："人臣事君，稍有利于国计，有益于民生者，必当竭尽其智力。若见为可行，而苟且从事以自图，远嫌避谤，偷安处逸，其心事尚可问哉？夫屯田之兴尚矣。自赵营平、诸葛武侯、羊叔子诸公而后，凡屯田者无不利于国，此从来明验也。今于河流淹溺之区，就其涸出者给牛种耕具，招无业之民而屯之，何害民之有？倘得会勘，潢当敷陈于廷，圣天子明烛万里，必且洞鉴劳臣之微忱也。"惜乎陈子抵京，积劳且愤，一病不起，而其心究不能白于天下也，悲夫！

辨惑四条，人所必不能无疑于省斋，因而不能无疑于文襄者。留野辨之，而其惑始释然。后留野表彰故友之心无所遗，而其归美文襄之义亦无所阙。按文襄公固天所特生以治河者，又生省斋以佐之。省斋渡黄河，目之为沟，此非狂言，盖省斋具观物之智，能推小悟大，亦能敛大归小，即园夫野农凿沟行水之法，而通之以治天下之大水，诚旷世之奇才也。而文襄公不矜不伐，取人之善以为善，用人之才以成功，岂不更与古圣贤同量哉！留野著书，传之以教万世，其心术愿量，亦岂浅夫所及也！周晓仓

卷十

河防摘要

黄运两河纪略

盖闻治河之法虽殊，其要不过因势利导、以水治水而已。四海之内，有四渎焉：为黄，为济，为江，为淮，顺其性，则资其利；拂其性，则受其害。自国家定鼎燕山，岁漕取于东南。其攸关运道民生者，惟黄淮为最。黄之发源于昆仑，济之发源于王屋，江之发源于岷山，淮之发源于桐柏，载明舆图，姑勿具论。试就黄、运两河形势而言之，黄河自三门、七津以下，南合伊、洛、瀍、涧，北汇济、溴、沁、丹，奔腾东注，浩浩荡荡，一入孟津，地当孔道，民址稠而城郭密，土性松而冲决易。凡水急则沙行，水缓则沙停。当伏秋异涨之际，使无堤以障之，势必至水行地上矣。于是乎有遥堤焉，有缕堤焉。黄水泛滥，因遥以汰黄，可无漫溢之虞。黄水归槽，借缕以束黄，可免淤垫之患。设使诸水并涨，有迎溜冲决之处，非一堤所能捍御，则抢筑月、格等堤为之重门。考南岸堤工，起于河南之荥泽，止于江南之山阳。其沿河经历豫省，属开封府上南河厅者，为荥泽县，为郑州。州北临河，有闸通贾鲁河。其东为阳武，南岸为中牟县。属下南河厅者，为祥符县，为陈留县，为兰阳县，为仪封县。属归德府管河厅者，为考城县，为商邱县，为虞城县。迤东接江南界，属徐州厅者，为砀山县，县东有毛城铺闸，泄异涨水，入小神湖。再东为萧县，为徐州。州西有王家山天然闸，泄异涨水，入马家湖。以上各闸诸湖，悉归洪泽湖，出清口。又东为灵璧县，为睢宁县。属宿虹厅者，为虹县，为宿迁，南岸有白洋河、祥符闸，通归仁等三闸，湖水盛则开放，泄水入黄河。属桃源厅者，为桃源县。属山清外河厅者，为清河县，对岸有张福等口，通洪泽湖。汇黄迤东，有运口，入里河、扬河，通江，为山阳县、清江浦。河北经安东县对岸，通西坎，历十巨，由苇荡入海。北岸堤工，起于河南之武陟，止于江南之安东，其沿河经历豫省。属怀庆府沁河厅者，为武陟县，正南广武山对岸，沁、黄交汇处。属怀庆黄河厅者，为武陟县秦家厂、马营口，为荥泽北岸。属开封府上北河厅者，为原武县，为阳武县，为封邱县。属下北河厅者，为祥符北岸，为陈留北岸，为兰阳北岸，为仪封北岸，迤东接山东界。属黄河厅者，为曹县，为单县，又东接江南界。仍属徐属厅者，为丰县，为砀山北岸，为徐州北岸，有李道、华家楼，九十里无堤处，泄异涨水，由石林口入微山、昭阳等湖，其下为吕梁洪。仍属邳睢厅者，为旧邳州。仍属宿虹厅者，为宿迁县，县西有骆马湖口汇黄，上达洳运，下通中河。仍属桃源厅者，为桃源北岸。仍属外河厅者，为清河县，为山阳北岸，有鲍家营泄异涨水，由盐河入海。属山安厅者，为山阳北岸，为安东，过云梯关下九套，由青沙、红沙入海。

三省堤工，几二千里，势有曲折洑回，险有埽湾迎溜。若北岸逼近运道，犹当加意防闲。何则？上源决则下流垫塞，决之后非数年汕刷，不能复元。或建筑等堤埽坝以御其冲，或开挖引河滩嘴以分其势。必使旁无夺河之隙，然后水由地中行，由是而漕艘进瓜仪，出运口，入中河，历八闸，通济汶，会漳卫，下天津，溯流而达通仓，岂非堤工为之保障哉？是黄流顺轨，而后运道、民生安焉矣。考淮河自光县以下，历江南泗、寿等州，合七十二山河之水，同入于洪泽湖。由张福口、天然河、张家庄、裴家场、帅家庄、烂泥浅、三岔河等七处出口，是为清口，即淮黄交汇处。复折而东，为甘罗城，即运口，下天妃闸，过清江浦，经淮安，历高、宝，达扬州，出瓜、仪。通江济运，咸于高堰、清口是赖。考高堰险工，自运口武家墩西南起，至秦家高岗止，计长八十七里有奇。其名为史家占，为高家堰，为六安沟，为（候）〔侯〕二门，为老堤头，为小黄庄，为禹王庙，为高良涧，为龙门大闸，为潭相公庙，为清水潭，为周桥，为古沟，又西为滚水北坝，为塘埂大坝，为滚水中坝，为夏家桥坝，为滚水南坝，为天然二坝，旧名六坝。又西为蒋家坝，为翟家坝堰。东南即淮扬一带运河。河之西为清荡河，为平湖，为白马湖，为宝应湖，为泛光湖，为界首湖，为高邮湖，为邵伯湖。河之东为渌洋湖，为艾菱湖，为得胜湖，为广洋湖，为射阳湖。万一洪泽湖水涨满，恐妨堰工，则量开天然二坝，俾水由草字河下高、宝、邵伯诸湖，溢入运河；或由高邮州之滚水、车逻等坝，入射阳诸湖下海；或由江都之人字河、芒稻河、八港口下江。惟是上源无倾倒之势，而后下流免横流之灾。若堰工修理不坚，一遇异涨，即有冲决之虞。非大开六坝，不能保守堰工。淮既建瓴而东注，黄即乘虚而逆流。由是清口淤垫，运道梗阻，而下河之高、宝、兴、泰、山、盐，尽饱鱼腹矣。必也建筑高埝，紧闭六坝，俾淮水不旁泄，黄水不倒灌，然后清、运畅流，东南岁漕数百万得以衔尾而转输。淮阳两郡农工商贾，得以安居而乐业者，非因势利导、以水治水之力乎？司河者果能因时制宜，绸缪未雨，将见亿万年永保安澜也。

修建大工

修建大工，要慎重物料，设立厂房，以稽出纳。桩绳縷橛，各有所司。用则检点而出，不用则照常封贮。日间查点烟火，夜间巡防盗窃。凡下埽，要埽台宽坦，庶卷拉舒畅，且省人力。挑挖埽槽，要深净。一切树根斜横之物，以及旧桩烂埽，务要刨尽，以防新埽桥搁不能平蛰，致成汇崖之险。至于藏头门埽，最为吃紧，下时要相度形势，绳缆桩橛必须倍用。傥裹头稍不如式，定有串水揭头之患。若遇深水迈埽，尤当慎重。险要工程，下一埽要得一埽之力。宁可谋而后动，以保万全。慎勿轻率，致生他虞。埽未着实，不可即早签桩。惟镶垫多用骑马，俟埽个垫稳，方可签钉。用桩要拣选坚实元直之木，切忌湾细空朽之材。一或不慎，不惟不能得力于目前，正恐贻祸于将来。签桩之时，务嘱其靠山，毋任其陡直。恐一遇蛰陷，桩头出张，即无力矣。临河无不蛰之埽，工险时慎勿慌乱，要看形势轻重，相机抢护。若果物料、人夫凑手，临时调度有方，自然化险为平矣。初下之埽，所重在看守。揪头、钩战、留橛之人，要松紧得宜，时刻小心，方无错误。蛰陷之工，猫洞串水，溃堤裂缝，埽个抽撤，此责在守坝弁目。日夜巡查，预防无懈，遇险则竭力抢护，庶可易危为安。一切绸缪未雨，临时自无周章之患。上下戮力同心，虽险必无意外之虞。所谓章程定而糜费省，赏罚明而功效收矣。

约言六条

一、筑堤不可草率也

未筑之先，宜相度形势，择高阜老地，勿近洼下河形。盖地高多好土，地洼多浮沙。丈量估计之时，须用水平打探，逐段分别高下，树立封墩。假如估堤高一丈，顶宽三丈，底宽九丈，此六收法也。忽遇一段较两头地势洼一尺，则将此段估高一丈一尺，顶仍宽三丈，底宽九丈六尺；洼二三尺者，照此递加。庶堤工告成，方得通长一律。即使水至堤根，亦无洼下漫溢之患。凡堤有缕、遥、越、格、戗之别。临河者曰缕，离河远者曰遥，遥单薄而为之重门者曰越。越有里外，盖在因时制宜，间于遥、越之中者曰格。虑河势变迁，临河堤工万一失守，水遇格即可捍御也。大溜逼近堤根，欲为卷埽之基，或堤工有渗漏之病，于背后帮贴者，皆谓之戗。临河用卧羊坡，一名走马坡，是外坦里陡，四二收分，便于下埽也。遥、格则用马鞍式，内外平收可也。至将筑之时，先委明白工程官一员监筑，然后分派承筑各员，须用封墩号橛写明官衔、段落、高宽丈尺，令承筑各员，先将分派本工地上，行硪二三遍，再加新土，是平地之病根已除，他日可免蛰陷浸渗。此后每层须用润泽散土，毋用焦干大块。盖润散则遇硪即固，盛水不渗；焦块则夯硪不胶，遇水即漏。以虚土八寸行硪三遍，打实五寸。如此层层到顶，必能坚固。又虞两坦硪力不到，务用散润老土，普面蔓盖数寸，行硪四五遍，播种草子，经春草根固结，庶无水沟浪窝之患。虽估计有水旱远近之别，第硪工甚巨，若将头觅硪，亦足以工完。公筑堤者，止可令夫头包土，切不可令夫头包硪，恐其厚土坯而惜硪力也。至上初层土必硪行，一律再加二层土，方免虚松之弊。又往往一工之中，夫头数人包揽承筑，即分为数段，恒有狡猾之徒，于交界处所，各留尺余，不肯做足。彼此推诿，致成合漏。及至工完，始将合漏一坯做成，夯硪不到，雨过即成水沟。眠牛藏象之病，实基于此。务令监筑官逐段逐层稽察试验，不许留有合漏。遇有交界相接处，押令加土行硪，庶无贻误。又筑堤最忌流沙。及夏、冬二季，流沙遇风即飞扬，遇雨即坍淋。即使本工并无好土，于筑成后，亦必远处寻觅老土，三面各蔓盖五六寸，行硪数遍，方免剥削卑薄之病。夏月土松，易于蛰陷。冬月土冻，不能凝固。非紧急抢险，仍择二三四月、八九十月农隙土坚，修筑得宜。若夫增卑培厚，尤当加意。稍不经心，堤工必致新旧不胶，难资捍御。加帮底宽若干，即照平地行硪若干宽。再将老堤、坦坡树木草根铲尽，坡上切成阶级样子。每磴宽尺余，与新土层层犬牙相吞。如是平顶将顶上草根铲尽，顶土挖透半锨，俾新旧联络，然后普面逐层加高，斯可无蛰裂之患矣。

二、修守不可轻忽也

新旧堤工，宜未雨绸缪。司河员弁于冬末春初百虫起蛰之后，往来堤工，细看两旁坦坡，有积雪冻疏之处以及獾鼠爬掘之迹，并指头大小窟穴，即令兵夫用锨挖透，覆以新土。大则行硪，小则夯杵。春修既坚，后值大雨时行，茸草盘结，即无水沟之患。凡堤顶雨过有窟，名曰井穿。此因筑堤之时，或系冬月冻土，或系胶泥大块，垒砌成堤，硪力未到，桥阁棚架于中，百虫乘虚钻入。大雨一过，即成穿井。由顶及坡，深四五尺不等。始则大如箕斗，填垫不得其法，愈冲愈大，竟有填土数方而不得满者。此临河水涨时，多有冲决之害也。填时须将井穿内浮土尽行挖去，仍于周围本土，各挖五六寸，只清至出水之处，至四面无空缺而止。先用夯杵，逐细杵打数遍；再加新土数寸，着实杵打。如是层土层夯，填与老堤相平，后另用碎土四五寸覆盖井穿之上，并蔓老堤四围各尺许，庶徐徐蛰平，再雨不得渗漏。填水沟亦依此法，方能一劳永逸，切不可用柳稍烂草填塞，亦不可用胶泥大块补垫。恐蛰陷虚悬，为獾鼠之窟穴，成异日之险要。至捕獾鼠之法，亦宜急讲。凡獾有行住之分，旧堤多住獾，新堤无隙可乘，则行獾不能成窟。住獾有用大椒、陈棉同捣于洞口，燃烟熏之者，有觅猎犬捕之者，有张小网于洞口兜之者。其法不一，运用在人。若捉鼠则用地弓、铁签，迎风开洞，百不一失耳。

三、下埽不可漫浪也

险将至而旱地下埽者，名曰等埽。险已至而挑槽下埽者，是谓搂崖。顺堤根初下者，谓之肚埽。埽外迈埽，谓之面埽，是谓二路一层。沉水埽上加埽，谓之套埽，是为二路二层。此上钉镶散料，谓之厢垫。下埽之时，须详审地势，相度情形，先于堤根数尺外，挑深槽，即以槽内之土，平铺坦坡，垫成埽台，以便卷埽。先下藏头埽。凡埽要小头大尾，一名鼠尾埽，一名萝卜埽。上水小头，下水大头，以便二埽小头藏于大头之内。二埽下水，大头又可藏盖三埽，庶大溜顺埽挑开，不能掀揭埽头，致有走埽之虞。凡遇险工，估计物料，宁有余，毋不足。每见漕规，估埽一丈签桩一株，执此胶柱鼓瑟之论，毋怪乎蛰陷即走埽也。何则？初下埽，个仗、揪头、滚肚诸绳挽拉之，但月余即腐朽矣。全赖长桩钉埽于下，而管束厢垫于上也。三尺一桩也可，五尺一桩也可。果系迎溜顶冲，虽香炉脚、梅花瓣，亦无不可。独是豫省桩木，每株只销银二钱七分，而购办每株有用一二两不等者。用多则赔，用少则误。此不知变通者，不可与言工程也。果能保固要工，决无令河员垫赔之理。万一贻误，身家性命系之，司河者急宜猛省。凡铺埽之际，须令谙练埽手一名，看明地势，量定宽长。如埽长十丈者，即用长十丈绳二条，两头拉齐钉橛上，以为准则。每五尺用行绳一条，铺毕即拉缨子。临河用绳扎口，里面用柳椽穿口毕，即安穿心、揪头等绳。再用小绳扎埽心，将揪头等绳挽结，埽心抱花毕，从两头先铺草，后铺柳，柳少以秫秸代用。铺平即会行绳，齐人夫上埽。每行绳一条，量埽大小，须人夫若干名，逐条安排，然后鸣锣叫号。凡埽下水，头必高上水头二三尺不等。拉时须从下水大头先拉两号，然后一齐叫号，两头自然平整，亦无鸡窝参差之病。拉成，将子头用小绳挽结紧实，再用柳橛有倒钩者，钉绳头于埽内，名曰埽脑子。下时令靠埽者与手留绳揪头者，要听埽手喝号，急徐有度，不得慌乱。务使后埽紧挨前埽，庶沉水后，无猫洞串水溃堤之虞。埽下之后，未曾着实，揪头、钩战、留橛，须令河兵时时看守。要松紧得宜，不可忽略。揪头过松，则无力钩战；过紧，则发橛也。埽内宜多用柳梢芟缨绳缆，宜紧密镶填埽眼，毋多用土。恐新埽未曾蛰实，土多即挤埽外出，丢裆成险也。埽沉水即加镶。每一尺压土五寸，镶二尺用骑马一路，探量水势。候埽平水，即钉长桩。钉桩宜靠山迎上水，不宜陡直，防埽蛰外欹，即无力也。大凡蛰埽之时，先用大绳攀桩，层层镶垫，用骑马埽身及挑水挂角处，照空多补大桩，土料跟随，无间昼夜，防守不懈，一蛰定无妨碍。若下埽接头处，丢裆过大，兜藏不实，即成猫洞。或埽个虚悬，皆能串水内汇，不但牵累数埽，溃崖攻埽，险不可言。一面清挖裂缝，填絮软草；一面于进水处急钉大桩，多多益善。加镶埽身，层层压土，使埽沉着实，点水不入，方为稳妥。若汇堤过半，急帮内戗，而汇崖空内，切勿填土，只用兜绳软镶，庶不致挤外埽，致有走失之虞。凡遇此等工，俱为抢险，董其事者务要敬慎，日夜抢救，不可间断。土料、兵夫各有专司，调度有方，宽紧得宜。必使人无疲困，物无断绝，然后易危为安，化险为平矣。

四、防险不可玩忽也

三汛之中，有首险，有次险焉。凡水浸堤坡及埽工平蛰，谓之明险，即次险也。若相机加镶，估做防风，小心保护，俱可抵御。惟埽下有猫洞，串水内汇，埽台依然平整，堤坡先已缝裂，渐至桩尖外奔，水底抽撤物料，崖塌埽爬，蛰陷无已。及堤内有獾窟或冻土大块，玲珑其间，卒遇异涨之水，冲刷坦坡，引水内注，致成漏洞，谓之暗险，即首险也。抢险者不可忽略，亦不可慌乱，急令善水之人，入水细细探摸，看猫洞在何处。一面于进水埽边，密密签钉大桩，随垫随镶；一面将裂缝堤坡顺埽锨挖，约及进水之处，尽去裂土，急以软草如麦穰、豆秸之类，迎水填塞。待水流不溜，再用散草顺埽填塞，愈紧愈妙，切勿压土。俟填平本埽，然后通身加镶。压土须外七里三，方为稳妥。总之，埽内宜软不宜硬，宜轻不宜重也。轻软则水入沙停，合而为一；硬重则桥搁攻挤，必致内溃，莫可救援。谚语云“堤上不下埽，埽上不打堤”是也。所谓“堤上不下埽”者，必须挑挖深槽，使埽平蛰入地，捍水于外，护堤于内也。倘埽不着实，势必搜根溃崖，埽张堤裂，抢护不能施力，而埽走矣。所谓“埽上不打堤”者，缘埽系软物，易于腐朽矣。加土其上，久之蛰陷成坑。卒遇顶冲旧桩，烂埽遂架其中，水必乘虚汕刷，补救不得，其法势必穿堤而成决口矣。又有顺长埽中间成险走失一段，即将上下两埽签钉大桩，然后照空补埽，务细细探明两头有无暗桩，或齐头、或马面。此埽不长不短，适安其中，始为有齐。短则有猫洞，长则桥搁下虚，不能着实，反成大险。是补埽不可不慎也。至若堵塞漏洞，更宜详慎，切勿着忙，断不可在下水头乱塞，恐愈塞愈大，反酿成祸胎。惟沿堤细看，见有旋窝，即是进水之门。须探摸洞口大小，或铁锅，或袄被，徐徐塞入，再用碎土，顺洞口四面加土成井，出水尺余，始用土一筐一筐填入井内，再于井外用软草柳梢卷扎埽由，签钉水内，层层钉镶防风，出水二三尺，即可保护无虞。或临河一面水溜，不能施力，即于堤背后星飞买土，抢筑小月堤，以闭其气。待高出漏洞进水之上约三五尺，内外水平，即不流注。大河水退，再用土填实。俟秋汛已过，将大堤挖开，清去病根，层土层硪，以资巩固。若夫串水裂缝之时，不加省察，及至抢险，又无章程，以致堤坡走漏，而不知抢护，仓忙而无法，虽日费斗金，则亦奚益之有哉？司河者与其葺篱于亡羊之后，不若撒土于未雨之先也。至于顶冲埽工，冬月亦宜防守，谓之凌汛，虑其铲刷埽个，须于埽外竖木护之。迨天气融和，即驾小船，沿埽查勘。遇有冰凌铲刷空虚之处，即便掘挖到底，至平整处止。或套埽，或加镶，如式填平，与上下埽齐，层层骑马，再钉长桩。一入伏汛，决不致有猫洞串水之患。而埽工亦不过平蛰而已。孰费孰省，于此概可见焉。

五、形势不可不熟悉也

盖厅官要知一厅所属之全河水势情形，汛官要知一汛全河之水势情形，以及堤工之高卑厚薄，离河之远近险易，并有无支河、引水内灌。厅官每季自源至尾，阅视周遍，某汛某处系埽湾迎溜、坍塌崖岸。离堤较近，或于对岸迎溜处切嘴，或于本身坍塌处切坡挂柳，此防患于未然之法。纵使不能挽回，亦得此缓其势，而我从容以御之。汛官每月一查，遇有此等坍塌地方，报明本厅，协同勘验，先期修防，俾不致卒成大险，有临事周章之患。凡堤工单薄之处，离河稍近，亟请加帮，以资防守。如有支河形或现在流水者，或将来出槽水溢者，即便相度情形，看流水处深浅宽窄若干，此河有无直射堤工。若无碍堤工，俟冬末春初堵之。傥有妨碍，当去大河边百余丈，择两岸地势最高处。水浅而漫者，急用干土踹坯，筑成大坝，俟出水二三尺，方可行硪。硪早则煳浓，不能断流，难以成功。水溜而深者，两岸盘镶马头，用物料迎溜吊缆软镶，背后跟土填堵，一名吊缆镶，一名神仙埽。堵塞浅水漫口，亦用此法。先在上水头钉橛两排，将大绳头挽结橛上，或一尺一条，或二尺一条。绳尾渡过对岸，亦挽橛上，或系缆小船之上，徐徐松绳，俾兜料物着地。每镶丈余，即钉签桩数株以拦之，而背后之土紧紧跟随，以闭其气。河宽则两岸吊镶中间合龙，河窄则镶至对岸可以合龙。合龙之后，务令背后土坝断流。坝上重重压土，多多签桩，方免泄气臌埽之患。仍于坝后百余丈，再筑土坝一道，以为后靠。若干河形，惟择两岸有高崖处，将河形内草根等硬物去尽，先行地硪二三遍，一如堤工之法，层层坚筑。须坦坡宽长，两头勿陡直，宜渐坡去，方无串刷之患。筑成之日，务寻真正老土，通身蔓盖尺余厚，行硪四五遍，庶水至不能汕刷。凡堵支河，土坝临河，一面俱要用防风，以防汕刷。正坝之后，再筑等坝一二道，以作重门。所谓不一劳者，不久逸；不暂费者，不永宁也。

六、训练兵夫不可不有素也

凡事熟悉则生巧，疏懒则费力。即如下埽签桩、镶填压土，极易事耳。一念及运道民生，则关系甚巨，又丝毫不可轻忽者矣。平时并不讲究，一旦兴工，尽听兵夫任意布置，其间稍有知识者固不乏人，而愚蠢不谙者亦复不少。每遇大工抢险之际，互相观望，参差不齐。考其桩埽之名件，则全不知晓；问其水势之顺逆，工程之险易，则应对茫然。万金工程，倚若等为保障，是何异开门而揖盗乎？故孔子曰："以不教民战，是谓弃之。"此训练之不可稍缓者也。训之云者，耳提而面命之也。练之云者，按期而考验之也。每逢朔望之日，集兵夫于公所，而问之曰："埽有名件，有漕规，尔其识之乎？比如埽高一丈，长十丈，用柳几何？用草几何？用缆几何？用箍头绳缆几何？桩几株？橛几段？"彼如曰"不知也"，乃告之曰："用四十斤重干柳一千八百束，用七斤重草一千八百束，緌二百套，缆二百套[1]，用五斤重箍头绳七十条，五十斤重滚肚绳六条，五十斤重揪头绳四条，五十斤重揪头绳[2]四条，五十斤重穿心绳一条，用桩十株，橛二十段卷扎埽心，要圆紧；抱结各绳，要牢稳；留橛之后，要倚橛；橛上要戴帽，战绳卷结埽身，钩绳搂于埽外，守绳要细心，松紧听号令。镶填埽眼，用柳三百束，草三百束。无柳，即以秫秸代用。钉桩要靠山，外四里六；桩尖要分斫条细，庶不棚架。镶填张口，穿心抽撤物料，致成险工。埽未沉水，先于临河一面，扎小枕签钉埽旁，谓之挂篓，以便用土压埽平水面。再用物料料个，钉镶须解散，镶搭宜平整，压土要均匀。埽未着实，须听桩下有响声。埽若陡蛰，先用大绳攀桩头，层层骑马，乃系镶填之钩锔，密密签桩，实属固埽之根基。扫湾用顺埽，以搂之顶冲，须建坝以挑之。如何塞猫洞，如何堵渗漏，如何填水沟、井穿，如何捕獾捉鼠，照依修守条内之

[1] 套 《天一遗书》作"条"。

[2] 此处"五十斤重揪头绳"出现两次，后者应为衍文。

法教之。如何谓之三汛？曰桃、伏、秋。如何谓之四防？曰风、雨、昼、夜。如何谓之二守？曰官民协力。风防怕汕刷，急镶防风以护之；雨防怕冲淋，随时填垫以补之；昼防怕漫溢，相机加高以御之；夜防怕盗决，张灯鸣锣以巡之。官者，河兵堡夫也；民者，近堤百姓也。兵夫止可防守，平时若遇伏秋异涨之水，全赖民人协济。当异涨之时，水溢堤岸，埽欲加高，或内外皆水；欲镶填，或料物缺乏。抢护稍迟，堤必漫决，埽必漂走。仓猝抢险，不可不知。多集人民，就借本堤之土，筑一子堰，外扎埽由，压土镶填外边，多签小橛，仍用绳系在堤坡。埽由内絮软草压土，以防风浪掀揭。俟物料运到，挨次镶填，庶无贻误，此名曰“打围子”。每逢朔、望日，则逐条训诲之。每初十、二十，则逐条考验之，令其自卷或长一丈、高一尺小埽，件件应对如式者，记功赏劳，以示鼓励；不如式者，或记过，或薄责，以示儆戒，庶赏罚明而人心服。如是，按漕规由高一尺至高一丈以外者，陆续指示之，俾习以为常，久而贯通。卒遇险工，自然随机应变，协力同心。况豫省两岸河弁，皆可于若辈中遴选补用。由是兵成熟谙之材，官收臂指之效，岂非河工第一要务乎？

抢顶冲大略

抢救之法，莫难于顶冲，其力专，其势迫，治上游，则直来而不可遏截；治下堤，则碍堤而不能舒展。如堤外滩地，尚相去大河百十余丈或百丈，则相度水势所射之处，于外滩地，内离堤三四十丈，飞掘丈许深，槽卷做高丈许，钉埽先期埋入槽内，用桩签钉。然河势直来，遇埽阻必折而下流。其所埋钉埽，须预拟形势，挨次自上游回转之处起，顺水之性，或百丈，或七八十丈，下至稍可展舒处为止，庶临期不致仓卒。若离堤甚近，则即于大溜内先用顺埽保护，一面仍于顺埽外卷下钉埽，均照大溜长短，以定埽个多寡。俟水势稍湾，则或用挑坝，或用鸡嘴，照治埽湾之法，自堪保固。总之，埽湾顶冲之处，莫善于未险之前。先于堤内创筑里月，以备不虞，实为事半功倍，至善良策。但月堤宜宽宜远，下水更宜长，以便转湾，不宜逼近大堤耳。

鱼鳞坝

鱼鳞坝，即小鸡嘴坝，或相去十丈，或相去二十丈，重叠遥接，如鳞砌者也。然此坝惟用于绞边拖溜直河，或搀用于搂崖顺埽之内，其顶冲埽湾无所用也。至于座数之稀密多寡，在因地制宜而已。

堵塞支河法

支河有两样，堵塞之法亦有两样。如一种上有河头，当河水初长时，水即由河头流入，在滩地内转折回旋，远者数十里，近者十数里或数里，仍归大河。此上有河头，下有河尾者也。堵之之法，当先塞河头。盖黄河滩地，临河必高，靠堤必洼。因此处既有河头，则不能如河岸同其高阜，故一经涨发，由河分注，且以有源之水，长流于穿隘。河形之内，其势必急。若于滩地之河身内筑坝横截，外高内低，必致漫坝而过。每漫一坝，必冲跌一坝。非徒不能堵，适足以激水怒以益宽深，渐至妨碍大堤。故先于河头高阜处，所择支河有崖岸之处，约去大河百十丈或数十丈之内，坚筑内外大坦土坝一条，必须外坦镶做防风裹头方为万全。其滩内一带河身中，亦择其浅隘处，或相去里许，或相去一二里，间段做束水小坝，如石闸形，各留中间口门数尺或丈许，使水仍可通流。庶河水初长未及漫滩之时，则河流分头之水，至坝即住。坝外所留河形百十丈，不过数日，亦可淤平，则河头百数十丈，已极高宽，非普面出槽，涓滴无由分入矣。及至普面出槽之时，一带河身复逐段有束水小坝。如水比地高，则坝沉水内，河内之水不过与滩地之水同一漫流，必渐淤渐积。迨河水稍落，纵使河身尚未全淤，然水为束水坝所阻，且上无来源，河水愈退，则淤填愈增。支河之至宽深者，历伏经秋，必然尽成平陆矣。又有一种支河，上源并无河头，因内地甚低，当河水出槽之时，汇归于低洼之内，聚而成溜，日刷日深，亦转折回旋于滩地之内，或数十里及数里，然后归入大河，此则无河头而但有河尾之支河也。如不为堵截，恐年复一年，河头一成，内地既洼，则更为难堵。此种河形，宜先于河尾内紧靠河岸高阜处，坚筑内外大坦土坝一条，截其去路，再于滩内河身浅隘处，亦间断做束水小坝。惟中间留口门，又当有宽窄之别。盖此等支河，必滩地内原有至洼之处，非数顷即数十顷者。积满之后，然后由最低处冲而成河。故凡近洼地之头，一束水坝须宽留口门，庶使洼地之水不致漫跌。其下各坝则愈远，口门愈小。而洼地必淤，河形亦平矣。

拦河坝

河不可拦。坝之所以名拦河者，因正河上游长有沙嘴侵逼大溜，不能直趋正河。而正河之傍，或旧有支河，或原属洼地。水性就下，遇坎即行。且黄河滩地凡近堤之处，必低于临河三四五尺不等。若不早为拦截，势必愈趋愈下，日刷日深。近溜各堤，必立成新险，正河亦永不可复。然致病之由，始于沙嘴。

似当于沙嘴之上，挑掘引河，挽溜归故。殊不知新生沙嘴，尽属嫩滩，难施人力。况此沙嘴既能逼溜改河，断非仅长数里、宽数十丈之小滩，稽时费日。及引河告成，无论果否有济，其保堤之费，已不可胜计矣。故急当正河有水之日，或紧接大堤，或倚靠高地，稍稍斜向正溜初分处，先筑土堤一段，或长一百丈，或百数十丈，至水际为止。其顶底高宽，相机酌估。但此堤两面或应镶护防风，或应卷下顺埽，以防汕刷为要。其临河堤头一面，则镶做马头，挨次进埽，务将埽个进至大溜过半之处，使支河之溜不能畅达，自必仍分大溜，归入正河。再看正河之溜，如下埽后较前渐觉宽深，则支河再进一埽，如溜再增，埽亦再进。如此一阖一辟，两相照应，不特故河可复，旧险可平，即上游之沙，亦随溜自去，永无变迁之患矣。如遇正河与支河分流之处，去堤太远，亦无高地可就，不能建立坝基，则看两河分流之中，必有高地相隔。俗语所谓“龙舌”者，不妨将坝基移入支河下流一二百丈近堤之处创立。如进埽之后，水已入袖，不能退回，则于龙舌之上，循顺水势，开一引河，亦必日见宽深，获归故道矣。其进埽护堤之法，亦照前例，万不可畏难，终成害患也。

挑水坝

凡建挑水坝，宜于归湾之上游，相度水势初湾之处，酌量大溜离堤若干。自河岸起，约计大溜一半之处，应筑挑坝直长若干丈。如溜急水深，则宜自岸至溜，全用埽个。如估建直长一十丈坝，面宽十丈方合大溜之半者，则靠岸起手之埽，应估下高一丈、长二十丈埽一路外，再一路减长一丈，计长十九丈，依次递减至第十埽，则共计直长十丈坝、面宽十丈之数。如水深高一丈之埽，不能到底，则照底埽之长，加套埽一层。或高几尺，或高一丈，或不必套埽镶填亦可，总以坚固足资捍御为主。其上下水雁翅，下水须比上水长十分之三，亦酌量斜长若干，应分为几埽，估计卷下。如水浅溜缓，靠岸头埽则与顶溜门埽其长相等。上下水雁翅，或应下斜长顺埽，内用镶填。或止用镶填，相机估做，亦以下水之长比上水多十分之三为度。再如挑坝一座，大溜不能远去，可于头坝之下，相去数十丈，或十数丈之处，再做挑坝一座，接连再挑，则水自开行矣。然两坝相隔中间之空处，俱须下藏头搂崖顺埽，或一路一层，或两路一层。即第二坝之下，亦应下藏头顺埽搂崖，约至溜缓处为度，则堤堪巩固，亦无回溜之虞矣。大凡埽湾之处，其未湾之先，必顶冲直下。惟前路为堤岸所阻，不能前进，然后折而为扫。故扫湾之处，多由上游俱系嫩滩，或去堤太远，不能于上游觅妥当建坝之基，不能不就大溜湾处建之。又恐对岸沙嘴逼近，大挑则溜难舒展，必至出而复返，致成回溜，其为险更甚，则宜做扇面坝以挑之。扇面坝即挑水坝之圆而长，其形如扇面者是也，下水亦应估藏头搂崖顺埽。此系挑水大坝。

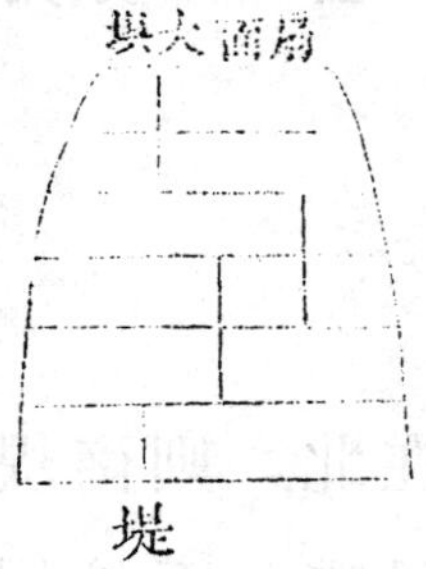

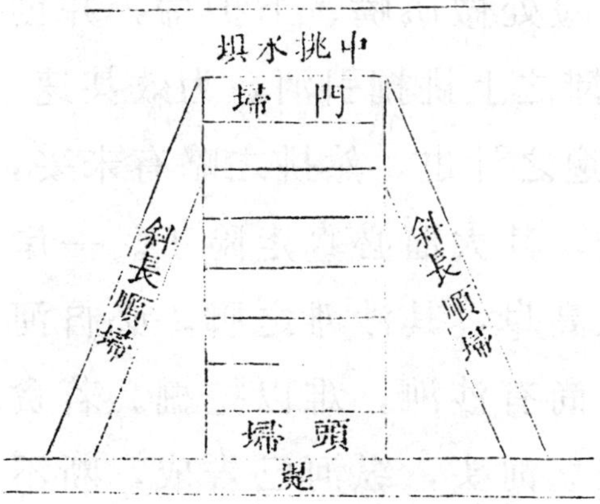

若矶嘴坝，其做法大概相同，人工料物看坝之大小，酌减至一半以下。此系矶嘴坝。

如水浅溜缓，其埽靠堤，与临溜俱一样丈尺。上下分水雁翅，用斜长顺埽一路。如钉埽二

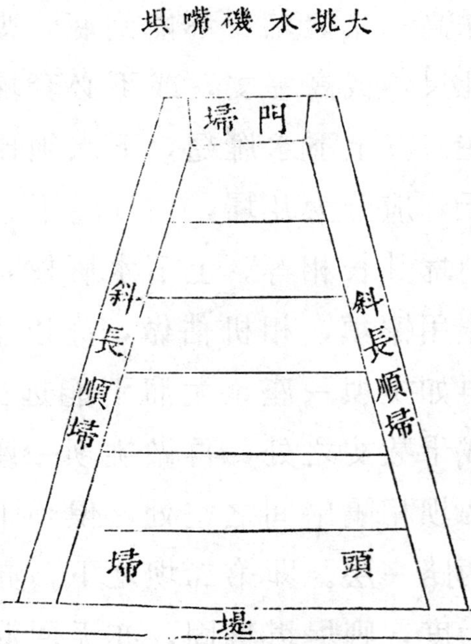

十丈者，边旁顺埽分为两个，中间镶填雁翅下水，宜长或二十五六丈，或三十丈俱可。其水深溜紧之处，如临溜估面宽十丈者，靠堤应先下长二十丈埽一路，第二路减长一丈，余依次递减，至迎溜十丈。其上下雁翅，亦用斜长顺埽，照依中间长短，分用埽个。如长二十丈者，用十丈长埽两个；长三十丈者，用十丈长埽两个，中间镶填。凡水势扫湾，于上游初湾之处，相度水势，即下矶嘴坝，以便挑水。倘溜太激，虽挑出对岸，仍复折回，致成回溜，恐伤堤岸。应于下首再下护崖埽，或数十丈，或数丈，或再接下矶嘴坝，接挑大溜，自然开行，无伤堤岸矣。亦有扇面挑水坝，去门埽方角上下水镶填，俱要长圆，使水不致激怒，更为妥贴。

挑掘引河

凡黄河扫湾之处，对岸必有沙滩。滩在北，则南堤险；滩在南，则北堤险。治水之法，除于险处做矶嘴、下护埽，并创筑里月之外，救急之善，莫过于沙滩之上挑掘引河，为效甚速。且河成之后，险亦永平，诚一劳永逸之计也。然挑之略有未妥，则糜费正复不少。盖黄河扫湾之处，其大溜必直走险工。一岸沙滩，上游尽属漫滩。且滩地虽似高阜，其沙滩之脚，必自河底斜坦而上，始出水面，是水面下尚有沙滩，难以挖掘。若贪近省费，不远寻河溜河接之处，安立河头，纵河已告成，断不能掣溜入河。一经开放，立见淤填。或因河不迎溜，乃于对岸做挑水坝以逼之。若河宽坝短，则不能挑溜归入引河，终属无益。若大河原窄，必溜急水深，则下流既扼于挑坝，对岸复阻以沙嘴，势必去而复返。挑坝之下，激成回溜，倒崖撞堤，变态百出。是一险未平，又增一险，更费周折。此未估挑河之先，当远觅河头，不可草率者一也。

又河既得之后，自必依形顺势，相度河尾，以便估计。然自头至尾，一河之长，远者非数十里即一二十里，近者不下数里。如此绵远，河滩之内，能保其无忽高忽洼之处，若惟以意见荒度，不分高下，一概遂定宽深，开放之时，地高之处必致浅阻。高处既阻，恐深洼之处，亦渐成淤填。况高者宜深挑，河面当加宽，洼者宜浅掘，河面可收窄，庶费所当费，省所当省，两皆合宜。故估计之法，其初次丈量，先于应掘河身内封土作堆，以记丈尺。再估之时，即于封堆上用长竹各插望竿一条，务使一律条顺，直达河尾，不可湾曲，曲者移之。条顺之后，然后用土平，或三十丈，或五十丈，挨次打量，记明某段高若干，某段比某段低若干。照依高低，科算土方，通核钱粮，庶河无贻误，此估计之不可草率者二也。

又估计既定之后，自必按段分委人员，其河头、河尾两段，必选平日谙练之人，方可委任。将新到学习与不甚谨慎之人，俱派委于河身之内。盖河之头尾，关系通工。且河性无常，消长难测。苟素非谙练，不知利害，则轻忽从事，傥一经暴涨，或有坍塌，则河未全完，水一内注，则前功尽弃。故河之头尾，须宽留滩地，或百丈，或八九十丈。仍量贮柴草，以备不虞，方为万妥。此分工之不容草率者三也。

又分工之后，自必发帑募夫。若发银太少，则远夫不彀盘缠，不能应募。发银太多，则便滋花费，恐后有累工欠帑之弊。须酌量每河一丈，该掘土若干方，值银若干两。先发十分之四，以人夫之住居远近牵算。每夫一名，约先给银二钱。假如每河一丈，该土六十方，每方银八分，该银四两八钱，约先发银一两八钱。该募九名，每夫牵阴雨停工，每一日计掘土七分，每日可掘土六方。嗣后余银，计工续发，可无贻累之虞矣。此发帑之当斟酌者四也。

又人夫到日，自必兴工挑掘。然不必先挑河土，令各员责令各夫头，如分工二百丈者，先于夫内拨夫四百名，于河身两岸相去十五丈之外，顺长掘小沟一条，约面宽四尺，深二尺，段段相接，自河头直至河尾，不过一日，便可全完。仍令各夫头各觅木橛或门板、木板，于小沟上搭桥为路。凡所掘河土，俱令过沟外远处堆起，依顺小沟，顺长堆积，堆至各段之土两相接连，约高四尺后，方令其往上再堆，不计一筐弃置河边，被奸夫充填假崖，致少尺寸。如此，则堆积之土既可无假岸之弊，且开河之日，坍塌不过岸土，水力能胜，使土随水去，易于宽深，而无积土壅塞之患。即未经告成之先，外有积土阻拦，遇暴涨，可免淹漫。下有小沟通流，遇大雨可以宣泄。此初兴工之所当斟酌者五也。

至于掘河，又不可普律全掘。如第一段，长二百丈；第二段，亦长二百丈。令第一段夫头除河头滩地一百丈外，再于所分之内，留第一百丈不挑，先挑第二百丈。第二段夫头之二百丈，则先挑第三百丈，留第四百丈不挑。将此两段挑完之后，然后第一段夫头挑第一百丈，第二段夫头再挑第四百丈。又须将已挑完一百丈，与未经挑一百丈之交界处，仍留土埂一条，约宽四五尺。俟未挑之九十五丈通身挑完之日，方掘此土埂。

盖因河土甚多，非计日可竣之工，能保无连阴积雨有淹没土塘之患。故二百丈之内，先掘一百丈，则雨水有所容蓄，不致淹没，且可免于车戽之费。所以于交界处仍留土埂者，恐后挑一百丈之时，遇雨则又上下通连，仍旧被淹，是以必于挑第二百丈全完，然后尽掘土埂，无水固妙。即有水，以一百丈之水，均于二百丈之内，水深不过一二尺，始终总无旷工、总无赔累矣。此挑工宜分先后者六也。

又全河挑完之日，自必待大水长发开放。开放之时，先掘河尾平地十分之三，始率夫挑掘河头。盖河尾无溜，不能撞刷。即单薄渗水，尚易收拾。若河头先开，河尾未完，则水一进，便恐淤填。此又开放之不可不慎者七也。

<table>
<tr><td colspan="14">处土堆</td></tr>
<tr><td colspan="14">沟小</td></tr>
<tr><td colspan="14"></td></tr>
<tr><td>此河头一段各工全完开放时，始挑挖泄水。</td><td>第一段第一百丈，第一段夫头次挑。</td><td>土埂于次段挑完之日，尽去。</td><td>第一段第二百丈，第一段夫头先挑。</td><td>第二段第三百丈，第二段夫头先挑。</td><td>土埂</td><td>第二段第四百丈，第二段夫头次挑。</td><td>第三段第五百丈，第三段夫头次挑。</td><td>第三段第六百丈，第三段夫头先挑。</td><td>第四段第七百丈，第四段夫头先挑。</td><td>第四段第八百丈，第四段夫头次挑。</td><td>第五段第九百丈，第五段夫头次挑。</td><td>土埂</td><td>第五段第一千丈，第五段夫头先挑。</td></tr>
<tr><td colspan="14">沟小</td></tr>
<tr><td colspan="14">沟小</td></tr>
<tr><td colspan="14">处土堆</td></tr>
</table>

堤工走漏

堤工当外滩长水之时，忽然走漏，前人有覆锅塞絮之法，然但可堵些微渗流。如或堤内有井穿獾洞，则外面似无大坏，不知堤内已属空虚。一塞不止，则再塞；一覆不止，则再覆，甚至塞草包，掘堤顶，一阵手忙脚乱，将浮面些须老土蹂躏塌卸，则势如涌泉，不可复救。凡遇此走漏之处，须细看堤外之水。如不过淹堤二三尺、堤内平地，不过比外地低矮一二尺，过水不甚大者，可飞调人夫，即于堤内走漏之处，紧接大堤，急筑长十数丈或三十丈，底宽八九尺、面宽四五尺、高五六尺小月堤一道，拦定走漏之水，勿令伸腰出头，听其留满月堤内之空处，则内外相抵，不致过水矣。然后从月堤两头，挨次用土，实填于水池之内，做成小戗堤一条，则可保巩固。万不可先于漏处用土加帮，恐夫少则不能立成，人多则必致反损大堤，致有前病。此内堵之法也。如或堤外水深五六尺，堤内平地又比外堤矮数尺，则仓卒相乘，何能筑此高厚月堤？则宜飞运软草，如无草堆积之处，则暂拆附近民房苫草，于堤外坦坡下，或长十丈、数十丈，挨次铺镶。随用土层层加压于软草之上，层草层土，加至出水，则漏自断。但来往挑土运草之夫，只可于堤顶及草上行走，不可伤着坦坡。此外堵之法也。总之此二法俱系急救。断流之后，水势略退，仍须掘开堤面，寻出走漏空处，层层坚筑，庶无后患。

裹头

凡决口初开，急须先下裹头，以防冲宽。若时已暮秋，水势不甚汹涌，则不妨就于冲断堤头，卷下埽个。如时方伏秋，水势汹涌，若裹护太紧，不但不能住，且必更益宽深，然亦无听其冲刷之理。须相度情形，将已断之堤，除去近溜堤头十数丈，或一二十丈之内，将好堤掘断，与地相平，或比地深一二尺，将埽下于掘断堤头之内，须如在大溜中下埽一样，签桩、加镶、压土，并于上下水各下顺埽，或二十丈，或十余丈，以防将来水到埽边，有拖溜、回溜之患。水到埽边，仍须相机保护。

合龙

堵闭缺口至合龙时，全河水势正当故道，尚未宽通旁流，又复阻塞，进退两难，屈不能伸之日，此时苟措置稍有不周，必致乘虚奔溃，尽弃前工。故堵合缺口，筑至龙口宽十余丈之时，务将从前已下各埽，凡揪头、滚肚以及桩橛等项，一一检点明白，更调集人夫于相去龙门十数丈之后两坝台，各积土百数十方。然后每边各再进一二埽，镶坝极稳，方可卷下萝卜埽，以合龙门。既下埽后，飞即钉桩、镶填，就近挑所堆积土，层层加压。如压埽已着地，则连前近口处各埽，亦一律加镶，普面压土，深四五尺。至镶填柴草，又不可一律铺填。如埽面宽十丈者，止于埽头、埽尾向内各镶宽一二丈，其埽面中间，尽用土压埽。上压土愈重，埽个愈稳，且将来蛰陷亦少。从来缺口堵合之后，大溜不全归，正引两河，亦必去埽工百数十丈之外，似乎足资巩固。但近埽之处，不有河形，即系洼地，水势一长，仍必分流。傥不早为预备，则外口嫩沙见水便去，坝下埽个日久腐朽。一有变更，便无从下手。或里口跌塘太深，可于外口约略长短，再下顺埽数十丈。或二路二层，或两路一层，以护之。如跌塘尚浅，则于里口建贴心坝，以为内戗。更须创筑里越堤一道，方为万妥。此又告成后必做之工程也。从来黄水冲决一次，全河必受病一次。及至堵合之后，水势不顺，二三年内，必有无数变局，甚至另有冲决之处。故决口告成后，必须细查全河之南北两岸，某处长有沙嘴，某处冲有支河，某处改移大溜，各审其为害之缓急重轻，处处因地制宜，应筑者筑，应疏者疏，务使河溜宽通，堤工无碍。然必须上下照应，不可有此利彼害、暂利久害之病。

探埽已未着地听桩法

凡下埽，须将已下之埽，压土镶填，探明已经着地平稳妥贴，方可往前再迈，庶无失误。但口门水深溜急，难以探量。即探量，亦未确实，人有以揪头之宽紧为准者。殊不知此法只探得埽个之是否着地，不能知水底地势有无高低。傥地势有高有低，所下之埽搁于高地之上，揪头亦必不紧，那知低处尚属悬虚。如信为平稳，往前再迈。及至再迈之埽，将近着地时，悬虚低洼之处，两埽相夹，势必逼溜更紧，渐刷渐深，终成后患。惟有听桩之法，最为确实。如所下之埽验得揪头稍宽，复将耳朵一只，虚虚贴于所钉各桩之上，逐一细听。下有低洼过水之处，深者桩必颤，声必大；浅者桩虽不动，亦必闻水声。仍须再加土压，务以毫无喘息，方为妥贴。或压至格格作哽咽声，亦可不致汕跌矣。

减水坝、滚水坝

从来河势变迁，必由于积沙之弊。沙之由积，必始于水分而溜缓。故治河之要，宜合不宜分，宜急不宜缓。若减坝，则专主分泄，似与河工有损，可以无容建设。殊不知河之深广，确有定数；水之大小，莫可预期。假如河面宽五百丈者，究其行溜之处，至阔不过六七十丈，至深不过三四五丈。其余漫水，尽系浅滩。可见此五百丈内之水，已足供冲沙刷底之用。若当伏秋大涨，必欲尽蓄汛水于两岸大堤之内。无论冲击淹漫，抢护不暇，纵使两岸各有大堤，然南北相去至少必数十里。水一出槽，势必由宽就下，四散分流，徒足致水面宽阔，缓弱正泓，绝与大河毫不相涉。是减坝之设，非惟为保固大堤，正欲分泄有余，合其力以送沙也。第建造之举，大非容易耳。

造减坝事宜

减坝与滚坝不同。减坝面与地相平，过水多；滚坝坝面比地高，过水少。减坝惟可设于河之南，滚坝兼可设于河之北。盖因南岸自河南起，下至江南，内有淮河，更萧砀两邑而东，又多湖荡，均仍归淮河，下抵清口。且从来淮弱黄强，黄涨之时，淮不能敌，则清口倒灌，每能阻运。今以所减上游之水，仍以济下流敌黄之用，诚为一举数得之工。但建造之计，少有不周，则必致下淹民田，上分河溜，为害无穷。减坝坝基必须择内有旧河或相去不远之处，即有湖荡外滩，须相去大河十数里或二十里，觅不高不洼之老土平地，查明每年盛涨，此处水深若干尺。大抵水深一二尺者即可用，不可太洼。其坝长自左至右，至多不可过百丈。自外至内，至少亦必宽八九十丈。先将平地夯硪坚实，于两边堤头照建石闸，规模按原估高宽，用石砌成金门及迎水、分水。然后于上迎水一面，于平地上照所估应长丈尺，先钉锁口桩六七路。下口分水，亦照原估丈尺，打锁口桩八九路，将桩内所留坝面，用夯硪密钉极坚。用极熟矿灰，泡筛洁净，以荐樟叶泡水，熬江米作稀粥，石灰内和以黄土二分，用粥汤兑入舂捣极匀，乘石灰潮润之时，挨次平铺于锁口桩内，坝面平地之上每层约高五六寸，稍干即用硪挨次颠打，不可如筑堤太重，但以坚实平正为主。如此普面铺平，于上再加一层，约共厚一尺二寸，则尽堪坚固矣。至于每年冬月，坝面须盖土三四寸，庶免冰冻，万不可因石灰不如石块，用石铺砌。石头虽坚，必须逐块軿凑。即使打凿极细，水过之时，必汕开灰缝，渐及底土。一块虚松，通身尽坏，不可救治。故不如三和土做成整石一块毫无空隙之反永久也。

堵合漫口说

治河之道，自古迄今，舍顺水之性，别无所谓良法，此智愚之所共晓也。独至堵合漫口，则曰漕运民生，两关重大，不得不权宜逆治。此但知论其形，未审其理耳。黄河之所以成漫决者，大抵非误于不及堤防，必失之堤防太过，奔腾下注。原因失其故道，所以横流，实非本性。惟初决之时，水势初达，所苦者在浅隘。人心欲堵，所患者在宽深。主其事者，苟不能相形度势于遏截之中，仍留一纾缓之地，尽力以制水，水亦必尽力以胜人。断不免两相抵牾，变态百端，旷日需时，堵合愈难，而全河愈病。故堵合之道虽多，凡所设施，不能枚举。然要其大端，惟在主持者敬畏存心，不躁不怠，先以心会地之形，再以心会水之性，然后定谋决计，循次举行，自然操纵得宜，趋避恰合，水亦无所逞其能，人亦无所用其智。两相退让，而工亦告成矣。并述古法之必当师法者数事于后，以备临时变通而采择之。

一、堵顶冲决口

凡决口开于顶冲者，其堤必横，其溜必直。既决之后，大溜必全入口门，口门以下之故道，既不行溜，必立见淤填。既淤，则口门之水更急，不得不开掘引河，以分其势。第直河之大溜，必走中泓。口门对岸无近溜开河之处，若不开河，则来水一无去路，何能兴工下埽？须于直河上游初转湾之处，寻觅引河。河头盖从来口门在北，其直河初转之处，溜必在南。口门在南，其直河初转之处，溜必在北。相定地势，估开引河一道。然堵合之工不可太急，须先裹护决口堤头，俟引河将次告成，然后进埽。约进至已束住大溜十分之三，即便将引河尽行开放，使水分注，则口门之溜自减，埽亦易进矣。如引河所分之溜不过十分之五，口门仍受水五分，且引河隔口门路复遥远，则口门五分之水已成，入袖不能退，回亦足为患。如不甚变更，则照常卷下。傥有变更，或引河河头之下，对岸有崖岸，可就即于崖岸之处，建一大挑坝以挑之。如无崖岸，则于口门之下，觅一地方，再开一小引河，以分此五分入袖之水，则埽工自稳矣。其堵合埽台，切宜两边两对，不可高下。

一、堵埽湾决口

凡决口开于埽湾，其大溜不在口门之左，必在口门之右。如正河与口门各分大溜之半，则不必开掘引河，但于口门之或左或右，相去数十丈或百丈大溜之上游，建一挑水大坝。如系滩地，坝无靠身。有高地，则就高地；无高地，即建堤一道，接至大堤。堤上用顺埽保护，挑水使归正河，则口门水缓，埽自易进矣。但埽台须上游稍高，下流稍下。如初系埽湾，及后渐成顶冲，则当于初变之时，飞即接长挑坝或提高上首埽台，万不得已，亦开引河。

一、堵疏防决口

凡堤因疏防而决者，其堤原非顶冲，亦非扫湾，且高宽足恃，去河复远。平素原不留心，只因堤工历年久远，或内有鼠穴、獾洞、井穿等项，外虽坚好，而内实空虚。及河水淹浸，渗泡日久，则水由虚直入，致成溃决。如此决口，虽水势汹涌，然究竟终属漫滩，与大溜有别。但急下裹头，俟汛水稍退，流亦自缓，不难立堵，间亦有自行挂口不烦堵合者。惟堤根之下，旧有支河，急须于方决口之时，星飞乘汛水未落，水面尚宽，昼夜疾堵。若稍一迟延，则汛归槽，支河之溜即引入大溜，变成至难堵合之决口矣，不可与漫滩同论也。

出马头

马头者，即堵闭下埽之埽台。最宜得势得地，则自始至终，不烦更改，埽亦安稳。如决口之水从中泓直下者，所出马头其左右两边，相去决口之丈尺远近，不妨相等。盖水从中来，则两边埽台受水之力亦相等，庶挨次前进，终始各无轻重，埽自平稳矣。如溜自左来或从右来，则不当溜一边，须离决口处；较当溜一边，少远十数丈或十丈、八九丈。盖溜从一边来，则当溜一边，其势急，其水深，必先出埽。出埽三二个之后，大溜必稍稍直下，然后于不当溜一边，亦挨次前进埽个。大抵当溜一边，在堵合工程已成七八分之前，其埽台俱须比不当溜一边上三四尺斜迎大溜，带挑带堵，方能得势。然不当溜一边，未免受水渐重，须当堵合工程已完七八分之后，则将当溜一边埽个暂停，让不当溜一边进埽，与当溜一边上下长短相等，则受水之力亦相等，然后一齐进埽，及至合龙，无贻误矣。

上提[1]

如两边埽工堵至八九分光景，内有一边埽门之下，因水急

[1] 上提　《天一遗书》作“上埽”。

溜深，不能一齐进埽，以致一边上一边下，两不相对，难以合龙。则须于水急溜深一边，在门埽上水下长十丈顺埽两路，即于顺埽上另出马头，往上一提，对定彼岸进埽，则深溜在下，龙口亦对，而易合矣。

下埽

堵合决口，大抵初动工时，水深溜阔，不甚难下。如贪图疾速，于埽未落底，或揪头滚肚，无人看守，听其宽紧不一，或桩未刮尖等项，即便镶填压土，往前赶下，虽一时不见有病，然埽工愈远，则水愈深，溜愈急。后下之埽，全仗前下之埽牢稳结实，方能倚靠。若少有不妥，则从前之病，一齐尽发，或劈空蛰陷，或张裂折腰，或走漏过水，或口门埽头种种变态，俱由此起。故下一埽，必须压土加镶，钉桩下橛。俟此埽已经落地，将绳缆检点明白，桩头刮尖，然后再进，方无贻误。

下埽压土钉桩有上水、下水之分

堵合埽工，大抵做到四分以上光景，水势便与前不同。或溜从埽工上水紧靠埽头冲下者，则埽先须下上水一头，揪头须着人守定，然后下下水❶一头。压土钉桩，亦先从上水起。如下水有回溜，倒从埽工后尾冲入口门者，则须先下下水一头。压土钉桩，亦从下水起。

钉桩

凡钉桩不宜太直，桩头须稍稍向里一二尺。然脚绳务必要紧。不然，埽方浮于水面之上，桩尖向外，即堆埽离裆，不可

---

❶ 下水　据文意应为“上水”。

不慎也。

钉橛绊缆

凡有一揪头，有一滚肚，必有一橛。前埽之力，全仗此绳，此绳全仗此橛。钉橛捆绳之后，必须于橛后各钉一根于前橛之上，用绳绊于后橛之上，方为妥当。橛只宜稍长，切不可短。

压土扎搂

埽既下后，则须压土。然压土须筐筐堆于新埽之上，不可听人乱倒，堆入埽眼之内。如埽大土轻，不能便沉，可于埽个迎水一面，用柳或秸扎一小搂，用小签与绳带住，则埽面平宽，可以堆积矣。俟埽眼填好，前埽已没下十分之八，然后连埽一律加镶，普面压土。

记揪头滚肚

凡埽已沉水过半，即须加镶，普面压土。但此时埽个尚未到底，若揪头、滚肚不记明白，即令土料掩盖，无论此埽必不能稳，即欲收放，从何处寻觅？误事不小。须根根提出，并各挂一木牌，在绳头上写明第几埽揪头、滚肚，俟埽到底后，方一概掩盖。

走漏埽工

凡埽工走漏，如因桩头未刯，或刯而未尖者，其漏无溜，其水自半腰流出。但于漏处掘开，深三四尺，必见此桩，刯尖掩盖。如漏有溜，但窄细而无翻花，此压土离裆之故。但于漏处加镶，紧守揪头，多多压土。如漏有大翻花者，若翻花离埽尾远，其漏大，必系埽未落底，加镶压土，自然平稳。如翻花近而溜大，必系埽下有深坑，因坑短埽长，埽个横担于深坑之上，故埽虽落底，而水流入坑内，从新自埽尾流出。若不速治深坑，两边渐冲渐长。及至与埽相等，则劈空下陷，其埽立走。须于埽工上水先下边顺埽，或长十丈，或长二十丈。两路镶填，钉桩压土如式，然后将漏处用斧将埽砍断，直折到底。见深坑，层层用草卷土埽填之，以填至溜断为度。算埽之法，向用一、三、五、七、九递加，虽便未捷，不若高以高自乘，再以一八之数乘之，为更捷也。但其中亦有不同。如高一尺至高五尺，并高一丈一尺至高二尺者，只用高以高自乘。以一八之数乘之，便得为高丈尺。至高一丈者，其中有长一丈、二丈、三丈之别，须以高乘长，再以高自乘，然后以一八乘之。

跋

徐绩跋[1]

自明成化间设专官督河道，而治河之法始详。如王端毅《漕河通志》、潘时良《河防一览》、陈芝巘《济宁闸河类考》、黄绍夫《疏治黄河全书》诸编，或详或略，皆传于世。入国朝，治法愈密。河臣张文端、傅观察诸公，皆有纂葺。求其简而有要、繁而切于用者，则靳文襄公《治河书》为最。先祖阁学公为河督，在文襄后，尝称其得力在"以水治水"四字。前后所上经理十六疏，尤切中利病。绩任兖州泉河通判，以其人其书为先公所矜式，购而读之，未及录副。又九年由曹州调守济南，而大中丞武昌崔公始出藏本付剞劂。盖文襄平生经济于是，真不朽矣！绩窃谓古之大臣，树大功业必先得君，而后可以有为。文襄在圣祖朝，始终委任，所请悉见允行。故声施烂然，泽被来世，睹是书可见也。大中丞受圣天子特达之知，仗节封疆，勋伐与文襄同，而文襄之著述，乃有藉于公以传，其殆有夙契欤？绩所治郡，首齐鲁，运河、济、漯诸巨流，皆在境内，疏浚堤防之法，时复讲求。今年夏，以卓异入觐，蒙皇上询及先

[1] 原文无此标题，据文意补。

世，及绩始任何官，一一奏对。伏荷温旨奖褒，每事恒惴惴以弗称职为惧，而河工其一端耳。兹既幸获事大中丞公饫闻绪论，又幸先公所诵法，昔读之而未卒业者，灼然大暴白于时。于其书成，乃识数语，以庆其遭，且用自励焉。

乾隆三十二年闰七月，济南府知府襄平徐绩跋。

俞调元跋[1]

《治河书》八卷，靳文襄公之所著也。凡防守之要，修筑之法，古人之成规，悉具于此。自明潘司空《河防一览》外，未有能逮者也。书成于康熙中，未及板行。藏书家等诸枕中鸿秘，流传绝少。傅观察泽洪《行水金鉴》，采载百余条，仅十之二三。外此录副者，率多讹阙，非复全书之旧。乾隆癸未，武昌夫子由东藩晋开府。越二年，政通人和，百度具举，而山左故有河防。公讲求治法，于文襄之书有合焉，惜其阙而多讹也。乃出善本，增补付梓，而《治河》一书，于是乎大备。韩子有言曰："莫为之前，虽美弗彰；莫为之后，虽盛弗传。"以文襄之功业如此，而手著之书，必待数十年后继起者刊而传之，岂书之显晦，固有数存乎其间耶？是书出而有官守者，皆得讲习循行，使河渎安澜，于以奠百姓而纾圣天子宵旰之忧，则公之功，岂在文襄下哉！调元辱在门墙，奉委校刊。仰见利济之盛，心因识巅末于后，以告世之读是书者。

丁亥闰月，门人海宁俞调元敬跋。

---

[1] 原文无此标题，据文意补。

盛百二跋[1]

岁在癸未，客海丰。始于北平刘莲溪先生所，得读靳文襄公《治河书》，以未得手录为憾。丙戌夏，奉檄来济南，蒙大中丞江夏公以所藏本付梓，命与校订之役。因借莲溪本互勘，各有详略。然《名论》一卷，有目无书。既得文襄家藏原本，而后其书始全。然如进书、奏表，则又从莲溪本补录也。三本文句偶有同异，兹择其简劲者而从之。陈省斋先生《河防述言》《河防摘要》二卷，公亦命附刻。省斋为钱塘人，其后流寓吾郡之春波门里，子孙家焉，然力绵不克传其先泽，赖我中丞以垂不朽，何其幸欤？

乾隆三十二年冬十月中浣，秀水盛百二谨识。

靳光宸跋[2]

宸先曾王父文襄公受圣祖仁皇帝特达之知，简任河督二十余年。虽屡遭吏议，然圣明洞鉴，旋即昭雪。始终倚任，恩眷无渝。先文襄公矢慎矢公，恪供厥职。凡疏浚防筑诸大计，或博采寮议，或独抒已见。阅历既深，涉笔成帙。旧蒙圣祖清间，曾出所藏以对。温纶褒嘉，宣付治河方略馆，其副本则宸世守于家，罔敢失坠。乾隆丁亥，宸以鹾司小吏，备员于东。大中丞崔公询及遗书，宸不敢秘先世之宝，用呈副册。大中丞亟付剞劂，以广其传。崔公移节南闽，李大中丞以河制任封圻，从

[1][2] 原文无此标题，据文意补。

而竣之。其效订梓之功者，胡书巢、俞燮斋、盛秦川三明府也。其与校阅之功者，则张鹤坪、夏南芷、钱素芬三明府也。宸既幸先文襄公际遇之隆，而两大中丞更起而表章之。一代明良，千秋喜起。谨拜手跋于简末，以志其欢忭感戴之意云尔。

乾隆庚午科举人、候选知县、

署山东王家冈场盐课大使曾孙光宸谨跋。

〔清〕徐端 编撰
牛志奇 整理

回澜纪要

整理说明

《回澜纪要》是清代河道总督徐端编著的治河技术专著，主要汇集有关日常修守、汛期防护及应急抢险等方法、注意事项及各项管理制度等。

徐端（1754—1812 年），字肇之，浙江德清人。《清史稿》有传。其父振甲，曾任江苏清河知县等官，在任时河事繁多。徐端少时随父任，自幼得以接触河工事务。自乾隆年间，历任兰仪通判、睢宁同知。嘉庆四年（1799 年），擢江西饶州知府，未到任，就调任江苏淮安。嘉庆九年（1804 年）官至东河河道总督，处理清口水浅阻漕船之事，采取分河水入洪湖，助清敌黄的方法，使清口得以畅通，之后就任江南河道总督。嘉庆十三年（1808 年），署正总河。嘉庆十五年（1810 年），复授河道总督，裁副总河。徐端谙熟河务，治河有法，他所主持和参与的预筑曹州堤、郭家房堵口、黄泥嘴建坝疏淤等黄河、运河工程，对于黄运治理发挥了重要的作用。《清史稿》记载：“端治南河七年，熟谙工作。苇柳积堤，一过测其多少。与夫役同劳苦，廉不妄取。”是对他治河的褒奖，也是他丰富的治河经验，为政清廉、贫寒终生的真实写照。徐端于嘉庆十七年（1812 年）因积劳成疾，卒于任上。

《回澜纪要》二卷，是徐端在嘉庆十二年（1807 年）编成，同时编撰的还有《安澜纪要》二卷。两书内容密切相关、前后衔接，但各有侧重，堪称姐妹篇。《安澜纪要》主要侧重于“未雨绸缪，防患于未然”，《回澜纪要》则侧重于“临事而不乱”，即在针对河道出现决口漫堤突发事件时，如何做到迅速处置和应对。正如徐端在自序中所言：“当纠纷盘错之会，贵乎临机立断，故能转败为功。苟非成算在握，应之裕如，其何能挽狂澜于既倒，任大役以观成耶？”

《回澜纪要》叙述堤防失事后堵口工程的全过程，卷上有盘裹头、定墙基、估计料物、正料厂、掌坝须知等35条，主要是有关堵口工程的工序、操作要领及注意事项，还包括堵口工程管理方面的内容，如料物管理、各工程管理环节负责人的设置及职责。卷下有提脑、揪艄、捆厢船、合龙、定价、收工等27条，主要围绕当时堵口采用的“兜缆软厢”方法进行介绍，还包括筑坝工程的事前筹备、后勤保障、现场管理、材料选用等详细说明。书中全面记载了清代河工技术和管理经验，保存大量古代河工治河流程的珍贵资料，对研究和借鉴中国古代水利工程技术具有重要的价值。

《回澜纪要》问世后，其影响力广泛、实用性很强，后世多有刊刻。本次整理即以聚文藉朱承刊本为底本，参校清代钱塘郡许乃钊《敏国斋七种》本即道光九年（1829年）刊本。

本编纂单元由牛志奇整理，学识水平有限，若有不当之处，敬请批评指正。

整理者

目　录

自序

语云："不习为吏，视已成事。"又云："兵可百年不用，不可一日不备。"治水之法，其视成事而豫备不虞者，尤不可不究心于平日也。当纠纷盘错之会，贵乎临机立断，故能转败为功。苟非成算在握，应之裕如，其何能挽狂澜于既倒，任大役以观成耶？

端自河防丞倅，晋守淮安，再迁徐州道，不二年，仰荷圣恩，畀以重任，兢兢自矢，每以莫能报称，夙夜滋惧。夫居安不能虑危，守常不能通变，一旦临事迟疑，致国帑多糜费之累，黎民重垫溺之忧，斯真负戾实深已。用是相其缓急，权其轻重，揆度地势，酌剂人情，虑患以息非常，防微以杜诸弊，广咨博询，实力殚衷，盖自二十年来，黾勉于斯矣。

公余稍暇，手缉回澜、安澜纪要，各为一编，证其源委，疏其节目，虽蠡测所及，未能包括无遗，然或由此问津，引伸触类，当不迷于所往云尔。

嘉庆丁卯小除夕，江南副总河德清徐端书于陈家浦工次。

凡例

一、是编所述，藉资实用，不事浮文。是以语但求详，辞皆从俗。使通工员弁一览咸知。譬诸沧浪之歌取于童子，白公之诗解于老妪。观者勿谓其言之不文也。

一、官行文书，有不得不从俗者，如昌黎《盐法议》有脚价、脚钱，欧公作墓志有支差、添解是也。若以文笔改之，则不知为何事矣。况防河器具、做工名目更有不同，当从俗称，以便查核。

一、河工字样，有借用者，有通用者。如辩土中“澥沙”，读若“蟹渤”，“澥”乃海之别名，今借作海字用，谓色黑性散，含水不黏也。“镶埽”之“镶”，《治河书》皆作“镶”，今概用“厢”字，文从俗用，便于通晓，余亦仿此。

一、办工所贵防患未然，事后补苴终非良策。然绸缪未雨，既详《安澜纪要》一编，则此之漫口以至合龙正复大有，事在民生国帑，关系非轻，诚能纲举目张，条分缕晰，庶仓猝临事，有成算而莫欺，操纵在心，遇疑难而不惑，正在平素之讲求熟悉也。

卷上

盘裹头

大堤漫缺，盘做裹头，宜分轻重缓急。如漫滩分溜者，宜漏夜趱办，毋使塌宽。若塌宽，则吸溜渐多，易致成事，故宜急办。若溜已全夺者，须俟其塌定，然后盘头。倘盘裹太早，必仍刷塌，徒糜料物，故宜从缓。

定坝基

漫口，有分溜、夺溜之别。如大溜尚走正河，漫口不过分溜几分，谓之“分溜”；大溜全归口门，正河下游干涸，谓之“夺溜”。分溜口门，坝当建于两河分岔之处，万勿稍为退后，至成入袖之势，难于成功。其夺溜口门，当先定河头，挑挖引河，使水有去路。河头既定，再看坝基。大都东坝基宜去引河头七八十丈至百余丈。倘离河头过远，则开放时不能得力，太近则东坝基有搜后之虞。更宜建于老崖深水处，如两岸均得老崖固妙，然溜中泓者绝少，能得一岸老崖，亦可以施工矣。

查向来办法，有就大堤缺口两岸进占堵合者，有外越堵合者，此指漫口情形易办者而言。若漫溢之后，大溜东趋，塌崖不已，竟有宽至四五百丈者。如此形势，引河头必好。然就此建坝，未免坝工太长，所费较大，且两岸必是新淤嫩滩，更于建坝不宜。惟有于漫口上游大河转湾之处，另觅河头，如南岸漫口，河流向北坐湾，北岸漫口，向南坐湾者是也。既有河头，再量该处河面宽若千丈，如在二百丈以内，便可省费十分之五。然河头既定，上移，则圈埝引河，均须加长，所费亦复不小。应确切估计坝工，节省单长若干，值银若干，除加长引河圈埝方价外，尚可节省若干。然省费事小，工程事大，总须形势十分顺利，方可改作，否则不可轻举妄动，恐所省者小，所费者大，不可不知也。

总之，办理漫工，以坝基为首重，倘建非其地，鲜有不偾事者。每当勘估之时，议论不一，有如聚讼，必须执事者确有定见，择善而从，庶乎其可。至于坝身宽窄，原无一定，总以水之深浅，酌量增减。

定坝基时，先应测量现在水势，并查问该工向来水势至深若干，如无工处所，以附近埽工比较，即可得其大概。如水深至四五丈以外者，正坝应宽十五六丈，高出水三丈，上边埽宽五六丈，下边埽宽四五丈，高出水面二丈五尺。水深在三丈以内，正坝宽九丈十丈，高出水面二丈，上边埽宽四五丈，下边埽宽三四丈，高出水面一丈五尺。此其大略也。

大凡口门，东坝着重者十居八九，深水埽工，固为稳当，然不可多做。东坝过长，与引河头有碍，究应西坝长，东坝短为是。

再，堵筑漫工，大都外越，如两岸滩面宽阔，所越无多，自当修守。倘外越过大，挺入河心，成功之后，不可修守，亟宜放淤，以为退守之计。此虽善后事宜，然以酌立坝基时，当先为筹及。

二坝

历来漫工，大坝合龙者不一而足，何取乎二坝？殊不知专仗大坝，成功者固多，而失事者亦复不少。缘两坝口门收窄时，上水高于下水，几至丈许，奔腾下注，势若建瓴，坝前愈刷愈深，因之蛰塌不已。如有二坝擎托，以水抵水，则大坝上水不过高下水三四尺，二坝上水亦高下水四五尺，丈许水头，分而为二，两坝各在其力，大坝得以轻减矣。

惟二坝离大坝不可过远，当以二百丈内外为率。盖近则擎托得力，远则气长，气长则溜势伸腰，东西乱撞。东岸坐湾，则西二坝着重；西岸坐湾，则东二坝着重，不仅大坝不得力也。所有坝身宜宽五丈，上边埽宽三丈，总以水深定其宽窄。如水深四丈以外，正坝边埽各宜加宽，下边埽可以不做，两坝坝身长短，察看溜势，以擎正溜头为要。

夹土坝

浇于大坝上水上边埽之内，谓之“上戗”；浇于大坝下水下边埽之内，谓之“里戗”。历来大工因里戗水浅，省钱粮而易见功，大都皆用里戗。然屡经试验，不能得力。推求其故，缘大坝是新做埽工，一切埽眼、腰漏、帘子水等病，断不能免。

当口门未收窄时，内外水势相平，其病隐而不现。及至合龙后，下边埽、里戗均未能同时堵合。其时内外水势高下悬殊，凡有罅缝之处无不过水。即使里戗宽阔，一时不能直透，每于土料交接处循埽眉串注，下边埽未合之处，刷成沟形，愈刷愈宽，必至将戗土塌尽，大坝随即蛰塌，为害不小。

至于上戗，在大坝上水，浇土之时，正坝内凡有埽眼等病，逐渐堵塞，合龙后涓滴不漏，此其明证。惟上水水势溜而且深，甚难见效。当将正坝先出两三占，即做上水边埽，离正坝约宽三五丈，留出空档，俟边埽出一两占后，再行浇土，探量水深若干，合计土方，自可计日竣事。

再，凡做上水夹土坝，将合龙之前，或以水深溜急，土浇不住，多议用料盘头，此言不可轻信。盖土能闭气，若一用料，则仍通气，万不可行。宜缓浇一二占，俟正坝堵合后，速将边埽合龙，然后两坝并浇，立即闭气，屡试屡验，如水深至四丈以外，计算所浇之土，前游约宽二十余丈，不能跟随边埽赶浇出水，则边埽便无倚靠。宜将边埽做进，收窄空档，改用软草油泥，逐渐厢填，是亦一法也。二坝夹土坝，亦照此办理。

挑水坝

挑水坝应建于引河头对岸之上游，所以逼溜全归引河，且护西坝根基，最为紧要。查引河头应在深水陡崖之处，对岸上游必有滩嘴，挑水坝基，此其处也。万不可过低，低则斜长做去，坝头已在引河头之下，不能得力；亦不可过高，高则溜头挑于引河头迤上，塌崖坐湾，引河头反成背溜，为有碍，必须恰对引河头上唇，方为得势。

总以看定坝基后，先绢量该处河面宽若干，坝基离大溜若干，未到大溜，必是浅水。应自坝基顺势斜长，每十丈插一标竿，直至溜边为止，共计长若干。再于对岸崖上立一标竿，与溜边标竿紧紧相对，绳量水面尚宽若干。再自岸上标竿，量至引河头上唇长若干，则坝头应再做若干丈，可以约略计之。

惟坝头一经着溜，则上提搜后，势所必然。然挑坝吃一分重，则引河得一分力，必当认真抢办，万勿畏难，此乃离溜较远之挑坝也。更有切近大溜之工，出一两占即兜住溜势，搜后塌崖，不得不于头埽后接做护岸埽工，竟有接长七八十丈，而溜势上提不已者。若随溜做工，何所底止！应于藏头埽后，如南北河形，东西挖槽；东西河形，南北挖槽，藏头于内，可以站住。此等挑坝，虽未多做埽段，然较之挺入河心者，尤为得力。

绳口

漫口已成，择定坝基后，即须绳量口门宽若干丈尺，以便估计应需料物若干，两坝应各进若干占，或一日可进一占，或三日进两占，便可约定合龙时日。事关入奏，不可草率。倘绳量不准，报宽则涉张皇，报窄则估料不足，且耽时日，致多棘手。如口门宽不过百余丈，宜择无风之日，或微风顶溜时，用长二百余丈丝簟，以小船渡过，即可绳量。如在二百余丈，当以大船数只，排列口门，下锚定住，并拉起风蓬不使下淌，能于对岸浅水中钉提脑橛，更为稳当。再用划船于坝头，将弦线渡至大船，逐船绳量，以定丈尺，每出一两占，即宜绳量一次，庶胸中得有把握，不可忽视。此事应专交管提脑之备弁。

估计料物

绳口已准，即得口宽长丈，查明该工至深水势，即可定坝宽若干、高深若干，按丈计算，便知通工需正料若干，软草照正料加一。预备拧绳骑橛，按占计算，约以三丈一占为率。口门宽若干，共计应进几占，每占用绳橛若干，便得杂料数目矣。通盘计算，以便委员分投赶办。总须逐堆过秤，若一论丈尺，则百弊丛生，有名无实。两坝除足用外，每堆应存余料各五百堆，旹斤秤足，宁使有余，不可不足。西坝本宜多进几占，其料应较东坝宽为贮备也。

派执事官

大工事务繁多，必合群力以襄厥成。首在派委得人，则调度周匝，稽核精明，克日成功，钱粮节省。不如是，往往因一人之掣肘，致全局之偾事。大抵派委宜专，专则事有责成；不宜多，多则互相推诿。洁己奉公，和衷相济，是所望于司事者。应派执事各官，开列于后。

总局官

总管两坝钱粮料物一切收支事宜，应以本管道员总理。添派明干厅员，分司出纳，收支银两，并易换钱文诸事。

掌坝官

总理一坝事宜，点验兵夫，核算料土，稽查牌桶，清理土料路，支发钱文，此任最为繁重。必须每坝遴选历练年久精明公正之厅官一员，专司其事。另派随坝官数员，听其随时调遣。

买料官

量材遴派，四路采购，不能拘定人数。

总理正料厂官

应派公正大员一人，专司验收料堆。另派官数员，分司拆垛、巡厂诸务。

杂料厂官

每厂派二三人，专司秤收苘筋、光榄、杂草、橛木、拧绳、削橛，并制造一切器具，逐日收支登记。

跑买柴土官

应看坝台用土料之多寡，酌量派委，或五六人至七八人，或十余人，总视坝台之宽窄，进占之缓急，临时增减，并分班轮替，以节其劳。

管理坝前小厂官

专司绳缆、橛木运至坝台存贮，以备逐日应用，并收回绳头诸事。需明白埽工、精细之汛官，一员足矣。

管理土塘官

专司挑土人夫，令其先尽远处挑挖，留近土以备抢工之用，尤不许挑断土路，以致人夫拥挤争吵。应派武汛司之。

巡查料路官

酌带兵役沿途巡查，以防偷漏走失之弊，并不许拥挤耽延。应看料路之长短，定派员之多少。

弹压地方官

大工所在，人夫众多，商贩云集，其中酗酒、打降、窃盗、赌博在所不免，应派地方官一员，专司弹压。

弹压巡查火烛官

料物所聚，火烛堪虞，盗贼潜踪，尤宜巡缉。应派操防营将官，带兵数十名，巡防弹压。

河营做工将备弁兵

每坝应派参游一员，掌管其上下水及边埽。应需官弁兵丁，酌开于后。

正坝上下水官兵

昼夜各一班。边埽官兵同。

守备二员。

千把四员。

协办四员。

效用八名。

以上官弁效用照管厢埽打张。

又效用四名。管带桩手，不致乱用绳橛。

桩手四班。管揪头、过肚、腰占、占簏等事。

兵丁一百名。连火兵在内。

船上管家伙

效用四名。

兵丁五十名。管小繆挂勾。连火兵在内。

管提脑

效用一名。

椿手二班。带管揪稍。

撵柴土

效用百总十六名。

管开家伙

效用百总四名。

谙练兵丁十名。

打水

效用四名。带管缉口。

齐板

熟谙兵丁八名。上水四名，下水四名。

坝台旗号[1]

坝台设立号旗三面。旗分黄、红、蓝，用料拉红旗，用土拉黄旗，用草拉蓝旗。

效用二名。

兵丁四名。听令拉旗报事。

支发小厂后至大厂站路，文武官兵须操防及地方官，庶可

---

[1] 原文无参考目录，据文意加。

弹压料物，不致抛散。

簰桶离坝头十余丈处安设。

上水边埽

守备一员。

千总一员。

把总一员。

协办一员。

效用四名。

船上守家伙

效用二名。兼管吃烟、灯笼、火烛、偷盗。

椿手三班。

兵丁四十名。连火兵在内，守家伙。

又兵四十名。连火兵在内，厢埽。

搼柴土

效用百总四名。

摘脑即令管正坝摘脑官兵兼管。

齐板

兵丁四名。上水二名，下水二名。

设立号旗三面。颜色照正坝一样。

效用一名。

兵丁二名。管拉旗报事。

二坝官兵

照前分派，应按坝台之丈尺，略为酌减。其文员一应专派掌坝官、小厂官、跑买料土官，其余正杂料厂巡查弹压，皆毋庸另派。

坝基既定，即应盘筑坝台。昔人谓之出马头，宜细按形势，东西两坝头对准盘筑，大都两坝皆微迎上水，如就老堤堵筑者，先将旧堤头加土夯筑，以高出水面一丈五尺为度，上下水两边退后十丈刨槽，入水深七八尺，以防搜后。料土交接之处，多用软草、油泥，务令柴土胶粘，细细盘压，十分坚实，不致蛰动，方可捆船挂缆出占。如在滩上堵筑者，应先筑土埝以为坝基，亦以高水面一丈五尺为度，如前式刨槽厢做，不可草率。滩面刨槽，应较水面深一丈，预防溜至行蛰，此为最要。

正料厂

从来堵筑大工，必先储料。当漫口裹头之后，缉口门之宽窄，探水势之浅深，即酌定正坝若干丈，需料几何；上边埽若干，需料几何；下边埽若干，需料几何。与夫挑坝、二坝、包滩、护崖之类，各就形势，约估料数，宁使有余，毋使不足。一面委员领银购运，一面委员就厂收堆，此正料厂所由设也。

两坝各设管理正料官一员，佐杂数员，而以道府大员总理之。核定价值，先堆样垛，所有垛夫，必须官点夫头，酌定堆料一垛，给钱几何。出示晓谕，无许额外需索。堆成后，即由该收料官给发厂收，仍由总理换给印收。即于所收料垛上挂一牌，写明某官收，某员交，料一垛计重若干斤，注明日月，并长宽丈尺，一一登记。如抽查时丈尺不足、斤重不敷，或有架井空虚之弊。及拆用时核计单长，折耗过甚，惟收料官是问。总理官失于觉察，与有责焉。

大抵正料一项，工需至急，而收料一事，弊窦极多，皆囤户贩运而来。即委员之所办交，亦多出料贩包揽，以彼百计钻营，为鬼为蜮。倘收料官稍失防闲，必致堕其术中，短少工料，徇以身家，否则秤收从刻，动即责处，厂役等辈或又从而需索之，以致人心觖望。小则裹足不前，不免停待；大则风火不测，尤属堪虞。夫工需甚紧，将设法招徕之不暇，而苛刻从事，焉有不偾事者乎？必也洁己奉公，凡验量抽秤等事，必躬必亲，不假手于吏胥厮仆。平量准秤，公正宅心，既不失之过宽，亦不失之稍刻。或再权其缓急，收放咸宜，斯则经理之善者。

至于工次火烛一节，关系最大，必须严为之防，而料厂尤甚。故置厂必择其宽阔堆垛，离围墙三丈为式，能分设数厂尤佳。而堆料必疏其行列，每一行列中，再宽留空档始妙。务使厂中纵横朗列，便于稽查。堆满一厂，方准动用。用完一厂，方准续堆。总不得一处收支，致滋弊混。仍于厂中四面掘濠，以宽一丈、深八尺为度。即以挖濠之土，培筑周垣，前后设立厂门，为正料出入之路，毋致拥挤。即派弁役，妥为看守。多拨兵丁，更番巡夜，优给饭食。毋任暇逸，不许拥炉吃烟。而聚赌尤为厉禁，有犯必惩。此料厂事宜之大略也。

惟包户料贩，花费甚大，不如买民料之为便。然地利不同，难以概论。查徐州以上，地面宽阔，产料极多，可以收买。其收买之法，派一熟谙之员，于厂外搭一官棚，所有车户，鱼贯而进，过一辆发票一张，填明发钱数目，赶入厂中，随到随卸。于发钱处亦搭一官棚，见票发钱，不许迟滞。每日黎明买起，每路可成大堆二十个。如车辆过多，则分两厂收买。淮扬一带，收买船料，每日亦可成十余垛。总以料贩花费之钱，加给料户，无不蜂拥而来矣。至于料车来路，或桥梁损坏，或道路泥泞，均须派人远远收拾，以便招徕。

若夫支料章程，及相近坝头处所，酌量堆垛，用备缓急，固掌坝事也。另载掌坝事宜条下，兹不赘述。

杂料厂

办工必用正料，固已料有正杂，缺一不可。故正料有厂，杂料亦有厂。杂料者何？绳缆、桩橛、骑马，其大焉者也。凡进占下埽所必需，一切皆取给于厂。厂设总理一员，再发数员佐之。凡秤收苘缆，围收木植，以及拧绳砍橛，分任其事，以专责成。俱择精明勤谙者为之，并以熟谙协办效用数人，供其驱使。盖器用必取其利，则制造务求其精，惟熟谙工程者照料其间，乃能善其事也。

发办宜早，储备宜宽，如约计需绳一万条，则购苘百万斤以外，宁使工完而有余苘，归厅库贮，不致弃于地也。万一不足，停工待料，则必致贩户居奇而交苘者，浸水掺土，百弊丛生，其时急何暇择，误工糜帑，关系非轻。

厂宜宽，防火烛也。稍近坝头，取便捷也。开濠筑垣，兵役巡警，昭慎重也。必有苘房，以蔽风雨。即诸色绳缆，亦必用席数层，妥为苫盖。倘经潮湿不可复用，关系坝工至重大也。苘房、缆厂务各置管钥，一切闲人，不许擅入。即支苘、拧绳、发缆上坝，亦必司事者监视记数。禁止吃烟。夜间巡察，亦不得燃火提灯，盖防微杜渐之道也。

厂设官秤，由总局道府较准颁发。收杂料者，务宜公正宅心，约束家人。兵役等辈，毋许需索。宽不至于通融滥收，严不至于刁难勒折。事必躬亲而初终不懈，物皆豫备而巨细不遗。优恤匠役，稽其勤惰，毋任偷安。较及锱铢，工作收支，皆必白昼，总在先事布置从容，毋致仓皇夜作，难于稽查，且灯火堪虞也。暇则亲至坝头，察看坝工水势情形，与掌坝官因时制宜。酌核料物，或增或减，即绳缆、橛木之长短粗细，进占若何，下埽若何，事事讲求，务期合用而省费供给。两坝止此一厂，经理者酌其盈虚，筹其缓急，彼此兼顾，接济不穷，此经理杂料之善者也。

至于软草一项，宁多无缺，桩木云梯，或可不用，亦不可不备。

两坝头各设小厂，一切料物，均由大场运交小厂，转支上坝。此固有掌坝官稽查调发，而总理杂料厂员，亦必须通盘筹计，未雨绸缪，毋令匮乏，毋任虚糜。乃至回苘缆头，稽查必及，灯笼杂具，制度必精，庶几不负任使矣。

凡有一切条规，并应备物作，开列于后：

一、相度厂地。必须离坝上不远，仍要四面俱空，不与庐舍料垛接连。厂地宁宽毋窄，厂外先挖濠沟，或筑土墙，或做篱笆，仅留厂门出入，以严启闭。

一、厂内亦须通盘筹计。何处盖厂，何处贮苘麻，何处堆木缆，何处作绳场，如位置得宜，则一切俱系顺手，否则非散漫无稽，即拥挤不开矣。厂房务宜多盖，缘苘捆经雨即霉，已成之绳亦须贮厂，方免霉烂。计中等厂房一间，贮麻不及二万斤，贮苘不过百余捆，贮绳不及五百条，存料稍多，必致暴露，此厂房之不可不多盖也。厨房地基须挖深四尺，然后搭盖，不可与各厂房毗连。厂中首挖一池，宽、长随地制宜，愈深愈妙。池内所出之土，即将厂房基址垫高，堆贮苘麻，虽逢大雨，水有归处，则厂房自然高燥，且池中有水，又可防意外之虞，万勿惜此小费，搭盖厂房，所需正料向正料厂支，所需木植即由杂料厂开报。诸宜俭点撙节，工完后，或交厅，或变价，临时裁定。

一、徐属萧、砀一带，所产苘筋无多，不敷工用。其次近而一水可通者，豫省之商邱平台集，郑州之扬桥，皆产苘之乡，然每处亦不过数十万，必于西华、扶沟，始能撒手收买。当先派熟谙之员，携银前往，看定水口，预雇车船，庶得源源接济。惟查该处浑苘居多，务令委员在彼收买时，逐捆打净，以省运脚。其东首之济宁一带，亦可收买，必须运河通畅时，方能迅速，如回空盛行，恐有阻碍也。

一、收苘筋以青色为上，白者次之，黄者又其次也，总以干净为主。无如近来行侩居奇，参和泥土，谓之“浑苘”，到厂令其各自堆成一垛，秤收时眼同交苘之人，按捆过秤，随便抽出一捆，打开记明原秤斤重，多用人夫摔打干净仍捆好再秤，通身照此折算。如有潮湿，亦令晒干再秤，庶不至有折耗，发出拧绳照号抄发为便。

一、拧绳，当先定长若干丈，如长十丈，绳重六十斤足矣，愈加长则愈重。总视水头水势深浅若何，当与文武掌坝公同定议，应用长若干丈，绳约重若干斤，再行发办。

一、绳架，俗名谓之“吊子”。每架用夫七名，每日能出长十丈绳二十条。向例每条给钱三十文，今以米粮昂贵，每条增至四五十文不等。然若辈利在偷苘，必须严行查察，有犯必惩。总之，各项匠役，每人每日以二百钱为式，否则不来。有实在出力者，格外奖赏，以酬其劳。

一、向来大工苘绳，一头有鼻子，一头放散。此后务令其两头上架皆要鼻，以免偷割绳头之弊。

一、拧绳之处，地面须要宽阔，以便多支架子，派诚实效用，专司其事，务令加功紧拧，不许松劲。收绳时令其各自举起，能直立一丈四五尺，方为合式，否则重拧。

一、拧绳斤重，断不一律，如定每条几十斤，或轻二三斤，或重二三斤，此亦事所必至。收绳时务须逐条秤准，挂一牌子，注明重若干斤，以一百条为一字，号次编明，归于日报。坝上用时，照抄底账付去，以凭查考。

一、围收木植，龙泉尺码，离关口五尺围收；漕规尺码，离关口三尺围收，遵照旧制，自无错误。惟假手于人，则过数画码，处处皆有弊窦，不可不躬亲料理也。木植归仓，即挂牌子，立簿登记，以备逐日查考。

一、截木，须就料科算，不得任听木匠随意擅用。如木料首尾相应，即二三段亦可做橛，木梢亦可作骑马。如头大尾小，一橛之外，仅可作骑马。签子间有不等，木围圆过小，头段不能做橛者，均须先算后锯，不致抛弃一二尺，则节省多矣。留橛以五尺为度，合龙以五尺五寸为度，骑马以四尺为度，合龙大骑马以七尺为度。大签须四尺以外，小签不过三尺。惟小签以木梢为之，一木仅有一梢。下埽所用签子最多，每若凑手不及，以中等木植，劈作四五根不等，尽可用得。而坝上兵目，往往固执不依，是在掌坝者之留意焉。徐属各工，向用柳橛，其质不能如杉木之端，直截用时尤须划算，是在司事者细心筹之。

一、光缆，以黄亮大芦，篾子压得匀，披子拧得紧，缆心压得熟者为佳。短小之缆，合用冲用，殊不上算。如水深下埽，总以四股虎三，长十丈重五十余斤者为度。如溜缓软厢，以四股虎一二，长十丈，重四十斤内外者为度。三股光缆，虎数软小，斤两亦轻，紧要埽工，不甚合宜。毛缆系丹青，柴带叶带皮，一披卷成，不用缆心者，虽系纯熟，终觉体松而质轻，只可浅水处酌量用之。灰缆，以好大芦劈篾入灰池，泡七日为度，柴性颇觉棉软，入水亦耐时日。惟工本较大，且难猝辩，是以大工素不多用。捆厢船摘脑，向用苘绳，因入水易于霉朽，近来颇用苏缆。查双料苏缆，每盘长四十余丈；单料者，每盘长三十余丈，水深溜急之处，单料者恐不合用。

一、包眉子坝埽眼，夹土坝填档，皆用穰草，故向来有比正料加一发办之说。宁可多备，勿致临时掣肘。收草者或论斤、或论垛，皆请示遵行可也。

一、预备各杂料，须日常至坝上，与掌坝者随时科算。某项需用尚多，而存料无几，亟应禀请添购，以期接济。合龙在迩，而某项尚有盈余，亟宜禀请停办，以省糜费。

一、支发料物，固以小厂支折为凭，仍应呈送日报，以便总局、掌坝各有查考。而小厂所送日报、旬报，亦宜逐日查对。

一、备办器具，俱有次第，如天硪、月斧、齐板、榔头、旗杆、簰桶、铁锚、打戗桩之高凳、跳板、核桃绳，小褸子，此开工时所必需也。齐板、榔头，宜用杂木，切不可用杉木。簰桶式样不一，总归坚固，桶盖仅留小孔，伸手能取钱而止，以杜抛撒之渐。如五尺杆、丈杆、灯笼架、铜锣、太平桶、抗扛木、带柄之木舀，有系之水桶，此坝上所常需也。犁梯、绊木、大跳，此下埽所必用也。犁梯等件，俱随埽个高矮而定尺寸。绊木愈大，愈为得力，惟价值较贵，就近有大船桅可以借用，则无须购买矣。

掌坝须知

掌坝官向委道员总理，以丞倅副之，然道员所管一道之公事较繁，且职分较大，何能身亲细事？其实仍以厅员为主，必遴资深才裕者在之，其职虽丞倅，其权则与道等。凡远汛檄调到工之员弁，皆以掌坝为依归，安其居处，时其饮食，耳目心思，无处不周，竹头木屑，无物不备，集思广益，信赏必罚。务使在坝之官弁、兵夫，皆畏之如严师，爱之如慈母，下情无不上达，而奸弊不敢稍萌，然后调度驱策，如臂指之联络从心。庶日起有功，克观厥成矣。

凡应知事宜，就素所阅历者，撮其条目，详著于篇。

一、到坝时，先看两坝台是否相对测量，现在水深若干，并问明至深若干。两坝公同定议，某坝进几占，每占约用正杂料若干，共计应用若干。夫土钱文亦照数约计，当关照总局各厂，早为置备，宁可有余，无令不足。如坝前水势深不过三丈，每日可进一占。倘水势加深，亦不过三日两占。开工宜早，日间赶紧，不必做夜工。

一、每日一占，勾回后，即于上水下水中间，量水深若干，高宽若干，写一小牌子插于下水埽眉，以备查考。此占共计单长若干、查明用料若干，每料一堆，厢做单长若干。此应派一员专司其事，再亲自测量水势，则料垛之虚实，可以立见。

一、每做一占，用绳缆若干，此系专管小厂文员之事。按占报数，初出占时，水势尚浅，可以节省，及至水深溜急，必须加用，万勿惜小费而误事。

一、每占厢做一坯料，即用一坯土，按坯头之厚薄，一坯压完，即签试压土若干，此应派文员专司其事。某日厢埽几坯，某坯压土若干，按日折报，仍须亲自查量，否则又为人开冒销法门矣。

一、买料当以垛计。先看厂内料垛，每垛秸若干束或柴干束，每束约重几斤，每人能抗几束，以道路之远近，或每束一文，或二三文。掌坝官按垛计算，酌定价钱，派千把效用等专管此事。每日用垛几个，按数给钱。如用坝上积料，另定价钱。必须分投跑买，不得典大厂之料，同走一路，致难分别。或用小车按垛包推，较为省便，每车插小旗一面，与民料庶有分别。垛底务令推净，否则糟蹋不少。应另派一员专管拆垛，每运一车，发筹一根，到坝缴销。坝上派收筹人，以便查考。

一、买土上坝，按土塘远近，如往还二里，每人可走三十五回，每车定以六七八文，则一人每日所得将及二百文，饮食之外，尚有余资。总之视路远近定价，愈远愈加，则人夫自然踊跃。簰桶钱文最易抛，或十千一桶，或二十千一桶。领钱时或用经折，或用小票，总要掌坝官用一图书或花押，赴分局请领，以杜空领之弊。

一、“厢埽无法，全凭土压”此古谚也。然亦须知轻重，大都埽未到底，不可骤用大土。如新占头，二、三、四坯，用土数寸至尺许，五、六、七、八坯，用土尺五六至二尺，到底后，方可加重土。如压土三尺，应分作三坯，于压盖柴上后，从前眉压起高一尺，递至埽眼，仍复拆回，做三坯追压，万无一失。

一、坝上进占后，应于上水下水各立志桩一根，以验水之长落。如进占数十丈，金门收窄，坝上水渐长，坝下水渐落，则坝工坚实可知。若水势长落上下相同，则埽底未能闭气，必仍有过水处，宜加紧用重土追压，不可以坝台已高，稍存大意。

一、坝工进占坚实，则下水必渐澄淤，如有回溜，反为刷深。掌坝官宜早晚上下周巡，阅看测量，比较深浅。埽肚能吐清水，此埽便稳，倘不见澄淤，即甚可虑，宜细细讲求。或系大埽绳缆家伙太紧，有架空之病；或埽后离档太大，土压不醒。除本坝加压重土外，当再从上水边埽夹土坝用力填筑，设法追压，以救其病。

一、坝上必须进丈，得丈实在稳固，再行开占。不可贪图见功，急于前进，致有闪失，则前功尽弃矣。慎之！慎之！

一、坝头定橛，宜避埽眼。误钉埽眼，即有蛰裂之患。

一、闷橛不宜过早，须细看实在到底，绳缆不吃重，方可用上埋橛。

一、边埽为大坝护卫，不可忽视。边埽稍有病，必累及大坝。如边埽稳固，十分坚实，则大坝虽有病，尽可藉以抢救也。

一、金门收窄，下水回溜必大，应做护崖埽段，所费不赀，拟以木龙代之，较为省便。当以开工前发办龙木簟缆，运至工次，并预备钩手，一见回溜，即赶扎木龙，以资挑护，合龙后仍可拆起，以为他用。

一、埽眉打齐板，应看上下水深浅尺寸，酌量打成马面或倒马面，庶蛰定时不致参差。

一、跑牌买土、买料之法，土要大担，料要大扛，量其路之远近，画一给钱，不许多寡争竞，稍有停留，立即撵逐。遇小筐之土，小杠之料，一概无钱，则钱不花费，土料皆得实用。

至车土惟长坝台为得用，应派人专买，不可夹杂，以致碍路。

一、买土官必须分路，俾各有专责，以便稽查。正坝分上下水两路，如坝台宽，另行酌添。加长坝台，应专为一路，上下边埽，各为一路。夹土坝为一路。其一坝两三路者，应量明丈尺，钉橛纤缆，分清道路，以免推诿之病。

一、料土路既分别清楚，空重不许并行，自不致拥挤。买土棚后，无积压之土担，则坝头之土自多矣。

一、跕段撵柴土之效用百总，皆开列名单，粘贴官棚，随时稽查。皆令分段排列站开，不许聚集闲谈，庶免挑土孔料人夫沿路丢抛，不能全上坝头。

一、所雇随坝夫、扛夫、扒搂夫，应每名给予腰牌，随时抽查点验，不准有碎料、乱草堆积坝面，惟扒搂夫及站段之弁目是问。

一、力作兵丁，上水若干名，下水若干名，桩手几班，何人管领，写一单贴于官棚内，随时查验，不任短少。每至坝头，见有厢工出力，料褄全砍，铺料平整者，记明酌量奖赏。如有不砍小褄，以及铺料纵横，任意乱填，问明管队何人，立予责处。

一、买土官如两路买土，则需二人散钱，二人送钱，以供分发。二人领钱，二人撵路，再轮流吃饭尚需人，通共需十余人，始能当此差使。而该员平素用人，多则两人，少则一人，其余多人，皆派差役乌合之众。且有先用银钱营求荐引者，此等人来意专为偷钱，并有放鹰等弊，若不严行查察，何所底止！惟有按坯收土，庶有查考，如用钱过多，即应查究。

一、坝上用料，掌坝官发拆垛筹，或两垛一开，或四垛一开。厂中拆完一垛，即将垛上原挂之牌，送掌坝官处缴销，以便查考。厂中应另雇拆垛夫数名，上垛按层拆卸，不许众夫上垛混拉，以致糟蹋整料。

一、分局向设坝上，管发簰桶钱文。其钱文大都总局拨来，然分局总要存钱数百千，断不可用尽再领。倘一断钱，则土料停手矣。簰桶钱文，时常抽盘，否则钱不足数。只需钱板比足，不必细数也。

一、小厂管坝上绳橛、骑马，派一文员专司其事，应用各件随用随发，亦不可用尽再发。

一、每钩占时，必须亲到坝头，逐条查点。所有绳头即令坝兵割下，押回小厂，按日折报重若干斤。俟有成数，再缴杂料厂，名为回头苘。此事虽细，积少成多，不可以小而忽之。再制秤一杆，上坝苘绳，每条俱有斤重牌子，随时抽秤，以杜绳厂之弊。

一、苘绳大都以长十丈为度，究当视水之深浅。如出占水深三丈，埽出水二丈，共高深五丈，两面共长十丈。再计一占约宽三丈，底面共宽六丈，加以底钩四丈，面钩五丈，共计长二十五丈。若用十丈绳，两冲则不足，三冲则有余，竟定用十三丈绳，两冲足矣。少一冲则少一结，可省苘十余斤。掌坝官临时测量水势，酌定丈尺，水深递算加长，饬知杂料厂遵办可耳。

一、初出占时，口门尚宽，占子愈大愈稳，且省绳缆，又少埽眼。

一、坝台如定高出水面二丈，新占钩时，只要一丈七八尺。俟做成四占，即将第一占压大土一坯，高五尺，再进一占，再压一占。总离坝头三占为度，则面土已高一丈五尺矣。如此办法，自无帘子水等病。夫土虽多，用料较少，不但省费，而于工程实加稳固。

一、坝上向有沿途贩土、贩料之人，约有数病，料改小扛，则坝头人多而料少，急切不能厢高，且恐沿路有走失偷漏之病。土改小筐，其病亦然，兼之黑夜巡查不到，必致偷挖坝台之土，故不可不严行查禁驱逐。至放鹰转筐之人，皆小筐小杠，多从堤根贩买而来，禁贩料土，亦所以杜其源也。近年沿途有妇女小孩抢料以作烧烟者，亦宜责令巡料官兵严行驱逐。

一、坝上务令土料不停，初出占时，所用无多，势不得不暂为守候。如已进至三五占，必须正坝用料，边埽用土；边埽用料，则正坝用土，与武掌坝官商定，彼此相让，则工程转速，而人夫无守候之苦。

一、坝上必须打扫洁净，倘有丝毫裂缝，每日清晨查看，一目了然，随时设法救办，不可忽视。语云："千金之堤，溃于蚁穴。"坝上但有一丝之缝，为害即不小也。

一、凡卷下大埽，宜于前一日戌时铺埽，至次日丑时卷，至辰正即已下河，庶尽一日之力，可以加厢到底。

一、进占时，夜工固不必做，可免灯火之患。然亦有不能不连夜抢办者，如金门收窄，大溜涌激，不能软厢，只得卷下大埽。此埽下水后，必须穷日夜之力，一气加厢，追压到底，方可歇手。倘埽未到底，悬挂坝头，有拔裂之患，所关甚大，不可稍存姑息，因深夜停工，此为最要。

一、赶做夜工，应用灯笼，按坝台之宽窄，酌定路数。如正坝宽十丈，应用灯四路，按长二丈，钉架一个，一架两灯，一夫管三架。惟坝头新占，不能用架，须雇夫挑灯，每人执挑竿一个，亦挂两灯。统计坝长若干，用灯几路，每路按两丈一架，共灯若干，坝头用灯若干，二共灯若干。章程一定，办者易为照料，查者易于查点。灯笼应用粗铁丝，加工编扎，底盘要厚而重，插烛钉要粗而短，口上用一铁皮盖，以避风雨。至于土路、料路，均须路灯，按丈尺分派，亦有定数。

一、开工时应于坝下专设渡船，以便两坝往来。其船约有数种，马船、划船仅可共[1]人夫马匹之用。若运钱、运绳缆、橛木等项，应另备坚实宽大之船。

一、搭官棚须垫土基高三尺，庶远望了然。坝上进占至数十丈，则官棚即应再移向前。

一、开工之始，人夫闲暇，或埽上不用土时，应于坝台后预积土山一二座，以备黑夜抢险时应用。

一、正坝后必须积料，以备不时之需。如各坝头俱不用料，即令买料官在于坝后堆积备用。

一、坝上当差人员，每员向例官饭食钱四百文，尚不敷旅费。而派买土料之员，用人尤多。且专经手钱文，用人尤多。明知其不足，而照例发给，是诲盗也。当量为调剂，如再有不肖之事，尽法惩处，亦无可怨尤矣。

一、预备下大埽器具，大埽原可不用，然不可不备，另开列于杂料厂条内。

一、在坝官兵，遇时节或天寒，应普律恤赏。

一、预备合龙绳橛、灯笼，官兵犒赏，数无一定，请示遵行。

一、预备麻布口袋，以为装油泥之用。如无麻袋，以白布缝之，长不过三尺，宽二尺足矣。大约必得二三千个，有好蒲包亦可。

一、开工后，坝下运料官民船只不少，口门收窄至十余丈，

[1] 共 同“供”。

即须令各船出口。如果溜势太紧，应于上边埽安绞关二部，雇觅人夫，无论官民船，均为拉出。

一、应禁止妇人、和尚及穿孝服者上坝台。盖进占如用兵，故向有嫌忌也。又，卖油者亦不准上坝。

卷下

提脑揪艄

先于大坝上水水浅之处，签钉排桩约二十根，入土丈许，用缆生根，将捆厢船头提住，不使随溜下移，谓之“提脑”。其下水亦于滩上钉橛三根，将船艄用缆兜住，以防回溜，谓之“揪艄”。如上水水面太宽，缆长则垂腰浸入水中，不能得力，当用圆船十数只，均匀排开，将缆架于船上，谓之“舵缆船”。惟黄河溜行无定，如溜势将近提脑桩之处，即须挪橛，此乃出占至要之事。须派熟谙千、把，带兵二十名专管，责令用心经理。如大坝上水即是大溜，水深溜急，无处签桩，只好在上边埽上钉桩生缆，再用大船五六只，密排边埽外，将提脑缆挤开，斜吊捆厢船，俗名“神仙提脑”，便可得力。第每开占，即须管提脑官兵，将缆逐条开放。如多进几占，并橛亦须前挪，此亦无可如何之一法，费人力较多耳。

捆厢船

此即兜缆之船，最关紧要，必得船身宽大、板片坚实，方可合用。如正坝定宽十丈，船必须长十一丈；如坝宽十五六丈，必须长八九丈，船两只接连应用。其上下水边埽，及二坝、正坝边埽，均须船只，务须一一验看，不可少有将就。如船只稍不合用，则出占不能如式，为害不小也。此项船只，必须方帮方底，能于各工各办一二只，临时调用固妙，否则大西河船亦可，务须先期雇募为要。

出占

出占，即兜缆软厢也。治河书言之未详，亦莫考其创始，前人用之于岁抢埽工。乾隆四十三年，豫省马家店大工，始行此法。然犹一坝下埽、一坝软厢。嗣因软厢便而且稳，凡有大工，两坝皆用之。及至将合龙时，两坝各下一埽，名为“关门埽”。亦有不下一埽，纯用轨厢合龙者。

软厢之法，用大船一只，横于坝头，名为“捆厢船”。凡大西河船，即可雇用。先将船舵褪去，再将中舱棚板拆卸，用木一根，如船身长，架于船上，用绳连底捆住，名为“龙骨”。加以上水提脑、下水揪艄，使船不随溜动移，谓之“上位”。船既上位，即须兜缆，每缆一条，用橛一根。缆之名色不一，有暗过肚、明过肚、底钩、面钩、活留、大占、腰占、揪头、肚占、连环占等。

名、暗过肚，以船上大桅分中，上水九条，下水七条，离坝头三丈后，照缆数密钉排橛，用长十丈，绳一头，上橛一头，从船底兜转，活扣于龙骨之上。此绳只捆船身，与埽无涉。惟撑档打张迫压时，均须随占开放。绳子不敷，再行冲用，直至将合龙时出船后，始行勾回。

明过肚，用大绳在船外，帮连船头、船尾，横兜拉紧上橛，橛应于埽头七丈后。上下水埽眉，钉如雁翅形，俗名谓之“一条龙”。上水九条，下水七条，惟打张时一开，其余不可轻动。此二者均为捆船，非兜缆也。

底钩，橛离坝头四丈，横排签钉，每根离空档一尺，或一尺五寸，或上水一尺，下水一尺五寸，总视水之浅深，临时酌定。钉橛后，用绳一头，上橛一头，活扣于龙骨上，此即兜缆，最为吃重。

一、面钩，橛于底钩，橛退后一丈签钉，数与底钩同，占子厢压到底，然后将底钩缆全数钩回，拴上此橛。

活留，埽未成时，每厢一坯，须将底钩间钩几条，以便压土，谓之“拉活留”。此橛离四尺一根，钉于底钩前三丈。

大占，上水九条，下水七条。

腰占，中间五条，与底钩同力。盖恐底钩力弱，故密加此缆以昭慎重。应于底钩之前，密钉排橛，每坯厢成，压土跳埽，均须开放。

揪头，前人下埽，即有此名，系埽心之绳，今所谓“揪头条”，前眉兜住，上水九条，下水七条。如水深五丈，加至二十一条。橛钉于上下水埽眉，一条龙式，离坝头六丈。总俟二坯厢成压土后，再于新埽前眉钉橛一排，每根离空档四尺。再于上下水埽眉拐角处，各钉一大橛，名为“戗橛”。用小禭铺于橛边，将上下水揪头大绳接连，编于前眉橛上，两面以软草包住，再用先铺之小禭，将大绳缚成一捆，用力拉紧，再行上橛，此为第一路，断不可松。俟加厢两坯，再下二路揪头，每一路总以两坯为准，层层揪紧，方可用大土追压，使埽耳不能外游，此乃揪头之力。直俟追压到底，则绳自松，俗名谓之“打网”，始可放心矣。

肚占，每排绳五条，计两排，一头将揪头捆住，一头上橛。

连环占，于肚占之外，各再加绳五条，如肚占法。一头捆住揪头，一头扣于龙骨上，加厢两坯，再行勾回。其橛钉于底钩后，面钩前每加厢一坯，上下水各下骑马一路。

所有出占缆橛，尽于此矣。

至于软厢，当先于暗过肚、明过肚、底钩、大占、腰占挂齐后，令厢埽兵分十分之七上船，三分留坝头。船上兵丁先将暗过肚、明过肚放松，撑船略开，所有活扣于龙骨上之底钩、大占、腰占一齐开放，以垂至水面为度，条条排匀，如绳兜形。然后坝上拉旗买料，分上下水两路前进，至坝头交卸。坝头兵丁将𥙷子破开，仍按抱丢于绳兜之内，再于船边每五尺直立扛一根，每扛派夫一名守之，名为“守扛夫”。使前眉壁立齐整，船上兵丁先于上下水厢起，用边棍打齐埽眉，退后满厢，愈厢愈宽，谓之“撑档”。大约以宽一丈二三尺为式。厢与埽台相平，即拉活留上橛。前眉压花土数寸，此即“头坯”。当传齐兵夫排立前眉，将备发号，令兵夫同声用力，双脚齐跳，前眉愈跳愈下，则埽后自然开档。守绳兵丁将活留徐徐出位，埽自铺开，是为“打张”，以三丈为度。铺平后，埽眼填草，上下水各下骑马六副，钉肚橛将骑马拉紧，系于肚橛之上，然后再厢，每厢料四尺，即各下骑马一路。追厢与坝台平，勾回活留，压土一尺二寸，传齐兵夫，如前跳法，跳至矮坝台四五尺，即下揪头一路，肚占、连环，各一路。三、四坯做法同前，压土可以加重，应压土一尺五寸。四坯压土后，再下第二路，揪头及肚占、连环占。五、六坯，应压土二尺，下第三路，揪头、肚占、连环占，厢至七、八坯，约可到底。将底钩缆勾回上橛，再丁厢一坯，压面土三尺，愈重愈妙。

上水边埽

此乃正坝之外护，亦用船搂厢，随大坝进占。每占必须盖住大坝埽眼，其厢压之法，一如大坝，更宜刻刻小心，不可少为大意。必得熟谙备弁专司其事，以专责成。

卷下大埽

大埽以高二丈为准，坝台要平正，不可歪斜。弦子要量准，不致上游下串。计量弦子十三丈五尺，留弦子头长一丈五尺，净用长十二丈。弦子量准后，齐板兵丁管飞上下口眉各二尺五寸，核桃绳子吊准。如宽十丈，坝台卷埽须十丈零五尺，方不致挂耳。

卷埽先要分晰清白，各有退步。先打底勾橛，前眉作准，退后五丈打橛，一尺五寸空档，九丈后，再打上勾橛，橛后为占箍打橛之处。上下水占箍，即跟大橛后。上下水揪头橛，在占箍橛后。腰打占三路，橛在上勾后。每路七根，占箍腰占，无底钩橛，只有上勾橛。上水占箍橛十五根，下水同。

揪头橛，上水二十五根，下水橛二十三根，上下水埽手分勾挂行绳十九路，内计十双九单，每双路用牮一根，计牮十根。行绳每根长十五丈，每根约重一百二十斤。每路行绳拉束腰二条，计十九路，共三十八条。上下水占箍，上下水边棍管。揪头，系上下水桩手管，并管抱花桁条十五根。离前眉五六尺，脊筋六条，横拉两头，编于占箍上。

齐板经管，占篐十五条，前首七花鼻，一单花，后首尺六鼻花，穿花三道，以抱埽心埽上小褄。上下水拉揪头过花，上水二十五根，过花十三，交与下水桩手；下水二十三根，过花十三，交与上水。不致卷埽两下脱节。花过完，即抬埽心抱花小褄，铺上下水。

齐板钉铺，埽分中橛，于六丈处，上下水横钉橛一根，以为分中，前三丈钉一根，后三丈再钉一根，以为准头。

拉旗抬跳，买料铺埽二丈高埽，前铺四尺五寸，中脊六尺五寸，后铺五尺五寸。埽铺齐，打锣效用上埽。

鸣锣齐夫，随坝文官管夫，各有号令旗帜。行绳每号用夫五十名。掌坝官兵分派上下水一齐上前，站于埽心。上下水桩手抱揪头，各行齐集，鸣锣招呼，上下水桩埽手一齐答应。长号推卷埽心，用犁九张，每张用夫五名。

埽卷齐，将犁插入埽底，拥埽有进无退。提犁兵目招呼上牮，每牮兵二名。

牮上齐，每牮用夫五十名。鸣锣用长号，招呼上下水齐集。埽卷至准头橛处，已卷高丈余，不能用长号，即用坐号，务须招呼明白。

上下水齐板斥丁，埽头总要一齐，不致串上错下。再鸣锣喝号，齐力拥进。倘埽上串，盖由人力不齐，即偏拉上水五六条，牮一二号，不拉下水牮，使埽转脸齐口。该提锣官招呼明白，然后鸣锣喝号，一齐用力并进。倘埽下错，与串上同。埽拥至前口弦子，过底勾，充对上橛，将行绳汇过，并将束腰绕于埽上，用长梯将拉行绳人夫过梯至后首，归入牮上。鸣锣喝号，使埽占唇。上下水桩手家伙一齐上橛，听锣使埽下河。锣点一锤，松绳一匮；锣点二锤，名为“到锣”。后首家伙留住。点长锣，一齐跟锣松匽，使埽下河一切平稳。倘或大埽占唇，而打锣之官不知轻重，只顾喝号催促，大埽自然急急下河。在埽官兵恐有闪失。埽下河内平稳之后，即撤回牮木桁条，打回行绳。桩兵上埽，分匀家伙。

齐板专管上箍，桩手厢钉门枕，埽手厢填埽眼。门枕离埽皮三尺，按四尺一空打橛，用三丈长绳，连橛带枕，抱花捆稳。埽眼用留橛上匽带紧，枕上按四尺一空分空，用长大签子钉枕橛。头与枕平，埽手厢填埽眼，填饱路跳，拉旗买土。跕埽官员效用，在于中脊压土。上下水埽头钉水平，如水平外张，后身多压土；如里张，靠门枕压土，使埽平身入水，方可如式。再下骑马厢埽，总同前一样，看水平压土，埽眉俱要二五收分，坯坯埽眼要厢填实在。骑马下至三四排，即可扯厢一二坯，使新旧埽方有拉扯，掌坝官兵方可放心。其后首家伙骑马全要谙练桩兵，随坯开活，以使大埽奔底，亦不致家伙吃重。拉橛撕缝，方能如式，不致大埽悬立。

凡埽下水后，揪头绳不可擅放，滚肚绳不时微放。松绳之法，只用开棍打绳而自松，盖绳松一寸，埽落一尺，是以不可轻放。揪头绳太紧，即防挂耳。万一挂碍，即用木橛向外撬之，埽下则已，如不下，只用打撬桩，则埽自下也。

凡钉桩橛头，宜略向外斜，万一桩尖外露，有碍后下之埽，谓之“挂肚”，即将桩尖分去，用粗绳围裹桩尖，即无碍矣。

预定合龙口门丈尺

合龙之坝，从无笔直者。夫都微向外越。坝头故迎上水谓之高，稍就下水谓之拜。两坝如敌军，各争上水，如东坝高一尺，则西坝必高二尺以胜之。及至合龙，竟有两坝参差不对者。口门收窄至三十丈时，最为紧要。两坝掌坝公同履勘，务须彼此顺势。两坝相平，再缉口门上水宽若干、下水宽若干。

合龙口门，总宜上宽下窄。倘竟是上口窄、下口宽，应计宽若干，则酌定以后所出之占，应下宽上窄，逐占分带。留合龙口门若干丈，大约以下口水面宽三丈为度，上口水面宽五丈，亦无不可。量准后，应定东坝再出几占，西坝再出几占，可以合龙。盖金门收窄，水深溜急，打张不易。平时三丈一占者，此时只可定二丈五尺，做成时尚恐有少无多。若不先为确切计定，及至将合龙时，原定留下口三丈者，或存至四丈有余。上口五丈，或存至六丈有余。欲合则口门太宽，恐有闪失。如再进一占，则口门太窄，亦非所宜。若下大埽，又恐不能到底，往往因此棘手。不如两坝预将出占之数，和衷商定，各自努力，按占做足丈尺，务使宽窄合宜，以免临事周章。

出船

金门仅留三丈，不能容两捆厢船，必须先拉出一船，最后一占始能打张。然最后之占，极为费力。是以两坝必争先出船，则埽工必致草率，往往门占受病，此通病也。将合龙时之一两占，尤当细心。务令厢筑坚实，万勿急欲出船，草率勾缆为要。

合龙

合龙不必择日定时，拘泥迟早，欲速则虞草率，太迟则金门刷深，恐防意外。总视两坝头重土追压后，盘筑十分坚实，以高出水面三丈及二丈七八尺为度，钉厢压土，不见蛰矮，然后合龙。先钉合龙橛，每根离档一尺，于金门前眉钉合龙枕，每橛一根，挂缆一条。上下水各挂红一匹，总河率道将祭告行礼后，先丢柴一束，道将各官依次上柴，再拉旗买料，官兵一齐动手，择熟练之将备，鸣锣为号，守缆桩手，听锣声号令，将绳齐齐放松。厢料先铺上水，次及下水，俟兜子沾水，即按坯压土。厢至三坯，即可用大土追压。未到底时，下水翻花必近而大，愈追压则翻花愈远愈小，渐渐闭气矣。

合龙日开工宜更早，总在子、丑、寅三时，以便穷一日之力，追压到底。夜间派官看守，追压大土而已。合龙兜子内，下水向用倒骑马，不可不用，然亦不可多用。骑马以长五尺为度，不可过大，恐有桥搁之病。至骑马绳以苘绳为上，麻绳次之。至于竹缆粗而且硬，断不可用，为害不小也。

合龙后下水翻花不止，有自金门翻出，有两坝埽眼翻出者，大小远近不一，应辩明是底漏，是腰漏。当令熟谙打水弁兵，乘小船，用丈竿于翻花处细细探摸。如水势深至四丈，丈竿入水三丈八九尺，始行漂淌，则是底漏。如丈竿入水一二丈，即便淌去，则是腰漏。底漏病重，腰漏病轻，总以不见抽柴为妙。若翻花见柴，大象危矣。其上水一应探摸，由何处进水，用丈竿节节下探，如竿乱战者，此进水处也。应探明宽若干，即于该处做一迈埽，追压到底，即可闭气。

关门埽

此乃龙门兜子之外护，即就两坝上水边埽未做之丈尺，或十丈，或八丈，补做一埽，名为“关门埽”。有用船兜厢者，有挂缆合龙者，临时酌定。如合龙后，金门不能闭气，更当赶办，以速为要。若少迟缓，则金门下沟槽，又跌出关门埽外矣。如追压到底后，金门下水仍不闭气，令人于上水探摸进水之处，多用土口袋沉于该处，俟下水翻花少缓，再于上水赶浇土戗，可以闭气。

二坝同时合龙

二坝初筑时，似与大坝无关痛痒，迨坝工渐长，口门渐窄，则大坝藉二坝为擎托，二坝仗大坝为捍卫，如辅车相依，上下呼吸相通。倘二坝蛭失，必掣动大坝，尤宜追压稳实，刻刻小心，不可忽视。照依大坝跟接进占，必应同时慎重，合龙可收实益，其做法与大坝皆同。惟合龙时，二坝金门之溜，必较大坝更激，盖下无顶托，故上下水高下悬殊，挂缆下兜，倍宜慎重。

引河估计

夺溜口门，正河受淤必近，如先系分溜渐成夺溜者，正河受淤必远，近则千余丈，远则数千丈至万余丈不等。估计之法，首重河头，当于大河新转湾之处，深水陡崖有吸川之形者，方为得势。河头既定，以上口宽五六十丈为主，下口与引河同。先于河头滩面较量滩高水面若干，挑深若干，计可过水若干。约计开放时，大河尚应落水若干，金门收窄，约可抬取水势若干，仍可过水若干。总以过水一丈外为准，其河尾直估至未曾受淤处，现有深水大塘为止。此下如再有高仰处，抽沟足矣。

至于河身，愈宽愈妙，然经费有常，限期严迫，不得不定以限制。大都河里挑河，底宽十五丈，照二收，随估挑之深浅，以定口宽之丈尺。老滩挑河底宽二十丈，口宽亦照二收。总视土头是淤是沙，沙土不妨少窄，淤士尚须加宽。仍须循旧河形，因势利导。

盖走溜之处，土性多沙，挑挖易为功，淘刷亦易见效。倘旧河形内间有稀淤，当量淤之深浅。如深不过二三尺，此下仍是沙底，尚易为力。如稀淤过深，亦当绕越避之。而绕越之中，又大须斟酌。盖工有易办、有难办、有必不能办者。易办之工，固不必言。难办者，亦不过略为费手。其必不能办者，如该处本有深水旧塘，逐渐淤平，面虽沙土，下必稀淤，竟有深至二三丈。今估挑深丈尺，尚不能及老底，往往随挑随塌，竟有连土山塌去者。此等工惟老滩上有之，估工时必须带同土著老年人详细问明，设法避去。不可因避浅淤反遇深淤之处，更为棘手，惟在勘估者悉心访查耳。

若就旧河形勘估，地势高洼不一，簟绳松紧不齐，须用竹簟逐细丈量。掏段宜短不宜长，短则一目了然，长则易于忽略。且估工时大河甫经断流，两滩非水即淤，舟车所不能至，竟日泥行，少不细心，必至舛错。倘河形内尚有涓涓细流，当以水平为准，较有把握。仍须大员再加复估，庶得确实。

如应挑工内，旧有险工，对岸淤滩高厚，逼溜侧注埽前，兼之坝台土性纯沙，后无重门保障，趁此大河干涸时，于对岸滩上挑挖引河，将旧河筑坝拦截，河流复故时，使溜走新河，则险工可闭，此亦万不得已之一策。如旧河稍可支持，万勿出此。盖滩上新河，断不能如旧河之宽阔，且两岸壁立，河流到此一束，势必奔腾冲突。南岸坐湾，则北岸新生工段；北岸坐湾，则南岸新生工段。况一湾变则湾湾变，其害不可胜言。谚云:“生新不如守旧。”不可不知也。

定价

从来大工兴举，调拨民夫，原有一定例价。今则官为召募，方价日增，而办理不易，在百姓焉敢居奇？实因食物昂贵所致。历来大工引河，虽奏明土方加价，每方给银三钱、四钱，而外间竟有加至五钱及八钱者，此固不足为训。惟近年来办理大工，在上司无不酌定方价，发给工员，而工员领银后，先给夫头钱文，名曰“底钱”，四处招徕，惟恐夫不足数。迨到工后，需索饭钱，争多嫌少。间有问及方价者，工员皆以通工大例为辞，从无明示价值者。

及至工将完时，始有一二工员，酌定每方钱若干。而每分工内，总有强悍者数人，争先吵闹，依恃人众，诛求无已。工员惟有将强悍者于众夫方价之外，暗中多给钱文，自然安静。在狡黠工员，颇能设法安顿，而忠厚者受累不浅。为工员计，与其受累于完工之后，何如明定于开工之前，愿者相从，各无争竞。

无如结习已深，牢不可破。再四推求。其故有二：在强悍人夫，射利含糊，以图索诈，不愿彰明；狡黠工员，藉强悍以欺良善，反可沾润。上下相蒙，莫此为甚。若不明定章程，何所底止！而章程所以难定者，工有缓急深浅之分，土有远近淤沙之别，倘一经舛错，反起争端。

今估计定以绕淤就沙，即间有一二段不能绕越之处，不过百分之一。察看情形，另为津贴。出土则定以二十丈，尽可按夫计土。每夫一名，每日食用约七八十文，每日出土六分至二分不等，当按坯定价。每夫每日除食用外，尚余钱三四十文。良善人夫，自可踊跃趋公，争先恐后。惟在严饬工员，不许丝毫侵扣，亦不得任意加增，务使通工一律。从此狡者无所用其谋，强者无所逞其力。倘遇大有之年，米价较贱，则量为酌减，庶可节钱粮而安良善。此事须总理引河之大员，主持定价，通行遵照。倘仅一二工员创议定价，则势寡言轻，恐众心未足，归咎发端之人，哄塘夫散，不可不防。

分工

河既占定，即统计土方数目，划段分工。先将河头划除，或一百丈，或八十丈，另候抢办。自河头以下为第一分，但计土方之多寡，不论丈尺之长短，约计土一万五千方为一分。每分派官一员领办，按每夫一名每日出土四分计算，限四十日完工，即需夫一千名，方能如期完竣。以一官领夫千名，照料亦甚不易，故不宜过多也。所派工员众多，贤愚不等，岂能尽皆历练，应悉心遴选。每隔四分，派一诚实熟谙之员承办，令其照料，下四分则生手亦可借其调度，不致人夫刁难。纵有狡猾之员，而上下段皆切实挑挖，有尺寸可以比较，亦不能独为偷减。倘有难办之工，应选干员承挑，不在间派之列，此乃先事调剂之要策。如工段太多，即酌分段落，专派明练之员，分投查催，再派大员总司其事，周流料理，庶可上下一律。

惟工员开工时，即存取巧之念，或就高崖，或趋洼处，不拘上下形势，惟利是图。亦当派明正大员，带同原估之人，逐段签钉口橛，以杜其弊。除工头工尾应钉外，如分段太长，按五十丈再加钉一根，上加花押灰印，盖以粗碗，用土封培，谓之“封墩”。俟工完验收时，方准起除，以验宽深丈尺。所钉之橛，于查工往来之际，随时察看，恐不肖工员、积猾夫役，暗中拔起，拔高一寸，则河底少挑深一寸矣。

辩土

挑挖河渠，当先分别土头。倘分辩不清，一样挑挖，鲜有不成累工者。前人所分，不过沙、淤两种。而淤土中有干淤、嫩淤、稀淤、夹沙淤之分。沙土名色不一，如飞沙、泡沙、铁屑沙，则皆系干土，尚不难挑挖。此外如水沙、青沙、铁板沙、马牙沙、扯皮沙，其性易干，先将子河挑深，俾沙中之水渗去，亦易施工。惟淌沙、翻沙，最难为力。今将各土挑法开列于后，办工之人能悉心讲求，于此外再得简便之法，是所望焉。

一、干淤，性坚硬，锹挖费力，较他淤为易办。

一、夹沙淤，层沙层淤，厚不满尺。浅则易为，深则费手。其法以沙带淤，先将沙面晒干，人得立脚，即在沙上插锹，连下层之淤一齐挖出，再于下层沙上逐层照做。万不可在于淤上插锹，亦不可贪多接连下层，缘沙中含水，上下被淤，盖托水不能出，其性澥。淤为上下沙中之水所浸，其性软。一软一澥，易于掺合，一经掺合，淤沙不分，俗名谓之“哄套”。人夫能立而不能行，铁锹易入而难出，几至束手，受累无穷。遇有哄套深浅，如深一二尺，用料捆把一尺长三尺，竖下工内，名为“墩子”，分行安置。上用宽厚木板，纵横搭架，使人得来往其上。沙多则稀，淤多则稠。稀用勺，稠用锹。于一处尽挖，用布兜抬出，此处渐洼，四处游来，挖至未曾蹂踹哄套之处，再依以沙带淤之法做之，即可成工。如哄套深四五尺，用皮篙扎十字马脚，上安拉木，照墩子分行安置，仍搭架木板，照前捞挖。若深至丈许，则照稀淤之法，治之可耳。

一、稀淤，怕宽不怕深，缘挑河之口，多则宽三五十丈，而淤套竟有百余丈者。其性如水，可以载舟，此等之工，先量深浅。如深同估挑之数，则上下筑坝拦格，将上下两头工，照原估加深挑挖数尺。挑成后，将坝起除，放淤于上下河内，可以随水而去，此为难中之易事。若河挑二丈，淤深一丈，除淤之外，尚应挑一丈，虽放淤于已成工内，而下深一丈之工，无岸无边，仍难措手。其法先于应挑口宽处，用净沙土夹浇顺河坝，高出淤而一二尺，淤宽则顶宽丈许，淤窄则顶宽三五尺。泡沙尤佳，以其能收水也。两岸浇成，须用车斗戽撤，至硬底，审明土性，依法挑做。

一、嫩淤，先分深浅，次分宽窄。其深一二尺者，于边口挑挖五尺宽沟至硬地，俗名谓之“抽路”，须一二丈一道，使其透风易干。若深至三五尺，宽数十丈，崖口不能站立，则扎套枕，或三丈一路，或五丈一路，间格成塘，于北边拨挖至硬地，即跟底前进。倘深至丈余之外，则照稀淤做法，先夹顺河坝，次下皮篙、马脚、搭架木板，分段捞挖，用布兜抬送远处，时加测量深浅，得能下套枕，即下枕，分塘拨挖，较马脚跳为迅速。倘遇严寒结冻，则逐层揭起冻块，更易于挑挖。

一、胶泥、油泥，其性滑，尚不致蛰陷。分塘铺板，即可挑做。然亦须先挖子沟，以防阴雨。

一、淌沙，即油沙，又名澥沙，其色黑，其性散，含水不粘，遇此等土，最难为力。缘不能抽沟空水，法于浅处用干沙土打堆，周五六尺，高一二尺，于堆顶由内向外，轮转翻拨，俗名谓之“打井子”。得一席之地，即有崖口。堆分数处，接连搭架木板，抽挖一层，将水撤出，再于中心打井，即做子河空水，逐层打井挑挖，虽数尺亦得成功，惟两坦不能站住耳。

一、翻沙，为沙土中之最劣者。此挖彼长，朝挖暮起。无数小堆，形如乳头，中有小眼冒水，偶于空中冒气，声如炮竹。此乃上下油淤深厚，盖托日久，一经挖去上面之土，水气上升之故，必须用水压之。其法于河中横叠小埝，高二尺，宽一丈，或二丈，或三丈，间格成塘，引外水八塘，或挑水贮塘，内深一尺余寸，养一昼夜，使水气舒通。次日将塘内之水戽撤下塘，养工于此塘中间用木板五尺宽五六寸者，顺安双行，中留一锨之地，剐将木板横安，为出土之路。锨手、挑夫皆立板上，先将中心一锨挖出，将板翻移一位，跟崖倒退，递挖递退。将此一层挖至河口，其冒水冒气处，渐挖渐少。再将下塘之水放贮此塘，又养二层，即将下塘安板铺路，照前退挖。如沙长百丈，则多叠小埝，格塘倒水，分投挑挖，仍能依限完竣。

开工

分工之后，各工员亲自到工，将所分工段逐细测量。原估与分工有无舛错，或形势不顺，或丈尺不符，即一面通禀，一面请分催官复估，以凭增减。如一无错处，即应开工。先于工头插大旗一面，上写引河第几分，并排签一根，写明原估段落宽深。再将上口、底口一齐铲出，用尖角小旗长十丈，插一面以清眉目。

插塘

工已认定，即须插夫兴挑。当查所分工内，原估宽深丈尺。假如原估底宽十五丈，口宽十九丈，深一丈，每丈土一百七十方，限四十日完工，即每日应出土四方二分五厘。按一丈深河，每夫每日约可出土五分余，每丈插夫八名，便可如期完竣。然四十日内，难保必无风雨耽延，每丈须加夫二名，通共十名，不过三十余日，即可竣事。即有风雨，亦不至逾限。

再，人夫到工，总口称共有夫若干，可以插塘若干丈。及至插塘，所到者不过十之五六，若辈只图土多，不知限紧，只可尽已到之夫插塘，毋为夫头所误。开工时人夫未足，宁留余地，不可插稀。如有余地，则后来之夫即可安插，不妨稍迟数日。如前工每丈十名，按土扣日，增添夫数，即可赶副定限。倘贪插满名色，任意稀疏，则日后虽有夫来，断难添入，不可不知也。

子河

凡挑河无论宽深若干，总以得底为先。盖底土难出，腮工易挑。而人夫插塘后，大都先抢头坯面土，一经阴雨，则满塘是水，无土可挑。故必先抢子河，有子河，即逢阴雨，尚有腮可取土，不致停工以待。

子河以底宽二三丈为度，要照原估加深一二尺，以备雨水冲垫，不至再为费手。抢子河时，务须多觅好长把锹，在于子河内两面撇土，较为便捷。再引河虽经估定，而河滩高洼不一，难保其必无舛错。子河挑成，试放清水，如有高仰之处，立即加深，自得建瓴之势矣。

出土

人夫到齐后，先于离河口二十丈，开挖小沟一道，口宽三尺，深三尺，用板垫路。凡各塘应出之上，令其于沟后十丈外堆起，以堆高八尺为度，续挑之土，再起一坯，照前逐渐加高。此十丈内，只能堆土七八十方。如原估土方过多，则所出之土，不敷堆积，即须再往前数丈堆起，总以退至沟边为止，沟前不使堆土。

凡人夫出土，未免随路零星抛洒，须于每日散工时，各塘自令打扫干净，以杜垫崖之渐。

至每塘人夫，多寡不齐，勤惰不一，必须每日按塘科计，出土多者奖赏，少者申饬，则人夫自能踊跃争先。如有一塘独高者，谓之“累塘”，或酌量添夫，或设法严催。倘竟不能赶办者，只可另募人夫，方能无误。

每塘埂界，应令扯线分清，随坯销除，不任存留，庶免放河时，又多一番之用。

治水

河里挑河，首重治水。水去则土松而易挖，水存则土坚而难挑，此土性然也。当先挖龙沟，使水有去路，或二十丈一条，或三十丈。或用水车，或用笆斗。水车利于平水斗崖则不得力，笆斗则无所不宜。用笆斗须做水盆，以高二尺为一层，逐层递安，至河底为止。须用牛皮、席片、柳橛、软草等物，先为置备，仍寻觅真淤土，细心盘做，务使涓滴不漏。若一盆漏，则各斗俱停，笆斗绳索亦然，不可不加意也。包斗扎口，应用竹片为上，如柳条扎口则入水不利。每斗一个，用夫四名，以便歇人不歇工。

夜间戽水，尤为紧要。必须给以灯烛，专派能耐劳苦之人，实心经理，始可见功，否则徒费无益。每当清晨，查看各分挑工，河底干者，其工必速；有积水者，其工必累，此其明验也。

再，附近若无洼地，水无去路，则须筑埝圈水，此应刻刻小心防守，既怕风暴，尤防盗决，不可不慎。倘挖有地泉，水泛不正，旧法以铁锅扣之，上加土压住。或用无底水甑，高出水面四尺罩之，其水不致上泛，此亦一法。统俟河底挖完，再行除去。

悬赏

工程已有四分，亟须悬赏。应于官棚前设立木架，将钱齐挂架上。头塘二十千，红布一匹，二塘十五千，三塘十千，四塘五千。庶各塘人夫踊跃，指日完工。

跑筐跑号

跑筐为挑工所忌，如系沙土，亦可跑筐。务须寻好长把掀，在子河内撇土，撇至岸土，再令人夫上筐，自无妨碍。亦须先留马路，或以板垫路，否则满塘稀烂，无驻足之地矣。

跑号仍用本塘人夫，一塘为一号，一人可跑五号。先于五塘适中之处地上，挖坑五个，如过一筐或一车，报明某号，即于某号坑内丢一钱，散工后算账，某号共若干，再为给价。此比跑筐无踹塘子之病，惟人夫不能增添耳。如工程紧要，亦赶办之一法也。

预备米面

挑河之处，多系荒郊，离市集必远。众夫云集，口食繁多，商贩远运而至，其价必昂。一遇连朝阴雨，更虞缺乏。挑土之夫，不敷糊口，势必散往别工。承办工员，应预向附近集镇购定米面，源源运送至工。按每分人夫十名为率，每日每人吃米升许，面则约二三斤。分厂米面并卖，照工次时价，每升、每斤略减一二文，只许本工之夫买食。凡本工人夫，皆有棚子，每棚夫几名，给一腰牌，以便稽考。如此，则众夫略沾小利，必尽欢欣鼓腹，不复他往。而每棚人数，多亦藉以稽查，且市侩不致居奇，成本仍无亏缺。惟在经理得人，一举而数善备焉。

禁止灯火

近有一班恶棍，专以赌博打降为事，每逢大工，必结党成群，以抬土为名，混入夫内，名为“工混”。到工后，搭盖窝铺，或挖地窖，招集各夫，张灯聚赌，从中取利。姑不论其盗贼火烛，从此多事，即使挑土人夫，一日力作所得钱文，仅供一掷之用。甚至彻夜鏖赌，必至次日倦乏，不能下塘，为害不浅，此其最甚者也。其次，各本棚人夫，已属不少，亦有自聚夜赌者。开工之始，即出示严禁，夜间派员巡查各棚，不许点灯，则赌风不禁而自止矣。

抢办河头

引河头当迎溜开挑，方成吸川之势。若挑挖过早，或大溜刷进，徒费钱粮，溜或上提下坐，不能得势。故必须俟大坝口门收窄，溜势趋向既定，或可开挑。遴派干员，先于河头外筑宽厚土坝一道，挂枕拦御，小心防守。将河头划段分挑。上口宽五十丈，底宽三十丈为率，下口与引河头第一分相同，其深应较坝外水面深一丈为度，愈深愈妙，使开放时跌塘吸溜，方为得力。

此段挑工，地短土多，最难插夫，如地势出水较高者，先用小车起土一坯。若地形本洼，应分五路，中一路安筐，两岸各留两路安车。再用长把锨先抢子河，一俟子河得底，即向两腮卷起。插方之外，再加跑号，庶可不误。

大都挑引河头之限，不过十五日，宁可河成等坝，断不可坝窄等河。河既挑成，即于河头拦坝外另做替坝，仍须小心防守，将拦坝预为挖除净尽，以备放河。

抢办累工

如此估计，如此分派，似不应再有累工，然亦不能不计及此。大都累工不一，有人累工者，有工累而人不累者，有工累而人亦累者。

人累工者，工本易办，因工员不善经理，以至工累。此等工须令分催明白教导，一能改过，便有起色。如怙恶不悛，立即掣回，严惩示众。一面另委明白工员接手办理，务令将人夫布置妥当，再行开工。不妨稍迟数日，按日计土，密密插夫，仍可依限完竣。

工累而人不累者，工本难办，而工员曾经办过累工，尚能设法抢办，惟因方价不敷所致。此等工须令分催、总催确切估计，酌加方价，仍令本员撤手办理，亦不致于逾限。

工累而人亦累者，工本难办，工员又是生手，只可另委老练之员，照抢办累工之法，上紧赶办，庶不致有误。

总之，开工数日，分催官往来查勘，某段先起，某段稍迟，某段稍累，某段大累，自可一目了然。如有累工，即先期禀报，以便早为料理。万勿因循，临渴掘井，则所费不赀矣。抢累工法，照辩土章程。

收工

照原估丈量，口底宽若干，深若干，至于垫崖，不特有信桩可凭。老滩有草根、麦芽，嫩滩有水波、浪纹，一目了然，不得丝毫假借。两坦须照原估收分，不许鼓肚。至于各交界坝根，务令起除净尽，如留高一尺，即挡水一尺，必须严切号令。土山如有间断处，一令补齐，以免漫滩串沟之病。

开放

引河既成后，开放机宜，为通工第一关键。在掌坝将备，无不欲早开一日，则坝工早轻一日。而引河各员，惟愿俟将合龙时，再行开放，欲藉坝工抬水，更为得力。此二者均不免私见，总应看两坝头水底土性如何。如坝头进一占，得一占，毫不刷深，无妨多进几占。金门收窄至六七丈，始行开放。倘坝头底子不好，随进随深，则收至十五六丈，即须开放。盖水去一分，则坝工轻一分，庶坝头不至再为刷深，合龙较易为力。万勿选择日期，惟察看风色，溜势齐逼河头，便是极好机会。一有可开之机，即刻动手，若少有拘泥，贻误不浅。至于冬至后，天寒地冻，满河冰凌，不可轻放。曾见带冻开河，河头为冰凌拥积，涓滴不能下流，以至坝工失事。然此非临时所能斟酌，必于大坝口门收至三十丈时，当先为留意，否则欲进一能，欲停不可，悔之晚矣。

至于河头溜势，变迁不一。有勘估时，极为得势。及至临时，或上提下坐，溜势开行，河头外新有水滩。上提者，挑接溜沟。下坐外开者，应于新滩上，顺引河下唇做小柴坝一道，直至深水处，再于水滩上离深水不远处，筑横拦截，戽水赶挑。

其埝水底之滩脚，则非人力可施。俟开放时，只开口门一道，水势高卜悬殊，奔腾下注，且一路水力专而猛，水底滩脚自能顷刻跌去，何患大溜之不归故道耶？

《中国黄河文化大典》编辑出版人员

总　编　辑　涂曙明

总责任编辑　营幼峰

总执行编辑　王厚军　马爱梅　宋建娜

黄河治理（古代部分）一

责 任 编 辑　马爱梅　罗　汐　张小思

审 稿 编 辑　马爱梅　宋建娜　王　勤　罗　汐

张小思

装 帧 设 计　芦　博　李　菲

责 任 排 版　吴建军　郭会东　孙　静

责 任 校 对　梁晓静　黄　梅

责 任 印 制　崔志强　焦　岩　冯　强